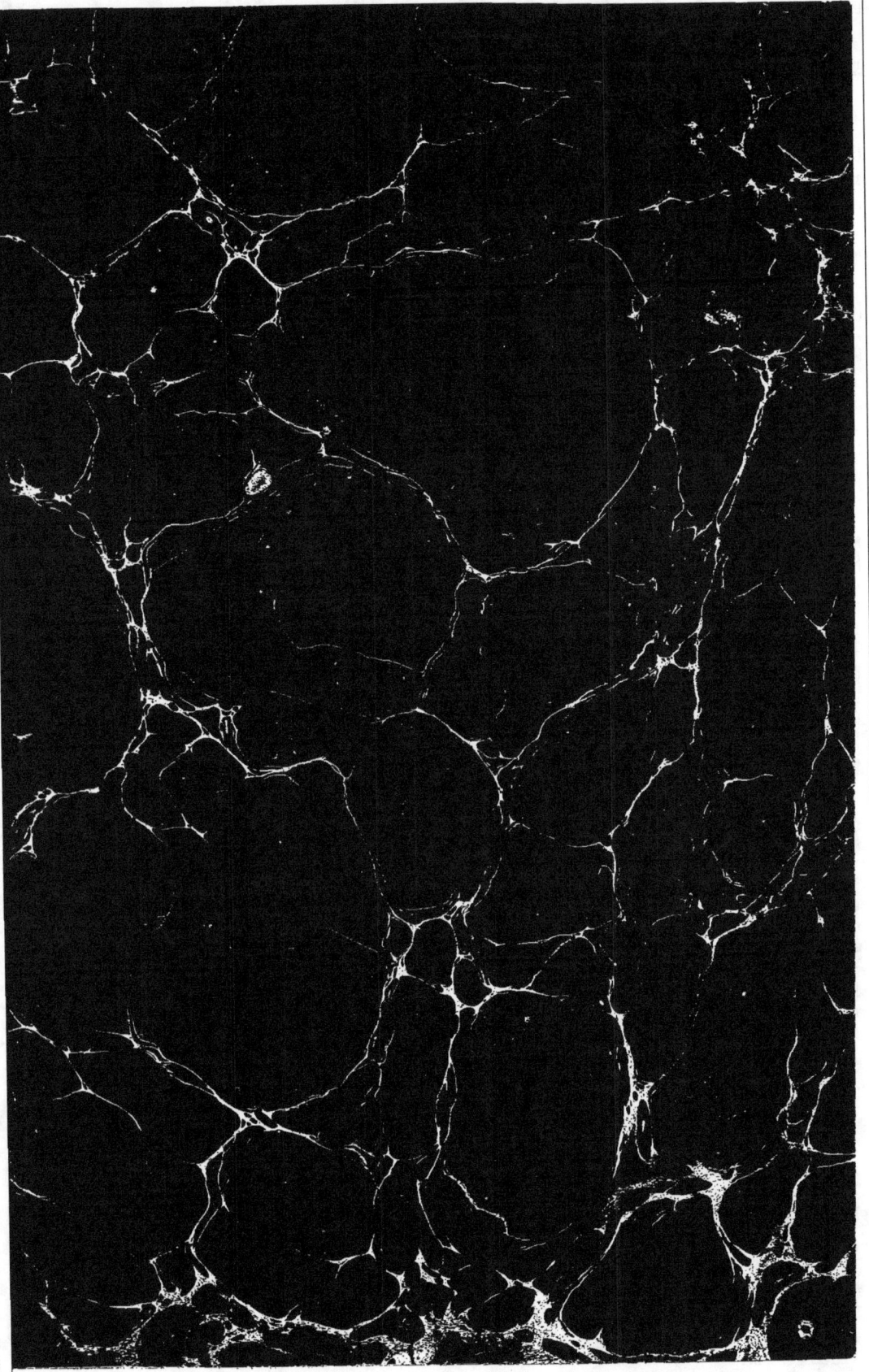

4° G
151

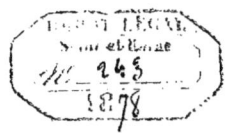

LES

MUSICIENS CÉLÈBRES

OUVRAGES DE M. FÉLIX CLÉMENT

Histoire générale de la musique religieuse depuis ses origines jusqu'à nos jours. Ouvrage couronné par l'Institut. 1 fort vol. in-8. (Firmin Didot.) 7 fr. 50

Chants de la Sainte-Chapelle et choix des principales séquences du moyen âge, tirées des manuscrits, traduites en musique et mises en parties, avec accompagnement d'orgue. *Quatrième édition.* 1 vol. in-8. (Poussielgue.) 5 fr.

Carmina e poetis christianis excerpta cum notis gallicis et permultis interpretationibus quæ ad diversa carminum genera vitamque poetarum pertinent. 1 vol. in-12. *Editio tertia.* (Gaume.) 3 fr. 50

Histoire de la poésie chrétienne depuis le quatrième siècle jusqu'au quinzième. 1 vol. in-8. (Gaume.) 6 fr.

Dictionnaire lyrique ou Histoire des opéras depuis l'origine de ce genre d'ouvrages jusqu'à nos jours. 1 vol. grand in-8 de 1700 colonnes. (Boyer.) 14 fr.

Méthode complète de plain-chant, d'après les règles du chant grégorien et traditionnel, précédée de notions historiques sur la musique ancienne. *Deuxième édition.* 1 vol. in-12. (Hachette.) 2 fr. 50

Seize Tableaux de plain-chant, formant une méthode élémentaire avec l'indication des procédés à suivre dans l'enseignement mutuel et dans l'enseignement simultané. In-folio. (Hachette.) 4 fr.

Manuel des tableaux précédents, contenant les règles essentielles du plain-chant. In-12. (Hachette.) 75 c.

Antiphonaire et Graduel romains, édition in-folio, collationnée, accentuée et divisée en périodes mélodiques d'après les versions de chant les plus autorisées, avec la transposition des clefs et l'appropriation aux usages modernes ; adoptés par ordonnances épiscopales dans les sept diocèses de Pamiers, Séez, Dijon, Clermont, Saint-Flour, Lyon et Paris. (Poussielgue.) 80 fr.

Offices complets notés, édition in-12 des ouvrages précédents. (Poussielgue.) 15 fr.

Méthode de musique vocale, graduée et concertante pour apprendre à solfier et à chanter à une ou plusieurs voix, avec accompagnement de piano, dans laquelle les principes de la musique sont rédigés sur un plan nouveau et propre à donner aux élèves une intelligence exacte des éléments de cet art. Cet ouvrage renferme 75 exercices et 25 duos. 1 vol. grand in-4, broché. (Firmin Didot.) 6 fr.

Méthode d'orgue, d'harmonie et d'accompagnement, comprenant toutes les connaissances nécessaires pour devenir un habile organiste. 1 vol. in-4. (Hachette.) 12 fr.

Le Paroissien romain noté en musique, à l'usage des lycées, pensionnats et communautés, contenant les offices des dimanches et fêtes de l'année avec les plains-chants en notation moderne et dans un diapason moyen. Approuvé par NN. SS. les archevêques de Paris et d'Avignon et l'évêque de Nevers. 1 vol. in-18. (Hachette.) *Broché*, 2 fr. 50
Relié en basane, tranches marbrées, 3 fr. 50 ; *tranches dorées*, 4 fr. 25 ; *en chagrin, tranches dorées* 7 fr.

Le Livre d'orgue du paroissien romain, contenant l'accompagnement des messes, vêpres, complies, saluts, proses, hymnes, antiennes des dimanches et fêtes de l'année. Grand in-4. (Boyer.) 12 fr.

Cantiques des Enfants de Marie en l'honneur du Saint-Sacrement et de la sainte Vierge, à une, deux ou trois parties, avec accompagnement d'orgue, paroles de M. l'abbé Lalanne, directeur du collége Stanislas. Ouvrage approuvé par NN. SS. les archevêques et évêques de Bordeaux, Sens, Avignon, Rouen, Nevers, Hétalonie, etc. 1 vol. in-12. (Maison Périsse.) 3 fr.

Les Voix sacrées, répertoire de 30 morceaux de musique religieuse, avec accompagnement d'orgue, à l'usage des paroisses, communautés religieuses et maisons d'éducation, paroles latines. 1 vol. grand in-8. (Maison Périsse.) 3 fr.

Harmonies pieuses, solos, duos, trios et quatuor, avec accompagnement de piano ou d'orgue, paroles françaises. 1 vol. grand in-8. (Maison Périsse.) 2 fr. 50

Chœurs et Morceaux de chant, à l'usage des cours de musique des établissements d'instruction publique, comprenant des Odes d'Horace mises en musique, chœur de Chasseurs, prière et marche des Croisés, etc., avec accompagnement de piano ou d'orgue. *Se vendent séparément.* (Delalain.)

Chœurs d'Athalie. Partition chant et piano. 1 vol. grand in-8. (Haton.) 10 fr.

Cinquante motets pour les fêtes de la liturgie romaine. 1 vol. in-4. (Haton.) 10 fr.

Histoire abrégée des beaux-arts chez tous les peuples et à toutes les époques. 1 vol. in-4 illustré de 80 gravures. (Firmin Didot.)

Les Musiciens célèbres, depuis le XVIe siècle jusqu'à nos jours. Ouvrage illustré de 48 portraits authentiques gravés à l'eau forte et terminé par une bibliographie musicale nouvelle. *Troisième édition.* 1 fort vol. grand in-8. (Hachette.) *Broché*, 12 fr.
Relié, dos chagrin, plats toile, tranches dorées. 18 fr.

COULOMMIERS. — TYP. ALBERT PONSOT ET P. BRODARD.

Peint par J.S. Duplessis Peintre du Roi. — Photogravure A Durand — Gravé par S. C. Miger.

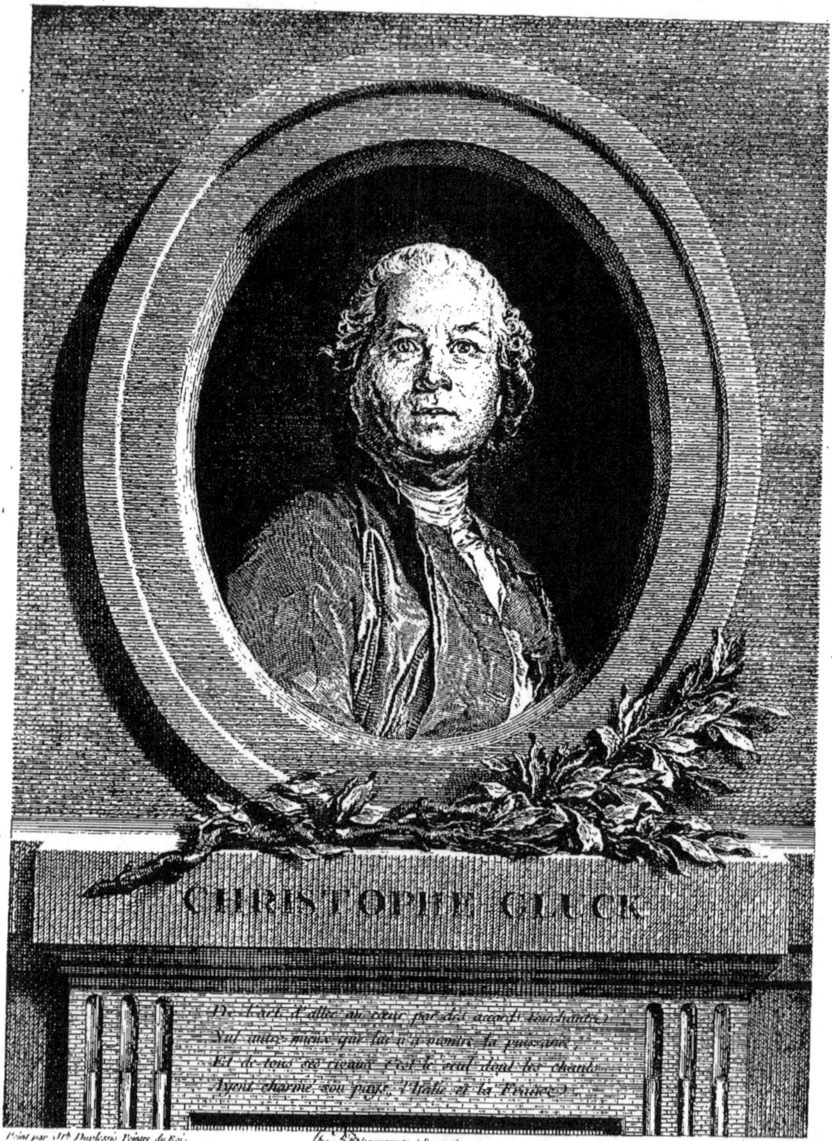

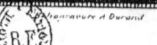

LES
MUSICIENS
CÉLÈBRES
DEPUIS LE SEIZIÈME SIÈCLE JUSQU'A NOS JOURS

PAR

FÉLIX CLÉMENT

OUVRAGE ILLUSTRÉ

DE QUARANTE-CINQ PORTRAITS GRAVÉS A L'EAU FORTE

PAR MASSON, DEBLOIS ET MASSARD

ET DE TROIS REPRODUCTIONS HÉLIOGRAPHIQUES D'ANCIENNES GRAVURES

PAR A. DURAND

TROISIÈME ÉDITION

REVUE ET AUGMENTÉE

PARIS
LIBRAIRIE HACHETTE ET Cie

79, BOULEVARD SAINT-GERMAIN, 79

1878

Droits de propriété et de traduction réservés.

PRÉFACE

DE LA TROISIÈME ÉDITION

Avant d'exposer le plan de ce livre, avant d'entrer dans quelques considérations de nature à lui conserver les suffrages dont l'ont honoré des juges chez lesquels la délicatesse du goût s'allie à l'élévation des sentiments et à la pureté des principes, je veux m'efforcer d'en établir de suite l'utilité pratique aux yeux de toutes les personnes qui s'occupent de musique, artistes, amateurs, professeurs et élèves ; aux yeux des jeunes gens surtout chez qui l'amour des belles choses s'éveille, dont l'enthousiasme a besoin d'être éclairé par les conseils de l'expérience pour ne pas s'égarer sur des objets peu dignes de leur admiration.

La musique est sans contredit l'art le plus cultivé. Il est en même temps celui dont on ignore le plus complétement l'histoire.

Non-seulement dans les grands centres de population, mais jusque dans les petites villes et les plus humbles bourgades, on chante des chœurs, des airs d'opéras, des romances ; on exécute de la musique dans les églises, dans les écoles ; les musiques d'harmonie, les concerts populaires, les maîtrises, les orphéons se multiplient. D'un autre côté, le piano fait partie du mobilier de chaque maison.

Mais, si des milliers de gosiers et des millions de doigts exécutent les œuvres musicales, est-ce à dire pour cela que l'intelligence, le sentiment, le goût se développent partout en raison du temps et des soins que l'on consacre à cet exercice ?

Tout ce que ces mélodies, ces harmonies recèlent d'idées élevées ou gracieuses, profondes ou élégantes, ce qu'elles révèlent des divers états de l'âme, cela est-il suffisamment compris et exprimé par les interprètes ? Je ne crains pas de répondre : bien rarement.

Il n'est donné qu'à des natures d'exception d'avoir dès l'enfance comme une intuition du beau, d'en deviner les lois sans éducation préalable et d'étonner le monde par leur précocité. Ce sont là des prodiges. Si toutefois ces facultés données gratuitement par le Créateur ne sont pas cultivées par la raison, l'étude et un usage judicieux de la tradition, elles ne tardent pas à s'étioler, s'amoindrir et s'abaisser au niveau de la médiocrité ; si, au contraire, une bonne et forte direction vient joindre son influence et sa virtualité à leur sève naturelle, il en résulte le génie qui enfante des chefs-d'œuvre. C'est ce phénomène que les Italiens ont salué dans Mozart, âgé alors de quatorze ans, en l'appelant *il mostro d'ingegno*.

Telle n'est pas la marche naturelle des choses.

Dans les conditions ordinaires de la vie, l'homme doit procurer chaque jour des aliments à son intelligence par l'effort de sa volonté et le travail de son esprit, comme il gagne chaque jour le pain matériel à la sueur de son front. Le talent est donc une conquête, un bien acquis. Il exige en premier lieu des études préparatoires et élémentaires, des applications successives et graduées des connaissances théoriques aux faits musicaux, la science de tous les détails matériels et sensibles de l'intonation, de la mesure et de l'exécution. Je suppose même que, dans cette première partie des études musicales, on ait fait entrer les notions élémentaires de l'harmonie et de l'accompagnement. En admettant qu'on soit sorti triomphant de ces premières épreuves, croit-on être alors un musicien dans le sens élevé du mot ? Hélas ! oui, on le croit. Parce qu'on déchiffre facilement à première vue une partie de chant, un morceau de piano, ou quelques pages d'une partition, parce qu'on peut transposer une romance, placer une harmonie régulière sur un chant, et surtout parce qu'on possède un répertoire inépuisable de quadrilles, mazurkas et polkas, on passe aux yeux du monde et à ses propres yeux pour un excellent musicien.

Je ne nie pas, je proclame au contraire l'utilité et les avantages de ces connaissances chez les personnes du monde. Mais ce que je conteste, c'est le titre de bon musicien qu'on leur décerne :

> Il sait lire, écrire et compter ;
> Ah ! c'est vraiment un talent rare [1].

Ce n'est là que l'enseignement primaire de la musique ; ce qui reste à apprendre, ce sont les *humanités*, c'est l'art lui-même.

Cette seconde partie des études musicales est abordée par un bien petit nombre. La foule s'arrête sous le péristyle du temple, et il n'y a pas lieu d'espérer que les portes du sanctuaire soient jamais encombrées.

Cependant c'est pour augmenter le nombre des esprits de choix qui aspirent à comprendre plus intimement les beautés de la musique, c'est pour leur faciliter le commerce avec les grands maîtres de l'art, que j'ai écrit ce livre.

Les études que nous allons faire ensemble s'adressent à l'intelligence, aux facultés hautes de l'âme, et non à la vanité. En voyant se succéder ces dynasties artistiques, on sent l'individualité s'amoindrir, et l'infatuation, cette maladie de notre temps, s'évanouir. L'horizon musical s'élargit ; on voit tantôt se succéder, tantôt marcher de conserve les diverses formes de l'art, appropriées qu'elles sont au génie des peuples, à leurs institutions familiales, politiques, sociales. Les écoles se forment sous l'influence des idées dominantes, des entraînements et des réactions littéraires. Qui ne serait émerveillé en présence d'un si riche répertoire de conceptions musicales, affectant des caractères si variés ?

Pendant qu'à Rome on admire la perfection des harmonies religieuses et la belle ordonnance des formes hiératiques, à Naples se fonde une pépinière de maîtres de chapelle qui, se répandant dans toutes les villes de la péninsule, feront de chacune d'elles un centre artistique. Tandis que les Vénitiens se complaisent dans les madrigaux élégants et les spirituelles *canzoni*, les Flamands s'adonnent aux plus savantes combinaisons du contre-point. Les chorals froids et monotones de l'Allemagne protestante, l'austère musique des organistes de la Souabe, contrastent avec les airs à danser, les brunettes et les pavanes où respire la grâce légère

---

1. *Les Rendez-vous bourgeois* de Hoffman et Nicolo.

PRÉFACE DE LA TROISIÈME ÉDITION

et voluptueuse de la cour des Valois ; le progrès musical s'attarde en France dans ces manifestations frivoles auxquelles font à peine diversion quelques Noëls au tour gaulois, jusqu'à l'avénement de la grandeur épique à Versailles et à l'Académie de musique avec les tragédies lyriques de Lulli et de Rameau. Mais ce fut pour notre pays une gloire passagère. Si l'on excepte les beaux ouvrages dus à la protection accordée par la reine Marie-Antoinette à Gluck, à Piccinni, à Sacchini, par Louis XVI et le comte d'Artois à Grétry et à Dalayrac, les dernières années du dix-huitième siècle sont maigrement remplies par les productions d'un genre misérable dont la sensiblerie bourgeoise fait tous les frais, tandis qu'en Allemagne les progrès de l'art sont immenses : Haydn crée la symphonie, et Mozart excelle dans tous les genres. Les petites cours allemandes favorisent ce mouvement en entretenant de nombreux orchestres et en encourageant la musique de chambre. Il n'est pas jusqu'à l'Angleterre qui ne prenne une part active au développement de l'art musical par la protection libérale qu'elle accorde à des artistes étrangers, lesquels, comme Haendel, Porpora et même Haydn, peuvent y faire entendre de vastes compositions dans des conditions plus avantageuses que dans leur propre pays.

Le perfectionnement du goût français s'opère à la suite des guerres de la Révolution et de l'Empire et au contact des œuvres des écoles d'Italie et d'Allemagne. Sa prépondérance s'affermit surtout sous l'influence d'une société amie et protectrice des arts, de 1815 à 1830. Non-seulement depuis cette époque, nous partageons le sceptre musical avec l'Italie, mais nous voyons peu à peu nos émules se rapprocher de nous et venir solliciter nos suffrages. A Cherubini, Rossini, Donizetti, Bellini, Verdi, nous opposons Méhul, Boieldieu, Auber, Hérold, Halévy, David, Victor Massé, Gounod. Les deux hommes dans lesquels se personnifient le génie italien et le génie allemand, Rossini et Meyerbeer, offrent même à notre langue nationale et à notre scène leurs plus beaux chefs-d'œuvre. Depuis la fondation de l'*École royale de chant et de déclamation*, en 1784, une école française s'est peu à peu formée et n'a pas tardé à produire des œuvres de premier ordre.

Une esthétique nouvelle, sortie tardivement du mouvement romantique, occupe depuis quelques années les esprits, les divise et les passionne. Jusqu'à ce jour, rien n'est venu recommander la nouvelle doctrine ni justifier ses prétentions.

A chacun des genres que je viens de signaler dans ce rapide exposé correspondent des œuvres musicales qu'on exécute chez soi, qu'on entend au théâtre ou dans les concerts. Pour les comprendre et les bien interpréter, il n'est pas indifférent de savoir à quel ordre d'idées elles appartiennent, dans quel milieu la pensée s'en est produite. Après avoir lu par exemple la vie de Schubert ou celle de Weber, après avoir vécu quelque temps avec Haydn à la petite cour du prince Esterhazy, ne comprendra-t-on pas mieux cette ballade étrange du *Roi des Aulnes*, les motifs pittoresques de *Préciosa*, l'ouverture fantastique de *Freyschutz* ? n'écoutera-t-on pas avec plus d'intérêt et de charme quelques-uns des **quatre-vingts** quatuors du bon Haydn ?

Lorsque les principales figures seront connues et présentes à l'imagination, avec les traits différentiels de leur caractère, de leur organisation, il suffira d'en évoquer le souvenir en présence d'une de leurs œuvres pour qu'elle se révèle avec ses qualités *génuines*; et de là à une interprétation fidèle la distance n'est pas grande.

La civilisation est voyageuse. Les beaux-arts qui en sont la plus brillante manifestation lui servent de cortège. Il est donc permis de suivre les destinées de la musique, depuis l'origine des sociétés jusqu'aux temps modernes; mais il n'en est pas des antiquités musicales comme des monuments de pierre; aussi en sommes-nous réduits aux hypothèses, ou tout au moins aux renseignements épars dans les textes anciens, pour nous faire une idée de ce que pouvait être la culture de cet art dans les plaines de Sennaar, à la cour des Pharaons, dans le temple de Salomon, dans les rites du culte de Mithra et d'Ormuzd. Même incertitude sur les chants que Terpandre fit entendre pour apaiser une sédition qui s'était élevée à Lacédémone, sur les mélopées des chœurs de Sophocle, et les airs qui accompagnaient les danses sacrées.

Nous ne sommes pas plus heureux en ce qui regarde la musique chez les Romains. Les flûtistes habiles, et l'illustre chanteur Néron lui-même, ne nous ont laissé que le souvenir de leur réputation. Nous savons seulement que le chant des psaumes de David était conservé par la tradition et qu'il retentissait aussi bien dans les églises de Byzance que dans celles de Milan.

C'est à partir du cinquième siècle seulement que, grâce à la notation boétienne, il sera possible un jour de retrouver un certain nombre d'anciennes cantilènes. Quoi qu'il en soit, à dater du jour où Charlemagne arbora dans notre Occident l'étendard de la civilisation chrétienne, de toutes parts l'art de la musique fut en honneur. On pourra en étudier les développements dans mon *Histoire générale de la musique religieuse*, que l'Académie des inscriptions et belles-lettres a bien voulu honorer de ses suffrages. Si je rappelle ici une si précieuse marque d'estime, donnée par la savante compagnie, c'est parce que l'occasion de lui en témoigner ma reconnaissance s'offre naturellement à moi, en ce moment même où je présente au public, pour la troisième fois, un livre qui est la continuation de cet ouvrage.

En effet, quoique l'*Histoire générale de la musique religieuse* s'étende depuis l'époque des premières civilisations de l'antiquité jusqu'à l'état actuel de la musique sacrée, néanmoins je m'étais attaché dans ce livre à jeter une plus vive lumière sur la période qui s'étend du douzième au quatorzième siècle, à concentrer sur elle l'attention des lecteurs à cause du lyrisme si caractérisé à cette époque, de Philippe-Auguste à saint Louis. En effet, les hymnes, les séquences, les chants religieux se multipliaient alors comme les roses grimpant et s'épanouissant par milliers le long des nervures et des chapiteaux des églises gothiques; les drames liturgiques étaient devenus de véritables opéras sacrés, et le souffle épique y circulait abondant et pur. Ce ne fut que deux siècles plus tard que toutes ces belles choses se corrompirent et s'éclipsèrent dans les *farces*, *mystères* et *sotties*. Dans le haut moyen âge, alors que les sociétés occidentales étaient en voie de formation, tandis qu'en dehors de l'action intelligente, énergique et protectrice des institutions de l'Église, on ne voyait partout que désordre et violences, guerres et ruines, il était naturel que les arts affectassent de préférence des formes hiératiques et se rattachassent à l'ordre d'idées qui représentait la civilisation, le progrès.

Après ce travail des sociétés et avec les développements de la vie civile, on constate des progrès incessants dans toutes les connaissances et les nombreuses conquêtes de l'activité humaine. Tout en conservant ce que les efforts des temps antérieurs avaient produit de plus remarquable, une nouvelle forme de l'art devait se dégager, forme plus libre et plus variée. Aux hymnes succédèrent les motets à plusieurs voix ; aux séquences, les *laudi spirituali*, les Noëls et les cantiques en langue vulgaire ; aux drames liturgiques, les oratorios ; aux chansons de gestes, des épopées lyriques dont les sujets étaient pris dans l'histoire grecque ou dans la mythologie ; enfin, les opéras sacrés et profanes virent le jour et se développèrent concurremment.

La musique instrumentale suivit une marche analogue. Jadis presque exclusivement vouée à l'accompagnement des voix, elle se fit une existence propre et indépendante.

Les rebecs, les dicordes, les monocordes à archet, furent remplacés par les violons, la viole d'amour, les basses de viole, la viola di gamba, le baryton ; c'étaient les éléments du quatuor qui ne tarda pas à former la base de la musique de chambre et qui fut le précurseur de la symphonie. Celle-ci fut puissamment aidée dans ses développements par le perfectionnement des instruments à clavier.

Quoique l'instrument sorti des mains du facteur divin fût si parfait, si merveilleux qu'on ne pouvait que chercher à l'imiter, cependant la voix humaine dut s'assouplir aux modulations nouvelles que l'art harmonique inventait chaque jour. Des écoles de chant se formèrent, et de Naples, de Venise et de Rome sortirent les meilleurs chanteurs de l'Europe.

C'est à partir de ce temps que mon livre présente dans l'ordre chronologique l'histoire des musiciens compositeurs et virtuoses dont la renommée a eu le plus d'éclat et qui ont le mieux contribué aux progrès de l'art musical. Tout en adoptant la forme biographique et épisodique, j'ai fait ressortir les qualités variées de leur génie, le caractère particulier de leurs œuvres, et j'ai rattaché ces figures, la plupart intéressantes, à l'histoire générale, lorsque les circonstances s'y sont prêtées.

Comme ce volume est spécialement destiné aux personnes de goût et aux amateurs sérieux des arts beaucoup plus qu'à un public frivole et avide d'anecdotes plus ou moins apocryphes, j'ai écarté avec soin tout ce qui, dans la vie privée de ces grands artistes, pouvait offenser les bonnes mœurs ou blesser la juste susceptibilité des lecteurs. D'ailleurs, quand bien même la prudence ne m'y aurait pas engagé, mon goût personnel m'aurait fait rejeter dans l'ombre tout ce qui était de nature à abaisser l'art que je cultive et que ce livre a pour objet de faire estimer, admirer et aimer. D'un autre côté, l'existence du compositeur diffère beaucoup de celle des artistes qui interprètent ses ouvrages. L'histoire est là qui le prouvera.

Parmi ces musiciens, on en rencontrera d'une importance moindre. J'ai fait cette concession à la célébrité qu'ont obtenue en leur temps, ou que possèdent de nos jours, des artistes doués d'ailleurs d'un talent incontestable. Les morts ne peuvent s'enorgueillir de cet honneur posthume, et les vivants puiseront dans le voisinage d'une si noble compagnie les plus puissants motifs d'émulation.

Il résultera de cette suite chronologique quatre divisions morales qui se trouvent singulièrement d'accord avec elle; les raisons en seront exposées naturellement en leur place. Toutefois on peut faire remarquer dès à présent que, dans la première période, la musique conserve un caractère scolastique depuis Palestrina jusqu'à Sébastien Bach; que les grandes figures de Haydn, de Mozart et de Beethoven remplissent la deuxième période. Les éléments de la composition idéale sont inventés, fixés et développés dans les œuvres impérissables de ces maîtres. Méhul et Cherubini sont les derniers représentants de ce cycle glorieux.

Le génie de Rossini ouvre alors une nouvelle carrière à l'inspiration musicale. L'épanouissement des formes mélodiques est complet, et la liberté dans l'emploi des genres donne lieu à la plus gracieuse variété et à une grande richesse de combinaisons.

Weber et Meyerbeer ouvrent la quatrième et dernière période sous l'influence du romantisme; les compositeurs recherchent le pittoresque, la couleur locale, et les fortes impressions qui viennent enrichir de nouveaux effets un art déjà très-avancé.

On voit que cet ordre chronologique est encore celui qui se prête plus que toute autre division à l'intelligence des destinées de l'art musical. Pendant trois siècles et demi, on en suit facilement les vicissitudes, les progrès, les transformations.

PRÉFACE DE LA TROISIÈME ÉDITION

Écrire la vie des musiciens célèbres, c'est faire l'histoire de l'art lui-même, puisque leur vie est presque toujours dans leurs œuvres.

En présence des monuments qu'ils nous ont laissés de leur génie, à quoi bon entrer dans une discussion sur la nature de la musique, sur ce qu'on doit attendre d'elle au point de vue social ou religieux? Je dirai encore moins quelle école a mes préférences; si je suis gluckiste ou piccinniste, si je préfère même la musique d'hier à celle d'après-demain. Ce sont autant de mots en l'air; les faits parleront d'eux-mêmes.

Je crois seulement que la plus utile et la meilleure manière d'être de son temps, c'est encore d'étudier les œuvres du passé.

Quels que soient les éloges que je donne à des maîtres anciens, je sais bien que tout n'est pas à imiter dans leurs œuvres, et je suis loin de recommander les pastiches et l'emploi des formes archaïques; les compositeurs sauront bien faire la part à ce qu'il y a d'impérissable dans les ouvrages de ces maîtres et à ces accessoires de la mode, à ces ornements de convention et de circonstance, qui sont descendus au tombeau avec la génération qui les a vus éclore. D'ailleurs la force vitale est toujours là; et on ne refait pas le passé. L'esprit humain avance en spirale, a dit Gœthe; mais enfin, il avance toujours.

Quelque développé que soit ce livre, ou plutôt en raison même de la quantité d'objets qu'il renferme, il ne saurait offrir qu'un coup d'œil d'ensemble sur les œuvres dramatiques de ces musiciens célèbres. L'analyse musicale de ces ouvrages, et tous les détails qui se rattachent à leur valeur littéraire et à leur représentation publique, restaient en dehors du plan de ces études biographiques. On pourra les trouver traités *in extenso* dans mon *Dictionnaire lyrique ou Histoire des opéras*.

Cinq virtuoses seulement ont trouvé place dans ma collection : Viotti, Paganini, Chopin, Liszt et Thalberg. Trois d'entre eux devaient dans tous les cas y figurer comme compositeurs; les deux autres, Paganini et Liszt, ont jeté un si grand éclat dans le monde par le prestige de leur exécution et l'originalité de leur talent, que le lecteur aurait été surpris de ne pas trouver dans ce livre quelques renseignements sur leur vie accidentée.

Il me reste à dire un mot des portraits qui animent cette galerie. J'ai recherché avant tout la parfaite authenticité du modèle proposé à l'habileté des graveurs ; aucune peine, aucun sacrifice ne m'ont arrêté. Il a fallu faire venir plusieurs de ces portraits de Naples, de Berlin, de Rome ; d'autres, très-rares, m'ont été confiés par leurs heureux propriétaires. On sait que le département des Estampes à la Bibliothèque nationale possède la plus magnifique collection de portraits de l'Europe. En facilitant mes recherches, M. le vicomte Henri Delaborde, conservateur sous-directeur, m'a rendu un service pour lequel je lui témoigne ici toute ma reconnaissance. Le soleil lui-même est venu à mon aide. Sans l'héliographie, m'aurait-il été possible d'offrir à mes lecteurs un aussi bon portrait de Gluck et cette intéressante composition qui nous reporte aux débuts de Mozart à la cour de France en 1764 ?

Que ce livre soit utile aux personnes qui s'occupent de musique, j'ai des raisons d'autant meilleures de le croire que ces études n'ont pas été entreprises sans profit pour moi-même ; mais aura-t-il une portée plus haute ? En retirera-t-on quelque enseignement moral ? Oui sans doute, d'une manière générale, puisque l'admiration qu'on ressent pour les belles choses est déjà comme une participation à ces belles choses elles-mêmes. Mais le lecteur pourra en outre recueillir de l'ensemble quelques bonnes impressions d'une autre nature. En effet, dans aucun art l'influence des sentiments intimes sur les œuvres de l'imagination ne s'accuse davantage. Il est bien rare qu'on remarque chez les grands compositeurs le désaccord que l'on constate trop fréquemment chez les autres artistes entre leurs œuvres et leur caractère. Pourquoi? Parce que la musique n'est pas un art d'imitation. Elle procède de l'impression, de l'improvisation et de la sensibilité ; c'est une émanation plus directe de l'âme. On ne pourrait concevoir un Mozart froid, sec, égoïste, pas plus qu'un Haydn atrabilaire et dénué de bienveillance. Schubert et Sébastien Bach étaient les meilleurs des hommes ; Palestrina, Allegri, Marcello, Lalande, Cimarosa, Zingarelli, Lesueur, Méhul, Spontini avaient des sentiments élevés et religieux. Piccinni, Monsigny, Grétry, Dalayrac, Boieldieu étaient doux, sensibles, obligeants. L'alliance de ces qualités avec le génie ou un talent supérieur est d'un bon exemple. Ce spectacle a quelque chose de bienfaisant. Il fait un peu d'honneur à l'humanité et à l'art que nous professons. Il les relève et les console tous deux de bien des défaillances.

Élevons, en finissant, nos regards vers l'avenir, non pas pour y saluer quelque doctrine nouvelle, émancipatrice des règles éternelles du beau, mais pour en attendre encore des œuvres vraiment inspirées qui arrêtent le goût public sur deux pentes opposées, conduisant l'une à la dégradation, l'autre à la confusion, la première à l'abime, la seconde dans les nuages. Gardons-nous du doute et du découragement. Acceptons la lutte, sachant bien qu'il n'y aura jamais ni paix ni trêve autour du palladium de l'art. Les portes du temple qui le renferme ne sont pas comme celles du temple de Janus dans la vieille Rome : elles restent toujours ouvertes.

LES
MUSICIENS CÉLÈBRES

ROLAND DE LATTRE
(ORLANDO LASSO)
NÉ EN 1520, MORT EN 1594.

Roland de Lattre est le prince des musiciens de la pléiade franco-belge qui, depuis la fin du quinzième siècle jusqu'à celle du seizième, remplirent l'Europe de leurs productions harmonieuses ; leurs œuvres ne sont plus guère connues que des érudits ; cependant, plusieurs d'entre elles sortiront quelque jour de l'oubli, et il est juste de rappeler ici les noms de ces vieux maîtres, véritables pionniers de l'art : Guillaume Dufay, Ockeghem, Bassiron, Clément Jannequin, Jean Mouton, Adrien Petit, Arcadelt, Nicolas Gombert, Adrien Willaert, Cornelius Canis, Clemens non papa, Jean de Clèves, Hollander, Josquin des Prés, Phinot, Cyprien de Rore, Vaet, Claude Goudimel.

Il convient de rendre hommage à la ferveur savante de cette école. L'effort que les artistes firent au moyen âge pour coordonner toutes choses d'après le principe de la foi, les musiciens de leur côté l'ont fait aux quinzième et seizième siècles à l'égard de l'harmonie. Ils ont entassé Pélion sur Ossa, accumulé comme à plaisir les problèmes et les énigmes pour se procurer la satisfaction et l'honneur de les résoudre. Il résulta de ces gigantesques combinaisons des œuvres dont personne ne contestera la puissance, dont quelques âmes élevées comprendront la grandeur. Les amis des arts sévères en apprécieront, en sentiront les beautés.

Sous quel nom convient-il d'honorer le grand compositeur belge qui partage avec Palestrina le sceptre de la musique au seizième siècle ?

L'appellation d'*Orlando Lasso* lui vient évidemment de son séjour en Italie, et il n'y a pas lieu de s'y arrêter. J'écarterai également la supposition d'après laquelle l'illustre musicien se serait appelé *Lassé* primitivement et aurait ensuite donné à ce nom une désinence latine. Rien ne me paraît de nature à justifier cette assertion. Restent deux autres dénominations entre lesquelles il est permis au biographe d'hésiter, parce toutes deux s'appuient sur des documents sérieux : faut-il dire *Roland de Lassus* ou *Roland de Lattre?* Chacun de ces deux vocables se recommande par de bonnes autorités. Dans le doute, je laisserai à l'artiste montois le nom que lui donnent communément ses compatriotes, et je l'appellerai Roland de Lattre.

Il y aurait là matière à bien des réflexions sur le néant de la gloire. Ces hommes éminents qui, suivant la forte expression de Sénèque, se sont consumés en efforts *in titulum sepulchri*, après une vie pleine d'œuvres, ne sont pas encore sûrs du maigre salaire dont le philosophe parle avec tant de dédain. C'est à peine si le marbre ou le bronze retiendront exactement les syllabes de leur nom. Ajoutons que la même incertitude a longtemps plané sur la date de la naissance du célèbre musicien. On sait aujourd'hui qu'il naquit à Mons en 1520. D'après une tradition fort accréditée, la beauté de sa voix, lorsqu'il chantait comme enfant de chœur à l'église Saint-Nicolas, fut cause qu'à plusieurs reprises on essaya de l'enlever à sa famille. L'auteur de ces tentatives était Ferdinand de Gonzague, général au service de Charles-Quint et vice-roi de Sicile. Les parents du jeune Roland consentirent enfin à céder leur fils au protecteur qui témoignait un désir si opiniâtre de l'attacher à sa personne. Le futur compositeur demeura d'abord à Saint-Didier, près de Ferdinand de Gonzague Il avait environ douze ans, quand la fin de la guerre lui permit de visiter l'Italie avec son patron, qui l'emmena successivement à Milan et en Sicile. Roland de Lattre eut ainsi toute facilité pour continuer et compléter son éducation musicale. A l'âge de dix-huit ans, il passa au service de Constantin Castriotto et l'accompagna à Naples. Là, il entra dans la maison du marquis de la Terza, où il demeura environ trois ans. Il fallait que la réputation du musicien belge fût déjà bien établie dès cette époque, puisqu'en 1541 on le voit accueilli à Rome avec beaucoup de distinction par le cardinal-archevêque de Florence, et logé durant six mois dans le propre palais de ce prélat. Ce qui prouve mieux encore en quelle estime on tenait dès lors son talent, c'est sa nomination de maître de chapelle à l'église Saint-Jean de Latran. Pendant qu'il remplissait ces fonctions, il publia à Venise, chez Antoine Gardane, son premier recueil de messes à quatre voix (*Missarum quatuor vocum liber primus. Venetiis, apud Antonium Gardanum*, 1545). C'est aussi à cette époque que furent publiés à Rome les recueils des messes à quatre, cinq et six voix de Christophorus Moralès, chantre de la chapelle pontificale de Paul III. Nul doute que les savantes compositions du musicien espagnol n'aient excité l'émulation de notre Flamand.

ROLAND DE LATTRE

A une époque qu'il est difficile de préciser, mais qu'on ne peut croire antérieure à 1548, Roland de Lattre se démit de son emploi; il avait appris que ses parents étaient dangereusement malades, et il voulut les aller embrasser une dernière fois. Quand il arriva à Mons, la mort avait fait son œuvre; ceux dont il était venu chercher l'adieu suprême n'étaient plus en ce monde. Dès lors, rien ne le retenant dans sa ville natale, il se mit à voyager en Angleterre et en France avec un noble napolitain, grand amateur de musique, nommé Jules-César Brancaccio. Au reste, il règne une profonde obscurité sur cette période de sa vie qui s'étend entre 1549 et 1554. Où a-t-il fait la connaissance de Brancaccio? Cette rencontre ne semble-t-elle pas indiquer que, avant les voyages dont je viens de parler, il était revenu à Naples? Et, s'il est vrai qu'il ait visité la France en compagnie de son noble ami, comment se fait-il qu'il n'ait vu Paris que beaucoup plus tard, en 1571, comme cela résulte d'une dédicace placée en tête d'un de ses ouvrages? Vainement les historiens du maître se sont efforcés de reconstituer ses allées et venues avec le soin d'un juge d'instruction suivant la piste d'un prévenu; leurs recherches n'ont répandu aucune lumière sur la manière dont Roland de Lattre employa son temps depuis 1549, date présumée de son retour à Mons, jusqu'à 1554, époque à laquelle on le retrouve à Anvers.

Il publia dans cette dernière ville, en 1555, chez Tilman Susato, le second livre de ses motets. Le premier avait paru à Venise en 1545. L'année suivante (1556), Jean Laet, autre éditeur anversois, mit au jour une deuxième édition du premier et du second livre des motets de notre musicien, sous ce titre : *Primo et secondo libro de' motetti a cinque e a sei voci nuovamente posti in luce.*

Ce fut à Anvers que les offres du duc Albert de Bavière vinrent chercher Roland de Lattre. Suivant Massimo Trojano, il n'aurait eu d'abord que le titre de maître de la musique de la chambre, à cause de son ignorance de la langue allemande, et le prince aurait attendu, pour lui conférer la maîtrise de sa chapelle, que Dasser, le titulaire de l'emploi, eût pris sa retraite, ce que celui-ci aurait fait quatre ans après l'arrivée de Roland à la cour de Munich. Le compositeur belge entra au service du Bavarois vers l'an 1556 ou 1557. Son biographe, Van Quickelberg, nous dit naïvement que, « voulant justifier la réputation qui l'avait précédé à Munich, il se fit remarquer par l'étendue de ses connaissances, ses *bons mots*, sa gaieté, sa conduite irréprochable, et surtout par la beauté de ses compositions. » Que Roland de Lattre ait réjoui la cour de Bavière par ses bons mots, cela nous importe peu : ce qu'il faut constater et ce qui tire davantage à conséquence pour l'honneur d'un musicien, c'est que, en quelques années, il fit de la chapelle ducale la première de l'Europe, tant par le nombre des artistes que par le choix intelligent qui avait présidé à leur réunion. Ce personnel, recruté avec soin parmi les virtuoses les plus distingués de l'époque, permit au maître de donner carrière à son génie. Ses productions les plus renommées, telles que les *Magnificat* et les *Psaumes de la pénitence*, appartiennent à la période comprise entre les années 1560 et 1575.

Honoré de l'estime et de l'amitié du duc Albert de Bavière, l'illustre compositeur voyait encore les souverains étrangers lui accorder les témoignages les plus flatteurs de leur admiration. A la diète de Spire, le 7 décembre 1570, l'empereur Maximilien lui conférait spontanément la noblesse, ainsi qu'à sa descendance légitime. Le 6 avril 1571, le Pape Grégoire XIII le décorait de l'ordre de l'Éperon d'or. A ces faveurs se joignirent dans la même année celles du roi de France, Charles IX. Ce malheureux prince, à qui l'histoire reprochera toujours d'avoir laissé commettre le crime de la Saint-Barthélemy, n'en était pas moins, comme tous ceux de sa race, un esprit cultivé, ami des lettres et des arts. Quand Roland de Lattre visita Paris, en 1571, il lui fit la réception la plus gracieuse et le combla de présents. Quelque temps après, l'artiste reçut du monarque français l'invitation de se rendre auprès de lui, pour diriger la chapelle du Louvre. Le traitement affecté à ces fonctions était plus considérable que celui que le duc de Bavière faisait à son maître de chapelle. Mais Roland de Lattre n'eût pas consenti aisément à se séparer de son généreux protecteur, si celui-ci ne l'eût engagé lui-même à accepter un emploi qui devait améliorer sa situation. Le compositeur se mit donc en route, mais la nouvelle de la mort de Charles IX lui arriva lorsqu'il n'était encore qu'à Francfort (1574). Il rebroussa chemin aussitôt et se vit immédiatement réintégré dans son ancienne position par le duc de Bavière, heureux de conserver le musicien qu'il appelait la *perle de sa chapelle*. Pour s'attacher Roland par des liens plus solides, le prince décida qu'à l'avenir, sous quelque prétexte que ce fût, ses émoluments annuels (400 florins) ne pourraient être diminués.

Peu après son entrée au service de la cour de Munich, ce grand artiste avait épousé Régine Weckinger, fille d'honneur de la duchesse régnante ; mariage qui avait contribué, selon toute apparence, à fortifier son crédit. La faveur dont il jouissait auprès du bon duc Albert se maintint sans altération et sans nuage, tant que vécut cet excellent prince, jusqu'en 1579. Le nouveau souverain de la Bavière, Guillaume V, bien qu'il aimât aussi la musique et sût la payer généreusement, ne mit jamais dans ses relations avec son maître de chapelle la cordialité familière de son prédécesseur. Néanmoins, en 1587, il fit cadeau à Roland de Lattre d'un jardin à Meising sur la route de Fürstenfeld et accorda à la femme de l'artiste une pension annuelle de 100 florins. Cependant l'homme de génie qui depuis quarante ans tenait les musiciens de trois royaumes attentifs à ses inspirations sentait ses forces défaillir avec l'âge ; se trouvant incapable de concilier désormais le travail de la composition avec les soins de sa charge, il sollicita en 1587 la permission d'aller passer chaque année quelques mois dans sa terre de Meising. Cette autorisation lui fut accordée, mais à la condition qu'il ne toucherait plus que la moitié de son traitement. Le vieillard considéra cette dure condition comme un refus, et s'y montra fort sensible. Plutôt que de perdre 200 florins sur ses émoluments annuels, il aima mieux continuer de s'astreindre à tous les devoirs de son office; il employa le peu de liberté que lui laissaient ses occupations de maître de chapelle, à écrire de nouveaux ouvrages ou à mettre la dernière main aux anciens. A voir l'ardeur fébrile avec laquelle travaillait Roland de Lattre, on eût dit qu'il avait le pressentiment du coup qui allait frapper son intelligence : la folie ! C'était en effet par ce triste couronnement que devait s'achever une existence jusque-là brillante et enviée. A la suite d'une de ses excursions à Meising, les facultés mentales du malheureux musicien se dérangèrent, et il revint à Munich dans un état de santé alarmant. Les soins les plus empressés lui furent prodigués; la pitié du duc conserva à l'infortuné compositeur les honoraires de la place que le désordre de sa raison ne lui permettait plus d'occuper; mais, si l'on put prolonger de quelque temps sa vie, on ne put rien contre la démence qui avait pris possession de son cerveau et ne le quitta plus. La mort était un bienfait pour Roland de Lattre dans la déplorable situation où il se trouvait : elle ne se fit pas longtemps attendre. L'artiste expira, à l'âge de soixante-quatorze ans, le 14 juin 1594. Il avait eu six enfants de son mariage avec Régine Weckinger. Deux de ses fils continuèrent avec quelque distinction les traditions paternelles.

Le maître belge excita au plus haut degré l'enthousiasme de ses contemporains, comme le prouvent de nombreux témoignages, dont quelques-uns peuvent trouver place ici. Le distique suivant montre bien dans la forme poétique de ce temps l'estime qu'on faisait de lui :

Hic ille est Lassus lassum qui recreat orbem,
Discordemque sua copulat harmonia.

L'un des poëtes de la pléiade ronsardienne, Étienne Jodelle, a célébré la gloire de Roland de Lattre dans un poëme de cent soixante-douze vers. Un de ses éditeurs, Adrien Le Roy, homme de mérite et versé dans la musique, appelle Roland un « *grand maître et suprême ouvrier dont les admirables inventions, les ingénieuses dispositions, la liberté hardie, la plaisante harmonie font de sa musique le patron et l'exemplaire sur lequel on se peut seurement arrêter.* » D'ailleurs l'éloge suprême du génie de Roland de Lattre est dans le nombre considérable des éditions qui ont été faites de ses œuvres. En 1677, c'est-à-dire quatre-vingt-trois ans après sa mort, une nouvelle publication de ses motets avait lieu par les soins des Ballard.

Les restes du grand musicien ont été déposés dans le cimetière de l'église des Franciscains, à Munich. Une statue lui a été érigée dernièrement dans cette ville aux frais du roi de Bavière. Mons, qui s'enorgueillit à juste titre de compter l'illustre artiste au nombre de ses enfants, possède aussi une belle statue de Roland, due au ciseau de M. Frison. Placée dans le parc, elle rappelle aux promeneurs un nom cher à tout le Hainaut, et sous l'invocation duquel s'est formée plus d'une Société de musique.

La plupart des motets de Roland sont à cinq et six parties réelles; le chant est dit à la partie supérieure par le soprano; puis viennent l'alto, le ténor, une deuxième partie d'alto ou de première basse appelée *quintus* ou *sextus* et la basse. Je citerai de son œuvre les pièces suivantes :

Audi benigne, le motet *Pro defunctis*, *In cœna Domini* à six parties, *De corpore Christi*, *Estote ergo misericordes* à sept parties, le psaume *In convertendo* à huit parties réelles, l'hymne *Jam lucis orto sidere* à double chœur et du plus grand effet, chef-d'œuvre de science et d'inspiration; le psaume *Confitebor*, conçu d'après le même plan, mais d'une facture plus variée et moins grandiose, est aussi fort remarquable.

Terminons cette trop sèche énumération en citant le *Te decet hymnus* à quatre parties, dont l'exécution est plus facile et dont le style offre beaucoup d'analogie avec celui de Palestrina.

Il ne faut pas croire que ces formes rigides de l'art harmonique au xvie siècle fussent incompatibles avec l'expression, le sentiment. De telle chanson française, dont le tour est galant et tendre, écrite à Mons en 1555, au terrible motet *Timor et tremor venerunt super me*, la distance est grande, et le mot *Miserere* attaqué sur le même rhythme par toutes les parties à la fois impressionne par sa sombre énergie bien autrement que le *Miserere* si vanté du *Trovatore*. Les formes dramatiques de l'art musical telles que nous les comprenons aujourd'hui ne remontent pas au delà du commencement du xviie siècle. Néanmoins les émotions variées de l'âme se font jour à travers les mailles serrées d'un tissu harmonique et d'un contre-point rigoureux dont la complication semble avoir été le principal mérite.

Le portrait que je donne ici a été dessiné et gravé d'après une vieille gravure allemande qui est au Cabinet des estampes de la Bibliothèque nationale et porte cette inscription : *Orlandus Lassus, musicus excellens.*

PALESTRINA

(GIOVANNI PIERLUIGI DE)

NÉ VERS 1524, MORT VERS 1594.

Giovanni Pierluigi naquit vers 1524, à Palestrina, l'ancienne Préneste, petite ville des États romains, du nom de laquelle on a l'habitude de l'appeler. Malgré les consciencieuses et savantes recherches de l'abbé Baini, ancien directeur de la chapelle pontificale, on n'a encore aucune certitude sur le nom de famille, les dates de la naissance et de la mort de cet illustre compositeur, qui occupe une des premières places dans l'histoire de la musique. Une grande obscurité plane sur ses premières années ; on sait seulement que ses parents étaient pauvres et que c'est comme enfant de chœur qu'il apprit les premiers éléments de la littérature et de la musique. On remarquera que c'est là le début ordinaire des plus grands compositeurs.

En 1540, il se rendit à Rome où il étudia la musique religieuse dans la fameuse école fondée par Goudimel et qui compta parmi ses élèves Jean Animuccia, Étienne Bettini, surnommé *il Fornarino*, Alexandre Merlo, etc. Onze ans plus tard, en 1551, sous le pontificat de Jules III, nous retrouvons Palestrina maître des enfants de chœur de la chapelle Giulia. Il avait alors vingt-sept ans. Trois ans après, il publiait son premier recueil de compositions, dans lequel on distingue quatre messes à quatre voix et une à cinq.

Jules III accepta la dédicace de ce recueil et conçut une telle estime pour son auteur, qu'il fit entrer Palestrina parmi les chantres de sa chapelle pontificale, sans examen, malgré ses propres statuts, à l'exécution desquels il veillait avec une grande sévérité, et par un ordre exprès signifié à ses chapelains-chantres. Ceux-ci accueillirent avec froideur le nouveau collègue qui devait un jour jeter tant d'éclat sur leur compagnie et consignèrent dans le journal de la chapelle, à la date du 13 janvier 1555, que cette admission s'était faite sans leur consentement : « *absque consensu cantorum.* »

Malheureusement pour Palestrina, le pape Jules III mourut cinq semaines après (23 mars 1555), et son successeur, le pape Marcel II, ne conserva que vingt-trois jours le pouvoir pontifical. C'est de cette époque que date la fameuse messe connue sous le nom de *Messe du pape Marcel* (Missa papæ Marcelli). A ce sujet, Berardi et d'autres écrivains rapportent une anecdote regardée maintenant comme apocryphe : on prétendait que le pape Marcel, effrayé des inconvénients qu'offrait l'usage de la musique comme accompagnement du culte religieux, avait projeté de la bannir, mais que, après avoir entendu la messe du jeune compositeur, il revint de sa prévention et abandonna des idées qui eussent porté un coup si funeste à une des branches les plus importantes de la musique.

Après la mort de Marcel II, le cardinal Giovanni Pietro Caraffa, qui monta sur le trône de saint Pierre sous le nom de Paul IV, déploya une grande ardeur dans la réforme de son clergé et de sa cour. Il commença par s'occuper de la chapelle pontificale et par remettre en vigueur l'article du règlement interdisant à tout laïque les fonctions de chantre. Trois d'entre eux étaient laïques et mariés, Leonardo Barri, Domenico Ferrabosco et Palestrina. Ce dernier, marié jeune à une femme dont on ne connaît que le prénom de Lucrezia, avait alors quatre fils, Angelo, Rodolfo, Sylla et Hygino; les trois premiers moururent, parvenus à l'adolescence, et plusieurs motets insérés au second livre des motets de Palestrina faisaient concevoir de grandes espérances de leur talent; le quatrième est surtout connu pour avoir édité les deux derniers livres des messes de son père. Les chantres, quoique jaloux de Palestrina, plaidèrent sa cause avec celle de ses deux autres confrères et démontrèrent au pape que ces hommes avaient été nommés à leurs fonctions pour toute leur vie et avaient renoncé pour les remplir à des positions plus avantageuses. Paul IV fut inflexible et rendit un décret en ces termes : « La présence « des trois chantres mariés dans le collége est un grand sujet de blâme « et de scandale ; ils ne sont point propres à chanter l'office, à cause de « la faiblesse de leur voix ; nous les cassons, chassons et éliminons du « nombre de nos chapelains-chantres. » Il accorda aux trois disgraciés une pension de six écus par mois à titre d'indemnité.

Palestrina ne put supporter un pareil coup auquel il était loin de s'attendre; il tomba gravement malade; on vit alors ses anciens collègues lui prodiguer une affection toute fraternelle et lui donner des preuves d'un parfait dévouement. Heureusement pour Palestrina, les offres avantageuses ne lui manquèrent pas, et le 1er octobre 1555, deux mois après son exclusion de la chapelle pontificale, il devenait maître de chapelle de Saint-Jean de Latran.

Pendant les cinq mois que Palestrina conserva cette fonction très-honorable, mais fort peu rétribuée, il consacra ses loisirs à composer plusieurs ouvrages remarquables, parmi lesquels je citerai les célèbres *Improperii* de l'office de la semaine sainte.

Le 1er mars 1561, il quitta Saint-Jean de Latran pour entrer à la chapelle de Sainte-Marie-Majeure, où il resta jusqu'au 31 mars 1571 ; dix années qui comptent parmi les plus brillantes de la carrière de l'illustre compositeur.

En 1569, Palestrina publia le deuxième livre de ses messes, suivi en 1570 du troisième livre, dédiés tous deux au roi d'Espagne Philippe II, et un livre de motets sous le patronage du cardinal Hippolyte d'Este. A partir de cette époque, ses ouvrages se succédèrent rapidement et obtinrent le plus brillant succès.

Après la mort d'Animuccia, en mars 1571, Palestrina fut nommé maître

PALESTRINA

de chapelle de Saint-Pierre du Vatican, directeur de la musique de l'Oratoire et de l'école de contre-point fondée par Jean-Marie Nanini.

Lorsque le pape Grégoire XIII songea à réformer le chant religieux, il en chargea spécialement Palestrina, qui s'adjoignit son élève Guidetti; mais il ne put achever cet immense travail, et l'on ne trouva terminé à sa mort que le Graduel *de Tempore*. Hygino, fils du compositeur, qui avait fait compléter l'ouvrage, le vendit comme l'œuvre de son père; mais le contrat, inculpé de fraude par le tribunal de la Santa-Rota, fut cassé, et le manuscrit authentique de Palestrina fut mis en lieu de sûreté, afin d'être publié en temps utile [1].

Le 21 juillet 1580, la femme de Palestrina mourut. La perte d'une compagne qu'il chérissait tendrement, causa le plus profond chagrin au grand réformateur de la musique religieuse. On trouve même des marques de découragement dans le passage suivant de la dédicace qu'il fit au pape Sixte V du premier livre de ses *Lamentations* : « Très-Saint-Père (dit-il), « l'étude et les soucis ne purent jamais s'accorder, surtout lorsque ceux-ci « viennent de la misère. Quand on possède le nécessaire, demander davan- « tage est manquer de modération et de tempérance; on peut facilement « se délivrer des autres soins, et celui qui ne s'en contente point ne peut « que s'accuser lui-même. Mais ceux qui l'ont éprouvé savent seuls com- « bien il est pénible de travailler pour maintenir honorablement soi et les « siens, et combien cette obligation éloigne l'esprit de l'étude des sciences « et des arts libéraux. J'en ai toujours fait la triste expérience, et maintenant « plus que jamais. Toutefois je rends grâces à la bonté divine, qui a permis « que, malgré mes plus grands embarras, je n'aie jamais interrompu l'étude « de la musique (où j'ai trouvé aussi une utile diversion à mes chagrins), « dans la carrière que j'ai parcourue et dont le terme approche. J'ai publié « un grand nombre de mes compositions, et j'en ai beaucoup d'autres dont « l'impression n'est retardée que par ma pauvreté : car c'est une dépense « considérable, particulièrement à cause des gros caractères de notes et des « lettres nécessaires pour que l'usage en soit commode dans les églises [2]. »

Les dernières années de la vie de Palestrina furent des plus tristes. La maladie dont il était atteint depuis la mort de sa femme, ayant fait de rapides progrès, il ne put se dissimuler que sa fin approchait ; il fit alors venir le seul fils qui lui restât, Hygino, et lui adressa ces dernières paroles : « Mon fils, je vous laisse un grand nombre d'ouvrages inédits; « grâce au Père abbé de Baume, au cardinal Aldobrandini et au grand-duc « de Toscane, je vous laisse aussi ce qui est nécessaire pour les faire

---

1. Ce travail de Palestrina et de Guidetti a servi de base aux éditions du *Chant romain traditionnel* publiées à Rome, à Venise, à Toul, etc. Mais de nombreuses fautes contre les règles du chant grégorien s'y étaient accumulées. Je me suis efforcé de reconstituer cette version dans son intégrité en y ajoutant des divisions et une ponctuation mélodique dans mon édition du graduel et de l'antiphonaire publiée en 1864, et en usage actuellement dans sept diocèses de France, notamment à Lyon et à Paris.
2. Fétis, *Biographie universelle des musiciens*, tome VI, p. 432.

« imprimer; je vous recommande que cela se fasse au plus tôt pour la « gloire du Tout-Puissant et pour la célébration de son culte dans les « saints temples. » Le 2 février 1594, le pieux maître de chapelle rendait son âme à Dieu. Si quelque compositeur de musique sacrée, ayant conscience de son mérite, est porté à se plaindre de l'indifférence et même de l'injustice de ses contemporains, si la culture des arts religieux ne lui a causé que d'amères déceptions de la part de ceux qui devaient le plus la favoriser, qu'il lise la vie de Palestrina, et il supportera comme lui ses épreuves avec patience; comme lui, il sera consolé par la pensée qu'il a travaillé « à la gloire du Tout-Puissant ».

On fit à Palestrina des obsèques dignes du rôle important qu'il avait rempli ; tous les musiciens de Rome eurent à cœur de concourir à l'éclat du service célébré en son honneur. Il fut inhumé dans le Vatican, et on grava sur son tombeau l'inscription suivante :

JOANNES-PETRUS-ALOYSIUS-PRÆNESTINUS,
MUSICÆ PRINCEPS.

Un autre monument a été élevé à la gloire du chantre de Préneste avec une persévérance et une conviction tout à fait admirables : c'est l'édition complète de ses œuvres, accompagnées d'un travail étendu sur sa vie, par l'abbé Baini. Le portrait peint par Schnorr et gravé par Amster est celui qui m'a paru le plus digne d'être reproduit.

Malgré son goût exquis et sa profonde piété, Palestrina avait commencé par suivre l'exemple des musiciens du quinzième siècle, ses prédécesseurs. Il s'était évertué à traiter en contre-point des thèmes populaires. Il avait composé, sur la fameuse chanson de l'*Homme armé*, une messe à cinq voix. Mais, plus tard, son génie devint indépendant et créateur. L'ensemble de ses deux cents compositions est une des plus étonnantes productions de l'esprit humain. Sous sa plume, l'harmonie consonnante a atteint le plus haut degré de la perfection. On peut dire que l'art était, aux yeux de Palestrina, la splendeur de l'ordre : *Splendor ordinis*. Tout y est harmonie, équilibre, pondération ; c'est une architecture parfaite. En entendant ces accords, qui se succèdent si merveilleusement enchaînés les uns aux autres, on oublie la musique. On voit, comme en extase, des paysages lointains au-dessus desquels s'entrecroisent des nuages diversement colorés ; des tableaux parfaits, d'une ordonnance à la fois savante, grandiose, calme et sereine, tels que l'école d'Athènes, le Parnasse ou la Dispute du Saint-Sacrement de Raphaël ; on assiste aux manœuvres stratégiques de magnifiques armées, à des panoramas sans fin, à des perspectives puissantes comme celles de Piranesi ; mais aussi les âmes tendres se laissent bercer par les sentiments humains, purs, chastes et tranquilles, comme ceux de la sainte amitié. C'est sous cette forme que l'art musical atteint plus facilement à tout, se généralise, s'universalise. Les plus

grands artistes ont senti ce besoin d'expansion hors des limites de leur art spécial. C'est ce qu'exprimait si bien Michel-Ange dans un de ses sonnets :
« Déployant ses ailes pour s'élever vers les cieux d'où elle est descendue, l'âme ne s'arrête pas à la beauté qui séduit les yeux et qui est aussi fragile que trompeuse; mais elle cherche, dans son vol sublime, à atteindre le principe du beau universel. »

VITTORIA

NÉ VERS 1540, MORT VERS 1608.

La vie de Victoria ou, comme on dit en Italie, Vittoria, est fort peu connue. La curiosité biographique, inséparable de l'admiration, ne sait à quoi se prendre dans cette existence comprise entre deux dates qui ne sont pas même certaines. Thomas-Louis de Victoria ou Vittoria serait né, suivant l'opinion la plus probable, vers 1540, à Avila, en Espagne. Dans sa jeunesse, il alla à Rome et suivit les leçons de deux de ses compatriotes, Escobedo et Christophorus Moralès, qui étaient attachés à la chapelle pontificale. L'étude des compositions de Palestrina exerça aussi une heureuse influence sur son développement musical. En 1573, il fut nommé maître de chapelle du collége Germanique à Rome, et, deux ans après, maître de chapelle de l'église Saint-Apollinaire. A son retour dans sa patrie, il obtint le titre de chapelain du roi Philippe II. En 1605, Vittoria publia à Madrid un office des morts, à six voix (*Officium defunctorum sex vocum*) composé pour les obsèques de l'Impératrice. On croit qu'il mourut en 1608.

Ce maître ne s'est exercé que dans la musique religieuse. A l'ouvrage que je viens de citer, il faut joindre les *Hymni totius anni* dédiées au pape Grégoire XIII, l'*Officium hebdomadæ sanctæ*, les *Motecta festorum totius anni*, des messes à quatre, cinq et six voix, etc.

Le genre de musique dans lequel Vittoria a écrit ses motets et ses chœurs de la Passion est bien différent de celui que Pergolèse inaugura et qui servit d'intermédiaire entre la musique scolastique et les compositions religieuses de Marcello, de Haydn, de Gossec, de Zingarelli, de Mozart et de Cherubini. Ce genre scolastique est représenté dans mon livre par quatre compositeurs : Roland de Lattre, Palestrina, Vittoria et Allegri. Quoiqu'on ait pu fortifier l'effet de la musique sacrée en la rendant dramatique, on ne saurait nier que l'impression produite par ces anciennes symphonies vocales ne soit saisissante et même plus profonde. Il semble que chaque partie ait un rôle, une volonté, un intérêt dans l'ensemble. Ces voix, toutes humaines, parlant et se taisant tour à tour, s'imitant l'une l'autre, échangeant leurs mots et leurs phrases en les modifiant toutefois, et en conservant le registre, le timbre qui leur est propre, ces voix, dis-je, composent une harmonie vivante, animée, parlante en un mot. C'est un véritable concert humain. Ces messes et chœurs sans accompagnement, exécutés dans la chapelle Sixtine, ont joui pendant trois siècles de la réputation la plus méritée.

Le chef-d'œuvre de Vittoria est sans contredit son Office de la Semaine sainte. Les chœurs de la Passion de Notre-Seigneur ont une harmonie rigide et vigoureuse, un rhythme énergique, une vérité d'expression que nul procédé de l'art moderne ne saurait égaler. La partie du peuple demandant la vie du brigand *Barrabam, Barrabam!* et la mort de Jésus : *Crucifigatur, crucifigatur!* a bien la violence sauvage d'une horde sans pitié. L'intervalle de quinte domine dans cette harmonie. Les moyens d'effet sont des plus simples. Quelques imitations, des phrases en canon, des retards et prolongations en vue de la réalisation de l'accord parfait, quatre voix sans aucun accompagnement, c'est là tout! Et cependant l'impression est la plus forte qu'on puisse imaginer.

La même patrie qui a donné le jour à Zurbaran et à Ribeira est bien celle du compositeur Vittoria.

Il a appris sans doute les procédés de la composition à l'école romaine; mais plus que Christophorus Moralès, son maître, il est resté Espagnol par le sentiment.

ALLEGRI

NÉ VERS 1560, MORT EN 1662.

Allegri (Gregorio), issu d'une famille déjà illustre pour avoir donné le jour au Corrége, naquit à Rome vers 1560. Il étudia sous Nanini avec Antoine Cifra et Pierre-François Valentini. Après avoir pris les ordres sacrés, il obtint un bénéfice dans la cathédrale de Fermo et fut d'abord attaché à cette église en qualité de chantre et de compositeur. De cette époque date la publication de ses concerts à deux, trois et quatre voix, et de ses motets à deux, trois, quatre, cinq et six voix. Ces compositions fixèrent sur lui l'attention du pape Urbain VIII, qui le nomma chapelain-chantre de la chapelle pontificale (6 décembre 1629). Allegri conserva ces fonctions jusqu'à sa mort, survenue le 18 février 1662. Ses restes reposent à Sainte-Marie *in Vallicella*, dans le caveau du collége des chantres de la chapelle du Vatican. C'était un prêtre aussi pieux, aussi charitable qu'il était savant musicien ; sa bienveillance s'exerçait spécialement au profit des pauvres prisonniers.

ALLEGR.

On a d'Allegri des concerts, des motets, des *Lamentations* et des *Impropères*. Mais l'ouvrage qui l'a surtout rendu célèbre, c'est le *Miserere* à deux chœurs, l'un à quatre voix, l'autre à cinq, qui se chante à la chapelle Sixtine pendant la Semaine sainte. La Cour romaine attachait un tel prix à la possession exclusive de ce fameux morceau, qu'elle avait menacé des pénalités ecclésiastiques quiconque en prendrait ou en donnerait copie. Mozart brava cette défense. Le courageux enfant, saisi d'admiration en entendant cette musique, l'écrivit séance tenante au fond de son chapeau. Depuis, ce *Miserere* a été publié à Londres et inséré par Choron dans sa Collection de chants sacrés.

Le chef-d'œuvre d'Allegri faillit amener un incident diplomatique entre la cour d'Allemagne et le Saint-Siège. L'empereur Léopold Ier avait fait demander au Pape par son ambassadeur à Rome une copie du *Miserere* : elle lui fut accordée. Mais, pour que ce cadeau eût tout son prix, il eût fallu que le maître de la chapelle pontificale envoyât avec la partition les chanteurs de la Sixtine, qui en possédaient une interprétation excellente. On n'y avait pas songé; aussi l'effet produit à Vienne fut-il médiocre. L'Empereur se crut joué et se plaignit au Pape, qui fit faire des remontrances au maître de chapelle, auteur de cette prétendue mystification. Celui-ci parvint néanmoins à démontrer son innocence en prouvant combien l'œuvre d'Allegri empruntait de mérite à la tradition d'exécution conservée à Rome et non transmissible par la notation. Il en a été de même des *Chants de la Sainte-Chapelle* que j'ai tirés des manuscrits du XIIIe siècle. La notation est insuffisante pour interpréter ces séquences d'une originalité si puissante. Il faut y ajouter la tradition du style qui leur est propre et la communiquer aux exécutants.

Malgré sa facture simple, le *Miserere* d'Allegri n'en est pas moins un des morceaux les plus originaux de l'époque où il parut, grâce à l'accent de tristesse profonde qui y domine, à l'excellente ordonnance des voix, et à la parfaite conformité de l'expression musicale avec le sens du texte. Si l'on veut en apprécier complètement les beautés, ce n'est pas dans un lieu profane qu'il faut l'entendre. Il serait écouté froidement dans une salle de concert; c'est une église et le temps même de la Semaine sainte qui conviennent à l'audition de ce chef-d'œuvre.

Les portraits d'Allegri sont très-rares, si tant est qu'il en existe un autre que celui que j'ai trouvé au cabinet des estampes, et qui est accompagné de cette inscription :

GREGORIO ALLEGRI ROM. CAPP. CANT. PONT.
ECCELLENTISSIMO COMPOSITORE MORTO LI 18 FEBBRAJO 1662.
FORTUNATO SANTINI ROM. FECE INCIDERE.

D'après cette date, le vénérable Allegri serait mort à l'âge de cent deux ans, ce qui fait concevoir des doutes sur l'authenticité de la date de sa naissance, telle qu'elle est indiquée par ses biographes.

MONTEVERDE

NÉ EN 1568, MORT EN 1643.

Monteverde passe pour avoir employé le premier la dissonance naturelle qui est devenue depuis un des éléments essentiels de la composition musicale ; il ne l'a pas inventée ; mais il l'a employée si heureusement dans ses ouvrages, qu'il en a fait adopter l'usage d'une manière générale. Les fragments de ses opéras d'*Ariana* et d'*Orfeo* donnent la plus belle idée de son inspiration.

Claude Monteverde naquit à Crémone en 1568. Il appartenait à une famille pauvre et entra de bonne heure dans la musique du duc de Mantoue comme joueur de viole. Le maître de la chapelle ducale, Marc-Antoine Ingegneri, lui apprit le contre-point ; toutefois l'illustre musicien est surtout redevable à son génie de la gloire qu'il s'est acquise ; ses ouvrages fourmillent d'incorrections qu'un artiste ordinaire aurait pu éviter ; mais ils se recommandent aussi par des beautés dont l'enseignement ne livre point le secret et qu'une nature richement douée peut seule produire. En 1603, Monteverde succéda à son maître et dirigea la chapelle du duc de Mantoue jusqu'en 1613. Entre autres ouvrages dramatiques qu'il fit jouer à la cour de ce prince, je citerai l'*Ariana* (1607), l'*Orfeo* donné en 1608 et le ballet *delle Ingrate* représenté la même année. *Il pianto* d'Ariane *Lasciatemi morire* est sans doute un morceau fort intéressant et d'une bonne expression dramatique, mais il a été vanté trop exclusivement par Fétis et M. Gevaert. Il y avait à cette époque, au commencement du dix-septième siècle, bon nombre d'airs qui ne le cédaient en rien à celui-ci, lequel d'ailleurs est fort court.

En 1613, le compositeur fut appelé à Venise, où on lui offrit la succession de Jules-César Martinengo, maître de chapelle de Saint-Marc. Les procurateurs de la cathédrale, désireux de s'attacher un tel artiste, après lui avoir alloué 50 ducats pour ses frais de voyage, lui accordèrent un traitement de 300 ducats, qui fut porté à 400 le 24 août 1616, sans parler de plusieurs gratifications dont on lui fit cadeau à diverses époques. La sollicitude de ses patrons alla même jusqu'à l'installer dans une maison sise dans l'enclos canonial et qui fut réparée et ornée exprès pour le recevoir. C'était là un privilège inusité, mais qui a lieu de moins étonner s'il est vrai, comme l'ont rapporté quelques auteurs, qu'après la mort de sa femme Monteverde se fit prêtre. Quoi qu'il en soit, si l'Église a pu attirer à elle le musicien de Crémone, elle ne parvint pas à le distraire de l'art profane.

Bien qu'il ait gardé jusqu'à sa mort les fonctions de maître de la chapelle de Saint-Marc, Monteverde fut plus d'une fois appelé dans les villes voisines, où, dans les circonstances extraordinaires, on aimait à recourir à ses talents. Ainsi, en 1617, il est mandé par le duc de Parme et écrit quatre intermèdes pour les *Amours de Diane et d'Endymion;* en 1621, il fait exécuter à Florence une messe de *requiem* et un *De profundis* pour les funérailles de Cosme II de Médicis ; en 1627, on le retrouve à Parme, où il écrit encore cinq intermèdes pour les pièces de *Bradamante* et de *Didon;* deux ans après (1629), il compose, à la demande de la ville de Rovigo, une cantate intitulée *Il rosajo fiorito* (*le Rosier fleuri*).

Le peu de renseignements authentiques que l'on possède sur la vie de Monteverde ne permet pas de préciser en quelle année il alla à Rome ; il y a lieu de supposer que ce fut entre les années 1600 et 1603. Il était alors en butte aux attaques de l'école de Bologne, notamment d'Artusi, qui triomphait facilement de ses fautes grammaticales et ne comprenait rien à ses découvertes harmoniques. Il fallut le choix éclatant des procurateurs de Saint-Marc pour imposer silence à la critique et changer les censures en éloges. Bologne, qui, au commencement du dix-septième siècle, blâmait hautement les innovations du maître, l'appela dans ses murs en 1620 et lui rendit les plus grands honneurs. En 1630, Monteverde fit jouer à Venise, dans le palais du sénateur Jérôme Mocenigo, un nouvel opéra intitulé *Proserpina rapita*. Jamais on n'avait assisté à une représentation aussi magnifique, tant sous le rapport musical qu'au point de vue de la pompe du spectacle. Cet événement artistique donna à Ferrari et à Manelli l'idée de convier le public à un genre de divertissement qui jusque-là n'était point sorti du palais des princes. Ainsi naquit l'opéra proprement dit, qui recruta ses auditeurs partout et non plus seulement dans les cours. Monteverde, après avoir obtenu ses premiers succès sur la scène du duc de Mantoue, eut assez d'intelligence pour suivre l'art lyrique dans la nouvelle évolution qu'il accomplissait. Tout vieux qu'il était à cette époque, il donna encore l'*Adone* en 1639, *Le Nozze d'Enea con Lavinia* et *Il ritorno d'Ulisse in patria* en 1641, enfin en 1642 l'*Incoronazione di Poppea*. Il mourut au commencement de l'année suivante (1643), à l'âge de soixante-quinze ans.

Monteverde a écrit beaucoup de morceaux pour l'Église. On lui doit aussi un grand nombre de *madrigaux* et de *canzoni*. Le premier ouvrage par lequel il s'est fait connaître et qu'il publia à l'âge de seize ans est un recueil intitulé : *Canzonette a tre voci* (Venise, 1584). En somme, Monteverde doit être considéré comme un des plus actifs propagateurs de l'art lyrique. Il a d'abord secoué un des premiers le joug de la scolastique, et, par le succès de ses ouvrages, il a contribué à répandre la coutume des représentations publiques des opéras en Italie.

FRESCOBALDI

NÉ EN 1587, MORT EN 1654.

Ce n'était pas assez pour le seizième siècle italien que d'avoir produit successivement Palestrina, Monteverde, Allegri : la musique instrumentale devait aussi suivre une marche ascendante. Girolamo Frescobaldi, l'habile claveciniste, naquit à Ferrare en 1587. Il suivit les leçons de son compatriote François Milleville, et telle était, dans sa jeunesse, la beauté de sa voix que partout où il allait se faire entendre il entraînait sur ses pas une foule d'admirateurs qui l'accompagnaient de ville en ville.

A vingt ans, il jouissait déjà comme organiste d'une réputation considérable. C'est vers cette époque de sa vie qu'il voyagea dans les Pays-Bas où il séjourna pendant quelques années. Son premier ouvrage fut un recueil de madrigaux à cinq voix qui parut à Anvers en 1608. La même année, il publia à Milan ses *Fantasie a due, tre e quatro voci*.

Tels sont à peu près les seuls faits connus de la vie de Frescobaldi jusqu'en 1614, date de son installation à Rome en qualité d'organiste de Saint-Pierre du Vatican. La grande renommée du maître l'avait fait appeler à ce poste éminent, et, le jour où il prit possession de l'orgue, trente mille auditeurs attirés par sa réputation se réunirent dans l'église pour l'entendre. Tel était l'enthousiasme qu'on éprouvait alors en Italie pour les beaux-arts. Depuis ce temps, Frescobaldi ne quitta plus Rome, si ce n'est en 1630, pour se rendre à Florence. A l'étranger même, on admirait tellement son génie, que Froberger reçut une pension de l'empereur Ferdinand III, afin de pouvoir aller étudier à Rome sous la direction de l'organiste ferrarais. L'histoire, qui n'a garde d'oublier les faits et gestes des perturbateurs de la paix publique, est muette, ou peu s'en faut, sur l'une des gloires les plus harmonieuses dont l'Italie peut légitimement s'enorgueillir. Devons-nous nous en plaindre? et ne pouvons-nous pas conjecturer de ce silence que l'existence de Frescobaldi fut tout entière vouée aux nobles préoccupations de l'art et à la recherche des formes musicales les plus nouvelles? L'opinion la plus probable est que Frescobaldi cessa de vivre vers 1654; mais, pour ceux dont le nom ne doit point périr, qu'importe de savoir précisément à quelle date ils ont disparu de ce monde?

Ce qui est plus certain, c'est qu'au nom de Frescobaldi s'attachera la gloire d'avoir réalisé dans la musique instrumentale, sur l'orgue et le clavecin, le progrès d'harmonie tonale que Monteverde avait inauguré dans la musique dramatique. Frescobaldi peut aussi être considéré comme un des premiers inventeurs de la fugue, de cette forme austère qui convient si bien à l'orgue et qui empêche la musique sacrée de se corrompre. Entré résolûment dans la voie de la dissonance naturelle non préparée, Frescobaldi a fait faire à la fugue des progrès si rapides, que telle de ses compositions, sa fugue en *fa* par exemple, n'a rien à envier à celles de Sébastien Bach. Les fugues en *ré* mineur et en *sol* mineur sont aussi des modèles d'une rare perfection.

Outre les ouvrages que je viens de citer, on a de Frescobaldi des *Canzoni*, des *Ricercari*, des *Capricci*, des *Toccate*, et de nombreux morceaux de musique d'église : *Magnificat*, hymnes, antiennes, traités suivant la tonalité du plain-chant dans un style grave et conforme au service divin. Il a écrit encore pour le clavecin des gaillardes et des courantes dont l'exécution difficile suppose déjà chez les artistes à cette époque un mécanisme fort exercé

CAMBERT

NÉ VERS 1628, MORT EN 1677.

Les représentations théâtrales, qui sont devenues le plus profane de nos divertissements, ont une origine ecclésiastique. J'ai fait ailleurs l'histoire des drames liturgiques qui ont précédé les mystères [1]. Je me soucie peu de m'appesantir sur les pièces jouées en Italie au troisième siècle et de rappeler, entre autres choses, le succès de la *Mandragore;* l'esprit de la Renaissance, plus païen qu'original, a mêlé des abus regrettables à des conceptions véritablement grandes et belles. Mais il est à remarquer que, lorsque, au milieu du dix-septième siècle, on songea à acclimater chez nous l'opéra, ce fut le cardinal Mazarin qui appela en France des virtuoses italiens, ce fut le cardinal de la Rovère, archevêque de Turin, qui suggéra l'idée d'écrire des opéras français, et qu'enfin l'abbé Perrin confectionna le premier livret en langue indigène. Des princes de l'Église, à la fois hommes d'État supérieurs, ont cru utile d'encourager le plus noble de nos plaisirs.

Le musicien qui eut la gloire de concourir avec l'abbé Perrin à la création de notre scène lyrique a été dépossédé de la célébrité par Lulli. On attribue souvent à celui-ci l'organisation primitive de notre musique dra-

---

1. *Histoire générale de la musique religieuse*, chap. II, p. 89 à 318.

matique, tandis qu'elle est l'œuvre de Robert Cambert. Ce musicien était fils d'un fourbisseur. Il naquit à Paris vers 1628 ; après avoir étudié le clavecin sous la direction de Chambonnières, il devint organiste de l'église collégiale de Saint-Honoré, et ensuite surintendant de la musique d'Anne d'Autriche. Jusque-là, les seuls opéras que l'on connût à Paris étaient des arrangements d'opéras italiens, où les paroles et la musique se prêtaient un mutel concours.

L'abbé Perrin, introducteur des ambassadeurs près de Monsieur, crut que le moment était venu de tenter une innovation hardie : soutenu par les conseils et les encouragements du cardinal de la Rovère, il écrivit une pastorale en cinq actes, dont il demanda la partition à Cambert. La nouveauté de l'entreprise et le mérite réel de la musique décidèrent du succès, bien que les paroles fussent médiocres.

Exécutée à Issy en avril 1659, dans une salle basse du château de M. de la Haye, sans ballets, sans machines et sans autres interprètes que des amateurs, la *Pastorale en musique* fut tellement goûtée de l'auditoire que le roi désira l'entendre et qu'on la donna peu de temps après devant la cour à Vincennes. Encouragés par la vogue qui accueillait leur début, Perrin et Cambert écrivirent alors en collaboration une nouvelle œuvre, intitulée : *Ariane ou les Amours de Bacchus*. Cet opéra était entièrement achevé, et déjà on commençait à le répéter, quand la mort de Mazarin en empêcha la représentation. Diverses circonstances ne permirent pas non plus qu'*Adonis*, autre ouvrage de Cambert, fût représenté.

Cependant, après bien des traverses, l'abbé Perrin atteignit l'objet de ses efforts. Le 28 juin 1669, il obtenait par lettres patentes de Louis XIV le privilége « d'établir dans la ville de Paris et autres du royaume des Académies de musique, pour chanter en public des pièces de théâtre. » L'infatigable promoteur avait réussi à doter la France d'une musique dramatique nationale. Notre scène lyrique avait désormais une existence officielle. Remarquons que ce nom bizarre d'Académie qu'on s'étonne de voir donner à un théâtre vient de l'italien *accademia*, qui signifie concert. Les Allemands attribuaient encore le même sens au mot *académie* à l'époque des grands concerts donnés à Vienne par Beethoven en 1822.

Titulaire du privilége octroyé, Perrin ne pouvait oublier le collaborateur dont le talent avait pu rendre son idée féconde et la faire triompher. Il s'adjoignit donc Cambert pour la musique ; le marquis de Sourdéac pour les machines, et Champeron pour les finances complétèrent la société.

Le 19 mars 1671 eut lieu la représentation de *Pomone*, pastorale en cinq actes avec un prologue, qu'on doit considérer comme le premier de nos opéras réguliers. Les auteurs en étaient encore le compositeur Cambert et le librettiste Perrin. Le personnel des chanteurs était fort restreint, le drame mal construit, les ballets exécutés par des jeunes gens habillés en femmes. Malgré tant de lacunes, qui témoignaient de l'enfance de l'art, *Pomone* se soutint pendant plus de huit mois, et Perrin gagna 30,000 livres de dividende dans les bénéfices.

L'année suivante marque comme un progrès dans la manière de Cambert. A propos des *Peines et des Plaisirs de l'Amour*, pastorale en cinq actes, dont cette fois Gilbert avait fait le poëme, Saint-Evremond dit que cet ouvrage eut quelque chose de plus poli, de plus galant que le précédent. Il y admire surtout le *Tombeau de Climène*, morceau qui eut l'honneur de faire école parmi les musiciens du temps (8 avril 1672).

Mais il y avait alors à Versailles un homme qui, non moins par son habileté que par son talent, s'était poussé, des cuisines de mademoiselle de Montpensier, à la charge de surintendant de la musique royale. Lulli, en sa double qualité d'Italien et de rival, avait d'abord décrié les essais du Parisien Cambert et de l'abbé Perrin, prétendant que la tentative d'écrire une partition élégante sur un *scenario* français était de tout point chimérique.

Quand l'événement lui eut appris le contraire, il changea de batteries et résolut de se faire donner à lui-même le privilége que d'autres exploitaient heureusement. Une circonstance fâcheuse servit ses projets : la discorde s'était mise parmi les quatre associés, et le marquis de Sourdéac venait de se séparer de l'abbé Perrin ; c'était une occasion offerte à Lulli, et il sut profiter habilement de ces divisions. Secondé par le crédit de madame de Montespan, il fit retirer à Cambert et à Perrin le privilége de l'Académie royale de musique, au moment où ceux-ci allaient monter l'opéra d'*Ariane*, naguère suspendu par la mort de Mazarin. Une telle injustice irrita profondément le compositeur qui en était la victime. Il passa en Angleterre en 1673, et fit jouer son ouvrage à Londres en présence de Charles II. Ce prince reconnut le mérite de Cambert et le nomma maître de la deuxième compagnie de ses musiciens. Mais les faveurs du monarque anglais ne purent consoler le fugitif. Tout entier à la pensée de la révoltante iniquité qui l'avait chassé de son pays, Cambert vit peu à peu sa santé s'altérer, et il mourut en 1677, âgé seulement de quarante-neuf ans. Il était dit que le créateur de notre Opéra aurait le sort réservé à presque tous les inventeurs dans cette France, qui s'est montrée trop souvent ingrate envers ses propres enfants, autant qu'empressée à accueillir les artistes des autres nations.

Combien d'hommes de mérite et de cœur ont été broyés sous les roues de ce char impitoyable qu'on appelle le progrès et dont la mode et l'opinion dirigent souvent seules la course! Quinault et Lulli firent bientôt oublier Perrin et Cambert. Pauvre Cambert !

LULLI

NÉ EN 1633, MORT EN 1687.

Les destins de la musique sont plus changeants que ceux des autres arts. On admire encore, on admirera toujours les compositions de Poussin et de Lesueur, les marbres de Puget, de Coustou, de Girardon, les tragédies de Corneille et de Racine, les œuvres de La Fontaine et de Boileau, tandis que quelques amateurs seulement connaissent aujourd'hui les œuvres lyriques de Lulli, ses compositions déclarées inimitables au temps où elles parurent et qui se distinguent par la grâce, la noblesse et une déclamation pleine de goût. Le maître florentin a été de fait presque l'unique musicien habile qu'il y eût en France au dix-septième siècle. Mais, s'il y a en musique peu de productions immortelles, il y a des noms qui le demeurent, et la postérité n'oubliera jamais l'homme qui a pris l'Opéra français des mains de Cambert pour le porter au point de perfection où il est resté jusqu'à Rameau.

Jean-Baptiste de Lulli naquit à Florence en 1633. Les uns lui donnent pour père un meunier; les autres, et c'est l'opinion la plus accréditée, lui attribuent une origine nobiliaire. Qu'il fût de souche roturière ou aristocratique, il ne semble pas que sa famille se trouvât dans une grande aisance, car son père n'hésita pas à s'en débarrasser lorsque, en 1646, le chevalier de Guise, qui voyageait alors en Italie, lui proposa d'emmener l'enfant pour en faire cadeau à mademoiselle de Montpensier. L'instruction de Lulli, puisée dans les leçons d'un vieux cordelier, se réduisait à savoir lire, écrire et jouer de la guitare; mais son intelligence, manifestée par de spirituelles saillies, le rendait très-propre au rôle qu'on lui destinait, celui d'amuser les loisirs de la *Grande Mademoiselle*, en attendant que la Fronde offrit d'autres distractions à cette princesse. Nous n'examinerons pas si la dignité humaine trouvait son compte dans la position faite au petit gentilhomme florentin. Contentons-nous de remarquer qu'on sortait à peine de la mode des bouffons de cour, et qu'au siècle suivant encore madame de Pompadour avait un jouet humain dans la personne de son nègre Zamora. Ces usages flétrissants étaient bien conformes aux idées d'une société qui semblait avoir pris pour devise l'hémistiche de Lucain :

Humanum paucis vivit genus.

Le respect qu'impose le titre d'homme n'a été enseigné que par la reli-

LULLI

gion. Les gens heureux sont trop souvent portés à s'affranchir de ses préceptes à cet égard.

Le jeune Italien plut d'abord à mademoiselle de Montpensier, qu'il égayait autant par son divertissant esprit que par son baragouin mélangé de toscan et de français. Mais les agréments de sa position ne durèrent pas longtemps. Lorsqu'il sut assez bien notre langue pour s'exprimer à peu près comme tout le monde, on ne lui trouva plus le même attrait : il eut le chagrin de se voir réformé et employé dans les cuisines de l'hôtel. Les marmitons de la princesse ne purent qu'être charmés de compter parmi eux un mélomane qui, dans les intervalles de ses occupations, leur donnait des concerts improvisés, en raclant un mauvais violon. C'est pendant qu'il se trouvait dans ce milieu vulgaire qu'il composa, dit-on, l'air *Au clair de la lune*. On a fait courir au sujet de cette mélodie populaire plusieurs légendes dont aucune n'est vraisemblable.

Le comte de Nogent vint à reconnaitre par hasard les heureuses dispositions du jeune Lulli et en parla à mademoiselle de Montpensier. Celle-ci fit donner des leçons de musique au futur compositeur, qui ne tarda pas à figurer au nombre de ses musiciens. Ce fut probablement pendant qu'il était attaché à la maison de mademoiselle de Montpensier que Lulli apprit le clavecin et la composition sous la direction de Metru, Roberdet et Gigault, organistes de Saint-Nicolas-des-Champs. Malheureusement, la patronne dont le sort l'avait gratifié prêtait par plus d'un côté au ridicule; incapable de contenir son humeur caustique, il trouva plaisant de se mettre du côté des rieurs. Une chanson satirique contre sa bienfaitrice, chanson qu'il mit étourdiment en musique, lui valut son congé. Ayant déjà acquis quelque réputation par son talent, Lulli put entrer dans la *grande bande* des violons du roi. Louis XIV eut l'occasion d'apprécier personnellement sa valeur, et, non content de lui donner en 1652 l'inspection générale de ses violons, il le mit à la tête d'une seconde bande d'artistes organisée tout exprès pour lui et qu'on appela les *petits violons*. Ces derniers devinrent bientôt, grâce aux soins habiles de leur directeur, les meilleurs exécutants de France. On a conservé manuscrites plusieurs des ouvertures ou *symphonies* que Baptiste écrivit pour leur usage.

Les seuls divertissements lyriques que connut alors la France, ou plutôt la cour, se réduisaient à des *ballets* ou *mascarades*, grossier assemblage de trois arts : la musique, la danse et la poésie, que l'opéra devait bientôt réunir dans une synthèse plus ingénieuse et plus savante. Le ballet d'*Alcidione* (1658), celui des *Arts* (1663), celui de l'*Amour déguisé* (1664), d'autres encore, dont Lulli fit la partie musicale, établirent d'autant plus facilement sa renommée dans l'entourage du monarque, que la France se trouvait alors vis-à-vis de l'Italie dans un état honteux d'infériorité artistique.

Le compositeur se lia avec Molière en 1664, et, à partir de la *Princesse d'Élide*, il collabora à toutes celles de ses pièces où une place est réservée à la musique.

Le principe de la division du travail ne s'applique guère à l'enfance des arts; tout *maestro* qu'il fût, Lulli figura parmi les danseurs de la cour jusqu'en 1660 [1], et depuis on le vit plus d'une fois reparaître sur le théâtre pour jouer des rôles dans les comédies de Molière, notamment dans *monsieur de Pourceaugnac* et dans le *Bourgeois gentilhomme*. Le rôle du *Mufti*, enjolivé de force *cascades*, comme on dit maintenant, fit tant de plaisir à Louis XIV, qu'il réconcilia un jour le monarque avec le musicien, menacé d'une disgrâce. Le roi, qui avait sur le cœur quelque peccadille de notre artiste, ne put garder son sérieux ni sa rancune quand il le vit, dans le rôle du Mufti, se dérober à la poursuite de M. Jourdain en se précipitant dans l'orchestre, où il tomba jusqu'à mi-corps dans le clavecin, qu'il défonça. Je ne sais pas si de nos jours cette plaisanterie qui consiste à briser un instrument de musique serait trouvée très-gaie, et pour un prince qui, au rapport de madame de Maintenon, n'était guère amusable, on doit convenir qu'il avait encore le rire assez facile.

Cela dit, gardons-nous d'exagérer le tort que Lulli a fait à son caractère de compositeur par son talent de chorégraphe. Ne jugeons pas de la condition des esprits, au dix-septième siècle, d'après celle que leur ont faite les habitudes de notre temps. On a pu déplorer que Molière ait été à la fois acteur et Molière, mais on n'a jamais songé à le lui reprocher, puisque c'était alors le seul moyen de donner une existence aux productions de son génie, dont il avait certainement conscience. Shakespeare n'a-t-il point paru aussi sur les planches? Et, pour ne pas sortir de la danse, est-ce que Louis XIV ne prodigua point sa personne dans les ballets de la cour, ce dont le corrigea la fine censure de Racine, glissant ces vers à son adresse dans *Britannicus* :

> Pour toute ambition, pour vertu singulière,
> Il excelle à conduire un char dans la carrière,
> A disputer des prix indignes de ses mains,
> A se donner lui-même en spectacle aux Romains.

En dehors de sa collaboration aux ballets de Benserade et à des comédies telles que la *Princesse d'Élide*, le *Mariage forcé*, l'*Amour médecin*, *monsieur de Pourceaugnac*, etc., Lulli avait déjà composé de nombreux morceaux pour la chambre et la chapelle du roi, quand, profitant de sa faveur croissante auprès du maître, il obtint que le privilège de l'Académie royale de musique fût retiré à l'abbé Perrin et à Cambert, pour lui être octroyé à lui-même (1672). Il eut à cette occasion un procès à soutenir contre Guichard, qui se prétendait cessionnaire des droits de l'abbé Perrin et qui fut débouté de sa plainte.

---

1. Il paraît qu'il ne dansa que deux fois, et devant le roi, comme on le verra plus loin.

Mais, dans les palais, et en général dans les régions officielles, lorsqu'il s'agit des plaisirs, rien n'est dû qu'à des coups de faveur et d'arbitraire. L'homme de génie se laisse emporter par le courant : il accepte et recherche même ce patronage; sans quoi il se condamne à voir ses efforts perpétuellement avorter. De quel poids, pourrait-on dire, pèse à deux cents ans de distance le tort fait à Cambert, quand on le compare à cette série de chefs-d'œuvre par lesquels son rival a inauguré la gloire de notre opéra? A cela je répondrai que l'histoire doit être équitable pour tous, même à l'égard de Cambert, et que, si elle place dans un des plateaux de sa balance la grandeur des résultats, elle ne doit pas dissimuler dans l'autre la dureté et l'injustice des moyens.

Cette année, 1672, marque en effet l'entrée de Lulli dans la carrière qu'il a parcourue avec tant d'éclat et pour l'honneur éternel de notre scène lyrique. Son premier opéra, les *Fêtes de l'Amour et de Bacchus*, est une pastorale en trois actes avec un prologue, dont les paroles sont de plusieurs auteurs, entre autres Molière, Benserade et Quinault. Cet ouvrage fut représenté au théâtre de Bel-Air, rue de Vaugirard, par l'Académie royale de musique, le 15 novembre 1672. On y a remarqué l'introduction de personnages contemporains au milieu des habitants de l'Olympe, et, par suite de ce mélange, le passage fréquent du ton épique au dialogue familier. Bien que le musicien se soit pillé lui-même pour écrire cette partition, faite de morceaux empruntés à des compositions précédentes, ballets ou divertissements, les *Fêtes de l'Amour et de Bacchus* ont été reprises six fois de 1672 à 1738.

Au mois d'avril de l'année suivante (1673), l'Académie royale de musique donna *Cadmus et Hermione*, tragédie lyrique en cinq actes avec un prologue. Quinault, qui était pour un cinquième dans le livret des *Fêtes de l'Amour et de Bacchus*, devint, depuis *Cadmus et Hermione*, le collaborateur assidu de Lulli, à raison de 4,000 livres par pièce. Féconde association où, quoi qu'en ait dit Boileau, le poëte ne se montra pas au-dessous de sa tâche. Il a d'ailleurs été hautement réhabilité par Voltaire, meilleur juge peut-être des choses de goût par rapport au théâtre, que le disciple d'Horace, le rigoureux législateur du Parnasse. Quant au style du compositeur, empreint de cette noblesse soutenue qui semble la marque distinctive du grand siècle dans les œuvres d'art, il ne lui manque peut-être, pour charmer encore nos oreilles, que d'être relevé par une orchestration plus forte. La scène des *Adieux de Cadmus et d'Hermione* est des plus émouvantes. Mlle Maupin, l'amazone légendaire, a débuté au théâtre dans le rôle de Pallas, à la cinquième reprise de *Cadmus* (décembre 1690).

L'artiste avait révélé son génie dramatique dans *Cadmus et Hermione*; il manifesta les mêmes qualités dans son *Alceste*, jouée en 1674. Dans cet opéra, comme dans le précédent, Quinault avait mêlé à l'action tragique certains personnages qui devaient de temps à autre l'égayer et reposer les spectateurs d'émotions trop prolongées. Straton et Lycas font diversion au dévouement d'Alceste, à la douleur conjugale d'Admète et au courage aventureux d'Hercule. Mais cette immixtion de la comédie dans le drame antique, médiocrement goûtée des lecteurs de Corneille et de Racine, resta le dernier essai tenté dans ce sens à l'Opéra. *Thésée* est un des meilleurs ouvrages de Lulli, au double point de vue de l'intérêt dramatique et de la musique. C'est aussi un de ceux qui ont obtenu le plus long succès. Joué d'abord en avril 1675, il a été repris au moins dix fois jusqu'à la dernière représentation, qui eut lieu le 1er avril 1779. Les airs de soprano *Revenez, amour !* et *Dépit mortel*, ont joui alors d'une grande vogue.

L'année suivante (1676), le compositeur donna le *Carnaval*, mascarade et entrée, et *Atys*, opéra qui fut regardé dans le temps comme son chef-d'œuvre. On remarqua beaucoup l'air chanté par la nymphe Sangaride : **Atys est trop heureux.** Louis XIV, le jour de son mariage avec Mme de Maintenon, lui demanda quel était l'opéra qu'elle préférait ; elle connaissait le goût du roi. « C'est *Atys*, répondit-elle. — Madame, reprit le monarque, Atys est trop heureux. » La représentation de cet ouvrage eut lieu le soir même.

On avait appelé *Atys* l'opéra du roi ; on appela *Isis* l'opéra des musiciens. Le sujet de cette pièce, représentée le 5 janvier 1677, est l'aventure de la nymphe Io, que l'amour de Jupiter expose à la jalousie de Junon et qui finit par être placée parmi les divinités célestes sous le nom d'Isis. Des machines, des changements à vue contribuaient sans doute à l'attrait de la représentation ; mais, dans les ouvrages de Lulli, le rôle du machiniste n'est jamais qu'accessoire. Ce qu'on applaudit plus que la pompe extérieure du spectacle, ce fut la scène pleine de délicatesse et de charme entre Jupiter et Io ; ce fut aussi le trio des Parques : *le Fil de la vie*. Tandis qu'on acclamait la partition, on faisait au livret un succès d'allusion dont le pauvre Quinault se serait fort bien passé. Les mauvais plaisants affectaient de reconnaître la jalouse Montespan dans le personnage de Junon. Quoique, selon toute apparence, le poëte n'y eût point entendu malice, la colère de l'altière Vasthi s'en prit à lui et le tint pendant deux ans éloigné du théâtre. Lulli, au désespoir, dut s'adresser, pour avoir des poëmes, à Corneille, à Boileau, à Fontenelle et à La Fontaine ; mais ces auteurs, en dépit de tout leur talent, faisaient de détestables vers lyriques. Le compositeur exigeait qu'ils recommençassent leur besogne dramatique scène par scène, et il ne lui arrivait pas toujours d'être satisfait de la seconde épreuve. Qu'on juge de l'irritation des plus beaux esprits du temps, en se voyant soumis aux caprices d'un musicien étranger, d'un ci-devant danseur ! Ils furent violents et sans pitié. La haine de la gent littéraire n'est malheureusement pas bornée à une génération ou à un siècle. Vouée à l'animadversion des écrivains contemporains, la mémoire de Lulli n'est arrivée jusqu'à nous qu'à travers mille calomnies qui la déshonorent en la faussant. La plupart des biographes ont accepté, *sans les discuter*, ces imputations injurieuses, que leur violence même aurait dû rendre suspectes à une critique judicieuse. Est-il trop tard pour que la lumière se fasse, et pour que l'on montre l'auteur d'*Atys* tel qu'il fut réellement, non tel que l'ont représenté des inimitiés passionnées ?

Ces inimitiés, dont on trouve la trace dans de nombreux écrits, s'exercèrent surtout après la mort du maître. Pour le moment, son plus grand ennui était d'être privé de la collaboration de Quinault. Thomas Corneille, ou Fontenelle, lui fit le livret de *Psyché*, tragédie-opéra, représentée le 9 avril 1678. Huit ans auparavant, Lulli avait fait jouer, sous le même titre, une tragi-comédie-ballet dont les paroles étaient de Molière, Quinault et Pierre Corneille. On me saura gré d'en citer un fragment. Rien de plus exquis et de moins sénile assurément que ce dialogue entre Psyché et l'Amour, écrit par l'auteur du *Cid*, à l'âge de soixante-cinq ans.

L'AMOUR.
Vous ne me donnez pas, Psyché, toute votre âme.
Ce tendre souvenir d'un père et de deux sœurs
Me vole une part des douceurs
Que je veux toutes pour ma flamme.
N'ayez d'yeux que pour moi, qui n'en ai que pour vous ;
Ne songez qu'à m'aimer, ne songez qu'à me plaire,
Et quand de tels soucis osent vous en distraire...
PSYCHÉ.
Des tendresses du sang peut-on être jaloux ?
L'AMOUR.
Je le suis, ma Psyché, de toute la nature.
Les rayons du soleil vous baisent trop souvent :
Vos cheveux souffrent trop les caresses du vent ;
Dès qu'il les flatte, j'en murmure.
L'air même que vous respirez
Avec trop de plaisir passe par votre bouche ;
Votre habit de trop près vous touche;
Et sitôt que vous soupirez,
Je ne sais quoi qui m'effarouche
Craint parmi vos soupirs des soupirs égarés.
(*Psyché*, acte III, scène III.)

Bellérophon parut en 1679. Enfin le compositeur obtint qu'on lui rendît Quinault, et ce fut avec lui qu'il travailla à l'opéra de *Proserpine*, représenté en 1680. L'année suivante est une date mémorable dans l'histoire de la danse. Le *Triomphe de l'Amour*, opéra ballet donné à l'Académie royale de musique, le 6 mai 1681, est le premier où l'on avait vu danser des femmes sur le théâtre. Jusqu'à cette époque, l'art chorégraphique était exercé par des hommes revêtus de costumes féminins. Lulli eut le mérite de sentir l'absurdité de cet usage et de le remplacer par une innovation qui fit fortune. Le *Triomphe de l'Amour* eut un succès prodigieux et fut constamment repris pendant trente ans.

A cet ouvrage succéda *Persée*, tragédie-opéra, dont Quinault avait pris l'idée dans une tragédie de Thomas Corneille, intitulée *Andromède*. On remarqua dans cette pièce, jouée le 17 avril 1682, un rôle de baryton d'une importance inaccoutumée, créé par le chanteur Thévenard. Les récitatifs sont beaux, surtout celui qui commence ainsi : *L'amour meurt dans mon cœur; la rage lui succède.* Je citerai encore l'air de ténor avec chœur : *Que n'aimez-vous ?* et l'air : *Je ne puis dans votre malheur.* L'entrée de Méduse, au commencement du troisième acte, est un morceau qui vaut la peine d'être reproduit, ne fût-ce que pour montrer le cas qu'on doit faire de certaines critiques de Boileau :

> J'ai perdu la beauté qui me rendait si vaine ;
> Je n'ai plus ces cheveux si beaux
> Dont autrefois le dieu des eaux
> Sentit lier son cœur d'une si douce chaîne.
> Pallas, la barbare Pallas,
> Fut jalouse de mes appas
> Et me rendit affreuse autant que j'étais belle :
> Mais l'excès étonnant de la difformité
> Dont me punit sa cruauté
> Fera connaître en dépit d'elle
> Quel fut l'excès de ma beauté.
> Je ne puis trop montrer sa vengeance cruelle.
> Ma tête est fière encor d'avoir pour ornement
> Des serpents dont le sifflement
> Excite une frayeur mortelle.
> Je porte l'épouvante et la mort en tous lieux ;
> Tout se change en rocher à mon aspect horrible,
> Les traits que Jupiter lance du haut des cieux
> N'ont rien de si terrible
> Qu'un regard de mes yeux.
> Les plus grands dieux du ciel, de la terre et de l'onde
> Du soin de se venger se reposent sur moi.
> Si je perds la douceur d'être l'amour du mond
> J'ai le plaisir nouveau d'en devenir l'effroi.

Nos compositeurs n'ont pas souvent de si bons vers à mettre en musique.

Quoique *Phaéton* (27 avril 1683) ait été surnommé l'opéra du peuple, sans doute à cause de la magnificence du spectacle, il ne mérite pas moins qu'*Isis* le titre d'opéra des musiciens, pour les beautés d'un ordre élevé qu'il renferme. Je citerai en première ligne deux duos magnifiques : *Hélas ! une chaîne si belle*; et *Que mon sort serait doux!* ensuite l'air pour ténor, *Heureuse une âme;* les airs, *Que Protée, le Plaisir;* le chœur *Cherchons la paix;* la scène pour deux soprani, *Je ne vous croyais pas;* l'air pour soprano, *Ce beau jour.* Parmi les parodies qui furent faites de cet ouvrage, on peut signaler comme l'une des plus amusantes celle intitulée *le Cocher maladroit.*

Après *Phaéton, Amadis* (15 janvier 1684); après *Amadis, Roland* (8 février 1685), celle de ses compositions que Lulli estimait le plus. Il est superflu de parler de succès à propos d'opéras qui parurent des merveilles inouïes au sortir de la longue barbarie musicale dans laquelle la France était restée plongée. L'*Idylle de la paix,* l'*Eglogue de Versailles* et le *Temple de la paix* furent représentés la même année que *Roland.* Puis l'artiste donna *Armide,* qui est à la fois la dernière production lyrique de Quinault et son chef-d'œuvre. Des vers harmonieux et faits comme ceux que l'enchanteresse prononce au début de la pièce auraient dû désarmer la sévérité de Despréaux :

> Je ne triomphe pas du plus vaillant de tous.
> Renaud, pour qui ma haine a tant de violence,
> L'indomptable Renaud échappe à mon courroux.
> Tout le camp ennemi pour moi devient sensible,
> Et lui seul toujours invincible
> Fait gloire de me voir d'un œil indifférent.
> Il est dans l'âge aimable où sans effort on aime...
> Non, je ne puis manquer sans un dépit extrême
> La conquête d'un cœur si superbe et si grand.

Le jour où devait avoir lieu à Versailles la première audition d'*Armide*, des contre-temps imprévus se produisirent au moment de la représentation. Le roi, s'impatientant de ne point voir commencer le spectacle, dépêcha à Lulli un officier des gardes pour lui témoigner son mécontentement. Ces mots : « Le roi attend, » ne provoquèrent de la part du compositeur qu'une réponse aussi vive que peu respectueuse. « Le roi peut bien attendre, dit-il; il est le maître ici, et personne n'a le droit de l'empêcher d'attendre tant qu'il voudra. » Parole imprudente dans sa brusquerie ingénieuse. Les courtisans crurent perdu celui qui avait osé la proférer, et quand l'opéra fut donné à l'Académie royale de musique, le 15 février 1686, les spectateurs, qui craignaient de se compromettre en applaudissant, firent à l'ouvrage l'accueil le plus froid. Convaincu du mérite de sa partition, Lulli la fit exécuter quelques jours après pour lui seul. Louis XIV l'apprit et se ravisa, car il ne pouvait croire qu'une œuvre que son musicien avait trouvé bonne ne le fût pas réellement.

La cour et la ville toujours empressées à complaire au roi n'hésitèrent plus à applaudir la mélodie gracieuse *La chaîne de l'hymen m'étonne*, le récitatif tragique *Le perfide Renaud me fuit*, et dix autres airs qui figurent avec honneur dans les répertoires classiques. Le rôle d'Armide fut un triomphe pour Mlle Le Rochois; elle déclamait avec une expression admirable le long monologue qui commence par ces vers :

> Enfin, il est en ma puissance,
> Ce fatal ennemi, ce superbe vainqueur.
> Le charme du sommeil le livre à ma vengeance ;
> Je vais percer son invincible cœur.

La dernière production dramatique de Lulli est *Acis et Galatée*, pastorale en trois actes dont les paroles sont de Campistron et qui fut représentée en 1687. L'artiste s'était d'abord adressé à La Fontaine pour obtenir un livret, mais il ne put se servir de celui que le bonhomme lui fournit. Trois livrets refusés tour à tour, *Daphné*, *Astrée*, *Acis et Galatée*, c'était plus qu'il ne fallait pour exciter la bile du fabuliste. Il témoigna son humeur dans une satire contre le musicien.

Comme je crois que cette circonstance a été le point de départ des imputations plus que malveillantes faites à la mémoire de Lulli, je laisse la parole au fabuliste, d'ailleurs aussi inconstant dans ses haines que dans ses amours :

> Le Florentin
> Montre à la fin
> Ce qu'il sait faire.
> Il ressemble à ces loups qu'on nourrit et fait bien,
> Car un loup doit toujours garder son caractère,
> Comme un mouton garde le sien.
> J'en étais averti : l'on me dit : « Prenez garde ;
> Quiconque s'associe avec lui se hasarde ;
> Vous ne connaissez pas encor le Florentin :
> C'est un paillard, c'est un mâtin
> Qui tout dévore,
> Happe tout ; serre tout, il a triple gosier.
> Donnez-lui, fourrez-lui ; le glou demande encore ;
> Le roi même aurait peine à le rassasier. »
> Malgré tous ces avis, il me fit travailler.
> Le paillard s'en vint réveiller
> Un enfant des neuf Sœurs, enfant à barbe grise
> Qui ne devait en nulle guise
> Être dupe ; il le fut, il le sera toujours :
> Je me sens né pour être en butte aux méchants tours.
> Vienne encore un trompeur, je ne tarderai guère.
> Celui-ci me dit : « Veux-tu faire
> Prestò, prestò, quelque opéra ;
> Mais bon ? Ta muse répondra
> Du succès par-devant notaire.
> Voici comment il nous faudra
> Partager le gain de l'affaire.
> Nous en ferons deux lots, l'argent et les chansons,
> L'argent pour moi, pour toi les sons ;
> Tu t'entendras chanter, je prendrai les testons,
> Volontiers je paye en gambades ;
> J'ai huit ou dix trivelinades
> Que je sais sur mon doigt ; cela joint à l'honneur
> De travailler pour moi, te voilà grand seigneur. »
> Peut-être n'est-ce pas tout à fait sa harangue ;
> Mais, s'il n'eût ces mots sur la langue,
> Il les eut dans le cœur. Il me persuada,
> A tort, à droit me demanda
> Du doux, du tendre et semblables sornettes.
> Petits mots, jargons d'amourettes,
> Confits au miel ; bref il m'enquinauda.
> Je n'épargnai ni soins ni peines
> Pour venir à son but et pour le contenter.
> Mes amis devaient m'assister ;
> J'eusse en cas de besoin disposé de leurs veines.
> « Des amis, disait le Glouton,
> En a-t-on ?
> Ces gens te tromperont, ôteront tout le bon,
> Mettront du mauvais en la place. »
> Tel est l'esprit du Florentin,
> Soupçonneux, tremblant, incertain,
> Jamais assez sûr de son gain,
> Quoi que l'on dise ou que l'on fasse.
> Je lui rendis en vain sa parole cent fois,
> Le B... avait juré de m'amuser six mois.
> Il s'est trompé de deux : mes amis, de leur grâce,
> Me les ont épargnés, l'envoyant où je crois
> Qu'il va bien sans eux et sans moi.

> Voilà l'histoire en gros ; le détail a des suites
> Qui valent d'être déduites :
> Mais j'en aurais pour tout un an,
> Et je ressemblerais à l'homme de Florence,
> Homme long à compter, s'il en est un en France.
> Chacun voudrait qu'il fût dans le sein d'Abraham ;
> Son architecte et son libraire,
> Et son voisin et son compère,
> Et son beau-père,
> Sa femme et ses enfants et tout le genre humain,
> Petits et grands dans leurs prières
> Disent, le soir et le matin :
> « Seigneur, par vos bontés pour nous si singulières,
> Délivrez-nous du Florentin ! »

Lorsqu'elle fut connue, on ne vit dans cette satire qu'une marque de rancune contre Lulli, une preuve du dépit que causait, chez le poëte, l'insuccès de ses tentatives lyriques. Il fut blâmé par ses amis mêmes, entre autres par Mme de Thiange. La Fontaine chercha à se justifier dans une autre pièce de vers adressée à celle-ci :

> Vous trouvez que ma satire
> Eût pu ne se point écrire,
> Et que tout ressentiment,
> Quel que soit son fondement,
> La plupart du temps peut nuire
> Et ne sert que rarement.
> J'eusse ainsi raisonné, si le Ciel m'eût fait ange
> Ou Thiange :
> Mais il m'a fait auteur, je m'excuse par là :
> Auteur qui, pour tout fruit, moissonne
> Un peu de gloire. On le lui ravira,
> Et vous croyez qu'il s'en taira?
> Il n'est donc plus auteur, la conséquence est bonne.

On avait proposé au poëte de faire représenter son opéra, non à Saint-Germain, mais à Paris ; La Fontaine ne se souciait pas du public parisien ; il ne cherchait à plaire qu'au roi et à la cour. Il le déclare ingénument dans cette *Épître à madame de Thiange*. L'auteur de l'*Astrée* ne se plaint plus de Lulli ; il propose même un accommodement et finit par solliciter assez platement le maître de lui procurer l'occasion de travailler encore pour le roi, mais dans des conditions moins compromettantes pour sa gloire :

> Si pourtant notre homme se pique
> D'un sentiment d'honneur, et me fait à son tour
> Pour le roi travailler un jour,
> Je lui garde un panégyrique.
> Il est homme de cour, je suis homme de vers ;
> Jouons-nous tous deux de paroles [1] ;
> Ayons deux langages divers,
> Et laissons les hontes frivoles.
> Retourner à Daphné vaut mieux que se venger.
> Je vous laisse d'ailleurs ma gloire à ménager ;
> Deux mots de votre bouche, et belle, et bien disante,

---

1. C'est-à-dire : faisons bon marché des paroles d'aigreur échangées entre nous.

> Feront des merveilles pour moi.
> Vous êtes bonne et bienfaisante,
> Servez ma muse auprès du roi.

De telles citations démontrent surabondamment que la réputation de Lulli a eu beaucoup à souffrir de la vanité blessée de ses collaborateurs de passage, et naturellement de leurs amis.

La race irritable des poëtes, *genus irritabile vatum*, se coalisa tout entière contre lui et ne l'épargna ni dans ses mœurs, ni dans son caractère. Le crime du compositeur était la faveur dont il jouissait auprès de Louis XIV. Les gens de lettres, qui jusque-là étaient seuls en possession de l'office d'amuseurs de la cour, ne pouvaient pardonner à un étranger, à un ex-danseur, fils d'un meunier, disait la malveillance, d'entasser pension sur pension et de se faire avec ses notes plus d'argent qu'eux n'en gagnaient avec leurs flagorneries rimées. Ne cherchons pas ailleurs le motif de l'affreux portrait tracé par Boileau dans son épitre à Seignelay :

> En vain par sa grimace un bouffon odieux
> A table nous fait rire et divertit nos yeux :
> Ses bons mots ont besoin de farine et de plâtre :
> Prenez-le tête à tête, ôtez-lui son théâtre ;
> Ce n'est plus qu'un cœur bas, un coquin ténébreux :
> Son visage essuyé n'a plus rien que d'affreux.

Après la mort de Lulli, Sénecé, qui pourtant rendait justice à sa musique, l'accusa de vices infâmes dans un honteux pamphlet intitulé : *Lettre de Clément Marot à M. de *** touchant ce qui s'est passé à l'arrivée de Jean-Baptiste Lulli aux Champs-Élysées*. Je le demande à tout homme de bonne foi : une hostilité si passionnée est-elle recevable dans ses affirmations, et quelle confiance convient-il d'ajouter à des récits dictés par une inimitié si déraisonnable ? Voilà pourtant la source où presque tous les historiens de l'illustre artiste ont puisé les anecdotes qu'ils rapportent avec un aplomb inconcevable ! Quand on aura dit que le créateur de tant et de si beaux ouvrages avait une habileté extrême à se pousser auprès des grands et à faire tourner son talent au profit de sa fortune ; quand on aura ajouté que, enrichi par son travail et vivant dans un monde essentiellement corrompu, il semble s'être contenté d'aimer un peu la table, sans toutefois sacrifier ses obligations de chef d'une famille nombreuse, la part du blâme sera largement faite, et il n'y a nul besoin de traîner pour si peu une mémoire glorieuse aux gémonies.

Lulli d'ailleurs aimait passionnément son art, sa femme et ses enfants. Madame de Sévigné, cette femme si franche, qui ne savait ni ne voulait rien cacher, parle avec éloge et sympathie de Baptiste. Elle ne se serait pas fait faute de glisser quelque mot malicieux à son adresse si elle eût pensé le faire avec justesse.

Pour qu'un poëte aime autre chose que ses vers, qu'il goûte la musique, qu'il sache se distraire assez de lui-même pour l'écouter, pour s'abandonner à son charme, et par-dessus tout pour consentir à partager sa couronne avec un musicien, il faut qu'il soit doué d'un désintéressement naturel, d'un sentiment de bienveillance et de justice, et aussi d'une sensibilité nerveuse qui le rende apte à jouir des beautés musicales. Le grand Corneille, le satirique Boileau, et le non moins caustique La Fontaine en étaient totalement dépourvus, et ils ne cessèrent de voir dans les développements que prit la musique à cette époque, grâce à l'impulsion du cardinal Mazarin et au goût délicat de la cour de Versailles, un empiétement funeste à la littérature et à la poésie. Plusieurs allèrent même jusqu'à invoquer contre elle et contre les musiciens les censures religieuses.

Lulli eut à subir tout ce que la jalousie et la haine peuvent inventer pour perdre un homme. Doué de beaucoup d'esprit, d'énergie et d'un talent d'un ordre supérieur, il triompha à la fois et des obstacles intrinsèques, et des cabales, et des pamphlets. Racine et Molière se sont tenus à l'écart de toutes ces rancunes d'hommes de lettres, parce qu'ils ont compris et aimé la musique mieux que les autres poëtes de cette pléiade glorieuse.

C'est donc avec beaucoup de discrétion qu'il faut accueillir les anecdotes qui circulent sur le compte de Lulli. J'accorde qu'il ait pu casser un violon sur la tête d'un musicien de son orchestre. Je ne l'approuverais pas si le fait était hors de doute ; mais on sait à quel point une fausse note peut exaspérer l'homme le plus doux quand il a le malheur d'être pourvu d'une oreille trop délicate. Choron a bien brisé un orgue de Barbarie en pleine rue ; M. Duprez, son élève, raconte même qu'il l'a vu se battre dans son magasin de musique contre un client qui préférait à Palestrina je ne sais quel faiseur de contredanses. Quant au coup de pied traditionnel donné, dit-on, par Lulli à Mlle Le Rochois dans une position fort peu intéressante, c'est une histoire qui me semble inventée à plaisir, car j'ai entendu attribuer ce fait brutal à une vingtaine de compositeurs célèbres. Pour faire une phrase et peindre en traits violents un caractère énergique, certains écrivains ne reculent devant aucune calomnie et vont même jusqu'à accuser d'homicide par imprudence des gens qui peut-être n'ont donné de leur vie une chiquenaude à qui que ce fût.

Rappelons-nous aussi dans quelles conditions était alors le théâtre de l'Opéra ; combien il devait être difficile de morigéner des chanteurs qui, pour la plupart, n'étaient pas musiciens et qu'il fallait envoyer chercher au cabaret au moment de la représentation. C'est un mérite assurément que d'avoir constitué une bonne troupe d'acteurs lyriques dans un pays réduit auparavant à demander des virtuoses à l'Italie ; pour l'obtenir, il a fallu à Lulli beaucoup de persévérance et de force de caractère.

Lulli tomba malade quelque temps avant la représentation de son opéra d'*Armide*. Son confesseur ne consentit, dit-on, à lui donner l'absolution qu'à la condition qu'il ferait un auto-da-fé de sa partition. Le même jour, le prince de Conti vint voir le malade et ne put s'empêcher de regretter tout haut la perte d'un si bel ouvrage. « Paix, paix, monseigneur, répondit Lulli ; je savais bien ce que je faisais ; j'en avais une autre copie. »

Cette historiette est invraisemblable. En effet, c'est le R. P. Chérubin de la Vierge Marie, alors prieur du couvent des Augustins déchaussés, qui fut le confesseur de Lulli et qui l'assista dans ses derniers moments. Or, madame Lulli fit don à la bibliothèque de ce couvent des motets imprimés de son mari et de douze volumes de ballets et d'opéras, excepté ceux de *Proserpine*, de *Cadmus*, d'*Alceste*, d'*Isis* et de *Psyché*. On voit que ces religieux ne dédaignaient pas plus les œuvres distinguées de l'art musical que celles dont ils aimaient à décorer leur église.

Outre le prince de Conti, le spirituel Baptiste, caractère vif et enjoué, avait encore l'honneur de compter parmi ses amis d'autres seigneurs de la cour, et non, malheureusement, les mieux famés, ce qui a pu contribuer à jeter un vilain vernis sur sa réputation. L'un d'eux était ce chevalier de Lorraine, l'équivoque favori de Monsieur et l'empoisonneur présumé de la duchesse d'Orléans. C'est à lui que madame Lulli disait pendant la maladie de son mari : « Oh ! vraiment, vous êtes fort de ses amis ; c'est vous qui l'avez enivré le dernier et qui êtes cause de sa mort. — Tais-toi, ma chère femme, reprit Lulli, que sa gaieté n'avait point abandonné ; si j'en réchappe, ce sera lui qui m'enivrera le premier. »

Le 8 janvier 1687, l'artiste faisait exécuter aux Feuillants de la rue Saint-Honoré un *Te Deum* composé pour la convalescence de Louis XIV. Dans le feu de l'exécution, il se frappa le bout du pied avec sa canne, qui lui servait de bâton de mesure. Un abcès de la nature la plus maligne en résulta. Le mal gagna rapidement tout le pied, puis la jambe. L'amputation aurait pu sauver le malade ; mais Lulli, répugnant à l'opération proposée par le chirurgien, préféra se remettre aux mains d'un empirique qui se faisait appeler *le marquis de Carrette*. Les soins de ce charlatan furent impuissants à combattre la gangrène, de jour en jour plus effrayante, et le malheureux compositeur expira le 22 mars 1687.

J'ai sous les yeux une relation intéressante de la maladie, des derniers moments et des obsèques de ce grand artiste, insérée dans le nécrologe du couvent des Augustins déchaussés, en date du 23 mars 1687, par le P. Ange de Sainte-Rosalie. Après avoir raconté la patience admirable avec laquelle il avait supporté les souffrances les plus vives pendant plus de deux mois, les sentiments de repentir de ses fautes et la piété fervente qu'il manifesta en présence de tous les siens, ce religieux termine par cette citation remarquable de saint Augustin : *Dignus misericordia Christi qui spiritali labore gratiam postulabat.*

Après la mort de son mari, madame Lulli demanda la chapelle de Saint-Jean-Baptiste, dans l'église des Petits-Pères, pour y établir sa sépulture et celle de sa famille. Elle lui fut accordée, et le contrat fut passé le 5 mars 1688.

Nous avons la description du somptueux monument qu'elle fit ériger en 1690 par le sculpteur Cotton. Le tombeau de Lulli fut enlevé en 1796 et placé dans le musée de la République française. Mais sous la Restauration, en 1817, il fut restitué à l'église et reconstruit deux chapelles plus loin que celle où il avait été primitivement ; il subit alors divers changements regrettables. Cependant on a conservé la plaque de marbre sur laquelle a été gravée l'épitaphe suivante, due à la plume du poëte Santeuil :

> Perfida mors, inimica, audax, temeraria et excors,
> Crudelisque, et cœca probris te absolvimus istis,
> Non de te querimur ; tua sint hæc munia magna.
> Sed quando per te populi regisque voluptas,
> Non ante auditis rapuit qui cantibus orbem,
> Lullius eripitur, querimur, modo surda fuisti.

Les ossements de Lulli étaient restés dans le caveau où ils avaient été déposés, ainsi que ceux de sa femme Madeleine Lambert, de leurs enfants et de Michel Lambert, le musicien. Mais voilà que, les 17 et 18 mai 1871, des scélérats, non satisfaits d'avoir mis au pillage le sanctuaire vénéré de Notre-Dame des Victoires, violèrent les sépultures, retirèrent des souterrains les ossements, les étalèrent devant le portail de l'église, en formant des pyramides qu'ils couronnèrent de têtes de squelettes, faisant croire à une populace stupide que c'était là les restes des victimes du clergé. Ce que la Terreur avait épargné fut dispersé à jamais par les fédérés de la Commune de Paris.

Par ses ouvrages et par ses pensions, Lulli avait su amasser une grande fortune, que sa femme Madeleine Lambert (fille du musicien dont parle Boileau) s'entendait à merveille à administrer. Il eut six enfants de son mariage, trois filles et trois fils, dont deux ont suivi avec quelque succès la carrière de leur père.

On verra par le témoignage de Perrault quelle estime les plus distingués des contemporains professaient pour ce maître. Les pages qu'on va lire sont extraites du bel ouvrage intitulé : *Les hommes illustres qui ont paru en France pendant ce siècle, avec leurs portraits au naturel*, par M. Perrault de l'Académie française.

JEAN-BAPTISTE LULLY

SUR-INTENDANT DE LA MUSIQUE DU ROY.

L'excellent homme qui se présente icy ne devoit point, estant né en Italie, trouver place dans ce recueil, suivant la loy que nous nous sommes imposée de n'y admettre que des François : mais il est venu en France dans un si bas âge, et il s'y est naturalisé de telle sorte, qu'on n'a pû le regarder comme un estranger. D'ailleurs, tous ses ouvrages de musique, et le génie mesme qui les a produits, ayant été formez chez nous, il ne faut pas s'estonner si nous avons crû estre en droit de nous en faire honneur.

A son arrivée en France, il s'attacha auprès de mademoiselle de Montpensier; mais le roy, qui a le goust si exquis pour toutes les belles choses, n'eut pas plustôt oüy des airs de sa composition qu'il voulut l'avoir à son service. Il lui ordonna de prendre soin à ses violons, car il joüait de cet instrument d'une manière dont personne n'a jamais approché, et mesme Sa Majesté en créa une nouvelle bande en sa faveur, qu'on nomma les petits-violons, qui, instruits par lui, égalèrent bien-tost et surpassèrent même la bande des vingt-quatre, la plus célèbre de toute l'Europe. Il est vrai qu'ils avaient l'avantage de joüer des pièces de la composition de M. Lully, pièces d'une espèce toute différente de celles que jusques-là on avait entendües. Avant luy, on ne considérait que le chant du dessus dans les pièces de violon : la basse et les parties du milieu n'estoient qu'un simple accompagnement et un gros contre-point, que ceux qui joüoient ces parties composoient le plus souvent comme ils l'entendoient, rien n'estant plus aisé qu'une semblable composition, mais M. de Lully a fait chanter toutes les parties presque aussi agréablement que le dessus ; il y a introduit des fugues admirables, et surtout des mouvements tout nouveaux et jusques-là presque inconnus à tous les maistres ; il a fait entrer agréablement dans ses concerts jusqu'aux tambours et aux timbales, instruments qui n'ayant qu'un seul ton sembloient ne pouvoir rien contribuer à la beauté d'une harmonie, mais il a sçû leur donner des mouvements si convenables aux chants où ils entroient, qui la plupart estoient des chants de guerre et de triomphe, qu'ils ne touchoient pas moins le cœur que les instruments les plus harmonieux. Il a sçû parfaitement les règles de son art ; mais, au lieu que ceux qui l'ont précédé n'ont acquis de la réputation que pour les avoir bien observées dans leurs ouvrages, il s'est particulièrement distingué en ne les suivant pas, et en se mettant au-dessus des règles et des préceptes. Un faux accord, une dissonance étoit un écueil où échouoient les plus habiles, et ç'a esté de ces faux accords et de ces dissonances que M. de Lully a composé les plus beaux endroits de ses compositions par l'art qu'il a eu de les préparer, de les placer et de les sauver.

On ne luy a pas seulement l'obligation d'avoir composé des pièces de musique qui ont fait pendant un très-long temps les délices de toute la France, et qui ont passé chez tous les étrangers ; mais d'avoir donné une nouvelle face à la musique et de l'avoir rendüe commune et familière à tout le monde. Quand il est venu en France, il y avoit près de la moitié des musiciens qui ne sçavoient pas chanter à livre ouvert, la plupart de ceux mesmes qui chantoient chez le roy apprenoient leur partie par cœur avant que de la chanter. Aujourd'huy, il n'y a presque pas de musiciens, soit de ceux qui chantent, soit de ceux qui touchent des instruments, qui n'exécutent sur-le-champ tout ce qu'on leur présente, avec autant de justesse et de propreté que s'ils l'avoient estudié pendant plusieurs journées. On admiroit un maistre qui sçavoit accompagner sur la basse continuë, aujourd'hui une jeune fille qui joüe du clavecin ou du théorbe auroit de la peine à s'entendre loüer de si peu de chose.

On n'a vu que ceux qui ont excellé dans les chants profanes aient eu le mesme avantage à composer des chants d'Église, cependant il a réussi parfaitement dans ces deux genres de musique, et quand il a fait chanter des Ténèbres de sa façon, on ne l'a pas moins admiré que dans l'exécution de ses plus beaux opéras, parce qu'il a eu l'art d'entrer également bien dans l'esprit de ces musiques différentes. C'est ce qui porta le roy à le faire sur-intendant de sa musique, charge qu'il méritoit souverainement, et à laquelle il joignit peu de temps après celle de secrétaire du roy. Il mourut à Paris, le 22 mais

1687, dans la cinquante-quatrième année de son âge ; il est enterré dans l'église des Petits-Pères Augustins Déchaussez, où il a fait bastir une chapelle, et où sa veuve lui a fait élever un très-beau mausolée. Il a laissé six enfants, trois garçons et trois filles.

Rien n'est comparable à la beauté de tous les opéras qu'il a faits. Comme dans ces ouvrages il a joint, à la force du génie de sa nation, la politesse, et les agréments de la nostre, l'Italie n'a presque rien qu'elle puisse leur opposer. C'est une variété inconcevable de modulations et de mouvements. Ce sont tous airs qui sans se ressembler ont cependant un caractère de douceur et de noblesse qui marque leur commune origine. Il est vray qu'il a eu le bonheur de trouver un poëte dont les vers ont été dignes de sa musique, et tels qu'il pouvait les désirer pour bien mettre en leur jour toutes les beautés et toutes les délicatesses de son art, mais ce bonheur luy était dû afin qu'il ne restât rien à désirer à ses ouvrages.

Ajoutons à ce témoignage celui de Mme de Sévigné, rendant compte en ces termes des obsèques du chancelier Séguier en 1672 :

« Pour la musique, c'est une chose qu'on ne peut expliquer ; Baptiste « avait fait un dernier effort de toute la musique du roi. Ce beau *Miserere* « y était encore augmenté. Il y eut un *Libera* où tous les yeux étaient pleins « de larmes : je ne crois point qu'il y ait une autre musique dans le ciel. » Voilà sans contredit un bel éloge, mais dans des termes singuliers. Mme de Sévigné n'a pas songé que dans le ciel il n'y a plus de larmes et qu'on y chante encore moins des *Libera*.

Les compositions religieuses de Lulli les plus estimées sont : le *Miserere*, *Benedictus*, *Te Deum*, *De profundis*, *Dies iræ*, et le motet *Plaude, Lœtare, Gallia*, écrit pour la naissance du Dauphin, en 1660.

Les traits de Lulli ont été aussi maltraités après sa mort que sa réputation. Faute de recourir aux documents contemporains, les artistes se sont contentés de copier le méchant buste de Colignon, sculpteur de la fin du dix-huitième siècle, dont Cochin a donné un dessin gravé par Saint-Aubin, en 1770. Or, ce buste a été fait longtemps après la mort du compositeur, pour être placé sur son tombeau ; c'est la seule œuvre connue du statuaire, et, médiocre en elle-même, elle est en complet désaccord avec tous les autres portraits de Lulli, portraits admirables, peints par Rigaud, par Mignard, et gravés par Boullet, par Edelinck. Il existe même au Cabinet des estampes de la Bibliothèque nationale un dessin gravé de Bonnart, fort intéressant, et représentant le musicien en pied, dirigeant un petit orchestre. Tous ces portraits se ressemblent et donnent à Lulli une physionomie assez belle.

STRADELLA

NÉ VERS 1645, MORT EN 16.....

La figure de Stradella est restée poétique et intéressante, par suite de ce penchant des esprits à accepter volontiers les légendes pittoresques. Le musicien, devenu dans l'imagination populaire un héros de roman, a paru sur la scène plusieurs fois, notamment dans deux opéras composés par MM. Niedermeyer et de Flotow. Au demeurant, l'histoire de sa vie n'est rien moins que sûre, et la même incertitude plane sur l'authenticité des ouvrages qui lui sont attribués. Dans ces derniers temps, les travaux de MM. Richard et Angelo Catalani sont parvenus à dissiper une partie des ténèbres condensées autour de cette personnalité plus fameuse que bien connue ; mais que de choses ne reste-t-il pas à découvrir sur lesquelles la lumière ne se fera probablement jamais !

Alessandro Stradella passe pour être né à Naples, vers 1645, mais on n'a point de renseignements sur ses premières années ni ses études. Il était à Rome, lorsqu'il s'attira le mécontentement du cardinal Cibo, dont il aurait forcé le neveu à épouser une courtisane. Ce fut probablement pour se dérober aux conséquences de sa conduite qu'il se retira à Venise, où on le trouve, en 1677, engagé pour composer des opéras. C'est là que lui arriva cette aventure qui l'a rendu célèbre, mais dont toutes les circonstances ne sont pas bien connues. Le médecin Bourdelot, qui l'a racontée le premier, y a ajouté des détails romanesques qui doivent être écartés, si l'on s'en rapporte aux récentes recherches de M. Richard. Je me contenterai de dégager de cette relation les faits qui s'accordent avec les documents mis au jour par ce savant. D'après les témoignages les plus concordants, un membre de la puissante famille des Contarini aurait chargé Stradella de donner des leçons de musique à sa maîtresse. Le maître eut le tort de tromper la confiance qu'on avait mise en lui et de se faire aimer de son élève. Tous deux, redoutant les effets de la jalousie du Vénitien, s'enfuirent à Turin, où l'artiste fut assez heureux pour faire agréer son talent à la cour de la duchesse régente. Mais les fugitifs ne furent pas longtemps sans être inquiétés. Contarini vint bientôt réclamer sa maîtresse, à la tête d'une suite de quarante serviteurs ou clients. Il comptait sur un effet d'intimidation qui n'eut point lieu. Madame royale (c'est ainsi qu'on nommait la régente de Savoie) avait accordé sa protection au musicien, et facilité à sa compagne l'entrée provisoire dans un couvent. Déçu dans ses projets, le noble vénitien eut alors recours à une vengeance assez conforme aux mœurs italiennes de ce temps. Il expédia à Turin deux *bravi* chargés de *maltraiter* Stradella et qui, leur coup fait, devaient chercher un refuge dans l'hôtel de l'ambassadeur de France, M. de Villars. L'envoyé de Louis XIV près de la république de Saint-Marc, l'abbé d'Estrades, ignorant le fond de l'affaire et trop jaloux de maintenir les priviléges de son droit d'asile, avait poussé la complaisance vis-à-vis des Contarini et de leurs alliés les Delfini, jusqu'à faire remettre aux deux sicaires une lettre de recommandation pour son collègue de Turin. Nantis du précieux papier qui leur assurait l'impunité, les assassins prirent leur temps et, au bout d'un mois de séjour dans la ville, assaillirent le musicien à coups de couteau en pleine place publique. Après avoir ainsi satisfait au ressentiment de leur patron, ils se retirèrent à l'ambassade de France. Madame royale voulait que la justice suivît son cours, et, sur le refus de M. de Villars de livrer les misérables, qui lui avaient été recommandés par l'abbé d'Estrades, elle fit faire des représentations à Louis XIV par son ministre à la cour de Versailles. De son côté, le marquis de Villars écrivit à son gouvernement pour lui expliquer sa conduite, alléguant qu'il avait cru devoir, en cette occurrence, faire respecter le vieux droit d'asile inhérent à l'hôtel des résidents français à l'étranger. Il en résulta une correspondance diplomatique des plus curieuses. Le ministre des affaires étrangères, M. de Pomponne, répondit, de la part du roi, en protestant de l'horreur du monarque pour les *méchantes actions*. Mais si dans l'espèce il regrettait l'application du droit d'asile faite au profit de deux assassins, il approuvait qu'on maintînt l'honneur et les priviléges appartenant au représentant de la couronne de France. Sur ce chapitre, en effet, Louis XIV n'entendait pas raillerie : on en eut la preuve dans la conduite qu'il tint à Rome à l'égard du pape Innocent XI, qui avait songé à supprimer ces franchises surannées et abusives. Dans le cas présent, la réponse du ministre était un encouragement donné à M. de Villars. Ce fut ainsi qu'il le comprit, et, comme la régente avait entouré de gardes l'hôtel de l'ambassadeur, il fit évader les criminels en les cachant dans son propre carrosse. Cette affaire eût peut-être reçu une autre solution si le musicien, cause bien involontaire de tout cet imbroglio diplomatique, était mort de ses blessures ; mais il guérit, et Contarini en fut quitte pour s'engager à ne plus jamais attenter à ses jours.

Suivant le récit de Bourdelot, il y avait eu trois tentatives de meurtre contre l'artiste. La première, à Rome, aurait échoué parce que les *bravi*, ayant entendu exécuter une *aria di chiesa* du compositeur, ne se seraient pas senti le courage de frapper l'auteur d'une musique si admirable et de faire perdre au monde un de ses plus beaux génies. La seconde tentative aurait eu lieu à Turin, à peu près comme je viens de le raconter, et n'aurait manqué cette fois que par des circonstances indépendantes de la volonté des assassins. Enfin, l'implacable ressentiment des Contarini aurait atteint sa victime sur les remparts de Gênes, en 1670. Cette dernière date, antérieure de plusieurs années à celle que M. Richard a relevée sur des documents authentiques, suffirait pour rendre plus que suspecte la relation de Bourdelot, si l'invraisemblable miracle opéré à Rome par l'*aria di chiesa* ne devait la faire rejeter par les lecteurs sérieux, quoique rapportée par un médecin contemporain des événements et qui avait voyagé en Italie.

Stradella survécut donc à l'affaire de Turin : il échappa à la rage de ses ennemis ; voilà qui est un fait acquis ; mais que devint-il ensuite ? Ici, le biographe perd sa trace, et il m'est même impossible de dire en quelle année il est mort. Les recherches de M. Catalani éclairciront peut-être les faits qui se rattachent à l'existence de cet étrange personnage, comme elles ont déjà percé en partie les ténèbres qui enveloppaient ses œuvres.

Stradella était poëte latin en même temps que musicien, et il écrivit lui-même le texte de plusieurs de ses compositions religieuses; il en arrangeait les périodes à l'aide de versets tirés des psaumes et de la liturgie. Outre ses motets, on connaît de lui cinq oratorios ou psaumes lyriques. Celui dont il est question dans la version de Bourdelot est intitulé : *Oratorio di san Giovanni Battista a cinque voci con stromenti dell' Alessandro Stradella*. Quant à la fameuse *aria di chiesa* commençant par ces mots : *Pietà, Signore*, air qui aurait sauvé la vie de l'artiste, M. Fétis l'a fait entendre en 1832 à ses concerts historiques, où elle a obtenu un très-grand succès. Toutefois, il est douteux, malgré l'autorité du savant biographe belge, que cette belle composition puisse être attribuée à Stradella. Depuis, on a exécuté ce morceau sous toutes les formes, sur des paroles latines, françaises, italiennes, profanes et sacrées, avec ou sans accompagnement d'instruments, et, qui pis est, enjolivé d'une harmonie moderne qui le rajeunirait d'un siècle au moins, si la mélodie elle-même avait réellement un siècle d'existence.

Les œuvres de Stradella comprennent des cantates, des *serenate* et des opéras dont la plupart ont été écrits pour la cour de Ferrare. On distingue parmi ces productions dramatiques : *Corispero, Orazio Cocle sul ponte, Trespolo tutore* et *Biante*.

Je ne peux mieux faire, en terminant cette notice, que de transcrire le jugement porté par le savant docteur Burney sur un maître que Bourdelot appelait de son temps « le plus excellent musicien de toute l'Italie » :

« Ses compositions, toutes vocales, dont plusieurs sont en ma possession, dont j'ai examiné un grand nombre dans d'autres collections, sont supérieures à toutes celles du siècle passé, à l'exception de celles de Carissimi, et peut-être, s'il eût atteint un âge aussi avancé, n'aurait-il pas été inférieur à ce grand musicien. »

. On annonce la découverte d'un grand nombre de manuscrits de cet auteur. Il est présumable que la publication de quelques-unes de ces œuvres ne se fera pas longtemps attendre.

En somme, Stradella était peu estimé, à cause de ses mœurs. Les documents anciens le traitent assez mal. Les recherches de M. Richard, sans ajouter un seul trait de nature à rétablir sa réputation, le représentent comme une victime mal protégée par la diplomatie indigène et étrangère. Il est incontestable qu'il a joui de son temps d'une renommée brillante, mais promptement éteinte après sa mort. Aucune de ses productions n'a survécu, et son nom serait tombé dans l'oubli sans le récit plus ou moins exact de son aventure.

SCARLATTI

NÉ EN 1649, MORT EN 1725.

Alexandre Scarlatti a déployé un talent extraordinaire dans des œuvres de petites proportions. Rompu à toutes les difficultés du contrepoint, qui était encore à cette époque la seule forme qu'on attribuât à l'art musical, il fit faire à la musique instrumentale, particulièrement à celle du clavecin, des progrès fort rapides, et on peut le considérer comme le précurseur de Rameau, de Haendel et de Bach.

Cet artiste naquit à Trapani (Sicile), en 1649. On croit, sans pouvoir l'affirmer d'une manière absolue, que dans sa jeunesse il reçut à Rome les leçons de Carissimi. Ce qui est indubitable, c'est que son éducation musicale fut très-soignée et que l'étude des chefs-d'œuvre de l'école romaine n'y fut pas étrangère. Quand il arriva à Naples, il possédait un talent remarquable à la fois comme chanteur, comme harpiste et comme claveciniste. Les renseignements biographiques sur ce maître font défaut jusqu'à l'année 1680, époque à laquelle il fit représenter à Rome, dans le palais de l'ex-reine de Suède Christine, son opéra l'*Onestà nell' amore*. Il est douteux cependant que cet ouvrage n'ait été précédé d'aucun autre, quoique ce soit le premier que nous connaissions du compositeur. On doit plutôt penser que Scarlatti s'était déjà acquis quelque réputation lorsqu'on le chargea d'écrire pour le théâtre particulier de la reine de Suède. L'auteur de l'*Onestà nell' amore* alla-t-il ensuite, comme on l'a dit, à Munich et à Vienne? Cela est peu probable; tout porte à croire, au contraire, qu'il ne quitta point l'Italie, où le retenait son titre de *maître de chapelle de Sa Majesté la reine de Suède*. Cette qualité est celle qu'il prend sur la couverture du livret de *Pompeo*, joué au palais royal de

Naples, le 30 janvier 1684. Après cet opéra, il y a, dans la vie de notre musicien, une nouvelle lacune d'informations qui s'étend jusqu'à l'année 1693, date de la représentation de l'oratorio intitulé *I dolori di Maria sempre vergine*, écrit pour la congrégation des Sept-Douleurs. L'auteur donna à Rome, dans la même année, l'opéra de *Teodora*. Entre autres nouveautés originales pour le temps, cet ouvrage offre le premier exemple du retour au motif principal des airs après la seconde partie, et l'introduction de l'orchestre employé pour accompagner le récitatif, qui précédemment était soutenu sans interruption par la basse.

Après la mort de Christine (1688), Scarlatti fut, selon toute apparence, nommé maître de la chapelle royale de Naples. Du moins le voit-on travailler sur commande officielle et refaire, par ordre du vice-roi, quelques airs de l'*Odoacre* de Legrenzi. La partition restaurée par ses soins fut exécutée le 5 janvier 1694, au théâtre San-Bartolomeo de Naples. Le compositeur, avec une rare modestie, avertit le lecteur du livret « que les airs refaits par lui sont marqués d'un astérisque, afin que ses fautes ne soient pas préjudiciables à la réputation de Legrenzi, dont la gloire immortelle est pour lui l'objet d'un respect sans bornes. »

A l'*Odoacre*, succédèrent *Pirro e Demetrio* (Naples, 1697), *Il prigioniero fortunato* (1698), *Gli equivochi nel sembiante* (Rome, 1700), *Eraclea* (1700), les *Nozze col nemico*, *Il Mitridate Eupatore*, et enfin *Laodicea e Berenice* (Naples, 1701). Cet ouvrage renferme un air admirable pour ténor et violon obligé ; malheureusement, il ne se trouva pas de violoniste capable de l'exécuter ; Corelli lui-même n'y réussit point ; aussi Scarlatti, lors de la reprise de son opéra à Rome, en 1705, fut-il forcé d'écrire un autre air, qui est loin de valoir le premier.

Ces compositions avaient porté très-haut le nom de l'artiste sicilien. Avec la célébrité vinrent les charges et les honneurs. Il est d'abord appelé à seconder Antoine Foggia dans les fonctions de maître de chapelle de Sainte-Marie Majeure (31 décembre 1703). Il devient titulaire de cette maîtrise au mois de mai 1707. Déjà il avait été chargé de diriger la musique du cardinal Ottoboni. Le pape lui accorde la décoration de l'Éperon d'or. Enfin, après la conquête des Deux-Siciles par les Impériaux, on le voit revenir à Naples avec le titre de maître de la chapelle royale (1709).

Doué d'une prodigieuse facilité, Scarlatti n'a pas écrit moins de cent douze ou cent quinze opéras. Une note qu'on lit en tête du *Tigrane*, représenté en 1715, c'est-à-dire dix ans avant la mort du compositeur, nous apprend que cet ouvrage est le *cent sixième* qu'il met sur la scène. Tous ne nous sont point parvenus, parce que l'usage de graver les partitions était alors peu répandu en Italie ; mais, dans ceux que la postérité peut connaître, elle admire un vaste savoir uni à une riche imagination, des modulations hardies et toujours bien écrites pour les voix. Indépendamment de sa production dramatique, le fécond musicien a composé une dizaine d'oratorios, des messes, dont on porte le nombre à *deux cents*, et une foule incalculable de morceaux, tels que madrigaux, duos, sérénades, cantates, toccates, etc.

Une des gloires de Scarlatti, et non la moindre, c'est d'avoir rendu d'immenses services à l'enseignement de la musique dans les écoles de *Sant' Onofrio, dei Poveri di Gesù Cristo* et de *Loreto*. Quand il mourut, le 24 octobre 1725, la patrie napolitaine perdit une de ses plus nobles illustrations. Mais l'artiste laissait un fils qui fut Domenico Scarlatti, et des élèves qui s'appelaient Logroscino, Durante, Hasse ; pour changer de main, le flambeau ne cessa pas de briller :

Et quasi cursores vitaï lampada tradunt.

Ce Domenico Scarlatti, son fils, mériterait dans ce livre autre chose qu'une simple mention. Il fut un des plus habiles clavecinistes de son temps et de tous les temps, car les pièces de clavecin ne sont plus jouées que sur le piano. Ceux de nos pianistes dont le goût n'a pas été dépravé par les tours de force et les arpéges de sept octaves, exécutés de manière à faire entendre le plus de notes dans le moins de temps possible, trouvent encore beaucoup de charme à jouer la musique de Scarlatti, qui, loin d'être, comme on dit, l'enfance de l'art, témoigne au contraire d'une science consommée et d'un goût plein de finesse et de grâce.

LALANDE

NÉ EN 1657, MORT EN 1726.

Michel-Richard de Lalande, qui mourut surintendant de la musique de Louis XV, après avoir déjà occupé ces fonctions sous Louis XIV, ne dut qu'à son talent de s'élever de la condition obscure où l'avait placé sa naissance, et d'atteindre à une gloire solide et durable. Né à Paris, le 15 décembre 1657, il était le quinzième enfant d'un pauvre tailleur. La beauté de sa voix le fit admettre comme enfant de chœur à l'église Saint-Germain-l'Auxerrois. Là, il eut pour maître de chant Chaperon. Son zèle pour l'étude était tel qu'il donnait au travail la plus grande partie de ses nuits ; il apprit presque sans le secours de personne à jouer du violon, du clavecin, de la basse de viole et de plusieurs autres instruments. A quinze ans, au sortir de la maîtrise, où l'altératton de sa voix causée par la mue ne lui permettait plus de rester, il fut recueilli par un de ses beaux-frères, qui chaque semaine organisait de petits concerts afin de lui fournir l'occasion de mettre ses talents en lumière. A cette époque de sa vie, Lalande jouait du violon mieux que de tout autre instrument; cependant, Lulli ayant refusé de l'admettre dans son orchestre, le jeune musicien en conçut un tel dépit qu'il brisa son violon et qu'il se mit dès lors à étudier l'orgue. Ses progrès rapides lui valurent d'être appelé à exercer les fonctions d'organiste à la fois dans quatre églises différentes, à Saint-Gervais, à Saint-Jean, chez les Jésuites et au Petit-Saint-Antoine. Pour comprendre le cumul de ces places, il faut savoir qu'à cette époque les organistes étaient attachés à une église par quartier, c'est-à-dire qu'il y avait souvent quatre organistes titulaires pour la même église, jouant chacun successivement pendant trois mois. Il fut aussi chargé par le P. Fleuriau de mettre en musique plusieurs des tragédies que la Société de Jésus avait coutume de faire représenter dans ses collèges, et ces essais de composition réussirent pleinement. Esprit naturellement religieux, Lalande réunissait les qualités propres à ce genre de travail.

Quelque temps après, Lalande concourut pour la place d'organiste du roi. Lulli, institué juge du mérite des candidats, déclara que si la place devait être donnée au plus habile, elle lui appartenait. Malheureusement le vainqueur fut trouvé trop jeune pour remplir un emploi si envié, et il ne recueillit de cette épreuve, brillamment soutenue, que l'honneur d'avoir arraché un vote favorable à l'homme qui s'était prononcé si sévèrement contre lui à ses premiers débuts. Ce fut par le maréchal de Noailles, dont les filles étaient ses élèves, que Lalande fut recommandé à Louis XIV. Le monarque chargea le jeune artiste d'enseigner la musique aux jeunes princesses du sang. Une fois entré à la cour, le musicien, qui d'ailleurs s'acquittait de sa tâche avec une exactitude exemplaire, ne tarda pas à y faire aimer sa personne autant que son talent. Non content de lui donner la charge de maître de la musique de sa chambre, le roi, en 1683, le nomma l'un des quatre surintendants de sa chapelle. Les trois autres étaient Goupillet, présenté par l'ex-surintendant Robert; Minoret, soutenu par l'archevêque de Reims, et Colasse, que patronnait Lulli. Comme monsieur de Reims, Lulli et Robert faisaient valoir chacun son protégé, Louis XIV finit par leur dire : « Messieurs, j'ai accepté ceux que vous m'avez présentés ; il est juste que je choisisse à mon tour un sujet de mon goût, et c'est Lalande que je prends pour remplir le quartier de janvier. » Plus tard, les quatre charges de la chapelle furent réunies en une seule dont Lalande fut l'heureux titulaire. La sollicitude du souverain alla jusqu'à faire épouser à son organiste favori Anne Rebel, la meilleure cantatrice de la chambre, qui fut dotée sur sa cassette royale. Ceci se passait en 1684. Les faveurs, les largesses ne coûtent rien à un prince et ne prouvent pas toujours chez lui

LALANDE

une véritable bienveillance : ce dont il faut lui savoir plus de gré, c'est de se montrer affectueux avec ceux qu'il honore de ses dons.

Lorsque les deux filles de Lalande, devenues d'excellentes musiciennes, et admises dans la chapelle royale, furent victimes de cette épidémie qui, en 1711, enleva tant de personnes de la cour, l'infortuné père, quelques jours après son malheur, parut à Versailles, mais il n'osait s'approcher du roi, qui pleurait aussi la mort du Dauphin. Louis XIV l'appela et lui dit : « Vous avez perdu deux filles qui avaient bien du mérite ; moi, j'ai perdu Monseigneur. » Puis il ajouta, en montrant le ciel : « Lalande, il faut se soumettre. » Touchantes et simples paroles que je préfère à ces mots d'un orgueil surhumain dont est remplie la biographie de Louis le Grand.

La mort de sa femme et le chagrin qu'il en ressentit amenèrent Lalande, en 1722, à demander sa retraite à Louis XV, ou plutôt au régent. En se retirant, il sollicita la permission de remettre gratuitement, et sans aucune réserve, trois quartiers de l'emploi de maître de musique de la chapelle : acte de désintéressement qui fut récompensé par le don d'une pension de trois mille livres. D'une nature expansive et tendre, il ne put, malgré son âge, supporter la solitude. L'année suivante, l'artiste épousa en secondes noces mademoiselle de Cury, fille d'un chirurgien de la princesse de Conti. Il mourut le 18 juin 1726, à l'âge de soixante-sept ans. Il en avait employé quarante-cinq au service de la cour.

Lalande a été le meilleur compositeur français de son temps pour la musique religieuse. Aucune production destinée à l'Église n'a eu à cette époque le retentissement du magnifique psaume *Beati quorum*. Ses motets, au nombre de soixante, ont été exécutés à la cour et au concert spirituel. On lui doit aussi la musique de la comédie de Molière intitulée *Mélicerte*, et celle des *Éléments*, ballet composé par le poëte Roy.

Dans cette belle chapelle du château, à Versailles, en présence de grands seigneurs et de personnes dont le goût était si exercé, au milieu de magnificences accumulées, d'œuvres artistiques qui se distinguaient toutes par un caractère de grandeur et de majesté, ce n'a pas été pour Lalande un faible titre de gloire que de diriger l'exécution d'une musique religieuse en harmonie avec cet ensemble extraordinaire, et d'y faire entendre avec succès ses propres compositions pendant près de quarante années.

CAMPRA

NÉ EN 1660, MORT EN 1744.

Campra remplit assez convenablement l'intervalle entre Lulli et Rameau. Ce n'est pas qu'il fût un compositeur de génie ; mais sa musique ne manque pas de caractère dans quelques endroits, et d'ailleurs le grand nombre de ses productions m'oblige à lui donner ici une place honorable.

Il naquit à Aix en Provence le 4 décembre 1660. Un de ses compatriotes, Guillaume Poitevin, prêtre attaché à l'église métropolitaine de Saint-Sauveur, lui enseigna la musique. Il n'avait pas encore vingt ans que déjà on lui confiait la place de maître de chapelle à la cathédrale de Toulon (1679). Il occupa le même emploi successivement à Arles (1681) et à Toulouse (1683). En 1694, André Campra vint à Paris, où il dirigea la musique de l'église du collége des Jésuites et de leur maison professe. De là il passa bientôt aux fonctions de maître de chapelle à la cathédrale. Passionné pour le théâtre beaucoup plus que pour la musique sacrée, il se voyait avec regret enchaîné par la direction de ses études à des emplois sévères et modestes, qui, à cette époque, étaient jugés incompatibles avec l'existence mondaine d'un compositeur d'opéras. La position de Campra à Notre-Dame le contraignit à user de ménagements. Ce fut sous le nom de son frère qu'il donna sa première œuvre dramatique, *l'Europe galante*, opéra-ballet en quatre actes dont les paroles sont de La Mothe et qui fut représenté à l'Académie royale de musique le 24 octobre 1697. La partition renferme aussi quelques morceaux de Destouches. Le cumul du sacré et du profane n'est pas sans inconvénient, comme le prouve l'anecdote qu'on raconte au sujet de Campra. Le maître de chapelle s'était endormi un jour à Notre-Dame pendant les vêpres : un sous-chantre lui entonna, selon l'usage, les premiers mots de l'antienne. Grand fut l'étonnement des chanoines quand le compositeur réveillé en sursaut donna la réponse en chantant ces paroles qui terminent son *Europe galante* : *Vivis, vivis, gran sultana*.

Tant qu'il déjeuna de l'autel et soupa du théâtre, Campra n'eut garde de revendiquer la paternité de ses œuvres, qu'il attribuait, je l'ai dit, à son frère Joseph, alors basse de viole à l'Opéra. C'est ainsi qu'il fit encore exécuter à l'Académie royale de musique le *Carnaval de Venise*, opéra-ballet en trois actes avec un prologue, dont les paroles étaient de Regnard (28 février 1699). Il est à remarquer que cette pièce se termine par un petit opéra en un acte et en italien, intitulé *Orfeo negl' inferi*.

Les débuts de notre compositeur l'avaient signalé comme le plus habile musicien de son temps. Il restait et il resta toujours fort inférieur à Lulli, mais il l'emportait sur Colasse et Destouches par les idées et la facture. Entrant dès lors résolûment dans la voie où le succès l'appelait, Campra se démit de la maîtrise de Notre-Dame et signa désormais ses opéras de son propre nom. Coup sur coup, il donna *Hésione* (1700), *Aréthuse* (1701) et *Tancrède* (7 novembre 1702). Cette dernière pièce est une création de Mlle Maupin. La fameuse cantatrice possédait, comme on sait, une voix presque virile; Campra écrivit pour elle le rôle de Clorinde dans un diapason inusité jusqu'alors. C'est la première fois qu'on entend en France sur la scène un contralto. La vogue de *Tancrède* rivalisa avec celle des opéras de Lulli, que l'on continuait de donner. On ne compte pas moins de six reprises de cet ouvrage jusqu'en 1750, époque à laquelle s'arrêtent mes renseignements. Thévenard chanta le rôle de Tancrède pendant près de trente ans et fut remplacé par Chassé pour les deux dernières reprises. Les Clorindes furent successivement Mlles Maupin, Journet, Antier; cet opéra fut une occasion de triomphe pour les danseuses Camargo et Sallé. Voici les morceaux dont se composait un pas de trois ou petit ballet qui eut beaucoup de succès à cette époque : un prélude grave, une chaconne, un air de trompette, une loure, un passe-pied en rondeau et un tambourin. Les chœurs de *Tancrède* attestent un notable progrès dans la composition musicale. Campra avait appris le bon emploi des ressources vocales dans l'exercice de ses fonctions de maître de chapelle.

Après les *Muses* (1703), parut *Iphigénie en Tauride* (1703). Le poëme était l'œuvre de Duché et de Danchet; la musique appartenait à Desmarets et à Campra. Le malheur a voulu que Gluck traitât plus tard le même sujet de manière à ôter tout intérêt aux tentatives de ses devanciers.

Télémaque ou les Fragments des modernes, tragédie-opéra en cinq actes, avec un prologue, fut représentée la même année (11 novembre 1704) à l'Académie royale de musique. Cet ouvrage est un pastiche composé de fragments de plusieurs opéras, récemment représentés, tels que ceux d'*Astrée*, d'*Énée et Lavinie*, d'*Aréthuse*, de *Médée*, du *Carnaval de Venise*, d'*Ariane*, de *Circé*, des *Fêtes galantes* et d'*Ulysse*.

Aline (1705), le *Triomphe de l'Amour* (1705), *Hippodamie* (1708) précédèrent les *Fêtes vénitiennes*, l'un des opéras de Campra qui ont le plus contribué à sa réputation. Représenté sur la scène de l'Académie royale de musique le 17 juin 1710, il a été repris huit fois, et quarante ans ont à peine suffi à épuiser sa vogue. La musique de cet ouvrage est intéressante; elle a du mouvement et de la gaieté. On entend encore avec plaisir les sérénades et les barcarolles des *Fêtes vénitiennes*.

Le musicien et le poëte qui avaient fait en collaboration la pièce précédente, Campra et Danchet, ne furent guère moins bien inspirés en écrivant *Idoménée*, tragédie lyrique en cinq actes, représentée par l'Académie royale de musique le 12 janvier 1712. Cette œuvre se recommande à la fois par le mérite littéraire et par l'intérêt musical. Il ne faut excepter de cet éloge que le prologue, qui offre au début un ballet peu digne de la majesté du cothurne. Le rôle d'Idoménée a été un des meilleurs qu'ait tenus Thévenard.

Idoménée fut suivi des *Amours de Mars et de Vénus* (septembre 1712), de *Télèphe* (28 novembre 1713), de *Camille* (1717), des *Ages* (1718), et enfin d'*Achille et Déidamie* (1735).

En 1718, Campra obtenait du roi une pension de 500 livres; quatre ans après, il était nommé maître de chapelle de Louis XV (1722) et appelé à diriger en même temps la musique du prince de Conti. Quoique musicien de talent, il ne fit pas oublier Lalande, son prédécesseur. Pour satisfaire aux exigences de sa charge, il composa alors des divertissements pour la cour, tels que la *Fête de l'Ile-Adam* (1722), les *Muses rassemblées par l'Amour* (1723), le *Génie de la Bourgogne* (1732), les *Noces de Vénus*, partition qu'il écrivit en 1740, âgé de quatre-vingts ans. On lui doit aussi trois livres de cantates et cinq livres de motets. Il a attaché son nom à l'air longtemps populaire de la *Furstemberg*.

Cet artiste mourut à Versailles le 29 juillet 1744. Dépourvu d'originalité et souvent incorrect dans son style, il a du moins trouvé dans une certaine vivacité de rhythme un élément momentané de succès. Il a fourni en somme l'exemple d'une belle carrière d'artiste, à la fois laborieuse et honorée. On frappa une médaille en son honneur en 1730. On y voit une allégorie, et le revers porte cet exergue :

Des saints et des héros il sait chanter la gloire.

COUPERIN

(FRANÇOIS)

NÉ EN 1668, MORT EN 1733.

Si l'Allemagne peut s'enorgueillir d'avoir donné le jour à la dynastie des Bach, qui compte parmi ses membres un homme de génie et plusieurs artistes d'un talent supérieur, nous laisserons à la petite ville de Chaumes en Brie la satisfaction d'avoir produit la famille des Couperin, qui ne compte pas moins de dix organistes, tant hommes que femmes.

Celui dont je m'occupe ici, François Couperin, dit *le Grand*, était fils de

Charles Couperin, organiste de Saint-Gervais. Il naquit à Paris en 1668, et n'avait qu'un an lorsque mourut son père. Les éléments de la musique lui furent enseignés par Tolin, organiste de l'église de Saint-Jacques la Boucherie. Toucher de l'orgue à Saint-Gervais était en quelque sorte la fonction héréditaire des Couperin, et il était naturel que cette église en vînt à posséder un orgue du célèbre facteur Clicquot. Lorsque j'eus l'occasion de le toucher, il y a plus de vingt ans, je constatai que cet instrument avait conservé sa belle sonorité originelle. Plusieurs de ses jeux possédaient encore la mise en harmonie dont nos facteurs ont perdu le secret. Le jeune artiste les fit entendre en 1696. En 1701, il devint claveciniste de la chambre du roi et organiste de sa chapelle. On le chargea en outre d'enseigner la musique au duc de Bourgogne, fils du grand Dauphin, à une princesse de Conti et au comte de Toulouse, qui lui servit jusqu'à sa mort une pension de mille livres.

De son mariage avec Marie-Anne Ansaul, François Couperin eut deux filles, Marie-Anne et Marguerite-Antoinette. Toutes deux se montrèrent dignes du nom paternel. La première, après être entrée en religion, devint organiste de l'abbaye de Maubuisson ; la seconde obtint la charge de claveciniste de la chambre du roi. En considération de son talent, on dérogea à l'usage en vertu duquel cette place n'avait été occupée jusque-là que par des hommes.

Couperin le Grand mourut en 1733. Fort appréciées des contemporains, laissées ensuite dans un demi-oubli, ses œuvres ont obtenu d'une postérité récente un retour de faveur qui n'est qu'un retour de justice. M. Amédée Méreaux, dont on ne saurait récuser en doute la haute compétence en ces matières, a jugé comme il suit le style de ce musicien : « Ce qui caractérise le style de F. Couperin, c'est la distinction, c'est la fécondité d'invention qui se traduit en formules musicales empreintes de grâce, d'esprit, d'originalité et de sentiment. Dans ses pièces, l'ornementation est toujours intentionnellement appliquée au tissu mélodique ; la basse est toujours chantante et d'une harmonie aussi riche que correcte ; les parties réelles concertent avec une élégance parfaite. Ces pièces sont, de nos jours encore, excellentes à jouer, très-intéressantes à travailler, et délicieuses à entendre. Mais, si l'on tient compte de l'époque à laquelle elles appartiennent, ce sont en vérité des chefs-d'œuvre. Renfermer tant de pensées, tant d'images, tant de poésie dans de petits cadres qui ne dépassent pas les dimensions d'un rondeau, imité du rondeau poétique, ou d'un air mesuré sur le rhythme d'une danse, c'est vraiment un prodige d'imagination, et, disons-le, c'est l'œuvre du génie. Ce grand musicien devait se sentir bien à l'étroit dans les courtes reprises de ses pièces : aussi cherchait-il parfois à en élargir les proportions, comme dans les *Bacchanales*, la *Passacaille*, etc. Que n'eût-il pas fait avec la coupe de la sonate ! » (*Les Clavecinistes, de 1637 à 1790.*)

Voici la liste des ouvrages laissés par François Couperin : quatre livres de pièces de clavecin, publiés séparément de 1713 à 1730; les *Goûts réunis ou nouveaux concerts*, augmentés de *l'Apothéose de Corelli en trio* (1724); l'*Apothéose de l'incomparable L...* (Lulli); des trios pour deux dessus de violon, basse d'archet et basse chiffrée; un recueil de leçons des Ténèbres à une et deux voix; l'*Art de toucher du clavecin*; enfin, un recueil de chansons de Ferrand mises en musique avec basse continue.

RAMEAU

NÉ EN 1683, MORT EN 1764.

Rameau, le plus grand musicien français du dix-huitième siècle, domine son époque par la double gloire du théoricien et de l'artiste. C'est un phénomène presque sans exemple que la réunion à un si haut degré de ces deux mérites dans un seul homme. Le plus souvent, en effet, les recherches spéculatives arrêtent l'essor de l'inspiration créatrice. Penser et sentir sont deux fonctions différentes, que l'infirmité humaine rend d'ordinaire incompatibles. L'auteur du *Traité de l'harmonie* a pu faire au calcul une part trop large au préjudice du goût et du sentiment, mais cette erreur de jugement ne l'a pas empêché de trouver dans son âme les chants admirables de *Castor et Pollux*.

La patrie de Bossuet s'honore d'avoir aussi donné le jour à Jean-Philippe Rameau. L'illustre compositeur naquit à Dijon le 25 septembre 1683. Son père et sa mère, qui aimaient la musique, lui en donnèrent les premières leçons, et si rapides furent ses progrès, qu'à l'âge de sept ans il n'était point de partition qu'il ne pût lire et exécuter *a prima vista* sur le clavecin : initiation excellente pour un futur artiste, mais mauvaise préparation pour entrer dans la magistrature, carrière à laquelle ses parents le destinaient. Lorsque l'enfant eut été mis au collége des Jésuites, ses goûts natifs, loin de se modifier sous l'influence de l'*Appendix de diis* et de l'*Apollineum opus*, le portèrent à négliger les études classiques, tandis qu'il couvrait ses livres et ses cahiers de traits de solfége et de fragments de pièces de clavecin. Outre qu'il professait le mépris du rudiment, Rameau avait un caractère indocile et violent, incapable de se plier à la discipline d'un collége. Las de garder un tel élève dans leur établissement, les bons Pères prirent le parti de le rendre à sa famille avant qu'il eût achevé sa quatrième. Reprenant les occupations de son enfance, il étudia le

RAMEAU

mécanisme du clavecin, de l'orgue et du violon, apprit de son père et de quelques organistes de la ville les éléments du contre-point ; bref, il s'attacha à épuiser au profit de son éducation musicale les maigres ressources que Dijon pouvait lui offrir. Ce n'était guère. L'art d'écrire la musique était alors peu ou mal enseigné en province ; il en résulta dans l'instruction de Rameau une lacune qui ne fut jamais comblée et dont il ressentit les inconvénients pendant tout le reste de sa carrière.

Il suffit pour s'en convaincre de comparer le style embarrassé de Rameau, l'absence de souplesse dans l'expression de sa pensée, avec la facilité, l'allure libre et l'art d'écrire toutes les combinaisons des sons qu'on remarque dans les productions des maîtres étrangers contemporains du compositeur français. Lorsque Rameau commença, en 1733, la série de ses œuvres dramatiques, Durante, Marcello, Léo, Duni, Pergolèse, en Italie ; Bach et Haendel en Allemagne, avaient déjà déployé ces brillantes qualités dans des œuvres d'une perfection achevée.

Le paresseux écolier des Jésuites, qui depuis sa sortie du collége n'avait ouvert d'autres livres que des ouvrages relatifs à son art, non-seulement ignorait le grec et le latin, mais savait fort médiocrement sa langue maternelle. Ce fut à l'amour qu'il dut d'acquérir à cet égard les connaissances indispensables à un homme bien élevé. S'étant épris d'une jeune veuve qui demeurait dans le voisinage, il sentit la nécessité de mettre du style et de l'orthographe dans sa correspondance galante. Toutefois, s'il étudia la grammaire pour n'avoir pas à rougir devant son idole, sa passion lui fit délaisser la musique. Le père de Rameau, inquiet de voir son fils exclusivement occupé d'une intrigue amoureuse, eut recours, pour l'y arracher, à la plus puissante des distractions, aux voyages. Il envoya Jean-Philippe en Italie, autant en vue de le détacher de l'objet de sa passion qu'avec l'espoir que son goût se formerait par l'audition des opéras de ce pays. Mais le jeune homme avait alors dix-huit ans (1701) ; son oreille était faite à la musique française ; aussi les mélodies de Scarlatti, de Lotti et de Caldara produisirent peu d'impression sur lui ; peut-être eût-il retiré plus de fruit de son voyage s'il l'eût poussé plus loin ; mais il ne dépassa pas Milan : encore n'y fit-il qu'un séjour de peu de durée. Pour revenir, il s'engagea comme premier violon dans la troupe d'un directeur de théâtre en quête d'un orchestre ; il parcourut ainsi les principales villes du Midi, entre autres Marseille, Lyon, Nîmes et Albi ; ces tournées commencèrent sa réputation de claveciniste. Une heureuse organisation suppléait à ce qui lui manquait du côté des études premières, et lui-même nous apprend qu'un musicien nommé Lacroix lui enseigna à Montpellier les règles élémentaires pour l'accompagnement au clavecin.

Après plusieurs années d'absence, Rameau revit sa ville natale, où on lui offrit la place d'organiste de la sainte Chapelle. Son intention n'était pas de vivre obscurément en province, et, persuadé qu'un plus vaste théâtre était réservé à ses talents, il refusa les fonctions qu'on lui proposait, pour aller chercher la gloire à Paris. Quand il y arriva, en 1717, il était âgé déjà de trente-quatre ans, et aucune production ne recommandait encore son nom à l'attention publique. Marchand, le même qui eut la pensée de se mesurer avec Bach, faisait alors les beaux jours de l'église des Grands-Cordeliers; il y avait foule chaque fois qu'il y touchait de l'orgue. L'artiste dijonais ne fut pas un des moins assidus à aller l'entendre; il étudia son jeu, se lia avec lui et put croire un moment avoir gagné son appui : en quoi il se trompait. L'organiste à la mode, après quelques leçons données au musicien provincial, devina en lui un futur rival et se garda d'encourager ses efforts. Ce fut lui qui, appelé à juger le concours ouvert entre Daquin et Rameau pour la place d'organiste de Saint-Paul, décida en faveur du premier, bien qu'il fût de beaucoup inférieur à son concurrent. Celui-ci, privé par un acte d'insigne partialité des ressources qui auraient pu le soutenir à Paris, dut ajourner la réalisation de ses rêves ambitieux et accepter l'orgue de Saint-Étienne à Lille. Au surplus, cette situation ne fut que transitoire, car son frère, Claude Rameau, qui était organiste de la cathédrale de Clermont-Ferrand, étant venu à se démettre des fonctions qu'il remplissait, il ne tarda pas à lui succéder dans cette place.

Vouée entre toutes les provinces à une existence locale par la ceinture de montagnes qui l'enserre, l'Auvergne avait été, au siècle précédent, un repaire de brigands d'autant plus assurés de l'impunité, qu'ils exerçaient leurs rapines dans un pays presque absolument fermé à l'action royale. Les bruits et les agitations de la capitale n'y avaient pas plus d'accès que les arrêts du Parlement et des cours de justice. Les *grands jours* de Clermont tenus au commencement du règne de Louis XIV réprimèrent les désordres et mirent un terme à la licence et aux vexations exercées par plusieurs seigneurs; mais, délivrée de ses oppresseurs, l'Auvergne demeura ce qu'elle était : une contrée isolée de Paris et de la civilisation générale, patrie des individualités franches et des caractères indépendants (le marquis de Mirabeau, *l'ami des hommes*, et M. de Montlosier, pour n'en citer que deux); nul doute que quatre années passées dans le silence, le recueillement et la solitude n'aient eu une heureuse influence sur les élucubrations de notre musicien. Sa pensée, appliquée à la recherche des lois de l'harmonie, n'était point distraite par ces mille circonstances extérieures qui nous arrachent à nous-mêmes et rendent le travail intellectuel si difficile dans les centres populeux et bruyants. C'est un fait digne de remarque qu'un des plus importants ouvrages scientifiques sur la musique ait été conçu et élaboré dans les lieux où était né le géomètre Pascal.

L'œuvre achevée, il fallait la produire, la faire apprécier par les gens du métier, et pour cela aller à Paris. Mais un engagement à long terme liait Rameau au chapitre. Ni l'évêque ni les chanoines ne tenaient à se séparer d'un organiste habile, dont on admirait les motets et dont les pièces de clavecin étaient déjà fort estimées par les amateurs de la ville. Aussi, à toutes les demandes qu'il fit pour obtenir la résiliation de son contrat, on répondit par des refus. Dans cette extrémité, l'adroit Bourguignon usa de ruse. « Puisqu'ils ne veulent pas me laisser partir, se dit-il, je les forcerai à me chasser. » Dès ce moment, l'orgue de la cathédrale ne rendit plus sous ses doigts que des sons barbares qui écorchaient les oreilles au lieu de les charmer. Le stratagème eut un succès complet. On se montra de facile composition avec Orphée depuis qu'Orphée s'était déguisé en Marsyas. Heureux de recouvrer sa liberté, Rameau ne voulait point cependant que sa considération d'artiste reçût aucune atteinte de la supercherie à laquelle il avait dû recourir ; aussi, la dernière fois qu'il se fit entendre à Clermont, il joua de manière à laisser de vifs regrets chez tous les assistants.

Il arriva à Paris en 1721, et publia l'année suivante (1722) le *Traité de l'harmonie réduite à ses principes naturels*. C'était une science nouvelle qui faisait son apparition. Hormis l'inventeur, personne n'en connaissait le premier mot : tout le monde cependant se mit à la juger, par un effet de la légèreté française doublée de la fatuité particulière à ce siècle. Les critiques habitués à prendre le Pirée pour un nom d'homme firent encore preuve ici d'une ignorance égale à leur présomption. Il n'en est pas moins vrai que ce débordement d'appréciations et de jugements la plupart erronés servit la réputation de Rameau en faisant de lui le point de mire de l'attention générale. Il se révéla comme artiste par la publication de quelques cantates et de ses sonates de clavecin, après s'être fait connaître comme théoricien par son savant traité. Les élèves accoururent, et sa réputation grandit par les disciples qu'il forma. Enfin la place d'organiste de l'église Sainte-Croix-de-la Bretonnerie acheva de le mettre au-dessus du besoin et lui permit de se livrer à ses études favorites.

Il y avait alors à Paris un autre enfant de Dijon qui ne ressemblait guère à celui dont j'esquisse la biographie. Autant Rameau était sobre et rangé dans ses habitudes, autant Piron, son compatriote, se distinguait par le débraillé des mœurs et l'amour de la dive bouteille. Si différent que fût le caractère de ces deux hommes, le théâtre les rapprocha. Le poëte écrivait des comédies pour la foire Saint-Germain ; le musicien y introduisit des chants et des danses. C'est ce qu'il fit pour l'*Endriague* (1727), la *Rose* (1728), le *Faux Prodigue* et l'*Enrôlement d'Arlequin*. Tout en préludant à ses grands ouvrages dramatiques par des bagatelles sans importance, il complétait ses précédentes découvertes. Deux livres, le *Nouveau Système de musique théorique* (1726) et la *Dissertation sur les différentes méthodes d'accompagnement pour le clavecin et pour l'orgue* (1732), réveillèrent les discussions ardentes auxquelles avait donné lieu, quelques années auparavant, la publication du *Traité de l'harmonie*.

Au nombre des élèves de Rameau figurait la femme du fermier général La Popelinière. L'artiste se trouva heureux de cette circonstance, car il devint l'ami du mari, qui mit à son service un excellent orchestre. Possesseur d'une immense fortune, La Popelinière n'était pas un de ces financiers épais dont Lesage a pour jamais flétri l'espèce sous les traits de Turcaret. Il aimait les arts, et son principal plaisir consistait à faire exécuter de la musique par les meilleurs virtuoses, soit dans son hôtel à Paris, soit dans sa maison de campagne de Passy. Là étaient réunis, grâce aux soins d'un amateur aussi éclairé qu'opulent, les chanteurs et les symphonistes les plus capables de faire valoir une œuvre : protégé par un tel Mécène, Rameau, qui touchait à sa cinquantième année, pouvait maintenant écrire des partitions; si ses opéras n'arrivaient point immédiatement à la scène, du moins seraient-ils représentés devant une société choisie et avec le concours d'une troupe d'élite.

Le premier ouvrage lyrique du grand compositeur, en mettant à part les comédies à ariettes de Piron, fut un opéra biblique intitulé *Samson*, dont Voltaire, à la sollicitation de M. de La Popelinière, avait écrit le livret. Le vainqueur des Philistins réussit beaucoup à une première audition chez le fermier général; mais Thuret, directeur de l'Académie royale de musique, craignit qu'il n'ébranlât les colonnes de son temple, et il lui en refusa l'accès (1732). De pareilles déconvenues se rencontrent, à vrai dire, dans la vie de presque tous les artistes qui débutent. Toutefois cette fin de non-recevoir fut très-sensible à un musicien qui débutait à l'âge de cinquante ans. Il eut quelque temps la pensée de renoncer au théâtre, pour borner dorénavant son ambition à la science du clavecin et de l'harmonie. La Popelinière rendit encore service à son protégé en le réconfortant par la promesse d'un succès. Rameau reprit confiance et se résolut à écrire un nouvel opéra sur un livret de l'abbé Pellegrin. Le famélique personnage

> Qui, dévot le matin et le soir idolâtre,
> Déjeunait de l'autel et soupait du théâtre,

consentit difficilement à collaborer avec un inconnu, pis que cela, avec un compositeur déjà refusé une première fois. Il exigea que son associé lui souscrivit un billet de cinq cents livres, payable en cas d'insuccès. Force fut à Rameau, pour obtenir le poëme d'*Hippolyte et Aricie*, de passer par ces fourches Caudines. Mais, quand on fit l'essai de l'ouvrage chez La Popelinière, Pellegrin n'eut pas plus tôt entendu les premières scènes, que, saisi d'admiration, il déchira son billet en s'écriant qu'un pareil musicien n'avait pas besoin de caution. L'abbé avait raison, ce qui n'empêcha pas le public d'être d'un avis contraire. Lorsqu'eut lieu la représentation à l'Académie royale de musique (1er octobre 1733), les esprits routiniers — c'est toujours la majorité — décochèrent au novateur une foule de traits mordants et de couplets satiriques; en voici un que l'on a conservé :

> Si le difficile est le beau,
> C'est un grand homme que Rameau;
> Mais si le beau, par aventure,
> N'était que la simple nature,
> Quel petit homme que Rameau !

Ce n'est pas Rameau qui est un petit homme, mais bien l'auteur de cette sotte épigramme. Le beau n'est jamais dans les arts la simple nature. Le beau dans l'art est la découverte et la manifestation par un effort du génie humain ou par un acte de la sensibilité humaine des beautés qui existent dans la nature à l'état latent, et encore n'est-ce pas là tout. Mais les épigrammes sont des armes trop légères pour triompher d'un homme de génie actif, convaincu, persévérant comme l'était Rameau. C'était avec des œuvres qu'il eût fallu répondre, et les antagonistes n'en avaient pas à montrer. Un moment déconcerté par les critiques qui avaient accueilli son ouvrage, Rameau parut douter de lui-même. De nouveau, ses amis le rassurèrent, lui prédirent la victoire, et l'événement ne tarda pas à confirmer la justesse de leurs prévisions. Le jugement précipité rendu sur *Hippolyte et Aricie* fut révisé à la suite d'une étude plus attentive. On découvrit dans cet opéra de belles parties, des chœurs d'une harmonie originale et saisissante, des airs gracieux, entre autres le rondeau charmant *A l'Amour rendez les armes.* « Il y a dans cette partition, dit Campra, de quoi faire dix opéras : cet homme nous éclipsera tous. »

L'année suivante, le compositeur fit le divertissement des *Courses de Tempé*, pastorale en un acte, de Piron, représentée au Théâtre-Français. Les airs de danse écrits par Rameau sont d'autant plus agréables que le rhythme gracieux est rendu plus vif par de bonnes successions harmoniques. En effet, lorsque le changement d'accord est amené sur les temps forts avec science et goût, il en résulte une cadence qui me paraît être la condition essentielle de ce genre de composition. Le 23 août 1735, l'artiste revint à l'Académie royale de musique par les *Indes galantes*, opéra-ballet composé d'un prologue et de trois entrées : 1° *le Turc généreux*, 2° *les Incas du Pérou*, 3° *les Fleurs*. On en ajouta une quatrième, *les Sauvages*, en 1736. Cet ouvrage, en particulier, a été fort admiré.

Montéclair reprochait à Rameau de commettre des fautes dans son harmonie ; ce puriste avouait néanmoins qu'un certain passage des *Indes galantes* lui avait fait beaucoup de plaisir. Il dut être bien surpris quand Rameau lui répondit : « L'endroit que vous louez est cependant contre les règles ; car il y a là trois quintes de suite. »

La réputation du maître français atteignit son apogée avec *Castor et Pollux*, tragédie lyrique en cinq actes avec un prologue, représentée le 24 octobre 1737. S'il y eût jamais versification pâle et décolorée, ce fut celle de Gentil Bernard. L'Ovide alangui dont l'*Art d'aimer* n'est plus lisible était incapable d'écrire un poëme satisfaisant sur les Dioscures. Le mérite seul de la musique valut à cet opéra un succès éclatant et prolongé. Trente-quatre ans après son apparition, Grimm écrivait : « C'est aujourd'hui le seul pivot sur lequel repose la gloire de la musique française. Quand cette gloire est aux abois, et cela lui arrive à tout moment, on descend à l'Opéra la châsse des frères d'Hélène, comme à Sainte-Geneviève celle de la paysanne de Nanterre. » Il reste de beaux fragments de *Castor et Pollux*, entre autres l'air de Télaïre : *Tristes apprêts, pâles flambeaux*. Ils font partie du répertoire de la Société des concerts du Conservatoire. On verra plus tard le jugement qu'en a porté Gluck.

Cette production admirable fut suivie des *Fêtes d'Hébé*, opéra-ballet donné à l'Académie royale de musique, en 1739. L'acte de Tyrtée a un caractère héroïque qui met en relief l'énergie et la largeur du style de Rameau. Il y avait alors quelque audace à écarter, dans une composition de ce genre, ces peintures gracieuses que Boileau qualifiait si mal avec sa dureté janséniste :

> Ces lieux communs de morale lubrique
> Que Lulli réchauffa du son de sa musique.

Le 19 novembre de la même année, le répertoire de l'Académie s'enrichit d'un nouveau chef-d'œuvre, *Dardanus*, tragédie-opéra en cinq actes, qu'on doit compter parmi les meilleures partitions du compositeur. Entre autres morceaux, on a applaudi l'air d'Iphise : *Arrachez de mon cœur le trait qui le déchire*. Cependant tout le monde ne sentait pas le mérite du successeur de Lulli ; J.-B. Rousseau fit contre lui une ode lyri-comique dont voici une strophe :

> Distillateurs d'accords baroques,
> Dont tant d'idiots sont férus,
> Chez les Thraces et chez les Iroques
> Portez vos opéras bourrus.
> Malgré votre art hétérogène,
> Lulli de la lyrique scène
> Est toujours l'unique soutien.
> Fuyez, laissez-lui son partage,
> Et n'écorchez pas davantage
> Les oreilles des gens de bien.

Les *Fêtes de Polymnie* (12 octobre 1745) et le *Temple de la Gloire* (27 novembre 1745) ne réussirent point. Voltaire ne semble avoir écrit le livret du second de ces opéras que pour montrer son infériorité dans un genre cultivé avec succès par les Pellegrin et les Cahusac. Ce dernier collabora avec Rameau pour les *Fêtes de Polymnie*, *Zaïs* (29 février 1748), les *Fêtes de l'Hymen et de l'Amour* (5 novembre 1748), *Naïs* (1749), *Zoroastre* (1749), la *Naissance d'Osiris* (1754), *Anacréon* (1754). Marmontel écrivit le poëme d'*Acanthe et Céphise, ou la Sympathie*, pastorale héroïque en trois actes, à l'occasion de la naissance du duc de Bourgogne (1751) ; c'est dans cet ouvrage qu'on trouve le chœur charmant : *Résonnez, mu-*

settes. Parmi les autres littérateurs qui travaillèrent pour le maître, on remarque encore Fuzelier, Mondorge, La Bruère et Monticour. Le célèbre chanteur Jélyotte se distingua dans les rôles d'Acanthe, de Zoroastre, de Zaïs, d'Osiris, etc. Les ballets donnèrent occasion d'admirer les grâces et la légèreté de Mlle Sallé. C'étaient là assurément de belles représentations.

On se tromperait fort si l'on pensait que Rameau n'a composé que des ouvrages d'un lyrisme élevé, exclusivement dramatique et sérieux. Bien au contraire, il semble s'être complu à traiter des sujets gracieux, amusants et même facétieux. On peut s'en convaincre aisément en entendant ses pièces de clavecin, dont les titres mêmes font sourire. Mais le contraste entre son caractère morose et son *humour* originale se manifeste encore plus complétement dans plusieurs de ses ouvrages dramatiques, notamment dans *Platée*, comédie-ballet où les situations plaisantes tournent presque au burlesque, et on serait tenté d'appliquer à Rameau le reproche que Boileau adressait à Molière :

> Dans ce sac ridicule où *Scapin* s'enveloppe,
> Je ne reconnais plus l'auteur du *Misanthrope*,

si le compositeur n'y avait fait preuve du même savoir, de la même application, de la même ingéniosité laborieuse que dans ses tragédies lyriques de *Castor et Pollux* et de *Dardanus*. Le prologue de cette comédie-ballet a pour sujet l'origine de la comédie. Momus, Thespis et Thalie se proposent de se divertir, même aux dépens des dieux, et surtout de la jalouse Junon. Ce manque de respect est environné de précautions et de scrupules. L'auteur de la *Batrachomyomachie*, Homère ou tout autre, y a mis moins de façons. L'héroïne de la pièce est Platée, naïade qui règne sur un marécage et un peuple de grenouilles. Son aspect diffère peu de celui de ses sujettes. Jupiter feint d'en être épris et pour la séduire se métamorphose en âne, puis en hibou. Junon, intriguée de l'absence du maître des dieux, est conduite par Mercure dans le royaume de Platée, et, en voyant sa rivale, elle regagne l'Olympe avec sécurité. Les scènes comiques se succèdent. L'âne brait, les grenouilles coassent, les oiseaux gazouillent, l'orage gronde, la foudre de Jupiter éclate ; Rameau a tout traduit dans la langue des sons ; il y a ajouté des rigodons, des passepieds, des loures et des menuets. La déclamation est traitée avec une justesse d'expression et une accentuation remarquables. On peut regretter qu'un grand musicien tel que Rameau se soit mis en si grands frais de contre-point pour de tels enfantillages ; mais on ne saurait voir dans cet ouvrage un ancêtre de l'opérette burlesque telle qu'on l'entend de nos jours, d'*Orphée aux Enfers* par exemple, ou de *la Belle Hélène*. Le livret de *Platée* est ingénieux et n'est jamais grossier. Quant à la musique, il n'y a qu'un Rameau qui ait pu l'écrire. Les airs de danse sont jolis et, surtout dans les chœurs, l'harmonie des voix est ravissante.

Quoique Rameau ait abordé la scène fort tard, à l'âge de cinquante ans, il n'en composa pas moins trente-six ouvrages dramatiques. Le dernier qu'il ait fait représenter, les *Paladins* (12 février 1760), fut écrit par l'auteur à l'âge de soixante-dix-sept ans. Cette énergique vitalité, qui s'était conservée dans un corps d'une apparence frêle et débile, l'artiste la devait à la sobriété de son régime, à la tempérance dont il se fit toujours une loi. On l'a souvent accusé d'avarice, bien qu'il ait aidé de sa bourse le compositeur Dauvergne et l'organiste Balbâtre, et qu'il ait longtemps servi une pension à sa sœur infirme. Ce qui a pu donner lieu à ce reproche, c'est que Louis XV lui ayant accordé des lettres de noblesse, pour pouvoir ensuite lui conférer l'ordre de Saint-Michel, Rameau se refusa à les faire enregistrer, alléguant les frais de chancellerie à payer. Toutefois, la conscience de sa valeur et le peu d'ambition qu'il ressentait pour les honneurs de cette nature eurent peut-être plus de part à ce refus que l'appréhension de dépenser quelques écus. « Ma noblesse est là et là, répondit-il, en montrant son front et son cœur. » Le musicien ne laissa pas que d'être décoré ; mais, quand même il faudrait attribuer sa conduite en cette affaire à une préoccupation d'argent, on aurait tort de l'en blâmer sévèrement. Les intérêts des compositeurs de théâtre étaient alors trop sacrifiés pour leur permettre d'afficher l'indifférence en matière pécuniaire. D'un état de comptes présenté par l'auteur de *Dardanus* au prévôt des marchands, il résulte qu'après avoir, en dix-neuf ans, fait entrer 978,000 livres dans la caisse de l'Opéra, il n'en avait touché que 22,000, soit environ 1,157 francs par an. Ne fit-il pas mieux de ménager ses petites épargnes que d'en distraire une partie pour l'acquisition d'un titre honorifique? Sans les profits de son enseignement et la vente de ses pièces de clavecin, le grand Rameau n'aurait pu vivre.

Au demeurant, Rameau était un honnête homme, dont le seul défaut consistait en une humeur sombre et taciturne que sa famille ne parvenait pas toujours à égayer. Il mourut âgé de plus de quatre-vingts ans, le 12 septembre 1764. Les obsèques magnifiques qui lui furent faites à l'église de Saint-Eustache témoignèrent de l'estime qu'on avait pour son talent, et des regrets que causait sa perte.

Un neveu de Rameau — est-ce le même dont Diderot a laissé un portrait si original? — a écrit, en 1766, un poëme intitulé *la Raméide*, destiné à glorifier la mémoire de son oncle. Cet ouvrage est aussi misérable par l'invention que par le style. L'auteur ne sait que geindre sur sa lamentable situation. L'éloge de l'immortel compositeur lui sert de prétexte pour exposer sa misère au public, et surtout aux grands. Son oncle ne fut point pour lui un caissier donné par la nature :

> J'attendais de cet oncle au moins un peu d'aisance,
> Par pur égard au temps de trente ans de constance

> A lui faire ma cour à l'exemple des miens ;
> Mais, tout à son talent, il voyait peu les siens.
> ....
> ....
> Si bien donc qu'il parvint, moi toujours espérant,
> Sans pouvoir m'être utile, à son dernier instant.

Le pauvre sire se croit tout permis parce qu'il est le neveu d'un grand homme, et il émet des prétentions insoutenables dans une langue presque inintelligible :

> Je ne vois point l'abus d'un logement au Louvre,
> Avec marques d'honneur, au troisième héritier
> De l'Ecole des sons, de celui du clavier,
> De celui de l'archet, de la voix, de la flûte,
> Assez pour soutenir son coin dans la dispute.

Cette ineptie est datée du *dimanche des Rameaux* et porte la rubrique : *A Pétersbourg, aux Rameaux couronnés.* Jeu de mots pour jeu de mots, je préfère encore celui de Sophie Arnould, s'écriant à la nouvelle de la mort de l'illustre musicien : « Nos lauriers ont perdu leur plus beau rameau. » On comprend qu'un neveu si bête, si besogneux, si rimeur, soit parvenu à faire à l'oncle, dans l'esprit de quelques biographes superficiels, une réputation d'égoïsme et d'avarice.

Diderot se devait à lui-même de ne pas se faire l'écho des doléances de cet homme, en disant que Rameau se souciait de sa famille « comme d'un clou à un soufflet ». Nous avons vu que rien n'était plus inexact. Malgré la gravité et la rudesse de son caractère, Rameau s'était fait des amis autant par sa droiture que par son mérite. Il eut le bonheur d'avoir une femme excellente, bonne musicienne, qui dut adoucir souvent les amertumes et les désenchantements de la vie éprouvée de son mari.

Les théories de Rameau mériteraient un examen étendu, qui serait peu à sa place dans ce livre. Je ne suivrai pas non plus dans le détail ses diverses polémiques avec le P. Castel, d'Alembert, Euler, etc. Si plus d'une objection de ses adversaires était fondée, si les travaux du musicien dijonnais ne sont pas le dernier mot de la science harmonique, il faut au moins reconnaître qu'ils ont posé le principe de cette science, jusqu'alors encombrée d'obscurités, ou plutôt livrée à l'empirisme. Par ce côté de ses études et de son génie, Rameau appartient bien au dix-huitième siècle, à ce siècle dévoré du besoin de tout codifier pour tout connaître. Il a introduit la philosophie dans la musique et exercé sur l'art une influence plus sérieuse peut-être par ses doctrines et ses expériences que par ses chefs-d'œuvre. Contentons-nous de constater ici que le système de la basse fondamentale est devenu la base de l'enseignement musical en France jusqu'à l'apparition de l'ouvrage de Catel, c'est-à-dire pendant une période de quatre-vingts ans.

Rameau était de haute taille. Il est possible qu'il ne fût point laid dans sa jeunesse ; mais, comme il parvint fort tard à la célébrité, tous les portraits qu'on a de lui le représentent fort âgé. Le meilleur a été fait par

Caffieri, en 1760, et gravé par Saint-Aubin, en 1762. Un autre a été peint par Restout et gravé par Benoist. Je ne parlerai que pour mémoire de ceux de Masquelier et de Dagoty ; mais je signalerai le dessin de M. de Carmontelle, qui l'a représenté se promenant dans un jardin. Il atteint presque à la hauteur des arbres ; d'autres promeneurs servent à donner l'échelle de sa haute stature. C'est une caricature, mais fort intéressante.

DURANTE

NÉ EN 1684, MORT EN 1755.

Avec sa science, son goût sévère, son attachement aux formules, François Durante devait être l'homme qu'il fut : un professeur très-distingué, un habile compositeur de musique religieuse. Artiste d'ailleurs sans génie, il se rendit justice en n'écrivant jamais pour le théâtre, où son défaut d'originalité et sa rigidité scolastique l'eussent empêché de réussir.

Ce musicien naquit le 15 mars 1684, à Frattamaggiore, dans le royaume de Naples. Sa famille, manquant des ressources nécessaires pour le faire instruire, le fit recevoir au Conservatoire *dei Poveri di Gesù Cristo*. Là, il acquit par les leçons de Gaetano Greco une grande habileté sur le clavecin. Lors de la suppression de l'établissement où il avait commencé ses études, Durante passa sous la direction d'Alexandre Scarlatti, qui professait à *Sant' Onofrio*. Il y avait entre le maître et l'élève une telle différence de tempérament artistique, que le premier ne dut pas exercer une influence bien profonde sur le second. Autant l'auteur de *Laodicea e Berenice* avait l'allure libre et originale, autant Durante subissait l'étroit formalisme des règles. Celui-ci alla-t-il perfectionner son éducation musicale à Rome, ainsi qu'on l'a prétendu ? La chose est douteuse ; mais ce qui est hors de contestation, c'est que les maîtres romains furent l'objet de sa plus sérieuse attention. Le caractère nouveau que l'école napolitaine dut à son enseignement consiste surtout dans une régularité plus exacte, dans une judaïque sévérité d'harmonie ; Durante passe à bon droit pour le plus habile maître qui ait professé la musique dans les Conservatoires de Naples. Toutefois, il n'était nullement théoricien, pas plus qu'aucun de ses prédécesseurs ou de ses successeurs. Leur méthode à tous procédait beaucoup moins d'un raisonnement que d'une tradition émanée d'un sentiment très-délicat. Comprendre et traduire cette tradition, telle était la tâche de l'enseignement, et c'est sans doute pour y avoir réussi mieux qu'un autre que Durante est resté dans l'histoire un professeur incomparable.

Au mois de janvier de l'année 1742, il succéda à Porpora comme maître du Conservatoire de Loreto. Cette place, où il s'acquit une gloire solide et même brillante, ne lui rapportait que 10 ducats (40 francs) par mois. Au reste, il lui en coûta peu pour mettre ses habitudes au niveau de sa mince fortune. C'était au physique ce que l'on appelle vulgairement un cuistre. Plus que négligé dans sa tenue, sordide et malpropre, bourru dans la conversation, et, quand il s'efforçait d'être aimable, faisant songer à l'âne de La Fontaine : tel était l'extérieur du maître. Pour compléter le portrait de Durante, j'ajouterai qu'il fut marié trois fois et qu'aucune de ses femmes ne put polir les aspérités de son caractère. Au fond, c'était un excellent homme, plein de cœur, de dévouement et d'abnégation.

Une dernière vertu rachetait bien ses dehors défectueux : c'était sa vive et sincère piété. J'ai dit plus haut combien ses appointements étaient mesquins. Eh bien ! il parvint cependant à économiser sur ce maigre traitement de quoi édifier une chapelle dédiée à l'archange Gabriel dans l'église de Frattamaggiore, sa ville natale.

Cet excellent musicien, ce brave homme, mourut le 13 août 1755. On a de lui un grand nombre de messes, de psaumes, d'antiennes, de motets, d'hymnes, qui se recommandent par la majesté du style et la parfaite disposition des voix. Son *Alma Redemptoris mater* me semble un morceau de premier ordre. Mais ses plus beaux ouvrages sont sans contredit les élèves qu'il a formés : les Traetta, les Vinci, les Terradeglias, les Jomelli, les Piccinni, les Sacchini, les Guglielmi, et enfin Paisiello.

Quelle couronne d'étoiles autour de cette humble existence, vouée avec constance à l'accomplissement des devoirs pénibles de l'enseignement !

HAENDEL

NÉ EN 1685, MORT EN 1759.

Haendel n'est supérieur que dans l'oratorio ; mais dans ce genre, le seul où son attachement à la forme scolastique lui ait permis d'exceller, il s'est montré incomparable. Ce n'est pas sans raison que les Anglais, ses compatriotes d'adoption, l'ont appelé le Milton de la musique. En entendant le *Messie* et tant d'autres majestueux chefs-d'œuvre, on reconnaît que Haendel a atteint la limite de l'art que le protestantisme peut inspirer ; et même les sujets bibliques ne doivent-ils pas être considérés comme le patrimoine légitime et inaliénable de l'Eglise catholique, dont ils ont dès l'origine formé la liturgie, décoré les cathédrales, animé les verrières, orné les portails de leurs personnages et de leurs symboles? Ce que Palestrina avait fait pour l'Eglise au seizième siècle, le compositeur de Halle l'a fait pour le temple au dix-huitième. C'est là sa gloire, qu'un tel rapprochement puisse être fait sans flatterie pour lui et sans injustice pour son illustre prédécesseur.

L'histoire de Haendel offre, au début, quelque analogie avec celle de Dalayrac. Né à Halle, en Saxe, le 23 février 1685, il était destiné par sa famille à la jurisprudence, et son père, qui voulait en faire un homme de loi, avait banni de sa maison tout instrument de musique. L'enfant, contrarié dans ses goûts, ne se rebuta point; l'instinct de l'art lui fit éluder les défenses paternelles. Avec l'aide d'un domestique, il parvint à introduire une petite épinette dans une chambre haute. On se rappelle l'auteur de *Nina* jouant du violon la nuit sur le toit. C'était aussi pendant la nuit, lorsque sa famille reposait, que le jeune Haendel s'essayait sur son instrument, et, à force d'assiduité, il réussit, sans le secours d'aucun maître, à acquérir un certain talent sur l'épinette. Vers l'âge de huit ans, il se rendit avec son père à la cour du duc de Saxe-Weissenfels, où son frère consanguin occupait un emploi dans la domesticité du palais. L'enfant, qu'on laissait errer en liberté dans les appartements, ne manquait pas de se livrer à sa passion pour la musique chaque fois qu'il se trouvait seul en présence d'un clavecin dans une des pièces du palais. Un jour, les sons harmonieux qu'il tirait d'un de ces instruments appelèrent par hasard l'attention du prince. Il s'informa du virtuose qui lui donnait ce concert improvisé, et, surpris d'apprendre que c'était un enfant de huit ans à peine, il engagea vivement le père du futur compositeur à ne plus s'opposer à son penchant naturel, et au contraire à développer les heureuses dispositions dont son fils était doué.

Le conseil fut suivi, les projets d'études de la jurisprudence abandonnés, et Haendel confié à la direction de l'habile organiste Zachau, qui pendant deux ans lui enseigna la fugue et le contre-point. L'élève profita si bien des leçons de son maître, qu'à l'âge de dix ans il composait déjà des motets chantés à l'église principale de Halle. Cependant sa ville natale manquait des ressources suffisantes pour le développement ultérieur de son talent. Aussi, lorsqu'il eut atteint sa treizième année, son père l'envoya-t-il à Berlin. Là, il profita des conseils d'Attilio Ariosti, qui dirigeait avec Buononcini l'opéra de cette ville, et il sut même se concilier la bienveillance de l'électeur de Brandebourg. Devinant le génie du jeune Saxon, ce prince n'hésita pas à lui offrir d'aller en Italie à ses frais. On ignore pourquoi cette proposition ne fut pas acceptée. Haendel retourna à Halle; mais, ayant perdu son père peu de temps après, il quitta de nouveau son pays natal pour se rendre à Leipsick. Une certaine obscurité règne sur cette partie de sa vie. En 1703, on le retrouve à Hambourg, où il est employé comme second violon à l'orchestre de l'opéra. Cependant son mérite n'était

HAENDEL

guère apprécié, lorsqu'une circonstance fortuite lui permit de se révéler. Reinhard Keiser, qui avait l'entreprise du théâtre, fit de mauvaises affaires et se vit obligé de se cacher momentanément pour se soustraire aux poursuites de ses créanciers. Haendel le remplaça au clavecin, et les musiciens, ses collègues, commencèrent à changer de sentiment sur le compte de celui qu'ils avaient d'abord considéré comme un idiot. A vrai dire, les premières cantates par lesquelles il avait débuté étaient, au jugement de Mattheson, son intime ami, avec lequel nous allons faire plus ample connaissance, d'un goût douteux, et péchaient souvent contre l'harmonie ; mais notre artiste était déjà cité comme un habile organiste. Ce fut en cette qualité qu'en 1703 il fut invité, ainsi que Mattheson, à se rendre à Lubeck, où un concours avait été institué pour le remplacement de Buxtehude. Haendel l'emporta sur ses rivaux, mais le vieil organiste ne voulait résigner ses fonctions qu'en faveur de son gendre. « Prenez ma fille, » disait Buxtehude à ceux qui postulaient sa succession. Ni Mattheson ni Haendel ne s'en souciaient, et tous les deux revinrent à Hambourg, ne rapportant de ce voyage que l'honneur d'avoir fait montre de leur talent devant les autorités de Lubeck.

Le jeune musicien avait reçu de la nature un caractère extrêmement irascible et dont il ne sut jamais contenir la violence. Cette disposition fâcheuse faillit amener une rupture entre lui et son ami Mattheson dans la circonstance suivante. C'était le 5 décembre 1704 ; on représentait *Cléopâtre*, opéra de Mattheson, et celui-ci, qui jouait dans sa pièce le rôle d'Antoine, n'ayant plus à figurer sur la scène dans le dernier acte, voulut reprendre au clavecin la direction de l'orchestre, comme cela se pratique en Italie. Mais Haendel, qui, ainsi que je l'ai dit, remplissait ces fonctions depuis la fuite de Keiser, prétendit qu'on lui faisait injure et ne consentit point à s'éloigner du clavier pour céder la place au maestro. Celui-ci, furieux, attendit avec impatience la fin de la représentation et, à l'issue du spectacle, eut recours au duel pour laver dans le sang l'affront qu'on venait de lui faire. Les deux amis, devenus instantanément adversaires acharnés, mirent flamberge au vent et se battirent comme de vrais soudards au milieu d'un grand concours de spectateurs qui faisaient cercle autour d'eux. Mattheson fondit avec impétuosité sur Haendel ; mais la Providence, qui veillait sur les jours du grand compositeur, permit que l'épée de son rival rencontrât un large bouton de métal contre lequel elle se brisa. L'affaire n'eut pas d'autres suites, grâce aux soins d'un conseiller de Hambourg qui interposa ses bons offices pour réconcilier les deux artistes. Le 30 décembre, Mattheson reçut à sa table son antagoniste, et aucun nuage n'altéra depuis lors leur amité réciproque.

Bien qu'il se livrât à l'enseignement et qu'il eût un grand nombre d'élèves, Haendel n'en écrivait pas moins beaucoup de musique, tant instrumentale que religieuse et dramatique. Dans l'année 1705, il fit jouer avec succès à Hambourg deux opéras : *Almira, reine de Castille* (8 janvier), et *Néron* (25 février). Il se rendit ensuite à Rome, où il composa, entre autres ouvrages, un *Laudate, pueri* (9 juillet 1707), et un oratorio intitulé *la Résurrection* (11 avril 1708). Au retour de ce voyage, il fit représenter à Hambourg ses opéras de *Florinda* et de *Daphné*. Toutefois son séjour n'y fut pas long, car on le retrouve en 1708 à Florence composant son premier opéra italien *Rodrigo*. Cet ouvrage, donné à la cour de Toscane en octobre 1708, valut à l'auteur un présent de cent sequins et d'un magnifique service de porcelaine. L'année suivante, il fit jouer à Venise *Agrippina*, opéra qui eut vingt-sept représentations consécutives, chose fort rare à cette époque. Corelli exécutant en présence de Haendel l'ouverture de cet ouvrage, le maître crut apercevoir quelques défauts dans le jeu du célèbre violoniste ; il lui arracha brutalement son instrument des mains et prétendit lui montrer comment on devait exécuter sa musique. Au lieu de s'émouvoir de cette grossièreté, l'éminent artiste se borna à répondre avec douceur : « Mais, mon cher Saxon, cette musique est dans le style français, à quoi je n'entends rien. » Corelli avait parfaitement raison de qualifier ainsi le style de Haendel, qui se rapproche plus de celui de Lulli et de Rameau que de celui de Marcello et même de Bach.

De Venise, le compositeur alla à Rome, où il écrivit une cantate sous ce titre : *Il triompho del tempo* ; puis il se rendit à Naples (1710), et fit à la demande d'une princesse espagnole, une pastorale intitulée *Aci, Galatea e Polifemo*. Revenu en Allemagne, il voulut connaître Steffani, alors maître de chapelle de la cour de Hanovre. Ce musicien lui fit l'accueil le plus bienveillant et le fit même agréer au prince comme son successeur. Haendel doit beaucoup à Steffani, dont il emprunta le style élégant, qu'il sut fondre heureusement avec les qualités propres de son génie. De ce séjour à Hanovre date une transformation notable dans sa manière.

L'électeur de Hanovre avait offert à l'artiste de Halle la succession de Steffani avec un traitement de 1500 écus. Il fit plus : comme Haendel hésitait à accepter ces propositions, parce qu'il voulait auparavant visiter l'Angleterre, le prince lui accorda un congé, en stipulant que ses appointements ne lui en seraient pas moins payés pendant la durée de son voyage. Des conditions si avantageuses permirent au maître de réaliser son projet, mais il ne voulut pas s'éloigner sans avoir embrassé sa vieille mère devenue aveugle et sans avoir dit adieu à Zachau, son ancien professeur. Enfin, il arriva à Londres au mois de décembre 1710. Le théâtre de Hay-Market donna de lui le 24 février 1711 un opéra intitulé *Rinaldo*, qui n'eut que peu de représentations, mais dont la partition se vendit beaucoup. L'éditeur de musique Walsh gagna par sa publication 1500 livres sterling. « Mon cher monsieur, lui dit plaisamment Haendel quand il fut instruit de ce bénéfice, il faut que tout soit égal entre nous ; vous voudrez donc bien composer le premier opéra, et moi je le vendrai. »

A l'expiration de son congé, le jeune maître de chapelle revint à Hanovre, comblé des présents de la reine Anne, qui manifesta le désir de le voir se fixer à Londres. De retour près de son prince, il composa d'abord douze duos pour la femme de l'électeur, plus tard reine d'Angleterre. Au bout de neuf mois, il obtint un nouveau congé, dont il profita pour retourner sur les bords hospitaliers de la Tamise (janvier 1712); son ode pour l'anniversaire de la naissance de la reine Anne fut exécutée le 6 février de la même année. Le 22 novembre eut lieu la représentation de son *Pastor fido*. La réputation de Haendel grandissait à chacun de ces ouvrages. Aussi fut-ce lui qu'on chargea de composer le *Te Deum* et le *Jubilate* destinés à célébrer la paix d'Utrecht et la fin de la guerre de la succession d'Espagne. Ces morceaux furent entendus le 7 juillet 1713 à l'église Saint-Paul. Le 10 décembre suivant, l'artiste fit jouer son *Teseo*, qui de Londres passa sur la scène de Hambourg, où on en donna une traduction allemande.

Ce fut une disgrâce momentanée pour Haendel que l'avénement au trône britannique de son auguste patron, l'électeur de Hanovre (1714). Ce prince ne pardonnait point à son maître de chapelle d'avoir prolongé son absence au delà des limites qui lui avaient été fixées. Le musicien s'était rendu plus coupable peut-être en solennisant par un *Te Deum* la paix d'Utrecht, qui était mal vue de tous les princes protestants d'Allemagne. Était-ce pourtant au roi d'Angleterre à venger les injures de l'électeur de Hanovre? Georges Ier le crut apparemment, car il se montra longtemps irrité contre le musicien. Enfin l'amitié ingénieuse et dévouée du baron de Kilmansegge parvint à rompre la glace entre l'artiste et le monarque. Celui-ci avait promis d'honorer de sa présence une fête nocturne qui devait avoir lieu sur la Tamise. Secrètement averti par Kilmansegge, Haendel écrivit pour la circonstance une symphonie qui figure parmi ses œuvres sous le nom de *Watermusic*. Le roi l'entendit, la goûta et n'eut pas de peine à en deviner l'auteur, mais il n'en laissa rien paraître. A quelque temps de là, comme le célèbre violoniste Geminiani devait exécuter à la cour de nouveaux morceaux, il demanda à être accompagné par Haendel. Le prince y consentit, et le compositeur saxon saisit cette occasion pour témoigner à Sa Majesté le regret qu'il éprouvait de l'avoir offensée. Cette démarche lui valut son pardon, et, pour bien marquer qu'il lui rendait toute sa faveur, le monarque doubla le traitement qui avait été fait à l'artiste par la feue reine.

L'aristocratie anglaise ne resta pas en arrière du roi. A partir de ce moment, Haendel fut l'objet des attentions et des égards les plus flatteurs de la part de la noblesse britannique. Le comte de Burlington, un de ses admirateurs, alla même jusqu'à le loger chez lui. Le maître accepta cette honorable hospitalité pendant trois ans, qui furent marqués par la composition de nombreux morceaux de musique et par la représentation d'*Amadigi*, opéra joué le 25 mai 1715. En 1718, il devint maître de chapelle du duc de Chandos et alla se fixer à Cannons-Castle, résidence de ce seigneur. Son séjour dans ce château ne fut pas stérile pour l'art. C'est là qu'il écrivit vingt grandes antiennes et la pastorale anglaise d'*Acis et Galatée*, sans compter deux *Te Deum*, divers concertos de hautbois, plusieurs morceaux pour piano et l'oratorio d'*Esther* exécuté à Cannons-Castle le 29 août 1720. Quant à l'oratorio allemand *la Passion*, commencé à Hanovre et achevé à Londres, il fut entendu à Hambourg vers la fin de 1717 ou au commencement de 1718.

Haendel se démit en 1720 de son emploi chez le duc de Chandos pour donner ses soins à une entreprise d'opéra italien dont les membres de la plus haute noblesse faisaient les frais. Après avoir recruté un personnel de bons chanteurs, il ouvrit le nouveau théâtre par la représentation de son *Radamisto* (1720). L'ouvrage eut un immense succès, qui semblait être d'un bon augure pour l'avenir de la salle ainsi inaugurée. Cette période de la vie de Haendel fut celle de sa plus grande activité. De 1720 à 1728, il fit jouer successivement *Floridante* (1721), *Ottone* (1722), *Flavio* (1723), *Giulio Cesare* (1723), *Tamerlano* (1724), *Rodelinda* (1725), *Scipione* (1726), *Alessandro* (1726), *Ammeto* (1727), *Ricardo primo* (1727), *Siroe* (1728) et *Tolomeo* (1728). Mais, autant le talent du compositeur pouvait être utile à l'entreprise dramatique, qu'il approvisionnait d'œuvres applaudies, autant son caractère violent lui devint funeste. L'irascible Saxon ne tarda pas à indisposer contre lui les artistes de sa troupe et jusqu'aux administrateurs du théâtre. Il en résulta de vives dissensions, qui finirent par amener en 1728 la dissolution de la Société. Quelques-uns des actionnaires du théâtre de Hay-Market organisèrent alors une nouvelle scène lyrique au théâtre de *Lincoln's Inn fields*, et Haendel n'eut plus autre chose à faire que de reprendre à son compte l'entreprise de Hay-Market avec un ancien directeur de spectacle nommé Heidegger. Il se rendit en Italie et en ramena plusieurs artistes, entre autres la célèbre cantatrice Stradella. Son théâtre, ouvert le 2 décembre 1729, ne chôma point d'opéras. Il suffit de citer *Lotario, Partenope, Porus, Ezio, Orlando* (refait presque entièrement), *Ariane* et les oratorios de *Deborah* et d'*Athalie*, pour donner une idée de sa fécondité pendant ces années, où il était à la fois compositeur et directeur.

L'acte de société avec Heidegger avait été conclu pour trois ans. Quand arriva le terme de l'association, Haendel se résolut à continuer l'entreprise seul, à ses risques et périls. Jusque-là, la lutte s'était maintenue avec des chances à peu près égales entre les deux spectacles rivaux. *Lincoln's Inn fields* possédait des virtuoses plus aimés du public, mais les compositeurs médiocres qui travaillaient pour ce théâtre ne pouvaient entrer en concurrence avec le génie de l'auteur de *Deborah*. L'équilibre finit par être rompu au préjudice de la salle de Hay-Market, lorsque sa rivale eut fait l'acquisition de Porpora comme directeur de la musique, et du célèbre sopraniste Farinelli. Vainement Haendel donna en 1733 son *Ariodant* et en 1735 son *Alcina* : il fut bientôt forcé de reconnaître que la position n'était plus tenable, et il abandonna la partie. Au milieu des tracas causés par ses spéculations, sa santé s'était compromise, et la nécessité où il s'était vu d'écrire très-vite ses ouvrages n'avait pas été sans exercer une fâcheuse influence sur son talent. Pour ce qui est de sa fortune, non-seulement elle avait disparu tout entière dans le naufrage de son théâtre, mais il devait encore des sommes considérables aux acteurs qu'il avait engagés. Dans des circonstances si pénibles, le maître ne démentit pas la fermeté accoutumée de son caractère. Après avoir renoncé à poursuivre l'exploitation désastreuse de son opéra, il traita avec le théâtre de Covent-Garden pour la représentation d'une *Alceste* qui ne fut pas jouée, mais dont la partition, adaptée en grande partie à l'Ode de Dryden *Alexander's Feast*, fut entendue le 10 février 1736. Cet ouvrage fut suivi d'*Atalante*, opéra écrit pour le mariage du prince de Galles avec la duchesse de Saxe-Gotha, d'une antienne relative à la même circonstance et connue sous le nom de *Wedding Anthem*, enfin de l'opéra d'*Arminius*.

Les contrariétés, les chagrins qu'il subissait depuis huit ans, et, plus que cela peut-être, l'excès du travail, avaient gravement altéré la santé de Haendel. Il demanda aux eaux d'Aix-la-Chapelle le rétablissement de ses forces et la guérison d'une paralysie dont son bras droit était frappé. Au bout de six semaines, la cure était opérée, et Londres voyait revenir l'artiste retrempé de corps et d'esprit, prêt à affronter de nouveaux combats pour reconquérir les suffrages du public : toutefois ce fut en vain qu'il fit représenter à Covent-Garden *Justin* et *Bérénice*. Ces ouvrages ne réussirent point. L'auteur put se convaincre qu'il ne devait plus compter sur des succès dramatiques. Lorsque quelques-uns de ses amis songèrent à publier une collection de ses ouvrages à son bénéfice, la souscription couvrit à peine les frais d'impression. Le comte de Middlesex parut seul se souvenir qu'il avait existé naguère un fameux compositeur du nom de Haendel : il lui demanda deux productions : *Pharamond*, opéra, et *Alexandre Sévère*, pasticcio, qui furent payés mille livres sterling. Le maître termina sa carrière dramatique par *Serse* (1738), *Déidamie* et *Ismeneo* (1739).

Haendel put être blessé de l'indifférence des Anglais pour ses dernières compositions scéniques. Quant à nous, nous ne devons pas la leur reprocher, puisque cette indifférence, fondée ou non, eut pour effet de pousser l'illustre musicien dans la voie où son génie allait rencontrer une gloire durable. Ses opéras sont oubliés depuis longtemps, tandis que sa musique religieuse est exécutée encore chaque année dans les festivals de l'Angleterre et de l'Allemagne. Jusque-là, bien qu'il eût écrit déjà *Déborah*, *Esther*, *Israël en Égypte* et *Athalie*, il ne s'était occupé qu'incidemment des oratorios. Après avoir quitté la scène, il s'adonna d'une façon toute spéciale à ce genre, qui lui fournissait l'occasion de déployer son habileté dans le style figuré. Une innovation propre au compositeur de Halle consistait à intercaler dans ses oratorios un concerto d'orgue. Ce fut un puissant élément de succès pour ses ouvrages que son admirable talent d'exécution. Comme organiste, il n'avait d'autre rival en Europe, à cette époque, que Jean-Sébastien Bach. L'enthousiasme de la population de Londres pour le maître allemand, qu'elle avait un moment délaissé, se réveilla plus vif que jamais et se traduisit en recettes fabuleuses. D'après l'estimation la plus modérée, le produit de l'oratorio de *Saül*, exécuté le 28 mars 1738, monta à 800 livres sterling. Hâtons-nous de le dire, l'artiste n'eut rien de plus pressé que de profiter de ce retour de la fortune pour désintéresser les virtuoses italiens qui étaient restés ses créanciers à la suite de la fermeture de son théâtre.

A *Saül* succédèrent en 1739 l'*Ode pour le jour de sainte Cécile*, des compositions de musique instrumentale, et l'*Allegro ed il penseroso*. Le *Messie*, qui est regardé comme le chef-d'œuvre de Haendel, parut en 1741 ; l'auteur ne mit que vingt-quatre jours à écrire cette magnifique partition, qui obtint dès son apparition une vogue immense et méritée. L'oratorio du *Messie* est resté si populaire à Londres, qu'il s'y trouve en tout temps plus de quatre mille chanteurs et instrumentistes capables de l'exécuter de mémoire et sans musique. Le public, en France, n'en connaît guère que l'*Alleluia* final. En vain un artiste d'un grand mérite, M. Lamoureux, a fait exécuter dans les meilleures conditions le *Messie*, *Judas Macchabée*, à Paris; la frivolité des goûts du public n'a pas permis que le succès de ces beaux concerts fût durable. Après le *Messie*, Haendel donna *Samson* (1742), puis *Sémélé*, *Joseph*, *Hercule*, *Balthazar*, un oratorio de circonstance (*the occasional oratorio*), *Judas Macchabée*, *Alexandre Bala*, *Josué*, *Salomon*, *Suzanne*, *Théodore*, une cantate intitulée le *Choix d'Hercule*, et *Jephté*, sans parler de son grand *Te Deum* (en ré) et de diverses pièces pour hautbois ou pour orgue. Si l'on songe que tant de productions éclatantes datent de la vieillesse du maître, on ne pourra s'empêcher de reconnaître en lui une des plus puissantes organisations musicales que le monde ait jamais vues.

Celui que l'on a appelé le Milton de la musique, et qui est digne de ce surnom par la grandeur et la fierté de son inspiration biblique, eut vers la fin de sa carrière un dernier trait de ressemblance avec le poëte du *Paradis perdu*. Je veux parler de la cécité dont il ressentit les premières atteintes en 1750 et qui devint complète l'année suivante. Il se soumit à l'opération de la cataracte; mais l'habileté du docteur Sharp fut impuissante à lui rendre la vue. Haendel se résigna courageusement au malheur irréparable qui l'avait frappé. Après avoir confié à Smith, son élève, le soin de diriger l'exécution de ses oratorios, il attendit paisiblement la mort, que la diminution progressive de ses forces lui faisait considérer comme prochaine : il s'éteignit le 13 avril 1759. De pompeuses funérailles lui furent faites à l'abbaye de Westminster, où ses restes reposent à côté des sépultures royales, dans le même lieu qui a reçu la dépouille de Shakespeare, de Garrick, de tous les grands hommes chéris de l'Angleterre.

Haendel avait une taille élevée ; sa figure était belle et noble, avec une expression de tranquillité et de douceur qui contrastait avec la violence extrême de son caractère. J'ai déjà rapporté plusieurs traits de cette humeur prompte à l'irritation. Un jour, comme la cantatrice Cuzzoni refusait de chanter l'air *Falsa immagine* de son opéra d'*Othon*, il la saisit à bras-le-corps, la porta devant une fenêtre et menaça de la jeter dans la rue, si elle s'opiniâtrait dans sa résistance. La pauvre femme jeta des cris perçants et promit de chanter tout ce qu'on voudrait.

A un musicien de ce caractère, les librettistes étaient mal venus à demander des changements. Il ne les traitait guère avec plus de ménagements que ses interprètes. A part ce défaut et peut-être un certain penchant à boire, la vie de Haendel est une des plus pures qu'on puisse citer comme exemple aux artistes. C'est le signe d'une étonnante facilité sans doute, mais c'est aussi la preuve d'une existence régulière et singulièrement rangée, que le nombre extraordinaire des compositions dont il enrichit l'Eglise et le théâtre. Une si longue suite de travaux est incompatible avec des habitudes de dissipation et de désordre. Considérant son art comme une sorte de sacerdoce, Haendel vécut dans le célibat le plus austère, et les chercheurs de scandale n'ont pu découvrir dans sa biographie un seul nom de femme. Ses seules relations se bornaient à trois amis : un peintre nommé Goupy, Smith, son élève, et le teinturier Huter. Il ne recevait pas d'autres visites, et il fuyait les réunions mondaines avec autant de soin que la plupart des artistes les recherchent. « *He is a bear* : C'est un ours, » devait se dire la société polie de Londres en le voyant refuser systématiquement toutes les invitations. Soit, mais cet *ours* nous a laissé des chefs-d'œuvre qu'il n'eût peut-être pas faits s'il eût sacrifié davantage aux frivoles amusements de la vie sociale.

Sept volumes manuscrits de Haendel, qu'il avait laissés à son secrétaire, arrivèrent entre les mains d'un libraire de Bristol, qui les annonça et les proposa pour la somme de 40 livres sterling. Immédiatement, un Français se hâta d'acquérir ces manuscrits et les conserva, malgré l'opposition que tenta de faire au marché la Société de l'Harmonie sacrée. Ce Français est M. Victor Schœlcher, ancien délégué des colonies, sous-secrétaire d'État en 1843, promoteur du décret qui a aboli l'esclavage dans les colonies françaises, et auteur d'une vie de Haendel. Il a fait don de cette collection à la bibliothèque du Conservatoire.

Les portraits de Haendel sont assez nombreux et se ressemblent peu. C'est d'abord le portrait gravé par Houbraken, d'Amsterdam; ensuite un autre, d'après le monument élevé en son honneur dans l'abbaye de Westminster; un dessin de Cipriani avec une allégorie; un portrait publié dans *The universal Magazine*; un autre, dessiné par Rebecca, gravé par Bartolozzi d'après la statue qui se trouve dans les *Vauxhall Gardens*, mis en tête de l'édition des œuvres de Haendel publiée par le docteur Arnold; enfin un beau et vrai portrait peint par Hudson et gravé par Faber en 1749, dix ans avant la mort du maître. Madame Félix Clément eut l'occasion de dessiner ce portrait à une époque où je ne songeais pas à faire ce livre. Maintenant que j'ai à déplorer la perte de cette excellente compagne de ma vie, c'est pour moi une sorte de consolation de rattacher à mon œuvre une mémoire si chère. M. Deblois a gravé son dessin et a fait ses efforts pour en reproduire la touche délicate et sûre.

BACH

(SÉBASTIEN)

NÉ EN 1685, MORT EN 1750.

Par ce temps d'éparpillement social et d'individualisme à outrance, il n'est guère permis d'espérer que le monde revoie de sitôt ces grandes dynasties intellectuelles qui se transmettaient de père en fils le flambeau de l'art, comme les *maîtres de l'œuvre* au moyen âge, comme en Allemagne, à une époque moins éloignée de nous, la famille des Bach. C'est un spectacle assez beau pour qu'on l'admire, et assez rare pour qu'on le regrette, que celui de cette permanence de la faculté musicale dans une si longue succession d'hommes de même sang et de même nom. L'esprit se demande si l'hérédité des professions, avec tous ses inconvénients, n'entraînait pas aussi quelques avantages, et si les Bach auraient versé des torrents d'harmonie pendant deux siècles en Allemagne et en Angleterre, sans les habitudes de caste qui portaient alors chaque génération à imiter sa devancière.

Il y avait déjà plus de cent ans que le nom patronymique des Bach était sorti de l'obscurité, quand naquit le musicien qui devait le rendre immortel. Jean-Sébastien Bach ouvrit les yeux à la lumière le 21 mars 1685, à Eisenach, où son père, Jean-Ambroise, remplissait les fonctions de *musicien de cour et de ville*. Orphelin dès l'âge de dix ans, il reçut les premières leçons de clavecin de son frère aîné, Jean-Christophe, qui était organiste à Ordruff. L'enfant possédait une telle facilité naturelle, qu'il s'assimila promptement les exercices élémentaires et que son audace précoce ne recula pas devant l'interprétation des maîtres les plus célèbres du temps, les Froberger, les Fischer, les de Kerl, les Pachelbel, les Buxtehude, les Brunhs, les Bœhm, etc. Jean-Sébastien n'ayant pu obtenir de son frère, par les plus instantes prières, la communication du cahier qui contenait plusieurs morceaux des compositions précitées, trouva moyen de dérober le précieux recueil et se mit en devoir de le copier d'un bout à

SÉBASTIEN BACH

l'autre. Il ne fallait pas éveiller la défiance fraternelle, et, d'un autre côté, travailler la nuit sans flambeau était chose impossible. Cette besogne, à laquelle le tenace enfant se livrait à la clarté de la lune, lui prit près de six mois. Enfin tant de patience allait être récompensée : il avait achevé sa copie, et déjà il étudiait en secret, quand Jean-Christophe la découvrit et impitoyablement la lui ôta. Pour la recouvrer, Jean-Sébastien dut attendre la mort de son frère.

Ici commence la carrière voyageuse de notre artiste. Avant de se voir recherché à l'envi par les princes, il avait encore à se perfectionner dans son art, et tel est le point de départ de l'odyssée que nous le voyons entreprendre. Obligé de se créer des ressources, il s'engage d'abord, avec son camarade Erdmann, comme choriste à l'église de Saint-Michel, à Lunebourg. En même temps, il suit les cours du gymnase de cette ville, ce qui ne l'empêche pas de compléter son éducation d'organiste par de fréquents voyages à Hambourg, où le célèbre Reincke touchait l'orgue. La chapelle du duc de Celle attire aussi son attention. En 1703, âgé seulement de dix-huit ans, il est attaché à la musique de la cour de Weimar en qualité de violoniste; mais cet emploi était en contradiction avec les tendances de son talent; il ne tarde pas à l'abandonner pour accepter celui d'organiste à Arnstadt.

Loin de s'endormir, comme tant d'autres, dans l'aisance et le bien-être, Bach, tourmenté par une irrésistible vocation, ne vit dans les avantages de sa nouvelle position que des moyens d'accroître le trésor de ses connaissances. Il se procura les ouvrages des meilleurs organistes, et, non content de s'appliquer à les exécuter de la manière la plus parfaite, il s'efforçait de pénétrer les secrets de leur composition. Plusieurs fois il alla à Lubeck pour y entendre l'orgue résonner sous les doigts du fameux Dietrich Buxtehude. Il ne se borna pas à des visites plus ou moins fréquentes. Trois mois passés secrètement à Lubeck ne lui parurent pas trop longs pour s'initier aux procédés de ce grand artiste.

Déjà cependant la renommée de Jean-Sébastien se répandait de proche en proche et faisait de lui un objet d'envie pour nombre de villes du Palatinat et de la Saxe. Ce que fut pour les arts l'Italie de la Renaissance, l'Allemagne l'était alors. Dans ce pays féodal et municipal, si stationnaire au point de vue politique, il n'y avait guère de capitale ou de ville libre qui ne fût un foyer plus ou moins intense de rayonnement artistique. Une sorte d'émulation, utile au progrès général, animait tous les petits princes allemands. C'était à qui réunirait à sa cour, pour les divertissements et les fêtes, l'orchestre le mieux composé, à qui aurait dans sa chapelle les plus éminents virtuoses. Que l'homme d'Etat moderne déplore le long effacement politique d'un peuple scindé en mille souverainetés diverses, c'est son droit ou sa manie, comme on voudra ; mais il devra reconnaître aussi tout ce que ce régime offrait de favorable à la culture des arts et à l'épanouissement du talent.

En 1707, Bach devenait organiste de l'église de Saint-Blaise, à Mülhausen. L'année suivante, l'admiration du duc de Weimar, devant qui il s'était fait entendre, lui valait la place d'organiste de cette cour. A mesure que le musicien obtenait plus de succès, son ardeur impatiente le poussait à de nouvelles études. Il brûlait de se surpasser, partageant le sentiment exprimé par le poëte :

Nil fecisse putans, si quid superesset agendum

De si persévérants efforts ne pouvaient qu'être appréciés par un Mécène intelligent. En 1717, Jean-Sébastien fut nommé maître des concerts du duc de Weimar. Vers le même temps, on lui offrait à Halle la succession de l'habile organiste Zachau, qui avait été le maître de Haendel ; mais il se contenta de l'honneur que lui faisait un pareil choix et n'accepta point la place, pour des raisons qui sont restées ignorées.

L'un des souverains les plus magnifiques de l'Europe était alors Auguste II, électeur de Saxe et roi de Pologne, le même qui avait été renversé par Charles XII et rétabli par Pierre le Grand. Comme si ce prince eût voulu se dédommager, pendant la seconde partie de son règne, des humiliations et des malheurs qui en avaient rempli la première, il n'avait rien négligé pour faire de la petite cour de Dresde l'asile des plaisirs et des beaux-arts. Les artistes étaient au rang des hôtes qu'il préférait comme les plus propres à embellir et à charmer sa résidence, et quand Louis Marchand, exilé de Paris, vint chercher un refuge dans la capitale de la Saxe, le roi, ravi de la légèreté et de l'éclat de son jeu, lui offrit un traitement considérable pour le fixer à sa cour. Mais la faveur subite dont commençait à jouir l'étranger excita la jalousie de Volumier, maître des concerts royaux, qui résolut de se servir de Bach pour perdre son rival. Ce fut pour Jean-Sébastien l'occasion d'un éclatant triomphe. Invité à se rendre à Dresde, il entendit Marchand et n'hésita pas à lui proposer un défi. Chacun des deux concurrents devait improviser sur le thème qui lui serait désigné par l'autre. L'organiste français accepta l'épreuve ; mais, au jour qui avait été fixé pour ce tournoi musical, dont toute la cour allait être témoin, Marchand ne se présenta pas. On envoya chez lui, et l'on apprit qu'il venait de partir, confessant par sa fuite son infériorité. Il ne faisait d'ailleurs que se rendre justice, et c'eût été, pour cet artiste médiocre en dépit de sa réputation, courir à une honte certaine que d'affronter la lutte avec l'homme de génie qu'on lui opposait. Sans le savoir, Bach vengeait ainsi Rameau de l'affront que Marchand lui avait fait subir à Paris.

A son retour à Weimar, Bach reçut du prince Léopold d'Anhalt-Cœthen l'offre de diriger la musique de sa chapelle (1720). Il entra immédiatement en fonctions et garda cet emploi jusqu'en 1733. La tranquillité et les loisirs que lui faisait sa place furent utilisés dans l'intérêt de ses études, et il écrivit durant cette période de nombreuses compositions. Le vieux Reincke, qui lui avait inspiré tant d'enthousiasme dès sa jeunesse, vivait encore à Hambourg. Vers 1722, Bach se rendit comme en pèlerinage près de ce vieillard presque centenaire et improvisa en sa présence, pendant plus d'une heure, sur le choral : *Super flumina Babylonis*. Le vieil athlète, qui allait bientôt quitter la vie, s'intéressait aux destinées de la musique. Il montra à son successeur plus de confiance que les rois n'en témoignent à leurs héritiers présomptifs. Il l'embrassa en versant des larmes. « J'ai cru, lui dit-il, que cet art allait mourir avec moi ; mais je vois que vous le faites revivre. »

L'existence nomade de Jean-Sébastien Bach se termine en 1733, époque à laquelle il est nommé, en remplacement de Kühnau, directeur de musique à l'école de Saint-Thomas de Leipsick. Maître honoraire de la chapelle du duc de Weissenfels, honoré du titre de compositeur du roi de Pologne, il compta encore Frédéric II parmi ses admirateurs. On connaît la passion du vainqueur de Rosbach pour la musique, passion qui, du vivant de son père, avait failli lui coûter la vie. Devenu roi en 1740, si le jeune monarque n'eût garde de se souvenir qu'il avait jadis écrit l'*Anti-Machiavel*, en revanche, il resta fidèle à l'exercice d'un art qui lui avait attiré la colère paternelle, mais qui, par compensation, lui avait fourni le moyen de la supporter. Tous les soirs, une des salles du palais de Potsdam était transformée en salle de concert, et le prince, flûtiste assez habile, ne dédaignait pas de faire sa partie dans un orchestre composé d'intimes. Comment le dilettante couronné n'aurait-il pas conçu le désir de voir le musicien illustre dont la réputation était répandue d'un bout à l'autre de l'Allemagne ? Plus d'une fois, il avait fait écrire à Bach par Charles-Philippe-Emmanuel, l'un de ses fils, alors attaché, en qualité d'organiste, au service de la cour de Prusse. Jean-Sébastien, après avoir longtemps hésité à se rendre à l'invitation du monarque, crut enfin devoir déférer à un désir si souvent exprimé et se mit en route en 1747, accompagné de son fils aîné, Guillaume-Friedmann. A peine Frédéric eut-il lu son nom sur la liste des étrangers arrivés à Potsdam, que se tournant vers son entourage : « Messieurs, dit-il, le vieux Bach est ici. » Et, sans laisser au vieillard le temps de revêtir l'habit de cour, il l'envoya chercher immédiatement. Jean-Sébastien n'eut pas de peine à enchanter son hôte par les improvisations sur le clavecin et sur l'orgue qu'il exécuta séance tenante. Inutile de dire que la réception d'un tel visiteur avait fait contremander le concert habituel du soir, et que tous se livraient sans réserve au plaisir d'entendre le maître des maîtres. En reconnaissance de l'hospitalité enthousiaste qu'il avait reçue du monarque prussien, Bach, de retour à Leipsick, lui dédia, sous le titre d'*Offrande musicale*, « **Musichalisches Opfer** », une fugue à trois parties, écrite sur un thème donné par le roi, un *ricercare* à six parties, quelques canons et un trio pour flûte, violon et basse.

Bach ne survécut que trois ans à l'ovation dont il avait été l'objet à

Potsdam. Une cécité, causée par l'ardeur excessive avec laquelle il se portait au travail, attrista ses derniers jours. On se rappelle les travaux auxquels il s'était livré pendant son enfance à la clarté de la lune. Deux opérations tentées sans succès par un oculiste anglais ne firent que le rendre complétement aveugle en altérant gravement sa santé, jusque-là vigoureuse. Il languit encore quelque temps et mourut le 30 juillet 1750, à l'âge de soixante-cinq ans. La fièvre inflammatoire qui l'emporta avait été précédée d'un recouvrement soudain de la vue; les amis du malade purent se faire quelque illusion à la suite d'un si étrange phénomène. Mais, dix jours après, l'Allemagne et le monde musical avaient à pleurer la perte d'un des plus grands génies qui aient honoré l'une et l'autre.

Les hommes qui commandent l'admiration par leurs grandes facultés ne méritent pas toujours l'estime par leurs vertus privées, et le biographe est heureux quand par hasard il rencontre, selon l'expression consacrée, l'accord d'un beau talent et d'un beau caractère. Ce dernier trait ne manqua pas à la destinée de Bach. Il fut bon père, bon époux et bon ami, comme il était bon organiste, ou, pour mieux dire, compositeur puissant et original. De deux mariages, il eut vingt enfants, et ne faillit jamais à la lourde tâche que lui imposait l'éducation d'une si nombreuse famille. On ne le voit pas non plus se servir de la faveur des grands au profit de ses intérêts pécuniaires, ni s'autoriser de ses pesantes charges domestiques pour trafiquer de son art. En suivant une autre route, en courant le monde à la manière de tant de virtuoses modernes, il eût pu devenir riche; il se contenta de l'aisance, et en vérité elle lui suffisait, dès lors qu'elle lui permettait de nourrir les siens et d'exercer une noble hospitalité à l'égard des artistes et des amateurs de musique qui venaient le visiter. Plein de modestie, sans perdre la conscience de son mérite, il n'était pas éloigné de penser que le génie est une longue patience, et, à ceux qui lui demandaient le secret de sa force, il n'en indiquait pas d'autre que le travail, ajoutant que tous ceux qui voudraient travailler comme lui atteindraient la même supériorité. Enfin, au jugement de Kittel, qui l'a bien connu et qui fut un de ses élèves, « c'était un très-excellent homme. » Ce mot dit tout.

Il ne faudrait pas juger absolument l'humeur de Bach, dans le commerce ordinaire de la vie, sur le caractère austère et grandiose de sa musique. Ainsi que beaucoup de natures bienveillantes, il se déridait volontiers, et à l'occasion — *proh pudor!* — il ne se refusait même pas le calembour. En jouant sur son nom, qui en allemand signifie *ruisseau*, et sur le mot *krebs*, qui veut dire *écrevisse* et qui était le nom d'un de ses élèves favoris, il se plaisait à dire : « Je n'ai jamais pris qu'une écrevisse dans mon ruisseau. » S'il lui arrivait de plaisanter, c'était avec finesse, mais sans malignité, et son enjouement ne blessa jamais personne.

Malgré l'immense réputation dont il jouit de son vivant, on peut dire que la gloire de Jean-Sébastien Bach est en grande partie posthume. Ses contemporains ne virent pour la plupart en lui que l'organiste habile, l'improvisateur merveilleux, le musicien savant. Si quelques artistes soupçonnaient que ces divers mérites en recouvraient un autre plus admirable, le mérite d'un compositeur de génie, le monde ne connaissait que ce qu'on livrait à son appréciation, et ici il est permis de remarquer que l'extrême simplicité de Bach, son aversion pour la vaine popularité, nuisirent pendant sa vie à l'illustration de ses ouvrages. Que de belles productions, après avoir été exécutées devant un auditoire de parents et d'amis intimes, étaient ensuite renfermées dans une armoire, sorte d'oubliette d'où elles ne sortaient plus ! Si respectable et si élevé qu'en fût le principe, on frémit à la pensée que cette négligence de l'immortel claveciniste, ce dédain pour les fruits de son inspiration, risquait de causer à la postérité un tort irréparable, en la privant d'une foule de chefs-d'œuvre. La *Passion* d'après l'Évangile de saint Matthieu, pour deux chœurs et deux orchestres, l'une des plus vastes créations musicales qui existent, a attendu près d'un siècle avant de voir le jour, condamnée qu'elle était, dès sa naissance, par l'insouciante modestie de son auteur. Nous devons beaucoup de remercîments aux fils et aux disciples de Bach, qui ont conservé en copies manuscrites sa musique d'orgue et de clavecin. Mais combien plus considérable était l'œuvre totale du musicien ! Motets, oratorios, psaumes, cantates, concertos, sonates, symphonies : il a abordé chacun de ces genres, en laissant partout la trace de son génie. Ces partitions, qui, par leur structure profondément scientifique autant que par les difficultés d'exécution dont elles sont remplies, étaient trop fortes pour la génération qui les vit naître, furent retrouvées dans le temps où les progrès de l'éducation musicale permettaient de les mieux apprécier.

Mozart eut la gloire d'être le promoteur du grand mouvement qui se produisit en faveur du maître à la fin du dix-huitième siècle et amena la recherche persévérante de ses œuvres inédites. Étant à Leipsick, en 1788, l'auteur de *Don Juan* entendit à la messe un motet d'église de Bach, dont l'effet fut tel sur son oreille exercée, qu'il s'écria : « Grâce au Ciel, voici du nouveau, et j'apprends ici quelque chose ! » Ce *nouveau* remontait peut-être à soixante ans de là, mais il ne fallait rien moins que l'admiration d'un artiste tel que Mozart pour le tirer de l'oubli. Dès lors, le branle était donné à l'opinion, et la vogue commença à s'attacher aux œuvres du maître. Dans les premières années du dix-neuvième siècle, Schicht et Forkel firent une édition des œuvres de clavecin de Bach (chez Kühnel, à Leipsick), et en 1850, à l'occasion de l'anniversaire séculaire de la mort du grand musicien, une Société s'est formée pour la publication intégrale de tout ce qu'il a laissé.

Quand on a dit le mérite du compositeur, l'art avec lequel il fait mouvoir un grand nombre de voix et d'instruments, la variété des effets de son harmonie, on n'a pas tout dit. Bach, au jugement des contemporains, était doué à un degré extraordinaire des qualités du virtuose, qualités dont la postérité ne peut pas juger. On lui doit l'invention ou plutôt une application systématique et constante à la musique d'orgue du doigté de substitution. Il était aussi très-entendu dans la construction des orgues.

Le nom d'un grand homme est un fardeau lourd à porter, dût le poids en être réparti sur vingt têtes, comme c'est le cas pour les héritiers de Bach. Les fils de l'immortel claveciniste n'atteignirent pas à la gloire paternelle ; mais plusieurs, du moins, en continuèrent dignement la tradition. L'aîné, Guillaume Friedmann, dont la vie fut malheureuse et qui se vit peu apprécié de son vivant, a écrit des sonates, des concertos, des fugues où il y avait assez de talent pour faire la réputation d'un musicien ordinaire qui ne se fût pas appelé Bach.

Emmanuel Bach, le créateur de la sonate moderne, eut le sort de beaucoup de précurseurs. Le genre qu'il avait inventé ayant été poussé à une haute perfection par Haydn et Mozart, on lui a su peu de gré d'avoir ouvert la voie où d'autres se sont illustrés après lui. C'est le devoir de l'historien de protester contre cette injustice de la postérité.

Deux autres fils de Jean-Sébastien méritent encore une mention : Jean-Christophe, contre-pointiste distingué, et Jean-Chrétien, qui, le premier de sa famille, s'adonna à la musique dramatique. Il écrivit quinze opéras, dont plusieurs, entre autres *Amadis des Gaules*, ont joui de quelque célébrité.

Les meilleurs portraits de Sébastien Bach ont été faits à Londres et à Leipsick. J'ai donné la préférence à un médaillon allemand gravé dans cette dernière ville, parce qu'il reproduit plus heureusement la physionomie du maître ; les yeux sont pleins de feu, et l'ensemble respire la vivacité et la bienveillance.

MARCELLO

NÉ EN 1686, MORT EN 1739.

Benedetto Marcello offre dans ses ouvrages l'alliance de la forme scolastique italienne avec l'expression lyrique. En dépit des fréquentes révolutions qui atteignent et modifient le plus variable des arts, ses *Psaumes*, vieux de cent soixante ans, n'ont rien perdu de leur grandeur et de leur beauté.

Ce compositeur naquit à Venise, le 24 juillet 1686. Appartenant à une des plus nobles familles de la république, il reçut une éducation brillante, sous la direction de son père. Bien qu'il fût réservé par son origine à occuper de hauts emplois dans l'Etat, l'objet principal de ses soins fut toujours la culture de la poésie et de la musique. Il ne semble point toutefois avoir aimé l'étude du violon, ou du moins il s'en dégoûta vite, comme aussi de ces règles fastidieuses dont plus d'un commençant repousse l'austérité, lorsqu'il n'en a point encore compris les secrets avantages. Cependant telle était dès ce temps l'application de Marcello à la musique, que son père, craignant de le voir compromettre sa santé par un travail excessif, l'emmena à la campagne et eut soin de faire disparaître tous les objets qui pouvaient lui rappeler sa passion. Le jeune homme n'en trouva pas moins le moyen de se procurer du papier réglé, sur lequel il écrivit une messe dont les beautés triomphèrent des résistances de son père. Le patricien mourut peu après, et son fils se livra dès lors sans contrainte au culte de l'art qui devait immortaliser son nom : membre d'une Société d'amateurs, formée au *Casino de'Nobili*, il y fit souvent exécuter ses productions. Il ne tarda pas à reconnaître que ses études étaient fort incomplètes et qu'il ne possédait qu'imparfaitement la connaissance des règles du contre-point; il prit des leçons de Gasparini, auquel, dans la suite, il témoigna toujours la plus respectueuse déférence. Lui-même compta au nombre de ses élèves l'illustre cantatrice Faustine Bordoni, qui devint plus tard l'épouse de Hasse.

Marcello ne se contenta pas d'être un artiste éminent; il fut aussi un citoyen utile et occupa avec distinction différents postes dans la magistrature, jusqu'à l'âge de trente ans. On le voit ensuite membre du conseil des Quarante, puis, en 1730, nommé *Provveditore* à Pola. Le climat de cette ville porta de graves atteintes à sa santé. Il y perdit toutes ses dents; et, comme il était doué d'une belle voix, cet accident lui causa un double déplaisir. Il obtint un changement de résidence et fut envoyé à Brescia comme camerlingue ou trésorier. Mais il était trop tard : Marcello ne fut pas plus tôt arrivé à Brescia, que le mal qui le consumait le conduisit rapidement au tombeau. Il mourut le 24 juillet 1739, jour anniversaire de sa naissance. L'épitaphe latine placée sur son tombeau, dans l'église de Saint-Joseph des Franciscains, résume ses divers titres au souvenir de la postérité :

> BENEDICTO MARCELLO,
> PATRICIO VENETO,
> PIISSIMO
> PHILOLOGO, POETÆ,
> MUSICES PRINCIPI,
> QUÆSTORI BRIXIENSI,
> VM
> ANNO MDCCXXXIX, VIII KAL. AUG.
> POSUIT.
> VIXIT ANN. LII MENS. XI D. XXIII.

Jusqu'à l'âge de quarante ans, ce musicien avait mené la vie dissipée d'un homme du monde et d'un Vénitien de cette époque ; la république de Saint-Marc était aussi tristement célèbre par la licence et la dissolution qui y régnaient, qu'elle se distinguait par son luxe et son élégance artistiques. La réforme des mœurs de notre compositeur fut causée par un événement étrange. Le 16 août 1726, il entendait la messe dans l'église des *SS. Apostoli*, quand une pierre tumulaire qui était sous ses pieds s'écroula et l'entraîna jusqu'au fond de la tombe. Cet accident, dont il fut quitte pour la peur, lui fit faire de sérieuses réflexions sur l'état de son âme et sur les dangers qu'il courait en restant attaché aux plaisirs ; descendu tout vivant dans un cercueil, il comprit mieux la vanité de la vie. Homme d'imagination, mais fort sensé au fond, il sut mettre à profit la salutaire pensée de la mort. Dès lors, ses sentiments religieux, que l'ardeur de la jeunesse avait plutôt amortis qu'étouffés, se réveillèrent et devinrent la règle de sa conduite ultérieure. Il rompit avec ses compagnons de débauche, pour s'entourer d'esprits graves et de personnes pieuses. Sa ferveur alla si loin que, dans ses dernières années, il finit par considérer la musique comme un délassement trop profane et lui préféra la poésie ; encore fut-ce la poésie chrétienne, ainsi que le prouve son poëme *Sur la rédemption*.

Un soir, ou plutôt une nuit, Marcello, placé à l'une des croisées de son palais, prêtait l'oreille aux chants qui sortaient des gondoles dont le grand canal était sillonné. Une voix de jeune fille, fraîche, pure, harmonieuse, attira particulièrement son attention. Il donna ordre à ses domestiques de faire approcher la barque d'où s'échappaient ces accents angéliques ; le plus charmant visage s'offrit alors aux regards de l'artiste. La cantatrice nocturne était une jeune plébéienne, nommée Rosana Scalfi : Marcello en fit d'abord son élève et, plus tard, l'épousa en secret, pour éluder sans doute les rigoureuses lois qui à Venise interdisaient aux patriciens de se mésallier ; aucun enfant ne naquit de ce mariage.

Marcello publia en 1720 un petit ouvrage plein de finesse et dans lequel son esprit caustique, original et aimable à la fois s'est donné carrière. Il l'a intitulé : *il Teatro alla moda*. Le *Théâtre à la mode* est une satire des gens de théâtre, des habitués des coulisses, des chanteurs et des cantatrices surtout, de leurs habitudes et de leurs mœurs ; et aussi des poëtes, des compositeurs, des directeurs, des instrumentistes, des machinistes, peintres, bouffes, costumiers, pages, comparses, souffleurs ; enfin des copistes, des protecteurs et des mères d'actrices. C'est l'œuvre d'un écrivain satirique de premier ordre. Presque tous les travers et toutes les traverses de la vie du théâtre sont tracés avec une verve ironique tout à fait remarquable ; et, ce qu'il y a de plus piquant, c'est que tout ce que dit Marcello est encore aussi vrai, aussi actuel qu'il l'était au commencement du xviiie siècle, à Venise et ailleurs. Marcello aurait pu donner à son étude satirique ce simple titre : *il Teatro*.

Je n'ai pas à rappeler ici les travaux littéraires du noble Vénitien. L'ouvrage auquel il doit sa gloire de compositeur est la musique qu'il a écrite sur une paraphrase italienne de cinquante psaumes, œuvre de Girolamo Ascanio Giustiniani. Ces compositions sont d'une ampleur, d'une majesté, d'un style noble et pur qui convenaient admirablement à la plus belle poésie sacrée qui soit jamais sortie d'une bouche humaine. Il est mille fois regrettable que Marcello ne se soit pas servi du texte latin. D'une forme trop élevée pour jamais devenir populaires, ses psaumes auraient pu être adoptés par l'Église pour être exécutés dans les fêtes religieuses. On en a publié des arrangements sur des paroles latines; mais le déplacement des accents, des césures, la substitution de valeurs brèves aux valeurs longues, et *vice versâ*, faisant disparaître en grande partie la beauté originelle de l'inspiration, ont nui au succès de cette louable tentative. Il serait à désirer qu'il existât dans quelque église une institution extra-liturgique qui permît d'y faire entendre les chefs-d'œuvre de musique sacrée écrits en langue vulgaire, tels que les *Psalmi* et les *Laudi spirituali* qui ont joui autrefois de la plus légitime célébrité.

On a encore de Marcello des concertos, des sonates, des *canzoni*, l'oratorio intitulé *Giuditta* et quelques autres compositions qui se rapprochent du genre dramatique.

LEO

NÉ EN 1694, MORT EN 1746.

Contemporain de Durante, Léonard Leo partage avec lui l'honneur d'avoir organisé l'école napolitaine au dix-huitième siècle. Sans être inférieur à ce maître dans la musique d'église, il eut de plus que lui le génie dramatique, et il jouirait peut-être d'une gloire plus grande comme compositeur d'opéras, s'il n'avait eu pour élèves des hommes tels que Piccinni et Jomelli.

Il naquit en 1694, à *San Vito degli Schiavi*, dans le royaume de Naples. Il étudia sous la direction de Fago, surnommé le *Tarentino*, au conservatoire de la *Pietà dei Turchini*, à Naples; puis, s'il faut en croire Girolamo Chigi, il se rendit à Rome, où Pitoni lui enseigna le contre-point. Nommé, à son retour à Naples, second maître du conservatoire de la *Pietà*, Leo obtint en 1716 la place d'organiste de la chapelle royale, et, un an après, il fut désigné pour celle de maître de chapelle de l'église *Santa Maria della Solitaria* ; son début dans la carrière de compositeur dramatique fut l'opéra de *Sofonisbe*, représenté au théâtre San-Bartolomeo, à Naples, en 1719. Cet ouvrage, qui excita une admiration générale, fut suivi d'environ quarante autres, parmi lesquels l'un des plus remarquables est le *Demofoonte*, donné en 1741 et où débuta le fameux chanteur Caffarelli. Il composa la musique de plusieurs ouvrages de Métastase, et l'on comprend combien de si beaux poëmes devaient exciter l'émulation du musicien. Au milieu d'une si active production, le compositeur savait faire la part de l'enseignement. Il ne se contenta pas, comme son collègue Durante, du rôle modeste de la pierre à aiguiser :

Acutum
Reddere quæ ferrum valet, exsors ipsa secandi.

Il peut revendiquer quelque chose de l'illustration des Piccinni et des Jomelli, qui furent ses élèves, après qu'il eut quitté le conservatoire de la *Pietà* pour celui de *Sant' Onofrio*.

Dans le nombre de ses compositions religieuses, on signale comme des modèles l'*Ave maris stella*, pour voix de soprano et orchestre, le *Credo* à quatre voix et le *Miserere* à deux chœurs, écrit en 1743 pour le duc de Savoie. Ce prince, voulant témoigner à l'artiste l'admiration qu'il avait pour ce morceau, lui accorda une pension de cent onces d'argent. Leo, à son tour, se piqua de délicatesse et crut qu'une rémunération si magnifique lui ôtait tout droit de propriété sur son œuvre. Aussi, lorsqu'à son retour à Naples ses élèves lui demandèrent des copies du *Miserere*, il se refusa nettement à leur en laisser prendre. Il fallut éluder ses résistances, et voici comment on y parvint. Un des élèves du conservatoire de Sant' Onofrio, ayant découvert l'endroit où la partition était déposée, l'enleva à l'insu du maître, la divisa entre ses camarades pour la transcrire en toute hâte, puis, la besogne achevée, remit le précieux manuscrit à sa place. Quelques jours après, les élèves invitèrent Leo à les entendre chanter un morceau nouveau et exécutèrent le *Miserere* en sa présence. Il se montra d'abord courroucé de ce larcin, mais son mécontentement ne tarda pas à s'apaiser. Touché au fond des sentiments que son œuvre inspirait à une jeunesse enthousiaste et affectueuse, il fit recommencer l'exécution pour la rendre plus parfaite. Terminons cet exposé sommaire des travaux du fécond musicien en citant ses oratorios, ses sérénades, sortes de pièces de circonstance, et enfin ses compositions instrumentales, concertos, fugues, toccates. Il a encore écrit à l'usage de son école six livres de solféges et deux livres de *partimenti* ou basses chiffrées.

Leo était un homme de moyenne taille, au teint basané, à l'œil brillant, doué d'un tempérament ardent et d'une dévorante activité qui lui faisait consacrer au travail la plus grande partie de ses nuits. Son humeur, d'ordinaire sérieuse, n'excluait pas l'urbanité, et, tout en ayant la conscience de son talent, il ne déprécia jamais celui de ses rivaux. D'après le marquis de Villarosa, qui a recueilli de curieux documents sur l'école napolitaine, ce maître succomba à une attaque d'apoplexie pendant qu'il écrivait un air bouffe de la *Finta Frascatana*, ouvrage laissé inachevé par l'auteur et terminé par Capranica. On trouva l'artiste la tête appuyée sur son clavecin, dans l'attitude du sommeil; mais, quand on le releva, on s'aperçut qu'il avait cessé de vivre. Cette mort prématurée arriva en 1746. Leo n'était âgé que de cinquante-deux ans.

DUNI

NÉ EN 1709, MORT EN 1775.

Duni s'est toujours maintenu dans les régions tempérées de l'art, et si de son temps on a pu le mettre au-dessus de Pergolèse, il ne faut voir là qu'un de ces caprices des contemporains que la postérité ne comprend pas. La justice, pour ces artistes trop vantés de leur vivant, c'est une diminution de leur gloire. Après tout, cela s'est vu bien souvent. La moyenne des intelligences s'accommode mieux des œuvres médiocres et simplement agréables que de celles qui demandent de l'effort pour être comprises et des dispositions d'esprit préalables.

Duni, né le 9 février 1709, à Matera, dans le royaume de Naples, était le dixième enfant d'un maître de chapelle. A l'âge de neuf ans, il entra au Conservatoire *dei Poveri di Gesù Cristo*, à Naples, dont Durante était alors directeur. Après avoir terminé ses études et acquis sous cette discipline excellente l'art d'écrire, on le voit aller à Rome et y donner l'opéra de *Nerone*, que le public n'eut pas honte de préférer à l'*Olympiade* de Pergolèse. Duni reçut ensuite de la cour pontificale une mission secrète pour Vienne, ce qui lui procura l'occasion de se faire connaître en Autriche. De retour dans sa patrie, il obtint la maîtrise de Saint-Nicolas de Bari et fit représenter quelques années après au théâtre San Carlo l'opéra d'*Artaserse*, qui réussit. A cet ouvrage succédèrent *Bajasette*, *Ciro*, *Ipermnestra*, *Demofoonte*, *Alessandro*, *Adriano*, *Catone*, *Didone*, *Demetrio*, *l'Olimpiade*. Les pièces de Métastase offraient des situations si touchantes et exprimées dans de si beaux vers, qu'à elles seules elles captivaient un peuple admirablement organisé pour la poésie. La tâche du musicien était facile. Il lui suffisait d'écrire quelques airs et un long récitatif bien prosodié pour partager le succès et la gloire du poëte. Car, il faut le reconnaître, partout alors et même en Italie, l'action du drame et les beautés poétiques avaient sur les esprits un intérêt bien autrement puissant que la musique.

Le compositeur écrivit ces productions tandis qu'il voyageait, visitant Venise, Paris et Londres. Sa santé l'ayant obligé à consulter le médecin Boërhaave, il passa d'Angleterre en Hollande et reçut les soins de l'illustre praticien; mais, à son retour en Italie, une bande de voleurs l'assaillit près de Milan, et il ne put jamais se remettre de la maladie que lui causa le trouble occasionné en lui par cette agression. Duni visita ensuite Gênes et se fixa pour quelque temps à Parme, où il fut chargé d'enseigner la musique à la fille de l'infant don Philippe. Ce prince, Français d'origine, avait autour de lui beaucoup de ses compatriotes. Pour leur complaire, le compositeur italien se hasarda à composer quelques partitions pour des opéras-comiques écrits en notre langue. *Ninette à la cour*, la *Chercheuse d'esprit* et le *Peintre amoureux de son modèle* obtinrent un succès qui enhardit le maître à persévérer dans cette voie. Telles sont les circonstances qui déterminèrent Duni à quitter l'Italie en 1757 et à venir habiter Paris, où il resta jusqu'à sa mort (11 juin 1775).

Il abdiqua vite le caractère élevé et sévère des traditions de Durante. Homme du monde, artiste peu convaincu, il adopta le goût français, frivole et mesquin, qui dominait dans les sphères bourgeoises à cette époque. En transportant dans l'opéra-comique français la menue monnaie de l'école napolitaine, Duni se faisait tort à lui-même, puisqu'il pouvait obtenir du succès dans un genre plus relevé; mais il rendait un grand service aux musiciens de notre pays, en les invitant, par son exemple, à écrire plus purement et dans un meilleur style.

Dix-huit œuvres lyriques appartiennent à cette seconde partie de la vie de Duni, durant laquelle il fut notre hôte. Après avoir composé les partitions du *Docteur Sangrado*, de la *Veuve indécise* (1758), de la *Fille mal gardée* (1759) et de *Nina et Lindor*, il donna aux Italiens, le 27 décembre 1760, l'*Ile des Fous*, parodie de l'*Arcifanfano* de Goldoni. On y a remarqué l'ariette chantée par l'avare : *Je suis un pauvre misérable rongé de peine et de souci*.

Rien ne témoigne mieux du mauvais goût qui régnait à cette époque dans la classe bourgeoise que le reproche adressé par un critique d'alors à la musique du *Rendez-vous*, comédie mêlée d'ariettes, jouée aux Italiens en 1763. Ce critique trouve le coloris de Duni « *peut-être un peu trop fort.* » Cela fait sourire.

Des couplets assez agréables firent la fortune des *Deux Chasseurs et la Laitière*, pièce représentée la même année que le *Rendez-vous*.

En 1765 parut l'*École de la jeunesse*. Auseaume en avait tiré le livre d'une tragédie anglaise de Thompson. Il n'en fallait pas plus pour dépayser le musicien, dont le talent devenu léger et gracieux n'était plus à son aise dans le genre sentimental.

Je citerai encore de cet auteur la *Clochette*, opéra-comique en un acte (14 juillet 1766), les *Moissonneurs*, en trois actes (27 janvier 1768), pièce dont le sujet est l'histoire biblique de Booz et de Ruth, et enfin les *Sabots* (26 octobre 1768), jolie bagatelle qui a eu l'honneur d'être reprise à l'Opéra-Comique en ces dernières années. Dans les *Moissonneurs*, l'inspiration du compositeur n'est pas restée trop au-dessous de la belle pastorale antique, et c'est le plus grand éloge que je puisse faire du talent de Duni, musicien distingué, mais compositeur de second ordre. C'était un homme aimable. Comme il avait beaucoup voyagé, il était volontiers conteur. Sa bonhomie naturelle le faisait appeler communément parmi les musiciens *le papa Duni*.

PERGOLÈSE

NÉ EN 1710 MORT EN 1736

Pergolèse (Giovanni Battista) naquit à Jesi, dans les États romains, le 8 janvier 1710. Pendant longtemps on resta indécis au sujet du lieu et de la date de naissance de ce grand compositeur. Les uns, prenant en cela le Pirée pour un nom d'homme, voulaient que Pergoli ou Pergola, dans la Marche d'Ancône, fût le lieu de sa naissance, et lui donnaient Jesi comme nom de famille; d'autres prétendaient qu'il était né à Casoria, petit village du royaume de Naples. Toutes les incertitudes ont totalement cessé, grâce aux nombreuses et intelligentes recherches de M. de Villarosa, qui a publié l'acte de baptême authentique de Pergolèse dans l'ouvrage intitulé : *Lettera biografica intorno alla patria ed alla vita di Giov. Battista Pergolèse, celebre compositore di musica.* » (Naples, 1831.)

Pergolèse, à peine âgé de treize ans, entra au Conservatoire *dei Poveri di Gesù Cristo*, à Naples, où il eut pour professeur de violon Domenico Matteis. Il montra tout d'abord une facilité et une intelligence musicales qui lui faisaient trouver dans son propre fonds les moyens de sortir des plus grandes difficultés. Son maître lui demanda tout d'abord où il avait appris ce qu'il jouait; le jeune virtuose répondit naïvement qu'il ne savait si c'était bon ou mauvais, qu'il avait simplement suivi son instinct. Matteis l'engagea à fixer sur le papier ce qu'il exécutait. Le lendemain même, Pergolèse présentait à son maître une sonate dans laquelle ses idées étaient exprimées avec clarté et par le moyen de combinaisons heureuses; Matteis, de plus en plus enthousiasmé, porta cette composition au premier maître du Conservatoire, Gaëtano Greco, qui prit Pergolèse en amitié et voulut diriger lui-même ses études de composition. Francesco Durante, qui remplaça Greco, mort peu de temps après, adopta également son élève et le recommanda de même, lorsqu'il eut été appelé à Vienne, à son successeur, le grand musicien Feo, élève de Scarlatti.

Pendant l'été de 1731, Pergolèse, encore élève du Conservatoire, donna son premier grand ouvrage, un drame sacré intitulé *San Guglielmo d'Aquitania*, qui fut exécuté avec quelques intermèdes bouffes dans le cloître de Sant' Agnese Maggiore. Cet essai fut couronné du plus brillant succès.

Le jeune compositeur obtint d'emblée le patronage de l'élite de la société napolitaine, ayant à sa tête les princes de Stigliano Colona, d'Avellino Caracciolo et le duc de Maddaloni Caraffa. Toutes les difficultés qui peuvent empêcher le talent de se produire se trouvaient aplanies.

On voit une fois de plus combien l'organisation de l'ancienne société était favorable au développement des facultés artistiques chez les jeunes gens qui en étaient doués. A peine un premier ouvrage avait-il été entendu dans une petite ville de l'Italie, ou même dans un de ces petits palais où s'écoulaient des existences plus protectrices qu'oppressives, plus utiles souvent par leur indépendance et leur bienveillance que par leurs richesses, que l'artiste trouvait immédiatement un appui sympathique dans chacun des auditeurs intelligents conviés à l'audition de son œuvre. On lui fournissait les moyens de se produire et d'étudier son art dans les conditions les plus favorables. L'antagonisme et l'individualisme ont remplacé la corporation et le patronage au nom de la démocratie. La maxime révolutionnaire : *Tout pour le peuple et par le peuple*, ne saurait jamais s'appliquer aux beaux-arts, qui, émanant d'un petit nombre, ne s'adressent qu'à un petit nombre. Ce qu'on appelle le public, quelque nombreux qu'on le suppose, n'est jamais qu'une réunion d'hommes très-limitée et dont les aptitudes et la compétence demandent encore à être passées au crible.

L'hiver suivant, Pergolèse donna deux opéras au théâtre de San Bartolomeo, *la Salustia*, qui obtint un certain succès avec Grimaldi et la Facchinelli, applaudie surtout dans le fameux air : *Per questo amore*, et *Ricimero*, qui ne réussit pas, non plus que *Amor fa l'uomo cieco*, intermède bouffe, qui échoua également au théâtre des Fiorentini ; ce double échec détourna Pergolèse de la musique théâtrale pendant plusieurs années. Il composa alors pour son protecteur, le prince de Stigliano Colonna, premier écuyer du roi, trente trios pour deux violons et une basse, dont vingt-quatre ont été publiés à Londres et à Amsterdam.

Sur ces entrefaites, un tremblement de terre jeta la terreur dans Naples : les magistrats de la ville voulaient conjurer le danger par une cérémonie religieuse organisée dans l'église de Santa Maria della Stella, en l'honneur de saint Emiddio, protecteur de la ville, et chargèrent Pergolèse de composer la musique. Il écrivit alors sa magnifique messe à dix voix, à deux chœurs avec deux orchestres, des psaumes et un *Magnificat* pour les vêpres, qui excitèrent l'admiration universelle.

Pergolèse composa bientôt après une seconde messe à deux chœurs, à l'audition de laquelle il invita Feo, son maître, et que celui-ci combla d'éloges. C'est celle qu'il fit exécuter plus tard pendant les quarante heures du carnaval dans l'église des RR. PP. de l'Oratoire, en y ajoutant deux autres chœurs.

Il revint alors au genre dramatique et donna à San Bartolomeo, à la fin de 1731, son fameux intermède *Serva Padrona*, qui fut le plus brillant de ses succès. Cet opéra fut un des premiers ouvrages italiens représentés à Paris et qui fixèrent l'attention publique sur les productions musicales de cette nation. Il fut d'abord entendu à Paris, sans qu'on en remarquât les beautés, le mardi 4 octobre 1746.

Le *Mercure de France* (octobre 1746, p. 160-162) rapporte que la *Serva Padrona* avait déjà été représentée sur le théâtre de l'Académie royale de musique en 1729 par des acteurs bouffons que le prince de Carignan avait fait venir exprès d'Italie. Il est invraisemblable que le chef-d'œuvre de Pergolèse, celui qui a établi sa réputation, ait été accidentellement joué en France avant de l'être dans son pays. On entendait peu l'italien à cette époque, et le rédacteur du *Mercure* aura confondu la *Serva Padrona* de Pergolèse avec *Serpilla e Bajocco ossia il Giocatore*, opéra italien en trois actes, représenté effectivement à l'Académie de musique le 7 juin 1729.

Une troupe italienne appelée à Paris inaugura ses représentations sur la scène de l'Opéra le 2 août 1752, par la *Serva Padrona*. Ce fut le signal d'une réaction contre la musique française, dont Lulli et Rameau étaient encore les représentants. Le *coin du roi* soutenait l'honneur national ; le *coin de la reine*, c'est-à-dire le parti qui se groupait au théâtre sous la loge de la reine, tenait pour les Italiens. L'œuvre de Pergolèse eut un succès immense, interprétée par Anna Tonelli, qui chantait le rôle de la Servante. Baurans en fit une traduction en vers qui fut représentée au théâtre Italien sous le titre de *la Servante Maîtresse* en 1754 et chantée par Rochard et Mme Favart. Elle eut cent quatre-vingt-dix représentations consécutives. C'est cette traduction qui a été donnée il y a plusieurs années à l'Opéra-Comique pour les débuts remarquables de Mme Galli-Marié.

Quoiqu'il n'y ait dans la pièce que deux acteurs chantants et un personnage muet, c'est-à-dire un vieillard dominé par sa servante et un valet travesti en matamore, l'intérêt ne faiblit pas un instant, grâce à la vérité de l'expression musicale, à l'élégance et à la vivacité du dialogue. Un simple quatuor d'instruments accompagne ce duo, qui dure plus d'une heure.

Parurent ensuite et dans la même année, 1731, *il Maestro di musica* et *il Geloso schernito*, qui ne furent goûtés comme ils le méritaient qu'après la mort de Pergolèse ; puis, en 1732, *lo Frate innamorato*, opéra-bouffe en dialecte napolitain, composé pour le théâtre des Fiorentini, et *il Prigioniero superbo*, pour le théâtre de San Bartolomeo ; en 1734, *Adriano in Siria*, opéra sérieux, sur des paroles de Métastase ; *Liviettae Tracolo*, intermède, et probablement *la Contadina astuta*, autre intermède, dont rien ne nous fixe la date.

En cette même année, Pergolèse fut nommé maître de chapelle de l'église de Notre-Dame de Lorette. L'année suivante (1735), il composa son opéra-buffa d'*il Flaminio*, qui n'obtint de succès qu'à sa reprise au *Teatro nuovo*, en 1749 ; il alla à Rome écrire, pour son malheur, l'*Olimpiade*, en même temps que Duni, son ancien camarade du Conservatoire *dei Poveri di Gesù Cristo*, y était invité pour composer un *Nerone*.

Duni, admirateur sincère de Pergolèse, n'osa (c'est lui-même qui l'a confessé) écrire une seule note de son opéra avant d'avoir entendu une répétition de l'*Olimpiade*. Il comprit de suite que les beautés de Pergolèse ne seraient point appréciées par tout le monde ; il en prévint amicalement son ami, en lui disant : « Il y a trop de détails au-dessus de la portée du vulgaire dans votre opéra ; ces beautés passeront inaperçues, et vous ne réussirez pas. Mon opéra ne vaudra pas le vôtre ; mais, plus simple, il sera plus heureux. » Et, dit M. Fétis, l'événement justifia sa prévision, car l'*Olimpiade*, jouée au printemps de 1735, fut mal accueillie par les Romains.

Les envieux sifflèrent Pergolèse, et d'aucuns prétendent même qu'on lui jeta une orange sur la tête pendant qu'il était au clavecin. Quant à Duni, il fut autrement couronné ; mais, pour la postérité, son plus bel éloge est dans l'hommage rendu par lui à son infortuné compétiteur.

Pergolèse fut vivement affecté de cet échec ; il retourna à la musique religieuse, qui ne l'avait jamais trahi, et composa à Lorette son magnifique *Salve Regina* à une voix avec deux violons, viola di gamba, et orgue. La même année, il composait sa célèbre cantate d'*Orphée*. Il travaillait déjà depuis quelque temps, même avant son voyage à Rome, à son *Stabat mater* que la confrérie de San Luigi del Palazzo lui avait demandé pour remplacer celui d'Alexandre Scarlatti, qui se chantait depuis plusieurs années tous les vendredis de Carême, et dont il avait reçu le prix d'avance, dix ducats, environ quarante francs.

Malheureusement, Pergolèse se mourait : on a prétendu que l'amour excessif des plaisirs l'avait tué. Devenu poitrinaire, il alla résider à Pouzzoles, sur le bord de la mer. Ce fut là qu'il composa son chant du cygne. Miné par la fièvre et la phthisie, il travaillait avec une ardeur incroyable, que tâchait de tempérer son maître et ami Feo, qui était venu le visiter ; mais Pergolèse ne voulait rien entendre. « Oh ! cher maître, répondit-il, je n'ai pas de temps à perdre pour achever cet ouvrage, qui m'a été payé dix ducats et qui ne vaut pas dix baïoques. » A une dernière visite de Feo, le *Stabat* était terminé et envoyé, mais l'artiste était au bout de ses forces. Il mourut le 16 mars 1736, à l'âge de vingt-six ans. Quelques jours après, on l'enterra sans pompe dans l'église de Pouzzoles.

A peine eut-il fermé les yeux, que ses contemporains s'aperçurent qu'ils avaient perdu un grand artiste dont ils avaient à faire la réputation. Elle commença par la légende qui crut rendre ses derniers moments plus intéressants en faisant courir des bruits d'empoisonnement qui ne tardèrent pas à être reconnus faux. On représenta ses opéras sur tous les théâtres ; Rome redemanda son *Olimpiade* et l'applaudit avec frénésie ; le pauvre défunt était devenu l'homme du jour. Les églises ne retentirent pendant plusieurs années que de ses compositions, et en 1749, comme je l'ai dit plus haut, treize ans après la mort du maestro, une troupe médiocre de chanteurs italiens étant venue en France y apporter, avec son nom jusque-là inconnu, *la Serva Padrona* et *il Maestro di musica*, son talent y excita la plus profonde admiration. Des traductions françaises furent faites de ses ouvrages, et, jusque sur les théâtres de la foire, elles obtinrent un immense succès. Il en fut naturellement de même du *Stabat*, exécuté dans les concerts spirituels et dont on fit plusieurs éditions. Enfin, plus récemment, le marquis de Villarosa, qui a fait tant de recherches pour dissiper les incertitudes et les erreurs qui planaient sur sa vie, se concerta avec le chevalier Domenico Corigliano pour élever un monument à sa mémoire dans la cathédrale de Pouzzoles.

On y fit graver cette inscription :

> IOANNI BAPTISTÆ PERGOLESIO
> DOMO IESI,
> QUI AB ÆTATE PRIMA,
> NEAPOLIM MUSICÆ ADDISCENDÆ STUDIO CONCEDENS
> IN COLLEGIUM SUB TITULO PAUPERUM IESU CHRISTI ADSCITUS
> MUSICIS FACIENDIS MODIS
> SUOS INTER ÆQUALES LONGE PRÆSTITIT
> PUTEOLIS DECESSIT XVII. KAL. APRILIS
> ANNO CIƆIƆCCXXXVI
> QUO VALETUDINIS CAUSA SECESSERAT,
> VIXIT AN. XXVI. MENS. II. DIES XIII
> DOMINICUS CORIGLIANUS
> EX MARCHIONIBUS RIGNANI EQUES HIEROSOLYMITANUS
> MON. P.
> CAROLO ROSINIO EPISCOPO PUTEOLANO ANNUENTE.

A Jean-Baptiste Pergolèse, d'Iesi, qui, s'abandonnant dès sa première enfance au désir d'étudier la musique à Naples, entra au collége des Pauvres de Jésus-Christ pour y apprendre la composition musicale, surpassa de beaucoup tous ses condisciples, mourut le 16 mars (17ᵉ jour avant les calendes d'avril) 1736 à Pouzzoles, où il s'était retiré pour rétablir sa santé. Il vécut 26 ans 2 mois 13 jours. Dominique Corigliano, de la famille du marquis Rignani, chevalier de Jérusalem, éleva ce monument, avec la permission de Charles Rosini, évêque de Pouzzoles.

Le *Stabat mater* de Pergolèse compte parmi les chefs-d'œuvre de la musique sacrée. Il y règne une sensibilité profonde, une expression soutenue pleine de tendresse, de compassion et d'amour. Mais ce n'est pas ainsi que l'Église entend que la liturgie soit présentée au peuple dans les temples. Elle veut qu'elle soit à la fois une prière et un enseignement grave, onctueux, calme, exempt de violence et de passion. Elle rejette tout ce qui exprime les élans tumultueux de l'âme, la surexcitation désordonnée des sens, comme aussi les accents trop pénétrants d'une sensibilité humaine. A ce point de vue, aucun *Stabat*, ni celui de Palestrina, ni celui d'Haydn, ni celui de Pergolèse, ni celui de Rossini, ne peut être comparé au vieux chant liturgique consacré par plusieurs siècles.

On ne peut pas même envisager l'œuvre de Pergolèse comme un morceau de musique sacrée ; car sa forme s'éloigne totalement des traditions léguées par Palestrina et Allegri ; elle ne présente même aucun trait du caractère que les maîtres postérieurs à Pergolèse ont su donner à ce genre de composition ; j'entends par ces maîtres Mozart, Haydn, Lesueur et Cherubini. En un mot, le *Stabat* de Pergolèse est une œuvre dramatique, expressive, passionnée, à laquelle il ne manque que des paroles appropriées pour devenir un *opera seria* ravissant.

MONDONVILLE

NÉ EN 1711 OU 1715, MORT EN 1773.

Musicien doué de plus d'activité que d'inspiration, Mondonville est depuis longtemps oublié, lui et ses œuvres ; mais je ne saurais passer sous silence un nom qui se rencontre dans tous les mémoires du dix-huitième siècle aussi fréquemment que ceux de Rebel et de Francœur, un compositeur qui fut l'ancêtre d'une nombreuse famille d'artistes.

Jean-Joseph Cassanea de Mondonville naquit à Narbonne le 24 décembre 1715, ou, suivant d'autres, 1711. Ses parents étaient nobles, mais pauvres, et le nom sous lequel il est connu lui vient d'une terre qui avait autrefois appartenu à sa famille. Il étudia d'abord le violon et acquit sur cet instrument un degré d'habileté qui lui permit d'occuper dans un orchestre à Lille l'emploi de premier violon. Ce fut là qu'il composa ses trois grands motets, le *Magnus Dominus*, le *Jubilate* et le *Dominus regnavit*, ouvrages qui furent fort goûtés quand on les exécuta au concert spirituel de Paris en 1737. A ces succès se joignirent ceux qu'il obtint comme virtuose dans le même concert. S'étant fait à ce double point de vue une certaine réputation, Mondonville fut admis dans la musique de la chambre du roi et plus tard nommé surintendant de la chapelle de Louis XV, en remplacement de Gervais, décédé (1744). Il fut le quatrième successeur de Lalande.

Des sonates et des trios pour violon, des pièces de clavecin avec accompagnement de violon, et des concertos d'orgue exécutés avec talent par le célèbre organiste Balbâtre au concert spirituel avaient encore accru l'éphémère célébrité du compositeur narbonnais, quand, en 1742, il aborda l'Opéra avec une pastorale historique intitulée *Isbé*. Ce début ne fut point heureux; mais le *Carnaval du Parnasse*, donné en 1749, atteignit trente-cinq représentations et eut l'honneur d'être repris deux fois, en 1759 et en 1767. Du reste, si Mondonville était dépourvu de génie, il réparait cet in-

convénient par tant d'obséquiosité et de souplesse vis-à-vis des grands, que les protecteurs ne lui manquèrent jamais. Soutenu par la faveur de personnages puissants, ils fit quelque temps illusion au vrai public. Sur ces entrefaites survint la *guerre des bouffons*, occasionnée par l'arrivée de la troupe des chanteurs italiens, qui entra en rivalité avec l'Académie royale de musique. De ce moment, comme je l'ai dit, datent les dénominations de *coin du roi* et *coin de la reine*, qui, en changeant de sens, désignèrent plus tard les deux factions des Gluckistes et des Piccinnistes. La cour et la marquise de Pompadour en particulier se rangèrent du côté de la musique française (coin du roi). Voulant opposer quelque chose au chef-d'œuvre de Pergolèse *la Serva Padrona*, les partisans de l'art national imaginèrent de faire un succès à Mondonville et par ricochet à l'abbé de la Marre. Ce dernier, pauvre poëte qui toute sa vie n'avait eu ni vêtements, ni pain, ni souliers, avait laissé parmi ses papiers le manuscrit inachevé d'un livret intitulé *Titon et l'Aurore*. Voisenon, autre abbé, compléta cette platitude. Mondonville la mit en musique, et l'ouvrage fut joué à l'Opéra le 9 janvier 1753. Le jour de la première représentation, les amis de l'école française eurent soin d'assurer préalablement leur victoire en faisant occuper le parterre par les gendarmes de la maison du roi, les mousquetaires et les chevau-légers. Il en résulta que le *coin de la reine*, c'est-à-dire les partisans des chanteurs italiens, ne put trouver place que dans les couloirs et livra à ses adversaires un triomphe facile. Après cela, il était bien inutile de dépêcher, ainsi qu'on le fit, au roi, alors à Choisy, courrier sur courrier, pour le tenir au courant des péripéties de la représentation. L'issue était connue d'avance. Mondonville et la musique française l'emportèrent sur Traetta, Pergolèse et Duni, et leur succès amena dès le lendemain le renvoi des bouffes italiens.

L'année suivante, le compositeur obtint un succès de meilleur aloi avec *Daphnis et Alcimadure*, pastorale en patois languedocien, interprétée par Jélyotte, Latour et Mlle Fel ; ce fut son meilleur ouvrage. Cependant il se trouva des mauvaises langues pour soutenir que tout le travail de Mondonville s'était borné à arranger en opéra des airs populaires du Midi Traduit en français et représenté sous cette forme en 1768, l'ouvrage fut moins heureux. On connaît encore du même artiste les *Fêtes de Paphos*, *Vénus et Adonis*, *Bacchus et Erigone*, *Psyché*, *Thésée* et les *Projets de l'Amour*, ballet héroïque. De 1755 à 1762, Mondonville dirigea le concert spirituel et y fit exécuter ses motets, ainsi que des oratorios dans le genre italien, tels que les *Israélites au mont Horeb*, les *Fureurs de Saül* et les *Titans*. Quand il laissa l'entreprise aux mains de Dauvergne, celui-ci dut racheter au prix de 27,000 livres le droit de faire entendre de nouveau au concert spirituel les motets de son prédécesseur.

On le voit, le musicien protégé de madame de Pompadour entendait assez bien les affaires et savait tirer un parti avantageux d'œuvres fort médiocres. Mondonville avait la vanité de vouloir passer pour homme de lettres, et les poëmes de ses opéras étaient pour la plupart signés de son nom, quoiqu'ils fussent écrits par l'abbé de Voisenon. A ce travers, il en joignait un autre, moins commun chez les musiciens que la fatuité : c'était une avarice extrême. Possesseur d'une fortune relativement considérable, il avait une telle horreur de la moindre dépense que, devenu malade, il s'abstint, dit-on, de recourir aux médecins. Il mourut dans sa maison de campagne de Belleville, le 8 octobre 1773.

Plusieurs de ses descendants acquirent une certaine réputation dans le monde théâtral, comme chanteurs ou comme directeurs de troupes dramatiques. L'un d'eux, mort il y a une trentaine d'années, avait épousé mademoiselle Lemoule, charmante cantatrice, douée d'une voix aussi étendue que sympathique, et, ce qui est plus rare, musicienne de talent et de goût. Ce fut elle qui chanta pour la première fois le rôle d'Agathe dans *Robin des bois*, le chef-d'œuvre de Weber, un peu défiguré par Castil-Blaze, mais que ce spirituel critique eut le mérite de faire exécuter pour la première fois à l'Odéon devant un public français.

Il existe de nombreux exemplaires d'un excellent portrait de *Jean-Joseph Cassanea de Mondonville, maître de musique de la chapelle du Roy*, dessiné par C.-N. Cochin en 1768 et gravé par Auguste de Saint-Aubin en 1769. C'est ce portrait que j'ai fait reproduire par le procédé de l'héliographie.

GLUCK

NÉ EN 1714, MORT EN 1787.

« Gluck, dit Castil-Blaze, créa chez nous la musique dramatique. » C'est là une de ces affirmations légères, faites d'un ton tranchant, familières au spirituel écrivain. Si Gluck a fait parler son orchestre avec plus de puissance que ses prédécesseurs, il ne faut pas dénier à ceux-ci tout mérite dramatique. En dehors de la déclamation lyrique dans laquelle ils ont excellé et qui, malgré toutes les théories, sera toujours l'élément dramatique principal, Lulli et Rameau firent aussi contribuer l'orchestre et la symphonie à l'expression des scènes, et il serait aussi invraisemblable qu'injuste de soutenir qu'ils ont employé indifféremment les ressources que l'état de l'art mettait à leur usage au temps où ils ont vécu. C'est par rapport aux maîtres italiens que Gluck a pu être considéré comme un novateur ou un réformateur. C'est même la France qui a fait sa gloire, parce que son génie simple, philosophique, rationnel, allant droit au but, s'accordait à merveille avec les facultés de l'esprit français dans leur sens le plus noble et le plus élevé.

C'est en effet sa gloire d'avoir rapporté à la situation morale l'inspiration mélodique qui, avant lui, chez les compositeurs italiens et chez leurs émules français, s'émancipait trop volontiers du joug de la pensée pour se contenter de charmer l'oreille. Écoutons le grand artiste indiquant lui-même l'objet de ses efforts dans l'épître dédicatoire d'*Alceste* : « Je cherchai à réduire la musique à sa véritable fonction, celle de seconder la poésie pour fortifier l'expression des sentiments et l'intérêt des situations, sans interrompre l'action et la refroidir par des ornements superflus ; je crus que la musique devait ajouter à la poésie ce qu'ajoutent à un dessin correct et bien composé la vivacité des couleurs et l'accord heureux des lumières et des ombres qui servent à animer les figures sans en altérer les contours. » Je n'ai rien à ajouter à ces paroles ; elles précisent à merveille le sens de la révolution lyrique accomplie par Gluck et la portée des services dont l'opéra lui est redevable.

Christophe-Willibald Gluck naquit le 2 juillet 1714 à Weidenwang, dans le haut Palatinat. Il reçut les premiers éléments d'instruction à l'école d'Eisenberg, seigneurie appartenant au prince de Lobkowitz, dont son père était garde-chasse. Il avait douze ans quand on l'envoya au collège des Jésuites de Kommotau, où il étudia de 1726 à 1732. Ce fut là qu'il s'initia à la connaissance du chant, du violon, du clavecin et de l'orgue. Après avoir été employé à chanter au chœur de l'église de Saint-Ignace, l'élève crut pouvoir tirer parti de sa voix pour se créer des moyens d'existence. Il quitta le collège en 1732, à l'âge de dix-huit ans, et se rendit à Prague. A son arrivée dans cette ville, ses ressources se bornèrent à l'argent qu'il gagnait en chantant et en jouant du violon dans les églises ; mais la capitale de la Bohême s'enorgueillissait alors d'un dilettantisme éclairé qui ne le cédait pas même à celui de Vienne. On sait que le public de Prague fut toujours et mérita d'être le public privilégié de Mozart. Ce fut aussi à Prague que le génie naissant du futur auteur d'*Orphée* reçut les premiers encouragements. Le P. Czernohorsky, excellent musicien, eut l'occasion d'entendre le jeune virtuose à l'église du couvent polonais de Sainte-Agnès ; reconnaissant ses heureuses dispositions, il aida à son perfectionnement dans l'art du chant et lui apprit à jouer du violoncelle. En possession de ce double talent, Gluck se mit à donner de petits concerts dans les villes les plus considérables du pays. En 1736, l'artiste alla chercher à Vienne le complément de son éducation musicale. Le moment était bien choisi : nul doute que le jeune compositeur n'ait trouvé profit à séjourner dans une ville qui, par une coïncidence favorable, réunissait des maîtres tels que Caldara, Fux, les frères Conti et Joseph Porsile.

Client du prince de Lobkowitz, Gluck rencontra dans l'hôtel de ce seigneur le prince de Melzi, qui devina son mérite et le fit entrer dans sa musique particulière. Ce fut à cette circonstance que le musicien allemand dut de visiter pour la première fois l'Italie. Melzi, dont la résidence habituelle était Milan, emmena avec lui son protégé et le confia aux soins de Jean-Baptiste Sammartini, compositeur et organiste distingué. Après avoir étudié le contre-point et l'harmonie pendant quatre ans, Gluck aborda la scène par l'opéra d'*Artaserse*, représenté à Milan en 1741. A cet ouvrage succédèrent *Ipermnestre* et *Demetrio* à Venise (1742), *Demofoonte* à Milan, dans la même année, *Artamene* à Crémone (1743), *Siface* à Milan (1743), *Alessandro nelle Indie* à Turin (1744) et *la Fedra* à Milan (1744). Comme tous les compositeurs de ce cycle musical, Gluck choisit de préférence les livrets de Métastase et de Zeno. Ainsi, dans l'espace de quatre ans, l'artiste avait fait jouer huit opéras, qui tous avaient assez réussi. En 1745, il fut appelé à Londres par l'administration du théâtre Italien de Hay-Market; mais le succès ne l'y suivit point. Haendel déclara détestables la *Caduta de' Giganti*, représentée le 7 janvier 1746, et l'*Artamene*, déjà donné à Crémone en 1744. On s'explique le jugement sévère de l'auteur du *Messie* en songeant que, à cette époque de sa vie, Gluck n'était pas encore entré dans la voie des compositions qui ont éclipsé ses premières œuvres et l'ont mis au rang des musiciens immortels. D'ailleurs Haendel trouvait ses effets dans un ordre d'idées auquel Gluck était resté étranger tant par la faiblesse de ses études que par la direction de son esprit hardi, même dans ces pâles imitations du style italien. Ces ouvrages, écrits au delà des Alpes, portent l'empreinte maladroite de ce goût italien, contre lequel il devait bientôt réagir avec tant de force et de succès. Jusqu'à son séjour en Angleterre, il n'avait pas eu l'intuition de sa véritable vocation artistique; une circonstance, en apparence insignifiante, la lui révéla. Chargé d'arranger un pastiche sur les paroles d'un poëme que l'on croit être *Pyrame et Thisbé*, il avait soigneusement recueilli, pour les adapter au livret, les morceaux les plus admirés de ses précédentes partitions. Quel ne fut pas son étonnement quand, à la représentation, il s'aperçut que ces airs, écrits pour une situation et transportés à une autre, perdaient la plus grande partie de leur intérêt! Ce fut un trait de lumière. Il se convainquit dès lors qu'il en est de la bonne musique comme d'un vêtement fait sur mesure, qui n'habille bien qu'un seul corps, celui pour lequel il a été fait: cette découverte de l'étroite solidarité qui existe entre le musicien et le poëte le décida à abandonner le style italien pour s'attacher exclusivement à l'expression dramatique, bien plus émouvante, au fond, que la capricieuse mélodie, qui souvent ne dit rien au cœur et à l'esprit.

Durant un court voyage qu'il fit à Paris, Gluck entendit les opéras de Rameau et y puisa ses premières idées sur la déclamation du récitatif. Après avoir satisfait aux engagements contractés avec Hay-Market, il revint en Allemagne par Hambourg, et, de retour à Vienne, il s'appliqua à réaliser la théorie qu'il se faisait de l'art lyrique.

L'obligation rigoureuse à laquelle il s'astreignit de faire servir la musique à l'interprétation du sentiment ou de la pensée est peut-être la cause de son infériorité dans la symphonie. Ses essais en ce genre ne furent pas heureux ; mais, dans l'opéra de la *Semiramide riconosciuta*, écrit à Vienne en 1748, sur la pièce de Métastase, on reconnut déjà un récitatif plus accentué et plus caractérisé que dans ses compositions précédentes.

En 1749, il fut mandé à Copenhague pour y composer une sérénade en deux actes intitulée *Filide*, à l'occasion de l'anniversaire de la naissance du roi de Danemark, Christian VII. L'année suivante nous le retrouvons dans la Péninsule, toujours empressée à l'applaudir. Il donne à Rome *Telemacco* (1750), à Naples la *Clemenza di Tito* de Métastase (1751), à Schœnbrunn, l'*Eroe cinese*, à Rome, *il Trionfo di Camillo* et *Antigono* (1754) ; *la Danza*, scène à deux personnages, de Métastase, au château impérial du Luxembourg (1755) ; l'*Innocenza giustificata* et *il Re pastore* de Métastase, à Vienne (1756) ; il écrit de 1758 à 1762 des airs pour de petites pièces d'origine française : *l'île de Merlin*, *la Fausse Esclave*, *Cythère assiégée*, *l'Ivrogne corrigé*, *le Cadi dupé*, *On ne s'avise jamais de tout*, *l'Arbre enchanté*, et deux grands ouvrages : *Tetide* de Magliavacca, et, à Bologne, *il Trionfo di Clelia* de Métastase (1762). Chacun de ces ouvrages marquait un nouveau progrès dans la manière du compositeur. Il ne lui manquait plus qu'un librettiste capable de comprendre ses vues dramatiques et de les seconder. Calzabigi fut ce collaborateur qui permit enfin au génie de Gluck de se déployer dans toute sa puissance. Je reviendrai plus loin sur le mérite d'*Orfeo ed Euridice* (Vienne, 1762) et d'*Alceste* (1767). Tout ce que j'en veux dire ici, c'est qu'ils n'offrent rien de commun avec ces livrets italiens où la pompe des mots dissimule mal la pénurie des situations et l'absence du pathétique.

L'opéra d'*Alceste* avait été précédé en 1765 du *Parnasso confuso* et de *la Corona*, ouvrages spécialement écrits pour être représentés à la cour de Schœnbrunn par les membres de la famille impériale. Le talent sévère du maître se prêtait peu à ce genre de compositions ; on a tort aussi d'exiger de lui des opéras comiques tels que la *Rencontre imprévue* de Dancourt (1764). Ce n'est pas qu'on ne trouve dans cet ouvrage, repris plus tard avec succès sous le titre des *Pèlerins de la Mecque*, des morceaux fort agréables ; la chanson à boire, *Mahomet est un grand prophète*, vaut les meilleures de Philidor et de Monsigny ; mais c'était méconnaître une inspiration grandiose qui avait surtout ses coudées franches dans les sujets antiques. Le compositeur réussit mieux dans *Paride ed Elena* donné à Vienne en 1769. La même année Gluck fit pour la cour de Parme les intermèdes intitulés *le Feste d'Apollo*, *Bauci e Filemone* et *Aristeo*.

Cependant, en dépit des succès déjà obtenus, Gluck n'était pas satisfait.

Toujours obsédé du désir de rendre la musique expressive et parlante, il crut que la scène française serait plus propre qu'une autre à la réalisation de cet objet, et il s'en ouvrit au bailli du Rollet, attaché d'ambassade alors en service à Vienne. Du Rollet, qui avait l'expérience et le goût des choses du théâtre, entra immédiatement dans les idées dont on lui faisait part. Il eut bientôt taillé un livret d'opéra dans l'*Iphigénie en Aulide* de Racine, et Gluck se mit en devoir d'en écrire la partition. Quand l'œuvre fut achevée, on répéta l'ouvrage à Vienne et le bailli du Rollet écrivit à l'administration de l'Opéra de Paris pour lui proposer de monter l'*Iphigénie*. Les répugnances des musiciens à jouer la nouvelle œuvre ne furent vaincues que par l'intervention de la dauphine Marie-Antoinette, qui avait pressenti le génie de Gluck et qui protégeait en sa personne son ancien professeur de chant. Enfin, et à la suite des traverses par lesquelles l'esprit de routine cherche toujours à faire obstacle à l'esprit d'invention, la première représentation eut lieu à l'Académie royale de musique le 19 avril 1774. Le second soir, le public dont l'impression avait d'abord été quelque peu indécise, prit son parti d'acclamer un ouvrage qui, quoi qu'il en eût, faisait violence à ses paresseuses habitudes et s'imposait par des beautés de l'ordre le plus élevé. La magnifique ouverture d'*Iphigénie* fait partie du répertoire des concerts du Conservatoire. L'abbé Arnauld qui se fit un nom par son attachement à la cause de Gluck, entendant le chant d'Agamemnon : *Au faîte des grandeurs*, dit qu'avec cet air « on fonderait une religion ». L'air : *Par un père cruel à la mort condamnée*, la phrase d'Agamemnon : *Brillant auteur de la lumière*, et surtout le récit : *J'entends retentir dans mon sein le cri plaintif de la nature*, auquel l'orchestre mêle des notes déchirantes, sont des inspirations sublimes. Parmi les morceaux d'ensemble, je citerai encore le chœur : *Chantons, célébrons notre reine*, et le quatuor : *Puissante déité*. Le 2 août 1774 eut lieu à l'Académie royale de musique la première représentation d'*Orfeo ed Euridice*, traduit en français par Moline. Le rôle d'Orphée écrit primitivement pour la voix de contralto du célèbre chanteur italien Guadagni dut être transposé d'une quarte pour le ténor Legros. Ce ne fut pas la seule et la plus regrettable concession que cet artiste imposa au compositeur. Sur sa demande, Gluck eut la faiblesse d'ajouter à sa partie des ornements de mauvais goût. Quand le théâtre lyrique a remonté cet ouvrage, madame Pauline Viardot, chargée du rôle d'Orphée, nous l'a rendu tel à peu près qu'il existait dans la partition italienne. Cette cantatrice distinguée a rajeuni la gloire du maître en interprétant avec un talent extraordinaire deux des quatre opéras qui lui font le plus d'honneur, *Orphée* et *Alceste*. *Iphigénie en Aulide* et *Iphigénie en Tauride* sont les deux autres.

Malgré les fâcheuses modifications dont je viens de parler, l'œuvre fut accueillie avec un enthousiasme dont témoignèrent quarante-neuf représentations consécutives au milieu de l'été. Si le premier acte est beau, le second est sublime, et il y faut voir une des plus étonnantes productions de l'esprit humain. On n'admirera jamais assez la gradation parfaite observée dans les sensations du chœur des démons dont la colère frémissante finit par céder aux accents de la lyre d'Orphée. Quoi de plus émouvant que la phrase : *Laissez-vous toucher par mes pleurs!* Et dans l'acte des Champs-Élysées, quel calme, quelle sérénité respire le chœur des ombres heureuses! Quelle tristesse vraiment virgilienne dans l'air incomparable: *Che faro senza Euridice.: J'ai perdu mon Eurydice ! rien n'égale ma douleur.*

Cythère assiégée, ballet en trois actes représenté à l'Opéra en 1775, n'eut pas de succès, ce qui fit dire à l'abbé Arnauld qu'*Hercule était plus habile à manier la massue que les fuseaux*. On retrouva Hercule, c'est-à-dire le puissant compositeur, dans *Alceste*, tragédie-opéra en trois actes que le bailli du Rollet avait arrangée pour la scène française et qui fut donnée à l'Académie royale de musique le 23 avril 1776. Gluck était alors l'homme du jour; sa personne était un objet de curiosité et on sollicitait la faveur d'être admis aux répétitions générales pour le voir diriger lui-même l'exécution de son œuvre en bonnet de nuit et dans le costume le plus négligé. Le succès fut contesté à la représentation, et un des spectateurs alla même jusqu'à soutenir que la pièce était tombée. « Tombée du ciel, » riposta l'imperturbable Arnauld dans sa foi au génie qu'il admirait. En tout cas, si *Alceste* était tombée d'abord, elle se releva brillamment quelques jours après. Il y eut encore des mots piquants de proférés; mais ce sont les *lazzi* qui font toujours le cortège au triomphateur. Ainsi Mlle Levasseur chantant le vers sublime d'accent :

Il me déchire et m'arrache le cœur,

quelqu'un s'écria : « Ah! mademoiselle, vous m'arrachez les oreilles! — Ah! monsieur, répliqua un voisin, quelle fortune, si c'est pour vous en donner d'autres !» L'abbé Arnauld disait de Gluck : « Il a retrouvé la douleur antique. — J'aimerais beaucoup mieux le plaisir moderne, » lui répondit un opposant. Telle était la guerre de quolibets à laquelle se livraient les amis et les ennemis du musicien allemand. On a entendu *Alceste* à l'Opéra, en 1861 avec Mme Pauline Viardot, et en 1866 avec Mlle Battu. Parmi les morceaux justement applaudis autrefois, je signalerai le grand air : *Non, ce n'est point un sacrifice*; l'invocation puissante : *Divinités du Styx* ; l'andante si gracieux et si touchant : *Ah! divinités implacables!* Les théâtres n'ont plus de public apte à sentir ces beautés. Généralement on n'a presque rien compris à la reprise d'*Alceste*. Ces sortes d'ouvrage dépassent la portée des artistes contemporains et d'un auditoire moderne formé d'éléments réunis au hasard et par hasard.

Cependant les amateurs de la musique italienne, qui trouvaient que la mélodie manquait dans les ouvrages de Gluck, qu'il mettait la statue dans l'orchestre et le piédestal sur le théâtre, parce que ce compositeur subordonnait tout à la vérité de l'expression dramatique, lui suscitèrent un rival dans la personne de Piccinni. Ce rival était digne de lui. On appela donc à Paris l'auteur de la *Buona Figliola* et on le chargea d'écrire un opéra dont Roland était le héros. Gluck, qui avait en main le livret d'un autre *Roland*, destiné aussi à l'Académie royale de musique, se trouvait alors à Vienne. Il n'est pas plus tôt averti de ce qui se passe par son ami du Rollet, qu'il accourt furieux à Paris, et, dans une lettre rendue publique, donne le signal de la lutte (1777).

La salle de l'Opéra devint dès lors un champ de bataille : du côté de la loge du roi se rangèrent les champions du maître allemand, tandis que ses adversaires prirent rang du côté de la loge de la reine ; de là le nom de *Guerre des coins* donné à cette querelle. Les chefs du parti gluckiste étaient le mordant abbé Arnauld dont j'ai déjà rapporté plus d'un mot, le diplomate du Rollet, et Suard, le malin *Anonyme de Vaugirard;* Piccinni était soutenu par son collaborateur Marmontel, aidé de La Harpe, de Ginguené et de d'Alembert. On s'escrimait de part et d'autre sur un objet que l'on ne connaissait guère, ce qui ne devait pas peu contribuer à prolonger le débat.

Ce fut sur ces entrefaites (3 mars 1777) que les pensionnaires de l'Académie donnèrent *Armide*. Gluck fut à cette occasion sottement malmené par le pédant La Harpe. Sans laisser à d'autres le soin de le défendre, il adressa à son détracteur une lettre accablante dont j'extrais le passage suivant : « J'ai été confondu en voyant que vous aviez plus appris sur mon art en quelques heures de réflexion, que moi après l'avoir pratiqué pendant quarante ans. Vous me prouvez, monsieur, qu'il suffit d'être homme de lettres pour parler de tout. Me voilà bien convaincu que la musique des maîtres italiens est la musique des maîtres par excellence; que le chant, pour plaire, doit être régulier et périodique ; et que même dans ces moments de désordre où le personnage chantant, animé de différentes passions, passe successivement de l'une à l'autre, le compositeur doit conserver le même motif de chant. »

En réponse à cette lettre, La Harpe versifia quelques couplets adressés à l'*Anonyme de Vaugirard :*

    Je fais, monsieur, beaucoup de cas
    De cette science infinie
    Que malgré votre modestie
    Vous étalez avec fracas,
    Sur le genre de l'harmonie
    Qui convient à nos opéras ;
    Mais tout cela n'empêche pas
    Que votre *Armide* ne m'ennuie.

    Armé d'une plume hardie,
    Quand vous traitez du haut en bas

> Le vengeur de la mélodie,
> Vous avez l'air d'un fier-à-bras ;
> Et je trouve que vos débats
> Passent, ma foi, la raillerie ;
> Mais tout cela n'empêche pas
> Que votre *Armide* ne m'ennuie.
>
> Le fameux Gluck qui dans vos bras
> Humblement se jette et vous prie,
> Avec des tours si délicats,
> De faire valoir son génie,
> Mérite sans doute le pas
> Sur les Amphions d'Ausonie ;
> Mais tout cela n'empêche pas
> Que votre *Armide* ne m'ennuie.

Cette réponse en attira une autre intitulée : *Vers d'un homme qui aime la musique et tous les instruments, excepté la Harpe*.

> J'ai toujours fait assez de cas
> D'une savante symphonie,
> D'où résultait une harmonie
> Sans effort et sans embarras.
> De ces instruments hauts et bas,
> Quand chacun fait bien sa partie,
> L'ensemble ne me déplaît pas ;
> Mais, ma foi, *la Harpe* m'ennuie.
>
> Chacun a son goût ici-bas :
> J'aime Gluck et son beau génie,
> Et la céleste mélodie
> Qu'on entend à ses opéras.
> De vos Amphions d'*Ausonie*
> La période et son fatras
> Pour mon oreille ont peu d'appas ;
> Et surtout *la Harpe* m'ennuie.

Pour en finir avec les calembours cités dans cette querelle, disons que les plaisants logeaient Gluck rue du *Grand-Hurleur*, Piccinni, rue des *Petits-Chants*, et Marmontel rue des *Mauvaises-Paroles*. J'ai cité ailleurs l'épigramme décochée par l'abbé Arnauld, au librettiste de *Roland*. (Voyez plus loin Piccini.) Marmontel se vengea, mais avec plus de grossièreté que d'esprit, dans une sorte de satire intitulée *Polymnie*. Le caustique abbé y figure sous le nom de Trigaud ; au surplus l'œuvre est d'un style violent, comme le lecteur pourra en juger d'après les vers suivants :

> Il arriva le jongleur de Bohême :
> Sur les débris d'un superbe poëme,
> Il fit beugler Achille, Agamemnon ;
> Il fit hurler la reine Clytemnestre,
> Il fit ronfler l'infatigable orchestre ;
> Du coin du roi les antiques dormeurs
> Se sont émus à ses longues clameurs ;
> Et le parterre, éveillé d'un long somme,
> Dans un grand bruit crut voir l'art d'un grand homme.
> — Il va changer et vos lois et vos mœurs,
> Disait Trigaud. Le voilà, le Terpandre,
> L'Epiménide et l'Orphée allemand,
> Qu'à son triomphe on dresse un monument ;
> Dans l'univers sa gloire va s'épandre, etc.

Le fanatisme souvent ridicule des Gluckistes devait provoquer de dures représailles. L'un d'eux s'écriait : « Je ne salue point un homme qui n'aime pas la musique de Gluck. » Un autre, l'acteur Larrivée, disait : « Il n'y a qu'une vérité dans le monde, et c'est Gluck qui l'a trouvée. » De tels amis sont compromettants par les réactions que leur enthousiasme excessif fait naître d'ordinaire dans la partie froide et désintéressée du public. Mais *Armide* renfermait trop de beautés pour être compromise. On vit avec étonnement l'artiste déployer dans cette partition une grâce, une mollesse voluptueuse dont il ne semblait pas avoir le secret. Les deux airs : *On s'étonnerait moins si la saison nouvelle*, et : *Ah! si la liberté me doit être ravie*, font partie de tous les répertoires classiques. Le simple vers : *Notre général vous rappelle*, chanté par Larrivée, produisait un effet immense.

Pendant son passage à la direction de l'Opéra, Berton amena sinon une réconciliation, du moins une trêve entre les deux rivaux. L'armistice scellé *inter pocula* à la table du directeur ne fut point de longue durée, grâce à l'idée qu'eut ensuite Devismes de faire jouter Gluck et Piccinni sur le même terrain, en leur donnant à chacun à traiter le livret d'*Iphigénie en Tauride*. Ce fut pour l'auteur d'*Orphée* et d'*Alceste* l'occasion d'une victoire décisive. Son *Iphigénie*, représentée le 18 mai 1779, montra quelle écrasante supériorité son génie lui donnait sur le talent de son rival. Il est permis d'être ici de l'avis de l'abbé Arnauld, qui, dans cette partition, ne trouvait qu'un seul beau morceau, à savoir l'ouvrage entier. Cependant je signale plus particulièrement l'air de Thoas : *De noirs pressentiments mon âme intimidée*, le sommeil d'Oreste, l'air de Pylade : *Unis dès la plus tendre enfance;* ceux d'Iphigénie : *O malheureuse Iphigénie; Je t'implore et je tremble;* l'hymne *Chaste fille de Latone*.

C'était la première fois qu'on voyait la musique rendre avec cette profondeur les sentiments des personnages. Pendant qu'Oreste chante : *Le calme rentre dans mon cœur*, l'orchestre continue à peindre l'agitation de ses pensées. Lors de la répétition, les exécutants ne comprirent pas et s'arrêtèrent : « Allez toujours, reprit vivement l'artiste ; il ment : il a tué sa mère ! » Un autre mot de lui est peut-être encore plus significatif. Il vantait un jour le chœur de Rameau dans *Castor et Pollux* : *Que tout gémisse*. Un de ses admirateurs lui dit, par manière de flatterie : « Mais quelle différence de ce chœur avec celui de votre *Iphigénie en Aulide!* Celui-ci nous transporte dans un temple ; l'autre est de la musique d'église. — Et c'est fort bien fait, reprit Gluck : l'un n'est qu'une cérémonie religieuse, l'autre est un véritable enterrement ; le corps est présent. » Il avait coutume de dire : « Avant de mettre en musique un opéra, je ne fais qu'un vœu, celui d'oublier que je suis musicien. »

Le succès de l'*Iphigénie* allemande défiait toute comparaison. Piccinni garda la sienne en portefeuille pendant deux ans, et quand elle parut, en 1781, le souvenir de sa sœur aînée était encore trop vivant pour qu'elle pût être favorablement accueillie. Piccinni éprouva la cruelle application du proverbe païen : *Væ victis!* L'école italienne était décidément vaincue. Elle avait une rude revanche à prendre.

Le 24 septembre 1779, quatre mois après son triomphe, Gluck essuya une chute avec *Écho et Narcisse*, opéra en trois actes dont les paroles étaient du baron de Tschudy. Le poëme était triste et monotone : la partition parut manquer de mouvement. Il faut cependant louer l'originalité avec laquelle le rôle d'Écho est traité. Celui de l'Amour offre aussi des chants d'un beau caractère. On a remarqué l'air d'un effet entraînant : *O transport, ô désordre extrême!*

Blessé de l'échec qu'avait subi son dernier ouvrage, et d'ailleurs arrivé à un âge où le repos devient une nécessité, Gluck quitta la France et retourna à Vienne, malgré les instances que lui fit Marie-Antoinette pour le retenir à Paris. Sa carrière dramatique était maintenant terminée : il ne lui restait plus qu'à jouir paisiblement de la fortune considérable qu'il avait amassée tant au théâtre que dans le commerce des diamants. Chose étrange ou au moins inusitée ! cet artiste convaincu, ce chef d'école, ce musicien de génie achetait, revendait, échangeait des bagues, des montres, des tabatières et des breloques! Gluck avait songé à mettre en musique l'opéra des *Danaïdes*, mais sa santé l'en empêcha, et il dut laisser cette tâche à son élève Salieri. Aussi bien, il avait assez fait pour l'art lyrique, et l'on ne voit pas ce qu'une production de plus aurait ajouté à la gloire de l'auteur d'*Orphée*, d'*Alceste* et des deux *Iphigénies*. Malheureusement, un orgueil excessif se joignait chez Gluck aux riches facultés qu'il tenait de la nature. Ses épîtres dédicatoires, si remarquables par la netteté des théories dramatiques qui y sont formulées, trahissent un amour-propre exagéré.

On a donné toutefois une fausse interprétation à ce qu'il dit à la reine à propos d'*Armide*, alors en préparation : « Madame, cet opéra sera bientôt fini, et vraiment cela sera superbe. » Il ne parlait que du luxe de la mise en scène, de ces fameux *jardins d'Armide* qui eurent aussi leur grande part de succès. Il est vrai que tous les hommes supérieurs ont eu la conscience de leur mérite et que la plupart ne s'en sont pas cachés. Ce qui est plus blâmable que le défaut de modestie, c'est l'égoïsme malveillant qui poussa Gluck à chercher tous les moyens de nuire à ses rivaux. A Vienne, il travailla, dit-on, à étouffer la réputation naissante de Mozart ; à Paris, il intrigua contre Piccinni, comme si la brigue et l'artifice étaient nécessaires pour lui assurer la victoire. Je crois que ses mœurs étaient pures, mais il paraît avoir été avare et adonné à la boisson. Lui-même avouait qu'il aimait avant tout l'argent, ensuite le vin, et enfin la gloire. « Rien de plus logique, ajoutait-il pour expliquer cette gradation dans ses goûts : avec de l'argent, j'achète du vin, le vin m'inspire, et l'inspiration me rapporte de la gloire. »

Le raisonnement n'était pas mal déduit ; mais le compositeur oubliait de dire que, outre le vin, il aimait aussi beaucoup l'eau-de-vie. Sa femme, qui connaissait ce penchant et savait combien il était préjudiciable à sa santé, exerçait à cet égard une surveillance rigoureuse. Mais un jour, un ami vint dîner chez Gluck; après le repas, on servit le café et les liqueurs; le maître, qui depuis longtemps ne s'était pas trouvé à pareille fête, profita d'un moment où madame Gluck avait le dos tourné, saisit le carafon d'eau-de-vie et le vida d'un trait. Cette imprudence fut immédiatement suivie d'une attaque d'apoplexie, qui enleva l'illustre musicien le 25 novembre 1787.

Cette triste fin d'un homme de génie nous montre à quelles étranges faiblesses les plus vaillantes organisations sont sujettes, et combien l'humilité, dont le christianisme a fait une vertu, est philosophiquement un devoir dans toutes les conditions de la vie humaine.

JOMELLI

NE EN 1714, MORT EN 1774.

Jomelli est sans contredit le plus brillant compositeur sorti de la grande école napolitaine qui produisit pendant un demi-siècle plus de cinquante célébrités musicales. La discipline exacte qui régnait dans les conservatoires *dei Poveri di Gesù Cristo* et de *la Pietà dei Turchini*, la vie laborieuse à laquelle les élèves étaient soumis contribuèrent à ce résultat. En sortant de ces établissements, les jeunes artistes étaient déjà rompus à tous les exercices de l'art d'écrire et composaient avec beaucoup de facilité. On doit d'autant plus admirer la force et la patience de ces études que l'usage du clavecin n'était pas encore généralisé, et que la théorie de Rameau et son système de la *basse fondamentale* n'avaient pas encore simplifié les procédés de la composition. C'était par le contre-point seul qu'on enseignait toute l'harmonie, et non par le moyen des accords. Il n'est même pas sans intérêt de remarquer ici que cette méthode a eu Cherubini pour dernier représentant. Tout n'est pas parfait dans le système qui a prévalu. Il me serait facile, si le lieu le comportait, de constater le côté défectueux de l'application perpétuelle et exclusive du principe de la basse fondamentale par rapport au mouvement des parties. Le duo, dont les anciens ont tiré des effets si merveilleux et si variés, a disparu pour faire place à un ensemble plus riche de sons, mais où le rhythme et la variété du mouvement ont moins de part. Rameau lui-même ne composait pas d'après son système. Ses opéras appartiennent par leur facture à l'ancienne école. Les procédés de la composition ne se modifièrent qu'à la longue et par l'influence de l'enseignement.

Après ce que je viens de dire de l'école de Naples, il est cependant une chose à noter : c'est que Nicolo Jomelli (né à Aversa le 11 septembre 1714) ne parut pas d'abord retirer grand fruit de l'éducation musicale qu'il y reçut. Élève tour à tour des conservatoires de *San Onofrio* et de *la Pietà*, il avait eu pour maîtres des hommes tels que Durante, Mancini, Feo et Leo ; mais les conservatoires napolitains étaient surtout propres à former des compositeurs dramatiques, et Jomelli se proposait alors d'écrire pour l'Église ; aussi dut-il aller étudier à Rome le style large et pur qui convient à la musique religieuse.

Néanmoins, les premières productions de l'artiste d'Aversa furent des ballets dans lesquels rien n'annonçait encore son génie. Il n'en fut plus de même quand il se mit ensuite à écrire des cantates (*Perdono amata Nice, Giusti numi*, etc.). Un jour Leo, entendant un de ces morceaux chez une dame à qui Jomelli donnait des leçons, s'écria, transporté de plaisir : « Madame, il se passera peu de temps avant que ce jeune homme devienne l'étonnement et l'admiration de toute l'Europe. » Leo fut prophète, mais il semble avoir eu plus de foi dans le talent du jeune compositeur que celui-ci n'en avait lui-même à l'origine. Car, au dire de Piccinni, le premier opéra de Jomelli, *l'Errore amoroso*, fut représenté en 1737 sous le nom d'un musicien obscur, tant l'auteur redoutait une chute. Le public fit au contraire à cet ouvrage un accueil très-favorable, qui enhardit le *maestro* à donner l'année suivante (1738) aux *Florentins* son premier opéra séria intitulé *Odoardo*. Deux autres partitions se succédèrent quelques mois après.

De Naples Jomelli se vit en 1740 appelé à Rome où il jouit des faveurs du cardinal d'York. Il écrivit pour le public romain *il Ricimero* (1740) et l'*Astianasse* (1741). Puis il obtint une *scrittura* à Bologne, où il fit jouer l'*Ezio*. Étant dans cette ville, on rapporte qu'il alla rendre visite au célèbre P. Martini et qu'il se présenta à lui comme un élève désireux de suivre ses leçons. Le bon religieux, ne se doutant de rien, fut bien surpris quand il vit le soi-disant écolier traiter avec la plus grande facilité le sujet de fugue qu'il lui donna. « Qui êtes-vous donc? lui dit-il ; vous moquez-vous de moi? C'est moi qui veux apprendre de vous. — Mon nom est Jomelli, répondit le compositeur ; je suis le maître qui doit écrire l'opéra pour le théâtre de cette ville. — C'est un grand bonheur pour le théâtre, reprit Martini, d'avoir un musicien philosophe tel que vous, mais je vous plains de vous trouver au milieu d'une troupe d'ignorants corrupteurs de la musique. » S'il manquait de génie, le savant abbé possédait une profonde connaissance de l'art, et Jomelli se plaisait plus tard à reconnaître qu'il avait beaucoup profité de sa conversation.

Après avoir obtenu plus d'un succès dramatique à Rome et à Bologne, l'artiste revint à Naples, où il donna au *San Carlo* l'opéra d'*Eumene*, qui fut joué avec une vogue extraordinaire. Appelé ensuite à Venise, il mit le comble à sa réputation en faisant représenter sa *Merope*. Cet ouvrage valut à l'heureux compositeur la place de directeur du Conservatoire des Filles pauvres. De cette époque datent ses premiers essais de musique religieuse, entre autres son célèbre *Laudate* à deux chœurs et à huit voix. En 1745, ce sont les Viennois qui à leur tour veulent l'applaudir, et il écrit pour eux *Achille in Sciro* et *Didone*. On le retrouve à Rome trois ans après (1748); il y donna l'*Artaserse*. L'année suivante (1749), grâce aux bons offices du cardinal Albani, qui s'était fait son protecteur, Jomelli fut nommé coadjuteur de Bericini à la maîtrise de Saint-Pierre du Vatican. Il occupa cette position jusqu'au mois de mai 1754, et ne l'échangea que contre la place bien autrement avantageuse de maître de chapelle du duc de Wurtemberg.

Parmi les souverains allemands qui tenaient à honneur d'encourager l'art et les artistes, ce prince était sans contredit un des plus magnifiques. Tandis que le pauvre Mozart était chichement payé et assimilé à un domestique par son patron l'archevêque de Salzbourg, Jomelli émargeait à Stuttgard sur le pied de 4,000 florins, sans compter qu'il était défrayé du bois, de la lumière et de l'entretien d'un cheval. Il possédait une maison à Stuttgard, une autre à Ludwigsburg ; enfin, honoré de la faveur du duc, il n'avait pas de peine à obtenir de ses musiciens une obéissance passive, qu'il faisait tourner au profit de l'exécution de ses ouvrages. Italien, il protégeait naturellement ses compatriotes, et il se refusa longtemps à croire qu'un enfant d'origine allemande, tel que Wolfgang, pût être doué du génie musical. Il se rendit cependant, et le bon Léopold, dans sa correspondance, est loin de se plaindre de l'accueil fait à son fils par Jomelli.

Cependant, et quelles que fussent les préférences nationales de Jomelli, un séjour de vingt ans hors de sa patrie contribua puissamment à modifier sa manière napolitaine. Sous l'influence du goût germanique, son instrumentation devint plus forte ; les nombreux opéras qu'il fit jouer à Stuttgard, et parmi lesquels je me bornerai à citer *Penelope* (1754), *Alessandro nelle Indie* et l'*Olimpiade*, ces opéras, dis-je, accusent dans son style, sous le rapport de l'harmonie, une transformation dont on ne lui sut pas gré lors de son retour à Naples. Ce fut en vain qu'il donna successivement l'*Armida* (1771), *il Demofoonte* (1772) et l'*Ifigenia in Aulide* (1773). Ces ouvrages, dont le premier est un de ses meilleurs, déplurent aux Napolitains, qui reprochèrent au compositeur d'être un transfuge de la mélodie. L'artiste qui a mérité d'être appelé le *Gluck de l'Italie* s'appliquait, comme l'illustre Teuton, à soutenir le chant par l'orchestre. Les Napolitains ne lui pardonnèrent pas une innovation si contraire à leurs habitudes musicales.

Les travaux de Jomelli lui avaient procuré une honorable aisance. Revenu en Italie, il passa ses dernières années à Aversa, sa ville natale, qu'il quittait de temps à autre pour aller en villégiature à l'*Infrascata di Napoli* ou à *Pietra Bianca*. Mais les chutes qu'essuyèrent ses derniers opéras attristèrent la fin de sa vie. Il mourut à Naples, le 28 août 1774, à l'âge de soixante ans.

Les compositions de Jomelli se distinguent à la fois par la facilité, l'élévation des idées, l'expression dramatique. On sent qu'il a toujours quelque chose à dire. Toutes les phrases portent. L'inspiration ne fait jamais défaut. Son *Miserere*, la dernière production sortie de ses mains, est un chef-d'œuvre. On ne saurait le comparer avec les immortelles compositions de l'école romaine ; ce n'est plus le style de Palestrina, d'Animuccia, de Vittoria, d'Allegri. Le sentiment religieux a revêtu une forme plus sensible, plus humaine, moins hiératique. Dans cet ordre d'idées, Jomelli n'a qu'un rival : c'est Pergolèse.

PHILIDOR

NÉ EN 1726, MORT EN 1795.

Encore une dynastie musicale. Avant d'être rendu célèbre par l'auteur d'*Ernelinde*, de *Tom Jones*, du *Sorcier*, le nom de Danican Philidor avait été porté déjà par plusieurs générations de musiciens, attachés de père en fils au service de la chapelle royale depuis le temps de Louis XIII. La famille des Bach et des Couperin nous a déjà offert un exemple de cette hérédité dans l'art. Mais les Bach, notamment le plus célèbre d'entre eux, Jean-Sébastien, étaient des instrumentistes et des symphonistes, tandis que les Philidor sont des artistes ou des compositeurs lyriques, et celui dont je m'occupe en ce moment peut passer pour un des créateurs de l'opéra-comique en France.

François-André Danican-Philidor, le dixième de son nom dans l'ordre chronologique et le premier dans l'ordre du mérite, naquit à Dreux le 7 septembre 1726. Son extrait de baptême témoigne qu'il fut baptisé le 16 octobre 1727, c'est-à-dire plus d'un an après sa naissance. Il entra de bonne heure dans les pages de la musique du roi à Versailles, et ce fut ainsi qu'il reçut les premières leçons de son art. Suivant une notice de Laborde, il aurait eu pour maître Campra, l'auteur de *Tancrède*. Quand son éducation musicale fut achevée, Philidor fut congédié et vint se fixer à Paris, où le métier de professeur ne suffisant pas à le faire vivre, il dut, comme Rousseau, se faire copiste de musique. Ces occupations ne l'empêchaient pas d'écrire des motets, qu'il faisait exécuter chaque année à Versailles. Mais, avant de devenir un artiste en réputation, il conquit la célébrité par un autre talent qui n'a pas moins contribué à sa gloire que ses plus remarquables opéras. Je veux parler de cette habileté au jeu d'échecs qui seule aurait suffi à lui faire un nom. La science et le goût de ce jeu lui vinrent dans un âge encore tendre. Voici à quelle occasion il en eut la révélation. Depuis longtemps il suivait avec la plus vive attention les parties d'échecs auxquelles se livraient, pour se distraire, les musiciens de la chapelle du roi, en attendant l'heure de la messe. Un jour, un artiste arrivé le premier montra quelque regret de ne pouvoir se livrer avec un de ses compagnons à son jeu favori. Philidor, qui se trouvait là, lui demanda timidement la permission de remplacer le camarade absent. En désespoir de cause, le vieux joueur accepta la proposition, comptant qu'il n'aurait pas de peine à battre un enfant de dix ans. Mais, à mesure que la partie avançait, il fallait bien reconnaître que le jeune Philidor était moins novice que ne l'avait supposé son adversaire. Celui-ci passa bientôt d'une présomptueuse confiance à une irritation sourde provenant de son amour-propre blessé. L'enfant s'en aperçut, et à peine eut-il poussé la pièce victorieuse en criant *Mat*, qu'il prit ses jambes à son cou et s'enfuit, laissant le vieux musicien dévorer sa défaite sans pouvoir la venger.

Un pareil début promettait beaucoup, si l'on songe à l'âge qu'avait alors le jeune Danican. Il ne lui fallut que peu d'années pour devenir le plus fort joueur d'échecs de l'Europe entière. Les chroniques du dix-huitième siècle sont remplies de ses exploits en ce genre, accomplis le plus souvent au *Café de la Régence*, qui leur a dû sa vogue et qui est resté longtemps le rendez-vous des amateurs de ce noble jeu. Si je m'étends sur ces détails, c'est qu'ils tiennent une place importante dans l'histoire de l'artiste, et que d'ailleurs on ne saurait taxer absolument de frivolité un talent qui, porté à ce point, suppose une faculté de combinaison vraiment prodigieuse.

Lorsque Paris ne lui offrit plus d'adversaires dignes de lui, Philidor fit en 1745 une tournée à l'étranger, afin de se mesurer avec les plus habiles maîtres de l'Allemagne, de la Hollande et de l'Angleterre. Partout il triompha des réputations les mieux établies. Telles étaient sa mémoire et sa puissance calculatrice, qu'à Londres on le vit soutenir trois parties à la fois, en tournant le dos à l'échiquier, et les gagner de la sorte contre des joueurs *di primo cartello*. Un praticien aussi consommé méritait d'être écouté quand il formulait des théories. Son *Analyse du jeu d'échecs*, publiée à Londres en 1749, obtint un grand succès et fut réimprimée plusieurs fois.

Philidor, qui avait trouvé des moyens d'existence dans son génie pour les échecs, ne se mit sérieusement à la culture de son talent musical qu'après son retour en France, en 1754. Le motet *Lauda Jerusalem*, écrit pour la chapelle de Versailles, signala sa rentrée dans la voie de la com-

PHILIDOR

position musicale ; l'auteur espérait obtenir la place de surintendant de la musique royale ; mais il avait composé son morceau dans le goût italien, peu en faveur auprès de la reine : aussi se vit-il déçu dans son attente.

Le 9 mars 1759, il fit représenter *Blaise le Savetier*, au théâtre de la foire Saint-Germain. La partition est l'œuvre d'un contre-pointiste plus habile que ne l'étaient généralement les musiciens français de cette époque. Cependant ni cet opéra, ni celui de *l'Huître et les Plaideurs*, joué e 18 septembre de la même année, ne sont encore des productions d'une valeur très-sérieuse. La célébrité de Philidor, comme compositeur, date de la représentation du *Soldat magicien*, opéra-comique en un acte, qui fut joué au théâtre de la foire Saint-Laurent, le 14 août 1760. En faveur de la musique, le public daigna faire grâce à la pièce médiocre écrite par Anseaume. *Le Jardinier et son Seigneur*, dont les paroles étaient de Sedaine, suivit de près le *Soldat magicien*. Cet opéra-comique, représenté à la foire Saint-Germain, le 18 février 1761, est un des meilleurs de Philidor. Le duo : *Un maudit lièvre*, est un morceau excellent.

L'artiste obtint encore un succès incontesté avec le *Maréchal ferrant*, opéra-comique en deux actes, paroles de Quétant, représenté le 22 août 1761. Le public a voulu revoir plus de deux cents fois ce bel ouvrage, dont l'harmonie est traitée avec une habileté exceptionnelle et dont les parties mélodiques sont souvent intéressantes. Je signalerai, entre autres motifs remarquables, l'air du maréchal Marcel : *Chantant à pleine gorge*, dont l'accompagnement est d'un effet excellent ; un bon trio pour soprani et basse, les couplets pleins d'entrain de Claudine et de Marcel, le duo très-comique entre le cocher La Bride et Marcel : *Premièrement buvons* ; l'ariette pour voix de ténor, chantée par La Bride :

> Quand pour le grand voyage
> Margot plia bagage,

le trio bouffon qui termine le premier acte, l'air du cocher : *Brillant dans mon emploi*, et la scène du revenant, où Philidor a montré toute la souplesse de son génie.

Le 2 janvier 1764, le compositeur donna au Théâtre-Italien *le Sorcier*, comédie en deux actes et en prose, mêlée d'ariettes. La pièce, de Poinsinet, repose sur une intrigue fort naïve, mais le public de ce temps était peu exigeant en fait de combinaisons dramatiques. Tel fut son enthousiasme pour cette amusante bagatelle, qu'il demanda que les auteurs vinssent en personne sur la scène recevoir ses applaudissements. Avant eux, Voltaire seul, après la représentation de *Mérope*, avait été l'objet de cet excès d'honneur, qui est plutôt une indignité, car l'auteur doit montrer au public son talent et non sa personne. En 1869, M. Martinet, alors directeur du théâtre des Fantaisies-Parisiennes, nous a rendu *le Sorcier*, réduit en un acte. L'ouvrage n'a pas laissé que de plaire encore, après cent trois ans, parce qu'on y reconnaît toujours la partition d'un maître, quels que soient les changements survenus dans le goût public depuis un siècle.

L'année suivante, Philidor ajouta un nouveau chef-d'œuvre aux précédents, en faisant jouer aux Italiens *Tom Jones*, comédie en trois actes, en prose, mêlée d'ariettes (27 février 1765). Il ne fallut pas moins que le mérite de la musique pour sauver d'une chute complète le mauvais poëme que Poinsinet avait taillé dans le roman de Fielding.

Le *Jardinier de Sidon*, comédie en deux actes, mêlée d'ariettes (18 juillet 1768), nous transporte en pleine histoire ancienne. Le livret reproduit avec plusieurs modifications une anecdote de Quinte-Curce. Le jardinier dont il s'agit est cet Abdolonyme qu'Alexandre, après la prise de Tyr, rétablit sur le trône de Phénicie, autrefois occupé par ses ancêtres. Un pareil sujet prêtait peu à l'inspiration ordinaire du compositeur. Aussi ne l'a-t-il pas traité avec son bonheur accoutumé.

Pour en finir avec tous ces jardinages, qui étaient dans le goût du temps, je mentionne, mais sans m'y arrêter, *le Jardinier supposé ou l'Amant déguisé*, comédie en un acte, mêlée d'ariettes, représentée aux Italiens le 2 septembre 1769. Des trois *Jardiniers*, celui-ci est le moins intéressant.

La plupart des ouvrages dramatiques écrits par ce musicien ingénieux sont des opéras-comiques. *Le Diable à quatre*, paroles de Sedaine (1756); *le Quiproquo*, *le Volage* (1760); *Sancho Pança* (1762); *le Bûcheron ou les Trois Souhaits* (1763); *Zémire et Mélide* (1773); *le Puits d'amour* (1779), *l'Amitié au village* (1785). C'est dans ce genre que son talent a obtenu les plus grands succès. Cependant Philidor a montré par quelques productions d'un ordre plus élevé qu'il n'était point indigne de travailler pour l'Académie royale de musique. Son début sur notre grande scène lyrique fut *Ernelinde, princesse de Norwège*, opéra en trois actes (29 novembre 1767), dont le sujet est emprunté à un livret italien intitulé *Ricimero*, mis en musique par Pergolèse et par Jomelli. Si le poëme écrit par Poinsinet est surchargé d'incidents et dépourvu d'intérêt, la partition est une des meilleures du compositeur. Le chœur : *Jurons sur nos glaives sanglants*, mérite d'être remarqué, ainsi que l'air de basse chanté par Larrivée : *Né dans un camp*, lequel air monte jusqu'au *sol*, ce qui prouve en passant qu'à cette époque on écrivait très-haut pour les voix de basse. Mentionnons encore le duo d'introduction : *Quoi! vous m'abandonnez, mon père!* Les autres rôles ont été tenus par Legros, Gélin, Mme Larrivée. Le ballet a mis en relief le talent de Vestris, de Gardel et de Mlle Guimard.

Philidor donna aussi à l'opéra *Persée* (27 octobre 1780), tragédie lyrique de Quinault réduite en trois actes par Marmontel. On a admiré dans ce dernier ouvrage de beaux chœurs et l'air de Méduse, si bien chanté par Mlle Durancy : *J'ai perdu la beauté qui me rendait si vaine*. Toutefois l'ouvrage n'est pas resté au répertoire. On comptait éblouir les yeux à l'aide d'un décor figurant le palais de Vénus et incrusté de diamants, dont le roi avait fait don à l'Opéra. L'effet fut médiocre, faute d'une illumination suffisante.

Le *Carmen sœculare* d'Horace, mis en musique par Philidor, se compose d'une ouverture et de quatre parties. Il fut exécuté à grand orchestre à Londres en 1779 et à Moscou en 1788. Un des descendants du compositeur, M. E. Danican Philidor, qui a été longtemps secrétaire général de la préfecture des Vosges, a réuni pieusement tous les documents qui intéressent la mémoire de son grand-père. Dans une lettre adressée à Philidor le 13 juillet 1780 par le baron Grimm au nom et par l'ordre de Catherine II et qu'il a eu l'obligeance de me communiquer, on lit que la représentation du *Poëme séculaire* d'Horace à la cour eut un éclat particulier; que l'impératrice, à qui l'ouvrage est dédié d'ailleurs, écrivit en Italie pour demander une description des Fêtes séculaires, dans le but de rehausser le charme de la musique par la pompe du spectacle et la restitution fidèle des cérémonies religieuses qui avaient inspiré le compositeur.

La dernière production de Philidor fut *Thémistocle*, grand opéra en trois actes représenté à Fontainebleau devant la cour le 13 octobre 1785 et à l'Académie royale de musique le 23 mai 1786. Après avoir défrayé l'Opéra, l'Opéra-Comique et la Comédie-Italienne pendant l'espace de vingt-six ans et produit trente-deux œuvres lyriques, l'artiste sentit se réveiller en lui plus vive que jamais sa passion pour les échecs. Dès ce moment, il ne quitta plus le café de la Régence, théâtre ordinaire de ses hauts faits, jusqu'à ce que la Révolution l'obligeât à chercher une retraite plus tranquille. C'était en Angleterre que son habileté avait excité le plus d'enthousiasme; c'était là que son ouvrage technique sur la matière avait eu le plus d'éditions. Il n'avait jamais oublié ce pays, où il avait fait une nouvelle excursion en 1777. Depuis longtemps, le *Chess-club* lui servait une pension. Ce fut donc à ses bons amis britanniques qu'il alla demander un asile à la fin de 1792. Sur ces entrefaites, la guerre éclata entre les deux peuples et mit obstacle à son retour. Après la paix de Campo-Formio (1795), il crut pouvoir facilement rentrer en France; mais on avait fait de notre charmant compositeur d'opéras-comiques, du paisible joueur d'échecs, un émigré; on lui avait interdit le sol de la patrie. Septuagénaire, il lui fallut faire de nombreuses démarches pour obtenir d'être rayé de la liste des émigrés. Le sauf-conduit désiré arriva enfin, mais il était trop tard. Celui qui l'avait sollicité venait d'expirer à Londres, le 3 septembre 1795.

Bélisaire, œuvre posthume de Philidor, opéra en 3 actes, fut représenté à l'Opéra en vendémiaire an V, sous la direction et par les soins de Grétry.

Le buste de Danican Philidor a figuré à l'ancien café de la Régence jusqu'à la reconstruction de la place du Palais-Royal; on voyait encore des inscriptions en son honneur au café Procope, dans la rue de l'Ancienne-Comédie.

Son nom figurera toujours sur le livre d'or de l'Opéra-Comique.

TRAETTA

NÉ EN 1727, MORT EN 1779.

Dans les beaux-arts, la pratique précède la théorie, et ce sont les chefs-d'œuvre qui font règle. On peut dire, à ce point de vue, que Traetta a contribué, avec les Scarlatti, les Durante, les Leo, les Pergolèse, à fixer les lois de la composition musicale par les beaux modèles qu'il a donnés et qui nous montrent en lui le digne précurseur de Piccinni.

Ce maître naquit le 19 mai 1727, à Bitonto, dans le royaume de Naples. Il fut l'élève de Durante au Conservatoire de *Loreto*, où il entra à l'âge de onze ans. Il en sortit après dix ans d'études (1748), et, tout en se livrant dès lors à l'enseignement du chant, il écrivit diverses compositions religieuses à l'usage des églises et des couvents de Naples. Son début dramatique fut le *Farnace*, opéra sérieux joué en 1750 à *San Carlo* avec un tel succès que l'impresario de ce théâtre demanda au jeune artiste six opéras qui furent représentés successivement sans interruption. De Naples, le compositeur se rendit à Rome, où il fit pour le théâtre Aliberti *Ezio* (Aétius), tragédie de Métastase, qui est regardé comme un de ses plus beaux ouvrages. C'en fut assez pour que la réputation de Traetta se répandît dans toute la Péninsule. Les scènes de Florence, de Venise, de Milan, de Turin se disputaient ses productions. Il fut alors appelé à la cour du duc de Parme, qui le nomma son maître de chapelle et le chargea d'enseigner le chant aux princesses de sa famille. L'auteur du *Farnace* justifia le choix qu'on avait fait de lui en écrivant *Ippolito ed Aricia*, opéra représenté à Parme en 1759 et depuis en 1765, à l'occasion du mariage de l'infante de Parme avec le prince royal d'Espagne. La satisfaction de la cour de Madrid se manifesta en cette circonstance par une pension accordée au compositeur. L'année qui vit le succès d'*Ippolito ed Aricia* vit aussi le succès d'*Ifigenia*, représentée à Vienne en 1759. On a dit, pour Traetta comme pour Duni, que le désir de plaire aux Bourbons de Parme lui avait fait modifier son style, pendant son séjour dans cette ville, et l'avait conduit à se rapprocher de la forme française. Ce qui a pu donner lieu à ce bruit, c'est une anecdote relative à la partition de la *Sofonisbe*. Le musicien voulant, dans une des situations pathétiques de cet ouvrage, indiquer un accent déchirant, mit cette mention au-dessus de la note : *Un urlo francese* (un cri français). Du reste, il ne semble pas que cette opinion, dont Laborde s'est fait l'écho, ait un fondement sérieux. L'action dramatique, étant plus forte en France qu'en Italie, exigeait de plus grands efforts de voix. La déclamation tragique a toujours été un des éléments de supériorité de notre opéra français.

Traetta fit ensuite un second voyage à Vienne, pour y faire entendre son *Armida*, qui n'obtint pas une moindre faveur que sa sœur aînée l'*Ifigenia*. A la mort de l'infant don Philippe, le compositeur quitta la cour de Parme et se rendit à Venise, où on lui offrait la place de directeur du conservatoire; mais les propositions brillantes de Catherine II l'enlevèrent au bout de deux ans à ses fonctions. La Czarine l'avait nommé compositeur de sa cour en remplacement de Galuppi. Parti pour Saint-Pétersbourg au commencement de l'année 1768, il captiva les suffrages de la société russe en faisant jouer sa *Didone abbandonata*, qu'il avait composée à Parme en 1764. Parmi les ouvrages qu'il a écrits en Russie, on remarque l'*Isola disabitata* (1769), l'*Olimpiade* (1770) et l'*Antigono* (1772). Cependant, sous un climat si différent de celui de son pays natal, le maître napolitain se sentait dépérir, et, voyant sa santé gravement compromise, il se décida à demander un congé, qu'il n'obtint qu'avec peine de ses égoïstes protecteurs. Enfin il put s'éloigner de la contrée meurtrière qu'il avait habitée pendant sept ans. Auteur d'ouvrages applaudis dans l'Europe entière, il crut avancer sa fortune en allant à Londres. Mais Traetta ne fut pas heureux dans cette nouvelle station artistique. L'accueil glacial que le public britannique fit à son drame de *Germondo*, représenté au théâtre de Sa Majesté en 1776, le décida à retourner en Italie. D'ailleurs ses forces épuisées rendaient son départ indispensable. Toutefois ce fut en vain qu'il chercha sous un ciel plus doux le rétablissement de sa constitution. Quoiqu'il n'ait plus fait que languir depuis son retour en Italie, il écrivit encore plusieurs opéras, tels que *il Cavaliere errante*, représenté à Naples en 1777, et à Paris, sur la scène de l'Académie royale de musique le 4 août 1779, la *Disfatta di Dario* (1778) et *Artemisia*, qui fut son dernier ouvrage. Il mourut à Venise, le 6 avril 1779.

Traetta se distinguait par un sentiment dramatique plein de justesse et d'énergie. Comme la plupart des grands artistes, il avait conscience de sa valeur et trahissait avec une ingénuité souvent singulière l'opinion qu'il avait de son mérite. On rapporte qu'il lui arrivait quelquefois, en dirigeant au clavecin l'exécution d'un de ses opéras, de se tourner vers le public et de dire naïvement : « *Signori, badate a questo pezzo* : Messieurs, faites attention à ce morceau. » De nos jours, c'est le chef de claque qui fait cette observation, à l'aide des moyens dont il dispose. J'avoue préférer le procédé plus simple du vieux maître napolitain. Et vraiment, comment les auditeurs ainsi interpellés n'auraient-ils pas prêté l'oreille, quand le morceau signalé de la sorte à leur attention se trouvait être dans la partition de la *Didone* ou de la *Semiramide*?

Dans cette admirable réunion de musiciens excellents fixant les règles de la composition musicale et donnant des modèles d'une rare perfection, dans cette pléiade, qui offre tant d'analogie avec la pléiade littéraire, antérieure, comme toujours, d'un siècle au mouvement musical, apparaît, un peu vers la fin, Traetta, doué d'une plus grande facilité que ses maîtres et ses émules, et dont les œuvres gagneront à être mises en pleine lumière.

PICCINNI

NÉ EN 1728, MORT EN 1800.

Le nom de Piccinni rappelle la querelle mémorable dans laquelle étaient engagées les destinées mêmes de l'Opéra. Opposé à Gluck, il succomba dans cette lutte trop inégale. L'avantage devait rester au génie sur le talent, quelque grand qu'il fût. Toutefois ce n'est pas un médiocre honneur pour l'auteur de *Didon* que d'avoir été choisi comme le champion de la musique italienne. Il était digne de cet honneur par l'abondance de ses idées, la belle ordonnance de ses scènes dramatiques, et aussi par l'ardente conviction qui n'a jamais cessé de l'animer.

Nicolas Piccinni naquit en 1728, à Bari, dans le royaume de Naples. Il était fils d'un musicien qui, au lieu de lui enseigner son art, le destinait à l'état ecclésiastique. L'enfant étudiait pour entrer dans les ordres sacrés; mais la nature en avait fait un artiste. Entendait-il un air d'opéra, il le retenait immédiatement, et son plus vif plaisir, lorsqu'il n'était pas observé, était de le reproduire sur le clavecin. Un jour que son père l'avait mené chez l'évêque de Bari, il profita d'un moment où on l'avait laissé seul pour s'asseoir à un clavecin et se livrer à sa passion favorite. Le prélat se trouvait dans une pièce voisine; il n'eut pas plus tôt reconnu la justesse et la précision de son jeu que, surpris de rencontrer de telles dispositions chez un enfant de cet âge, à qui les maîtres avaient jusqu'alors fait défaut, il engagea le père de Piccinni à envoyer le jeune virtuose, non au séminaire, mais au conservatoire. Si la vocation pour le sacerdoce entraîne avec elle des épreuves et des sacrifices, la carrière musicale est aussi hérissée d'ob-

PICCINNI

stacles ; elle exige une grande persévérance, un labeur incessant; elle expose à bien des mécomptes, souvent même à de grands chagrins. Piccinni en fit la dure expérience.

Le sage avis de l'évêque fut cependant suivi. En 1742, à l'âge de quatorze ans, Piccinni entra à l'école de Sant' Onofrio, alors dirigée par Leo. Son travail ne confirma pas tout d'abord la bonne opinion que son heureuse organisation avait fait naître.

Le *maestrino* ou élève répétiteur chargé de lui inculquer les éléments de la musique s'y prit de telle sorte que l'écolier, dégoûté des leçons qu'il recevait, négligea l'étude et se mit à écrire des psaumes, des oratorios et des cantates sous la seule dictée de son inspiration précoce. Il passait déjà pour un petit prodige aux yeux de ses condisciples, quand une messe entière de sa composition vint à tomber sous les yeux de Leo, qui, après l'avoir examinée attentivement, la fit exécuter sous la direction de l'auteur. L'audition achevée, et tandis que tous les professeurs ne tarissaient pas d'éloges, l'excellent professeur mêla seul des paroles sévères à ses louanges ; il reprocha à Piccinni de compromettre par son peu d'application à l'étude le résultat qu'il pouvait se promettre de ses riches facultés naturelles. L'élève s'étant excusé sur le médiocre enseignement qu'il avait reçu jusque-là, Leo consentit à se charger lui-même de son éducation musicale. Quelques mois après, Leo mourait, et sa place au conservatoire de Sant' Onofrio était donnée à Durante. Celui-ci voua une affection toute particulière au jeune Piccinni. « Les autres sont mes disciples, disait-il, mais Nicolas est mon fils ; » touchante parole qui suffit à caractériser les rapports du maître et de l'élève dans cette institution unique au monde, dans ce conservatoire de Naples.

Piccinni avait vingt ans quand il débuta, en 1754, dans la carrière de compositeur dramatique. Il en avait passé douze au conservatoire. Après d'aussi longues études, brûlant de faire enfin l'essai de ses connaissances et de son talent, il écrivit un opéra intitulé *le Donne dispettose,* qu'il présenta au théâtre des *Florentins,* alors presque exclusivement occupé par Logroscino. Le prince de Vintimille, qui s'intéressait à l'avenir du jeune musicien, cautionna son succès en déposant chez l'impresario une somme de huit mille livres. Ainsi rassuré sur les risques d'une chute, le directeur monta l'ouvrage, et, en dépit d'une cabale qui s'était organisée contre le présomptueux rival de Logroscino, le début de Piccinni lui concilia le suffrage du public. L'année suivante parurent *le Gelosie* et *il Curioso del proprio suo danno,* dont la vogue valut à l'auteur d'être distingué par l'administration de San Carlo. Chargé d'écrire pour cette scène *Zenobia* (1756), opéra sérieux, il réussit dans ce genre, nouveau pour lui, comme il avait d'abord réussi dans le genre bouffe.

En 1758, le compositeur fut appelé à Rome et y donna l'*Alessandro nelle Indie.* L'éclatante fortune de cet opéra ne fut dépassée que par celle de *la*

Cecchina ou *la Buona Figliuola*, représenté deux ans après (1760). Le livret de la *Cecchina* appartient à Goldoni. C'est l'ouvrage bouffe le plus remarquable qui ait paru avant *il Matrimonio segreto* de Cimarosa. La coupe des airs, la variété du rhythme, la fréquence des modulations, le développement intéressant des finales, tout cela sembla nouveau. On admira aussi la parfaite intelligence des situations ménagées par Goldoni. Indépendamment des ensembles, dont la facture est remarquable pour l'époque, j'appellerai l'attention sur deux airs pleins de sensibilité et de grâce. Le prèmier, *Una povera ragazza*, est un andante d'*un sol passo*, mais assez développé, dont le motif principal est heureusement ramené à la fin. Sacchini et Méhul ont écrit plusieurs beaux airs dans cette forme. Le second : *Vieni sul mio seno... dolce riposo*, pourrait s'appeler la cavatine du sommeil, si l'on ne tenait compte que du caractère expressif. Mais il faut laisser ce mot aux ouvrages modernes et particulièrement à la gracieuse mélodie d'Auber dans la *Muette*. L'accompagnement en sixains persistants de l'air de *la Buona Figliuola* augmente encore l'effet de cette scène touchante.

Une traduction de *la Cecchina* par Cailhava d'Estandoux fut jouée à Paris le 17 juin 1771. Le succès de cet ouvrage s'étendit jusqu'en Chine, s'il est vrai, comme on le rapporte, que des Jésuites l'aient fait entendre à la cour de Pékin. En Italie, l'engouement tint du délire. Ajustements, modes, enseignes de boutiques, tout fut *à la Cecchina*. Jomelli, d'abord hostile à l'auteur, n'eut pas plus tôt assisté à l'exécution de cette partition que ses préventions se dissipèrent et qu'il ne put s'empêcher de dire : « Celui-ci est un inventeur. »

La réputation de Piccinni était déjà supérieure à celle de tout autre compositeur dramatique. Doué, comme la plupart des maîtres de l'école napolitaine, d'une facilité extraordinaire, il n'avait mis, dit-on, que dix-huit jours à écrire son chef-d'œuvre. Dans la seule année 1761, il ne composa pas moins de six opéras, tous représentés avec succès. Turin, Reggio, Modène, Bologne et Venise le fêtaient autant que Naples et Rome. Aux joies de la renommée, il avait joint celles de la vie de famille, en épousant en 1756 une de ses élèves, Vicenza Sibilla, femme aussi distinguée par sa beauté, par la pureté de son chant que par le charme de son esprit. Cette existence glorieuse et douce dura environ quinze ans. Il fallut, pour la troubler, l'humeur inconstante des Romains, qui, fatigués à la longue d'une admiration trop fidèle, s'ingénièrent à remplacer leur ancienne idole par une nouvelle moins digne de leur culte, et affectèrent soudain de préférer Anfossi à Piccinni. Désespéré d'avoir essuyé une chute dans la ville qui avait le plus contribué à son illustration, et ne voyant que de l'ingratitude dans les sifflets d'un public si longtemps charmé par ses inspirations, l'artiste en conçut un tel chagrin qu'il fit une maladie grave et resta alité pendant plusieurs mois. Son retour à la santé fut marqué par la seconde musique de l'*Alessandro nelle Indie* et par le charmant opéra bouffe des *Viaggiatori felici*, qui causa un vif plaisir aux Napolitains. Sur ces entrefaites, comme on l'a vu plus haut, Gluck révolutionnait notre scène lyrique. La faction qui lui était hostile songea à lui donner un rival dans la personne du compositeur qui remplissait l'Italie du bruit de son nom. Quelques auteurs ont prétendu que les premières ouvertures faites à Piccinni dès 1774, par La Borde, valet de chambre de Louis XV, étaient l'œuvre de madame Dubarry. La dauphine favorisait le musicien allemand ; la favorite aurait voulu lui tenir tête sur le terrain de la musique en poussant à son tour un artiste italien. Quoi qu'il en soit, la mort de Louis XV vint couper court pour le moment à la négociation entamée ; mais elle fut reprise en 1775 par le marquis de Carraccioli, ambassadeur de Naples à Paris. Un traitement de 9,000 livres, l'indemnité de son déplacement, et un logement dans l'hôtel de l'ambassadeur, tels furent les avantages dont la promesse détermina Piccinni à partir pour la France avec sa famille dans l'hiver de 1776. A son arrivée, le maître vit bientôt qu'il fallait rabattre beaucoup des offres qui lui avaient été faites. On le logea dans une mansarde d'hôtel garni, en attendant qu'il pût s'installer rue Saint-Honoré dans un petit appartement qu'on préparait pour lui. Marmontel, qui habitait en face de sa maison, ne tarda pas à devenir son ami. Il lui apprit le français et se chargea d'arranger à son usage et de réduire en trois actes les tragédies lyriques de Quinault.

L'engagement de Piccinni avait été tenu secret. Une lettre du bailli du Rollet en avertit Gluck, qui témoigna une vive irritation. Il avait entre les mains le livret d'un opéra intitulé *Roland*, et c'était le même sujet qu'on avait donné à traiter à son rival. L'abbé Arnaud, gluckiste acharné, dit en apprenant cet épisode, qui ouvrit les hostilités : « Nous aurons donc un *Orlando* et un *Orlandino*. » Il faisait allusion à un poëme italien, ainsi surnommé à cause de son extrême infériorité vis-à-vis de l'œuvre d'Arioste. Mais le compositeur allemand renonça à la partition qu'il avait déjà commencé d'écrire, et ce ne fut que plus tard qu'on put voir dans *Iphigénie en Tauride* les deux champions lutter sur le même terrain. Le nouveau venu se trouvait dans les conditions les plus désavantageuses, toute question de talent mise à part. Son rival jouissait de la protection de la reine et de la faveur des musiciens, qu'il avait fini par plier aux formes nouvelles de son style. Pour lui, il n'était pas connu des artistes de l'Opéra, et il n'avait pas non plus cette humeur intrigante et jalouse, si redoutable quand elle sert de véhicule à un mérite supérieur. D'un caractère doux, timide, ennemi des brigues et des cabales, Piccinni se laissa effrayer par les orages que suscitaient les répétitions de son *Roland*. Il était plus mort que vif quand vint le jour de la première représentation (27 janvier 1778). Contre son attente, et malgré les menées des gluckistes, l'ouvrage réussit. Ce n'était pourtant pas un des meilleurs qu'eût écrits le maître. Cependant on doit y signaler l'air de Médor : *Je vivrai, si c'est votre envie*, et celui d'Angélique : *C'est l'amour qui prend soin lui-même d'embellir ces paisibles lieux*. Quant à la pastorale de Roland, qu'on a jouée sur tous les clavecins, elle est fort médiocre.

Je ne m'étendrai pas ici sur la *guerre des coins*, dont j'ai parlé déjà dans mon étude précédente sur Gluck. D'ailleurs, il est à remarquer que, tandis que les piccinnistes attaquaient la personne même de Gluck, assez versé dans notre langue pour répondre à ses adversaires par de vertes diatribes, les gluckistes épargnèrent généralement Piccinni, qui savait tout juste assez de français pour comprendre les poëmes qu'on lui soumettait. Ce fut sur ses partisans, Marmontel, La Harpe, Ginguené, d'Alembert, qu'on se rabattit le plus souvent. Le librettiste sortit de la première bataille plus blessé que le maëstro ; car l'abbé Arnauld fit sur lui l'épigramme suivante :

> Ce Marmontel, si long, si lent, si lourd,
> Qui ne parle pas, mais qui beugle,
> Juge la peinture en aveugle,
> Et la musique comme un sourd.
> Ce pédant à si triste mine,
> Et de ridicules bardé,
> Dit qu'il a le secret des beaux vers de Racine :
> Jamais secret ne fut si bien gardé.

Les loustics ne manquaient pas de se mêler aux combattants par des lazzis plus ou moins spirituels, dans lesquels le calembour n'était pas épargné. Ainsi on avait remarqué l'absence de *chœurs* dans la partition de *Roland*. D'un autre côté, les amis de Piccinni pensaient que Mlle Laguerre aurait créé le rôle d'Angélique avec plus d'éclat que n'avait fait Mlle Levasseur ; ils regrettaient que le rôle de basse, tenu par Larrivée, ne l'eût pas été par Chassé. Là-dessus, un émule du marquis de Bièvre commit ce badinage : « *Roland* est un guerrier sans *cœur ;* il sera bon quand nous aurons *Laguerre ;* il serait excellent si *Larrivée* était *Chassé*. »

Les opéras de Piccinni plaisaient peut-être plus que ceux de Gluck à la première audition ; mais ils se soutenaient moins longtemps à la scène.

Cependant le compositeur italien jouissait à Versailles d'une faveur plus honorifique que productive. Il donnait deux fois par semaine des leçons de chant à la reine, qui ne songeait ni à lui rembourser ses frais de voyage, ni à le rémunérer pour les magnifiques volumes de ses partitions, qu'il distribuait aux personnes de la famille royale. On lui faisait écrire un ouvrage pour la cour ; mais, quand son *Phaon* avait été joué à Choisy, l'artiste ne pouvait obtenir qu'on le montât à la Comédie-Italienne. Sa correspondance trahit plus que la gêne ; c'est un état de détresse qui contraste singulièrement avec les faveurs dont il jouissait à la cour.

La situation de Piccinni s'améliora lorsqu'il eut été chargé de diriger la troupe italienne, qui, en 1778, vint donner des représentations à l'Académie royale de musique, concurremment avec les chanteurs de l'Opéra français. Le maître profita de cette circonstance pour faire entendre aux Parisiens plusieurs de ses anciennes partitions, et l'intérêt qui s'attacha à ses ouvrages italiens rejaillit sur ceux qu'il composa ensuite. Son *Atys*, bien supérieur à *Roland*, fut représenté en 1780 ; il traversa d'abord une période d'indécision et finit par obtenir un succès justifié. Mais, au moment où la lutte entre la musique allemande et la musique italienne semblait moins vive, Devismes, directeur de l'Opéra, la ranima tout à coup en confiant le même sujet aux représentants des deux écoles. Deux livrets différents, ayant chacun pour objet *Iphigénie en Tauride*, furent remis l'un à Gluck, l'autre à Piccinni. L'œuvre allemande fut représentée en 1779, avec un succès qui eût dû empêcher sa rivale de voir le jour. Après avoir gardé sa partition pendant deux ans, Piccinni eut le tort de la faire exécuter le 23 janvier 1781. C'était s'exposer à une défaite certaine. Il y a cependant plus d'un morceau remarquable dans l'*Iphigénie* italienne ; je voudrais qu'on lût et qu'on relût la scène entre Oreste et Pylade, l'air très-mélodieux : *Oreste, au nom de la patrie !* le rondeau : *Cruel, et tu dis que tu m'aimes !* le chœur des prêtresses : *Sans murmurer, servons les dieux*, enfin le récitatif et l'air : *O barbare Thoas !*

Adèle de Ponthieu, production médiocre, jouée la même année, n'était guère propre à relever le prestige de l'auteur de la *Cecchina*. Le départ de Gluck semblait lui laisser le champ libre ; mais, à peine ce rival s'était-il retiré, qu'il en surgissait un autre dans la personne de Sacchini, venant à son tour prendre part au mouvement qui s'était produit en France, pour le plus grand progrès, en somme, de l'art musical. L'attention publique se portait avec passion vers les questions d'esthétique. La plupart des tenants des deux partis ne savaient guère ce qu'ils disaient, ni ce dont il était question. Mais enfin la musique était l'occasion, le prétexte du débat qui excitait l'émulation des compositeurs. Les deux pièces de *Chimène* et de *Didon* furent jouées à Fontainebleau devant la cour. *Chimène* n'eut qu'une représentation, tandis que *Didon* fut demandée trois fois de suite par Louis XVI. Transportée sur la scène de l'Opéra le 1er décembre 1783, l'œuvre de Piccinni fut chaleureusement applaudie. Les mélodies en sont pleines de grâce et de tendresse, et les accompagnements offrent une harmonie pure et élégante. Le rôle de Didon est admirablement traité. La grande scène : *Non, ce n'est plus pour moi, c'est pour lui que je crains*, est un chef-d'œuvre ; quant à l'air : *Ah ! que je fus bien inspirée !* il figure à bon droit dans tous les recueils classiques. Quelle distinction et quelle tendresse dans ces phrases harmonieuses !

Au succès de *Didon* se joignirent dans la même année ceux du *Dormeur éveillé* et du *Faux Lord*, opéras-comiques, représentés à la Comédie-Italienne. La fortune du compositeur, longtemps contestée, était arrivée à son point culminant. En 1784, il est nommé maître de chant à l'École royale de musique et de déclamation, fondée par le baron de Breteuil. Mais, dès

1784 aussi, son étoile pâlit. A la Comédie-Italienne, *Lucette* ne réussit point, et, à l'Opéra, *Diane et Endymion* (7 septembre 1784) sont accueillis froidement, malgré de beaux récitatifs, et l'ouverture, assez remarquable essai de musique descriptive.

La popularité, après s'être attachée pendant quelque temps aux productions de Piccinni, semblait les avoir définitivement abandonnées. L'insuccès des *Mensonges officieux*, donnés en 1787, à la Comédie-Italienne, les intrigues qui empêchèrent la représentation de l'*Enlèvement des Sabines* et de *Clytemnestre* à l'Opéra, la chute des *Fourberies de Marinette*, opéra-comique de Durosoy joué aux Italiens, enfin la perte de ses places, en 1791, toutes ces contrariétés réunies firent prendre au musicien la résolution de quitter la France, où il avait fait jouer quinze opéras, et de retourner pauvre dans sa patrie. Un voyage triomphal, durant lequel il fut couronné sur la scène à Lyon et dans les principales villes de l'Italie, dut apporter quelque soulagement à ses ennuis. L'accueil que Naples fit à l'illustre artiste sorti de ses écoles semblait l'augure de jours meilleurs. Piccinni reçut une pension du roi ; il vit réussir son oratorio intitulé : *Jonathas* (1792), et l'opéra-bouffe de la *Serva onorata*. Mais une sorte d'*influenza* française pesait sur lui. Vainement il avait fui notre sol inhospitalier ; c'était encore la France qui, à Naples, allait le poursuivre et rompre le cours de ses prospérités renaissantes. Vers la fin de 1792, il devint suspect de républicanisme pour avoir marié une de ses filles à un jeune Français établi à Naples. Quoique ancien pensionnaire de la monarchie et victime de la Révolution, Piccinni avait prêté son concours au Comité des fêtes publiques de ce temps et composé la musique de l'*Hymne à l'Hymen*, pour la célébration des mariages, sur des paroles de Ginguené. L'accusation de jacobinisme, propagée par deux de ses anciens élèves, excita la population contre lui et amena la chute de son opéra *Ercole al Termodonte*, dont le sujet est la défaite des Amazones par Hercule. Le compositeur, qui était allé à Venise faire jouer la *Griselda* et *il Servo padrone*, fut à son retour (1793) gardé à vue par une police soupçonneuse et tracassière. Durant quatre ans d'une véritable détention, au milieu de l'abandon et de la misère, l'artiste, dont le calme philosophique et la résignation ne se démentirent jamais, employa son temps à écrire pour les couvents des psaumes, que sa pauvreté ne lui permettait pas de faire copier. Cette captivité finit enfin par le traité de paix conclu avec la République française, et Piccinni put communiquer avec ses amis de Paris. Les papiers et objets qu'il avait laissés dans cette ville étaient perdus ; mais, touché de sa triste position, le ténor David négocia pour lui un nouvel engagement avec un impresario vénitien. Il était arrivé à Rome, quand on le dissuada de continuer sa route vers Venise. L'auteur de *Didon* partit alors pour Paris. Le public lui fit une ovation à l'Opéra, et le Directoire lui accorda une pension de 2,400 francs, outre un secours de 5,000 francs pour parer aux besoins les plus urgents de sa situation. Sa pension de compositeur, qu'il avait cessé de toucher en 1790, lui fut rendue, mais réduite de 3,000 francs à 1,000. C'était l'aisance, une aisance bien restreinte cependant, pour un vieillard chargé de famille. Le maître essaya d'accroître ses modestes ressources soit en écrivant des romances et des *Canzoni*, soit en donnant chez lui de petits concerts d'amateurs.

Aux libéralités du Directoire, le Consulat en ajouta une autre : par un décret daté du mois d'avril 1800, une sixième place d'inspecteur du Conservatoire fut créée en faveur de Piccinni. Il était trop tard. Le bénéfice de cette nomination ne fut que pour l'ombre du compositeur, qui y gagna une oraison funèbre de plus. Malade depuis longtemps d'une affection bilieuse, et d'ailleurs âgé de soixante-douze ans, il mourut le 17 mai 1800, à Passy, où sa famille l'avait fait transporter dans l'espoir chimérique que l'air de la campagne aiderait au rétablissement de ses forces.

Les gluckistes ont fait valoir contre Piccinni deux griefs principaux ; ils lui ont reproché d'avoir méconnu l'importance de deux éléments qui constituent surtout la réforme musicale opérée par l'auteur d'*Alceste* : savoir le style descriptif, et en second lieu la participation plus fréquente, pour ne pas dire constante, de l'orchestre aux péripéties du drame lyrique. On accusait le compositeur de *Roland* et d'*Atys* de chercher exclusivement la mélodie dans ses opéras. Si cette querelle d'Allemands a pris d'aussi grands développements, c'est à cause de l'ignorance musicale de ceux qui l'ont soulevée.

Plus versés dans la connaissance des choses dont ils parlaient, les Suard, les Arnaud et autres auraient su qu'il n'y a pas de bonne mélodie sans une bonne harmonie, et que, loin d'avoir séparé ces deux inséparables attributs de la musique, Gluck et Piccinni les ont constamment réunis dans leur pensée. Seulement le second a conservé les formes traditionnelles des morceaux lyriques, tandis que le premier, plus hardi, a introduit une coupe d'air différente et a donné plus souvent la parole à l'orchestre. Les procédés restent absolument les mêmes et portent chez tous deux le cachet du maître. Chacun en a varié l'usage selon le caractère de son génie. En outre, Piccinni non-seulement n'a pas négligé le rôle de l'orchestre, mais il l'a développé au contraire et l'a mis en rapport intime avec le sujet. L'ouverture de *Diane et Endymion*, qui peint la fraîcheur de l'aurore, le chant des oiseaux, toute la nature ranimée par la présence de l'astre du jour, cette ouverture, dis-je, prouve que Piccinni ne reculait pas devant une conception hardie et une infraction aux règles du théâtre, lorsqu'elle lui paraissait utile à l'expression de sa pensée. Il fallait constater cela pour rectifier la fausse opinion que plusieurs peuvent s'être faite de la musique du rival de Gluck, vaincu par lui, mais pouvant honorablement supporter sa défaite.

Le peintre Robineau a fait de Nicolas Piccinni un portrait qui a été gravé par Cathelin. Au-dessous du médaillon, on lit les vers suivants :

> Avec une grâce divine,
> Tour à tour comique et touchant,
> S'il est le Molière du chant,
> Il n'en est pas moins le Racine.

L'auteur de la *Cecchina* et de *Didon* méritait cet éloge, mais en de meilleurs vers. La gravure qui précède cette étude reproduit ce portrait.

MONSIGNY

NÉ EN 1729, MORT EN 1817.

Monsigny (Pierre-Alexandre) est né à Fauquemberg, près de Saint-Omer, le 17 octobre 1729 ; il fit ses études au collège des Jésuites de cette dernière ville. Un des Pères remarqua les grandes dispositions du jeune Monsigny pour la musique et lui apprit à jouer du violon. L'élève se livra avec ardeur à l'étude de cet instrument, et il y acquit une certaine habileté, dont il tira plus tard un grand profit, lorsqu'il se mit à composer.

A peine âgé de dix-huit ans quand il perdit son père, il lui fallut s'occuper de pourvoir à l'entretien de sa mère, de sa sœur et de ses trois frères. Renonçant à la carrière militaire, à laquelle il se destinait, il vint chercher à Paris une position qu'il ne pouvait trouver dans son pays. Ses espérances ne furent pas déçues ; il entra d'abord dans la comptabilité du clergé, puis devint maître d'hôtel de la maison d'Orléans. Dégagé alors de tout souci et assuré de pouvoir donner à sa mère et à sa sœur une position convenable, il reprit ses études de prédilection. Une représentation de la *Servante maîtresse* de Pergolèse, à laquelle il assista en 1754, décida de sa vocation pour le théâtre ; malheureusement, son éducation musicale était des plus incomplètes. Non-seulement il n'avait aucune notion d'harmonie ni d'instrumentation, mais on prétend qu'il ne pouvait, sans de grandes difficultés, écrire ses inspirations, et qu'il ne savait même pas se rendre compte de la valeur des notes. C'est alors qu'il prit des leçons d'harmonie avec Gianotti, dont il fut le meilleur élève, et cinq mois suffirent pour le mettre en état d'écrire *les Aveux indiscrets*, opéra-comique en un acte, joué avec un immense succès sur le théâtre de la Foire, en 1759. L'année suivante, il fit représenter au même lieu *le Maître en droit*, opéra-comique en deux actes, en vers, de Le Monnier. Le vieux jurisconsulte romain commence la série interminable et nauséabonde des docteurs, précepteurs et gouverneurs bernés par leurs élèves. Ces personnages ont paru si souvent dans le théâtre de Scribe qu'ils semblent faire partie de la mise en scène de ses livrets. Celui qu'on a vu dans le *Comte Ory*, en 1828, reparaît en 1843 dans *la Part du diable*. Il faut espérer que ce centenaire sera mort de vieillesse. Je me trompe ; on l'a ressuscité dans une pièce intitulée *Bébé* et dans un petit opéra comique, *le Char*, sorte d'imitation du fabliau d'Aristote. Le *Cadi dupé*, opéracomique en un acte, paroles de Le Monnier, joué sur le théâtre de la Foire Saint-Laurent, le 4 février 1761, obtint un succès véritable d'enthousiasme. Cette pièce, tirée des *Mille et une Nuits*, a pour principal ressort une double méprise fort piquante. Le poëte Sedaine fut frappé des qualités de cet ouvrage, surtout de la verve comique du duo entre le Cadi et le teinturier Omar. Il se lia d'amitié avec le compositeur, et leur collaboration produisit plusieurs œuvres remarquables, entre autres *le Roi et le Fermier*, *Rose et Colas*, et enfin *le Déserteur*. *On ne s'avise jamais de tout*, opéra-comique en un acte, en prose, mêlé d'ariettes, paroles de Sedaine, représenté à Fontainebleau, le 24 novembre 1770, puis à la foire Saint-Laurent, le 14 septembre 1771, soutint dignement la réputation naissante du compositeur. On peut citer dans cette bluette des couplets assez gracieux, l'ariette chantée par Dorval : *Je vais te voir, charmante Lise*, la chanson : *Une fille est un oiseau qui semble aimer l'esclavage*, et le quinque final, qui est assez bien traité. La Comédie italienne, effrayée du succès obtenu par l'Opéra-Comique, fit fermer ce théâtre, où les succès de Monsigny lui portaient ombrage, et en engagea les principaux artistes, parmi lesquels on cite Clairval et Laruette.

La fusion des deux théâtres opérée, Monsigny travailla pour la Comédie italienne agrandie, et y donna, en 1762, *le Roi et le Fermier*, comédie en trois actes, mêlée d'ariettes, dont les paroles sont de Sedaine, comme je l'ai dit plus haut ; quelques scènes pathétiques bien rendues firent pressentir l'auteur du *Déserteur*, joué sept ans plus tard. Le sujet de la pièce est le même que celui de la *Partie de chasse de Henri IV*, de Collé.

L'Ile sonnante, opéra-comique en trois actes, paroles de Collé, fut représentée au Théâtre italien, en 1763. Cette île sonnante est l'île de la musique ; on n'y parle qu'en chantant.

Rose et Colas, comédie en un acte, en prose, mêlée d'ariettes, paroles de Sedaine, représentée aux Italiens, en 1764, appartient à la première période du genre opéra-comique.

Je diviserais volontiers l'histoire de ce genre de pièces en trois époques distinctes, à cause du caractère des ouvrages qui ont exercé une influence sur l'ensemble des productions des compositeurs. Ainsi, de 1757 à 1770, Duni, Philidor et Monsigny occupent la scène ; de 1770 à 1791, Grétry, Dezède et Dalayrac déploient leur génie, leur grâce ou leur sentiment dans des situations plus émouvantes que celles traitées par leurs prédécesseurs. Enfin, de 1791 à 1812, Kreutzer, Cherubini, Méhul élargissent encore le cadre de l'œuvre lyrique en lui donnant des développements magnifiques, vrais, mais excessifs; c'est à eux que s'arrête le mouvement progressif de l'ancien répertoire. Nicolo et Boieldieu, de 1812 à 1825, rentrent dans le genre de l'opéra-comique, puis, en même temps, inaugurent le répertoire moderne. Celui-ci ne tarda pas à s'enrichir des œuvres d'Auber, d'Hérold, de Carafa, d'Halévy, d'Adam, de Monpou, de Reber, de Clapisson, de Grisar, de David, de Thomas, de Limnander, de Bazin, de Maillart, de Gounod, de Massé, de Reyer qui, pour la plupart, ont agrandi le cadre.

On peut dire qu'à notre époque les genres sont absolument confondus. La liberté des théâtres aura eu cette funeste conséquence. On sera évidemment amené à rétablir ces genres au bout d'un certain temps, parce que l'esprit humain a besoin de catégories, d'ordre, de divisions dans ses plaisirs comme dans ses facultés; c'est un fait malheureusement acquis à l'histoire que, pendant de longues années, des encouragements de tout genre ont été prodigués aux auteurs et aux ouvrages qui les méritaient le moins. Lorsqu'un gouvernement est impuissant par sa nature ou par ses tendances à imprimer une direction élevée au goût public, il vaudrait mieux qu'il abdiquât absolument toute ingérence matérielle et intellectuelle, et qu'il laissât le génie national choisir sa voie, se manifester et se caractériser.

L'opéra-comique de *Rose et Colas* a joui d'une vogue qui ne s'explique que par le tour naturel du dialogue et de la musique, car le fond de la pièce est très-léger et la mélodie fort peu originale; on l'a repris à l'Opéra-Comique plusieurs fois, et Montaubry a chanté avec succès le rôle de Colas. Je citerai l'ariette: *Pauvre Colas*, chantée par Rose, ainsi que l'air d'un seul mouvement de la mère Boby; le duo des deux vieillards: *Ah! comme il y viendra*, qui est comique, mais fortement assaisonné de sel gaulois; l'air gracieux de Colas: *C'est ici que Rose respire*, et la chanson de Rose: *Il était un oiseau gris comme une souris*, qui doit son effet à la scène amusante de la chute de Colas du haut de la selle où il est juché. C'est fort probablement à cette chute qu'a été dû le succès de la pièce. Glissons, et arrivons au chef-d'œuvre de Monsigny, à l'opéra qui a immortalisé son nom.

Le *Déserteur*, drame en trois actes, en prose, mêlé de musique, paroles de Sedaine, représenté aux Italiens, le 6 mars 1769, est assurément le meilleur ouvrage qui soit sorti de la plume de ce compositeur; c'est au moins celui dans lequel sa sensibilité exquise s'est manifestée avec le plus de force et de charme. Tout le monde connaît le rondeau naïf: *J'avais égaré mon fuseau;* l'air d'Alexis: *Adieu, chère Louise;* le récit du gendarme Courchemin: *Le roi passait*, au milieu duquel se trouve cette phrase touchante: *C'est mon amant, et s'il faut qu'il expire*, qu'Adolphe

Adam a si malheureusement défigurée pour la reprise de cet ouvrage à l'Opéra-Comique. On l'a rétablie depuis dans son intégrité. Monsigny a bien traité aussi la partie comique; le duo, en forme de canon, chanté par le grand cousin et Montauciel, est amusant, ainsi que la leçon de lecture et l'air : *Je ne déserterai jamais*, dit avec beaucoup de verve par Mocker, à la meilleure reprise qu'en a faite l'Opéra-Comique. L'œuvre de Sedaine est de la plus grande simplicité; son principal mérite, je pourrais dire son unique mérite, consiste dans la vérité des situations. Celle de Monsigny n'est pas beaucoup plus compliquée. Il n'y a là nul fracas instrumental, nul déploiement de ressources harmoniques, nulles combinaisons recherchées. La mélodie est courte, peu riche en modulations ; les accompagnements, d'une sobriété qui ressemble à de la sécheresse ; l'orchestration ferait hausser les épaules de pitié et de compassion à nos musiciens, qui se sont chargés à leurs risques et périls d'illuminer les ténèbres de l'avenir. D'où vient donc le succès séculaire de l'opéra du *Déserteur ?* C'est que, malgré les défectuosités du style, l'inspiration ne fait jamais défaut. La muse de Monsigny est une femme aux formes amaigries, un peu contrefaite, mais qui a aux lèvres le plus gracieux sourire et dont l'œil rayonne d'amour et de tendresse.

On raconte, à propos du *Déserteur*, que l'empereur Napoléon Ier, ayant assisté à une représentation de cet opéra-comique, exprima si hautement sa satisfaction, que le comte Daru, protecteur de Monsigny, s'empressa de profiter de cette occasion pour parler de son protégé. « Sire, dit-il à l'empereur, l'auteur serait bien heureux s'il savait le plaisir que sa musique a fait à Votre Majesté. — Comment, est-ce que Monsigny existe encore ? — Oui, certainement, sire. — Il doit être bien âgé; quelle est sa position? — Il a été complétement ruiné par la Révolution; mais Votre Majesté a daigné lui faire rendre une pension de 2,000 francs, qui lui avait été accordée par Louis XV. — Ce n'est pas assez, répliqua l'empereur; vous l'informerez demain que sa pension est portée à 6,000 francs. »

En 1766, Monsigny fit une excursion à l'Opéra avec *Aline, reine de Golconde*, pièce en trois actes, puis retourna à la Comédie italienne, où il donna, en 1772, *le Faucon;* en 1775, *la belle Arsène*, en trois actes ; en 1776, *le Rendez-vous bien employé*, en un acte; en 1777, le 24 novembre, *Félix ou l'Enfant trouvé*, comédie en trois actes, mêlée d'ariettes, paroles de Sedaine, représentée d'abord à Fontainebleau, devant la Cour, le 10 novembre. Cet ouvrage fut le dernier du compositeur; sans être inférieur à l'opéra du *Déserteur* du même maître, il résume les qualités et les défauts qui constituent son style, c'est-à-dire un naturel saisissant, une sensibilité vraie, de la passion même, mais une mélodie contournée, des phrases maladroitement écrites pour les voix, une harmonie maigre et souvent défectueuse. Monsigny possédait l'intelligence musicale de la scène ; c'est à cette qualité qu'il a dû ses succès. L'opéra de *Félix* ne fut pas d'abord goûté par le public. Monsigny en éprouva du dépit et cessa de composer; il avait alors quarante-huit ans. M. Fétis rapporte que lorsqu'il le questionna, en 1810, sur la cause de son silence, Monsigny répondit : « Du jour où j'ai achevé la partition de *Félix*, la musique a été comme morte pour moi ; il ne m'est plus venu une idée. »

Le sujet de cette pièce est empreint de cette sensibilité exagérée qui a inspiré les tableaux de Greuse. Un jeune homme, recueilli dès son bas âge par un honnête villageois, est en butte à la haine des fils de ce dernier et contraint de fuir son toit hospitalier, où demeure la gentille Thérèse, qu'il aime ; mais Félix sauve les jours d'un seigneur inconnu, qui se trouve être à la fois le père de l'enfant trouvé et le propriétaire d'une somme considérable que le villageois a entre les mains et qu'il restitue. Félix épouse Thérèse. Cet opéra abonde en morceaux peu développés, mais traités avec force et pathétique. L'air : *Non, je ne serai point ingrat*, a été célèbre dans son temps. Le trio : *Ne vous repentez pas, mon père*, dans lequel se trouvent ces phrases :

Nous travaillerons,
Nous vous nourrirons,

faisait verser des larmes. Je rappellerai encore le duo plein de passion : *Adieu, Félix, adieu, Thérèse ;* l'air de l'abbé : *Qu'on se batte, qu'on se déchire ;* et enfin, le quintette très-agréable, original, et d'un grand effet : *Finissez donc, monsieur le militaire*. Le rôle de Félix a été créé par Clairval et repris par Elleviou. On a donné cet ouvrage à l'Opéra national (Théâtre-Lyrique), en 1847. L'opéra de *Félix* est un de ceux qui peuvent encore plaire au public. Cette musique a des accents qui seront toujours sympathiques.

Doué de moins de génie et de moins d'invention que Grétry, Monsigny a une sensibilité plus profonde, parce qu'elle est plus réelle. Avec moins d'art, il émeut, et on comprend que Sedaine ait dit en entendant son premier ouvrage, *le Cadi dupé :* « Voilà mon homme ! » A quatre-vingt-deux ans, en racontant à Choron comment il avait voulu rendre la situation de la fiancée du *Déserteur* revenant peu à peu de son évanouissement, il se mettait à pleurer et tombait accablé, comme s'il eût été Louise elle-même.

Pendant la Révolution, Monsigny, qui était devenu administrateur des domaines du duc d'Orléans et inspecteur général des canaux, perdit non-seulement ses places, mais encore toute sa fortune. En 1798, les sociétaires de l'Opéra-Comique, pour adoucir sa position et pour lui donner un témoignage de reconnaissance à cause des nombreux succès qu'il leur avait procurés, lui firent une pension viagère de 2,400 francs. La mort de Piccinni, arrivée en 1800, lui valut la place d'inspecteur de l'enseignement au Conservatoire, fonction dont il se démit en 1802, comprenant que la faiblesse de ses études le rendait peu propre à cet emploi.

Il n'en fut pas moins appelé à succéder à Grétry, en 1813, dans la section de composition musicale de la quatrième classe de l'Institut, et décoré de la Légion d'honneur en 1816. Monsigny ne jouit pas longtemps de la haute position et des honneurs que lui avait mérités son incontestable talent, car il mourut, à Paris, le 14 janvier de l'année suivante, à l'âge de quatre-vingt-huit ans.

Toutes les partitions de ses opéras ont été publiées à Paris. On en cite deux en un acte : *Pagamin de Monègue* et *Philémon et Baucis*. Ces ouvrages, qui ont été composés probablement aux environs de 1770, ont dû rester manuscrits.

HAYDN

NÉ EN 1732, MORT EN 1809.

Le nom de Haydn rappelle à l'esprit le père de la musique moderne et le créateur de la symphonie. Tout se trouve chez ce vieux maître : rhythmes merveilleusement féconds, harmonie d'une perfection désespérante, idées souvent délicieuses. Personne n'a disposé plus librement que lui des ressources de l'art. Il écrivait tout ce qu'il voulait; point de sujet si rebelle en apparence à l'expression musicale qu'il ne réussît à traduire dans sa langue divine. Pour en arriver là, le génie, quelque riche qu'on le suppose, est insuffisant s'il n'est aidé par un incessant travail.

Dans sa jeunesse, Haydn donnait à l'étude seize heures par jour et quelquefois dix-huit; plus tard, il se réduisit à cinq; mais ces cinq heures quotidiennes, reproduites pendant une période de trente ans, donnent un total de cinquante-quatre mille heures, qui ont suffi pour tout ce que le compositeur a écrit jusqu'à son voyage en Angleterre. Un homme aussi heureusement doué qu'Haydn n'avait pas besoin d'arracher péniblement de son cerveau ce que ses facultés produisaient sans effort : c'était précisément l'abondance des idées qui gênait le maître. Son goût sévère ne se contentait pas de la première forme qui s'offrait à lui. On l'a vu composer un grand nombre de morceaux sur le même thème, afin d'arriver ainsi, par une série de tâtonnements et d'essais, à l'expression parfaite et définitive. Voilà la raison de cet immense labeur, de cette application soutenue et infatigable, qui surprend tout d'abord, car elle semble le propre des intelligences ingrates. Tout au contraire, il n'appartient qu'aux grands hommes de se corriger ainsi eux-mêmes, de se faire les critiques de leurs propres inspirations. La conscience artistique, portée à ce point, ne se rencontre qu'unie au génie, parce qu'elle est en raison directe du sentiment qu'on a de l'idéal.

Ego, nec studium sine divite venâ,
Nec rude quid possit video ingenium.

François-Joseph Haydn naquit le 31 mars 1732, à Rohrau, village situé à quinze lieues de Vienne, sur la limite de l'Autriche et de la Hongrie. Son père cumulait l'état de charron et les fonctions de sacristain de sa paroisse; il avait une belle voix de ténor et avait appris à jouer de la harpe à Francfort, dans un de ces voyages tels qu'en faisaient alors assez fréquemment les ouvriers allemands. Sa mère, Anne-Marie, avait été cuisinière chez le comte de Harrach, seigneur du village de Rohrau. Elle chantait agréablement; aussi, les dimanches et les jours de fête, les deux époux se délassaient-ils des travaux de la semaine en demandant des distractions à la musique. Mathias Haydn accompagnait sur la harpe les airs chantés par sa femme. A l'âge de cinq ans, l'enfant voulut aussi se mêler à ce petit concert : il le fit d'une manière originale, se servant d'un morceau de bois et d'une baguette en guise de violon et d'archet. Paganini lui-même n'aurait pu tirer aucun son d'un pareil instrument, mais le jeune Joseph se dédommageait en marquant la mesure avec les mouvements de son archet, et cela d'une façon si juste et si exacte qu'elle excita l'étonnement d'un parent de la famille, nommé Franck, qui était venu un jour rendre visite au charron de Rohrau. Ce Franck était maître d'école à Haimbourg et bon musicien. Il offrit de faire l'éducation de l'enfant, et les parents y consentirent avec joie. Haydn suivit donc son cousin à Haimbourg; il y apprit les éléments de la musique et assez de latin pour comprendre le sens des textes sacrés. On s'aperçoit de ces études de latinité dans l'accentuation de ses messes et de ses motets et dans la justesse d'expression de ses compositions religieuses; la même convenance se remarque dans la musique d'église de Mozart et, il faut le reconnaître, chez la plupart des maîtres du dix-huitième siècle. L'influence ecclésiastique sur l'éducation était naturellement favorable à la production de la musique sacrée. Ce n'est guère que depuis un demi-siècle et depuis la sécularisation presque générale de l'enseignement qu'on a entendu chanter dans les églises des énormités qui offensent autant le bon goût artistique que le sens commun et les règles de la grammaire.

L'application d'Haydn était dès lors extrême, et les signes incontestables de la vocation musicale se faisaient reconnaître en lui. Il avait découvert chez Franck un tympanon, sorte de tambour, et il parvint à exécuter un air sur ce grossier instrument, qui n'a que deux tons. Son maître, d'ailleurs, cultivait avec zèle ses heureuses dispositions. C'était à la vérité le zèle d'un instituteur brutal, plus prodigue de taloches que de bons morceaux, comme Haydn le disait plus tard; mais, si le maître d'école de Haimbourg

HAYDN

avait la main leste, du moins sa sévérité eut-elle pour effet d'activer les progrès de son élève.

Haydn était depuis trois ans cnez son cousin, quand le hasard conduisit chez Franck le maître de chapelle Reuter, qui dirigeait la musique de la cathédrale de Saint-Étienne, à Vienne. Reuter faisait une tournée pour recruter des enfants de chœur. L'instituteur lui ayant parlé avec admiration de son jeune parent, l'artiste viennois voulut l'entendre. Le fils du charron se tira de cette épreuve à son honneur. Seulement Reuter remarqua qu'il ne savait pas faire le trille. « Et comment voulez-vous, répondit l'enfant terrible, que je sache ce que mon cousin lui-même ne sait pas ?
— Viens ici, je vais te l'apprendre, » réplique le maître. Il prend alors le jeune musicien entre ses jambes, lui montre comment il faut rapprocher avec rapidité deux sons, retenir son souffle et battre la luette. A peine cette leçon est-elle donnée, que l'enfant se met aussitôt à triller, comme s'il n'avait jamais fait que cela. Enchanté du succès de son écolier, Reuter prend une assiette de magnifiques cerises qu'on venait de mettre sur la table et la vide tout entière dans les poches de l'enfant. Inutile de dire qu'il ne s'en tint pas là et qu'il emmena avec lui à Vienne celui qui promettait d'être l'ornement de sa cathédrale.

Les enfants de chœur de Saint-Étienne n'avaient chaque jour que deux heures de travail obligatoire ; mais Haydn, possédé du désir d'augmenter ses connaissances, saisissait toutes les occasions d'entendre chanter ou jouer d'un instrument. Déjà même, il s'exerçait à la composition, et, à l'âge de treize ans, il ne craignait pas d'écrire une messe. Reuter la vit et s'en moqua : le travail d'un enfant, étranger aux notions du contre-point, devait être en effet bien imparfait, cet enfant fût-il aussi richement doué que l'était Joseph Haydn. Le précoce compositeur sentit la justesse du jugement de son maître ; mais comment faire pour mériter désormais ses éloges ? Sa pauvreté était un obstacle à ce qu'il prît un professeur. Il résolut de suppléer aux leçons qu'il ne pouvait recevoir par la lecture d'ouvrages de théorie. Sous prétexte de remonter sa garde-robe, il demanda de l'argent à son père, et les six florins qu'il en obtint lui serviront à acheter le *Gradus ad Parnassum* de Fux et le *Parfait Maître de chapelle* de Matheson. Pour tirer quelque fruit de ces traités obscurs et verbeux, il fallait une application et une sagacité peu communes. L'éducation musicale est, de toutes les éducations, celle à laquelle les leçons vivantes paraissent le plus nécessaires. Mais le génie sait se passer des secours indispensables au vulgaire, et Haydn dut peut-être à l'absence d'enseignement régulier et approfondi, à la nécessité de chercher et de trouver seul ce qu'on apprend aux autres, à ces apparentes entraves en un mot, la vraie science que donne l'expérience directe, la liberté d'inspiration et l'originalité qui éclatèrent plus tard dans ses ouvrages.

Le jeune artiste était employé depuis près de huit ans à la maîtrise de

Saint-Étienne, quand il en fut chassé à cause d'une espièglerie échappée à son caractère naturellement gai et plaisant. Un jour, il s'avisa de couper la queue de la robe d'un de ses camarades. Cette gaminerie ne méritait qu'une réprimande, mais elle coïncidait avec l'époque de la mue ; l'adolescent, ne pouvant plus chanter en voix de soprano, n'était plus nécessaire ; et l'on n'avait plus de ménagements à garder envers un jeune étourdi qui se permettait des espiègleries aussi peu respectueuses ; d'ailleurs Reuter, selon quelques biographes, nourrissait une secrète jalousie contre un jeune homme dont les succès menaçaient d'éclipser un jour les siens ; il profita de la circonstance pour lui donner son congé. Voilà notre musicien jeté tout à coup sur le pavé de Vienne, sans argent et avec des vêtements usés qui ne lui permettaient de se présenter nulle part. Heureusement que, en Autriche, les classes populaires sont accessibles au dilettantisme. Haydn trouva un asile dans le logement d'un pauvre perruquier, nommé Keller, qui souvent avait admiré la beauté de son organe, dans les solennités religieuses de la cathédrale. Ce brave homme offrit la table et le logement au futur symphoniste, qui, débarrassé des soins matériels, put de nouveau se livrer avec ardeur à l'étude. Un clavecin rongé des vers, ses traités de Mattheson et de Fux, tels étaient les objets qui figuraient dans la mansarde habitée par Haydn. La pauvreté et le dénûment n'avaient rien pourtant qui rebutât l'artiste. La musique était, depuis l'enfance, son plus vif plaisir, et il pouvait s'y livrer tout à son aise. Avec les sonates d'Emmanuel Bach, qu'il exécutait sur son méchant clavecin, cette mansarde devenait un palais à ses yeux. Du reste, il ne fut pas longtemps sans trouver des occupations qui lui facilitèrent le moyen de s'acquitter envers l'honnête perruquier. Peu à peu, en effet, sa situation s'améliora, grâce à quelques leçons de piano et de chant. De plus, il jouait la partie de premier violon, à l'église des Pères de la Miséricorde, et il touchait de l'orgue, les dimanches et fêtes, à la chapelle du comte de Haugwitz.

Dans cette maison, où le pauvre Haydn occupait un galetas sous les toits, Métastase louait un appartement conforme à sa position de *poeta cesareo* de la cour de Vienne. Malgré la différence des fortunes et des situations, il s'établit bientôt des rapports entre l'illustre poëte et l'obscur artiste. Charmé de l'intelligence qui éclatait dans sa conversation, Métastase se lia d'amitié avec lui ; il lui apprit les éléments de la langue italienne et le recommanda comme professeur à Mlle Martinez, fille de son hôte. Cette jeune personne fut une des premières élèves de Haydn. Ce fut encore l'obligeante entremise du poëte qui introduisit le jeune musicien dans la maison de la belle Wilhelmine, maîtresse de l'ambassadeur vénitien Cornaro. Cette femme, passionnée pour la musique, logeait dans son hôtel le vieux Porpora. Haydn, par son talent, n'eut pas de peine à faire la conquête du noble vénitien. Mais ce qu'il avait à cœur, c'était d'obtenir l'amitié du compositeur, dont les avis pouvaient lui être utiles. Durant un voyage que Cornaro fit avec toute sa maison aux bains de Manensdorf, le jeune homme, qui avait été aussi emmené avec Porpora par l'ambassadeur, n'oublia rien pour gagner les bonnes grâces du vieillard. Il le servait comme un domestique, brossant chaque matin son habit, arrangeant sa perruque et nettoyant ses souliers. A la fin, le vieux maître s'apprivoisa ; l'humeur bourrue et farouche de Porpora céda à tant de prévenances, et, touché d'ailleurs des rares dispositions que manifestait son serviteur volontaire, il le laissa puiser dans les trésors de son expérience et de son savoir. C'est ainsi que le fils du charron de Rohrau apprit les principes de l'art du chant italien. Cornaro, qui s'intéressait à l'avenir du jeune et studieux musicien, lui fit, à son retour à Vienne, une pension mensuelle de six sequins (environ 72 francs), et le tira enfin de la misère. Vers le même temps, quelques sonates de clavecin que Haydn écrivait pour ses élèves, mais dont il ne tirait aucun profit, parce que, dès cette époque, les marchands de musique avaient l'habitude de publier et de vendre les œuvres des jeunes auteurs sans leur payer aucun droit, se répandirent dans le public et attirèrent sur lui l'attention des amateurs. L'une d'elles arriva par hasard à la comtesse de Thun, qui voulut connaître le compositeur. Quand Haydn lui eut été présenté, elle fut d'abord surprise du délabrement de son costume et ne put se persuader qu'elle avait devant les yeux le musicien dont elle admirait les productions. Le jeune artiste la mit alors au fait de sa situation, qui n'avait pas encore été suffisamment améliorée par la générosité de Cornaro, et la comtesse, après lui avoir prodigué les encouragements les plus flatteurs, lui fit présent de vingt-cinq ducats.

Ce fut pour le baron de Furnberg que le maître écrivit son premier œuvre de quatuors de violon et ses six premiers trios pour deux violons et basse. Ce seigneur donnait des concerts dans son château, situé à quelques lieues de Vienne. Haydn y jouait la partie d'alto, et Albrechtsberger, frère du maître de chapelle, le violoncelle. Le jeune compositeur écrivit aussi, pour son propre usage, une sérénade à trois instruments, qu'il allait, au clair de la lune, accompagné de deux amis, exécuter en divers endroits de la ville. Un jour, ou plutôt une nuit, il la fit entendre sous les fenêtres de l'arlequin Bernadone Curtz, directeur du Théâtre de la porte de Carinthie. Frappé de l'originalité de cette musique, l'impresario descendit dans la rue pour s'enquérir de son auteur. « C'est moi, répond Haydn. — Comment, toi ? à ton âge ? — Il faut bien commencer par quelque chose. — Pardieu ! c'est extraordinaire ; monte chez moi. » Quelques instants après, le jeune homme sortait de la maison, emportant le scenario d'un opéra-comique intitulé *le Diable boiteux*. Curtz, qui avait écrit le livret, était homme de goût et difficile à contenter. Pendant que son collaborateur composait la partition, comme la musique avait à peindre une tempête, l'impresario suait sang et eau pour faire comprendre au musicien comment il fallait s'y prendre pour représenter des choses que ni l'un ni l'autre ne connaissaient que par ouï-dire. Obligé de se figurer des sons que son oreille n'avait jamais perçus dans la réalité, le malheureux Haydn s'escrimait sur son clavecin sans parvenir à satisfaire l'exigeant directeur. Enfin, impatienté, n'en pouvant plus, il étend les mains aux deux bouts du clavecin, et, les rapprochant rapidement, s'écrie : « Que le diable emporte la tempête ! — La voilà ! la voilà ! » s'écrie Curtz en lui sautant au cou. Le hasard triomphait là où les plus longs efforts avaient échoué. Ces sortes de trouvailles ne sont pas rares dans les annales de l'art. On sait l'histoire de ce peintre qui, désespérant de représenter l'écume sortant de la bouche d'un cheval, jeta avec colère son pinceau contre la toile et produisit ainsi l'effet qu'il avait inutilement cherché jusque-là.

Haydn reçut cent trente florins pour le *Diable boiteux*, et cet ouvrage, écrit en quelques jours, obtint un brillant succès. Ses compositions instrumentales se multipliaient : c'étaient des sonates de piano, des concertos et de petites pièces pour quatre, cinq ou six instruments. Cependant il attendit encore plusieurs années avant de rencontrer une position digne de son talent. Vers la fin de 1758, à l'âge de vingt-sept ans, il devint second maître de chapelle du comte de Mortzin, et, au commencement de 1759, il fit exécuter par l'orchestre de ce gentilhomme sa première symphonie en *ré*. Le vieux prince Antoine Esterhazy, grand amateur de musique, assistait à ce concert; il songea à s'attacher l'auteur de la symphonie qu'il venait d'admirer et obtint le consentement du comte de Mortzin. Par malheur, Haydn était indisposé ce jour-là ; le prince ne put le voir, et il l'aurait probablement oublié, si le directeur de son orchestre, Friedberg, n'eût, à quelques mois de là, fait exécuter une nouvelle symphonie du maître à Eisenstadt, résidence de la famille Esterhazy. Friedberg admirait le compositeur, et il lui avait demandé d'écrire un ouvrage pour l'anniversaire de la naissance du noble hongrois. A peine l'exécution de cette symphonie, la cinquième en *ut*, avait-elle commencé, que le prince, transporté d'admiration, demanda le nom de l'auteur. Friedberg, qui dirigeait l'orchestre, s'empressa de présenter Haydn. « Quoi, la musique est de ce Maure ? s'écrie le seigneur, faisant allusion au teint basané de l'artiste ; eh bien ! petit Maure, dès ce moment, tu es à mon service. Comment t'appelles-tu ? — Joseph Haydn. — Mais je me souviens de ce nom ; tu es déjà de ma maison : pourquoi ne t'ai-je pas encore vu ?... Va, ajouta-t-il sans attendre la réponse du musicien, déconcerté et muet de stupeur; habille-toi en maître de chapelle ; je ne veux plus te voir ainsi : tu es trop petit ; ta figure est mesquine ; prends un habit neuf, une perruque à boucles, le rabat et les talons rouges ; mais je veux qu'ils soient hauts, afin que ta stature réponde à ton mérite. » Cet entretien est caractéristique : il montre sans doute avec quel sans-façon les Mécènes d'outre-Rhin traitaient les artistes dont ils appréciaient le plus le talent. La place du maître de chapelle dans le château du fier magnat mettait son titulaire sur un pied de domesticité, il est vrai ; mais, en le délivrant des soucis de l'existence matérielle, elle lui donnait la véritable liberté du génie. En outre, chez l'aristocratie autrichienne, les manières orgueilleuses n'excluaient pas un fond de bonté réelle. Il faut ici, dans l'intérêt de l'art, laisser de côté les préventions démocratiques et cet orgueil moderne, impatient de toute hiérarchie. Il n'est que juste de saluer dans les Lichnowsky, les Lobkowitz, les Esterhazy, d'utiles et généreux patrons de l'art musical.

De 1760 à 1791, Haydn vécut à Eisenstadt. Le prince Antoine Esterhazy étant mort en 1761, il passa au service de son successeur Nicolas, qui lui témoigna toujours autant d'attachement que d'admiration. Comme celui-ci aimait beaucoup le baryton, sorte de violoncelle accordé à l'octave grave de la viole d'amour, le maître de chapelle écrivit plus de cent cinquante morceaux où cet instrument était employé comme partie principale. Une grande partie de cette musique a péri dans un incendie ; le reste est conservé dans les archives de la famille Esterhazy, ainsi que nous l'a appris M. Fétis, qui a obtenu ce renseignement d'un prince de cette maison.

Quand on examine l'existence du maître, on est surpris d'y trouver si peu d'événements. La vie tourmentée et inquiète des artistes d'aujourd'hui n'offre rien de commun avec ce calme repos sur les hauteurs de la pensée, cette placidité sereine d'une destinée consacrée tout entière au culte du beau. Pendant trente ans, Haydn partagea uniformément chacune de ses journées entre la composition de ses ouvrages et la direction de l'orchestre confié à ses soins. La chasse était la seule distraction qu'il s'accordât de loin en loin. Cependant un nuage a pendant quelque temps assombri cette belle existence. Notre musicien était marié. Fidèle à une promesse imprudente faite à l'époque de l'adversité, il avait épousé une des filles de son ancien hôte, le perruquier Keller ; mais le caractère peu aimable d'Anne Keller rendit cette union malheureuse. Des biographes prétendent qu'elle était d'une dévotion exagérée et tracassière. Quoique le maître de chapelle fût très-pieux lui-même, ses principes religieux n'altéraient en rien la gaieté de son caractère ; sa femme au contraire était acariâtre et désagréable. L'incompatibilité d'humeur finit par amener une séparation. Toutefois, en quittant Anne Keller, le compositeur eut soin de lui assurer une position honorable ; obligé de sauvegarder la paix de son intérieur troublée par d'incessantes querelles, il avait trop de délicatesse pour ne pas assurer le sort de celle qui avait porté son nom. Quant à ses relations avec Mlle Boselli, jeune et aimable cantatrice attachée au service du prince, rien n'autorise à croire, selon moi, qu'elles aient jamais franchi les limites des plus strictes bienséances. Est-il donc impossible de voir autre chose qu'un amour illicite dans le commerce d'une personne jolie et spirituelle ?

Moins avide de gloire que de perfection, Haydn ignorait sa réputation, lorsque déjà elle remplissait l'Europe. Dès l'année 1764, les œuvres d'Haydn furent publiées en France. Boccherini avait fixé l'attention publique sur ses propres compositions instrumentales et préparé les oreilles d'un petit groupe d'amateurs à ce genre de musique. Le talent dut céder la place au génie, et les quatre-vingts quatuors d'Haydn forment depuis un siècle la partie substantielle, indispensable de tout répertoire de musique de chambre. Ce n'est pas que l'on ne remarque de notables différences dans la manière du maître. Il y a loin des petits quatuors où domine une naïveté charmante et presque enfantine, au cinquième quatuor en *fa* mineur de l'œuvre 20, que Gluck entendit à Vienne en 1776. A partir de cette époque, l'inspiration est sublime, surtout dans les adagios, et les développements merveilleux. Aucun auteur, ni Haendel, ni Mozart, ni Bach, n'a traité la fugue avec autant de facilité et de grâce qu'Haydn ne l'a fait dans certaines parties de ses grands quatuors.

Sur la demande de la Société qui dirigeait à Paris les concerts de la Loge olympique, il composa les six symphonies qui portent le nom du lieu où elles ont été exécutées.

Les *Sept Paroles*, une des œuvres préférées du maître, furent écrites à l'occasion d'un prix proposé par un chanoine de Cadix pour l'auteur qui enverrait sept grandes symphonies, exprimant chacune des sentiments analogues aux sept paroles prononcées par Notre-Seigneur sur la croix. Cette musique devait être exécutée le jeudi saint, pour ajouter à la solennité des offices religieux. Haydn seul répondit aux conditions du concours et fit un chef-d'œuvre.

Une autre fois, un amateur français lui écrivit pour lui demander un morceau de musique vocale, non sans avoir la précaution de lui envoyer à titre de modèles quelques fragments de Lulli et de Rameau. Surpris de cette singulière commission, l'artiste allemand lui fit l'accueil qu'elle méritait. Il retourna à l'expéditeur les prétendus modèles, en répondant avec une bonhomie malicieuse « qu'il était Haydn et non pas Lulli et Rameau; que, si l'on voulait de la musique de ces grands compositeurs, on en demandât à eux ou à leurs élèves; que, quant à lui, il ne pouvait malheureusement faire que de la musique de Haydn. »

Dans sa résidence d'Eisenstadt, le protégé de la famille Esterhazy recevait fréquemment des lettres des *impresarii* de Naples, de Lisbonne, de Venise, de Milan, de Londres, etc., qui l'invitaient à travailler pour eux. Mais ces directeurs perdaient leur peine en s'adressant à un homme sans ambition, étranger à l'amour de l'argent, heureux de vivre et de se laisser vivre à côté de ses hôtes bien-aimés. La mort du prince Nicolas, suivie de celle de son amie, Mlle Boselli, le décida pourtant à prêter l'oreille aux propositions qui lui étaient faites par le violoniste Salomon, entrepreneur des concerts de Hanover-square, à Londres. Il devait défrayer vingt concerts en un an, et on lui promettait cinquante livres sterling pour chacun; de plus, la propriété de ses ouvrages lui était laissée. Ces offres étaient avantageuses; Haydn les accepta et arriva à Londres en 1791, âgé alors de cinquante-neuf ans. Les Anglais firent un brillant accueil à l'illustre symphoniste, qui paya sa bienvenue en composant pour eux six grandes symphonies, des sonates de piano, et une foule d'autres pièces. En 1793, il revint dans l'hospitalière cité britannique, où son succès s'accrut encore, quand parurent ses six dernières grandes symphonies. L'université d'Oxford lui envoya le diplôme de docteur en musique, distinction que Haendel lui-même n'avait pas obtenue. Ce titre nous donne l'explication de l'inscription gravée au bas d'un portrait du maître :

MUS. D. OXON. 1792.

Tandis que Haydn était ainsi fêté en Angleterre, le prince de Galles voulait avoir son portrait peint par Reynolds ; le roi George III lui témoignait la considération la plus flatteuse, et les marchands de musique se disputaient ses moindres productions. Gallini, entrepreneur du théâtre de Hay-Market, avait traité avec lui pour la composition d'un opéra intitulé *Orphée*; mais, sur ces entrefaites, des difficultés s'étant élevées au sujet du privilège du spectacle, Haydn n'eut pas la patience d'en attendre la solution et quitta Londres avec onze morceaux de sa partition, qui est restée inachevée. A son retour en Allemagne, il donna des concerts dans plusieurs villes et arriva à Eisenstadt vers la fin de 1794.

La renommée qu'il avait acquise à l'étranger contribua beaucoup à fortifier l'estime et l'admiration que ses compatriotes avaient pour lui. Il rapportait d'ailleurs de ses voyages un argument incontestable et bien propre à fermer la bouche aux détracteurs : quinze mille florins gagnés à Londres. Cette somme, jointe à ce que produisirent quelques concerts, mettait dorénavant Haydn dans une position aisée et indépendante. Il avait alors soixante-deux ans. Le besoin d'une existence plus tranquille se faisait sentir. Il demanda sa retraite au prince Esterhazy, qui la lui accorda de bonne grâce avec une pension convenable. Il acheta à Vienne, dans le faubourg de Gumpendorf, une petite maison avec un jardin, et il y demeura jusqu'à sa mort.

Les œuvres écrites à partir de cette époque ont un caractère plus sérieux, un sens plus élevé et plus profond que les compositions précédentes ; elles marquent un pas de plus, non vers la perfection, mais vers les régions élevées de l'art, où il est donné à l'œil humain d'entrevoir la beauté incréée. Intuition ! contemplation ! but suprême de l'art ! un bien petit nombre d'intelligences humaines ont été appelées à atteindre à ces hauts sommets. Haydn a été l'un de ces privilégiés.

Le maître de chapelle n'existait plus ; mais le compositeur, arrivé à l'âge de soixante-trois ans, était aussi puissant que jamais. C'est alors qu'on le voit écrire ses deux œuvres immortelles ; je veux parler de la *Création* et des *Saisons*. Le baron Van Swieten, directeur de la Bibliothèque impériale, était l'ami de Haydn ; il lui persuada de s'exercer dans le genre descriptif et lui fournit le poëme d'un oratorio ou cantate dont le sujet était la *Création du monde*. Le maître commença son travail en 1795. Il employa deux années à écrire cette œuvre d'un caractère nouveau. Il disait lui-même qu'il y mettait beaucoup de temps, voulant la faire durable. La *Création* fut terminée au commencement de 1798 et exécutée pour la première fois dans le palais du prince Schwartzemberg, en présence de tout ce que Vienne comptait d'hommes distingués et de femmes charmantes. L'auteur dirigeait en personne l'orchestre, qui était composé des meilleurs musiciens. Le succès fut immense et se renouvela partout où l'œuvre fut entendue. On sait que ce fut Steibelt qui fit jouer la *Création* à l'Opéra de Paris, d'après une transcription sur des paroles françaises. Le premier consul allait assister à l'exécution de cet ouvrage quand il faillit être victime de l'attentat du 3 nivôse (24 janvier 1801). Ce ne fut donc pas la faute du maître si sa musique fit peu d'effet. Si des préoccupations plus graves que celles de l'art s'étaient emparées en France de tous les esprits, du moins les artistes témoignèrent-ils leur admiration au compositeur par l'envoi d'une médaille en or frappée en son honneur.

Les *Quatre Saisons* succédèrent à la *Création*. Le baron Van Swieten en avait emprunté le sujet au poëme de Thompson. Il s'agissait pour le musicien de peindre, à l'aide des sons, dans une suite de tableaux, le printemps, l'été, l'automne et l'hiver. Achevée vers la fin de l'année 1800, cette composition fut entendue dans les salons du prince de Schwartzemberg, les 24 avril et 1er mai 1801. La musique descriptive, dont Haydn a donné des modèles dans les deux grands ouvrages qui ont marqué la fin de sa vie, a été l'objet de trop de jugements contradictoires pour que je ne croie pas devoir en dire un mot ici.

Il existe en musique des procédés imitatifs dont on peut faire un bon et un mauvais usage. Les successions chromatiques, les accords dissonants, les combinaisons plus ou moins heureuses du rhythme peuvent produire une cacophonie détestable, comme aussi une symphonie sublime. Le succès dépend de la mise en œuvre de tels éléments et de leur appropriation convenable et intelligente au sujet qu'on traite. Aussi je me permets de trouver confuse, pour ne pas dire contradictoire, cette théorie exprimée d'ailleurs éloquemment par M. Cousin [1] : « Il ne faut pas surtout détourner la musique de son objet et lui demander ce qu'elle ne saurait donner. Supposez que le plus savant des symphonistes ait une tempête à rendre. Rien de plus facile à imiter que le sifflement des vents et le bruit du tonnerre. Mais par quelles combinaisons d'harmonie fera-t-il paraître aux yeux la lueur des éclairs, déchirant tout à coup le voile de la nuit, et ce qu'il y a de plus formidable dans la tempête, le mouvement des flots, qui tantôt s'élèvent comme une montagne, tantôt s'abaissent et semblent se préci-

---

1. Cousin, *du Vrai, du Beau, du Bien*.

piter dans des abîmes sans fond ? Si l'auditeur n'est pas averti du sujet, il ne le soupçonnera jamais, et je défie qu'il distingue une tempête d'une bataille. En dépit de la science et du génie, des sons ne peuvent peindre des formes. La musique bien conseillée se gardera de lutter contre l'impossible ; elle n'entreprendra pas d'exprimer le soulèvement et la chute des vagues, et d'autres phénomènes semblables : elle fera mieux ; avec des sons, elle fera passer dans nos âmes des sentiments qui se succèdent en nous pendant les scènes diverses de la tempête. C'est ainsi que Haydn (dans son œuvre intitulée *la Tempête*) deviendra le rival, le vainqueur même du peintre, parce qu'il a été donné à la musique de remuer et d'ébranler l'âme plus profondément encore que la peinture. » Si M. Cousin a voulu dire qu'on devait se garder de rabaisser l'art de la musique en en faisant un art d'imitation, il a raison. Mais, plus loin, il s'enflamme à l'audition des effets d'orage, de pluie et de tonnerre, qu'il ne confond plus avec le bruit d'une bataille. Et, en effet, nous avons eu aussi dans le commencement de ce siècle des compositeurs de batailles. Dussek lui-même n'a pas dédaigné d'en écrire une dans laquelle les appels de trompette, les marches guerrières, le galop des chevaux, le cliquetis des armes blanches, les coups de canon, les gémissements des blessés et les chants nationaux de victoire ont été assez ingénieusement rendus pour qu'on ne puisse s'imaginer entendre éclater un orage. Les batailles de Prague, de Marengo et d'Austerlitz ont été composées sur ce plan, et plus d'un forte-piano a vu ses cordes se briser sous la main d'une jeune fille trop belliqueuse. Je m'empresse toutefois de reconnaître que ces œuvres d'imitation sont généralement médiocres, à l'exception de l'*Orage* de Steibelt, qui est fort joliment traité, et des magnifiques pages de nos grands compositeurs descriptifs Haydn, Beethoven, Weber et Mendelssohn. Lorsqu'un homme de génie veut imiter la nature, il ne se contente pas d'une reproduction servile des effets matériels ; il y ajoute quelque chose du jeu de ses propres nerfs, une marque des sentiments qui l'animent et qu'il veut imposer aux autres. Rossini a voulu peindre une scène de la nature alpestre : quel tableau l'a jamais exprimée avec plus de puissance, d'élévation et d'intérêt, que cette admirable ouverture de *Guillaume Tell* ?

Les dernières compositions de Haydn furent deux quatuors qui parurent en 1802. Il en avait commencé un troisième, dont le premier morceau suivi d'un menuet fut seul publié. Il ne put l'achever, par suite de l'affaiblissement de sa santé. Épuisé par l'âge et la maladie, le vieillard s'était confiné dans une retraite profonde, d'où l'admiration du public viennois vint un jour le tirer, pour lui faire un suprême triomphe. On exécuta sous ses yeux la *Création* chez le prince Lobkowitz avec le concours de cent soixante musiciens. La salle contenait environ quinze cents personnes, toutes choisies parmi les notabilités de la politique, des arts et de la beauté. L'émotion fut grande au milieu de cette assemblée d'élite quand on vit paraître le vieux symphoniste porté dans un fauteuil. Aussitôt les fanfares sonnent : la princesse Esterhazy et Mme de Kurbeck volent au-devant de leur vénérable ami ; Salieri, qui doit diriger l'orchestre, vient serrer avec attendrissement les mains du maître, qui l'embrasse. Enfin les premières mesures se font entendre, et l'auditoire, recueilli, rend encore hommage au compositeur par le profond respect avec lequel il écoute son chef-d'œuvre.

Un trait touchant doit être signalé dans le récit de cette solennité mémorable. Le médecin Capellini, homme de mérite, placé à côté de Haydn, s'aperçut que les jambes du célèbre artiste n'étaient point assez couvertes. A peine en a-t-il fait l'observation que les plus beaux châles, les plus riches cachemires viennent entourer et réchauffer les pieds du vieillard. Jamais l'attachement et la vénération ne se traduisirent en prévenances plus délicates, en attentions plus flatteuses. Cette journée était le glorieux couronnement des travaux de toute sa vie. Trop faible pour résister à tant d'émotions, l'auteur de la *Création* sent ses forces défaillir. On enlève le fauteuil ; au moment de sortir de la salle, il fait arrêter les porteurs, adresse au public un salut de remercîment, puis, se tournant vers l'orchestre, lève les mains et, les yeux pleins de larmes, semble appeler les bénédictions du Ciel sur les interprètes de son œuvre de prédilection.

La fin de Haydn fut attristée par les chagrins que causa à son âme patriotique la guerre de 1809. Depuis la reprise des hostilités entre la France et l'Autriche, il demandait à chaque instant des nouvelles, allait à son piano, et de sa voix défaillante chantait l'hymne national [1] : *Gott, erhalte Franz den Kaiser* (Dieu, sauvez l'empereur François) !

Le 10 mai, l'ennemi arriva à une demi-lieue du petit jardin de Haydn. Le vieillard, sans s'effrayer des obus qui viennent tomber près de sa maison, rassure ses domestiques en leur disant : « Pourquoi cette terreur ? Sachez qu'aucun mal ne peut arriver là où se trouve Haydn. » Mais la vigueur de l'âme n'empêche pas le corps d'aller chaque jour en s'affaiblissant, lorsque l'heure du départ de ce monde a sonné. Le 26 mai, le vieux musicien chanta pour la dernière fois :

Dieu, sauvez l'empereur François !

Cinq jours après, il n'était plus. Il s'éteignit le 31 mai 1809, à l'âge de soixante-dix-sept ans et deux mois. On l'inhuma dans le cimetière de Gumpendorff. A quelques semaines de là, les artistes viennois exécutèrent

---

1. L'hymne national de l'Autriche est le thème de l'adagio du troisième quatuor de l'œuvre 76. Ce quatuor est un chef-d'œuvre d'un bout à l'autre. Mais l'adagio a acquis une popularité de circonstance qui lui a fait donner le nom de prière ou d'*Hymne à la paix*. Il fut composé et exécuté à l'occasion du traité de *Campo-Formio*. On ne peut rien imaginer de plus harmonieux et de plus intéressant que ce thème, reproduit successivement et intégralement par chaque partie avec des variations et des modulations ravissantes. Il m'est arrivé plus d'une fois, lorsque je touchais l'orgue, de recevoir la visite de M. Franchomme. On accordait le violoncelle, et nous nous donnions le plaisir d'exécuter cet hymne. Les fidèles ne s'en plaignaient pas.

en son honneur dans l'église des Écossais le *Requiem* de Mozart, et Cherubini fit entendre au Conservatoire de Paris un *Chant funèbre sur la mort de Haydn.*

Comme nous l'avons dit plus haut, Haydn, sentant ses forces défaillir, ne composait plus, ne sortait plus de son jardin de Gumpendorff. Mais, pour se rappeler au souvenir de ses amis, il leur envoyait de temps en temps une carte sur laquelle il écrivait une phrase de musique de quatre mesures avec ces paroles : *Hin ist alle meine Kraft; alt und schwach bin ich,* dont le sens est : *Mes forces m'ont abandonné; je suis vieux et faible.* Haydn reproduisit cette phrase à la fin de son dernier quatuor en *la mineur,* qu'il laissa inachevé par ordre de son médecin. C'était un mot d'adieu. On s'évertua à chercher le sens de cette énigme ; on voulut voir dans cette phrase de quatre mesures un canon proposé par Haydn. Beaucoup de musiciens en cherchèrent la solution. Ils auraient mieux fait de lire les œuvres du maître. Cette phrase en *la majeur* est le commencement d'un délicieux quatuor vocal publié à Leipsick et dont on a fait depuis un motet religieux sur les paroles de l'*Ave Maria.*

L'artiste ne laissait pas d'héritier direct. Sa petite fortune passa donc à un sien parent, maréchal ferrant, à l'exception de 12,000 florins qu'il légua par testament à deux domestiques qui le servaient depuis de longues années. Ses manuscrits furent acquis par le prince Esterhazy, et le prince Lichtenstein acheta au prix de 1,400 florins un vieux perroquet qui passait pour avoir appris la musique et les langues dans son commerce de quarante ans avec l'illustre compositeur. On ne sait en quelles mains tomba la montre que l'amiral Nelson avait donnée en présent à Haydn.

Le charron de Rohrau a eu un second fils musicien, Michel Haydn, qui fut un compositeur de mérite. Satellite de deuxième grandeur, il fait partie de la constellation au centre de laquelle l'astre de Joseph darde les plus éclatants rayons. Ses compositions religieuses sont fort estimables. Comme son frère, il était laborieux, passionné pour son art ; il a passé sa vie à écrire ; mais, dévoué à la réputation de Joseph, il ne voulut jamais consentir à ce qu'on publiât ses œuvres de son vivant. Plus jeune de cinq ans que son frère, il le précéda de trois ans dans la tombe.

Le nombre des compositions de Haydn s'élève à près de huit cents, qui se divisent en cantates, symphonies, oratorios, messes, concertos, trios, quatuors, sonates, menuets, etc. La musique dramatique est représentée dans cet ensemble par vingt-deux opéras, dont huit allemands et quatorze italiens. Plusieurs furent écrits pour le théâtre particulier d'Eisenstadt. Gêné par les exigences de la scène, le plus grand des symphonistes n'est qu'estimable dans la mélopée dramatique.

C'était une piété sincère qui avait porté ce grand homme à célébrer, vers la fin de sa carrière, les merveilles de la création. Par une inspiration semblable, il avait l'habitude d'écrire en tête de ses partitions originales

les mots : *In nomine Domini*, ou : *Soli Deo gloria*, et de les terminer par cette formule : *Laus Deo*. A ce propos, je dirai comment une femme suédoise, d'une haute piété et d'un grand talent, a exprimé, dans un livre trop peu connu, l'origine et le but des beaux-arts :

« Toute expression du *beau* est un acte d'amour qui, à ce titre, n'est dû qu'à Dieu seul. En effet, tant que nous n'aimons pas, nous croyons déjà bien faire en remplissant exactement nos devoirs, si toutefois il est possible de les remplir sans l'amour de Dieu ; mais, dès que l'amour entre dans nos cœurs, nous trouvons à faire ces mille petites choses délicates qui sortent du domaine de l'utile pour constituer celui du *beau*. Toute forme de beauté est donc essentiellement une forme d'amour.

« Dieu lui-même nous en donne l'exemple dans les créations de la nature : un champ de blé, un champ de pommes de terre, ne nous parlent pas de l'amour de Dieu comme nous en parle une fleur. Si Dieu pouvait avoir des devoirs envers une créature perverse, le champ de blé serait presque le devoir de Dieu, devoir qui consisterait à nous nourrir après nous avoir créés. Mais la fleur, cette charmante et gracieuse inutilité, est-elle bien autre chose qu'une expression de l'amour de Dieu? Les beaux-arts étant nés de ce besoin du cœur humain d'embellir, c'est-à-dire d'aimer, ils sont comme des fleurs spirituelles qui ne doivent être offertes qu'à Celui qui est jaloux de tous les mouvements de nos cœurs et qui a bien voulu nous aimer le premier; l'hommage de toute œuvre d'art est donc rigoureusement dû à Dieu [1]. »

Telle est l'explication qu'on peut donner de la dédicace presque constante des œuvres de Haydn, coutume d'ailleurs suivie par un très-grand nombre de compositeurs jusqu'à Cherubini inclusivement. Maintenant, ce n'est plus à Dieu que les compositeurs dédient leurs ouvrages; c'est au peuple. Or, en fait d'art, *vox populi* n'est pas *vox Dei*. Aussi entendons-nous en musique plus communément les bruits de la rue que les échos du ciel.

La foi d'Haydn était sincère, candide et profonde. En présence de ces difficultés qu'offre souvent le travail du compositeur et que la hardiesse de ses conceptions devait rendre parfois inextricables, il prenait son rosaire et se mettait à prier. « Ce moyen, disait-il, m'a toujours réussi. » Quoiqu'il ait écrit des messes admirables et des motets d'une suavité tout angélique, sa musique sacrée manque souvent de cette mélancolie chrétienne, de ce sentiment de componction, d'adoration suppliante qu'on trouve dans les œuvres de Mozart. Son *Stabat Mater* est riche de combinaisons harmonieuses; mais il n'est pas imprégné de larmes comme celui de Pergolèse. Quant à un *Requiem*, Haydn n'a pas tenté l'expérience; et il a bien fait. Car sa confiance dans la bonté et la miséri-

---

1. Mme Gjertz, *la Musique au point de vue moral et religieux*.

corde divines était telle qu'il l'aurait traité *in tempo allegro;* c'est lui-même qui l'a dit.

Le souvenir d'un grand peintre se lie au souvenir du grand symphoniste par l'admiration que l'auteur de la *Création* inspirait à l'auteur de l'*Apothéose d'Homère*. Ingres ne se contentait pas d'être peintre ; il tenait à passer pour bon musicien. Quelle que fût son habileté d'amateur sur le violon, c'était, dans tous les cas, un admirateur passionné des œuvres de Haydn, et la veille du jour où il contracta la courte maladie qui mit fin à sa belle existence, ce fut un quatuor de Haydn qu'il fit exécuter chez lui par des artistes habiles. Beethoven, Mozart et Cherubini partageaient avec le vieux symphoniste l'enthousiasme de l'illustre peintre, qui, en dehors de ce cénacle, croyait n'entendre que des dissonances barbares et se bouchait les oreilles. Il y a de l'exagération sans doute dans ce parti pris, et trop de précaution contre l'influence des entraînements de l'art moderne et fantaisiste. Mais cette rigidité, ces principes inflexibles ne me déplaisent pas chez un homme qui, à juste titre, par sa volonté et par l'autorité de ses œuvres, assume la responsabilité d'une direction et d'une école de goût. Ingres ne déclinait pas cette haute mission. Lorsque, à l'occasion de son départ pour Rome, il réunit ses élèves, il leur adressa ces fières paroles : « On a dit, messieurs, que mon atelier était une église : eh bien ! oui, qu'il soit une église, un sanctuaire consacré au culte du beau et du bien, et que tous ceux qui y sont entrés et qui en sortent, réunis ou dispersés, que tous mes élèves enfin soient partout et toujours les propagateurs de la vérité ! »

Ayons des musiciens d'un caractère aussi ferme, d'un esprit aussi convaincu, et notre art, au lieu de se faire le complice des pires instincts de la brute, servira la cause des idées élevées et généreuses, et reprendra son rang dans l'œuvre de la vraie civilisation.

C'est aussi à Ingres que M. Eugène Sauzay a dédié son intéressante étude, dans laquelle il donne une analyse ingénieuse des quatuors de Haydn. Il parle, avec l'autorité d'un artiste de la bonne école et familiarisé avec les œuvres du maître, de cette justesse et de ce charme de proportions, qui procurent à l'auditeur de la musique de Haydn ce bien-être, ce repos de l'esprit et du cœur que donne seule la contemplation du beau, et que nul n'a su mieux faire goûter que lui.

« Nous avons, dit-il, signalé les rapports qui relient de nombreux adagios des quatuors de Haydn à cette grande musique de Gluck, toute remplie de ce qu'on pourrait appeler le *calme antique ;* mais, chez Haydn, cette expression se traduirait mieux par *sérénité chrétienne*. Car on sent partout à quelle source il allait puiser l'inspiration lorsqu'elle lui faisait défaut. C'est là qu'il a trouvé cette musique dans laquelle se mélangent à égal degré le *suaviter* et le *fortiter*, la douceur et la fermeté, cette musique qu'on peut dire saine à entendre, qui est toujours un bon conseil en même temps qu'un agréable et noble plaisir, et à l'auteur de laquelle s'appliquerait bien cette parole de Béatrix au poëte de Mantoue :

> Venni........
> Fidandomi nel tuo parlare onesto
> Ch' honora te e quei ch' udito l'hanno.

« Me voici..............

« Je me confie à ton parler honnête, qui t'honore et qui honore ceux qui l'entendent. »

Il existe plusieurs portraits de Haydn ; les uns ont été faits pendant son séjour en Angleterre, par Guttenbrunn, par Ott, gravés par Schiavonetti, par Bartolozzi ; d'autres en Allemagne, par Schroter à Leipsick, par Grassi à Vienne, par Hamman ; d'autres ont été publiés en France par Quenedey au moyen du physionotrace, par Craponnier, Benoist, Farey, Ach. Giroux. J'ai préféré donner un portrait plus intéressant et plus rare de Haydn, à trente ans environ, dessiné et gravé par J.-E. Mansfeld et publié à Vienne chez Artaria, l'éditeur des Œuvres du maître. La figure se détache dans un médaillon sur un fond d'attributs fort bien traités : à droite, une statue d'Euterpe dans un bocage ; au bas, sur un clavecin, divers instruments de musique, des partitions ouvertes et ces vers d'Horace :

> Blandus auritas fidibus canoris
> Ducere quercus.

Cette vivacité dans le regard, cette physionomie heureuse, sont bien celles du jeune auteur de tant de saillies musicales aussi ingénieuses qu'habilement développées et qui furent le prélude de tant de chefs-d'œuvre.

En associant dans notre esprit le vieil Haydn et ce qu'on appelle le bon vieux temps, il me semble que nous ne traitons pas trop mal ce dernier. Loin d'offrir des barrières au progrès de la civilisation, comme le soutient une certaine école qui se dit libérale, cette époque, aux yeux des artistes instruits et des hommes de bon sens, n'a-t-elle pas joui de prérogatives dignes de nos regrets, puisque de telles existences ont pu s'y produire dans les conditions les plus favorables à la culture des arts libéraux ? Nous avons vu éclore depuis des musiciens de génie ; mais, sous le rapport de la perfection dans toutes les parties de l'art symphonique, quel est celui qui ne donne lieu comme Haydn qu'à un seul sentiment, celui de l'admiration ?

GOSSEC

NÉ EN 1733, MORT EN 1829.

Gossec a marqué sa place dans presque tous les genres de musique, mais il a excellé dans la composition des chœurs. Il a traité magistralement les masses. Trop préoccupé peut-être de l'emphase et d'une sonorité majestueuse, il a su se faire un style noble et grandiose, acheté aux dépens de la chaleur et de l'originalité.

François-Joseph Gossec naquit le 17 janvier 1733, à Vergnies, village du Hainaut en Belgique. Son père était laboureur. Dès ses plus tendres années, il manifesta de remarquables dispositions pour la musique, et on le plaça à l'âge de sept ans comme enfant de chœur à la cathédrale d'Anvers. Il en sortit huit ans après et se mit à étudier le violon; mais un séjour à Paris pouvait seul lui permettre de perfectionner son talent et lui en faciliter l'emploi. Gossec se rendit aux conseils de ses amis, et il arriva à Paris en 1751, à l'âge de dix-huit ans. On le voit d'abord appelé à diriger l'orchestre que le fermier général La Popelinière avait réuni chez lui pour exécuter les ouvrages de Rameau. Le jeune artiste débuta donc sous les yeux de celui qui régnait alors sur le monde musical. Il put bientôt se faire une idée de l'imperfection de nos pièces instrumentales. A part quelques sonates de piano, quelques morceaux de Couperin et de Rameau, tout ce que nous possédions en ce genre était fort médiocre. La symphonie n'existait point, à proprement parler, en France. Gossec eut la gloire de faire entendre les premières symphonies instrumentales; mais il fallut plusieurs années pour que le public leur rendit justice et s'habituât à ce genre de compositions. Au moment de leur publication, en 1754, elles passèrent presque inaperçues; popularisées ensuite par le Concert spirituel, elles éclipsèrent les ouvertures de Lulli et de Rameau. N'est-ce pas une coïncidence singulière que de voir Haydn écrire sa première symphonie l'année même où Gossec inaugurait ce genre en France?

Quand Rameau eut cessé d'écrire pour la scène, La Popelinière supprima son orchestre, dont la seule destination avait été de *répéter* avant la représentation, les ouvrages de l'auteur de *Castor et Pollux*. Privé de sa position chez le financier, Gossec entra dans la maison du prince de Conti, comme directeur de musique. Au milieu des loisirs de sa charge, il se livra à un travail qui fut fécond en résultats. Ses premiers quatuors, publiés en 1759, eurent l'honneur de trois contrefaçons dans l'espace de deux ans, à Amsterdam, à Liége et à Manheim. La *Messe des morts*, gravée en 1760, obtint plus de succès encore; elle fixa définitivement la réputation du compositeur. Philidor, qui l'avait entendue à Saint-Roch, dit qu'il donnerait tous ses ouvrages pour avoir fait celui-là.

Gossec avait trente et un ans lorsqu'il aborda le genre dramatique. Le petit opéra du *Faux Lord*, représenté en 1764, aux Italiens, ne dut quelque succès qu'à la musique; mais les *Pêcheurs*, joués le 8 août 1766, furent beaucoup plus heureux. Cet opéra fut représenté pendant tout le reste de l'année. Gossec donna encore à la Comédie italienne le *Double Déguisement* et *Toinon et Toinette*.

Sabinus, tragédie lyrique en quatre actes, représentée à l'Académie royale de musique le 22 février 1774, a pour sujet l'histoire de ce chef lingon, complice de la révolte du Batave Civilis, et qui, après sa défaite, se retira dans une caverne, où il échappa pendant neuf ans à toutes les recherches des émissaires romains. Sa femme, Éponine, n'avait point voulu l'abandonner dans son malheur. Elle l'avait rendu père de deux enfants, lorsque les fugitifs furent découverts et amenés devant Vespasien, qui, peu touché de leurs longues souffrances, les fit condamner à mort. Ce pathétique épisode de l'histoire romaine pouvait inspirer un compositeur. Malheureusement, l'*Iphigénie* et l'*Orphée* de Gluck, joués quelques mois après, éclipsèrent promptement *Sabinus*. L'ouvrage avait cinq actes à la première représentation; on en supprima un sans intéresser davantage le public. « C'est un ingrat, dit Sophie Arnould, de persister à s'ennuyer quand on se met en quatre pour lui plaire. » *Alexis et Daphné*, *Philémon et Baucis*, *Hylas et Sylvie*, la *Fête du village*, *Thésée*, *Rosine*, etc., valurent jadis des éloges à leur auteur, mais ne restèrent pas au répertoire. Les airs de danse de *Thésée* seront toujours appréciés à cause de leur distinction et de leur harmonieuse instrumentation. Gossec contribua largement à améliorer l'exécution instrumentale en France par la fondation du Concert des amateurs (1770), où le bâton de chef d'orchestre était aux mains du fameux chevalier de Saint-Georges. Notre artiste modifia en l'enrichissant l'orchestration un peu trop nue qui était alors en vigueur. Il ne faut pas oublier que c'est à Gossec qu'on doit attribuer la première composition régulière, logique et systématique du grand orchestre. La partition de sa vingt-unième symphonie, en *ré*, se composait de la manière suivante : deux parties de violon, viole, violoncelle, contrebasse, deux hautbois, deux clarinettes, flûtes, deux bassons, deux cors, deux trompettes et timbales; c'est encore le fond de l'orchestration actuelle. Dans le même temps, il écrivit sa symphonie de *la Chasse*, que Méhul a pu imiter dans l'ouverture du *Jeune Henri*, mais en y ajoutant des qualités d'inspiration et d'invention que Gossec n'a jamais possédées.

Si donc le compositeur qui nous occupe n'a pas laissé un nom rayonnant à inscrire à côté de ceux des Haydn, des Mozart, des Beethoven, il n'en mérite pas moins la reconnaissance de la postérité pour le rôle utile qu'il a joué en s'efforçant de relever le niveau artistique de son époque et de fournir à la composition musicale de nouveaux éléments d'effet. Mais je n'en ai pas fini avec la liste de ses services. Il dirigea en 1773 l'entreprise du Concert spirituel, et, durant les quatre années qu'il fut à la tête de cet établissement, il aida au perfectionnement du goût public, tant par l'exécution de ses propres ouvrages que par celle des meilleures productions françaises et étrangères.

Gossec couronna son œuvre de progrès musical par l'institution de l'École royale de chant (1784), dont il eut la première idée, et dont le baron de Breteuil, ministre de la maison du roi, lui confia la direction. Il y enseigna lui-même l'harmonie et le contre-point.

Survinrent les événements de 1789. Quoiqu'ayant reçu de l'ancienne société française les encouragements les plus flatteurs, le Belge Gossec épousa avec ardeur les idées nouvelles. Il devint avec Catel le musicien ordinaire de la Révolution. Pas de fête patriotique, pas de solennité nationale à laquelle il n'ait prêté le concours de son talent.

Je puis donner les titres exacts relevés sur les partitions originales des compositions exécutées officiellement pendant une période de six années.

Un exemplaire de ce recueil, gravé et chargé de notes manuscrites intéressantes, a été détruit dans l'incendie de la bibliothèque du Louvre. J'en avais copié des fragments et la table des morceaux, que j'offre ici à mes lecteurs :

Recueil des chants consacrés aux époques de la Révolution Française et dans les fêtes Républicaines.

1. Le chant du 14 juillet, par M.-J. Chénier, musique de *Gossec*, chanté pour la première fois au Champ-de-Mars, le jour de la Fédération 1790. (« *Dieu du peuple et des rois* », en mi-bémol, à trois parties sans accompagnement.)
2. Hymne à l'Égalité, par M.-J. Chénier, musique de *Catel*, chanté dans une fête civique le 19 juin 1791, jour anniversaire de l'abolition de la noblesse en France.
3. Hymne à Voltaire, par M.-J. Chénier, musique de *Gossec*, chanté à Paris, le 12 juillet 1791, époque de la translation des cendres de Voltaire au Panthéon français. (Composition des plus médiocres, dans laquelle même on est surpris de trouver des quintes consécutives.)
4. Chant pour la fête de Château-Vieux, musique de *Gossec*, chanté en mai 1792, époque de la délivrance des Suisses qui avaient été condamnés à la chaîne, pour avoir défendu le peuple contre la barbarie de Bouillé, dans les murs de Nancy.
5. Hymne à la Liberté, par Gyrei Dupré, musique de *Daleyrac* (sic), chanté avant le 10 août 1792, par les patriotes qui conspiraient pour la République, pendant que le Comité autrichien conspirait au château des Tuileries pour le despotisme.

6. Le chant des Marseillais, par J. Rouget de l'Isle, chanté à Paris, le 10 août 1792, pendant l'attaque du château des Tuileries, par les braves Bretons, Marseillais et Parisiens, et ensuite dans les campagnes de la guerre de la Liberté.

7. Hymne à la Liberté, par Desorgues, musique de ***, chanté dans les fêtes anniversaires du 14 juillet.

8. Ronde du camp de Grand-Pré, par M.-J. Chénier, musique de *Gossec*, chantée par les défenseurs de la Patrie dans la campagne de 1792, après avoir chassé les Prussiens et les Autrichiens de la Champagne.

9. Hymne à la Liberté, par J. Rouget de l'Isle, musique d'Ignace Pleyel, chanté dans les armées de la République pendant la guerre de la Liberté.

10. Chant des Versaillais, par Delrieu, musique de Giroust, chanté par les défenseurs de la Patrie dans la deuxième campagne de la guerre de la Liberté.

11. Roland à Roncevaux, paroles et musique de J. Rouget de l'Isle, chanté par les défenseurs de la Patrie dans la deuxième campagne de la guerre de la Liberté.

12. Chanson patriotique, par Villars, chantée l'an premier de la République, lors de la plantation des arbres de la Liberté.

13. Chant en l'honneur des martyrs de la Liberté, par Coupigny, musique de *Gossec*, chanté aux obsèques nationales de Michel Le Pelletier, dans le Panthéon français.

14. Hymne pour l'anniversaire du 10 août, par Geoffroy, musique de Giroust, chanté à Versailles, l'an troisième de la République, pour l'anniversaire du 10 août.

15. Ode pour l'anniversaire du 10 août, par Lebrun, de l'Institut, musique de *Chérubini*, chantée aux anniversaires du 10 août.

16. Le chant du Départ, hymne de guerre, par M.-J. Chénier, musique de *Méhul*, chanté à l'époque de la réquisition générale des Français, l'an premier de la République, et pendant les campagnes de la guerre de la Liberté.

17. Hymne pour l'inauguration d'un temple à la Liberté, par François de Neufchâteau, musique de *Lesueur*, chanté l'an deux de la République.

18. Hymne à la Raison, par Eusèbe Salverte, musique de *Méhul*.

19. Hymne sur la reprise de Toulon, par M.-J. Chénier, musique de *Catel*, chanté le 10 nivôse an deuxième, à la fête décrétée par la Convention nationale pour consacrer la reprise de Toulon.

20. Hymne du vingt et un Janvier, par Lebrun, membre de l'Institut national, musique d'Hyacinthe Jadin, chanté à Paris, le 2 pluviôse an deuxième, dans la fête anniversaire de la juste punition du dernier roi des Français.

21. Le Salpêtre républicain, par ***, musique de *Chérubini*, chanté à Paris, en pluviôse an deuxième, dans la fête de l'ouverture des travaux pour l'extraction des salpêtres.

22. Hymne à l'Être suprême, par Charles Desorgues, musique de *Gossec*, chanté par le peuple, le 20 prairial an deuxième, dans la fête à l'Être suprême : « *Père de l'univers.* »

23. Hymne à l'Être suprême, par M.-J. Chénier, musique de *Catel*.

24. Hymne à l'Éternel, par Lebrun, de l'Institut national, musique de Langlé.

25. Hymne à l'Éternel, par Geoffroy, musique de Devienne.

26. Ode sur le vaisseau *le Vengeur*, par Lebrun, musique de *Catel*. Dans le combat du 13 prairial an II, les républicains qui montaient le vaisseau *le Vengeur*, après avoir répondu au feu meurtrier de plusieurs vaisseaux ennemis,

préférèrent s'ensevelir dans l'Océan plutôt que de se rendre aux Anglais. Avant de couler bas, ils hissèrent les flammes et le pavillon tricolores, et leur dernier cri fut : Vive la République ! vive la Liberté !

27. Hymne à la Victoire, sur la bataille de Fleurus, par Lebrun, musique de *Catel*, chanté le 11 messidor an deuxième, au concert du peuple, dans le jardin national des Tuileries, pour célébrer la victoire de Fleurus.

28. Le chant des victoires, par M.-J. Chénier, musique de *Méhul*, chanté le 16 messidor an deuxième, au concert du peuple, dans le jardin national des Tuileries, pour célébrer les victoires de la République.

29. Ode sur la situation de la République durant la tyrannie décemvirale, par M.-J. Chénier, musique de *Catel*.

30. Hymne du neuf thermidor, par Desorgues, musique de *Lesueur*, chanté à la Convention nationale, le 9 thermidor an troisième.

31. Hymne à la fraternité, par Ch. Desorgues, musique de *Chérubini*, chanté dans le jardin national des Tuileries, le premier vendémiaire an deuxième, époque de l'anniversaire de la fondation de la République.

32. Hymne à J.-J. Rousseau, par M.-J. Chénier, musique de *Gossec*, chanté à Paris, le 20 vendémiaire an troisième, pendant la translation des cendres de Rousseau au Panthéon français :

> Toi qui d'Émile et de Sophie
> Dessinas les traits ingénus, etc.

La musique en est ravissante, mais les paroles sont ridicules.

33. Hymne sur la mort de Ferraud, par Baour-Lormian, musique de *Méhul*, chanté à la Convention nationale, le 14 prairial an troisième, à la pompe funèbre en l'honneur de Ferraud.

34. Le rappel des patriotes, par Coupigny, musique de ***, chanté pendant la réaction royale de l'an troisième.

35. L'hymne des vingt-deux, par M.-J. Chénier, musique de *Méhul*, chanté à la Convention nationale, le 11 vendémiaire an troisième, dans la pompe funèbre pour l'anniversaire de l'assassinat des représentants du peuple, fait juridiquement par le tribunal révolutionnaire.

36. Chant du banquet républicain pour la fête de la Victoire, par Lebrun, de l'Institut national, musique de *Catel*, chanté le 10 prairial an quatrième, à la fête célébrée à l'occasion des victoires remportées en Italie.

37. Ode sur le 18 fructidor, par ***, musique de *Chérubini*, jour de la conspiration dite des poignards, aux Tuileries.

38. Hymne funèbre sur la mort du général Hoche, par M.-J. Chénier, musique de *Chérubini*, chanté au Champ-de-Mars, le 10 vendémiaire an sixième, dans la pompe funèbre célébrée en l'honneur de Hoche.

39. Chant dithyrambique pour l'entrée triomphale des monuments conquis, par Lebrun, musique de *Lesueur*, chanté à Paris, à la fête nationale célébrée à cette occasion, le 9 thermidor an sixième.

40. Le chant du retour, hymne pour la paix, par M.-J. Chénier, musique de *Méhul*, chanté au palais directorial, le 20 frimaire an sixième, époque de la présentation au Directoire, par Buonaparte, de la ratification du traité de Campo-Formio.

41. Ode sur la situation de la République en prairial an septième, par Lebrun, musique d'Eler.

42. Anniversaire de la fondation de la République, 1er vendémiaire, hymne, paroles de M.-J. Chénier, musique de *Martini*.

43. Plantation des arbres de la Liberté, 2 pluviôse, hymne, paroles de Maherault, musique de *Grétry*.

44. Fête de la souveraineté du peuple, 30 ventôse, hymne, paroles de Boisjolin, musique de *Catel*.

45. Fête de la jeunesse, 10 germinal, hymne, par Parny, musique de *Chérubini*.

46. Fête des époux, 10 floréal, hymne, par Ducis, musique de *Méhul*.

47. Fête de la Reconnaissance, 10 prairial, hymne, par Maherault, musique de *Chérubini*.

48. Fête de l'Agriculture, 10 messidor, chant, par François (de Neufchâteau), musique de *Lesueur*.

49. Anniversaire du 9 thermidor, hymne, par M.-J. Chénier, musique de *Méhul*.

50. Anniversaire du 10 août, 23 thermidor, hymne, par M.-J. Chénier, musique de *Catel*.

51. Fête de la vieillesse, 10 fructidor, hymne, par Arnault, musique de *Lesueur*.

52. Hymne à l'Hymen pour la célébration des mariages, paroles de P.-L. Ginguené, de l'Institut national, musique de *Piccinni*.

Ces compositions, destinées à être exécutées en plein air, ont été invariablement écrites avec un accompagnement d'instruments à vent, c'est-à-dire de clarinettes, de cors et de bassons. Cet arrangement fut adopté par les autres compositeurs de cette époque. A l'époque révolutionnaire appartiennent également l'opéra du *Camp de Grandpré*, dans lequel Gossec introduisit la *Marseillaise* arrangée en chœur et à grand orchestre, ainsi que l'opéra de la *Reprise de Toulon* (1796).

Gossec avait soixante-deux ans au moment où le Conservatoire fut créé; mais l'âge était impuissant à refroidir son ardeur pour l'avancement des études musicales. L'ancien directeur de l'École royale de chant avait de droit sa place marquée dans l'établissement qui la remplaçait. Non-seulement il apporta dans ses fonctions d'inspecteur toute l'activité de la jeunesse, mais encore il fut le principal collaborateur du volumineux solfège publié par les professeurs du Conservatoire, et occupa la chaire de composition pendant un espace de douze ans (jusqu'en 1814). L'élève le plus remarquable qu'il ait formé est Catel, l'auteur de *Sémiramis*. Dourlen et Panseron furent aussi les élèves de Gossec.

Il fut nommé membre de la section des Beaux-Arts, à l'époque de la formation de l'Institut, et Napoléon lui conféra la décoration de la Légion d'honneur. Il ne connut le repos que depuis 1815 jusqu'à sa mort. Cependant il assistait régulièrement aux séances académiques. En 1823, ses facultés commencèrent à décliner, par l'effet de la vieillesse. Il se retira alors à Passy, où il mourut le 16 février 1829, âgé de quatre-vingt-seize ans.

Le motet *O salutaris* de Gossec est resté célèbre. Le compositeur se trouvait à déjeuner un dimanche à Chennevières, près de Sceaux, chez M. de La Salle, secrétaire de l'Opéra, quand le curé de la paroisse, qui devait avoir ce jour-là dans son église une messe en musique, ne voyant pas venir les musiciens sur lesquels il comptait, eut recours au compositeur pour se tirer d'embarras. En une heure de travail, Gossec eut calmé les inquiétudes du curé en écrivant cet *O salutaris*. Il avait avec lui Chéron, Loïs et Rousseau. Ces artistes chantèrent dans la petite église de Chennevières le motet que le maître venait d'improviser. Le lundi suivant, 9 décembre 1782, l'*O salutaris* fut entendu au Concert spirituel et très-goûté des assistants. Ces trois pages de musique de l'auteur de *Sabinus* et de tant d'autres compositions qui ont eu leur jour de vogue, sont aujourd'hui à peu près les seules que l'on chante et qui puissent consoler son ombre d'un trop dédaigneux oubli.

SACCHINI

NÉ EN 1734, MORT EN 1786.

Sacchini appartient à l'école de Piccinni, mais on remarque dans ses compositions plus d'ampleur dans les idées et un sentiment plus conforme aux traditions de la tragédie antique. Sa mélodie est noble et touchante dans les scènes pathétiques ; ses chœurs ont de la puissance et du caractère ; son harmonie est pure ; mais sa marche trop régulière donne peut-être à l'ensemble, comme on le remarque aussi dans les ouvrages de Méhul, une teinte un peu uniforme.

Une circonstance fortuite, analogue à celle qui fit de Giotto un peintre, livra Sacchini à la musique. Né à Pouzzoles, le 23 juillet 1734, d'une famille de pauvres pêcheurs, il n'eût probablement pas quitté ses filets, si Durante, étant venu à passer dans la localité qu'il habitait, ne l'eût entendu chanter d'une voix fraîche et bien timbrée certains airs populaires. Le maître, aussi frappé de l'intelligence vive et de la mine éveillée de l'enfant que de la justesse de ses intonations, pressentit en lui une vocation artistique et l'emmena à Naples, où il le fit admettre au Conservatoire de Saint-Onuphre. Le jeune Sacchini y étudia le violon avec Nicolas Forenza, le chant avec Gennaro Manna, et passa ensuite sous la direction de Durante, qui lui enseigna l'harmonie et le contre-point. Il eut pour condisciples deux hommes qui devaient être ses émules et partager sa gloire : Piccinni et Guglielmi, l'un et l'autre plus âgés que lui. « Vous avez un rival difficile à vaincre, disait le sagace professeur à ses autres élèves ; si vous ne faites beaucoup d'efforts, au moins pour l'égaler, il restera seul, et ce sera l'homme de ce siècle. » C'était de Sacchini que Durante tirait cet horoscope. A la mort de son maître, le jeune artiste avait vingt et un ans (1755). L'année suivante, il débuta dans la composition dramatique par *Fra Donato*, intermède en deux parties, exécuté avec un grand succès d'école par les élèves du Conservatoire. Après avoir terminé ses études, il donna des leçons de chant et se fit connaître sur quelques scènes secondaires par de petits opéras en dialecte napolitain, tels que *il Copista burlato* (1759), *I due Fratelli beffati* (1760), *I due Baroni* (1762). Ces productions, favorablement accueillies du public, lui procurèrent un engagement au théâtre *Argentina* de Rome, pour lequel il écrivit *Semiramide*, opéra séria qui fut joué avec succès. Le compositeur se fixa alors dans cette ville et y demeura sept années. De temps à autre, il donnait un ouvrage à Florence, à Naples et à Milan. De 1762 à 1768, on le voit composer *Eumene*, *Andromaca*, *Il gran Cid*, l'*Amor in Campo*, *Lucio Vero*, la *Contadina in corte*, l'*Isola d'Amore*, l'*Olimpiade*, *Artaserse*, et enfin *Alessandro nell' Indie*, joué à Venise et qui valut à l'auteur la place de directeur de l'*Ospedaletto* au Conservatoire de cette ville. Sacchini n'occupa cette position que peu d'années; mais il eut le temps de former d'excellents élèves pour le chant, entre autres la Ferrarese, que la tradition lui donne pour maîtresse. Il travailla aussi pour beaucoup d'églises et de couvents. Ses messes, ses vêpres et ses motets se font remarquer par l'élégance du style et la suavité des mélodies. En même temps, il continuait de se livrer à la musique dramatique et faisait entendre, à Padoue, un de ses chefs-d'œuvre : *Scipione in Cartagine* (1770). Sacchini, comme la plupart des compositeurs de son temps, avait une prédilection marquée pour les poëmes de Métastase.

A l'âge de trente-six ans, il avait déjà donné à la scène quarante opéras sérieux et dix opéras-bouffes. Vers la fin de 1771, ayant rempli l'Italie de son nom et jaloux de se produire hors de son pays, il alla faire jouer à Munich et à Stuttgard quelques ouvrages qui n'ajoutèrent rien à son illustration. Sacchini se rendit à Londres l'année suivante (1772). Il y débuta en reprenant quelques anciennes pièces de son répertoire, dont plusieurs furent enrichies d'airs nouveaux. Il écrivit ensuite *Tamerlano* (1773), *Nitteti* (1774), *Perseo* (1774), *Montezuma* (1775), *Creso* (1775), *Erifile* (1776), etc. Malheureusement, l'artiste manquait de l'esprit de conduite, nécessaire partout pour faire accepter le talent, et peut-être plus encore en Angleterre qu'ailleurs. Sa passion pour la galanterie et le luxe effréné qu'il affichait avaient le double inconvénient de lui créer des ennemis et de mettre ses affaires en mauvais état. A ces ennuis se joignit l'inimitié du ténor Rauzzini, qui avait d'abord été lié avec lui et qui, plus tard, prétendit à la paternité des airs les plus vantés de ses opéras, absolument comme ce pauvre Crescentini, qui voulait absolument avoir composé les plus beaux airs de Zingarelli. Cette revendication était absurde ; cependant, on y prêta sottement l'oreille. Enfin, menacé de la prison par ses créanciers, Sacchini

SACCHINI.

dut quitter l'Angleterre et venir chercher des auditeurs en France, où Framery avait déjà préparé les esprits en sa faveur par la traduction de *l'Isola d'amore* jouée sous le titre de *la Colonie*.

A cette date (1782), la querelle des gluckistes et des piccinnistes absorbait toute l'attention du public parisien. Que venait faire un étranger au milieu de cette bagarre? Le moment paraissait évidemment mal choisi. Ce fut une bonne fortune pour Sacchini que la coïncidence de son voyage avec le séjour de Joseph II à Paris. Le fils de Marie-Thérèse était, on le sait, amateur passionné de la musique italienne. Il recommanda le compositeur à sa sœur Marie-Antoinette, et *Rinaldo* put de la sorte être monté à l'Opéra (25 février 1783). L'*Armide* de Lulli avait été jouée en 1686. Il y avait donc près d'un siècle que la fameuse héroïne du Tasse régnait sur notre scène lyrique. Depuis Quinault, Pellegrin avait traité ce sujet et Gluck en avait tout récemment tiré un chef-d'œuvre. Il était dangereux pour Sacchini de venir après tant d'autres et surtout après le maître allemand dont le succès datait de la veille. C'est à cette cause qu'il faut attribuer la froideur avec laquelle on accueillit cette partition d'un grand mérite. Au premier acte, l'air de Renaud : *Déjà la trompette guerrière*, et le chœur : *Régnez, triomphez, belle Armide*; au second acte, un quatuor délicieux de soprani : *Vous triomphez, belle princesse*, et l'air si pathétique : *Barbare amour, tyran des cœurs*; au troisième acte, l'andante grazioso en ré : *Et comment veux-tu que je vive?* sont, sans parler de beaucoup d'autres, des morceaux qui méritaient le suffrage des gens de goût. Malgré ces beautés, *Rinaldo* ne réussit pas. Un échec non moins injuste fut celui qu'éprouva *Il gran Cid*, arrangé pour notre scène sous le titre de *Chimène*, et donné à l'Opéra en 1784. Le musicien avait cependant tiré tout le parti possible du magnifique sujet qui appartient à Corneille. L'air : *Je vois dans mon amant l'assassin de mon père*, l'allegro : *Combats pour soustraire Chimène*, sont pathétiques et d'une belle facture. Dans cet ouvrage, comme dans tous ceux de Sacchini, dans *Œdipe*, *Renaud* et *Dardanus*, règne une sensibilité distinguée, qui n'a rien de commun avec l'afféterie si en vogue à cette époque. Les formes du style sont d'une pureté qui en rend l'audition encore très-agréable aujourd'hui. Bien que Sacchini excellât surtout dans la partie vocale, ses ouvertures sont bien traitées. Celle de *Chimène* a été souvent rapprochée de l'ouverture de la *Caravane*, opéra-comique de Grétry joué à Paris la même année. Selon toute apparence, Grétry s'est rencontré avec le maître italien plutôt qu'il ne l'a imité de propos délibéré.

Le troisième opéra que le compositeur fit entendre à Paris, *Dardanus*, représenté à l'Opéra en 1784, n'obtint aussi qu'un succès très-contesté. Et cependant il semble qu'on eût dû admirer l'air d'Iphise : *Cesse, cruel amour, de régner sur mon âme*, l'air de Dardanus : *Jour heureux, espoir enchanteur*, et la magnifique scène : *Il me fuit, il ne m'écoute plus*, où

Iphise peint les angoisses de son cœur partagé entre l'amour et la tendresse filiale. Rameau avait écrit un opéra sur le même sujet; mais ici les scènes sont beaucoup plus développées et les mouvements plus pathétiques. L'ouverture, en *ut mineur*, est bien traitée. On remarque encore dans la partition un air de ballet en *sol* et une galante en *ré* d'un effet gracieux.

Le plus complet des ouvrages de Sacchini, celui où ses qualités se montrent avec le plus d'éclat sans aucun alliage des négligences qu'on remarque parfois dans ses autres productions, c'est *Œdipe à Colone*, tragédie-opéra en trois actes, représentée à l'Académie Royale de musique, le 1er février 1787, après la mort du compositeur. Tout le monde sait combien de fois depuis Sophocle, les poëtes dramatiques ont mis en scène ce personnage d'Œdipe qui est la plus déplorable victime de l'ἀνάγκη antique. Il y a un cycle d'Œdipe, comme il y a un cycle de Don Juan. Ce sujet est de ceux que tous les auteurs ont voulu traiter : pierre d'achoppement pour les Prévost, les Sainte-Marthe, les La Mothe; occasion de triomphe pour les Corneille et les Voltaire. Restait-il encore quelque chose à dire sur le fils de Laïus et de Jocaste? Non peut-être à un littérateur; mais il était réservé à la musique de reprendre pour la raviver cette donnée terrible d'un personnage parricide, incestueux et innocent. Dans sa partition Sacchini atteint parfois à la sublime simplicité du modèle grec. Glissons sur l'ouverture qui rappelle la pauvreté d'orchestration propre aux compositeurs italiens de ce temps. Le maître ne tarde pas à se révéler dans l'air de Polynice : *Le Fils des dieux, le successeur d'Alcide*, dans le chœur des soldats : *Nous braverons pour vous les plus sanglants hasards*, dont Méhul a imité depuis la facture énergique et sobre. Le chœur de femmes, au rhythme si harmonieux : *Allez régner, jeune princesse*, reporte l'imagination à ces théories de jeunes filles qui se rendaient au temple de Pallas Athéné, vêtues de blanc et portant dans leurs mains des rameaux d'olivier. Quel charme aussi dans l'air de l'Athénienne et dans celui d'Eriphile! La marche des prêtres est sublime et laisse peut-être derrière elle les compositions analogues de Gluck, excepté toutefois la marche d'*Alceste*. Tout le monde connaît la grande scène : *Ah! n'avançons pas davantage*. C'est une merveille que d'avoir su saisir et rendre aussi bien le spectacle de la faiblesse de l'âge appuyée sur la faiblesse du sexe. Cela fait penser aux vers d'Alfred de Musset :

> Aux forces du vieillard leur sève s'est unie :
> Ces deux fardeaux si doux suspendus à sa vie
> Le font vers son tombeau marcher à pas plus lents.

Pour abréger, je ne citerai plus que le mouvement de l'allegro : *Filles du Styx, terribles Euménides*, et l'air d'*Œdipe* : *Antigone me reste, Antigone est ma fille*, dont tous mes lecteurs fredonnent la phrase touchante : *Elle m'a prodigué sa tendresse et ses soins*. C'est un des plus beaux airs français.

Malheureusement Sacchini ne put parvenir à faire jouer son *Œdipe*. La reine Marie-Antoinette avait promis au compositeur qu'*Œdipe* serait le premier ouvrage qu'on représenterait sur le théâtre de la cour à Fontainebleau; l'auteur, heureux de cette parole, continuait à se trouver tous les dimanches au sortir de la messe sur le passage de la reine qui l'invitait quelquefois à passer dans le salon de musique où elle l'entendait avec plaisir chanter quelques fragments de son *Arvire et Evelina*, opéra en préparation. Sacchini crut bientôt remarquer une sorte de froideur de sa part, et enfin un jour la reine l'aborda et lui dit avec émotion : — Monsieur Sacchini, on dit que j'accorde trop de faveur aux étrangers. On m'a si vivement sollicitée de faire représenter, au lieu de votre *Œdipe*, la *Phèdre* de M. Lemoine, que je n'ai pu m'y refuser. Vous voyez ma position; pardonnez-moi. » Ce fut le coup de grâce pour le pauvre compositeur. Il tomba malade le soir même, et mourut trois mois après, le 7 octobre 1786, à l'âge de cinquante-deux ans. S'il avait éprouvé quelque difficulté à se faire accepter en France, malgré l'appui que lui prêtait la reine, tous les ressentiments s'éteignirent, toutes les préventions se dissipèrent en présence de sa fin si regrettable. On ne vit plus que la perte irréparable faite par l'art musical dans la personne d'un de ses plus illustres représentants. A Paris d'éclatants honneurs funèbres furent rendus à l'auteur d'*Œdipe*; en Italie son buste fut sculpté par François Caradori pour être placé dans la chapelle du Panthéon de Rome.

DEZÈDE

NÉ EN 1740, MORT EN 1792.

Dezède est l'auteur de la jolie musique des couplets : *Je suis Lindor*, chantés dans le *Barbier de Séville* de Beaumarchais. Musicien faible et d'une veine assez pauvre, il mérite pourtant d'échapper à l'oubli à cause de l'heureuse sensibilité qui distingue la plupart de ses compositions.

La naissance de cet artiste est restée un problème. On croit qu'il faut la placer vers 1740; quant au lieu où il reçut le jour, les uns tiennent pour l'Allemagne, les autres pour l'Angleterre, d'autres enfin pour la France et vont même jusqu'à désigner Lyon comme sa ville natale; mais toutes ces suppositions reposent sur des fondements peu solides, et il est impossible de s'arrêter à aucune. Dernièrement un biographe a laissé entendre que l'auteur de *Blaise et Babet* pouvait bien être un fils naturel de Frédéric II. Le mystère laisse le champ libre à toutes les conjectures; toutefois, répétons-le, ce ne sont que des conjectures, et l'état civil du compositeur est encore à trouver. Le nom même sous lequel il est connu paraît avoir été formé de la réunion des deux lettres DZ, seule signature que l'on rencontre sur la partition de *Julie*, son premier ouvrage. Notre musicien aurait ainsi acquis un nom, comme le célèbre aventurier Casanova acquit son titre : baron de Seingalt, par la grâce de l'alphabet. Ce qui autorise jusqu'à un certain point cette hypothèse, c'est que les écrivains du temps orthographient ce nom de sept ou huit manières différentes : De Zède, Dezède, Dezèdes, Desède, Des-Aides, Desaides, Dezaide, etc. Il est probable que cet enfant abandonné dont la vie se consuma à la recherche de ses parents, se désigna par les initiales DZ comme il se fût désigné par l'anonyme X, afin de n'avoir pas à changer de nom, lorsqu'enfin il lui serait permis de porter celui de sa famille. Mal lui en a pris de vouloir obstinément dégager cette inconnue.

Quels que soient le vrai nom et la véritable origine de Dezède, il paraît avoir eu pour père un grand personnage ou tout au moins un homme opulent, car on lui fit donner l'éducation que recevaient alors les gens de qualité. Amené de bonne heure à Paris, il fut placé dans un collége de cette ville. Après ses humanités, il passa dans les mains d'un abbé qui acheva son instruction et lui enseigna à jouer de la harpe. Il apprit aussi à cette époque la composition musicale, sans prévoir qu'il devrait un jour utiliser pour sa subsistance ce qu'il étudiait alors comme un art d'agrément.

Grâce aux libéralités d'un père ou d'une mère qui ne voulurent jamais se faire connaître, le jeune homme touchait une pension annuelle de 25,000 livres, laquelle fut portée au double de cette somme quand il atteignit sa majorité. Heureux si une curiosité inquiète et déplacée ne lui eût point fermé la source de ce bienfait! Mais Dezède ne pouvait se résigner à ignorer toujours d'où il sortait; il se croyait avec quelque raison issu d'un sang noble, sinon princier. Son notaire eut beau lui faire observer que non-seulement ses tentatives n'aboutiraient à aucun résultat, mais encore que la personne intéressée à ce que ce secret fût gardé, le punirait d'avoir essayé de le pénétrer en lui retirant sa pension, Dezède dédaigna cette menace, continua ses recherches de plus belle et ne réussit qu'à s'attirer, ainsi qu'on le lui avait prédit, la disgrâce du bienfaiteur inconnu qui le protégeait. C'est alors que, réduit pour vivre à tirer parti de son talent, il entra dans la carrière de compositeur dramatique et donna une certaine illustration au nom improvisé que ses ancêtres ne lui avaient pas transmis.

Son début fut *Julie*, opéra-comique en trois actes, représenté à la Comédie italienne le 22 septembre 1772. Les paroles étaient de l'acteur Monvel, plus célèbre encore par sa fille, Mlle Mars, que par son double talent d'acteur et d'auteur.

Quoi qu'ait pu écrire Grimm, juge suspect quand il s'agit de la musique française, la pièce obtint un succès mérité, le public accueillit également bien l'*Erreur d'un moment*, œuvre due encore à la collaboration de Monvel et de Dezède et jouée le 14 juin 1773. Mais, la même année (4 octobre 1773), le *Stratagème découvert* tomba lourdement; cet opéra ne put aller au delà de la quatrième représentation. Quatre ans après, le musicien et son librettiste furent plus heureux avec les *Trois Fermiers*, deux actes charmants joués à la Comédie italienne, le 24 mai 1777. L'association de Dezède et de Monvel aurait pu produire encore d'heureux fruits, si celui-ci, empêché par d'autres travaux, n'avait renoncé momentanément à écrire pour la Comédie italienne. Forcé dès lors de se contenter de librettistes tels que Razins de Saint-Marc, Martignac, Mabille, Sauvigny, notre artiste essuya une série de chutes avec le *Langage des fleurs*, *Cécile*, *A trompeur trompeur et demi*, *Péronne sauvée*, opéra en quatre actes joué à l'Académie royale de musique, le 27 mai 1783. Tant d'insuccès éprouvés coup sur coup eurent enfin une contre partie; ce fut la vogue immense qui accueillit *Blaise et Babet*, opéra-comique, représenté le 30 juin 1783, dont Monvel, alors exilé, avait fourni le livret. Cette partition peut être considérée comme l'une de celles qui montrent avec le plus d'avantages les qualités gracieuses et naïves du compositeur. Des dix-sept ouvrages qu'il a donnés au théâtre de 1772 à 1792, nul n'a joui d'une fortune plus éclatante et plus prolongée.

Avec le produit de ses travaux, Dezède aurait pu vivre dans l'aisance s'il n'avait gardé de sa première opulence des habitudes fastueuses qui l'entraînèrent à des frais hors de proportion avec son revenu. Il portait d'ordinaire un costume orné de riches broderies et il se chaussait de bottes à la manière des Prussiens et des Suédois. Ce n'était pas la seule singularité de cet homme bizarre. Par la taille, la tournure et les manières, il ressemblait assez à Greuze. Il cherchait visiblement à conformer sa tenue à celle de ce peintre.

Bien qu'il eût un cœur excellent, il affectait de donner le change sur sa bonté naturelle par la rudesse et la brusquerie de ses formes. Mais son principal défaut était la prodigalité. Vainement le prince héréditaire de Bavière, qui admirait son talent, voulut il le mettre à l'aise en lui offrant avec un brevet de capitaine, cent louis d'appointements, à la seule condition de venir passer chaque année un mois à Deux-Ponts; Dezède accepta ces propositions libérales, mais elles ne contribuèrent pas à le rendre plus riche. On a dit que ses dépenses avaient ruiné sa maîtresse, Mlle Bellecour, artiste de la Comédie française. Heureusement pour la mémoire du musicien, il n'en est rien. M. Arthur Pougin, dans l'intéressante étude qu'il a publiée sur l'auteur de *Blaise et Babet*, a réfuté victorieusement cette calomnie. Il reste avéré, à la suite de sa lumineuse discussion, que les goûts dispendieux du compositeur n'ont jamais fait de tort qu'à lui-même.

Il a obtenu aussi quelques succès dramatiques; il est l'auteur d'*Auguste et Théodore* ou *Les deux pages*, pièce jouée au Théâtre-français et dans laquelle l'acteur Fleury a obtenu un de ses premiers succès.

Dezède mourut en 1792. Il laissa une fille, Mlle Florine Dezède, qui fit représenter à la Comédie italienne, le 8 novembre 1791, un opéra-comique en un acte, intitulé : *Lucette et Lucas*.

Sans acquiescer à tous les éloges que M. Pougin, dans son travail d'ailleurs si consciencieux et si instructif, accorde à l'auteur de *Blaise et Babet*, je reconnaîtrai volontiers que Dezède occupe en France le premier rang parmi les *musici minores* du dix-huitième siècle. Ses compositions portent la trace d'études harmoniques bien faites, sinon sous la direction de Philidor, à coup sûr sous l'influence des œuvres de ce maître. Sa musique joint à une expression vraie, toujours locale, le mérite d'une mélodie gracieuse et naïve. C'est ce qui a fait surnommer Dezède l'*Orphée des champs*.

GRÉTRY

NÉ EN 1741, MORT EN 1813.

Grétry ne possède ni la science des harmonistes allemands, ni l'extrême richesse mélodique des Italiens; mais sa musique, qu'il s'est efforcé de rendre parlante, répond bien au tempérament d'un pays où l'on tient surtout à ce que les inspirations du compositeur s'adaptent parfaitement aux intentions du poëte. De là la vogue immense que les ouvrages du maître liégeois ont eue à Paris. Par le mélange de légèreté et de sensibilité qui constitue son talent, il était appelé à réussir dans l'opéra-comique de demi-caractère.

Le plus français de nos compositeurs dramatiques, André-Ernest-Modeste Grétry, naquit à Liége, le 11 février 1741. Lorsqu'il eut atteint sa sixième année, son père, qui était premier violon à la collégiale de Saint-Denis, l'y fit entrer comme enfant de chœur. Ce fut pour Grétry le commencement de tribulations sans nombre dont il a consigné le souvenir amer dans ses *Essais sur la musique*.

« L'heure de la leçon offrait, dit-il, un champ vaste aux cruautés du maître de musique : il nous faisait chanter chacun à notre tour, et, à la moindre faute, il assommait de sang-froid le plus jeune comme le plus âgé. Il inventait des

GRÉTRY

tortures dont lui seul pouvait s'amuser; tantôt il nous mettait à genoux sur un gros bâton court et rond, et au plus léger mouvement nous faisions la culbute. Je l'ai vu affubler la tête d'un enfant de six ans d'une vieille et énorme perruque, l'accrocher en cet état contre la muraille, à plusieurs pieds de terre, et là il le forçait, à coups de verges, de chanter sa musique, qu'il tenait d'une main, et de battre la mesure de l'autre. Ce pauvre enfant, quoique très-joli de figure, ressemblait à une chauve-souris clouée contre un mur, et perçait l'air de ses cris. C'était toujours en notre présence qu'il accablait de ses coups le premier qui avait transgressé ses lois barbares. De pareilles scènes, qui étaient journalières, nous faisaient tous frémir; mais ce que nous redoutions le plus, c'était de voir terrasser le malheureux sous ses coups redoublés, car alors nous étions sûrs de le voir s'emparer d'une seconde, d'une troisième, d'une quatrième victime, coupables ou non, qui devenaient tour à tour la proie de sa férocité; c'était là sa manie. Il croyait nous consoler l'un par l'autre, en nous rendant tous malheureux. Et lorsqu'il n'entendait plus que soupirs et sanglots, il croyait avoir bien rempli ses devoirs. »

Le tableau paraît avoir été un peu chargé; mais en les diminuant de moitié, ces mauvais traitements, alors trop communs dans les écoles, n'étaient pas de nature à faire faire des progrès rapides à un enfant timide et maladif. La complexion délicate du jeune Grétry demandait les plus grands ménagements : au lieu de faire de lui un musicien, une telle méthode d'enseignement l'aurait probablement abruti, si son père ne l'avait retiré de la collégiale pour le mettre sous la direction d'un professeur nommé Leclerc, homme aussi doux que son prédécesseur était violent.

Grétry père conduisait son fils aux représentations données à Liége par une troupe italienne qui jouait les opéras de Pergolèse et de Buranello. Grâce à ce double enseignement, c'est-à-dire aux leçons de Leclerc et aux exemples des chanteurs ultramontains, l'enfant répara promptement le temps perdu, et, quand il reparut peu après au chœur de Saint-Denis, il chanta de manière à mériter les compliments des chanoines et l'approbation de son ancien maître étonné de ses progrès. *Plus fait douceur que violence;* il y a peu d'éducations qui démentent ce vers de notre vieux fabuliste.

Le futur auteur de *Richard Cœur-de-lion* faillit périr victime d'un accident dans son enfance, le jour même de sa première communion. C'est une pieuse croyance à Liége que les prières faites en ce saint jour par les enfants sont exaucées. Grétry demanda à Dieu de mourir le jour même s'il ne devait pas être honnête homme et distingué dans sa profession; puis il alla jouer avec les enfants de son âge. Il existait dans l'une des tours de la cathédrale un carillon mis en action par un mécanisme en bois formé de poutres d'une grosseur énorme. Voilà les camarades qui se hissent dessus. A force de s'y balancer, le jeune Grétry perd l'équilibre, une poutre se détache, tombe sur lui. L'enfant s'évanouit; il est ramené chez ses parents éplorés; on le croit mort. Peu de temps après il reprend connaissance; il en était quitte pour la peur. Dans sa vieillesse, Grétry se rappela cette circonstance et reconnut qu'il avait été exaucé, étant resté honnête homme au milieu d'une société corrompue, et étant devenu assurément fort distingué dans sa profession.

Grétry était né compositeur. Comme tous ceux qui ont senti du ciel l'influence secrète, il n'attendit pas les leçons de contre-point pour s'exercer à écrire de la musique. Ses premiers essais furent un motet à quatre voix et une fugue instrumentale qu'il fit en prenant pour modèle une autre fugue. Charmée de rencontrer dans un des siens des dispositions si heureuses, sa famille le confia aux soins de Renekin, organiste de la collégiale, qui lui enseigna l'harmonie. Peu de temps après, il étudia le contre-point avec Moreau, maître de chapelle de Saint-Paul.

Vers cette époque, une messe qu'il composa et qui fut exécutée à la satisfaction des chanoines de la cathédrale lui valut une bourse au collège liégeois de Rome. La difficulté des communications rendait alors les déplacements fort pénibles, surtout pour un pauvre étudiant qui n'avait pas le moyen de payer des chaises de poste. Il est vrai qu'on trouvait une compensation du côté du pittoresque et de l'imprévu. Grétry donne des détails piquants sur son voyage entrepris en compagnie d'un jeune abbé, d'un joyeux carabin et d'un vieux contrebandier nommé Remacle qui servait de guide à la troupe. Tout ce monde voyageait à pied. L'abbé n'avait pas fait vingt cinq lieues que la fatigue ou peut-être la trop grande gaieté de ses compagnons de route l'obligea à rebrousser chemin; le reste de la petite caravane poursuivit sa marche égayée de temps à autre par les douteuses facéties de l'élève d'Esculape qui, non content d'embrasser toutes les filles d'auberge, payait volontiers son écot en saignant à blanc l'hôtelier. Après avoir pris de longs détours, à cause des continuelles inquiétudes du contrebandier, nos voyageurs touchèrent enfin au terme de leur route.

Arrivé à Rome en 1759, Grétry étudia le contre-point pendant quatre ou cinq ans sous la direction du maître de chapelle Casali; il se fit recevoir ensuite membre de l'Académie Philharmonique de Bologne. Son premier ouvrage dramatique fut un intermède qu'il écrivit pour le petit théâtre Aliberti. Cet ouvrage, intitulé *le Vendemmiatrice* (les vendangeuses) fut bien accueilli du public romain. Toutefois ce n'était pas dans l'opéra italien que l'auteur était appelé à se faire un nom. La partition de *Rose et Colas* lui tomba un jour sous les yeux, et dès lors sa véritable vocation lui fut révélée. Il venait en effet de rencontrer dans la gracieuse production de Monsigny un spécimen du genre de musique naturelle et facile qui convenait à sa manière de sentir.

Aller à Paris, telle était alors l'idée fixe du jeune artiste. Il quitta l'Italie au mois de janvier 1767; mais le besoin de se créer au préalable des ressources pécuniaires l'obligea à s'arrêter à Genève où un musicien nommé Weiss, dont il avait fait la connaissance à Rome, lui procura au bout de quelques jours plusieurs élèves. Bien que l'enseignement du chant fatiguât sa poitrine, Grétry s'y résigna en vue de pourvoir aux dépenses que devait entraîner bientôt son séjour à Paris.

En même temps, il s'exerçait dans le style français en refaisant la partition d'*Isabelle et Gertrude*. Cet ouvrage, donné au théâtre de Genève, fut assez goûté; mais ce qui dut plus que toute autre chose encourager le compositeur, ce fut l'accueil flatteur et cordial qu'il reçut de Voltaire à Ferney. « Vous êtes musicien, et vous avez de l'esprit! lui dit le patriarche, cela est trop rare, Monsieur, pour que je ne prenne pas à vous le plus vif intérêt. » Cet intérêt n'alla pourtant pas jusqu'à acquiescer aux désirs de Grétry qui avait osé demander au poëte un livret d'opéra-comique. Le rancunier collaborateur de Rameau s'excusa sur sa vieillesse et sur son ignorance du goût régnant.

Près d'une année s'était écoulée pour Grétry dans les obscures et ingrates occupations de maître à chanter. Il avait déjà vingt-huit ans, et tout lui restait encore à faire; car sa notoriété n'avait pas franchi les étroites limites de la république de Genève. Le temps pressait : il n'hésita plus, et se rendit à Paris. Au moment où il y arriva, Philidor, Monsigny et Duni se partageaient l'empire de la scène lyrique. Mû par un sentiment de bienveillance très rare chez les parvenus de la réputation, l'auteur du *Sorcier*, sans craindre de frayer la voie à un rival possible, s'employa activement au service du nouveau venu, et s'efforça de lui obtenir un poëme. Mais toutes ses démarches restèrent infructueuses. Aucun littérateur en renom ne se souciait de collaborer avec un inconnu. « Faites-vous connaître, » dit-on aux débutants ; et en attendant, on leur refuse les moyens de se produire ; c'est l'éternel cercle vicieux dont sont victimes tous ceux qui viennent chercher à Paris la renommée artistique ou littéraire.

Le pauvre Liégeois avait, pendant près de deux ans, frappé inutilement à toutes les portes quand s'ouvrit par hasard celle de Du Rozoy.

Ce jeune poëte, presque aussi ignoré que le musicien, ce qui peut-être contribua à le rendre accommodant, consentit à écrire pour Grétry une pièce intitulée *les Mariages samnites*. L'ouvrage était destiné à la Comédie italienne, mais les artistes de ce théâtre l'ayant trouvé trop sérieux, on fut obligé de le refondre pour le proposer ensuite à l'Académie royale de musique. La protection du prince de Conti avait aplani les premières difficultés, et Trial, alors directeur de l'Opéra, s'était chargé de monter les *Mariages samnites*. Malheureusement, l'ouvrage échoua aux répétitions où il produisit l'effet le plus déplorable. Le public d'élite qui y assistait, déclara d'une voix unanime que Grétry n'était pas né pour la musique dramatique !...

Après cet arrêt, il ne pouvait plus être question de jouer l'ouvrage, bien que les seuls coupables, en toute cette affaire, fussent, selon le compositeur, les exécutants dont la mauvaise volonté à son égard était notoire.

Malgré le désastre des *Mariages samnites*, le comte de Creutz, envoyé de Suède, qui avait entrevu le mérite du compositeur, ne désespéra pas de son avenir. Ce fut par l'entremise de ce personnage que Grétry obtint de Marmontel le livret du *Huron*, pièce en deux actes, tirée du conte de Voltaire intitulé *l'Ingénu*. L'ouvrage, représenté à la Comédie italienne, le 20 août 1768, réussit pleinement, grâce à cet accord de la musique avec les paroles, qui était déjà la qualité dominante du jeune maître. L'air chanté par Cailleau : *Dans quel canton est l'Huronie?* devint rapidement populaire.

Les accents d'une sensibilité vraie firent le succès de *Lucile*, jouée quelques mois après aux Italiens (5 janvier 1769). Pendant longtemps, le motif du quatuor de Lucile : *Où peut-on être mieux qu'au sein de sa famille?* a fait partie obligée du programme de toutes les réjouissances domestiques et de toutes les distributions de prix. Après la Restauration, ce chant est devenu, en quelque sorte, l'air national de la France, celui qu'on exécutait partout où les Bourbons se montraient en public. La malice gauloise s'en est emparée aussi. Un soir on représentait dans une salle de province la tragi-comédie de *Samson*. Arlequin luttait sur le théâtre avec un dindon qui se réfugia dans une loge d'avant-scène occupée par des employés des droits réunis, et le parterre de chanter tout d'une voix : *Où peut-on être mieux qu'au sein de sa famille?*

On accusait Grétry de manquer de gaieté. Il répondit à ce reproche en donnant le *Tableau parlant* (20 septembre 1769) : cette aimable partition, aussi amusante que ses aînées étaient pathétiques, renferme, entre autres jolis motifs, l'air : *Pour tromper un pauvre garçon*, les couplets : *Vous n'étiez pas ce que vous êtes*, avec la contre-partie : *Vous étiez ce que vous n'êtes plus*, la description comique de la *Tempête* par Pierrot et un bon duo : *Je brûlerai d'une ardeur éternelle*. Clairval et Mᵐᵉ Laruette jouèrent les rôles de Pierrot et de Colombine. Un musicien italien, jaloux de la réputation naissante de Grétry, ne craignit pas d'insinuer qu'il avait pillé Galuppi, Pergolèse et Traetta pour composer la musique du *Tableau parlant*. L'imposture était trop absurde : elle ne put obtenir créance.

L'année suivante, l'artiste revint à ce qu'il appelle les *Pièces d'intérêt*, celles où se trouve un élément sentimental. *Sylvain*, dont les paroles sont de Marmontel, fut représenté aux Italiens, le 19 février 1770. C'est une des meilleures productions du maître liégeois. L'ouverture en *ut*, avec un assez joli motif en *fa*, tient son rang à côté de celle de l'*Épreuve villageoise*. L'air d'Hélène, *Nos cœurs ont cessé de s'entendre*, suivi du monologue de Sylvain qui ne manque pas de puissance et d'originalité, *Je puis braver les coups du sort;* le chœur des gardes-chasses; le duo d'Hélène et Sylvain, *Dans le sein d'un père*, tout cela a été fort admiré par nos pères.

Les *Deux Avares*, qui furent joués à la Comédie italienne, le 6 décembre 1770, après l'avoir été devant la cour à Fontainebleau, le 17 octobre de la même année, seraient encore entendus avec plaisir aujourd'hui, si le dialogue n'en était pas d'une faiblesse extrême. Adaptée à d'autres paroles, cette partition presque centenaire charmerait encore les oreilles délicates. Bornons-nous à rappeler l'air : *Sans cesse auprès de mon trésor*, le duo d'un comique excellent : *Prendre ainsi cet or, ces bijoux*, la marche : *La garde passe, il est minuit*, qu'on chante encore dans toutes les sociétés chorales; et le chœur des janissaires : *Ah! qu'il est bon, qu'il est divin!* morceau devenu populaire.

Jusqu'ici Grétry avait toujours été heureux à la scène. Il échoua avec l'*Amitié à l'épreuve*, qui n'obtint que douze représentations (17 janvier 1771); mais la vogue de *Zémire et Azor*, comédie-féerie en quatre actes, représentée le 10 décembre 1771, le dédommagea amplement de cette chute. Marmontel, le collaborateur ordinaire, trop ordinaire même, du musicien, était l'auteur du livret. Il eut le bon goût de ne point consentir à partager l'ovation que les spectateurs enthousiasmés firent au compositeur à la fin de la représentation. C'est qu'en effet le triomphe de *Zémire et Azor* est dû tout entier à la musique. Chaque morceau offre une mélodie bien caractérisée; dans l'air d'Ali : *L'orage va cesser*, elle est calquée sur les paroles d'une façon toute naturelle. Il faut admirer la fermeté de mouvement de l'allegro chanté par Sander : *Le malheur me rend intrépide;* le délicieux trio du second acte : *Veillons, mes sœurs;* la romance de Zémire : *Rose chérie;* l'air bouffe d'Ali : *Plus de voyage qui me tente;* l'air d'Azor d'une sensibilité si exquise : *Du moment qu'on aime on devient si doux,* et enfin le trio du troisième acte qui est la scène la plus émouvante de l'opéra. Dans l'acte du tableau magique qui représente le père et ses deux filles gémissant sur la perte de Zémire, Grétry avait eu l'idée d'accompagner les voix par les cors, les clarinettes et les bassons jouant derrière la scène, pendant le silence de l'orchestre. Cette combinaison produisit beaucoup d'effet. Diderot battit des mains, et Grimm, transporté, s'écria : « Dieu a accordé à la France le charmant Grétry. » Mais les dilettanti d'aujourd'hui ne se contentent plus de l'instrumentation simple et peu compliquée qui suffisait à Grimm et à Diderot. Pour plaire à leurs oreilles avides de bruit, il a fallu qu'Adolphe Adam surchargeât la partition de *Zémire et Azor* de cuivres et de cornets à pistons.

Les maîtres de l'école italienne étaient en général fort indépendants du versificateur souvent médiocre qui n'avait à leur fournir qu'un canevas pour leurs mélodies. Mais un artiste comme Grétry, qui asservissait ses inspirations musicales aux intentions du poëme, devait faire choix d'un bon librettiste. *L'Ami de la maison*, joué le 14 mars 1772 à la Comédie italienne, en dépit d'une donnée ennuyeuse, favorisa jusqu'à un certain point le compositeur, parce que Marmontel, tout dépourvu qu'il fût de chaleur et d'imagination, avait dans ses vers un style coulant et harmonieux. Sedaine, plus habile à agencer des scènes et à esquisser des caractères, était moins bon écrivain. S'il construisait mieux la charpente d'un drame, en revanche, sa diction était dure et rocailleuse. Grétry ne le sentit que trop lorsqu'à la demande de madame de la Live d'Épinay, il se mit à écrire une partition sur un livret fourni par l'auteur du *Philosophe sans le savoir*. Il semble que son nouveau collaborateur lui porta malheur, car *le Magnifique* (4 mars 1773) ne réussit guère ; la scène de la rose est le seul morceau qui ait été goûté, et dont on se souvienne.

La mode était alors aux tableaux de la vie champêtre. Rousseau prétendait avoir trouvé le sentiment de la nature. Le public frivole de Paris jugeait de bon goût de se passionner, après lui, pour les mœurs rustiques et naïves. C'était le temps où on lisait avec avidité les idylles de Gessner, les pastorales de Florian et les poëmes de Saint-Lambert. Gentilshommes et marquises se costumaient en bergers et en bergères ; Marie-Antoinette suivait les goûts du jour en faisant une petite ferme de son chalet de Trianon. Effort factice d'une société blasée qui essaye de se donner le change sur sa sénilité et son ennui. Grétry paya son tribut à l'entraînement général en composant *la Rosière de Salency*, comédie pastorale en quatre actes, remise depuis en trois, dont les vers sont de Pesay et qui fut représentée aux Italiens le 28 février 1774. Le maître a su éviter le défaut du genre, c'est-à-dire la fadeur, écueil trop fréquent du genre pastoral. Toutefois, dans l'ouvrage qui m'occupe, la simplicité inhérente à la couleur du sujet n'exclut pas l'accent dramatique lorsque la situation le comporte. On connaît le duo : *Colin, quel est mon crime ?* et la mélodie si populaire : *Ma barque légère*. Je lis ce qui suit, à propos de *la Rosière de Salency*, dans les *Essais sur la musique* de Grétry : « Sans s'y porter en foule, le public a toujours vu avec satisfaction les représentations de la *Rosière* : il a repoussé les actrices dont les mœurs étaient peu régulières, lorsqu'elles se sont présentées pour remplir le rôle de Cécile ; celles au contraire dont la sagesse embellissait le talent ont reçu des applaudissements flatteurs, surtout à l'instant du couronnement ; ce qui prouve que les hommes rassemblés aiment la vertu, quoiqu'ils ne voulussent pas toujours se charger de rendre l'actrice vertueuse. »

La Fausse Magie, opéra-comique en deux actes et en vers, représenté aux Italiens le 1ᵉʳ février 1775, est une des plus mauvaises pièces de Marmontel. Cet ouvrage s'est sauvé par la partition où l'on admire le trio : *Vous aurez affaire à moi ;* le duo : *Il vous souvient de cette fête*, et le duo syllabique des vieillards : *Quoi ! c'est vous qu'elle préfère !*

J.-J. Rousseau assistant un soir à une représentation de la *Fausse Magie*, en fut si satisfait qu'il voulut faire connaissance avec le compositeur. Instruit de ce désir, Grétry vole dans la loge du célèbre auteur qui l'accueille par les plus vives félicitations, et lui demande la permission de cultiver son amitié. A la fin du spectacle, tous deux sortent ensemble. L'artiste s'applaudissait déjà d'avoir fait la conquête d'un écrivain dont il prisait très-haut le talent, quand un fatal incident vint tout gâter. Il s'agissait de traverser une rue obstruée par des pavés. Ignorant jusqu'à quel point de susceptibilité jalouse le citoyen de Genève poussait parfois l'amour de l'indépendance, Grétry lui offre le bras pour l'aider dans sa marche. Rousseau repousse avec aigreur le secours qu'on lui propose : — Laissez-moi me servir de mes propres forces, — répond-il; et il tourne le dos à son nouvel ami tout déconcerté. L'auteur de la *Fausse Magie* ne revit jamais ce misanthrope que, sans le savoir, il venait d'offenser gravement.

La tragédie lyrique de *Céphale et Procris*, donnée à l'Opéra en 1775, n'eut aucun succès. Le public montra la même défaveur aux *Mariages samnites* (22 juin 1776) que Grétry avait eu le tort de s'obstiner à lui imposer, et au drame burlesque de *Matroco* (23 février 1778). Je ne dirai rien de ces productions qui tiennent peu de place dans l'ensemble des œuvres du maître; je ne ferai non plus que mentionner les *Trois Ages de la musique* (27 avril 1778), ouvrage de circonstance destiné à inaugurer l'avénement de Devismes aux fonctions de directeur de l'Opéra. Sur ces entrefaites, Grétry, qui avait eu plus d'une fois à se plaindre de l'impéritie de ses librettistes, rencontra un collaborateur précieux dans l'humoriste anglais Hales plus connu en France sous le nom de d'Hèle. Ce fut Suard qui le présenta à Grétry. Cet homme étrange dont la jeunesse s'était passée au service de la marine britannique, se mourait d'une maladie de poitrine causée par l'abus qu'il avait fait des liqueurs fortes. Il n'avait pas mieux mené sa fortune que sa santé. La misère l'obligeait alors à travailler pour la scène. La différence était grande entre un pareil personnage, et des lettrés de salon ou d'Académie, tels que les Sedaine et les Marmontel. Si Hales n'avait pas su se diriger lui-même, il excellait, par compensation, à conduire une intrigue dramatique; c'était un écrivain fort habile, et un compositeur pouvait s'estimer heureux de sa collaboration. Grétry fit avec lui le *Jugement de Midas* qui fut représenté à la Comédie italienne, le 27 juin 1778. Il y a dans cette partition une imitation dérisoire de la vieille musique; c'est l'espèce de psalmodie traînante avec laquelle le chanteur Marsyas se flatte de l'emporter sur son rival Apollon. L'ouvrage n'eut qu'un succès contesté. La cour et la ville se trouvèrent séparées en deux camps; ce qui donna lieu à ce quatrain de Voltaire :

> La cour a dénigré tes chants
> Dont Paris a dit des merveilles;
> Grétry, les oreilles des grands
> Sont souvent de grandes oreilles.

L'Amant jaloux (23 décembre 1778), dont tout le monde connaît la sérénade charmante : *Tandis que tout sommeille*; les *Événements imprévus* (13 novembre 1779) et les *Mœurs antiques ou Aucassin et Nicolette* (3 janvier 1780) soutinrent, sans la porter plus haut, la réputation de Grétry.

Hales avait écrit les paroles des deux premiers de ces ouvrages : il mourut peu après. *Andromaque*, tragédie lyrique représentée à l'Opéra le 6 juin 1780, rendit manifeste ce que *Céphale et Procris* avait déjà fait pressentir, à savoir que le gracieux auteur du *Tableau parlant* n'était pas fait pour disputer à Gluck le laurier tragique. Un instant dévoyé, le musicien revint à son véritable genre dans *Colinette à la cour* (1er janvier 1782), ouvrage agréable, et dans l'*Embarras des richesses*, dont le livret indigent et la mélodie abondante donnèrent naissance à ce quatrain :

> De la nature enfant gâté,
> Des plus beaux dons elle t'a fait largesse ;
> Grétry, tu sais répandre la richesse
> Dans le sein de la pauvreté.

La *Caravane du Caire*, opéra en trois actes donné à l'Académie royale de musique le 30 octobre 1783, a été longtemps citée pour son ouverture et pour l'air de basse du pacha : *C'est en vain qu'Almaïde encore à mes yeux offre ses attraits*. Mais il n'y faudrait pas chercher cette couleur locale que M. Félicien David a su répandre sur les sujets orientaux; on ne pourrait rien trouver d'approchant dans la musique de Grétry. Le compositeur donna l'année suivante (18 mars 1784) *Théodore et Paulin*, comédie lyrique en trois actes qui ne réussit pas, mais dont il tira la matière d'un de ses ouvrages les plus remarquables. Le sujet de l'*Épreuve villageoise* (24 juin 1784) n'est en effet qu'un épisode de la pièce tombée trois mois auparavant. Dans aucune de ses productions, Grétry n'a fait preuve d'un goût plus fin, n'a gardé une mesure plus parfaite et n'a trouvé une mélodie plus expressive. Chose à noter aussi, la partition est exempte de ces gaucheries vocales et de ces défaillances dans les accompagnements, si fréquentes ailleurs. L'ouverture est vive et gracieuse. Les couplets : *Bon Dieu ! bon Dieu ! comme à c'te fête*, ont été chantés, dansés pendant vingt ans. L'air : *Adieu Marton, adieu Lisette*, a du caractère, enfin le quatuor : *Il a déchiré vot' billet*, est la plus jolie fughette de Grétry.

L'année 1785 marque le point culminant dans la carrière dramatique du maître. C'est l'année de la représentation de *Richard Cœur-de-lion ;* ce fut un événement musical : le mot n'est pas trop fort, appliqué à un ouvrage qui fit courir tout Paris et qui, au bout de quatre-vingts ans, s'entend encore avec plaisir. Je suis pourtant obligé de rabattre quelque chose des éloges naïfs octroyés par le compositeur à sa musique. Ses prétentions à l'archaïsme font sourire. Il s'imaginait de bonne foi être assez maître de son style pour en graduer l'expression suivant les temps, les âges, les caractères et même la condition et le degré de culture intellectuelle des personnages. Ai-je besoin de le dire? ce ne sont point ces mérites imaginaires qui ont fait le succès de *Richard*, mais bien les qualités toutes françaises qui éclatent dans la partition. Il n'y a qu'une voix pour louer la fraîcheur et la grâce des couplets d'Antonio : *La danse n'est pas ce que* j'aime; la noblesse de l'air : *O Richard, ô mon roi!* la finesse de la chansonnette de Blondel : *Un bandeau couvre ses yeux*, avec le délicieux ensemble à contre-temps qui suit; la rondeur gauloise des couplets : *Que le sultan Saladin*. Le grand air du second acte chanté par Richard : *Si l'univers entier m'oublie*, commence par une phrase d'un magnifique mouvement que le compositeur n'a pas su conduire jusqu'à la fin. Il est fâcheux que l'exclamation : *O mort!* soit sourde et bizarre, tombant sur un *la* bémol grave en dehors du registre vocal. J'arrive au thème capital de l'ouvrage, au célèbre duo entre Richard et Blondel : *Une fièvre brûlante*, qui a toujours produit un grand effet au théâtre. Grétry en a employé la phrase principale jusqu'à neuf fois dans les trois actes, avec diverses combinaisons. Le chœur qui termine le second acte : *Sais-tu, connais-tu?* a du mouvement et du caractère. La scène quatrième du troisième acte offre un ensemble remarquable, et l'émotion s'empare des spectateurs lorsque Blondel chante cette belle phrase : *Sa voix a pénétré mon âme; je la connais, oui, oui, Madame*. N'oublions pas la ronde longtemps si populaire de la noce : *Et! zic et zoc, quand les bœufs vont deux à deux*.

Richard Cœur-de-lion avait été représenté à la Comédie italienne le 25 octobre 1785. Ce fut le couronnement, sinon le terme de la vie artistique de Grétry. Les nombreux ouvrages qu'il écrivit à la suite de ce chef-d'œuvre sont inférieurs à la renommée qu'il s'était acquise. Lorsque Cherubini et Méhul introduisirent dans la composition une harmonie plus savante et une instrumentation plus forte, il essaya d'accorder son léger chalumeau au ton de la fanfare nouvelle. De cet effort naquirent *Pierre le Grand*, *Lisbeth*, *Guillaume Tell* et *Elisca*, productions qui font regretter les beautés de *Zémire et Azor*, sans donner celles de *Lodoïska* et de *Joseph*. Faisons toutefois une exception en faveur du beau quatuor de *Guillaume Tell*, seule véritable inspiration à enregistrer dans ce pâle ouvrage. Le même besoin de courtiser l'opinion du jour porta Grétry à enrichir le répertoire révolutionnaire, bien que le compositeur liégeois n'ait eu qu'à se louer des procédés de la cour de France et que précédemment il eût reçu de Louis XVI une pension de mille écus. Il est vrai que l'ingratitude servit mal son talent : ni *Denys le Tyran* ni *Callias* (1794) n'ajoutèrent rien à la réputation de leur auteur, encore moins l'hymne pour la plantation des arbres de la liberté, exécuté le 2 pluviôse sur des paroles de Maherault. Ce n'est qu'un air assez guilleret d'opéra-comique. *Delphis et Mopsa*, le dernier opéra de Grétry, fut représenté sans succès le 15 février 1803.

Entre plusieurs partitions qui n'ont jamais vu le jour, ce musicien a écrit divers livres dont le plus important est intitulé : *Mémoires ou Essais sur la musique*. Cet ouvrage forme trois volumes : les deux derniers ont été réédités en 1797, aux frais de l'Imprimerie Nationale. La naïve suffisance qui faisait le fond du caractère de Grétry s'étale d'un bout à l'autre de ces pages où il n'est jamais question que de lui et de sa musique. On lui doit encore une *Méthode simple pour apprendre à préluder, en peu de temps, avec toutes les ressources de l'harmonie*, et — qui le croirait ? — un travail politique intitulé : *La vérité, ou ce que nous fûmes, ce que nous sommes, ce que nous devrions être*, publié en 1802.

J'ai dit que le prestige de la musique de Grétry subit une rude atteinte par suite de la transformation accomplie dans l'opéra peu d'années avant la Révolution. Il n'était déjà plus le compositeur en vogue quand survinrent les événements de 1789 qui le ruinèrent en amenant la suppression de sa pension. Ce désastre ne fut toutefois que momentané. *Zémire et Azor*, l'*Épreuve villageoise* et *Richard* n'attendaient pour faire de nouvelles recettes qu'une digne interprétation. Elleviou parut, et Grétry, secondé par le talent du chanteur, captiva encore une fois l'oreille du public. Avec la vogue, la fortune lui revint. Une pension de 4,000 francs que lui accorda Bonaparte lui rendit l'aisance. Après avoir acheté à Montmorency la propriété de l'Ermitage, ancienne demeure de J.-J. Rousseau, il comptait y finir tranquillement sa vie. La mort d'un de ses voisins assassiné le 30 août 1811, changea ses résolutions. Craignant d'éprouver le même sort, il revint à Paris. Ce ne fut pas toutefois pour longtemps. Lorsqu'il sentit ses forces s'affaiblir, voulant expirer dans sa chère retraite, il se fit ramener à l'Ermitage, où il mourut le 24 septembre 1813. On célébra magnifiquement ses funérailles.

Quelque vaniteux qu'il fût, Grétry possédait ces qualités du cœur qui ajoutent un surcroît de regrets à la perte des grands artistes. Des députations de l'Institut, du Conservatoire et des principaux théâtres accompagnèrent sa dépouille au cimetière où, dans un discours remarquable, Méhul se rendit l'organe des sentiments de tous. En 1828, M. Flamant, neveu par alliance de Grétry, a fait restituer à la ville de Liége le cœur de celui qui fut un de ses plus glorieux enfants.

Les bons portraits de Grétry sont devenus rares, et ils se ressemblent peu puisqu'ils ont été faits dans l'espace de quarante ans au moins ; Grétry a conservé jusqu'à la fin des sentiments jeunes et des idées fraîches, mais les traits du visage se sont contractés de bonne heure sous l'influence du travail de la composition. Il y a loin du portrait dessiné et gravé par son ami Moreau le jeune, au profil fait par Quenedey en 1808. Le premier porte en épigraphe :

> Irritat, mulcet, falsis terroribus implet.
> Ut magus. . . . (Hor.. *Épist*. I, lib. II).

Ce qui est faux de tout point.

Continuons à énumérer les portraits : 3° Simple trait par Flatters, gravé par Frémy ; affectation sentimentale ; 4° buste du musicien par Couasnon ;

5° portrait en uniforme de membre de l'Institut, fait après la mort par Laure ; 6° portrait peint par Lefebvre ; 7° autre par Mellier ; 8° autre par Lorin. Je m'en suis tenu à un neuvième portrait dont la gravure est devenue assez rare et que je crois le meilleur. Il a été peint par Mme Vigée-Lebrun en 1785, et gravé par Gathelin. C'est assurément, avec celui de Moreau, le plus autorisé, et, ajouterai-je, le plus intéressant, puisqu'il a été fait l'année même de la première représentation de *Richard Cœur-de-lion*.

PAISIELLO

NÉ EN 1741, MORT EN 1816.

Paisiello (Giovanni) naquit à Tarente, le 9 mai 1741. Son père était un vétérinaire habile, dont le mérite avait été apprécié par Charles III d'Espagne, roi des Deux-Siciles, pendant la guerre de Naples et surtout le jour de la bataille de Bitonto. Il voulait faire de son fils un avocat, et il le plaça à l'âge de cinq ans au collège des Jésuites de Tarente. Mais les dispositions précoces de l'enfant pour la musique, sa belle voix de contralto, la délicatesse de son oreille le firent bientôt remarquer par Girolamo Carducci, noble tarentin qui s'était fait un nom comme compositeur. Après lui avoir fait apprendre les éléments de la musique sous la direction de Dom Carlo Resta, son père se décida, non sans peine, à l'éloigner de lui et à le faire entrer en 1754 au Conservatoire de San-Onofrio de Naples dont le directeur était Durante ; ce maître célèbre fit faire au jeune Paisiello de rapides progrès ; aussi put-il être nommé à dix-huit ans *maestrino primario* du Conservatoire, ou premier répétiteur parmi les élèves.

Tout en se conformant au règlement sévère de cette maison, il consacra ses moments de loisir à la composition de messes, de psaumes, de motets, d'oratorios, et couronna les espérances qu'il faisait concevoir en écrivant (1763) pour le théâtre du Conservatoire, un intermède bouffon rempli de mélodie et de grâce ; ses condisciples l'exécutèrent avec succès. La ville de Bologne invita immédiatement Paisiello à venir travailler pour le théâtre Marsigli où il fit applaudir coup sur coup *La pupilla* et *Il mondo a rovescio* (le monde à l'envers). Ces brillants débuts commencèrent la réputation du jeune artiste. Il ne tarda pas à faire représenter à Modène l'opéra buffa : *La madama Umorista* et les deux opéras sérieux *Demetrio* et *Artaserse* ; à Parme, trois opéras bouffes, *Le Virtuose ridicole*, *Il Negligente*, *I Bagni di Albano* ; à Venise, *il Ciarlone*, *l'Amore in ballo* et *la Pescatrice* (1765).

Paisiello frappa un coup de maître en donnant *Il marchese di Tulipano*, charmante composition qui porta son nom au delà des Alpes, et fut jouée à Saint-Pétersbourg en 1776 sous le titre d'*Il matrimonio inaspettato*. C'est dans cet ouvrage que, dix ans après, commença en France, à l'Opéra-Comique, la réputation du chanteur Martin. Il ne suffit plus à Paisiello d'avoir été accepté brillamment à Rome ; il revint à Naples, berceau de ses études, disputer la vogue à Piccinni lui-même et donner un démenti au proverbe : Nul n'est prophète en son pays.

La fortune seconde, dit-on, les audacieux ; Paisiello n'eut pour ainsi dire plus de faveur à lui demander. Toutes ses compositions réussirent alors : *La Vedova di bel ingegno*, l'*Imbroglio delle ragazze*, et particulièrement l'*Idolo Cinese* sur les paroles de Métastase, premier opéra buffa représenté sur le petit théâtre de la Cour, réservé jusque là à l'opéra séria. Le 10 juin 1779, eut lieu à Saint-Pétersbourg la première représentation de cet opéra. On déploya un grand luxe de mise en scène, de décors et de costumes ; mais cet ouvrage n'eut pas autant de succès qu'à Naples, où l'on y voyait une allusion à des événements contemporains. Il y a de la verve comique dans l'*Idolo Cinese*, particulièrement dans le finale du premier acte.

Paisiello écrivit successivement *Lucio Papirio* sur un livret d'Apostolo Zeno, *Il Furbo mal accorto ; Olimpia ; Peleo*, cantate qui fut chantée au théâtre de Naples, lors du mariage du roi Ferdinand IV avec Marie-Caroline d'Autriche ; l'*Arabo cortese*, *Il Tamburo notturno*, *Le Astuzie amorose*, *Don Chisciotto della Mancia*, *La finta Maga*, l'*Osteria di Mare-Chiaro*, *Il Duello comico*, *Don Anchise Campanone*, *Il mondo della luna*, *I Socrati immaginari*, et plusieurs autres ouvrages.

Paisiello régnait alors sur la scène italienne. Guglielmi était bien vieux, Cimarosa bien jeune ; Piccinni venait de partir pour la France. En 1772, il épousa Cécile Pallini, femme d'un grand mérite qui le rendit très-heureux pendant toute sa vie, et à laquelle il ne survécut qu'un an. C'est également vers cette époque qu'il composa sa messe de *Requiem* avec chœurs et orchestre pour les funérailles de l'infant don Gennaro de Bourbon. Il ne travaillait pas seulement pour Naples. Pendant qu'il écrivait cette longue série de compositions que je viens d'énumérer, on l'avait vu donner à Venise l'*Innocente Fortunata*, *Il Tamburo notturno* remanié, *La Frascatana*, *la Discordia fortunata*, *Il Demofoonte* ; à Milan, *Andromeda*. Il composa en outre douze quatuors pour clavecin, deux violons et alto dédiés à l'archiduchesse Béatrice, gouvernante de Milan ; ses compositions se succédèrent rapidement et augmentèrent sa réputation. La musique de *la Frascatana* adaptée à une pièce française intitulée l'*Infante de Zamora*, opéra-comique en trois actes, fut entendue à Versailles et ensuite à Strasbourg. Jouée en 1789, à Paris, sur

PAISIELLO

le théâtre de Monsieur, l'*Infante de Zamora* n'obtint aucun succès. Quelques morceaux cependant sont réussis ; le duo entre l'infante et don Fadrique : *Que l'attente me chagrine* ; le récit de Morion de Champagne : *Tambour battant* ; le duo entre Montrose et l'infante : *Oui, mon âme est dans l'ivresse* ; l'air de l'aubergiste : *Ordonnez, que faut-il faire?* La scène nocturne des *échos*, dans le second acte, est traitée avec esprit. L'air de Juliette qui ouvre le troisième et enfin un quintette fort comique en *mi bémol* suffiraient à assurer le succès d'une reprise, à la condition toutefois de modifier le livret.

Le due Contesse, opéra représenté à Rome en 1777, et ensuite sur le théâtre de l'Académie royale de musique, plut médiocrement. Le 9 juin 1778, le directeur Devismes en avait fait suivre la représentation d'un ballet de Noverre, intitulé : *Les petits riens* ; ce qui donna lieu à cette épigramme :

> Avec son opéra bouffon
> L'ami De Vismes nous morfond ;
> Si c'est ainsi qu'il se propose
> D'amuser les Parisiens
> Mieux vaudrait rester porte close,
> Que de donner si peu de chose,
> Accompagné de *petits riens*.

La musique de ce ballet avait été composée par Mozart pendant le second séjour qu'il fit à Paris. Noverre passa sous silence le nom du compositeur.

Après avoir fait représenter à Rome *La disfatta di Dario*, Paisiello se décida à partir pour l'étranger. On l'appelait à Londres, à Vienne, à Saint-Pétersbourg ; il accepta un engagement avec le théâtre de Londres, mais il le rompit bientôt et partit de Naples en juillet 1776 pour la Russie, où l'impératrice Catherine lui avait fait offrir 4,000 roubles d'appointements, l'emploi de maître de musique de la grande-duchesse Maria Federowna, une belle habitation à la campagne où il pouvait résider cinq à six mois de l'année, bref, une trentaine de mille livres par an. Paisiello se montra de son côté prodigue de son talent, et, pendant près de neuf ans qu'il resta en Russie, il produisit une foule de compositions, dont quelques-unes sont remarquables. Il donna à Saint-Pétersbourg *La serva padrona*, *Il matrimonio inaspettato*, et le fameux *Barbiere di Siviglia*, qui fut plusieurs années plus tard opposé triomphalement au *Barbiere* de Rossini. *La finta amante* fut composée en 1780, pour les fêtes qui solennisèrent à Mohilow l'entrevue de l'impératrice Catherine et de Joseph II, et jouée à Paris en 1804. Cet ouvrage fut suivi de *I filosofi immaginari* (1782), parodié en français par Dubuisson et joué à Paris en 1789 ; de *Niteti*, de *Lucinda ed Artemidoro*, et de deux autres opéras de Métastase : *Alcide al bivio*, et *Achille in Sciro* ; il refit en un acte *Il mondo della luna* pour le théâtre de Moscou. Ce fut aussi vers cette époque qu'il écrivit une cantate pour le prince Potemkin, un intermède pour le comte Orloff, deux volumes de sonates, caprices et morceaux de piano pour la grande-duchesse, un recueil de règles pour l'accompagnement, imprimé à Saint-Pétersbourg, et qui lui valut une pension de 300 roubles.

En 1784, Paisiello quitta la Russie et se rendit à Varsovie où il mit en musique pour le roi Stanislas Auguste Poniatowski, l'oratorio de la *Passion* de Métastase. De là, il se rendit à Vienne où il composa pour Joseph II douze symphonies, et son fameux opéra buffa *Il re Teodoro* qui fut transcrit en français en 1786 par Dubuisson, et dont le septuor et les finales sont restés célèbres. Cet opéra en trois actes fut joué pendant trois mois sur le théâtre de Versailles; la reine en raffolait. Elle le fit chanter à la cour par Garat. Mais à l'Académie de musique, le public accueillit assez froidement cette œuvre excellente.

Paisiello revint enfin en Italie en 1785, après une absence de neuf années. Il faut constater qu'on n'y avait que médiocrement goûté son *Barbiere di Siviglia* et ses *Filosofi immaginari*, qui rentraient dans la nouvelle manière du compositeur; pour se faire mieux apprécier dans le Nord, il avait dû varier davantage ses moyens et ses effets. C'est ainsi que nous avons vu notre célèbre tragédienne Rachel revenir de Russie avec un talent légèrement altéré pour les mêmes motifs.

Au carnaval de Rome de cette même année 1785, Paisiello donna en vain l'*Amore ingegnoso*; le parterre resta froid.

Décidément les Romains ne voulaient plus faire à leur compositeur de prédilection, à cet enfant gâté de la fortune, la situation tout exceptionnelle qu'il occupait avant son départ. Il le comprit, et partit en se promettant de ne plus rien écrire pour Rome. Il ne pouvait s'imaginer alors qu'une réaction favorable à son talent irait jusqu'à opposer son *Barbiere* à celui de Rossini. Il se fixa à Naples, où le roi Ferdinand IV le nomma son maître de chapelle aux appointements de 1,200 ducats; il resta sourd aux offres du roi de Prusse, Frédéric-Guillaume II, qui voulait l'attirer à Berlin, et aux nouvelles avances de l'impératrice de Russie.

Paisiello passa à Naples treize années pendant lesquelles il composa ses plus beaux ouvrages : l'*Olimpiade*, avec son célèbre duo ; *Pirro*, joué aussi à Paris en 1811 avec sa belle introduction, sa marche militaire et son finale; *Gli schiavi per amore*, opéra buffa joué partout, à Londres, à Venise, à Paris, sous ce triple titre : *Le maître généreux, Les esclaves par amour, Le bon maître*; *La Grotta di Trofonio* ; et enfin *Nina o la Pazza d'amore, Nina ou la Folle par amour*, son chef-d'œuvre à mon avis. La Ninette de Dalayrac ne saurait lui être comparée. Il faut ajouter la *Molinara*, composition charmante de simplicité et de naïveté ; *La modista raggiratrice* ; *I Zingari in fiera* où se trouve le joli duo de Pandolfetto, et *la Giunone Lucina*, cantate avec chœurs, écrite pour les relevailles de la reine de Naples; je termine cette liste incomplète par les noms de *Fedra, Catone in Utica, Elfrida, Didone, Andromacca*.

Sollicité de venir en Angleterre et ne se décidant pas à s'y rendre, il envoya à Londres *la Locanda*, jouée aussi à Naples, avec addition d'un quintette, sous le titre d'*Il Fanatico in Berlina*, et à Paris en 1789, sous le titre de *la Locandiera*. A cette époque appartient encore le grand *Te Deum*, composé pour le retour d'Allemagne du roi et de la reine de Naples.

Les événements politiques qui survinrent alors apportèrent à l'existence jusque-là si uniformément heureuse du compositeur des alternatives de prospérité et d'oubli, de fidélité et d'inconstance dont on ne sait s'il faut plus le plaindre que le blâmer, mais où du moins son art n'eut rien à perdre. En 1797, lors de l'invasion française, le général Bonaparte ayant mis au concours une symphonie funèbre pour les funérailles de Hoche, celle de Paisiello fut préférée à celle de Cherubini, exécutée et généreusement rétribuée. La révolution éclata à Naples en 1799 : la cour se retira en Sicile ; la République Parthénopéenne fut proclamée et Paisiello fut nommé directeur de la musique nationale. Mais cette même année, le roi Ferdinand rentra à Naples, et retira sa faveur au compositeur qui avait accepté un emploi de la révolution. Cette disgrâce dura deux ans. Le pauvre Paisiello eut bien de la peine à rentrer en faveur, et ce ne fut pas pour longtemps. Le premier consul Bonaparte, qui estimait fort son talent, déjà populaire en France, et qui avait conçu une aversion déraisonnable pour Cherubini, le demanda formellement au roi de Naples ; Paisiello, qui avait déjà refusé plusieurs fois de venir à Paris, dut cette fois obéir à l'ordre de son souverain. Aucune condition n'avait été arrêtée d'avance. Il arriva à Paris au mois de septembre 1802, et y trouva un appartement richement meublé ; un carrosse de la cour à son usage, des appointements de 12,000 francs, plus 18,000 francs d'indemnité de voyage et de séjour ; c'était un beau traitement pour un directeur de la chapelle des Tuileries. Paisiello le méritait.

Toutefois de telles faveurs accordées à un étranger blessèrent les compositeurs français ; on se prit à dénigrer autant qu'on put la musique italienne.

Le grave Méhul chercha cependant à imiter son style ; il ne put y réussir, il est vrai ; mais en restant Français, il n'en fit pas moins de l'*Irato* une comédie musicale excellente, comme l'auteur de *Britannicus* sut écrire *les Plaideurs*.

Paisiello chercha par de bons procédés à se faire pardonner sa fortune. Le premier Consul s'étant plaint un jour des artistes de la chapelle : « Je ne sais point commander à des gens, répondit courageusement Paisiello, qui se plaignent avec raison de n'être pas payés. » Et ils le furent.

Après avoir coopéré en 1801 à une pièce de circonstance intitulée *la Pace*, il composa en 1803, sur l'opéra de Quinault, remis en trois actes par Guillard, sa *Proserpine*, qui n'eut pas de succès. Dans cet ouvrage,

Jupiter paraît au dénouement; il est entouré des divinités de l'Olympe, et, pour satisfaire à la fois Cérès et Pluton, il ordonne que Proserpine passera six mois aux enfers et six mois sur la terre. Dans un pareil moment, il s'agissait bien de mythologie ! C'était un sujet romain qu'il aurait fallu traiter. Paisiello pouvait faire oublier Lulli dans cet ouvrage ; les situations de cette pièce convenaient parfaitement à son génie, mais non aux idées de l'époque. Cette mythologie avait trop longtemps défrayé le théâtre; après avoir revêtu des formes majestueuses et solennelles sous Louis XIV, elle s'était rapetissée, elle était devenue mignarde et familière au dix-huitième siècle. Elle ne pouvait reprendre une existence qu'en subissant une transformation conforme aux idées que le dix-neuvième siècle prétendait inaugurer. Le bel ouvrage de Paisiello, malgré la haute protection de Napoléon, n'eut que treize représentations et n'a jamais été repris; toutefois on chante encore l'air de Cérès, *Déserts écartés, sombres lieux*, et le duo : *Rendez-moi donc le bien qui m'était destiné*.

Il s'imagina, peut-être avec raison, qu'il ne pouvait travailler sur un poëme français, et il y renonça. A part un intermède italien, *Camiletta*, joué en avril 1804, il n'écrivit que de la musique religieuse, une messe et un *Te Deum* à deux chœurs et deux orchestres pour le couronnement ; mais il fit représenter plusieurs de ses opéras bouffes déjà connus en France : *Il Marchese di Tulipano*, *Il Re Teodoro*, *Nina*, *I Zingari*, etc., et quelques autres qu'on n'y connaissait pas encore : *L'Inganno felice*, *la Modista raggiratrice* et *la Finta amante*.

L'insuccès de son opéra de Proserpine avait atteint au cœur Paisiello. La guerre plus ou moins sourde que lui faisaient ses rivaux le détermina à quitter la France, après un séjour de deux ans et demi. Il allégua le mauvais état de sa santé, la faiblesse de complexion de sa femme, la nécessité du séjour sous le climat de Naples : il obtint la permission de se retirer après avoir désigné au choix de Napoléon, son successeur. Ce fut Lesueur qu'il présenta pour le remplacer. C'était certainement le musicien dont les tendances et le style s'éloignaient le plus de sa manière; il est même douteux que Paisiello ait compris la musique de Lesueur. N'approfondissons pas trop ce mystère. Voulait-il se faire regretter? Il fut alors trompé dans son attente. Il partit donc pour ne plus revenir; mais il envoya tous les ans une composition pour célébrer l'anniversaire de Napoléon.

Le roi de Naples accueillit avec faveur son ancien maître de chapelle ; mais ce ne fut pas pour longtemps; ce prince dut regagner la Sicile en 1806, avec sa cour, et Joseph Bonaparte monta sur le trône de Naples. Sous ce nouveau souverain, Paisiello fut maintenu comme compositeur et directeur de la musique de la chambre et de la chapelle, avec 1,800 ducats d'appointements.

Napoléon lui avait envoyé la croix de la Légion d'honneur et une pension de 1,000 francs. Il composa, pour la chapelle de la nouvelle cour, une grande quantité de musique d'église : en 1807, il donna encore, à Milan, l'opéra *I Pitagorici*; en 1808, la *Cuffiara*, et *Oro non compia l'amore* terminèrent la liste féconde de ses ouvrages.

Si les compositions de Paisiello devenaient moins nombreuses, il n'en était pas de même des distinctions dont il était comblé. Joseph Bonaparte le décora de l'ordre des Deux-Siciles, le nomma membre de la Société royale des sciences et arts de Naples, et président de la direction du Conservatoire royal de musique. En 1809, l'Institut de France le nomma associé étranger, et cet honneur lui causa une grande joie. Il aimait la France malgré les derniers chagrins qu'il y avait éprouvés et rendait justice à ses compositeurs : « L'École française en vaut bien une autre, » disait-il parfois. Les autres académies de l'Italie et de l'étranger se firent également honneur de le compter parmi leurs membres. Le roi Joachim Murat, qui succéda à Joseph Bonaparte, maintint le vieux maître dans tous ses emplois, et Napoléon lui continua sa faveur; il lui fit parvenir en 1808 une gratification de 4,000 francs pour une composition sacrée faite à l'occasion de son mariage. Mais l'ère des révolutions n'était point fermée. Le roi Joachim quitta Naples : le roi Ferdinand y revint et Paisiello fut cette fois disgracié à jamais, perdant tout, pensions de Napoléon, de l'impératrice de Russie, du roi de Naples, et ne conservant pour sa subsistance que les appointements fort modiques de la chapelle.

Il mourut à l'âge de 75 ans, le 5 juin 1816, à Naples. Un *Requiem* à quatre voix et à orchestre, trouvé dans ses papiers, fut exécuté à ses funérailles. Le même soir, l'opéra de Naples joua sa *Nina*, et le roi Ferdinand y assista avec toute sa cour. Ses sœurs lui ont fait élever un monument en marbre dans l'église de Santa-Maria-Nuova de Naples.

Peu de maîtres italiens ont écrit avec autant de charme pour la voix humaine que Paisiello. L'harmonie pure de l'accompagnement laisse en pleine lumière des mélodies d'une suavité pleine de naturel et de grâce, quelquefois aussi d'une morbidesse touchante. De ses cantilènes on peut penser ce que disait le satirique Perse, avec moins de justesse, du vers d'Horace :

> Admissus, circum præcordia ludit.

Pour ne rappeler qu'un air tiré de sa pauvre *Nina :*

> Il mio ben quando verrà...
> Ma nol vedo, ma sospiro,
> E il mio ben, ahi me! non vien.

Quelle mélancolie dans cet andante ! nos compositeurs modernes ont-ils perdu le secret de la langue des sons, ou nos yeux n'ont-ils plus de larmes pour de telles tristesses ?

J'ai pris le portrait de Paisiello de préférence dans le beau tableau peint par madame Vigée-Lebrun, tableau qu'on voit dans le salon carré du Louvre. Le maître est à son clavecin et chante. La figure est rayonnante d'inspiration.

MARTINI

NÉ EN 1741, MORT EN 1816.

Martini (Jean-Paul-Egide), connu d'abord sous le nom de Martini il Tedesco, avait pour véritable nom Schwartzendorf. Il naquit le 1er septembre 1741, à Freistadt dans le Haut-Palatinat. Il apprit de bonne heure les premières notions du latin et de la musique, puis il entra, pour achever ses études, au séminaire des Jésuites de Neubourg-sur-le-Danube, où il devint organiste. Il se rendit en 1758 à l'université de Fribourg en Brisgaw pour y suivre un cours de philosophie ; là il fut aussi l'organiste du couvent des Franciscains.

De retour dans son pays, après l'achèvement de ses études, il fut assez mal accueilli par son père qui venait de se remarier. Le jeune artiste retourna à Fribourg qu'il quitta bientôt pour aller se fixer à Nancy en 1760. Martini était parti sans argent ; aussi se trouva-t-il forcé, dès son arrivée dans la capitale de la Lorraine, de songer aux moyens de subvenir à ses besoins : c'est ce qui le décida à entrer chez le facteur d'orgues Dupont. Bientôt après, suivant les conseils de son patron qui était devenu pour lui un protecteur et un ami, il changea son nom de famille contre celui de Martini, et il sut lui donner assez de notoriété dans le monde musical.

Le roi Stanislas, ayant entendu quelques compositions de Martini, l'attira à sa petite cour et lui confia une position honorable et indépendante qui lui permit de se marier. Après la mort de son protecteur, le jeune compositeur vint s'établir à Paris où il ne tarda pas à se concilier les bonnes grâces du duc de Choiseul. Peu de temps après son arrivée, un concours fut ouvert pour la composition d'une marche à l'usage des gardes-suisses ; Martini non-seulement obtint le prix, mais fut aussi nommé officier à la suite du régiment des hussards de Chamboran, position lucrative qui lui laissa tout le temps de se livrer à la composition : le jeune musicien profita de cette espèce de sinécure pour écrire plusieurs morceaux de musique militaire et pour publier des symphonies, des quatuors et des trios pour divers instruments.

Ce fut seulement en 1771 que Martini aborda la composition dramatique. Il fit alors représenter à la Comédie italienne l'*Amoureux de quinze ans*, opéra-comique en trois actes qui eut un incontestable succès, et qui fut suivi trois ans après de *Henri IV ou la Bataille d'Ivry*, opéra en trois actes, représenté à la Comédie italienne, et dont l'ouverture est restée populaire.

Le *Droit du seigneur*, comédie en trois actes en prose, mêlée d'ariettes, paroles de Desfontaines, fut représenté aux Italiens, le 29 décembre 1783. Le compositeur avait écrit sur ce livret absurde une musique gracieuse qui valut à l'ouvrage un succès de vogue. On n'y trouve point néanmoins la sensibilité exquise dont il a fait preuve dans la jolie partition d'*Annette et Lubin*, et dans la romance si connue :

> Plaisir d'amour ne dure qu'un moment;
> Chagrin d'amour dure toute la vie.

Ces paroles de Florian se prêtaient à l'inspiration tendre et un peu maniérée du musicien.

Après avoir quitté le service militaire, Martini devint successivement directeur de la musique du prince de Condé et de celle du comte d'Artois, puis il acheta quelque temps avant la révolution la survivance de la charge de surintendant de la musique du roi moyennant 16,000 livres.

Lors de l'ouverture du Théâtre de Monsieur, au mois de janvier 1789, il devint directeur de la musique de cette scène; mais il ne put conserver longtemps cette position. Survinrent les événements du 10 août 1792. Il perdit sa place et redoutant les persécutions que pouvait lui attirer son attachement à la famille royale, il se retira à Lyon où il publia sa *Mélopée moderne ou l'Art du chant réduit en principes*, ouvrage imité du *Traité de chant* de Hiller. Possédé du désir d'occuper le public de sa personne et de ses ouvrages, il fit comme la plupart des musiciens ses confrères; il se rallia au mouvement révolutionnaire. Après s'être assuré qu'il ne courait aucun danger, il revint bientôt à Paris, et écrivit la musique de plusieurs compositions patriotiques, entre autres un hymne pour l'anniversaire de la fondation de la république (1er vendémiaire), sur les paroles de Joseph Chénier, œuvre d'ailleurs médiocre. Nous verrons plus loin que sa muse complaisante chanta l'épithalame de Napoléon et de Marie-Louise, et qu'elle entonna, lorsque le moment fut venu, le lugubre *Requiem* du 21 janvier à Saint-Denis.

En 1794, il fit représenter au Théâtre Louvois, *Sapho*, drame lyrique en deux actes.

En 1798, Martini fut nommé membre du comité des études du Conservatoire de musique et professeur; mais ayant été compris dans la réforme de l'an X, il prit très-mal la mesure qui le frappait, et conserva longtemps une vive rancune contre Méhul et Catel, ses anciens collègues, qu'il accusait d'avoir été les principaux auteurs de sa disgrâce.

Annette et Lubin, opéra-comique joué en 1800, à la Comédie italienne, et *Zimeo*, représenté la même année à Feydeau, sont les deux derniers opéras de Martini. Il comprit qu'à son âge, il lui serait fort difficile, pour ne pas dire impossible, de lutter avec les jeunes compositeurs dont les premiers ouvrages dramatiques renfermaient de si belles espérances.

Quoique âgé alors de soixante ans, Martini fit encore plusieurs compositions musicales parmi lesquelles je citerai surtout une grande cantate composée pour le mariage de Napoléon Ier avec Marie-Louise, quelques morceaux de musique religieuse souvent exécutés à la chapelle Impériale, enfin, comme je l'ai dit plus haut, une messe de *Requiem* écrite pour l'anniversaire de la mort de Louis XVI, et exécutée dans l'église de Saint-Denis le 21 janvier 1816.

Martini, qui était surintendant de la musique du roi depuis 1814, obtint le lendemain de l'exécution de son *Requiem* le grand cordon de l'ordre de Saint-Michel; mais il ne put jouir longtemps de cet honneur, car il mourut le 10 février suivant dans sa soixante-quinzième année.

« Martini, dit M. Fétis, avait lu beaucoup de traités de composition publiés en Allemagne, mais sa première éducation musicale avait été négligée, et les anciens maîtres italiens, modèles admirables pour la pureté du style, lui étaient à peu près inconnus. Je me souviens que lorsque j'étudiais l'harmonie au Conservatoire de Paris, sous la direction de Rey, Martini vint inspecter la classe de notre maître, et qu'il corrigea une leçon que je lui présentai. Je lui fis remarquer que dans un endroit sa correction n'était pas bonne, parce qu'elle donnait lieu à une succession de quintes directes entre l'alto et le second violon. « Dans le cas dont il s'agit, on « peut faire des quintes consécutives, me dit-il. — Pourquoi sont-elles « permises ? — Je vous dis que dans ce cas on peut les faire. — Je vous « crois, Monsieur, mais je désire savoir le motif de cette exception. — « Vous êtes bien curieux ! » A ce mot, dont le ridicule n'a pas besoin d'être commenté, tous les élèves partirent d'un éclat de rire, et la grave figure de notre professeur même se dérida. Depuis ce temps, chaque fois que je rencontrais Martini, il me lançait des regards pleins de courroux. Au surplus il aurait été difficile de deviner, à la brusquerie, à la dureté de ses manières et au despotisme qu'il affectait avec ses subordonnés, l'auteur d'une multitude de mélodies empreintes de la plus douce sensibilité. » L'ensemble de ce jugement est sévère. Le caractère de Martini ne m'est guère sympathique et l'emploi que je sais qu'il fit des dernières années de sa vie ne me le fait pas estimer davantage. On peut dire de ces hommes, qu'ils avaient passé par bien des épreuves. Mais, pour demeurer sur un terrain musical, je reconnais que Martini a écrit quelques motets religieux justement appréciés, des opéras médiocres et des romances ravissantes à l'audition desquelles les raffinés du Directoire n'avaient pas tort de se pâmer.

CIMAROSA

NÉ EN 1754, MORT EN 1801.

L'Italie, terre classique de la mélodie, n'a guère produit de musicien plus illustre que Domenico Cimarosa. Le grand artiste naquit à Aversa dans le Napolitain, le 17 décembre 1754, d'une famille obscure. A l'âge de sept ans, l'enfant perdit son père qui était maçon et qui se tua en tombant d'un échafaudage. Sa mère, simple blanchisseuse, n'était pas en état de lui faire donner une éducation brillante. Telle fut la modeste origine du futur ami du cardinal Consalvi dont l'habileté politique égala les vertus. Les parents de Cimarosa avaient fixé leur résidence à Naples peu de temps après la naissance de l'enfant. Ce fut un bonheur pour lui; car il put commencer ainsi ses études à l'école des *Mineurs conventuels*.

Le P. Polcano reconnut bientôt les dispositions naturelles de l'orphelin, et au lieu de borner son instruction à ce qu'on enseigne d'ordinaire dans les écoles gratuites, il lui fit étudier le latin, et, en sa qualité d'organiste du couvent, lui donna les premières notions de la musique. Ces soins ne furent pas perdus. Les rapides progrès du jeune Cimarosa amenèrent son protecteur à le placer au Conservatoire de Sainte-Marie de Lorette en 1761. Plein d'ardeur pour le travail, doué d'une intelligence remarquable et d'un caractère charmant, l'élève possédait toutes les qualités qui devaient le rendre cher à ses maîtres. Manna et Sacchini furent ses professeurs de chant; Fenaroli lui apprit le contre-point, et Piccinni se chargea ensuite de compléter ses études de composition musicale. Dans les essais de sa première jeunesse, Cimarosa révélait déjà cette imagination et cette verve brillante dont témoigneront plus tard tous ses ouvrages. Ce n'était pas seulement un compositeur de grande espérance, c'était un violoniste excellent et un chanteur agréable, surtout dans le genre bouffe.

Les artistes ne se formaient point alors par les méthodes expéditives qu'on a imaginées depuis, et, en Italie surtout, leur apprentissage durait très-longtemps. Cimarosa ne sortit du Conservatoire qu'après onze années d'études, en 1772. Cette même année, il donna au théâtre des *Fiorentini* son premier opéra, *Le Stravaganze del conte*, qui fut suivi d'une farce intitulée *Le pazzie di Stellidanza e Zoroastre*. En 1773, son opéra bouffe, *La finta Parisina*, réussit avec éclat au théâtre *Nuovo*. Deux ans après, il va écrire à Rome l'*Italiana in Londra* (1775) ; puis, de retour à Naples, il compose en 1775, *la Donna di tutti caratteri*, et en 1776, *la Frascatana nobile*, *Gli sdegni per amore*, et la farce *I Matrimonii in ballo*. En 1777, le théâtre des *Fiorentini* donne encore *Il Fanatico per gli antichi Romani* et *le Stravaganze di amore*. Sa fécondité n'est pas épuisée, et il lui en reste encore assez pour faire représenter à Rome dans la même année *I due baroni*.

Ainsi Cimarosa défrayait alternativement les deux grandes scènes de l'Italie méridionale. Sa facilité à produire n'avait d'égale que la richesse de ses partitions, et tandis qu'à Naples il balançait la réputation de Paisiello, à Rome il forçait à lui être fidèle un public connu pour l'inconstance de ses goûts. *I finti nobili*, l'*Armida immaginaria* et *Gli amanti comici*, joués au théâtre des Florentins de Naples, en 1778, voient le succès qui les a accueillis se continuer l'année suivante avec *Il ritorno di don Calandrino* et *Cajo Mario* représentés à Rome, et *Il mercato de Malmantile*, l'*Assalonte* et *la Giuditta*, à Florence. L'ouverture du nouveau théâtre del Fondo à Naples, en 1780, fut pour Cimarosa l'occasion d'écrire son *Infedeltà fedele* interprétée par Mengozzi, la Maranesi et Bonavera. L'opéra bouffe *Il Falegname* (le menuisier) suivit de près. En 1781 le compositeur infatigable écrit en moins d'un an l'*Alessandro nelle Indie* à Rome, l'*Artaserse* à Turin, *Il convito* à Venise, et l'*Olimpiade* à Vicence.

On voit par cette énumération d'œuvres de caractères fort divers, que le musicien était aussi à son aise dans l'opéra séria que dans l'opéra buffa. En 1782, il revint aux Florentins, théâtre qui avait eu les prémices de son talent, et y faisant représenter un charmant ouvrage intitulé *la Ballerina amante*. L'*Eroe Cinese*, joué au théâtre *San Carlo* le 13 août, pour l'anniversaire de la naissance de la reine Marie-Caroline d'Autriche, et *Il pittor Parigino*, donné à Rome, complètent la production musicale de cette année.

Il fallait un artiste de cet inépuisable génie pour suppléer à l'absence de Paisiello et de Guglielmi, l'un et l'autre en pays étranger. Mais la Péninsule eut à peine le temps de s'apercevoir de la perte momentanée de ces deux compositeurs, quand elle vit Cimarosa écrire en 1783, *Chi d'altrui si veste, presto si spoglia*, l'*Oreste* et la *Villanella riconosciuta* ; en 1784, *Il barone burlato*, l'*Apparenza inganna* et *I due supposti conti* ; en 1785, *Il marito disperato*, *la Donna al suo peggior sempre si appiglia* et *Il Valdomiro* ; en 1786, *Le trame deluse*, *Il credulo*, *l'Impresario in angustie* et *la Baronessa stramba* ; en 1787, *Il fanatico burlato* ; en 1788, *Giannina*

CIMAROSA

e Bernadone; au commencement de 1789, *lo Sposo senza moglie*, productions pleines de verve qui portèrent dans toute l'Europe le nom de leur auteur.

Après le retour de Paisiello à Naples, l'emploi qu'il remplissait à la cour de Russie fut offert à son rival qui l'accepta. Cimarosa se mit en route en juillet 1789, pour se rendre auprès de Catherine II, et durant son voyage, il reçut les ovations les plus flatteuses partout où il s'arrêta. Le grand-duc de Toscane lui fit, à Florence, la réception la plus enthousiaste; il trouva le même accueil à Vienne, de la part de Joseph II, et à Cracovie, ainsi qu'à Varsovie, où la noblesse polonaise fut ravie de le posséder. Le maëstro n'arriva à Saint-Pétersbourg que le 1er décembre 1789. Une cantate, *la Felicita inaspettata*, plusieurs opéras, *Cleopatra*, *la Vergine del sole*, *Atene edificata* et environ cinq cents morceaux composés pour le service de la cour et différents personnages de la noblesse, tels furent les fruits de ce séjour de trois ans chez les Moscovites. Vers la fin de 1792, le climat rigoureux de la Russie obligea l'artiste à demander un congé à Catherine II. Il partit pour Vienne, où l'empereur Léopold le nomma son maître de chapelle, avec un traitement de 12,000 florins. Cimarosa écrivit, dans la capitale de l'Autriche, l'œuvre qu'on regarde généralement comme la meilleure de tout son répertoire. Il avait trente-huit ans et avait déjà donné environ soixante-dix ouvrages lyriques, quand il fit jouer à Vienne, en 1792, *Il matrimonio segreto*, opéra bouffe en deux actes. Le livret était dû à la plume de Bertatti, qui avait succédé à Lorenzo da Ponte comme *poeta Cesareo* de la cour de Vienne. Entre les tableaux de demi-caractère de ce petit drame bourgeois et les accents lyriques élevés, passionnés de Métastase, la distance est grande. Néanmoins cette peinture des émotions de la vie de famille au dix-huitième siècle ne manque ni d'attraits ni de grâce.

La scène se passe dans la maison du signor Geronimo, négociant riche et sourd. Paolino, son commis, a épousé secrètement Carolina, la plus jeune fille de son patron. Une telle situation cause à tous deux les plus vives angoisses. Elle est exprimée par Cimarosa dans un duo d'une sensibilité exquise : *Cara, non dubitar.*

Ah! pietade troveremo
Se il ciel barbaro non è.

Le bonhomme a la marotte des titres de noblesse; aussi rien ne peut modérer sa joie lorsqu'il apprend que le comte Robinsone lui demande la main de sa fille Elisetta :

Udite tutti, udite,
Le orecchie spalancate,
Di giubbilo saltate.
Un matrimonio nobile
Per lei concluso è già

« Écoutez, écoutez, prêtez-moi la plus grande attention ; livrez-vous à la plus vive allégresse. Je viens de conclure une noble alliance pour ma fille : elle va devenir comtesse. Quel heureux jour! Ma chère enfant, couvre de baisers la main de ton papa. Préparez la fête, qu'elle soit brillante; qu'on dépense beaucoup d'argent; n'épargnez rien; que tout le monde partage ma joie! Ma sœur, qu'en pensez-vous? Qu'en dis-tu, ma chère Élise? Pourquoi restes-tu la bouche close? Et toi, Caroline, réjouis-toi, ton père ne t'a pas oubliée; non, tu épouseras aussi un mari titré. Mais quoi! tu te tiens là les yeux baissés... tu n'as pas encore ouvert la bouche... Oh! ciel! que tu es sotte! tu me fais enrager, en vérité. On voit bien que l'envie est entrée dans ton cœur. »

Cet air de Géronimo est d'un comique achevé. Ici se place une petite scène entre les trois femmes, dans laquelle le caractère de chacune se révèle.

> Le faccio un'inchino,
> Contessa garbata;
> Per essere dama
> Si vede ch' è nata.
> Per altro, per altro
> Da rider mi fa.

Ce trio piquant est un des plus jolis morceaux de l'ouvrage. Un contretemps vient tout embrouiller. Le comte Robinsone, épris des charmes de Carolina, la préfère à sa sœur aînée, ce qui amène un beau quatuor dramatique :

> Sento in petto un freddo gelo
> Che cercando mi và il cor.

La surdité de Géronimo contribue à la scène de confusion qui termine le premier acte. Le second acte s'ouvre par un duo de basses entre Geronimo et le comte :

> Se un fiato in corpo avete,
> Sì, sì la sposerete.

C'est un chef-d'œuvre de verve comique et de finesse. Ce duo est à lui seul une comédie. Le comte Robinsone déclare à son futur beau-père qu'il n'épousera pas Elisetta, et qu'il lui préfère sa fille cadette. Geronimo ne veut entendre parler d'aucun arrangement; mais il se radoucit lorsque le comte lui dit qu'il est prêt, dans ce cas, à renoncer à la moitié de la dot, et tous deux ne tardent pas à tomber d'accord. Paolino est au désespoir; mais voilà que la sœur de Geronimo, la riche veuve Fidalma, femme d'un âge mûr, veut se faire épouser par Paolino. Celui-ci, en présence de tant de difficultés, propose à Carolina de fuir. L'air qu'il chante dans cette scène est peut-être le plus bel air de ténor de l'ancien répertoire italien.

> Pria che spunti in ciel l'aurora
> Cheti, cheti a lento passo,
> Scenderemo fin abbasso
> Che nessun ci sentirà.

Au moment où les deux époux vont furtivement quitter la maison paternelle, ils chantent un ravissant duo plein d'amour, de mystère, de grâce et de frayeur :

> PAOLINO.
> Deh! ti conforta, o cara.
> Seguimi, piano, piano.
> CAROLINA.
> Stendimi pur la mano.
> Che mi vacilla il pie.

Le dépit qu'a fait éprouver à la sœur aînée le refus du comte, la pousse à engager son père à faire enfermer Carolina dans un couvent. Le quintette *Deh! lasciate ch' io respiri* est très-scénique, malgré l'étonnante simplicité de forme que lui a donnée le compositeur. La nuit arrive; chacun rentre dans sa chambre. Mais la jalousie veille dans le cœur d'Elisetta. Deux voix partant de la chambre de sa sœur ont frappé son oreille; elle croit surprendre le comte en flagrant délit de séduction. Elle appelle tout le monde, et c'est alors que les deux jeunes gens, Paolino et Carolina, sont contraints de faire connaître le lien qui les unit. Cette scène est à la fois émouvante et comique. Robinsone se joint aux autres personnages pour fléchir le père, et il lui promet d'épouser Elisetta, à la condition qu'il pardonnera à ses enfants de s'être mariés sans son consentement. « Aussi bien, ajoute la bonne Fidalma, il ne reste pas autre chose à faire. »

> Già che il caso è disperato,
> Ci dobbiamo contentar.

Il est inutile de dire que l'ouvrage se termine par un *tutti* joyeux. *Oh! che gioja! oh! che piacere!* pourrait-on s'écrier avec ce sextuor, à la fin de la représentation. Il faut espérer qu'il y aura encore longtemps assez de gens de goût pour apprécier les beautés de ce chef-d'œuvre, dont on peut dire que *c'est avoir profité que de savoir s'y plaire*.

L'orchestration de Cimarosa est d'une grande sobriété. Le quatuor fourmille de détails intéressants; l'emploi des instruments à vent est très-limité et jamais bruyant.

Cet opéra a été repris à Paris pendant la saison de 1836 à 1837 par Lablache, Tamburini, Rubini, Mme Albertazzi. Rubini, dans la coda de l'air *Pria che spunti* soulevait la salle entière. Mais Lablache seul interprétait cette pièce et cette musique avec l'intelligence, la verve, la diction particulière qu'elles réclament.

Cimarosa écrivit encore à Vienne la *Calamità de' cuori* et *Amor rende sagace*. Puis il revint à Naples (1793) où la représentation du *Matrimonio segreto* causa des transports d'enthousiasme. *I Traci amanti*, le *Astuzzie femminili*, *Penelope* et l'*Impegno superato* succédèrent à ce charmant ouvrage. En 1796, le compositeur fait représenter à Rome *I nemici gene-*

rosi. De là il va à Venise où il écrit *Gli Orazi e Coriazi*. De retour à Rome en 1798, il fait jouer pendant le carnaval *Achille all' assedio di Troia* et l'*Imprudente fortunato*. Le théâtre des Florentins de Naples reçut à son tour de lui l'*Apprensivo raggirato* et la cantate la *Felicità compita*. A peine remis d'une maladie grave qui avait failli l'emporter, le maestro se rend à Venise avec l'intention d'y monter l'*Artemisia*, qu'un impresario lui avait demandée; mais la mort ne lui en laissa pas le temps. Il expira le 11 janvier 1801, âgé seulement de quarante-sept ans.

On a longtemps discuté sur les causes de la mort de ce grand artiste. Il avait chaudement embrassé le parti de la révolution napolitaine. On supposa que des adversaires politiques l'avaient fait empoisonner ou étrangler On alla même jusqu'à accuser la reine Caroline de ce crime. Le caractère de cette princesse donnait malheureusement quelque vraisemblance à des soupçons que ne put détruire entièrement chez les esprits crédules une déclaration du médecin Piccioli attestant que Cimarosa avait succombé aux suites d'une tumeur cancéreuse au bas-ventre.

Le bon cardinal Consalvi, qui avait été l'ami et le protecteur du grand musicien, lui fit rendre des honneurs funèbres dans l'église de Saint-Charles *in Cattinari* à Rome. Le prélat chargea Canova d'exécuter le buste en marbre de Cimarosa. Il fut placé dans la galerie du Capitole. Les regrets dont un prince de l'Église donnait une si éclatante expression étaient partagés par tout le monde. L'auteur du *Matrimonio segreto* et de cinquante autres chefs-d'œuvre avait autant de cœur que de génie. Sa perte fut à ce titre un deuil public.

Voici quelques extraits des *Mémoires* du cardinal Consalvi, relatifs à Cimarosa; mes lecteurs me sauront gré de les reproduire :

« Au commencement de mon ministère (secrétairie d'État), j'éprouvai deux chagrins très-vifs, sans parler de beaucoup d'autres. L'un n'eut aucun rapport avec mon emploi : ce fut la mort de mon grand ami (*del mio amicissimo*) Dominique Cimarosa, le premier, à mon avis, des compositeurs pour l'inspiration et la science, comme Raphaël est le premier des peintres. Il mourut le 11 janvier 1801, à Venise, tandis qu'il y travaillait à sa seconde *Artemisia*, si célèbre et qu'il ne put même pas achever. »

Dans la correspondance que le cardinal entretient avec le prince Georges, grand-duc de Mecklembourg-Strélitz, on remarque que ce prince lui demande en ces termes une partition du maestro qui lui avait été promise :

« Oserai-je rappeler à Votre Éminence l'*Artemisia* de Cimarosa? Elle a eu la bonté de m'en promettre la partition à Vienne, et j'attache un trop grand prix à la posséder pour ne pas la supplier de s'en souvenir. »

On trouve dans le testament du cardinal cette marque de suprême amitié :

« Cinquante messes chaque année, pour le repos de l'âme du célèbre maestro Dominique Cimarosa, à dire dans l'église de la Rotonde, le 11 janvier, jour anniversaire de sa mort, avec l'aumône de trois paoli. »

Le traducteur des *Mémoires*, M. Crétineau-Joly, ajoute cette réflexion :

« Ce pieux souvenir et cet hommage de prières accordés à Dominique Cimarosa, mort depuis plus de vingt années, ont quelque chose de véritablement touchant. Le grand compositeur, que le cardinal Consalvi, aussi bon juge en musique qu'en poésie et en peinture, appelait le Raphaël de l'harmonie, avait été l'un de ses plus chers amis. En rédigeant ses volontés suprêmes, Consalvi associe le maestro à tous ceux qu'il aima et honora sur la terre. Il fait mieux : après avoir, pendant sa vie, veillé au sort des filles de Cimarosa, il veut pourvoir à leurs besoins jusqu'au delà du tombeau. Deux legs de son testament prouvent qu'il ne les oublia point. »

En effet, on lit plus loin les clauses suivantes :

« A la religieuse Cimarosa, au monastère de l'Enfant-Jésus, 100 onces d'argent et la tabatière avec portrait de son père; de plus, la rente annuelle de 40 écus portée à 80 dont il est question dans le testament;
: A Pauline Cimarosa, 100 onces d'argent et toute la musique de son père, avec son grand portrait, le tout franc de port jusqu'à Naples; de plus, une rente viagère de 72 écus par an. »

Le cardinal associait même le souvenir du grand compositeur à ses bienfaits; car il lègue à un artiste un objet qui lui avait appartenu, pensant bien qu'il serait regardé comme une précieuse relique.

« Au maître de musique Angelini, le piano allemand à plusieurs registres et la tabatière dont se servait Cimarosa dans sa jeunesse. »

On connaît le caractère élevé du cardinal Consalvi. On sait la part qu'il a prise aux grands événements religieux qui se sont passés au commencement de ce siècle. La publication si intéressante que M. Crétineau-Joly a faite de sa correspondance montre que ses vertus égalaient au moins ses rares talents diplomatiques. C'est donc honorer d'une manière toute particulière la mémoire de Cimarosa, que de signaler l'amitié qui l'unissait à ce prince de l'Église.

Le portrait que je donne du maître a été dessiné d'après celui qui m'a semblé le meilleur au département des Estampes de la Bibliothèque nationale.

SALIERI

NÉ EN 1750, MORT EN 1825.

Une activité de production dévorante est aujourd'hui le trait le plus saillant de la physionomie artistique de Salieri. Ce musicien eut de son vivant de grands succès, et la postérité ne connaît de lui que des fragments d'une facture correcte, mais dénués de sentiment et de chaleur. Pourquoi un tel oubli, après tant de vogue ? Parce que le savoir-faire d'un habile homme ne vaut pas pour la gloire définitive et durable, ce que vaut la naïve simplesse d'un homme de génie. Salieri a pu abuser ses contemporains ; il a pu réussir souvent à écarter les jeunes talents qui lui faisaient ombrage et conquérir par des moyens étrangers à son mérite une réputation usurpée. Ce qu'il n'a pu faire, ç'a été d'imprimer le caractère de l'immortalité à des œuvres dont il prenait tant de peine à assurer la fortune momentanée.

Antoine Salieri naquit le 19 août 1750, à Legnano en Vénétie. Il apprit de bonne heure les éléments de la musique, du violon et du clavecin. Son frère aîné, François Salieri, et l'organiste Simoni furent ses premiers maîtres. Des spéculations malheureuses ayant ruiné ses parents, et son père n'ayant pu survivre à ce désastre, il dut dès l'âge de quinze ans pourvoir à son existence. Une jolie voix de soprano, un certain talent sur le clavecin, c'était là tout ce que possédait l'enfant abandonné à ses propres forces. Mais s'étant rendu à Venise, il eut la chance de rencontrer un généreux protecteur dans un membre de la famille Mocenigo. Grâce à l'appui de ce patricien, Salieri put continuer ses études musicales en qualité de choriste attaché à la maîtrise de Saint-Marc. Après avoir étudié l'harmonie sous la direction de Jean Pescetti et le chant sous celle de Ferdinand Pacini, il devint l'élève de Gassmann, maître de la chapelle impériale, qui était venu à Venise pour y faire représenter son opéra *Achille in Sciro*. Ce fut encore à Mocenigo qu'il dut d'être agréé par un tel maître. Gassmann le ramena avec lui à Vienne en 1766, et s'appliqua avec zèle à développer ses heureuses facultés, ce dont Salieri lui garda toujours, il faut bien le dire, la plus vive reconnaissance. En même temps le jeune homme apprenait d'un prêtre italien nommé Pierre Tomasi, les éléments du français et de l'allemand.

Le début du compositeur fut *Le Donne letterate*, opéra bouffe représenté à Vienne pendant le carnaval de 1770. Cet ouvrage eut du succès et fut suivi de l'*Amore innocente* (1770), de *Don Chisciotto* (1771), et d'*Armida*, opéra séria (1771). La vogue accueillit cette dernière production, où se remarquaient des mélodies pleines de charme ; le public la continua à *Il barone di rocca antica* (1772), à la *Fiera di Venezia* (1772), à la *Secchia rapita* (1772), et à *la Locandiera* (1773). Gassmann étant mort en 1774, la place de maître de chapelle de la cour fut donnée à l'élève qui lui avait fait tant d'honneur. L'année où il obtint cet emploi (1775), Salieri montra tout ce qu'on pouvait attendre de sa facilité en écrivant coup sur coup deux grandes cantates avec orchestre, des concertos et un opéra bouffe en trois actes, intitulé : *La Calamità de' cori*.

Vers ce moment s'accomplit une révolution dans la manière du jeune maître. Bien que des applaudissements renouvelés à chaque ouvrage pussent le confirmer dans sa première direction d'idées, il subit, comme tant d'autres, l'ascendant du génie de Gluck, étudia les partitions de l'auteur d'*Orphée* et se rapprocha beaucoup de son style dans les opéras qu'il écrivit ultérieurement.

Jusque-là, le musicien, Italien de naissance, était Allemand par le succès, puisque ses ouvrages avaient été donnés au théâtre de Vienne. Un opéra qu'on lui demanda pour l'ouverture du nouveau théâtre de la *Scala*, fut l'occasion qui le ramena dans sa patrie. Après avoir, en cette circonstance, fait représenter à Milan l'*Europa riconosciuta*, opéra sérieux en trois actes (3 août 1778), il écrivit à Venise *la Scuola de' gelosi* (1778) ; à Rome, *la Partenza inaspettata* (1779) ; à Milan pour le théâtre *Canobbiana*, *Il talismano* (1779), et à Rome encore *La Dama pastorella* (1780), puis il reprit le chemin de Vienne où un maître de chapelle de la cour devait avoir fort à faire pour contenter un amateur de musique tel que l'était Joseph II, le successeur de Marie-Thérèse.

En 1781, Salieri fit son premier opéra sur un livret allemand. Ce fut le *Ramoneur*, en trois actes. Cette composition précéda de quelques mois les *Danaïdes*, ouvrage que l'Académie royale de musique de Paris avait demandé à Gluck, mais que ce compositeur fit faire par Salieri, devenu son élève et son ami. La tâche était ardue pour un artiste qui connaissait médiocrement le français et nullement les usages de la scène française. Et puis, combien de musiciens eussent décliné l'honneur périlleux de remplacer le père d'*Orphée* et d'*Alceste* ! Cependant l'auteur d'*Armida* se mit bravement à l'œuvre, et, la partition achevée, il se rendit à Paris pour en diriger les répétitions, nanti d'une lettre de Gluck qui le recommandait au directeur de l'Opéra. L'affiche annonça la pièce comme étant de l'auteur à qui on l'avait d'abord demandée ; mais au bout de treize représentations, et lorsque l'administration, en face d'un succès incontesté, n'eut plus à redouter le désappointement du public, une lettre de Gluck parut dans les feuilles publiques, restituant à Salieri la paternité des *Danaïdes*. Ce fut ainsi, et grâce au patronage d'un maître illustre, ou plus exactement à ce subterfuge, que le compositeur italien se glissa sur notre scène. Il est vrai que son coup d'essai fut un coup d'éclat. On a admiré l'expression toujours forte, rapide et juste de cette musique; les chœurs : *Descends dans le sein d'Amphitrite, Gloria, evan, evohe*, sont d'un effet grandiose. Je citerai encore l'air d'Hypermnestre : *Par les larmes dont votre fille*, et l'air de Danaüs : *Jouissez d'un destin prospère*, qui sont d'une facture tout à fait remarquable.

Après avoir vendu sa partition pour la somme de 10,000 francs à l'administration de l'Opéra, reçu 3,000 francs comme indemnité de déplacement et obtenu de la reine un riche présent, Salieri retourna à Vienne, où il fit représenter dans la même année, *Semiramide* et *Il ricco d'un giorno* (le riche d'un jour). *Eraclito e Democrito* et la *Grotta di Trofonio* parurent sur le théâtre de la cour en 1785. L'artiste revint ensuite à Paris pour y faire entendre ses *Horaces*; mais cette tragédie lyrique dont le sujet était emprunté à l'œuvre de Corneille, ne réussit point (1787). La revanche ne se fit pas attendre : le compositeur la trouva dans la représentation de *Tarare*, opéra tragi-comique en cinq actes, joué le 8 juin 1787. Beaumarchais, l'auteur du livret, en dépit de sa versification informe, frayait une voie nouvelle. Il mêlait, pour la première fois, depuis l'essai peu concluant qu'en avait fait Lulli, l'élément tragique et l'élément bouffon. Cette production, d'un genre hétéroclite, réussit pleinement, grâce surtout au mérite de la musique, et le succès ne fut pas moindre chez les Allemands qu'il ne l'avait été chez nous, quand Salieri fit jouer son opéra à Vienne sous le titre d'*Axur re d'Ormus*.

Doué d'une étonnante puissance de travail, le maître de Legnano écrivit, de 1770 à 1804, quarante-deux opéras et un nombre au moins égal de morceaux tels qu'oratorios, cantates, duos, trios, chœurs et pièces instrumentales. En 1804, il renonça aux triomphes dramatiques pour se consacrer tout entier au service de la chapelle impériale. Sa retraite qu'il avait sollicitée en 1821 ne lui fut accordée qu'en 1824, et certes il l'avait bien gagnée. On ne peut que trouver juste la mesure en vertu de laquelle l'empereur lui conserva la totalité de son traitement, après qu'il se fut démis de ses fonctions. Mais le musicien ne jouit pas longtemps des douceurs du repos, car il mourut le 12 mai 1825, dans sa soixante-quinzième année. L'auteur des *Danaïdes* et de *Tarare* n'eut pas à se plaindre de la France. Louis XVIII le fit chevalier de la Légion d'honneur; l'Institut l'admit au nombre de ses membres étrangers. Il fut aussi nommé membre de l'Académie des beaux-arts.

Salieri avait de l'esprit et une certaine variété de connaissances. Il était aimable et d'un caractère fait pour la société; il charmait toutes les compagnies où il se trouvait, par sa manière piquante de raconter des anecdotes. Son langage, mélangé d'italien, de français et d'allemand, ne contribuait pas peu sans doute à amuser ses auditeurs. Ses biographes rapportent qu'il était grand amateur de friandises et que la vitrine des confiseurs exerçait sur lui une irrésistible attraction. S'il se montra trop adroit à faire tourner au profit de sa fortune artistique les amitiés qu'il savait se concilier dans le monde, il est d'autre part des faits de sa vie qui le font voir sous un jour plus attachant. N'oublions pas que Salieri, dans l'âge le plus avancé, se souvint toujours des bontés que Gassmann avait eues pour lui au début de sa carrière. Il fit plus que de s'en souvenir : il paya sa dette à la mémoire de son bienfaiteur qui, en mourant, laissait deux filles privées d'appui. Le compositeur en prit soin, pourvut à toutes les dépenses de leur éducation et ses leçons firent de l'une d'elles, Mme Rosenbaum, une cantatrice distinguée.

Salieri avait composé pour ses obsèques un *Requiem*, qu'il n'avait fait connaître à personne. On se conforma à ses intentions en l'exécutant à son service funèbre. Il avait eu de son mariage trois filles qui le chérirent tendrement et l'entourèrent de soins dans sa vieillesse.

CLEMENTI

NÉ EN 1752, MORT EN 1832.

Muzio Clementi naquit à Rome en 1752. Il était fils d'un orfèvre passionné pour la musique, et qui ne négligea rien pour lui procurer une connaissance complète de cet art. Dès l'âge de six ans, Clementi solfiait. Il étudia successivement sous la direction du claveciniste Cordicelli, du chanteur Santarelli et du contre-pointiste Carpini. Ses progrès étaient si rapides, grâce à l'heureuse facilité dont la nature l'avait doué, qu'à neuf ans il affrontait victorieusement l'épreuve d'un concours pour une place d'organiste. Le précoce pianiste, âgé de quatorze ans, fit un voyage dans la Grande-Bretagne, à la suite d'un Anglais nommé Beckford qui admirait son jeune talent et voulait lui servir de protecteur. Ce fut dans le Dorsetshire, où était située l'habitation de Beckford que Clementi perfectionna son goût et son doigté par la lecture et la méditation des ouvrages de Haendel, de Bach et de Scarlatti. Ce fut là qu'il se mit en état d'écrire son œuvre deuxième, devenue le type de toutes les sonates pour piano, et dont tous les artistes, entre autres Charles-Emmanuel Bach, parlèrent dans les termes de la plus vive admiration.

Beckford ne s'était pas trompé en présageant la prochaine illustration de son jeune protégé. Le succès de l'œuvre deuxième appela bientôt Clementi à Londres où il contracta un engagement pour tenir le piano à l'Opéra. Dans l'exercice de son emploi, il entendait presque journellement les meilleurs virtuoses de l'Italie. Sous cette influence, le style de ses compositions s'agrandit, et ses qualités d'exécutant acquirent une plus haute perfection. Sa réputation passa bientôt le détroit et il la suivit. A Paris, où il se rendit en 1780, Clementi excita l'enthousiasme du public et mérita d'être complimenté par la reine. A cette époque se place la composition des œuvres cinquième et sixième, ainsi qu'une nouvelle édition de l'œuvre première augmentée d'une fugue. D'autres applaudissements, d'autres succès attendaient notre artiste en Allemagne. Parti pour Vienne au commencement de 1781, il s'arrêta à Strasbourg où l'accueillit avec beaucoup de considération le prince de Deux-Ponts, à Munich où il reçut le même accueil de l'électeur de Bavière, et arriva enfin dans la capitale de l'Autriche. Clementi se lia dans cette ville avec Haydn, Mozart et les autres musiciens illustres qui s'y trouvaient. Le suffrage de l'empereur Joseph II ne lui manqua pas non plus. Artaria, le célèbre éditeur de musique, publia les œuvres septième, neuvième et dixième du pianiste romain. L'œuvre huitième fut gravée à Lyon; l'œuvre onzième parut en Angleterre, au retour de l'artiste. Dans les derniers mois de 1783, il eut pour élève Jean-Baptiste Cramer.

Après un second voyage en France fait l'année suivante, Clementi revenu à Londres en 1785 y resta sans interruption jusqu'en 1802. Livré aux soins du professorat dans un pays assez riche pour payer les gloires étrangères, Clementi n'en composa pas moins, au milieu des fatigues de l'enseignement, une série d'œuvres qui vont de la quinzième à la quarantième, ainsi que son *Introduction à l'art de jouer du piano*. La fortune qu'il s'était faite par ses leçons ayant été compromise dans la faillite de la maison Longman et Broderip, il monta un établissement pour la fabrication des pianos et le commerce de la musique. Cette combinaison releva en peu de temps la position financière de l'artiste qui donnait tous ses soins au perfectionnement des intruments fabriqués dans sa maison.

Dans l'automne de 1802, repris par l'humeur voyageuse, Clementi parcourut encore l'Europe, visitant Paris, Dresde, Vienne, Berlin et poussant jusqu'à Saint-Pétersbourg. Dans le cours de ses pérégrinations, il perdit sa première femme qu'il avait épousée à Berlin. Sur ces entrefaites, la mort de son frère et des affaires de famille l'appelèrent à Rome, sa ville natale. Il ne revit l'Angleterre qu'en 1810, et durant cette absence de huit ans, il n'avait composé qu'une seule sonate (œuvre quarante et unième). A partir de ce moment jusqu'à sa mort (10 mars 1832), la vie de Clementi s'écoula heureuse et tranquille, au milieu de la considération de tous les artistes, au sein du bien-être que donne la fortune, et des joies domestiques qu'il avait retrouvées dans une seconde union.

Les œuvres de Clementi se composent de sonates au nombre de cent six. On ne saurait trop louer leur élégance et leurs qualités de style. Comme pianiste, tous ses contemporains l'ont proclamé incomparable. Son *Introduction à l'art de jouer du piano* est un livre excellent qui a obtenu douze éditions en Angleterre, sans parler de celles qu'on en a faites en France et en Allemagne. Ses symphonies exécutées à Londres par la société philharmonique, ont été fort applaudies alors; elles n'auraient aujourd'hui aucun succès. Ajoutons que les amateurs lui doivent la belle collection de pièces d'orgue et de clavecin publiée à Londres en 4 vol. in-folio.

Ses principaux élèves ont été John Field, Cramer et Kalkbrenner.

Il n'y a dans la musique de Muzio Clementi aucune passion, aucun de ces sentiments heurtés et violents qu'on rencontre dans les sonates de Beethoven et de Weber. Elle n'est pas vague et voluptueuse comme celle de Mendelssohn et de Chopin. Elle n'est pas non plus aride et austère comme celle de Cramer, de Kalkbrenner. Elle n'a pas le brio, l'imprévu des fantaisies de Schuloff, de Prudent, d'Antoine de Kontski; elle ne saurait être comparée aux excentricités de mécanisme et d'harmonie de Listz, ni aux magistrales virtuosités de Thalberg. Non, ce n'est rien de tout cela; et cependant c'est de la bonne musique, de l'excellente musique, mélodieuse, harmonieuse, écrite avec la plus grande pureté. On peut la comparer à la conversation douce, modérée, spirituelle et gracieuse de jeunes filles bien élevées; ramage agréable qui n'exclut pas les qualités solides de l'esprit et du cœur.

L'audition des sonates de Clementi repose les oreilles du fracas des morceaux à effet, et apaise le système nerveux surexcité par les émotions de la musique dramatique. Elles conviennent merveilleusement aux jeunes personnes chez qui elles forment et développent le mécanisme des doigts, tout en proposant à leur imagination des motifs élégants et gracieux.

L'opinion que j'émets ici est aussi celle d'un professeur bien expérimenté et qui joint à une connaissance approfondie de la musique et de l'instrument qu'il enseigne avec un grand succès, celle beaucoup plus rare de ce qui convient à l'enfance et à la jeunesse. Dans un opuscule ayant pour titre : *de l'Enseignement du piano, Conseils aux jeunes professeurs*, M. Félix Le Couppey s'exprime ainsi : « Clementi est un des meilleurs auteurs que l'on puisse étudier pendant la première période de l'enseignement du piano. Tout semble prévu dans les œuvres de ce maître pour faire acquérir aux élèves un mécanisme correct, une accentuation franche et naturelle, un style simple et beaucoup de sûreté dans la mesure. »

ZINGARELLI

NÉ EN 1752, MORT EN 1837.

L'École napolitaine qui a produit tant de grands musiciens pendant le dix-huitième siècle, est encore celle à laquelle on doit Zingarelli. Certes, dans la liste glorieuse où se lisent les noms des Jomelli, des Piccinni, des Guglielmi, des Sacchini, des Paisiello et des Cimarosa, l'auteur de *Roméo et Juliette* ne saurait revendiquer le premier rang. Cependant, s'il a moins d'idées et moins de force dramatique que plusieurs des illustres compositeurs que je viens de citer, il est bien de leur lignée, au moins dans ses meilleurs ouvrages, par la délicatesse de la mélodie et l'art de traiter convenablement les voix. Ajoutons qu'il leur ressemble encore par son extrême facilité. Malheureusement cette facilité dégénéra trop souvent en négligence et enfanta plus de productions médiocres que de chefs-d'œuvre.

Nicolas-Antoine Zingarelli naquit à Naples le 4 avril 1752. Il perdit à l'âge de sept ans son père qui était professeur de chant et entra au Conservatoire de *Loreto*, où il étudia d'abord le violon. Il eut Fenaroli pour maître d'accompagnement et de contre-point. Ce professeur allait habituellement passer ses vacances d'automne à Ottojano, petite localité située à onze milles de Naples. On raconte que son élève parcourut plusieurs fois cette distance à pied pour lui porter des fugues et des contre-points à corriger. A sa sortie du Conservatoire, Zingarelli put s'initier à la tradition de Durante par les leçons que lui donna l'abbé Speranza, un des meilleurs élèves du célèbre compositeur. Son premier essai dramatique fut un intermède : *I quattro pazzi* (les quatre fous), exécuté par les élèves du Conservatoire, et applaudi par les professeurs. Mais, comme la plupart des artistes pauvres, le jeune musicien, avant d'arriver à la scène, dut, pour se créer des ressources, recourir à l'enseignement. Pendant plusieurs années, il vécut dans la maison de riches particuliers où il était attaché comme professeur de violon. Plus tard, il donna des leçons d'accompagnement à la duchesse de Castelpagano et se fit de cette dame une protectrice dont le crédit lui fut fort utile. Ce fut chez elle qu'il écrivit en 1779 une grande cantate intitulée *Pimmalione*, qui n'a point été exécutée. Zingarelli était arrivé à l'âge de vingt-neuf ans quand il lui fut donné de débuter au théâtre San Carlo par son *Montezuma* (13 août 1781). La chute de cet opéra n'ôta rien à la confiance que la duchesse de Castelpagano avait dans l'avenir réservé à son protégé. Le musicien qui venait d'échouer à Naples obtint d'elle des lettres de recommandation pour plusieurs femmes appartenant à la haute société de Milan. Il alla dans cette ville écrire l'*Alcinda* qui fut jouée avec succès pendant le carnaval de 1785. La même année, il donna au même théâtre *Il Telemacco*. Cet ouvrage réussit également, ce qui engagea le compositeur à travailler presque exclusivement pour le public milanais pendant de longues années. C'est à peine si de temps à autre il donne un opéra à Venise, à Rome ou à Turin. Milan a ses préférences. C'est à Milan qu'il écrit *Ifigenia in Aulide* (1787), *la Morte di Cesare* (1791), et en 1796 son plus bel ouvrage, *Romeo e Giuletta*, interprété avec talent par Mme Grassini, le célèbre chanteur Crescentini et Bianchi. Il y a là un duo superbe : *Dunque mio ben*, pour soprano et contralto. Quant à la mélodie si connue : *Ombra adorata, aspetta*, que Bonaparte ne pouvait entendre sans émotion, elle a été attribuée sans preuve suffisante à Crescentini, comme si Zingarelli n'était pas bien plus capable d'avoir eu cette belle inspiration que le célèbre sopraniste. Ce qui fit croire à une certaine coterie hostile au compositeur, et, dans une certaine mesure, à Crescentini lui-même, qu'il pouvait bien être l'auteur de l'air *Ombra adorata*, ce fut l'effet produit lorsqu'il le chanta aux Tuileries en 1808. On dit que tout l'auditoire fondit en larmes. L'empereur décora le chanteur de l'ordre de la Couronne de fer. On peut lire dans la correspondance de Napoléon des réflexions dignes d'intérêt sur cette décoration donnée à un chanteur et le mot malencontreux de Mme Grassini sur la *blessoure* de Crescentini. Cette décoration produisit alors un si mauvais effet que l'empereur ne renouvela pas l'expérience. Sous le règne de son neveu, l'administration, moins soucieuse des convenances de la hiérarchie artistique et du respect dû à l'opinion publique, a décoré de la croix de la Légion d'honneur des chanteurs et des comédiens. Il faut ajouter qu'elle a accordé la même faveur à des compositeurs d'opérettes burlesques et à des entrepreneurs de plaisirs publics qui se sont chargés pendant les dix-huit années du second Empire de déshonorer l'art à leur profit sous toutes ses formes.

En 1789, Zingarelli fit représenter à l'Académie royale de musique de Paris un grand opéra intitulé *Antigone* qui ne réussit point. Il revint à Milan où il fut nommé maître de chapelle de la cathédrale en 1792 ; mais il ne garda cette position que deux ans, et l'échangea en 1794 contre la maîtrise de la *Santa-Casa* de Lorette. Tout en continuant de s'adonner à la musique dramatique, tout en écrivant pour Venise *Apelle e Campaspe* (1794) et *il Conte di Saldagna* (1795), il composait pour le service de sa chapelle une foule de messes et de morceaux religieux qui ont été réunis sous le titre d'*Annuale di Zingarelli*

En 1804, le compositeur napolitain succéda à Guglielmi comme maître de chapelle de Saint-Pierre du Vatican à Rome. Ces fonctions ne l'empêchèrent pas de poursuivre la série de ses ouvrages dramatiques et de ses cantates ; elles lui valurent aussi, en 1811, l'honneur d'une persécution. Le roi de Rome venait de naître, et, à cette occasion, l'empereur Napoléon avait ordonné que des *Te Deum* fussent chantés dans toutes les églises de l'empire. L'ordre devait à bien plus forte raison s'exécuter dans la ville éternelle dont le nouveau-né était entré en possession, par le caprice du conquérant. Zingarelli sommé de concourir à l'éclat de cette solennité s'y refusa avec autant de noblesse que de simplicité, déclarant que pour lui le seul souverain de Rome était Pie VII, alors captif à Fontainebleau. Irrité de sa désobéissance, le préfet le fit arrêter et conduire sous bonne escorte à Civita-Vecchia. Là le pauvre maître de chapelle subit une captivité fort pénible. Le préfet informa l'empereur de la résistance obstinée du musicien et de l'énergique répression qui l'en avait puni. Napoléon expédia aussitôt l'ordre de l'envoyer à Paris et de le traiter avec les plus grands égards. Il y eut là encore une négociation habilement conduite par l'excellent cardinal Consalvi, qui, tout en évitant d'irriter le maître, savait consoler, protéger et défendre les sujets et les amis du Saint-Siége. Napoléon se rappela le plaisir que lui avait causé la musique de *Roméo et Juliette* à Milan, à Vienne et aux Tuileries. Aussi, après avoir demandé à Zingarelli une messe pour sa chapelle, il le combla de présents et le laissa libre de retourner en Italie.

Cependant la maîtrise de Saint-Pierre, en l'absence du titulaire de l'emploi, avait été donnée à Fioravanti; Zingarelli n'avait plus qu'une chose à faire, c'était de revenir à Naples. Il y arriva vers la fin de 1812, et fut peu après appelé à diriger le collège royal de musique de Saint-Sébastien (février 1813). Trois ans après, il remplaça Paisiello comme maître de chapelle de la cathédrale. La vie de notre musicien se partagea dès lors entre la composition religieuse à laquelle il consacrait invariablement trois heures par jour, l'enseignement de ses élèves, et des lectures de piété dans la Bible et la vie des Saints.

Les pratiques d'une dévotion austère ne l'empêchèrent pas de diriger les études du collège de Saint-Sébastien de manière qu'il ne dérogeât pas trop à l'antique réputation des conservatoires napolitains. N'oublions pas que Zingarelli si maltraité par les sectateurs de l'école libérale parmi lesquels je regrette d'avoir à ranger M. Fétis, fut le maître de Mercadante, de Bellini, de Manfroce, de Charles Conti, de Louis et Frédéric Ricci et de beaucoup d'autres compositeurs de talent.

La musique religieuse qu'il a écrite pendant les vingt dernières années de sa vie forme un ensemble considérable qui renferme des choses fort belles, entre autres un *Miserere* à quatre voix sans accompagnement. Il règne dans ce morceau un sentiment de simplicité admirable, et la disposition vocale en est excellente. Beaucoup de ces productions se ressentent de la hâte extrême avec laquelle elles furent composées.

Le bon Zingarelli était pauvre. Il n'avait pu reconnaître que bien mesquinement les soins dévoués de son vieux domestique Benedetto Vità. Il imagina de lui laisser après sa mort tous ses manuscrits de musique religieuse. Il se mit donc à écrire à son intention une grande quantité de musique d'église dont la vente posthume devait être une source de revenus pour le fidèle serviteur. Bonne pensée sans doute, mais peu propre à donner naissance à des ouvrages achevés !

Zingarelli mourut le 5 mai 1837 à l'âge de quatre vingt-cinq ans. Il était membre de l'Académie italienne des sciences, lettres et arts, et membre associé de l'Institut de France depuis 1804. Il venait d'expirer au moment où l'Académie royale des beaux-arts de Berlin lui décernait le même honneur. Le marquis de Villarosa a publié l'année même de sa mort un éloge de Nicolas Zingarelli qui est une réponse plus que suffisante aux méchants propos de rivaux ou d'élèves ingrats. C'est en somme le dernier représentant, et encore assez digne, de la grande école napolitaine du dix-huitième siècle.

VIOTTI

NÉ EN 1753, MORT EN 1824.

Jean-Baptiste Viotti est le prince des violonistes modernes. Virtuose et compositeur pour son instrument, il a fixé la législation du violon ; et les règles qu'il a tracées sont devenues traditionnelles.

C'est le Piémont qui a donné le jour à ce célèbre virtuose. Il naquit le 23 mai 1753 à Fontanetto (canton de Crescentino). Son père, maréchal ferrant de son état, était corniste à ses moments perdus. L'enfant, dès l'âge de huit ans, n'avait pas de plus grand plaisir que de s'exercer sur un petit violon que ses parents lui avaient acheté à la foire de Crescentino. Vers 1764, le jeune Viotti reçut des leçons d'un aventurier nommé Giovannini qui avait quelque talent sur le luth ; mais l'année suivante, le maître ayant été chargé d'enseigner la musique ailleurs, l'élève dut interrompre forcément son éducation artistique ; car les livres élémentaires remplaçaient mal les conseils vivants et pratiques que donne un professeur. Heureusement cette situation fâcheuse ne fut pas de longue durée. En 1766, à l'occasion de la fête patronale de Strombino, le père de Viotti se rendit dans cette petite ville avec le flûtiste Jean Pavia qui l'engagea à emmener aussi son fils, alors âgé de treize ans.

Le petit Viotti joua sa partie dans l'orchestre pendant le service divin ; puis les musiciens allèrent exécuter une symphonie chez l'évêque François Rora. Le prélat, ayant remarqué avec quelle intelligence et quel zèle le précoce artiste s'acquittait de sa partie, s'intéressa à lui et voulut le mettre en état de tenir un jour tout ce qu'il promettait. La marquise de Voghera avait demandé à l'évêque de lui envoyer un compagnon d'études pour son fils, Alphonso del Pozzo, prince de la Cisterna. Rora jugea l'occasion favorable pour faire étudier son jeune protégé à Turin, et, après avoir obtenu sans peine le consentement du père, il adressa le jeune Viotti à la marquise avec une lettre de recommandation. Mais le futur violoniste n'était encore qu'un enfant et on le proposait pour être le camarade d'un jeune homme de dix-huit ans. Malgré la lettre d'introduction de l'évêque de Strombino, Viotti n'eût pas été agréé si Celognetti, musicien attaché à la chapelle royale, ne fût entré sur l'entrefaite dans l'appartement de la marquise, et n'eût voulu à toute force entendre celui que, nonobstant les éloges de l'évêque, on allait renvoyer à sa famille. Invité à exécuter une sonate de Besozzi, Viotti s'en tira à sa gloire, et comme on lui en faisait compliment, il répondit dans son dialecte vercellois : « Cela est bien peu de chose. » Cette réponse piqua Celognetti qui, pour donner au musicien de treize ans une leçon de modestie, crut lui préparer un échec en l'invitant à jouer une sonate réputée difficile de Ferrari.

Il faut reconnaître pour être sincère que le morceau était mal choisi ; la musique de Ferrari n'offre pas de difficultés sérieuses. C'était un concerto de Corelli qu'il eût fallu proposer. On avait donc offert au jeune virtuose non l'occasion d'une humiliation, mais celle d'un triomphe plus complet. Cette fois, Celognetti ne put résister à son enthousiasme; surpris des étonnantes dispositions que montrait Viotti, il insista fortement pour qu'on le gardât à Turin, et, le soir même, il le conduisit au théâtre où le petit paysan n'avait jamais mis le pied. Cette mémorable journée où l'avenir d'un grand artiste fut décidé ne pouvait mieux finir. Conduit à l'Opéra, placé parmi les musiciens de l'orchestre, Viotti joua toute la partition *a prima vista* avec une justesse telle que de longues répétitions préalables n'auraient pu amener un meilleur résultat. De retour au palais, comme on lui demandait quels passages l'avaient le plus frappé, il prit son instrument, et ravit d'admiration tous les assistants en exécutant, séance tenante, l'ouverture et les motifs principaux de l'ouvrage. Il n'était plus question, bien entendu, de renvoyer le protégé de l'évêque. Le prince de la Cisterna, à qui on doit les détails qui précèdent, charmé par un génie si naturel, se décida à faire tous ses efforts pour que de si belles dispositions ne fussent pas infructueuses. Il assigna un logement à Viotti dans son palais, et lui donna pour maître le célèbre Pugnani. L'éducation de Viotti lui coûta, dit-il, plus de vingt mille francs. Mais il ne regretta pas ses sacrifices d'argent, l'existence d'un tel artiste étant à ses yeux d'un prix inestimable.

Pugnani, violoniste d'un grand mérite, était le professeur le plus propre à cultiver le génie naissant du musicien de Fontanetto. Sous son habile direction, Viotti fit de rapides progrès et acquit bientôt assez de réputation pour être employé dans la chapelle royale, place dont il se démit en 1780, afin de pouvoir accompagner son maître dans les voyages que celui-ci projetait de faire à travers l'Europe. Tous deux quittèrent Turin au mois d'avril 1780, et parcoururent successivement l'Allemagne, la Pologne et la Russie. Partout le jeune violoniste recueillit les applaudissements dus à son talent. A Saint-Pétersbourg, Catherine II le combla de présents, mais ne réussit point à l'attacher à son service. Les Anglais ne témoignèrent pas pour le merveilleux exécutant moins d'admiration que n'avaient fait les Russes, et le séjour de Viotti à Londres fit pâlir la vieille réputation de Geminiani. Arrivés à Paris, nos voyageurs se séparèrent; toutefois Pugnani n'eut qu'à se louer des sentiments de reconnaissance que lui conserva toujours son élève.

L'apparition du violoniste piémontais à Paris, où, pendant deux ans (1782-1783), il fit les beaux jours du Concert spirituel, cette apparition d'un artiste en qui s'unissaient les dons jusque-là séparés de la largeur et du brillant, du grandiose et de l'élégance, fut le signal d'une révolution dans l'art du violon. Force fut aux compositeurs de l'école française de s'engager dans la voie nouvelle ouverte par Viotti. Mais le public n'était pas encore assez intelligent et assez versé dans les choses de l'art pour apprécier dignement les beautés de style et d'exécution qui lui étaient offertes par l'artiste italien. On ne peut expliquer autrement l'affront immérité qu'il infligea à son musicien favori à l'un des concerts donnés pendant la semaine sainte de 1783. Viotti, par malheur, se trouva jouer du violon dans une salle presque vide, et le petit nombre de ses auditeurs, mal disposés ce jour-là, refusa de se laisser charmer. Le lendemain, la même salle était comble ; un violoniste médiocre y obtenait avec un concerto vulgaire le plus éclatant succès. Blessé dans sa juste fierté, Viotti tira vengeance des ingrats Parisiens en s'abstenant désormais de paraître à aucun concert public. Il ne se fit plus entendre que dans des réunions de société. Cet incident fut peut-être aussi la cause du dédain qu'il éprouva toujours pour les suffrages populaires; c'était un artiste supérieur.

Mais si la ville était injuste, la cour en cette circonstance fit preuve de goût et d'équité. La protectrice de Gluck et de Sacchini, la reine Marie-Antoinette, qui était passionnée pour la musique, accorda à Viotti le titre de son accompagnateur, avec une pension de 6,000 livres sur la cassette du roi. Ce fut dans cette même année 1783, que l'artiste fit un voyage à Fontanetto et installa son père dans une propriété qu'il avait achetée à Salussolia, en vue d'assurer à sa famille un sort tranquille et heureux. Son père ne jouit qu'un an environ de l'état d'aisance que lui procuraient les bons sentiments de son fils.

La publication des premiers concertos, entendus d'abord au concert spirituel, contribua puissamment à répandre en province et hors de

France la renommée du compositeur. Peu de temps après son retour à Paris, Viotti obtint la place de directeur de la musique du prince de Soubise. Lié alors avec les notabilités de la littérature, des arts et du monde, il avait pour auditeurs à ses matinées musicales tout ce que Paris renfermait d'amateurs distingués. C'était ce public d'élite qui assistait à l'exécution des concertos du maître. Il joua en présence de Marie-Antoinette avec le violoniste français Imbault, ses deux belles symphonies concertantes, la première en *fa* et la seconde en *si* bémol. Cette époque, la plus heureuse et la plus féconde de la vie de notre musicien, s'arrête à l'année 1788.

D'un esprit inquiet, d'une organisation active et fébrile, Viotti se mêla à des entreprises hasardeuses qui furent pour lui une source de mécomptes, de soucis et de chagrins. Ainsi à cette date, on le voit concourir avec Léonard, coiffeur de la reine, à l'organisation d'un Théâtre italien. Les soins qu'il prit, les peines qu'il se donna pour choisir les meilleurs virtuoses, les ennuis inhérents à la profession de directeur d'un opéra, lui enlevèrent le loisir et la liberté d'esprit nécessaires pour continuer la série de ses compositions. La nouvelle troupe débuta en 1789 avec un plein succès; mais bientôt elle ressentit le contre-coup des événements politiques qui se hâtaient avec une rapidité effrayante. De 1789 à 1792, cette entreprise dramatique, commencée sous d'heureux auspices, déclina sensiblement, par suite de l'émigration qui entraînait à l'étranger les principaux bailleurs de fonds ou habitués de l'Opéra italien. Il en résulta que la chute du gouvernement royal entraîna aussi la ruine de Viotti. Le musicien qui avait joué toutes ses économies sur une seule carte, fut obligé en 1792 de se retirer en Angleterre. Il revint alors à son talent, et les nouveaux concertos qu'il écrivit pour les concerts de Hanover-Square à Londres, donnèrent lieu de regretter que le métier d'impresario eût pris au violoniste un temps précieux.

Après les pertes d'argent, la calomnie vint inquiéter la tranquillité du compositeur. Le bruit se répandit qu'il était à Londres l'agent de la Convention nationale. Si en France on voyait partout des émissaires de Pitt et de Cobourg, à l'étranger, les royalistes émigrés se croyaient souvent menacés par quelque suppôt du Comité de salut public. Quelle était la source de ces imputations? Elle avait pris naissance dans la liaison tout artistique de Viotti avec Philippe-Égalité. Si insensée que fût l'accusation, elle ne trouva que peu d'incrédules chez des gens malheureux, disposés par la frayeur à accueillir les rumeurs les plus absurdes. La société française de Londres témoigna dès lors à Viotti un mépris si insultant qu'il dut quitter l'Angleterre. Il se réfugia, non loin de Hambourg, dans une maison de campagne où il composa plusieurs duos de violon, qui comptent parmi ses meilleures inspirations. A la différence des instrumentistes qui ne songent qu'à produire leur personne, Viotti semblait avoir pris en aversion toute exhibition publique de son talent. Vivant dans une solitude profonde, il ne se livrait au culte de l'art que pour son agrément personnel et celui de quelques amis. Il attendit ainsi, non sans impatience, le moment où l'apaisement des esprits lui permettrait de rentrer en Angleterre. Enfin il y reparut en 1795, et retrouva avec joie les hôtes dont la nécessité l'avait séparé, mais qu'il ne quitta plus pendant vingt cinq ans. Tout en continuant de composer pour son instrument, Viotti chercha un aliment à son activité infatigable dans le commerce des vins. Il y trouva, dit-on, les ressources pécuniaires qu'il ne voulait plus demander à un dilettantisme souvent frivole et médiocrement éclairé.

En 1802, Viotti profita de la paix d'Amiens pour revoir la France. Bien qu'il eût juré de ne plus s'offrir en pâture aux Parisiens, il céda aux instances de son élève Rode et de ses amis Cherubini et Garat, et consentit, sur leur désir, à donner un concert dans la petite salle du Conservatoire. Cette circonstance suffit pour rendre au glorieux nom de Viotti tout son prestige. Durant une longue absence, le virtuose n'avait point vieilli et le compositeur avait acquis plus de science, plus d'habileté dans la manière de présenter ses idées. Il apportait à la France, entre autres beaux ouvrages, ses concertos désignés par les huit premières lettres de l'alphabet, ses trios, etc. Au bout de quelques mois, l'artiste retourna en Angleterre.

Il repassa de nouveau le détroit en 1814, pour faire chez nous une courte apparition ; mais quatre ans après, Paris sembla l'avoir reconquis tout de bon. On le trouve, en effet, directeur de l'Opéra en 1819. Il était dit pourtant que Viotti n'aurait jamais l'habileté ou la chance indispensable pour mener à bien l'exploitation d'un théâtre. En 1822, on dut lui demander sa démission, en lui offrant une pension de six mille francs. Ce dédommagement ne put le consoler de sa disgrâce. Il reprit le chemin de l'Angleterre et mourut à Londres, le 10 mars 1824, âgé de soixante-onze ans.

Viotti n'a formé qu'un nombre assez restreint d'élèves, parmi lesquels il faut citer le brillant virtuose Rode. Libon dont le jeu élégant et sage a laissé des souvenirs, et le classique Robberechts. S'il a fondé une grande école de violon, c'est moins par son enseignement que par les chefs-d'œuvre qu'il a laissés : concertos, symphonies concertantes, quatuors, trios et solos.

Qu'on ne s'y méprenne pas. Malgré la sécheresse de cette étude biographique, le lecteur est en présence d'un artiste de génie tel qu'on n'en voit pas deux dans un siècle. Je n'ai donné place dans ce livre qu'à deux violonistes, à Viotti et à Paganini. Il n'y a aucun parallèle à établir entre ces deux musiciens. Ce dernier n'a été qu'un virtuose prodigieux, inimitable et isolé dans son auréole de gloire. L'auteur des concertos a été un compositeur excellent, plein de goût ; il a exercé sur les artistes une influence féconde qui dure encore et sa figure apparaît environnée d'un cortège nombreux d'élèves posthumes, admirateurs respectueux et reconnaissants.

DALAYRAC

NÉ EN 1753, MORT EN 1809.

La persévérance est un des signes, et non le moins infaillible, de la vraie vocation. Combien d'artistes, contrariés au début dans le développement de leurs facultés, et qui n'ont dû qu'à cette ténacité de triompher de tous les obstacles ! Supposons Dalayrac moins obstinément épris de la musique, et au lieu du gracieux et fécond compositeur, nous n'aurions eu qu'un avocat médiocre ou un vulgaire sous-lieutenant ! Notre destinée est en grande partie notre œuvre : il faut le dire bien haut à tous ceux qui seraient tentés de voir dans les difficultés du commencement un arrêt sans appel du sort.

Nicolas Dalayrac, né à Muret, le 13 juin 1753, était fils d'un subdélégué de la province du Languedoc, qui se proposait de lui laisser sa charge et dans ce but lui fit donner une brillante éducation au collége de Toulouse. A treize ans, l'enfant avait terminé ses études classiques ; mais, quoiqu'il eût obtenu d'éclatants succès, le jeune lauréat fiancé à Thémis n'avait de goût que pour Euterpe. A peine avait-il reçu, pendant son cours d'humanités, quelques leçons de violon. De retour à Muret, le petit Dalayrac obtenait de faire sa partie avec cet instrument dans une réunion d'amateurs. Toutefois, en sollicitant cette faveur, il avait trop présumé de ses connaissances ; car, en dépit de sa capacité naturelle et de ses études solitaires il n'était pas encore assez fort pour aller en mesure, et bientôt les virtuoses de Muret, qui l'avaient admis comme exécutant dans leurs concerts, durent le congédier. A cette disgrâce s'en joignit une autre plus cruelle. Tout entier à l'art qu'on ne lui avait permis jusque-là d'exercer que comme délassement, le fils du subdélégué en était venu à négliger complétement le Code et le Digeste. La famille s'en émut, et défense fut faite au jeune légiste de jouer dorénavant du violon. Dalayrac était trop soumis à ses parents pour oser leur désobéir. Il se mit résolûment au travail. Cependant, tout en s'adonnant avec zèle aux ouvrages juridiques, tout en leur consacrant ses journées, il réservait ses nuits à son cher violon qu'il emportait sur le toit de la maison, pour que les sons qu'il en tirait n'arrivassent pas aux oreilles paternelles. Escalade nocturne, narcotique renouvelé du gâteau de Cerbère et administré au chien de garde dont les aboiements risquaient de donner l'alarme ; on croirait lire l'histoire de quelque équipée romanesque, quand toutes ces

DALAYRAC

précautions ne tendaient qu'à protéger les rendez-vous d'un artiste avec la muse. Cependant le secret fut trahi. Les pensionnaires d'un couvent situé près de la maison habitée par la famille Dalayrac s'étonnèrent de ces sérénades au clair de la lune. Elles en parlèrent à leurs amies de la ville, et le subdélégué ne fut pas des derniers à savoir comment son fils éludait ses ordres les plus formels. Il était vrai aussi que le jeune musicien faisait son droit de la manière la plus satisfaisante, et ne prenait que sur son sommeil ses récréations musicales. Tant d'obstination jointe à tant de docilité adoucit enfin la sévérité du père. Dalayrac obtint la permission de jouer dorénavant du violon pendant le jour, à la seule condition que ses études de légiste n'en souffrissent pas. Reconnaissant de cette condescendance, le jeune homme se mit en demeure de passer promptement ses derniers examens, et fut bientôt reçu avocat; mais la façon dont il plaida sa première cause ôta à sa famille l'espoir qu'il pût un jour se distinguer au barreau. Après avoir essayé de la robe, on essaya donc de l'épée : c'étaient, avant la Révolution, les deux seules carrières qui parussent convenables à un fils de famille; or le futur compositeur était noble; il s'appelait d'Aleyrac : ce fut plus tard, par suite des événements politiques, qu'il eut la faiblesse de sacrifier l'orthographe de son nom aux préjugés populaires.

En conséquence, le jeune Nicolas endossa l'habit militaire et entra dans les gardes du corps du comte d'Artois. Aîné d'une famille de cinq enfants, sa pension n'était que de vingt-cinq louis; ce qui, joint aux six cents livres de sa paye, ne lui permettait guère de faire grande figure dans le monde de Paris et de Versailles. Il profita cependant de sa nouvelle position (1774), pour assister le plus souvent possible aux représentations des opéras de Philidor et de Grétry. Ainsi il perfectionnait son goût en même temps qu'il donnait un aliment à sa passion favorite. De plus, comme Dalayrac unissait des manières de bonne compagnie à un caractère doux et sympathique; comme, en dépit d'un physique peu agréable, il possédait une physionomie où se peignaient la bienveillance et l'esprit, les meilleures maisons lui ouvrirent leurs portes. Reçu chez le baron de Bezenval, il était invité aux concerts de M. Savalette de Lange, garde du Trésor royal, qui réunissait dans son hôtel les artistes les plus célèbres de l'époque. Ce fut chez ce dernier que le jeune garde du corps connut Langlé. Il en reçut quelques leçons d'harmonie. Il fit exécuter chez le baron de Bezenval ses quatuors de violon qui, publiés sous un pseudonyme italien, obtinrent un grand succès.

A cet essai succédèrent d'autres compositions de circonstance. Langlé ayant trahi l'incognito de son élève, l'auteur des quatuors pour violon fut chargé d'écrire la musique destinée à solenniser la réception de Voltaire dans une loge maçonnique en 1778; et peu après on lui demanda une nouvelle partition à l'occasion de la fête célébrée à Auteuil par Mme Helvétius en l'honneur de Franklin.

Dalayrac, encouragé par l'attention qu'un public intelligent avait accordée à ses premières compositions, brûlait de travailler pour la scène. Après avoir fait représenter, sur le théâtre particulier de M. de Bezenval, deux petits opéras, *le Petit Souper* et le *Chevalier à la mode*, opéras qui lui attirèrent des compliments de la reine Marie-Antoinette, il fit jouer aux Italiens le 7 mars 1782, l'*Éclipse totale*, comédie en un acte, mêlée d'ariettes, dont un des camarades de sa compagnie, La Chabeaussière, avait écrit les paroles. Il s'agit encore d'un tuteur qui cette fois est astrologue et s'éclipse totalement dans un puits pendant qu'on lui enlève sa pupille. Cet ouvrage, qui fut bien accueilli, ouvre la série des cinquante-six opéras de Dalayrac.

L'année suivante, les deux collaborateurs donnèrent au même théâtre (17 mars 1783), *le Corsaire*, opéra-comique en trois actes. L'action est romanesque et parut alors compliquée; on la trouverait probablement trop simple aujourd'hui, tant les imbroglios de Scribe ont modifié le genre de l'opéra-comique. Quant à la musique, on la trouva spirituelle et expressive.

Le 8 mai 1784, notre compositeur fit encore représenter au Théâtre italien, cette fois avec la collaboration du librettiste Fallet, une comédie en deux actes mêlée d'ariettes, intitulée : *Les deux Tuteurs*. Le sujet est assez comique; mais l'histoire des tuteurs trompés par leurs pupilles avait été déjà si souvent mise au théâtre que l'intrigue n'excita pas un grand intérêt.

Sur ces entrefaites, le musicien eut le bonheur d'être servi par le talent d'une cantatrice qui débutait alors à la Comédie italienne. L'*Amant statue*, représenté en 1785, dut une grande partie de sa vogue à Mlle Renaud qui remplissait le principal rôle dans cette pièce; Desfontaines était l'auteur du poëme. Ce fut encore lui qui fit les paroles de la *Dot*, comédie-vaudeville en trois actes, représentée aux Italiens le 21 novembre de la même année. Le livret offre des détails pleins d'esprit et de gaieté. L'ouverture est peut-être la meilleure qu'ait écrite Dalayrac. On remarqua les jolis couplets chantés par Mme Dugazon : *Dans le bosquet l'autre matin, je cherchais la rose nouvelle;* le petit air : *J'allais lui dire que je l'aime;* la marche en *sol*, et enfin l'air chanté par le magister : *Jeunes bergerettes, de par un seigneur éminent*, entrecoupé par des reprises du chœur. C'est de la petite musique, mais pimpante et spirituelle.

L'association de Dalayrac et de Marsollier commença avec *Ninà ou la Folle par amour*, comédie en un acte et en prose, mêlée d'ariettes, qui fut jouée aux Italiens le 5 mai 1786, et fournit au musicien l'occasion de déployer son talent dans le genre sentimental, comme il l'avait déployé précédemment dans le genre comique. *Nina* n'est pas une Ariane bourgeoise, ainsi qu'on le croit généralement. Son amant s'est battu en duel; il est laissé pour mort, et elle devient folle. Elle ne reconnaît plus son père même, et en sa présence elle se livre à des regrets et à des espérances qui donnent lieu à des scènes déchirantes. Enfin Germeuil reparait et parvient à ramener sa *Nina* à la raison. Le sujet est emprunté à une anecdote vraie, insérée par Arnaud dans les *Délassements de l'homme sensible :* « Une jeune personne n'attendait que le retour de son prétendu pour lui donner sa main ; s'étant mise en route pour aller à sa rencontre, elle apprit qu'il était mort. A cette fatale nouvelle, sa raison s'égara. Depuis, et *pendant plus de cinquante ans*, elle fit tous les jours deux lieues à pied pour aller au-devant de son amant. Arrivée à l'endroit où elle espérait le rencontrer, elle s'en retournait en disant : *Il n'est pas arrivé; allons, je reviendrai demain.* » Ce récit est plus émouvant dans sa simplicité que toutes les pièces de théâtre qu'on a écrites sur ce sujet.. Dalayrac a eu le mérite de montrer un sentiment dramatique réel et juste, dans le cadre étroit des compositions musicales de son temps. Ainsi la romance de Nina : *Quand le bien-aimé reviendra*, est un petit chef-d'œuvre de sensibilité ; mais malheureusement tout n'est pas à cette hauteur dans le reste de l'ouvrage. La romance de Germeuil : *C'est donc ici que chaque jour* est bien pauvre ; l'air du père : *O ma Nina, fille chérie*, quoique écrit à deux mouvements avec un petit récitatif, est monotone ; la mélodie de l'allegro ne repose que sur la cadence la plus banale. L'ouverture, que je ne signalerai pas comme une pièce remarquable, ne manque cependant pas d'intérêt ; on y trouve un air de musette plein de fraîcheur.

Le livret de *Nina* fut presque aussitôt traduit en italien et mis en musique par Paisiello. Quand on songe que la mince partition du compositeur français a été exaltée aux dépens de celle du maître italien, on ne peut qu'être surpris du peu de jugement d'oreille des amateurs de ce temps, et de l'idée mesquine qu'ils se faisaient d'une œuvre lyrique. Mme Dugazon jouait le rôle de Nina d'une manière si déchirante que plusieurs femmes, dit-on, eurent des attaques de nerfs. Ce qui fit dire alors que les paroles étaient de Marsollier, la musique de Dalayrac, et la pièce de Mme Dugazon. Milon et Persuis arrangèrent en ballet deux actes de l'opéra de *Nina*, qui reparut sous cette forme à l'Académie de musique, le 24 novembre 1813. Mlle Bigottini mima le rôle de *Nina* avec un talent dont se souviennent encore quelques vieux amateurs. L'habile hautboïste Vogt obtenait chaque soir beaucoup de succès en jouant, sur le cor anglais, la musette de *Nina*.

La collaboration de Dalayrac et de La Chabeaussière produisit en 1787 *Azémia ou les Sauvages*. Le 19 juillet de la même année parut *Renaud d'Ast*. On connaît le conte de La Fontaine intitulé *l'Oraison de saint Julien*. Radet en tira une comédie en deux actes, qui eut du succès. Plusieurs des motifs sont devenus populaires. Pendant quarante ans on a entendu chanter dans les vaudevilles, l'air : *Vous qui, d'amoureuse aventure, courez et plaisirs et dangers*. La coupe facile de cette mélodie, sa banalité même, ont dû seules décider de son adoption. Un autre air de *Renaud d'Ast* a joui d'une destinée toute différente ; ce n'est pas le théâtre qui s'en est emparé, c'est l'Église. Sans répéter ici ce que j'ai dit ailleurs au sujet des cantiques sur des airs profanes (1), je dois rendre justice au goût de l'auteur inconnu de cette appropriation. L'air de l'amante de Renaud d'Ast, » *Comment goûter quelque repos? Ah! je n'en ai pas le courage,* » est un andante plein de sentiment et de mélodie. On aurait donc pu choisir plus mal. Mais j'approuve moins qu'on ait conservé le premier vers. Le cantique débute ainsi : « *Comment goûter quelque repos dans les tourments d'un cœur coupable?* » Avec les meilleures intentions du monde, les auteurs de ces cantiques causent aux musiciens doués de mémoire d'étranges distractions dans le saint lieu.

Sargines, comédie lyrique en quatre actes, paroles de Monvel, représentée aux Italiens le 14 mai 1788, contient de fort jolies mélodies, entre autres : *Hélas! c'est près de toi, ô ma tant douce amie*, et : *Si l'hymen a quelque douceur*, qu'on trouve attribuées par erreur à Paër dans plusieurs recueils, notamment dans les *Échos de France*. La facture de ces airs aurait dû révéler, à la simple lecture, l'auteur de *Nina*. Paër a composé un opéra italien intitulé *Il Sargino;* il a été joué à Dresde, en 1803, mais n'a point été traduit en français.

Après *Sargines*, le compositeur donna successivement aux Italiens, les *Deux petits Savoyards*, opéra-comique en un acte (14 janvier 1789) dont tout le monde connaît la chanson :

    Escouto d' Jeannetto,
    Veux-tu d' biaux habits,
     Laridetto;
    Escouto d' Jeannetto
    Pour aller à Paris?

Raoul, sire de Créqui, comédie lyrique en trois actes (31 octobre 1789) et *Fanchette*. Il y a de jolis motifs dans ces deux ouvrages.

Dalayrac n'avait d'abord affronté le théâtre qu'en musicien amateur, et il en était venu, de succès en succès, à abandonner la carrière militaire pour celle de compositeur dramatique. Son nom était célèbre; ses œuvres lui assuraient une honnête aisance, quand, au lendemain presque de la représentation d'un opéra de circonstance, le *Chêne patriotique, ou la Matinée du 14 juillet* (10 juillet 1790), il fut rappelé dans sa ville natale par la nouvelle de la mort subite de son père. Il donna alors la preuve éclatante de ses sentiments désintéressés en refusant le testament paternel qui l'instituait légataire universel au détriment de son frère cadet. Cet acte de générosité n'était pas plus tôt accompli que Dalayrac apprenait la faillite de M. Savalette de Lange, chez qui il avait placé 40,000 francs, fruit de ses travaux. La perte de sa fortune fut suivie, en 1791, d'une perte de famille extrêmement douloureuse pour l'âme aimante de notre musicien.

(1) *Journal des Maîtrises*. — Histoire générale de la musique religieuse, page 380. — Lettre à M. l'abbé Lalanne.

Sa mère mourut, et comme s'il n'eût dû trouver aucune consolation au milieu de tant de chagrins, l'orage révolutionnaire chassait alors de Paris la plupart des hommes qui avaient jadis accueilli et encouragé l'ancien garde du corps. Cependant on ne voit pas que son activité productrice ait subi le contre-coup des sombres préoccupations de cette heure fatale. La *Soirée orageuse*, *Vert-vert*, *Philippe et Georgette*, *Camille ou le Souterrain* appartiennent à cette période si agitée de la vie de Dalayrac. Le sujet de cette dernière pièce a été tiré par Marsollier d'un roman de Mme de Genlis, *Adèle et Théodore*. Elle a été représentée aux Italiens le 19 mars 1791. On y trouve des scènes déchirantes, que la muse gracieuse de l'auteur de la *Dot* semblait peu propre à interpréter, et dont cependant il se tira avec honneur. La couleur de cet ouvrage est juste et les accompagnements y sont plus travaillés que dans *Nina*. La chanson : *Notre meunier chargé d'argent*, a été populaire. Paër a traité le même sujet, mais moins heureusement.

Je ne peux analyser en détail toutes les productions lyriques de Dalayrac. Après *Camille*, il écrit *Agnès et Olivier*, *Elise-Hortense*, l'*Actrice chez elle*, *Ambroise ou Voilà ma journée*, *Roméo et Juliette*, *Organde et Merlin*, la *Prise de Toulon*, *Adèle et Dorsan*, *Arnill*, *Marianne*, la *Pauvre Femme*, la *Famille américaine*. Je n'ai pas fait figurer dans cette nomenclature l'*Enfance de Jean-Jacques Rousseau* dont la musique est perdue. Dans *Gulnare*, ouvrage en un acte (1798), le compositeur a écrit une de ses plus jolies romances : *Rien, tendre amour, ne résiste à tes charmes*. *Primerose*, opéra en trois actes, représenté la même année, offre un duo gracieux qu'on pourrait entendre encore avec intérêt.

Il est chanté par Florestan et Primerose :

> Quand de la nuit le voile tutélaire
> Aura rendu le calme à ce séjour.

En 1799 eut lieu au théâtre de l'Opéra-Comique la représentation de *Léon ou le Château de Montenero*. Le livret est inspiré du sombre roman d'Anne Radcliffe, intitulé *les Mystères d'Udolphe*. Ce genre de littérature était alors fort à la mode. Il semble que la pièce n'ait pourtant obtenu qu'un demi-succès par suite de la faveur que commençait dès lors à acquérir la musique italienne et peut-être la musique allemande. C'est en trahissant un mouvement de dépit qu'Hoffmann, l'auteur du poëme, s'exprime ainsi : « Dalayrac, compositeur aimable et fécond, éprouve le même sort que Grétry; il est en butte aujourd'hui aux outrages des partisans de la science des notes, parmi lesquels se font remarquer de jeunes fanatiques du *charivari* ultramontain, etc. » L'éducation musicale était encore si incomplète en France, même chez les gens d'esprit, qu'on appelait *charivari* ultramontain les *Nozze di Figaro* de Mozart, et *il Matrimonio segreto* de Cimarosa.

Il serait trop long de mentionner les nombreux opéras que donna Dalayrac de 1790 à 1800. J'en ai signalé quelques-uns; je citerai encore *Maison à vendre*, opéra-comique en un acte, paroles d'Alexandre Duval, représenté au théâtre Feydeau le 23 octobre 1800. C'est une des pièces les plus amusantes du répertoire. La musique en est franche et d'une désinvolture charmante, sans toutefois offrir des beautés saillantes. On peut noter les deux duos : *Depuis longtemps j'ai le désir*, et : *Chère Lise, dis-moi, je t'aime*, ainsi que l'air : *Trop malheureux Dermont*.

Cette composition fut suivie de la *Boucle de cheveux*, de la *Tour de Neustadt*, de *Picaros et Diego*, d'*Une heure de mariage*, et de la *Jeune prude*, pièce qui ne renferme que des rôles de femmes. La Chabeaussière qui avait écrit le livret du premier opéra de Dalayrac, collabora avec Étienne à l'un de ses derniers ouvrages, *Gulistan ou le Hulla de Samarcande*, opéra en trois actes, représenté à la salle Feydeau le 30 septembre 1805. La donnée de l'œuvre est tirée des *Mille et une Nuits*; la partition contient deux morceaux qui ont eu un succès universel, l'air si bien chanté depuis par Ponchard père : *Cent esclaves ornaient ce superbe festin*, et la romance de Gulistan :

> Le point du jour
> A nos bosquets rend toute leur parure,
> Flore est plus belle à son retour ;
> L'oiseau redit son chant d'amour :
> Tout célèbre dans la nature
> Le point du jour.

Cette mélodie est pleine de sentiment et de fraîcheur ; les critiques moroses auront beau dédaigner ce genre de composition naturelle et gracieuse, on ne saurait disconvenir qu'il est difficile autant que rare d'y exceller et d'y plaire.

Deux ans après (8 octobre 1807), le compositeur fit jouer *Lina ou le Mystère*, opéra-comique en trois actes dont Reveroni Saint-Cyr avait écrit les paroles. L'action se passe au temps d'Henri IV. Le comte de Lescars, séparé par les nécessités de la guerre de la femme qu'il vient d'épouser, la retrouve quatre ans après avec un fils, dont on lui avait caché l'existence : les événements de la guerre, une ville livrée au pillage, plusieurs autres détails intéressant la vraisemblance du dénouement, démontrent que l'officier ne peut attribuer qu'à sa propre faute la présence inattendue à son foyer de cet enfant, légitime de fait, sinon d'intention. J'ai donné une courte analyse de ce livret pour montrer le parti que certains auteurs tirent des anciennes pièces. Celle-ci a reparu à l'Odéon, mise en jolis vers par M. Viennet, il y a peu d'années, sous le titre de *Selma*. On retrouve les mêmes situations ; la seule différence notable (en dehors de la forme qui est charmante) est que le lieu de la scène a été transporté des Pyrénées au Caucase. Les Béarnais sont devenus des Cosaques sous la plume du spirituel académicien. Malgré la hardiesse de la donnée du poëme de *Lina*, il fournissait au musicien une occasion de révéler ses qualités dramatiques. Mais Dalayrac n'en était pas abondamment pourvu. Le poëme de M. Viennet pourrait être converti en une bonne œuvre lyrique de demi-caractère. Quatre personnages sont en scène. Halévy dans l'*Éclair* et M. de Flotow dans l'*Ombre* ont montré le parti qu'un compositeur peut tirer de cette combinaison.

Koulouf ou les Chinois et le *Poëte et le Musicien* sont les deux derniers ouvrages de Dalayrac. Le second devait être représenté en présence de l'empereur qui allait partir pour la campagne d'Espagne. Le compositeur se mit à l'œuvre avec ardeur et termina à temps sa partition, mais une indisposition du chanteur Martin ne permit pas que l'opéra fût joué avant le départ de Napoléon. Le musicien, épuisé par un travail forcé et désespéré de voir avorter le fruit de ses efforts, est saisi d'une fièvre nerveuse qui l'oblige à prendre le lit. Bientôt le mal devient sans remède et Dalayrac meurt le 27 novembre 1809. Ses admirateurs et ses amis lui firent de magnifiques funérailles, et Marsollier, dans l'oraison funèbre qu'il prononça sur sa tombe, n'oublia pas les vertus privées de l'artiste dont il avait été pendant vingt ans le collaborateur. J'ai déjà rappelé un trait de désintéressement qui fait honneur au caractère de l'auteur de *Nina*; on pourrait en citer d'autres; on pourrait rapporter à son éloge la manière dont il en usa avec un de ses anciens camarades, ex-garde du corps, proscrit pendant la Révolution, et qu'en ces jours de terreur, Dalayrac ne craignit point de cacher chez lui, tandis qu'il faisait les démarches nécessaires pour obtenir sa radiation de la liste des émigrés. Qu'on rapproche cette conduite de celle de Suard dans une circonstance analogue : la comparaison ici n'est pas à l'avantage de la littérature.

Ce fut cependant le doux et sensible Dalayrac, l'ancien garde du corps du comte d'Artois, qui écrivit la musique de l'*hymne à la liberté*, sur les paroles du Girey-Dupré, hymne qui devint populaire :

> Veillons au salut de l'Empire
> Veillons au maintien de nos droits;
> Si le despotisme conspire,
> Conspirons la perte des rois.
> Liberté ! Liberté ! Que tout mortel te rende hommage !
> Plutôt la mort que l'esclavage,
> C'est la devise des Français.

Cet hymne a été chanté, d'après le titre gravé sur l'édition originale, *avant le 10 août 1792, par les patriotes qui conspiraient pour la république, pendant que le comité autrichien conspirait au château des Tuileries pour le despotisme.* Le musicien n'a jamais été un farouche républicain, et n'a jamais conspiré que pour le succès de sa musique. Quelques années plus tard, il reçut de l'empereur et roi la croix de la Légion d'honneur, lors de l'institution de cet ordre.

Compositeur facile, Dalayrac n'avait pas le génie de Grétry; mais ses mélodies, agréables et bien tournées, avaient de quoi faire fortune dans un pays qui n'estimait alors rien tant que la chansonnette. Ce qu'on ne peut non plus refuser à Dalayrac, c'est l'entente de la scène et une grande habileté pour adapter ses inspirations musicales au cadre des livrets. Quant à son orchestration, elle est telle qu'on la pouvait attendre d'un prédécesseur de Méhul et de Cherubini. Avant ces maîtres de l'harmonie, l'instrumentation en France laissait beaucoup à désirer, et le défaut de Dalayrac n'est que celui de son temps.

Il existe deux portraits principaux du compositeur : l'un a été dessiné par Mlle Césarine de C. et gravé par Ruotte; l'autre a été fait par Quenedey, au moyen du physionotrace. Je me suis servi de ce dernier à cause de son exactitude.

WINTER

NÉ EN 1754, MORT EN 1825.

Trente-sept opéras, seize grandes cantates, un nombre considérable de compositions religieuses et de pièces instrumentales, n'ont pu donner au nom de Winter une renommée durable. Vainement ce compositeur, d'une fécondité tout italienne, a multiplié hors de mesure ses ouvrages; dans le ciel musical il fait plutôt l'effet d'une nébuleuse que d'un astre.

Pierre de Winter naquit à Manheim en 1754. Il avait commencé ses études au gymnase ou collége de cette ville lorsqu'il sentit s'allumer en lui la passion de la musique. Dès lors il quitte tout pour ne plus songer qu'à cet art où il devait trouver sinon la gloire solide et durable du génie, du moins une certaine vogue qui ne manque presque jamais au talent. A l'âge de onze ans, il jouait du violon avec assez d'habileté pour mériter d'être admis dans la chapelle du prince Palatin. Peu d'années après, il étudia l'harmonie et le contre-point sous la direction de Vogler. On le voit d'abord s'essayer, non sans succès, dans des ballets, des concertos pour violon et d'autres morceaux de musique instrumentale. Nommé, en 1776, directeur de l'orchestre du théâtre de la cour, Winter suivit l'électeur, lorsque celui-ci en 1778 transféra sa résidence à Munich. Ce fut dans cette capitale que le jeune compositeur écrivit ses premiers opéras italiens : *Armida*, *Cora e Alonzo*, *Leonardo e Biandina*, et qu'il fit jouer (1780) son premier opéra allemand, *Hélène et Pâris*, qui réussit brillamment. *Bellérophon* succéda à cet ouvrage et n'eut que deux représentations. Jusque-là les partitions de notre artiste, celles mêmes que le public avait favorablement accueillies, étaient médiocres au point de vue du chant, et ne laissaient guère deviner un vif sentiment dramatique. Il n'en fut plus ainsi après que Winter fut allé à Vienne (1783), pour y faire exécuter ses cantates de *Henri IV*, de la *Mort d'Hector* et d'*Inès de Castro*. Là, en effet, il connut Salieri et les conseils de cet habile musicien amenèrent d'heureuses modifications dans sa manière. A son retour en Bavière, il composa un psaume latin à plusieurs voix avec orchestre qui lui valut d'être nommé maître de la chapelle électorale en 1788, en remplacement de Vogler. L'opéra de *Circé* qui n'a pas été représenté fut écrit vers ce temps.

Un trait saillant des mœurs de la haute société allemande au dix-huitième siècle, c'est le goût des divertissements dramatiques, goût poussé si loin chez les grands, que plusieurs avaient leur théâtre particulier où ils engageaient des artistes, ni plus ni moins que des *impresarj* de profession. Le comte de Seefeld était du nombre de ces opulents dilettanti. Ce fut pour lui que Winter fit la partition de l'intermède de Gœthe, *Jery et Bately* ; il partit ensuite pour l'Italie (1791), et donna à Naples *Antigone*, pour la fête du roi; à Venise, *Catone in Utica*, sur le livret de Métastase ; *il Sacrifizio di Creta* et *I Fratelli rivali* (1792). De son retour à Munich date la grande renommée dont il jouit en Europe. *Psyché* (1793), la *Tempête* (*der Sturm*), opéra dont le sujet est emprunté à la pièce de Shakespeare, le *Labyrinthe* (1794), et le *Sacrifice interrompu* (1795), les deux derniers joués à Vienne avec grand succès, portèrent au comble la réputation de leur auteur. Les scènes de Prague, de Berlin, suivirent bientôt l'exemple donné à Vienne et demandèrent des ouvrages au compositeur à la mode. Winter, obligé de voyager de ville en ville pour diriger l'exécution de ses œuvres, fit une rentrée triomphante à Munich en 1798, avec *Marie de Montalban*, qui est regardée comme une de ses meilleures productions. Mais à Paris sa fortune dramatique se démentit ; car *Tamerlan*, joué à l'Opéra en 1802, échoua. C'était cependant sa partition la plus travaillée. Pendant un séjour de deux ans en Angleterre, de 1803 à 1805, il retrouva son bonheur accoutumé. A cette époque de sa vie appartiennent *Calypso*, *Proserpina*, *Zaïra* et les grands ballets de l'*Éducation d'Achille*, de *Vologèse* et d'*Orphée*.

Winter revint à Munich en 1805 et il y fonda une école de chant qui produisit de bons résultats. Il forma quelques élèves qui devinrent des artistes de mérite. Je citerai en première ligne Mlle Sigl, connue dans la suite sous le nom de Mme Vespermann. Pendant qu'il se livrait à l'enseignement, l'administration de l'Opéra l'appela à Paris en 1806 pour y faire représenter *Castor*, ouvrage lyrique qu'on lui avait commandé précédemment. Une chute souvent amène une autre chute, dit-on : cela serait-il donc aussi vrai au théâtre qu'en morale ? *Castor* tomba comme était tombé *Tamerlan*. On trouva même la partition du maître allemand inférieure à celle que Candeille avait écrite sur le même sujet. Jugement aussi léger que cruel ! Il n'y a pas de comparaison à établir entre un artiste aussi nul que l'auteur de *Pizarre* et un musicien aussi excellent que Winter. J'enregistre des chutes ; cela est vrai ; mais elles prouvent seulement que le compositeur manquait du génie dramatique tel qu'on le comprenait en France. Il s'est élevé à une grande hauteur dans ses compositions religieuses. Il semble que ces échecs aient découragé Winter ; car il délaissa le théâtre pendant dix ans, ne composant plus que de la musique sacrée pour la chapelle du roi de Bavière. Ses seuls travaux profanes, durant cette décade, sont une grande symphonie militaire intitulée *le Combat* (1814), et un morceau destiné à solenniser le cinquantième anniversaire de son entrée au service de la cour.

Cependant malgré ces dernières déceptions, l'amour de la scène, le désir des applaudissements du parterre et des loges n'était point éteint dans le cœur de l'artiste. Il ne pouvait se résoudre à dire adieu pour toujours à ces émotions de la vie dramatique, si poignantes et pourtant si difficiles à abdiquer. Quand il revit l'Italie en 1816, accompagné de son élève, Mme Sigl-Vespermann, le souvenir de ses anciens succès lui revint sans doute à la pensée. Peut-être aussi crut-il à l'inspiration de ce beau climat sous lequel est née la mélodie. Je ne sais ; toujours est-il que cette circonstance décida Winter à rompre un silence de dix ans. Arrivé à Milan, il y donna en 1816 *Il Maometto*, opéra séria dont le sort heureux semblait encore promettre plusieurs triomphes au musicien. Mais, l'année suivante, *I due Valdomiri* trompèrent ses espérances. Le théâtre de la Scala donna ensuite *Etelinda*, puis le compositeur alla faire jouer à Gênes *le Bouffe et le Tailleur* (1819). Ce fut sa dernière production. Une maladie de langueur dont il fut atteint empêcha dès lors Winter de travailler. Revenu à Munich en 1820, il y passa ses dernières années et mourut le 17 octobre 1825. C'est, je le répète, comme compositeur de musique sacrée, que Winter mérite une place dans le panthéon musical. Choisissant au hasard dans mes souvenirs, je citerai comme une œuvre fort distinguée qui peut donner une idée du style de Winter le beau trio de soprani : *ô Jesu, Deus pacis*. Toutes les productions sorties jusqu'à ce jour de la bibliothèque de la chapelle du roi de Bavière, où les œuvres du maître sont conservées manuscrites, font désirer qu'une publication générale des messes et des motets de Winter vienne enrichir les répertoires si pauvres de nos églises.

VOGEL

NÉ EN 1756, MORT EN 1788.

Deux opéras et diverses compositions instrumentales : voilà à quoi se réduit l'œuvre de Vogel. On doit regretter la fin prématurée d'un musicien qui aurait pu occuper une place glorieuse parmi les maîtres de l'art. Son *Démophon*, vieux de plus de quatre-vingts ans, offre toujours des traces sensibles d'inspiration et d'originalité ; n'est-ce pas une preuve que l'auteur d'un tel ouvrage, moins soudainement ravi à la carrière lyrique, eût attaché son nom à des productions de premier ordre ?

Jean-Christophe Vogel naquit à Nuremberg en 1756, et étudia la composition à Ratisbonne, où il eut pour maître Rupel, qui l'initia à la connaissance des œuvres de Hasse et de Graun. Il apprit aussi à jouer habilement de divers instruments, et en particulier du cor. Venu à Paris à l'âge de vingt ans en 1776, on le voit d'abord attaché en qualité de musicien à la maison du duc de Montmorency, puis à celle du duc de Valentinois. C'était l'époque des grands succès de Gluck. Vogel n'eut pas plus tôt entendu exécuter les partitions du maître qu'il devint un de ses admirateurs les plus fervents. L'admiration mène à l'imitation ; mais l'imitation, même celle du plus beau modèle, ne saurait remplacer l'originalité. On n'intéresse pas avec un décalque, si fidèle qu'il soit, surtout s'il est fidèle. Ce fut pourtant dans cette voie de la reproduction servile que Vogel paraissait entrer en écrivant son premier ouvrage *la Toison d'Or*. Cet opéra destiné à l'Académie royale de musique ne fut joué qu'après avoir attendu longtemps son tour. La première représentation eut lieu le 5 septembre 1786, et ne fut suivie que de neuf autres. Les réminiscences dont la partition était remplie nuisirent à son succès. Cependant Gluck, à qui le jeune compositeur avait dédié son ouvrage, y découvrit du mérite, notamment un vif sentiment dramatique. Ce n'était point, de la part de l'auteur d'*Iphigénie*, une vaine réciprocité de compliments. L'éloge était sincère autant que juste, et il dépendait de Vogel de le mieux mériter encore par la suite. Malheureusement des habitudes déplorables d'intempérance ne lui laissaient guère le loisir de travailler. Son *Démophon*, commencé longtemps avant la représentation de la *Toison d'Or*, dut céder le pas au *Démophon* de Cherubini. Le musicien n'eut même pas la joie d'assister à la mise en scène de son œuvre. Emporté par une fièvre maligne, il mourut à l'âge de trente-deux ans, le 26 juin 1788. On comprit qu'on avait perdu un musicien d'une grande valeur, et l'on voulut connaître son œuvre posthume. Son opéra fut joué le 22 septembre 1789. Le livret écrit par Delrieu est une imitation du *Demofoonte* de Métastase, que Marmontel avait arrangé en français pour la musique de Cherubini. Quant à la partition de Vogel, bien qu'elle n'ait été entendue que vingt-quatre fois à l'origine, elle parut renfermer des beautés incontestables. L'ouverture a été justement admirée pour la richesse du tissu harmonique et la noblesse du caractère, non moins que pour les traits déchirants et pathétiques qui la traversent. Gardel l'a placée plus tard dans le ballet de *Psyché*. Elle a été souvent exécutée dans les concerts, et notamment au Champ-de-Mars en 1791, dans la cérémonie funèbre des officiers tués à Nancy. Après l'ouverture je citerai l'andante : *Ah! que sa tendresse m'est chère!* la scène : *Venez, jeunes amants, sous ces berceaux en fleurs*, l'air en *si* bémol : *Hélas! que ne puis-je vous dire quel est l'excès de mes malheurs*, le larghetto : *Cher enfant, tes malheurs ne t'épouvantent guère*, enfin la scène de désespoir : *Quelle fatalité!* allegro terrible où l'on sent comme un souffle de Gluck.

Avec ses deux ouvrages dramatiques, Vogel a publié des symphonies, des quatuors, des concertos et plusieurs autres pièces instrumentales. Son petit-fils, M. Adolphe Vogel, s'est montré digne du nom qu'il porte. Entre autres productions, on a de lui des romances qui ont obtenu un succès populaire, celle de *l'Ange déchu* par exemple, et l'opéra intitulé la *Moissonneuse*, où se trouve un quatuor d'une facture remarquable.

MOZART

NÉ EN 1756, MORT EN 1791.

Dans ce dix huitième siècle rationaliste, où la philosophie, la poésie et la politique sont représentées par Condillac, Voltaire et Frédéric II, lorsque, de Paris à Berlin, pareil à un dévorant simoun, circule un vent d'analyse dissolvante, on n'est pas peu surpris de voir naître et se développer un artiste qui tire toutes ses inspirations de son cœur, qui traverse une atmosphère de critique et de doute sans y rien perdre de ses précieuses qualités affectives. Tandis que le sentiment est renié par une raison aussi sèche qu'orgueilleuse, que les La Harpe et les Buffon le

LÉOPOLD MOZART, Père de MARIANNE MOZART, Virtuose agée de onze ans
et de J. G. WOLFGANG MOZART, Compositeur et Maitre de Musique agé de sept ans.

chassent de la littérature, Mozart lui ouvre un asile dans ses compositions musicales. Il recueille le banni qui trouvait toutes les portes fermées devant lui ; loin de dédaigner l'exilé, il lui a demandé le secret du doux parler et du noble rire :

Reddes dulce loqui, reddes ridere decorum

De là l'originalité de l'auteur des *Nozze* au milieu de ses contemporains ; de là l'ineffable beauté dont ses ouvrages brilleront dans tous les temps.

Jean-Chrysostome-Wolfgang-Théophile Mozart naquit à Salzbourg, le 27 janvier 1756. Son père, Léopold Mozart, remplissait les fonctions de second maître de chapelle à la cour du prince archevêque de cette ville. Jamais enfant ne montra pour la musique des dispositions plus précoces. Il était à peine âgé de trois ans, lorsque les leçons données à sa sœur aînée, Marie-Anne Mozart, attirèrent son attention vers le clavecin. Il mettait son bonheur à chercher des tierces sur le piano, et rien n'égalait sa joie lorsqu'il avait trouvé cet harmonieux accord. A quatre ans, nonseulement il était déjà un petit virtuose plein de goût, mais il prenait plaisir à composer lui-même des menuets qui nous ont été conservés par les soins de M. de Nissen, son biographe. Ce que la nature avait si heureusement commencé, l'éducation l'acheva. Léopold Mozart, artiste distingué, auquel on doit une bonne méthode de violon et qui possédait à fond la connaissance de la musique d'église, joignait à la science et au talent qui devaient le mettre en état de remplir ses obligations paternelles, le sentiment profond de la mission dont la Providence semblait l'avoir chargé en lui donnant un tel fils. Frappé des merveilleuses aptitudes du jeune Wolfgang, il crut voir les gestes de Dieu dans les prodiges de cette riche organisation, et ce fut dès lors avec une sorte de pieux respect qu'il s'appliqua à en cultiver les heureux dons. On se rappelle le père d'Origène baisant la poitrine du futur Père de l'Église, quand on lit ces lignes du maître de chapelle : « Je puis affirmer que Dieu fait chaque jour de nouveaux miracles dans cet enfant », et ailleurs, lorsqu'il se défend de faire inoculer son fils : « Il s'agira de voir si Dieu, qui a mis dans ce monde cette merveille de la nature, l'y veut conserver ou l'en retirer. » Quoique son emploi à la cour archiépiscopale ne lui rapportât qu'un modique traitement, le pauvre musicien de Salzbourg renonça à l'enseignement, afin de se consacrer sans partage à l'instruction de ses enfants. Soins dignement récompensés ! Marie-Anne devint une excellente musicienne, et son frère ce que le monde sait : le divin Mozart.

C'était un esprit singulièrement actif, se livrant à l'étude avec l'entraînement qu'à cet âge on apporte généralement au jeu. Il s'engoua des mathématiques, lorsqu'il en eut appris les premiers éléments, au point de couvrir de chiffres les tables, les chaises, les murs et jusqu'au plancher de sa chambre. Ce n'est pas l'unique exemple que nous rencontrions de la passion du calcul chez un maître de l'art. C'est après avoir groupé bien des chiffres que le grand Rameau a découvert le principe générateur de l'harmonie moderne, c'est-à-dire la loi du son fondamental. C'est aussi grâce à son aptitude pour le calcul que Philidor, le compositeur correct, est devenu le plus habile joueur d'échecs de son temps. Mozart cependant revint bientôt à l'objet qui avait eu, tout d'abord, sa prédilection. Les difficultés n'existaient pas pour lui. Son père le surprit un jour écrivant un concerto pour le clavecin et resta frappé d'étonnement en reconnaissant que cette composition était parfaitement conforme aux règles, quoique d'ailleurs impossible à jouer.

A la différence de tant de petits prodiges dont l'orgueil étouffe toutes les bonnes qualités naturelles, cet enfant prédestiné avait l'âme la plus aimante et la plus tendre. « M'aimez-vous bien ? » avait-il l'habitude de demander aux personnes avec qui il se trouvait, et si une réponse affirmative se faisait attendre, ses yeux se mouillaient de larmes. Comment n'eût-il pas été bon fils et mari affectueux, celui qui faisait ainsi éclater en toute occasion son exquise sensibilité ? Aussi Mozart ne fut-il pas moins recommandable par les vertus privées qui font l'honnête homme que par le génie qui fait le grand artiste. La suite de ce récit le prouvera suffisamment, en dépit des assertions aussi légères que scandaleuses avancées par un écrivain dans une revue assez autorisée pour donner à un roman l'apparence d'une biographie.

En 1762, Léopold Mozart, désireux de faire partager à d'autres l'enthousiasme que lui inspirait son fils, se rendit avec ses enfants à Munich et à Vienne. Ce voyage fut une ovation pour le virtuose de six ans, qui se faisait pardonner sa supériorité à force de grâce et de gentillesse. L'empereur François Ier, après avoir admiré son jeu vif et brillant, lui demanda, par manière de plaisanterie, de jouer avec un seul doigt et sur un clavecin caché ; on avait étendu un linge sur les touches. L'enfant le prit au mot et se tira de cet exercice difficile, comme de la chose la plus aisée. Cependant, c'était en présence des connaisseurs qu'il se plaisait surtout à faire preuve des talents que le ciel lui avait départis. La vue des plus hauts personnages de l'empire attentifs aux mérites de son exécution, le laissait assez indifférent : il voulait être jugé par des hommes du métier, et il se surpassait lui-même lorsque Wagenseil, maître de chapelle de la cour impériale, se trouvait au nombre de ses auditeurs ; juste fierté d'un maître naissant qui ne se soucie que de l'estime de ses pairs.

L'orgueilleuse maison de Hapsbourg s'humanisait avec ce sublime *bambino*. Revêtu d'un costume lilas brodé d'or, qui avait été commandé pour le petit archiduc Maximilien, il faisait les délices de Marie-Thérèse et de ses filles.

La sensibilité, l'âme aimante de Mozart qui apparaissent dans les *andante* de ses sonates et de ses symphonies aussi bien que dans ses airs d'opéra, constituaient sa nature même. Dès l'âge le plus tendre, on surprend de petits détails qui révèlent cette organisation nerveuse et tendre. Pendant le premier voyage qu'il fit à Vienne en 1763, il avait alors sept ans, deux des archiduchesses promenèrent cet enfant dans le palais à travers les galeries cirées et luisantes comme des glaces. Mozart glissa sur le parquet; l'une des archiduchesses ne s'occupa pas de lui ; mais l'autre, c'était la future reine de France, Marie-Antoinette, le releva et lui prodigua des caresses pour le remettre de sa chute. L'enfant lui dit : « Vous êtes bonne, je veux vous épouser. « L'impératrice, informée de ce petit incident, demanda à Mozart comment cette idée lui était venue : « Par reconnaissance, répondit-il ; celle-ci a été bonne pour moi ; mais sa sœur ne s'est inquiétée de rien. »

Ceci se passait dans l'automne de 1762 ; le 30 octobre Léopold Mozart écrivait :

Félicité, fragilité ! elle se brise comme le verre. Je sentais pour ainsi dire, que nous avions été trop heureux pendant quinze jours. Dieu nous a envoyé une petite croix, et nous rendons grâce à son infinie miséricorde, que tout se soit passé sans trop de mal. Le 21, nous avions été de nouveau le soir chez l'impératrice. Woferl n'était pas dans son assiette ordinaire. Nous nous sommes aperçus un peu plus tard qu'il avait une espèce de scarlatine. Non-seulement les meilleures maisons de Vienne se sont montrées pleines de sollicitude pour la santé de notre enfant, mais elles l'ont vivement recommandé au médecin de la comtesse de Sinzendorf, Bernhard, qui a été plein d'attentions. La maladie touche à sa fin. Elle nous coûte cher ; elle nous fait perdre au moins cinquante ducats. Faites dire, je vous prie, trois messes à Lorette à l'autel de l'Enfant-Jésus, et trois à Bergl à l'autel de Saint-François de Paule. »

Quelques lecteurs chagrins se plaindront peut-être de voir regretter là les cinquante ducats. Il ne faut pas se montrer injustes et faire les délicats hors de propos. La famille de Mozart était pauvre ; le père, la mère, le fils et la fille étaient partis le 19 septembre pour Vienne. La position qu'occupait Mozart père au service du prince-archevêque de Salzbourg n'était rien moins qu'avantageuse ; son traitement ne pouvait suffire à l'entretien de sa famille, et il avait renoncé à l'enseignement de la musique pour se vouer plus librement à l'éducation de ses deux enfants. La postérité y a gagné un homme de génie. Que d'organisations merveilleusement douées s'atrophient par la paresse, l'oisiveté et aussi par la négligence des parents ! Combien de talents avortés faute d'une bonne direction !

Apprendre, c'est se souvenir, a dit Platon. Si quelque chose peut donner créance à cette singulière théorie, c'est de voir comment Mozart apprit spontanément le violon, sans qu'il en eût reçu des leçons et bien que ses seuls exercices se fussent bornés à jouer, pour son plaisir, d'un petit instrument que son père lui avait acheté à Vienne. Un jour, il prétendit doubler la seconde partie dans un trio que Léopold Mozart se préparait à exécuter avec deux de ses collègues, Wenzel et Schachtner. Cette demande étrange de la part d'un enfant de sept ans, qui n'avait fait aucune étude du violon, fut d'abord rejetée ; mais voyant son fils tout en larmes, le père consentit enfin à le laisser jouer près de Schachtner, à condition qu'on ne l'entendrait pas. Mais quel ne fut point l'étonnement des trois virtuoses, lorsqu'ils s'aperçurent que le petit Wolfgang attaquait sa partie et la suivait avec la sûreté et l'exactitude d'un violoniste consommé ! La nature ne se lassait pas d'opérer des miracles dans cette jeune organisation, et le maître de chapelle était de plus en plus convaincu de la présence du doigt de Dieu dans sa maison.

Un tel prodige ne pouvait rester renfermé dans les limites de l'Allemagne ; il fallait le montrer aux peuples étrangers afin de révéler l'œuvre de la Providence. Ainsi pensa le père de Mozart dans la simplicité de sa foi et dans l'exaltation de son bonheur paternel. Il entreprit donc avec ses deux enfants un nouveau voyage au mois de juillet 1763. Rien en tout ceci qui ressemble à la spéculation ambulante de tels et tels musiciens, entrepreneurs des succès de leurs enfants. Ce n'est point ici un homme qui veut tirer de l'argent à toute force de l'exhibition d'un talent précoce ; c'est un musicien doué lui-même de savoir et de goût, qui admire naïvement le phénomène musical qu'il a plu au ciel de faire naître dans sa famille. Respectons un sentiment respectable, et ne nous hâtons pas de le confondre avec ces vues intéressées et mercantiles dont tant d'autres nous ont depuis offert des exemples.

La guerre de Sept ans finissait, et les populations germaniques, libres de préoccupations belliqueuses, s'abandonnaient de nouveau à leur goût séculaire pour les délassements artistiques. Munich, Augsbourg, Manheim, Mayence, Francfort, Coblentz, Cologne et Aix-la-Chapelle fêtèrent tour à tour leurs hôtes de passage. De ville en ville et de concerts en concerts, les voyageurs arrivèrent à Bruxelles, plus riches, il est vrai, de cadeaux que d'espèces sonnantes. Voici en effet ce qu'écrit Léopold Mozart à la date du 17 octobre : « Nous avons de quoi monter une vraie boutique d'épées, de dentelles, de mantilles, de tabatières, d'étuis ; enfin nous avons laissé une grande boîte à Salzbourg, renfermant tous nos joyaux et nos trésors. Mais, quant à l'argent, il est rare, et je suis positivement pauvre. »

Le bon Salzbourgeois fut assez scandalisé de ce qu'il vit à Paris, où il arriva au mois de novembre 1763. Le tableau qu'il trace de la cour et de la ville est assez curieux pour que j'en reproduise quelques traits :

« Les femmes sont-elles en effet belles à Paris ? Impossible de vous le dire, car elles sont peintes comme des poupées de Nuremberg, et tellement défigurées par ces dégoûtants artifices, qu'une femme naturellement belle serait méconnaissable aux yeux d'un honnête Allemand. Quant à ce qui est de leur dévotion, je puis vous assurer qu'on n'aura aucune peine, quand on voudra les canoniser, à reconnaître les miracles des saintes françaises. Les plus grands miracles sont opérés par celles qui ne sont ni vierges, ni épouses, ni veuves; et tous ces miracles se font tous sur des corps vivants! Suffit! On a de la peine à discerner ici la maîtresse de la maison; chacun vit à sa guise, et, sans une miséricorde toute spéciale de Dieu, il en arrivera du royaume de France comme autrefois de l'empire des Perses.

« Je vous aurais écrit, depuis ma dernière lettre, si je n'avais pas voulu attendre le résultat de notre affaire de Versailles pour vous en rendre compte. Mais, comme ici, plus que dans toute autre cour, les choses vont d'un train d'escargot, et que ces sortes d'affaires dépendent des *menus plaisirs*, il faut prendre patience. Si la reconnaissance égale le plaisir que mes enfants ont procuré à la cour, les résultats devront être fort satisfaisants. On n'a pas la coutume, en France, de baiser les mains des membres de la famille royale, de leur parler ou de leur remettre des pétitions *au passage*, comme on dit ici, car quand ils vont de leurs appartements et des galeries à l'église, on ne s'incline, on ne s'agenouille ni devant le roi, ni devant aucun membre de sa famille; on se tient droit et sans bouger, et, dans cette posture, on a toute liberté de les regarder lorsqu'ils défilent tout près de vous. D'après cela vous pouvez facilement vous figurer l'étonnement de tout le monde, lorsqu'on voit les filles du roi s'arrêter dans les passages officiels, dès qu'elles aperçoivent mes enfants, s'en approcher, les caresser et s'en faire embrasser mille et mille fois. Il en est de même de madame la Dauphine. Ce qui a paru le plus extraordinaire à messieurs les Français, c'est que au *grand couvert* qui eut lieu dans la nuit du nouvel an, non-seulement on nous fit place à tous près de la table royale, mais monseigneur *Wolfgangus* dut se tenir tout le temps près de la reine, lui parla constamment, lui baisa souvent les mains, et mangea à côté d'elle les mets qu'elle daignait lui faire servir. La reine parle aussi bien l'allemand que nous. Comme le roi n'en comprend pas un mot, la reine lui traduisait tout ce que disait notre héroïque Wolfgang. Je me tenais près de lui. De l'autre côté du roi où étaient assis M. le Dauphin et madame Adélaïde, se tenaient ma femme et ma fille. Or, vous saurez que le roi ne mange pas en public; seulement, tous les dimanches soir, la famille royale soupe ensemble. On ne laisse pas entrer tout le monde. Quand il y a grande fête, comme au nouvel an, à Pâques, à la Pentecôte, à la fête du roi, etc., alors il y a *grand couvert*. On admet toutes les personnes de distinction. L'espace n'est pas grand, et par conséquent il est bientôt rempli. Nous arrivâmes tard, les Suisses durent nous ouvrir le passage, et l'on nous conduisit dans la pièce qui est tout près de la table et que traverse la famille royale pour se rendre au salon. En passant, les uns et les autres parlèrent avec notre Wolfgang, et nous les suivîmes jusqu'à la table.

. . . .
. . . .

« Vous n'attendez sans doute pas de moi que je vous décrive Versailles.

« Seulement je vous dirai que nous y sommes arrivés dans la nuit de Noël et que nous y avons assisté, dans la chapelle royale, à la messe de minuit et aux trois saintes messes. Nous étions dans la galerie, lorsque le roi revint de chez madame la Dauphine, qu'il avait été voir à l'occasion de la mort de son frère, le prince électeur de Saxe.

« J'entendis une bonne et une mauvaise musique. Tout ce qui se chantait par une voix seule et devait ressembler à un air, était vide, froid, misérable, par conséquent français. Mais les chœurs sont tous bons et très-bons. Aussi ai-je été tous les jours avec mon petit homme à la messe de la chapelle pour y entendre les chœurs des motets qu'on y exécute....

« Nous avons en quinze jours dépensé à Versailles environ douze louis. Peut-être trouverez-vous que c'est trop et ne le comprendrez-vous pas? Mais à Versailles, il n'y a ni *carrosses de remise ni fiacres* : il n'y a que des chaises à porteurs. Chaque course coûte douze sous; et comme bien souvent nous avons eu besoin sinon de trois, au moins de deux chaises, nos transports nous ont coûté un *thaler* par jour, et plus, car il fait toujours mauvais temps. Ajoutez à cela quatre habits noirs tout neufs, et vous ne serez plus étonnée que notre voyage de Versailles nous revienne à vingt-six ou vingt-sept louis. Nous verrons quel dédommagement nous en reviendra de la cour. Sauf ce que nous avons à espérer de ce côté, Versailles ne nous a rapporté que douze louis argent comptant.

« En outre madame la comtesse de Tessé a donné à maître Wolfgang une tabatière en or, une montre en argent, précieuse par sa petitesse, et à Nanerl ma fille, un étui à cure-dents en or, fort beau. Wolfgang a encore reçu, d'une autre dame, un petit bureau de voyage en argent, et Nanerl, une petite tabatière d'écaille, incrustée d'or, d'une extrême délicatesse, puis une bague avec nœuds d'épées, des manchettes, des fleurs pour des bonnets, des mouchoirs. Dans quatre semaines, j'espère vous donner quelques nouvelles plus solides de ces fameux louis d'or dont il faut faire une plus grande consommation à Paris qu'à Maxglau (1), pour se faire connaître. Du reste, et quoiqu'on voie partout ici, sans lunettes, les déplorables fruits de la dernière guerre, les Français continuent à ne rien retrancher de leur luxe et de leur somptuosité; aussi n'y a-t-il de riches que les fermiers. Les seigneurs sont criblés de dettes. Les plus grandes fortunes se trouvent à peu près entre les mains de cent personnes, dont quelques gros banquiers et *fermiers généraux*, et presque tout l'argent se dépense pour des Lucrèces qui ne se poignardent pas.

« Toutefois, comme bien vous le pensez, on voit ici des choses singulièrement belles à côté d'étonnantes folies. Les femmes portent cet hiver non-seulement des robes garnies de fourrures, mais des boas de fourrure autour du cou, des ornements de fourrure, en guise de fleurs, dans les cheveux, des manchettes de fourrure autour du bras. Ce qu'il y a de plus ridicule, c'est de voir le baudrier entouré de fourrure, probablement pour qu'il ne gèle pas. A ces folies de la mode se joint leur amour immodéré de la commodité, qui fait que cette nation n'entend plus la voix de la nature. Les Parisiens envoient leurs enfants nouveau-nés en nourrice à la campagne. Tout le monde le fait, grands et petits. Mais que de tristes conséquences! partout des estropiés, des aveugles, des paralytiques, des boiteux, des mendiants, couchés dans les rues, chantant le parvis des églises. Le dégoût m'empêche de les regarder en passant... Je saute brusquement de ces horreurs à une chose ravissante, qui du moins a ravi un roi. Vous voudriez bien savoir, n'est-ce pas? quelle mine a *madame la marquise de Pompadour?* — Elle doit avoir été bien belle, car elle est bien encore : elle est grande, de belle taille, grasse, assez forte, mais bien proportionnée, blonde, et a dans les yeux quelque ressemblance avec Sa Majesté l'Impératrice. Elle a fort bonne opinion d'elle-même et a un goût peu commun...... — Il y a ici une guerre incessante entre la musique française et italienne. Toute la musique française ne vaut pas le diable; mais

---

(1) Petit village près de Salzbourg.

il s'opère de grands changements. Les Français commencent à tourner, et dans dix ou quinze ans, je l'espère, le goût français aura complétement fait volte-face, etc. » (Lettre à Mme Hagenauer, 1er février 1764.)

La famille Mozart avait eu pour introducteur dans la haute société parisienne, le célèbre baron de Grimm, dont on connaît la spirituelle correspondance. Ce bel esprit s'honora par la protection qu'il accorda à des compatriotes peu au fait des usages et des mœurs de Paris. Il leur rendit toutes sortes de bons offices, celui entre autres de composer les épîtres dédicatoires des deux œuvres de sonates que le jeune Wolfgang écrivit en France et qui furent dédiées l'une à madame Victoire, l'autre à la comtesse de Tessé.

Ce fut pendant ce voyage que M. de Carmontelle, dessinateur habile, fit d'après nature le portait du père et des enfants, composition charmante de grâce et de vérité reproduite d'après la gravure originale, devenue rarissime, que j'ai eu toutes les peines du monde à me procurer. Voici un passage de la correspondance qui m'a déterminé à la rechercher.

« M. de Méchel, un graveur, travaille à force à nos portraits peints par un amateur, M. de Carmontelle. Wolfgang joue du piano, moi, derrière lui, du violon, Nanerl s'appuie d'une main sur le piano, et tient dans l'autre un morceau de musique, comme si elle allait chanter. » (Lettre de Léopold Mozart à M. Hagenauer, le 1er avril 1764.)

Afin que cette représentation *ad vivum* ne perdît rien de son intérêt, je l'ai fait reproduire par le procédé de l'héliographie.

Léopold Mozart et sa famille partirent ensuite pour Londres, et reçurent des Anglais le même accueil qui leur avait été fait de l'autre côté du détroit. C'était un sujet d'étonnement sans pareil pour la cour de Saint-James que de voir un enfant de huit ans à peine exécuter sur l'orgue à première vue des morceaux de Bach, d'Abel et de Haendel. Le roi George III, témoin de ces merveilles, en marqua sa satisfaction par un don de vingt-quatre guinées. Indépendamment des bienfaits royaux, il y avait aussi les concerts publics qui fournissaient quelques ressources. Ce fut pendant son séjour en Angleterre que Mozart écrivit son troisième œuvre composé de six sonates de clavecin qu'il dédia à la reine. Il n'aurait peut-être pas été difficile à l'honnête maître de chapelle de tirer parti, au profit de sa fortune, du dilettantisme britannique ; mais, craignant pour l'âme de ses enfants, il ne voulut point se fixer dans un pays hérétique, et poursuivit le cours de ses pérégrinations. En Hollande, où le succès ne cessa d'accompagner nos pèlerins de l'art, une grave maladie mit en péril les jours de Wolfgang et de sa sœur. La foi du chrétien, qui n'est jamais absente de la correspondance de Léopold Mozart, éclate ici dans toute sa pureté. Il fait dire des messes pour obtenir le rétablissement des deux santés qui lui sont si chères. Enfin le danger est conjuré et les jeunes virtuoses sont rendus à l'admiration du public. Les enfants donnent deux concerts à la Haye, et Wolfgang dédie un œuvre de six nouvelles sonates de piano à la princesse de Nassau-Weilbourg.

Après être restés pendant trois ans éloignés de leur patrie, les voyageurs revinrent à Salzbourg par Paris, Lyon, la Suisse et Munich. Ce laps de temps considérable durant lequel Mozart s'était fait entendre en France, en Angleterre et en Hollande, n'avait pas été perdu pour son instruction. De retour au logis, il se remit à l'étude de la composition, sous la direction de son père. Il se pénétrait en même temps des beautés de Haendel et de Charles Emmanuel Bach, auxquels il ajoutait quelques anciens maîtres italiens de la fin du xviie siècle et du commencement du xviiie. De cette époque datent ses premiers essais de musique vocale.

Mais les sympathies admiratives qui s'étaient éveillées sur les pas du jeune artiste pendant son voyage dans l'Europe occidentale, lui firent défaut dès qu'il chercha à se produire au milieu de ses concitoyens. Léopold Mozart qui s'était rendu à Vienne au mois de septembre 1767 avec toute sa famille, y arriva malheureusement au moment où la petite vérole sévissait et venait d'atteindre l'archiduchesse Josépha qui en mourut. L'heure n'était pas propice aux distractions musicales; la cour était en deuil. Le père, inquiet pour ses enfants, se réfugia à Olmütz en Moravie; mais le fléau l'y suivit. Bientôt Wolfgang tomba dangereusement malade. Le pauvre Léopold, dans un pays étranger, se trouvait dans une situation bien critique. Le doyen de la cathédrale, le comte Podstatsky, exigea que les étrangers vinssent loger chez lui, disant qu'il ne craignait en aucune façon la petite vérole; il donna des ordres à son maître d'hôtel et fit venir son médecin. Grâce à cette intervention charitable, Wolfgang surmonta l'épreuve de la maladie, et son père, dans une lettre datée d'Olmütz le 10 novembre 1767, exprime les sentiments de reconnaissance que lui inspire la conduite du digne chanoine. Après le rétablissement de l'enfant, la famille revint à Vienne et Mozart put enfin être présenté à l'empereur Joseph II et à l'impératrice qui prirent un plaisir infini à l'entendre. Sur le désir exprimé par le monarque de lui voir composer un opéra, Wolfgang écrivit une partition dont le sujet était la *Finta Semplice*. Cet ouvrage était destiné à la troupe italienne de l'impresario Affligio qui avait promis de le payer 100 ducats. Mais les compositeurs viennois ne pouvaient souffrir qu'un enfant de douze ans leur disputât les palmes de la scène. Une cabale à laquelle il est fort probable que Gluck est resté étranger, puisque les auteurs qui ont voulu le mettre en cause sont en contradiction avec le témoignage même de Léopold Mozart, une cabale donc s'organisa pour empêcher la représentation de la *Finta Semplice*. On affecta d'abord de soutenir que cette musique était l'œuvre de Léopold Mozart lui-même et non de son fils; puis ce furent les chanteurs qui prétendirent que leurs airs ne pouvaient se chanter. Le directeur Affligio, circonvenu par les ennemis du jeune artiste, traînait les choses en longueur pour se dispenser de remplir ses engagements. A bout d'arguments dilatoires, il finit par déclarer qu'il s'arrangerait de manière à faire siffler l'opéra, si on le forçait à le monter. Cette réponse anéantit le dernier espoir que Mozart et son père pouvaient conserver. Ils avaient gravement compromis leur situation pécuniaire par un séjour de quatorze mois à Vienne, et tous leurs efforts n'avaient abouti à aucun résultat. Au mois de décembre de la même année (1768), Wolfgang se dédommagea de cette tentative avortée en faisant exécuter une messe de sa composition en présence de la cour, dans l'église de l'Orphelinat du P. Parhammer. A cette année appartient aussi le petit opéra de *Bastien et Bastienne*, qu'il fit jouer dans la maison de campagne du docteur Mesmer.

Mozart passa l'année 1769 à étudier la langue italienne, et au mois de décembre il entreprit avec son père un voyage dans la Péninsule. A Vérone et à Mantoue, sous le nom d'*Il signor Amadeo*, il donna des concerts où il étonna le public par de véritables tours de force d'improvisation ; à Milan, il obtint un engagement pour écrire l'opéra qui serait joué au carnaval de 1771 ; à Bologne, il s'attira les plus vives félicitations du célèbre Père Martini, directeur du Conservatoire de cette ville. A son passage à Rome se rapporte l'anecdote sur le *Miserere* d'Allegri que Mozart entendit à la chapelle Sixtine et qu'il écrivit au fond de son chapeau pendant l'exécution, éludant ainsi les défenses ecclésiastiques. A Naples, terme de son voyage, on offrit au jeune *maestro* de composer un opéra pour le théâtre de San Carlo, ce qu'il ne put accepter à cause de son contrat avec l'impresario de Milan. Bref, d'étape en étape, les applaudissements et les éloges prodigués au *Dolce cigno* de Salzbourg le vengeaient des chagrins que lui avait fait essuyer l'injustice des Viennois.

Le retour fut un triomphe. En repassant à Rome, Mozart reçut du Saint-Père la décoration de l'Éperon d'or qui lui conférait le titre de chevalier (*cavalliere*), et qui venait d'être donnée à Gluck. A Bologne, il fut nommé membre de l'Académie philharmonique, après avoir subi victorieusement l'épreuve qui consistait à arranger à quatre voix une antienne tirée de l'Antiphonaire. Ce qui est surprenant, c'est qu'au milieu des distinctions et des honneurs que lui attirait son génie précoce, cet enfant privilégié était resté un enfant. Lorsque l'inspiration l'avait enlevé au ciel, il redescendait sur la terre pour prendre sa part des amusements de son âge. « Mon unique récréation, écrit-il, consiste dans les cabrioles que je me permets de temps à autre. » Dans la plupart de ses lettres, surtout de celles qu'il écrivit à sa sœur, à côté des détails dans lesquels il se complaît sur ses travaux, on retrouve des enfantillages charmants, d'innocentes plaisanteries qui montrent la candeur de son âme. Heureuse nature, exempte jusqu'à la fin de pédantisme et d'orgueil !

Revenu à Milan, vers la fin du mois d'octobre 1770, il y écrivit son

Mithridate, qui fut joué avec un grand succès le 26 décembre de la même année. Cet ouvrage obtint vingt-deux représentations consécutives. Dans le cours de 1771, le jeune compositeur visite Vérone qui lui avait décerné le titre d'Académicien, Venise et Padoue, puis il reprend le chemin de Milan où il fait exécuter (décembre 1771), sa cantate dramatique intitulée *Ascanio in Alba*. Sur ces entrefaites, le maître de chapelle fut rappelé à Salzbourg pour la cérémonie d'installation d'un nouvel archevêque, et son fils composa à cette occasion la sérénade dramatique qui a pour titre : *Il Sogno di Scipione* (14 mars 1772).

Wolfgang retourna à Milan au mois d'octobre suivant et donna dans cette ville (décembre 1772), *Lucio Silla*, opéra séria qui n'obtint pas moins de succès que son *Mithridate*. Il revint à Salzbourg au printemps de l'année suivante, puis se rendit à Vienne et ensuite à Munich où il fit jouer, le 13 janvier 1775, un opéra bouffe intitulé *la Finta Giardiniera*. L'ouvrage réussit et fut suivi d'une cantate composée en l'honneur de l'archiduc Maximilien sous ce titre : *il Re pastore*. Mais les partitions se succédaient sous la plume de l'infatigable musicien sans amener de changement dans sa position toujours incertaine et précaire. Vainement à son retour d'Italie, il s'était flatté d'obtenir du prince-archevêque de Salzbourg, la place de maître de chapelle ; il ne fut pas plus heureux auprès de l'électeur de Bavière auquel il ne demandait qu'un traitement de cinq cents florins (environ 1,050 francs) pour écrire quatre opéras par an et figurer chaque jour dans les concerts de la cour. Ces prétentions étaient assurément bien modestes de la part d'un artiste qui avait produit quatre opéras, un oratorio, deux messes solennelles, deux cantates et un nombre considérable de pièces instrumentales à l'âge où les autres compositeurs sont encore sur les bancs de l'école. Néanmoins, par une de ces aberrations dont l'histoire offre de fréquents exemples, le prince refusa d'accueillir l'homme de génie qui lui proposait ses services à un prix si modéré. Les mêmes déconvenues attendaient l'auteur de *Mithridate* à Augsbourg et à Manheim, où il se rendit après avoir quitté Munich plus pauvre qu'il n'était en y arrivant. Tant de contrariétés décidèrent Mozart à s'expatrier une fois encore, et ce fut vers Paris qu'il dirigea ses pas, accompagné de sa mère ; car Léopold Mozart était retenu à Salzbourg par les devoirs de sa charge.

A mesure qu'on avance dans la biographie du plus grand des musiciens du dix-huitième siècle, on est aussi affligé que surpris des obstacles qui lui barrent la route, des difficultés qu'il éprouve à se faire connaître, des efforts infructueux dans lesquels il se consume. Parmi tous ces financiers qui sont maintenant les vrais détenteurs de la fortune de la France, ne s'en trouvera-t-il donc plus un, comme il y en avait naguère, qui ait le bon esprit de se faire pardonner son opulence en facilitant la voie à un grand homme ? Il n'y faut pas compter : le goût subit chez nous un temps d'arrêt, et il n'y a point en France de connaisseurs capables d'apprécier ce que l'Allemagne elle-même n'admire pas assez. Arrivé à Paris le 23 mars 1778, Mozart dut se borner à arranger pour le concert spirituel dirigé par Legros un *Miserere* de Holzbauer, qui n'eut point de succès. Ce travail ingrat joint au produit de quelques leçons le fit vivre pendant quelques mois. Il végétait obscurément au milieu des tristesses et des déceptions que chaque jour lui apportait, quand un affreux malheur le frappa ; ce fut la mort de sa mère à laquelle il portait l'attachement le plus tendre (3 juillet 1778). Après lui avoir rendu les derniers devoirs, Wolfgang abandonna Paris dont le séjour lui était devenu insupportable, et revint à Salzbourg où la nécessité le força d'accepter la place d'organiste de la cour en 1779. Cette carrière, si brillante à ses débuts, menaçait de s'achever obscurément dans des fonctions voisines de la domesticité.

Mais il était dit que l'inaltérable confiance de Léopold Mozart dans l'avenir musical de son fils serait justifiée par l'événement. La Providence à ses yeux, n'avait pu créer une âme telle qu'il ne s'en rencontre pas deux dans un siècle, pour la condamner ensuite à l'impuissance, étouffer ses accents sous l'indifférence et la sottise des contemporains. Quoique tardive, la réparation arriva enfin. Au mois de novembre 1780, l'humble organiste de Salzbourg se vit appelé à Munich par le prince électoral de Bavière, Charles-Théodore, pour y composer l'opéra d'*Idoménée*, sur un livret italien de l'abbé Varesco. Il obtint un congé de six semaines, et, grâce à sa prodigieuse facilité, il put faire répéter les deux premiers actes le 1ᵉʳ décembre suivant. Le 29 janvier 1781, l'ouvrage fut représenté et souleva l'enthousiasme du public par les beautés nouvelles dont il était rempli. On n'avait encore rien entendu de semblable à l'air : *Padre, germani*, à celui d'*Ilia*, non plus qu'aux chœurs : *Pietà, numi !* et *Corriamo, fuggiamo*. A partir de ce moment Mozart prenait possession de la célébrité, et ne devait plus être surpassé que par lui-même.

L'archevêque de Salzbourg, prélat d'une faible portée d'esprit et très-vaniteux, n'était pas fâché de faire savoir à tout le monde que le compositeur en vogue était à son service. Il vint à Vienne, et se fit suivre de son organiste qu'il logea dans son hôtel, mais en le traitant sur le pied d'un valet. L'auteur applaudi d'*Idomeneo* était réduit à manger à l'office avec les domestiques, et ses intérêts pécuniaires souffraient autant que sa fierté ; car son maître ne lui permettait point de se faire entendre dans les concerts qui eussent pu lui rapporter de l'argent : « Sa Grandeur, écrit-il à son père, ne veut pas que ses gens fassent des profits. Il ne doit y avoir que perte pour eux ! » Craignant de compromettre la position de son père, Mozart se résignait à un emploi où sa dignité était sans cesse blessée. Un jour pourtant, poussé à bout, il osa se plaindre et ne reçut d'autre réponse que ces mots impertinents : « Décampez d'ici, si vous ne voulez pas mieux servir. » L'artiste se le tint pour dit et donna sa démission.

Il fallait vivre. L'enseignement ne procurait que des ressources fort restreintes, et d'ailleurs le jeune musicien n'avait-il pas écrit dès 1778 ces lignes qui trahissent une légitime confiance dans son génie : « Je suis compositeur : je suis né pour être maître de chapelle, et je ne puis, ce qui arriverait certainement si je m'occupais beaucoup d'élèves, je ne puis enterrer le talent de compositeur que Dieu m'a si libéralement départi. » Ce fut donc vers le théâtre qu'il porta ses vues. Mais l'empereur Joseph II, qui n'aimait que la musique italienne, était peu disposé à encourager les efforts tentés par les Allemands. A la suite de bien des démarches inutiles, Mozart se vit enfin accorder, par l'entremise du prince de Cobentzel et de la comtesse de Thun, l'autorisation d'écrire pour la cour impériale. Le sujet était l'*Enlèvement au sérail* (*Die Entführung aus dem Serail*). Bretzner avait fait sous ce titre une pièce dont Stephani tira un assez médiocre livret. La belle Espagnole Constance est devenue l'une des femmes du pacha Sélim. Belmonte, son amant, s'introduit dans le sérail et essaye de faire évader les odalisques pour enlever sa maîtresse. Mais le projet échoue et l'audacieux raïa n'échappe à la mort que parce que Sélim reconnaît en lui un citoyen de Burgos à qui il a dû autrefois la vie. L'honnête Turc ne se contente pas de faire grâce au coupable ; il lui accorde la main de Constance. Sur cette donnée puérile et invraisemblable, Mozart a composé celle de ses partitions qui a joui en Allemagne de la plus longue vogue. Néanmoins cet ouvrage, joué à Vienne le 12 juillet 1782, fut froidement accueilli dans sa nouveauté. Il ne rapporta que cinquante ducats au compositeur. Le monarque dit même au maître après la représentation : « Cela est trop savant pour nos oreilles ; je trouve qu'il y a là dedans trop de notes. » A quoi Mozart aurait répondu : « Sire, il y a autant de notes qu'il en faut. » Da Ponte, le librettiste de *Don Giovanni* et des *Nozze*, raconte dans ses *Mémoires* que l'empereur Joseph lui dit à propos de l'*Enlèvement au sérail*, que « ce n'était pas grand'chose : *Non era gran cosa*; que Mozart avait beaucoup de talent pour la musique nstrumentale, mais que pour la vocale, c'était différent. » Ce jugement est celui d'un amateur exclusif du style italien ; mais tout en tenant compte de la partialité du point de vue chez le critique couronné, on doit avouer que l'auteur de l'*Enlèvement au sérail* n'avait point encore acquis dans l'art de traiter les voix le degré de perfection dont feront preuve *Don Juan* et la *Flûte enchantée*. Parmi les morceaux saillants de la partition, on remarque d'abord l'ouverture, le chœur des esclaves du sérail et le duo de la bouteille entre Osmin et Belmonte. Viennent ensuite les deux airs bouffes d'Osmin, le duo chanté par ce dernier au premier acte avec Belmonte. Cet opéra, longtemps inconnu en France, a été représenté à Paris par une troupe allemande en 1829 et 1830. En mai 1859, il en a été donné au Théâtre-Lyrique une traduction due à la plume de M. Prosper Pascal. Mais les rôles de femmes, écrits pour des voix exceptionnelles, ont

MOZART

dû subir des transpositions. Mmes Ugalde et Meillet ont chanté les rôles de Constance et de Blondine; Bataille, Michot et Fromant, ceux d'Osmin, de Belmonte et de Pédrille.

Pendant son séjour momentané à Manheim, Mozart avait distingué une jeune et jolie cantatrice nommée Aloysia Weber, dont le souvenir était resté ineffaçable dans son âme. A son retour de Paris, il vint à Munich où se trouvait alors la jeune fille, avec l'intention de la demander en mariage. Il paraît que la manière dont il avait d'abord été reçu par la famille d'Aloysia put l'encourager à cette démarche. Mais le résultat fut contraire à son attente. Dans ce jeune homme maigre, au long nez, aux gros yeux, à la tête exiguë, la sémillante virtuose ne sut pas reconnaître l'artiste de génie, et elle toisa son prétendant de façon à lui ôter tout espoir. Le pauvre Mozart reporta ses affections trompées sur Constance Weber, sœur du premier objet de sa passion, et l'épousa le 4 août 1782, trois semaines environ après la représentation de l'*Enlèvement au sérail*. Le mariage eut lieu dans la maison de la baronne de Waldstetten, l'une des protectrices du musicien.

Les considérations d'argent n'eurent aucune part à cette union, qui fut l'œuvre de l'amour. Aussi le jeune ménage se vit-il souvent gêné. Mozart n'avait d'autre revenu fixe que le traitement de huit cents florins attaché à sa place de compositeur de la cour. Le roi de Prusse, Frédéric-Guillaume II, lui offrit de le nommer son maître de chapelle avec trois mille écus d'appointements. Il refusa, pour ne point quitter un prince qui, n'appréciant pas sa musique, le laissait végéter dans un état voisin de la misère. Afin de suffire aux besoins de sa famille, l'auteur d'*Idoménée* et de l'*Enlèvement au sérail* donnait des leçons de piano, écrivait des contredanses et des valses pour les bals et les redoutes. S'appeler Mozart, et être condamné à perdre dans ces stériles occupations un temps qu'on aurait pu consacrer à produire des chefs-d'œuvre ! Ce qu'il faut admirer, c'est qu'au milieu d'une lutte incessante contre les nécessités de la vie matérielle, le métier ne tue jamais l'art, l'inspiration du maître ne s'affaiblit pas, que dis-je ? il grandit et se fortifie d'année en année.

Le *Davidde penitente*, oratorio qui renferme d'éclatantes beautés, parut en 1783. Vinrent ensuite (1784-1785) les six quatuors dédiés à Joseph Haydn. Léopold Mozart, étant venu à Vienne au mois de février 1785, demanda au grand symphoniste de lui dire sincèrement ce qu'il pensait de son fils. « Je vous déclare devant Dieu, et comme un honnête homme, répondit l'auteur de la *Création*, que je tiens votre fils pour le plus grand des compositeurs dont j'aie jamais entendu parler. Il écrit avec goût et possède les connaissances les plus approfondies de la composition. »

Après un témoignage comme celui que je viens de citer, on éprouve quelque peine à se voir obligé de réfuter les calomnies qui font de Mozart un coureur et un débauché. Stendhal, enclin à juger les autres d'après lui-même, ne les avait pourtant accueillies que d'une façon encore discrète et voilée ; mais la *Revue des deux mondes* leur a prêté, il y a plusieurs années, le secours de sa publicité. Et sur quoi s'appuie M. Blaze de Bury, l'auteur de l'article en question, pour affirmer que « Mozart passait sa vie hors de chez lui, hantant les tripots et les salles de billard, courant les tavernes, les bals publics, déguisé en pierrot, et donnant à la composition les restes d'une nuit de fredaines ? » Sur quelques fragments de lettres, dont l'ingénieux critique s'est servi, par un procédé renouvelé de Laubardemont. Il ne s'agit point, dans la correspondance du maître, de bals publics, mais de réunions privées. Un des bals incriminés a été donné chez lui, dans un grand logement que lui avait loué un de ses amis, le baron de Wetzlar. Un autre se donna par souscription, à la *Redoute*, et c'est là que l'artiste parut déguisé, non en pierrot, comme le dit M. Blaze, mais en arlequin. Le costume lui avait été prêté par son propre père (lettres des 22 janvier et 5 février 1783). Croit-on que Léopold Mozart, dont on connaît les sentiments profondément religieux, aurait couvert de sa complicité des divertissements coupables ou simplement dangereux ? En vérité, se prévaloir de si peu de chose pour élever des accusations aussi graves, c'est bien de la légèreté ou du rigorisme. Il en est de même du reproche de hanter les tripots. L'esprit le plus prévenu ne saurait découvrir, dans la longue correspondance de Mozart, une seule ligne qui y fasse allusion. L'imputation ici est tout à fait gratuite et n'a pas même, comme la précédente, le triste avantage de reposer sur des textes tronqués et détournés de leur vrai sens. Constance Weber aimait à jouer aux quilles, son mari se distrayait des fatigues de la composition par le jeu de billard, mais depuis que la langue française existe, on n'a jamais appelé joueurs les gens qui se livrent à ces honnêtes passe-temps. Mozart, au moment où sa santé était déjà altérée, avait un jeu de billard chez lui dans la pièce voisine de celle où il travaillait. Ce billard et ses accessoires figurent dans l'inventaire de son modeste mobilier qui fut vendu après sa mort. D'ailleurs, je le répète, est-il possible d'admettre que l'homme qui, à vingt-neuf ans, recevait de tels éloges de la bouche de l'illustre Haydn, ait été un homme de plaisir ? Est-il possible que tant de chefs-d'œuvre d'une perfection achevée aient été écrits entre deux orgies ? Oser le prétendre, c'est se moquer de ses lecteurs.

En février 1786, on représenta, au palais impérial de Schœnbrunn, l'*Impresario* (*Der Schauspiel Director*), opérette bouffe interprétée par Mlles Cavaglieri et Aloysia Weber, devenue Mme Lange. Le sujet n'est autre qu'une rivalité d'amour-propre entre deux cantatrices, dont l'une s'appelle Hertz (cœur), et l'autre Silberklang (timbre argentin). MM. Léon Battu et Ludovic Halévy, jugeant cette donnée trop innocente pour le goût français, ont remanié complétement le livret original, et c'est ainsi que l'*Impresario* a été joué aux Bouffes-Parisiens le 20 mai 1856.

L'année 1786 nous montre Mozart arrivé au point culminant de son développement artistique. C'est en cette année qu'il commence par les *Nozze di Figaro* la série trop tôt interrompue de ses immortels chefs-d'œuvre. Salieri, maître de chapelle de Joseph II, comprenant qu'il avait dans le jeune Wolfgang un rival redoutable, avait usé de toute son influence contre lui. Cependant l'empereur, malgré son engouement pour la musique italienne, fit preuve cette fois de tolérance et d'équité en soutenant Mozart contre les attaques intéressées de ses ennemis. L'ouvrage, représenté à Vienne le 28 avril 1786, n'obtint pas, à la première représentation, le succès immense dont il jouit à Prague l'année suivante. Cependant il n'y eut pas de cabale possible en présence de beautés qui s'imposaient si magistralement. Salieri en fut pour sa courte honte. Mozart père écrivait à sa fille, le 18 mai, le billet suivant :

« A la seconde représentation des *Nozze di Figaro*, on a répété cinq morceaux, on en a demandé sept à la troisième : un petit duo a été redemandé trois fois. »

Le compositeur a modifié en beaucoup de points le caractère de la donnée fournie par Beaumarchais. La pièce française, éblouissante de verve, d'esprit et de malice, répugnait à être mise en musique, et cela par les qualités mêmes qui ont assuré sa fortune. Rien, en effet, de plus rebelle à l'expression musicale que le sarcasme sans paix ni trêve. L'auteur de l'opéra a heureusement répandu sur les personnages de cette comédie révolutionnaire quelque chose de sa grâce et de sa sensibilité. Je n'ai besoin que de rappeler, parmi les trente morceaux dont se compose la partition, l'air de Figaro : *Non più andrai*, celui de Chérubin : *Voi che sapete*, où la tendresse déborde, le duo de la comtesse et de Suzanne : *Sull' aria*, la cavatine : *Se vuol ballare*, le duetto : *Crudel, perchè finora*, l'air admirable de la comtesse : *Dove sono*, qui est tout parfumé d'aristocratique distinction, et les couplets *L'ho perduta*. On ne connut d'abord de ce chef-d'œuvre en France qu'une mauvaise version donnée à l'Opéra, le 20 mars 1793, et reprise à Feydeau, le 31 décembre 1818. Dans l'intervalle, les quatre actes de l'opéra de Mozart furent représentés au théâtre Italien, le 23 décembre 1807, et ils restèrent au répertoire jusqu'en 1840. M. Castil-Blaze écrivit sur la musique du maître les paroles d'un opéra-comique joué à l'Odéon, le 22 juillet 1826. Enfin les *Noces de Figaro* ont été montées au théâtre Lyrique, le 8 mai 1858, avec un livret nouveau de MM. Michel Carré et Jules Barbier. Mmes Vandenheuvel-Duprez, Miolan-Carvalho et Ugalde chantèrent les rôles de la comtesse, de Chérubin et de Suzanne. La musique fut plus admirée que jamais.

Les habitants de Prague s'étaient montrés plus justes appréciateurs du mérite de Mozart que la population viennoise; aussi ce fut aux admirateurs des *Nozze* que le compositeur offrit son ouvrage le plus parfait : *Don Giovanni*, opéra en deux actes, paroles de Da Ponte, qui fut représenté le 4 novembre 1787. Jamais un sujet plus heureux n'inspira un génie plus magnifique. L'auteur du livret, Vénitien qui avait connu le monde à travers toutes sortes d'aventures, comme son compatriote Casanova, était l'homme le mieux fait pour comprendre une vie qu'il avait vécu lui-même et pour en donner l'intelligence à l'âme naïve de Mozart. Il prit les éléments de sa pièce en partie dans la comédie de Molière, en partie dans l'original espagnol de Tirso de Molina. Le Don Juan français n'est qu'un roué vulgaire dont il eût été difficile, sinon impossible, de faire une création artistique. Mozart et son collaborateur procédèrent dans cet opéra comme ils avaient fait pour l'œuvre de Beaumarchais, disposant librement du type que leur avait transmis la légende. On ne le regrette point. Quand on songe à ce qu'est devenu entre les mains du grand compositeur le héros passablement prosaïque du *Festin de pierre*, on se demande si jamais la science musicale, mise au service de l'expression dramatique, a rien produit de plus achevé. Les sentiments les plus divers, avec toutes leurs finesses et toutes leurs nuances, sont exprimés dans un langage d'une harmonie incomparable. C'est une suite de chefs-d'œuvre qu'il suffit d'énumérer. Contentons-nous de citer l'air de Leporello : *Notte e giorno* ; la scène de la mort du Commandeur et les accents de douleur de dona Anna ; le trio : *Ah! chi mi dice* ; l'air : *Madamina, il catalogo* ; le duo délicieux : *La ci darem la mano* ; l'air de Don Juan : *Fin ch' han del vino* ; ceux de Zerline : *Vedrai carino*, et *Batti, batti, Masetto* ; l'air de Don Ottavio : *Il mio tesoro* ; enfin le morceau connu sous le nom de *Trio des masques* et l'harmonie qui caractérise si bien le rôle de la statue du Commandeur. C'est bien de cet ouvrage qu'on peut dire : Il n'y a qu'un seul beau morceau ; c'est l'opéra tout entier. Ceux de mes lecteurs qui désireraient connaître d'une manière plus approfondie ce chef-d'œuvre de l'art lyrique en trouveront l'histoire et l'analyse assez complète dans mon *Dictionnaire Lyrique*. Ce que je dois me borner à dire ici, c'est qu'à mes yeux *Don Juan* est l'opéra des opéras anciens, comme *Guillaume Tell* est l'opéra des opéras modernes.

Don Juan obtint un succès d'enthousiasme à Prague ; mais à Vienne une mauvaise interprétation, jointe au mauvais goût du public, le fit échouer, et on lui préféra l'*Axur* de Salieri. Haydn fut presque le seul à en comprendre les beautés. Dans une réunion de soi-disant amateurs qui critiquaient à l'envi la nouvelle œuvre, on lui demanda son opinion. « Tout ce que je sais et puis vous affirmer, répondit-il, c'est que Mozart est le plus grand compositeur de notre époque. » *Don Giovanni* fut entendu pour la première fois à Paris, le 2 septembre 1811, au théâtre Italien, où il s'est toujours maintenu, joué par les artistes les plus célèbres, tels que Mmes Mainvielle-Fodor, Sontag, Malibran, Méric-Lalande, Giulia Grisi, Persiani, Frezzolini, et MM. Garcia, Lablache, Rubini, Mario. Le 10 mars 1834, ce chef-d'œuvre, traduit et disposé en cinq actes, par M. Castil-Blaze, a été donné à l'Académie royale de musique. L'Opéra l'a repris en 1866, en même temps que M. Carvalho le montait au Théâtre-Lyrique avec Mmes Charton-Demeur, Carvalho et Nilsson.

Le vieux maître de chapelle de Salzbourg ne vécut pas assez pour applaudir la sublime partition de son fils. Il mourut le 28 mai 1787.

Un espace de quatre ans s'écoula entre la mort du père et celle du fils. Quand on songe à ce que le bon Léopold avait été pour son fils depuis sa plus tendre enfance, vigilant et dévoué à ses devoirs paternels d'abord, puis le maître intelligent de cet enfant de génie, son guide, son confident, pourvoyant avec une sollicitude infatigable au développement de ses facultés physiques, morales, intellectuelles, ne le quittant jamais, veillant à ses récréations, au choix de ses lectures, entretenant dans son cœur un foyer d'affection pour Dieu, pour sa mère, pour sa sœur et pour tout ce qui est beau et bien ; quand on se rappelle cette correspondance incessante entre le père et le fils, ces communications si fréquentes de leurs impressions et de leurs pensées, il semble qu'il régnait entre ces deux âmes une union si parfaite qu'à l'existence du père était attachée celle du fils. Ce rapprochement n'a pas été assez remarqué ; il peut expliquer la fin prématurée de Mozart. Qu'on lise attentivement la lettre suivante :

> Mon très-cher père,
>
> J'apprends au moment même une nouvelle qui m'accable, d'autant plus que, d'après votre dernière lettre, je devais présumer que, Dieu merci, vous vous portiez à merveille. — Vous êtes donc sérieusement malade? — Ai-je besoin de vous dire avec quelle ardeur j'attends par vous-même des nouvelles rassurantes! J'espère les recevoir sous peu, quoiqu'en toutes choses je me sois habitué à me représenter toujours le pire. Comme la mort, à la bien considérer, est le vrai but de notre vie, je me suis depuis plusieurs années tellement familiarisé avec ce véritable ami de l'homme, que son image, loin d'être effrayante pour moi, n'a rien que de doux et de consolant! Je remercie mon Dieu de m'avoir accordé la grâce de reconnaître la mort comme la clef de notre véritable béatitude. Je ne me mets jamais au lit sans penser que, tout jeune que je suis, je puis ne pas me relever le lendemain ; et cependant aucun de ceux qui me connaissent ne pourra dire que, dans l'habitude de la vie, je sois morose, ou triste ; je rends grâce tous les jours à mon Créateur de ce bonheur, et le souhaite de tout mon cœur à tous les hommes, mes frères.
>
> J'espère que pendant que j'écris ces lignes vous vous trouverez mieux. Que si vous deviez aller plus mal, je vous supplie de ne pas me le cacher, de m'écrire ou de me faire écrire la vérité entière, afin que je puisse aussi vite que possible être dans vos bras. Je vous en conjure par tout ce qu'il y a de plus sacré. J'attends néanmoins une lettre rassurante, et dans cette douce espérance je vous baise mille fois les mains, ainsi que ma femme et Charles, et je suis éternellement
>
> Votre Wolfgang.

On le voit, à la pensée de la mort prochaine de son père, Mozart envisage sans regret la fin de sa propre carrière et regarde la mort comme la *clef de notre véritable béatitude.*

Quelques mois après, il se remit à ses travaux de composition musicale; mais sa santé était profondément altérée.

Déjà il ressentait les premiers symptômes d'une affection de poitrine qui bannissait toute joie de son âme pour n'y laisser régner que des impressions mélancoliques. Le prisme doré de la jeunesse et de la gloire s'évanouissait au contact des réalités décevantes de la vie. L'auteur de *Don Giovanni*, toujours sous l'influence de l'inspiration et souvent plié sous le poids du travail, n'était certainement ni libertin ni dépensier; mais dans les affaires d'intérêt il avait la touchante et incurable inexpérience des belles âmes. Les fréquentes maladies de sa femme et l'entretien d'une nombreuse famille (il avait six enfants), nécessitaient des frais hors de proportion avec sa position de fortune. Aussi le voit-on souvent obligé de recourir à l'emprunt. Les musiciens alors comme aujourd'hui tiraient peu de profit de leurs œuvres, et les trois dernières grandes symphonies de Mozart composées en 1788 lui rapportèrent plus de gloire que d'argent. L'année suivante, il écrivit un grand nombre de pièces instrumentales, et la partition de *Cosi fan tutte* (*C'est ainsi qu'elles font toutes*), opéra bouffe en deux actes qui fut représenté à Vienne avec un brillant succès le 26 janvier 1790. Les morceaux les plus admirés de cet ouvrage sont le quintette : *Di scrivermi ogni giorno giurami*, l'air : *Per pietà, ben mio, perdona!* la suave romance : *Un' aura amorosa*. La donnée immorale du livret a été cause qu'en 1807, quand on monta cet opéra à Paris, on adapta la musique à une pièce intitulée *le Laboureur chinois*. Les paroles originales ont été entendues au théâtre Italien en 1862. Mais le poëme restant désagréable au public, MM. Michel Carré et Jules Barbier arrangèrent pour le théâtre Lyrique la comédie de Shakespeare *Love's Labours lost* et en firent un opéra-comique en quatre actes qui fut joué le 31 mars 1863. A l'aide de cette substitution, le *Cosi fan tutte* est devenu l'ouvrage connu sous le titre de *Peines d'amour perdues*, mais il ne réussit pas mieux.

Tourmenté par l'idée de sa fin prochaine, idée d'autant plus douloureuse pour lui qu'il craignait de laisser inachevé le monument de son génie, l'infortuné compositeur se livrait sans relâche à un travail qui épuisait ses forces et dont ni les instances de sa femme ni les sollicitations de ses amis ne pouvaient le distraire. Il était en proie à ces tristes préoccupations, quand il écrivit en 1791 la partition de la *Flûte enchantée* (Zauberflöte), à la demande de l'impresario Schikaneder qui avait besoin d'un succès pour éviter la faillite. Plus touché de la détresse de ce directeur que de ses propres embarras, Mozart livra gratis les deux actes de son opéra, se réservant seulement le droit de vendre ensuite sa partition aux autres théâtres qui voudraient le monter. Joué à Vienne le 30 septembre 1791, le *Zauberflöte* eut cent vingt représentations consécutives; mais Schikaneder, au mépris de sa promesse, en vendit des copies qui permirent à tous les théâtres de donner cet ouvrage. En apprenant qu'il avait été victime de son propre désintéressement, le maître se contenta de dire en parlant de l'impresario : Le coquin! Il était dans sa destinée d'être jusqu'à la fin exploité par les gens avec qui il avait affaire.

L'action de la *Flûte enchantée* se passe dans l'antique Égypte. C'est un opéra romantique où la féerie tient une grande place, mais sans pour cela annihiler le drame humain comme il arrive trop souvent dans les opéras de Weber. Ce fut sur le Théâtre des arts (Opéra) pendant le Consulat, qu'on entendit pour la première fois cet ouvrage en France ; mais la partition primitive avait changé de titre pour s'appeler *les Mystères d'Isis*, et ce n'était que la moindre des modifications qu'elle avait subies, car on l'avait défigurée à force de remaniements et d'interpolations. Le 23 février 1865, le théâtre Lyrique a repris l'œuvre de Mozart sous son vrai nom, mais disposée en quatre actes et avec des paroles nouvelles de MM. Nuitter et Beaumont. La partition du *Zauberflöte* est, au point de vue du style, de la limpidité de la pensée, la plus merveilleusement écrite qui soit sortie de la plume du compositeur. L'ouverture, fort intéressante, figure dans le répertoire classique des concerts du Conservatoire. Le trio des fées, la chanson de l'oiseleur, l'air chanté par la reine de la nuit et le fameux quintette *hm, hm, hm, hm*, forment le premier acte dans la pièce française. Après l'entrée de l'oiseleur dans la volière au second acte, on entend un duo dialogué délicieux qui rappelle l'air de Chérubin : *Voi che sapete*. La scène dans laquelle la clochette magique fait fuir en cadence Monostatos et sa troupe est fort gaie et, comme toujours, exempte de bouffonnerie. Le troisième acte s'ouvre par l'invocation majestueuse que chante le grand prêtre : *Isis! c'est l'heure où sur la terre*. Il faut encore citer dans ce troisième acte l'air de la reine de la nuit : *Oui, devant toi, tu vois une rivale*, écrit pour la voix exceptionnelle d'Aloysia Weber, le second air de basse : *La haine et la colère*, et le chœur des prêtres d Isis. Les couplets du dernier acte, qui est empreint de la solennité la plus majestueuse : *La vie est un voyage*, sont devenus promptement populaires ; le duo bouffe entre Papageno et Papagena est d'une grâce charmante. En entendant l'orchestration de la *Flûte enchantée*, on est tenté de croire que c'est le dernier mot de la perfection instrumentale.

Une circonstance mystérieuse contribua vers le même temps à fortifier les pressentiments lugubres qui agitaient Mozart. Il reçut la visite d'un étranger vêtu de gris, qui, sans lui dire qui l'avait envoyé, lui demanda de composer une messe des morts moyennant cent ducats payés d'avance. L'ouvrage devait être achevé dans le délai d'un mois. Mais sur ces entrefaites, l'artiste fut appelé à Prague pour écrire, d'après un livret de Métastase, l'opéra de la *Clemenza di Tito*, à la demande des états de Bohême désireux de fêter le couronnement de l'empereur Léopold II. Au moment où il allait monter en voiture, l'inconnu se présenta de nouveau et voulut savoir quand le *Requiem* serait terminé. On sut plus tard que ce personnage qui affectait de s'envelopper de mystère n'était autre que Leitgeb, valet de chambre du comte Walsegg. Ce seigneur avait perdu sa femme, et la pensée lui était venue de demander à Mozart de composer un *Requiem* pour les funérailles de la comtesse. C'était assez conforme aux usages de cette époque. Rien de moins surnaturel par conséquent. Mais l'auteur de *Don Giovanni* avait, je l'ai dit, l'imagination frappée de la pensée de la mort, depuis celle de son père ; il se persuada que l'homme gris était un messager de la destinée et que c'était pour lui-même qu'il composait son *Requiem*. Pour s'expliquer cette supposition plus que bizarre qui finit par devenir une obsession, il ne faut pas oublier les superstitions régnant à cette époque. Beaucoup de gens, vers la fin du dix-huitième siècle, croyaient à l'intervention des esprits dans le monde sensible. C'était le temps des Rosecroix, des Swedenborgiens, des Théosophes. Mozart s'était laissé enrôler parmi les francs-maçons, ne voyant dans cette société qu'une association de bienfaisance ; et l'on sait que la maçonnerie confinait alors à l'illuminisme. Enfin il était lié avec le célèbre Mesmer, l'inventeur du magnétisme humain. Sous l'influence de cette fantastique direction d'idées qui était celle d'un grand nombre de ses contemporains, le musicien de génie, épuisé par le travail et la maladie, a pu voir dans l'événement le plus simple une révélation d'outre-tombe.

La *Clemenza di Tito*, opéra sérieux en deux actes, représentée à Prague le 6 septembre 1791, ne fut pas accueillie avec le même succès que l'avaient été les *Nozze* et *Don Giovanni*. Habitué par le compositeur à des beautés plus fières, le public ne rendit pas suffisamment justice à tout ce qu'il y avait de charme, de délicatesse et de pureté dans cette suave partition. Mozart en fut affligé, et la vogue de la *Flûte enchantée*, à peu de jours de là, ne put le consoler. Le 15 novembre, sa santé parut s'améliorer et il profita de ce relâche de la maladie pour écrire une petite cantate (*l'Éloge de l'amitié*), destinée à la loge maçonnique dont il était membre. Croyant ses forces rétablies, il se remit avec ardeur à son *Requiem*, mais, au bout de quelques jours, il dut prendre le lit pour ne plus se relever, laissant à son élève Sussmayer la tâche de terminer l'œuvre commencée. Le 5 décembre 1791 le malheureux artiste expira entre les bras de sa femme, de ses enfants et de ses amis, avec la résignation du chrétien. Voulant en donner un exemple aux siens : « Restez, dit-il à sa belle-sœur Sophie Weber, qui s'éloignait fondant en larmes, je veux que vous me voyiez mourir. » Il n'avait pas encore accompli sa trente-sixième année ; mais depuis longtemps mûr pour la gloire, il l'était sans doute alors pour le ciel (1).

---

(1) M. Albert Sowinski a fait une traduction de la Vie de Mozart publiée en allemand par le chevalier de Nissen. Mes lecteurs y trouveront (p. 321-330) les détails authentiques des derniers moments de ce grand artiste.

Mozart eut de sa femme six enfants, dont deux survécurent à leur père : Charles, l'aîné, qui est mort à Salzbourg, et Wolfgang. Dix-huit ans après la mort de son mari, Constance Weber épousa en secondes noces un conseiller du roi de Danemark, le chevalier de Nissen, qui s'imposa la tâche de recueillir les papiers de famille, la correspondance du père et du fils, ainsi que tous les documents propres à former une biographie complète du compositeur, laquelle ne fut publiée qu'après sa mort, en 1826. Cet homme honorable devint le protecteur de la famille de Mozart. Mme de Nissen lui survécut et après avoir donné ses soins à la publication de tout ce qui pouvait honorer la mémoire de son premier mari, elle revint se fixer à Salzbourg où elle fit ériger un monument en marbre au chevalier comme une sorte d'hommage de sa reconnaissance.

Mozart a été le premier pianiste de son temps ; mais ce mérite qui suffirait à illustrer un homme ordinaire disparaît devant l'immense réputation qu'il s'est acquise comme compositeur. Le catalogue de ses productions, s'élevant à plus de 800 morceaux, comprend tous les genres, et dans tous les genres Mozart est supérieur. C'est peut-être le seul musicien auquel puisse s'appliquer pareil éloge. Tandis que Beethoven triomphe dans la symphonie, que Rossini excelle dans la musique dramatique, le maître de Salzbourg ne connaît point les spécialités ; qu'il écrive une messe ou un opéra, un oratorio ou un menuet, un quatuor ou une cantate, quoi qu'il fasse, on le retrouve avec tout son génie. Aucun de ses devanciers ou de ses successeurs n'a exercé autant d'influence sur les destinées de la scène lyrique. Les *Noces de Figaro*, la *Flûte enchantée* et *Don Juan* ne sont pas seulement des chefs-d'œuvre : ce sont des modèles de composition idéale qui ont fixé et maintenu jusqu'à ce jour les règles du goût ; semblables à des colonnes, ils soutiennent encore aujourd'hui l'édifice musical et leur solidité le protégera contre les efforts téméraires de ceux qui veulent en saper les bases.

CHERUBINI

NÉ EN 1760, MORT EN 1842.

Tout le monde connaît le beau portrait de Cherubini, peint par Ingres. On devine, dans les lignes austères de cette physionomie, la sévérité du talent qui ne put jamais s'assouplir à un autre ordre d'idées que le sien, comme aussi le caractère bien trempé de l'homme qui sut garder son indépendance dans toutes les circonstances de la vie, même en face de Napoléon Ier. La couronne de lauriers, que la Muse pose sur sa tête, il l'a conquise par de glorieux travaux, et, à l'heure qu'il est, elle n'est pas encore près d'être flétrie.

Cherubini (Marie-Louis-Charles-Zenobi-Salvador) naquit le 8 septembre 1760, dans cette Toscane où l'art musical est pour ainsi dire endémique, où le parler même est si doux qu'il ressemble déjà à un chant. A l'influence du pays natal se joignit celle de la famille et de l'éducation. Son père, Barthélemy Cherubini, professeur de musique et accompagnateur au théâtre de la Pergola de Florence, lui enseigna les premiers éléments de son art, lorsqu'il n'avait pas encore six ans. A l'âge de neuf ans, l'enfant étudia l'harmonie et l'accompagnement sous les deux Felici, le père et le fils. Pierre Bizzari et Joseph Castrucci lui apprirent ensuite la composition. L'élève, dévoré déjà du désir de produire, écrivit à treize ans une messe solennelle et un intermède pour un théâtre de société. D'autres essais de musique religieuse et plusieurs opéras suivirent cette première tentative. Le jeune artiste avait atteint sa dix-septième année, et il éprouvait cette ivresse des premiers rayons de la gloire, dont parle Vauvenargues, quand tout à coup on le voit s'arracher aux applaudissements, renoncer temporairement aux caresses de la renommée, et reprendre le joug des sévères études. Avec une pension que lui accorde généreusement le grand-duc de Toscane, Léopold II, il se rend à Bologne près de Sarti en 1778, et, sous cette direction toute scolastique, il ne s'applique plus qu'à ressaisir les procédés des anciens maîtres de l'école romaine. Pendant deux années de suite, en 1778 et en 1779, Cherubini se condamna à n'écrire que des contre-points et des fugues, afin de se rompre à toutes les difficultés de l'harmonie.

Une étude aussi exclusive assouplissait sans doute l'esprit, mais pouvait compromettre la virtualité de l'imagination. Après avoir suivi Sarti à Milan, où celui-ci avait été appelé en remplacement de Fioroni, maître de chapelle de la cathédrale, il y acheva ses études, et débuta enfin dans la carrière de compositeur dramatique, pendant l'automne de 1780, par l'opéra en trois actes *Quinto Fabio*, représenté à Alexandrie *della Paglia*. Cet ouvrage réussit peu, à ce qu'il semble; car l'auteur resta sans rien produire pendant l'année suivante. En 1782, il se dédommagea de son inaction par un surcroît d'activité. On le voit donner *Armida* en trois actes, à Florence; *Adriano in Siria* en trois actes, sur le livret de Métastase, pour l'inauguration d'un nouveau théâtre à Livourne; et *Il Mesenzio* à Florence. Il écrit en outre dix nocturnes à deux voix, quatre mélodies et différents airs. En 1783, le compositeur fait représenter, à Rome, un second *Quinto Fabio*, et à Venise un opéra buffa en deux actes intitulé : *Lo sposo di tre, marito di nessuna.*

CHERUBINI

Les Vénitiens, jouant sur le nom de Cherubini, l'appelaient *Il cherubino* par allusion à sa jolie figure, à son épaisse chevelure toute frisée, plus qu'à la grâce angélique de ses chants. Je connais des portraits charmants de Cherubini jeune. Ses traits étaient fins et gracieux. Plus tard, la contention de l'esprit, l'habitude du travail, et, il faut le dire, les soucis de la lutte modifièrent profondément l'expression de sa physionomie. Les jésuites de Florence, pour attirer les fidèles dans leur église, parodiaient ses opéras dans leurs oratorios. Bref, la réputation du maître allait grandissant de jour en jour. L'année 1784 fut marquée par la représentation de l'*Idalide* à Florence et d'*Alessandro nelle Indie* à Mantoue. Puis le compositeur partit pour Londres, où l'enthousiasme connu des Anglais pour les grands artistes du continent lui promettait de nouveaux succès.

Après avoir écrit un *Demetrio*, en collaboration avec plusieurs autres musiciens, Cherubini fit jouer, au théâtre de Sa Majesté, un opéra bouffe en deux actes intitulé : *la Finta Principessa*, qui réussit pleinement. Mais, par un triste retour des choses d'ici bas, *Giulio Sabino*, représenté à Londres en 1786, subit une chute si complète que cet échec détermina le compositeur à quitter l'Angleterre; ne nous en plaignons pas trop; car c'est peut-être à cette circonstance que la France doit de l'avoir toujours possédé depuis; s'éloignant de Londres, il vint se fixer à Paris (juillet 1786). Son début ne fut pas très encourageant, car il ne put faire exécuter une grande cantate intitulée *Amphion*, qu'il avait composée pour le concert de la loge Olympique. L'année suivante (1787), Cherubini se borna à mettre en musique dix-huit romances empruntées à *Estelle*, roman pastoral de M. de Florian. Mais, en ce même temps, il laissait un adieu glorieux à sa patrie où l'opéra d'*Ifigenia* obtenait le plus éclatant succès, tant à Turin qu'à Milan, à Parme et à Florence.

De retour en France, le maestro se vit chargé par l'administration de l'Opéra d'écrire la partition de *Démophon*, tragédie lyrique en trois actes, due à la plume du froid versificateur Marmontel. Cette tâche avait été confiée primitivement à Vogel, auteur de la *Toison d'or;* mais on craignit que la mauvaise santé de ce compositeur ne lui permît pas d'en venir à bout. En effet, Vogel mourut le 28 juin 1788, et, le 1er décembre de la même année, le *Démophon* de Cherubini fut joué à l'Académie royale de musique. C'était la première fois que le maître florentin composait une partition sur un ouvrage français. Il renonça, pour l'écrire, au style italien qu'il avait adopté dans ses précédents opéras, et s'efforça de faire concourir à l'intérêt dramatique les ressources de sa science harmonique. Mais le public de ce temps n'était pas encore préparé à cette transformation de l'art que consommèrent avec plus de succès Méhul, Berton et Spontini. Cherubini a frayé la voie, et l'on peut constater son droit d'invention en analysant le beau chœur de *Démophon : Ah! vous me rendez la vie !*

Lorsque Léonard, coiffeur de Marie-Antoinette, obtint, en 1789, le privilège d'établir à Paris un théâtre où l'on jouerait l'opéra italien, Viotti fut envoyé dans la Péninsule pour y recruter les chanteurs les plus renommés. La nouvelle troupe, installée dans le théâtre de la Foire Saint-Germain, fut mise sous la direction de Cherubini qui monta les meilleurs ouvrages d'Anfossi, de Paisiello et de Cimarosa, non sans y intercaler d'excellents morceaux de sa composition. Le quatuor : *Cara, da voi dipende*, placé dans les *Viaggiatori felici* et le trio inséré dans l'*Italiana in Londra* ne déparaient certainement pas les originaux dans lesquels on les avait introduits. Mais, tout en remaniant les productions d'autrui, le compositeur ne négligeait pas de travailler pour lui-même. Les soins à donner au théâtre de la Foire Saint-Germain ne l'empêchaient pas de travailler à un opéra intitulé *Marguerite d'Anjou* qu'il laissa inachevé pour écrire *Lodoïska*, comédie héroïque en trois actes, dont les paroles sont de Fillette-Loreaux. Cet ouvrage remarquable, représenté à la salle Feydeau le 18 juillet 1791, fut accueilli avec enthousiasme par les connaisseurs. La musique dramatique entrait en France dans une nouvelle voie. Les effets de l'harmonie et de l'orchestration venaient fortifier ceux de la diction lyrique et de la mélodie. Ce que Gluck avait imaginé incidemment en vue de l'expression passionnée, ce que Mozart avait constamment pratiqué dans ses opéras allemands ou italiens, Cherubini l'érigeait en principe, tant par la constance que par la perfection de ses beaux travaux. Il fondait ainsi une école savante, consciencieuse, distinguée, éminemment favorable au développement de l'imagination musicale. Il est de toute évidence qu'en écrivant les opéras de *Démophon* et de *Lodoïska*, Cherubini a ouvert la voie à Méhul, à Lesueur, à Spontini.

Les lecteurs, qui ne connaissent pas le livret de *Lodoïska*, peuvent s'en faire une idée en réunissant les principaux épisodes de *Richard Cœur-de-lion* et de *Fidelio*, opéras plus fréquemment représentés. Quant à la musique, il est très-regrettable qu'aucun des directeurs de théâtre ne songe à la faire entendre. Les morceaux de la partition de *Lodoïska* ne sauraient être exécutés dans les salons en raison de leur forme toute symphonique. On ne peut se rendre compte du succès d'enthousiasme qu'ils ont excité que par une étude approfondie à laquelle les musiciens seuls sont en état de se livrer. L'ouverture, néanmoins, a été souvent jouée dans les concerts. On trouve dans tout l'ouvrage un style noble et soutenu, des masses admirables et profondes, des modulations riches et variées qui l'empêchent de vieillir. Je ne crains pas de dire que *Lodoïska*, âgée de quatre-vingts ans, offre moins de rides que n'en ont la plupart de ses filles.

Ce fut à cette époque que Cherubini composa la musique de plusieurs chants à l'usage des fêtes révolutionnaires. N'ayant pas eu de relations avec l'ancienne monarchie et en sa qualité d'étranger, il était plus excusable que Dalayrac et Grétry de céder aux idées du moment.

En voici les titres :

1° *Ode pour l'anniversaire du 10 août;* sur les paroles de Lebrun, de l'Institut.

L'expression des passions les plus violentes dans le texte contraste avec le charme harmonieux de cette composition. L'accompagnement est formé par des clarinettes, des cors et des bassons ; ces derniers instruments suivent pendant le refrain une marche intéressante.

2° *Le Salpêtre républicain*, chanté en pluviôse de l'an II, dans la fête de l'Ouverture des travaux pour l'extraction des salpêtres.
3° *Hymne à la fraternité*, paroles de Th. Désorgues, chanté dans le jardin national des Tuileries, le 1er vendémiaire an II.
4° *Ode sur le 18 fructidor*, jour de la conspiration des poignards aux Tuileries.
5° *Hymne funèbre sur la mort du général Hoche*, paroles de Joseph Chénier, chanté au Champ-de-Mars, le 10 vendémiaire an VI, dans la pompe funèbre célébrée en l'honneur de Hoche :

> *Du haut de la voûte éternelle*
> *Jeune héros, reçois nos pleurs!*

Cette composition écrite dans le ton de *sol mineur*, a un caractère lugubre; elle est de toute beauté. Toutes les personnes sensibles à la musique la comblaient d'éloges, autour de Bonaparte. Ce succès l'impatienta ; on en verra plus loin les conséquences.

6° *Fête de la Jeunesse*, 10 germinal, paroles de Parny.
7° *Fête de la Reconnaissance*, 10 prairial, paroles de Mahérault.

L'accompagnement de ce dernier chant est traité de la manière la plus mélodieuse.

Cherubini donna ensuite *Élisa ou le Mont Saint-Bernard*, opéra-comique en deux actes, représenté au théâtre Feydeau en 1794. La scène se passe au milieu des glaciers et des orages ; une avalanche vient hâter le dénoûment ; l'invraisemblance le dispute dans cette pièce au ridicule. Cherubini, sans se préoccuper du tort considérable que d'aussi mauvais poëmes faisaient à sa musique, continuait toujours son œuvre, perfectionnant son style et revêtant des formes harmoniques les plus savantes et les plus distinguées des élucubrations banales ou extravagantes.

Il faut en dire autant de *Médée*, tragédie lyrique en trois actes et en vers, paroles d'Hoffmann, représentée à la salle Feydeau, le 23 ventôse an V (13 mars 1797). Le journal *le Censeur* avait inséré le jugement suivant sur cet ouvrage : *La Musique qui est de Cherubini est souvent mélodieuse et quelquefois mâle, mais on y a trouvé des réminiscences et des imitations de la manière de Méhul.* Dans un beau mouvement d'enthousiasme, Méhul lui répondit : « O censeur, tu ne connais pas ce grand artiste. Mais moi qui le connais et qui l'admire parce que je le connais bien, je dis et je prouverais à toute l'Europe que l'inimitable auteur de *Démophon*, de *Lodoïska*, d'*Élisa* et de *Médée* n'a jamais eu besoin d'imiter pour être tour à tour élégant ou sensible, gracieux ou tragique, pour être enfin ce Cherubini que quelques personnes pourront bien accuser d'être imitateur, mais qu'elles ne manqueront pas d'imiter *malheureusement* à la première occasion. Cet artiste justement célèbre peut bien trouver un censeur qui l'attaque; mais il aura pour défenseurs tous ceux qui l'admirent, c'est-à-dire tous ceux qui sont faits pour sentir et apprécier les grands talents. »

Le 15 janvier 1800 eut lieu au théâtre Feydeau la première représentation des *Deux Journées*, comédie lyrique en trois actes, dont Bouilly avait fait les paroles. La scène se passe au temps du cardinal Mazarin, et le petit Savoyard Antonio en est le héros. L'auteur du livret a tellement multiplié les incidents que l'intérêt est partagé, et ne peut se fixer sur un seul personnage de la pièce; à défaut des unités de temps et de lieu, il aurait dû au moins conserver l'unité d'action. La belle musique du maître florentin ne pouvait sauver un pareil poëme; cependant on a conservé le souvenir de quelques fragments de la partition. L'air du petit Savoyard, les couplets de Mikeli : *A leurs yeux j' dérobe madame*, ont eu de la vogue, ainsi que le beau chœur de soldats sur ces paroles absurdes :

> Méritons la bienveillance
> Du célèbre Mazarin,
> *Surveillons* et servons bien
> Son Éminence.

On conviendra que Cherubini aurait pu mieux faire que d'employer son admirable talent à mettre en musique de telles turpitudes.

Cependant, en dépit de la gloire que ses compositions lui procuraient, Cherubini entouré d'une nombreuse famille n'avait d'autres moyens d'existence que le traitement affecté à une place d'inspecteur du Conservatoire. La France eût pu se montrer plus hospitalière envers l'étranger qui enrichissait notre répertoire national; mais Cherubini avait un jour mécontenté Bonaparte en faisant exécuter en sa présence et sans son ordre la marche funèbre qu'il avait écrite pour les funérailles du général Hoche. Il avait même osé contredire l'opinion du premier consul qui devant lui décernait des éloges exagérés à Paisiello et à Zingarelli. « Paisiello passe encore, dit Cherubini; mais Zingarelli! » Or, en matière de musique, pas plus qu'en toute autre, Bonaparte n'admettait qu'on lui fît opposition, et de ce jour il y eut entre le maître de la France et le grand artiste une antipathie très-prononcée.

Échappé à la machine infernale de nivôse, le chef du gouvernement fut, selon l'usage, l'objet des félicitations officielles de tous les corps constitués. Le Conservatoire envoya aux Tuileries une députation. Cherubini, qui était alors l'un des inspecteurs de cette école, en faisait partie; mais il se tint caché derrière ses collègues, peu soucieux d'avoir une entrevue personnelle avec un homme qui ne l'aimait pas. Le premier consul le chercha des yeux. « Je ne vois pas monsieur *Cherubini*, » dit-il en affectant de prononcer ce nom à la française. Celui-ci dut se montrer; toutefois il ne dit pas un mot. Quelques jours après, le compositeur reçut une invitation à dîner aux Tuileries. Après le repas, Bonaparte se remit à causer musique en marchant à grands pas, citant l'air célèbre *Ombra adorata* de Zingarelli, se plaignant des accompagnements trop sonores de Cherubini et exprimant hautement sa préférence pour la musique de Paisiello qui, disait-il, le berçait doucement. « J'entends, reprit Cherubini avec plus d'esprit qu'un courtisan ne doit en laisser voir; vous aimez la musique qui ne vous empêche pas de songer aux affaires de l'État. » C'était trop bien répondre : la faveur du maître ne descendit jamais sur celui qui avait été capable d'une telle liberté de langage.

Le 4 octobre 1803, *Anacréon ou l'Amour fugitif*, opéra en deux actes qui contenait plusieurs morceaux d'une grande beauté, entre autres l'air : *Jeunes filles aux regards doux*, échoua par la faute du livret, entièrement dénué d'intérêt. Il faut plaindre le musicien d'avoir toujours rencontré des collaborateurs littéraires si indignes de participer à son œuvre. Le ballet d'*Achille à Scyros*, dont Cherubini avait composé la plus grande partie et qui fut joué à l'Opéra en 1804, ne réussit pas non plus, malgré les incontestables qualités de la partition, parce que le public fut choqué de voir paraître sur la scène Achille travesti en femme. Les familiarités que nos auteurs actuels prennent avec les personnages homériques n'étaient pas encore admises en ce temps-là.

Il fallait vivre, et cela était difficile à Paris, où l'antipathie du chef de l'État laissait le musicien presque sans ressources. Sur ces entrefaites, on offrit à Cherubini en 1805 un engagement avantageux au théâtre de Vienne. Il s'empressa d'accepter et se rendit avec sa famille dans la capitale de l'Autriche où il fit d'abord jouer, en y introduisant quelques morceaux nouveaux, son opéra de *Lodoïska*. Mais, au moment où il venait de terminer la partition de *Faniska*, les événements de la guerre amenèrent les Français aux portes de Vienne. Après la bataille d'Austerlitz et la paix de Presbourg, Napoléon, voulant se délasser des fatigues d'une campagne courte mais bien remplie, demanda à Cherubini d'organiser quelques soirées musicales à Vienne et à Schœnbrunn. Le maestro se prêta à ce désir qui était un ordre; toutefois il n'obtint d'autre prix de ses services qu'une indemnité pécuniaire : l'empereur n'oubliait pas les rancunes du premier consul.

Faniska, opéra en trois actes représenté à Vienne sur le théâtre de la Porte de Carinthie, le 25 février 1806, eut la gloire d'exciter l'admiration de Haydn et de Beethoven. Mais les circonstances étaient peu favorables à la fortune d'un artiste. Les désastres de la dernière guerre avaient plongé la cour et le peuple viennois dans un profond abattement. L'engagement conclu avec Cherubini fut rompu et celui-ci revint à Paris où il retrouva sa position d'inspecteur du Conservatoire, position insuffisante pour son entretien et celui de sa famille. Vainement, à son retour en France, le compositeur reçut au Conservatoire une ovation spontanée des musiciens les plus distingués; vainement il écrivit, pour le théâtre des Tuileries, ce charmant opéra de *Pimmaglione*, si bien chanté par Crescentini, Napoléon resta inflexible dans ses ressentiments. Les beautés du style de Cherubini lui échappaient. Il aurait dû faire le sacrifice de ses goûts assez peu réglés en musique; car il alliait à son penchant naturel pour l'opéra bouffe une admiration toute factice pour la forme solennelle, emphatique et creuse, ainsi que pour les rêveries d'Ossian. N'était-il pas plus digne de lui d'encourager un talent que déjà l'Italie, l'Angleterre et la France avaient salué de leurs acclamations?

Lassé de tant d'injustices, Cherubini en était arrivé à ne plus travailler. Il s'était créé un *alibi* à ses chagrins dans une occupation frivole à laquelle il consacrait chaque jour de longues heures. Sa distraction favorite consistait à tracer à la plume sur des cartes à jouer des figures et des scènes, dont les trèfles, piques et carreaux formaient la partie intégrante. Ainsi, au lieu d'exercer les brillantes facultés qui s'étaient révélées déjà par plusieurs chefs-d'œuvre, le compositeur se consumait dans un loisir stérile quand une circonstance imprévue vint tout à coup l'arracher à cet assoupissement. Il était allé chercher le repos à la campagne chez le prince de Chimay, et, pour faire diversion à ses sombres préoccupations, il s'appliquait avec ardeur à la botanique. Mais la fête de Sainte-Cécile arrive, et la société d'harmonie de Chimay, jalouse d'entourer cette solennité de tout l'éclat possible, imagine d'y faire contribuer l'hôte musicien que la petite ville possédait alors. On s'aventure à demander une messe à Cherubini. Le compositeur, dont le caractère était assez fantasque, se voyant relancé jusque dans sa retraite par un art auquel il ne voulait plus songer, commence par opposer un *non* bien résolu à la prière hésitante et timide des musiciens. Ce refus semblait interdire tout espoir. Cependant, dès le lendemain, les habitants du château purent remarquer des façons inaccoutumées chez leur hôte. Il ne paraissait plus exclusivement préoccupé de son herbier, et on le voyait se promener d'un air rêveur dans les allées du parc. Le résultat de ces rêveries et de ces promenades fut le *Kyrie* et le *Gloria* de la célèbre messe en *fa* exécutés quelques jours après à Chimay pour la fête de sainte Cécile (22 novembre 1808).

De retour à Paris, Cherubini composa le *Credo* et le reste de la messe pendant les premiers mois de 1809, si bien que l'ouvrage entier put être exécuté au mois de mars de la même année dans l'hôtel du prince de Chimay, qui réunissait ce jour-là toutes les notabilités parisiennes. Cet auditoire d'élite entendit avec ravissement la nouvelle production du maître. Trop pur dans ses formes, trop sévère dans son harmonie pour se plier toujours avec succès aux exigences de l'action scénique, Cherubini venait de rencontrer, comme par hasard, le genre qui convenait le mieux à son tempérament musical et à son génie. Lorsque l'espèce de persécution qui l'opprimait cessa avec l'empire; lorsque, en 1816, il succéda à Martini comme surintendant de la musique du roi, il dut écrire beaucoup de messes et de motets pour la chapelle royale et exercer ce talent spécial qu'on ne lui connaissait point avant l'incident de Chimay.

Au théâtre, une partition dont les larges développements débordent le cadre des situations, est un inconvénient sérieux. Voilà pourquoi sans doute l'opéra-comique le *Crescendo* (1er septembre 1810) et l'opéra des *Abencérages* (6 avril 1813) furent froidement accueillis. Cependant le succès qu'obtint pendant de longues années dans les concerts l'air d'Almansor : *Qu'on suspende à ces murs mes armes, ma bannière*, tiré de ce dernier ouvrage, a pu dédommager l'auteur de son échec à la scène.

Depuis lors, et pendant vingt ans, le compositeur abandonna l'art dramatique, sauf la part de collaboration qu'il prit en 1814 à l'opéra de *Bayard à Mézières* et en 1821 à celui de *Blanche de Provence*.

Blanche de Provence ou la Cour des fées était un opéra de circonstance en trois actes dont Théaulon et Rancé avaient fait le livret à l'occasion de la naissance et du baptême du duc de Bordeaux ; plusieurs compositeurs furent invités à en écrire la musique. C'étaient Berton, Boieldieu, Kreutzer, Paer et Chérubini. Ce dernier composa le chœur final qui est un chef-d'œuvre de goût, de grâce, de suavité : *Dors, cher enfant, tendre fleur d'espérance !* C'est le seul morceau qui soit resté de cette œuvre collective.

L'heure de la réparation arriva enfin pour le compositeur. La cour des Bourbons, plus apte à apprécier la rare distinction et les qualités si fines de son talent, favorisa son essor. Dès l'année 1816, il fut nommé surintendant de la chapelle du roi, et en 1821 directeur de l'École royale de musique et de déclamation. Le service de la chapelle du roi fut depuis ce temps sa principale occupation, jusqu'à sa suppression par le gouvernement de Juillet, au mois d'août 1830. Cherubini écrivit un nombre très-considérable de messes, motets, antiennes, hymnes, etc. avec orchestre. M. Salvador Cherubini, son fils, a commencé la publication de diverses œuvres posthumes du maître. Ce recueil se compose en partie de compositions religieuses. Le soin de la collation des manuscrits et de la révision des épreuves est confié à M. Vaucorbeil.

Deux œuvres dominent par leurs vastes proportions et leur caractère grandiose tout cet ensemble de compositions ; c'est d'abord la première messe de *Requiem* à quatre voix et orchestre, exécutée pour l'anniversaire de la mort de Louis XVI, et ensuite la *Messe du sacre de Charles X*, écrite par l'auteur à l'âge de soixante-cinq ans.

Quoique Cherubini se fût tenu presque absolument éloigné de la scène depuis vingt ans, il était resté cependant encore vulnérable de ce côté. La suppression de la chapelle royale était venue interrompre ses travaux habituels, nécessaires à son organisation. En 1833 (il avait alors soixante-treize ans), il prêta l'oreille aux propositions qui lui furent faites d'écrire encore un opéra. Scribe et Mélesville lui donnèrent *Ali Baba ou les Quarante Voleurs*, et il écrivit sur ce livret médiocre une partition qui ne compte pas moins de mille pages. L'ouvrage fut représenté à l'Opéra le 22 juillet 1833 et obtint les suffrages des artistes étonnés d'un si prodigieux travail et d'une verve si abondante chez un homme de cet âge.

Dans l'exercice de ses fonctions de professeur de composition et de directeur du Conservatoire, Cherubini s'est fait une réputation proverbiale de sévérité et de brusquerie. On s'accorde aussi à reconnaître que, grâce à sa passion pour l'exactitude et à ses exigences vis-à-vis des professeurs, le niveau des études s'est élevé (il a compté au nombre de ses disciples Auber et Halévy). A la crainte salutaire de lui déplaire se mêlaient chez les maîtres et les élèves des sentiments d'admiration et de respect. Ils savaient qu'il était dévoué à ses devoirs, qu'il ne dédaignait pas de composer des solféges, des leçons d'harmonie et toutes sortes d'exercices pour l'avancement et la bonne direction des classes; que sa vie à la fois laborieuse et respectable était un modèle proposé à leur émulation.

Après l'effort de son dernier ouvrage dramatique, Cherubini avait glorieusement conquis le repos. Il ne fit plus de musique que pour lui et quelques intimes auxquels il faisait entendre de temps à autre les suprêmes inspirations de sa muse. Il se démit de la direction du Conservatoire en 1841 et mourut l'année suivante, le 15 mars 1842, âgé de quatre-vingt-deux ans.

Il ne fut nommé chevalier de la Légion d'honneur qu'en 1815, par le roi Louis XVIII. L'auteur de *Médée* et de *Lodoïska* avait alors cinquante-cinq ans. Depuis il devint commandeur de cet ordre et chevalier de celui de Saint-Michel. Il joignit au titre de membre de l'Institut de France celui de membre de l'Académie de musique de Stockholm et de l'Institut de Hollande.

DUSSEK

NÉ EN 1761, MORT EN 1812.

Pianiste distingué et auteur de soixante-seize œuvres pour son instrument, Dussek a jeté un grand éclat, pendant les dernières années du dix-huitième siècle et au commencement de celui-ci. Il ne reste du virtuose que le souvenir d'un jeu plein de délicatesse et de goût, mais les productions du compositeur subsistent. Des mélodies heureuses habilement disposées les recommandent encore à l'estime des artistes.

Ladislas Dussek, né à Czaslau en Bohême, le 9 février 1761, avait pour père un organiste de talent. Dès ses premières années, l'enfant montra que bon sang ne peut mentir. A l'âge de cinq ans, il jouait déjà du piano, et quatre ans après il était en état d'accompagner sur l'orgue. On l'envoya comme enfant de chœur au couvent d'Iglau où il reçut les leçons du P. Ladislas Spenar. Tout en continuant son éducation musicale, il étudiait les langues classiques au Collège des Jésuites. Appelé ensuite en qualité d'organiste à Kuttenberg, il y passa deux ans et demi durant lesquels il compléta ses études. Puis il alla suivre les cours de philosophie de l'université de Prague avec une assiduité et un succès qui lui permirent de passer brillamment l'examen de bachelier en cette science. C'est à son instruction solide et variée aussi bien qu'à son caractère aimable que Dussek doit d'avoir été toujours très-recherché dans le monde. Sa conversation spirituelle et ornée retenait auprès de lui ceux qui sans le connaître personnellement étaient attirés par le bruit de sa réputation.

Le capitaine impérial d'artillerie, comte de Mœnner, qui protégeait le jeune musicien, l'emmena avec lui dans les Pays-Bas autrichiens et lui fit donner la place d'organiste à l'église Saint-Rombaut de Malines. Dussek exerça quelque temps ces fonctions, puis il alla remplir le même emploi à Berg-op-Zoom et de là se rendit à Amsterdam; il excita tant d'admiration dans cette ville par son habileté d'exécutant qu'il fut bientôt appelé à la Haye et chargé d'enseigner le piano aux enfants du stathouder. Ce fut pendant qu'il était l'hôte de la Hollande, que parurent ses trois premiers ouvrages, lesquels comptent au nombre des meilleurs qu'il ait composés.

Malgré la faveur dont il jouissait auprès du public et qui devait encourager un musicien de vingt-deux ans (1783), Dussek n'était pas rassuré sur son avenir artistique. Cette inquiétude le décida à aller consulter Charles-Emmanuel Bach à Hambourg. Après avoir reçu les conseils sérieux de ce maître, il se rendit à Berlin. L'harmonica à clavier venait d'être inventé par Hessel. Le jeune virtuose ne montra pas moins d'habileté sur ce nouvel instrument que sur le piano. A Saint-Pétersbourg, Dussek obtint également les applaudissements des Russes. Il avait l'intention de faire un séjour prolongé dans cette dernière ville, mais le prince Charles Radziwill se l'attacha par des conditions très-avantageuses et pendant deux ans il résida en Lithuanie dans le château du noble Polonais.

On n'avait point encore entendu l'habile pianiste en France. Ce fut en 1786 que Dussek visita Paris pour la première fois. La reine Marie-Antoinette, devant qui il joua avec son succès accoutumé, l'eût volontiers fixé à la cour par des attaches dorées, mais on lui aurait encore reproché de prodiguer sa faveur aux étrangers. Le musicien reprit sa vie errante et se dirigea vers l'Italie. A Milan, ses concerts firent fureur; ce qui est d'autant plus digne de remarque que les Italiens d'alors étaient en général peu capables de goûter les charmes de la musique instrumentale.

Le moment était mal choisi pour revenir en France, alors que grondaient les premiers symptômes de la révolution. Aussi, à son retour d'Italie, Dussek ne fit-il qu'une courte apparition à Paris. Il s'empressa de franchir le détroit et se fixa à Londres, où il se maria en 1792. L'artiste essaya du commerce et s'établit marchand de musique; mais il aimait trop le plaisir, et, par son humeur insouciante, il était l'homme le moins propre à mener convenablement une entreprise de ce genre. Mal lui en prit d'avoir abandonné l'art pour le magasin. Ses affaires ne réussirent point, et bientôt il dut, pour échapper à ses créanciers, se réfugier sur le continent. Il était à Hambourg en 1800, quand il devint le héros d'une aventure galante, du genre de celles dont la légende populaire gratifie volontiers les pianistes. Une princesse du Nord, éprise de Dussek, l'*enleva* et le confina dans un château situé vers la frontière du Danemark. Au bout de deux ans, Dussek parvint à rompre cette honteuse chaîne, et le premier usage qu'il fit de sa liberté reconquise fut d'aller voir son vieux père qu'il lui tardait de visiter après vingt-cinq ans d'absence. On trouve ensuite le musicien au service du prince Louis Ferdinand de Prusse. Celui-ci ayant été tué à la bataille de Saalfeld en 1806, son client entra dans la maison du prince d'Ysenbourg. En 1808, cette existence nomade fit place à une vie paisible et tranquille. Le prince de Talleyrand, en nommant Dussek son maître de concerts, mit fin à la carrière agitée de l'artiste qui put dès lors se reposer de ses longues pérégrinations.

C'est dans cette même année 1808 que le virtuose obtint un de ses plus éclatants triomphes. Voici ce qu'en dit M. Amédée Méreaux dans l'intéressant ouvrage qu'il a publié sur les clavecinistes de 1637 à 1790 : » En 1808, dans un des concerts donnés à l'Odéon par Rode et Lamarre, il obtint un triomphe qui n'avait pas d'antécédents. Le violon et le violoncelle habitués à être les rois de tous les concerts, furent éclipsés, cette fois, par un piano d'Erard sous les doigts enchantés de Dussek, qui avait une magie d'exécution, une puissance et un charme d'expression vraiment irrésistibles. Il jouait son sixième concerto en *fa*. Dans le rondo, qui est le plus spirituel caprice qu'on puisse imaginer, chaque rentrée du délicieux motif enlevait l'auditoire; mais l'enthousiasme fut au comble lorsqu'il improvisa un point d'orgue (une fantaisie tout entière), où toutes les idées étaient reproduites avec les plus piquantes surprises d'harmonie. Le lendemain matin, l'éditeur Imbault était chez Dussek, et lui achetait *cent louis* ce point d'orgue qui fut gravé dans une nouvelle édition du concerto. »

Dans les dernières années de sa vie, Dussek était devenu obèse et il éprouvait l'espèce d'inertie paresseuse qui accompagne ordinairement cette infirmité. Pour secouer son apathie, il imagina, dit-on, de recourir à l'usage du vin et à d'autres excitants; dangereux régime dont l'effet fut des plus nuisibles à sa santé. Les moyens artificiels qu'il employa pour stimuler sa somnolence le conduisirent au tombeau. Il mourut à Paris dans l'hôtel du prince de Talleyrand, le 20 mars 1812.

Dussek affectionnait la musique de Grétry, et a choisi plusieurs airs dans ses opéras pour en faire l'objet de variations pour le piano. Mais il savait trouver lui-même des thèmes originaux fort gracieux; tous les pianistes connaissent le rondo mélancolique qui a pour titre *Canzonetta*, l'*Adieu*, délicieux andante, la première sonate en *si bémol*, la *Consolation*, et la sonate en *sol majeur*, morceaux d'un goût exquis dont l'excellent professeur M. Le Couppey a donné de belles éditions doigtées avec soin.

LESUEUR

NÉ EN 1763, MORT EN 1837.

La tension continue de l'esprit vers les sujets élevés nuit au développement de l'imagination. On le voit, en littérature, par l'exemple de Milton, l'un des poëtes les plus sublimes, et peut-être le moins varié. Dans la musique, Lesueur qui avait la passion de la grandeur, n'a pas échappé au reproche de monotonie et de redites. Cependant, ce que ses détracteurs ne lui ont jamais contesté, c'est un style original et une harmonie individuelle. S'il n'est pas toujours dans ses opéras aussi dramatique qu'on le voudrait, en revanche aucun compositeur français ne saurait lui être comparé pour la musique sacrée.

Jean-François Lesueur naquit dans un village près d'Abbeville, le 15 janvier 1763, d'une vieille famille du Ponthieu. De sept à quatorze ans il étudia la pratique de l'art musical d'abord à l'école de la maîtrise d'Abbeville, puis comme enfant de chœur à la cathédrale d'Amiens. Il apprenait en même temps les éléments du grec et du latin. Il entra ensuite au collége d'Amiens pour y terminer son cours d'humanités; mais sur ces entrefaites on lui offrit la maîtrise de la cathédrale de Séez, et il en prit possession, n'ayant encore que seize ans (1779). Au bout de six mois, Lesueur abandonnait cette place pour celle de sous-maître de musique à l'église des Saints Innocents de Paris. L'abbé Rose, qui était un musicien de mérite, lui donna quelques leçons d'harmonie. Ce fut le seul professeur qu'eut notre artiste. Son développement ultérieur ne fut que le résultat de ses observations personnelles.

En 1781, Lesueur obtint ce que nous appellerions aujourd'hui de l'avancement. De sous-maître qu'il était à l'église des Saint-Innocents, il devint maître à la cathédrale de Dijon. Les artistes attachés au service du culte menaient alors une vie très-nomade. De Dijon, Lesueur va au Mans, puis à Tours (1783), où il est appelé à la direction du chœur de Saint-Martin, et enfin nous le retrouvons à Paris en 1784. Au concert spirituel, il fait exécuter plusieurs morceaux de sa composition, et la recommandation de Gossec, de Grétry et de Philidor lui procure la place de maître de chapelle des Saints-Innocents. Sacchini qui était alors à Paris le prit en affection, et, après lui avoir donné d'excellents avis, lui conseilla d'aborder la carrière dramatique. Ce conseil fut suivi quelques années plus tard. Quoiqu'il ne fût point dans les ordres, on l'appelait alors, selon l'usage, l'*abbé Lesueur*. Il obtint au concours, en 1786, la maîtrise de la cathédrale de Paris.

Le jeune maître de chapelle, qui jusque-là n'était point connu du public, commença dès lors une série de travaux destinés à attirer l'attention. Il ne s'agissait de rien moins que de révolutionner les habitudes de l'église métropolitaine en y établissant, pour les fêtes solennelles, une musique à grand orchestre. L'archevêque et son chapitre, pressés de sollicitations, accordèrent l'autorisation demandée, ce qui permit à Lesueur de faire entendre des motets tels que les fidèles n'en connaissaient point encore. Obligé de tout tirer de lui-même, parce que ses études musicales avaient été assez faibles; ignorant, comme la plupart des musiciens français de son temps, les beaux modèles italiens, le compositeur ne suivit que la pente de son talent, n'eut d'autre principe que celui que lui révéla la méditation individuelle, en dehors de tout enseignement traditionnel. C'est ainsi qu'il arriva à cette doctrine de la musique descriptive, qu'il soutint dans ses écrits et qu'il appliqua dans ses partitions.

LESUEUR

En 1786 et 1787, les solennités religieuses attirèrent à Notre-Dame un immense concours d'assistants. Les nouveautés hardies du jeune maître de musique, vivement critiquées par les uns, étaient chaudement défendues par les autres. La lutte était surtout ardente au sujet d'un *Regina cœli*, d'un *Gloria in excelsis* et d'une ouverture que Lesueur avait eu l'audace d'écrire, pour la messe de Pâques, comme s'il se fût agi d'une production dramatique. Si les gens du monde se montraient favorables à ces innovations musicales, en revanche les puritains gallicans en étaient scandalisés, et appelaient la musique de la cathédrale : *l'Opéra des gueux*. L'artiste attaqué se défendit dans un écrit publié au mois de février 1787, sous ce titre : *Essai de musique sacrée, ou Musique motivée et méthodique, pour la fête de Noël, à la messe du jour*. Loin de calmer les colères qu'avait soulevées la *Messe de Noël*, exécutée en 1786, cette publication ne fit que les irriter davantage. On en a la preuve dans un violent pamphlet anonyme daté de *l'Ile des chats fourrés*. L'auteur s'y élève avec force contre la transformation de l'office divin en un spectacle profane. Lesueur répondit encore ; mais, en répondant, il avouait nettement quel était l'objet de ses efforts, savoir de rendre la musique d'église *dramatique et descriptive*.

C'était tout simplement méconnaître le caractère du culte public, le but essentiel de la liturgie et proposer de mettre l'accessoire, c'est-à-dire le tribut que l'art contemporain peut légitimement offrir à l'Église, à la place du principal, c'est-à-dire du chant traditionnel, des formes séculaires et hiératiques d'un art spécial, dont la portée et les effets appartiennent à un ordre d'idées supérieur aux destinées changeantes et terrestres de l'art lui-même.

Dans le même temps, d'ailleurs, le maître de chapelle semblait donner raison aux critiques qui lui reprochaient ses tendances mondaines, en présentant au comité de l'Académie royale de musique son *Télémaque*, ouvrage qui, après avoir été reçu, ne fut pas joué, du moins à l'Opéra, mais parut plus tard au théâtre Feydeau avec des retranchements. Le compositeur se refusait obstinément à entrer dans les ordres ; sa musique religieuse était jugée trop profane et entraînait de grands frais d'exécution : autant de griefs qui soulevèrent le mécontentement de l'archevêque et des chanoines. La situation était trop tendue pour qu'une rupture ne devînt pas imminente. Voici comment elle éclata. On profita des vacances de 1787 et de l'absence du musicien pour rétablir l'ancien état de choses et faire revivre l'usage des messes composées pour des voix seules avec un simple accompagnement de violoncelles et de contre-basses. Lesueur ne pouvait supporter une telle situation. Il envoya sa démission de maître de chapelle de la cathédrale ; mais ses ennemis, non contents de l'avoir forcé à la retraite, lui cherchèrent chicane quand il fut question de régler le compte des dépenses du chœur et de l'orchestre. La calomnie, toujours prompte à s'exercer sur le plus léger prétexte, prétendit trouver matière dans ces discussions à une accusation d'improbité. Un honteux libelle rendit publics ces propos diffamatoires, et il trouva tant d'écho dans la foule, toujours crédule et malveillante, que Lesueur dut se justifier, en produisant les certificats favorables des chanoines de Notre-Dame et en empruntant pour sa défense la plume dévouée d'un de ses amis, conseiller au Parlement. Irrité de se voir atteint dans sa réputation d'honnête homme, le malheureux musicien, ne pouvant plus supporter le séjour de Paris, se retira, vers la fin de 1788, à la campagne de M. Bochard de Champagny, où il passa quatre années, les plus tranquilles de sa vie, au milieu des soins de la composition. A la mort de son bienfaiteur (1792), il revint à Paris et fit jouer, le 13 février de l'année suivante (1793), au théâtre Feydeau, la *Caverne*, drame lyrique en trois actes dont le sujet a été tiré d'un épisode de *Gil-Blas*. La partition a su rendre à merveille les situations énergiques du livret; l'inspiration et l'originalité réelle de la musique font comprendre le succès qu'elle obtint, malgré les lugubres préoccupations du moment. Un des chœurs de la *Caverne* est resté classique.

En dépit de la proposition de M. de Bonald, vraie dans les temps ordinaires, il n'est pas rare de trouver la littérature et les arts d'une nation en opposition avec sa situation politique et sociale. Cette observation a été faite bien des fois déjà à propos du contraste qu'on remarque entre l'état révolutionnaire de la France et les œuvres littéraires du même temps. C'est le 13 janvier 1794, en pleine effervescence des sentiments violents de tout un peuple, que Dubreuil met sur la scène de Feydeau le roman de *Paul et Virginie*, cette idylle rapportée des mers australes par un disciple de Rousseau. En vue peut être des convenances dramatiques, le librettiste a sensiblement modifié la ravissante conception de Bernardin de Saint-Pierre. Quant à la partition, elle est du plus pur Lesueur; le compositeur s'y montre tout entier avec ses qualités et ses défauts : grandeur et monotonie; froideur dans les détails de la mélodie et du récitatif; mais rhythme magistral et harmonie puissante dans les chœurs. L'*hymne au soleil* dans l'opéra de *Paul et Virginie* est assurément une fort belle composition. Le *Télémaque*, que l'Opéra n'avait pas voulu monter après l'avoir reçu, fut ensuite joué à Feydeau, comme je l'ai dit plus haut, moyennant le remplacement du récitatif par un dialogue parlé.

Comme la plupart des compositeurs de ce temps, Lesueur a prêté son concours aux fêtes de la Révolution. On remarquera qu'il l'a fait avec plus de discernement que ses confrères. Voici les titres des morceaux qu'il mit en musique :

1° *Hymne pour l'inauguration d'un temple à la liberté*, paroles de François de Neufchâteau, chanté l'an II de la République.

2° *Hymne du 9 thermidor*, paroles de Désorgues, chanté à la Convention nationale, le 9 thermidor an III.

3° *Chant dithyrambique* pour l'entrée triomphale des monuments conquis, paroles de Lebrun, chanté à Paris, à la fête nationale célébrée à cette occasion le 9 termidor an VI :

> *Réveille-toi, lyre d'Orphée,*
> *Enfante de nouveaux concerts.*

Cette composition en *ut* mineur, avec reprise en majeur, a un grand caractère.

4° *Hymne pour la fête de l'Agriculture*, chanté le 10 messidor, paroles de François de Neufchâteau.

5° *Hymne pour la fête de la Vieillesse*, chanté le 10 fructidor, paroles d'Arnault.

Dès la création du Conservatoire, Lesueur en avait été nommé inspecteur, et il entra en fonctions en 1795. Avec ses collègues Méhul, Langlé, Gossec et Catel, il collabora à la rédaction des *Principes élémentaires de musique* et des *solféges* de cette école. Le 8 mai 1801, il prononça l'éloge funèbre de Piccinni ; il profita de cette circonstance pour développer ses propres idées sur la musique dramatique. Cependant une fatalité malheureuse mit bientôt l'auteur de la *Caverne* aux prises avec la direction du grand établissement musical où son mérite lui avait procuré une position si considérable. Il avait fait recevoir à l'Opéra deux ouvrages : les *Bardes* et la *Mort d'Adam ;* mais au lieu de les jouer, l'administration monta la *Sémiramis* de Catel qui était l'ami intime et le protégé de Sarrette, directeur du Conservatoire. Indigné de ce qu'il considérait comme un passe-droit, Lesueur rompit d'une façon éclatante avec Sarrette, et dès lors il devint le centre de l'opposition ardente qui se manifesta contre le Conservatoire. Amis et ennemis de cette institution engagèrent une lutte de pamphlets dont le bon goût souffrit autant que la justice. Notre compositeur, dominé par ses ressentiments, eut le tort de s'y mêler par la publication d'une libelle intitulé : *Projet d'un plan général de l'instruction musicale en France* (1801). Ce qui devait arriver arriva : l'auteur fut destitué et se vit du jour au lendemain plongé dans le plus profond dénûment. Il n'avait pas d'économies, et ses ouvrages ne lui rapportaient rien. Cette disgrâce, hâtons-nous de le dire, ne fut pas de longue durée. Lorsque Paisiello, pour des raisons de santé, résigna en 1804 sa place de maître de chapelle de l'Empereur, il proposa, pour le remplacer, son ami Lesueur, et celui-ci passa sans transition de l'excès du malheur à la plus haute fortune que pût alors rêver un artiste. Il profita de sa nouvelle position pour faire jouer les *Bardes* à l'Opéra au mois de juillet 1804. On sait le goût de Napoléon pour les poëmes ossianiques. Le musicien, par l'étrangeté de sa mélodie, le coloris antique et l'accent grave de son harmonie, s'était élevé à la hauteur de la vieille poésie gaélique. Il mérita de s'entendre dire par l'Empereur : « Monsieur Lesueur, voilà de la musique entièrement nouvelle pour moi, et fort belle ; votre second acte est surtout *inaccessible.* » C'était en effet inaccessible pour beaucoup de gens. Le don d'une tabatière en or corrobora ce témoignage impérial. On y lisait l'inscription suivante : *l'Empereur des Français à l'auteur des Bardes.*

La gravure a popularisé l'anecdote de Napoléon anéantissant, à la prière de la femme d'un conspirateur, la procédure qui devait conduire le mari à la mort. Le froid versificateur Esménard en tira un opéra en trois actes, intitulé *le Triomphe de Trajan*, qui fut joué à l'Académie impériale de musique le 23 octobre 1807. Persuis et Lesueur furent les auteurs de la musique. La marche triomphale écrite par le dernier a obtenu un grand succès.

La *Mort d'Adam*, drame biblique en trois actes, représentée le 17 mars 1809, a donné lieu à de vives discussions. Bien que le compositeur eût déployé dans la partition une originalité puissante, le succès de l'ouvrage fut dû moins peut-être à la musique qu'au décor de l'apothéose d'Adam, chef-d'œuvre du peintre Degotti, lequel disait naïvement : « C'est bien le plus beau paradis que vous ayez vu de votre vie et que vous verrez. » Hoffmann dont l'opéra de *la Mort d'Abel* ne fut représenté qu'un an après, n'en prétendit pas moins avoir eu la priorité de l'idée de l'apothéose; peut-être est-ce à lui qu'il faut attribuer les vers suivants dans lesquels on fait parler le librettiste de la *Mort d'Adam* :

> Ma pièce, je l'avoue, est d'un ennui mortel ;
> Mais au séjour de l'Éternel,
> (Si beau qu'on n'a rien vu de tel)
> Je transporte à la fin Adam avec Abel,
> Et je réussis, grâce au *Ciel!*

Ils ne furent pas les seuls, du reste, où la mauvaise humeur des ennemis de Lesueur s'exhala ; témoin cet autre quatrain :

> Dans la pièce d'*Adam*, si quelqu'un m'intéresse,
> Hélas! messieurs, ce n'est pas lui.
> Adam meurt, j'en conviens, mais il meurt de vieillesse,
> Plaignons plutôt les gens qu'il fait mourir d'ennui.

Mais les traits plus ou moins mordants de l'envie effleuraient à peine un homme à qui la fortune semblait vouloir maintenant, par une série non interrompue de faveurs, faire oublier ses premières injustices. De 1814 à 1830, l'auteur de la *Mort d'Adam* remplit les fonctions de surintendant et de compositeur de la chapelle du roi. Membre de l'Institut depuis 1813, professeur de composition au Conservatoire depuis 1817, membre du Jury musical de l'Opéra et de l'Opéra-Comique, correspondant ou associé d'un grand nombre d'Académies de la province ou de l'étranger, comblé de cordons et de croix, Lesueur avait vu venir à lui toutes les distinctions auxquelles un artiste peut prétendre, lorsqu'il mourut le 6 octobre 1837, à l'âge de soixante-quatorze ans.

Aux opéras que j'ai signalés de ce maître, il faut joindre *Tyrtée* (1794), *Artaxercès* (1801) et *Alexandre à Babylone* (1823), ouvrages qui, après avoir été reçus, restèrent pour toujours dans les cartons de l'administration de l'Opéra. Il a écrit trente-trois messes, motets et oratorios, tant pour la cathédrale que pour la chapelle des Tuileries, sous l'Empire et sous la Restauration. Ses travaux sur l'histoire de la musique n'ont pas été publiés et assurément ils n'eussent rien ajouté à sa gloire. Procédant par conjecture, au lieu d'étudier les monuments du passé, Lesueur inventait la musique des anciens alors qu'il croyait la retrouver. Sur tous les points, en effet, ses assertions sont en contradiction avec ce qu'il nous est permis de savoir sur la musique des Grecs par le peu de documents qui nous restent. Laissons de côté ses prétentions à l'érudition et toutes les polémiques auxquelles son nom a été mêlé. Lesueur est un grand musicien par la hardiesse de ses conceptions. La plus belle musique religieuse française a été écrite par lui. Sa messe en *ut mineur*, ses *Oratorios de la Passion* surtout, ont des accents sublimes. Dans sa manière d'écrire, on le voit éviter avec tant de constance l'emploi des procédés familiers à tous les musiciens de son temps, qu'on a feint de croire qu'il les ignorait ; ce qui n'est pas admissible. Il vaut mieux reconnaître en cela un des signes de son génie à la fois indépendant, chercheur et original.

MÉHUL

NÉ EN 1763, MORT EN 1817.

Méhul (Étienne-Henri), né à Givet, dans le département des Ardennes, le 24 juin 1763, était fils d'un cuisinier que le crédit de son fils devait faire nommer plus tard inspecteur des fortifications de Charlemont. Les commencements de son éducation musicale furent naturellement pénibles ; quelques leçons du pauvre organiste aveugle de Givet, le plain-chant de l'église et les ritournelles des violoneux de campagne furent sa première instruction. Mais son premier maître n'en avait pas moins pressenti les heureuses dispositions de l'enfant ; car, sur sa recommandation, l'orgue de l'église du couvent des Récollets de Givet fut confié à son jeune élève qui n'avait encore que dix ans. On ne tarda pas à parler de lui, et les bons religieux n'eurent qu'à se féliciter des encouragements qu'ils avaient donnés au jeune musicien. On venait l'entendre de tous les côtés et on était émerveillé de sa précocité.

Deux ans après (1775), Méhul se rendait à La Val-Dieu (*Vallis Dei*), petite abbaye de moines prémontrés, attiré comme tout le monde par la réputation d'un célèbre organiste allemand, Wilhelm Hanser, que l'abbé de La Val-Dieu avait rencontré dans un couvent de son ordre, à Schussenried en Souabe, où il était inspecteur du chœur de l'abbaye, et qu'il avait déterminé à venir passer quelques années à La Val-Dieu. Méhul brûlait du désir d'être son élève. Mais il y avait de grandes difficultés à surmonter; il ne pouvait parcourir tous les jours la distance de plusieurs lieues pour aller prendre des leçons; et, quand il l'eût pu, son père était trop pauvre pour payer la plus petite pension. L'abbé Lissoir se montra plein de bonté pour le jeune Méhul en cette circonstance. Il le reçut généreusement parmi les commensaux du monastère et Méhul put ainsi, à l'abri des distractions mondaines, dans un endroit délicieux, au milieu des montagnes, entouré de jeunes camarades de son âge, étudier sérieusement, sous un habile professeur, l'orgue et la composition.

Au bout de quelque temps, l'élève était devenu presque un maître, et depuis deux ans il s'acquittait en qualité d'organiste adjoint de la communauté, de l'hospitalité qu'il y avait reçue, lorsqu'en 1778 un colonel de régiment en garnison à Charlemont, grand amateur de musique, ayant entendu Méhul improviser sur l'orgue, devina sa vocation et lui proposa de l'emmener à Paris pour qu'il pût se produire sur un plus vaste théâtre. Il l'y décida facilement. Méhul avait alors seize ans. Il avait fait d'assez bonnes études littéraires à l'abbaye de La Val-Dieu. Remarquons en passant que tous les compositeurs du dix-huitième siècle avaient un fonds d'instruction, provenant de leur première éducation, qui leur a été fort utile dans leurs travaux et pour le succès de leur carrière. Arrivé dans la grande ville, Méhul donna quelques leçons et travailla lui-même sous un habile claveciniste de cette époque, nommé Edelmann, qui ne manquait pas non plus de science comme compositeur. En 1781, il publiait chez La Chevardière ses deux premiers œuvres se composant de sonates de piano; ils n'offraient encore aucune qualité saillante. Méhul se tourna promptement vers la musique dramatique, qui était sa véritable vocation; il se fit présenter à Gluck, alors dans l'éclat de sa réputation et regardé comme le régénérateur de l'opéra français; le maître l'accueillit avec la plus grande bienveillance. La passion de Méhul pour l'art a dû encore se fortifier au bruit de la lutte entre Gluck et Piccinni.

Il commença par mettre en musique une ode sacrée de J.-B. Rousseau qui fut exécutée au Concert spirituel en 1782 et lui valut des éloges dans les journaux du temps. C'était un genre difficile et périlleux ; la musique a de la peine à lutter contre une poésie d'une certaine valeur qui n'a pas été écrite en vue de la musique. Il écrivit ensuite sous les auspices de Gluck, pour s'exercer et non pour la représentation, trois petits opéras, la *Psyché* de l'abbé de Voisenon, l'*Anacréon* de Gentil-Bernard, et *Lausus et Lydie* de Valladier. Enfin, à vingt ans, il faisait recevoir à l'Académie

MÉHUL

royale de musique son opéra d'*Alonzo et Cora*. Les difficultés et les lenteurs qu'il lui fallut subir pour arriver à la représentation le tournèrent vers l'Opéra-Comique où il donna, en 1790, *Euphrosine et Coradin ou le Tyran corrigé*, opéra-comique en trois actes et en vers dont les paroles sont d'Hoffmann. Cet ouvrage révéla le génie du musicien et fut le premier de ses succès. Le duo du deuxième acte : *Gardez-vous de la jalousie*, est un chef-d'œuvre d'expression. On sait que Grétry ne s'occupait guère que de sa musique; cependant voilà ce qu'il dit de ce duo dans ses *Essais* :

« Le duo d'Euphrosine est peut-être le plus beau morceau d'effet qui existe. Je n'excepte même pas les beaux morceaux de Gluck. Ce duo est dramatique : c'est ainsi que Coradin furieux doit chanter; c'est ainsi qu'une femme dédaignée et d'un grand caractère doit s'exprimer; la mélodie en premier ressort n'était point ici de saison. Ce duo vous agite pendant toute sa durée; l'explosion qui est à la fin semble ouvrir le crâne des spectateurs avec la voûte du théâtre. »

L'air du médecin Alibour a eu aussi sa part de succès

> Quand le comte se met à table,
> De monseigneur j'observe l'appétit,
> Et selon qu'il est faible ou qu'il est indomptable,
> Je vois hausser ou baisser mon crédit.

La vogue qu'obtint *Euphrosine et Coradin* mit naturellement un terme aux lenteurs de l'Opéra, et *Alonzo et Cora* y fut représenté l'année suivante (1791), mais sans succès. Méhul se releva en 1792 avec *Stratonice*, une de ses plus heureuses productions, que rendirent surtout célèbre le fameux air : *Versez tous vos chagrins dans le sein paternel*, et un magnifique quatuor qui accusait largement l'originalité du compositeur.

C'est Méhul qui a écrit la musique du *Chant du départ* sur les paroles spartiates de J. Chénier :

> *La Victoire, en chantant, nous ouvre la barrière.*

Quels mâles accents ! quelle inspiration noble et bien capable d'exciter les courages ! Pourquoi faut-il que cette musique se soit trouvée associée à des pensées aussi fausses que ridicules et dont quelques beaux vers ne rachètent pas la sauvage violence ?

Méhul est encore l'auteur des chants suivants :

2° Hymne à la raison : *Déesse et compagne du sage*, dont les paroles sont d'Eusèbe Salverte.

C'est un beau choral à trois voix sans accompagnement, dont le caractère est religieux et qui, approprié à des paroles plus sensées, produirait beaucoup d'effet dans les grandes solennités.

3° *Le Chant des victoires*, paroles de Joseph Chénier.

4° *Hymne sur la mort de Ferraud*, paroles de Baour-Lormian, chanté à la Convention nationale, le 14 prairial an III, à la pompe funèbre en l'honneur de Ferraud.

5° *Hymne des vingt-deux*, paroles de J. Chénier, chanté à la Convention nationale, le 11 vendémiaire an III.

6° *Le chant du retour*, hymne pour la paix, paroles de J. Chénier.

7° *Hymne pour la fête des époux*, 10 floréal, paroles de Ducis.

Composition charmante, accompagnée, comme tous ces hymnes destinés à être chantés en plein air, par des clarinettes, des cors et des bassons.

8° *Chant pour l'anniversaire du 9 thermidor*, paroles de J. Chénier.

Méhul fit jouer après *Stratonice*, *Horatius Coclès* dont il n'est resté que l'ouverture; *le Jeune Sage et le Vieux Fou*; *Doria*, qui ne réussirent pas; *Phrosine et Mélidor*, jolie partition que fit tomber l'insuffisance du libretto. La *Caverne*, représentée à l'Opéra-Comique en 1795, eut bien moins de succès que la *Caverne* de Lesueur, jouée à Feydeau deux ans auparavant; puis, j'arrive en 1797, à l'opéra intitulé : *Le jeune Henri*. Mais à ce moment, les passions révolutionnaires sont encore déchaînées et l'on fait jouer un rôle même à la musique. Les royalistes préparent un succès; les républicains s'apprêtent à siffler. L'ouverture commence et excite un enthousiasme indescriptible. A peine est-elle terminée que le public la redemande et que l'orchestre la recommence bravement. Le rideau se lève ensuite : aussitôt les sifflets éclatent avec les cris : *A bas le tyran*; car il s'agissait d'un épisode de la jeunesse d'Henri IV; il fut impossible de continuer la pièce. On baissa le rideau, mais on redemanda l'ouverture une troisième fois, et ce fut à coup sûr un des plus beaux triomphes que jamais compositeur ait obtenus. On sait que par la suite on fit pendant longtemps exécuter ce magnifique morceau à l'Opéra-Comique comme intermède musical entre deux pièces.

Cette *Ouverture du jeune Henri* est d'une perfection achevée. L'auteur a su grouper, autour d'une fanfare de chasse, des développements si intéressants, des effets de rhythme si heureux dans les accompagnements, et donner à l'orchestre une sonorité si franche et si variée qu'elle est restée un modèle du genre. Dans le festival qui a eu lieu à l'occasion de l'Exposition universelle de 1867, quatre mille exécutants l'ont fait entendre sous la direction de M. Georges Hainl, devant un auditoire de quinze mille personnes; la vieille ouverture est sortie triomphante de cette épreuve.

Ce n'était pas la première fois que les émotions de la politique entravaient l'œuvre de Méhul. L'opéra d'*Adrien*, qui ne devait être représenté que sous le Consulat, en 1799, avait été composé et reçu, même avant

Horatius Coclès, auquel il emprunta plus tard son ouverture; mais il avait été déjà arrêté plusieurs fois au moment d'être joué ; et, poursuivi par une mauvaise chance, il fut encore interdit, par la suite, à chaque reprise qu'on en voulut faire, sous plusieurs gouvernements.

Adrien était une pièce à grand spectacle. L'empereur romain recevait dans Antioche les honneurs du triomphe. On crut reconnaître, attelés à son char, des chevaux qui avaient appartenu à la reine Marie-Antoinette. Les pauvres bêtes furent huées comme des ci-devant. Le peintre David déclara même qu'il mettrait le feu à l'Opéra plutôt que d'y voir triompher des rois. En présence de telles manifestations, l'opéra d'*Adrien*, quoique renfermant de grandes beautés, fut sacrifié.

Le *Timoléon* de Joseph Chénier fut représenté avec une ouverture de Méhul et des chœurs qui furent très-goûtés. C'était la première fois depuis *Esther* et *Athalie* que la musique apportait son concours à la tragédie.

Pendant les deux années qui suivirent, nous voyons Méhul tout occupé de l'organisation du Conservatoire dont il avait été nommé inspecteur avec Gossec et Martini. L'élévation de ses idées, la droiture de son caractère, la bonté de ses sentiments, exercèrent dans cet établissement une influence très-utile. Il recommença bientôt à travailler pour le théâtre et fit représenter à l'Opéra-Comique *Ariodant*, drame lyrique en trois actes sur les paroles d'Hoffmann, le 11 octobre (1799). Le sujet en a été pris dans l'*Orlando furioso* de l'Arioste. L'opéra de *Montano et Stéphanie* de Berton avait déjà offert au public des situations analogues, et cette coïncidence nuisit au succès d'Ariodant. Toutefois aucun morceau de Berton n'a eu la popularité de la romance : *Femme sensible, entends-tu le ramage*. Le duo d'Ariodant et d'Ina est aussi fort beau : *Dissipons ce sombre nuage*, comme aussi l'air de Dalinde : *Calmez, calmez cette colère*. C'était l'opéra de prédilection du maître. Sous le rapport du style et de l'emploi des instruments, c'est une œuvre parfaite. *Bion*, faible livret d'Hoffmann, n'inspira à Méhul (1800) qu'une faible musique. *Épicure* ne réussit pas davantage, bien que Méhul s'y fût associé à Cherubini. Le duo : *Ah ! mon ami, de notre asile*, qui est le meilleur morceau, ne fut pas attribué au premier.

Ici se place une évolution toute de circonstance dans la manière de Méhul. Les Bouffes-Italiens étaient venus s'établir au théâtre de la rue Chantereine et y avaient obtenu de grands succès avec la musique vive et gaie de leurs maîtres, Pergolèse, Paisiello, Cimarosa, Traetta, Piccinni, Guglielmi. Le Premier Consul déclarait hautement son goût pour la musique italienne. Méhul comprit vite les procédés au moyen desquels les maîtres italiens produisaient leurs effets comiques. Autant pour se mesurer avec eux sur leur propre terrain que pour satisfaire au goût du moment, il écrivit en secret la partition de l'*Irato* et la fit représenter sous un nom supposé. Le public tomba dans le piége. Le succès fut donc complet. Méhul fit graver la partition et en offrit la dédicace au Premier Consul qui l'accepta. L'*Irato ou l'Emporté*, dont les paroles sont de Marsollier, fut représenté à l'Opéra-Comique le 17 février 1801. Tout en traitant un genre qui ne lui était pas familier, Méhul n'a pas fait un pastiche, mais bien un opéra-bouffe dans le goût français. Le quatuor de l'*Irato* est resté célèbre.

De 1802 à 1806 Méhul fit jouer successivement *Une folie* qui réussit, *le Trésor supposé*, *Joanna*, *l'Heureux malgré lui*, *Héléna*, *Gabrielle d'Estrées*. *Uthal*, belle composition sur un poëme ossianique, où Méhul put déployer plus d'ampleur et d'énergie que dans ses partitions légères, obtint un assez beau succès. La plus jolie critique en fut faite par Grétry, qui, n'entendant que des parties d'alto et pas de premiers violons, répondit à Méhul qui lui demandait son opinion : « Je donnerais volontiers dix écus pour entendre une chanterelle. » Les *Aveugles de Tolède*, représentés en 1806, obtinrent aussi un certain succès, à cause de la belle ouverture qu'on joue encore, d'un joli duo qu'on ne chante plus et d'une allure un peu espagnole.

Méhul rentra tout à fait dans le genre qui lui était propre et où il excellait en écrivant l'opéra de *Joseph*, son chef-d'œuvre et assurément l'un des meilleurs ouvrages qui aient paru sur la scène. Baour-Lormian avait fait une tragédie de *Joseph* qui était tombée assez vite, parce que l'auteur avait eu la maladroite pensée d'introduire au milieu de ces scènes patriarcales une intrigue amoureuse. Alexandre Duval ne commit pas cette erreur. Son style est sans doute bien emphatique et son dialogue fort lourd, mais les situations sont restées aussi touchantes que dans le récit biblique. Les personnages ne sont pas trop idéalisés ; ils ont conservé du naturel ; ils parlent et ils vivent. L'auteur du livret nous a fait grâce de la couleur locale dont on abuse tant aujourd'hui. Cette recherche des détails, fort hypothétique dans un sujet ancien, fait perdre aux sentiments naturels la plus grande partie de leur force et enlève à l'action de la musique sur la partie élevée de l'âme ce qu'elle donne à la curiosité et à des impressions d'un ordre secondaire. Un style grandiose et sévère, une orchestration d'une pureté et d'une limpidité incomparables, une expression forte et soutenue, telles sont les qualités qui placent au plus haut rang la partition de *Joseph*. J'ai donné ailleurs, dans mon *Dictionnaire lyrique*, une analyse détaillée de tous ces beaux ouvrages ; ici, je me bornerai à dire que, après soixante-dix ans, rien n'a vieilli dans cette partition de *Joseph*, parce que l'auteur n'a fait aucune concession à la mode du temps, parce qu'il a eu en vue les principes immuables de la beauté : la pensée juste, l'expression vraie et à leur service les moyens artistiques les plus parfaits qu'il a pu imaginer.

Méhul a emprunté à un mode antique devenu le huitième ton du plainchant, l'hypomixolydien, le thème principal de son ouverture et de plusieurs chœurs, ce qui donne à l'ensemble de l'œuvre un caractère particulier de religion, de vénérable antiquité. Tout le monde connaît l'air : *Vainement Pharaon dans sa reconnaissance*, où se trouve cette phrase émue : *Champs paternels ! Hébron, douce vallée !* et cette romance d'une sensibilité pénétrante : *A peine au sortir de l'enfance*, et le duo pathétique de Jacob et de Benjamin : *O toi, le digne appui d'un père ;* qu'on lise et qu'on relise l'air de Siméon, les rentrées du chœur des frères, la romance de Benjamin : *Ah ! lorsque la mort trop cruelle enleva ce fils bien-aimé*, le finale du premier acte dans lequel les émotions diverses de Joseph à la vue de ses frères sont exprimées avec une vérité si saisissante que jamais la psychologie musicale n'a été poussée plus loin. A l'indignation la plus légitime, on voit peu à peu succéder la sérénité dans la belle âme de Joseph. Il faudrait tout citer. Je terminerai en rappelant le chœur si puissant : *Dieu d'Israël, père de la nature*, et celui des jeunes filles de Memphis : *Aux accents de notre harmonie*.

L'opéra de Joseph, conception un peu trop forte encore pour les amateurs français de ce temps, a fait triomphalement son tour d'Allemagne, avant d'être admiré chez nous comme il méritait de l'être. *Joseph* fut représenté à Feydeau le 17 février 1807.

Après *Joseph*, Méhul composa la musique de deux ballets : *le Retour d'Ulysse* et *Persée et Andromède*. Il laissa passer ensuite le grand succès des deux opéras de Spontini, *la Vestale* et *Fernand Cortez*. Il donna les *Amazones* à l'Opéra en 1812 ; cette partition ne put se soutenir. Il écrivit plusieurs symphonies qui furent exécutées dans les exercices du Conservatoire, compositions froides qui firent assister le public au déclin pour ainsi dire définitif d'un grand maître. Le *Prince troubadour* représenté à l'Opéra-Comique en 1813 ne fut pas plus heureux. Méhul se releva encore dans la *Journée aux aventures*, succès qui le consola un moment. Heureusement qu'il ne vit pas la froideur avec laquelle fut accueilli quelques années après sa mort son dernier opéra de *Valentine de Milan*.

Méhul souffrait depuis plusieurs années d'une affection de poitrine qui le rendait mélancolique et l'obligeait à rechercher la solitude. Il avait acheté une petite maison près de Paris, et il cultivait avec beaucoup de sollicitude les fleurs de son jardin.

M. Quatremère de Quincy dans l'éloge qu'il prononça à l'Institut s'écrie à ce sujet : « Situation déplorable, dont l'effet le plus fâcheux est que l'affaiblissement des facultés morales n'accompagne pas toujours celui des facultés physiques, et que l'âme encore debout dans la chûte de ses organes, semble présider à leur destruction. »

Méhul fut bientôt assez gravement malade pour aller demander à un ciel plus doux le rétablissement de sa santé. Dans plusieurs villes qu'il traversa, et tout spécialement à Marseille, les dilettanti lui firent des ovations. Arrivé à Hyères, il regretta Paris, ses élèves, ses amis, ses collègues de l'Institut qui l'avaient élu en 1796 dans la section de composition musicale de la classe des beaux-arts. Il était à Hyères depuis moins d'un mois que déjà il écrivait à un de ses amis : « Pour un peu de soleil, « j'ai rompu toutes mes habitudes, je me suis privé de tous mes amis et « me trouve seul, au bout du monde, dans une auberge, entouré de gens « dont je puis à peine entendre le langage. » Il semble que nous voyions Ovide chez les Sarmates, s'écriant : *Barbarus hic ego sum quia non intelligor ulli.* « L'air qui me convient le mieux, disait-il à ses collègues, est celui que je respire au milieu de vous. »

Il n'y put tenir et revint. L'Académie des beaux-arts le vit encore une fois assister à une séance et eut ensuite à lui rendre les derniers devoirs. Il expira le 18 octobre 1817, âgé seulement de cinquante-quatre ans. Cent quarante musiciens chantèrent à ses funérailles une messe de Jomelli.

La mort de Méhul causa une affliction générale. On pleura en lui l'homme de bien, l'homme honnête, désintéressé, bienveillant, qui adora son art, eut toujours horreur de la sollicitation et de l'intrigue, qui chercha sans cesse à rendre service à ses rivaux. On sait qu'il n'obtint pas la place de maître de chapelle de l'empereur, vacante par le départ de Paisiello pour l'Italie, parce qu'il avait demandé à la partager avec Cherubini que Napoléon avait en aversion, et à qui il ne voulut jamais donner la croix malgré les instances réitérées de Méhul décoré lui-même, lors de la création de l'ordre. L'Académie royale de Munich fit exécuter un chant funèbre en son honneur à l'une de ses réunions, et les gazettes de l'Allemagne retentirent à l'envi de son éloge. Enfin, lorsqu'en 1822 son opéra de *Valentine de Milan* fut représenté, grâce aux soins de son neveu M. Daussoigne, directeur du conservatoire de Liége, qui y mit peut-être la dernière main, tous les littérateurs et les artistes se firent un devoir de venir assister au couronnement du buste de Méhul apporté sur la scène.

Méhul doit être considéré comme un des principaux fondateurs de l'école française. Depuis Rameau, aucun de nos compatriotes n'a mérité autant que lui la gloire. Malgré les commencements pénibles de sa carrière et sa fin prématurée, il a écrit quarante-deux opéras et honoré l'art autant par l'élévation de son génie que par la droiture de son caractère et son existence laborieuse et digne.

STEIBELT

NÉ EN 1764, MORT EN 1823.

Les gens d'une moralité équivoque ne figurent parmi les servants de la Muse qu'à l'état d'exceptions honteuses. Ils font le désespoir du biographe qui voudrait n'avoir à constater que l'accord du beau et du bien, et qui parfois se voit forcé de reconnaître dans une âme avilie et déchue les dons fourvoyés du talent. Quelle qu'ait été la vie privée de Steibelt, il compte parmi les musiciens vraiment inspirés, et à ce titre je lui dois une mention ; mais tout en rendant justice au mérite de l'artiste, j'aurai plus d'une réserve à formuler sur la valeur morale de l'homme.

Daniel Steibelt naquit à Berlin en 1764. Il était fils d'un facteur de pianos, et montra dès ses premières années de si heureuses dispositions pour la musique qu'il attira sur lui l'attention du prince royal de Prusse, depuis Frédéric-Guillaume II. Grâce à cette haute protection, il put étudier le clavecin sous la direction de Kirnberger, mais les leçons d'un maître ne convenaient pas au talent tout spontané de Steibelt. Ce qu'il fut comme compositeur et comme virtuose, il ne le dut guère qu'à lui-même. A la vérité on sait peu de chose de ses débuts dans la carrière artistique. En 1788, nous le trouvons à Munich où il édite les quatre premiers recueils de ses sonates pour piano et violon. L'année suivante, il va donner des concerts dans les principales villes de la Saxe et du Hanovre, puis se rend à Manheim et de là à Paris, au commencement de 1790. L'éditeur de musique Boyer accueillit le jeune artiste comme un ami, le logea sous son propre toit et le mit en relation avec de puissants personnages de la cour. En reconnaissance de ces services, Steibelt vendit à son hôte comme œuvres inédites ses sonates 1 et 2 qu'il avait arrangées en trios et auxquelles il s'était borné à ajouter une partie de violoncelle. Mais la déloyauté de ce marché ne resta pas longtemps cachée et celui qui s'en était rendu coupable fut obligé d'indemniser l'éditeur en lui donnant ses deux premiers concertos.

Hermann était alors considéré à Paris comme le prince des pianistes. Il donnait des leçons à la reine Marie-Antoinette. L'arrivée d'un concurrent aussi redoutable que Steibelt divisa le monde des salons en deux camps. Si Hermann avait pour lui la possession et y joignait la faveur de la reine, son rival avait une exécution dans laquelle éclataient les qualités du génie et il ne pouvait que l'emporter. Malgré la répulsion que provoquaient les mauvaises manières du pianiste berlinois, comment a-t-on pu hésiter un instant entre les chétives compositions de Hermann dont la moins mauvaise, intitulée *la Coquette*, est d'une niaiserie rebutante, et les sonates toutes pleines d'idées aussi gracieuses qu'originales de Steibelt? La musique de ce dernier était difficile pour le temps : déclarer qu'on la goûtait, c'était déjà faire profession d'une certaine force. Steibelt eut donc pour lui tous les amateurs qui ne tenaient pas à être confondus avec les partisans de Hermann et de Pleyel. L'une des amitiés qui lui furent le plus utiles, fut celle du vicomte de Ségur, qui ne tarda pas à faire accepter dans le monde son pianiste de prédilection. Le vicomte avait écrit pour l'Opéra un poëme sur Roméo et Juliette. Il en demanda la musique à Steibelt, mais la partition faite fut refusée par l'Académie. Blessés de cet échec, les deux collaborateurs remanièrent le livret, remplacèrent le récitatif par un dialogue en prose, et ainsi modifié, l'opéra de *Roméo et Juliette* fut donné à Feydeau le 11 septembre 1793. Le succès fut immense ; Mme Scio, chargée du rôle de Juliette, l'interpréta avec son admirable talent. D'ailleurs, des effets pleins de puissance et d'originalité, une mélodie distinguée et abondante expliquent comment cette partition a pu jouir d'une vogue considérable. On remarquera la magnifique ouverture, l'air de soprano : *Du calme de la nuit*, et l'admirable quatuor : *Grâces, Vertus, soyez en deuil*, dont la lugubre harmonie est saisissante. Il est à noter que des trois ouvrages importants qui ont été joués pendant cette année abominable de 1793, aucun n'est resté au théâtre : ce sont le *Barbier de Séville* de Paisiello, la *Caverne* de Lesueur et *Roméo et Juliette* de Steibelt.

L'heureux compositeur fut dès lors très-recherché et excita un véritable engouement. Sous le gouvernement du Directoire, nul professeur de piano ne donna ses soins à une clientèle plus brillante. Au nombre de ses élèves, je citerai les femmes les plus célèbres de ce temps, Mlle Hortense de Beauharnais qui fut mère de l'empereur Napoléon III, Mlle Eugénie de Beauharnais, Mme Zoé de la Rue, Mme Liottier, devenue plus tard Mme Gay, et Mlle Schérer, fille du général de ce nom. Steibelt était donc en passe d'acquérir à Paris une belle position de fortune, quand il dut brusquement s'éloigner de la France en 1798, laissant sa réputation gravement compromise. Il porta ses pas en Hollande, puis en Angleterre, donna des concerts à Londres et y épousa une jeune Anglaise fort jolie. Après s'être fait un nom à l'étranger, il voulut revoir son pays natal ; il parcourut l'Allemagne en y faisant entendre ses compositions. Hambourg, Dresde, Prague, Berlin l'applaudirent tour à tour. Mais il trouva son maître à Vienne dans Beethoven, et bien que l'admiration des amateurs ait d'abord paru indécise entre les deux rivaux, des juges éclairés ne pouvaient manquer de reconnaître la supériorité incontestable du grand symphoniste. D'ailleurs Steibelt, à côté des sympathies ardentes qu'excitait son habileté, soulevait aussi de nombreuses critiques. Son jeu était très-inégal : merveilleux aux heures d'inspiration, il tombait au-dessous du médiocre et était à peine supportable, quand sa verve se ralentissait. Par ses mérites comme par ses défauts, il montrait bien en lui un élève capricieux et fantasque de la nature, et non l'héritier d'une tradition enseignée.

Cette liberté d'allures, cette indiscipline firent de lui un novateur. Le premier, il exécuta des fantaisies avec variations; le premier aussi, il joua dans ses concerts, en Allemagne, des rondos brillants et des bacchanales avec accompagnement de tambourin exécuté par sa femme. Ces fantaisies sont d'un effet singulier et ne manquent pas d'intérêt.

Steibelt revint à Paris dans l'automne de 1800. Il avait entendu à Vienne la *Création du monde* alors dans toute sa nouveauté, et se proposait de faire connaître au public français ce magnifique oratorio de Haydn. Le poëme traduit de l'allemand fut mis en vers français par M. de Ségur, et le musicien adapta cette version à la partition du maître. La *Création* arrangée de la sorte fut jouée à l'Opéra le 3 nivôse an IX. A cette solennité musicale se rattache le souvenir du péril que Napoléon courut, alors qu'il s'y rendait le soir où eut lieu l'explosion de la machine infernale. Cependant le scandale qui avait été cause de la disparition de Steibelt, en 1798, n'était pas oublié. Le séjour de Paris était difficile à un homme qui, en dépit de son talent, se savait méprisé à juste titre. Il profita donc de la paix d'Amiens qui rouvrit les communications entre la France et l'Angleterre, pour reprendre le chemin de Londres, nous laissant comme adieu le ballet intitulé : *le Retour de Zéphire*, exécuté à l'Opéra en 1802.

En allant demander l'hospitalité à nos voisins d'outre-Manche, le pianiste berlinois choisissait-il bien son refuge? L'aristocratie anglaise lui fit un accueil très-froid; mais il s'imposait par sa valeur musicale à ceux qui étaient le plus choqués de son caractère insociable. C'est ainsi que deux ballets de lui, *la Belle Laitière* et *le Jugement de Pâris*, obtinrent un très-grand succès au Théâtre du roi. En même temps, sous le coup de pressants besoins d'argent, il écrivait force mélodies pour piano, œuvres hâtives et faméliques qui, loin d'ajouter à sa réputation, lui firent un tort considérable. Tel est le sort réservé d'ordinaire aux artistes qui mettent leur vie intellectuelle au service de leur vie matérielle, au lieu de subordonner la seconde à la première, et qui prennent au rebours cette belle définition du philosophe de Bonald : « L'homme est une intelligence servie par des organes. »

En 1805, Steibelt revint à Paris et y publia diverses compositions pour piano. L'année suivante, il fit jouer à l'Opéra la *Fête de Mars*, intermède lyrique, destiné à célébrer le retour de Napoléon après la paix de Presbourg. Son opéra : *la Princesse de Babylone*, depuis longtemps reçu à l'Académie impériale de musique, allait être monté quand le compositeur partit inopinément pour la Russie (octobre 1808). Chemin faisant, il donnait des concerts sur son passage, à Francfort, à Leipsick, à Breslau et à

Varsovie. Arrivé à Saint-Pétersbourg, il obtint du czar la place de directeur de la musique à l'Opéra français, laissée vacante par le départ de Boieldieu. Pour répondre à la confiance dont l'empereur l'avait honoré, Steibelt écrivit alors plusieurs ouvrages dramatiques qui n'ont pas été gravés. Je ne ferai donc que citer *Cendrillon* (trois actes), et *Sargines* (idem.). Il remania aussi l'ancienne partition de *Roméo et Juliette* et fit jouer sa *Princesse de Babylone* composée en France. A cette liste allait bientôt s'ajouter une autre production : le *Jugement de Midas*. Mais la mort ne laissa pas au compositeur le temps d'achever cette dernière œuvre. Il expira à Saint-Pétersbourg le 20 septembre 1823. Le comte Miloradowitsch vint en aide à la famille de ce bohémien de génie, en organisant à son bénéfice un concert qui produisit quarante mille roubles.

La plupart de mes lectrices ont joué le *Rondo turc*, le rondo pastoral intitulé : *l'Orage*, et les ont trouvés charmants. La *Disperazione* est encore une sonate fort connue.

Steibelt était donc admirablement organisé, possédant d'instinct l'expression musicale, étant capable de s'élever très-haut, bien au-dessus du rang de virtuose et de pianiste compositeur. Nous avons vu au contraire, l'infortuné faire bon marché des dons du génie, se livrer aux passions les plus désordonnées, se laisser glisser dans la fange. C'est donc plutôt la pitié que l'admiration qu'un tel homme doit inspirer, et il faut une sorte de courage pour présenter au public un artiste d'un grand talent, il est vrai, mais d'une immoralité rebutante.

KREUTZER

(**RODOLPHE**)

NÉ EN 1766, MORT EN 1831.

La facilité n'est pas le génie, encore qu'elle l'accompagne souvent. Rodolphe Kreutzer, bien qu'il n'ait pas écrit moins de trente-cinq opéras et ballets, n'est qu'au second rang des maîtres lyriques de son temps. Mais si cet artiste cède le pas à plus d'un compositeur, comme virtuose, il n'a été dépassé de son vivant par personne. Son talent sur le violon a fait l'admiration de tous les contemporains et les ouvrages qu'il a écrits pour cet instrument sont restés classiques.

Il naquit à Versailles, le 16 novembre 1766, dans une atmosphère diatonique, étant fils d'un musicien de la chapelle royale. Ce fut de son père qu'il reçut les premières leçons de musique, et dès l'âge de cinq ans il annonça ce qu'il serait un jour. Le violon lui fut enseigné par Antoine Stamitz, violoniste allemand qui jouissait d'une certaine réputation. Sous la direction de ce maître, les progrès du jeune Kreutzer furent rapides. Il ignorait encore les principes de l'harmonie et de la composition que déjà, suppléant au savoir par ses dispositions naturelles, il écrivait des concertos dont l'un, exécuté à un concert spirituel, lui valut un éclatant succès. Le compositeur avait alors treize ans.

A Trianon, le précoce musicien charmait les loisirs de la reine par la pureté de son chant et son habileté de violoniste. Il se trouva bien d'avoir su se concilier sa royale protection, car à seize ans la mort inopinée de son père et de sa mère le laissa orphelin et obligé de pourvoir à la subsistance d'une famille de quatre enfants dont il était l'aîné. Dans cette extrémité, la reine Marie-Antoinette vint à son secours en le faisant nommer premier violon de la chapelle du roi, en remplacement de son père. Ainsi préservé de la misère, Kreutzer perfectionna son exécution, grâce aux moyens qu'il avait d'entendre fréquemment Viotti, et tout en travaillant pour acquérir les qualités de virtuose consommé, il composait une foule d'ouvrages de musique instrumentale.

Cependant Kreutzer ne bornait pas son ambition à faire de la musique de chambre. Il éprouvait un vif désir d'écrire pour la scène; la difficulté était de se procurer un livret. Il commença par refaire la partition de deux anciennes pièces qui furent répétées avec la musique nouvelle, devant la cour dans la petite salle de spectacle du château de Versailles.

En 1790, l'occasion si impatiemment attendue se présenta enfin. Kreutzer, devenu premier violon au théâtre Italien, y avait fait la connaissance de Desforges qui lui confia un drame historique de *Jeanne d'Arc*, en trois actes.

Les biographes prétendent que la musique en fut écrite dans l'espace de quelques jours, ce qui est trop abuser de la crédulité publique. On n'écrit pas trois actes avec orchestre en quelques jours, on ne les copie même pas en moins de plusieurs semaines. Favières eut confiance à son tour dans le jeune artiste, et tous deux firent ensemble *Paul et Virginie*, opéra en trois actes. Cet ouvrage fut représenté aux Italiens le 15 janvier 1791. Le librettiste, pour renvoyer les spectateurs *satisfaits et contents*, avait gâté le beau roman de Bernardin de Saint-Pierre, en substituant à la catastrophe finale un dénouement sans larmes. Mais la musique de Kreutzer, riche en airs gracieux et empreinte d'une couleur locale assez remarquable pour le temps, obtint un grand succès. La grande scène de l'Orage se distingue par une bonne harmonie, la romance dialoguée de Paul et Virginie : *De ta main tu cueilles le fruit*, et la chanson nègre : *Quand toi s'en va de la case*, ont été remarquées. C'est, à mon avis, le meilleur opéra de Kreutzer.

Lodoïska ou les Tartares, opéra-comique en trois actes, fut représentée aux Italiens le 1ᵉʳ août de la même année. Il ne diffère pas, quant au sujet, du poëme de Fillette-Loreaux, mis en musique par Cherubini. L'auteur de *Paul et Virginie* réussit encore avec ce nouvel ouvrage dont l'ouverture a été populaire, et où l'on trouve un bon duo pour ténor et soprano : *La douce clarté*.

Le *Werther* de Gœthe, arrangé en opéra par Dejaure, prêtait moins peut-être que les livrets précédents à l'inspiration du musicien. Il faut au compositeur dramatique des situations pathétiques, plutôt que l'analyse détaillée des mouvements de la passion. Toutefois la partition de *Werther et Charlotte* (1ᵉʳ février 1792) fut bien accueillie. On remarqua en particulier l'*invocation à la nature* dont les paroles étaient dans le goût ossianique.

Kreutzer se laissait guider, dans ses ouvrages, par son inspiration. Il composait en marchant à grands pas dans sa chambre, accompagnant ses mélodies sur le violon, en même temps qu'il les chantait. Il produisit en 1792 : *Le franc Breton* et le *Déserteur de la montagne de Hamm*. On est ensuite surpris de voir l'ancien premier violon de la chapelle royale, prêter le concours de son talent à une œuvre aussi révolutionnaire que le *Congrès des rois*, représenté à l'Opéra en 1793 (en collaboration avec Grétry, Méhul, Dalayrac, Deshayes, Solié, Devienne, Berton, Jadin, Trial fils, Cherubini et Blasius); le *Siége de Lille* et la *Journée de Marathon* furent donnés dans la même année; *On respire*, opéra de circonstance, fut improvisé par lui après le 9 thermidor.

Kreutzer profita du traité de Campo-Formio, nouvellement signé, pour se faire entendre à l'étranger. Partout, sur son passage, en Italie, en Allemagne et en Hollande, il provoqua des applaudissements enthousiastes. Lors de son retour en France, il fut nommé professeur de violon au Conservatoire. Ses ouvrages de musique instrumentale exécutés dans des concerts à l'Opéra et à Feydeau, ajoutèrent encore à sa gloire. La symphonie concertante en *fa* appartient à cette époque. Lorsque Rode partit pour la Russie, Kreutzer le remplaça à l'Opéra comme violon solo (1801). En 1816, il devint deuxième chef, et l'année suivante directeur de l'orchestre de ce théâtre. Il fut aussi attaché à la musique particulière de Napoléon, et à la chapelle du roi en 1815.

Les honneurs et les fonctions officielles eurent une influence malheureuse sur la direction de son talent. Au début, nous l'avons vu, harmoniste et contre-pointiste assez faible, suppléant à la science par la richesse de son organisation. Mais une fois professeur au Conservatoire, il s'ingénia à devenir un musicien savant. Dès lors, la fraîcheur qu'on admirait autrefois dans ses partitions fit place à des combinaisons froides et décolorées. *Astyanax* (trois actes, 1801) inaugure la seconde manière de l'artiste. On y remarque, avec une facture plus soignée, une originalité moindre que dans *Paul et Virginie* et *Lodoïska*. Compositeur laborieux, Kreutzer écrivit une foule d'opéras, mais aucun des plus consciencieusement travaillés n'égale en coloris et en charme ces deux premiers-nés de l'inspiration libre et jeune.

*François I*ᵉʳ *ou la Fête mystérieuse* (2 actes), représenté à Feydeau le 14 mars 1807, fut reçu par le public avec cette froideur qu'un euphémisme bienveillant appelle succès d'estime. Je ne peux donner la liste entière des opéras que Kreutzer composa durant une période de vingt ans. On les trouvera dans mon *Dictionnaire lyrique*. Aucun d'ailleurs n'est resté au répertoire. Le dernier joué fut *Ipsiboé* (4 actes), représenté à l'Académie royale de musique le 31 mars 1824. L'auteur reçut la même année la croix de la Légion d'honneur, et passa de la direction de l'orchestre de l'Opéra à celle de toute la musique de ce théâtre, place qu'il ne garda que deux ans. Quelque temps après, le compositeur retraité voulut faire ses adieux à la salle où son nom avait été souvent prononcé au milieu des acclamations du public, mais le nouveau directeur refusa durement de monter *Mathilde*. A la fin de sa carrière, se voir repoussé d'un théâtre au succès duquel on a contribué pour une si large part, c'était un affront que Kreutzer ressentit vivement. En proie dès lors à un profond chagrin, sa santé s'altéra. Après avoir langui pendant plusieurs années, il mourut le 6 juin 1831, à Genève, où on l'avait conduit, dans l'espoir que le climat de la Suisse et le traitement d'un médecin célèbre apporteraient quelque amélioration à son état. Depuis plus de dix ans, une chute avait mis Kreutzer dans l'impossibilité de jouer du violon. Comme instrumentiste, il devait plus à son sentiment qu'à l'école; mais quoiqu'il se fût formé lui-même, l'histoire compte peu de virtuoses qui méritent de lui être comparés.

Après les concertos de Viotti, ceux de Kreutzer sont les plus intéressants à étudier. Il a rendu aux élèves l'étude du violon agréable par l'originalité de ses idées. Son frère, Auguste Kreutzer, a été un violoniste distingué. M. Léon Kreutzer, son neveu, ne s'est pas contenté d'être un habile musicien ; critique ardent et convaincu, il a tracé d'une plume vaillante les destinées chimériques de la musique de l'avenir.

BERTON

NÉ EN 1767, MORT EN 1844.

Henri Montan Berton est le deuxième rejeton d'une dynastie de compositeurs qui jeta quelque éclat sur la musique française pendant près d'un siècle. Le chef de cette famille, Pierre Montan Berton, avait collaboré avec Giraud à la partition de *Deucalion et Pyrrha*, opéra en cinq actes, joué à l'Académie royale de musique, le 30 septembre 1755. Il avait eu aussi l'honneur de travailler avec Rameau et de contribuer, sous les auspices de Gluck, à une organisation mieux entendue de l'orchestre de l'Opéra, qu'il dirigea longtemps. Mais son fils éclipsa la renommée paternelle. Henri Montan Berton naquit à Paris, le 17 septembre 1767. De bonne heure il apprit la pratique de l'art dans lequel il devait s'illustrer, et si rapides furent ses progrès, qu'à quinze ans on le jugeait digne d'être admis parmi les violons de notre grande scène lyrique (1782). Rey d'abord et Sacchini ensuite lui enseignèrent la composition. Il reçut de ces maîtres l'éducation musicale alors en vigueur, qui se composait beaucoup plus de procédés que de notions théoriques. Mais il y a des professeurs qui valent mieux que leurs leçons, et Sacchini fut un guide utile pour Berton, qui se destinait à la musique théâtrale. L'influence de Paisiello ne fut pas non plus étrangère au développement artistique de Berton, qui s'était pris d'une vive admiration pour une des plus jolies partitions de ce maître, *la Frascatana*.

Pressé de se produire et d'ailleurs encouragé par Sacchini, Berton, à l'âge de dix-neuf ans, fit entendre ses premiers ouvrages (1786). C'étaient des oratorios et des cantates. L'année suivante (1787), il débuta à la Comédie-Italienne par un opéra-comique en deux actes, *les Promesses de mariage*. Cet essai, favorablement accueilli par le public, était d'un heureux augure. Le compositeur fit représenter successivement *la Dame invisible ou l'Amant à l'épreuve* (1787), *Cora et Alonso*, *les Brouilleries* (1789), *l'Amour bizarre* et *les Rigueurs du cloître* (1790), la première œuvre qu'il ait fortement empreinte de son individualité. Le compositeur soutint la bonne opinion que son début avait donnée de sa vocation pour la musique dramatique; pendant une période de neuf années, il déploya une activité extraordinaire, en composant et en faisant représenter les ouvrages suivants : *les Deux Sentinelles* (1791), *Eugène*, en trois actes (1792), le *Congrès des Rois*, triste besogne fabriquée pour les circonstances avec plusieurs autres musiciens (1793), *Viala agricola ou le Héros de la*

BERTON

Durance (1794), le *Souper de famille*, en deux actes (1796), *Ponce de Léon*, opéra-bouffe en trois actes dont il fit les paroles et la musique, et qui fut représenté aux Italiens le 15 mars 1797 (c'était déjà un ouvrage de grand mérite), le *Dénouement inattendu* (1798).

Berton donc acquit l'art d'écrire avec facilité, et, avec son intelligence de la scène, on devait s'attendre à des productions d'un ordre plus élevé. C'est ce qui eut lieu. *Montano et Stéphanie*, opéra en trois actes, son chef-d'œuvre, fut représenté à l'Opéra-Comique le 15 avril 1799; le sujet est une intrigue dont la jalousie forme le nœud; l'innocence de Stéphanie est reconnue, et le traître Altamont paye de sa vie la ruse infâme qu'il a ourdie. L'ouverture est une des plus belles pages que Berton ait écrites. Le début est pathétique, l'instrumentation habile; dans l'accompagnement d'un *sol passo* du chant des violons par les altos, on reconnaît l'élève de Sacchini. L'air de Stéphanie : *Oui, c'est demain que l'hyménée*, a été longtemps chanté dans les concerts. Tout le monde connaît celui qui commence le second acte : *Quand on fut toujours vertueux;* on se rappelle moins maintenant l'air : *Non, il ne s'accomplira pas*, et le duo : *Venez, aimable Stéphanie.* Cette partition renferme aussi un trio sans accompagnement, ce qui était considéré en 1799 comme une innovation hardie. On a remarqué que l'emploi du *crescendo* attribué généralement à Rossini pourrait bien appartenir d'abord à Berton. En effet, on en voit un exemple dans le deuxième finale de l'opéra de *Montano et Stéphanie*. Il y a même dans l'ouverture une application passagère de ce procédé d'effet. Il est juste de remarquer aussi que le compositeur a fait usage d'un dessin absolu dans le finale du premier acte, autre procédé dont Rossini a tiré depuis un parti merveilleux.

Berton obtint un autre succès la même année avec *le Délire ou les Suites d'une erreur*, opéra-comique en un acte, joué le 6 décembre 1799. L'action appartient plutôt au drame qu'au genre de l'opéra-comique. Le livret offre en effet des scènes déchirantes qui étaient bien propres à inspirer le compositeur. La chanson : *Jouer toujours, changer d'amour*, a beaucoup plu; mais les morceaux les plus remarquables sont la romance : *Émail des prés, verdure;* l'air : *C'est là qu'elle sera*, et la scène : *Non, pour moi, non, plus d'espoir.*

Je dois mentionner pour mémoire une œuvre dramatique de circonstance représentée en cette même année, et intitulée *la Nouvelle au camp de l'assassinat des ministres français à Rastadt.* Berton rentra dans le domaine de l'art en donnant le *Grand Deuil*, opéra-bouffe en un acte (20 janvier 1801), le *Concert interrompu* (1802), et *Aline, reine de Golconde*, opéra-comique en trois actes (1803); ce dernier ouvrage fut très-goûté. On y remarqua entre autres morceaux intéressants le chœur : *Il faut quitter Golconde;* le rondo : *Enfants de la Provence;* l'ariette : *Blondinette, Joliette*, et le duo : *Tu m'aimeras toute la vie!* A *Aline* succédèrent la *Romance* (1804), le *Vaisseau amiral*, *Délia et Verdikan* (1805), les *Maris garçons* (1806), le *Chevalier de Sénange*, en trois actes, *Ninon chez Mme de Sévigné* (1808), *Françoise de Foix*, en trois actes (1809), le *Charme de la voix* (1811), *Valentin ou le Paysan romanesque* (1813), l'*Oriflamme* (1814), l'*Heureux Retour* (1815), *Roger de Sicile*, en trois actes (1817), *Blanche de Provence* en collaboration avec plusieurs autres compositeurs (1821), et enfin *Virginie* (1823). Pour être complet, il faudrait encore citer *Charles II*, opéra en trois actes, *Tyrtée ou le Pouvoir des Arts*, en deux actes, le *Premier Navigateur*, *le Nouveau d'Assas*, les *Deux Sous-Lieutenants*, *Corisandre*, deux ballets d'actions, les *Sabines*, et l'*Enfant Prodigue*. L'infatigable musicien donna encore deux autres ouvrages, les *Créoles* (1826) et les *Petits Appartements* (1827); mais il vaut mieux insister sur la dernière production remarquable du fécond compositeur que de laisser le lecteur sous l'impression des ouvrages médiocres qui pourraient détruire l'équilibre de son jugement; car Berton eut le tort de ne point s'arrêter à temps et de continuer à écrire lorsque son imagination s'était refroidie et surtout lorsque le goût du public s'était profondément modifié sous l'influence dominatrice du génie de Rossini. Combien d'artistes devraient suivre le précepte d'Horace,

Solve senescentem mature sanus equum.

L'opéra de *Virginie* fut donné le 11 juin 1823. Le style en est naturellement plus élevé que celui des autres ouvrages de Berton. L'harmonie est plus forte et la déclamation soutenue par un accent lyrique toujours expressif; l'ouverture est très-estimable. Il est à croire que, si l'on donnait une représentation de cet opéra, on admirerait encore dans le premier acte deux chœurs magnifiques, l'air d'Icile : *Oui, mon bonheur est pur et sans alarmes*, le trio de Virginie, Valérie et Icile : *Icile, recevez tous mes droits sur ma fille;* dans le deuxième acte, le quatuor : *Grands dieux! en ce séjour du crime*, et la marche des vestales; enfin, dans le troisième, l'introduction fuguée, l'air de Virginius :

> Dieux! tandis que pour la patrie
> Nous bravons dans les camps les dangers, les revers,
> Nos enfants, dans Rome flétrie,
> Subiront l'opprobre et les fers!

le triple chœur : *O guerriers vertueux*, et surtout ce dernier air de Virginius :

> Romains, amis! pour vous j'ai blanchi sous les armes!
> Tout mon sang est encore à vous!
> Prenez du moins pitié de ce soldat en larmes,
> De ce père outragé qui vous invoque tous!

Desaugiers l'aîné était l'auteur du livret.

Berton était fort goûté dans les salons, à cause de sa conversation pleine de verve et d'esprit. On lui a reproché avec quelque raison de n'avoir pas supporté avec assez de philosophie les succès de Rossini, qui vinrent, si inopinément pour lui, éclipser les siens. La luxuriante orchestration du maître de Pesaro le troublait dans ses habitudes de goût et d'oreille; aussi ne se faisait-il pas faute d'appeler Rossini *il signor Vacarmini*.

Berton jouit pendant sa vie d'une grande réputation, et les distinctions les plus flatteuses lui furent accordées par tous les gouvernements qui se succédèrent au pouvoir durant cette période agitée de notre histoire. Lorsque la Convention réorganisa l'École royale de musique sous le nom de Conservatoire national (1795), Berton y fut attaché dès l'origine, en qualité de professeur d'harmonie. En 1807, il est nommé directeur de la musique de l'Opéra-Italien, et Paris lui doit d'entendre pour la première fois les *Nozze di Figaro* de Mozart. De l'Opéra-Italien, il passe comme chef de chant à l'Opéra (1809). Six ans après, en 1815, l'Institut lui ouvre ses portes. La Restauration le fait chevalier de la Légion d'honneur, et la monarchie de Juillet lui confère le grade d'officier dans le même ordre (1834). Berton avait fourni une longue et brillante carrière quand il mourut le 22 avril 1844.

Son active production dramatique n'empêcha pas Berton d'écrire sur la musique des ouvrages didactiques et divers opuscules. On a de lui un *Traité d'harmonie* (1815), une *Épître à un célèbre compositeur français* (Boieldieu) (1829), plusieurs articles publiés dans l'*Abeille*, etc.

Montan Berton n'eut de son mariage que deux enfants : un fils et une fille, qu'il appela Montano et Stéphanie. Montano, peintre de grande espérance, mourut jeune, et sa sœur le suivit de près dans la tombe. Le compositeur était doué d'une profonde sensibilité. Il éprouva de cette double perte un chagrin qui dura jusqu'à la fin de sa vie et que purent seuls lui faire supporter les sentiments religieux qu'il avait toujours conservés. Son commerce aimable et ses qualités d'homme privé avaient groupé autour de lui beaucoup d'amis.

Une étude plus approfondie des ouvrages de Berton, m'a permis de rectifier, sur plusieurs points, le jugement que j'ai porté sur eux dans les éditions précédentes. J'ai cru devoir aussi réduire à leur juste mesure, les exagérations auxquelles les critiques contemporains se sont livrés, et qu'il faut attribuer à l'état des esprits échauffés de part et d'autre à l'apparition des premiers opéras de Rossini.

DELLA MARIA

NÉ EN 1768, MORT EN 1800.

La mort prématurée de Della Maria a répandu comme un intérêt douloureux sur son œuvre. On peut douter toutefois que ce musicien, dont l'invention semblait épuisée après le grand succès de son *Prisonnier*, eût ajouté quelque nouveau fleuron à sa couronne artistique, si une vie plus longue lui avait été donnée. Enlevé prématurément, Della Maria n'a point connu ce supplice de survivre à l'inspiration éteinte, et il avait assez fait, dans sa courte existence, pour que le monde musical regrettât sa perte.

Il était né à Marseille en 1768, d'une famille italienne. Son père, habile joueur de mandoline, s'était fixé dans la capitale de la Provence où il donnait des leçons de son instrument. L'enfant montra de bonne heure une grande précocité pour la musique. La mandoline lui devint bientôt familière, ainsi que le violoncelle. A dix-huit ans, il débutait par un grand opéra représenté sur le théâtre de sa ville natale. Le talent se découvrait déjà dans cet essai, à travers les fautes inséparables de l'inexpérience. A la suite de ce succès, il semblait au jeune musicien qu'il n'eût presque plus rien à apprendre; mais un voyage en Italie lui ouvrit les yeux. Il ne tarda pas à reconnaître que ses études n'avaient pas été poussées assez loin, et dès lors, durant les dix années qu'il passa dans la Péninsule, il se mit à travailler sous la direction de différents maîtres, dont le dernier fut Paisiello. Après s'être formé par les leçons de ce grand compositeur qui l'avait pris en amitié, Della Maria fit jouer en Italie six opéras bouffes sur des scènes secondaires. Un de ces ouvrages, *Il Maestro di capella*, a eu du succès.

Quand Della Maria arriva à Paris, en 1796, il n'était précédé d'aucune réputation; mais les circonstances le servirent. Recommandé à Alexandre Duval, il obtint de cet auteur un poëme d'opéra-comique dont il fit la musique en huit jours, dit-on; plus probablement en un mois au moins. C'est *le Prisonnier ou la Ressemblance*, représenté à Feydeau le 29 janvier 1798, avec un immense succès. Sans révéler une forte conception, la partition de cet ouvrage se distinguait par un tour mélodique agréable. On sut gré au nouveau compositeur d'une diversion qui reposait l'esprit de l'harmonie puissante des maîtres de l'époque. C'était une suite d'ariettes faciles et chantantes bien plus à l'usage des bourgeois du Directoire que des admirateurs de Gluck et de Sacchini dont les rangs s'étaient bien éclaircis. Pour s'en convaincre, il suffit de rappeler parmi ces vieux ponts-neufs la romance du prisonnier : *Il faut des époux assortis*, les couplets : *Lorsque dans une tour obscure*, qui se termine par ce refrain : *La pitié n'est pas de l'amour*, et enfin le rondeau : *Oh! c'en est fait, je me marie.* La vogue du *Prisonnier* peut être attribuée aussi en grande partie au mérite de ses excellents interprètes : Elleviou, Mmes Saint-Aubin et Dugazon.

Malheureusement Della Maria ne sut pas combler l'intervalle qui sépare une popularité passagère d'une gloire durable. Au *Prisonnier* succédèrent d'autres productions de plus en plus faibles. Si l'*Opéra comique*, l'*Oncle valet* et le *Vieux château* conservent encore quelque trace du talent de leur auteur, la décadence est très-sensible dans *Jacquot ou l'École des mères* (1799) et dans la *Maison du Marais*. *La Fausse Duègne*, opéra-comique en trois actes, auquel Blangini collabora, dit-on, fut représentée aux Italiens en 1801, un an après la mort du compositeur, et ne dut qu'à cette circonstance d'être écoutée, sinon avec intérêt, du moins avec sympathie. L'infortuné Della Maria s'était fait beaucoup d'amis par son caractère doux et aimable. Parmi eux il faut compter son premier collaborateur littéraire, Alexandre Duval, qui se proposait d'aller passer quelque temps avec lui à la campagne, afin de travailler ensemble à un nouvel ouvrage, quand le musicien mourut subitement le 9 mars 1800.

Il succomba probablement à la rupture d'un anévrisme ; car, en revenant chez lui, il tomba sans connaissance dans la rue Saint-Honoré. On le transporta dans une maison voisine où il expira sans avoir pu faire connaître son nom. La police dut même se livrer à des recherches assez longues pour découvrir qui il était. Outre ses compositions dramatiques, Della Maria a écrit quelques motets d'un bon sentiment religieux.

RINK

NÉ EN 1770 MORT EN 1846.

S'il est vrai qu'on peut avec honneur tenir le second rang, surtout quand le premier est occupé par des maîtres aussi inaccessibles que les Bach et les Haendel, cette place appartient à Rink, parmi les bons organistes. Il ne s'est pas complu comme eux dans les grandes difficultés de la fugue. Mais ses compositions dans le style fugué, d'un caractère à la fois élégant et simple, montrent que cet artiste avait le vrai sens de la musique qui convient à son instrument et au culte public.

Jean-Christian-Henri Rink naquit le 18 février 1770, à Elgersburg, dans le duché de Gotha, où son père cumulait les fonctions d'organiste et de maître d'école. Tout jeune encore, il manifesta les plus vives dispositions pour l'art musical et en particulier pour l'orgue qui lui inspirait dès lors un goût passionné. En 1784, âgé de quatorze ans, il fut envoyé par son père à Angelroda. Ce fut là qu'il reçut de l'instituteur Abicht des leçons de chant, de clavecin et d'orgue. Au bout de neuf mois, on le retrouve chez Junghanz à Arnstadt, où il apprend le violon et la composition. Le professeur était-il insuffisant à sa tâche ? On peut le présumer en voyant, trois mois après, son élève le quitter pour aller continuer ses études à Büchelohe sous la direction du *cantor* Kirschner. L'année suivante, Rink se rendit à Erfurt où florissait Kittel, l'un des disciples les plus distingués de Jean-Sébastien Bach, et il étudia pendant trois ans l'harmonie et le contre-point avec cet habile professeur. Déjà, et bien qu'il n'eût pas dépassé sa vingtième année, Rink avait attiré sur son talent l'attention publique. Il en eut la preuve à la fin de 1789, lorsqu'il fut nommé organiste de la ville de Giessen dans la Hesse supérieure. Ses fonctions, maigrement rétribuées, lui firent de l'enseignement une nécessité, et tel fut bientôt le nombre de ses élèves que l'artiste, dont toute la journée appartenait aux autres, dut prendre sur son sommeil pour vaquer à ses études personnelles. Nommé professeur de musique au gymnase de Giessen, en 1805, Rink se vit offrir peu après les places de directeur de musique et d'organiste de l'Université à Dorpat, en Livonie, mais il refusa ces propositions pour ne point s'éloigner de la Hesse grand-ducale. A la fin de la même année, on lui confia à Darmstadt les fonctions d'organiste de la ville, de *cantor* et de professeur de musique du collége. Il obtint, en 1813, l'emploi d'organiste de la cour, et fut nommé en 1817 membre effectif de la chapelle ducale. Le grand-duc Louis Ier encouragea les études d'orgue en attachant à sa cour un homme dont la réputation s'était répandue dans une partie de l'Europe. La protection accordée par Louis XIV aux littérateurs, aux poètes, aux artistes, lui a valu des éloges mérités. Mais combien de principicules allemands ont rempli obscurément le même rôle, et peut-être avec plus de profit pour l'avancement de l'art ! A Dieu ne plaise que j'introduise la politique dans un livre qui doit lui rester étranger ! toutefois, maintenant que les petites entités monarchiques de l'Allemagne ont disparu, noyées dans le courant unitaire, qu'il me soit permis de saluer d'un regret ces asiles libéralement ouverts au talent, ces nombreux foyers de lumière qui rayonnèrent avec tant d'éclat sur la vieille patrie germanique.

La ville de Darmstadt était devenue la résidence fixe de Rink ; il ne s'en éloigna plus que pour faire des voyages de courte durée. Au mois de juillet 1820, il se rendit en Thuringe et recueillit sur son passage, dans toutes les villes qu'il traversa, de nombreuses marques de l'admiration qu'excitait son habileté d'organiste. A Trèves, qu'il visita dix ans après à la demande de son ancien élève Mainzer, il fut l'objet d'une véritable ovation de la part des amateurs et des artistes. Je fatiguerais le lecteur à énumérer les brevets et distinctions honorifiques dont la plupart des universités et sociétés artistiques accablèrent le bon vieillard. On peut dire que la postérité s'était déjà faite pour lui quand il mourut le 7 août 1846, laissant un grand nombre d'ouvrages parmi lesquels on distingue une École d'orgue, des sonates et des chorals justement admirés. La musique de Rink est à la fois mélodique et savante ; son caractère est toujours large et religieux. Elle n'offre pas l'autorité scolastique des fugues d'Albrechtsberger, de Fusch, de Froberger, de J. Seeger, d'Eberlin ; mais elle est plus imprégnée de douceur et de piété, sans mollesse toutefois. Elle est de nature à faire aimer l'orgue par ceux qui resteraient récalcitrants à l'audition même des œuvres de Bach. Car le public de nos églises, en France surtout, est devenu bien étranger à ces formes anciennes de l'art religieux qui faisaient dire à Montaigne : « Il n'est cœur si dur, ny âme si revesche, qui ne se sente touchée de quelque révérence à considérer cette vastité sombre de nos églises, la diversité d'ornements et l'ordre de nos cérémonies, et ouyr le son dévotieux de nos orgues, et l'armonie si posée, si religieuse de nos voix. Ceux mêmes qui y entrent avecque mépris sentent quelque frisson dans le cœur, et quelque horreur qui les met en défiance de leur opinion. » Montaigne maintiendrait-il aujourd'hui son jugement s'il entendait la musique qu'on fait dans nos églises ? Trouverait-il les sons de l'orgue *dévotieux* et l'harmonie des voix *posée* et religieuse ? L'orgue est une imitation idéalisée d'un chœur de voix humaines. La cause de ses puissants effets est dans sa structure même, qui a beaucoup d'analogie avec celle de l'organe vocal ; ainsi que l'homme, l'orgue a une bouche, un larynx, des poumons. L'orgue résume en lui-même l'orchestre dans ses qualités les plus élevées, dans une acception idéale ; il perdrait sa supériorité et les prérogatives de sa destination, s'il était rabaissé à imiter les instruments eux-mêmes. Plusieurs facteurs modernes ont perdu de vue le caractère de l'instrument et sa destination principale (1). Pour ne citer qu'un exemple, ce qu'on appelle la boîte d'expression, boîte disposée en jalousies s'ouvrant et se fermant à volonté au moyen d'une pédale, donne au son des jeux qui y sont renfermés une sonorité capricieuse, inégale, passionnée, dramatique, produisant des effets puérils d'éloignement et de rapprochement, au lieu d'une musique sérieuse, toujours grave et digne du lieu saint où elle se fait entendre ; on a obtenu ainsi des nuances perpétuelles rappelant les effets passionnés de la musique théâtrale. Toutes ces inventions, livrées la plupart du temps à des artistes médiocres, répandent sur l'ensemble des offices divins une fadeur languissante et privent l'auditoire des salutaires influences de la musique religieuse, auxquelles elles substituent des émotions profanes, mondaines,

(1) V. *Méthode d'orgue, d'harmonie et d'accompagnement*, pages 7 et 8.

énervantes. Les arts doivent certainement s'adresser aux sens pour agir sur l'esprit et sur le cœur; mais c'est une raison pour n'affecter que la partie des sens la plus élevée et la plus voisine de l'âme elle-même.

D'où provient l'action si différente sur nous du son du violon et de celui de l'orgue? Pourquoi le premier excite-t-il les mouvements des passions, tandis que l'autre les calme et les apaise? C'est que, sur le violon, l'artiste fait le son directement; son doigt communique à la corde quelques-uns des battements de son cœur, quelque chose du jeu de ses nerfs. Dans l'orgue, au contraire, le tuyau sonore est immobile; l'air qui y est introduit arrive d'un lieu assez éloigné pour qu'il n'y ait aucune secousse, aucun mouvement vibratoire inégal. Le son a un caractère d'impassibilité qui contribue à mettre l'âme dans un état de recueillement et de méditation.

BEETHOVEN

NÉ EN 1770, MORT EN 1827.

La liste est longue des hommes de génie qui ont expié leur illustration par les chagrins et l'amertume de leur vie. Beethoven ne fit pas exception à cette règle assez générale, et, en racontant sa vie, j'aurai plus d'une fois à constater cette vérité d'expérience que la gloire n'est souvent qu'un deuil éclatant du bonheur.

Le grand artiste naquit à Bonn (Prusse), le 17 décembre 1770. Sa famille était originaire de Maestricht. Ainsi que Mozart, il a eu pour père un musicien. Celui-ci remplissait les fonctions de ténor à la chapelle de l'électeur de Cologne. Son grand-père avait été maître de chapelle du prince électeur à Bonn. Le premier malheur de Louis Van Beethoven fut de ne point rencontrer chez ses parents cette chaleur d'affection qui rend aisés à l'enfant les commencements de l'étude, et dont l'influence bienfaisante se fait encore sentir à l'homme mûr. Quel charmant tableau que celui du jeune Mozart au milieu des siens! Ici, la scène change : nous sommes en présence d'un fils naturellement opiniâtre et rebelle à toute direction, dont les défauts seront aggravés par les corrections qu'il reçoit d'un père brutal et adonné à la boisson. Le futur compositeur de tant d'admirables symphonies montrait à l'origine peu de dispositions pour la musique, et les rigueurs paternelles pouvaient seules le forcer à se mettre au piano. On raconte que, tandis qu'il jouait du violon, une araignée se laissait glisser du

VAN BEETHOVEN
(1801 Vienne)

plafond pour venir l'entendre. La mère de Beethoven, ayant remarqué l'insecte, l'écrasa, et l'enfant en fureur brisa de colère son instrument. Ainsi se révélait, dès l'âge le plus tendre, ce tempérament que Cherubini, plus tard, caractérisait d'un mot, disant du célèbre musicien : « Il est toujours brusque. »

Ses maîtres furent d'abord son père et un certain Pfeiffer, chef d'orchestre. La famille était pauvre et ne pouvait faire les frais d'un maître de piano. Van der Eden, organiste de la cour, s'offrit à donner gratuitement des leçons au jeune Beethoven. Il triompha des répugnances de son élève et lui fit faire de rapides progrès. Le charme était rompu, l'enfant reconnaissait sa vocation et s'appliquait avec zèle à un art qui l'avait rebuté jusque-là. Il poursuivit son éducation musicale sous les auspices de Neefe, successeur de Van der Eden. Le nouveau professeur comprit de suite à qui il avait affaire, et, au lieu d'imposer à une organisation d'élite la série des exercices élémentaires, sans hésitation, il initia le précoce virtuose aux chefs-d'œuvre de Bach et de Haendel. Cette hardiesse ne se trouva pas être de la témérité. Neefe avait bien jugé. A douze ans, Beethoven déchiffrait avec une perfection étonnante le *Clavecin bien tempéré* de Jean-Sébastien Bach, et l'on sait combien sont difficiles les fugues et les préludes contenus dans ce recueil. Déjà même, et sans connaître encore aucun des principes de l'harmonie, il s'essayait à la composition dans des morceaux d'un caractère assez léger que par la suite il désavoua, trouvant ces productions de sa première jeunessse trop indignes de la haute renommée à laquelle il était parvenu. A l'âge de treize ans, il composa trois quatuors qui furent publiés depuis par Artaria.

Mozart régnait alors sur le monde musical, et Beethoven l'admirait profondément, avant de songer qu'il deviendrait un jour son émule en renommée. Cédant à son enthousiasme, il fit un voyage à Vienne au printemps de 1787, pour y voir l'auteur de tant de chefs-d'œuvre. Ce fut le comte de Waldstein, chambellan de l'empereur d'Autriche, qui lui en fournit les moyens et favorisa le séjour qu'il y fit en lui envoyant quelques sommes d'argent. Muni d'une lettre de recommandation, il fut admis en présence du maître. Celui-ci, désireux de connaître *de auditu* l'adolescent dont on lui vantait le talent, lui donna à développer un thème hérissé de difficultés. Beethoven se mit au piano, et telles furent l'originalité et la puissance avec lesquelles il travailla ce thème que Mozart, après l'avoir entendu, ne put s'empêcher de dire à ses amis : « Faites attention à ce jeune homme, vous en entendrez parler quelque jour. »

En 1792, Beethoven, qui touchait concurremment avec Neefe une pension comme organiste attaché à la chapelle de Cologne, fut envoyé à Vienne par son protecteur, l'électeur Maximilien François, frère de l'empereur Joseph, pour s'instruire dans les procédés de la composition. Fixé à Vienne, il trouva immédiatement un protecteur dévoué dans le baron

Godefroy van Swieten, directeur de la bibliothèque impériale, ami intime de Mozart et de Haydn, propagateur des œuvres de Bach et de Haendel, traducteur des poëmes anglais de la *Création* et des *Saisons*.

Le prince Lichnowski, élève de Mozart, et la princesse Christine, née comtesse de Thun, adoptèrent en quelque sorte le jeune Beethoven. Ils le firent jouir dans leur maison d'une hospitalité opulente pendant plusieurs années. Le prince fit plus encore ; il assura son existence par une somme fixe et annuelle de 600 florins.

Indépendamment des personnages que j'ai cités, Beethoven compta bientôt au nombre des amis dévoués à sa personne et à son talent, le comte Maurice-Nicolas Zmeskalle, secrétaire de l'empereur, le comte François de Brunswick, le baron Joseph de Gleichenstein, le baron Pasqualati ; quant au docteur Wegeler et à Étienne de Breuning, leur intimité avait précédé le voyage à Vienne.

De telles marques de sympathie ne purent dompter le caractère malheureux de Beethoven. A chaque instant, il mettait à l'épreuve la patience de ses amis et protecteurs par sa bizarrerie, sa mauvaise humeur, son mépris pour les convenances du monde, et, il faut le dire, par un sentiment excessif de sa valeur personnelle.

Il fut l'élève d'Haydn de 1792 à 1794 ; mais il recevait assez mal les conseils du vieux maître. Impatient de tout frein, il n'aspirait qu'à rompre avec Haydn, lorsqu'il fit la connaissance de Schenck, auteur d'un opéra-comique intitulé *le Barbier du village*, et joué avec succès en Allemagne. Il reçut de ce musicien des leçons de contre-point, en même temps qu'il allait pour la forme montrer ses cahiers à Haydn. Ferdinand Ries ajoute même dans sa notice biographique sur Beethoven, que Haydn ayant désiré que Beethoven mît sur sa première publication « *Élève de Haydn*, le jeune homme s'y serait refusé en disant qu'il n'avait rien appris de lui. » La reconnaissance paraît avoir été en toute circonstance pour cette nature indépendante un insupportable fardeau. Cependant un autre biographe affirme que Haydn, à son retour de Londres, reçut l'hommage d'une cantate composée par Beethoven et qu'il donna des encouragements au jeune musicien. Sur ce dernier point, il ne saurait y avoir un doute. Le bon Haydn a bien pu à la fin de sa carrière ne pas se soucier de diriger de nouveaux élèves ; mais il n'a jamais dû leur refuser ses encouragements. Beethoven reçut plus tard les leçons d'Albrechtsberger pour le contre-point et de Salieri pour la musique dramatique. Il eut donc en tout sept professeurs. Trois d'entre eux possédaient les secrets de la composition musicale à un degré éminent, les autres pouvaient avoir aussi du mérite.

Il importe donc de constater que Beethoven reçut l'instruction spéciale la plus étendue, la plus complète, la plus variée qu'un élève puisse recevoir, et que ses débuts furent favorisés d'une manière tout exceptionnelle.

A cette époque la haute société autrichienne se faisait gloire d'aimer la musique et de favoriser les musiciens. Aucun milieu n'était assurément plus propice au développement d'un artiste que celui où les circonstances venaient de jeter Beethoven.

Le prince Lichnowski et le comte Rasumoffsky, ambassadeur de Russie à la cour de Vienne, réunissaient alternativement dans leur palais une petite société, composée d'artistes et d'amateurs, pour l'exécution de la musique de chambre. On y jouait les symphonies et les quatuors de Haydn et de Mozart; ce fut là que Beethoven fit entendre ses premiers ouvrages, d'où le nom de *quatuor de Beethoven* donné à la société d'instrumentistes qui exécutait les productions du jeune maître.

Comment Beethoven apprit-il l'art de l'instrumentation?

Il est hors de doute que les sept professeurs que j'ai mentionnés plus haut ne le laissèrent pas dans l'ignorance sur cette matière. Mais il trouva dans la maison de Van Swieten et du prince Charles Lichnowski les moyens les plus efficaces d'apprendre en peu de temps les ressources des divers instruments, les effets que le compositeur peut en tirer, et le mécanisme des instruments à vent. Ignace Schupanzigh, le célèbre violoniste, les violoncellistes Kraft, l'alto Franz Weisz, Joseph Friedloswski, clarinettiste, Jean Wenzel Stich autrement appelé Giovanni Ponto, célèbre corniste, le flûtiste Charles Scholl, formaient un ensemble de talents exceptionnels qui était à la disposition du maître, jour et nuit en quelque sorte; chacune de ses œuvres était immédiatement déchiffrée, étudiée avec zèle et conscience, et exécutée en présence d'un auditoire d'élite. Le chevalier de Seyfried ne trouve pas de termes pour exprimer la perfection avec laquelle les ouvrages de Beethoven étaient exécutés dans des circonstances si favorables. Précédé déjà d'une grande réputation, Beethoven visita Prague, Leipsick et Berlin pendant l'année 1795. Il fut accueilli partout avec enthousiasme, et son talent sur le piano, sa facilité à improviser sur un thème donné, excitèrent l'admiration.

Cherubini et Cramer l'entendirent alors jouer du piano et ont répété depuis que son exécution était puissante et chaleureuse.

En 1798, un des rédacteurs de la *Gazette musicale* de Leipsick juge ainsi le talent de Beethoven sur le piano :

« Le jeu de Beethoven est très-brillant, mais il manque quelquefois de délicatesse et de clarté. Ce jeune artiste se montre surtout avantageusement dans la fantaisie libre; il y est vraiment extraordinaire; il suit facilement et avec une grande solidité l'idée musicale, et personne ne sait mieux conduire un thème que lui. Depuis la mort de Mozart, que je regardais comme le *nec plus ultrà*, aucun grand talent n'a fait plus d'impression sur moi que celui de Beethoven. » L'époque la plus heureuse de la vie de Beethoven est comprise entre les années 1793 et 1800. Il lutte d'improvisation avec le pianiste Woelfl et obtient le prix aux yeux de tous ceux qui préfèrent un génie étrange et puissant à un talent facile et clair. Il trouve pour ses œuvres un auditoire sympathique et capable de les comprendre ; il jouit de la bienveillance qu'on lui témoigne, avec plus de laisser-aller et de franchise qu'il n'en montrera plus tard, lorsque son caractère, naturellement sombre et défiant, aura été aigri par la souffrance ; enfin la pension que lui fait l'électeur de Cologne suffit à ses modestes besoins, et il n'éprouve point encore ces embarras d'argent qui projetteront une ombre si pénible sur le reste de sa carrière.

En 1800, Beethoven trace un exposé de sa situation dans une lettre au docteur Wegeler. « Mes compositions, dit-il, me rapportent beaucoup, et je puis dire que j'ai plus de commandes qu'il ne m'est possible d'en réaliser ; aussi j'ai pour chaque chose six ou sept éditeurs, et même plus si cela me convient. On ne marchande plus avec moi, je fais mon prix et l'on me paie. » C'est pendant cette période que Beethoven, de vingt-cinq à trente ans, écrivit ses œuvres les plus franchement mélodiques, ses trios en *mi*, en *sol* majeur, et en *ut* mineur ; le premier concerto en *ut* majeur, les trois premiers quatuors, des airs variés et sonates pour piano, la composition d'*Adélaïde*, la sonate pathétique ; tout est clair, lumineux, facile à comprendre. Il y a dans plusieurs de ces ouvrages les traces d'une sensibilité qui ne se retrouve pas si évidente ailleurs.

L'examen des œuvres du grand musicien amène naturellement une classification, et depuis longtemps elle a été faite par les amateurs attentifs. La division de la carrière musicale de Beethoven en trois périodes ou manières est si motivée qu'elle a été adoptée par son principal biographe, Schindler, honnête Allemand, d'une assez faible portée d'esprit, mais bon musicien, puisqu'il fut l'élève et l'ami du maître. En traduisant son livre, M. Albert Sowinski a rendu un grand service aux amis de la vérité historique ; car, si l'on excepte le travail de M. Fétis, les biographies de l'immortel symphoniste n'ont offert jusqu'ici qu'une suite d'anecdotes, aussi romanesques qu'apocryphes, d'où a surgi un Beethoven légendaire ; il est bien plus utile d'étudier à la fois un grand esprit sous ses divers aspects, ses développements et les causes de ses défaillances. Il résulte donc de mon examen que la première manière de Beethoven s'arrête vers 1800 ; que la deuxième embrasse l'intervalle compris de 1801 à 1814, époque de la création de ses grandes symphonies ; et enfin que la dernière manière, commençant en 1815, finit à la mort du compositeur en 1827.

Avec le dix-neuvième siècle s'ouvre pour Beethoven une période de douleurs et de chagrins dont son âme sera empoisonnée jusqu'au dernier jour. La conquête de l'Allemagne rhénane par les armées de la République française, la chute et la mort de l'archiduc Maximilien-François produisent un funeste contre-coup sur l'existence du jeune compositeur. Par là ses projets d'avenir et d'établissement à Cologne sont modifiés. Il prend le parti de fixer sa résidence à Vienne. Ses deux frères Charles et

Jean y habitaient ; l'un était commis à la banque nationale, l'autre pharmacien, c'est-à-dire peu artistes tous deux. On en a tracé comme à plaisir un portrait odieux. J'ai bien remarqué quelques traces de mésintelligence entre ces frères; cependant je crois qu'on en a exagéré la portée. Schindler lui-même qui les connaissait n'a pu citer de leur part aucun fait bien criminel. Pouvait-on exiger d'eux autre chose que de s'employer selon leur caractère à défendre les intérêts matériels que le musicien de génie entendait assez mal. Les lettres qu'ils écrivent aux éditeurs des œuvres de leur frère sont des lettres d'affaires dans lesquelles je n'ai trouvé rien qui fût répréhensible. La dignité de Beethoven y est partout sauvegardée. On voit qu'ils se font les interprètes de ses légitimes exigences. Si quelque fait grave pouvait être imputé à leur charge, Schindler n'aurait pas manqué de le signaler.

Ce fut à cette époque que Beethoven ressentit les atteintes d'une surdité qui prit presque aussitôt un caractère alarmant. Un artiste, qui semblait né tout exprès pour faire entendre sa musique au monde enthousiasmé, perdre le sens de l'ouïe! l'enchanteur merveilleux de la société la plus polie de l'Europe, devenir sourd! C'était bien, on en conviendra, la plus accablante fatalité qui pût tomber sur un homme comme Beethoven, à qui il restait tant d'idées à exprimer, tant de conceptions à faire éclore, qui sentait bouillonner dans son cerveau comme une mer harmonieuse. Est-il nécessaire de rechercher une autre explication de son caractère et de son genre de vie que cette épreuve, la plus cruelle qu'un musicien puisse subir?

Les personnes souffrant d'une infirmité deviennent timides, et la défiance accompagne presque toujours la timidité. On explique dès lors cette humeur soupçonneuse, cette fierté maladive, cette misanthropie rebelle aux efforts de l'amitié, cette inclination chaque jour plus prononcée pour la solitude, enfin ces projets de suicide et ce lamentable testament écrit en 1802, où le désespoir parle un si navrant langage :

Le voici tel que M. Albert Sowinski l'a traduit, d'après la pièce originale citée par Schindler (1).

A mon frère Charles.

O hommes qui me croyez haineux, intraitable ou misanthrope, et qui me représentez comme tel, vous ne me rendez pas justice! Vous ne connaissez pas les raisons secrètes qui font que je vous parais ainsi. De cœur et d'esprit j'étais porté, dès mon enfance, aux sentiments bienveillants; j'éprouvais même le besoin de faire quelques belles actions. Mais, songez que depuis six ans, je suis dans un triste état de santé, aggravé encore par d'ignorants médecins; que, bercé d'année en année par l'espoir d'une amélioration, j'en suis réduit à la perspective d'un mal double, dont la guérison sera longue et peut-être impossible. Né avec un tempérament vif et ardent, susceptible de sentir les

---

1. *Vie de Beethoven*, p. 60, 61, 62.

agréments de la société, j'ai été obligé de m'en séparer de bonne heure et de vivre dans la solitude; et, quand je voulais me mettre au-dessus de cela et oublier mon infirmité, j'en étais repoussé avec un redoublement de tristesse par suite de ma difficulté d'entendre. Il m'était impossible pourtant de dire aux hommes : Parlez plus haut, criez, car je suis sourd! Ah! comment était-il possible d'avouer la faiblesse d'un sens, qui aurait dû être plus parfait chez moi que chez les autres, d'un sens que j'ai possédé autrefois dans l'état de perfection, et d'une perfection telle que peu d'hommes de mon art la possédaient; non, je ne le puis pas. Ne m'en veuillez donc pas quand vous me voyez dans la retraite, quand je voudrais vivre avec vous; mon malheur me fait doublement souffrir, car je vois que l'on me méconnaît. Pour moi, point de délassement dans la société, point de conversation intime, point d'épanchements mutuels. Vivant toujours seul, sans autres ressources que celles que commande une impérieuse nécessité, je ne puis me faire admettre dans la société, et je vis comme un banni. Toutes les fois que je m'approche du monde, une affreuse inquiétude s'empare de moi; je crains à tout instant le danger de faire remarquer mon état. — C'est ainsi que j'ai passé à la campagne la moitié de cette année; engagé par mes savants médecins à soigner mon ouïe, j'ai mené un genre de vie contraire à mes goûts naturels. Pourtant, quand, en dépit des motifs qui m'éloignaient de la société, je m'y laissais entraîner, à quel chagrin je m'exposais lorsque quelqu'un, se trouvant auprès de moi, entendait de loin une flûte et que je n'entendais rien; ou qu'il entendait chanter un pâtre et que je n'entendais encore rien! J'en ressentais un désespoir si violent, que peu s'en fallait que je ne misse fin à ma vie. L'art seul m'a retenu; il me semblait impossible de quitter le monde avant d'avoir produit tout ce que je sentais devoir produire. C'est ainsi que je continuais cette pauvre vie, véritablement misérable : un rien me suffit pour me faire passer de l'état le meilleur à l'état le plus pénible. Patience, c'est le nom du guide que je dois choisir! Je l'ai déjà, et ma résolution est de persévérer jusqu'à ce qu'il plaise aux inexorables Parques de couper la trame de ma vie. Peut-être cela ira-t-il mieux, peut-être non. Je suis décidé à me faire philosophe à trente-deux ans, chose qui n'est pas facile, et qui est plus difficile pour moi que pour tout autre. — O Divinité, tu vois dans mon cœur, tu le connais, et tu sais que l'amour du prochain et le penchant au bien y tiennent une grande place.

O hommes qui lirez ceci un jour, songez combien vous avez été injustes envers moi dans mon malheur; que les malheureux se consolent en voyant en moi un de leurs semblables, qui, bravant les obstacles, fit tout ce que sa position lui permettait de faire pour être digne d'être compté au nombre des hommes de bien et des artistes de mérite.

Et vous, mon frère Charles, aussitôt que je serai mort, priez le professeur Schmidt, en mon nom, de décrire ma maladie et d'ajouter cette description à cet écrit, afin qu'après ma mort, autant que possible, le monde soit réconcilié avec moi. En même temps, je vous déclare tous deux héritiers de ma petite fortune (si on peut l'appeler ainsi). Partagez-la loyalement, soyez d'accord et aidez-vous mutuellement. Tout ce que vous avez fait contre moi, vous a été depuis longtemps pardonné, vous le savez. Je remercie mon frère Charles particulièrement pour l'attachement qu'il m'a témoigné dans ces derniers temps. Je souhaite que votre vie soit meilleure et plus libre de soucis que la mienne. Recommandez la vertu à vos enfants; elle seule peut vous rendre heureux, et non pas l'argent. Je vous parle d'expérience : c'est la vertu qui soutient dans le malheur, et si je n'ai point fini ma vie par un suicide, je le dois à vous ainsi qu'à mon art. Vivez heureux et aimez-vous. Je remercie tous mes bons amis, principalement le prince Lichnowski et le professeur Schmidt. Je désire que les instruments du prince soient conservés chez un de vous; mais qu'il n'y ait point de discussion à ce sujet entre vous deux. Si cependant vous aviez besoin d'argent pour quelque chose de plus utile, je vous permets de vendre ces violons et je serai heureux de vous être utile de mon tombeau. C'est avec joie que je vais au-devant de la mort. Si elle vient avant que j'aie l'occasion de développer mes capacités musicales, j'attribuerai cela à la dureté de mon sort; mais ce serait trop tôt, et je désire qu'elle vienne plus tard : dans tous les cas, je serai content, car elle me délivrera d'un état pénible; j'irai avec courage au-devant d'elle. Adieu, ne m'oubliez pas dans la mort, je le mérite, car je vous ai toujours voulu du bien durant ma vie, et toutes mes pensées étaient pour votre bonheur. Soyez heureux.

Heiligenstadt, ce 6 octobre 1802.
Louis van Beethoven.
m. p.
(L. S.)

A l'extérieur on lisait :

« Heiligenstadt, le 10 octobre 1802

« Ainsi je te dis un triste adieu. — Car la chère espérance qui me soutenait jusqu'ici m'abandonne complétement; elle est desséchée comme les feuilles d'automne qui tombent et se flétrissent. Je m'en vais de ce monde dans le même état que j'y suis venu ; seulement, le courage qui animait mes beaux jours a disparu. O Providence! faites luire pour moi au moins un seul jour de joie pure; depuis longtemps la véritable joie m'est inconnue. Quand donc, ô Divinité! pourrai-je la ressentir dans le temple de la nature? Jamais? — Oh! non, ce serait trop dur!

A mes frères, Charles et.... A lire après ma mort et à exécuter.

L'humeur sombre et l'âpreté du caractère de Beethoven ont fait croire qu'il n'avait jamais cédé à de tendres sentiments; plusieurs publicistes lui ont ainsi fait occuper parmi les musiciens une place à part, l'entourant d'une auréole de pureté parfaite dont l'éclat rend autour de lui les ombres plus épaisses.

Il faut bien renoncer à cette illusion quand on lit les biographies faites par des panégyristes déclarés, ou par les gens les mieux informés. L'un, le chevalier de Seyfried, s'exprime ainsi dans les *Études sur Beethoven*, publiées en 1832 : « Beethoven n'a jamais été marié, et jamais on ne lui connut aucun attachement sérieux. Ferdinand Ries, son élève, dit : Beethoven voyait volontiers les femmes, principalement celles qui étaient jeunes et douées d'un joli visage;... il était très-souvent amoureux, mais jamais longtemps. » Le docteur Wegeler, Breuning et Romberg déclarent que Beethoven avait toujours quelque amour en tête et qu'il était très-souvent épris au plus haut degré. Il nomme une demoiselle d'Honrath, de Cologne, qui fut sa première passion, plus tard une demoiselle de W.

Le docteur Wegeler continue ainsi : « Les amours de Beethoven cessèrent avec l'âge et laissèrent peu d'impression après elles. Peu à peu, elles s'effacèrent aussi dans le cœur de celles qui furent l'objet de ses affections. Pendant mon séjour à Vienne, Beethoven était toujours amoureux ; il fit des conquêtes qui, même pour un Adonis, auraient été difficiles, sinon impossibles. » Schindler donne aussi plusieurs lettres de Beethoven qui confirment pleinement ces déclarations.

En 1803, Giulietta Guicciardi fut aimée passionnément par Beethoven ; elle lui inspira l'admirable sonate en *ut* dièze mineur, dite *Sonate du clair de lune*. Il paraît d'après un billet écrit par Beethoven et remis à Schindler, que cette personne semblait répondre à son amour et qu'en même temps elle entretenait des relations avec un nommé Gallenberg, désigné tantôt comme maître de ballets, tantôt avec le titre de comte de Gallenberg. Il est certain qu'il a été administrateur du théâtre de la Porte de Carinthie. Apprenant par elle les embarras financiers de cet homme, et voyant qu'elle s'y intéressait, il lui fit passer diverses sommes d'argent, jusqu'à cinq cents florins qu'il emprunta pour le tirer d'affaire. Comme la demoiselle épousa Gallenberg, on doit penser qu'elle fit jouer au pauvre Beethoven le rôle de dupe. Schindler donne trois lettres d'amour écrites par Ludwig à sa maîtresse. Elles témoignent d'un cœur profondément et sincèrement épris.

Schindler, qui a recueilli avec un soin si pieux toutes les particularités qui se rattachent à la vie publique et privée de son maître, ne nous donne ici que des informations peu précises. On voit cependant que cet amour malheureux fut pour Beethoven une nouvelle source de chagrins. En voyant la femme qu'il aimait épouser Gallenberg, il ressentit une telle douleur qu'elle faillit ébranler sa raison, s'il est vrai, comme on l'a dit, que l'amant abandonné ait eu l'intention de se laisser mourir de faim. Quoi qu'il en soit, et quelque réelle que fût son affliction, on ne remarque pas qu'elle ait contrarié le libre essor du compositeur, car c'est précisément l'année suivante, en 1804, qu'il entre dans la pleine possession de son originalité et secoue l'influence du style de Haydn et de Mozart.

L'Allemagne compterait une gloire nationale de moins, et le monde aurait été privé à jamais d'un de ses plus sublimes génies, si dans le cœur de l'Orphée germanique l'amour de son art ne l'eût emporté sur le sentiment de ses maux. D'ailleurs Beethoven, dont l'éducation première avait été assez négligée, s'était fait un esprit viril par des études que les artistes enfermés dans l'objet spécial de leur profession dédaignent trop souvent. Nourri de la philosophie platonicienne et, par-dessus tout, lecteur assidu de Plutarque, il se reprit à la vie par un effort de stoïcisme, pour n'être pas inférieur à ces héros de l'antiquité qu'il admirait dans son auteur favori, et dont il sentait l'inspiration au dedans de lui-même.

Brutus était au nombre des hommes célèbres qu'il admirait le plus et il avait placé sa statuette sur sa table de travail. Il transcrivait sur son journal des passages de ses lectures et les pensées qu'elles lui suggéraient. On acquiert ainsi la connaissance de ses livres de prédilection. C'étaient les *Considérations sur les œuvres de Dieu dans le règne de la nature*, par Christophe Sturm, ministre évangélique (ce livre a été traduit en français par la reine de Prusse, Élisabeth-Christine); les œuvres de Gœthe, l'Odyssée d'Homère. On remarque dans ses pensées des tendances à l'impersonnalité, à une sorte de croyance aux êtres abstraits; s'il s'agit de déterminer l'idée qui lui a fait écrire sa sonate, œuvre 14, il l'appelle : *Das mœnnliche und weibliche Prinzip, das bittende und das widerstehende! Le principe masculin et le principe féminin, celui qui demande et celui qui refuse.* Voilà une complication germanique bien inutile et bien subtile pour exprimer un dialogue amoureux! Les images les plus tristes, les pensées les plus sombres, les plus misanthropiques remplissent ce journal et viennent compléter ce que nous apprend déjà la correspondance, assez rare d'ailleurs, du compositeur. Son cœur ulcéré déborde en phrases amères auxquelles se mêlent singulièrement des aphorismes philosophiques.

Nul doute que, si Beethoven se fût adressé au véritable Auteur de toute consolation, de préférence aux Parques inexorables, à Plutarque et à la Nature, il eût été moins malheureux. C'est dans ces sortes d'épreuves que la foi du charbonnier est plus utile que ces invocations à une divinité vague, dont il n'est même plus guère question dans la dernière période de la vie de Beethoven.

A l'exemple de son maître, le bon Schlinder a voulu aussi philosopher. Il a donné pour épigraphe à son livre cette sentence de A. Meiszner : « *L'homme est dans l'humanité;* » sentence qui aurait besoin d'être expliquée, soit pour qu'elle ne paraisse pas empruntée à M. de la Palisse, soit pour qu'on puisse en conclure que Beethoven professait les doctrines humanitaires; car enfin je ne pense pas que Schindler ait songé à établir par cette citation que son héros s'est particulièrement distingué par l'amour de ses semblables et par des sentiments d'une grande bienveillance.

Laissons ces velléités de philosophie creuse et reprenons le récit de la carrière musicale du grand symphoniste.

Déjà, en 1801, il avait fait exécuter au théâtre du Burg à Vienne, le 28 mars, un ballet : *Les Créations de Prométhée;* en 1802, diverses sonates, *la Marche funèbre pour la mort d'un héros* et l'admirable septuor; c'étaient ses batailles à lui; n'avait-il pas à lutter en effet contre Preindl, Dionys Weber, Maximilien Stadler et autres partisans fanatiques des formes musicales de Haydn et de Mozart, qui pressentaient déjà en lui un novateur, alors que son génie subissait encore l'influence de ses devanciers ?

Sous l'empire de ces préoccupations, soutenu par l'idée du devoir et par la conscience de sa mission artistique, Beethoven se remit à l'œuvre et donna le 5 avril 1803, la cantate intitulée : *Le Christ au mont des Oliviers.*

Mais c'est la symphonie en *ré*, exécutée en 1804, qui inaugure la seconde phase musicale et la véritable manière de Beethoven. Jusque-là, dans ses sonates, dans ses quatuors, etc., Beethoven reflétait dans une certaine mesure l'inspiration du maître immortel dont il avait reçu en quelque sorte l'investiture artistique, lors de son premier voyage à Vienne en 1787. Maintenant il est lui-même; il le sera plus encore peut-être, s'il est permis de parler ainsi, dans sa *Symphonie héroïque*, écrite à l'instigation de Bernadotte qui remplissait alors les fonctions d'ambassadeur français près de la cour d'Autriche. L'histoire des circonstances qui amenèrent la composition de cette œuvre est assez curieuse. Quoique bon Allemand et vivant dans la familiarité des chefs de l'aristocratie viennoise, Beethoven avait puisé dans ses lectures et surtout dans la *République* de Platon des sentiments qu'il croyait libéraux et qui lui permettaient de sympathiser avec les hommes et les choses de la Révolution. Bonaparte n'était à ses yeux que le bras victorieux de la France républicaine. Admirateur sincère du premier consul, et en cela fort mauvais patriote, il prêta donc facilement l'oreille à la voix de Bernadotte qui lui demandait une symphonie destinée à glorifier son héros. Une copie nette de la partition de la *Symphonie héroïque* avec la dédicace au premier consul de la République française consistant en deux mots : *Napoléon Bonaparte*, allait être remise au général pour être envoyée à Paris, lorsque la nouvelle vint à Vienne que le premier consul s'était fait proclamer empereur des Français. Ce furent le prince Lichnowski et Ferdinand Ries qui en informèrent Beethoven. Aussitôt celui-ci saisit sa partition avec colère, arracha la feuille du titre et la jeta par terre en proférant des imprécations contre le nouveau tyran; c'est ainsi qu'il appelait l'empereur Napoléon. Il remplaça le titre de sa *Symphonie héroïque* par cette devise : *Per festeggiare il sovenire d'un gran uomo*.

Cet ouvrage plein de beautés d'un caractère hardi, fut accueilli par les colères des partisans *quand même* de la tradition. Chose absurde, mais qui peint au vif les entraînements déraisonnables de la polémique, Dionys Weber, directeur du Conservatoire de Prague, alla jusqu'à le déclarer contraire aux mœurs. Le public aussi avait besoin d'être initié par l'habitude à l'intelligence d'une musique qui tout d'abord, pour s'écarter des vieilles formules, lui paraissait manquer de lumière et de netteté. C'est que le génie de Beethoven, génie profond, fertile en contrastes, très complexe, babylonien, sondant les abîmes de la pensée, ne se révèle avec tout son éclat qu'aux amateurs exercés, et de lui l'on peut dire ce que Boileau disait d'Homère :

> C'est avoir profité que de savoir s'y plaire.

L'éminent symphoniste était-il doué à un degré égal de la faculté dramatique? L'opéra de *Fidelio* va nous le dire. A une époque où le patriotisme intervenant dans les questions de goût, la société viennoise ne voulait plus voir sur la scène les œuvres des maîtres français, l'auteur de l'oratorio du *Christ au mont des Oliviers* semblait plus que tout autre propre à doter le théâtre national d'un chef-d'œuvre indigène. L'*Amour conjugal*, sujet déjà traité en français par Gaveaux, et en italien, par Paër, fut choisi par le conseiller de régence, Sounleithner, comme livret d'un opéra d'abord en trois actes et intitulé *Léonore*, dont Beethoven fut chargé d'écrire la musique. Cette pièce jouée à Vienne, le 20 novembre 1805, ne répondit pas aux espérances que le nom du compositeur faisait concevoir. Réduite plus tard à deux actes et représentée sous le titre de *Fidelio*, qui lui est resté, elle obtint plus de succès. On y reconnut ce qui y était en effet, c'est-à-dire l'empreinte d'un talent arrivé à sa maturité, une science profonde des effets d'orchestration et une habileté consommée dans l'art de traiter une idée, de la développer en y introduisant les épisodes les plus intéressants. Cependant quand on se place au point de vue de la musique vocale et du genre dramatique, on peut dire, sans manquer de respect à Beethoven, que *Fidelio* ne réunit pas les conditions de l'œuvre lyrique, telle que nous la comprenons depuis Gluck, Mozart, Rossini et Meyerbeer. L'inflexible roideur de la personnalité de Beethoven l'empêchait de se plier aux nuances des divers caractères et de subordonner la conception de ses formes musicales aux exigences d'un scenario. L'instrumentation domine les parties essentielles, et les formes mélodiques ne sont pas assez faciles à saisir. Voilà pourquoi, lorsque la troupe allemande représenta cet opéra dans la salle Favart, en 1829 et 1830, il ne réussit point, malgré le jeu dramatique et la belle méthode de Mme Schrœder-Devriendt. Il fut joué en 1852 aux Italiens, et Mlle Sophie Cruvelli y fit admirer sa belle voix. Enfin on a entendu cette partition au Théâtre-Lyrique, il y a quelques années, avec une traduction française; Mme Viardot s'y est particulièrement distinguée. La scène dans laquelle Léonore défend son époux lorsque le gouverneur vient pour l'assassiner, est la plus belle de toutes. Le finale du dernier acte est d'un effet puissant; les chœurs et l'orchestre font entendre là une des plus belles inspirations du grand symphoniste; l'ouverture, ou plutôt les ouvertures écrites par Beethoven, pour cet ouvrage, témoignent de ses efforts consciencieux et de sa volonté d'exprimer la pensée du drame avec les seules ressources instrumentales.

La décade de 1804 à 1814 n'est pas seulement la plus brillante du génie de Beethoven, elle est encore la plus féconde et la plus riche. A ce temps appartiennent la sonate en *fa majeur* (1806), la symphonie en *si majeur*, l'ouverture de *Coriolan*, et la messe en *ut majeur*, écrite pour le prince Esterhazy (1807), le *Concertino*, la symphonie en *ut mineur*, l'œuvre la plus parfaite du maître, celle qui est la marque de l'apogée de son génie, et la Symphonie *Pastorale* (1808). Les hommes qu'une disposition misanthropique éloigne de la société de leurs semblables jouissent, plus que d'autres, des beautés champêtres. Les rêveries de Rousseau, les *Harmonies* de Bernardin de Saint-Pierre, attestent cette vérité dans l'ordre littéraire ; la Symphonie pastorale de Beethoven la démontre dans l'ordre musical.

Dans la symphonie, le maître pouvait s'abandonner aux fantaisies de son imagination, poursuivre la description des éléments, faire aussi parler à l'âme un langage abstrait, impersonnel. Sur ce terrain, sa course est entraînante, capricieuse, quelquefois vertigineuse, souvent longue et haletante. Il y a telle symphonie dont les développements sont si exagérés que l'auditeur serait tenté de demander grâce, si le respect n'enchaînait sa langue, et peut-être aussi la crainte de passer pour manquer de goût.

Le genre descriptif ne pouvait même pas captiver entièrement ce génie indépendant et obstinément individuel. La symphonie *pastorale* nous transporte assurément moins que la symphonie en *ut mineur*. La scène champêtre, l'idylle au bord d'un ruisseau, la danse villageoise, l'orage, la prière d'action de grâces, forment un cadre que Beethoven a dépassé. Haydn s'y serait renfermé, aurait reproduit avec un esprit charmant tous ces épisodes et serait resté dans le programme du sujet.

Beethoven a-t-il voulu peindre les états divers de l'âme humaine ? D'après les idées artistiques de son temps, et le rôle assigné à l'art musical, on ne peut prêter au compositeur des intentions que la nouvelle école allemande substitue depuis trente ans à l'inspiration et à l'invention. L'a-t-il fait sans le vouloir ? Cela est plus facile à reconnaître. En entendant le chef-d'œuvre, on éprouve tour à tour les impressions d'une sérénité parfaite et toutes les commotions d'un désordre moral. Une âme naïve et indifférente goûte le bien-être d'une existence calme et heureuse ; mais voilà que dans un repli du cœur un sentiment caché se révèle. Il prend successivement des proportions de plus en plus menaçantes pour la tranquillité de la conscience et finit par devenir une violente passion. L'âme souffre, gémit, se déchire, éclate en imprécations et en cris de douleur. Mais la vertu triomphe, le mal s'éloigne, ses grondements deviennent sourds, plus confus et se perdent dans le lointain ; ce pauvre cœur reprend possession de lui-même ; il se tourne vers l'éternelle, l'immuable sagesse ; il lui adresse ses vœux pleins de joie et de reconnaissance. Voilà ce que me dit la *Symphonie pastorale*. Je ne conteste pas cependant l'intérêt qu'inspirent à d'autres l'imitation du chant de la caille et les effets de tonnerre des contre-basses.

L'époque à laquelle Beethoven a fait exécuter ses magnifiques symphonies marque le point culminant des progrès de la musique en Allemagne. On est en 1808 ; c'est la France qui s'empare de la succession ; quoique Rossini ait fait représenter la plus grande partie de ses ouvrages en Italie, je n'hésite pas à dire que son chef-d'œuvre, *Guillaume Tell*, composé expressément pour la scène française consacre la prise de possession par la France du sceptre musical. Si, en Allemagne, Weber et Mendelssohn ont soutenu l'honneur germanique, leur tâche est tombée aux mains de M. Wagner. Quant à Meyerbeer, ses œuvres appartiennent plutôt à la France qu'à tout autre pays. Donizetti et Bellini ont rempli encore l'Italie de leurs suaves cantilènes ; cependant le premier a suivi l'exemple de l'auteur de *Guillaume Tell* et du *Comte Ory* en adoptant le goût français, sinon les procédés de l'école française, dans la *Favorite*. M. Verdi s'est senti porté à imiter leur exemple et les partitions de *Don Carlos* et d'*Aïda* en fournissent maintes preuves. L'art se déplace ainsi que la civilisation. Honneur à l'Italie et à l'Allemagne qui ont donné au monde tant de musiciens de génie ! Mais une École française a été inaugurée au commencement de ce siècle par Méhul, ét, en conscience, aucune de ces nations voisines ne peut offrir une succession rapide de compositeurs tels que Boieldieu, Hérold, Halévy, Auber, Félicien David, Victor Massé, Gounod, dont les ouvrages sont partout exécutés.

Cependant, au milieu de ses triomphes, Beethoven menait toujours une vie agitée, tourmentée de mille soucis et qu'il croyait à tort précaire et mal assurée. Sous ce dernier rapport, peu de compositeurs, même parmi les plus grands, ont été aussi favorisés que Beethoven qui a joui de son vivant d'une grande renommée, qui était entouré d'amis enthousiastes et dévoués, qui faisait exécuter chez des princes et par des princes ses quatuors à peine terminés et dont l'encre n'était pas encore séchée. Cependant il s'est cru très-malheureux ; il l'a été par cela même, et nous devons le plaindre.

Les concerts dans lesquels il faisait entendre ses productions entraînaient naturellement des frais considérables. La contrefaçon qui se donnait effrontément carrière à son préjudice nuisait au profit qu'il aurait pu retirer de la vente de ses œuvres. D'ailleurs, comme tant d'illustres artistes, il était dépourvu de l'esprit commercial, et, tout en maugréant, tout en couvrant les murs de son logis d'additions et d'opérations arithmétiques au grand désespoir de ses propriétaires, l'homme de génie offrait une proie facile à l'avidité des éditeurs. Sous l'influence de ces pénibles préoccupations, il faillit se brouiller avec le prince Lichnowski, en lui demandant un jour le capital de la rente annuelle de six cents florins qu'il devait à la générosité de cet amateur. Dans cette extrémité, Beethoven songeait à aller chercher fortune en Italie, quand Jérôme Bonaparte, roi de Westphalie, lui fit offrir la place de maître de chapelle à Cassel. L'aristocratie viennoise, menacée de perdre le musicien dont elle était fière, s'émut de sa détresse, et un concordat passé d'un commun accord entre l'archiduc Rodolphe, le prince Lobkowitz et le prince Kinsky assura à l'auteur de *Fidelio* une pension annuelle de quatre mille florins. Ces stipulations généreuses (1809) étaient, avant tout, un acte de patriotisme intelligent. Rendre le maître à l'aisance, c'était le rendre à l'art. Fixé désormais dans le joli village de Baden à quelques lieues de Vienne, il semblait qu'il n'eût dû avoir qu'un souci, celui de noter dans des partitions immortelles les chants harmonieux qui retentissaient dans son âme.

Mais il était écrit que ces loisirs studieux, soustraits aux préoccupations matérielles, ne seraient pas de longue durée. Après l'année 1810, une des plus fécondes en chefs-d'œuvre dans l'existence de Beethoven, sa position pécuniaire fut de nouveau compromise par suite du dérangement des finances autrichiennes, et sa pension réduite, en fait, de quatre mille florins à huit cents. Au fort de ces revers de fortune, il écrit, en 1811, la musique de trois chants de Gœthe et l'ouverture d'*Egmont*; en 1812, l'ouverture des *Ruines d'Athènes* et l'ouverture du *Roi Étienne*. Si grande que fût la valeur de ces compositions, elles devaient être éclipsées par la *Bataille de Vittoria*, symphonie militaire à deux orchestres exécutée dans l'*aula* de l'Université, les 8 et 12 décembre 1813.

C'est une heure décisive dans la carrière de Beethoven. Ses amis triomphent, ses adversaires baissent la tête, réduits cette fois au silence, et le rédacteur de la *Gazette musicale* de Leipzig, feuille peu suspecte, n'est guère que l'écho de l'opinion universelle lorsqu'il dit : « En ce qui regarde la *Bataille de Vittoria*, on conviendra que, pour exprimer avec des sons les péripéties du combat, rien n'est mieux approprié que les moyens que l'auteur vient d'employer dans cette circonstance. Une fois entré dans ces idées, on est étonné et ravi en même temps, de voir les éléments de l'art appliqués avec tant de génie pour arriver au but. L'effet et l'illusion ont été complets, et on peut affirmer, sans réserve, qu'il n'existe pas, dans le domaine de la musique imitative, une œuvre semblable à celle-ci. »

Le moment où l'Allemagne se couronne reine de l'art dans la personne de son glorieux enfant, est aussi celui où le sort des armes lui donne gain de cause. L'année 1813 avait été marquée par la défaite des Français à Leipzig, celle de 1814 est signalée par la campagne de France et le renversement de Bonaparte. Il semble que les destinées politiques de la patrie allemande et les destinées artistiques de Beethoven suivent ici un développement parallèle. La victoire de l'une coïncide avec la victoire de l'autre. Les souverains et les ministres réunis au congrès de Vienne sont les auditeurs de la cantate dramatique de circonstance (*O moment glorieux*), qui clôt la seconde manière du maître (29 novembre 1814).

Quoiqu'on ait prétendu le contraire, la renommée de Beethoven s'établit promptement en France. La première symphonie en *ut* fut exécutée à Paris vers 1810, sous la direction d'Habeneck qui fit connaître successivement toutes les autres symphonies dans les concerts spirituels de l'Opéra; et, à partir de 1828, il les fit exécuter par l'orchestre incomparable de la Société des concerts du Conservatoire. Habeneck était un artiste d'élite à qui cette société est redevable d'une bonne partie de ses excellentes traditions. Depuis la mort de ce vaillant chef d'orchestre, arrivée en 1849, les symphonies de Beethoven ont continué à figurer au premier rang dans les programmes de la Société des concerts, et leur gloire a été rajeunie par les applaudissements des milliers d'auditeurs assidus et enthousiastes qui fréquentent les concerts populaires de musique classique dirigés par M. Pasdeloup.

Beethoven reçut au printemps de l'année 1821 sa nomination comme membre honoraire de l'Académie royale des sciences et des beaux-arts de Suède. Il fallait à cette époque obtenir du gouvernement autrichien l'autorisation d'accepter cette marque de distinction. Elle fut accordée après beaucoup de démarches. Beethoven envoya à son ami Schindler deux lettres pour annoncer dans les journaux que ce titre lui était conféré ; ce qui prouve qu'il y attachait quelque prix ; et cependant le poëte C. Bernard, chargé par le compositeur de certaines annonces musicales dans les journaux, ayant fait suivre le nom de Beethoven de ses titres honorifiques, s'attira de sa part une verte semonce : « De telles niaiseries me rendent ridicule, lui écrit il ; il faut les mettre de côté à l'avenir. »

Ayons le courage de le dire, quelque pénible que cela soit, à partir de 1815 jusqu'à sa mort (26 mars 1827), l'illustre compositeur tombe au-dessous de lui-même. Son inspiration est moins nette, sa musique qui, même en s'efforçant d'exprimer l'infini, était restée pendant la période précédente suffisamment précise et intelligible, devient maintenant obscure et confuse. Qu'est-ce qu'une harmonie qui cherche à se pénétrer d'idées philosophiques ? La solitude où se confine de plus en plus Beethoven, les lectures auxquelles il se complait exercent une fâcheuse action sur ses tendances musicales. Pour que le génie ne perde point pied sur le sol mouvant des visions chimériques, il faut qu'au lieu de s'absorber dans la contemplation exclusive de ses pensées, il se rapproche des hommes, car rien n'est plus propice que l'isolement à l'infatuation de l'esprit.

La grande messe en *ré* (*Missa solemnis*), les dernières ouvertures, la *neuvième symphonie avec chœurs* « *sur l'Ode à la joie de Schiller* » et surtout les derniers quatuors, sont des œuvres *apocalyptiques*. Non qu'il ne s'y rencontre encore çà et là d'éclatantes beautés, et en assez grand nombre pour témoigner que c'est un soleil qui se couche. Mais dans l'ensemble, la lumière fait défaut ; ce sont des créations puissantes où manque le *Fiat lux*. Pendant qu'il travaillait à la *neuvième symphonie*, le compositeur parcourait la campagne, notant ses idées, sans penser à l'heure des repas, et rentrait souvent sans chapeau, au grand déplaisir de Mme Schnaps, sa cuisinière ; toute sa conduite attestait une surexcitation fébrile ; la partition fut enfin achevée au mois de février 1822.

Beethoven désirait faire exécuter la *Missa solemnis* et la *neuvième symphonie* dans un grand concert à Berlin ; il s'adressa à cet effet au comte

Brühl qui lui promit un grand succès. Mais cette détermination émut toute la noblesse dilettante de Vienne, ainsi que les admirateurs du maître. On rédigea une adresse dans laquelle on le suppliait en termes chaleureux d'épargner cette honte à la capitale et de ne pas permettre que les nouveaux chefs-d'œuvre sortissent du lieu de leur naissance avant d'avoir été appréciés par les admirateurs nombreux de l'art national. Cette adresse fut signée par trente personnages notables parmi lesquels on remarque, à côté des noms de plusieurs membres de la haute aristocratie viennoise, ceux de Charles Czerny, de Kuffner, de l'abbé Stadler, de Kiesewetter. Beethoven fut touché de cette manifestation. Ses amis se mirent en campagne, aplanirent les difficultés suscitées en partie par le caractère du maître, et le 7 mai, eut lieu à Vienne dans la salle du théâtre de la Porte de Carinthie l'exécution des deux œuvres colossales si ardemment désirées : voici le programme de cette mémorable journée :

Le 7 mai aura lieu une grande académie musicale, donnée par M. L. de Beethoven.
Des œuvres nouvellement écrites composeront le programme :
1º Grande ouverture (1822, œuvre 124).
2º Trois hymnes avec solo et chœurs (*Kyrie*, *Credo*, *Agnus Dei*, et *Dona nobis pacem*) de la Messe solennelle.
3º Grande symphonie avec solo et chœurs dans le finale « sur l'ode à la joie de Schiller. »
3º Les solos seront chantés par Mlles Sontag et Ungher et MM. Heitzinger et Seipelt. M. Schuppanzigh conduira l'orchestre; M. le maître de chapelle Umlauf dirigera l'ensemble. L'orchestre et les chœurs seront renforcés par la Société musicale d'amateurs.
M. L. de Beethoven prendra une part personnelle à la direction.

En effet, pendant l'exécution, Beethoven resta à la droite du directeur et donna le mouvement de chaque morceau. Mais il entendait peu ou mal ce qui se passait autour de lui. Paraissant étranger aux acclamations d'un public enthousiaste, il tournait le dos à la salle, et on dut l'avertir de répondre par un signe de tête à l'ovation dont il était l'objet. Le résultat pécuniaire de la séance fut presque négatif. Le maître l'apprit aussitôt; il se trouva mal. Il fallut l'emporter chez lui, où il demeura toute la nuit sans proférer une parole. Il s'endormit, et ses domestiques le retrouvèrent à la même place le lendemain matin, dans sa toilette de concert.

Malgré les éloges décernés à certaines parties de l'œuvre, on trouve déjà dans les journaux du temps une appréciation conforme à celle qu'on en fit dix ans plus tard, lorsque la symphonie avec chœurs fut entendue au Conservatoire de Paris. Elle offre des difficultés si nombreuses que l'ensemble laisse toujours à désirer; quant à la partie vocale, elle semble traitée avec le plus complet dédain des exigences de la voix humaine. Les parties solo de la Messe et du finale de la symphonie donnèrent même lieu à des débats orageux entre le maître et les interprètes, pen-

J. VAN BEETHOVEN
(1814.)

dant les répétitions. Caroline Ungher et Henriette Sontag réclamèrent des changements que Beethoven refusa opiniâtrément, prétendant qu'elles étaient perverties par la musique italienne, et que telle était la raison qui leur faisait trouver la sienne difficile. Assez mauvaise raison, car la difficulté ne consistait pas dans les phrases prises en elles-mêmes, mais dans la manière dont le compositeur traitait les voix de femmes. Ce qui fit dire à Caroline Ungher qu'il était « le tyran de la voix. » Henriette Sontag désirait pouvoir chanter sa partie, *mezza voce*, selon son habitude. Beethoven n'entendant pas suffisamment, à cause de la faiblesse de son oreille, exigea qu'elle chantât tout en voix de poitrine. Le *Kyrie* étant écrit dans un mouvement très-large, la pauvre cantatrice fut bientôt aux abois. Il en était de même des chœurs. Il y a dans le *Credo* un passage dans lequel le soprano attaque un motif de fugue sur un *si* bémol aigu. On fit observer à Beethoven que jamais une voix de femme ne pouvait attaquer un son si élevé sans aucune préparation. Il fut inexorable. En vain le maître de chapelle Umlauf joignit ses instances à celles des soprani, Beethoven resta inflexible. Les parties de basse ne furent pas mieux traitées.

Une seconde exécution de la *neuvième symphonie* et d'une partie de la *Missa solemnis* eut lieu le 23 du même mois, et, il faut le reconnaître, avec un succès moindre.

J'ai entendu les derniers quatuors du maître exécutés avec une telle perfection par MM. Maurin, Chevillard et leurs dignes confrères, qu'il est douteux que le quatuor du prince Lichnowski ou celui du docteur Van Swieten valussent mieux. Ces artistes se donnèrent la mission de faire connaître et admirer ces dernières palpitations d'un génie expirant, et, pendant dix ans, ils la remplirent avec autant d'abnégation que de talent. Il y a dans ces derniers quatuors des élans magnifiques suivis de développements pleins d'étrangeté, d'incohérence et de sauvagerie. Je confesse franchement que l'ensemble m'en a paru d'une conception plus bizarre que belle, et que même certains passages seraient réputés intolérables à cause de leur dureté, si le nom de Beethoven ne rendait cet aveu pénible à tout musicien.

La reprise de *Fidelio*, en 1822, eut un grand succès. L'ouvrage avait été interprété en 1805, par des chanteurs médiocres, en 1814, par de meilleurs artistes, et cette fois l'exécution avait été excellente. L'année suivante l'administration de l'opéra impérial d'un côté, de l'autre celle du théâtre royal de Berlin prièrent Beethoven d'écrire un opéra et de fixer lui-même ses honoraires. Il accepta d'abord la proposition, hésita ensuite, puis enfin refusa de composer un opéra allemand, alléguant la faiblesse des chanteurs de son pays. En cela il avait parfaitement raison; car, en 1822, on entendait à Vienne les premiers chanteurs italiens : Lablache, Rubini, Donzelli, Ambrogi, Davide, Mmes Mainvielle-Fodor, Méric-Lalande, et Caroline Ungher, cantatrice viennoise, il est vrai, mais formée à Milan et engagée dans la troupe de Barbaja. Beethoven, en entendant le *Barbier de Séville* de Rossini, fut transporté d'admiration ; il en examina aussitôt après la partition, et lui donna les plus grands éloges. Je n'affirmerais pas qu'il persévéra longtemps dans cette opinion ; mais il est important de la constater. De la part d'un homme aussi sincère que l'était Beethoven, c'était un hommage aussi inattendu qu'il était honorable pour Rossini.

Il est juste de signaler les souffrances physiques et morales de l'artiste parmi les causes qui purent contribuer à l'altération de son talent. La surdité de Beethoven, rebelle à tous les traitements dont il essaya, ne fit même que s'aggraver depuis 1815, et le mit dans l'impossibilité de diriger l'exécution de ses ouvrages. D'un autre côté, sa santé s'affaiblissait, et la mort de son frère Charles, caissier d'une maison de banque autrichienne, décédé au mois de novembre 1815, semblait l'avertir que ses jours étaient comptés. Ce frère laissait un fils, dont par son testament, il confia la tutelle à Beethoven. De là résultèrent, pour notre artiste, de longues et sérieuses difficultés. Pendant près de cinq ans, il eut à lutter contre les prétentions de madame Charles Beethoven, qui demanda aux tribunaux la remise de la tutelle de son fils. Dans le cours de ce procès coûteux et plein de péripéties pénibles, on contesta au musicien le droit de faire précéder son nom de la particule aristocratique *Van* : « Ma noblesse, elle est là et là ! » répondit-il, en montrant alternativement sa tête et son cœur.

Enfin, en 1820, les juges donnèrent gain de cause à l'oncle contre la mère, et déboutèrent celle-ci de ses prétentions. Le jeune Charles Beethoven, en vertu d'une décision judiciaire, conforme d'ailleurs à l'esprit du testament paternel, fut remis à son oncle qui l'adopta, et, dès lors, n'épargna rien pour son éducation. Ce que cachait de bonté native et d'affectueuse tendresse la rude écorce du compositeur « toujours brusque, » on peut s'en faire une idée par la façon dont il comprit et remplit ses devoirs à l'égard de son fils adoptif. Soins malheureusement stériles ! tendresse prodiguée à un ingrat ! Tandis que l'âpre avidité du gain entrait dans l'âme de Beethoven avec le désir d'enrichir l'enfant de son adoption, et que, dans cette vue, il s'épuisait en combinaisons arithmétiques et en calculs mercantiles, lui, si étranger à la science des intérêts ; tandis que, pour veiller de plus près à l'instruction et à la conduite du jeune homme, il refusait les offres brillantes qu'il recevait de la Société philharmonique de Londres, par l'entremise du compositeur Charles Neates, que faisait l'indigne objet d'un pareil dévouement ? Il étudie d'abord la philologie à l'Université de Vienne ; mais la dissipation et l'amour du plaisir l'empêchent de passer ses examens ; le philologue avorté se retourne alors du côté du commerce, et, pour acquérir les connaissances nécessaires à l'exercice de cette profession, il suit les cours de l'Institut polytechnique. Ici encore, la paresse est plus forte que la raison et les sages conseils.

Charles Beethoven ne se contente plus même d'affliger son oncle par la légèreté de sa conduite; dans un accès de désespoir, il essaye de se donner la mort; mais les règlements de police du temps contenaient de sévères dispositions relatives aux tentatives de suicide; l'étudiant relaps encourt leur effet, et se voit l'objet d'une surveillance spéciale. Finalement on est réduit à l'incorporer dans un régiment.

Comprenez-vous à présent ce que dut souffrir Beethoven à la suite de tant et de si cuisants déboires, causés par cette famille dont le grand musicien immortalisait le nom. Son caractère s'aigrit au delà de toute mesure, au point de le rendre dur et injuste envers ses amis les plus fidèles. Sa robuste constitution subit aussi le contre-coup fatal de cette funeste disposition d'esprit. Une maladie du poumon sur laquelle on se trompa à l'origine, et qui fut traitée comme une hydropisie, l'emporta le 26 mars 1827, à l'âge de cinquante-sept ans. Sur son lit de mort, il manifesta les plus vifs sentiments de piété, reçut les sacrements de l'Église, à l'édification de tous les assistants, et se réconcilia avec son rival Hummel, à cette heure suprême où l'homme a trop besoin de pardon pour conserver des ressentiments.

Antoine Schindler ne cache pas que le maître qui lui inspire une si profonde admiration, était, dans la vie privée, plein de manies bizarres qui le rendaient insociable. La défiance et l'irascibilité de Beethoven sont connues. Dans les concerts qu'il dirigeait, il lui arriva plusieurs fois de s'emporter grossièrement contre les exécutants, quand ceux-ci avaient le malheur de commettre quelque faute. Ses amis les plus intimes n'étaient pas eux-mêmes à l'abri de sa colère et de ses soupçons. Après les concerts des 7 et 23 mai 1824, organisés au bénéfice de Beethoven, par les soins du maître de chapelle Umlauf, du violoniste Schuppanzigh et du bon Schindler, le compositeur les réunit tous trois à l'hôtel de l'*Homme Sauvage*, au Prater, où il commanda un magnifique repas. Puis, à peine les invités étaient-ils à table, qu'il éclata contre eux, les accusant de tromperie et de vol. Les convives, qui s'attendaient à des remerciements pour leurs services désintéressés, se voyant, au contraire, traités si indignement, quittèrent la salle avec plus de douleur que de ressentiment, laissant Beethoven seul avec son neveu, en face du splendide repas qu'il avait fait préparer.

Ces façons d'agir étaient bien faites pour écarter de la personne de Beethoven les sympathies qu'on pouvait accorder à l'homme de génie. Ni son camarade d'enfance Étienne Breuning, ni l'archiduc Rodolphe, qui fut son élève et qui demeura son plus constant protecteur, n'eurent à se louer de lui. Ajoutons, en ce qui concerne les différends de Beethoven avec ce dernier, que l'auteur de la *Bataille de Vittoria* avait oublié vers la fin de sa vie toute convenance dans les questions d'argent. Le croira-t-on? il en vint en 1819 à toucher 400 florins comme à-compte sur le prix d'un oratorio *héroïque* qu'il s'était engagé à faire et qu'il ne fit jamais. Quelle pitié de voir le grand artiste encourir aux yeux des moralistes rigides le reproche d'indélicatesse! Les élèves mêmes qu'il forma — et il y en a eu très-peu — ne rencontrèrent pas la bienveillance et l'appui qu'ils pouvaient espérer de leur maître. L'hostilité persistante et regrettable à tous égards de Ferdinand Ries, le plus distingué de ceux qui reçurent ses leçons, ne vient peut-être pas d'une autre cause. Ries fut son élève pour le piano, et affirme qu'il n'obtint de son maître pendant quatre ans que cinquante leçons. Il ajoute même que, pendant qu'il était au piano, le maître composait ou faisait autre chose.

Si ses familiers et les personnes de son cercle intime avaient fréquemment à essuyer ses brusqueries, comment aurait-il été affable envers les étrangers? Beethoven ne ressemblait nullement à ces personnages illustres dont l'abord est facile à quiconque désire faire leur connaissance, qui ont toujours un encouragement, une parole amicale pour les jeunes talents en quête de protection. Ici pourtant je suis porté à excuser le travers du grand symphoniste, car la fausse bonté de tant de maîtres jaloux seulement de popularité a fait dans tous les temps plus de victimes que l'humeur sauvage ou bourrue des misanthropes. Que Beethoven, lors de la visite de Liszt, âgé de douze ans, ne se soit pas extasié outre mesure sur le talent prématuré du bambin-prodige, je ne saurais le trouver mauvais; qu'il ait par deux fois décliné la visite de Rossini, je le regrette, mais les chefs d'école ont de ces susceptibilités qu'il faut comprendre pour les excuser, quand on ne peut pas les justifier tout à fait.

Aucun artiste n'a eu autant que Beethoven la conscience de ses talents supérieurs, de sa force, ni plus de confiance dans sa renommée future. La lecture assidue qu'il faisait des *Vies des hommes illustres* de Plutarque avait fait naître en lui le désir d'avoir un historien de sa vie et de ses œuvres. Pendant sa dernière maladie qui dura quatre mois, Étienne Breuning demanda au maître quel serait le biographe qu'il choisirait parmi ses contemporains : « Rochlitz, répondit-il sans hésitation, s'il doit me survivre! »

Rochlitz, en 1827, renonça au projet d'écrire la vie de Beethoven, à cause de l'état de sa santé. Cette tâche incomba donc à Schindler qui s'en acquitta sinon avec talent, du moins avec conscience et le sentiment d'une amitié sincère que l'humeur de son maître ne parvint jamais à altérer.

Boileau nous apprend qu'il trouvait au coin d'un bois le mot qui l'avait fui; Beethoven cherchait aussi l'inspiration en se promenant soit dans la campagne, soit dans les rues de Vienne. Quelque temps qu'il fît, pluie, vent ou grêle, rien ne l'empêchait de se livrer chaque jour à de longues pérégrinations. Heureux s'il eût pu passer toute sa vie en plein air! Rentré chez lui, notre artiste s'abandonnait à des excentricités fort préjudiciables au bon état de son logement. Il se mettait à écrire et à chiffrer sur les murs et les volets de l'appartement avec cette insouciance et ce sans gêne qui lui étaient habituels. Si le plancher était moins propre que les murailles à recevoir ses élucubrations, il était plus maltraité encore ; car, sans respect pour le parquet, le compositeur l'inondait avec une profusion déplorable chaque fois qu'il faisait ses ablutions, et, à cet égard, il eût mérité d'être disciple de Mahomet, tant ces soins hygiéniques se répétaient fréquemment. Cependant ce n'était pas l'affaire des propriétaires, et l'honneur de loger le symphoniste était trop chèrement payé à leurs yeux par le dégât de leurs immeubles. Aussi lui signifiaient-ils son congé à l'expiration du terme, et, comme cette manie des aspersions finit par être connue, malgré le zèle de ses amis qui se mettaient en campagne pour découvrir un propriétaire tolérant, Beethoven eut souvent beaucoup de peine à trouver dans les faubourgs de Vienne un toit où abriter sa gloire.

Un autre trait de mœurs qu'on rencontre assez souvent chez les grands esprits, c'est la distraction. Il en vint à oublier la véritable date de sa naissance ; il se rajeunissait de deux ans. Il n'est pas probable que ce fût par coquetterie. Beethoven était distrait à ce point qu'un jour à Vienne, entrant dans un restaurant, il demande la carte, et au lieu de faire son choix, il se met à noter au dos une idée musicale qui lui était venue à l'improviste. Le voilà rêvant, écrivant, tout entier à son inspiration, sans plus se soucier ni du lieu où il est, ni de l'objet qui l'y a amené. Puis, après avoir fait de la carte une partition, il se lève et demande ce qu'il doit. — Monsieur, vous ne devez rien, répond le garçon, car vous n'avez pas dîné. — Vous croyez que je n'ai pas dîné ? — Non, assurément. — Eh bien, donnez-moi quelque chose. — Que désirez-vous? — Ce que vous voudrez.

Notre La Fontaine ne se fût pas conduit différemment.

Ces ridicules, ces travers, ces défauts d'un homme de génie sont la rançon de ses facultés supérieures. Si je les ai rapportés, ce n'est pas pour amoindrir une personnalité qui restera toujours l'une des plus hautes dans la sphère de l'art. Mais que de justesse, au fond, dans ce mot de Gœthe : « C'est tout à fait la même chose que d'être grand ou petit : il faut toujours payer l'écot de l'humanité. »

Les deux portraits que je donne de Beethoven sont d'une authenticité absolue. Tous deux ont été dessinés d'après nature et publiés à Vienne chez Artaria, éditeur des œuvres du maître. Le premier, qui est rarissime, le représente à l'âge de vingt-trois ans. Le second a été gravé pour la première fois en 1783. Beethoven avait alors cinquante-quatre ans.

CRAMER

NÉ EN 1771, MORT EN 1858.

Cramer est peut-être l'homme de notre temps qui a rendu les plus grands services à l'enseignement du piano. S'il est moins mélodiste que Clementi, s'il a moins d'ampleur et de sensibilité que Dussek, il les surpasse tous deux dans l'emploi habile du mécanisme.

Cet artiste naquit à Manheim le 24 février 1771. Un an après sa naissance, son père Guillaume Cramer, violoniste habile, se rendit à Londres. Les dispositions musicales de l'enfant s'étant révélées de bonne heure, on voulut le mettre à l'étude du violon, mais il montrait une aptitude si précoce pour le piano, que son père le confia aux soins de Benser, dont il reçut les leçons pendant trois ans. En 1782, le jeune Cramer eut pour professeur Schrœter, et l'année suivante Clementi. Lorsque, en 1784, le départ de ce pianiste l'eut privé des avantages de son enseignement, il se mit à étudier avec zèle les ouvrages de Haendel et de Sébastien Bach. Déjà son talent d'exécutant s'était manifesté dans plusieurs concerts publics, quand l'année suivante, il s'initia à la théorie de son art sous la direction de Frédéric Abel. Jean-Baptiste Cramer, devenu un virtuose de premier ordre, ne tarda pas à acquérir une légitime réputation en se faisant entendre de ville en ville. Il travaillait en même temps à établir sa renommée de compositeur par la publication de plusieurs œuvres de sonates. En 1791, il retourna dans l'Angleterre, où s'était passée son enfance. Là, il se maria et devint le professeur de piano que l'on sait. Son domicile principal resta fixé à Londres, mais il fit plusieurs voyages sur le continent et habita à diverses époques Vienne et Paris. Il mourut à Kensington, âgé de quatre-vingt-sept ans, le 16 avril 1858. Cramer a écrit cent cinq sonates de piano réparties en 43 œuvres ; on a aussi de lui des concertos, des duos, des trios, etc. ; mais ses deux derniers cahiers d'études, la sonate ayant pour titre *la Parodie* (œuvre 50), la sonate en *fa* majeur (œuvre 8) et la sonate en *ré* (œuvre 6), sont considérés comme ses meilleures productions. On le voit, la longue existence de cet excellent professeur offre peu d'incidents ; ne peut-on pas dire des artistes ce que Fénelon a dit des peuples : Heureux ceux dont l'histoire n'est pas intéressante? Mais, si le récit est court, l'éloge pourrait facilement être long. Il suffirait d'insister sur chacune des rares qualités que suppose cet enseignement donné pendant plus de soixante ans, et sur le mérite de chacune de ses compositions, depuis le morceau intitulé *le Petit Rien* jusqu'aux études les plus savamment écrites.

Comme il ne s'agit que d'un pianiste et d'un compositeur de sonates, un esprit chagrin répétera peut-être ce fameux mot si dur d'un mélophobe : — Sonate, que me veux-tu? — La sonate pourrait répondre : — « Monsieur, je veux donner à votre intérieur quelques charmes de plus. Je veux, sinon par mes mérites et par mon action sur vos oreilles peut-être peu sensibles à l'harmonie et aux qualités qui me distinguent, je veux faire concurrence au club et aux distractions extérieures, en vous donnant une marque du talent, du goût de votre femme, de la grâce et de l'intelligence de vos filles; je veux intéresser même votre cœur qui ne peut se défendre d'un peu d'émotion, lorsque j'ai valu à des personnes si chères des applaudissements mérités. Je veux contribuer à votre bien-être, soit en forçant au silence votre organe fatigué par les discussions de la politique et des affaires, soit en opérant une diversion utile à vos graves pensées. Moi, humble sonate, je veux bannir de votre salon la médisance, les conversations souvent dangereuses, pour y faire régner l'aménité, le bon ton, la politesse et le goût des plaisirs délicats. »

PAER

NÉ EN 1771, MORT EN 1839.

Paër (Fernando) naquit à Parme le 1ᵉʳ juin 1771. Il montra, dès son enfance, de grandes dispositions pour la musique et put en apprendre les éléments dans sa ville natale, auprès d'un certain organiste dont le nom ne nous est pas parvenu et, en second lieu, d'un célèbre violoniste attaché au service du duc de Parme, Ghiretti, ancien professeur du Conservatoire *della Pietà de' Turchini*, à Naples. A seize ans, il composa *la Locanda de' vagabondi*, et à dix-sept ans, *i Pretendenti burlati*, deux heureuses compositions bouffonnes qui furent représentées à Parme en 1789 et 1790, et lui firent, pendant les dix années qui suivirent, un nom par toute l'Italie. De Parme, il partit d'abord pour Venise où il écrivit, en 1791, son opéra de *Circé* qui eut un grand succès, et successivement, *Saïd ossia il Seraglio, i Molinari, l'Amante servitore, i Due Sordi, l'Intrigo amoroso* et *la Testa riscaldata, la Sonnambula;* puis de là pour Naples où il donna *Ero e Leandro* que fit applaudir la cantatrice Mᵐᵉ Billington; à Florence, il donna *Idomeneo* et *l'Orfana riconosciuta;* à Parme, *Griselda*, une de ses compositions les plus estimées, *il Nuovo Figaro, il Principe di Tarento;* à

Milan, *l'Oro fa tutto, Tamerlano, la Rossana*; à Rome, *Una in bene ed una in male*; à Bologne, *Sofonisbe*; à Padoue, *Laodicea* et *Cinna*. Au milieu de tous ces travaux, Paër menait joyeuse vie, reçu partout, fêté, adulé.

En 1797, il se rendit à Vienne, où il composa plusieurs opéras et des cantates pour l'impératrice. La fréquentation des maîtres allemands lui apprit à travailler avec plus de soin. De Vienne, il alla à Prague et de là à Dresde où, à la fin de 1801, l'électeur de Saxe lui donna la succession de Naumann, comme maître de sa chapelle, ce qui le retint en Saxe pendant plusieurs années. Il y composa entre autres ouvrages : *Achille, Sargino, Leonora ossia l'Amore conjugale*, divers petits opéras bouffes, des cantates et des oratorios. C'est vers cette époque qu'il épousa la signora Ricciardi, cantatrice d'un rare talent, dont il se sépara par la suite et qui vécut depuis retirée à Bologne. En 1803, il alla de nouveau à Vienne, et composa un nouvel oratorio pour le concert qui y fut donné au bénéfice de la caisse des veuves d'artistes. En 1804, il fit un voyage en Italie, mais revint à Dresde où il était encore au moment de l'invasion française en 1806. Napoléon fut charmé de l'audition d'*Achille*.

Paër et sa femme durent suivre le vainqueur d'Iéna à Posen et à Varsovie. Ils y donnèrent des concerts brillants. Paër était alors l'homme à la mode, d'une activité infatigable, plaisant par son esprit et joignant à sa prodigieuse facilité une ambition sans limites. Il sut négocier un engagement par lequel l'électeur, devenu roi de Saxe, faisait passer le compositeur au service de la cour de France, avec les qualités de compositeur et directeur de la musique particulière de l'empereur, maître de chant de l'impératrice Marie-Louise et directeur de l'Opéra-Bouffe de Paris ; les revenus de ces diverses charges montaient à une cinquantaine de mille francs.

Arrivé à Paris et au comble de ses vœux, Paër s'endormit alors en quelque sorte dans les délices de Capoue. Sa plus grande occupation fut de préparer des représentations à la cour ou des concerts, ne produisant plus lui-même que de loin en loin. Il chantait délicieusement ; c'était un accompagnateur excellent ; aussi obtint-il des succès de salon peu dignes d'un compositeur aussi distingué. Il écrivit dans cet intervalle plusieurs partitions médiocres, telles que *Numa Pompilio, Didone, Cleopatra, I Baccanti*. Il faut cependant signaler l'*Agnese*, opéra qu'il composa en 1811, dans un voyage qu'il fit à Parme, pour une société d'amateurs. L'*Agnese* fit le tour de l'Europe. Tout y est remarquable : la noblesse du style, l'instrumentation ingénieuse, le récitatif juste. Le succès fut universel. En 1812, il fut appelé par Napoléon à la direction de la musique du théâtre Italien en remplacement de Spontini ; mais les événements de 1814, sans lui faire perdre tous ses emplois, restreignirent ses traitements. Il s'adressa aux souverains alliés, faisant valoir l'engagement revêtu de formules diplomatiques, qui lui avait fait quitter le service du roi de Saxe ; on n'en tint nul compte. Il dut s'estimer heureux de rester compositeur de la chambre du roi aux appointements de douze mille francs. En 1816, il fut nommé maître de chant de la duchesse de Berry, puis directeur de la musique du duc d'Orléans. Il rentra ensuite à l'Opéra italien en qualité de directeur de la musique, lorsque Mme Catalani en eut obtenu l'entreprise au grand détriment de l'art. Car il fallut fermer le théâtre en 1818; les amateurs n'y venaient plus, ne s'imaginant pas que le grand talent de la cantatrice remplaçât suffisamment les chœurs et l'orchestre qu'elle avait considérablement réduits. Au mois de novembre de l'année suivante, le théâtre fut rouvert au compte de la maison du roi, et Paër, placé de nouveau à sa tête, mais dégagé des prétentions de la Catalani, le releva par une direction intelligente et heureuse. Bientôt le cri public demanda que Paër fît entendre sur son théâtre la musique de Rossini. Ce fut pour Paër un coup très-sensible; il ne pouvait pardonner le succès de *Tancredi* à son jeune rival qui venait si inopinément lui disputer la succession de gloire de Cimarosa et de Paisiello. Il lui fallut cependant monter *il Barbiere di Siviglia* pour les débuts de Garcia, et, bientôt après, d'autres œuvres du même compositeur. Alors parut à Paris, en 1820, un pamphlet anonyme dont les auteurs, connus depuis, étaient Antony Deschamps et Thomas Massé. Cette brochure était intitulée : *Paër et Rossini*. Le premier y était vivement accusé d'avoir, par d'insidieuses manœuvres, amoindri le succès de son rival.

L'année suivante Paër composait son charmant opéra-comique qui a pour titre : *Le Maître de chapelle*. Cet ouvrage en deux actes, dont les paroles sont d'Alexandre Duval, fut représenté à Feydeau le 29 mars 1821. Le compositeur avait alors cinquante ans. On est surpris qu'après avoir écrit tant d'opéras, il lui soit resté une telle verve et une si grande originalité. Le duo que le maître de chapelle chante avec sa cuisinière est devenu classique ainsi que la scène de musique imitative, chantée par le maestro. L'*Agnese*, dans le genre sérieux, le *Maître de chapelle*, dans le genre bouffe, sont les deux principaux titres de gloire de Paër.

En 1823, Rossini était nommé directeur du théâtre, et Paër, ne voulant pas rester son inférieur, comme directeur de la musique, donnait sa démission qu'il était obligé de reprendre pour ne pas perdre sa place de compositeur de la chambre du roi. Il resta trois ans sans s'occuper de l'administration, voyant avec indifférence les chanteurs s'éloigner, le répertoire s'user et les créanciers remplacer les spectateurs. Rossini s'étant retiré à temps, on reprit Paër; et comme, malgré ses efforts, il ne put rapidement relever une situation désespérée dont il n'était point d'ailleurs le seul auteur, le vicomte de la Rochefoucauld, directeur des Beaux-Arts au ministère de la maison du roi, lui envoya sa destitution au mois d'août 1827. Paër répondit à cette mesure par une brochure intitulée : *M. Paer, ex-directeur du théâtre Italien, à MM. les dilettanti*, et les gens de bonne foi reconnurent qu'on ne pouvait, en effet, lui imputer les fautes de ses prédécesseurs. On le dédommagea l'année suivante en lui donnant la croix de la Légion d'honneur; l'Institut l'appela, en 1831, à remplacer Catel dans la section de composition musicale de l'Académie des Beaux-Arts, et, en 1832, le roi Louis-Philippe le nomma directeur de sa Chapelle. Paër mourut sept ans après, le 3 mai 1839, à soixante-huit ans. Doué de la plus belle organisation italienne, c'était un homme d'un esprit vif, plein de finesse, trop adonné aux plaisirs. Il survécut à sa gloire; ce fut à la fois et sa faute et son châtiment.

CHORON

NÉ EN 1772, MORT EN 1834.

Choron est un des hommes qui ont le plus fait pour propager en France les études musicales. Quoiqu'il n'ait été qu'un compositeur médiocre, ce serait une ingratitude que d'oublier cet infatigable apôtre de l'art. A côté, ou, si on veut, au-dessous des artistes inspirés, qu'il y ait une place pour le professeur dévoué, le savant théoricien, celui qui, à défaut d'une gloire personnelle, eut celle d'avoir formé MM. Duprez, Dietsch, Hippolyte Monpou, Scudo, Mme Stoltz, et tant d'autres.

Alexandre-Étienne Choron naquit à Caen le 21 octobre 1772. Son père était directeur des fermes et ne le destinait point à la carrière des arts. Cependant il lui fit donner au collége de Juilly une éducation très soignée. A quinze ans, le jeune Choron avait terminé ses études; il possédait le latin et le grec en véritable humaniste. Il était aussi versé dans la connaissance des Pères de l'Eglise que dans celle des auteurs classiques. L'hébreu même ne lui était pas étranger. Toutefois la volonté paternelle l'avait empêché de se livrer à son goût pour la musique. Les seules connaissances qu'il en eut d'abord, il les puisa dans les ouvrages de Rameau, de d'Alembert, de Rousseau et de l'abbé Roussier. C'était assurément mal commencer. Tout se bornait donc pour lui à des notions théoriques fort peu exactes; n'ayant point de maître, il ne pouvait s'instruire dans la pratique de l'art. Cette lacune primitive ne fut jamais parfaitement comblée par le savoir ultérieurement acquis. Choron, même devenu un musicien très-savant, fut toujours incapable de saisir immédiatement le caractère d'un morceau. Mais quand il avait pris son temps, quand il s'était donné le loisir de la réflexion, il retrouvait, pour juger une composition, les avantages de son goût exquis et du sentiment très-délicat et très-sûr dont la nature l'avait doué.

La lecture des livres de l'école de Rameau, livres, comme on sait, hérissés de calculs, conduisit Choron à s'occuper de mathématiques. Il considéra d'abord ces sciences comme l'appendice obligé des études musicales; mais bientôt elles le séduisirent par leur propre beauté et il y consacra tout son temps, non sans être récompensé de son zèle studieux par de rapides progrès. Monge le remarqua parmi les élèves de l'École des ponts et chaussées et le jugea apte à remplir les fonctions de répétiteur de géométrie descriptive à l'École normale en 1795. Peu après Choron était nommé chef de brigade à l'École polytechnique. Mais à mesure qu'il s'enfonçait plus avant dans les chiffres, il était amené à reconnaître que les prétendus rapports entre les mathématiques et la musique se réduisent à fort peu de chose. Cette déception le décida à abandonner la théorie et à commencer son éducation pratique. Il se mit sous la direction de Bonesi, auteur d'un *Traité de la mesure*. L'abbé Rose, que Grétry lui avait recommandé, lui donna aussi quelques leçons d'harmonie.

Après avoir lu tous les écrits italiens relatifs à la musique, Choron fit de même pour les allemands afin d'être en état de comparer les systèmes et les écoles. Le résultat de ces immenses lectures fut un livre rédigé en collaboration avec le compositeur Fiocchi, et qui parut en 1804 sous ce titre : *Principes d'accompagnement des écoles d'Italie*. Cet ouvrage était un essai de syncrétisme, ou, si l'on aime mieux, une combinaison arbitraire de doctrines opposées. Le défaut d'unité fit tort à son succès.

A la même époque, Choron se plaça au premier rang des amis de l'enfance par une publication qui n'avait plus rien de musical, mais qui était destinée à rendre de très-grands services dans une sphère modeste; je veux parler de sa *Méthode d'instruction primaire pour apprendre à lire et à écrire*, ouvrage conçu dans un sens plus rationnel que ceux dont on s'était servi jusque-là pour cet usage (1805).

Mais ce que Choron considérait avant tout comme sa mission, c'était de répandre en France le goût de la bonne musique, et dans ce but il n'hésita pas à faire les plus lourds sacrifices d'argent. Au risque de ne point trouver d'acheteurs dans un temps où ces sortes de productions n'étaient pas estimées à leur prix, il édita à grands frais en 1805 une immense collection d'anciens ouvrages classiques, tels que les cantates de Porpora, les solféges à plusieurs voix écrits par Caresana sur le plain-chant, ceux de Sabbatini, le recueil des morceaux qui s'exécutent à la chapelle Sixtine, le *Stabat* de Palestrina, le *Requiem* de Jomelli et d'autres compositions des seizième et dix-septième siècles, etc. Pendant qu'il publiait cette vaste encyclopédie musicale, il préparait une volumineuse compilation intitulée : *Principes de composition des écoles d'Italie* et conçue d'après les mêmes idées que ses *Principes d'accompagnement*, c'est-à-dire que l'auteur y essayait une conciliation impossible entre les diverses doctrines. Les *Prin-*

cipes de composition parurent en 1808, formant trois gros volumes ; mais la fortune patrimoniale de Choron s'y engloutit tout entière.

Ce n'étaient pas des désastres financiers, ce n'était pas la ruine qui pouvaient contenir le zèle de l'ardent promoteur des études musicales. Vainement sa santé n'avait pu résister à tant de fatigues ; quand il se vit hors d'état de continuer seul son entreprise, il s'associa Fayolle, et ce fut de concert avec lui qu'il publia le *Dictionnaire des musiciens*, 1810-1811. Nommé vers cette époque membre correspondant de l'Institut, il suffit encore à la tâche d'écrire plusieurs rapports remarquables, un entre autres sur les *Principes de versification* de l'abbé Scoppa, ouvrage d'une érudition ingénieuse dont l'étude est indispensable à tous ceux qui veulent se rendre compte de la manière dont les vers étaient déclamés chez les Latins ; on y voit combien la quantité prosodique exigée pour le compte des vers était dans le débit entièrement subordonnée à l'accentuation. Mais ces questions que j'ai traitées ailleurs (1) sont étrangères à mon sujet.

Nous venons de voir le savant et l'érudit : voyons maintenant l'homme pratique et le professeur. A partir de 1812, son activité se fait jour sur un nouveau et plus bruyant théâtre. Désigné par ses écrits à l'attention du pouvoir, attaché à la rédaction du *Bulletin de la Société d'encouragement pour l'industrie nationale,* il est chargé par le ministre des cultes, M. Bigot de Préameneu, de réorganiser les maîtrises et les chœurs des cathédrales, et nommé directeur de la musique dans les fêtes et cérémonies religieuses. Ici commencent, avec ce qu'on peut appeler sa carrière publique, les tribulations de Choron. Quelques opuscules relatifs aux objets de ses nouvelles fonctions témoignèrent tout d'abord d'idées justes et élevées ; malheureusement il dut critiquer la direction donnée aux études musicales par les professeurs du Conservatoire. Il se fit ainsi des ennemis irréconciliables. Nul ne pouvait contester la science de l'homme qui avait initié le public français à la connaissance des vieux maîtres italiens, mais celui qui avait commencé à vingt ans passés l'étude pratique de la musique, laissait à désirer dans son emploi de directeur des chœurs et de l'orchestre ; lui, sans se troubler des sarcasmes et des épigrammes qu'on prodiguait à son inexpérience, soutenu par la conscience de son mérite, poursuivit sa route et arriva, à force de persévérance, à triompher des difficultés que lui créait l'insuffisance de sa première éducation.

Lorsque la Restauration réorganisa le Conservatoire avec de nouveaux éléments, Choron fut chargé de rédiger le plan des études et de l'administration de cet établissement, qui reçut le nom d'*École royale de chant et de déclamation.*

Nommé directeur de l'Opéra au mois de janvier 1816, il songea peut-être moins à faire jouer sur notre grande scène lyrique des chefs-d'œuvre

---

(1) *Carmina e poetis christianis excerpta* et permultas interpretationes quæ ad diversa carminum genera vitamque poetarum pertinent, etc. editio tertia, Paris, Gaume.

d'un mérite consacré, qu'à en ouvrir l'accès aux jeunes talents trop souvent repoussés par l'exclusivisme systématique des *impresarii*. Si cette pensée a encouru le blâme d'un dilettantisme sans pitié, d'un autre côté, elle fait trop d'honneur à l'honnête homme qui l'a conçue pour que j'aie le courage de la lui reprocher. Qui sait le nombre des compositeurs distingués que Choron eût aidés à se produire, si l'hostilité de ses ennemis ne lui eût fait perdre, dès 1817, une place où il pouvait être si utile? Le laborieux écrivain, destitué sans compensation, rentra dans la vie privée, mais non dans le repos. Tant de travaux n'avaient pas épuisé son activité, et on le voit entreprendre sous le titre d'*Introduction à l'étude générale et raisonnée de la musique*, une sorte d'encyclopédie des sciences musicales. Il n'a manqué à cet ouvrage que d'avoir été achevé. M. Fétis, qui a eu connaissance des premières feuilles, y a signalé des aperçus d'une grande valeur. Mais le défaut de Choron, défaut propre aux esprits inventifs, était d'avoir la conception aussi fugitive que prompte. Trop d'objets le sollicitaient pour qu'il consentit à se fixer sur un seul. Ce vaillant défricheur du champ de l'art n'avait pas la patiente activité nécessaire à l'achèvement du sillon. Qu'en est-il résulté? Que le livre qui devait être le glorieux couronnement d'une existence studieuse est resté ébauché dans les cartons de l'auteur.

Malgré la destitution dont il fut victime et qui eût découragé tout autre, les seize dernières années de la vie de Choron ne sont pas les moins bien remplies. C'est alors qu'il imagine d'enseigner la musique par la méthode *concertante*. Après avoir exposé ses idées dans un ouvrage intitulé : *Méthode concertante de musique à quatre parties* (1818), il s'employa à la réalisation de son programme avec cette ardeur qu'il apportait à toutes choses.

Le gouvernement de la Restauration favorisa la fondation de l'école de Choron en accordant quelques subsides, mais ils durent être fécondés par le zèle de l'ardent apôtre, pour aboutir à la création du *Conservatoire de musique classique et religieuse*. Si l'on songe à tous les obstacles que présentait l'établissement d'une telle école, on n'aura pas assez d'éloges pour l'héroïsme du fondateur. Héroïsme n'est que le mot juste ici. Sachez bien que Choron parcourut à pied une partie de la France, cherchant des ténors dans le Midi, des voix de basse en Picardie, et n'épargnant ni soins ni fatigues à seule fin de ramener des élèves et de constituer, dans notre pays, ce qui existe depuis longtemps en Allemagne, l'enseignement vocal des masses. Le succès récompensa son zèle. Formés par un tel maître, les choristes de la nouvelle école firent entendre à Paris, pour la première fois, les belles compositions de Palestrina, de Carissimi, de Vittoria, de Haendel. Le gouvernement, frappé de tels résultats, encouragea dignement une institution qui se recommandait à son intérêt de la façon la plus éclatante.

Indépendamment des exercices qui avaient lieu au local de l'institution, rue de Vaugirard, Choron réunissait ses élèves dans l'église de la Sorbonne, et là, en présence d'un auditoire d'élite, il faisait entendre chaque dimanche des vêpres en musique. Les chefs-d'œuvre sortis des écoles romaine, napolitaine, vénitienne, germanique et flamande retentissaient sous le dôme sonore élevé par Richelieu (1). Une large subvention et des dons volontaires permettaient d'organiser les éléments d'une belle exécution. Des chanteurs et des compositeurs même se formaient par l'effet de cette tradition du grand art.

Survint alors la révolution de 1830. Le gouvernement de Juillet ne comprit pas ce qu'il y avait de sérieusement utile dans l'œuvre de Choron. Mû par le même esprit qui lui faisait supprimer la plus grande partie des fonds attribués aux maîtrises, il réduisit d'abord et finit par supprimer, en 1833, la subvention accordée au *Conservatoire de musique classique et religieuse*. Cet établissement, privé par cette mesure de ses principales ressources, était hors d'état de subsister. La santé de Choron profondément épuisée ne se maintenait plus que par un effort de dévouement à son école. Dévoré de chagrin, le cœur rempli d'amertume, il languit quelques mois et expira à Paris, le 29 juin 1834.

Outre les travaux que j'ai mentionnés et d'autres dont l'énumération serait trop longue, Choron écrivit un grand nombre d'hymnes, d'antiennes, de chorals, de motets, etc. Faut-il dire que, chez lui, le compositeur n'était pas à la hauteur de l'érudit et du professeur? Je le peux sans crainte de l'amoindrir. La vraie gloire de ce musicien est tout entière dans son rôle d'homme de goût, d'initiateur entraînant et d'apôtre dévoué.

M. Scudo, qui fut un des bons élèves de Choron, a tracé ainsi son portrait : « C'était un petit homme rondelet, presque entièrement chauve, au visage chiffonné, aux traits délicats et fins, d'une physionomie vive, riante, où se peignait une rare bienveillance ; ses petits yeux étaient remplis de vie, d'esprit et de malice ; il ne marchait pas, il courait, il sautillait, en chantant, sifflant, s'arrêtant tout court pour réfléchir, puis reprenant sa course, et n'arrivant au but qu'après avoir fait dix ou douze stations semblables. Tous ses mouvements étaient brusques ; il parlait vite, et souvent il se frappait le front comme pour en faire jaillir, avec plus de rapidité, l'idée qu'il voulait mettre au jour. »

---

(1) Après être restées fermées pendant vingt-deux ans, les portes de l'église de la Sorbonne se sont rouvertes en 1852. Le culte y fut réintégré, et j'eus l'honneur d'être appelé par l'éminent doyen de la Faculté de théologie à y remplir les fonctions de maître de chapelle. La pensée de reprendre les traditions de l'école Choron était toute naturelle ; mais les moyens manquèrent absolument. Le ministère de l'instruction publique n'accorda qu'un faible subside, hors de proportion avec l'établissement d'un chœur et dont la somme totale n'équivalait pas même aux frais du culte dans la plus pauvre église de village. Après sept années d'infructueux efforts et de vaine attente, je résignai mes fonctions, n'emportant qu'un titre honorifique, précieuse marque de sympathie qui m'a été conférée par la Faculté de théologie.

CATEL

NÉ EN 1773, MORT EN 1830.

Les contemporains de Catel, égarés par des préventions dont j'aurai à parler, n'ont pas toujours rendu justice à son mérite. Cependant ce musicien ne laisse pas que d'être un des plus distingués qui se soient produits en France pendant la République et l'Empire.

Charles-Simon Catel, né à Laigle (Orne), au mois de juin 1773, vint de très-bonne heure à Paris où il se livra à son penchant pour la musique. Grâce à la protection de Sacchini, il entra à l'école royale de chant et de déclamation où Gobert lui enseigna le piano, et Gossec l'harmonie et la composition. Ses progrès furent si rapides que, vers le milieu de l'année 1787, on le nomma accompagnateur et professeur adjoint de cette école. Trois ans après, en 1790, il était appelé aux fonctions d'accompagnateur au théâtre de l'Opéra, emploi qu'il conserva jusqu'en 1802. Au moment où le jeune artiste débutait dans la carrière musicale, Sarrette, son ami, depuis fondateur du Conservatoire, s'occupait d'organiser le corps de musique de la garde nationale. L'amitié de Sarrette valut à Catel d'être attaché à cette institution en qualité de chef-adjoint de Gossec. Pour remplir les obligations de sa charge, il composa un grand nombre de marches et de pas redoublés qui menèrent souvent nos soldats à la victoire pendant les guerres de la Révolution. Mais ce fut un *De profundis* avec chœurs et orchestre, exécuté en 1792, pour les funérailles de Gouvion, major général de la garde nationale, qui révéla pour la première fois d'une façon éclatante le talent de Catel, et montra qu'il pouvait aborder la grande composition.

Catel a écrit la musique de l'*Hymne à l'égalité*, chanté dans une fête civique le 19 juin 1791, jour anniversaire de l'abolition de la noblesse en France. On sait que ce fut le signal de l'émigration. Les paroles sont de J. Chénier :

> Égalité douce et touchante
> Sur qui reposent nos destins,
> C'est aujourd'hui que l'on te chante
> Parmi les jeux et les festins.
> Ce jour est saint pour la patrie;
> Il est fameux par tes bienfaits;
> C'est le jour où ta voix chérie
> Vint rapprocher tous les Français...

C'est-à-dire éloigner du sol de la patrie et de leur foyer paternel plus de trente mille citoyens français, au nom d'une *égalité douce et touchante*. La musique d'ailleurs est fort bien faite; l'accompagnement en est des plus simples; conçu pour être exécuté en plein air, il ne se compose que de clarinettes, de cors, et de deux parties de bassons; mais ces éléments sont disposés avec beaucoup d'art. Les autres compositions de Catel en ce genre sont :

2° *Hymne sur la reprise de Toulon*, paroles de J. Chénier, chanté le 10 nivôse an II, à la fête décrétée par la Convention nationale.

C'est un trio sans accompagnement.

3° *Hymne à l'Être suprême*, les paroles de J. Chénier : *Source de vérité qu'outrage l'imposture.*

Cette mélodie agréable est devenue un des cantiques les plus populaires

4° *Ode sur le vaisseau* LE VENGEUR, sur les paroles de Lebrun.
5° *Hymne à la Victoire*, sur la bataille de Fleurus, paroles de Lebrun, chanté le 11 messidor an II au concert du peuple, dans le jardin national des Tuileries.
6° *Ode sur la situation de la république* durant la tyrannie décemvirale, paroles de J. Chénier :

> *O vaisseau de l'État! fais un dernier effort;*
> *Vaisseau battu par les orages.*

7° *Chant du banquet républicain pour la fête de la Victoire*, paroles de Lebrun, chanté dans le banquet donné par le Directoire au général Bonaparte, dans les salons du Luxembourg, à son retour de la campagne d'Italie.
8° *Fête de la souveraineté du peuple*, 30 ventôse, paroles de Boisjolin.
9° *Anniversaire* du 10 août, 23 thermidor, paroles de J. Chénier.

Dans ces fêtes républicaines, où la musique était conviée afin d'exalter par des airs patriotiques l'enthousiasme national, l'insuffisance des instruments à cordes était un inconvénient grave. Catel y remédia, comme je l'ai dit plus haut, en écrivant des symphonies pour les seuls instruments à vent, et des chœurs accompagnés par des clarinettes, des cors et des bassons.

Lorsque la Convention eut décrété la création du Conservatoire de musique (1795), Catel y fut nommé professeur d'harmonie. Les maîtres distingués auxquels était confié le haut enseignement musical se réunirent pour aviser à une réforme des études, et convinrent de se partager la tâche, chacun suivant la spécialité qui lui était propre. Catel fut en conséquence chargé de rédiger un *Traité d'harmonie*. Il en soumit les principes à une assemblée de professeurs qui les approuva et l'ouvrage parut en 1802. C'est ce livre qui a été pendant plus de vingt ans la base de l'enseignement de l'harmonie en France.

Son système peut être considéré comme une simplification du système de la basse fondamentale de Rameau, plutôt que comme une réfutation, ainsi qu'on a cherché à l'établir. Comme son prédécesseur, il prend pour point de départ les vibrations du corps sonore et les divisions du monocorde. Il s'en tient seulement à la formation de quelques accords naturels et fait dériver les autres des altérations subies par les premiers. Cette théorie, tant vantée autrefois et dont les lacunes n'ont pas empêché de grands musiciens de se produire, avait les avantages d'une certaine clarté et d'une utilité pratique. Il est vrai qu'elle est loin de présenter sous leur véritable jour les faits musicaux et de faire une part suffisante aux affinités tonales dont M. Fétis a constaté les effets, en l'honneur desquelles il a rompu bien des lances, mais dont les règles précises restent encore à trouver. Je comptais beaucoup, pour le développement de la science harmonique, sur la publication des effets de modulations qu'un savant théoricien, M. Tiron, avait groupés, avec une persévérance digne d'éloges ; mais la mort l'a empêché de terminer son travail. Au nombre des ouvrages didactiques rédigés par Catel, il convient de ranger les excellentes leçons de solfége qui aidèrent à former plus d'une génération de musiciens.

En 1810, une quatrième place d'inspecteur du Conservatoire fut ajoutée aux trois qui existaient déjà, et Catel en fut investi. Lorsque survinrent les événements de 1814, le directeur Sarrette fut destitué ; son ami voulut lui donner, en se retirant, le témoignage d'une fidélité qui ne s'était jamais démentie. Ce fait montre chez Catel des sentiments honorables et un désintéressement bien rare chez les artistes.

Il est vrai qu'à des opinions républicaines très-accusées, Catel joignait la longue liste des chants qu'il avait composés pour les époques de la Révolution. Il a pu penser que le gouvernement de la Restauration lui conserverait rancune et le révoquerait ; loin de là : élu membre de l'Institut en 18.5 sans opposition, il fut nommé chevalier de la Légion d'honneur en 1824, distinction fort rare alors parmi les artistes et qu'on a prodiguée depuis, en raison même de la décadence de l'art. Il est vrai de dire que ce fut Boieldieu qui la sollicita pour lui.

Malheureusement Catel, qui joignait la dignité de la vie à l'autorité du talent, n'avait pu renouveler l'enseignement musical sans irriter vivement contre lui les partisans des anciennes méthodes. Il était le professeur le plus influent du Conservatoire, au moment de ses débuts dramatiques, et tous les adversaires de cette institution se trouvaient être, par conséquent, les siens. Quand il fit jouer *Sémiramis*, opéra en trois actes, dont Delrieu avait emprunté le sujet à la tragédie de Voltaire, le *Traité d'harmonie* venait de paraître. Tous les ennemis de l'école nouvelle virent dans la représentation de l'œuvre lyrique de Catel (4 mai 1802), l'occasion de satisfaire leurs ressentiments, et organisèrent une cabale contre sa partition. Au lieu de l'écouter, de la comprendre, d'admirer les formes distinguées de la mélodie et la pureté de l'harmonie, on déclara que c'était de la musique savante, et le public le crut sans y aller voir. Il y a cependant un très-bel air dans cet ouvrage : *Que l'éclat de votre naissance,* de beaux chœurs, un récitatif traité avec un respect de l'accentuation qu'on rencontre assez rarement ailleurs au même degré. *Sémiramis* se traîna pendant deux ans et n'obtint guère plus de vingt représentations. Un autre ouvrage de Catel fut porté sur la liste des prix décennaux institués par Napoléon Ier. La postérité a ratifié en cette circonstance les choix du jury. Les juges d'alors ont assurément fait preuve de goût en accordant les premier et second prix à la *Vestale* de Spontini et au *Joseph* de Méhul. Ils ne se sont pas trompés non plus en décernant des mentions très-honorables aux *Deux Journées* de Cherubini, à *Montano et Stéphanie* de Berton, à l'*Ariodant* de Méhul et à l'*Auberge de Bagnères* de Catel, quoique ce dernier ouvrage représenté à l'Opéra-Comique, en 1807, n'ait pas obtenu près du public le succès auquel il avait droit.

L'auteur de *Sémiramis* et de l'*Auberge de Bagnères* ne put se relever de la chute qu'avaient subie ses premières productions lyriques. Nous le voyons donner, en 1807, les *Artistes par occasion*, opéra-comique; en 1808, le ballet d'*Alexandre chez Apelles*; en 1810, les *Bayadères*, opéra en trois actes; en 1812, les *Aubergistes de qualité*, opéra-comique en trois actes; en 1814, le *Premier en date*, opéra-comique en un acte. Mais rien ne pouvait conjurer les effets de la mauvaise influence qui lui avait été si fatale dès son premier pas dans la carrière de compositeur dramatique. Le *Siége de Mézières*, pièce de circonstance, écrite en collaboration avec Nicolo Isouard, Boieldieu et Cherubini (1814), fut suivi de *Wallace ou le Ménestrel écossais*, drame lyrique en trois actes, représenté à l'Opéra-Comique, le 24 mars 1817. La pièce est un mélodrame de la couleur la plus sombre et dénué d'action. Elle a été refaite en 1844, par M. de Saint-Georges, qui, tout en respectant le caractère général de l'ouvrage, a su y introduire quelques scènes intéressantes. La partition de Catel est considérée comme la meilleure de ce compositeur. Le sentiment dramatique y a de la puissance; la mélodie est franche; le style, un peu froid, est toujours élégant et pur; quant à l'harmonie, on peut dire qu'elle offre les formes les plus parfaites qu'on puisse imaginer. Les chants écossais sont d'une grande fraîcheur. L'orchestration se fait remarquer par un heureux emploi des instruments à vent. Le musicien Rifaut avait déjà retouché la partition du maître. Après lui, M. Boulanger fut chargé de la remanier complétement pour la reprise de cet ouvrage, qui eut lieu en 1844. Parmi les morceaux les plus remarquables de cet opéra, je signalerai le magnifique duo en *si mineur* du dernier acte entre Robert Bruce et Wallace : *La voix de la patrie,* et la romance de Wallace, qui est un chef-d'œuvre de sensibilité, de mélancolie, et qui respire le plus tendre sentiment d'amour conjugal.

Après *Wallace*, Catel, qui n'avait jamais été heureux au théâtre, n'écrivit plus que deux ouvrages pour la scène. Ce furent *Zirphile et Fleur de myrte*, opéra en deux actes représenté à l'Académie royale de musique, en 1818, et l'*Officier enlevé* (1819), faible production où l'on trouve des traces visibles de découragement. Depuis ce moment jusqu'à sa mort, qui arriva le 29 novembre 1830, Catel vécut retiré dans une maison de campagne à quelques lieues de Paris, se plaisant à encourager et à conseiller les jeunes gens, qui trouvaient en lui un guide aussi bienveillant qu'éclairé, mais gardant au fond de son cœur le souvenir amer de ses échecs dramatiques, que la conscience de son talent supérieur ne pouvait affaiblir.

SPONTINI

NÉ EN 1774, MORT EN 1851.

Les principaux caractères de la musique de Spontini sont l'élévation, l'ampleur, le sentiment dramatique. L'inspiration grandiose de ce compositeur s'accordait merveilleusement avec la majesté des sujets antiques : aussi la *Vestale* est-elle un chef-d'œuvre qui eût suffi à illustrer le nom du musicien, si son génie ne nous eût donné *Fernand Cortez* et forcé l'admiration de la postérité à se partager entre la fiancée de Licinius et le conquérant du Mexique.

Gaspard Spontini naquit le 14 novembre 1774, à Majolati, dans la marche d'Ancône. Ses parents, simples cultivateurs, désirant qu'il entrât dans les ordres sacrés, le confièrent, lorsqu'il eut huit ans, aux soins d'un de ses oncles, curé de la succursale de Jesi, qui entreprit de lui enseigner le latin. Mais un de ces incidents, insignifiants en apparence, qui mettent parfois les enfants de génie dans le chemin de leur vocation réelle, empêcha le jeune Gaspard de suivre la carrière à laquelle il semblait voué par les intentions de sa famille. Ce fut la rencontre qu'il fit chez son oncle d'un facteur d'orgues nommé Crudeli. Cet homme avait été appelé à Jesi pour construire un de ces instruments dans l'église que desservait l'oncle de Spontini ; l'enfant, charmé des sons que Crudeli tirait de son instrument, essaya de les reproduire à son tour. Il n'en fallut pas plus pour éveiller dans son âme le goût de la musique, et faire comprendre au facteur d'orgues que cet enfant possédait le germe d'un vrai talent. L'artiste s'en ouvrit au curé qui, loin de se montrer disposé à encourager les dispositions naissantes de son neveu, voulut l'en détourner. Spontini, endoctriné par le facteur d'orgues, eut avec son oncle une discussion à la suite de laquelle il prit la fuite et se retira dans le château de Monte San-Vito où demeurait un frère de sa mère qui l'accueillit avec bonté et lui fit commencer ses premières études musicales sous la direction de Quintiliani, maître de chapelle du lieu.

Au bout d'un an, l'oncle Joseph (c'était le nom du desservant de Jesi), était venu à résipiscence, et, quand le jeune transfuge du noviciat retourna chez lui, il n'hésita plus à lui donner des maîtres capables de le guider dans la connaissance de l'art qu'il affectionnait. Le chanteur Ciaffolati et l'organiste Menghini d'abord, puis Bartoli, maître de la chapelle de Jesi, et enfin Bonanni, maître de la chapelle de Masaccio, préparèrent le futur auteur de la *Vestale* à entrer au conservatoire de la *Pietà dei Turchini* de Naples, où ses parents l'envoyèrent en 1791. Il y étudia le contre-point avec Sala et Tritto ; ses progrès furent tels qu'il obtint bientôt le titre de *Maestrino* ou répétiteur.

L'artiste avait vingt-deux ans quand une fugue, d'un genre fort différent de celles qu'on lui faisait faire au conservatoire, faillit le brouiller avec ses professeurs. En 1796, Sismondi, l'un des directeurs du théâtre *Argentina* de Rome, après avoir entendu à Naples une cantate de Spontini, l'engagea à écrire une partition pour son théâtre. Cette proposition fut acceptée avec empressement et le jeune musicien se rendit clandestinement à Rome avec l'impresario. Son opéra intitulé *i Puntigli delle donne* réussit, bien qu'il eût été composé très-vite. Pour excuser son escapade, Spontini, de retour à Naples, n'avait guère à alléguer que le succès dont elle avait été couronnée. Cette justification fut acceptée, grâce aux bons offices, à l'entremise obligeante de Piccinni, et le précoce débutant, réconcilié avec ses professeurs, put continuer à suivre les cours de l'école.

Les Romains avaient eu la primeur des inspirations du jeune maître. Ce fut encore pour eux qu'il écrivit *l'Eroismo ridicolo* (1797) et *il Finto Pittore* (1798). Puis il alla à Florence où il donna dans la même année trois opéras : *Il Teseo riconosciuto*, *l'Isola disabitata*, et *Chi più guarda men vede* (1798). Revenu à Naples, il fit représenter *la Fuga in maschera* et, l'année suivante, *l'Amore segreto* et *la Finta Filosofa*. Sur ces entrefaites, l'invasion du territoire napolitain par l'armée française obligea la cour de se réfugier à Palerme. A défaut de Cimarosa, malade alors, ce fut Spontini qui charma les tristes loisirs de la royauté exilée de sa capitale. Tout en donnant des leçons de chant, il fit jouer en 1800 trois opéras nouveaux ; on voit par cette preuve de fécondité que les études faites au Conservatoire de Naples donnaient toujours aux élèves une manière d'écrire facile et prompte. La santé de Spontini s'étant altérée, il dut quitter la Sicile et se rendit à Rome où il fit représenter avec succès un nouvel opéra : *Gli Amanti in cimento* (1801). A Venise, il composa pour la cantatrice Morichelli un ouvrage intitulé *la Principessa d'Amalfi*. A cet opéra succéda dans la même ville *le Metamorfosi di Pasquale*. Ainsi en cinq ans, de 1796 à 1801, l'artiste avait donné aux diverses scènes de la Péninsule le chiffre respectable de quinze opéras. J'enregistre une fois de plus ce fait à l'appui de mon opinion ; la plupart des grands compositeurs n'ont produit leurs chefs-d'œuvre qu'après avoir beaucoup travaillé, et souvent même

SPONTINI

après avoir essuyé plusieurs échecs. Plus tard, Spontini jugeait dédaigneusement ces productions oubliées de sa jeunesse. Écrites dans le goût de la musique napolitaine, ses premières partitions annonçaient plutôt un continuateur de Piccinni qu'un maître original, s'il est permis de se faire une idée de ces œuvres ignorées par l'opéra-comique de *Julie ou le Pot de fleurs*, que le compositeur donna sans aucun succès à Feydeau au mois de mars 1804. Cette circonstance semble indiquer qu'au moment où il arriva à Paris, en 1803, il n'avait pas encore pris son essor vers les cimes lumineuses de l'art. En dépit du proverbe *Nemo repente fit summus*, on ne saisit pas bien distinctement le lien qui unit l'auteur de *Julie* à l'auteur de la *Vestale*, ni même à l'auteur de *Milton*, et cependant tous ces ouvrages étaient autant d'étapes conduisant au point culminant du talent et de la gloire.

La plupart des compositeurs italiens qui sont venus se fixer en France y arrivaient précédés d'une réputation déjà établie, et n'avaient guère à demander au public français qu'un jugement en dernier ressort sur leur gloire; aussi ont-ils, en général, rencontré parmi nous peu de difficultés. Spontini, dont les ouvrages n'étaient point connus au-delà des Alpes, se trouvait en arrivant à Paris dans des conditions bien différentes. Il se vit d'abord forcé de donner des leçons de chant. Pour initier ses nouveaux hôtes à son répertoire, il fit jouer aux Italiens en février 1804, *la Finta Filosofa*, opéra représenté à Naples en 1799. Le succès fut satisfaisant; mais, comme je l'ai dit, *Julie*, donnée peu après à l'Opéra-Comique, dissipa les espérances qu'un heureux début avait pu faire concevoir à l'auteur.

La *Petite maison*, représentée au même théâtre le 23 juin 1804, ne réussit pas mieux. Le peu de valeur de la musique et la médiocrité des livrets sur lesquels Spontini avait été appelé à travailler, n'expliquent pas suffisamment cette double chute : sa qualité d'étranger y contribua pour une large part. Voyant la scène nationale envahie par les Bruni, les Tarchi; les Della Maria, les Nicolo, nos musiciens, et en particulier tous ceux qui se rattachaient au Conservatoire, avaient formé une ligue *pro domo suâ*, destinée à écarter comme intrus les compositeurs dont le nom finissait en *i* ou en *o*. D'ailleurs, c'était, pour les amis de la musique française, un sujet de vive irritation que la concurrence faite depuis 1801 à l'Opéra Comique et même à l'Académie par la troupe italienne de la salle Louvois. A l'arrivée de Spontini, les intérêts menacés se coalisèrent donc contre l'ennemi commun.

Cependant la haine est assez souvent clairvoyante et, si l'on critiquait avec passion l'auteur de *Julie* et de la *Petite Maison*, ces critiques n'étaient pas toujours sans fondement. Le compositeur sut tirer parti de la malveillance dont il était l'objet. On lui montrait ses défauts : il s'appliqua à s'en corriger et à les remplacer par des qualités. C'est ainsi que *Milton*, opéra en un acte, paroles de Jouy et Dieulafoy, représenté à l'Opéra-Comique le 27 novembre 1804, manifesta un progrès considérable dans son style. Un épisode de la vie du célèbre poëte anglais a fourni le sujet du poëme. L'auteur du *Paradis perdu,* devenu vieux et aveugle, est obligé par la persécution de chercher un asile sous le toit de son ami, le quaker Godwin. Un personnage de la cour, lord William Davenant, qui aime la fille du poëte, vient le trouver dans sa retraite, et lui offre de ménager sa réconciliation avec Charles II. L'austère républicain repousse hautement l'apostasie qu'on lui propose. D'après cette donnée, on peut voir que *Milton* est un opéra de demi-caractère, plus digne peut-être de la scène du Grand-Opéra ou des Italiens, que de celle de l'Opéra-Comique. Il n'en obtint pas moins un succès qui dédommagea le maître de ses revers précédents. L'ouverture (en *ré*) est charmante, le premier air de Charlotte est écrit trop haut, surtout pour une seconde chanteuse. On peut faire la même observation à propos du trio suivant entre Charlotte, Arthur (Davenant) et Godwin. La romance d'Emma : *J'aurai le sort de la fleur du désert*, est d'une simplicité touchante, et l'accompagnement d'une suavité exquise. L'hymne au soleil chanté par Milton fait pressentir la prière de la *Vestale.* L'air écossais : *Quittez les riantes campagnes*, est arrangé successivement en duo et en trio avec beaucoup de goût. Je signalerai encore le quatuor : *Quels traits, quelle grâce touchante!* et le quintette dans lequel le poëte par son improvisation amène, sans le savoir, le dénoûment.

M. de Jouy avait bien compris le génie sublime de son collaborateur, lorsqu'il lui avait donné le livret de *Milton.* La *Vestale*, pièce refusée par Méhul et par Cherubini, fut le poëme sur lequel travailla ensuite Spontini. Il s'était produit dans ses facultés une transformation soudaine depuis son séjour en France ; ce n'était plus le disciple facile des Paisiello, des Cimarosa, des Piccinni ; c'était un musicien dramatique dans toute la force du terme, cherchant à exprimer les situations et les sentiments avec le plus de vivacité et de vérité possibles. L'effort fut laborieux, on ne dépouille pas le vieil homme en un jour ; plus d'un morceau de la *Vestale*, souvent remis sur le métier, n'est arrivé qu'après de nombreuses retouches à la forme définitive sous laquelle nous l'admirons aujourd'hui. Et pourtant le plus difficile n'était pas d'écrire la partition, mais de la faire exécuter, étant donnée l'hostilité systématique dont j'ai parlé. En homme habile, le maître romain rechercha les bonnes grâces de l'impératrice Joséphine. Une cantate intitulée l'*Eccelsa gara*, qu'il fit entendre en l'honneur du vainqueur d'Austerlitz au théâtre Louvois (8 février 1806), le servit à souhait, car elle lui valut la haute protection dont il avait besoin pour obtenir la représentation de son œuvre. Les artistes de l'Académie impériale de musique, qui avaient d'abord repoussé la *Vestale* comme inchantable, se la virent imposer par ordre supérieur. Le souverain avait prononcé ; il n'y avait plus qu'à obéir. La cabale des ennemis de Spontini se vengea en allant siffler, sans vouloir en entendre une note, un oratorio de sa composition exécuté à l'un des concerts spirituels de la semaine sainte de l'année 1807.

Que la volonté impériale eût fait défaut, ou que le musicien découragé par les murmures, excédé par les exigences de ses interprètes, eût manqué de constance, c'en était fait ; une des œuvres qui honorent le plus notre scène lyrique n'aurait pas vu le jour.

Après un an d'études, après des frais de copie qui s'élevèrent à 10,000 francs, la *Vestale* affronta enfin la lumière de la rampe (11 décembre 1807). Dix mois auparavant, le 14 février 1807, Napoléon en avait fait exécuter quelques fragments aux Tuileries et il avait dit au compositeur : « Votre opéra abonde en motifs nouveaux ; la déclamation est vraie et d'accord avec le sentiment musical ; de beaux airs, des duos d'un effet sûr, un finale entraînant ; la marche du supplice me paraît admirable ; monsieur Spontini, je vous répète que vous obtiendrez un grand succès, il sera mérité. » Plus de cent représentations confirmèrent la justesse de ce pronostic.

Presque tous les morceaux de la partition sont remarquables à différents titres ; le second acte renferme les beautés les plus saillantes ; le charme de l'expression et l'ampleur du style, la tendresse et la vigueur y dominent tour à tour. Je rappellerai seulement le duo entre Licinius et Cinna : *Unis par l'amitié*, qui offre une des phrases les mieux inspirées qui aient été écrites, et la prière de Julia : *Oh ! des infortunés Déesse tutélaire !* Dans cette scène pathétique le musicien s'est surpassé. Tout dans cette prière contribue à lui donner l'expression de tendresse sérieuse et résignée que la circonstance solennelle comportait ; une mesure lente à neuf croches, les rentrées de l'orchestre répétant la phrase de la cantilène comme un écho sorti des profondeurs du temple, enfin le ton de *fa dièze* mineur qui, malgré de récentes dénégations à l'égard des propriétés tonales, conserve selon moi un caractère plaintif allié à une certaine fermeté. L'air *Impitoyables Dieux* porte l'empreinte de la violence, comme la cavatine *Les Dieux prendront pitié*, celle de la douceur. Le *tempo rubato* employé dans ce dernier est de l'effet le plus heureux. Le finale du second acte est un des plus émouvants qui soient au théâtre. Ici Spontini a été créateur d'une nouvelle forme lyrique. Il s'est admirablement pénétré de la situation. Lorsque les prêtres, le peuple, accablent Julia d'imprécations :

> De son front que la honte accable
> Détachons ces bandeaux, ces voiles imposteurs,
> Et livrons sa tête coupable
> Aux mains sanglantes des licteurs,

Une *strette* à trois temps, très-rapide et poursuivie avec vigueur et en *crescendo* par l'orchestre et les chœurs, soulève la salle entière et cause le plus vif enthousiasme. Cet effet a été employé depuis dans une foule d'ouvrages. La marche du supplice ne serait peut-être pas remarquée aujourd'hui comme elle le fut jadis, à cause des combinaisons nouvelles de sonorité funèbre employées par Rossini, Halévy, et surtout par Meyerbeer. Spontini est entré résolûment dans cette voie qu'on a trop encombrée depuis aux dépens de la mélodie et du goût.

Aux répétitions, le chanteur primitivement chargé du rôle du grand pontife s'en acquittait si mal et témoignait d'une mauvaise volonté si impertinente que Spontini impatienté, lui arrachant la brochure des mains, la jeta au feu. Dérivis, qui assistait à cette scène, s'élança vers la cheminée, plongea ses mains dans la flamme et en retira le rôle : « Je l'ai sauvé, je le garde ! » s'écrie-t-il. L'auteur y consentit et n'eut pas lieu de s'en repentir. Les autres rôles furent joués ainsi qu'il suit : Licinius, par Lainez ; Cinna, par Lays ; Julia, par Mme Branchu ; et la grande vestale, par Mlle Maillard.

La *Vestale* obtint plus d'un genre de succès. Un des prix décennaux institués par Napoléon lui fut adjugé, et comme en France on aime à tourner les choses sérieuses en plaisanterie, *vertere seria ludo*, M. de Jouy fit lui-même de sa pièce une parodie qui réussit sur le théâtre du Vaudeville. Nous rappellerons aussi le spirituel pot-pourri de Désaugiers, qui est devenu populaire.

Spontini dédia sa partition à l'impératrice Joséphine : c'était justice ; sans l'appui de cette princesse aurait-il triomphé des préventions et des animosités les plus acharnées ? Il pouvait à présent marcher seul. Ses ennemis, dans la section de musique de l'Institut, avaient été forcés de reconnaître son génie. Une seconde et éclatante expérience devait bientôt confondre les incrédules, s'il en restait encore. Deux ans environ après la *Vestale* parut *Fernand Cortez*, opéra en trois actes, dont les paroles étaient de Jouy et Esménar. Cet ouvrage représenté à l'Académie impériale de musique, le 28 novembre 1809, réussit peu à l'origine, parce que les librettistes avaient commis la faute de condenser tout l'intérêt de la pièce dans le premier acte. Quand le poëme eut subi quelques remaniements destinés à présenter les situations dramatiques dans un ordre plus heureux, l'opéra obtint plus de succès, et, à la reprise du 28 mai 1817, le public accorda une admiration méritée aux beautés qui éclatent dans la partition, notamment dans la scène de la révolte, une des plus belles pages de musique qui aient jamais été écrites, et à l'air d'Amazilli, chanté par Mme Branchu.

Spontini épousa, vers cette époque, la fille de Jean-Baptiste Érard, le célèbre facteur de pianos. Peu après (1810), il devint directeur de l'Opéra italien, dont les représentations avaient lieu alors dans la salle de l'Odéon, sur laquelle régnait Alexandre Duval. Les deux administrateurs ne purent malheureusement pas s'entendre, et, au bout de deux ans, un arrêté de M. de Rémusat, surintendant des théâtres impériaux, révoqua de ses fonctions l'auteur de la *Vestale*, à qui, entre autres services, le public parisien devait d'avoir entendu pour la première fois le *Don Juan* de Mozart. En 1814, le compositeur obtint du ministre de la maison du roi le privilége du théâtre Italien ; mais il ne l'exploita point et se retira devant Mme Catalani, qui administra ce théâtre, comme on le sait déjà, fort mal.

Tandis que la Restauration favorisait les Lesueur, les Martini et les Paër, elle paraissait négliger l'ancien protégé de Joséphine. Celui-ci n'en écrivit pas moins un opéra de circonstance, *Pélage ou le Roi et la Paix*, qui fut joué le 23 avril 1814. Mais le maître romain, à raison de la hauteur de son inspiration, n'était pas appelé à réussir dans le genre fade de la musique de cour. Je ne dirai rien d'une autre composition médiocre, *les Dieux rivaux* (21 juin 1816), opéra-ballet, qu'il écrivit avec Persuis, Berton et Kreutzer, à l'occasion du mariage du duc de Berry. L'artiste retrouva sa verve puissante dans les morceaux qu'il ajouta à la partition des *Danaïdes*, de Salieri, exécutée à l'Opéra pendant la direction de Persuis. Quant à l'opéra d'*Olympie*, représenté le 20 décembre 1819, il témoigne des hésitations, des incertitudes d'un auteur sans cesse harcelé par une presse extrêmement hostile. On s'attendait à un chef-d'œuvre comme la *Vestale*, on n'eut qu'une production d'un mérite moindre de beaucoup ; il semblait que les longs remaniements, auxquels le maître s'était condamné, eussent glacé son inspiration, et d'ailleurs la tragédie de Voltaire dont MM. Briffault, Bujac et Dieulafoy avaient tiré le poëme de cet opéra, est, on doit s'en souvenir, une des moins bonnes qu'ait écrites l'auteur de *Zaïre*. En outre, l'opinion libérale crut voir une allusion préméditée à l'abbé Grégoire, dans ces vers que chante Statira :

> Je dénonce à la terre
> Et voue à sa colère
> L'assassin de son roi.

Avoir à la fois pour ennemis les conservateurs et les libéraux, c'était jouer de malheur. *Olympie* tomba à Paris, mais ce fut pour se relever en Allemagne où elle obtint l'année suivante un succès incontesté. L'ouverture et la marche d'*Olympie* sont des morceaux de premier ordre.

La chute de son opéra décida Spontini à prêter l'oreille aux propositions du roi de Prusse, Frédéric-Guillaume III, qui, depuis 1818, essayait de l'attacher à sa cour. En 1820 l'auteur de la *Vestale* se rendit à Berlin avec le titre de *Directeur général de la musique*, charge à laquelle était affecté un traitement de 10,000 écus de Prusse (trente-sept mille cinq cents francs). Il remplit ce poste éminent de 1820 à 1840. Outre les cantates et autres compositions de circonstance que ses fonctions à la cour lui imposaient l'obligation d'écrire, le maître fit représenter, en 1821, l'opéra-ballet de *Nurmahal*, tiré du poëme de Thomas Moore intitulé *Lalla-Rook* ; il donna, en 1825, *Alcidor*, opéra-féerie, et acheva, en 1837, la partition l'*Agnès de Hohenstauffen*, opéra romantique, dont le premier acte avait été joué dix ans auparavant à l'occasion de la fête du roi. C'est un ouvrage d'une richesse extrême. La place de directeur général de la musique donnait à celui qui l'occupait une haute influence sur les scènes lyriques de Berlin. Spontini s'en servit pour élever le niveau de l'éducation musicale des artistes prussiens, jusque-là plus préoccupés de jouer leurs rôles avec intelligence que de vocaliser correctement. Il eut la gloire de former des chanteurs là où il n'y avait eu avant lui que des acteurs.

Cependant les musiciens indigènes supportaient impatiemment la domination d'un étranger. Une ligue se forma contre lui, ligue dont le comte de Brühl, intendant du théâtre royal, fut le chef, et dont Rellstab, rédacteur de la *Gazette de Voss*, se fit le porte-drapeau.

Spontini joignait à l'intolérance du génie un dégoût méprisant pour ces tracasseries. Il redoubla la haine de ses ennemis en leur rendant guerre pour guerre, et, de part et d'autre, on dépassa souvent la mesure. Les mauvais procédés auxquels le compositeur était en butte le déterminèrent à prendre sa retraite à la mort de son protecteur, Frédéric-Guillaume III (1840). Le nouveau roi aurait voulu se conserver les services d'un homme qui avait tant contribué à illustrer la cour du feu prince, et avait considérablement amélioré l'art du chant parmi les artistes de Berlin ; mais, ne pouvant vaincre sa résolution, il lui accorda généreusement une pension de 16,000 francs et le laissa s'éloigner de la Prusse.

L'auteur de la *Vestale* avait été nommé membre de l'Académie des beaux-arts en 1838, à la condition qu'il reviendrait se fixer à Paris à l'expiration de son engagement avec le roi de Prusse. Il tint sa promesse au mois de mai 1843. C'est à cette époque que j'ai eu l'honneur de le connaître et de recevoir de lui les plus bienveillants encouragements. De retour dans la ville où il avait obtenu son plus éclatant triomphe, il essaya de traiter avec l'administration de l'Opéra pour la représentation de ses anciens ouvrages. Mais il rencontra les dispositions les plus hostiles chez le directeur, alors M. Duponchel. Depuis l'Empire, les idées avaient bien changé, et Spontini avait déjà eu lieu de s'en apercevoir dans les précédents voyages qu'il avait faits à Paris. Sa musique était oubliée ; seule, la Société des concerts du conservatoire lui resta fidèle et l'artiste eut plus d'une fois la consolation d'entendre applaudir ses ouvrages dans cette salle où trente ans auparavant se tenaient les conciliabules de ses ennemis.

Parvenu au comble des honneurs, décoré de tous les ordres de l'Europe, diplômé d'une foule d'instituts et de sociétés savantes, Spontini avait gardé au fond du cœur un vif amour pour le pays qui l'avait vu naître. Lorsque l'affaiblissement de sa mémoire et un commencement de surdité l'avertirent que sa fin était proche, il voulut dire un dernier adieu à son village natal. Le vieillard quitta Paris en 1850, résolu à finir sa vie dans les États romains. Après avoir passé quelque temps à Jesi, il alla à Majolati. C'était le berceau de son enfance, ce devait être son tombeau.

Après y avoir fondé de ses deniers plusieurs établissements de bienfaisance, il y menait une existence heureuse avec la digne compagne de sa vie, quand il fut saisi d'un rhume violent. Ne voulant rien changer à ses habitudes de piété, il se rendit à l'église par un froid rigoureux malgré les observations de Mme Spontini. Le compositeur revint chez lui avec la fièvre ; le 24 janvier 1851, il avait cessé de vivre.

Il existe plusieurs portraits de Spontini, exécutés de 1807 à 1830. J'ai fait graver pour cette édition celui que préfère Mme Spontini, et qu'elle a bien voulu mettre à ma disposition.

NICOLO
(ISOUARD).

NÉ EN 1775, MORT EN 1818.

Nicolo Isouard a doté l'Opéra-Comique de plusieurs ouvrages restés au répertoire. Sa musique est amusante et spirituelle, mais on y sent la manière, l'afféterie, et ce défaut est surtout désagréable dans les romances où il a voulu exprimer la tendresse. Compositeur recherché et précieux, il réussit souvent à plaire à l'esprit, il n'arrive que rarement à produire ce qui est le triomphe de l'art, le chant qui remue l'âme :

Il canto che nell' anima si sente.

Nicolo n'était pas destiné par sa famille à suivre la carrière qu'il parcourut depuis avec tant de bonheur, et, comme beaucoup d'autres artistes, il eut à lutter contre des résistances domestiques avant d'écrire pour la scène. Né à Malte, en 1775, d'un père d'origine française, il vint fort jeune à Paris où il étudia en vue d'entrer dans la marine. Déjà il avait passé ses examens et pris le grade d'aspirant, lorsque la révolution se jeta à la traverse de ses ambitions juvéniles, et donna un autre cours à ses pensées. Revenu à Malte en 1790, Nicolo fut placé par son père dans une maison de banque, bien que ses goûts le portassent exclusivement vers les études musicales. Un vieux maître de contre-point et d'accompagnement, frappé de ses dispositions naissantes, le prit en affection et ce fut de ce professeur, nommé Michel-Ange Vella, que le futur auteur de *Joconde* reçut les premières leçons de l'harmonie. Azopardi, maître de chapelle des chevaliers de Malte, lui enseigna la fugue. Tout cela ne faisait pas l'affaire de Isouard père, qui, pour vaincre, s'il était possible, l'opiniâtre vocation de son fils, l'envoya faire son stage d'apprenti commerçant à Palerme. Nicolo, en dépit des occupations auxquelles il était forcé de se livrer, n'en continua pas moins de s'instruire dans son art favori sous la direction d'Amendola, artiste plein de goût, qui initia son élève à la connaissance des chefs-d'œuvre des maîtres napolitains. Nous suivons ensuite l'incorrigible réfractaire à Naples, où il partage son temps entre les banquiers allemands ses patrons, et Sala, son professeur de composition.

Grâce à la protection de la princesse Belmonte qui s'intéressait à lui, il obtint de Guglielmi quelques conseils relatifs à la musique dramatique. Mais le moment était venu où Nicolo, croyant avoir terminé ses études musicales, prit le parti de se soustraire à une carrière pour laquelle il n'avait que de la répugnance. Il jeta le grand-livre aux orties et quitta Naples pour aller faire jouer à Florence un opéra intitulé : *Avviso ai maritati* (1794). Ce début ne fut pas heureux. Le compositeur paraît même avoir éprouvé, à la suite de son échec, quelques craintes sur l'avenir qui s'annonçait ainsi à lui. Toutefois le succès d'*Artaserse*, joué à Livourne l'année suivante, eut pour effet de raffermir son courage ébranlé. La représentation de cet opéra lui valut l'appui de M. de Rohan, grand-maître des chevaliers de Malte, qui le rapatria, lui conféra la croix de Saint-Donat, et, après la mort de Vincent Anfossi, lui accorda la place d'organiste dans la chapelle de Saint-Jean de Jérusalem. Nicolo fut plus tard nommé maître de chapelle de l'ordre. Il garda cette position jusqu'à l'occupation de l'île par les Français, occupation qui eut pour conséquence la suppression de l'ordre. A la vérité, un théâtre fut établi à Malte par la nouvelle administration. Dépossédé de son emploi, Nicolo put se dédommager en écrivant pour cette scène, soit des opéras traduits du français, tels que *Renaud d'Ast*, le *Barbier de Séville*, les *Deux Avares*, soit d'autres sur des livrets italiens, comme *Ginevra di Scozia*, *il Barone d'Alba-Chiara*, etc.

La protection du général Vaubois ne fut pas inutile au jeune musicien ; après la capitulation de Malte, le commandant français l'emmena à Paris en qualité de secrétaire. Paris était déjà à cette époque le lieu du monde où un artiste désirait le plus se produire. Ce n'est pas qu'il ne soit difficile de s'y faire un nom ; des obstacles de toutes sortes, et dont plusieurs paraissent insurmontables aux âmes faibles, y gardent le seuil de la célébrité. Mais Nicolo Isouard était homme à les affronter et à les vaincre. Il allait exploiter l'art dramatique de la même façon que ses compatriotes exploitaient le bassin de la Méditerranée, depuis Alexandrie jusqu'à Alger, en se rendant redoutables à leurs rivaux par un mélange d'activité, de ruse et d'énergie. On connaît le caractère de ces insulaires, tempérament fusionné de l'Italie et de l'Afrique, âpres comme leur rocher natal, intelli-

gents, obstinés et de peu de scrupules. Nicolo n'était pas Maltais pour rien.
Cependant ses débuts à Paris furent assez pénibles. Le *Tonnelier*, ancienne pièce refaite par Delrieu (1799), *la Statue ou la Femme avare* (1800), ne réussirent point. Il avait trouvé dans Rodolphe Kreutzer un ami plein de dévouement dont il ne sut pas reconnaître plus tard les services, et qui avait mis à sa disposition sa bourse, son influence, ses conseils. Ce fut en collaboration avec ce musicien qu'il donna le *Petit Page ou la Prison d'État*, opéra-comique en un acte (1800), et *Flaminius à Corinthe*, opéra sérieux en un acte (1801). Ni ces ouvrages, ni une cantate exécutée à l'Opéra-Comique à l'occasion de la paix d'Amiens en 1802, ne purent fixer l'attention publique sur Nicolo. L'*Impromptu de campagne*, arrangé d'après un opéra italien qu'il avait précédemment fait jouer à Malte, ne fut pas plus heureux. Enfin, le 11 décembre 1802, la vogue se lassa d'être rebelle aux efforts du musicien et la représentation de *Michel-Ange*, opéra-comique en un acte joué à Feydeau, fut pour le compositeur étranger le point de départ d'une longue suite de succès. Les *Confidences* (2 actes, 1803), et le *Médecin turc* (1 acte, 1803), favorablement accueillis par le public, furent suivis de *Léonce ou le Fils adoptif* (1805). La pièce de *Léonce*, l'une des meilleures de Marsollier, ne dépare point, comme il arrive si souvent, la partition à laquelle elle sert de support. Les situations touchantes n'y manquent pas. Quant à la musique, on a surtout remarqué la romance de Dormeuil : *L'hymen est un lien charmant, lorsqu'on s'aime avec ivresse*, romance chantée avec beaucoup de goût par Solié, et dont la mélodie est devenue un des timbres de vaudeville les plus populaires.

A *Léonce* succédèrent la *Ruse inutile* (2 actes, 1805) et l'*Intrigue aux fenêtres* (1 acte, 1805). Ces productions, qui continuaient le succès de leurs aînées, ne contribuèrent pas peu à classer Nicolo parmi les fournisseurs les plus accrédités de l'Opéra-Comique. Pendant les années qui s'écoulèrent entre 1805 et 1811, sa musique fut presque la seule qu'on entendit à Feydeau. Il régnait sur la scène lyrique autant par son talent que par l'abdication ou la retraite de ses rivaux les plus en renom. Kreutzer n'écrivait plus guère que pour l'Opéra, Cherubini et Méhul se taisaient ou produisaient peu ; Catel, irrité de l'injuste échec qui avait accueilli sa *Sémiramis*, était rentré sous sa tente ; Boieldieu était à Saint-Pétersbourg. Si la fortune faisait beaucoup pour le compositeur maltais en écartant ainsi à point nommé tous ses concurrents, lui de son côté ne s'abandonnait pas lui-même. On le voit se lier avec Hoffman, avec Étienne et en général avec les librettistes les plus influents sur l'administration de l'Opéra-Comique, attirer à lui les meilleurs livrets, obtenir pour ses opéras l'élite de la troupe, et les faire représenter dans la saison la plus propice, enfin, bien différent de Boieldieu, rendre à force d'intrigues la salle Feydeau inaccessible aux jeunes artistes. Toutes ces manœuvres, peu honorables, réussirent à celui qui les pratiquait : pendant six ans, toute la musique légère parut résumée en lui. Cependant, disons-le, s'il se montrait envahisseur, sa fécondité exceptionnelle pouvait lui servir d'excuse.

De 1805 à 1811 Nicolo n'écrivit pas moins de quatorze opéras. La plupart de ces ouvrages se ressentent beaucoup de la précipitation avec laquelle ils furent composés. Il y a de l'esprit, beaucoup de manière, un vif sentiment de la mélodie dans ses airs et ses rondes; mais que tout cela est creux ! Ce ne sont que des masques bien peints. Dans le nombre de ces petits opéras, il en est pourtant qui réussirent bruyamment, comme *Cendrillon*; il en est d'autres qui, comme les *Rendez-vous bourgeois*, méritèrent leur succès.

Je nomme ici un des triomphes les plus authentiques et les plus durables de Nicolo. Les *Rendez-vous bourgeois*, représentés le 9 mai 1807, sont restés au répertoire, grâce à la verve amusante, bouffonne même qu'Hoffman a déployée dans le livret, ainsi qu'à la musique vive, naturelle, toute française du compositeur. Le trio a une phrase fort jolie :

> Mais en amour comme à la guerre
> Un peu de ruse est nécessaire.

Le *Quinque* de la scène VI offre un ensemble charmant :

> Le temps est beau, la route est belle,
> La promenade est un plaisir...

et les couplets de Louise :

> Il sait lire, écrire et compter :
> Ah ! c'est vraiment un talent rare.

Tout dans cet opéra, jusqu'à l'ouverture même, provoque l'hilarité et dériderait l'auditeur le plus refrogné.

Cendrillon n'est pas à beaucoup près le meilleur ouvrage du maître; c'est peut-être néanmoins celui qui a joui de la plus grande vogue au moment de son apparition. Du livret je ne dirai rien, sinon qu'Étienne s'est conformé à la donnée du conte de Perrault mieux que les autres librettistes qui, avant et après lui, ont traité ce sujet. Dans la partition qui a fait fureur, il n'y a de remarquable que la romance du premier acte : *Je suis modeste et soumise*, et le trio de femmes : *Vous l'épouserez; oui, vous l'aimerez.* Lors de sa première reprise en 1845, *Cendrillon* n'a produit qu'un effet médiocre. On trouva que M. Adolphe Adam avait gâté l'instrumentation primitive en la renforçant par des cuivres et des trémolos. Pourquoi donc cette manie de prétendre accommoder au goût du jour les œuvres du passé ? On leur fait perdre leur saveur; en rajeunissant certains détails, on vieillit d'autant le reste.

Le retour de Boieldieu en 1811 vint interrompre le cours des félicités dramatiques de Nicolo. C'était un souverain légitime qui s'apprêtait à reconquérir son royaume occupé par un usurpateur habile, mais d'un talent secondaire. La lutte fut vive entre les deux compétiteurs et chacun compta dans le monde musical ses partisans acharnés. De rivaux qu'ils étaient, l'auteur de *Beniowsky* et l'auteur de *Cendrillon* devinrent bientôt ennemis. Cependant ce dernier aurait dû considérer le retour d'un adversaire redoutable comme une bonne fortune pour lui, car le besoin de se soutenir en face d'un maitre tel que Boieldieu le contraignit à écrire ses œuvres avec plus de soin et à se garder des négligences qui déshonoraient souvent ses précédentes productions. A cette époque de sa vie appartiennent en effet *Joconde* et *Jeannot et Colin* (1814), les deux ouvrages qui lui feront le plus d'honneur auprès de la postérité.

Joconde est le chef-d'œuvre de Nicolo et peut-être le chef-d'œuvre du genre opéra-comique, tel qu'on l'a compris et voulu longtemps en France. *Glissez, n'appuyez pas* : telle est la devise de la société polie. Dans cet ordre d'idées, Joconde est une œuvre d'un goût exquis. Tout est grâce légère dans ces trois actes; une pointe fine de sentiment perce çà et là; partout ailleurs l'affabulation musicale reste dans un idéal fantaisiste et sans prétention. On s'explique ainsi l'immense succès de la romance dont le refrain est proverbial :

> Et l'on revient toujours
> A ses premiers amours.

et celui du trio scénique si joli :

> Quand on attend sa belle,
> Que l'attente est cruelle !
> Et qu'il sera doux
> L'instant du rendez-vous.

Le regret de se voir troublé dans la possession jusque-là incontestée de son empire musical, joint au dépit que lui causa l'élection de Boieldieu au fauteuil de Méhul, découragea Nicolo. Il perdit le goût du travail et prit celui des plaisirs. Il chercha des distractions à ses chagrins et choisit les plus dangereuses. Il ralentit tout à coup sa production naguère si active et se livra à des excès qui semblaient auparavant n'avoir point de charmes pour lui. Sa santé, qui avait résisté au travail, ne résista pas au dérèglement de sa vie. Il mourut prématurément à Paris, le 23 mars 1818, à l'âge de quarante-deux ans. Un opéra intitulé *Aladin ou la Lampe merveilleuse*, dont il avait commencé à écrire la partition, fut achevé après sa mort par Benincori et représenté le 6 février 1822.

BOIELDIEU

NÉ EN 1775, MORT EN 1834.

La génération qui vit le jour pendant les dernières années du dix-huitième siècle a fourni un nombre exceptionnel d'hommes de mérite en divers genres, et ce n'est pas son moindre titre de gloire que de compter parmi eux le prince de notre musique légère, l'immortel Boieldieu.

François-Adrien Boieldieu naquit à Rouen le 15 décembre 1775. Son pere était secrétaire de l'archevêché et lui-même reçut les premières notions de l'art du chant à l'église métropolitaine où il avait été placé comme enfant de chœur. Le chef de la maîtrise, qui s'appelait Broche, dirigea ses études. C'était un homme sévère, violent même, qui menait ses élèves à la baguette selon l'usage du temps. On raconte à ce sujet que le petit Boiel (ainsi qu'on appelait par abréviation Boieldieu), effrayé des conséquences qu'allait avoir pour lui une tache faite sur un livre de son maître, prit la fuite pour se soustraire au châtiment qui l'attendait. On l'atteignit lorsqu'il était déjà sur la route de Paris, et on le ramena à la maîtrise. Ses parents obtinrent de Broche la promesse qu'il mettrait dorénavant moins de dureté dans ses réprimandes.

A l'âge de seize ans, Boieldieu joignait à quelques notions d'harmonie un talent agréable d'exécution sur le piano et d'heureuses inspirations mélodiques. Il était déjà passionné pour l'art dramatique au point de consacrer toutes ses économies à aller entendre au théâtre de Rouen les opéras de Philidor, de Piccinni, de Monsigny, de Dezède et de Grétry. Telles furent ses premières impressions; tels furent ses véritables maîtres. Plus d'une fois, quand l'argent lui faisait défaut, il recourait à la ruse, se glissait clandestinement dans la salle de spectacle à l'heure de la répétition, et, caché sous un banc, il attendait avec patience le moment où la représentation commencerait. L'audition des œuvres d'autrui ne faisait qu'exciter davantage en lui la vocation dramatique, et souvent il dut se dire comme Juvénal :

Semper ego auditor tantum, nunquamne reponam?

Il se trouvait alors à Rouen deux hommes qui avaient besoin l'un de l'autre, un poëte et un musicien. Les deux néophytes de la muse se rencontrèrent et associèrent leurs inspirations. De cette collaboration de deux débutants naquit un opéra-comique qui obtint, dit-on, quelque succès auprès du public rouennais. Plus tard, Boieldieu oublia si bien ce premier

BOIELDIEU

essai de sa jeunesse que je doute de l'exactitude de ce fait ; on prête volontiers aux riches. Cependant cet ouvrage, si imparfait qu'on puisse le supposer, venant d'un compositeur de dix-huit ans, ne fut pas sans influence sur la destinée de l'artiste : il l'affermit dans ses résolutions et lui donna confiance dans son étoile.

Tant de difficultés se dressent au seuil du temple de la gloire, qu'une forte dose d'illusions n'est pas inutile à ceux qui entreprennent d'en forcer l'accès. Boieldieu n'était riche que d'espérance et de courage, car le désordre causé par la Révolution dans l'organisation des églises de France, et la vente des biens du clergé avaient ruiné sa famille. Mais, fier d'avoir pu faire jouer à Rouen son opéra-comique, ne doutant point que son succès ne fût ratifié à Paris, le jeune artiste voyait l'avenir sous des couleurs qui lui dérobaient le présent. Avec trente francs dans sa poche et sa partition sous le bras, il partit donc pour la capitale, cheminant à pied par raison d'économie, et charmant la longueur de la route par la pensée de la fortune et de la renommée qui l'attendaient, croyait-il, au bout de son voyage. Hélas ! il fallut beaucoup rabattre de ces rêves brillants. Les sociétaires de l'Opéra-Comique refusèrent l'œuvre d'un inconnu, et Boieldieu apprit bientôt par expérience combien il est difficile à un jeune homme de province de se produire à Paris. L'artiste fut contraint de faire du métier, et quel métier ? Le compositeur voulait donner des leçons, mais il ne trouvait pas d'élèves ; force lui fut, en attendant mieux, d'accorder des pianos ! Ce rude noviciat se trouva pourtant avoir de sérieux avantages. Le jeune musicien rencontra même des sympathies utiles chez les chefs de la célèbre maison Érard où se réunissait alors (1794) l'élite des artistes. D'autre part, de fréquentes conversations avec Rode, Garat, Méhul, perfectionnaient son goût naturel, et suppléaient jusqu'à un certain point à l'insuffisance de son éducation musicale. Boieldieu, à la faveur de ces précieux entretiens, comprit qu'il lui manquait encore bien des connaissances, et, si sa préoccupation de produire un peu hâtivement l'empêcha de combler entièrement les lacunes de son savoir, du moins, avec la rare aptitude dont il était doué, tira-t-il grand profit des observations de Cherubini et de Méhul.

Boieldieu avait une tournure distinguée, des manières aimables, en un mot les qualités de l'homme du monde. Pour tout dire, il plaisait ; et peut-être ses agréments personnels ne furent-ils pas étrangers à la vogue de salon qui accueillit ses romances. Chantées par l'inimitable Garat, ces gracieuses mélodies faisaient le tour de Paris. Elles apprenaient aux amateurs le nom du jeune musicien, sans pour cela contribuer à l'enrichir. De son propre aveu, en effet, jamais l'éditeur Cochet ne paya une romance de Boieldieu plus de *douze francs*.

Quelle que fût la notoriété que le *Ménestrel*, le *Troubadour béarnais* et vingt autres productions dans le goût du temps, procurassent au jeune artiste normand, il n'était pas venu à Paris à seule fin de mettre en musique des vers de mirliton. On ne pouvait aborder la salle Feydeau sans le concours d'un poëte. Fiévée fut ce librettiste tant désiré. L'auteur de la *Dot de Suzette* tira de son joli roman un opéra en un acte qui garda le même titre, et dont il confia à Boieldieu le soin de composer la partition. Cette petite pièce, jouée en 1795, réussit, grâce à la fraîcheur de l'inspiration musicale, à l'agrément du sujet et au talent de Mme Saint-Aubin.

Après la *Dot de Suzette*, l'Opéra-Comique joua, en 1797, la *Famille suisse*, acte dont les paroles avaient été écrites par Godart d'Ancourt, dit Saint-Just, et dont la partition abonde en détails gracieux.

Le public s'était montré favorable aux deux précédents essais : il accueillit moins bien *Monbreuil et Merville* (1797), et l'*Heureuse Nouvelle*, ouvrage de circonstance, improvisé pour célébrer le traité de Campo-Formio. Mais Boieldieu prit une revanche éclatante avec *Zoraïme et Zulnare*, drame lyrique en trois actes et en prose, représenté au théâtre Italien en 1798. Saint-Just, auteur du poëme, l'a tiré du roman de Florian, *Gonzalve de Cordoue*. Élégance du style, finesse et vivacité de l'instrumentation, grâce mélodique, toutes les qualités du charmant Boieldieu sont réunies dans cette partition qui, mieux que ses productions précédentes, le sortit de pair et le désigna à l'admiration des connaisseurs.

Les *Méprises espagnoles* (1798) reposaient sur une donnée trop confuse pour captiver un auditoire français, avant tout ami de la clarté. *Beniowsky*, autre opéra-comique, représenté le 8 juin 1799, fut également reçu avec froideur. De beaux airs, de vigoureux morceaux d'ensemble dans la partition ne purent obtenir grâce pour l'intrigue vulgaire et le dénoûment ridicule imaginés par l'auteur du livret, Alexandre Duval. Cependant, lors de la reprise de cet ouvrage, en 1825, on a rendu justice au mérite réel de la musique, compromis à la première représentation par l'impéritie du librettiste.

L'année suivante (1800), Boieldieu fut plus heureux. Il donna le *Calife de Bagdad*, opéra-comique en un acte, dont les paroles sont de Saint-Just. Le sujet est emprunté aux *contes arabes*. Il offre quelque analogie avec celui de *Jean de Paris*. Isaoun voyage comme ce dernier sous un nom supposé, et cherche à être aimé pour lui-même de l'aimable Zétulbé. La mère de la jeune fille prend le calife pour un brigand redouté dans le voisinage. De là une suite de quiproquos sans intérêt. Malgré la simplicité enfantine du livret, on est sous le charme de cette musique qui est restée fort originale après plus de quatre-vingts ans. L'ouverture est une des meilleures pièces instrumentales de Boieldieu ; les chœurs sont ravissants et ont une couleur de convention très-bien appropriée au sujet, pourvu toutefois qu'on n'exige pas d'eux ce qu'on appelle la couleur locale, ingrédient à l'usage des artistes médiocres et dont fort heureusement Boieldieu n'a pas été tenté de se servir. L'air de la suivante Késie : *De tous les pays*, *pour vous plaire*, le duo, les couplets ont eu une grande vogue. Cet ouvrage a eu près de huit cents représentations, et il continue encore de loin en loin à occuper l'affiche du théâtre de l'Opéra-Comique.

Non content d'écrire pour la scène lyrique, l'auteur de *Zoraïme et Zulnare* se livrait encore à cette époque à divers travaux de musique instrumentale. Ses concertos, ses sonates, etc., accueillis avec une sorte d'enthousiasme, lui valurent la place de professeur de piano au Conservatoire peu après la constitution de cet établissement (1800).

La popularité que lui attira le *Calife de Bagdad* ne devait être pour Boieldieu qu'un stimulant pour l'inviter à mieux faire. Dès ce moment, on le voit mettre plus de correction dans ses ouvrages, ce qui a pu faire croire qu'il aurait alors pris des leçons de Cherubini. Quoi qu'il en soit, un progrès caractérisé se marque dans *Ma tante Aurore*, dont le poëme a été écrit par Longchamps et qui fut représentée au théâtre Feydeau, en 1803. Cet opéra-comique était primitivement en trois actes ; mais le dernier, ayant été mal accueilli à la première représentation, fut définitivement supprimé à la seconde. Le sujet ne manque pas d'originalité. La tante Aurore est une vieille fille romanesque qui ne veut marier sa nièce qu'à un héros éprouvé par mille aventures. On organise une scène de brigands, d'attaque à main armée, etc., et on triomphe ainsi de la résistance de la tante. La musique de cet opéra est plus correcte, mieux instrumentée que celle du *Calife de Bagdad*, et offre des motifs pleins de grâce et d'esprit. L'ouverture ne module que de la tonique à la quinte, et cependant son allure mélodique est si élégante, l'orchestration en est si finement agencée qu'on l'entend encore avec plaisir. Le premier duo entre Valsain et Frontin : *Malgré de trop justes alarmes*, joint à une facture tout italienne un accompagnement d'un goût exquis. Le quatuor des amants : *Toi par qui l'on fait des romans!* est une imitation visible du célèbre quatuor de l'*Irato*, opéra de Méhul représenté deux ans auparavant, et lui est bien inférieur. Les fautes de prosodie y abondent ; mais il y règne une franche gaieté. Vient ensuite le rondeau de Julie, *D'un peu d'étourderie*. Dans les couplets de la tante Aurore : *Je ne vous vois jamais rêveuse*, une des meilleures inspirations de Boieldieu, le caractère et la manie de la vieille fille sont exprimés avec cette finesse de touche dont il avait le secret. Le duo qui suit : *Quoi! vous avez connu l'amour?* est traité avec beaucoup d'esprit ; les rentrées ajoutent à la partie vocale des nuances qui la font valoir, comme dans les meilleurs ouvrages de Cimarosa. Le second acte est loin d'égaler le premier. L'intérêt de la pièce s'amoindrit, et avec lui la verve du compositeur. Il renferme cependant un duo qui est un petit chef-d'œuvre : *De toi, Frontin, je me défie*. L'opéra de *Ma tante Aurore* eut un grand succès et consacra définitivement la réputation naissante de Boieldieu ; le rôle de Frontin avait été écrit pour le chanteur Martin.

Mais l'artiste applaudi était, dans son intérieur, un homme fort à plaindre. Il avait épousé, le 19 mars 1802, une danseuse de l'Opéra, Clotilde-Augustine Mafleuroy, dont la conduite légère lui causait de vifs chagrins. Boieldieu ne tarda pas à se repentir de son mariage avec une femme de théâtre. Cette union si peu convenable sous tous les rapports dura à peine une année. Une séparation eut lieu et Boieldieu se décida à quitter Paris. Il partit pour la Russie en même temps que ses amis Rode et Lamarre (avril 1803). Dès son arrivée, le czar Alexandre le nomma maître de la chapelle impériale, fonction purement honorifique, mais à laquelle on ajouta l'engagement d'écrire chaque année trois opéras sur des sujets désignés par l'empereur. Il est vrai que la littérature dramatique étant à cette époque fort peu avancée en Russie, le compositeur dut se borner à mettre ou à remettre en musique des pièces jouées à Paris, telles que comédies, vaudevilles, ou même d'anciens opéras-comiques, dont la partition était démodée. Boieldieu fit de la sorte pour le théâtre impérial de Saint-Pétersbourg : *Rien de trop ou les deux Paravents, Amour et mystère, un Tour de soubrette,* les *Voitures versées,* la *Jeune femme colère.* Il s'inspira aussi de deux sujets qui avaient déjà été traités, l'un par Lesueur, l'autre par Berton. De là les deux opéras de *Calypso,* et d'*Aline, reine de Golconde.* Le seul livret original sur lequel il put travailler pendant son séjour en Russie, *Abderkhan,* dont les paroles étaient l'œuvre du comédien français Andrieux, n'eut point de succès. De ce temps date aussi la mise en musique par Boieldieu des chœurs d'Athalie.

Ce sont sept années durant lesquelles le génie du maître ne se manifesta par aucune production éclatante. Comblé de faveurs par l'empereur Alexandre, cher à la haute société russe, le compositeur français n'en était pas moins hors de son élément naturel. D'ailleurs, si le despotisme impérial s'adoucissait dans les sphères élevées, allié qu'il était à l'exquise distinction des formes et au vernis de l'éducation, dans les rangs inférieurs de la hiérarchie administrative, il ne cessait de se montrer inquisiteur et tracassier. La police, toujours ombrageuse, l'était plus que jamais pendant les guerres de Napoléon Ier contre le czar, et Boieldieu, qui ne se mêlait point de politique, faillit encourir ses soupçons parce qu'il avait eu la malheureuse idée d'expédier à un de ses amis en France un paquet de manuscrits. Selon l'habitude, les employés de la douane ouvrirent le ballot, et le premier morceau sur lequel tombèrent leurs regards se trouvait commencer par ces trois notes : *si mi sol.* De là à lire *six mille soldats* et à conclure que l'auteur de l'envoi était un espion, il n'y avait pas loin, surtout de la part d'un fonctionnaire aussi zélé qu'ingénieux. A la vérité, la méprise fut bientôt expliquée, et cette grave affaire se termina par un éclat de rire.

En 1810, Boieldieu obtint, pour revenir en France, un congé temporaire que les circonstances politiques changèrent en un congé définitif. De retour à Paris au commencement de 1811, il eut la chance singulière après une absence de sept années de retrouver libre le théâtre de ses premiers succès. De nouveaux venus dans la carrière, on n'en comptait pas un ; et, parmi les anciens, Dalayrac était mort ; Cherubini se taisait ; Catel et Méhul ne travaillaient plus que très-rarement. Seul, Nicolo régnait sur la scène lyrique. La lutte s'établit donc entre l'auteur de *Joconde* et l'auteur de *Ma tante Aurore*. En attendant que celui-ci donnât *Jean de Paris*, il fit jouer à l'Opéra-Comique deux œuvres écrites pendant son séjour en Russie : *Rien de trop* et la *Jeune femme colère*. La première pleine de gaieté et de mouvement réussit à merveille, tandis que la seconde fut accueillie avec défaveur. La froide comédie d'Étienne ne pouvait en effet inspirer heureusement un musicien. Mais, sur ces entrefaites, la salle Feydeau montait un nouvel ouvrage du maître, dont la réputation allait grandir encore. La représentation de *Jean de Paris* eut lieu le 4 avril 1812.

C'est un ouvrage délicieux, d'une élégante originalité. Assurément rien n'émeut fortement l'âme du spectateur. Il n'y a là ni grande passion, ni catastrophe poignante, ni grands effets dramatiques. Le tamtam ne vient pas vous causer de soubresauts ni vous avertir qu'un cataclysme imprévu s'est produit soit dans les éléments, soit dans le monde des idées et du sentiment. Les coups de timbales sont discrets et se contentent de marquer le rhythme sans vous causer des émotions acoustiques. La couleur locale n'est pas plus accusée qu'il ne convient, et même il est plus vrai de reconnaître simplement, je le répète, que dans le *Calife*, *Jean de Paris* et la *Dame blanche*, Boieldieu a substitué une couleur idéale, *sui generis*, à la couleur historique, archéologique, chère aux curieux, aux savants, mais indifférente aux gens qui veulent que la musique parle le langage du sentiment, de la grâce, de la passion. Mais qu'y a-t-il de plus charmant que le chœur d'introduction, l'air : *C'est la princesse de Navarre*, la cavatine : *Quel plaisir d'être en voyage!* la romance du troubadour au second acte, et le chœur si bien rhythmé : *De monsieur Jean que le festin s'apprête*, et le finale général. Cet ouvrage est toujours resté au répertoire de l'Opéra-Comique.

A *Jean de Paris* succéda le *Nouveau Seigneur de village*, charmante production (29 juin 1813), où se chante le célèbre duo : *C'est, dites-vous, du chambertin* ; et cet autre : *Je vais rester à cette place*, les couplets de Babet : *Ah! vous avez des droits superbes*, et le trio entre Babet, Colin et le Marquis ; il faudrait tout citer. C'est en cette même année 1813 que débuta Auber. Nous trouvons ensuite Boieldieu écrivant en collaboration plusieurs ouvrages de circonstance. Il fait avec Cherubini, Catel et Nicolo Isouard, *Bayard à Mézières*, opéra demandé par le gouvernement pour réchauffer le patriotisme national, dans les conjonctures difficiles où se trouvait la France (12 février 1814). Deux mois après, les Tuileries ont changé de maître et pour célébrer cet événement, l'auteur de *Bayard* donne les *Béarnais*, opéra en un acte écrit en collaboration avec Kreutzer.

L'année suivante, Boieldieu signe avec Mme Gail *Angela ou l'Atelier de Jean Cousin*, dont il n'avait fait qu'un duo, digne, il est vrai, de ses meilleures partitions. On le voit quelque temps après, avec une générosité trop rare chez les artistes, encourager les débuts d'Hérold et le prendre pour son collaborateur dans un opéra de circonstance intitulé *Charles de France*. La *Fête du village voisin*, dont la musique fut écrite par Boieldieu seul en 1816, était un ouvrage très-ingrat qui ne put se soutenir que par le talent du compositeur. Le trio, les couplets, la romance : *Simple, innocente*, qui est si connue, ont fait reprendre l'ouvrage plusieurs fois.

Nous avons vu que Boieldieu avait été nommé professeur de piano au Conservatoire; à la suite de ses succès dramatiques, on créa pour lui une classe de composition.

Disons sans hésiter que sa nomination fut très-mal accueillie par le personnel enseignant du Conservatoire et par les élèves eux-mêmes. Adolphe Adam, qui depuis fut un de ses meilleurs élèves, se signala des premiers dans cette circonstance. On reprochait à Boieldieu de n'être pas assez harmoniste, assez contre-pointiste; on l'aurait plus estimé, si, au lieu d'avoir fait déjà quatre chefs-d'œuvre, il se fût distingué par la composition de *Canons à l'écrevisse*. Il ne fallut rien moins que l'affabilité naturelle de Boieldieu, la droiture de son caractère et la bonté de son cœur pour apprivoiser ces farouches disciples de Catel et de Cherubini.

La mort de Méhul en 1817 laissait une place vacante dans la section des beaux-arts de l'Institut. Nul n'était plus digne de la remplir que l'auteur du *Calife de Bagdad* et de *Ma tante Aurore*, de *Jean de Paris* et du *Nouveau Seigneur de village*. Boieldieu fut donc appelé au fauteuil de celui qu'il avait longtemps considéré comme un de ses maîtres, et dont il était devenu l'émule. Pour justifier le choix qu'on avait fait de lui, Boieldieu donna au théâtre de l'Opéra-Comique le *Petit Chaperon Rouge* qu'on appela alors son discours de réception. Cet ouvrage en trois actes fut représenté le 30 juin 1818. On connaît le joli conte de Perrault. Théaulon, l'auteur du poëme, fit subir une transformation aux personnages, restés classiques pour les imaginations enfantines. Le Petit Chaperon devint Rose d'amour, le loup prit les traits du baron Rodolphe, et le comte Roger fut l'heureux chevalier qui empêche la pauvrette d'être croquée par le loup. Cet ouvrage, qui offre des mélodies fraîches et pleines de naturel, a eu longtemps les honneurs du répertoire. L'orchestration, plus riche et plus colorée que dans les ouvrages précédents du maître, faisait déjà pressentir la *Dame Blanche*. La partition abonde en morceaux charmants : *Robert disait à Claire*, la ronde : *Depuis longtemps gentille Annette*, la romance : *Le noble éclat du diadème*, les couplets : *Il m'a demandé le bouquet;* l'air chanté par Martin : *Anneau charmant, si redoutable aux belles;* enfin les deux duos du deuxième acte et celui du troisième font du *Petit Chaperon rouge* une des plus jolies partitions du maître.

J'ai dit que Boieldieu avait écrit à Saint-Pétersbourg la musique des *Voitures versées*, opéra-comique en deux actes dont les paroles sont de Dupaty ; il arrangea cet ouvrage pour le théâtre Feydeau où il fut représenté le 29 avril 1820, et réussit pleinement. Le chanteur Martin a laissé de longs souvenirs dans l'air : *Apollon toujours préside au choix de mes invités*, et dans le duo charmant : *O dolce concento !* dans lequel l'auteur a brodé d'ingénieuses variations sur l'air populaire : *Au clair de la lune*.

De 1818 à 1825 Boieldieu semble se recueillir. Durant cet intervalle de sept années, le fécond compositeur ne produit rien, car je compte pour peu de chose dans la carrière d'un tel artiste deux opéras de circonstance, *Blanche de Provence ou la Cour des fées*, écrit en collaboration avec Kreutzer, Berton, Cherubini et Paër, et *Pharamond* avec Berton et Kreutzer. Le premier fut joué en 1821, le second en 1824. L'année suivante allait être la plus brillante de la vie musicale de Boieldieu. Le 10 décembre 1825, la *Dame Blanche* est représentée à l'Opéra-Comique. Ce chef-d'œuvre d'esprit et de goût figure depuis un demi-siècle au premier rang des opéras-comiques français. Tout s'est transformé au théâtre autour de cet ouvrage. La vogue des troubadours est passée ; la galanterie est devenue, à tort ou à raison, chose ridicule ; la musique ne consiste plus depuis longtemps dans un heureux choix de mélodies naturelles et expressives accompagnées avec clarté par l'orchestre, sans fracas, sans étalage de science, et conçues généralement dans les tons principaux et d'après les procédés les plus conformes aux lois de l'oreille. Le genre de l'Opéra-Comique s'est modifié complètement. La partie vocale réclame la virtuosité du Grand Opéra ; l'orchestration y est devenue aussi chargée, aussi compliquée. Quant aux livrets en général, surtout ceux en trois actes, ils offrent les péripéties les plus fortes, les plus dramatiques, et ne comportent plus la touche légère, déliée, délicate, qui caractérise les bons ouvrages de l'ancien répertoire. Si la *Dame Blanche* est encore aujourd'hui la planche de salut des directeurs dans l'embarras ; si, en province comme à Paris, cet opéra-comique attire encore la foule, c'est que les impressions qu'il produit correspondent au caractère permanent de l'esprit français. Je répète qu'aucun compositeur n'a mieux pratiqué que Boieldieu cette maxime familière aux gens de goût : *Glissez, n'appuyez pas*. Une mise en scène agréable, un jeune officier aimable, facilement amoureux et non passionné, des situations qu'on ne prend jamais au sérieux, des épisodes gracieux et variés avec un grain léger de poésie et de sentiment, une science musicale sans pédanterie et mise à la portée de tout le monde, une mélodie perpétuelle dans les voix et dans l'orchestre ; tels sont les éléments qui expliquent le succès constant de l'opéra de *la Dame Blanche*. Tout en ayant l'inspiration facile, Boieldieu travaillait beaucoup ses ouvrages et cherchait à leur donner une vérité mélodique absolue. Il refaisait plusieurs fois chaque morceau, et ses partitions livrées au théâtre, chargées de ratures, attestent le soin qu'il y apportait et la sévérité de son travail. Ce ne fut, je l'ai dit, qu'après un silence de sept années qu'il donna son opéra de *la Dame Blanche*. Le public attendait avec impatience cette nouvelle production de l'auteur du *Calife de Bagdad*, de *Ma tante Aurore* et des *Voitures versées*, et lui fit un accueil enthousiaste.

Quoique, d'après l'indication mentionnée sur la partition, la scène se passe en Écosse en 1759, quoique Scribe ait emprunté le sujet du livret au roman de Walter Scott, la couleur locale n'y brille pas d'un vif éclat et le dialogue n'a rien de remarquable. C'est au musicien que revient l'honneur de l'expression vraie et soutenue des caractères. Chaque phrase mélodique peint admirablement chaque personnage. L'entrain chevaleresque et l'insouciance toute militaire de Georges, la cupidité de l'intendant Gaveston, la poltronnerie du fermier Dickson, la tendresse quasi-maternelle de la bonne vieille Marguerite, la gentillesse de Jenny, jusqu'à l'infatuation du juge de paix Mac-Irton, tout est rendu avec une précision parfaite et avec mesure. On peut répéter à cet égard le mot de Mozart s'adressant à l'empereur Joseph qui critiquait son opéra de *l'Enlèvement au sérail* : « Il y a là autant de notes qu'il en faut. » Le personnage d'Anna ne me parait pas représenté avec le même bonheur, et le musicien a manqué l'occasion qui s'offrait à lui d'en rehausser le caractère ; en effet, l'air qu'elle chante au commencement du troisième acte est des plus médiocres.

Le travail délicat de l'orchestration et le charme qu'on éprouve à l'entendre n'empêcheront pas de remarquer que l'ouverture de la *Dame Blanche* n'est en somme qu'un développement de deux motifs tirés de la partition vocale, et qu'elle n'appartient plus au genre de composition instrumentale auquel on a donné ce nom depuis Gluck jusqu'à Rossini. Après Boieldieu, Hérold est entré dans cette voie, sauf pour l'ouverture du *Pré aux Clercs*, et la plupart des compositeurs l'y ont suivi. En évoquant cette Dame blanche, on est assailli par une foule de réminiscences charmantes : c'est, dans le premier acte, le chœur d'introduction : *Sonnez, cors et musettes*, l'air si caractéristique de Georges : *Ah ! quel plaisir d'être soldat*, la ballade : *D'ici voyez ce beau domaine*, le duo de la peur, et le trio final dont l'harmonie est merveilleuse de simplicité, de force et d'effet. On y sent l'élève et l'admirateur de Méhul ; c'est, dans le second acte, la romance : *Pauvre dame Marguerite*, remplie de sensibilité et ingénieusement encadrée dans une imitation idéale du rouet ; le trio : *C'est la cloche de la tourelle*, qui est d'une ampleur qu'on ne retrouve pas fréquemment dans les ouvrages de Boieldieu ; c'est la cavatine : *Viens, gentille dame*, et le duo de la main qui achèvent de peindre le caractère tendre et galant de Georges. La scène de la vente est un tour de force exécuté avec une *maestria* qui n'a pas été surpassée. C'est à la fois descriptif et scénique. L'expression des personnages intéressés à l'action, les émotions des spectateurs, leurs réflexions malicieuses, tout cela est aussi naturel que possible ; et cependant quelle variété dans les détails, quelle richesse de combinaisons rhythmiques ; on est si habitué aux modulations fréquentes et éloignées du ton principal, qu'on reste confondu en voyant que, pendant une scène aussi développée que celle-là, l'auteur ne s'éloigne presque jamais du ton d'*ut*. Le troisième acte présente quelques longueurs, mais elles sont compensées par le chœur : *Chantez, joyeux ménestrels*, dont Boieldieu a emprunté le motif à un air écossais. Cet ensemble accompagné par les harpes produit toujours un effet poétique.

Le rôle de Georges a été créé par Ponchard qui y a laissé de longs souvenirs jusqu'à ce que Roger l'ait repris en lui donnant une ampleur et un caractère qui lui ont valu un de ses plus beaux succès comme chanteur et comme comédien sur les principales scènes de l'Europe.

La santé de Boieldieu commençait à s'altérer. Il chantait toujours en composant, ce qui le fatiguait beaucoup ; en outre, les devoirs de l'enseignement, les conversations interminables au théâtre, les répétitions particulières, toutes ces causes réunies avaient affecté si gravement les organes de la respiration que le repos était devenu nécessaire au compositeur. Il n'eut pas la sagesse de le prendre à temps.

Ses grands succès avaient pour conséquence de le rendre plus sévère vis-à-vis de lui-même ; craignant que sa prochaine production ne fût ou ne parût inférieure à la *Dame Blanche*, il laissa passer plus de trois ans sans rien donner à l'Opéra-Comique. Pendant ce temps, il travaillait à un nouvel ouvrage, au milieu des souffrances que lui causait une phthisie laryngée. Quand parut, le 20 mai 1829, l'opéra qui lui avait coûté tant de soins et de peines, le compositeur avait besoin d'un triomphe éclatant pour se reprendre à la vie, car sa santé était fort ébranlée. Malheureusement, en écrivant le livret des *Deux Nuits*, Scribe et Bouilly avaient préparé au musicien une tâche très-ingrate. Un sujet usé, des ruses de valet, des invraisemblances qui ne sont rachetées par aucune invention piquante, neuve ou même gracieuse, tout semblait réuni pour faire tomber cet opéra qui fut le dernier de Boieldieu et dont la chute contribua à aggraver la maladie qui l'enleva peu d'années après. Et cependant que de choses charmantes dans cet ouvrage et dignes de l'immortel auteur de la *Dame Blanche*! Au premier acte, l'introduction et le chœur des convives forment un long morceau brillant et de la bonne manière de Boieldieu, intéressant par le rhythme sans le secours de modulations imprévues, car ils ne sortent pas du ton d'*ut* ; les couplets : *Le beau pays de France* ont une couleur ravissante ; l'air de l'évocation des valets est bien traité, mais il a le tort d'être une imitation des effets de l'*Irato* de Méhul. L'orgie qui termine est pleine d'entrain et de vigueur. Le duo entre Carill et Betty, au second acte, est un des plus jolis que le compositeur ait écrits ; l'ensemble : *Charmante solitaire* surtout est d'un effet délicieux. L'interrogatoire des deux valets est la scène principale du troisième acte, et elle est traitée avec autant d'esprit que celle de la vente dans la *Dame Blanche*. Il est fort regrettable qu'un opéra-comique de cette importance paraisse à jamais rayé du répertoire. Les amateurs et les musiciens lui prédisaient le plus bel avenir lors de la première représentation. Boieldieu fut obligé de venir sur la scène recevoir les félicitations du public.

Obligé pour cause de santé de se démettre de ses fonctions de professeur au Conservatoire, l'auteur des *Deux nuits* obtint une pension de retraite, bien qu'il lui manquât quelques mois de service pour y avoir un droit réglementaire. Charles X y ajouta les libéralités de sa cassette; mais, avec la Révolution de 1830, commencèrent les embarras financiers de Boieldieu. Il se vit enlever la pension de retraite du Conservatoire, au moment où l'exil des Bourbons le privait de son royal bienfaiteur. A la même époque, l'Opéra-Comique, qui venait de passer sous une nouvelle direction, retira au compositeur la rente de 1,200 francs que l'administration précédente lui avait jusque-là servie par reconnaissance pour les chefs-d'œuvre dont il avait enrichi son répertoire. Les inquiétudes causées par ces revers de fortune achevèrent d'altérer sa santé déjà fort compromise. Un voyage que le malade fit à Pise n'apporta aucune amélioration à son état. A son retour à Paris, une pension de 3,000 francs lui fut allouée par le ministre de l'intérieur. Il songea alors à se rendre aux eaux dans les Pyrénées; mais, arrivé à Bordeaux, il se trouva hors d'état de continuer son voyage. Il voulut rendre le dernier soupir dans sa maison de campagne, à Jarcy, près Grosbois; on l'y transporta et il y mourut quelques jours après, le 8 octobre 1834. Ses obsèques eurent lieu dans l'église des Invalides; on avait préparé pour cette circonstance la messe de *Requiem* de Cherubini, mais l'autorité ecclésiastique s'opposa à ce qu'elle fût exécutée, à cause de l'emploi des voix de femmes qui lui parut peu en rapport avec la cérémonie funèbre. La première femme de Boieldieu, la trop célèbre Clotilde, étant morte en 1826, il s'était remarié et avait trouvé le bonheur domestique dans sa nouvelle union. Son fils, M. Adrien Boieldieu, est aujourd'hui un compositeur de mérite qui porte honorablement un nom illustre : son style élégant, son instrumentation fine et distinguée, de mélodieuses inspirations, lui ont valu plusieurs succès au théâtre et dans les concerts. C'est d'après ses indications que j'ai reproduit les traits de son père. Parmi les autres élèves que forma Boieldieu, il faut citer MM. Zimmerman, Fétis, Dourlen, Adolphe Adam, Théodore Labarre et Édouard Boilly.

La perte du compositeur fut vivement sentie dans le monde musical où il avait conquis l'estime en même temps que l'admiration universelles. Personne ne sut mieux que lui découvrir le talent obscur et lui faciliter les moyens de se produire : J'ai dit ce qu'il fit pour Hérold, qui lui en garda toute sa vie une reconnaissance profonde; pour Catel, à qui il fit donner la croix d'honneur. Boieldieu était inaccessible à la jalousie, et, dans une lettre écrite à l'auteur de *Zampa*, on le voit s'indigner contre ceux qui l'ont représenté à tort comme un détracteur de la musique de Rossini. Il fallait bien mal le connaître pour lui prêter des sentiments d'envie à l'égard d'un confrère. Les deux compositeurs ont pendant quelque temps habité la même maison, et ont entretenu les relations les plus cordiales. Quand bien même Boieldieu n'eût pas reçu du ciel une âme aimante et sympathique, sa gloire lui suffisait, et n'était-elle pas suffisante?

NEUKOMM

NÉ EN 1778, MORT EN 1858.

Neukomm (Sigismond) naquit le 10 avril 1778 à Salzbourg, en Autriche, dans la patrie de Mozart. Doué de dispositions précoces pour la musique, il reçut les leçons d'un organiste nommé Weissauer. Il le suppléa souvent dans ses fonctions, et fut nommé à quinze ans organiste de l'Université.

Neukomm apprit presque tous les instruments à cordes et à vent. Il jouait de quelques-uns même avec assez d'habileté. Son père, professeur à l'Université de Salzbourg, lui fit faire des études classiques, tout en lui laissant le temps d'apprendre le contre-point et l'harmonie, sous la direction de Michel Haydn dont la femme était parente de la mère de Neukomm. Sigismond remplaça même souvent son second maître dans ses fonctions d'organiste de la cour; sa nomination à la fonction de co-répétiteur à l'opéra décida à tout jamais de sa carrière.

Ayant achevé ses études à l'Université, il se rendit à Vienne en 1798 auprès de Joseph Haydn à qui Michel, son frère, l'avait recommandé. Après avoir suivi ses leçons pendant huit ans et avoir été traité par lui en élève favori, Neukomm quitta Vienne en 1806. Ici commence la série vertigineuse de ses voyages et pérégrinations plus extraordinaire à l'époque où il vivait que de nos jours. Après un assez long séjour à Stockholm où il fut nommé membre de l'Académie de musique, il partit pour la Russie. Malgré sa jeunesse, il fut nommé directeur de l'Opéra allemand de Saint-Pétersbourg, et membre de la Société philharmonique de cette ville; ses compositions excitèrent partout un sympathique intérêt; il ne fut pas moins heureux à Moscou. Ayant appris la mort de son père, il dut quitter la

Russie et revenir à Salzbourg. Nous le trouvons à Vienne au moment de la mort d'Haydn qui arriva en 1809. Il n'y resta pas longtemps; la paix qui suivit la campagne de 1809 lui fournit l'occasion de venir à Paris, où il se lia avec l'élite des savants et des artistes et fut présenté avec les plus vives recommandations par la princesse de Vaudemont au prince de Talleyrand, qui l'attacha comme pianiste à sa maison, en remplacement de Dussek.

En 1814, le prince l'emmena avec lui au congrès de Vienne et fit exécuter par trois cents chanteurs dans l'église de Saint-Etienne, devant un auditoire d'empereurs, de rois et de princes, un *Requiem* de sa composition composé en commémoration de la mort de Louis XVI. L'année suivante, il le faisait décorer de l'ordre de la Légion d'honneur et lui obtenait des lettres de noblesse.

Les événements politiques ne nuisirent en rien à la fortune de Neukomm; en 1816, il accompagnait le duc de Luxembourg au Brésil où Louis XVIII l'avait envoyé comme ambassadeur extraordinaire. Le roi Don Pedro lui confia la direction de sa chapelle, avec des appointements considérables. Mais quatre ans après (1820), Don Pedro renversé par une révolution revint en Europe; Neukomm dut s'estimer heureux de reprendre son ancien poste auprès du prince de Talleyrand.

En 1826, il partit pour l'Italie, en visita toutes les villes principales, de là se rendit en Belgique, en Hollande, en Angleterre et enfin en Ecosse où il reçut chez Walter Scott une cordiale hospitalité. Son existence continua à être une odyssée perpétuelle. Il revint passer quelque temps à Paris au commencement de 1830; dans le courant de la même année, le prince de Talleyrand, nommé ambassadeur auprès du roi de la Grande-Bretagne, l'emmena à Londres; et deux ans après (1832) nous le trouvons à Berlin, faisant exécuter son oratorio des *Dix commandements de Dieu*, plus connu en Angleterre sous le titre du *Mont-Sinaï*, puis à Leipzig et à Dresde.

L'existence de cet artiste est un véritable journal de voyage. Pendant l'hiver de 1832 à 1833, il revint en Angleterre et après avoir composé pour le festival de Birmingham un oratorio intitulé *David*, il se rendit en Italie, passa l'hiver suivant dans le midi de la France d'où il fit une excursion en Algérie. En 1835 et 1836 on le retrouve à Paris, puis à Londres; mais une maladie grave le retint dans cette dernière ville au moment où il allait s'embarquer pour l'Amérique. A peine guéri, il repartit et se montra de nouveau en Belgique, à Francfort, à Darmstadt, à Heidelberg, à Manheim, à Carlsruhe, revint passer quelques années à Paris, fit ensuite un voyage en Suisse et rentra en 1842 à Salzbourg, sa patrie, où il dirigea la fête musicale qui inaugura l'érection du monument de Mozart. Il regagna de nouveau l'Angleterre, son séjour de prédilection. Là il devint aveugle. Un habile oculiste de Manchester lui fit l'opération de la cataracte en 1848 et réussit à lui rendre la vue, mais à la condition que le patient porterait des lunettes de diverses couleurs, et qu'il en changerait selon la teinte du jour. L'année suivante, on le voit, à Munich, en compagnie de Fétis, son vieil ami, s'enthousiasmant encore dans les églises et à la chapelle royale, à l'audition des belles compositions des maîtres. En 1851, il alla remplir à Londres les fonctions de membre du jury de l'exposition universelle. De là l'intrépide vieillard partit pour Constantinople et je ne suis pas certain qu'il n'eût pas formé le projet de visiter l'extrême Orient. Il revint mourir à Paris le 3 avril 1858, à quatre-vingts ans moins sept jours, laissant, malgré ses nombreux voyages, une œuvre importante et la réputation d'un des grands organistes de notre siècle.

Sigismond Neukomm n'était pas un artiste de génie; mais c'était un musicien excellent, rompu à tous les artifices de la composition, doué de goût et d'un sentiment religieux remarquable. Il s'était si bien approprié les procédés techniques de ses maîtres, de Michel et Joseph Haydn, qu'il écrivait avec une grande facilité et une correction parfaite. J'étais fort jeune lorsque j'ai entendu Neukomm jouer des improvisations sur l'orgue de la collégiale de Saint-Denis et j'ai conservé le souvenir de son style magistral, savamment fugué et cependant mélodique

Ses compositions sont bien écrites pour les voix. Le défaut qu'on peut leur reprocher est une uniformité, une monotonie excessive. Quand on a entendu une messe de Neukomm, on les a entendues presque toutes. Ses morceaux de musique sacrée ont joui d'un grand succès, en raison surtout de leur parfaite convenance et de ce que l'exécution en est assez facile. C'est de la musique bien faite, harmonieuse et d'un style large et soutenu. Si elle n'est pas réchauffée par la flamme de l'inspiration, elle ne connaît pas non plus ces défaillances qui déparent bien des œuvres plus saillantes. Les compositions de Sigismond Neukomm fournissent la preuve des résultats féconds et relativement excellents que peuvent produire des études consciencieuses et le commerce familier d'un homme tel qu'Haydn. Neukomm a écrit plusieurs oratorios, des messes, des chœurs et cantates sur des poésies françaises, anglaises, russes, allemandes, italiennes, portugaises; des morceaux de musique de chambre et des marches militaires, même des opéras allemands dont aucun n'a été représenté. Il ne reste guère de toutes ces compositions que quelques motets parmi lesquels je signalerai des *O salutaris*, un *Ave Maria* et les quatre antiennes à la sainte Vierge écrites pour quatre voix d'hommes sans accompagnement.

Le chevalier Neukomm ne se contentait pas d'être un compositeur de mérite. Il tenait absolument à grossir le nombre des diplomates médiocres. On m'a rapporté que le prince de Talleyrand eut à subir bien des sollicitations à cet égard de la part de celui qui avait accepté dans sa maison la succession de Dussek, et qu'il lui laissa même prendre le titre de secrétaire. Malgré les dissentiments qui s'élevèrent entre l'artiste et son généreux protecteur, celui-ci lui assura jusqu'à sa mort une pension fort honorable, après avoir favorisé ses excursions nombreuses à travers le monde. Je regrette de rencontrer ce mouvement de vanité ridicule chez un compositeur dont la carrière a fourni le dernier exemple du protectorat intelligent qui s'exerçait sur les arts et les artistes dans l'ancienne société. J'eusse préféré que l'heureux disciple imitât la modestie de son maître, qui s'est contenté de la vie paisible et douce que lui avait faite le prince Estherhazy et ne s'est aventuré sur le terrain de la politique qu'en 1809, quand les boulets de Bonaparte tombèrent dans son jardin, et qu'il s'écriait en s'accompagnant au piano de ses mains défaillantes : « Gott, erhalte Franz der kaiser. Dieu, sauvez l'empereur François. » L'orgueilleux « *non serviam* » moderne a-t-il fait produire plus d'œuvres de génie en peinture et en musique que le protectorat clérical en Italie aux xve et xvie siècles, royal en France au xviie, princier en Allemagne au xviiie? et cependant les artistes servent encore un maître, mais un maître mille fois plus tyrannique que les anciens : c'est le *profanum vulgus*. Pour le satisfaire, ils sont dispensés, il est vrai, de produire des œuvres de goût et de qualité supérieure. Ils doivent s'abaisser à flatter ses plus bas instincts et ses caprices les plus dépravés. On sait à quel état d'abaissement, sous le rapport de la composition, les arts plastiques sont descendus; en musique, le genre scénique est devenu le seul possible; plus de symphonies, plus d'oratorios, plus de musique sacrée, plus de musique de chambre :

> D'adorateurs zélés à peine un petit nombre
> Ose des premiers temps nous retracer quelque ombre.

Et encore la musique seule des maîtres anciens peut être exécutée, plutôt à cause de sa notoriété qu'en raison du plaisir qu'on y prend : les compositeurs contemporains n'écrivent plus que pour le théâtre. Quels théâtres et quels ouvrages! Quels exécutants et quel aréopage! Voilà où nous a conduits le « *non serviam* » des sociétés démocratiques.

HUMMEL

NÉ EN 1778, MORT EN 1837.

Le plus grand éloge qu'on puisse faire de Hummel, c'est de dire qu'il a été le premier élève de Mozart et pendant quelques années le rival de Beethoven. S'il n'a pas les accents sublimes du maître de Bonn, du moins la forme de sa pensée est encore ample et assez riche; son harmonie est pleine et toujours agréable à l'oreille. Avec ces qualités, venu dans un autre temps, il eût pu être le premier : il ne fut que le second, parce que la comparaison s'établissait forcément entre son talent et le génie extraordinaire d'un contemporain dont on peut dire avec le poëte :

> Urit enim fulgore suo qui praegravat artes
> Infra se positas.

Hummel naquit le 14 novembre 1778, à Presbourg, où son père était professeur de musique militaire à l'institution du Wartberg. On lui enseigna le violon dès l'âge de quatre ans; mais il profita peu des leçons qui lui étaient données, et ce ne fut que l'année suivante, lorsqu'il eut commencé l'étude du chant et du piano, que ses aptitudes musicales se révélèrent par de rapides progrès. Sur ces entrefaites, Joseph Hummel, père de notre musicien, perdit sa position au Wartberg par suite de la suppression de cet établissement. Resté sans ressources, il se rendit à Vienne avec son fils et devint chef d'orchestre du théâtre dirigé par Schikaneder. L'enfant, alors à peine âgé de sept ans, était déjà un si habile virtuose sur le piano, qu'il ne tarda pas à fixer sur lui l'attention des juges les plus éclairés et de Mozart lui-même. On sait quelle aversion l'auteur du *Don Giovanni* éprouvait pour l'enseignement; mais le plaisir de cultiver les dispositions d'un élève exceptionnellement doué triompha de ses répugnances, et il offrit d'être le maître du jeune Hummel, à une condition qui était encore un bienfait, celle de le loger chez lui de façon à ne jamais le perdre de vue dans ses études. Des propositions si avantageuses furent accueillies avec autant d'empressement que de reconnaissance. Sous la direction d'un pareil maître, l'enfant déjà précoce acquit en deux ans une habileté prodigieuse. A neuf ans c'était un pianiste consommé, transportant d'admiration tous ceux qui l'entendaient. C'est alors que s'ouvre la carrière publique de Hummel. La première fois que son talent eut occasion de paraître au grand jour, ce fut dans un concert donné par Mozart à Dresde en 1787. Le succès qu'il y obtint inaugura une série d'autres triomphes en Allemagne, en Angleterre et en Hollande, de 1787 à 1793. Pendant une tournée en Écosse, le jeune artiste publia à Édimbourg son premier ouvrage, consistant en un thème varié pour piano.

Hummel avait quinze ans quand il revint à Vienne, et il semblait qu'il n'eût plus rien à apprendre sous le rapport de l'exécution. Son père, homme d'une sévérité excessive, n'en exigea pas moins de lui un surcroît nouveau d'application, des études plus assidues, et le virtuose, que plusieurs cours de l'Europe avaient déjà applaudi, subit avec obéissance la direction paternelle. Jusque-là, il ne possédait d'ailleurs que des notions insuffisantes de composition : il compléta ses connaissances par les leçons d'Albrechtsberger qui lui enseigna l'harmonie, l'accompagnement et le contre-point; puis les conseils de Salieri l'initièrent au chant et au style dramatique. En 1803, le prince Nicolas Esterhazy et le baron Braun voulurent s'attacher le jeune artiste. Le premier le désirait pour sa chapelle; le second, pour le théâtre impérial. Hummel se décida pour le service du prince, parce que cette place devait lui permettre de satisfaire son goût pour la musique d'église. Sa première messe lui mérita les éloges de Haydn. A cet ouvrage succédèrent d'autres compositions religieuses, ainsi que des opéras et des ballets accueillis avec faveur par le public viennois : *le Vicende d'amore* (les Vicissitudes de l'amour), *Mathilde de Guise*, *Das Huns ist zu verkaufen* (maison à vendre), *le Retour de l'Empereur*, etc. Cependant il se passa plusieurs années avant que la réputation du maître franchît le Rhin. Il était célèbre en Allemagne et ignoré en France. Ce fut Cherubini qui le fit connaître chez nous en 1806; il rapporta de Vienne la grande fantaisie en *mi* bémol (œuvre 18), et la fit exécuter au concours du Conservatoire. Je ne dirai pas que cette pièce devint populaire. Le caractère élevé de la musique de Hummel exige de la part des auditeurs des dispositions morales analogues, et aussi une certaine culture de l'oreille; mais ceux qui purent l'apprécier, c'est-à-dire les artistes, accordèrent au compositeur toute l'estime à laquelle il avait droit, et ce concerto est devenu depuis cette époque le morceau classique par excellence, un morceau de concours : c'est tout dire.

Après avoir quitté en 1811 la maison du prince Esterhazy, Hummel vécut à Vienne en donnant des leçons de piano jusqu'en 1816. Au mois d'octobre de cette année, il fut appelé à l'emploi de maître de chapelle du roi de Wurtemberg, fonctions qu'il échangea au bout de quatre ans contre un service analogue à la cour du grand-duc de Saxe-Weimar. En 1822, il profita d'un congé pour visiter la Russie et reçut un accueil sympathique tant à Saint-Pétersbourg qu'à Moscou. La même réception lui fut faite ensuite (1823) en Hollande, en Belgique et à Paris. De là il revint à Weimar où le rappelaient les soins de sa charge.

Depuis longtemps une vive inimitié existait entre Beethoven et lui : la rivalité des talents avait été le point de départ de la querelle, et l'humeur amère de l'immortel symphoniste avait fait le reste. Mais quand Hummel apprit que l'auteur de *Fidelio* touchait à ses derniers moments, il accourut en toute hâte pour se réconcilier avec lui. A la vue de son ancien rival expirant, des larmes coulèrent de ses yeux, tribut payé à une ancienne amitié que de déplorables dissentiments avaient remplacée par la haine. Beethoven tendit la main à Hummel, et tous deux s'embrassèrent, se pardonnant réciproquement leurs mutuels griefs. Cette scène touchante causa une profonde émotion à ceux qui en furent les témoins.

Beethoven était mort en 1827. Deux ans après, Hummel se rendit de nouveau à Paris, mais sans y retrouver ses premiers succès. Le célèbre virtuose avait-il baissé, ou bien ne faut-il voir là qu'un effet de cette légèreté qui porte les Athéniens de l'Europe à se dégoûter le lendemain des admirations de la veille ? la population de Londres se montra plus athénienne encore que celle de Paris à l'égard d'un artiste qui naguère avait conquis chez elle des suffrages enthousiastes. A la suite de ce voyage, le pianiste en fit un autre en Pologne, puis il reprit le chemin de Weimar où il mourut le 17 octobre 1837, âgé de cinquante-neuf ans.

Inférieur dans l'emploi des ressources sonores du piano à quelques artistes venus après lui, tels que les Liszt et les Thalberg, Hummel, au dire des personnes qui l'ont entendu, ne le cédait à personne pour la correction, l'élégance et la régularité du jeu. Ses improvisations ressemblaient plutôt à des compositions méditées à l'avance qu'à des morceaux conçus et exécutés *ex tempore*, tant il savait y introduire d'ordre et de clarté, tout en trahissant par des traits inattendus la soudaineté de l'inspiration.

Sa musique dramatique n'est qu'estimable. Ce qui l'a classé parmi les maîtres les plus distingués de ce siècle, ce sont ses compositions religieuses et ses pièces instrumentales. Le grand septuor en *ré* mineur est son chef-d'œuvre, et a servi de type pendant longtemps pour les compositions analogues. Les concertos en *la* mineur, en *mi* majeur et en *la* bémol sont connus de tous les pianistes. On exécute encore quelques excellents trios de lui pour piano, violon et violoncelle.

Nature plus tranquille, tempérament moins passionné, Hummel aime les paysages calmes, aux lointains harmonieux, qui ont aussi leur genre de beauté, et il ne hante pas les escarpements sauvages, les cimes abruptes où se complaît le Titan Beethoven. Aussi est-il l'auteur de la plus belle musique religieuse allemande. Si la volonté inflexible de son père n'eût pas fait de Hummel un virtuose, toutes les facultés de cette belle organisation se seraient indubitablement dirigées vers cette partie de l'art. Nous avons vu qu'il aima mieux être maître de la chapelle du prince Esterhazy que directeur de la musique du théâtre Impérial. Il est donc très-regrettable que l'œuvre de musique sacrée de ce maître soit si restreint; trois messes solennelles et quelques motets, c'est à peu près là tout ce que nous connaissons de lui; mais quel caractère soutenu de grandeur, d'onction, de véritable piété dans l'*O salutaris* de la messe à quatre voix en *si* bémol! Quelle harmonie profonde et variée dans les chœurs des messes en *mi* bémol et en *ré*! Lorsqu'on veut sortir des chants liturgiques, voilà le seul genre de musique dont on puisse attendre des effets salutaires; à voir la négligence qu'on apporte dans le choix et dans l'exécution des morceaux chantés pendant les offices divins, on serait tenté de croire qu'on dénie à la musique toute influence sur l'âme humaine. Qu'on se rappelle donc ce qu'éprouvait saint Augustin dans les églises de Milan : « Combien de fois, s'écrie-t-il, ai-je pleuré, Seigneur, à l'audition de vos hymnes et de vos cantiques, ému profondément en entendant les voix des fidèles assemblés chantant mélodieusement! Ces voix se glissaient dans mes oreilles et la vérité coulait dans mon cœur; un sentiment pieux s'augmentait en moi; les larmes roulaient dans mes paupières et je me sentais heureux de pleurer ainsi (1). »

AUBER

NÉ EN 1782, MORT EN 1871.

Auber (Daniel-François-Esprit) naquit à Caen, le 29 janvier 1782, pendant un voyage que ses parents qui habitaient Paris firent en Normandie. Fils d'un riche marchand d'estampes, il fut d'abord destiné au commerce; mais cette profession était peu en harmonie avec une nature attirée vers les études musicales par un instinct irrésistible. Comme la plupart des artistes éminents en tout genre, Auber donna de bonne heure des marques d'une vraie vocation. Le monde, où son esprit le faisait accueillir volontiers, eut les prémices de son talent. Le jeune musicien qui avait appris les éléments de la musique et le piano auprès de Ladurner, habile professeur, s'exerça à composer quelques romances qui furent de suite remarquées dans le cercle d'amateurs et de personnes de goût qu'il fréquentait. Il se livra ensuite à d'heureux essais de musique instrumentale. C'est ainsi qu'il écrivit les concertos de basse qui ont paru sous le nom de son ami le violoncelliste Lamarre, et un concerto de violon exécuté par Mazas au Conservatoire de musique. Désireux de travailler pour le théâtre et sentant combien il lui restait encore à apprendre, on le vit bientôt renoncer à ces succès de société pour se mettre sous la forte direction de Cherubini. Après avoir complété sous un tel maître son éducation musicale, Auber affronta la scène en 1813 par le *Séjour militaire*, opéra-comique en un acte, joué au théâtre Feydeau. C'était un début peut-être trop hâtif, quoique l'auteur eût alors trente-un ans. Peu de compositeurs ont commencé aussi tard leur carrière lyrique. Mais aucun d'eux, si l'on en excepte Rameau, n'a regagné aussi brillamment le temps perdu.

Le public accueillit donc froidement le *Séjour militaire*. Le compositeur fit alors une retraite prudente et ne se produisit de nouveau qu'au bout de plusieurs années, lorsqu'un changement de fortune l'eut obligé à demander des ressources à ce qui n'avait été pour lui jusque-là qu'une distraction. En 1819, l'Opéra-Comique donna *le Testament et les billets doux*, opéra-comique en un acte. Cette seconde œuvre ne réussit pas

(1) Saint Augustin, *Confessions*, liv. IX, ch. VI.

AUBER

mieux que la première. La vogue dont le compositeur a joui si longtemps commença seulement avec *la Bergère châtelaine*, opéra-comique en trois actes, joué en 1820, et *Emma, ou la Promesse imprudente*, opéra-comique en trois actes dont les paroles sont de Planard et qui fut représenté à Feydeau le 17 juillet 1821.

Dans cette phase initiale de son talent à laquelle appartiennent, outre les productions citées plus haut, *Leicester,* trois actes (1822), la *Neige*, quatre actes (1823), le *Concert à la cour*, un acte (1824), *Léocadie*, trois actes (1824), le *Maçon*, trois actes (1825), le *Timide*, un acte (1826), *Fiorella*, trois actes (1826), Auber avait obtenu la célébrité; il conquit la gloire avec la *Muette de Portici*, opéra en cinq actes qui fut représenté le 29 février 1828 sur la scène de l'Académie royale de musique.

Ce chef-d'œuvre lyrique est, d'un commun aveu, le chef-d'œuvre du compositeur. Le livret, écrit par Scribe et Germain Delavigne, a, comme on sait, pour sujet l'élévation et la chute de Masaniello; mais l'introduction au théâtre et dans un opéra d'une jeune fille muette a été une inspiration aussi heureuse qu'elle était hardie. La partition de la *Muette* est d'une richesse extrême. Airs, duos, prières, cavatines, barcarolles, chœurs, airs de danse, orchestration, tout a du caractère et est du plus grand effet. Par un tour de force qui est un des mérites les plus singuliers de cet opéra, quoique ce soit celui peut-être qu'on remarque le moins, la langue musicale exprime ici avec une précision admirable les sentiments que la pauvre Fénella ne peut rendre que par ses gestes. L'ouverture est originale et brillante. Pour ne citer que les morceaux caractéristiques, je rappellerai le chœur : *O Dieu puissant, Dieu tutélaire;* la barcarolle si populaire : *Amis, la matinée est belle;* le duo où se trouve la phrase rhythmée si fièrement : *Amour sacré de la patrie;* la scène du *Marché* où la mélodie abonde, et qui est sémillante d'entrain, de gaieté, de mouvement; c'est une fête pour l'oreille : signalons encore la belle prière extraite d'une messe du compositeur, la cavatine dite du sommeil : *Du pauvre, seul ami fidèle*, qui fut une occasion de triomphe pour Nourrit et Poultier; l'air du quatrième acte : *Arbitre d'une vie*, chanté par Mme Damoreau, et si dignement interprété depuis par Mme Vendenheuvel-Duprez; enfin la barcarolle : *Voyez du haut de ces rivages*.

La variété du rhythme, l'originalité de l'harmonie, la vivacité constante et toute française de l'expression, sont les qualités principales qui distinguent cette œuvre. Il n'y a pas non plus d'opéra qui renferme des airs de ballet plus gracieux et plus entraînants, si ce n'est celui de *Guillaume Tell*.

Après cet ouvrage, qui date d'un demi-siècle et dont le succès n'est pas encore épuisé, Auber revint à l'Opéra-Comique et y donna la *Fiancée*, trois actes, dont Scribe, son collaborateur assidu depuis *Leicester*, avait encore écrit le livret (10 janvier 1829). La donnée scabreuse du sujet n'empêcha pas la pièce d'être bien accueillie, grâce à la partition qui fourmille de motifs heureux d'une inspiration fraîche et vraie.

Le populaire s'est emparé de suite des motifs à sa portée ; des couplets : *Que de mal, de tourments!* du duo : *Entendez-vous, c'est le tambour*, du chœur de la patrouille : *Garde à vous! avançons en silence*, de la tyrolienne : *Montagnard ou berger ;* mais il y a aussi des morceaux ravissants pour les gens d'un goût plus difficile, entre autres le canon : *Où trouver le bonheur?* le chœur d'introduction : *Travaillons, mesdemoiselles*, et la romance : *Aux jours heureux que mon cœur se rappelle.*

Que n'a-t-on pas dit sur la collaboration de Scribe et d'Auber? leurs caractères s'accordaient; c'était beaucoup, mais c'était tout. Loin de partager l'opinion généralement adoptée, j'ai toujours remarqué au contraire le plus complet désaccord dans leurs facultés, dans leur manière de sentir et d'exprimer leurs idées. Autant le musicien est gracieux, élégant, original, distingué dans les moindres détails, autant le librettiste est commun, bourgeois dans le sens abaissé du mot, dépourvu de toute fraîcheur dans les idées et dans les sentiments. Chaque reprise de leurs anciens ouvrages fait ressortir le contraste entre la musique et le livret; il est rare que le dernier soit encore supportable, l'autre est toujours entendue avec plaisir.

« A Paris, à Londres, à Milan, à Vienne, à Irkoustk, dans les capitales, dans les bourgades, partout où se parlent les langues d'Europe et où deux planches sont posées sur deux tréteaux, on joue du Scribe. Il ne faut aucun génie aux acteurs, aucune culture littéraire dans le public, point de machines, peu de costumes, et c'est vite avalé. Il a d'ailleurs une certaine invention scénique, vulgaire, mais parfois d'un mouvement assez vif. Sa vogue, après quarante ans, ne semble pas épuisée; Scribe était à la mesure du monde moderne, et le monde moderne est à la mesure de Scribe pour longtemps. Son principal talent, très-remarqué au temps de ses débuts, était de présenter et de faire accepter des situations *hardies*. Il a si bien dompté la vergogne du parterre, que plus rien n'est hardi maintenant. »

Il y a beaucoup de vrai dans cette boutade de M. Louis Veuillot. Au point de vue de la morale et de l'histoire, Scribe prenait véritablement des coudées trop franches. J'ajouterai que l'élévation des sentiments et que l'inspiration poétique lui font défaut, à moins qu'il n'arrange ou ne dérange l'œuvre d'autrui. Quand, dans un livret d'opéra, il ne reste que l'esprit, ingrédient qui rancit et se démode vite, la pièce ne tarde pas à devenir insipide, et je n'hésite pas à dire que la musique d'Auber, associée à un poème de Scribe, me retrace l'image d'une jeune femme vive et gracieuse, donnant le bras à un vieux muscadin portant toupet et râtelier.

De 1820 à 1830, les compositions d'Auber se font surtout remarquer par la simplicité de la conception, la naïveté de la mélodie : la *Bergère châtelaine*, le *Maçon* et la *Fiancée* sont les principaux types de cette première manière dont Auber se dégage tout à coup dans la *Muette*.

Pendant la décade suivante (1830-1840), les œuvres du maître se distinguent par la variété des effets, la science des combinaisons du rhythme, la finesse des détails de l'orchestration, par une harmonie piquante et originale, par le *brio*, la verve spirituelle. C'est *Fra Diavolo ou l'Hôtellerie de Terracine*, opéra-comique en trois actes (8 janvier 1830), qui inaugure cette deuxième manière. Le livret est un des plus divertissants de Scribe, et la partition une des meilleures d'Auber. Le temps n'a pas défraîchi ces mélodies vieilles de plus de quarante ans, et c'est là assurément le signe d'une véritable originalité. A côté de la ronde : *Voyez sur cette roche*, et de la barcarolle : *Agnès la jouvencelle*, qui sont des motifs charmants, les couplets de l'Anglais au premier acte, et le trio qui ouvre le second appartiennent à la haute comédie musicale. Le chœur de *Pâques fleuries* est aussi d'un excellent effet.

Le Dieu et la Bayadère, opéra-ballet en trois actes représenté à l'Académie royale de musique le 13 octobre 1830, contient une ouverture qui est une des jolies pièces instrumentales du compositeur. Les morceaux les plus remarqués ont été le petit duo pour ténor et soprano : *Aux bords heureux du Gange* chanté par Nourrit et Mme Damoreau. Cet ouvrage resté au répertoire fut à l'origine une occasion de triomphe pour Mlle Taglioni qui y fit admirer sa légèreté et ses grâces décentes.

L'année suivante, Auber collaborait, lui neuvième, à la partition de la *Marquise de Brinvilliers*, drame lyrique en trois actes. Dans cette sorte de tournoi où il avait pour concurrents Batton, Berton, Blangini, Boieldieu, Carafa, Cherubini, Hérold et Paër, on peut dire que l'honneur du succès lui revint. L'œuvre collective lui doit un des meilleurs duos scéniques qu'il ait écrits. Mais l'histoire de la célèbre empoisonneuse, quelque défigurée qu'elle eût été par Scribe et Castil-Blaze, était trop odieuse pour être facilement mise en musique, et d'un autre côté l'ouvrage ne trouva pas dans la troupe alors fort médiocre de l'Opéra-Comique des interprètes suffisants.

Le *Philtre*, opéra en deux actes, représenté à l'Académie royale de musique le 13 octobre 1831, n'est, comme livret, qu'une bluette assez mince qui paraît déplacée sur notre première scène lyrique. Le faible intérêt du sujet ne réclame pas le déploiement des chœurs du Grand-Opéra et la solennité de son orchestre. Mais la partition ne laisse pas que de porter l'empreinte des qualités qui distinguent toutes les œuvres du compositeur. Le véritable cadre qui convient à cet ouvrage est celui du théâtre de l'Opéra-Comique. C'est là, et non point à l'Opéra, qu'on peut entendre avec plaisir l'air du Charlatan : *Approchez tous, venez m'entendre ;* celui de :

> Je suis sergent,
> Brave et galant
> Et je mène tambour battant
> Et l'amour et le sentiment ;

ainsi que la barcarolle en duettino : *Je suis riche, vous êtes belle*.

La nécessité de faire un choix au milieu de tant de richesses m'oblige à passer rapidement sur le *Serment*, trois actes (1832); *Gustave III*, cinq actes (1833); *Lestocq*, trois actes (1834); le *Cheval de bronze*, trois actes (1835); *Actéon*, un acte (1836); les *Chaperons blancs*, trois actes (1836).

L'*Ambassadrice* (trois actes, 1836) doit cependant m'arrêter un moment. C'est un bijou que cette partition. L'enjouement, la tendresse, un peu de marivaudage, la musique exprime tout cela avec une mesure et un tact exquis. L'air d'Henriette, celui du Directeur, le duo si expressif : *Oui, c'est moi qui viens ici, madame l'ambassadrice*, l'air de Charlotte, au dernier acte : *Que ces murs coquets*, ont assuré par le charme de leurs mélodies le succès de cet ouvrage dans le monde entier.

Le *Domino noir*, opéra-comique en trois actes, joué le 2 décembre 1837, marque le point culminant du talent d'Auber dans sa seconde manière. Le scenario écrit par Scribe est des plus compliqués, et ne manque pas d'intérêt en dépit des invraisemblances et des inconvenances qui y abondent. La partition est la plus originale qu'ait composée le maître. Nulle part il ne s'est plus abandonné à sa fantaisie charmante et à sa grâce mélodique. Les deux romances : *Le trouble et la frayeur*, et : *Amour, viens finir mon supplice*, n'ont rien perdu de leur distinction ; les couplets : *Une fée, un bon ange* ont la même qualité. Ceux de dame Brigitte : *S'il est sur terre*, ont de la rondeur et de l'entrain, l'interrogatoire d'Inésille : *D'où venez-vous, ma chère*, beaucoup d'ingénuité; le grand air et les couplets syllabiques : *Ah ! quelle nuit !* peignent avec bonheur les émotions de l'imprudente abbesse. Le cantique avec chœurs : *Heureux qui ne respire*, est de nature à désarmer les esprits timorés qui seraient tentés de reprocher aux auteurs d'avoir traité avec trop de légèreté les choses saintes. L'emploi qu'Auber a fait des rhythmes de la musique espagnole donne à l'ensemble de la partition une certaine couleur locale fort bien appropriée au sujet.

Cette série de compositions qui se continue par le *Lac des fées*, cinq actes (1839), *Zanetta*, trois actes (1840), les *Diamants de la couronne*, trois actes (1841), et le *Duc d'Olonne*, trois actes (1842), avait placé Auber au premier rang des maîtres de la musique piquante, gracieuse et spirituelle, quand l'inspiration de l'artiste s'ouvrit tout à coup des horizons nouveaux. La troisième évolution d'un génie qui paraissait avoir atteint sa forme définitive date de la représentation de la *Part du Diable*, opéra-comique en trois actes (16 janvier 1843). Cette partition découvre des trésors d'émotion réelle, de sensibilité vraie et, pour tout dire, de passion, qu'on n'avait pas soupçonnés jusque-là chez l'ingénieux et brillant auteur de *Fra Diavolo* et du *Domino noir*. Cette troisième phase de la carrière d'Auber n'est pas celle qui lui a procuré le moins d'admirateurs.

Scribe s'est souvenu, en écrivant le poëme de la *Part du Diable*, de l'histoire singulière du chanteur Broschi Farinelli qui devint le favori et presque le premier ministre de Philippe V d'Espagne. Si le poëme est assez médiocre, la musique a obtenu un grand et durable succès, prélude de ceux que devait rencontrer Auber dans la voie nouvelle qu'il inaugurait. Une ouverture délicieuse *con sordini*, l'air de ténor au premier acte : *C'est elle qui chaque jour*, le thème principal dont la répétition donne tant de caractère à la pièce : *Ferme ta paupière, dors, mon pauvre enfant*, les couplets de Carlo, l'excellente fanfare de la chasse, tout cela renferme des idées originales. En outre, l'ouvrage a une teinte générale de mélancolie douce qu'on ne trouve pas, je le répète, dans les précédentes œuvres du compositeur.

La *Sirène* (3 actes, 1844) et la *Barcarolle* (3 actes, 1845) appartiennent au même sentiment musical que la *Part du Diable*. Mais c'est dans *Haydée*, drame lyrique en trois actes, représenté à l'Opéra-Comique le 28 décembre 1847, que le talent rajeuni du chef de l'École française arrive à sa plus grande hauteur. Par bonheur, le livret ici n'était pas ingrat. Scribe avait arrangé des situations émouvantes sur une donnée assez neuve et originale. Il n'en fallut pas plus au musicien pour écrire une de ses plus riches partitions. L'effet général en est dramatique et parfaitement approprié à la nature du sujet. L'inspiration y circule abondamment ; l'instrumentation est colorée, toujours élégante, et l'harmonie ne manque ni de nouveauté ni d'effet. Après l'ouverture dans laquelle on remarque un charmant solo de hautbois, des morceaux assez peu développés mais d'un intérêt mélodique soutenu se succèdent pendant tout le premier acte. La chanson : *Enfants de la noble Venise*, est énergiquement rhythmée. Les couplets chantés par Haydée : *Il dit qu'à sa noble patrie*, sont d'une grâce exquise. Quant à la romance de basse, *A la voix séduisante, au regard virginal*, la déclamation en est vraie et la mélodie d'une rare distinction. Roger, qui a créé le rôle de Lorédan, déployait un talent d'expression admirable dans la scène du rêve, si riche de détails et si puissamment dramatique. Les morceaux les plus saillants du second acte sont l'air de Rafaela qui reproduit le solo de hautbois de l'ouverture, et la charmante barcarolle : *C'est la corvette*, chantée par Haydée avec accompagnement du chœur de matelots. Le troisième acte offre encore deux bons duos et une jolie barcarolle. Le grand duo de Lorédan et de Malipieri : *Je sais le débat qui s'agite*, est assurément un morceau inspiré d'un bout à l'autre.

Auber fut moins heureux dans l'*Enfant prodigue* (5 actes, 1850) et dans *Zerline ou la Corbeille d'oranges* (3 actes, 1851), deux opéras joués à l'Académie nationale de musique. On aurait pu tirer un bien meilleur parti de la parabole évangélique ; Auber réussit toutefois à broder sur ce canevas des mélodies, sinon tout à fait scéniques, du moins élégantes et ingénieuses. Quant à *Zerline*, les auteurs paraissent ne s'être proposé que de faire valoir la magnifique vocalisation de Mme Alboni.

Le fécond compositeur revint alors au théâtre accoutumé de ses succès avec *Marco Spada*, trois actes (1852), où l'on n'a guère remarqué que la romance : *Fille de la montagne*, et avec *Jenny Bell* (1855), aussi en trois actes. Cette dernière œuvre, dont le sujet rappelle celui de l'*Ambassadrice*, a fourni à Auber l'occasion d'écrire sa partition la plus travaillée et la plus riche en combinaisons.

L'année suivante (1856), Scribe, oubliant que des situations scabreuses et fort délicates dans un livret risquent d'être impossibles à la scène, eut la malencontreuse idée de tirer un opéra-comique du célèbre roman de l'abbé Prévost. Plus d'une fois déjà la collaboration du peu scrupuleux vaudevilliste avait nui au succès du compositeur. L'étrange livret de *Manon Lescaut* aurait été sauvé, s'il eût pu l'être, par la musique d'Auber qui ne se montre point ici inférieur à lui-même, comme le prouve dans la dernière scène l'expressive symphonie dramatique qui accompagne la mort de Manon et le désespoir de Desgrieux. Les couplets de *la belle Bourbonnaise*, connus sous le nom de l'*Éclat de rire*, ont été chantés à belles dents par toutes les jeunes divas ; après Mme Cabel, Mme Patti ; après celle-ci, une autre suivra.

Parvenu à l'âge où tant d'autres se reposent, Auber ne semblait pas connaître les glaces de la vieillesse, et ses dernières productions témoignèrent d'une longévité intellectuelle tout à fait admirable. Le public conserva d'invariables sympathies à l'homme dont les compositions l'enchantaient depuis plus d'un demi-siècle.

La *Circassienne*, opéra-comique en trois actes (2 février 1861), est le dernier ouvrage auquel Scribe ait mis la main. Heureusement qu'Auber n'en avait plus en portefeuille. Le poëme est l'un des plus absurdes qu'on ait représentés sur la scène ; mais la partition renferme de jolis morceaux, entre autres le chœur : *Bravo ! Bravo !* le chœur des odalisques, d'un sentiment très-vaporeux, et les couplets du peintre Lanskoï, dont le refrain est : *Voilà ce qu'il faut faire*. Il y a dans la pièce un rôle d'officier russe déguisé en femme, dont M. Montaubry seul a pu se tirer victorieusement grâce à son physique et à ses notes de tête.

La Fiancée du roi de Garbe (1864), opéra-comique dont le sujet est emprunté au conte de La Fontaine, n'eut aucun succès.

Le premier jour de bonheur, opéra-comique en 3 actes, représenté le 15 février 1868, a été pour Auber son dernier jour de gloire au théâtre. Cette jolie partition a mis en circulation plusieurs mélodies charmantes, comme aux beaux jours de *la Neige* et de *la Fiancée*. C'est d'abord, au premier acte, la romance chantée par Capoul :

> Attendons, attendons encore
> Notre premier jour de bonheur.

Ensuite au deuxième acte qui renferme un chœur excellent, la ballade des Djinns devenue de suite populaire ; l'effet est produit par une vocalise fort simple qui rappelle une formule employée dans les premiers ouvrages du maître, sur une note de cor formant quinte avec une pédale ; enfin au troisième un nocturne à deux voix. A la centième représentation du *Premier jour de bonheur*, les artistes de l'Opéra Comique se sont rendus chez Auber et lui ont donné une sérénade.

Un succès si engageant décida l'infatigable compositeur à tirer de ses cartons des matériaux qui lui servirent à faire la partition d'un nouvel opéra. *Un rêve d'amour*, opéra-comique en 3 actes, fut représenté le 20 décembre 1869. Mais cette fois l'accueil fut plus réservé. C'était bien toujours la même facture élégante et facile, mais le public ne trouvant pas de morceau saillant qui pût justifier à ses propres yeux un enthousiasme un peu factice, se contenta d'être poli. Les amateurs firent encore fête à la romance de Marcel au premier acte, au duo entre Henriette et le chevalier et à un trio bouffe.

Rappelons, pour ne rien oublier, qu'il a fait avec Hérold *Vendôme en Espagne*, un acte joué à l'Opéra pour le retour du duc d'Angoulême, après la campagne du Trocadéro (1823), et avec Boieldieu, *les Trois Genres*, encore un acte de circonstance pour l'ouverture du théâtre de l'Odéon (1824).

En attendant le suffrage de la postérité, l'illustre auteur de tant de chefs-d'œuvre lyriques a obtenu des contemporains les distinctions les plus hautes et les plus précieuses, quand elles sont méritées. Il était membre de l'Institut, commandeur de la Légion d'honneur, et il a succédé à Cherubini comme directeur du Conservatoire. Auber vivait très-sobrement et a joui toute sa vie d'une santé parfaite. Il présidait assidûment à tous les exercices généraux et concours des élèves ; il se faisait un devoir d'assister aux cérémonies officielles auxquelles il était convié ; il a dirigé la musique de la chapelle de l'empereur ; et, malgré tant d'occupations, il a su organiser sa vie de telle sorte qu'il pouvait consacrer au travail de la composition plusieurs heures par jour, ayant pour fidèle Achate un vieux piano de Sébastien Érard, qui m'a paru n'avoir que quatre octaves et demie. Tous deux paraissaient fort attachés l'un à l'autre. Ils ont fait ensemble tant de glorieuses campagnes !

Auber était resté à Paris pendant le siége. Il dut changer ses habitudes. Sa distraction favorite consistait à aller faire une promenade chaque jour dans son coupé au bois de Boulogne ou à pied sur les boulevards. De ses chevaux, Almaviva et Figaro, l'un fut réquisitionné et mangé ; l'autre fut plus tard soustrait à la voyoucratie de la Commune en passant du coupé élégant à l'attelage d'une charrette de Saint-Denis. Le maître occupa ses loisirs sédentaires à écrire des petits quatuors pour instruments à cordes. Un genre d'existence aussi assombri et le dégoût légitime que lui inspirait tout ce qui se passait autour de lui dans notre malheureux Paris opprimé par une bande de scélérats, abrégèrent certainement ses jours. Ses forces diminuèrent sensiblement, et, le 12 mai, pendant que le canon ébranlait tout le quartier de ses coups redoublés, il rendit le dernier soupir. Pour éviter le scandale du corbillard à drapeaux rouges de la Commune de Paris, des amis firent transporter son corps dans un fiacre et le déposèrent secrètement dans les caveaux de l'église de la Trinité, et on attendit que l'ordre fût rétabli. Les obsèques eurent lieu le 15 juillet.

Les dernières années d'Auber furent attristées par les débats stériles et oiseux d'une réunion formée en grande partie de journalistes et d'amateurs à laquelle un ministre avait donné le nom de Commission du Conservatoire. MM. Guéroult, About et certains courtisans de la popularité, fort ignorants d'ailleurs en matière musicale, ne craignirent pas de proposer l'adoption de la méthode en chiffres de Chevé, système aussi barbare et empirique qu'erroné. Auber ne se donna pas la peine d'ouvrir la bouche pendant que cette Commission instruisait le procès de la direction. Mais il dit à la fin : « Je compte deux chagrins dans ma vie : dans ma jeunesse, la garde nationale ; dans ma vieillesse, la Commission du Conservatoire. » Sous cette forme spirituelle, Auber voulait-il dire que l'une et l'autre de ces institutions enfantaient plus de désordres que de réformes ?

Chez Auber le scepticisme n'était qu'apparent. Il a aimé la musique toute sa vie et lui a tout sacrifié; trop, peut-être ; car il s'est montré indifférent à tout ce qui ne s'y rapportait pas exclusivement. Si son influence comme directeur du Conservatoire n'a pas été aussi active, aussi féconde qu'on l'eût désiré, il a donné aux élèves l'exemple d'un travail constant, persévérant, opiniâtre jusqu'à sa dernière heure, comme l'ont fait aussi ses collègues Fétis et Mercadante, enlevés ainsi que lui aux Conservatoires qu'ils dirigeaient dans un âge très-avancé, et à quelques mois de distance. Un témoin oculaire de ses derniers moments m'a raconté que de sa main défaillante, il faisait le geste d'écrire, tant cette habitude était constante chez lui.

Auber avait l'habitude de jouer tous les matins sur son petit piano un andante fort court qu'il appelait sa « prière du matin ». Peu de jours avant sa mort, sentant sa faiblesse, il dit avec un accent de tristesse qui frappa d'étonnement les assistants : « Je n'ai plus même la force de faire ma prière du matin. » Le lecteur qui connaît comme moi le genre de vie d'Auber tirera de ce fait journalier et de ce douloureux regret *in extremis* la conclusion qu'il lui plaira. Pour moi je crois qu'au fond de l'âme de ce grand musicien il y avait autre chose que cette indifférence que l'homme extérieur laissait supposer aux regards superficiels et frivoles de son entourage. Ne jugeons pas le cœur de l'arbre d'après l'écorce : *omnis homo mendax*. Laissons de côté la vie privée. Que celui-là qui est sans péché jette la première pierre. Mais ne craignons pas d'élever la voix pour dire qu'Auber a eu des qualités morales qu'on aurait tort de méconnaître. Auber n'a jamais connu l'ardeur de ces ambitieux qui s'appuient sur des coteries pour parvenir, qui simulent des affections trompeuses, prennent des airs ténébreux et des poses mélancoliques pour faire croire à leur génie. Auber n'a jamais intrigué pour supplanter un rival. Il a rempli ses devoirs de directeur, de professeur et d'homme social exactement, sans faste et avec droiture. Ne consultant que l'intérêt du Conservatoire, il s'est entouré d'artistes de mérite, non de camarades et de courtisans.

PAGANINI

NÉ EN 1784, MORT EN 1840

Le monde ne reverra peut-être jamais un violoniste comme Paganini. Virtuose extraordinaire, il a eu de plus cette fortune de paraître au bon moment, dans un temps où le tour de force en tous genres était à l'ordre du jour. Seulement, son violon domina tous les autres instruments dans le *Tutti* romantique de 1830.

Nicolas Paganini, né à Gênes, le 18 février 1784, était fils d'un facteur du port qui, chose assez fréquente chez les Italiens de la classe populaire, avait un goût prononcé pour la musique et jouait même assez bien de la mandoline. Les dispositions naissantes du futur artiste attirèrent bientôt l'attention de son père qui résolut de les cultiver ; mais il s'employa avec tant de brutalité à cette tâche que tout autre que Paganini eût pu se laisser rebuter par les mauvais traitements, et prendre en dégoût un art dont les leçons n'avaient rien de séduisant. Par bonheur, l'enfant semblait avoir été créé pour être musicien ; son éducation ne le détourna pas de sa destinée. A six ans, il jouait déjà agréablement du violon. Confié successivement aux soins de Servetto et à ceux de Costa, il fit de tels progrès, qu'à huit ans il put écrire une sonate de violon. L'année suivante, on l'entendit avec admiration exécuter des variations de sa composition sur l'air de la *Carmagnole* dans un concert donné au grand théâtre de Gênes. Vers le même temps, son père le conduisit à Parme où il étudia sous Rolla et Ghiretti. Ce dernier lui enseigna le contre-point. Toutefois l'élève n'était pas des plus dociles : sa précoce originalité, déjà en quête d'effets nouveaux, acceptait difficilement les *us* traditionnels qui forment la base de tout enseignement.

Revenu à Gênes, Paganini composa ses premiers essais pour son instrument ; il y accumulait tant de difficultés que lui-même était obligé de travailler longtemps ses propres œuvres pour parvenir à les exécuter. Il n'arrivait quelquefois à effectuer un trait qu'après dix ou douze heures d'efforts. C'est par cette application héroïque qu'il jeta les fondements d'un talent qui défia plus tard toute comparaison.

Au commencement de 1797, il inaugura ses tournées artistiques en parcourant avec son père les principales villes de la haute Italie. Partout son étonnante habileté lui fit des admirateurs; mais l'adolescent, objet des applaudissements du public, retrouvait au logis plus de mauvais traitements que de marques d'affection. A force d'instances, il obtint enfin de son père l'autorisation de se rendre à Lucques pour la fête musicale de la Saint-Martin. Le succès éclatant avec lequel il se fit entendre dans cette ville se répéta à Pise et dans plusieurs autres localités. L'artiste émancipé du joug paternel marchait à pas de géant dans la voie de la célébrité et de la gloire; mais la maturité de sa raison n'était pas aussi précoce que celle de son génie. Rappelons-nous qu'il n'avait que quinze ans, lorsqu'il prit en main le gouvernement de sa vie; à cet âge, l'inexpérience peut faire commettre bien des fautes. La plus grave pour Paganini fut de contracter la passion du jeu et de se lier avec des gens qui plus d'une fois lui volèrent en une soirée le produit de plusieurs concerts. Sans parler du tort que ces habitudes firent à sa réputation, il en résulta pour le jeune musicien des embarras financiers qui l'obligèrent même de temps à autre à vendre son violon. Un jour qu'il s'était vu dans cette nécessité et qu'il devait donner un concert à Livourne, il pria M. Livron, négociant français, fort adonné à la musique, de lui prêter son violon, un magnifique Guarnerius. Après le concert, notre compatriote, dilettante aussi généreux que distingué, refusa de reprendre son instrument en disant : « Je me garderai bien de profaner des cordes que vos doigts ont touchées; c'est à vous maintenant que mon violon appartient. » Paganini ne se sépara plus du violon qui lui était offert d'une façon si honorable, et il s'en servit depuis ce temps dans tous ses concerts. A Parme, Pasini, peintre et amateur de musique, l'avait mis au défi de jouer un concerto manuscrit d'une exécution extrêmement difficile; il n'hésita même pas, tant il était sûr de son fait, à lui promettre, en cas de réussite, un très-beau violon de Stradivarius. — « S'il en est ainsi, répondit Paganini, vous pouvez lui faire vos adieux. » En effet, l'exécution fut telle, séance tenante, que Pasini n'eut plus qu'à s'exécuter.

Désordre et génie, ces deux mots résument la jeunesse de Paganini. S'il aimait son art, il n'aimait pas moins le plaisir, et trop souvent ses excès eurent des suites préjudiciables à sa santé. Mais à peine ses forces étaient-elles revenues par un repos réparateur de quelques semaines, que le démon intérieur qui s'agitait en lui le précipitait de nouveau tête baissée à travers toutes les aventures de la vie de bohème. Il est vrai que le remède jaillit quelquefois de l'excès du mal. C'est ainsi que notre artiste se corrigea de sa passion effrénée pour le jeu. Je mets sous les yeux du lecteur la page curieuse dans laquelle il a raconté lui-même les circonstances de sa conversion. « Je n'oublierai jamais, dit-il, que je me mis un jour dans une situation qui devait décider de toute ma carrière. Le prince de*** avait depuis longtemps le désir de devenir possesseur de mon excellent violon, le seul que j'eusse alors, et que j'ai encore aujourd'hui. Un jour, il me fit prier de vouloir bien en fixer le prix ; mais ne voulant pas me séparer de mon instrument, je déclarai que je ne le céderais que pour deux cent cinquante napoléons d'or. Peu de temps après, le prince me dit que j'avais vraisemblablement plaisanté en demandant un prix si élevé de mon violon, et ajouta qu'il était disposé à en donner deux mille francs. Précisément, ce jour-là, je me trouvais en grand besoin d'argent, par suite d'une assez forte perte que j'avais faite au jeu, et j'étais presque résolu de céder mon violon pour la somme qui m'était offerte, quand un ami vint m'inviter à une partie pour la soirée. Mes capitaux consistaient alors en trente francs et déjà je m'étais dépouillé de mes bijoux, montre, bagues, épingles, etc. Je pris aussitôt la résolution de hasarder cette dernière ressource, et, si la fortune m'était contraire, de vendre le violon et de partir pour Saint-Pétersbourg, sans instrument et sans effets, dans le but d'y rétablir mes affaires. Déjà mes trente francs étaient réduits à trois, et je me voyais en route pour la grande cité, quand la fortune, changeant en un clin d'œil, me fit gagner cent francs avec le peu qui me restait. Ce moment favorable me fit conserver mon violon et me remit sur pied. Depuis ce jour, je me suis retiré du jeu, auquel j'avais sacrifié une partie de ma jeunesse, et, convaincu qu'un joueur est partout méprisé, je renonçai pour jamais à ma funeste passion. »

Paganini cessa d'être un joueur, mais il resta un homme fantasque et bizarre. N'est-il pas étrange de le voir soudain abandonner son instrument et se passionner pour la guitare en même temps qu'il étudie l'agronomie dans le château d'une dame dont il est amoureux ? Quatre ans environ se passent dans ces occupations, puis le violoniste revient à la conscience de lui-même et reprend le cours de ses voyages. En 1805, il est à Lucques où il séjourne pendant trois ans, remplissant les fonctions de premier violon solo de la cour ducale, et enseignant son art au prince Bacciochi. Un de ses tours de force, à cette époque, est la *scena amorosa*, sonate dialoguée écrite pour deux cordes seulement du violon, la chanterelle et la quatrième. Il en vint plus tard à exécuter des morceaux entiers sur la quatrième corde.

Jusque-là le talent de l'illustre virtuose n'avait guère eu pour théâtre que la Lombardie ; en 1808, Paganini quitta Lucques, et, pendant environ dix-neuf ans, il parcourut les différentes villes de la Péninsule. C'était un météore qui resplendissait tout à coup dans un endroit, puis dont on perdait la trace jusqu'à ce qu'il reparût dans un autre avec un nouvel éclat. Tout était mystérieux dans cette existence coupée alternativement d'apparitions brillantes et d'éclipses profondes. Les fréquentes maladies de l'artiste auraient suffi à expliquer pourquoi il restait quelquefois si longtemps éloigné du public; mais la crédulité populaire et le goût des foules pour le romanesque n'aiment pas à se payer de raisons aussi simples. On aima mieux accepter, sur le compte de l'éminent musicien, d'ineptes calomnies propagées par la haine et la jalousie de ses rivaux. Les uns prétendaient qu'il avait tué une de ses maîtresses dans un accès d'humeur vindicative; les autres, que la victime était un amant préféré; tous s'accordaient pour représenter Paganini comme un meurtrier qui aurait utilisé les loisirs forcés de la prison au profit du perfectionnement de son jeu, à peu près de la même manière que Pellisson avait apprivoisé une araignée.

La merveilleuse habileté qu'il avait acquise sur la quatrième corde du violon était, au dire de ses détracteurs, le fruit d'une longue détention. Ces rumeurs mensongères et odieuses, dont les gazetiers de France et d'Allemagne se firent trop complaisamment les échos, tourmentèrent longtemps la vie de l'immortel violoniste. Elles ne se dissipèrent qu'à l'apparition d'une lettre explicative, conçue en termes catégoriques et insérée dans la *Revue musicale* de Fétis.

Je ne suivrai point Paganini dans ses diverses pérégrinations à travers l'Italie; l'histoire détaillée de ses allées et venues m'entraînerait trop loin. Il est tour à tour à Milan, sa cité de prédilection (1813), à Bologne, où commencent ses relations avec Rossini (1814); à Rome, où il excite l'admiration du prince de Metternich (1817); à Naples, où il force à l'enthousiasme quelques artistes récalcitrants, en exécutant, à première vue, sous leurs yeux, un concerto très-difficile, écrit tout exprès par le compositeur Dana (1819). L'artiste génois n'avait qu'à paraître pour arracher les applaudissements et attirer la vogue à ses concerts.

Mais si son génie ne pouvait être nié de personne, son humeur hautaine et dédaigneuse à l'égard de ses émules, son mépris des conventions sociales, l'oubli des services rendus, et un certain charlatanisme de mise en scène qu'il n'évita pas assez, fournissaient de nombreux prétextes à l'esprit de dénigrement. Les habitants de Livourne qui avaient été des premiers à l'encourager de leurs bravos lui firent un accueil peu aimable lorsqu'il retourna chez eux en 1808 : « Dans un concert donné à Livourne, dit-il, un clou m'entra dans le talon; j'arrivai en boitant sur la scène, et le public se mit à rire. Au moment où je commençais mon concerto, les bougies de mon pupitre tombèrent : autres éclats de rire dans l'auditoire; enfin, dès les premières mesures, la chanterelle de mon violon se rompit, ce qui mit le comble à la gaieté; mais je jouai tout le morceau sur trois cordes et je fis fureur. » Il est seulement fâcheux que cet accident de chanterelle brisée ait eu plusieurs éditions : des gens malintentionnés ont trouvé cela peu naturel et n'y ont vu qu'une manœuvre destinée à faire briller l'habileté exceptionnelle du virtuose.

Après s'être fait entendre à Trieste, à Venise, à Palerme, à Florence ; après avoir retrouvé ses anciens succès à Milan, à Rome et à Naples, Paganini se mit en demeure d'accomplir un projet que l'état de sa santé ne lui avait pas permis de réaliser jusqu'alors. Il partit pour Vienne et y arriva le 16 mars 1828. Quelles qu'aient été les ovations qu'il eût reçues précédemment dans sa patrie, elles n'approchaient pas de celle dont il fut l'objet dans la capitale de l'Autriche. C'était de la terreur superstitieuse qu'on éprouvait à la vue de cet homme d'aspect méphistophélique, jouant, avec la puissance que l'on sait, les fameuses variations dites *le streghe* (les sorcières). A cette époque où la photographie n'existait pas encore, le portrait des hommes célèbres avait sa place marquée sur les tabatières et les étuis à cigares : cette distinction enviée ne manqua pas à Paganini qui eut de plus l'honneur de donner son nom aux nouvelles modes de chapeaux, de chaussures, de robes, de gants, etc. De Vienne, il alla à Prague où il fut moins heureux auprès du public ; mais Berlin, Munich, Francfort et les autres villes de l'Allemagne surent le consoler de l'indifférence que lui avaient témoignée les Bohêmes, amateurs de l'art sérieux. Enfin Paris eut à son tour la fortune de posséder le fameux virtuose. Dès son premier concert, donné à l'Opéra le 9 mars 1831, il devint l'idole du dilettantisme français. Dans le courant de la même année, il fit un voyage en Angleterre, et préleva sur la curiosité britannique un impôt que les journaux d'outre-Manche eurent le mauvais goût de trouver trop lourd et dont ils prirent texte pour accuser d'une basse cupidité le grand artiste. Lorsqu'il eut réuni dans ses pérégrinations musicales à travers la Grande-Bretagne, la Belgique et la France, des capitaux assez considérables, Paganini songea à les utiliser en achetant des terres. Ce fut là l'occasion d'un voyage qu'il fit en Italie en 1834. Entre autres propriétés, il acquit aux environs de Parme la *villa Gajona*.

Deux ans après, revenu à Paris, il dut soutenir un procès contre les entrepreneurs d'un Casino auxquels il avait engagé le concours de son talent, mais qu'il n'avait pu satisfaire par suite de l'affaiblissement de sa santé. Le tribunal se prononça contre l'artiste qui fut condamné, sous peine de prison, à payer la somme de 50,000 francs. Paganini ressentait déjà les atteintes de la phthisie laryngée dont il mourut. L'un des derniers actes de sa vie serait de nature à réfuter le reproche d'avarice qu'on lui a si souvent imputé, si d'une part ce n'était pas un fait isolé et si d'ailleurs, en y regardant de près, il n'y avait autant d'ostentation que de générosité dans un acte aussi retentissant. En 1838, après avoir assisté au Conservatoire à l'exécution des deux premières symphonies de Berlioz, son enthousiasme fut tel qu'il envoya à l'auteur à titre d'hommage la somme de 20,000 francs. La carrière du violoniste ne pouvait être couronnée par un trait plus honorable. Quelque temps après, la maladie s'étant aggravée, l'obligea de prendre l'air du Midi ; mais ni le climat de Marseille ni celui de Nice ne purent apporter de soulagement à son état. Il mourut dans cette dernière ville, le 27 mai 1840, à l'âge de cinquante-six ans.

Comme si tout devait être étrange dans la vie de Paganini, le clergé dut lui refuser les honneurs de la sépulture chrétienne, soit qu'il eût refusé de recevoir les sacrements, soit pour quelque autre cause. Les difficultés qui s'élevèrent à cette occasion, durèrent pendant plusieurs mois. Enfin, à la suite de longs pourparlers entre l'autorité épiscopale de Nice, celle de Parme, et les amis du défunt, ceux-ci obtinrent l'autorisation d'inhumer le cadavre près de l'église du village de Gajona.

Paganini légua sa fortune estimée à 2 millions à son fils unique Achille, qu'il avait eu de la cantatrice Antonia Bianchi, sous la réserve de quelques legs particuliers que celui-ci était tenu d'exécuter. Il ne laissa point d'héritier de son génie, et le secret auquel il attribuait sa merveilleuse habileté disparut avec lui dans la tombe. On peut après tout se demander si ce secret était autre que celui d'une organisation hors ligne servie par une persévérance infatigable.

FÉTIS

NÉ EN 1784, MORT EN 1871.

Histoire, théorie, enseignement, critique, toutes les parties de la bibliographie musicale ont été traitées et magistralement traitées par Fétis. Quiconque voudra désormais écrire sur ces matières devra payer tribut à la science de l'ancien directeur du Conservatoire de Bruxelles. Son esprit investigateur s'est attaché volontiers à toutes les époques de l'art musical; mais c'est principalement à partir du quinzième siècle qu'il mérite véritablement le nom d'encyclopédiste, n'ayant laissé aucune question inexplorée, depuis l'aurore de la Renaissance jusqu'à nos jours. Dans ces vastes limites, le seul Georges Kastner excepté, je ne sache pas de musicien français que l'on puisse comparer à ce savant belge, dont les travaux sont la gloire de sa patrie et l'instruction de la nôtre.

Fétis naquit à Mons, le 25 mars 1784. Son père, organiste, professeur de musique et directeur de concerts, lui donna les premières leçons. A neuf ans, cet enfant précoce était organiste du chapitre noble de Sainte-Wandru. Ce fut vers ce temps qu'il commença ses études classiques; mais peu après survint en Belgique la seconde invasion française,

FÉTIS

qui amena la fermeture momentanée des colléges et des églises. Pour continuer sa double éducation d'humaniste et de musicien, le jeune Fétis fut réduit à prendre des leçons de latin d'un vieux prote d'imprimerie, tandis qu'il entendait et exécutait la musique instrumentale de Haydn et de Mozart, dans une société d'artistes et d'amateurs. Les maîtres allemands firent sur lui une telle impression, qu'à l'imitation de leurs œuvres, il composa plusieurs morceaux où les amis de sa famille découvrirent le germe du talent. Ces personnes décidèrent le père de l'enfant à l'envoyer au Conservatoire de Paris, en 1800.

L'artiste montois, alors âgé de seize ans, entra dans la classe de Rey, qui lui enseigna l'harmonie, suivant les principes de Rameau. L'année suivante, il obtint le premier prix au concours. Son maître de piano fut d'abord Boieldieu et ensuite Pradher. Au commencement de 1803, Fétis s'éloigna de Paris; pendant son absence, il étudia le contre-point et la fugue, d'après les théoriciens allemands Marpurg, Kirnberger et Albrechts- berger. Bien qu'il ait publié vers cette époque un recueil de pièces instru- mentales, dans le goût des maîtres d'outre-Rhin, ses tendances le portaient déjà vers la littérature musicale, et il préludait par de vastes lectures aux ouvrages qui ont rempli sa carrière. A la fin de 1804, on le voit fonder avec Roquefort et Delaulnaye un journal de musique, entreprise préma- turée, qui ne réussit point faute d'abonnés. Comme il avait naguère étudié les productions de l'École allemande, il s'initiait maintenant aux chefs- d'œuvre de l'art italien, autant du moins qu'il était permis de le faire dans un temps où ils étaient peu appréciés. Son assiduité aux représentations des opéras de Cimarosa, de Guglielmi et de Paisiello, ses fréquentes conversations avec Cherubini, enfin le soin qu'il mit à étudier Palestrina, lui donnèrent des connaissances qu'il compléta en lisant les didacticiens anciens et modernes de l'Italie. Après un examen attentif et consciencieux, il en arriva à se convaincre que les traditions de l'art italien devaient être prises pour base de l'enseignement de la composition et que le style sym- phonique des Allemands n'était qu'un cas particulier de la théorie géné- rale. Ces idées furent plus tard développées dans son *Traité du contre- point et de la fugue*.

Le vandalisme révolutionnaire avait détruit un grand nombre de livres de chœur. Il y avait un service à rendre au clergé et une fortune à faire pour l'éditeur qui entreprendrait de réparer les désastres dont la liturgie catholique avait eu à souffrir. Cette idée tenta un descendant des Ballard, célèbres imprimeurs de musique pendant les dix-septième et dix-huitième siècles. Il s'entendit avec Fétis en 1806, pour une révision de tout le chant de l'Église romaine, d'après les manuscrits les plus authentiques et les plus anciens, conférés avec les meilleures éditions. Le jeune musicien, alors âgé de vingt-deux ans, s'engagea dans ce travail, sans en calculer tout d'abord l'effrayante étendue. C'était presque l'œuvre d'une vie entière qu'on lui demandait, tant il fallait procéder avec lenteur et circonspection au milieu de mille variantes plus capricieuses les unes que les autres. Ses efforts patients aboutirent enfin à l'achèvement de deux ouvrages, le *Graduale de tempore ac de sanctis, etc.*, et l'*Antiphonarium divinorum officiorum, etc.* Malheureusement l'auteur se refusa à publier le fruit de ses longues recherches, craignant de soulever le mécontentement des ecclésiastiques hostiles à la restauration du chant grégorien. Je dis malheureusement, parce que d'après le sens des conversations que j'ai eues avec ce savant homme, je me suis fait une idée de son travail et j'ai conclu qu'il se serait rapproché beaucoup de celui auquel j'ai consacré aussi tant d'années d'études et que j'ai publié sous le titre de Chant romain traditionnel. Il en serait résulté cet avantage que l'édition de Fétis aurait barré le chemin à des innovations et à des entreprises qui ont compromis plus que servi la cause du chant liturgique, tandis que la mienne, terminée en 1864 seulement, n'a pu être adoptée que dans les sept diocèses de France qui, les derniers, ont fait retour à l'ancienne liturgie Romano-Française, alors que tous les autres étaient bigarrés de versions de chant diverses dont plusieurs sont loin d'être recommandables au point de vue de la science et du bon sens (1).

Cette année 1806 est une des plus actives de la vie de notre musicien. Il refit, à la demande d'Elleviou, la musique d'un opéra de Duni intitulé : *l'École de la jeunesse*, qui ne fut pas représenté. Ce fut aussi en 1806 que Fétis se maria. Sa femme, petite-fille du chevalier de Kéralio, lui avait apporté une fortune considérable qui, malheureusement, s'abîma tout entière quelque temps après dans de fausses spéculations financières. De pareils désastres qui abattent les âmes faibles ne fournissent aux caractères fortement trempés qu'un stimulant plus énergique. L'ancien élève de Rey, qui dès le Conservatoire était préoccupé de la théorie de la musique, continua ses recherches dans la retraite où il se confina en 1811, à la suite de la perte de sa fortune. Trois années passées solitairement dans une campagne du département des Ardennes ne furent pas stériles en résultats. Je ne peux mieux faire que de lui donner ici la parole. Après avoir dit qu'il sentait la nécessité de faire dériver toutes les lois particulières des diverses parties de l'art, d'une loi générale, il ajoute, parlant de lui-même :

« Les recherches sur la théorie de l'harmonie le mirent sur la voie, en lui faisant voir que la tonalité est la seule base de cette combinaison des sons, et que les lois de cette tonalité, appliquées à l'harmonie, sont absolument identiques à celles qui régissent la mélodie, et conséquemment que, dans la tonalité moderne, ces deux branches principales de l'art sont inséparables. Con-

---

(1) Les diocèses dans lesquels ma version du chant romain traditionnel a été adoptée sont ceux de Séez, Pamiers, Dijon, Clermont, Lyon, Saint-Flour et Paris.

sidération neuve dont la réalité est démontrée par l'histoire de la musique, et qu'il a rendue évidente depuis lors dans ses écrits (1). »

Au mois de décembre 1813, Fétis fut nommé organiste de la collégiale de Saint-Pierre à Douai et professeur de chant et d'harmonie à l'école municipale de musique de cette ville. L'expérience qu'il acquit dans la pratique de ces doubles fonctions le détermina à écrire plus tard deux ouvrages dont l'un : *la Science de l'organiste*, est resté inédit, et dont l'autre intitulé : *Solféges progressifs*, a vu le jour en 1827. Si utiles que fussent les travaux que je viens de rappeler, l'auteur était alors préoccupé d'une tâche plus élevée et plus ardue, celle de compléter le système rationnel de l'harmonie laissé inachevé par Catel. Je laisse Fétis expliquer lui-même à quel point en était la science harmonique au moment où il s'y appliqua et quels progrès il lui fit faire :

« ... Catel, préoccupé de sa fausse idée de tous les accords directs ou fondamentaux contenus dans la division d'une corde, division arbitraire... avait été conduit à classer parmi les accords naturels ou simples ceux de septième de sensible, de septième diminuée, de neuvième majeure et de neuvième mineure de la dominante, quoique son instinct lui eût fait voir que ces accords se substituent souvent à celui de la dominante et de ses dérivés. Cette anomalie provenait de ce que Catel n'avait point aperçu le mécanisme de la substitution. Fétis découvrit que ce mécanisme n'est autre que le sixième degré du mode majeur ou mineur qui prend la place de la dominante dans les seize formes dont ces combinaisons sont susceptibles, et démontra que l'effet de ce genre de modification de l'accord naturel de septième dominante et de ses dérivés n'en change pas la destination, que l'emploi est identique, et qu'il en résulte seulement une variété d'effet pour l'oreille. La découverte importante de ce mécanisme de la substitution fut féconde en résultats, car elle conduisit Fétis à celle de l'origine des accords produits par la substitution du sixième degré de la gamme avec la prolongation de la tonique, et par là on eut l'explication simple et naturelle de la formation de ces accords de septième mineure de deuxième degré, de quinte et sixte, de tierce et quarte, et de seconde et quarte des modes majeur et mineur qui avaient donné la torture à tous les harmonistes, depuis Rameau. Ce fut encore par la loi de l'*identité de destination* que l'auteur de cette découverte en démontra la réalité. Cette même loi lui fit trouver le mécanisme des altérations ascendantes et descendantes des intervalles des accords, et de leurs combinaisons avec les autres genres de modifications, telles que la prolongation et la substitution. En appliquant de la manière la plus générale ce principe nouveau de la combinaison des divers genres de modifications des accords naturels, Fétis fut conduit à la découverte d'une multitude d'accords nouveaux du genre appelé *enharmonique*, dont plusieurs ont été employés plus de quinze ans après par Rossini et par Meyerbeer dans *Guillaume Tell* et dans *Robert le Diable*. »

Le livre qui renferme cette théorie, intitulé : *Traité complet de la théorie et de la pratique de l'harmonie*, était terminé en 1816; mais l'auteur, par égard pour Catel dont il était l'ami et jusqu'à un certain point le protégé;

(1) *Biographie universelle des musiciens*, art. FÉTIS.

en remit la publication à l'année 1844. Il se borna à faire paraître, en 1824, sous le titre de *Méthode élémentaire d'harmonie et d'accompagnement*, un ouvrage de pur enseignement qui obtint un grand succès.

La rigoureuse discipline à laquelle le savant musicologue avait soumis ses facultés, et l'obligation qu'il s'était faite de travailler invariablement seize ou dix-huit heures par jour, expliquent comment il lui fut donné de produire cette longue série d'œuvres aussi savantes que variées. Sa *Biographie des Musiciens*, commencée dès 1806, fut continuée durant son séjour à Douai, poursuivie pendant une période de vingt ans et enfin livrée à la publicité en 1834. En même temps, l'artiste se livrait à la composition, écrivant de nombreuses pièces instrumentales. Bientôt le désir de se faire un nom parmi les maîtres de la scène lyrique le ramena à Paris (1818); mais il réussit peu au théâtre. Des sept opéras et opéras-comiques dont il est l'auteur (1820-1832), aucun n'a contribué à sa réputation. *La Vieille*, *l'Amant et le Mari*, *le Bourgeois de Reims* ont été représentés à Feydeau; mais la gloire solide, incontestée de Fétis, est ailleurs.

Au nombre des ouvrages qu'il considère lui même comme les plus sûrs fondements de cette gloire, il faut signaler en première ligne le *Traité de la fugue et du contre-point* destiné à l'usage du Conservatoire (1825). Le savant didacticien était depuis 1821 professeur de composition à cette école. Son livre lui valut de la part de Cherubini les éloges les plus flatteurs et les mieux mérités. L'année suivante (1826), toujours animé du désir de propager le goût de la musique, et voyant que les intérêts de cet art n'étaient représentés par aucun organe de la presse périodique, il conçut le projet de combler cette lacune en créant la *Revue musicale*. Il ne s'agissait de rien moins que de mettre le public au courant des solennités lyriques, spectacles, concerts, etc., des méthodes d'enseignement, des instruments nouveaux ou des perfectionnements apportés aux anciens, bref, de toutes les questions hautes et basses qui peuvent s'agiter dans la sphère de l'art, depuis le début d'un chanteur jusqu'à l'avénement d'une école. L'entreprise, on le voit, était immense et semblait dépasser les forces d'un seul homme. Cependant Fétis y suffit presque seul et, durant les huit années de son existence (1827-1835), la revue qu'il dirigeait fut en quelque sorte le *Moniteur* du mouvement musical, en France et en Europe. Juger au nom d'un goût sûr et éclairé les productions du présent, c'était la tâche que se proposait le journaliste; réveiller l'admiration pour les belles productions du passé, ce fut l'œuvre à laquelle se voua l'organisateur des concerts historiques de 1832. Les maîtres des seizième et dix-septième siècles étaient plus loués que connus, quand l'initiative du musicien belge remit leurs œuvres en lumière, aux applaudissements d'un public qui montra qu'on n'avait pas trop présumé de son intelligence en le conviant à cette résurrection. Ce que Choron venait de faire pour la musique sacrée, Fétis le fit de son côté pour la musique dramatique, les *madrigali*, les *canzoni*, les *laudi spirituali* des écoles italiennes de la Renaissance; il fit entendre aussi des compositions de Roland de Lattre et d'autres maîtres flamands; enfin il sut habilement déroger à l'austérité de ses programmes en faisant exécuter des pavanes et autres danses en usage à la cour des Valois.

En cette même année (1832), Fétis ouvrit un cours gratuit où il traita quelques-unes des plus hautes questions qui se rattachent à la philosophie et à l'histoire de la musique. Assurément nul n'était plus compétent que lui pour aborder de tels problèmes. Il a depuis réuni les résultats de ses études sur ce sujet dans un livre intitulé *Philosophie générale de la musique*. Cet ouvrage n'a pas été publié.

Le gouvernement belge offrit alors à Fétis les fonctions de directeur du Conservatoire de Bruxelles et de maître de la chapelle royale. On ne pouvait faire un meilleur choix, et l'événement a prouvé pendant près de quarante ans que nos voisins avaient remis les destinées de leur art national dans les mains les plus capables de les conduire. Plusieurs compositeurs belges sont redevables en partie des succès obtenus sur nos scènes lyriques aux excellentes études qu'ils ont faites au Conservatoire de Bruxelles.

Lorsque la commission impériale de l'Exposition universelle a songé à instituer des concerts historiques, son premier soin a été de faire appel au concours de celui qui avait eu, trente-cinq ans auparavant, la priorité de cette idée. Le comité, chargé d'organiser ces solennités musicales, et dont je faisais partie, tint une vingtaine de séances; mais, pour diverses causes que je n'ai pas à faire connaître ici, les concerts historiques n'eurent point lieu. J'ai eu personnellement l'occasion d'apprécier dans ces réunions la singulière verdeur intellectuelle et physique du laborieux musicien alors âgé de quatre-vingt-trois ans. A peine arrivé à Paris, il fit une chute dans l'escalier de l'hôtel de Bade où il descendait toujours et se cassa la clavicule. Cet accident, qui l'obligea à garder durant plusieurs semaines son bras maintenu dans une immobilité absolue, ne diminua en rien son activité accoutumée. Huit jours après, Fétis présidait le jury des instruments de musique à l'Exposition universelle. N'est-ce pas le cas dire « qu'une âme forte est maîtresse du corps qu'elle anime? »

Après tant de travaux accomplis, travaux dont je n'ai cité dans le cours de cet article qu'une faible partie, le directeur du Conservatoire de Bruxelles a conservé assez de vigueur pour vaquer aux multiples occupations de sa charge. Multiples, ai-je dit : l'extrait suivant d'une lettre qu'il m'adressait à l'occasion des concerts historiques, montrera que je suis resté en deçà de la réalité.

Bruxelles, le 1er mars 1867.

Monsieur,

Je dois vous avouer que ce n'est pas sans étonnement que j'ai vu surgir l'idée de concerts historiques pendant l'exposition universelle, et que je m'y suis vu associé. Ces choses ne conviennent pas à la foule; elles exigent une certaine culture et le goût des choses de l'esprit et du sentiment. Je suis certainement très-flatté de l'honneur qui m'est fait, mais aussi effrayé de tout ce qui doit peser sur moi pendant quelques mois. J'ai en ce moment les affaires administratives du Conservatoire que je dirige, mon cours de composition, la direction des répétitions et concerts de cette institution, ceux de la cour, le commencement de l'impression de mon *Histoire générale de la musique* et la continuation de cet ouvrage. De plus, je n'ai pu éviter ma nomination de membre du jury pour les instruments de musique, ce qui m'obligera d'être à Paris depuis le 1er avril jusqu'à la fin de mai. Je devrai être à Bruxelles le 1er juin pour le grand concours de composition musicale dont je suis président, et pour passer les examens du Conservatoire. A la fin de ce mois je retournerai à Paris pour les concerts historiques et je reviendrai à Bruxelles au commencement d'août pour les concours du Conservatoire.

C'est trop pour un seul homme et surtout pour un vieillard de quatre-vingt-trois ans. Je seconderai de mon mieux le comité des concerts historiques : je fournirai avec plaisir les choses qui ont le mieux réussi dans ceux que j'ai donnés, en 1832, lorsque l'heureuse idée de ces concerts m'est venue; mais je ne pourrai y prendre une part active de ma personne.

Il sera nécessaire d'arrêter un plan des concerts dès les premières séances du comité; de donner à chacun un objet spécial; et de les classer par ordre chronologique, ainsi que je l'ai fait dans ceux que j'ai donnés. Il sera surtout nécessaire de ne pas oublier que ces séances ont pour objet unique de présenter l'*histoire de l'art par ses monuments*. A mon sens, tout ce qu'on voudrait y introduire dans un but de recherches archéologiques, doit en être écarté, et l'on ne devra y admettre rien qui soit de nature à mettre en relief des opinions personnelles sur les neumes, l'origine de l'harmonie, etc., etc. Je le répète : l'*histoire de l'art par ses monuments*, pas autre chose.

En dehors de l'art, il y a le chant populaire de tous les peuples de la terre, qui l'a précédé, et qui serait très-digne d'occuper une ou plusieurs séances, en y faisant entendre les instruments de chaque peuple, ou de chaque race. J'y ai souvent pensé; mais les moyens d'exécution m'ont toujours paru un obstacle qui n'aurait pu être surmonté qu'avec de grandes dépenses, et j'ai dû y renoncer.

Nous aurons surtout cela des causeries qui, je l'espère, auront de l'intérêt pour nous-mêmes.

Veuillez agréer, Monsieur, l'assurance de mes sentiments les plus sympathiques.

FÉTIS.

Quand on voit cette étonnante vitalité et cette locomotion facile chez un homme de quatre-vingt-trois ans, on est fondé à se demander si les plus vieux ne sont pas encore les plus jeunes.

Je l'ai déjà dit, le bibliographe l'emporte de beaucoup chez Fétis sur le compositeur. Cependant ses travaux de musique instrumentale sont considérables. Les quatuors qu'il a fait entendre à Paris dans ces dernières années, m'ont paru fort remarquables par la variété du rhythme, la pureté de l'harmonie et l'originalité de certaines parties.

Meyerbeer, dont on connaît la sollicitude à l'égard de l'interprétation de ses ouvrages, avait confié à son ami Fétis le soin de diriger les études de l'*Africaine*. Il savait que le goût et le savoir étaient les qualités qui distinguaient le directeur du Conservatoire de Bruxelles et qu'après sa mort, sa magnifique partition ne pourrait trouver un plus intelligent interprète.

A la fin de l'année 1868, une polémique assez vive s'engagea entre Fétis et son futur successeur déjà désigné, M. Gevaert, au sujet des origines de la tonalité moderne. Des lettres aigres-douces furent échangées dans la *Gazette musicale*. Fétis a avancé et propagé dans le public musicien ce fait que Monteverde a été l'inventeur de la dissonnance naturelle et de son emploi sans préparation. Il s'est montré trop absolu dans ses affirmations et a trop exalté les hardiesses harmoniques de Monteverde. Ce compositeur a eu sans doute plus que d'autres musiciens, ses contemporains, l'occasion de les mettre en lumière, parce qu'il écrivait des scènes dramatiques qui fixaient l'attention et avaient du succès. Mais il est démontré que beaucoup d'autres faisaient alors obscurément et sans gloire ce qu'il faisait lui-même. M. Gevaert avait donc raison dans cette circonstance. Pour ma part, j'ai trouvé des traces de la tonalité majeure, dite moderne, dans des manuscrits du XIIIe siècle et j'ai fait graver en fac-similé, il y aura bientôt trente ans, des fragments de musique appartenant à cette époque et qui ont aidé à résoudre ce problème historique.

J'ai dit plus haut que le savoir de Fétis était véritablement encyclopédique à partir du XVe siècle. L'ouvrage posthume qu'il nous laisse et dont deux volumes ont paru justifie malheureusement la réserve que ce jugement implique. L'*Histoire générale de la musique* est assurément une œuvre considérable, mais combien il est regrettable que des théories hasardées, des hypothèses gratuites, des systèmes historiques au moins bizarres, en tout cas remplis de contradictions, y tiennent tant de place! C'est une compilation de tout ce qui a été écrit à tort et à travers sur la musique depuis le commencement du monde, ce n'est pas là une histoire de la musique. Lorsque les monuments sont certains et peuvent servir de base à un raisonnement, Fétis triomphe et est à l'abri de la critique, parce qu'il a un grand sens et une méthode excellente de déduction et d'analyse. Mais lorsqu'il se trouve dans le vide, il n'a pas le courage d'être modeste. Il affirme, il est présomptueux, il abuse même de la crédulité de ses lecteurs. Son *Histoire de la musique* n'est donc pas définitive; loin de là, elle reste à faire.

Fétis mourut à Bruxelles, le 26 mars 1871, dans sa 87e année. Il avait formé une bibliothèque spéciale de six mille ouvrages formant dix mille volumes et une collection d'instruments de musique rares et étrangers. Sur la proposition de M. Gevaert, et d'accord avec M. Edouard Fétis qui est aussi un érudit distingué, le gouvernement belge acheta 140,000 francs la bibliothèque et 12,000 francs la collection d'instruments. Le portrait que je donne du docte maître a été gravé d'après une belle photographie d'un grand format qu'il m'a gracieusement offerte en 1867.

SPOHR

NÉ EN 1784, MORT EN 1859.

Le malheur de Spohr, c'est de ne point occuper le premier rang dans un genre où le public se montre fort exigeant, et où il a beaucoup de peine à ne point trouver ennuyeux ce qui n'est pas prodigieux. Si la frivolité égoïste de nos amateurs pouvait admettre qu'il y a des degrés dans la grande musique, et que, pour n'être point l'égal des Haydn, des Mozart et des Beethoven, on n'en est pas moins quelquefois un compositeur très-remarquable; alors, sans doute, meilleure justice serait rendue à un artiste grave et digne, d'une correction continue, d'une sagesse toujours la même, qu'il traite la partie vocale ou l'orchestre. Les gens du métier sont aujourd'hui les seuls à apprécier ce style invariablement pur et tempéré, comparable à un beau ciel d'automne, aux teintes légèrement grisâtres, qui ne recèle pas la foudre, et qu'on aime encore à contempler.

Louis Spohr naquit à Brunswick le 5 avril 1784. Il était fils d'un docteur en médecine, qui, deux ans après sa naissance, alla s'établir à Seesen. Ce fut dans cette petite ville que se passèrent les premières années du futur compositeur. Pour aimer la musique, l'enfant n'eut qu'à obéir à une sorte de vocation héréditaire, car son père était passionné pour cet art, et il excellait à jouer de la flûte, tandis que sa mère avait du talent sur le clavecin. Les concerts de société auxquels le jeune Spohr assistait dans la maison paternelle éveillèrent ses facultés naissantes. Plus heureux que beaucoup d'autres artistes qu'on voit au début contrariés dans leurs aspirations par des parents ambitieux ou intéressés, lui ne rencontra que des encouragements chez les siens. Sa famille l'envoya de bonne heure à Brunswick pour y étudier sous la direction de Maucourt, violoniste de la chapelle du prince. On a la preuve de sa remarquable précocité dans un fait analogue à celui que j'ai rapporté au sujet de Kreutzer. A l'âge de douze ans, il se fit entendre et applaudir à la cour dans un concerto de violon de sa composition. Un talent si prématuré excita l'intérêt du duc de Brunswick qui, en 1798, attacha à la musique de sa chapelle le virtuose, alors âgé de quatorze ans. Trois ans après, Spohr suivit les leçons de François Eck, réputé le meilleur violoniste de l'Allemagne, et quand celui-ci partit pour la Russie, il l'accompagna, pourvu d'une pension que lui avait faite le duc de Brunswick.

A son retour, après une absence de dix-huit mois, le jeune artiste acheva son éducation musicale, ne voulant entreprendre qu'à coup sûr sa première tournée de violoniste concertant. Ce voyage (1804) qu'il préparait par les plus patientes études et dans lequel il visita les principales villes de la Saxe et de la Prusse, fut une véritable ovation dont le compositeur partageait l'honneur avec le virtuose. Et cependant le virtuose-compositeur n'avait que vingt ans. A la suite d'un éclatant succès obtenu à Gotha en 1805, Spohr se vit offrir la place de maître de concert à la cour ducale; il l'accepta non sans avoir, au préalable, demandé et reçu l'autorisation de son protecteur, le duc de Brunswick.

Le musicien épousa peu après sa première femme, Mlle Dorothée Scheidler, dont le talent sur la harpe était alors sans rival en Allemagne. Les deux époux firent, en 1807, une nouvelle excursion. Cette fois ce fut dans l'Allemagne du Sud. Partout le grand artiste recueillit sur son passage les marques de l'admiration générale. A Vienne, on lui offrit les fonctions de chef d'orchestre au théâtre *An der Wien*, en 1813, mais il ne les remplit que pendant quatre ans. Blessé du refus que l'administration opposait à la mise en scène de son opéra de *Faust*, il résigna son emploi à la fin de l'année 1816, puis se rendit en Italie où sa réputation l'avait déjà précédé. A Milan, à Venise, à Florence, à Rome et à Naples, Spohr fut aussi goûté du public qu'il l'avait été dans son pays natal. Il revint par la Suisse, donna des concerts à Bâle, à Carlsruhe. Nommé ensuite directeur du théâtre de Francfort et maître de chapelle dans la même ville, il entra en fonctions au commencement de 1818. Ce fut en cette année qu'eut lieu la première représentation de *Faust*, opéra allemand en deux actes, qui, depuis, fut joué à Vienne où il avait été écrit, sur la plupart scènes de l'Allemagne, et à Londres. Cet ouvrage est, au point de vue de l'harmonie forte, un des chefs-d'œuvre de l'École allemande. Il s'est maintenu pendant plus de trente ans au répertoire, et en France il est considéré comme classique. On se souvient encore du succès qu'obtint le chanteur Devrient dans le rôle de Faust, lorsque cet opéra fut donné à Berlin.

Au commencement de 1819, le compositeur voulut conquérir aussi la France à l'admiration de son talent; mais il trouva à Paris des auditeurs plus rebelles qu'il n'en avait rencontré jusque-là. Le peu de succès qu'il y obtint le décida à passer en Angleterre où par contre il excita un véritable fanatisme. Ses triomphes, à Londres, réagirent peut-être sur l'opinion de ses compatriotes en disposant ceux-ci à accepter désormais Spohr comme l'oracle incontesté de la musique et le prince des artistes de son temps. A cette année se rapporte aussi la représentation de deux opéras du maître : *le Duel des Amants* et *Zémire et Azor*, l'un et l'autre joués pour la première fois à Francfort.

Nous voici arrivés au moment où la gloire de l'auteur de *Faust* atteint son point culminant, où il devient, en quelque sorte, l'arbitre de l'art dans son pays, par une espèce de magistrature tacite que les contemporains lui confèrent. De la nomination de Spohr à la place de maître de chapelle du duc de Hesse-Cassel, date en effet pour lui cette longue domination qui, trente ans durant, s'exerça sur l'Allemagne musicale sans soulever de protestation ni de résistance. Point de solennité artistique à laquelle Spohr ne préside. Partout où la musique est conviée à fêter un grand anniversaire, c'est Spohr qui tient le bâton de chef d'orchestre, et ce bâton dans ses mains a les apparences d'un sceptre. Les paroles qui sortent de sa bouche font autorité. A Paris même, dans un second voyage qu'il y fait en 1843, l'illustre musicien se voit vengé de l'indifférence d'un public ignorant et frivole par les témoignages de déférence et de respect que lui prodiguent des hommes comme Habeneck, Halévy et Auber. Une ovation lui est faite au Conservatoire où l'on exécute pour lui *seul* sa quatrième symphonie (*La consécration de la musique*). Il faut que la France, au moins dans ses esprits d'élite, subisse la suprématie qui s'est imposée à l'Europe.

Cette haute juridiction, disons mieux, ce principat de l'art, par quels titres s'était-il fait reconnaître? J'ai déjà cité quelques-uns des neuf opéras de Spohr, mais je n'ai pas parlé de son chef-d'œuvre, *Jessonda*, représenté à Cassel en 1823, à Londres en 1840 et à Paris dans la salle Ventadour en 1842. Les chœurs de prêtres et de soldats, et le duo *Schœnes Mädchen*, au deuxième acte, ont fait la fortune de cet opéra dont les Allemands préfèrent la partition à celle de *Faust*. Toutefois les ouvrages dramatiques du maître, parmi lesquels on compte encre *Alruna*, l'*Esprit de la Montagne* (der Berggeist), l'*Alchimiste*, *Pietro d'Albano* et *les Croisés* (Die Kreuzfahrer), ont moins contribué peut-être à sa renommée que les compositions instrumentales qu'il a semées à profusion pendant le cours de sa longue carrière. Plusieurs oratorios : l'*Allemagne délivrée*, la *Fin de toute chose*, les *Derniers moments du Sauveur*, la *Chute de Babylone*, des messes solennelles, des hymnes, des psaumes, des cantates, dix grandes symphonies, plusieurs ouvertures, des quatuors, des quintettes, un admirable ottetto d'instruments à vent, en tout et y compris son œuvre lyrique, cent soixante compositions : voilà où se monte la production musicale de Spohr. Ajoutons qu'il a fondé une École de violon, et exposé les principes de cet instrument dans un ouvrage resté classique (*Violinschule, in drei Abtheilungen*). C'est un concerto de Spohr que M. Joachim a choisi pour se produire devant le public parisien dans ces dernières années. Cette composition magistrale exécutée avec un talent extraordinaire par le célèbre virtuose, fut comme une révélation de la musique du maître pour les milliers d'auditeurs des concerts populaires de musique classique.

Spohr associa à sa destinée deux femmes qui furent l'une et l'autre excellentes musiciennes. J'ai nommé déjà la première. La seconde qu'il épousa était une pianiste très-distinguée. On l'a entendue à Berlin en 1845 et à Francfort en 1847.

Honoré de plusieurs ordres, membre d'une foule d'académies, le grand artiste acheva sa longue existence au milieu de l'estime et de l'admiration générales. Il mourut à Cassel le 22 novembre 1859, à l'âge de soixante-quinze ans.

Il existe des *Lieder* de Spohr dont l'harmonie est d'une suavité et d'une distinction incomparables. Sous le rapport de l'application directe de l'harmonie à l'expression du chant des paroles, il a été véritablement le précurseur, l'émule et le continuateur de Schubert.

ONSLOW

NÉ EN 1784, MORT EN 1852.

Onslow (Georges), né à Clermont-Ferrand (Puy-de-Dôme), le 27 juillet 1784, descendait par son père d'un lord d'Angleterre, et par sa mère, qui était une demoiselle de Bourdeille, de Brantôme le chroniqueur. Il passa une partie de sa jeunesse en Angleterre, et tout en ne s'occupant de musique que comme un gentilhomme, il n'en eut pas moins pour maîtres de piano Dussek et Cramer. Il resta comme fermé aux impressions musicales jusqu'à un certain âge. Il avait beau assister en Allemagne, pendant deux années, aux plus belles représentations de la *Flûte enchantée* et de *Don Juan*, son imagination demeurait froide; le sens de la musique n'était pas encore éveillé chez lui. Cette singularité, qu'Onslow a avouée lui-même, nous montre à quel point il ne comprit d'abord dans la musique, que la partie mécanique et nullement la poésie. On est surtout étonné quand on apprend que c'est l'ouverture de la *Stratonice* de Méhul, qui lui ouvrit l'intelligence et l'initia au sentiment des beautés de l'art. Onslow en a fait lui-même l'aveu dans un de ses écrits. « En écoutant ce morceau, « dit-il, j'éprouvai une commotion si vive au fond de l'âme, que je me « sentis tout à coup pénétré de sentiments qui jusqu'alors m'avaient été « inconnus; aujourd'hui même encore ce moment est présent à ma pensée. « Dès lors, je vis la musique avec d'autres yeux; le voile qui m'en cachait « les beautés se déchira; elle devint la source de mes jouissances les plus « intimes et la compagne fidèle de ma vie. »

Il avait appris le violoncelle pour complaire à quelques amis qui cherchaient à dissiper les ennuis de la vie de province par l'exécution des quatuors et quintettes de Haydn, de Mozart et de Beethoven. Avec le sentment de l'art, récemment éveillé, la passion lui vint. Ce fut à vingt-deux ans seulement qu'il composa son premier quintette en prenant ceux de Mozart pour modèles. L'imperfection de ses premières études et son goût tardif le mirent naturellement en face de difficultés nombreuses ; mais il avait le loisir d'une vie retirée en province, soit à Clermont, soit dans une propriété au milieu des montagnes de l'Auvergne, une fortune indépendante et une volonté de réussir fortement arrêtée ; il réussit. Il se rendit à Paris, en 1807, pour faire exécuter chez Pleyel, où il était déjà venu plusieurs fois, trois quintettes, pour deux violons, alto et deux violoncelles. Il produisit ensuite la sonate pour piano sans accompagnement, la seule qu'il fit ainsi, trois trios pour piano, violon et violoncelle, et ses quatuors pour deux violons, alto et basse. Bientôt après, sur le conseil de M. de Murat, son ami, il se décidait à étudier sous la direction de Reicha les procédés pratiques de l'harmonie et de la composition. En quelques mois il avait achevé d'une manière satisfaisante cette nouvelle étude.

Il se tourna alors vers la scène et écrivit, pour le théâtre Feydeau, l'*Alcade de la Vega*, drame en trois actes, représenté en août 1824, qui n'obtint qu'un médiocre succès, tant à cause de la faiblesse du livret que de l'insuffisance de la composition.

Le Colporteur, opéra en trois actes, paroles de Planard, représenté le 22 novembre, trois ans après, attesta un progrès réel chez Onslow et attira sur lui l'attention du public. Le poëme, dont le sujet est tiré des vieilles chroniques russes, offre un heureux mélange de situations dramatiques et comiques, favorables à la musique. Œuvre d'un excellent musicien, qui a surtout réussi dans la symphonie et le quatuor, *le Colporteur* renferme beaucoup de beaux morceaux, entre autres le trio : *Ah ! depuis mon jeune âge*, chanté par La Feuillade, Féréol et Mme Pradher ; la ronde à deux voix : *C'est la fête du village*, et la jolie cavatine de la fin du troisième acte : *Modèle d'innocence*. Malgré le succès que cet ouvrage a obtenu en 1827, il n'a pas encore été repris.

Dix ans s'écoulèrent avant la représentation du *Duc de Guise*, son troisième opéra, qui reçut un accueil des plus froids. Il en fut de même de plusieurs symphonies exécutées dans les concerts du Conservatoire et dans lesquelles le caractère de son talent semblait devoir lui obtenir plus de succès ; mais, dans toutes ses productions, Onslow montrait plus de savoir que d'inspiration, et cela ne suffisait pas pour le faire remarquer, alors que les symphonies de Beethoven, fort goûtées en ce moment, absorbaient l'attention de tous les musiciens.

Un accident faillit en 1829 lui faire perdre la vie ou du moins l'ouïe. Joseph d'Ortigue en a fait le récit suivant. « Onslow venait d'achever le premier allegro d'un quintette sur le succès duquel il comptait, lorsque, étant allé passer quelque temps dans le château d'un de ses amis, en Bourbonnais, je crois, on organisa une partie de chasse au sanglier. On vint réveiller Onslow bien avant le jour. Le compositeur, fort occupé de son quintette, refusa d'abord. Cependant, comme son ami redoublait d'instances, il craignit de le désobliger et consentit à l'accompagner. Ils arrivent dans la forêt. Onslow est posté sur une petite élévation auprès d'un arbre, et non loin de l'endroit où le sanglier devait passer. Quelque temps après, les chiens aboient, une laie traverse, Onslow tire un coup de fusil et la manque; au même instant un second coup part du côté où se trouvait son ami, et Onslow reçoit au milieu de la joue gauche la balle destinée à la laie. Onslow tomba, et il aurait été infailliblement étouffé par son sang si un des chasseurs ne fût arrivé fort à propos pour le relever. On le soutint jusqu'au château; il y arriva la tête enveloppée et sanglante. Ce fut la nuit suivante qu'il composa le morceau du *Délire*. Cet accident a occasionné la surdité de l'oreille gauche, et depuis lors Onslow n'a pu jouer du violoncelle. »

En 1842, sans qu'il eût jamais obtenu de grands succès, ayant un talent distingué, mais point de génie, il fut élu membre de l'Académie des Beaux-Arts en remplacement de Cherubini. L'honorabilité de son caractère et sa position de fortune indépendante lui avaient sans doute valu aussi quelques suffrages. Il continua à dépenser son temps comme par le passé entre sa chère Auvergne et Paris où il aimait à passer l'hiver et à s'associer aux réunions et aux travaux de ses collègues. Il mourut à Clermont en 1852 à l'âge de soixante-huit ans, peut-être avec la conscience de s'être survécu à lui-même, tout en ayant composé trente-quatre quintettes, trente-six quatuors, trois symphonies, sept œuvres de trios pour piano, violon et violoncelle, trois opéras et différents autres morceaux.

« La maladie qui devait nous enlever Onslow, dit Halévy (1), ne vint pas l'abattre d'un seul coup. Ses forces fléchirent peu à peu sous le poids du mal qui détruisit sa vie. Il vint pour la dernière fois à Paris, dans l'été de 1852, à l'époque ordinaire des concours de musique. Ses amis furent frappés du changement qui s'était fait en lui : sa vue s'éteignait, sa parole naguère vibrante, ardente, accentuée, était morne et pénible. Lorsqu'il quitta Paris, de tristes pressentiments vinrent nous assaillir : ils ne furent que trop tôt justifiés..... Il retourna à Clermont pour y mourir : le 3 octobre 1852, au moment où le jour se levait, ce cœur noble et dévoué avait cessé de battre. »

Sa réputation avait été plus grande en Allemagne qu'en France; Vienne, Leipsick, Bonn et Mayence avaient adopté sa musique de chambre et on le regardait au delà du Rhin comme le premier symphoniste français.

(1) Notice lue à l'Académie des Beaux-Arts le 6 octobre 1855.

WEBER

(CHARLES-MARIE DE)

NÉ EN 1786, MORT EN 1826.

Trois grandes œuvres, *Freyschütz*, *Euryanthe* et *Oberon* ont placé Weber au premier rang des compositeurs de l'Allemagne moderne. Le génie qui a inspiré ces productions est incontestable : génie quelquefois abrupt, il est vrai, embarrassé souvent dans l'expression de la pensée, comme il arrive lorsque les études premières ont été insuffisantes, mais génie d'un caractère profondément individuel et ne relevant d'aucune école. Weber est original à un degré supérieur peut-être à tout autre musicien. L'imagination a plus de part à ses conceptions que la sensibilité. On est surpris, émerveillé, transporté, charmé même par les brillantes qualités de son orchestration, par la hardiesse de ses pensées, la bizarrerie de ses combinaisons, la couleur pittoresque de sa musique, le tour gracieux et poétique de certains airs, mais le cœur n'est presque jamais touché et l'on peut dire que si cet artiste a échauffé beaucoup de têtes, il n'a guère fait verser de larmes.

La part faite aux qualités et aux défauts, à l'éloge et à la critique, entrons dans la vie de l'homme et voyons comment son éducation et son caractère purent influer sur le développement de sa personnalité musicale.

Charles-Marie-Frédéric-Auguste, baron de Weber, naquit à Eutin dans le duché de Holstein, le 18 décembre 1786. Son père avait suivi d'abord la carrière des armes, puis il était entré dans l'administration des finances; mais le goût qu'il éprouvait pour la musique lui avait toujours fait trouver de l'ennui dans ces diverses professions, jusqu'à ce qu'enfin, après avoir perdu sa position d'employé du Trésor par suite de sa négligence à en remplir les devoirs, il en vint à ne plus s'occuper que de l'art qui l'attirait exclusivement. Depuis 1768, époque de sa destitution, on le voit tour à tour attaché à l'orchestre d'un théâtre, directeur de spectacle, maître de chapelle de l'évêque de Lubeck, musicien de ville, en dernier lieu artiste nomade, voyageant d'un endroit à l'autre, traînant avec lui une famille de huit enfants dont il avait dissipé le patrimoine autant par son incurie que par de fausses spéculations.

D'après ce simple exposé de sa vie aventureuse, il est permis de supposer que le major Weber était un homme d'imagination. Il légua cette disposition à son fils Charles et lui transmit en outre sa passion pour l'art musical. Rien ne fut négligé de ce qui pouvait former l'esprit du futur

CHARLES MARIE DE WEBER

compositeur. Non-seulement on lui donna des maîtres de piano et de chant, mais encore on lui fit apprendre le dessin, l'aquarelle et la gravure à l'eau-forte. L'enfant grandissait solitaire au milieu de ces études. Ses parents vivant dans une retraite profonde, il n'avait point de compagnons de jeu, et, durant ces premières années où l'homme a surtout besoin de la société de ses semblables, sa pensée ne trouvant personne à qui se communiquer, se repliait sur elle-même et s'exaltait par l'isolement. Le jeune Weber, dont ce genre de vie favorisait l'humeur naturellement méditative, s'habituait déjà, faute de connaître le monde réel, à le peupler des créations idéales de son imagination. Les intelligences dont rien n'a contrarié au début l'essor spontané et qui n'ont point subi de bonne heure le contact avec la société gagnent à cette éducation ou plutôt à cette absence d'éducation, une indépendance plus fière, une originalité mieux accentuée. Mais à cet avantage correspondent de graves défauts qui exercent parfois une action funeste sur le cours entier de l'existence.

La solitude engendre un orgueil immense, susceptible et souffrant : l'orgueil de *Réné* et de *Werther*. Mais la religion catholique à laquelle Weber est resté constamment attaché, a tempéré les influences fâcheuses de cette éducation et a conservé à son cœur des qualités charmantes que révèle sa correspondance. Il n'était guères possible que des études musicales, interrompues sans cesse à chaque changement de résidence pour se renouer à la prochaine étape, produisissent d'heureux résultats. La confusion des méthodes, la divergence des systèmes n'étaient propres qu'à jeter le trouble dans l'esprit de l'élève, si même elles ne le disposaient pas à rejeter tout enseignement pour ne plus suivre que ses tendances personnelles. Weber étudia le piano sous la direction de Heuschel en 1796 et 1797, puis avec Michel Haydn à Salzbourg en 1798. Vers la fin de cette année, il reçut à Munich des leçons de chant de Valesi et des leçons de composition de Kalcher, organiste de la cour. Mais quels qu'aient été ses différents professeurs dont je me suis borné à citer les principaux, il n'eut, à proprement parler, d'autre maître que la nature. De là, avec tant de beautés hardies qu'on admire dans ses partitions, les imperfections qui s'y rencontrent et que l'habitude d'écrire aurait fait disparaître, si le musicien avait vécu plus longtemps.

Cependant celui qui était appelé à nous donner *Freyschütz* et *Oberon* paraît avoir éprouvé quelque hésitation à entrer dans la carrière. Il nous apprend en effet, dans une sorte de notice autobiographique, qu'il se passionna pour la lithographie au moment de cette découverte (1799). Il ne rêva pendant quelque temps que perfectionnements à apporter à l'invention de Sennefelder. Ces velléités furent heureusement de courte durée, et le jeune artiste ne tarda pas à être rendu à sa véritable vocation. Avant de quitter son maître Kalcher, il avait même essayé ses forces dans un opéra intitulé *Die Macht der Liebe und des Weins* (La force de l'amour et du vin), ainsi que dans une messe solennelle, des sonates pour le piano et des trios de violon. Plus tard, l'auteur mûri par l'expérience fit un auto-da-fé de ces *juvenilia*.

Le premier gage du retour de Weber à la musique fut un opéra intitulé *Das Waldmœdchen* (la Fille des bois) représenté avec un grand succès à Munich au mois de novembre 1800. Cet ouvrage d'un artiste de quatorze ans eut l'honneur d'être joué à Vienne, d'être traduit en langue tchèque pour le théâtre national de Prague et enfin d'être mis à la scène à Saint-Pétersbourg. Toutefois, plusieurs années après, le compositeur refit entièrement cette partition écrite avec l'inexpérience de la jeunesse. Une autre production, qui n'eut point la vogue de son aînée, fut en 1801 *Peter Schmoll und seine Nachbarn* (Pierre Schmoll et ses voisins). Bien que recommandé au public par le vieux Michel Haydn qui s'intéressait aux premiers pas de son ancien élève, cet opéra, joué à Augsbourg, ne réussit point, et on n'en connaît plus aujourd'hui que l'ouverture. L'année suivante, Weber accompagna son père dans un voyage à Hambourg et au Holstein. En passant à Leipsick, il acheta plusieurs livres traitant de l'harmonie, mais ce fut en vain qu'il esssaya d'arriver par leur secours à une doctrine raisonnée et conforme à ses besoins. L'abbé Vogler, dont il fit la connaissance à Vienne au commencement de 1803, fut peut-être le seul de ses maîtres qui lui ait rendu de réels services en débrouillant le chaos produit dans son cerveau par tant d'études contradictoires. Pendant deux ans, le jeune homme paraît n'avoir songé qu'à combler les lacunes de son éducation musicale. Il écrit peu et l'on n'a de lui à cette époque que quelques variations de piano et la réduction pour cet instrument de l'opéra de Vogler, intitulé *Samori*.

A la fin de 1804, on offrit au musicien alors âgé de dix-huit ans, la place de directeur de la musique au théâtre de Breslau, et il n'hésita pas à accepter cet emploi quoiqu'il fût à peu près ignorant dans l'art de conduire un orchestre. La nomination d'un adolescent à des fonctions où une longue pratique est généralement regardée comme nécessaire, semblait un passe-droit et ne pouvait manquer d'indisposer les artistes de la ville. Weber eut le tort d'aggraver sa position déjà si délicate en cherchant à s'imposer par des manières acerbes et tranchantes. Sa conduite à l'égard de Schnabel, violoniste distingué, le montre sous un jour assez fâcheux. Mais, au point de vue du développement de son talent, ce poste ne lui fut pas inutile, car il lui permit d'acquérir les connaissances qui lui manquaient dans l'art de manier l'orchestre et les chœurs. Ce fut à Breslau que l'auteur de *Das Waldmœdchen* composa son opéra de *Rubezahl* représenté d'abord sous un autre nom que le sien.

Au commencement de 1806, le prince Eugène de Wurtemberg engagea Weber à venir se fixer dans sa petite cour en Silésie. Il y écrivit deux symphonies et plusieurs cantates, mais il n'eut pas le temps d'y faire un long séjour, à cause des événements de la guerre qui amenèrent bientôt la suppression de la chapelle et du théâtre du prince. Le même obstacle empêcha le compositeur de voyager en Allemagne pour y donner des concerts, et force lui fut alors d'accepter les propositions du prince Louis de Wurtemberg qui l'appelait à Stuttgard. Là, il refondit sous le nom de *Sylvana* son ancien opéra de la *Fille des bois* et écrivit une sorte de drame lyrique, intitulé : *Der erste Ton* (le premier son), sans parler de plusieurs ouvertures, chœurs et morceaux pour le piano.

Durant cette longue période d'enfantement obscur et laborieux, au milieu des découragements et des défaillances inévitables qui devaient assaillir l'artiste dont un heureux début avait surexcité l'ambition, Weber trouva quelque consolation à Darmstadt où il vint habiter en 1809. Là, dans l'intimité de son vieux maître, le respectable abbé Vogler, dans le commerce de plusieurs jeunes gens destinés à devenir des hommes illustres : les Meyerbeer, les Godefroy Weber, il put s'abandonner librement aux douces émotions de l'amitié dont sa nature avait été sevrée jusque-là. De ce moment date la liaison de l'auteur de *Freyschütz* avec l'auteur de *Robert le Diable*, liaison qui n'a été rompue que par la mort.

En 1810, Weber composa à Darmstadt *Abou Hassan* pour le théâtre du Grand-Duc. Il alla l'année suivante à Francfort faire jouer cet ouvrage et donner des concerts. Il se fit ensuite entendre à Munich, visita Berlin et revint à Vienne en 1812. Peu de mois après, il fut appelé à diriger la musique de l'Opéra allemand de Prague et fit preuve dans ces fonctions des capacités spéciales qu'il avait acquises à Breslau. Si le théâtre ne lui doit durant les trois années qu'il passa à Prague (1813-1816) d'autre production que la grande cantate *Kampf und Sieg* (combat et victoire), composée à l'occasion de la bataille de Waterloo, son génie ne resta cependant pas infécond. De ce moment en effet le maître sort de la demi-obscurité où l'avaient laissé ses premières tentatives dramatiques. En s'associant aux inspirations patriotiques de Théodore Kœrner, il prélude par une réputation allemande à sa future réputation européenne.

Ici l'histoire générale se mêle à la biographie du musicien. Qu'on se rappelle les événements de l'année 1813 et cet élan de la haine et de la liberté qui souleva tous les fils de la Germanie contre la domination française. Le même enthousiasme national qui, en 1792, avait fait voler nos volontaires aux frontières reparaissait au-delà du Rhin contre nous ou plutôt contre l'oppression du conquérant. Nous avions appris aux peuples foulés par l'invasion étrangère que la *Marseillaise* électrisait nos soldats : ils s'en souvinrent vingt ans après ; mais en Allemagne Rouget de Lisle se dédoubla en Kœrner et Weber. Le premier, soldat et poëte comme Tyrtée, était adjudant des noirs chasseurs de Lutzow, quand il tomba frappé à mort le 26 août 1813, laissant à ses compagnons d'armes avec l'exemple de son courage des chants brûlants de patriotisme, tels que *Lyre et Glaive* (Leier und Schwert). Le second eut la gloire d'aider aussi à la délivrance du sol allemand en composant la musique de ces hymnes guerriers dont l'effet irrésistible fut d'arracher les étudiants à leurs vieilles universités pour les jeter sur les chants de bataille de l'indépendance.

Dès lors Weber n'était plus un inconnu dans sa patrie; son nom était populaire et le terrain tout préparé pour les succès dramatiques qu'un avenir prochain lui réservait. En 1816, il quitta Prague pour aller fonder une scène d'opéra allemand à Dresde. Ce fut dans cette ville qu'il écrivit en 1819 et 1820 la partition du *Freyschütz* (le franc-archer) sur un livret de Kind. Cet opéra représenté à Berlin, le 18 juin 1821, plaça tout à coup son auteur à la tête de tous les compositeurs lyriques de son pays. L'ouvrage, réduit à la partie littéraire, a d'abord été mis en scène à l'Odéon par Sauvage, sous le titre de *Robin des bois*. Castil-Blaze fit connaître l'opéra en France, mais en le modifiant. Emilien Pacini fit une nouvelle traduction de l'œuvre originale, et Berlioz y intercala des récitatifs de sa composition. Donné à l'Opéra de Paris le 7 juin 1841, le *Freyschütz* y a été justement admiré. Le sujet est emprunté à la légende du chasseur Bartosch, personnage du seizième siècle qui s'était rendu célèbre sur les bords de la Vistule par l'habileté de son tir. Suivant un bruit populaire, c'était le diable qui lui fournissait les balles infaillibles dont il faisait usage. La chronique ajoute cependant que les sages conseils d'un moine triomphèrent de l'ascendant du démon et que, plus heureux que Faust, Bartosch parvint à rompre le pacte qui l'enchaînait au génie du mal. Le célèbre archer aurait passé ses dernières années en Autriche où un de ses descendants, François Bartosch, apprenti cordonnier, vient de mourir il y a peu d'années.

L'ouverture du *Freyschütz* est un morceau capital. C'est la pièce qu'on a jouée le plus souvent aux concerts du Conservatoire, et Weber n'a rien écrit de plus achevé. L'adagio, d'une harmonie grave et douce, annonce par le timbre de l'instrumentation le caractère étrange de l'ouvrage; l'*allegro vivace* qui vient ensuite est formé de deux idées principales développées avec une fougue, un souffle des plus puissants. Mon intention ne saurait être de signaler tout ce que la partition offre de saillant. Je me bornerai à rappeler dans le premier acte les couplets de basse avec chœur, la scène de désespoir de Max suivie de la chasse, la valse du *Freyschütz* dite de Robin des Bois, qui est restée populaire, le grand air chanté par Max dont l'*allegro* se trouve déjà dans l'ouverture, la ronde en *si mineur*, la plus bizarre et la mieux réussie des rondes fantastiques. Dans le second acte, on ne peut se dispenser de citer le duo des deux cousines dans lequel le caractère mélancolique d'Agathe forme avec l'enjouement d'Annette le contraste le plus charmant, la magnifique scène où revit la vieille Allemagne, mystique et passionnée; enfin dans le troisième acte, la cavatine d'Annette d'un sentiment si pur, la fraîche mélodie de la ronde de la fiancée et le chœur si connu et si original des chasseurs.

L'unité de sentiment et de conception qui éclate dans cette œuvre n'en a point banni les contrastes. Peut-être ceux-ci ne sont-ils pas aussi nettement accusés que le veut notre goût français. Cependant ils se manifestent, comme dans les *Brigands* de Schiller, entre l'élément féminin tendre, doux, un peu craintif, toujours gracieux et confiant, et les rôles d'hommes qui sont tous âpres et farouches.

Le soir de la seconde représentation, Weber adressait à son poëte Kind, le bulletin de victoire suivant :

« Mon très-cher ami et collaborateur,

« Le franc tireur a logé sa balle dans le noir. La deuxième représentation a été aussi bien que la première, c'était le même enthousiasme. Pour la troisième, qui a lieu demain, toutes les places sont prises : depuis le succès d'*Olympie*, c'est le triomphe le plus complet qu'on puisse obtenir. Vous ne pouvez vous figurer quel vif intérêt le texte inspire d'un bout à l'autre. Que j'eusse été heureux si vous aviez été présent ! Quelques scènes ont produit un effet auquel j'étais loin de m'attendre, par exemple, celle des jeunes filles. Si je vous revois à Dresde, je vous raconterai tout cela, parce que les paroles écrites n'y suffisent pas. Que je vous ai d'obligation pour votre magnifique poëme ! — Que de motifs divers ne m'avez-vous pas fournis, et avec quel bonheur mon âme pouvait s'épancher sur vos vers si profondément sentis ! C'est avec une véritable émotion que je vous serre dans mes bras en idée, reportant à votre muse le laurier que je lui dois. Gubitz, Wolff, sont tout cœur ; on me dit de me défier d'Hoffman ; mais, moi, j'ai bonne confiance. Que Dieu vous rende heureux ! aimez celui qui vous aime avec un respect infini. — Votre Weber. »

On aime à voir dans cette lettre, à côté des effusions d'une joie légitime, l'hommage rendu par le compositeur au librettiste. Weber s'efface, pour ainsi dire, devant son collaborateur avec une modestie d'autant plus méritoire qu'elle est plus exagérée. Je ne nie pas que la conception du sujet du *Freyschütz* n'ait contribué pour quelque chose au succès de l'opéra ; mais sans l'éclatante partition du maître, qui de nous connaîtrait aujourd'hui le nom de Kind ?

L'artiste donna ensuite *Preciosa*, opéra en un acte. Le livret écrit par Wolff est tiré d'une nouvelle de Cervantes. La scène se passe en Espagne, et l'héroïne est la fille de Chosroès, chef d'une tribu de bohémiens. Cet ouvrage, dans ses proportions restreintes, est un petit chef-d'œuvre. Nulle part le côté poétique de l'existence nomade des Gitanos n'a été décrit avec plus de couleur et d'intérêt. Qu'on remarque dans l'ouverture, l'effet étrange produit par quelques notes du triangle ; le chœur dans la forêt, avec ses échos répétés par les cors, la ballade de Preciosa, la marche pittoresque des bohémiens, les couplets du brigand, les jolis airs de danse : voilà des morceaux marqués au coin d'un génie vraiment neuf et original !

La brillante renommée que le succès du *Freyschütz* avait value à Weber, faisait de lui le point de mire de tous les *impresarii* de l'Allemagne. On était partout désireux de jouer ses ouvrages. Mais le compositeur mettait beaucoup de lenteur dans son travail, parce qu'il était sans cesse préoccupé du désir d'innover, de substituer des formes d'orchestration nouvelles aux procédés en vigueur de son temps. Il employa dix-huit mois à écrire l'opéra d'*Euryanthe*, représenté à Vienne, le 25 octobre 1823. Ce n'était pas trop pour un penseur qui avait horreur du lieu commun musical, et aspirait à rénover l'harmonie. Cependant son effort ne fut que médiocrement apprécié et compris à l'origine. Le livret écrit par Mme de Chézy, était d'ailleurs trop froid et trop dénué d'action, quoique la donnée fût très-hardie, pour que le public s'y intéressât. Plus tard justice a été rendue à une partition pleine de motifs admirables, parmi lesquels on distingue au premier acte la cavatine chantée par Euryanthe, et le duo d'Euryanthe avec Zara; au second acte, le duo d'Odoard et d'Euryanthe; au troisième acte, le célèbre chœur des chasseurs, une des plus belles inspirations de Weber, et une jolie ronde en *la majeur*. C'est Castil-Blaze qui a le premier fait connaître *Euryanthe* en France (6 avril 1831), mais il avait eu le tort d'intercaler dans la partition primitive deux morceaux d'*Oberon*, ce qui donnait à la représentation l'air d'une sorte de pot-pourri. MM. de Saint-Georges et de Leuven ont traduit et arrangé cet ouvrage pour le théâtre Lyrique, où il a été joué le 1er septembre 1857. Eux aussi n'ont pas su respecter le caractère de la musique du maître, et l'on peut considérer comme une atteinte sacrilège à la pensée de Weber l'introduction dans sa pièce de personnages comiques auxquels il n'avait pas du tout songé et qui en altèrent le sens et la portée.

Dans l'ordre du mérite, *Oberon* prend place immédiatement après le *Freyschütz*. Le compositeur écrivit cet opéra pour le théâtre de Covent-Garden à Londres. Depuis longtemps le malheureux artiste était envahi par une mélancolie profonde dont rien ne pouvait le distraire, ni la gloire, ni les affections domestiques. Il sentait ses forces diminuer de jour en jour sous l'influence d'une maladie de poitrine qui le faisait cruellement souffrir. Les fatigues qu'il se donna pour livrer sa partition dans le temps fixé, plus que cela encore, sa résidence obligée sous le climat meurtrier où l'appelait la mise en scène d'*Oberon* et l'épuisement qui résulta de sa participation quotidienne aux répétitions, contribuèrent à empirer son mal au point qu'on put craindre qu'il ne vit pas la représentation de son dernier ouvrage. Arrivé à Londres le 6 mars 1826, il logea chez M. Georges Smart, où il fut l'objet des plus vifs témoignages de sympathie et d'admiration de la part de tous les personnages marquants de la société anglaise. *Oberon* fut joué pour la première fois à Covent-Garden sous la direction de Georges Smart, le 12 avril 1826. Après avoir assisté aux premières représentations, Weber songeait à quitter l'Angleterre; il avait annoncé à sa femme son prochain retour, mais la mort ne lui permit pas de réaliser ce projet. Il expira le 5 juin 1826, léguant au monde une belle œuvre de plus.

Ce fut dans la maison de Georges Smart, Great-Portland Street, n° 91, que mourut le célèbre compositeur, entouré des soins les plus touchants de l'amitié. Ce M. Smart est mort à Londres il y a peu d'années, après avoir parcouru une longue et honorable carrière d'artiste. Il a été le maître de chant de Mme Sontag et de Mlle Jenny Lind.

On sait qu'*Oberon*, dont le poëme est du célèbre Wieland, a été emprunté, quant au sujet, au roman de Huon de Bordeaux. L'action se passe ici dans le domaine féerique. Oberon est le roi des nains et l'époux de Titania. Shakespeare avait déjà introduit ces êtres merveilleux dans sa comédie fantastique : *le Songe d'une nuit d'été*. Le caractère de la musique de Weber dans cet opéra est aussi original, aussi étrange que celui de *Freyschütz* et de *Preciosa*, mais beaucoup plus doux et empreint d'une délicatesse mélancolique. Les morceaux les plus saillants de la partition sont le chœur d'introduction des Génies, l'air de Rezia suivi d'un duettino charmant et de la marche bizarre, si délicieusement accompagnée par des vocalises, qui termine le premier acte; la scène de l'Orage, la suave barcarolle et le chœur du ballet aquatique du second; dans le troisième, une ariette bien rhythmée, le duo plutôt original que comique, mais d'un joli effet, entre Chérasmin et Fatime, enfin l'admirable cavatine de Rezia qui est le chant du cygne du musicien poëte. *Oberon* a été révélé pour la première fois au public français par les représentations qui ont eu lieu au théâtre Lyrique en 1857. Auparavant on n'en connaissait que l'ouverture adoptée par la Société des concerts du Conservatoire. Il faut regretter que les directeurs, en nous donnant une œuvre consacrée par le suffrage de tous les gens de goût, aient cru devoir ne nous la livrer que remaniée en plus d'un endroit. Mieux eût valu assurément la version primitive du maître que toutes les interpolations et tous les changements qu'on lui a fait subir.

Dans la musique instrumentale, Weber s'est spécialement fait connaître par des ouvertures et des morceaux pour le piano; mes lectrices connaissent toutes l'*Invitation à la valse*, ce morceau charmant où la mélancolie s'allie d'une manière originale à un rhythme entraînant. Elles connaissent aussi le rondo intitulé : le *Mouvement perpétuel*, la Polonaise en *mi majeur*, le *Croisé*, cette fantaisie si forte d'expression. Mais la supériorité de ses opéras a presque relégué dans l'ombre les autres productions du maître. Si l'on veut maintenant savoir à quelle cause l'auteur du *Freyschütz* doit l'immense popularité dont il jouit au delà du Rhin, je répondrai que son prestige tient à l'intime affinité de sa musique avec le tempérament du peuple allemand. Ce panthéisme vague et nébuleux, qui est au fond de la philosophie germanique, le compositeur lui a donné droit de cité dans l'art. S'il n'a pas les grands cris du cœur, il excelle en revanche à faire parler et chanter toutes les voix de la nature. A ce titre, il mérite d'être considéré comme le père de l'école romantique et descriptive.

CARAFA

NÉ EN 1787, MORT EN 1872.

La carrière artistique de Carafa n'a pas été aussi heureuse que ses remarquables facultés semblaient le lui promettre, parce qu'une fatale coïncidence le fit naître contemporain de Rossini et d'Auber, et qu'il eut le malheur de traiter quelquefois les mêmes sujets que ces hommes illustres, ce qui devait l'exposer à de dangereuses comparaisons. Toutefois ce musicien a su rencontrer souvent de belles inspirations, et quoique des rivaux plus favorisés l'aient rejeté au second rang de la célébrité, il a assez fait pour voir son nom conservé avec reconnaissance dans la mémoire des amateurs de la musique dramatique, des inspirations faciles et mélodieuses.

Michel-Henri Carafa de Colobrano, né à Naples le 17 novembre 1787, fut élevé au collége de la Nunziatella de cette ville et étudia d'abord la musique sous l'habile organiste Fazzi, Francesco Ruggi lui enseigna ensuite l'harmonie et l'accompagnement, puis il suivit les leçons de Fenaroli, professeur de contre-point au Conservatoire de Loreto. Des débuts qui permettaient au jeune artiste d'espérer un brillant avenir musical ne l'empêchèrent point de revêtir l'habit militaire. Après avoir été fait prisonnier en 1806 à la bataille de Campo Tenese, Carafa suivit la cause de Joachim Murat, entra comme lieutenant dans les hussards de la garde, et, dans l'expédition de Sicile, obtint la décoration de l'ordre des Deux-Siciles avec le titre de capitaine. Devenu pendant la campagne de Russie en 1812, officier d'ordonnance de Murat, chef d'escadron et chevalier de la Légion d'honneur, il quitta l'épée pour la lyre, quand survint, en 1815, la restauration des Bourbons de Naples.

Cependant Carafa n'avait pas attendu, pour cultiver l'art, objet de ses prédilections, que les événements politiques de la Péninsule le rendissent au repos. Dès sa jeunesse il avait fait preuve de talent dans quelques cantates ainsi que dans plusieurs opéras : *Il Fantasmo*, écrit pour des amateurs, *Il Vascello d'Occidente*, donné au théâtre *del Fondo* à Naples (1814), la *Gelosia corretta*, jouée au théâtre des Florentins (1815).

Gabriella di Vergi (1816), *Ifigenia in Tauride* (1817), *Adele di Lusignano* (1817), *Berenice in Siria* (1818), *Elisabetta* (1818), *Gli due Figari* (1820), portèrent très-haut la réputation de leur auteur à Naples, à Milan et à Venise ; mais il manquait encore à cette réputation d'être consacrée par le suffrage du public français. Le compositeur napolitain vint à Paris, et pour son début donna à l'Opéra-Comique *Jeanne d'Arc*, 3 actes (1821). Cette pièce fut suivie du *Solitaire* dont les paroles sont de Planard, et qui fut représenté au même théâtre le 17 août 1822. De toutes les partitions qu'a composées Carafa, c'est celle du *Solitaire* qui a obtenu le succès le plus populaire. Personne n'a oublié la fameuse ronde :

> C'est le solitaire
> Qui voit tout,
> Qui sait tout,
> Entend tout,
> Est partout.

C'est cependant le plus faible titre de cet opéra à l'estime des amateurs. Un bel air de ténor, un finale fort dramatique, et des chœurs harmonieux y seront toujours remarqués, lorsqu'on le reprendra.

Le *Valet de chambre*, opéra-comique en un acte, dont les paroles sont de Scribe et Mélesville, fut représenté l'année suivante (1823). Le duo du *Valet de chambre* est devenu un morceau classique. Il a la verve, l'élégance, le tour mélodique qui conviennent aux morceaux de concert. Parfaitement écrit pour la voix et sur une situation facile à comprendre, il a dédommagé par un succès durable le compositeur de ses nombreux revers, qu'il faut surtout attribuer à la supériorité de la musique de son rival, hâtons-nous d'ajouter, de son ancien et fidèle ami, Rossini.

Ces opéras représentés à Paris et auxquels il faut joindre l'*Auberge supposée* (1824, à l'Opéra-Comique) et la *Belle au bois dormant* (1825, à l'Académie royale de musique), n'empêchaient pas Carafa de travailler en même temps pour les théâtres étrangers. Il écrivait pour *San-Carlo* de Naples, un ouvrage en trois actes, *Tamerlano*, qui fut reçu et non exécuté ; à Rome, il faisait jouer *la Cappriciosa ed il Soldato*, deux actes (1822), et *Eufemio di Messina*, deux actes ; à Vienne, *Abufar* (1823) ; à Milan, *il Sonnambulo* (1825), et à Venise *il Paria* (1826).

A partir de 1827, le musicien dont la renommée avait reçu le baptême des applaudissements parisiens, se fixa définitivement en France, et n'écrivit plus que pour nos théâtres. Il donna à l'Opéra-Comique *Sangarido*, un acte (1827), et à la fin de la même année *Masaniello*, en trois actes (27 décembre 1827).

Cet opéra-comique, dont le poëme est de Moreau et Lafortelle, peut être considéré comme le chef-d'œuvre de Carafa. Sans le succès écrasant de la *Muette de Portici* d'Auber, ses beautés l'auraient fait maintenir au répertoire. Le grand duo : *Un oiseau qui supporte à peine la lumière*, a une chaleur d'inspiration qui se soutient d'un bout à l'autre. L'entrée des collecteurs est d'un grand effet. Les barcarolles sont des mélodies charmantes, et les couplets sur Notre-Dame du Mont-Carmel sont devenus populaires. Ponchard père a chanté avec succès le rôle de Masaniello, quoiqu'il demandât plutôt de la force que de la grâce.

La *Violette*, opéra-comique en trois actes, représenté à Paris le 7 octobre 1828, ne soutint pas la réputation du compositeur au point où l'avait portée *Masaniello*. Le poëme avait été écrit par Planard, d'après le roman du comte de Tressan, intitulé *Gérard de Nevers*. Tout en applaudissant à la facilité mélodique du musicien, on lui a reproché d'avoir laissé dans cet ouvrage trop de traces de négligence. Un des motifs de la *Violette* a servi de thème à des variations brillantes, composées pour le piano par Henri Herz et qui ont fait le tour du monde. On ne connaît plus depuis longtemps l'opéra que par le morceau de piano.

Un succès douteux accueillit aussi, le 26 septembre de l'année suivante (1829), *Jenny*, opéra-comique en trois actes, pour le livret duquel Carafa s'était servi de la plume de M. de Saint-Georges. Le poëme a paru offrir des situations peu favorables à la musique. Cependant le rondo chanté par Chollet a été populaire.

Le compositeur écrivit ensuite pour le théâtre Italien *Le Nozze di Lamermoor* (1829), où Mlle Sontag remplit le rôle de Lucia; pour l'Opéra-Comique, l'*Auberge d'Auray*, en collaboration avec Hérold, et pour l'Opéra, l'*Orgie*, ballet en trois actes (1831). Dans le *Livre de l'Ermite*, deux actes donnés à l'Opéra-Comique, le 12 août 1831, on se plut à reconnaître unanimement une musique charmante, parfaitement écrite, remplie de mélodie, instrumentée avec une habileté consommée. Mais le mauvais œil, qui n'avait pas même épargné *Masaniello*, n'a pas cessé d'exercer sa maligne influence sur Carafa.

Ce fut encore une chute imméritée que celle de la *Prison d'Édimbourg*, ce charmant ouvrage en trois actes, représenté le 20 juillet 1833. Les livrets d'opéras qu'on a taillés dans l'ample étoffe des romans de Walter Scott ont eu peu de succès. Assurément on ne doit s'en prendre qu'à l'impéritie des littérateurs dramatiques. Quoi de plus émouvant cependant que la belle conception de la *Prison d'Édimbourg*! Quels caractères mieux dessinés que ceux des principaux personnages! Sans doute, il existe une grande différence entre les conditions d'un drame et celle du roman le plus dramatique; toutefois, lorsque ce dernier est bien conçu, et qu'il offre des situations à la fois poétiques et originales, terribles et tendres, il nous semble que le plus fort est fait, et que le librettiste n'a plus besoin que de posséder une entente suffisante de la scène pour en tirer un grand parti. L'habileté dont nous parlons ne manquait ni à Scribe, ni à Planard; cependant ils ont échoué cette fois, et ils ont entraîné dans leur chute le malheureux compositeur. Nous disons malheureux puisque Carafa a toujours été victime du défaut d'inspiration de ses collaborateurs. Et pourtant la partition de la *Prison d'Édimbourg* est loin d'être sans beautés. Indépendamment d'une facture facile et d'une instrumentation brillante et colorée, on y trouve de la sensibilité et des mélodies charmantes. Les rôles d'Effie et de sa sœur Jenny Deans, celui de la folle Sara, sont traités avec un talent magistral. Je rappellerai le délicieux duo de femmes, le beau finale du deuxième acte et le chœur qui commence le troisième.

Le sujet d'*Une journée de la Fronde,* opéra-comique représenté la même année (1833), avait été pris par Mélesville dans une ancienne pièce jouée aux Nouveautés, en 1829, sous le titre de *la Maison du Rempart.* Quoique la partition soit une des plus faibles de Carafa, on y distingue cependant plusieurs bons morceaux, notamment au second acte le duo, entre Didier et la duchesse de Longueville, et au troisième un duo élégamment orchestré, entre Georgette et la duchesse.

La *Grande-Duchesse,* opéra en quatre actes, joué à l'Opéra-Comique en 1835, est un ouvrage qui pèche par la donnée et dont le livret emprunté par Mélesville et Merville à une nouvelle de Frédéric Soulié, ne pouvait inspirer heureusement un compositeur. Cependant, malgré les dédains d'une critique aveugle, injuste et partiale, la musique de cet opéra n'était pas dépourvue de beauté, de grâce et de caractère dramatique. Si, à l'exemple de Rossini, Carafa avait fait servir les plus beaux fragments de ses opéras tombés à de nouveaux poëmes mieux composés, on aurait pu entendre avec plaisir deux beaux duos de la *Grande-Duchesse,* la prière : *Vierge Marie,* et une belle marche funèbre.

L'étoile du musicien est arrivée à son nadir avec *Thérèse,* opéra-comique en deux actes, représenté en 1838. Depuis ce temps, il n'a plus composé que quelques morceaux pour la partition de la *Marquise de Brinvilliers,* et quelques airs pour le prologue intitulé *les Premiers pas* qu'Adolphe Adam fit jouer à l'ouverture de l'Opéra National en 1847. Lorsqu'on donna à l'Opéra une version française de *Semiramide* pour les débuts des sœurs Carlotta et Barbara Marchisio, ce fut Carafa qui, sur la demande de son ami Rossini, écrivit la musique des airs de ballet.

Carafa obtint des lettres de naturalisation française en 1834, et succéda à Lesueur comme membre de l'Institut dans la classe des beaux-arts, en 1837. Il fut nommé directeur du gymnase de musique militaire, après la mort du clarinettiste Beer ; mais il résigna ces fonctions quelque temps avant que cet établissement ne fût supprimé. Carafa était professeur titulaire de la classe de composition, de contre-point et de fugue au Conservatoire. Il fut admis à prendre sa retraite en 1870.

Homme de mœurs douces et d'un caractère bienveillant, les échecs souvent injustes qu'il a essuyés dans sa carrière dramatique ne lui avaient laissé aucun sentiment d'amertume. Un seul trait suffira pour le peindre. L'ancien écuyer du roi Joachim conserva toute sa vie l'habitude de monter à cheval. Dans une retraite honorable et respectée, son délassement favori était, après la musique, de veiller à l'entretien d'un vieux cheval depuis longtemps hors de service, dont il ne consentit jamais à se séparer. C'est ainsi que Carafa a obtenu, à la suite des palmes académiques, la médaille de la société protectrice des animaux.

Carafa ne sortait guère que pour promener son vieux cheval légendaire et se rendre à la villa Rossini. La mort du maître l'affecta profondément. Des douleurs rhumatismales, fruit de ses campagnes, précédèrent une paralysie qui l'obligea à ne plus quitter la chambre. Pendant le siége de Paris, Mme Carafa, née Daubenton, donna un exemple touchant d'amour conjugal. Elle tomba si gravement malade qu'elle comprit que ses jours étaient comptés. Elle savait aussi que sa mort porterait à son mari un coup cruel qu'il ne pourrait supporter. Sa tendresse lui suggéra un pieux stratagème. Elle convint avec le médecin qu'on laisserait ignorer à Carafa les progrès de sa maladie et même sa mort ; qu'on lui ferait croire que pour la soustraire aux suites de l'investissement, on était parvenu à la faire sortir de Paris et à la transporter dans une propriété de famille où elle devait rester jusqu'à la fin de la guerre. Des lettres datées à l'avance avaient été préparées. Elle mourut ; les lettres furent remises à des intervalles déterminés au compositeur paralytique qui ignora de cette manière la mort de sa femme jusqu'à ce qu'il succombât lui-même, le 26 juillet 1872. Ses obsèques eurent lieu en l'église de la Trinité ; peu de personnes y assistèrent ; quelques parents, de rares amis et une députation de l'Institut. On exécuta deux morceaux de sa composition : une marche funèbre et un motet pour orgue, ténor et harpe.

Carafa avait un esprit droit et ouvert, un cœur excellent. Sa conversation était émaillée d'anecdotes piquantes qu'il racontait d'une voix sonore et sympathique.

Il avait supporté avec philosophie ses échecs et les injustices du sort. Il accueillait cordialement le mérite modeste, mais il traitait sans ménagements l'artiste infatué de lui-même.

HÉROLD

NÉ EN 1791, MORT EN 1833.

Hérold fut un compositeur gracieux, souvent inspiré, toujours intéressant et ingénieux. Son instrumentation est fine, fringante et colorée. Possédant à fond toutes les ressources de son art, il écrivit d'excellente musique sur les sujets qui lui étaient proposés, et il ne lui a peut-être manqué pour atteindre à la perfection que d'être un peu moins musicien. Ce reproche, étrange à première vue, demande une explication. Je veux dire

HEROLD

qu'attentif à rendre les situations d'un livret par les moyens que lui suggéraient un sens exquis, une veine mélodique inépuisable et une habileté consommée, l'auteur de *Marie*, de *Zampa* et du *Pré aux Clercs* n'a point eu ce vigoureux coup d'aile qui emporte un génie puissant hors des limites étroites où le librettiste prétendait circonscrire son vol. Ses opéras laissent l'oreille charmée, le cœur ému, l'intelligence satisfaite, mais il leur manque l'*au delà*, l'ouverture sur l'infini.

Je constate ce qu'Hérold a été, non ce qu'il aurait pu être si une mort prématurée ne l'eût enlevé à l'âge de quarante-deux ans, au moment où son talent, arrivé à la pleine conscience de lui-même, promettait de nombreux chefs-d'œuvre à nos scènes lyriques. Si courte qu'ait été sa vie, le regrettable maître n'en a pas moins eu la gloire d'avoir élevé de plusieurs échelons le genre de l'opéra-comique. On sait ce qu'était la musique de l'ancien Feydeau : gaie, vive, prime-sautière, avec un grain de sensibilité conventionnelle qui était comme l'uniforme du lieu. Tout en s'appropriant les qualités du vieux répertoire, l'auteur de la *Dame blanche* avait déjà essayé de les modifier par un mélange d'accents plus vrais, plus naturels. Il était réservé au successeur de Boieldieu, à l'élève de Méhul, de poursuivre cette révolution, et sur une scène vouée jusque-là au rire facile, aux larmes vite essuyées, de faire prédominer la note émue, vibrante, passionnée. A cet égard, *Zampa* et le *Pré aux Clercs* sont plus que des chefs-d'œuvre, ce sont des dates qu'il ne faut pas perdre de vue, si l'on veut se rendre compte du chemin que l'Opéra-Comique, infidèle à ses origines, a parcouru depuis Philidor et Grétry jusqu'à nos jours.

Ferdinand Hérold naquit à Paris le 28 janvier 1791, d'une famille qui depuis plusieurs générations cultivait la musique avec succès. Son père, professeur de piano distingué, avait été l'élève de Charles-Emmanuel Bach. L'enfant ne tarda pas à entendre la voix du sang ; dès l'âge de six ans, guidé par son instinct, il composait de petites pièces pour le clavecin. En même temps, il faisait preuve de l'intelligence la plus ouverte et la plus heureuse. A l'institution Hix, où il fut mis à l'âge de onze ans pour faire ses études classiques, il figura constamment parmi les plus *forts* de sa classe, et remporta quatorze prix depuis la sixième jusqu'à la rhétorique ; tout cela sans préjudice de ses progrès en musique. Il étudiait alors le piano avec son parrain Louis Adam, père de l'auteur du *Chalet*, et suivait un cours de solfège fait par Fétis dans l'institution.

Hérold ayant perdu son père au mois de septembre 1802, ce malheureux événement faillit le détourner de la voie où il devait s'illustrer ; car, livrée à ses seules inspirations, c'est-à-dire à celles d'une tendresse inquiète, Mme Hérold craignit pour son fils les chances incertaines de l'existence artistique, et parut plus disposée à lui chercher un emploi dans une carrière administrative, qu'à encourager ses goûts naissants. Mais, avant de rien décider, on eut la bonne pensée de consulter Grétry sur la valeur d'une composition que le jeune élève de l'institution Hix avait fait entendre à la distribution des prix. Le compositeur calma les anxiétés de la pauvre veuve en se portant garant du bel avenir musical réservé à son fils. Celui-ci reprit alors le cours de ses études classiques, et après les avoir terminées, il entra au Conservatoire le 6 octobre 1806.

Ce grand établissement comptait à cette époque plusieurs professeurs excellents : c'étaient Louis Adam pour le piano, Catel pour l'harmonie, Fétis pour le solfége, Kreutzer aîné pour le violon. En 1810, Hérold remporta le premier prix de piano en exécutant, chose remarquable, une sonate dont il était l'auteur. Au mois d'avril de l'année suivante (1811), il étudia la composition avec Méhul à qui il garda toujours les plus vifs sentiments de reconnaissance et d'affection respectueuse. Il entra en loge en 1812 et concourut pour le grand prix de Rome. Après avoir triomphé de ses rivaux par une cantate intitulée : *Mademoiselle de La Vallière*, il se rendit en Italie (novembre 1812). De Rome, où il resta environ un an, il alla à Naples. Sa qualité de Français le fit bien accueillir dans la capitale du roi Joachim, et il donna même des leçons de musique aux princesses de la famille royale. Tourmenté par un besoin irrésistible de produire, le jeune artiste ne craignit pas de faire représenter un opéra italien dans une ville où les Paisiello et les Zingarelli régnaient par le souvenir de leur gloire passée, et où le compositeur en vogue était Meyer qui devait bientôt s'éclipser devant Rossini. Tant de hardiesse n'était pourtant point de la témérité ; et la preuve, c'est que l'événement lui donna raison.

En effet, la *Gioventù d'Enrico Quinto*, opéra buffa en deux actes, représenté à Naples en 1815, obtint un succès d'autant plus flatteur que les Napolitains s'enorgueillissaient alors d'être le public le plus difficile de l'Italie. Cependant, il ne faudrait pas croire, d'après ce début, que les sympathies du musicien fussent pour la musique italienne; ses préférences étaient, au contraire, en faveur des œuvres allemandes, qu'il brûlait de connaître *de auditu*, par un séjour plus ou moins prolongé dans leur patrie originaire. En conséquence, Hérold n'a pas plus tôt constaté l'heureux sort de son opéra à Naples qu'il repart pour Rome où il s'arrête à peine quelques jours, pour assister aux cérémonies de la semaine sainte et de Pâques. Quand il a entendu les magnifiques offices de la chapelle Sixtine dont il comprit peu le sens et les beautés par suite des lacunes de son instruction musicale et de son éducation religieuse; le voilà de nouveau en route et bientôt on le retrouve à Venise. Il semble mettre une sorte de précipitation à fuir l'Italie, tout entier à sa soif d'admirer sur place les chefs-d'œuvre de Beethoven et de Mozart. Par malheur, le moment était mal choisi pour entreprendre, à travers l'Europe, un voyage d'agrément ou d'utilité artistique. Le retour de Bonaparte de l'île d'Elbe avait rallumé la guerre générale et l'administration autrichienne renchérissait sur ses défiances habituelles à l'égard des étrangers. Lassé d'attendre à Venise des passe-ports qu'il demandait depuis quinze jours, Hérold prit la résolution de s'en passer et de poursuivre sa route vers Vienne au risque de tout ce qui pourrait lui arriver. Le pire était d'être pris pour un espion et fusillé comme tel; mais notre artiste avait vingt-quatre ans, et un danger entrevu est souvent un attrait de plus pour la jeunesse. Du reste, le pensionnaire de l'Académie de Rome n'eut pas à regretter d'avoir contrevenu aux règlements de la police impériale : si la route de Venise à Vienne aggravée des détours qu'il faisait pour échapper à la douane dut lui paraître longue et fatigante, du moins était-il sauf lorsqu'il toucha au terme de son voyage.

Dans la capitale des Hapsbourg, nouvelles perplexités, nouveaux ennuis. Faute de papiers qui établissent son identité, Hérold était dans le cas de se voir interdire comme vagabond le séjour de la ville. Pour sortir d'embarras, il s'adressa à Salieri qui le présenta au prince de Talleyrand. Les difficultés s'aplanirent dès que notre chargé d'affaires eut pris en main la cause de son compatriote, et le musicien put dorénavant se livrer à l'étude des maîtres germaniques, sans crainte d'être troublé au milieu de ses chères occupations par un arrêté d'expulsion.

Après trois années de studieux loisirs (1812-1815), le futur auteur de *Marie* revint à Paris, ne rêvant plus qu'un livret qui lui permît de se manifester au public. Mais il ne tarda pas à s'apercevoir que ce qui était si aisé à un étranger en Italie rencontrait beaucoup plus de difficultés en France. Nos littérateurs ne voulaient collaborer qu'avec des hommes déjà en possession d'une certaine notoriété, et le succès de la *Gioventù d'Enrico Quinto* n'avait pas franchi les limites du Napolitain. De guerre lasse, se voyant obligé d'attendre, Hérold dut accepter un emploi au théâtre Italien dont le privilége était alors entre les mains de Mme Catalani. Lorsque la célèbre cantatrice résigna ses fonctions, laissant la caisse du théâtre dans un état déplorable, elle songea à emmener avec elle dans ses tournées musicales le jeune artiste dont l'engagement n'avait été conclu que pour un an et qui allait se trouver sans position. Au lieu de ronger son frein à Paris, de se consumer dans une inaction stérile, sans autre perspective prochaine que l'espoir très-vague d'être nommé chef de la musique du duc de Berry, que ne cherchait-il dans les voyages l'occasion de retremper son imagination, d'alimenter en lui une source d'impressions toujours nouvelles? Ces considérations que Méhul faisait valoir aux yeux de son ancien élève resté son ami l'auraient probablement emporté, si, à la veille de se déterminer, Hérold n'eût reçu de Boieldieu une lettre qui leva tous ses doutes et le fixa à Paris.

L'auteur de *Ma tante Aurore* lui proposait de collaborer à l'opéra de *Charles de France*. C'était un ouvrage destiné à célébrer le mariage du duc de Berry. L'administration en avait naturellement chargé le compositeur charmant qui jouissait alors d'une grande vogue.

Mais Boieldieu souffrait d'une sciatique qui lui rendait le travail pénible ; la maladie lui procurait l'occasion de faire une bonne action : cet homme excellent n'avait eu garde de la laisser échapper.

Qu'on se figure la joie d'Hérold, hier dévoré par une activité qui ne trouvait point d'issue, abattu, découragé, bref, sur le point de s'expatrier; aujourd'hui associé aux inspirations d'un maître glorieux, et, sous le couvert d'un tel patronage, faisant son apparition sur la scène française.

Jamais depuis il n'oublia celui qui avait été le premier instrument de sa fortune, et la vive gratitude qu'il témoigna toujours à Boieldieu n'est pas un des traits les moins honorables de sa trop courte carrière.

Charles de France fut représenté à l'Opéra-Comique le 18 juin 1816. Je n'ai pas à parler ici de succès. Ces pièces de circonstance réussissent toujours. Leur aurore est brillante, mais elles n'ont pas de lendemain.

Qu'importait d'ailleurs au jeune compositeur? L'essentiel, c'était que le premier pas fût fait. Maintenant les librettistes accourent à lui, et, sur un livret de Théaulon, il écrit la partition des *Rosières*, opéra-comique en trois actes donné à Feydeau en 1817.

Dans l'année de sa représentation, cet ouvrage a été joué quarante-quatre fois, chiffre considérable pour le temps. Des qualités qui plus tard se sont fort accrues s'y montrent déjà plus qu'en germe. Les morceaux les plus saillants sont l'ouverture, les couplets de Florette : *De ce village tous les garçons*, le chœur final du premier acte; au second, la marche des gardes-chasses; enfin au troisième acte le duo de Bastien et Florette. Reprises en 1860, les *Rosières* l'ont encore été en 1866 au théâtre des Fantaisies-Parisiennes, mais sans succès, à cause de la faiblesse de l'orchestre.

L'auteur dédia sa partition à Méhul. Il entreprit ensuite la musique de la *Clochette*. L'histoire de cette clochette, mise en trois actes par Théaulon, n'est autre que celle de la *Lampe merveilleuse*, légèrement déguisée. Nicolo avait pris les devants. Comme on savait à l'Opéra-Comique qu'il préparait pour l'Opéra un ouvrage intitulé *Aladin*, il s'agissait de le gagner de vitesse en lui empruntant son sujet, très-favorable à l'effet scénique et à la magnificence des décors. En cette concurrence, les derniers venus furent les premiers arrivés, car Hérold et Théaulon firent jouer leur œuvre le 18 octobre 1817, tandis que l'opéra de Nicolo, retardé par divers obstacles, ne put être donné que le 6 février 1822, après la mort du maître dont la production inachevée fut complétée par Benincori. Dans la pièce représentée à Feydeau, Aladin s'appelle Azolin et la fameuse lampe est remplacée par une clochette. Mais si le librettiste ne s'était guère mis en frais d'invention, le musicien avait dépensé beaucoup de talent dans son instrumentation, neuve, riche et élégante, dans l'air d'Azolin et dans le motif gracieux de l'air : *Me voilà, me voilà*.

Pour employer le langage d'une feuille de l'époque, le son argentin de la *Clochette* attira la foule. Toutefois il est permis de penser que cette foule était plus sensible à l'éclat de la mise en scène qu'aux beautés d'une partition trop forte pour elle.

En apprenant, sur son lit de mort, le succès de la *Clochette*, Méhul s'écria : « Je puis mourir ; je laisse un musicien à la France. »

Malgré ce *Nunc dimittis* prophétique, il se passa près de dix-huit mois avant qu'Hérold pût mettre la main sur un poëme d'opéra. Faisant de nécessité vertu, il écrivit durant ce temps force morceaux pour piano ; enfin fatigué d'attendre, il se résolut à travailler sur un livret des plus ingrats : *le Premier venu*, paroles de Vial et Planard, représenté à l'Opéra-Comique le 28 septembre 1818. La pièce était spirituelle, mais nullement propre à favoriser l'inspiration du musicien. Aussi l'ouvrage n'obtint-il qu'un succès d'estime. Les *Troqueurs* (18 février 1819) ne furent pas plus heureux. Le musicien, deux fois victime de ses collaborateurs, craignit d'essuyer un troisième échec avec l'*Amour platonique* (1819) et le retira à la veille de la représentation. Il eût pu prendre la même précaution pour l'*Auteur mort et vivant* où Planard s'était contenté de semer son esprit sans s'inquiéter s'il y avait là matière à une partition intéressante. Une donnée caustique enrichie de traits piquants à l'adresse des journalistes était un thème essentiellement anti-musical. L'accueil du public le fit comprendre trop tard aux deux auteurs (1820).

Une mauvaise fortune si persistante parut avoir épuisé la patience du compositeur. Il obtint, sur ces entrefaites, la place de pianiste-accompagnateur au théâtre Italien.

Le peu de temps libre que lui laissèrent ces nouvelles fonctions, il l'employa à composer de la musique de piano et semblait avoir renoncé à la carrière dramatique. En 1821, il fut chargé d'aller en Italie recruter des chanteurs pour notre scène lyrique italienne. C'est à lui que la société des dilettanti de la Restauration doit d'avoir entendu à Paris la Pasta et Galli. Après s'être acquitté de cette mission délicate avec l'intelligence d'un artiste et la loyale probité d'un honnête homme, Hérold, à qui le repos commençait à peser, accepta de M. Paul de Kock le livret du *Muletier ;* cet ouvrage fortement assaisonné de sel gaulois fut représenté à Feydeau, le 12 mai 1823. Le succès, d'abord contesté, puis définitif, fut exclusivement pour le musicien, qu'il consola de ses chutes précédentes. Le 8 septembre de la même année parut à l'Opéra *Lasthénie*. M. de Chaillou en avait tiré le sujet des *Voyages d'Anténor en Grèce*, par M. de Lantier. La pièce était froide et dépourvue de situations musicales. Elle fut sifflée, mais la partition où brillent quelques morceaux remarquables ne fit aucun tort à la réputation du maître. Il fut chargé, peu après, conjointement avec Auber, d'écrire la musique de *Vendôme en Espagne*, ouvrage donné le 5 décembre 1823 à l'Opéra, à l'occasion des succès remportés par le duc d'Angoulême sur l'armée de la révolution espagnole.

Le *Roi Réné* ne semble pas avoir été, dans la pensée de l'artiste et de ses collaborateurs, un opéra de circonstance; mais M. de Corbières, ministre de l'intérieur, lui donna ce caractère en exigeant qu'il fût joué à la représentation *gratis* du 24 août (1824) pour la fête du roi. L'auditoire qui remplissait ce jour-là la salle Feydeau était, en grande partie, on peut le croire, étranger aux délicatesses de la mélodie : il n'en fit pas moins acte de dilettantisme éclairé par les applaudissements qu'il accorda à l'œuvre du compositeur.

A cette époque de sa vie, de graves préoccupations pécuniaires alternaient dans l'âme d'Hérold avec les préoccupations artistiques. Presque tout l'argent qu'il avait pu épargner depuis dix ans, il venait de l'employer à l'acquisition d'une maison, et malheureusement il ne trouvait point de locataires pour son immeuble. Il avait fait, comme on dit, une mauvaise affaire. Nul doute que les déboires du spéculateur n'aient eu une funeste influence sur l'inspiration du musicien, quand il écrivit la partition du *Lapin blanc*. Cette insignifiante bluette, dont le livret était de Mélesville et Carmouche, fut outrageusement sifflée à l'Opéra-Comique, le 21 mai 1825.

On a dû remarquer qu'au début de sa carrière, l'élève de Méhul n'avait qu'un goût médiocre pour les maîtres italiens; on se rappelle son empressement à aller demander des modèles à l'Allemagne en 1815. Une transformation s'opéra dans ses idées après que ses fonctions au théâtre Italien lui eurent permis de s'initier plus complètement aux chefs-d'œuvre de Rossini, chefs-d'œuvre qu'il n'avait fait qu'entrevoir pendant son séjour au delà des Alpes. L'influence rossinienne, sensible dans plusieurs des opéras précédents d'Hérold, se reconnaît encore dans plus d'un endroit de la partition de *Marie*, la première en date des trois productions immortelles de notre musicien (12 août 1826).

M. de Planard, le librettiste infortuné du *Premier venu* et de l'*Auteur mort et vivant*, avait rencontré cette fois une donnée intéressante et de bon goût. Il s'en faut que le poëme de *Marie* ait le mouvement et le pathétique de *Zampa* et du *Pré aux Clercs*. Ne soyons donc pas surpris si Hérold, sur un sujet simple, tour à tour gracieux et touchant, n'a songé qu'à écrire une musique agréable, suave et empreinte d'une exquise sensibilité. Il a su se renfermer dans les bornes qui lui étaient tracées par la nature du livret, et il a bien fait. Ne lui demandons rien de plus et contentons-nous d'admirer avec tout le monde la délicieuse cavatine : *Une robe légère*, la charmante barcarolle : *Batelier, dit Lisette*, la romance : *Je pars demain, il faut quitter Marie*, l'air : *Comme en notre jeune âge*, enfin les couplets naïfs : *Sur la rivière*, morceaux qui ont tous été populaires, et dont plusieurs le sont restés, quoiqu'ils datent maintenant de plus d'un demi-siècle.

Hérold avait quitté sa position d'accompagnateur au théâtre Italien pour celle de chef des chœurs à l'Opéra. En 1827, l'administration de ce théâtre le promut à l'emploi de directeur du chant. C'est en cette qualité qu'il prit une part considérable à l'interprétation du *Comte Ory* et à celle de *Robert le Diable*. Durant l'exercice de ses fonctions, il composa également, de 1827 à 1830, six ballets : *Astolphe et Joconde* (29 janvier 1827), la *Somnambule* (19 septembre 1827), *Lydie* (2 juillet 1828), la *Fille mal gardée* (17 novembre 1828), la *Belle au bois dormant* (27 avril 1829) et les *Noces du village* (21 février 1830).

Grâce à un redoublement d'activité, le compositeur faisait face à des occupations aussi multipliées, sans négliger les travaux d'un autre ordre qui pouvaient étendre sa réputation. M. Ozaneaux ayant écrit pour l'Odéon un drame en trois actes intitulé *le Dernier jour de Missolonghi*, Hérold fit pour cet ouvrage représenté le 10 avril 1828 une ouverture, des chœurs et plusieurs autres morceaux. Mais l'auteur délicat de *Marie* ne sut pas s'élever ici aux accents héroïques que le sujet comportait : d'ailleurs il avait affaire à forte partie. C'était une terrible tâche que d'entrer en concurrence avec Rossini qui deux ans auparavant avait fait jouer son admirable *Siége de Corinthe*. Dans cette lutte trop inégale, le vaincu était sûr au moins de ne pas être diminué par sa défaite. Entre le *Dernier jour de Missolonghi* et *Zampa* se placent deux opéras-comiques : *l'Illusion* (18 juillet 1829) et *Emmeline* (8 novembre 1829) qui, en dépit de nombreuses beautés musicales, ne réussirent point, parce que le public ne put s'intéresser aux livrets. Je ne cite que pour mémoire un petit acte auquel Hérold travailla avec Carafa, l'*Auberge d'Auray*, représentée à la salle Ventadour le 11 mai 1830. La pièce n'avait été écrite que pour faire valoir le talent de l'actrice anglaise miss Smithson, qui a épousé depuis Hector Berlioz.

Nous touchons au terme de la vie du maître, à cette heure où, près de quitter la terre, il lui laisse pour adieux deux admirables partitions : *Zampa* et *le Pré aux Clercs*. La première, entendue à l'Opéra-Comique le 3 mai 1831, est restée constamment au répertoire depuis plus de quarante ans et on la revoit toujours avec plaisir, si défectueuse qu'en soit l'exécution le plus souvent. On peut reprocher à Mélesville, l'auteur du livret, d'avoir un peu cavalièrement pris son bien dans le *Don Giovanni* de Lorenzo da Ponte. Le corsaire de l'œuvre française offre en effet plus d'un rapport avec le *dissoluto punito*, et le rôle muet de la *Fiancée de marbre* ressemble beaucoup au rôle parlé de la statue du commandeur. La justification du plagiat est dans ce fait que rarement plagiat a été plus heureux. *Zampa* abonde en situations musicales; c'est un poëme bien conçu pour le déploiement des facultés du compositeur : cela suffit pour l'apologie du librettiste.

L'ouverture de cet opéra est une suite de motifs les plus brillants et les mieux orchestrés, mais empruntés au chant, suivant l'usage que Boieldieu a, un des premiers, mis en vigueur et qui depuis a été suivi par beaucoup d'autres. Au premier acte, l'oreille de l'auditeur ne cesse pas un instant d'être captivée. Après le joli chœur des jeunes filles : *Dans ses présents que de magnificence*, Camille chante un air dont la première phrase est charmante : *A ce bonheur suprême*. La ballade à laquelle le timbre des clarinettes donne un caractère légendaire et naïf, le trio accompagné d'un *sol passo* si vif, le quatuor majestueux : *Le voilà! que mon âme est émue!* qui est le meilleur morceau de l'ouvrage avec le duo du troisième acte, et enfin le finale : *Au plaisir, à la folie*, d'une grande variété d'effets, telle est la partie musicale du premier acte. Le second n'est pas moins riche. Tout le monde connaît le suave cantique pour trois voix de femmes : *Aux pieds de la Madone*, ainsi que l'air : *Il faut céder à mes lois*. Le duo de la reconnaissance : *Juste ciel! c'est ma femme!* est plein d'entrain, d'intelligence scénique et de bon goût. Hérold livré à lui-même et non surexcité par une situation dramatique imposée était mélancolique. On saisit parfaitement ce côté de son caractère dans ce passage du duo : *Hélas! ô douleur! il me croit infidèle!* comme aussi, dans la barcarolle du troisième acte : *Où vas-tu, pauvre gondolier?* la ronde : *Douce jouvencelle*, bien encadrée dans le chœur, a été populaire ; on est moins frappé du commencement du finale, mais le compositeur se relève à la strette : *Tout redouble mes alarmes*, où le *fa* naturel sur le *mi* pédale commence une de ces phrases inspirées qui suffisent pour prouver le génie. La barcarolle dont j'ai déjà parlé et une sérénade chantée discrètement par le chœur ouvrent le troisième acte. Il ne me reste plus qu'à rappeler le célèbre duo : *Pourquoi trembler?* entre Camille et Zampa. La puissance dramatique et l'expression passionnée sont portées au comble dans ce morceau.

Le succès de *Zampa* préserva l'Opéra-Comique d'une faillite imminente. A la suite de cet ouvrage, Hérold collabora avec plusieurs autres musiciens à la partition de la *Marquise de Brinvilliers*. Puis, en attendant que son *Pré aux Clercs* pût être monté, il donna, sur la même scène où il avait fait applaudir *Zampa*, une bagatelle en un acte intitulée *la Médecine sans médecin*, musique agréable qu'un méchant livret tua sous lui (octobre 1832).

Le 15 décembre 1832, eut lieu à l'Opéra-Comique la première représentation du *Pré aux Clercs*. La mode était alors au seizième siècle qu'on prenait naïvement dans le public pour le moyen âge. Aucune époque de l'histoire n'est plus propre que la Renaissance à fournir ces sujets lyriques. Le raffinement et l'élégance des Valois unis à la violence des passions de ce temps, se prêtent merveilleusement aux plaisirs délicats, comme aux émotions du théâtre. Sainte-Beuve avait fait du seizième siècle un siècle littéraire, Alexandre Dumas lui avait donné droit de cité sur la scène et dans le roman, Mérimée s'en était inspiré pour écrire une de ses plus remarquables productions (*la Chronique de Charles IX*). Où pourrait-on d'ailleurs trouver des événements plus dramatiques, des caractères plus vigoureux, des passions plus grandes qu'à cette époque contrastée qui mit dans un relief saisissant toutes les qualités bonnes ou mauvaises, tous les sentiments nobles ou abjects de la nature humaine? Planard suivit le courant du jour : il laissa là ses demoiselles vêtues d'une « robe légère » et coiffées d'un « chapeau de bergère » pour tailler en pleine Ligue un drame aussi émouvant que *Marie* était une idylle calme et bourgeoise. Quant à la partition, on ne sait ce qu'on doit y admirer le plus : la peinture musicale des situations scéniques, la teinte merveilleuse qui règne sur toute la partie épisodique, le coloris tour à tour discret et puissant de l'instrumentation, tout y est combiné pour plaire à l'oreille la plus difficile, et satisfaire l'intelligence la plus exigeante. Le temps n'était plus où le maître cherchait à tâtons sa voie, oscillant entre les Allemands et les Italiens ; depuis *Zampa* il est entré en possession de son individualité ; il est lui ; il n'appartient ni à Rossini ni à Weber. Les procédés de l'un et de l'autre, il se les est assimilés, mais il en dispose librement, arrivé qu'il est à cet éclectisme heureux qui concilie la mélodie avec l'harmonie et l'expression. Dans un ouvrage où tout est à citer, je me bornerai à rappeler l'ouverture en *sol* mineur où l'on remarque une fughette délicieuse, puis un chant large et puissant d'une originalité soutenue ; le duo si connu : *Les rendez-vous de noble compagnie*, l'air de Mergy : *O ma tendre amie*, et la touchante romance : *Souvenirs du jeune âge*, dans le premier acte ; au second, l'air d'Isabelle : *Jours de mon enfance !* et le trio : *Vous me disiez sans cesse : Pourquoi fuir les amours ?* Dans le troisième acte, on distingue entre autres morceaux qui sont des chefs-d'œuvre, la ronde si populaire : *A la fleur du bel âge*, le trio syllabique : *C'en est fait, le ciel même*, le chœur : *Que j'aime ces ombrages*, le trio scénique du duel, le quatuor d'une demi-teinte délicieuse : *L'heure nous appelle*, enfin la scène du bateau, où le récit des violoncelles produit un des plus grands effets qui existent au théâtre.

Le succès du *Pré aux Clercs* fut immédiat, bien que cet ouvrage eût été interprété à l'origine d'une façon assez médiocre. Hérold s'était beaucoup fatigué pendant qu'il faisait répéter son opéra. Miné, depuis plusieurs années, par une maladie de poitrine dont son père lui avait transmis le germe, il aggrava ainsi son état, qui en peu de semaines devint désespéré. Il expira le 19 janvier 1833, non moins regretté pour ses belles qualités privées que pour son talent, qui lui assignait une place au premier rang parmi les compositeurs. Une partition d'opéra intitulée *Ludovic* qu'il avait laissée inachevée fut terminée par Halévy. Hérold s'est marié en 1827. De ce mariage naquirent trois enfants, dont un fils qui, après s'être fait un nom distingué dans le barreau, a embrassé la carrière politique.

Le portrait le plus répandu d'Hérold a été fait par Dupré, son ami, qui a ajouté au bas cette épigraphe :

Virtute non ambitu laurum meruit.

Il en existe un autre très-bien dessiné par Traviès. J'en ai fait graver un nouveau d'après un médaillon en bronze, œuvre du statuaire David d'Angers, que M. Hérold a eu l'obligeance de mettre à ma disposition.

ROSSINI

NÉ EN 1792, MORT EN 1868.

S'appeler Rossini, c'est avoir fait *Moïse* et le *Barbier de Séville*, *Guillaume Tell* et le *Comte Ory*, le *Stabat* et la *Messe solennelle*; c'est avoir été doué d'une des plus rares et des plus complètes organisations musicales que l'on ait connues. D'autres compositeurs, les Meyerbeer, les Weber, peuvent être comparés à ces mineurs qui, la pioche à la main, arrachent des entrailles de la terre un métal précieux; Rossini est une source qui roule en abondance et sans obstacle or et diamants; comme les grands poëtes Shakespeare, Corneille, Molière et Racine, il sait prendre à merveille le tour tragique et le tour comique. Toutes les nuances, tous les sentiments ont leur expression dans son œuvre, où, si l'on rencontre le trio de *Papatacci*, on trouve aussi celui de *Guillaume Tell*.

Gioacchino-Antonio naquit le 29 février 1792, à Pesaro, dans la Romagne. Son père, Giuseppe Rossini, exerçait la profession de *tubatore* ou trompette de ville, qu'il cumulait avec l'emploi d'inspecteur de la boucherie. Sa mère, Anna Guidarini, avait été très-belle et possédait une voix remarquable.

Cette persistance de l'Italie à doter le monde d'hommes supérieurs est d'autant plus singulière, que déjà à cette époque elle passait pour avoir perdu tout droit de s'appeler l'*Alma parens virûmque Deûmque*.

Lorsqu'en 1796, l'armée française, qui venait de faire la campagne d'Italie, passa à Pesaro, Giuseppe Rossini dont la tête était chaude, s'enthousiasma pour les idées nouvelles importées au-delà des monts par les troupes de la République. La vivacité de son langage et ses imprudences furent telles que les autorités de la ville après le départ des Français, l'en punirent, d'abord en lui ôtant ses fonctions de *tubatore*, puis en le faisant incarcérer (1798). Mme Rossini prit alors une résolution hardie que lui dicta l'amour maternel. Restée seule à pourvoir à l'entretien de son enfant pendant la captivité de son mari, elle se rendit à Bologne et s'engagea comme chanteuse de théâtre par l'entremise d'une des nombreuses agences dramatiques qui fonctionnaient

ROSSINI
Naples 1820

dans cette ville. Ne pouvant emmener son fils avec elle durant ses excursions forcées à Sinigaglia, à Velletri et ailleurs, elle avait confié à des mains amies le soin de sa première éducation; mais malgré l'extrême précocité de son intelligence, le jeune Rossini était, dès ses premières années, trop léger et trop dissipé pour s'adonner sérieusement à l'étude. Il n'était pas jusqu'à son maître de piano, Prinetti, qui n'eût à se plaindre de son peu d'application. Sur ces entrefaites, le *tubatore* sortit de prison et, dès lors, il concourut à l'orchestre comme premier cor aux représentations qui mettaient en évidence le talent vocal de sa femme. Mais quand il apprit que son héritier savait à peine lire et écrire, qu'il était rebelle aux enseignements de l'honnête Prinetti, le père irrité songea à lui donner une sévère leçon et, à cette fin, il le mit en apprentissage chez un forgeron. Ce châtiment produisit bientôt l'effet espéré. Revenu à de meilleurs sentiments, touché surtout par les larmes de sa mère qu'il a toujours aimée de l'affection la plus tendre, Rossini s'appliqua au travail avec une ardeur qui, depuis, ne s'est jamais démentie, en dépit du préjugé répandu sur la prétendue paresse du grand compositeur.

L'enfant étudia le chant et l'accompagnement sous la direction de D. Angelo Tesei. Le moment allait bientôt venir où il serait, à dix ans, le soutien de sa famille, car Mme Rossini dut, au bout de peu de temps, quitter la scène par suite d'une maladie qui nécessita l'amputation des amygdales. Heureusement le futur maestro avait une charmante voix de soprano, et il trouva moyen de l'utiliser en chantant au chœur dans les églises. Les quelques *paoli* qu'il touchait dans cet emploi aidaient à l'entretien de son père et de sa mère; mais tout en gagnant sa vie bien modestement, il poursuivait ses études avec Tesei et acquérait des notions de littérature dans la conversation de l'ingénieur Giusti, un des hommes de Bologne les plus distingués par son savoir et son intelligence. Sans avoir subi la discipline de l'éducation classique, Rossini a su s'instruire au point de n'être étranger à aucun ordre d'idées, et cela, par le parti que son esprit ouvert et facile a su tirer du commerce des personnes éminentes en tout genre. Devenu accompagnateur habile, l'enfant suivit son père dans ses tournées dramatiques. C'était encore l'occasion de gagner quelques *paoli* dont ses parents avaient grand besoin. Sa réputation naissante de virtuose le fit aussi admettre à la société philharmonique des *Concordi* de Bologne, où on le voit diriger l'exécution de l'oratorio des *Saisons* de Haydn.

Cependant l'époque de l'adolescence arrivait, époque fatale pour les voix de soprano, et l'enfant de chœur était menacé de perdre son emploi. C'est alors qu'il entra au lycée de Bologne dans la classe de contre-point du père Stanislas Mattei (20 mars 1807). Il étudia en même temps le violoncelle avec don Cavedagni sans négliger son métier d'accompagnateur, ou, comme on dit en Italie, de *maestro al cembalo*. Toutefois il ne paraît pas que l'élève du P. Mattei ait beaucoup goûté alors les arides enseignements de ce professeur, les études scolastiques ne s'adressant qu'à sa mémoire, sans rien dire à son esprit ni à son cœur. De là peut-être le peu de goût que ce mélodieux génie a montré pour la fugue.

Le jeune Rossini fut chargé d'écrire la cantate annuelle qu'on était dans l'habitude de confier au meilleur élève du lycée. Cet ouvrage, le premier du maître, alors âgé de seize ans, était intitulé : *Pianto d'armonia per la morte d'Orfeo*, et fut exécuté le 8 août 1808.

Le père Mattei aurait volontiers cultivé pour l'Église les dispositions du jeune artiste; mais celui-ci s'en souciait peu, et lorsqu'il eut acquis la conviction qu'il en savait assez pour faire un opéra, il prit sa volée, résolu à entrer dans la carrière dramatique vers laquelle l'attireraient et la vocation de son talent et les traditions domestiques. Sa mère avait été une *prima donna*, son père était corniste : il devait être compositeur d'opéras.

Rossini se livra alors à un travail d'arrangement considérable et patient sur les quatuors de Haydn. Il les analysa, en étudia à fond les combinaisons, les procédés de modulation et de rhythme, les réduisit pour le piano et puisa dans ce laborieux commerce avec le père de la symphonie les connaissances dont il fit lui-même un si merveilleux usage ; de telle sorte qu'il est vrai de dire que Rossini fut bien plutôt l'élève de Haydn que celui du P. Mattei.

Pour son début, la connaissance qu'il avait faite du marquis Cavalli, pendant qu'il était attaché à la scène de Sinigaglia comme *Maestro al cembalo* fut loin de lui être inutile. Cet impresario, qui dirigeait à la fois l'opéra de Sinigaglia et le *San Mosè* de Venise, proposa au musicien, alors âgé de dix-huit ans, de faire jouer un ouvrage de sa composition à ce dernier théâtre. Rossini écrivit donc pour le *San Mosè* la partition et les paroles d'un opéra bouffe en un acte intitulé *la Cambiale di matrimonio* qui fut joué dans l'automne de 1810. On lui compta deux cents francs dont il envoya, tout joyeux de ce succès, la plus grande partie à ses pauvres parents, puis il revint à Bologne où il composa en 1811 sa cantate de *Didone abbandonata* pour Esther Mombelli. L'*Equivoco stravagante*, opéra bouffe en deux actes, écrit la même année pour le théâtre *del Corso* de Bologne, obtint un franc succès. On applaudit surtout les morceaux d'ensemble et le rondo de la prima donna qui se trouvait être alors la Marcolini.

L'*Inganno felice* (l'Heureuse méprise), autre opéra bouffe donné au théâtre *San Mosè* de Venise pendant le carnaval de 1812, renferme les idées mères de quinze ou vingt morceaux capitaux qui plus tard ont fait la fortune des chefs-d'œuvre de Rossini. Il en est resté un très-beau trio. Cette partition a été reprise aux Italiens de Paris le 13 mai 1819 et interprétée avec un succès extraordinaire à Vienne en 1824 par Lablache, Tamburini, Rubini et Mme Mainvielle-Fodor.

L'auteur du livret de l'*Inganno* écrivit ensuite *il Cambio della valigia* (le Changement de valise), bouffonnerie amusante que Rossini mit en musique pour le *San Mosè* (1812). Le compositeur ne recevait guère plus de deux cents à deux cent cinquante francs par ouvrage : aussi était-il obligé, par des considérations d'un ordre tout familier, de multiplier ses productions de manière à en faire succéder quatre ou cinq dans la même année. C'eût été pour un autre gaspiller follement son talent, mais la prodigalité est permise aux riches ; le génie de Rossini était un terrain si généreux qu'il n'était pas à craindre que l'artiste l'épuisât en s'appliquant à satisfaire les exigences des théâtres secondaires pour lesquels il travaillait alors.

Ciro in Babilonia, représenté avec beaucoup de succès au théâtre *Comunale* de Ferrare pendant le carême de 1812, est le premier essai du maître dans l'opéra séria. Il est à *Mosè* et à *Semiramide* ce que la *Cambiale di matrimonio* ou l'*Inganno felice* est au *Barbier*. Après cet ouvrage, le compositeur alla faire jouer à Venise *la Scala di seta* (l'Échelle de soie) au printemps de 1812, puis il donna dans l'automne de la même année à la *Scala* de Milan *la Pietra del paragone* (la Pierre de touche) opéra bouffe en deux actes. Ce titre convenait doublement à l'œuvre qui fut réellement la pierre de touche du génie de Rossini. Pour la première fois, d'ailleurs, le maestro obtenait d'être joué sur un théâtre digne de lui. Galli, chargé du principal rôle, celui d'un comte millionnaire qui veut mettre à l'épreuve le désintéressement de ses amis et de sa maîtresse, chanta le rôle du ténor avec beaucoup d'âme, bien que sa voix eût perdu de sa pureté. Il fut surtout remarqué dans le finale *Sigillara* qui excita le joyeux enthousiasme de tout le public milanais. On doit encore citer la cavatine : *Ecco pietosa tu sei la sola*, parmi les morceaux qui faisaient présager dans l'auteur de cette partition un musicien hors ligne.

Rossini reçut six cents francs pour la *Pietra del paragone*; mais ce qui valait mieux, le prince Eugène, vice-roi d'Italie, l'exempta de la conscription en considération des espérances que donnaient ses heureux débuts. Ce n'était pas une médiocre faveur, si l'on songe que la France armait à cette époque ses derniers enfants et ceux des nations vaincues pour la lutte suprême de Bonaparte contre l'Europe.

L'éclatant succès du dernier ouvrage de Rossini à Milan coïncidait avec la représentation de *Demetrio e Polibio*, donnée au théâtre *Valle* à Rome par la famille Mombelli. C'était un ouvrage que Rossini avait écrit à l'âge de quatorze ou quinze ans. Cet opéra, assez froidement accueilli à Rome, réussit brillamment à Como au mois de juin 1814. « Notre admiration, comme celle du public, dit Stendhal, ne trouva plus de manière raisonnable de s'exprimer quand nous fûmes arrivés au quartetto : *Domani, omai.* » La musique de ce quartetto a été depuis introduite par l'auteur dans d'autres ouvrages.

Pour clore la liste des productions dramatiques de Rossini durant cette mémorable année 1812, citons l'*Occazione fa il ladro*, farce jouée au San

Mosè de Venise. Étrange paresse, pour le dire en passant, que celle d'un homme qui trouve moyen d'écrire six opéras dans l'espace de douze mois !

Un des traits distinctifs du caractère de l'artiste était une humeur narquoise et malicieuse qui s'est quelquefois manifestée par d'audacieuses mystifications. Il en donna la preuve en 1813 à la suite d'un démêlé avec l'impresario Cera. Celui-ci s'était formalisé de voir le maestro obtenir un engagement pour la *Fenice*. Il aurait voulu que Rossini travaillât exclusivement pour le *San Mosè* ; quand il le sut lié par contrat avec un autre théâtre, il ne songea plus qu'à lui nuire en lui fournissant un très-méchant livret, sur lequel il n'était guère possible d'écrire de bonne musique. Obligé par la nature de ses conventions avec le *San Mosè* de traiter un tel ouvrage, le compositeur prouva que, quand il voulait, il savait faire d'aussi mauvaises partitions que le premier venu. Jamais le public vénitien n'avait assisté à une pareille débauche de sons. Entre autres extravagances, à l'*allegro* de l'ouverture, les violons s'interrompirent à chaque mesure pour donner un petit coup avec l'archet sur le réverbère en fer-blanc qui éclairait leur pupitre. La plaisanterie fut trouvée mauvaise par ceux qui n'étaient point dans le secret de la vengeance du musicien. Aussi *Il Figlio per azzardo* n'eut-il qu'une représentation unique, et plus qu'orageuse. Il fallait être bien sûr de soi pour se compromettre à ce point, de gaieté de cœur. Mais les hardiesses et les malices même de Rossini ne pouvaient tirer à conséquence, car il avait dans son immense génie l'infaillible moyen de se les faire pardonner. Il écrivait alors *Tancredi !*

L'opéra sérieux de *Tancredi* fut un triomphe. Cet ouvrage, donné à la *Fenice* de Venise pendant le carnaval de 1813, fut plus tard joué avec un grand succès aux Italiens de Paris, puis traduit et arrangé par Castil-Blaze. On en connaît le sujet : la tragédie de Voltaire a fourni le titre et l'action au libretto de Rossini. Quant à la musique du maître, elle marque un pas nouveau dans sa carrière. Les longs récitatifs usités autrefois dans l'opéra sérieux sont remplacés ici par des passages de déclamation lyrique. La mélodie est abondante, gracieuse, brillante de verve et de jeunesse. Je mentionnerai seulement le duo : *Ah ! se de' mali miei*, et la célèbre cavatine : *Di tanti palpiti*, qu'on appelle en Italie l'*Aria de rizzi*, parce que, suivant un bruit populaire, Rossini l'aurait composée à son auberge, pendant le temps qu'on mettait à cuire son riz.

L'heureux auteur de *Tancredi* connut alors ce que la gloire a de plus enivrant. Mais bien loin de s'endormir dans les délices de cette Capoue que les séductions de toute espèce pouvaient rendre dangereuse, il prit à peine quelques mois de repos, et, dans l'été de 1813, fit jouer l'*Italiana in Algeri* au théâtre San-Benedetto de Venise. Bien que la gaieté la plus franche et la plus cordiale respire dans cet ouvrage, ce n'est point un opéra bouffe dans le genre de ceux qui ont immortalisé les Paisiello et les Cimarosa. La révolution opérée par Rossini consistait ici à introduire un élément de distinction et d'élégance dans le genre comique italien, sans en altérer pourtant la verve joyeuse et originale. Comme preuve de ce que j'avance, je citerai le trio : *Papatacci*, le chœur : *Viva, viva,* et l'ensemble : *Va sossopra il mio cervello*, qui n'excluent pas des morceaux de *mezzo carattere* pleins de goût tels que le duo : *Se inclinassi a prender moglie*, et la cavatine : *Languir per una bella*. L'opéra de l'*Italienne à Alger* a été joué à Paris en 1817, mais avec des retranchements qui devaient en empêcher le succès. Bien qu'on ne le représente plus depuis longtemps, on en exécute souvent l'ouverture, et les morceaux détachés n'ont pas cessé de figurer dans le répertoire des amateurs.

En 1814, Rossini écrivit pour la Scala de Milan, *Aureliano in Palmira*, opéra sérieux où l'on entendit Velluti, le dernier des bons sopranistes, et *Il Turco in Italia*, opéra bouffe qui est le pendant de l'*Italiana in Algeri*. Ces deux ouvrages ne réussirent guère. Cependant le compositeur n'avait pas démérité de sa gloire et de plus il avait trouvé dans Felice Romani, l'auteur des livrets, un collaborateur plus distingué que les obscurs écrivains qui lui avaient jusque-là confectionné des *poëmes*. Romani, poëte remarquable, devait plus tard aider Bellini à parcourir aussi une brillante carrière dramatique. C'est en 1814, pendant son séjour à Milan, que Rossini écrivit la cantate *Egle ed Irene* pour la princesse Belgiojoso. Après le froid accueil fait à *Aureliano in Palmira* et au *Turco in Italia*, l'échec de *Sigismondo*, représenté à la *Fenice* de Venise pendant le carnaval de 1815, fut un coup sensible pour le compositeur. Ces injustices répétées le décidèrent aisément à prêter l'oreille aux propositions de Barbaja qui lui offrait douze mille francs par an, à la charge pour le maestro d'écrire deux ouvrages chaque année et d'arranger pour la scène tous les opéras qu'il plairait audit Barbaja de monter. Ce fut ainsi que Naples enleva Rossini à la haute Italie, premier théâtre de ses succès dramatiques. Aux appointements mentionnés dans le contrat passé avec l'impresario, se joignait un intérêt dans la ferme des jeux dont Barbaja était entrepreneur. Douze mille francs, c'était la fortune pour un artiste jusque-là accoutumé à courir de ville en ville aux ordres de directeurs faméliques et presque toujours en faillite, mais c'était aussi une bonne affaire pour l'habile homme qui s'attachait par là le prince des musiciens contemporains. La capitale du royaume des Deux-Siciles était réputée pour son dilettantisme, mais Zingarelli et le vieux Paisiello n'étaient pas favorables aux innovations de leur jeune successeur. Contre les préventions et les cabales, le génie a une arme admirable : les chefs-d'œuvre. Pour son début dans la cité parthénopéenne, Rossini fit jouer au théâtre de San Carlo *Elisabetta, regina d'Inghilterra* (automne 1815). Le principal rôle de cet opéra fut créé par Mlle Élisabetta Colbran, femme d'un talent et d'une beauté remarquables, pour qui Rossini écrivit neuf opéras, depuis *Elisabetta* jusqu'à *Sémiramis*, et qu'il finit par épouser en 1822. La cantatrice exerça sur la forme des inspirations du maître une influence que l'histoire doit noter. Comme ses prédilections la portaient vers les grands rôles tragiques, elle détermina son mari à abandonner le genre bouffe pour le genre sérieux, ce qui nous a valu *Otello*, *Mosè*, et tant d'autres œuvres lyriques d'une si noble élévation. Joué aux Italiens le 10 mars 1822 et repris plusieurs fois, l'opéra d'*Élisabeth* a été chanté successivement par Garcia, Bordogni, Mmes Mainvielle-Fodor, Cinti, Pasta, et Mlle Sabine Heinefetter.

Quoique les Italiens, beaucoup mieux doués que nous au point de vue mélodique, se soucient en général fort peu des paroles d'un opéra, il est des cas pourtant où, même chez ce peuple éminemment artiste, l'ineptie du livret a compromis le succès d'un ouvrage. De cette façon s'explique peut-être le médiocre effet que produisit à Rome, au théâtre Valle, *Torwaldo e Dorliska* (26 décembre 1815) ; sans que cette partition compte parmi les plus belles du maître, on y trouve toutefois l'*agitato* de l'air du tyran : *Ah ! qual voce d'intorni ribombi*, dont il s'est souvenu en écrivant le duo de la lettre d'*Otello*.

Chose étrange à dire ! *Il Barbiere di Siviglia*, cette perle du répertoire musical de notre temps et de tous les temps, fut vivement contesté à ses débuts ; contesté n'est même pas le mot propre : la première représentation, donnée à Rome, au théâtre de la *Torre Argentina*, souleva les plus violents murmures, les sifflets les plus outrageants (1816).

L'impresario du théâtre Argentina à Rome eut une heureuse inspiration le jour où il proposa à Rossini le libretto du *Barbier de Séville*, mis jadis en musique par Paisiello. Aucune pièce ne pouvait aussi bien faire ressortir le côté spirituel, gracieux et vif de son génie, dont les aspects sont si variés. Rossini fut appelé à écrire un chef-d'œuvre. Disons-le à sa louange, il se trouva dans un grand embarras en apprenant que, moyennant quatre cents écus romains, rémunération stipulée d'avance pour chaque ouvrage qu'il plairait à l'impresario de lui demander, il devait substituer une partition nouvelle à celle, tant applaudie autrefois, de Paisiello. Le jeune compositeur avait trop d'esprit pour ne pas honorer le vrai mérite. Il se hâta d'écrire à Paisiello. Le vieux musicien, quoiqu'il passât pour avoir conçu de la jalousie contre le jeune maestro, depuis le succès prodigieux d'*Elisabetta* (Naples, 1815), lui répondit qu'il ne se formaliserait en rien de voir un autre traiter le sujet de son opéra. Il comptait, au fond, dit-on, sur une chute éclatante. Un libretto écrit par Ferretti n'ayant pas été du goût de Rossini, et Ferretti n'ayant su rien trouver de meilleur, on recourut à Sterbini, qui voulait traiter *le Barbier de Séville* d'une manière toute nouvelle, pour le placement et la coupe des morceaux de musique. Rossini fit précéder le libretto d'une préface très-modeste, montra la lettre de Paisiello à tous les dilettanti de Rome, et entreprit son travail. En treize jours, la musique du *Barbier* fut terminée. « Rossini, croyant travailler pour les Romains, dit Stendhal, venait de créer le chef-d'œuvre de la musique française, si l'on doit entendre par ce mot la musique qui, modelée sur le caractère des Français d'aujourd'hui, est faite pour plaire le plus profondément possible à ce peuple, tant que la guerre civile n'aura pas changé son caractère. » Cependant, dès que le bruit se répandit que Rossini refaisait l'ouvrage de Paisiello, ses ennemis se hâtèrent d'exploiter dans les cafés ce qu'ils appelaient *une mauvaise action*. Cela n'avait pas le moindre sens ; car les drames lyriques de Métastase ont été traités par des centaines de compositeurs. Que de fois n'a-t-on pas vu paraître au théâtre, avec une nouvelle musique, l'*Artaserse*, l'*Adriano in Siria*, l'*Olimpiade*, la *Didone*, l'*Alessandro nell' Indie*, l'*Achille in Sciro*? Il faut ajouter que Sterbini n'était pas aimé du public romain. « Paisiello lui-même n'était point étranger à ces intrigues, dit Castil-Blaze ; une lettre de sa main fut montrée à Rossini. Paisiello écrivait de Naples à l'un de ses amis de Rome, et lui recommandait expressément de ne rien négliger pour que la chute fût éclatante. » Le jour de la première représentation arriva, et c'est ici surtout que, à travers tant de versions répandues sur le sort de cet admirable ouvrage à son origine, il est utile de demander la vérité à une bouche contemporaine. Mme Giorgi-Righetti, actrice chargée de créer le rôle de Rosina, va nous servir de cicerone. Cette cantatrice nous apprend que d'ardents ennemis se trouvaient, dès l'ouverture du théâtre, à leur poste, tandis que les amis intimidés par la mésaventure récente de *Torwaldo e Dorliska* (Rome, 1816), montraient peu de résolution pour soutenir l'œuvre nouvelle. Rossini, selon Mme Giorgi-Righetti, avait eu la faiblesse de consentir à ce que Garcia, dont il aimait beaucoup le talent, remplaçât l'air qui se chante sous le balcon de Rosina par une mélodie espagnole de sa façon ; il avait pensé que, la scène étant en Espagne, cela pourrait contribuer à donner de la couleur locale à l'ouvrage ; mais les dispositions du public rendirent cet essai déplorable. Par une circonstance malheureuse, on avait oublié d'accorder la guitare avec laquelle Almaviva s'accompagne ; Garcia dut l'accorder séance tenante. Une corde cassa ; le chanteur fut obligé de la remettre, et, pendant ce temps, les rires et les sifflets s'en donnaient, comme on le pense bien, sans le moindre égard pour le jeune maître de vingt-cinq ans, pour le pauvre Rossini, qui, selon l'usage, accompagnait au piano. Etrangère aux habitudes et au goût des Italiens, la mélodie fut mal reçue, et le parterre se mit à fredonner les fioritures espagnoles. Après l'introduction, vient la cavatine de Figaro. Le prélude put se faire entendre ; mais lorsqu'on vit entrer en scène l'acteur Zamboni sur ce prélude, portant une autre guitare, un fou rire s'empara des spectateurs, et la cabale fit si bien, par son vacarme, que pas une note de ce morceau ravissant ne put être écoutée. Rosina se montra sur le balcon, et le public, qui chérissait la cantatrice, se disposait à l'applaudir ; malheureusement elle avait à dire ces paroles : *Segui, o caro, de' segui cosi*, « (Continue, mon cher, va toujours ainsi). » A peine les eut-elle prononcé cées que l'hilarité redoubla dans la salle. Les sifflets et les huées ne cessèrent pas une minute, pendant tout le duo d'Almaviva et de Figaro; l'ouvrage dès lors sembla perdu. Enfin, Rosina entra en scène et chanta la cavatine attendue avec impatience. La jeunesse de Mme Giorgi-Righetti, la beauté de sa voix, la faveur dont elle jouissait auprès du public, lui procurèrent une sorte d'ovation. Trois salves d'applaudissements prolongés firent espérer un retour de fortune pour l'ouvrage. Rossini, assis au piano, se leva, salua, puis se tournant vers la cantatrice, il lui dit à demi-voix : « *Oh! natura!* — Rendez-lui grâce, répondit Mme Giorgi; sans elle vous ne vous seriez pas levé de votre chaise. » — Cette éclaircie de soleil au milieu de la tempête cessa presque aussitôt; les sifflets recommencèrent de plus belle au duo que Figaro chante avec Rosina. Le tapage redoublant, il fut impossible d'entendre une phrase du finale. Tous les siffleurs de l'Italie, dit Castil-Blaze, semblaient s'être donné rendez-vous dans cette salle. Au moment du bel unisson qui commence la strette, une voix de Stentor cria : « Voici les funérailles de don Pollione, » paroles qui avaient sans doute beaucoup d'à propos pour des oreilles romaines, car les cris, les huées, les trépignements couvrirent aussitôt la voix des chanteurs et l'orchestre. Lorsque le rideau tomba, Rossini se tourna vers le public, leva légèrement les épaules et battit des mains. Les spectateurs furent, affirme-t-on, vivement blessés de ce mépris de l'opinion; mais pas un signe d'improbation n'y répondit. La vengeance était réservée pour le second acte ; elle fut aussi cruelle que possible, car on ne put entendre une seule note. « Jamais, s'écrie avec raison un auteur, jamais pareil débordement d'outrages n'avait déshonoré la représentation d'une œuvre dramatique. » Rossini cependant, qui, ainsi qu'on peut en juger, n'était pas plus heureux à sa première soirée que ne l'avait été Beaumarchais lui-même, ne cessa point d'être calme, et sortit du théâtre avec la même tranquillité que s'il s'était agi de l'opéra d'un de ses confrères. Après s'être déshabillés, les chanteurs : Mme Giorgi-Righetti, Rosina; Garcia, Almaviva; Zamboni, Figaro ; et Boticelli, Bartolo, accoururent à son logis pour le consoler de sa triste aventure. Ils le trouvèrent profondément endormi.

Stendhal, qui a écrit une *Vie de Rossini*, prétend que les Romains trouvèrent le commencement du *Barbier* ennuyeux et bien inférieur à celui de Paisiello. « Ils cherchaient en vain cette grâce naïve, inimitable, et ce style, le miracle de la simplicité. L'air de Rosine : *Sono docile*, parut hors de caractère; on dit que le jeune maestro avait fait une virago d'une ingénue, ce qui est vrai. La pièce, poursuit Stendhal, se releva au duetto entre Rosine et Figaro, qui est d'une légèreté admirable et le triomphe du style de Rossini. L'air de la *Calunnia* fut jugé magnifique et original. Néanmoins, après le grand air de Basile, on regretta davantage encore la grâce naïve et quelquefois expressive de Paisiello. Enfin, ennuyés des choses communes qui commencent le second acte, choqués du manque total d'expression, les spectateurs firent baisser la toile. En cela, le public de Rome, si fier de ses connaissances musicales, fit un acte de hauteur qui se trouva aussi, comme il arrive souvent, un acte de sottise. » Le lendemain, cependant, la pièce alla aux nues ; on voulut bien s'apercevoir que, si Rossini n'avait pas les mérites de Paisiello, il n'avait pas non plus la langueur de son style, défaut énorme qui gâte souvent ses meilleurs ouvrages. Pour cette deuxième représentation, Rossini remplaça l'air malencontreux de Garcia par la délicieuse cavatine : *Ecco ridente il cielo*, dont il emprunta le début à l'introduction de son *Aureliano in Palmira*. Cette introduction d'*Aureliano in Palmira* (Milan, 1814) est un des meilleurs morceaux de l'auteur ; comme l'ouvrage n'avait pas eu de succès, Rossini en avait fait, l'année suivante, l'ouverture d'*Elisabetta, regina d'Inghilterra*; or, elle avait déjà figuré dans sa partition de *Ciro in Babilonia*, en 1812. Cette symphonie peu tragique, bien qu'elle eût précédé des opéras sérieux, annonça les joyeusetés du *factotum della città*, devint l'ouverture de *il Barbiere di Siviglia*, et n'en fut pas moins applaudie. Elle se trouve ainsi avoir à exprimer, dans *Elisabetta*, les combats de l'amour et de l'orgueil chez une des âmes les plus hautaines dont l'histoire ait gardé la mémoire, et, dans *il Barbiere*, les folies de Figaro. Mais ne sait-on pas que le moindre changement de temps suffit souvent pour donner l'accent de la plus profonde mélancolie à l'air le plus gai ? Rossini put donc se servir, avec un grand bonheur, du motif du premier chœur : *Sposa del grande Osiride*, de son *Aureliano*, pour en composer *Ecco ridente il cielo*, début de la cavatine d'Almaviva. Ce délicieux andante nous offre le premier exemple de la modulation au mode mineur que l'on rencontre dans les opéras de Rossini, modulation si souvent employée ensuite par ce maître et par la foule de ses imitateurs. Ce moyen harmonique, cette manière ingénieuse d'éviter la route battue et la cadence prévue, appartient à Majo, et plusieurs musiciens s'en étaient emparés bien avant Rossini. Quoi qu'il en soit, la nouvelle cavatine, adaptée à la hâte au *Barbiere* si mal reçu, fut chantée le soir même de la seconde épreuve par Garcia et vivement applaudie. En outre, Rossini s'était empressé d'enlever de son œuvre tout ce qui lui parut avoir été raisonnablement improuvé ; puis, il prétexta une indisposition et se mit au lit, afin de n'être pas obligé de paraître cette fois au piano. Le public, ce soir-là, se montra moins mal disposé que la veille. Il voulut entendre l'ouvrage, ce qu'il n'avait pu faire encore, avant de le condamner définitivement. Cette résolution assurait le triomphe du maestro ; car il était impossible qu'un peuple si bien organisé ne fût point frappé des beautés répandues à profusion dans ce chef-d'œuvre. On écouta, et les applaudissements seuls rompirent le silence des auditeurs attentifs; il n'y eut pas d'enthousiasme à cette représentation ; mais, aux représentations suivantes, le succès grandit, et l'on en vint enfin à ces transports d'admiration qui partout ont accueilli cette œuvre de génie. On raconte que bientôt l'enthousiasme prit de telles proportions, que Rossini fut reconduit plusieurs soirs de suite à son logis en triomphe, à la lueur de mille flambeaux, par ces mêmes Romains qui l'avaient si cruellement sifflé précédemment. Les premiers qui comprirent tout le mérite du *Barbiere* vinrent même réveiller Rossini, pour lui adresser leurs félicitations sur l'excellence de son opéra. Ce revirement de fortune et d'opinion n'étonna point le musicien : il n'était pas moins certain de sa réussite le soir même de sa chute que huit jours après.

Fait singulier, le sort du *Barbiere di Siviglia* fut le même à Paris qu'à Rome ; les mêmes causes produisirent le même effet dans l'une et l'autre ville : chez nous, l'ouvrage de Paisiello fut encore opposé à celui de Rossini. La première représentation, à la salle Louvois, se ressentit des articles publiés par des journalistes malveillants ou ignorants, et l'impression de la soirée fut glaciale. Il est vrai que Mme Ronzi de Begnis échauffait peu le rôle de Rosina, pour lequel son talent était insuffisant. Par une inspiration qui devait d'ailleurs tourner à l'avantage de Rossini, les dilettanti parisiens demandèrent le *Barbiere* de Paisiello. Paër, directeur de la musique au Théâtre-Italien, que le jeune maestro inquiétait, eut l'air de céder à une exigence du public, que peut-être il avait provoquée ; mais le contraire de ce qu'il attendait arriva. Déjà les traditions de l'ancienne musique que l'on ressuscitait étaient perdues ; aucun artiste ne savait plus la chanter dans son caractère de simplicité. D'ailleurs, la forme de l'ouvrage était déjà surannée ; il y avait trop d'airs, trop de récitatifs, et l'instrumentation parut maigre. Ce fut un *fiasco orribile*. Il fallut en revenir à la partition de Rossini, qui, grandie par les avantages dont sa rivale était dépouillée, ravit tous les connaisseurs. Les rôles étaient alors tenus, avec une perfection que l'on n'a pas égalée depuis, par Garcia, Almaviva modèle ; Pellegrini, joyeux et spirituel Figaro ; de Begnis, Basile parfait ; Graziani, Bartolo vivace et malin qui n'a pu être vaincu depuis lors que par Lablache. Mme Ronzi de Begnis seule détruisait l'harmonie de ce délicieux ensemble ; aussi, quand le 14 décembre, Mme Mainvielle-Fodor prit le rôle de Rosina, le succès de l'ouvrage fut triplé. Qu'on se figure la perfection où en était arrivée l'exécution du *Barbiere*, en lisant les lignes suivantes échappées à la plume de Castil-Blaze : « Pour vous donner une idée de Garcia dans ce rôle qu'il a confisqué totalement à son profit, je vous dirai que mon précieux ami Rubini m'a toujours semblé un médiocre Almaviva, tant je tenais dans mon oreille impitoyable les traits hardis, accentués, perlés à pleine voix de Garcia. Qui me rendra cette avalanche sonore du comte exaspéré, maudissant l'importune troupe de ses musiciens : *Ah ! maledetti, andate via. Ah ! canaglia, via di quà?* C'était sublime ! » L'ouverture du *Barbiere* amusa beaucoup à Rome ; on y vit, ou l'on crut y voir les gronderies du vieux tuteur amoureux et jaloux, et les gémissements de la pupille. Le petit terzetto : *Zitti, zitti, piano, piano,*

du second acte, fut applaudi avec un enthousiasme indescriptible. « Mais c'est de la petite musique, s'écriaient les adversaires du jeune compositeur; cela est amusant, sautillant, mais n'exprime rien. Quoi! Rosine trouve un Almaviva fidèle et tendre au lieu du scélérat qu'on lui avait peint, et c'est par d'insignifiantes roulades qu'elle prétend nous faire partager son bonheur! » *Di sorpresa, di contento son vicina a delirar.*
« Eh bien, écrivait Stendhal en 1824, les roulades si singulièrement placées sur ces paroles, et qui faillirent, même le second jour, entraîner la chute de la pièce à Rome, ont eu beaucoup de succès à Paris; on y aime la galanterie et non l'amour. Le *Barbier*, si facile à comprendre par la musique, et surtout par le poëme, a été l'époque de la conversion de beaucoup de gens. Il fut donné le 23 septembre 1819 (Stendhal se trompe de date, lisez : 26 octobre), mais la victoire sur les pédants qui défendaient Paisiello comme ancien n'est que de janvier 1820... Je ne doute pas que quelques dilettanti ne me reprochent de m'arrêter à des lieux communs inutiles à dire; je les prie de vouloir bien relire les journaux d'alors et même ceux d'aujourd'hui (1823), ils ne les trouveront pas mal absurdes, quoique le public ait fait d'immenses progrès depuis quatre ans. La musique aussi a fait un pas immense depuis Paisiello; elle s'est défaite des récitatifs ennuyeux, et elle a conquis les morceaux d'ensemble... Rossini, luttant contre un des génies de la musique dans le *Barbier*, a eu le bon esprit, soit par hasard, soit par bonne théorie, d'être éminemment lui-même. Le jour où nous serons possédés de la curiosité, avantageuse ou non pour nos plaisirs, de faire une connaissance intime avec le style de Rossini, c'est dans le *Barbier* que nous devrons le chercher. Un des plus grands traits de ce style y éclate d'une manière frappante. Rossini, qui fait si bien les finales, les « morceaux d'ensemble, » les duetti, est faible et joli dans les airs qui doivent peindre la passion avec simplicité. Le chant *spianato* est son écueil. On sent bien que Rossini lutte avec Paisiello; dans le chœur des donneurs de sérénades, tout est grâce et douceur, mais non pas simplicité. L'air du comte Almaviva est faible et commun; en revanche, tout le feu de Rossini éclate dans le chœur : *Mille grazie, mio signore!* et cette vivacité s'élève bientôt jusqu'à la verve et au *brio*, ce qui n'arrive pas toujours à Rossini. Ici son âme semble s'être échauffée aux traits de son esprit. Le comte s'éloigne en entendant venir Figaro; il dit, en s'en allant : *Già l'alba è appena, e amor non si vergogna.* Voilà qui est bien italien. Un amoureux se permet tout, dit le comte. La cavatine de Figaro : *Largo al factotum* est et sera longtemps le chef-d'œuvre de la musique française. Que de feu, que de légèreté, que d'esprit dans le trait : *Per un barbiere di qualità!* Quelle expression dans : *Colla donetta... Col cavaliere!...* Cela a plu à Paris et pouvait fort bien être sifflé à cause du sens leste des paroles. La situation du balcon dans le *Barbier* est divine pour la musique; c'est de la grâce naïve et tendre. Rossini l'esquive, pour

arriver au superbe duetto bouffe : *All' idea di quel metallo!* Les premières mesures expriment d'une manière parfaite l'omnipotence de l'or aux yeux de Figaro. L'exhortation du comte : *Su, vediam di quel metallo*, est, bien au contraire, d'un jeune homme de qualité qui n'a pas assez d'amour pour ne pas s'amuser, en passant, de la gloutonnerie subalterne d'un Figaro à la vue de l'or. Cimarosa n'a jamais fait de duetto aussi rapide que celui d'Almaviva avec Figaro : *Oggi arriva un reggimento*, qui est, en ce genre, le chef-d'œuvre de Rossini, et par conséquent de l'art musical. On regrette de remarquer une nuance de vulgarité dans : *Che invenzione prelibata!* Un modèle de vrai comique se trouve, au contraire, dans ce passage relatif à l'ivresse du comte : *Perché d'un che poco è in se, il tutor, credete a me, il tutor si federà*. On admirait surtout la sûreté de voix de Garcia dans le passage : *Vado... ma il meglio mi scordavo*. La fin de ce duetto, depuis : *La bottega? non si sbaglia*, est au-dessus de tout éloge. La cavatine de Rosine : *Una voce poco fa,* est piquante ; elle est vive, mais elle triomphe trop. Il y a beaucoup d'assurance dans le chant de cette jeune pupille persécutée, et bien peu d'amour. Le chant de victoire sur les paroles : *Lindor mio sarà*, est le triomphe d'une belle voix. Mᵐᵉ Fodor y était parfaite. » L'air célèbre de la *Calomnie : La calunnia è un venticello*, ne semble à Stendhal qu'un extrait de Mozart, fait par un homme d'infiniment d'esprit, et qui lui-même écrit fort bien. L'entrée du comte Almaviva, déguisé en soldat, et le commencement du finale du premier acte, sont des modèles de légèreté et d'esprit. Il y a un joli contraste entre la lourde vanité du Bartolo qui répète trois fois, d'une manière si marquée : *Dottor Bartolo!* et l'aparté du comte : *Ah! venisse il caro oggetto! Della mia felicita*. Rien de plus piquant que ce finale. Peu à peu, à mesure qu'on avance vers la catastrophe, il prend une teinte de sérieux fort marqué. L'effet du chœur : *La forza, aprite quà*, est pittoresque et frappant. On trouve ici un grand moment de silence et de repos, dont l'oreille sent vivement le besoin, après le déluge de jolies petites notes qu'elle vient d'entendre. En Italie, on a chanté, pour la leçon de musique de Rosine, cet air délicieux : *La biondina in gondoletta*. A Paris, Mᵐᵉ Fodor le remplaçait par l'air de *Tancrède : Di tanti palpiti*, arrangé en contredanse. J'ai entendu, en 1863, au Théâtre-Italien, Mᵐᵉ Borghi-Mamo intercaler dans cette scène l'air si connu du *Baccio*, et, l'année suivante, Mˡˡᵉ Adelina Patti donner au même endroit la valse *di Gioia insolita*, la *Calessera*, chanson espagnole, et, en 1867, le rondo de *Manon Lescaut* d'Auber, qu'on appelle l'*Eclat de rire*. Le grand quintetto de l'arrivée et du renvoi de Basile est un morceau capital ; le terzetto de la tempête est, aux yeux de beaucoup de personnes, le chef-d'œuvre de la pièce, qui est elle-même le chef-d'œuvre du maestro dans le genre comique, après la *Cenerentola* toutefois, si l'on s'en rapporte au goût de certains amateurs délicats. Ce que l'on peut constater, c'est qu'en France le *Barbiere* est plus généralement connu que la *Cenerentola*. Il est

ROSSINI
Paris 1865

resté au répertoire du Théâtre-Italien, où il a été souvent l'objet de reprises fort suivies. Les artistes les plus distingués ont tenu à honneur d'aborder ce célèbre ouvrage, que le monde entier a applaudi.

Un incendie avait détruit le San Carlo pendant le séjour du compositeur à Rome. Revenu à Naples, il fit exécuter au théâtre Del Fondo, en juin 1816, une cantate intitulée *Teti e Peleo* (Thétis et Pélée) à l'occasion du mariage de la duchesse de Berry. La *Gazzetta*, opéra bouffe en deux actes joué au théâtre des Florentins, n'est pas indigne de l'auteur du *Barbier*. On y a remarqué l'air de Lisetta : *Presto dico*, et l'air de *Madama* où se trouve la phrase si applaudie : *Sempre in amore io son cosi*. La même année, Rossini fit représenter au théâtre Del Fondo de Naples son *Otello* où il a su rivaliser avec le pathétique, l'énergie et l'émotion shakespeariennes. Les récitatifs monotones de l'ancienne tragédie lyrique y sont remplacés par des récitatifs mieux appropriés au caractère des situations. L'ouverture a sa place parmi les ouvertures célèbres. Je me contenterai de citer au nombre des morceaux saillants de la partition le grand duo, la prière et la romance de Desdemona dite *Romance du Saule : Assisa al piè d'un salice*. Le rôle de Desdemona a été le triomphe de Mmes Pasta et Malibran. Quelques personnes se souviennent encore de l'accent déchirant avec lequel la dernière chantait la phrase du finale : *Se'l padre m'abbandona*. Garcia était, dit-on, si passionné dans le rôle d'Otello que sa fille craignait sérieusement qu'il ne la tuât. L'*Othello* français a été une occasion de succès pour Duprez, bien que ce chanteur n'y trouvât point le genre de musique conforme à ses moyens.

La *Cenerentola* (Cendrillon) fut représentée pour la première fois sur le théâtre *Valle* à Rome pendant le carnaval de 1817, et aux Italiens de Paris le 8 juin 1822. Étienne et Nicolo Isouard avaient déjà fait un opéra-comique de ce vieux conte de fées, sept ans avant que le librettiste Ferretti le traitât pour la scène italienne. Mais le compositeur, qui se défiait du peu d'habileté de ses compatriotes en fait de trucs et de machinisme dramatique, obtint de son collaborateur qu'il réduirait l'action à un simple drame bourgeois. Dépouillé de la pompe factice des décors et des changements à vue, la pièce n'en a pas moins fait son chemin dans l'estime des gens de goût, grâce à la partition, l'une des plus délicieuses que le maître de Pesaro ait écrites. Il s'est même trouvé des amateurs qui l'ont mise sur la même ligne que celle du *Barbier*. Plusieurs morceaux de la *Pietra del Paragone*, du *Turco in Italia*, de la *Gazzetta*, ont passé dans l'opéra de la *Cenerentola*. L'ouverture est charmante de grâce et de légèreté. Je mentionnerai l'air : *Miei rampolli*, le duo : *Un suave non so chè*, le sextuor : *Quest' è un nodo avvilupato*, la strette si animée du finale, le duo : *Zitto, zitto*, et le beau duo des deux basses : *Un segretto d'importanza*, dans lequel revivent l'esprit et la verve de Cimarosa.

La *Gazza Ladra* (la Pie Voleuse), opéra représenté à la Scala de Milan pendant le printemps de 1817 et à Paris le 18 septembre 1821, fit voir avec quelle facilité Rossini abordait tous les genres pour n'en laisser aucun inexploré. *Cendrillon* sortait déjà de la voie où nous sommes accoutumés à le rencontrer ; la *Pie Voleuse* s'en écarte encore davantage. C'est une noire et plate histoire arrangée par l'avocat Gherardini d'après un mélodrame de MM. Daubigny et Laigniez. Cependant, telle était la finesse de l'orchestration, quoique pour la première fois le tambour figurât parmi les instruments, au grand scandale de certains conservateurs artistiques, telle la puissance du *crescendo*, que la partition fut portée aux nues par ce public difficile de Milan qui avait mal accueilli l'*Aureliano* et le *Turco*. A côté de l'ouverture, ravissante de verve et de grâce, je citerai pour le chant la cavatine : *Di piacer mi balza il cor*, que Mme Malibran faisait admirablement valoir, le trio du premier acte, l'air du podestat : *Sì, sì, Ninetta*, chanté par Lablache.

Armida jouée à Naples sur la nouvelle scène de *San Carlo* offre cette particularité que c'est le seul des opéras italiens de Rossini où l'on trouve des airs de danse ; comme ceux d'*Otello* et de *Mosè*, il est divisé en trois actes. Donné dans l'automne de 1817, cet ouvrage obtint un grand succès. Le célèbre duo : *Amor possente nume*, l'air : *Non soffrirò l'offesa*, le trio : *In quale aspetto imbelle*, et le délicieux chœur de femmes : *Che tutto è calma*, sont les principaux morceaux de la partition.

Au carnaval de l'année suivante (1818), Rossini composa à Rome pour le théâtre Della Torre Argentina l'*Adelaïda di Borgogna* sur un livret de Ferretti. Le public fit un bon accueil à cette œuvre pour laquelle le maestro reçut trois cents scudi, soit mille cinq cent soixante francs.

L'oratorio de *Mosè in Egitto* suivit l'*Adelaïda*. En dépit de son étonnante facilité, l'illustre maître, n'ayant que peu de temps à sa disposition entre la représentation de son dernier opéra et l'ouverture du carême, dut se faire aider, ce qui ne lui était jamais arrivé encore. Le collaborateur choisi fut Carafa, qui ne cessa jamais durant cinquante ans d'être l'ami intime de l'homme dont les succès avaient empêché plus d'une fois les siens. Cette vieille affection de deux rivaux, dont l'un pardonne ses défaites et dont l'autre ne tire pas vanité de ses victoires, est un sentiment trop honorable pour que je me refuse le plaisir de le constater. *Mosè* fut fort admiré au théâtre San-Carlo, où il était interprété avec éclat par Mlle Colbran ; mais les Napolitains ne purent s'empêcher de rire à la vue de la grotesque mer Rouge, dont les vagues étaient poussées par de petits lazzaroni. La musique sauva heureusement ce que la mise en scène avait de ridicule.

L'une des compositions les moins connues de Rossini, c'est *Adina o il Califfo di Bagdad*, opéra semi-séria en un acte, écrit à la sollicitation d'un seigneur portugais, et joué en 1818 au théâtre San-Carlo de Lisbonne. La fin de l'année 1818 et le commencement de 1819 furent remplis par des ouvrages d'un ordre inférieur. La première raison de l'oubli relatif où sont tombés *Ricciardo e Zoraïde* (automne 1818, à Naples), *Ermioné* (carême 1819) et *Eduardo e Cristina* (Venise, printemps 1819), c'est l'immense et persistante vogue qui s'est attachée aux chefs-d'œuvre du maître. Peut-être ces ouvrages eussent-ils suffi à illustrer un compositeur ordinaire; ils ne pouvaient rien ajouter à la gloire de Rossini. Pour ne rien omettre, je citerai aussi la cantate intitulée *Parthénope* qui fut chantée le 20 février 1819, au San Carlo, à l'occasion du rétablissement de la santé royale.

Mais cette année 1819 ne devait pas s'écouler sans que l'auteur du *Barbier* et de l'*Otello* donnât un pendant à ces admirables productions ; ce pendant fut la *Donna del Lago* (la Dame du Lac), opéra joué à San-Carlo de Naples, le 14 octobre 1819, et aux Italiens de Paris, le 7 septembre 1824. La couleur mélodique en est si distinguée qu'elle n'a pu être comprise à la première audition, pas plus en Italie que chez nous. Il a fallu trente ans à nos amateurs pour arriver à reconnaître les mérites de cette musique pittoresque, empreinte, comme le voulait le sujet, d'un caractère romantique et montagnard. La scène des *Bardes* a été vivement applaudie plus tard, quand on l'a retrouvée dans *Robert Bruce*, opéra donné le 30 décembre 1846, et qui n'est qu'un pastiche composé de divers morceaux empruntés à plusieurs partitions de Rossini. La *Donna del Lago*, pour sa part, en a fourni beaucoup. La cavatine : *O matutini albori*, est une des plus charmantes inspirations du maître. Je citerai encore l'air : *Oh! quante lagrime*, le magnifique finale du premier acte, avec le chœur des bardes : *Gia un raggio forier ;* au second acte, le terzetto si dramatique d'accent; l'air avec chœur : *Oh! si pera !* et l'andante d'Elena : *Tanti affetti.*

L'ingrat public napolitain ne s'aperçut pas qu'on lui faisait cadeau d'un chef-d'œuvre. Il siffla de toutes ses forces, et Rossini alla écrire un autre opéra à Milan. Ce fut *Bianca e Faliero* dont le livret est de Romani. L'ouvrage joué à la Scala pour le carnaval de 1820 renfermait plus d'une réminiscence des productions précédentes du maître, et quoique ce ne soit pas un crime que de se piller soi-même, les Milanais se montrèrent peu satisfaits. Cependant ils accordèrent des applaudissements mérités au grand duo des deux femmes et au quatuor qui, depuis, ont été intercalés dans le second acte de la *Donna del Lago*.

Une anecdote curieuse rappelée par M. Azevedo dans son intéressante et spirituelle biographie de Rossini, se rattache à la composition de *Maometto secondo*, opéra joué au San-Carlo de Naples, pendant le carnaval de 1820. Le duc de Ventignano, auteur du livret, passait pour un *jettatore* de la pire espèce, et malgré tout son esprit, Rossini partageait à cet égard le préjugé de ses compatriotes. La crainte de la mauvaise *influenza* lui fit quelque temps redouter d'écrire une partition sur le poëme qu'on lui avait soumis ; mais il était lié par son engagement avec Barbaja, il s'exécuta donc. Toutefois, ce ne fut point sans prendre la précaution de faire, pendant tout son travail, sur le bord de sa table, les cornes bienfaisantes qui ont la vertu de conjurer les sorts. Le génie du compositeur, bien plus, sans doute, que sa superstitieuse prudence, valut un succès au *Maometto*, lequel ouvrage a passé presque tout entier dans la partition du *Siége de Corinthe*, où nous le retrouverons.

Sur ces entrefaites eut lieu, à Naples, la révolution de Juillet 1820. Dans cette ville, d'ordinaire exclusivement occupée de plaisirs et de spectacles, un des chefs du libéralisme, le général Pepe, s'appliquait à organiser la résistance aux troupes royales en essayant d'armer les citoyens. Rossini qui ne s'était jamais occupé de politique et dont l'inaltérable bon sens répugnait à la plupart des tendances de ce temps ci, n'eut dès lors plus qu'un souci, celui d'échapper à la garde nationale. Il finit par faire des concessions et par endosser l'uniforme ; mais ses chefs, ne découvrant pas en lui les qualités de l'emploi, le renvoyèrent bientôt à son piano. Les événements n'étant pas favorables alors au théâtre, le maître ne composa plus rien jusqu'à la fin de l'année 1820 où il fut appelé à Rome par le banquier Torlonia, propriétaire de l'Apollo, pour écrire *Matilda di Shabran*. Cet ouvrage fut joué pendant le carnaval de 1821, et on l'entendit avec plaisir malgré les sottises et les invraisemblances de ce noir mélodrame. Aux trois premières représentations, ce fut Paganini en personne qui dirigea l'orchestre. Les morceaux les plus remarquables de la partition sont le beau quatuor : *Alma rea*, et un délicieux duo pour soprano et contralto, que Mmes Bosio et Borghi-Mamo ont chanté aux Italiens de Paris avec une grâce et un fini merveilleux.

Zelmira est le dernier ouvrage que Rossini ait fait jouer à Naples, encore était-il destiné à Vienne. Cet opéra fut représenté au théâtre San Carlo vers le milieu de décembre 1821. Le livret, écrit par Tottola, est une imitation de la tragédie de Du Belloy, intitulée *Zelmire*. On y remarque des effets d'instrumentation et une richesse harmonique qui n'appartiennent pas à l'ancienne manière italienne. C'est par là que le successeur des Cimarosa et des Paisiello a su se distinguer de ses glorieux devanciers et conquérir à l'art national de nouvelles provinces. Les morceaux les plus saillants de la partition sont : la cavatine de Polidoro, *Ah ! gia trascorse il di*, le trio : *Soave conforto*, le duo : *Ah chè quei tronchi accenti*, le quintetto : *La sorpresa, lo stupore*, et le duetto, *Perchè mi guardi*.

Barbaja avait obtenu l'entreprise de l'opéra Italien de Vienne. Du San Carlo, *Zelmira* passa bientôt au théâtre de la Porte de Carinthie où elle reçut l'accueil le plus enthousiaste. Ce fut à cette occasion que Rossini eut une entrevue avec Beethoven. Mais la misanthropie du grand symphoniste, accrue par la surdité et la maladie, rendait peu agréables les relations avec lui. Le gai et spirituel maestro n'eut pas plus que les autres à se louer de l'aménité de celui dont il admirait le génie.

Avant son départ pour Vienne, le compositeur avait fait exécuter a son bénéfice, à Naples, une cantate intitulée la *Riconoscenza* (27 décembre 1821). A son retour en Italie, il trouva les ministres de l'Europe réunis en congrès dans la ville de Vérone. Le musicien qui n'avait éprouvé que de fort médiocres sympathies pour la révolution napolitaine, pouvait, sans rien renier de son passé, accorder sa lyre en l'honneur de M. de Metternich et des autres membres du congrès. Telle fut l'origine de la cantate : *Il vero omaggio*, chantée en 1822 au théâtre des *Filarmonici*.

Résolu d'abandonner l'Italie où ses innovations musicales n'étaient pas comprises, comme l'avait prouvé la chute de la *Donna del Lago*, Rossini voulut du moins, en signe d'adieu, laisser à sa patrie une œuvre importante. Quarante jours lui avaient été donnés par le directeur de la Fenice pour écrire un opéra. Il ne mit pas quarante jours à composer la *Semiramide*, l'un des ouvrages dans lesquels il a dépensé le plus d'idées neuves et variées. Cependant la *Semiramide* tomba à Venise (3 février 1823); car pour une production de cet ordre, un accueil froid équivaut à une chute.

Il est vrai qu'elle se releva brillamment à Paris où elle trouva de dignes interprètes dans Mmes Sontag et Pisaroni. Après un long succès aux Italiens, on a entendu cette partition à l'Opéra le 4 juillet 1860. La traduction était de Méry, les récitatifs avaient été adaptés à la scène française par Carafa, qui composa aussi la musique du ballet.

Les décors empruntés au musée assyrien étaient remarquables par la couleur locale. Dans le personnel du chant, on a surtout distingué les deux sœurs Carlotta et Barbara Marchisio. L'ouverture de cet opéra est une des plus belles que l'imagination musicale puisse produire dans cette forme. *Semiramide* marque en quelque sorte la transition de Rossini de l'École italienne à l'École française. Les cantilènes et les vocalises n'y manquent pas; mais on y trouve déjà des accents caractérisés, et un certain coloris approprié aux temps et aux lieux. Je me contenterai de citer le trio : *Là dal Gange*, et le quatuor du premier acte; la cavatine : *Bel raggio lusinghier*, et le duo : *Serbami ognor si fido*, du second; enfin le trio sublime du dernier acte : *l'Usato ardir*, et toute la scène du tombeau de Ninus.

Ici s'arrête la carrière italienne du maestro. Ayant obtenu un engagement pour écrire un opéra, *la Figlia dell'aria*, destiné au théâtre du Roi, à Londres, il partit avec sa femme pour l'Angleterre. Son premier séjour à Paris date de cette époque. Il y arriva le 9 novembre 1823 et y reçut durant quelques semaines les témoignages de sympathie et d'admiration que la moderne Athènes prodigue aux privilégiés de l'art. Les Anglais ne se montrèrent pas moins heureux de posséder l'illustre maître et le roi George IV lui-même lui fit la plus gracieuse réception. Il n'en fallait pas plus pour mettre Rossini à la mode dans un pays où les sujets prennent volontiers exemple sur le souverain. Le maître fut partout accueilli, fêté, choyé. A la vérité, son contrat avec le directeur du théâtre du Roi resta lettre morte, à cause du mauvais état dans lequel se trouvaient les affaires de ce théâtre ; mais le compositeur n'eut pas lieu de regretter les profits que la représentation de la *Figlia dell' aria* lui aurait rapportés. Cette perte fut largement compensée par l'argent qu'il gagna, soit en donnant des concerts à son bénéfice, soit en dirigeant l'exécution de plusieurs soirées musicales, et surtout comme professeur de chant.

Ainsi que la plupart des compositeurs italiens, Rossini pratiquait personnellement l'art du chant. Pianiste excellent, accompagnateur incomparable, doué d'une jolie voix de baryton, il trouva dans les salons de l'aristocratique Angleterre un accueil enthousiaste, et ce fut là qu'il réalisa les bénéfices les plus considérables.

Au bout d'un séjour de cinq mois en Angleterre, Rossini avait tiré 175,000 francs du dilettantisme britannique. Il revint à Paris, et fut investi des fonctions de directeur du théâtre Italien. C'est à ce moment que l'on commença à connaître réellement les productions de son génie dans notre pays, où elles n'avaient d'abord été données au public que tronquées et défigurées de la plus étrange manière. Une lutte ardente éclata autour de l'*Italiana in Algeri*, de l'*Inganno felice*, du *Barbiere*, etc. Les pédants, les musiciens d'humeur jalouse trouvaient dans ces ouvrages une foule de fautes, et s'élevaient avec force contre le compositeur, qualifiant de négligences des innovations, des hardiesses produites par une science supérieure. Le plus autorisé était Henri Montan Berton, membre de l'Institut, et artiste de talent, l'auteur heureux de *Montano et Stéphanie*. Dans cette circonstance, la gloire qu'il avait très-légitimement acquise ne lui fut d'aucun secours pour prouver ce qu'il était impossible de soutenir, et il ne retira d'autre fruit de sa campagne contre le rossinisme, qui était destiné à triompher, que le sourire avec lequel était accueilli dans les salons ce surnom qu'il donnait à Rossini : *il signor Vacarmini*.

Le premier ouvrage que l'auteur d'*Otello* composa à Paris fut *Il Viaggio a Reims, ossia l'Albergo del giglio d'oro* (le Voyage à Reims ou l'auberge du Lis d'or), opéra en un acte écrit à l'occasion du sacre de Charles X et représenté au théâtre Italien le 19 juin 1825. *Il Viaggio a Reims* réussit complétement. La pièce n'offrant qu'un intérêt du moment, cette circonstance aurait pu nuire au mérite durable de la partition, si l'auteur n'en eût plus tard fait passer les principaux morceaux dans le *Comte Ory*.

C'est vers cette époque que Rossini composa les *Soirées musicales*, recueil de morceaux de chant où la grâce de la mélodie s'allie à une harmonie neuve et distinguée. Ce sont autant de perles de la plus belle eau. Il suffit de citer le duettino : *Mira la bianca luna*.

On sait à quoi s'en tenir sur la prétendue paresse de Rossini ; mais ce qui se concilie très-bien avec le goût du travail intellectuel, c'est l'horreur du tracas des affaires, et une certaine indolence mal à l'aise au milieu des soucis d'une administration. Le surintendant des beaux-arts ne fut pas longtemps à reconnaître que le théâtre Italien périclitait entre les mains inexpérimentées de l'homme de génie auquel on l'avait confié. Mais comme le gouvernement de la Restauration voulait, et avec raison, attacher Rossini à la France, en lui retirant la direction du théâtre Italien on le nomma intendant général de la musique du roi et inspecteur général du chant en France. Ces fonctions n'étaient que des sinécures et rapportaient vingt mille francs par an; mais ce n'était pas payer trop cher l'honneur de fixer sur notre sol un maître déjà illustre par vingt chefs-d'œuvre.

Pour répondre à tant de générosité, Rossini était tenu d'écrire des partitions, obligation facile à remplir pour lui. Le 9 octobre 1826, il donna à l'Académie royale de musique le *Siége de Corinthe*, opéra en trois actes où il fit entrer son *Maometto* en y ajoutant d'autres morceaux tels que le bel air chanté par Mme Damoreau et la magnifique scène de la bénédiction des drapeaux. Le succès du *Siége de Corinthe* fut aussi éclatant que mérité. Tout le monde connaît l'air de basse : *Qu'à ma voix la victoire s'arrête*, et la prière : *L'heure fatale approche*.

Le second ouvrage que Rossini fit représenter à l'Opéra fut encore tiré de son répertoire italien. On se souvient de l'oratorio de *Mosè in Egitto*, entendu au théâtre San Carlo de Naples pendant le carême de 1818. L'auteur en fortifia l'expression dramatique déjà puissante, y ajouta plusieurs morceaux et le donna à l'Académie royale de musique sous le titre de *Moïse*, le 26 février 1827. L'introduction, dans laquelle Moïse reçoit les tables de la loi, renferme des chœurs de la plus grande beauté, entre autres un quatuor avec chœurs sans accompagnement. Deux chœurs ont été pris dans l'opéra d'*Armida* : *Germano a te richiede*, et : *Che tutto è calma*. Le duo d'Aménophis et d'Anaï : *Si je perds l'objet que j'aime*, produit plus d'effet à l'Opéra français qu'aux Italiens. Il est suivi d'un autre duo ravissant pour deux soprani : *Dieu dans ce jour prospère* ; mais le second acte offre des beautés plus émouvantes. Après la scène des ténèbres vient le fameux duo : *Parlar, spiegar*, qui dans la pièce française commence par ces mots : *Moment fatal, que faire?* C'était le triomphe de Nourrit et de Dabadie. Le finale du troisième acte a été ajouté à la partition primitive, sauf le pathétique quatuor : *Mi manca la voce*. L'air du quatrième acte : *Quelle horrible destinée!* paraît avoir été écrit expressément pour Mlle Cinti. L'accompagnement lui donne un mouvement très-dramatique et passionné. Enfin le morceau qui domine tout l'ouvrage à cause du succès qu'il n'a cessé d'obtenir est la prière : *Dal tuo stellato soglio* (*Des cieux où tu résides*).

Le *Comte Ory*, opéra en deux actes, joué à l'Académie royale de musique le 28 avril 1828, est une des meilleures productions de Rossini. Nulle part peut-être il n'a fait preuve de plus d'esprit, ni obtenu des effets plus variés que dans l'instrumentation de cet ouvrage dont la musique reproduit en grande partie la partition du *Viaggio a Reims*. Les morceaux composés expressément pour l'Opéra français sont : l'air du gouverneur : *Veiller sans cesse* ; le chœur des chevaliers : *Ah! la bonne folie* ; le chœur des buveurs : *Qu'il avait de bon vin, le seigneur châtelain*, et la suave prière qui le suit; enfin le trio : *A la faveur de cette nuit obscure.*

L'année suivante, le maître mit le sceau à sa réputation en écrivant un ouvrage qui, au milieu de tant de chefs-d'œuvre, demeurera son plus beau titre de gloire. Mes lecteurs ont déjà nommé *Guillaume Tell*, opéra en quatre actes, paroles de Hippolyte Bis et Jouy, représenté à l'Académie royale de musique le 3 août 1829.

Le drame de Schiller a été pour le musicien la source d'inspirations tour à tour champêtres, guerrières, gracieuses, pathétiques, douloureuses, sombres, éclatantes. C'est une fusion merveilleuse des qualités propres à l'art allemand et à l'art français : ici la grâce de la cavatine et du duo italiens; là, l'harmonie savante et profonde des chœurs allemands; partout, la clarté et l'énergique précision du génie français.

Le caractère général du drame est parfaitement exprimé dans l'ouverture, divisée en quatre parties. D'abord un *cantabile* de violoncelle, plein d'une majesté suave, fait respirer le calme des solitudes alpestres; puis un *Ranz des vaches* se fait entendre, au milieu de détails délicieux de cor anglais et de petite flûte. En troisième lieu, l'ouragan s'avance, de larges gouttes d'eau tombent sur les feuilles, l'orage se déclare, tous les éléments sont déchaînés. Cette tempête est aussi une image des passions qui grondent dans ce pays. Enfin le clairon sonne, la lutte s'engage et les chants de victoire retentissent.

Qu'on me permette de dire quelques mots sur le livret de Guillaume Tell. L'a-t-on assez critiqué, s'en est-on assez moqué? Sans doute on peut relever çà et là quelques naïvetés telles que dans le duo, *cet écueil qui s'élève entre nous de toute sa puissance*; quelques vers emphatiques, etc. Cependant, malgré le dédain peu réfléchi des aristarques, je suis d'avis que le livret de *Guillaume Tell* est non-seulement le mieux fait, le mieux coupé pour la scène, l'un des plus intéressants qui soient au théâtre, mais encore qu'il est un de ceux qui renferment le plus de ces beaux vers lyriques qui se gravent fortement dans la mémoire avec la phrase musicale. Un spectateur retient à la première audition une foule de passages dont l'accent l'a frappé. Tantôt c'est cette phrase de Guillaume :

> Contre les feux du jour, que mon toit solitaire.
> Vous offre un abri tutélaire.
> C'est là que dans la paix ont vécu mes aïeux;
> Que je fuis les tyrans, que je cache à leurs yeux
> Le bonheur d'être époux, le bonheur d'être père.

tantôt cette phrase suave d'Arnold :

> O Mathilde, idole de mon âme!

Et cette autre :

> O ciel, tu sais si Mathilde m'est chère!

Il est évident qu'ici la force du rhythme et cet effet de quinte augmentée à la seconde mesure contribuent à rendre l'impression plus vive. Plus loin le récitatif de Guillaume termine bien la troisième scène :

> Je ne vois plus Arnold...
> Je cours l'interroger, toi, ranime les jeux.
> HEDWIGE.
> Tu me glaces de crainte et tu parles de fête.
> GUILLAUME.
> Qu'elle cache aux tyrans le bruit de la tempête ;
> Étouffez-la sous vos accents joyeux ;
> Elle ne doit gronder pour eux,
> Qu'en tombant sur leur tête.

Il fallait que le poète sût assouplir son vers à la coupe si neuve des mélodies du maître. Sans les vers de mirliton, si l'on veut :

> Hyménée,
> Ta journée
> Fortunée
> Luit pour nous,

nous n'aurions pas eu ce chœur si parfumé de grâces chastes et charmantes.

Le librettiste a été moins heureux pour le chœur : *Enfants de la nature*. Il fallait au musicien un accent sur le second temps de la mesure et partout il porte à faux sur le texte.

La scène de Leuthold est belle :

> JEMMY.
> Pâle et tremblant, se soutenant à peine,
> Ma mère, un pâtre accourt vers nous.
> LE PÊCHEUR.
> C'est le brave Leuthold ! quel malheur nous l'amène?
> LEUTHOLD.
> Sauvez-moi!
> HEDWIGE.
> Que crains-tu ?
> LEUTHOLD.
> Leur courroux.
> HEDWIGE.
> Leuthold, quel pouvoir te menace?
> LEUTHOLD.
> Le seul qui n'ait jamais fait grâce,
> Le plus cruel, le plus affreux de tous.
> O mes amis, sauvez-moi de ses coups!
> MELCHTAL.
> Qu'as-tu fait ?
> LEUTHOLD.
> Mon devoir. De toute ma famille
> Le ciel ne me laissa qu'un enfant, qu'une fille ;
> Du gouverneur un indigne soutien,
> Un soldat l'enlevait, elle, mon dernier bien.
> Hedwige, je suis père et j'ai su la défendre ;
> Ma hache sur son front ne s'est pas fait attendre ;
> Voyez-vous ce sang, c'est le sien.

Toute cette scène est bien terminée par l'exclamation de Guillaume :

<blockquote>
Ah ! ne crains rien, Hedwige,
Les périls sont bien grands, mais le pilote est là.
</blockquote>

Le finale du premier acte dans lequel les soldats oppresseurs forment un contraste vigoureux avec la population suisse suppliante et terrifiée est une conception magnifique dont la première partie surtout est d'une incomparable beauté.

Le deuxième acte nous transporte dans les solitudes alpestres. La cloche du soir sert d'accompagnement à un chœur dans lequel l'emploi des quintes consécutives qui faisaient tant rire Berton, produit l'effet le plus doux, le plus original et le plus heureux. Du sein de la nuit, à la clarté de la lune, s'élève une voix pure, celle de Mathilde, dans un récitatif et une romance où toutes les nuances les plus exquises d'un premier amour chaste et pur qui ose à peine s'avouer sont rendues avec une délicatesse racinienne. C'est la grâce émue jusque dans les détails de l'orchestration. On remarque dans les morceaux qui suivent un crescendo d'effet qui laisse à peine au spectateur le temps de respirer. C'est le duo d'amour de Mathilde et d'Arnold :

<blockquote>
Oui, vous l'arrachez à mon âme,
Ce secret qu'ont trahi mes yeux,
</blockquote>

accompagné en triolets et suivi d'un andante :

<blockquote>
Doux aveu, ce tendre langage,
</blockquote>

dans lequel brille toute la grâce du chant italien. Ses broderies légères n'atténuent en rien la force de l'expression. L'amour dans la partition de *Guillaume Tell* n'a rien de morbide ni de voluptueux, c'est une passion généreuse et qui ne cesse de s'estimer. Aussi l'accent héroïque se fait entendre avec éclat dans l'allegro du duo. Aussitôt après les dernières mesures de cette strette brillante, le trio commence ; ce célèbre trio qui à lui seul vaut un poëme :

<blockquote>
GUILLAUME.
Quand l'Helvétie est un champ de supplices
Où l'on moissonne ses enfants,
Que de Gessler tes armes soient complices?
Combats et meurs pour nos tyrans!
WALTER.
Pour nous Gessler, préludant aux batailles,
D'un vieillard a tranché les jours;
Cette victime attend des funérailles,
Elle a des droits à tes secours.
ARNOLD.
Ah! quel affreux mystère !
Un vieillard, dites-vous?
WALTER.
Que la Suisse révère.
ARNOLD.
Son nom ?
</blockquote>

WALTER.
Je dois le taire.
GUILLAUME.
Parler, c'est le frapper au cœur.
ARNOLD.
Mon père?
WALTER.
Oui, ton père! Melchtal, l'honneur de nos hameaux
Ton père assassiné par la main des bourreaux.
ARNOLD.
Qu'entends-je! O crime! hélas, j'expire!
Ces jours qu'ils ont osé proscrire,
Je ne les ai pas défendus!
Mon père, tu m'as dû maudire,
De remords mon cœur se déchire!
O ciel, je ne te verrai plus!

C'est une des situations les plus fortes et aussi une des plus belles qu'un compositeur ait eu à traiter. Rossini y a montré son génie, et lorsque cette scène était dite par Duprez, Barroilhet et Levasseur, c'est-à-dire par des interprètes d'un talent supérieur, j'ai vu des spectateurs verser des larmes, d'autres se lever pour acclamer l'œuvre et les artistes, des dames agiter leurs mouchoirs dans les loges, enfin un enthousiasme indescriptible. Je ne sais si je reverrai de pareils succès, mais pour les hommes de ma génération, c'était alors l'âge d'or de l'opéra français.

A toute la sonorité de l'orchestre a succédé un profond silence, bientôt discrètement troublé par l'arrivée des Suisses conjurés ; ils débouchent des forêts, ou abordent sur la rive.

WALTER.
Du seul canton d'Uri nous regrettons l'absence.
GUILLAUME.
Pour dérober la trace de leurs pas,
Pour mieux cacher nos saintes trames,
Nos frères sur les eaux s'ouvrent avec leurs rames
Un chemin qui ne trahit pas.
LE CHŒUR.
Amis de la patrie!

Une fuguette pleine d'énergie atteste les dispositions de ces montagnards vigoureux, tandis que des mélodies plaintives peignent le découragement d'autres bandes. Guillaume s'efforce d'échauffer leur courage :

Amis, contre ce joug infâme,
En vain l'humanité réclame.
Nos oppresseurs sont triomphants.
Un esclave n'a point de femme,
Un esclave n'a point d'enfants!

Puis on entend ce finale merveilleux : *Jurons par nos dangers*, formé d'un échafaudage de quatre chœurs, qui se réunissent dans un formidable unisson sur ce vers : *Si parmi nous il est des traîtres*, pour s'épanouir de nouveau et se disperser sur le cri : *Aux armes !*

Aucun ouvrage n'a assurément joui d'une réputation plus universelle et plus méritée ; aucun non plus n'a été mutilé plus outrageusement. On a supprimé à la représentation un grand nombre de morceaux et pendant de longues années un acte tout entier. N'insistons pas sur ces honteuses concessions faites à la frivolité d'un certain public et poursuivons cette analyse.

Gessler entre en scène, accompagné par des fanfares chorales, et chante quelques phrases courtes et bien caractérisées. C'est dans la fête qu'il ordonne que l'on entend ces délicieux airs de ballets dont on ne se lasse pas d'admirer les mélodies gracieuses, la variété des rhythmes et la finesse de l'instrumentation. Il est inutile de rappeler la tyrolienne chantée et dansée : *Toi que l'oiseau ne suivrait pas*. L'air de ballet suivant se distingue par l'emploi ingénieux des deux flûtes, puis vient le pas des soldats mouvementé et rapide. La scène du chapeau est suivie d'un quatuor admirable, où la voix pathétique du père s'unit aux plus touchants accents de Jemmy. La tendresse de Guillaume pour son enfant éclaire la vengeance de Gessler.

GESSLER.
Pour un habile archer partout on te renomme ;
Sur la tête du fils qu'on place cette pomme.
Tu vas d'un trait certain l'enlever à mes yeux,
Ou vous périrez tous les deux.

Ce qui a contribué à la prédominance de l'opéra de Guillaume Tell sur tous les opéras modernes, c'est qu'on y trouve exprimés, avec le même bonheur, les sentiments les plus forts de la nature, je veux dire l'amour paternel, l'amour filial, la tendresse conjugale, la sainte amitié, la haine de l'injustice et enfin l'amour de la patrie.

Le cantabile de Guillaume, accompagné par le violoncelle, résume ce que l'imagination peut concevoir pour exprimer de telles angoisses.

Sois immobile, et vers la terre
Incline un genou suppliant.
Invoque Dieu, c'est lui seul, mon enfant,
Qui dans le fils peut épargner le père.
Demeure ainsi, mais regarde les cieux.
En menaçant cette tête si chère,
Cette pointe d'acier peut effrayer tes yeux.
Le moindre mouvement... Jemmy, songe à ta mère,
Elle nous attend tous les deux.

S'il est vrai qu'une œuvre humaine doit toujours se trahir par quelque imperfection c'est, selon moi, dans le finale du troisième acte qu'on peut en trouver la marque. Dans la scène de confusion qui suit l'arrestation inique et impitoyable de Guillaume, lorsque Gessler et ses soldats étrangers menacent ce peuple qui crie : *Anathème à Gessler*, la mélodie *absolue* (nouveau style à l'usage des musico-prophètes de l'avenir), la mélodie abonde au détriment de l'effet. Mais le quatrième acte nous tient en réserve de nouvelles beautés. On accordera qu'il est difficile à la musique d'exprimer le silence. Ce problème est cependant ici résolu. Quelques phrases entrecoupées du quatuor donnent une idée du silence qui règne dans la chaumière de Melchtal, restée déserte depuis le meurtre du vieillard. Arnold chante alors cet air merveilleux de grâce et de douleur profonde :

> Asile héréditaire
> Où mes yeux s'ouvrirent au jour,

qui, supprimé par Nourrit comme trop fatigant sans doute pour l'état de sa voix, fut rétabli par Duprez avec un succès éclatant.

Les stances guerrières avec chœur qu'Arnold adresse à ses compatriotes qu'il vient d'armer ont le caractère qui convient à cette situation. C'est dans cette scène que Duprez a fait entendre pour la première fois ce fameux *ut* de poitrine qui depuis a été le point de mire de tous les ténors et aussi une pierre d'achoppement pour beaucoup d'entre eux.

Il me reste à signaler le trio de femmes en canon à l'unisson, petit joyau presque oublié au milieu d'une rivière de diamants : *Je rends à votre amour un fils digne de vous*, et la scène de la tempête traitée avec une maëstria, dans l'orchestration, qui n'a pas encore été surpassée, quoi qu'en puissent dire les amis de M. Wagner. Les deux voix d'Hedwige, la femme de Guillaume, et de Mathilde, la protectrice de son fils, scintillent, au milieu de l'orage, comme deux étoiles tutélaires dans cette prière :

> Toi qui du faible es l'espérance,
> Sauve Guillaume, ô Providence !

Enfin pour clore cette analyse incomplète de l'opéra des opéras modernes, comme Don Juan est l'opéra des opéras anciens, j'appellerai l'attention des amateurs sur les effets de sonorité du dernier tableau, où les harpes et les triolets des hautbois à l'aigu donnent à l'hymne de délivrance des Suisses les teintes d'une aurore qui se lève radieuse et triomphante.

Surpris par tant de beautés nouvelles pour lui, le public ne s'en rendit pas bien compte dans le premier moment ; mais quelque temps après, et surtout lorsque Duprez se fut chargé du rôle d'Arnold, la foule commença à penser comme l'avaient fait tout d'abord les connaisseurs, que *Guillaume Tell* était la plus riche perle de l'écrin du compositeur. Cet opéra écrit par un homme qui n'avait encore que trente-sept ans, semblait ouvrir une seconde carrière pour le moins aussi éclatante que l'avait été celle qui venait de se fermer. C'était, paraissait-il, le point de départ d'une nouvelle ère musicale dans la vie du grand artiste. Hélas ! c'était la promesse sans l'accomplissement ; Rossini n'avait fait entrevoir à ses admirateurs une longue suite possible de jouissances musicales que pour les condamner à d'éternels regrets. Depuis cette date mémorable du 3 août 1829, il n'a plus rien donné à la scène. Sa gloire acquise lui a suffi, et aussi la fortune que lui avaient procurée indirectement tant de travaux éclatants.

La révolution de 1830 ayant fait perdre au compositeur les sinécures qu'il tenait de la munificence de Charles X, il réclama des liquidateurs de la liste civile la pension de 6,000 francs, stipulée pour le cas où des circonstances imprévues auraient fait cesser ses fonctions. Ces circonstances imprévues, c'étaient assurément les événements de Juillet. Après cinq ou six ans de contestations, la question fut décidée en faveur du demandeur.

Le silence de Rossini n'a pas peu contribué à établir cette sotte réputation de paresse contre laquelle j'ai déjà protesté et que dément une série de trente-sept opéras. Dans la retraite où il a vécu après avoir obtenu les plus grands succès auxquels un compositeur puisse prétendre, Rossini a toujours aimé la musique; il n'a guère passé de jour sans composer : seulement il a aimé son art pour lui-même, et aussi pour son plaisir et celui de quelques intimes assez heureux pour être admis aux soirées musicales du maître. Un *Stabat Mater* écrit pour payer une dette de reconnaissance à une honorable famille espagnole, resté longtemps manuscrit et publié en 1841 sur la demande de l'éditeur Troupenas, et une *Petite messe solennelle*, exécutée le 14 mars 1864, chez M. Pillet-Will, à Paris, et depuis dans toute l'Europe avec un grand succès, plusieurs morceaux de piano, quelques chœurs et morceaux de chant, telles sont à peu près les seules compositions que l'on connaisse de Rossini depuis *Guillaume Tell*.

Deux ans après la mort de sa première femme, Elisabetta Colbran (7 octobre 1845), Rossini épousa, en 1847, Mlle Olympe Descuilliers.

Elisabetta Colbran était une femme d'une grande beauté, et douée d'un cœur excellent. Elle avait été la première cantatrice de la troupe de Barbaja. Rossini avait écrit pour elle plusieurs ouvrages sérieux. Ce fut elle qui, touchée de la pauvreté de ce jeune compositeur dont elle avait deviné le génie, lui proposa de rompre ses engagements avilissants et stériles avec les directeurs des théâtres italiens, et d'associer sa destinée à la sienne. Cette artiste douée d'un grand talent de tragédienne lyrique semble avoir exercé sur le jeune maestro une sorte de fascination. Elle lui inspira ses grand rôles si caractérisés d'Armide, d'Elisabeth, de Desdemone, de Semiramis. Rossini l'épousa; il en fut aimé certainement jusqu'à la fin, puisque, malgré les torts de son mari à son égard, quoique vivant séparés l'un de l'autre depuis plusieurs années, elle lui laissa en mourant toute sa fortune. Sans m'occuper des causes plus ou moins fondées de cet abandon toujours répréhensible aux yeux de la morale, je dois constater que l'imagination et l'entraînement de l'art paraissent avoir eu plus de part que la voix du cœur à cette première union. Disons aussi avec l'histoire qu'à Bologne arriva un jour une personne d'une beauté séduisante jouissant seule d'une grande fortune et menant grand train. Cette personne exerça sur Rossini un prestige que les années n'ont pas effacé, une influence que la différence des caractères, les contrastes de l'esprit et des formes de l'éducation n'ont pas altérée. Il l'épousa après la mort d'Elisabetta Colbran et tout le monde sait que cette union a offert jusqu'aux derniers moments du maître tous les caractères du bonheur domestique. L'historien devrait peu s'occuper de ces détails, parce qu'ils ont des causes intimes qui échappent à l'œil le plus clairvoyant. Mais Rossini a été calomnié par bien des pharisiens qui valaient moins que lui, qui vivaient dans le désordre sans accepter les charges morales de la vie commune, qui se sont montrés indifférents en présence de la prostitution de l'art, et quelquefois complices des plus audacieuses profanations. C'est ce que Rossini n'a jamais fait. Ouvrez ses partitions les plus bouffonnes, celle du *Turc en Italie*, de *l'Italienne à Alger*, lisez les scènes les plus comiques du *Barbier de Séville*, vous y trouverez toujours et partout, avec la verve et l'esprit, le respect de soi-même et de la langue de l'art musical. Enfin, ce que je vais dire fera connaître mieux que tous les raisonnements l'estime de Rossini pour l'art lyrique et le sentiment qu'il avait de la dignité du compositeur. Il n'aurait jamais mis en musique un livret bas et trivial, ni un poème dont le caractère général eût blessé le fond de ses croyances qui étaient restées catholiques, comme on sait. Les idées qui prévalurent au théâtre après la révolution de 1830 lui furent antipathiques. Lorsqu'au lieu d'un public choisi, amateur des arts, préparé à goûter les œuvres de l'esprit et les délicatesses de la pensée artistique par une éducation distinguée, lorsqu'au lieu d'un aréopage aristocratique dont les arrêts faisaient loi et étaient acceptés à tous les degrés de la hiérarchie sociale, il sentit qu'il se trouverait en présence d'une foule mêlée d'éléments confus et disparates, aussi arbitraire dans ses jugements qu'ignorante de la langue qui résonnait à ses oreilles, sa raison lucide lui fit comprendre que l'heure était venue pour lui de se taire et que de nouveaux ouvrages, en supposant même qu'ils fussent aussi remarquables que les derniers représentés, ne seraient pas accueillis avec la même faveur; que leur chute probable entraînerait le discrédit des autres partitions; que, dans tous les cas, il valait mieux ne pas en courir la chance; qu'il avait payé un laborieux contingent à ses contemporains en donnant trente-sept opéras représentés sur toutes les scènes lyriques de l'Europe. Le succès des *Huguenots* et de *la Juive* acheva non de le déconcerter, mais de l'éclairer. Il ne put même se défendre d'un mot amer lorsqu'on le pria à cette époque de rentrer dans la lice : « Peut-être, dit-il, quand le sabbat des juifs sera passé. » Il parut encore hésiter quelque temps; mais voyant le flot du romantisme monter toujours, les rangs des dilettanti s'éclaircir, la pensée céder le terrain à l'effet, la grâce étouffée par la force, la musique remplacée par l'acoustique : « *è finita la musica* », dit-il, et il alla se confiner à Bologne.

Vers la fin de l'année 1847, il fut troublé dans cet asile par les mouvements révolutionnaires dont l'Italie était alors agitée. Son horreur pour les séditions populaires l'avait rendu suspect à ceux qui auraient dû s'enorgueillir d'être ses compatriotes. Ils le persécutèrent de mille façons, lui donnèrent des charivaris, voulurent le contraindre à s'affubler d'un uniforme de garde national, à défendre une cause qui lui était peu sympathique, à prendre parti contre des princes qui avaient aidé à ses succès et dont il n'avait eu qu'à se louer. Les émeutiers allèrent même jusqu'à lui prendre pour traîner des canons ses deux chevaux qui moururent épuisés de fatigue par suite de leur brutalité. Rossini venait d'achever son installation dans une maison qui lui plaisait et où il comptait passer des jours paisibles après la vie si laborieuse et si agitée qu'il avait menée depuis son enfance. En butte à une persécution stupide, signalé à l'animadversion populaire, Rossini, doué d'un caractère sensible, et faible par instants, ne sut pas résister à de telles avanies. Il abandonna avec chagrin sa nouvelle demeure, et se réfugia à Florence. Malgré les attentions dont il fut l'objet de la part du prince Demidoff et l'existence agréable qu'on s'efforça de lui procurer au palais de San Donato, Rossini tomba gravement malade. Aussitôt qu'il fut guéri, il prit la résolution de quitter l'Italie qu'il n'a cessé d'aimer, et de revenir à Paris. Il y a habité successivement un appartement rue Basse-du-Rempart dans la même maison que le général Cavaignac et rue de la Chaussée-d'Antin près du boulevard des Italiens. Il passait l'été dans sa villa de Passy où le compositeur accueillait les artistes avec empressement et affabilité et se voyait presque constamment entouré de toutes les illustrations du talent, de l'esprit et de la beauté.

La vie d'un artiste est tout entière dans ses œuvres. Voilà pourquoi je n'ai pas insisté sur les côtés intimes et familiers de l'existence du maître. Je ne fais pas ici un *Rossiniana*, et c'est aux petits journaux qu'il convient de renvoyer le lecteur, s'il tient à avoir le détail des dits mémorables attribués, à tort ou à raison, au spirituel compositeur. Comme tous les hommes célèbres, et, en particulier, comme tous les favoris du monde parisien, le chantre de Pesaro a endossé la responsabilité d'une foule de bons mots parmi lesquels il y en a de fort malins. Des deux patries où ses succès l'ont naturalisé, il semble que Rossini ait pris, à Naples, la verve de l'abbé Galiani et, à Paris, l'esprit du comte de Rivarol ; le tout étrangement allié, il faut bien le dire, à l'inspiration sublime qui a produit *Guillaume Tell*.

A l'occasion de la fête de la distribution des récompenses de l'Exposition universelle, Rossini a écrit une cantate qu'il a dédiée « à l'empereur et au vaillant peuple français ». Exécutée par quatre mille chanteurs et instrumentistes, cette composition à la fois simple, d'un effet grandiose, orchestrée magistralement et très-ingénieusement appropriée à la circonstance, a obtenu un succès incontestable qui s'est renouvelé quelques jours plus tard, et une troisième fois sur la scène de l'Opéra.

Certains déclamateurs ont critiqué cette œuvre avec violence : on voyait sur les murs de Paris d'ignobles caricatures au-dessous desquelles on lisait : *le Singe de Pesaro*. C'était, il est vrai, à une époque où de grands désordres servaient de prélude aux plus lamentables malheurs. Rossini pouvait hardiment dire comme Théodose, dont on avait brisé la statue : « Je ne me sens pas atteint. Dans sa cantate, la phrase est claire, la mesure franche ; l'harmonie est puissante et frappe l'oreille sans la blesser. Il n'y a là ni accords inouïs, ni rhythmes désordonnés, ni harmonie bourbeuse, rien qui sente le grand œuvre de la musique de l'avenir. C'est le style, la forme, ce sont les procédés de l'auteur de la *Donna del Lago*, de *Sémiramis* et de *Guillaume*. Que veut-on de plus? La plus belle fille du monde ne peut donner que ce qu'elle a.

Comme je l'ai dit plus haut, Rossini habitait pendant l'été un petit hôtel qu'il avait fait construire à Passy sur un terrain concédé par la ville de Paris. Un mobilier simple, quelques objets d'art, plusieurs souvenirs offerts au compositeur décoraient cette modeste demeure. Au plafond du salon étaient peints les portraits de cinq compositeurs. La reconnaissance autant que le bon goût ont bien inspiré l'illustre propriétaire de la villa de Passy, lorsqu'il a fait placer le portrait de son ancien maître, le bon père Mattei, parmi ceux des grands musiciens dont il a le plus admiré les œuvres et à la mémoire desquels il voulait rendre le plus d'hommages. Il savait bien par l'éclat de ses succès que le jugement de la postérité assignerait à son nom une place auprès de Palestrina, d'Haydn, de Cimarosa et de Mozart. Il a voulu associer à sa gloire le savant religieux qui avait initié aux beautés de l'art le pauvre enfant du peuple, et cette pensée l'a porté à lui assigner une place au milieu de cet aréopage. Comme les premières études musicales de Rossini intéressent l'histoire de l'art, je crois devoir informer mes lecteurs de quelques détails succincts que je tiens de la bouche du maître. J'en ai publié d'autres dans mon *Histoire générale de la musique religieuse*. Ils proviennent de la même source.

La conversation roula un jour sur la musique sacrée. Après avoir rendu hommage à la belle école romaine, dont Palestrina a été l'expression la plus pure, et aux savants travaux de l'école napolitaine, Rossini me dit :

« Chez vous autres Français, ce genre est négligé depuis longtemps. Depuis Lesueur et Cherubini, la place de compositeur de musique sacrée est vacante. Cela tient à l'insouciance religieuse de vos gouvernements. Il n'en était pas ainsi de mon temps. Il fallait avoir obtenu son diplôme de *maestro di capella* pour être compté au nombre des musiciens, avoir un emploi et même pour écrire des opéras. Moi aussi, j'ai fait pendant quelque temps de la musique religieuse. P. Mattei m'a rompu la tête avec force fugues et canons, jusqu'à ce que je puisse écrire mon *antiphona* en contre-point à quatre parties sur le *canto fermo*.

« Mais une fois en possession de l'heureux diplôme, bien plus utile pour nous autres que votre baccalauréat qui ne vous sert de rien, j'ai pris mes jambes à mon cou, en secouant mes oreilles pour qu'il n'y reste pas une seule note de contre-point. Je ne voulais écrire que des opéras. Vous me parlez du *Stabat*, c'était une affaire de circonstance. La cavatine et le duo, voilà ma seule affaire... »

On comprend qu'une profession de foi si modeste, et faite avec la plus évidente sincérité, ne fut pas entendue sans protestation et que j'ajoutai à la cavatine et au duo le trio de *Guillaume Tell*, le quatuor de *Moïse*, le chœur de la réunion des cantons, le finale du *Barbier* et d'autres chefs-d'œuvre. Mais enfin le fond de la conversation reste, et je n'en supprime que les personnalités obligeantes dont j'ai gardé un précieux souvenir. Elle eut lieu en présence du secrétaire du prince Demidoff, qui avait connu le maître à San Donato et m'avait accompagné.

Je n'ai certainement pas été le seul à qui Rossini ait parlé dans ce sens.

Vers la fin du mois d'octobre 1868, Rossini se disposait à quitter sa villa de Passy pour revenir à Paris; mais le catarrhe chronique dont il souffrait depuis quelques années à l'entrée de l'hiver redoubla d'intensité, et détermina une fluxion de poitrine; à ce mal se joignit une fistule dont l'opération fut pratiquée par le docteur Nélaton. L'espoir de sauver les jours du malade ne fut pas de longue durée. Les jambes enflèrent; des dépôts d'eau s'y formèrent et après quinze jours de vives souffrances, malgré les soins des docteurs Nélaton, Barthe et Bonato, et les ingénieux palliatifs que pouvait inventer la tendresse la plus dévouée, le vendredi 13 novembre, à minuit, le grand compositeur fut enlevé à ses amis et à cette terre, où tous les échos avaient répété pendant un demi-siècle ses chants inspirés.

La retraite de Rossini ne fut pas aussi oisive qu'on l'a cru longtemps. Il fallait que le compositeur revînt à Paris pour que mille voix pussent attester l'activité incessante de son esprit et la quantité considérable de productions musicales laissées manuscrites. Jusqu'à l'âge de vingt ans il n'avait guère connu que la pauvreté. Plus tard il sut administrer avec ordre et prévoyance la fortune que les circonstances plus encore que ses ouvrages lui procurèrent. Mais son cœur naturellement généreux lui faisait dédaigner tout accroissement de cette fortune qui suffisait à sa position. C'est ainsi qu'on le vit, dix ans avant sa mort, faire don de ses droits d'auteur à la Société des auteurs, compositeurs et éditeurs de musique, abandonner à ses amis Niedermeyer et Carafa ses droits d'auteur sur les opéras de *Robert-Bruce* et de *Sémiramis* auxquels ils avaient collaboré. Il aurait peut-être doublé son revenu s'il eût consenti à céder ses œuvres manuscrites dont on lui a offert des sommes fabuleuses. Saluons dans l'homme de génie cet exemple rare de désintéressement, comme aussi dans le vieillard cette bienveillance inépuisable à l'égard de tous les artistes de talent, cet accueil fait à toutes les jeunes renommées auxquelles il prodiguait les conseils de l'expérience et du goût le plus fin et le plus juste qui fut jamais.

Tant de mérites, un si bel usage des facultés de l'âme et de l'esprit, Dieu semblait devoir les récompenser par une belle mort. Rossini l'obtint. A peine la gravité de son état fut-elle constatée que l'émotion fut universelle.

Combien d'amis inconnus s'empressèrent d'aller demander des nouvelles de l'illustre malade à sa maison de Passy? Malgré d'affreuses souffrances, il conserva jusqu'au dernier moment la force et la lucidité admirables de son esprit. Le pape chargea monseigneur Chigi, le nonce apostolique, d'aller porter de sa part des paroles de sympathie et de consolation à 'enfant de Pesaro. Rossini témoigna combien il était touché de cette démarche. Il reçut les derniers sacrements. Le lendemain le plus grand compositeur de ce siècle quitta cette terre dans les mêmes sentiments de foi chrétienne qu'Haydn, que Mozart et que Cimarosa.

Tout le monde sait quels honneurs on rendit à ses restes et qu'au concours des artistes les plus célèbres se joignit celui des regrets universels de la foule de ses admirateurs.

Ses obsèques eurent lieu le 21 novembre dans l'église de la Trinité, sa paroisse, avec un appareil relativement simple. Le nonce du pape assistait à la cérémonie. Quatre mille personnes remplissaient l'édifice. Les artistes de l'Opéra, du théâtre Italien, du Conservatoire et beaucoup d'autres formaient une masse chorale imposante, accompagnée par l'orgue, des contre-basses et des harpes Les soli furent chantés par Mmes Alboni, Patti, Krauss et Grossi, Mlles Nilsson et Bloch, MM. Nicolini, Tamburini, Faure, Bonnehée et Obin. On exécuta l'introït de la messe des morts de Jomelli que Rossini admirait particulièrement, le *Lacrymosa* du *Requiem* de Mozart, un fragment du *Stabat* de Pergolèse et divers morceaux tirés des œuvres du maître, tels que la *Prière de Moïse*, et des strophes de son *Stabat* qu'un arrangeur avait agencées sur les textes de l'office des morts sans respecter la quantité, ni l'accent, ni le sens des paroles; œuvre monstrueuse de vandalisme, chantée de bonne foi par les plus belles voix du monde et devant l'élite de la société. Singulière façon d'honorer la mémoire d'un maître qui s'est toujours montré aussi observateur des règles de l'accent dans ses compositions que l'avaient été ses modèles Haydn et Mozart, et en général tous les compositeurs italiens. Un cortége immense accompagna le corps jusqu'au cimetière du Père Lachaise. Là, divers discours furent prononcés au nom de l'Italie, de l'Institut, des Théâtres lyriques, du Conservatoire, de la Société des compositeurs, etc.

Si les jugements superficiels des hommes du monde et les redites de la petite presse, toujours à l'affût de menus détails plus ou moins exacts, ne me prouvaient pas trop souvent que la mémoire de Rossini demande à être défendue, j'arrêterais ici ma plume; mais je crois utile de faire connaître le testament de cet homme de génie, dans lequel la bonhomie et la simplicité n'excluent pas le sentiment d'une haute reconnaissance envers sa patrie natale et sa patrie d'adoption, et une sorte d'intérêt posthume pour les destinées de l'art dans notre pays. En instituant son double prix annuel de 3,000 francs, la main de Rossini semble sortir du tombeau pour montrer la voie et encourager les jeunes artistes à la suivre. C'est ainsi que non content d'avoir laissé aux compositeurs d'admirables modèles, d'avoir été pendant près de quarante ans spectateur sympathique et désintéressé de leurs efforts, il a voulu présider encore aux destinées d'un art qu'il a tant honoré, et ces destinées c'est encore à la France, comme à la nation la plus digne, qu'il les a confiées.

TESTAMENT OLOGRAPHE (1).

Paris, 5 juillet 1858.

Ceci est mon testament, au nom du Père, du Fils, du Saint-Esprit. Ainsi soit-il.

Dans la certitude de devoir laisser cette vie mortelle, je me suis déterminé à faire mes dernières dispositions.

A ma mort, il sera employé une somme de deux mille francs au plus pour mes funérailles; mon corps sera déposé où ma femme jugera convenable.

A titre de legs, et pour une fois seule, je laisse à mon oncle maternel, François-Marie Guidarini, demeurant à Pesaro, six mille francs; à Maria Mazotti, ma tante maternelle, demeurant à Bologne, cinq mille francs; et à mes deux cousins, demeurant à Pesaro, Antoine et Joseph Gorini, deux mille francs à chacun; ces legs sont ma seule et unique volonté; ils seront payés aussitôt ma mort; si j'aurai l'argent opportun; en supposition contraire, mes exécuteurs testamentaires prendront le temps nécessaire en payant le cinq pour cent d'intérêt. Si lesdits légataires fussent morts avant moi, les sommes seraient l'héritage des fils masculins et féminins en partie égale.

A ma bien-aimée femme, Olympe Descuilliers, qui a été une affectueuse et fidèle compagne, et de laquelle tout autre éloge serait inférieur à son mérite, je lui lègue en toute propriété tous les meubles meublants, lingeries, tapisseries, draps, porcelaine, vases, mes autographes de musique, voitures, chevaux, tous les objets d'écurie et de sellerie, de caves, cuivre, bronze, tableaux et autres; enfin tout ce qui se trouvera dans ma maison, soit de ville ou de campagne, en exceptant les objets que je vais dire ci-dessous.

Je déclare en outre être d'exclusive et absolue propriété de ma femme toutes les argenteries, comme je veux qu'on reconnaisse pour sa propriété, quel que soit l'objet qu'elle affirmera être à elle appartenant, bien que ces objets se trouvent dans ma chambre ou dans mes effets; les boîtes, les bagues, les chaînes, les épingles, les armes, cannes, pipes, médailles, les montres (exclue pourtant une petite montre de la fabrique de Bréguet, qui appartient à ma femme), une petite bataille en argent de Benvenuto Cellini, cadre or et ivoire; autre objet en argent, bas-relief; mes violons, alto, flûte, hautbois, seringue en ivoire, nécessaires de toilette; dessins et albums, seront vendus en prisée ou par le moyen de vente publique, de la manière que mes exécuteurs trouveront convenable et plus profitable. Cet argent qu'on tirera de cette vente sera placé au profit de l'héritage.

Je donne entière et pleine faculté à ma femme de choisir et d'opter entre mes propriétés foncières ou mes mobilières, valeurs, celles ou ceux qui seront le plus à sa convenance, en restitution de la dot qui m'a été constituée à

---

1. Rossini parlait la langue française avec facilité. Il l'écrivait moins correctement. J'ai laissé subsister les tournures italiennes et les fautes grammaticales dont le testament est émaillé çà et là.

l'époque de notre mariage. Tous mes autres biens, effets et substances, j'institue et nomme comme héritière usufruitière, ma bien chère et bien aimée femme, à vie naturelle durant. Je nomme pour mon héritier de la nue-propriété, la communauté de Pesaro, ma patrie, pour donner et doter un lycée musical dans cette ville, après la mort de ma femme seulement.

Je défends à la magistrature, ou à ses représentants, communale de ladite ville, toute espèce de contrôle et d'intervention dans mon héritage, exigeant que ma femme jouisse, en toute liberté absolue, ne voulant même pas qu'elle donne une caution ou soit obligée de faire un emploi à raison des biens que je laisserai après moi et dont je lui lègue l'usufruit.

Je nomme pour mes exécuteurs testamentaires, en Italie, le marquis Carlo Bevilauqua, et le chevalier Marco-Minghetti, de Bologne, où ils habitent, leur donnant la plus grande faculté, en les priant d'accepter les charges que mon choix leur impose, en me donnant cette preuve ultérieure de bienveillance et d'amitié.

Je nomme de plus, pour mes exécuteurs testamentaires en France, M. Vincenzo Buffarini, demeurant rue Basse-du-Rempart, 30, et M. Aubry, boulevart des Italiens, 27, les priant de vouloir bien agréer, à titre de souvenir, onze cent d'argent pour chacun d'eux, dans l'espace d'une année, à compter du jour de mon décès.

Je veux qu'après mon décès et celui de mon épouse, il soit fondé à perpétuité à Paris et exclusivement pour les Français, deux prix de chacun 3,000 fr., pour être distribués annuellement, un à l'auteur d'une composition de musique religieuse ou lyrique, lequel devra s'attacher principalement à la mélodie, si négligée aujourd'hui ; l'autre à l'auteur des paroles (prose ou vers) sur lesquelles devra s'appliquer la musique et y être parfaitement appropriée, en observant les lois de la morale dont les écrivains ne tiennent pas toujours assez de compte ; ces productions seront soumises à l'examen d'une commission spéciale prise dans l'Académie des beaux-arts de l'Institut qui jugera celui des concurrents qui aura mérité le prix dit Rossini, qui sera décerné en séance publique, après l'exécution du morceau, soit dans le local de l'Institut, ou au Conservatoire. Mes exécuteurs testamentaires devront obtenir du ministre l'autorisation d'immobiliser en 3 0/0 un capital nécessaire pour former une rente annuelle de 6,000 fr.

J'ai désiré laisser à la France, dont j'ai reçu un si bienveillant accueil, ce témoignage de ma gratitude et de mon désir de voir perfectionner un art auquel j'ai consacré ma vie.

. . . .
. . . .

Je laisse à mon valet de chambre Antoine Scanavini, qui m'a servi avec exactitude et fidélité la somme mensuelle de cinquante francs sa vie durant, et tout mon vieux vestiaire, à partir du jour de mon décès. Je me réserve le droit de faire des additions ou modifications au présent testament ; j'entends et je veux qu'elles soient exécutées littéralement comme si elles étaient écrites dans le présent acte.

J'annule tout autre testament.
Fait, écrit, et signé de ma main aujourd'hui.
Paris, 5 juillet 1858.

Signé : GIOACCHINO-ANTONIO ROSSINI.

On a cherché à faire à Rossini une réputation d'avarice ; je ne sais vraiment pas pourquoi, à moins que ce ne soit à cause de son peu d'ostentation, et de l'ordre avec lequel il gérait sa fortune. La vérité est qu'il a constamment montré un cœur généreux, qu'il a refusé des occasions qui lui ont été offertes de décupler sa fortune privée. Ce ne sont pas là des affirmations en l'air. Je peux choisir des preuves qui valent mieux que des caquetages de journalistes. Rossini a été le seul des compositeurs connus qui de son vivant, dix années même avant sa mort, ait fait l'abandon complet de tous ses droits dans la Société des auteurs, compositeurs et éditeurs de musique, à la caisse de secours de cette société. En outre, avant cet abandon, il se refusait toujours à percevoir une parcelle quelconque de ses droits sur les représentations à bénéfice. J'ai mentionné sa conduite généreuse envers Niedermeyer et Carafa lors de l'arrangement de *Robert-Bruce* et de *Sémiramis* pour l'Opéra français. Lorsqu'au congrès de la propriété littéraire et artistique, on proposa de reconnaître aux auteurs tous droits rétroactifs sur leurs anciennes œuvres, ce qui aurait constitué une seconde fortune à l'auteur de tant de chefs-d'œuvre italiens, Rossini s'y opposa avec force : « Jamais, dit-il ; ce qui est dans le domaine public y doit rester. » Qu'on pèse bien le sens de cette belle parole dont la portée est inappréciable dans l'intérêt des jouissances musicales du plus grand nombre. A l'époque de l'Exposition universelle de 1867, un spéculateur proposa à Rossini d'acquérir la collection de ses manuscrits qu'on savait considérable, moyennant une somme de 500,000 francs. Rossini refusa. Une raison secrète et d'une nature tout artistique qu'il est permis de deviner d'après l'ensemble de la vie du maître depuis 1830 prévalut sur l'appât de tels avantages pécuniaires. Assurément on peut dire qu'il a été un des plus nobles cœurs de ce siècle.

Rossini a laissé un autre testament que celui de l'homme mortel. C'est celui de son génie. L'œuvre qu'il a appelée modestement *Petite messe*, et qu'il n'a voulu faire exécuter qu'une seule fois devant un auditoire de son choix, quatre ans avant sa mort, est une révélation du travail qui s'est opéré dans la pensée du maître, de l'élévation progressive et constante de son inspiration.

De la *Donna del Lago* (1819) à *Guillaume Tell* (1829), Rossini a franchi les degrés qui séparent l'agréable du beau; mais de *Guillaume Tell* à la *Messe solennelle* (1864) il s'est élevé du beau au sublime.

Aucun ouvrage du maître n'a été traité avec plus de science et de conscience. On voit à chaque page qu'il a fait un effort pour s'élever à la hauteur du sujet et on remarque les traces de l'étude qu'il a faite des œuvres de Haendel, de Sébastien Bach, et aussi des organistes du xviie et du xviiie siècle, Scarlatti et Frescobaldi. Le style du *prœludium* qui sert d'offertoire est un modèle achevé de musique d'orgue.

Le *Kyrie* est d'une ampleur toute hiératique et le *Christe* est traité *alla Palestrina*. La page capitale de la messe est le *Gloria in excelsis*. Les plus belles parties en sont le *Laudamus te*, chœur de voix angélique; le *Gratias tibi* et la fugue admirable *Cum sancto Spiritu*, aussi belle qu'un *Alleluia* de Haendel et supérieure aux plus beaux passages de la Passion de Bach. Ici Rossini a triomphé dans l'emploi qu'il a fait des formes scolastiques. Dans le solo de baryton *Tu solus Sanctus*, il n'a pas dépouillé le vieil homme et la forme de la cavatine est trop accusée. Il fallait bien contenter les solistes. Le *Crucifixus* du *Credo* chanté par la voix de soprano est d'une tristesse et d'une compassion saisissantes. Le *Sanctus* a été le morceau le plus applaudi. On peut se servir de cette expression puisque cette œuvre de génie n'a pas trouvé une seule porte ouverte des nombreuses églises de Paris et qu'elle a été exécutée aux Italiens et dans des salles de spectacle; inconvenance qu'il appartenait à notre époque de commettre (1). Le *Benedictus* est sublime. L'harmonie des voix sans accompagnement est ineffable.

Au sujet de l'*O salutaris* dont les modulations sont fréquentes et sentent un peu le tour de force, je ferai observer que Rossini s'est placé résolument sur le terrain de ses adversaires, de ses détracteurs ténébreux, lesquels remplacent l'inspiration rebelle par un système de modulations et de transpositions perpétuelles dont on pourra apprécier la théorie dans mon chapitre sur M. Wagner et son école. Un des rares auditeurs de la *Messe* parlait à Rossini de la hardiesse de son harmonie. « J'ai voulu leur montrer, dit-il, qu'il n'est pas difficile de faire comme eux, de moduler dans des tons éloignés; seulement je n'ai pu m'empêcher d'y mettre un peu d'huile. »

L'harmonie de la *Petite messe* est neuve et très-savante sans cesser d'être claire. Les cadences sont souvent évitées ou moins accusées que dans les autres ouvrages du maître. Les dessins de l'accompagnement, la richesse mélodique des formules, la phrase sereine et majestueuse, la

---

(1) Il est vrai que la situation lamentable du personnel chantant et des maîtrises de nos églises de Paris et de nos cathédrales en France ne permet pas de songer à une bonne exécution des œuvres des maîtres, lorsque ces œuvres exigent un certain déploiement de ressources musicales. Le croirait-on? dans une ville qui compte plus de cent églises, il n'y a guère que trois ou quatre enfants au plus capables de chanter convenablement un solo; ce sont ces trois ou quatre enfants que les maîtres de chapelle se passent les uns aux autres lorsqu'une messe en musique, un convoi ou un mariage réclament leur concours. Dans le mois de juin 1866, Rossini écrivit au Saint-Père une longue lettre latine sur la décadence de la musique d'Église. Selon lui le remède au mal consistait dans l'admission générale et permanente des voix de femmes, aussi bien que des voix d'hommes dans l'église, pour chanter les parties de dessus, les enfants de chœur étant à eux seuls insuffisants, en raison de l'état de dépérissement des maîtrises dans notre état social moderne. Le Saint-Père, dans une lettre latine pleine de bienveillance adressée à Rossini, répondit qu'il était en effet fâcheux que l'état de dénuement des églises ne permît pas d'exécuter les œuvres de musique sacrée comme on pouvait le faire autrefois, qu'il était déplorable que les gouvernements aient laissé périr tant d'établissements où les enfants pauvres recevaient avec une instruction morale des connaissances propres à leur procurer les avantages de l'existence temporelle. Quant à la proposition de Rossini, on comprend bien qu'il n'y fut donné aucune suite. On aurait pu citer au maître ce conseil donné aux fidèles dans la primitive Église : « *Taceant mulieres in ecclesia.* »

science des timbres rappellent sans doute le style général du *Mosè*, de *Guillaume Tell*. Mais l'inspiration a été puisée à une source plus haute et exprimée à l'aide de procédés de composition nouveaux.

L'*Agnus Dei* produit un grand effet. Il est vrai qu'il a été traité dans un style plus dramatique que les autres parties de la messe. La phrase *Miserere nobis* chantée par la voix de soprano est un véritable cri de détresse d'une Madeleine en larmes. Le *Dona nobis pacem* termine dignement cette œuvre admirable qu'en raison de son importance on peut considérer comme le dernier chant du cygne de Pesaro, dîme touchante et glorieuse payée par l'homme de génie à Celui qui l'avait comblé de ses dons (1).

MEYERBEER

(GIACOMO)

NÉ EN 1794, MORT EN 1864.

On rencontre parfois des familles où plusieurs enfants arrivent pour ainsi dire simultanément à la célébrité par des voies différentes. Tel est le cas des trois fils de Jacob Beer, riche banquier israélite de Berlin. Wilhelm Beer, l'un deux, tout en s'occupant d'affaires de banque comme son père, fut en même temps un astronome distingué et publia de 1829 à 1836 avec Maedler la grande *Carte de la Lune*, en quatre feuilles, la meilleure de toutes celles qui existaient alors et qui eut pour commentaire une remarquable *Sélénographie générale*. Il est mort le 27 mars 1850. Son jeune frère, Michel Beer, qui mourut le 23 mars 1833, était déjà célèbre en Allemagne comme poëte dramatique. C'est l'auteur du *Paria* et de *Struensée*. Leur aîné, Jacob Liebman Beer, est le compositeur qui ayant italianisé son prénom et ayant fait précéder son nom de celui du banquier Meyer qui l'avait en quelque sorte adopté et qui lui légua sa fortune, a rendu illustre le nom de Giacomo Meyerbeer.

Meyerbeer naquit à Berlin le 5 septembre 1794. Dès sa plus tendre enfance, il fut un prodige musical. A quatre ans il reproduisait sur le piano

(1) Je dois à l'obligeance de M. Heugel la communication du premier des portraits de Rossini que j'ai fait graver; il a été peint à Naples par Mayer en 1820; l'autre est le résultat d'une photographie qui a été faite quelques années avant la mort du maître.

MEYERBEER

en s'accompagnant de la main gauche les airs que jouaient les orgues des rues. On lui donna pour maître à cinq ans l'habile pianiste Lauska, élève de Clementi, et le 14 octobre 1800 il paraissait dans un concert à Berlin et recevait des éloges jusque dans la *Gazette musicale* de Leipzick. Trois ans après, cette feuille parlait de lui comme d'un des meilleurs pianistes de Berlin. Il avait alors neuf ans.

Les plus grands maîtres se firent un honneur de l'avoir pour élève. Ce fut d'abord Clementi qui, pour lui seul, revint sur la résolution qu'il avait prise de ne plus professer et qui lui donna des leçons pendant tout le temps que le jeune pianiste demeura à Berlin. Ce fut ensuite Bernard Anselme de Weber, le frère de l'auteur du *Freyschütz*, ancien élève de l'abbé Vogler, chef d'orchestre au Grand-Théâtre de Berlin, grand admirateur de Gluck, qui fut choisi pour lui donner les premières leçons de composition musicale : enfin l'abbé Vogler lui-même, organiste de la cathédrale de Darmstadt et célèbre théoricien.

Malgré toutes ses qualités didactiques, Weber était insuffisant pour enseigner à son élève l'harmonie, le contre-point et la fugue. Meyerbeer le sentait, et comme il en avait l'instinct, il se mit à travailler seul. Une fugue qu'il composa, sans aucune aide, excita l'admiration de Weber, qui, tout fier d'avoir fait un tel élève, envoya son travail à Vogler, comptant que celui-ci partagerait son enthousiasme. On attendit plusieurs mois, qui parurent des siècles. D'où venait cette indifférence de l'abbé qui avait entendu, à Berlin, le jeune Meyerbeer et avait déclaré qu'il serait un grand musicien? Enfin arriva un volumineux paquet envoyé par Vogler : c'était son *Système de la construction de la fugue, comme introduction à la science du chant harmonique concerté*, écrit tout entier de la main de l'abbé. Il se divisait en trois parties : la première était un exposé succinct des règles de la fugue; la seconde, ayant pour titre : *La fugue de l'élève*, analysait la fugue de Meyerbeer et en concluait qu'elle n'était pas bonne; la troisième, *La fugue du maître*, était une fugue composée par Vogler sur le thème et les contre-sujets de Meyerbeer, avec l'analyse raisonnée mesure par mesure. Weber fut désappointé, mais Meyerbeer fut ravi. Il comprit alors ce qui jusque-là lui avait paru obscur, et il remercia le maître en lui envoyant, au bout de quelque temps, une fugue à huit parties, composée d'après ses préceptes. Vogler fut charmé cette fois, et il écrivit au jeune artiste qu'un bel avenir s'ouvrait devant lui ; que s'il voulait venir à Darmstadt, il y serait reçu comme un fils et pourrait y acquérir les connaissances musicales qui lui manquaient encore.

Meyerbeer accourut à Darmstadt, auprès du maître, et trouva dans son école, pour condisciples, Gansbacher, le futur maître de chapelle de l'église Saint-Etienne, de Vienne; Charles-Marie de Weber, le futur auteur du *Freyschütz*, et son autre frère, Godefroid de Weber. L'émulation fut grande entre ces jeunes gens, non moins que l'amitié, pendant les deux années qu'ils travaillèrent ensemble. Après avoir dit sa messe, l'abbé les réunissait, développait une théorie du contre-point et leur donnait ensuite à composer un morceau d'église dont il indiquait le thème. A la fin de la journée, le travail de chacun était scrupuleusement examiné et discuté. Parfois on se rendait à l'église principale, qui possédait deux orgues; l'abbé donnait un sujet de fugue et les jeunes artistes en improvisaient le développement. Meyerbeer ne tarda pas à faire honneur à son maître, en composant son oratorio *Dieu et la nature*, qui fut exécuté avec succès devant le grand-duc et qui valut à l'auteur le titre de compositeur ordinaire de la cour. Il eut un égal succès la même année à Berlin (1811), dans un concert donné par Weber au théâtre Royal, le 8 mai. Eunïke, Grell et Mlle Schmalz ne dédaignèrent pas d'en chanter les solos.

Vogler ferma alors son école et fit faire à ses élèves leur tour d'Allemagne. On arriva à Munich, et Meyerbeer y fit représenter son premier ouvrage dramatique, *la Fille de Jephté*, en trois actes, qui annonçait plus de science que de mélodie, et était plutôt un oratorio qu'un opéra. Contrarié du froid accueil qu'il reçut, il quitta Munich, et alla faire à Berlin un court séjour. Le 4 février 1813, secondé par le violoniste Weit, il y exécutait, dans un concert, une symphonie concertante pour piano, violon et orchestre, dont les journaux parlèrent avec grand éloge. Il se rendit ensuite à Vienne, pour y faire briller son talent de pianiste. Mais, le jour même qu'il y arriva, il entendit Hummel, et fut saisi d'admiration pour son exécution parfaite et enchanteresse. Meyerbeer fit taire son amour-propre et retarda le moment de se produire en public jusqu'à ce qu'il se fût perfectionné dans ces qualités de l'école viennoise, qu'il n'avait pas acquises chez Clementi. Il travailla avec courage pendant dix mois, vivant dans une retraite étroite, modifia d'une manière sensible son doigté, pour lui donner plus de liant, et il causa une profonde sensation le jour de ses débuts. Chacune de ses exécutions fut un triomphe, et Moschelès a souvent déclaré que Meyerbeer, s'il fût resté pianiste, n'eût peut-être pas eu de rival. Heureusement pour l'art, la composition le séduisit davantage; mais il n'en est pas moins demeuré un accompagnateur hors ligne et l'homme des nuances et des délicatesses infinies. On s'explique par là ses pointilleuses exigences en matière de répétition. Il voulut toujours qu'on apportât à l'exécution de ses œuvres la conscience qu'il y apportait lui-même.

En 1813, Meyerbeer donna à Vienne *les Amours de Thécelinde*, monodrame avec chœurs qui fut bien accueilli du public et fut suivi la même année d'un opéra bouffon, en deux actes, intitulé : *Abimeleck, ou les deux Califes*. Cet ouvrage ne réussit point, et ce fut alors que, sur le conseil de Salieri, le jeune compositeur se décida à aller en Italie pour y apprendre l'art de bien traiter les voix. Meyerbeer passa d'abord par Venise où le *Tancredi* de Rossini transportait d'enthousiasme tous les amateurs; mais il dut rester deux ans sans trouver ni un libretto ni une scène. Il attendit, sans impatience, grâce à sa grande fortune, étudia avec curiosité cette musique vive et légère et prépara cette fusion de l'harmonie allemande et de la mélodie italienne qui est le caractère principal de son talent. Enfin le 20 juillet 1817, il donna à Padoue la première composition de sa nouvelle manière, *Romilda e Costanza*, opéra semi-séria, qu'il avait écrit pour la Pisaroni et qui obtint un succès complet. Les Italiens ne marchandèrent pas leurs applaudissements à l'élève de l'abbé Vogler qui était lui-même l'élève du maître de chapelle de Sant'Antonio, le père Valotti. Deux ans après (1819), vint le tour de *Semiramide riconosciuta*, écrite pour Carolina Bassi et représentée à Turin; puis en 1820 celui de *Margherita d'Anjou*, donnée à la Scala de Milan et mise bientôt à la scène à Paris, à Munich et à Londres : enfin, cette même année, à Venise, *Emma di Resburgo* fut représentée quelques semaines après; l'*Eduardo e Cristina* de Rossini partagea avec cette composition la vogue de la saison, tant à Venise qu'à Milan, à Gênes, à Florence et à Padoue. L'Allemagne elle-même admira le nouvel ouvrage de Meyerbeer, qui fut traduit deux fois sous les titres d'*Emma von Leicester* et d'*Emma von Rosburg*, et qui fit grand bruit à Munich, à Dresde, à Francfort, à Berlin et à Stuttgard.

Le même accueil ne fut pas fait au compositeur comme à l'œuvre. Meyerbeer, revenu en Allemagne, fut traité à Berlin de transfuge de l'art allemand et à Vienne de plagiaire de Rossini. Charles-Marie de Weber, antipathique comme Beethoven et Mendelsshon à la musique italienne, sans cependant cesser de rester l'ami de Meyerbeer, voulut lui donner une leçon en l'opposant à lui-même et lui rappela sa première manière en faisant jouer son ancien opéra : *Les deux Califes*, sous le nouveau titre de *Wirth und Gast* (hôte et convive), qui du reste avait été froidement accueilli à Vienne. L'accueil de la province fut plus sympathique à Meyerbeer que celui de la capitale. Mais il repartit bientôt pour l'Italie qui devenait pour le moment la meilleure appréciatrice de son talent, et fit jouer le 14 novembre 1820 au théâtre de la Scala de Milan sa *Margherita d'Anjou*, drame demi-sérieux de Romani, où se firent applaudir Tachinardi, Levasseur et Rosa Mariani, et qui fut joué ensuite avec quelque succès à Paris, au théâtre de l'Odéon, et en Belgique. Deux ans après, parut *L'Esule di Granata*, opéra séria du même Romani, où Lablache et la Pisaroni triomphèrent d'une cabale malveillante, vaillamment secondés par Adélaïde Tosi, Carolina Bassi, Manna et le ténor Winter. Le duo du deuxième acte surtout excita des transports d'admiration. Meyerbeer composa ensuite pour Rome son opéra d'*Almanzor*, dont une maladie de la Bassi empêcha la représentation. Meyerbeer lui-même tombé malade à une des répétitions, ne put achever la partition pour l'époque désignée et dut partir au commencement de 1823 pour les eaux de Spa. Il se rendit de là à Berlin, où, faisant taire les ressentiments de son amour-propre froissé, il consentit à écrire pour le théâtre de Kœnigstadt *Das Brandenburgerthor* (la Porte de Brandebourg), qui, on ne sait pourquoi, est resté inédit. Il revint de nouveau en Italie, et le 26 décembre 1824, il fit représenter à Venise, non à Trieste comme l'ont écrit certains biographes, le chef-d'œuvre de sa manière italienne, *Il Crociato in Egitto*, magnifiquement interprété par Mme Méric Lalande, Velluti et Lablache. Cet opéra fit le tour de l'Italie, de l'Allemagne et de la France, apaisa les rancunes des uns, redoubla l'enthousiasme des autres et donna un émule de gloire à Rossini. L'un des chœurs du *Crociato* devint promptement populaire; le grand air : *Ah! come rapida la speme*, avec son allegro si gracieux, est devenu un air classique *de bravoure*. Je ferai remarquer toutefois que Meyerbeer a abusé du style italien ; jamais on ne se douterait, en entendant cet air, qu'il s'agit de peindre les angoisses de l'amour maternel. Charles-Marie de Weber lui-même applaudit à Trieste l'œuvre de son ami, lui fit presque promettre de composer encore pour Berlin sa patrie et ne craignit pas un peu plus tard en mourant de le charger d'achever un dernier opéra commencé.

Après avoir écrit le *Crociato*, Meyerbeer se reposa. Mais ce fut un repos fécond. La première phase de son talent avait été tout allemande : sa seconde évolution avait été italienne. La troisième qu'il prépara alors fut celle de son originalité propre. En 1827, il se maria et eut bientôt la douleur de perdre successivement ses deux premiers enfants. Il devint triste, recueilli, et ne fit paraître en plusieurs années qu'un *Stabat*, un *Miserere*, un *Te Deum*, douze psaumes et ses huit cantiques de Klopstock.

Enfin la France voulut avoir Meyerbeer chez elle, et le ministre de la maison du roi Charles X, M. de La Rochefoucauld, lui fit des propositions qui furent acceptées. Meyerbeer vint et eut à composer la musique d'un libretto d'Eugène Scribe et Germain Delavigne pour l'Opéra. La révolution de Juillet arriva. L'Opéra cessa de faire partie de la maison du souverain et devint une entreprise particulière, confiée à l'habileté d'un directeur de revue, le docteur Véron. L'obligation de représenter l'opéra de Meyerbeer était insérée au cahier des charges imposé au nouveau directeur. C'était *Robert le Diable*.

C'est toute une histoire que les péripéties dont fut entourée la représentation de ce chef-d'œuvre qui a dépassé, rien qu'à l'Opéra de Paris, sa cinq-centième représentation. La partition était terminée et les rôles distribués, lorsqu'il parut meilleur de confier à Levasseur le rôle de Bertram écrit pour un baryton. Meyerbeer se mit au travail aussitôt et transposa pour la basse tout ce qui avait été écrit pour baryton dans sa partition. De splendides décors ayant été exécutés pour le troisième acte, Meyerbeer, qui sait ce qu'il vaut, s'en afflige à une répétition générale et dit au directeur : « Tout cela est très-beau, mais vous ne croyez pas au succès de ma musique : vous cherchez un succès de décoration. » Mlle Dorus s'exécutait avec beaucoup de dévouement pour créer le rôle d'Alice. Mais peu de jours avant la représentation, Mme Damoreau qui interprétait la princesse Isabelle annonçait qu'elle allait prendre son congé de deux mois le mois suivant et se le faisait racheter dix-neuf mille francs. Deux trompettes à pistons italiens, les frères Gambetti, engagés sur la recommandation de Rossini et dont l'un exécutait un solo très-important au cinquième acte, déclarèrent après la dernière répétition qu'ils ne viendraient plus à moins qu'on n'augmentât leur traitement, et furent satisfaits. Enfin, après plus de quatre mois de répétitions préparatoires et générales, le 22 novembre 1831 parut *Robert le Diable*.

Tous les premiers sujets y tenaient un rôle. Le premier et le second acte furent applaudis; mais rien n'annonçait encore un triomphe éclatant. Le troisième acte venait de commencer : tout à coup un portant sur lequel étaient accrochées une douzaine de lampes allumées tombe bruyamment sur la scène au moment de l'entrée d'Alice et jonche le parquet de verres brisés. Mlle Dorus qui s'avançait recula de quelques pas sans s'effrayer et continua son rôle avec calme. L'émotion fut grande et rappela celle qu'avait causée autrefois un accident du même genre arrivé à Mme Talma, pendant une représentation de l'*Abbé de l'Épée*, pièce de Bouilly, et où l'artiste, remplissant le rôle du jeune sourd-muet, avait paru ne pas entendre le bruit d'une poutre énorme tombée du plafond presque à ses pieds. Arriva alors le beau chœur des démons qui saisit d'émotion toute la salle. Le succès était déclaré, mais on n'en avait pas encore fini avec les terreurs du troisième acte. Un rideau de nuages dont les fils étaient mal attachés s'échappa encore au moment où, venu d'en bas il atteignait aux frises et tomba sur l'avant-scène, tout auprès de Mlle Taglioni, étendue encore sur son tombeau, en nonne qui va revenir à la vie. Elle n'eut que le temps de s'enfuir au plus vite pour n'être pas blessée. Ce ne fut pas tout; si les émotions de l'admiration et de l'enthousiasme furent pour le public au cinquième acte, il y eut encore pour les artistes et le personnel du théâtre une angoisse terrible à propos d'un accident imprévu, dû sans aucun doute à l'entraînement produit sur l'artiste par la musique elle-même. Ici, je n'abrége plus, je reproduis textuellement le récit du docteur Véron (1).

« A la suite de l'admirable trio qui sert de dénouement à l'ouvrage, Bertram devait se jeter seul dans une trappe anglaise pour retourner vers l'empire des morts : Nourrit, converti par la voix de Dieu, par les prières d'Alice, devait au contraire rester sur la terre pour épouser enfin la princesse Isabelle; mais cet artiste passionné, entraîné par la situation, se précipita étourdiment dans la trappe à la suite du dieu des enfers. Il n'y eut plus qu'un cri sur le théâtre : « Nourrit est tué! » Mlle Dorus, que n'avait

(1) *Mémoires d'un bourgeois de Paris*, t. III, p. 65.

pu émouvoir le danger qu'elle avait couru personnellement, quitta la scène, pleurant à sanglots; il se passait alors sur le théâtre, dans le *dessous* et dans la salle, trois scènes bien diverses. Le public, surpris, croyait que Robert se donnait au diable et le suivait aux sombres bords. Sur la scène, ce n'étaient que des gémissements et du désespoir. Au moment de la chute de Nourrit, on n'avait point encore heureusement retiré l'espèce de lit et les matelas sur lesquels tomba Levasseur. Nourrit sortit de cette chute sain et sauf. Dans le *dessous* du théâtre, Levasseur regagnait tranquillement sa loge : « Que diable faites-vous ici? dit-il à Nourrit en le rencontrant : est-ce qu'on a changé le dénouement? » Nourrit se pressait trop de venir rassurer tout le monde par sa présence pour engager une conversation avec son camarade Bertram; il put enfin reparaître, entraînant avec lui Mlle Dorus, pleurant alors de joie. D'unanimes applaudissements éclatèrent dans toute la salle; le rideau tomba, et les noms des auteurs furent proclamés au milieu d'un enthousiasme frénétique.

« Nourrit se fit saigner le soir même, après cette première représentation. »

Comme on le voit, il y avait eu véritablement quelque chose de diabolique dans cette première apparition de Robert. Dans son volumineux ouvrage, ayant pour titre : *Adolphe Nourrit, sa vie, son talent, son caractère, sa correspondance*, M. L. Quicherat a publié les détails les plus piquants sur les premières représentations des opéras de Meyerbeer. C'est là le moindre titre à l'intérêt de cette consciencieuse publication embrassant une période courte mais glorieuse de l'histoire de notre Académie de musique, et devenue désormais aussi indispensable aux érudits qu'utile aux hommes de goût.

Je ne raconterai pas le sujet de *Robert le Diable;* je croirais faire injure à mes lecteurs en supposant qu'ils ignorent une œuvre jouée sur tous les théâtres lyriques, depuis Paris jusqu'à Mexico et Lima. Robert, Bertram, Alice, Isabelle, etc., sont des personnages devenus populaires partout où l'on chante. Qui ne connaît la ballade originale et colorée : *Jadis régnait en Normandie;* la suave romance : *Va, dit-elle, mon enfant;* le cœur syllabique : *Au seul plaisir fidèle*, avec la fameuse sicilienne *: O fortune, à ton caprice?* Qui n'a admiré le haut comique musical du duo : *Ah! l'honnête homme*, entre le villageois et Bertram? Voilà pour les deux premiers actes. Et dans les trois derniers, que de morceaux qui, avec des beautés différentes, ont obtenu une égale vogue! Ici, ce n'est plus la grâce qui prédomine, mais la force, dans une suite de scènes mystérieuses, lugubres, bizarres, pathétiques. Bornons-nous à rappeler la *Valse infernale*, aux accords sauvages et stridents; les couplets d'Alice : *Quand je quittai la Normandie*, interrompus par l'arrivée de Bertram et suivis d'un duo qui est un chef-d'œuvre de musique expressive d'un si beau jet; le duo : *Si, j'aurai ce courage*, où se trouve la phrase si difficile à bien chanter : *Des chevaliers de ma patrie;* l'évocation : *Nonnes, qui reposez sous cette froide pierre,* empreinte d'une pittoresque énergie; l'air célèbre : *Robert, toi que j'aime;* enfin, le *Chœur des moines,* qui se recommande à la fois par la beauté du chant, l'originalité du rhythme et la justesse de l'expression. Voici quelle fut la distribution primitive des rôles :

Robert,	NOURRIT.	Isabelle,	Mme CINTI DAMOREAU.
Bertram	LEVASSEUR.	Alice,	Mlle DORUS
Raimbaud,	LAFOND.		

Robert le diable était plus qu'une partition admirable, c'était le point de départ d'une nouvelle école, une conception sans précédents. La science harmonique allemande, pouvait-on croire, avait dit son dernier mot dans les symphonies de Beethoven. Eh bien, non : il lui manquait d'être appropriée à l'action dramatique, et ce fut Meyerbeer qui lui fit faire ce progrès. Héritier de Gluck, en ce sens que, comme l'auteur d'*Orphée*, il cherche surtout l'expression, son originalité consiste à la mettre dans l'accord et non dans la phrase mélodique. On ne peut nier que cette façon de comprendre la composition n'ait élargi le domaine de l'art musical. On doit reconnaître aussi que le maître en a tiré de puissants effets. Toutefois, je ne verrais point, sans un sentiment d'appréhension, des artistes médiocrement doués s'attacher à un système qui est périlleux, quand il n'est pas soutenu par d'éminentes qualités.

Ce qui donne la mesure de l'intelligence artistique de ce M. Véron dont j'ai parlé déjà, c'est qu'il avait considéré l'obligation de monter *Robert le diable* comme une des clauses onéreuses du contrat qui l'instituait directeur de l'Opéra. Converti par le succès, selon son invariable habitude, le *bourgeois de Paris* ne songea plus qu'à obtenir de Meyerbeer un second ouvrage. Il fut convenu que le compositeur livrerait dans un délai déterminé l'opéra des *Huguenots*, sous peine d'avoir à payer un dédit de 30,000 francs. Sur ces entrefaites, la santé de Mme Meyerbeer vint à s'altérer, et son mari dut la conduire en Italie. Force lui était, à la suite de ce contre-temps, de demander un répit à l'impresario, mais Véron fut inflexible, et l'artiste mis en demeure de s'exécuter, paya le dédit. Cependant, le nouveau directeur de l'Opéra ne fut pas longtemps sans comprendre le tort que ferait à ses recettes le retrait d'une partition impatiemment attendue et recommandée d'avance au public par le nom qui la signait. Un arrangement intervint donc entre les deux parties. Les 30,000 francs furent rendus et les *Huguenots* firent leur apparition le 26 février 1836.

Après le drame de la légende, le drame de l'histoire. J'ai dit, à propos du *Pré aux Clercs*, comme quoi, vers 1830, le seizième siècle avait été mis à la mode au théâtre et dans les romans. Scribe suivit le courant et emprunta aux guerres de religion le sujet d'un poëme en cinq actes. Mais l'interprétation du musicien laisse bien loin derrière elle le thème fourni par son collaborateur. C'est uniquement à la partition qu'est dû le succès d'un ouvrage qui figurera dans l'histoire musicale de notre temps à côté de *Guillaume Tell*, de la *Juive* et de la *Muette*. L'opéra des *Huguenots* ne saurait être comparé avec ces dernières productions, parce qu'il porte la marque trop spéciale de l'époque romantique au milieu de laquelle il fut conçu. Cependant il a mérité de survivre au romantisme pour n'en avoir exprimé que les beaux caractères.

La partie épisodique abonde en tableaux aussi intéressants au point de vue de la couleur historique que de la valeur musicale, et d'ailleurs très-habilement gradués. Les mœurs galantes du temps sont rendues avec *brio* et folie dans l'introduction : *Des beaux jours de la jeunesse*, et avec une grâce étudiée dans la romance : *Plus blanche que la blanche hermine*. L'entrée de Marcel, le choral de Luther et la chanson huguenote apprennent au spectateur dans quel ordre d'idées le drame va se mouvoir. L'austérité protestante se marque ici dans la rudesse des accents et contraste avec l'humeur insouciante des jeunes seigneurs. Vient ensuite comme une contre-partie féminine de la scène d'orgie du début : c'est la cavatine du page : *Nobles seigneurs, salut !* le grand air : *O beau pays de la Touraine ;* le chœur délicieux des baigneuses, la scène du bandeau et le duo : *Beauté divine, enchanteresse*. L'action dramatique ne commence, à proprement parler, qu'au moment où huguenots et catholiques sont mis en présence les uns des autres. Si le *rataplan* calviniste a de l'entrain et de la franchise, les litanies, pleurardes et languissantes, laissent voir que l'esprit général de l'œuvre est favorable à la réforme. Après la ronde des bohémiennes et le chant du couvre-feu, la passion de l'amour se manifeste pour la première fois dans le magnifique duo entre Marcel et Valentine : *Dans la nuit où seul je veille*. Le septuor du duel, la scène de la conjuration et de la bénédiction des poignards sont des morceaux d'une énergie et d'une puissance dont il y a peu d'exemples au théâtre. L'admirable duo du quatrième acte entre Valentine et Raoul : *Où je vais ?... Secourir mes frères ; tu l'as dit, oui, tu m'aimes*, fait éclater dans toute leur force les entraînements de l'amour et les résistances de l'honneur. La catastrophe arrive à la fin du grand trio : *Savez-vous qu'en joignant vos mains dans les ténèbres*. L'art difficile des gradations ne saurait être poussé plus loin.

Les principaux rôles de cet opéra furent créés par Nourrit, Levasseur et Mlle Falcon, les trois artistes bien-aimés, je dirais volontiers, les trois élèves de Meyerbeer ; car l'illustre maître n'a pas peu contribué à développer leur talent par le soin minutieux qu'il apportait à la bonne exécution de ses ouvrages. Et, si Platon a pu dire que les rhapsodes relèvent du poëte dont ils récitent les vers (ἔχονται ἐκ τοῦ ποιητοῦ), l'inspiration ne descend-elle pas plus intime encore du compositeur à ses interprètes ?

Les *Huguenots* réveillaient le souvenir des guerres religieuses : ils furent jugés de nature à compromettre la paix publique. Ce fut du moins l'avis des autorités qui, dans plusieurs villes du Midi, en interdirent la représentation. Plus tard, *Charles VI*, accusé de compromettre nos relations internationales, devait subir un ostracisme analogue.

Scribe n'est pas l'auteur des plus belles scènes de l'opéra des *Huguenots*. Il était en villégiature dans les Pyrénées pendant qu'on faisait les répétitions. Meyerbeer était peu satisfait du poëme et demandait des changements avec cette insistance polie et tenace qui lui était ordinaire. Ne pouvant les obtenir de Scribe, il s'adressa à Emile Deschamps, lequel, en peu de jours, sous la direction du maître, et aidé de quelques conseils d'Adolphe Nourrit, écrivit la scène d'entrée de Marcel, la chanson : *Piff, Paff*, le grand duo de Marcel avec Valentine au troisième acte, la strette du finale de ce même acte, le grand air de Raoul dans la scène du bal, tableau maintenant supprimé, la romance de Valentine qui ouvre le quatrième acte, l'air du page, le magnifique duo du quatrième acte, et le trio funèbre du cinquième. Il était de toute justice que le nom du poëte figurât à côté de celui de Scribe, et qu'il partageât avec lui les droits d'auteur. Le fécond vaudevilliste ne l'entendait pas ainsi. C'était le compositeur qui avait demandé tous ces changements : à lui donc d'indemniser le poëte, et à lui, Scribe, la gloire et l'argent, les plumes du paon enfin ; *ab uno, disce omnes*. Emile Deschamps reçut cependant des droits d'auteur ; mais ils furent prélevés sur la part du musicien qui s'empressa d'y consentir.

Quand Spontini prit sa retraite, Meyerbeer lui succéda dans les fonctions de premier maître de chapelle de la cour de Berlin. Cette nomination eut pour effet de nous priver pendant treize ans des chefs-d'œuvre de l'auteur des *Huguenots*. L'artiste écrivit pour le service du roi Frédéric-Guillaume IV un grand nombre de mélodies diverses, mais surtout de la musique d'Église. A cette époque se rattache la composition d'une cantate officielle intitulée : *La festa nella corte di Ferrara*, exécutée en 1843. Cependant le maître n'était pas infidèle à l'art dramatique ; le 8 décembre 1844, il donna pour l'inauguration du nouveau théâtre Royal de Berlin, un opéra allemand en trois actes, intitulé : *Un camp en Silésie* (Eine Feldlager in Schlesien). Le librettiste Rellstab avait pris pour sujet de son poëme une aventure de la vie militaire du grand Frédéric. Traqué par les pandours, en danger imminent d'être pris, le héros se réfugie dans une cabane habitée par un ancien capitaine de son armée. Le vieux soldat sauve le monarque aux abois en lui faisant changer ses vêtements pour ceux de son propre fils qui, revêtu du costume de Frédéric, sera ainsi désigné à la rage trompée de la soldatesque hongroise. Au dénouement, le prince, échappé au péril, récompense ceux qui n'ont pas hésité à se sacrifier pour son salut. La partition, fort remarquable, n'a produit tout son effet qu'à Vienne, où elle a été exécutée en 1847, avec le concours de la célèbre cantatrice Jenny Lind, chargée du rôle de la Bohémienne Wielka. Paris n'a pas entendu cet opéra sous sa forme originale ; mais, depuis, le compositeur en a intercalé la plupart des morceaux dans l'*Étoile du Nord*.

L'année 1847 vit la représentation de *Struensée*. C'était une tragédie en cinq actes et en vers, écrite par Michel Beer, frère du compositeur. Le poëte était mort en 1833 sans avoir pu faire entendre son œuvre. Le roi de Prusse engagea Giacomo Meyerbeer à y joindre une ouverture et des entr'actes, et ce fut avec ce complément musical que *Struensée* fut enfin donné à Berlin, le 21 septembre 1847. La pièce met sur la scène la malheureuse aventure de Struensée, ce médecin élevé par un caprice de la fortune au poste de premier ministre du roi de Danemark, et qui expia bientôt sur l'échafaud sa courte faveur. Conçue dans le goût encore classique de 1826, cette tragédie ne pouvait obtenir qu'un succès d'estime à une époque où la victoire du romantisme était un fait accompli. Pour ce qui est de la partition, elle est loin d'être indigne du maître. L'ouverture, qui est peut-être la plus remarquable symphonie de Meyerbeer, a acquis une rapide popularité en Allemagne. En France, on ne connaissait guère de cet ouvrage que la *Polonaise*, exécutée au Conservatoire, lorsque M. Pasdeloup a eu l'idée de faire entendre les autres morceaux aux concerts populaires. La représentation complète de *Struensée* avec la musique du maître offrirait un grand intérêt.

L'année précédente (1846), Meyerbeer avait fait exécuter, à l'occasion du mariage du roi de Bavière avec la princesse Wilhelmine de Prusse, une grande pièce pour instruments de cuivre, intitulée : *Tackeltanz* (danse aux flambeaux). Enfin il nous revint avec le *Prophète*, opéra en cinq actes, donné au théâtre de la Nation (Opéra), le 16 avril 1849. Cet ouvrage, le troisième que le compositeur ait écrit pour notre scène, peut aussi être considéré comme occupant le troisième rang dans l'ordre de ses productions. Assurément, le génie qui avait produit *Robert le diable* et les *Huguenots* était encore tout entier, et ce n'est pas le mot de décadence qu'il faut prononcer à propos d'une partition où l'inspiration ne fait pas plus défaut que la science. L'artiste restant le même, si sa musique cause des jouissances moins vives, cela tient, comme l'a dit Scudo, au peu d'intérêt d'un « drame théologique où l'amour est sacrifié à des préoccupations plus sévères. » L'étrange idée d'un faiseur de livrets pouvant puiser à son gré dans l'illimité de la fantaisie ou de l'histoire, d'aller choisir un des plus lugubres épisodes de la frénésie religieuse dont le seizième siècle fut agité, la révolte des anabaptistes ! Ce n'est pas une circonstance atténuante que d'avoir transformé le tailleur Jean de Leyde en cabaretier. Mais là ne se bornent pas les inventions de Scribe. Le *Prophète* de l'Opéra, serré de près par ses ennemis, fait sauter son palais et s'ensevelit sous les ruines. Le prophète de l'histoire est fait prisonnier et meurt dans d'affreux supplices. L'intérêt principal du poëme est un intérêt extrinsèque à l'action et dû aux circonstances au milieu desquelles l'œuvre fut représentée. Par le fait des événements politiques, Scribe et Meyerbeer se trouvaient avoir écrit, sans y songer, une pièce pleine d'actualité. Il n'y avait pas un an que les communistes de Paris avaient fait trembler la société, quand le *Théâtre-National* mit en scène les communistes de Munster. Nul doute que le souvenir des journées de juin n'ait plané sur la salle attentive aux horreurs de la guerre de Westphalie.

La partition du *Prophète*, la plus longue du répertoire, ne compte pas moins de vingt-cinq morceaux. Les citer tous m'entraînerait trop loin ; je me contenterai de signaler ceux qui attestent le plus d'originalité ou qui ont été le plus applaudis. De ce nombre sont : le chœur pastoral du début : *La brise est muette*, qui est plein de fraîcheur ; la romance à deux voix chantée par Bertha et Fidès : *Un jour dans les flots de la Meuse* ; la valse en chœur avec la phrase délicieuse de Jean : *Le jour baisse et ma mère ;* l'arioso ou scène dans laquelle Fidès bénit son fils : *Ah ! mon fils, sois béni !* au troisième acte, le chœur des anabaptistes : *Du sang, du sang ;* le bel air de basse : *Aussi nombreux que les étoiles ;* les airs de ballet qui suivent ; le quadrille des patineurs d'un rhythme neuf et piquant ; le trio des anabaptistes : *Sous votre bannière*, l'un des plus précieux joyaux de la partition. Quant au cantique si bien chanté par Roger : *Roi du ciel et des anges*, la mélodie m'en a toujours paru peu distinguée. Le quatrième acte offre, entre autres morceaux de premier ordre, les couplets de la mendiante : *Donnez pour une pauvre âme*, aux accents entrecoupés comme des sanglots ; et le chœur des enfants : *Le voilà, le roi-prophète*. C'est merveille de voir comment, sur une phrase d'une simplicité presque banale, le maître, grâce à son art profond des crescendos, a bâti l'édifice du plus magnifique finale. Ne quittons pas le quatrième acte sans signaler la scène émouvante entre le prophète et sa mère, scène qui était le triomphe de Mme Viardot.

Dans le cinquième acte, je rappellerai la touchante cavatine de Fidès : *O toi qui m'abandonnes ;* le duo d'un caractère énergique entre la mère et le fils ; l'allegro : *Il en est temps encore*, très-intéressant pour les musiciens au point de vue du rhythme ; le délicieux trio chanté par Jean, Fidès et Bertha, qui n'a qu'un défaut, celui d'être peu en situation ; enfin, les couplets bachiques du prophète au dernier tableau : *Venez, que tout respire*.

J'ai déjà parlé de la puissante expression avec laquelle Mme Viardot a rendu le caractère de Fidès. Roger a fait ses débuts à l'Opéra dans le rôle de Jean et Mme Castellan dans celui de Bertha. Les trois anabaptistes ont été représentés par Levasseur, Euzet et Gueymard, bientôt appelé à succéder à Roger dans le rôle du prophète.

Après avoir assisté au succès d'abord quelque peu contesté, mais bientôt établi de son œuvre, Meyerbeer retourna à Berlin remplir son service auprès du roi. Parmi les travaux qui l'occupèrent à cette époque, on remarque *la Märche des archers bavarois* (*Bayerischer Schützen Marsch*), écrite sur une pièce de vers du roi Louis de Bavière ; l'ode au sculpteur Rauch exécutée le 4 juin 1851 à l'Académie des beaux-arts de Berlin, et un hymne à quatre voix et chœur destiné à solenniser le vingt-cinquième anniversaire du mariage du roi de Prusse, Frédéric-Guillaume IV.

Vers la fin de 1851, la santé de l'artiste s'altéra gravement et les médecins le condamnèrent au repos. L'année suivante, il se rendit à Spa où il a fait depuis plus d'un séjour. C'était là que le maître se retrempait dans une vie calme, dans des promenades solitaires ; c'était là qu'il faisait provision de forces nouvelles au sortir des fatigues nerveuses que lui occasionnaient les répétitions de ses opéras. Donizetti, Verdi, tous les compositeurs soigneux de la bonne interprétation de leurs ouvrages, ont connu cette souffrance spéciale qui résulte d'une faute de chant, d'un détail d'orchestration mal saisi. « Don Sébastien me tue », disait le maître de Bergame, peu de temps avant que sa raison ne sombrât dans l'abîme où elle s'est perdue. Cet agacement nerveux, Meyerbeer devait l'éprouver plus qu'un autre, et, plus qu'un autre, en souffrir, car son exquise politesse l'empêchait d'en rien témoigner, et il se faisait violence pour montrer toujours à ses interprètes un visage bienveillant. Une pareille contrainte ne pouvait qu'exercer la plus fâcheuse influence sur son organisation physique. Aussi, quand arrivait le jour de la première représentation, il n'était que temps. Le musicien, heureux de sa délivrance à la suite d'une gestation longue et difficile, s'en allait faire ses relevailles à Spa ou à Schwalbach ; il se plongeait dans la nature ; il lui demandait ce qu'Antée obtenait de la terre chaque fois qu'il la touchait : une recrudescence d'énergie.

J'ai déjà signalé deux évolutions bien distinctes dans Meyerbeer : l'évolution italienne caractérisée par le *Crociato*, et l'évolution française à laquelle on doit *Robert le Diable*, les *Huguenots* et le *Prophète*. N'était-ce point assez de transformations, et après s'être fait Français, n'y avait-il point péril pour l'élève de l'abbé Vogler à vouloir se faire Parisien ? Mais, monté jusqu'au faîte, le maître aspirait à descendre. En d'autres termes, les lauriers de l'Opéra ne lui suffisaient plus, et il y voulait joindre les roses de l'Opéra-Comique. De cette ambition malheureuse naquit l'*Étoile du Nord*, représentée le 16 février 1854 et que la critique s'accorda à considérer comme l'erreur d'un homme de génie transporté sur un terrain qui n'était pas le sien. D'abord Catherine et Pierre le Grand sont des personnages assez déplacés à Feydeau. Mais Scribe ici n'est pas seul à porter la responsabilité d'un livret mal fait et dépourvu d'intérêt. Le rôle du cosaque Gritzensko est de l'invention du compositeur et fait peu d'honneur à son goût. Ces réserves faites, et tout en maintenant que l'*Étoile du Nord* ne mérite guère le nom d'opéra-comique, je rends hommage au pathétique qui respire dans la romance de Pierre : *O jours heureux* ; à l'entrain qu'il y a dans l'air de Danilowitz, au charme du duettino : *Sur son bras m'appuyant.* Pour ce qui est du déploiement des combinaisons harmoniques et rhythmiques, nulle part l'artiste ne s'y est livré davantage. Il n'y avait qu'un musicien versé dans toutes les ressources du métier qui pût produire une pareille œuvre. Ce n'est pas un opéra-comique dans l'acception que l'on donne à ce mot depuis Boieldieu, mais c'est une partition des plus remarquables, si l'on veut n'y voir que ce qui s'y trouve, c'est-à-dire une suite de tableaux, un polyorama, un kaléidoscope musical. En effet, chœur de buveurs, ronde bohémienne, prière, barcarolle, couplets de cavalerie, d'infanterie, chœur de conjurés, couplets de vivandières, polonaise, que n'y a-t-il pas dans cette partition de vingt-cinq morceaux? L'instrumentation offre un sérieux sujet d'études aux chefs d'orchestre, et le rôle de Catherine, très-chargé d'idées, est un des plus difficiles à interpréter.

Meyerbeer revint à l'Opéra-Comique le 4 avril 1859, avec le *Pardon de Ploërmel*, opéra-comique en trois actes, paroles de MM. Jules Barbier et Michel Carré. Une paysannerie bretonne, maussade et ennuyeuse au possible, fait tous les frais du livret. La science des effets musicaux, l'habileté et le fini des détails, que les artistes admirent dans cette composition comme dans toutes celles du maître berlinois, n'auraient peut-être point suffi à assurer son succès auprès du public, s'il ne se rencontrait au second acte une scène charmante, poétique, vraie trouvaille, capable de faire réussir — l'événement l'a prouvé — un ouvrage dont une foule de traits ingénieux ne rachètent pas la triste donnée; je veux parler de la *Valse de l'ombre*, chantée et dansée par Dinorah. La mélodie en est distinguée, vive et instrumentée avec un goût exquis; le retour du thème principal y est ménagé fort habilement. Dans le troisième acte, je citerai l'air du chasseur : *Le jour est levé*; la romance de baryton : *Ah! mon remords te venge de mon fol abandon;* enfin, le duo qui amène le dénouement, et le finale, traités l'un et l'autre avec une science dramatique consommée. Les deux rôles principaux de Dinorah et de Hoël ont été tenus par Mme Cabel et Faure. Jusqu'à la représentation, la cantatrice, qui avait affaire à un compositeur des plus méticuleux, n'eut pas un instant de repos. Meyerbeer allait la faire répéter chez elle pendant de longues heures, ne se lassant pas de lui détailler son rôle, tant et si bien que, pour pouvoir dîner, la pauvre Dinorah était obligée de demander merci à son bourreau dont l'insistance, tempérée par la politesse des formes, n'en était pas moins inflexible. Il faut honorer jusque dans ses exagérations ce zèle qui, chez un musicien, dénote un profond respect de l'art et du public.

Malgré ses fonctions à la cour de Berlin, l'auteur des *Huguenots* préférait le séjour de Paris à celui de sa ville natale. Il aimait la France plus que sa patrie et comme on aime le lieu où l'on a été prophète — ceci soit dit sans intention de jeu de mots. M. Blaze de Bury, son collaborateur et son ami, dans une intéressante biographie, nous apprend quel était l'emploi de sa journée, alors qu'il était notre hôte et habitait un hôtel de la rue Montaigne : « Il était tous les jours au travail dès six heures ; vers midi, après son déjeuner, il s'habillait, faisait ou recevait quelques visites, toujours selon son programme de la semaine ; car, dans cette existence régulièrement laborieuse, rien n'était livré à l'aventure. Vers deux heures, il allait prendre l'air, rentrait à trois et se remettait à l'œuvre, prolongeant cette fois la séance jusque vers le milieu de la nuit, et se donnant à peine le temps nécessaire pour dépêcher son dîner ; et, après ce dîner très-modeste, le léger somme auquel il lui fallait absolument satisfaire. »

A cet homme riche et célèbre, dont la Providence semblait avoir béni le berceau et dont les Muses avaient embelli la vie, que manquait-il pour être parfaitement heureux ? Rien peut-être que la sérénité dans le travail. Meyerbeer avait un trop vif sentiment de l'idéal, une trop ardente inquiétude du mieux pour être content de lui-même quand il avait produit un chef-d'œuvre. Il n'a jamais éprouvé en face d'aucun de ses opéras cette satisfaction olympienne : « *Vidit quod esset bonum.* » C'était pour lui une source féconde de nobles tourments auxquels se joignaient, hélas ! ceux que lui causait la critique. L'illustre artiste était, à cet égard, d'une sensibilité extrême ; mais la même disposition d'esprit qui lui rendait le dénigrement si douloureux lui faisait trouver du plaisir à se voir applaudi, admiré, et comblé de distinctions honorifiques. Soyons indulgents pour cette innocente faiblesse d'un grand homme. A coup sûr, l'Aigle rouge, l'Étoile polaire, la Couronne de chêne et même la Légion d'honneur, n'ajoutent rien au mérite de l'auteur du *Prophète* et des *Huguenots* : recevoir ces décorations est peu de chose ; mais c'est beaucoup que d'en être digne.

Il était écrit que Meyerbeer, après avoir donné ses plus beaux ouvrages à notre scène, rendrait le dernier soupir sur le sol français. Ce fut à Paris en effet que la mort vint le prendre le 2 mai 1864. Il faudrait une plume éloquente pour peindre la consternation dont fut saisi le monde des lettres et des arts, lorsque retentirent ces mots funèbres inopinément jetés à la foule : « Meyerbeer est mort ! » Rossini était venu le matin même s'informer de l'état du malade qui était à la fois son ami et son rival ; en apprenant la triste nouvelle, il s'affaissa sur lui-même et resta près d'un quart d'heure sans pouvoir proférer un seul mot. Quelle destinée que celle du maître de Pesaro réservé à voir passer le défilé mortuaire de toutes les illustrations que la sienne avait précédées : Hérold, Schubert, Bellini, Donizetti, Halévy, Meyerbeer ! L'admiration publique a sa piété qui ne se démentit pas en cette circonstance. Avant de rendre à l'Allemagne les restes de l'illustre défunt, la France paya à sa mémoire un solennel tribut de regrets par la bouche du baron Taylor, de M. Beulé, secrétaire de l'Académie des beaux-arts, et de M. Perrin, directeur de l'Opéra. La cérémonie eut lieu dans l'ancienne gare du chemin de fer du Nord, transformée en chapelle ardente. Après les trois orateurs que je viens de nommer,

M. Émile Ollivier prit la parole et dégagea du cercueil de Meyerbeer quelques considérations éloquentes sur le rôle pacificateur de l'art.

Le glorieux musicien était mort, mais il laissait une fille posthume de son génie, cette *Africaine*, si longtemps attendue et qui ne mit pas moins de vingt ans à voir le jour, puisque le livret avait été écrit par Scribe vers 1840. Par combien de remaniements successifs passèrent le poëme et la partition, la date de la première représentation, 28 avril 1865, le fait supposer, quand même on ne connaîtrait pas les habitudes d'esprit du maître et les tyranniques exigences de son goût musical. Les deux collaborateurs n'étaient plus quand l'œuvre orpheline fit son apparition à l'Opéra. Ce fut Fétis qui en dirigea les répétitions. L'un des premiers, le vaillant directeur du Conservatoire de Bruxelles avait applaudi aux efforts de Meyerbeer et prophétisé leur succès : nul n'était plus capable et plus digne de remplir la tâche à laquelle l'appelait la redoutable confiance de la famille du défunt.

Les défauts du livret ont fait tort à la partition de l'*Africaine*. Vasco de Gama n'est pas un héros déplacé sur la scène lyrique, à condition toutefois qu'il figure dans une action dramatique digne de lui. Or, tel n'est point ici le cas. Mais, en faisant la part du caractère incertain ou ridicule de Vasco, des amours peu intéressantes de Sélika, on doit avouer que cet opéra, le dernier-né du compositeur, tient noblement sa place à côté de *Robert*, des *Huguenots* et du *Prophète*. Il n'a pas joui d'une popularité égale auprès du public, mais il sera toujours hautement apprécié des connaisseurs et des artistes pour les richesses de rhythme et d'harmonie qu'il offre en profusion. Parmi les morceaux les plus remarquables, je signalerai au premier acte la romance d'Inès : *Adieu, mon doux rivage;* au second acte, l'air ravissant du sommeil : *Sur mes genoux, fils du soleil;* l'air chanté par Faure : *Fille des rois, à toi l'hommage*, et le finale, inouï au théâtre, qui se compose d'un septuor vocal sans accompagnement. Dans l'acte du vaisseau, on distingue le gracieux chœur de femmes : *Le rapide et léger navire;* la prière : *O grand saint Dominique*, et la ballade dite par Faure : *Adamastor, roi des vagues profondes*. La grande marche indienne du couronnement, marche dont l'effet ne le cède pas à celui de l'admirable ouverture de *Struensée;* l'air de Vasco : *Paradis sorti du sein de l'onde*, d'une mélodie ravissante, mais adaptée à une situation ridicule; enfin le grand duo qui exprime avec tant de bonheur l'extase de l'amour : voilà pour le quatrième acte. Dans le cinquième, on a impitoyablement sacrifié plusieurs beaux morceaux qui auraient fait durer la représentation trop longtemps. Je me bornerai à citer, dans ce qui reste, la fameuse scène du mancenillier, annoncée par une phrase de seize mesures à l'unisson, qui électrise toute la salle. Les mélodies chantées par Sélika mourante sont pleines de passion sauvage et tendre. Malheureusement la situation est plus forcée que forte, et, en dépit des séductions de la musique, le spectateur est faiblement ému. Outre l'*Africaine*, Meyerbeer avait laissé inédite une partition écrite sur un drame de M. Blaze de Bury, intitulé : *La jeunesse de Gœthe*. Cet ouvrage, destiné à l'Odéon, n'a pas encore été représenté. Je me plais à espérer que le public n'en sera pas privé indéfiniment. Meyerbeer est mort : il ne réclamera pas ; mais une production signée de son nom n'est point faite pour attendre son tour, et ceux qui reçoivent de l'État une subvention pour veiller aux intérêts de l'art devraient être les premiers à le comprendre.

On a quelquefois nié le goût français en musique, et, en exagérant l'importance de la question d'origine, on a dit que la plupart des chefs-d'œuvre applaudis sur notre grande scène lyrique avaient été écrits par des étrangers. Soit ; mais est-ce un pur accident qui a fait naître chez nous, depuis un siècle, les deux *Iphigénies*, la *Vestale*, *Guillaume Tell*, la *Favorite*, *Robert le Diable*, *les Huguenots*, *le Prophète*, *l'Africaine*? est-ce une simple combinaison du hasard qui a attiré chez nous, à diverses époques, des hommes comme Gluck, Spontini, Rossini et Donizetti? L'école française peut à bon droit s'enorgueillir

<blockquote>Des enfants qu'en son sein elle n'a point portés.</blockquote>

Ils sont siens, en effet, par un ensemble de qualités qu'ils n'apportaient ni d'Allemagne ni d'Italie, et qui appartiennent à notre tempérament nationale : clarté, précision, sobriété nerveuse, force expressive. Et Meyerbeer, qu'est-il lui-même autre chose qu'un transfuge éclatant de la tradition germanique, un Allemand qui a dépouillé le vieil homme sous l'influence du goût français ?

PACINI

(JEAN)

NÉ EN 1796, MORT EN 1867.

Pacini (Giovanni) naquit à Catane, le 17 février 1796. On le désigne néanmoins généralement sous le nom de *Pacini di Roma*, probablement parce qu'il vint tout jeune à Rome pour y commencer ses études musicales, et aussi pour le distinguer de son père, Luigi Pacini, le célèbre chanteur bouffe. De Rome il alla à Bologne étudier le chant sous Tommaso Marchesi, puis l'harmonie et le contre-point à l'école du père Stanislas

Mattei, dont Rossini fut l'élève, de là à Venise où le vieux maître de chapelle de Saint-Marc, Furlettano, compléta son instruction. Selon le vœu de son père qui voulait en faire un maître de chapelle, dès l'âge de quinze ans il composa de la musique d'église ; le médiocre succès qu'il y obtint le détermina à y renoncer. Il s'adonna exclusivement à la musique théâtrale. A dix-huit ans, il fit représenter à Venise un petit opéra buffa : *Annetta e Lucindo*, qui eut assez de succès et fut applaudi plus pour ce qu'il promettait que pour ce qu'il valait. L'année suivante (1815), il donna à Milan *Adelaïde e Comingio*, à Venise la *Sposa fedele*, à Pise l'*Evacuazione del Tesoro* et à Florence *Rosina*. En 1817, quatre opéras bouffes se succédèrent au théâtre *Re* de Milan : *Il matrimonio per procura*, qui ouvrit la saison du carnaval, *Dalla beffa il disinganno*, *Il Carnavale di Milano* où se trouvaient reproduits plusieurs passages du précédent, et *Piglia il mondo come viene*. Pendant les vingt années qui suivent, les événements de la vie de Pacini ne sont en quelque sorte qu'un catalogue d'opéras représentés dans des villes diverses où ils réussirent généralement. De Milan, il va à Venise écrire l'*Inganno*, revient à Milan donner au carnaval de 1818, au théâtre *Re*, son *Adelaïde e Comingio* qui obtient un grand et légitime succès, et en automne, à la Scala, *Il barone di Dolsheim*, opéra bouffe, sur un livret de Romani. Cet ouvrage réussit pleinement. La troupe de la Scala se composait alors des cantatrices Camporesi et Gioja, des chanteurs G. Rubini, Remorini, Ambrosi et Pacini. Suivent coup sur coup, ici et là : *L'Ambizione delusa*, *Gli Sponsi dei silfi*, *Il Falegnamo di Livonia*, *Ser Marc Antonio*, *La Gioventù d'Enrico V*, *Vallace, o l'eroe Scozzese*, *La Sacerdotessa d'Erminsul*, *Isabella ed Enrico*. Une fécondité souvent heureuse en eut fait bientôt un des compositeurs les plus populaires de l'Italie. En 1822, il collabora avec Rossini pour l'opéra de *Corradino* dont il composa six morceaux. Cet opéra, fabriqué à la hâte, fut mal accueilli par le public de Rome. A ce propos, M. Arthur Pougin raconte que Rossini, se promenant avec quelques amis le lendemain de la première représentation, vit de loin Pacini qui traversait le Corso, et l'appela à haute voix ; et que Rossini dit alors : « Vous saurez, messieurs, qu'hier on n'a pas sifflé seulement Rossini, mais aussi Pacini, car mon *Corradino* n'a été achevé que grâce à son aide. » Le trop obligeant Pacini prit bien la chose : « Et c'est un grand honneur pour moi, répliqua-t-il, d'avoir été le compagnon d'infortune du maître des maîtres. » Rossini a refait depuis les morceaux dont il n'était pas l'auteur et la partition gravée n'offrait plus de traces de cette collaboration de circonstance. En 1824, il alla pour la première fois s'essayer à Naples et fit représenter au théâtre San-Carlo, dans le courant de l'été, *Alessandro nelle Indie*, sur les paroles de Métastase. L'union qu'il contracta alors avec une jeune Napolitaine ne ralentit pas son activité. Il donna à San-Carlo de Naples *Amazilia*, que suivit, le 19 novembre 1825, l'*Ultimo giorno di Pompei*, composé pour la fête de la reine de Naples, et qui fut représenté plus tard à Paris avec succès. L'*Ultimo giorno* fut donné à la Scala de Milan en 1827. Tottola avait écrit ce livret. Il fut chanté par Rubini, Tamburini et Mme Méric-Lalande.

Pacini quitta Naples quelques mois après pour aller faire représenter à Milan la *Gelosia corretta*, et revint écrire sa *Niobe* pour la Pasta. Cet opéra sérieux, qui passe aujourd'hui pour une de ses œuvres capitales, fut représenté, pour la première fois, au théâtre de San-Carlo, le 19 novembre 1826, et ne fut guère apprécié que plus tard à sa véritable valeur. La cavatine de la *Niobe* : *Il soave e bel contento*, chantée par Licida, est restée célèbre, l'allegro : *I tuoi frequenti palpiti*, est passionné tout en restant dans la forme la plus traditionnelle de l'art italien dans la première moitié de ce siècle. Mme Pasta chantait cet air avec un grand succès; aussi l'introduisait-elle comme intermède dans une foule d'ouvrages. Pacini avait alors trente ans, et déjà il avait composé environ trente opéras, plusieurs messes, plusieurs cantates et différents morceaux de musique instrumentale. Il se retire alors, pendant quelque temps, dans une villa qu'il a louée à Portici. Mais il n'y reste pas inactif; à peine a-t-il écrit la dernière croche d'une partition nouvelle, qu'il va la faire représenter sur une des scènes de l'Italie, qui toutes accueillent ses ouvrages. C'est ainsi qu'il va faire applaudir *I Crociati in Tolemaïde* à Trieste, en 1827, et *Gli Arabi nelle Gallie* (livret de Romanelli) à Turin, le 25 décembre 1828. En 1829, il donna *Margherita d'Anjiù*, *Cesare in Egitto* et *Il Talismano* à Milan; en 1830, *I Fidanzati* encore à Milan; *La Vestale*; *Gianni di Calais* à Plaisance et à la Scala, *Giovanna d'Arco*, que chanta Mme Méric-Lalande, accompagnée de Rubini et de Tamburini; malgré d'aussi habiles interprètes, *Jeanne d'Arc* ne réussit pas; la même année, il fait exécuter, à Naples, la cantate l'*Annunzio felice*; en 1831, *Ivanoe* à Venise; en 1832, *Il Corsaro* à la Scala, sur un livret de Ferretti; il refait en partie, à l'occasion de la foire de Bergame, *Il Falegnamo di Livonia*; en 1833, il donne à Naples *Ferdinando, duca di Valenza*, la cantate *Il felice Imeneo* et *Gli Elvezzi*; en 1834, il fait représenter, à Bastia, avec quelques modifications, deux opéras qu'il a déjà fait jouer : *Il Barone di Dolsheim* et *la Gioventù d'Enrico V*, et donne, la même année, *Irene* à Naples, et *Maria d'Inghilterra* à Milan; en 1837, c'est *Carlo di Borgogna* à Venise, et la *Sposa fedele* à Rome; en 1836, *Temistocle* à Padoue; en 1838, *la Schiavia di Bagdad* à Reggio; en 1841, *la Vestale* est jouée à Barcelone et *Furio Camillo* à Naples; en 1842, *l'Uomo del mistero*, encore à Naples, *Saffo* à Milan, sur un livret de Cammarano, qui obtient un succès immense, et *Il duca d'Alba* à Venise; en 1843, *Maria Tudor* à Palerme; en 1844, *Medea*, encore à Palerme, et *la Fidanzata Corsa* à Florence; en 1845, *Buondelmonte* à Florence; en 1846, *la Regina di Cipro* à Turin, et en 1847, *la Stella di Napoli* à Naples; *Il Saltimbanco*, *Esther d'Engaddi*, *Allan Cameron*, *la Punizione*, *Malvina di Scozia*, *Margherita Pusterla*, *la Distruzzione di*

Gerusalemme, *l'Ebrea*, *Il Contestabile di Chester*, livret de Gilardoni, *Merope*, *Luisetta*, *I Fuorusciti*.

C'est ici que s'arrête la production vertigineuse de cet infatigable improvisateur, Pacini. Soit dégoût du théâtre, soit qu'il éprouvât moins de facilité qu'autrefois à faire jouer ses opéras, il n'a plus donné que de loin en loin des ouvrages nouveaux. Le *Cid*, livret de M. de Lauzières, tomba à plat en 1853, à la Scala. Au même théâtre, en 1859, *Lorenzino de' Medici* eut un meilleur sort. Le livret était de Piave. Mais, si le compositeur a cessé d'écrire, l'homme actif et entreprenant a continué à agiter le monde musical italien. Tantôt, il provoque une souscription pour élever une statue à Rossini dans sa ville natale de Pesaro, tantôt il s'occupe de procurer le même honneur à Gui d'Arezzo, l'inventeur du nom des notes de la musique. Pacini en a fait une si prodigieuse consommation dans sa vie, qu'il devait bien un tribut de reconnaissance au savant moine de Pompose. D'autres fois, il s'emploie au retour des cendres de Bellini à Catane, et à la publication de ses propres mémoires. Enfin, il était en correspondance avec la plupart des journaux de la Péninsule. Avec le concours de son père Luigi, il avait fondé à Viareggio une école de musique. Le duc de Lucques l'érigea depuis en Conservatoire, et, en 1836, nomma Pacini directeur de cet établissement.

On ne connaît en France des opéras de Pacini que *Saffo*, *l'Ultimo giorno di Pompei*, la *Fidanzata Corsa* et *Gli Arabi nelle Gallie*. On ne comprend pas que la *Niobe*, qui fit la réputation du maître de l'autre côté des Alpes, n'ait pas été donnée au théâtre Italien de Paris. L'opéra de *Saffo* contient des morceaux remarquables; pour ne citer que les principaux, les cavatines : *Teco d'allare*, *ah ! con lui*, l'air de ténor : *Ah ! giusta pena*, la cavatine pour basse-taille : *Di sua voce*, enfin le duo de femmes : *Di quei soavi*, non-seulement sont écrits avec habileté pour les voix, mais offrent même des mélodies fort agréables à entendre; on y remarque aussi un bon septuor avec chœur au deuxième acte.

Vers la fin de l'année 1865, Pacini se rendit à Naples, avec l'espoir de faire représenter son opéra de *Berta* qu'il avait écrit pour le théâtre San-Carlo. Il y fut accueilli avec empressement par l'élite de la société napolitaine ; le vieux Mercadante vint même embrasser son ancien émule. On donna en son honneur à San-Carlo la *Fidanzata Corsa*. Pacini fut appelé sur la scène après le beau finale du second acte et après l'air du ténor, au milieu d'acclamations unanimes. Ce fut là encore pour le maestro un beau jour; mais il eut un triste lendemain. L'administration du San-Carlo fit comprendre au vénérable compositeur qu'elle n'était pas en mesure de mettre en scène sa *Berta ;* elle le pria de vouloir bien attendre jusqu'à l'année suivante et d'accepter une indemnité de 2000 francs. Pacini dut quitter Naples moins satisfait qu'il n'y était entré. Il se dirigea sur Venise avec l'intention d'y faire jouer sur le théâtre de la Fenice une nouvelle partition sous le titre de *Don Diego di Mendoza*. Il comprit sans doute enfin que l'heure de la retraite avait sonné pour lui, car je ne le retrouve plus qu'à Pescia en Toscane où il goûta un bien court repos avant sa mort, qui arriva dans le mois de décembre 1867. Il était âgé de 71 ans. Son caractère et ses qualités plus encore que son talent, lui avaient valu beaucoup d'amis. Pacini a été une étoile de moyenne grandeur, passée maintenant à l'état de nébuleuse. Mais il a eu l'honneur de faire partie de la pléiade rossinienne.

SCHUBERT

(FRANZ)

NÉ EN 1797, MORT EN 1828.

Le 9 octobre 1808, un enfant de onze ans, aux yeux effarés, à la chevelure crépue comme celle d'un nègre, vêtu d'une blouse de paysan, se présentait au concours pour l'obtention d'une place d'élève au Conservatoire de Vienne. C'étaient dans la foule des candidats des rires étouffés, des chuchotements ironiques. Chacun se demandait d'où pouvait venir ce petit rustaud ; mais la surprise fut générale quand, l'examen ayant commencé, on vit l'enfant ainsi accoutré résoudre en se jouant toutes les difficultés qui lui furent proposées et s'attirer les félicitations les plus chaleureuses de Salieri, maître de la chapelle impériale, qui présidait le jury d'admission.

Le jeune aspirant reçu ce jour-là au Conservatoire se nommait Franz Schubert.

l était né à Vienne le 31 janvier 1797 d'une famille d'instituteurs. Cette profession était celle de son père, et elle fut également celle de ses trois frères Ignace, Ferdinand et Charles. On devine par la situation actuelle de nos maîtres d'école, ce que pouvait être en Autriche, il y a soixante-dix ans, la position d'un homme voué à la carrière pédagogique. Ces fonctions n'ont presque jamais procuré l'aisance en compensation des pénibles labeurs qu'elles imposent : presque toujours au contraire la pauvreté les accompagne. C'était le cas ici; mais dans ce logis modeste, chez tous les membres de cette humble famille régnait la passion de la musique, et il n'en fallait pas davantage pour faire oublier aux uns et aux autres les fatigues du jour et les inquiétudes du lendemain. Le soir, le père et les trois fils aînés aimaient à se délasser de leurs travaux en exécutant les trios ou quatuors de Beethoven, alors arrivé à la pleine possession de son génie. Franz, le plus jeune, faisait sa partie dans ces concerts improvisés.

FRANÇOIS SCHUBERT

Il avait reçu les premières leçons dans sa famille et auprès de Michel Holzer; mais déjà il se distinguait autant par la justesse de son jeu que par la finesse de ses perceptions musicales. A dix ans, il faisait l'admiration du vieil Holzer qui s'étonnait de n'avoir rien à apprendre à un enfant dont l'instinct allait au-devant de tous les enseignements. L'année suivante, il fut admis comme soliste au chœur de l'église de Lichtenthal, grâce à sa belle voix de soprano. Nous avons vu plus haut comment il fit son entrée au Conservatoire : disons aussi qu'il ne tarda pas à figurer comme violoniste à l'orchestre de cette école et que même il lui arriva plus d'une fois de le diriger en l'absence du chef. Schubert s'exerçait déjà clandestinement à la composition ; mais, trop pauvre pour se procurer du papier réglé, il n'eût pu noter ses précoces inspirations musicales, sans l'assistance de son ami Joseph de Spaun qui fut plus tard un de ses protecteurs les plus fidèles. Ce détail nous donne une idée des privations que subissait dès cette époque le jeune artiste. En voici un nouveau témoignage : c'est une lettre qu'il écrit à un de ses frères :

« Laisse-moi bien vite te dire ce que j'ai sur le cœur. Je vais droit au but,
« car je hais les préambules. J'ai longuement réfléchi sur ma position ; — à
« tout prendre, elle est bonne, mais elle pourrait supporter quelques amélio-
« rations. Tu sais, par expérience, combien il serait doux de manger un pain
« blanc et quelques pommes entre un médiocre dîner et un maigre souper.
« Ce désir devient en moi de plus en plus impérieux ; les quelques groschen
« que je tenais de mon père sont épuisés : que vais-je devenir?

« *Il n'y a pas de honte à demander*, dit saint Mathieu, chapitre II, verset 4 ; —
« pourrais-tu me faire obtenir une couple de kreutzers? Rien ne pourrait me
« rendre plus heureux et égayer davantage ma pauvre cellule. L'apôtre saint
« Mathieu dit encore : *Que celui qui a deux robes en donne une aux pauvres*, —
« médite ces paroles, prête l'oreille à qui t'implore et souviens-toi de ton affec-
« tionné, suppliant et pauvre frère.

« Franz. »

Schubert étudiait l'harmonie avec Rueziezka, organiste de la cour, et l'art d'écrire avec Salieri. Mais celui-ci voulant quelquefois lui faire mettre en musique des paroles italiennes, de vives discussions éclataient entre le maître et l'élève dont l'entêtement patriotique ne pouvait souffrir qu'on traitât la langue allemande de langue barbare. Franz ne quitta le Conservatoire qu'en 1813 au moment où sa voix, commençant à muer, le rendit impropre au service de choriste de la chapelle impériale. Revenu dans la maison paternelle, il dut accepter les fonctions d'aide-instituteur pour échapper au métier des armes, et durant trois ans, il ne put donner à la musique que les rares intervalles de repos laissés par ces occupations. L'enseignement était un supplice, pour cette organisation fine, délicate, nerveuse, et d'une impressionnabilité excessive. D'ailleurs le foyer domestique lui-même avait perdu son charme depuis qu'une étrangère y avait été installée. Le père de Schubert, devenu veuf en 1813, n'avait pas tardé à se remarier; la mort de sa mère était une perte cruelle pour l'âme aimante et tendre de Franz. Quel que pût être son avenir, et bien qu'il ne se dissimulât point les souffrances qui attendent le talent pauvre et inconnu, sa résolution fut bientôt prise. Il quitta la maison paternelle pour se livrer exclusivement à la culture de l'art musical. Depuis ce temps jusqu'à son dernier soupir, Schubert partagea sa vie entre le travail et les douceurs de l'amitié. Il ne visita jamais les pays étrangers où il n'a obtenu qu'une réputation posthume. Ses seuls voyages se bornaient à parcourir la haute Autriche avec son ami le chanteur Vogl; tous deux, à la manière des *Minnesinger* d'autrefois, visitaient les villes et les campagnes, accueillis et fêtés partout comme des hôtes, grâce aux *Lieder* de l'un et à la belle voix de l'autre. Ce fut un bonheur pour le jeune compositeur que sa liaison avec Vogl, alors dans tout l'éclat du succès. Ce virtuose ne contribua pas peu à répandre et à faire connaître dans le monde aristocratique de Vienne les mélodies de son ami. Celui-ci, doux, simple, sans désirs, vivant exclusivement pour l'art et s'abandonnant sans réserve à son sentiment très-vif de la nature, manqua jusqu'à la fin de l'habileté nécessaire pour changer son papier de musique en billets de banque. Avec lui les éditeurs avaient beau jeu; mais que lui importait? N'avait-il pas une source inépuisable de jouissances dans sa vive imagination, dans le sentiment des beautés du monde extérieur, dans les transports que lui faisaient éprouver les œuvres de Haydn, de Mozart, de Beethoven, enfin dans le commerce de quelques esprits d'élite qui savaient le comprendre et l'apprécier? Que lui eût fait un peu plus ou un peu moins de bien-être? Il chantait, et il était heureux.

Si je m'étends sur le caractère de Schubert, c'est parce qu'ici l'étude psychologique ne peut qu'aider à l'étude musicale. Aucun artiste n'a plus que lui vécu son œuvre. Le compositeur viennois pouvait dire : « Mes *Lieder*, c'est moi. » Et quelle noble et touchante image ils nous présentent de leur auteur! Comme ils nous le montrent avec sa mélancolie douce, légèrement imprégnée de mysticisme! Sans manquer de respect au génie de Gœthe et de Schiller, on peut dire que ce fut une bonne fortune pour leurs vers que d'avoir été adaptés à des mélodies pleines de force et d'un si grand caractère. Gœthe et Schiller pouvaient s'en passer, il est vrai; mais n'est-ce pas Schubert qui a sauvé de l'oubli le nom de Mayrhofer, son ami, que nous ne connaîtrions guère aujourd'hui s'il n'avait été le *parolier* du grand musicien?

Combien il est regrettable qu'un artiste si bien doué soit mort si prématurément; mais l'exaltation extraordinaire dans laquelle le mettait son travail usa rapidement une constitution que la nature avait faite robuste. Il fut, à la lettre, tué par l'inspiration. Cette fiction dans laquelle les poëtes nous ont représenté l'homme de génie attaché comme Mazeppa sur un cheval indompté qui l'entraîne d'une course furieuse à travers ravins et précipices, cette fiction n'est qu'une vérité en ce qui concerne l'infortuné Schubert mort à trente et un ans de la fièvre qui lui avait fait produire ses chefs-d'œuvre. Dès 1824, une lettre adressée à son ami Kupelwieser nous apprend qu'il souffrait déjà du mal dont quatre ans plus tard il allait être victime. Je citerai un passage qui montre comment, sous l'influence de la maladie, sa mélancolie faisait place à une sombre tristesse. On pourrait le rapprocher de certaines lignes du testament écrit par Beethoven en 1802 :

« Figure-toi un homme dont la santé ne se refera jamais, et qui, par le chagrin que cela lui cause, empire la chose au lieu de l'améliorer ; figure-toi un homme, dis-je, dont les plus brillantes espérances sont tournées à rien, à qui l'amour et l'amitié ne donnent que des chagrins, chez lequel l'enthousiasme (tout au moins celui qui vous soutient et vous exalte) et le sens du beau menacent de s'évanouir, et demande-toi si cet homme n'est pas malheureux et misérable ? *Mon cœur est lourd, la paix m'a fui, je ne la trouverai plus jamais*, voilà ce que chaque jour je puis dire ; car chaque soir, j'espère que mon sommeil n'aura pas de réveil et chaque matin m'apporte en présent les soucis de la veille. »

Il disait vrai : sa santé ne se refit jamais. Cependant, au milieu de ses souffrances physiques, il travaillait avec un redoublement d'activité comme s'il eût voulu engager une lutte de vitesse avec la mort dont il sentait déjà la froide approche. Mais cette recrudescence de production acheva d'épuiser ses forces. Le 19 novembre 1828 il expira dans les bras de son frère Ferdinand. Beethoven l'avait précédé d'un an dans la tombe. Sur son désir, Schubert fut inhumé dans le cimetière de Wahring à côté de l'endroit où reposaient les restes du compositeur qu'il admirait le plus.

Schubert mourut si pauvre qu'il fallut donner deux concerts pour payer les frais de ses obsèques et l'érection de son monument funèbre. Quarante-quatre ans après, le 15 mai 1872, eut lieu à Vienne l'inauguration d'un monument érigé en son honneur. Ce fut une fête publique et solennelle, à laquelle assistèrent toutes les notabilités de Vienne et des députations nombreuses des villes de l'Allemagne. Le soir un grand concert composé des œuvres de ce maître a produit plus de 20,000 florins de recette.

Maintenant veut-on savoir ce que le grand Beethoven pensait de notre musicien : Schindler va nous l'apprendre. Lors de la maladie qui devait emporter Beethoven après cinq mois de souffrances, son activité habituelle ne pouvant plus se satisfaire, il fallait lui trouver des distractions en rapport avec son génie et ses goûts. On lui présenta un jour une collection d'environ soixante *lieder* de Schubert, presque tous en manuscrit. Ce fut pour lui une grande distraction. Il connut et apprécia le talent de Schubert qu'il prit dès lors en haute estime.

« Le grand maître qui, jusqu'alors, en connaissait cinq à peine, s'étonnait de leur quantité, et ne voulait pas croire que Schubert, jusqu'à ce moment (février 1827), en eût écrit à peu près cinq cents. Non-seulement leur nombre, mais encore leur valeur, le frappait d'admiration. Pendant bien des jours, il ne put s'en arracher : il restait des heures entières à méditer *Iphigénie*, *Violette*, les lieder de *Müller*. « Vraiment, disait-il, il y a en ce Schubert une étincelle divine ! comme j'aurais aimé à mettre ces poëmes en musique ! » — Il admirait le travail original de Schubert, et ne comprenait pas comment il avait pu travailler sur de si longs poëmes, longs comme dix poëmes ordinaires. Schubert en a traité une centaine, en effet, qui, non-seulement sont de caractère purement lyrique, mais renferment encore des ballades très-développées, des scènes dialoguées et assez dramatiques pour tenir leur place dans de grands opéras. — Qu'aurait dit le maître, s'il avait pu connaître les scènes d'*Ossian*, *l'Otage*, *l'Élysée*, *le Plongeur* et d'autres qui ont paru depuis ? Bref, Beethoven conçut tant d'estime pour le talent de Schubert, qu'il voulait voir ses opéras, sa musique de piano; mais sa maladie fit de tels progrès qu'il ne put réaliser ce vœu. Il prophétisait que cet artiste ferait un jour grand bruit dans le monde, et regrettait de ne l'avoir pas connu plus tôt. »

Dans l'intéressant travail qu'il a consacré à F. Schubert, M. Barbedette publie la correspondance du compositeur. J'en donnerai quelques extraits. On y trouve à chaque ligne les traces de sa profonde sensibilité et de la générosité de son cœur. Le poëte Mayrhofer, l'un de ses collaborateurs, trace ainsi son portrait :

« L'amour de l'art, la société de ses amis, étaient pour lui de précieuses consolations dans son existence gênée. En 1819, un peu plus d'aisance se fit dans sa vie par suite de la protection d'un homme généreux, qu'on pourrait appeler son second père (le comte de Spaun). Le *Roi des aulnes* parut. Cette composition n'excita pas tout d'abord l'admiration qu'elle méritait et resta longtemps dans l'oubli.

« Que de fois le vis-je tomber dans mes bras, sombre et découragé, harcelé par la pauvreté et déjà hanté par la maladie ! Il n'avait pas d'énergie, il ignorait le monde, il se démunissait inconsidérément de ses œuvres ; il ne savait pas en tirer parti.

« Dans le temps où il faillit être maître d'école, il avait fait placer, dans une chambre étroite de la maison de son père, un méchant piano. J'avais été bien souvent le trouver : que de fois n'avais-je pas prophétisé à son père la gloire future de l'enfant !

« Quelle émotion s'empara de moi lorsque, en novembre 1828, je revins dans cette maison pour suivre son corps et chanter sur lui le *Requiem* de l'éternité !

« Les hasards de la vie m'ont, depuis, porté ailleurs, mais le passé ne perd jamais ses droits. Je n'oublierai jamais les temps heureux de notre cohabitation. Notre liaison fut d'autant plus étroite que nos caractères différaient et se complétaient mutuellement. J'étais sombre et attristé ; lui, était d'une humeur douce et gaie. C'était pour moi un génie bienfaisant qui me guidait dans la vie au son de ses mélodies divines.

« Il était modeste, bon, sincère au delà des bornes de la prudence ; sa franchise était tout aimable, et, comme dit le poëte :

« Les portes de son cœur étaient toujours ouvertes. »

« Quand sa tâche quotidienne était achevée, comme il était heureux, cheminant avec ses amis ! Il aimait la nature et se retrempait en elle comme tous les hommes bons. Il fut un fils tendre, un frère dévoué, un véritable ami pour ses amis ; il était bienveillant, généreux, aimé et apprécié de tous ceux qui l'approchaient. Sa vie privée était honorable et digne. »

Schubert avait un esprit très-cultivé ; il était poëte, et il a composé les paroles de plusieurs de ses *lieder*.

« Cher Ferdinand, écrivait-il à son frère le 18 juillet 1824, je vois que mon souvenir vit toujours parmi vous, et j'en suis bien heureux. Vous avez versé des larmes lorsque je vous ai quittés ; vous êtes inquiets de ma destinée. Je m'empresse de te rassurer, toi, mon ami le plus cher, lié à toutes les fibres de mon cœur. Sans doute, ils ne sont plus ces temps heureux de mon enfance. J'ai fait l'expérience d'une vie plus austère et plus rude ; mais, Dieu soit loué, je m'efforce de l'embellir par la fantaisie. On croit généralement que le bonheur dépend du lieu où l'on fut heureux une fois, tandis qu'il est en nous et n'est, pour cela, qu'une illusion. »

Telle était l'idée que Fr. Schubert se faisait du bonheur. Saisissons au passage quelques circonstances relatives à l'existence musicale de l'artiste :

Steyer, le 25 juillet 1825.

« Très-chers parents, soyez sans inquiétude, ma santé est excellente. Je suis parti de Steyer pour me rendre à Gmunden, dont les environs sont célestes. Les habitants sont pour moi d'une extrême bienveillance ; nous faisons beaucoup de musique ; mes *lieder* sur *la Dame du Lac*, de Walter Scott, plaisent généralement. J'ai chanté l'*Ave Maria* (Jung Frau), qui a saisi tout le monde par son caractère religieux... Je ne cherche jamais le sentiment de parti pris. S'il apparaît dans mes œuvres, c'est qu'il s'est imposé à moi et que j'ai été vaincu par lui. J'estime que le vrai sentiment doit être naturel... Je voudrais bien publier mes *lieder* de Walter Scott ; le nom de cet auteur célèbre pourrait piquer la curiosité ; l'addition d'un texte anglais pourrait aussi me faire connaître en Angleterre ; mais, doit-on attendre quelque chose d'honnête des éditeurs de musique ? Les artistes ne sont-ils pas les esclaves de ces misérables trafiquants ?

« Ce que vous me dites de *Suleika* me fait plaisir. Je suis heureux que cette mélodie ait réussi. Vous savez cependant que je ne déteste pas la critique. Je l'ai toujours en vue, afin de savoir si je n'ai pas encore quelque chose à apprendre.

« Je trouve partout mes compositions répandues dans la haute Autriche ;

à Kremsmünster, j'ai joué ma nouvelle sonate à quatre mains avec un brave pianiste de l'endroit. Quelques-uns m'ont assuré que, sous mes doigts, les touches semblaient des voix qui chantent; si cela était, comme je serais heureux ! Je ne puis souffrir le maudit tapotage propre aux pianistes ; il ne satisfait ni l'oreille ni le cœur. Après être venu passer quelques jours à Steyer, je compte visiter Gastein, Salzburg. Il fait une chaleur intolérable, mais ce voyage me réjouit extraordinairement, parce que j'apprends à connaître un charmant pays.

« Ce pauvre D... n'est pas encore délivré ! — avoir été soixante-dix-sept fois malade, avoir échappé neuf fois à la mort, et tant tenir à la vie ! Ah ! s'il voyait comme moi ces belles forêts, ces beaux lacs dont l'aspect nous confond d'admiration, il ne priserait pas notre petite vie humaine au point de ne pas considérer comme un grand bonheur d'être confié de nouveau à cette terre qu'une puissance inconcevable pousse toujours à une vie éternellement nouvelle !... »

Ici le bon Franz semble croire à une sorte de métempsycose. Nous le prenons en flagrant délit de panthéisme allemand, lisez pathos. Nous avons vu que Mozart aussi tenait peu à la vie, mais qu'il en donnait des raisons d'un ordre bien plus élevé. Il sut mourir même avec plus de résignation que Schubert, disant au médecin la veille de sa mort : « Hélas ! docteur, c'est ma fin ! » et à son frère Ferdinand : « Que va-t-il devenir de moi ? »

Voici un récit de voyage plus raisonnable :

12 septembre 1825.

« Cher frère, tu m'avais demandé un récit détaillé de notre voyage à Salzburg et à Gastein. J'aurais pu te raconter cet incident à mon retour à Vienne. Cependant, puisque tu le désires, je vais, malgré mon inhabileté à décrire, t'envoyer un récit que je pourrai compléter ensuite oralement, mais qui ne te donnera qu'une idée affaiblie des magnifiques tableaux qui se sont déroulés sous mes yeux.

« Nous avons quitté Steyer vers la moitié d'août pour aller à Kremsmünster, que je connaissais déjà, mais dont la situation est si belle que je ne puis m'empêcher d'en parler encore. Figure-toi une admirable vallée interrompue par quelques minces collines. Brusquement, sur la droite, se dresse une montagne assez élevée, et, à son sommet, un spacieux couvent qui domine tout le pays. Une haute tour, qui sert d'observatoire, ajoute à la grandeur du tableau. Nous fûmes reçus à bras ouverts, surtout par M. Vogl, qui est très-connu ici. Nous ne nous arrêtâmes qu'un instant, et nous continuâmes notre route vers Voklabruck, où nous arrivâmes le soir. C'est un triste nid ! Les autres jours nous allâmes par Strasswalchen et Frankenmarkt, à Neumarkt, où nous dînâmes. Ces localités qui appartiennent au pays de Salzburg, sont remarquables par l'architecture singulière des maisons, entièrement construites en bois.

Tout est en bois; la vaisselle, en bois, est appendue au dehors sur des dressoirs en bois que protégent des cloisons en bois. On voit, à toutes les maisons, des cibles criblées de trous que l'on conserve comme des trophées de victoire depuis les temps les plus reculés ; on en trouve fréquemment qui datent de 1600 et même de 1500.

« De Neumarkt, qui est le dernier relais de poste avant Salzburg, on aperçoit le sommet des montagnes, déjà couvert de neige. A une lieue plus loin, le pays est d'une beauté vraiment magique ; le lac de Valler déploie ses ondes bleues et anime le paysage d'une manière admirable. On descend toujours en se rapprochant de Salzburg : les montagnes deviennent de plus en plus hautes, notamment l'Untersberg, qui atteint des proportions fabuleuses ; les villages conservent les traces d'une antique splendeur. Dans les plus pauvres maisons de paysans, on trouve des montants de fenêtres et de portes en marbre et même des escaliers de marbre rouge.

« Bientôt le soleil se couche ; nous voyons les nuages glisser, comme les esprits des nuées, le long des noires montagnes, s'accumuler aux flancs de l'Untersberg, le sillonner de leurs masses grises, et s'élever peu à peu jusqu'à son sommet en décrivant autour de lui des spirales.

« La vallée est couverte de châteaux, de cloîtres, de fermes ; les donjons, les palais se montrent à nos yeux enthousiasmés. Le Capucinberg élève, perpendiculairement à la route, ses monstrueux versants ; l'Untersberg nous écrase de sa masse effrayante : nous approchons de la célèbre résidence des anciens électeurs. Les fortifications sont en pierre de taille : les portes, par leurs inscriptions, attestent la puissance aujourd'hui évanouie du clergé. Les maisons sont hautes de cinq ou six étages, les rues larges. — Devant la maison, bizarrement ornée, de Paracelse, passent les ondes noires, troublées et tumultueuses du Salzach.

« Le spectacle de la ville m'attrista ; le temps était gris et assombrissait encore les anciens monuments déjà assombris par les siècles. La forteresse, bâtie sur la plus haute cime du Münchberg, domine de ses feux la ville tout entière... Bientôt il plut à torrents, et nous dûmes nous mettre à couvert.

« Nous fûmes accueillis très-amicalement par le comte de Platz, président du tribunal, ami de Vogl. Vogl chanta plusieurs *lieder* de moi, entre autres l'*Ave Maria*, qui émut vivement l'assemblée. La façon de chanter de Vogl et ma manière de l'accompagner, notre entente si parfaite que nous semblions ne faire qu'un, paraissaient à ces braves gens quelque chose de nouveau, d'inouï.

« Le jour suivant, nous fîmes l'ascension du Münchberg, d'où l'on embrasse la vue générale de la ville. Je fus étonné de la quantité de monuments, palais et églises, qu'elle renferme ; toutefois, elle ne contient que peu d'habitants. Si quelques maisons renferment deux ou trois familles, d'autres, en revanche, sont vides.

« Sur la place, qui est grande et belle, l'herbe croît entre les pierres.

La cathédrale est un merveilleux monument, bâti, en petit, sur le modèle de Saint-Pierre de Rome. L'église est en forme de croix. A l'entrée sont les statues colossales des douze apôtres. La voûte est soutenue par de nombreux piliers de marbre; elle est ornée des portraits des électeurs, et vraiment belle dans toutes ses parties. La lumière descend de la coupole, et répand dans tout l'édifice une clarté extraordinaire. L'église est flanquée de quatre énormes cours dont chacune ferait une grande place; au milieu de la plus vaste est une source jaillissante que l'on a entourée de figures belles et hardies.

« Nous visitâmes le cloître Saint-Pierre, où a résidé Michel Haydn. L'église est encore très-belle; sur une petite place, on voit, comme tu le sais, le monument de ce musicien; il est situé dans un angle, décoré de médaillons un peu enfantins et surmonté d'une urne. « Bon Haydn, ce monument semble refléter ton génie pur et paisible. S'il ne m'est pas donné d'avoir ton calme et ta limpidité, nul plus que moi ne te vénère! » Une larme douloureuse coula de mes yeux, et je m'éloignai.

« Après dîner, nous gravîmes le Nonnenberg, d'où nous aperçûmes la vallée de Salzburg; il est presque impossible de décrire la beauté de cette vallée. Figure-toi un jardin de plusieurs milles de tour, dans lequel s'élèvent des myriades de châteaux, de propriétés, perdus dans la verdure des arbres, — un fleuve qui serpente de la façon la plus variée, des prés et des champs qui forment des tapis revêtus des plus belles couleurs, des massifs admirables, des allées interminables d'arbres énormes, le tout fermé à perte de vue par de hautes montagnes qui semblent les gardiens de cette merveilleuse vallée.

« Nous partîmes de Salzburg par le plus beau jour du monde. L'Untersberg, doré par le soleil, semblait recevoir les hommages des autres montagnes : nous descendîmes dans la vallée. C'était le paradis, avec cette différence toutefois que nous étions commodément assis dans une élégante voiture, commodité ignorée d'Adam et d'Ève; à la place de bêtes fauves, nous rencontrions à chaque pas de ravissants visages de jeunes filles.

« Nous avions hâte d'arriver à Gastein ; à mesure que nous avancions, la vallée se resserrait entre deux montagnes formant à droite et à gauche comme des cloisons gigantesques qui nous séparaient du reste du monde. Nous commençâmes à gravir un chemin taillé sur le flanc d'une des montagnes. Le torrent grondait au-dessous de nous avec un effroyable murmure, et marquait, par une raie blanche à peine perceptible, le fond de l'abîme sur lequel nous étions suspendus. C'était un spectacle à glacer d'effroi. Devant nous, les deux parois semblaient se rejoindre à distance et fermer l'horizon.

« Au sein de cette épouvantable nature, l'homme a su trouver le moyen de déployer son atroce bestialité. C'est là que les Bavarois d'un côté du Salzach, les Tyroliens de l'autre, cachés dans des cavernes, se guettaient mutuellement pour empêcher le passage d'une rive à l'autre. Des balles, tirées par des mains invisibles, frappaient impitoyablement les malheureux qui tentaient de franchir la vallée; leurs corps roulaient dans l'abîme, accompagnés par les imprécations infernales des meurtriers.

« Pour l'expiation de tant de crimes, on a dressé du côté de la Bavière une chapelle, du côté du Tyrol, un crucifix de pierre rouge. « O Christ! ils t'ont placé là afin que, de tes yeux, tu puisses voir le théâtre de ces scènes atroces. A toi, la victime la plus pure de la perversité des hommes, les hommes ont semblé dire : Vois comme d'un pied téméraire nous avons foulé le sol de la création, comme d'un cœur léger nous avons répandu le sang de notre semblable! »

« Détournons les yeux de ces tristes spectacles; aussi bien, nous touchons à la fin de ce sinistre tableau. Au moment où le ravin semble se fermer, la route tourne brusquement; on est suspendu sur un espace d'une toise environ au-dessus du Salzach déchaîné. On contourne la montagne, l'horizon s'élargit, la lumière nous inonde; nous descendons par une issue plus large, nous respirons enfin.

« A midi nous étions à Verffen, et, du haut de la tour, notre vue s'étendait jusqu'à Gastein, le but de notre voyage... »

Bien qu'il ait été enlevé dans la force de l'âge, Schubert n'en a pas moins laissé un très grand nombre d'ouvrages. La liste complète de ce qu'il a écrit comprend à peu près tous les genres : musique dramatique, musique d'église, symphonies, sonates, valses, quatuors, etc. Mais où il a fait preuve de la plus haute originalité c'est dans ses *lieder*. On en compte environ six cents divisés en plusieurs cycles, tels que la *Belle Meunière*, les *Lieder de voyage*, les *Chants ossianiques*, les *Poésies de Walter Scott*, le *Voyage d'hiver* (1827-1828) et les *Chants du Cygne*. Il y a là d'admirables mélodies qui éveillent l'idée d'un rapprochement avec les toiles d'Ary Scheffer, si bien nommé *le Peintre des âmes*. L'effet est le même pour quiconque a vu *Faust et Marguerite*, *Mignon regrettant la patrie*, *Françoise de Rimini*, et pour quiconque a entendu l'*Ave Maria*, l'*Adieu*, le *Chant du Cygne*, la *Jeune Mère*, *Marguerite*, les *Plaintes de la jeune fille*, l'*Éloge des larmes*, le *Roi des Aulnes* ou la *Jeune Religieuse*.

Certains critiques accueillent avec empressement les bruits qui circulent au sujet de l'attribution à tel auteur, connu ou inconnu, d'une œuvre remarquable et jouissant depuis longtemps d'une notoriété universelle. Instruirai-je le procès de Schubert à l'occasion de la paternité de l'*Adieu*, comme je l'ai fait pour la *Dernière Pensée* de Weber, attribuée obstinément à Reissinger? Non; je me contenterai de dire que cette admirable élégie est tout empreinte de la mélancolie profonde qui était le fond de la nature de Schubert, et qu'elle repose sur une charpente harmonique très-familière à ce compositeur; qu'il faudrait autre chose qu'une affirmation gourmée et pédante pour la détacher de son œuvre et en faire honneur à un musicien russe nommé Weyrauch. Son éditeur se défiant de son obscurité aurait substitué le nom de François Schubert au sien sur le titre de son œuvre. Laissons au patriotisme russe le soin de propager cette fable.

Lorsque l'*Adieu* fut publié il y a quarante ans, le nom de Schubert lui-même luttait encore contre les ténèbres; comment aurait-il pu avoir été choisi pour en protéger d'autres contre l'oubli?

Schubert fut moins heureux au théâtre, peut-être parce que sa musique, où circule si abondamment le souffle dramatique, avait une allure trop libre pour s'accommoder au cadre étroit de la scène. Il vint d'ailleurs à un moment où l'engouement pour le style italien avait fait afferm er les théâtres de Vienne à l'impresario Barbaja. Rossini jouissait alors d'une vogue qui faisait tort aux compositeurs allemands. Des quinze opéras de Schubert, aucun ne fut représenté de son vivant, à l'exception de la *Harpe enchantée* (21 août 1820), et de *Rosemonde*, jouée le 20 décembre 1823, mais qui, malgré les beautés de la partition, ne put se soutenir à cause de l'extrême faiblesse du livret. Parmi les autres ouvrages lyriques du maître viennois, je citerai encore la *Guerre domestique*, opéra-comique en un acte (*la Croisade des Dames*), représenté à Francfort en septembre 1861; *Alfonso et Estrella* (3 actes), opéra donné le 24 juin 1854, à Weimar, et *Fierabras*, grand opéra héroïco-romantique, qui passe pour le chef-d'œuvre dramatique de Schubert, quoiqu'il n'ait jamais été mis à la scène.

Sa musique d'église jouit encore à Vienne d'une grande réputation. On y exécute les messes en *fa* et en *sol*, le grand hymne à huit voix d'hommes, avec piano ou instruments à vent. Il a écrit six messes, deux *Stabat*, diverses antiennes et offertoires et le grand *Alleluia* de Klopstock. Il est l'auteur de huit symphonies, dont la plus importante, celle en *ut majeur*, fut exécutée en 1839 à Leipsick, sous la direction de Mendelssohn, et d'après les indications de Schumann : elle obtint un succès d'enthousiasme. On a publié aussi plusieurs quatuors, un quintette et un ottetto. La musique que Schubert a composée pour le piano est traitée dans la forme symphonique avec une grande recherche d'harmonie, et rappelle la manière de Beethoven. Ce sont les pièces à quatre mains, la *fantaisie* et le *divertissement hongrois* dédiés à la comtesse Esterhazy, où brillent les qualités les plus saillantes. Plusieurs compositions chorales de Schubert sont devenues populaires en Allemagne.

Quand on pense qu'aux œuvres importantes que je viens d'indiquer, Schubert a ajouté près de six cents mélodies dans l'espace d'une douzaine d'années, on est confondu d'étonnement. Une telle facilité tient du prodige. Attiré naturellement par les génies de Gœthe et de Schiller, il mit en musique la plus grande partie de leurs poëmes détachés. Il affectionnait aussi les poëmes gaéliques, ceux de Walter Scott. Müller, Mayrhofer, Schober furent ses collaborateurs assidus. Doué d'une impressionnabilité très-intense, il recevait comme le contre-coup de tout ce qu'il lisait, de ce qui se passait devant lui, des paysages changeants qui se succédaient sous ses regards dans ses excursions, et il trouvait immédiatement en musique la note correspondante dans toute sa force et saisissante de vérité.

Nul n'a poussé plus loin l'adaptation de l'art des sons aux sentiments les plus délicats de l'âme humaine. C'est le poëte de la musique ; à côté de lui les autres compositeurs semblent avoir écrit en prose. Il réunit la sensibilité profonde et élevée de l'auteur des *Méditations* à l'originalité sombre, au coloris romantique de Victor Hugo. L'imagination n'est jamais isolée dans ses œuvres ; elle est toujours accompagnée du sentiment. Toutefois ce sentiment ne se partage pas, ne s'affaiblit pas en s'adressant aux autres ; il n'y a pas d'action dramatique dans l'œuvre de Schubert. Le cœur parle et n'attend pas de réponse, n'en demande pas. Il se complaît dans les émotions qu'il ressent, soit qu'il se replie sur lui-même, soit qu'il se dilate avec la plus grande expansion. Il jouit en égoïste du plaisir de savourer ses joies ou ses peines, mais bien plutôt ses peines. C'est bien à ce point qu'arrivent le plus souvent les âmes ardentes et tendres qui se sont éprises avec passion du spectacle de la nature, des promenades solitaires au bord des lacs ou sur les cimes des rochers. Le bruit des roseaux invite aux rêves et aux soupirs mélancoliques ; l'air pur des montagnes emplit les poumons et ne leur laisse plus de battements pour les affections vulgaires.

Par l'union intime de son inspiration musicale avec les sentiments les plus profonds de l'âme, Schubert n'est pas seulement un des plus grands musiciens de l'Allemagne ; il est l'interprète mélodieux et fidèle de toutes les souffrances de l'humanité. La félicité même à laquelle il s'abandonne dans la *barcarolle*, la *sérénade*, a quelque chose de sérieux et de mélancolique. On sent que ceux qui les chantent sont les mêmes personnages, qui, dans d'autres circonstances de leur vie, chanteront aussi *les Plaintes de la jeune fille*, *la Jeune mère*, peut-être *Marguerite...* ! et certainement l'*Adieu!* Schubert est le chantre de la douleur.

MERCADANTE

NÉ EN 1796, MORT EN 1870.

Le compositeur dont je vais esquisser les travaux est un de ceux qui, pendant un demi-siècle, ont le plus rempli l'Italie de leur nom et de leurs œuvres. Mercadante (Saverio) naquit à Altamura, dans la province de

Bari, le 4 décembre 1796. A douze ans, il entra au collége royal de musique de San-Sebastiano, à Naples, que dirigeait Zingarelli, dont il devint bientôt l'élève favori. Il y apprit le violon et la flûte, acquit un certain talent de virtuose et publia de bonne heure, à Naples, de nombreuses compositions pour ces instruments; il devint premier violon et chef d'orchestre au Conservatoire. On raconte qu'il en fut chassé par Zingarelli pour s'être laissé surprendre mettant en partition des quatuors de Mozart; c'est une historiette dénuée de fondement. Obligé de travailler pour vivre et d'apporter à son travail plus de précipitation que de soin, il écrivit en 1818, pour le théâtre del Fondo, une cantate, et en 1819 pour le théâtre San Carlo l'opéra de l'*Apoteosi d'Ercole* ; en 1820, pour le Teatro Nuovo, l'opéra buffa de *Violenza e Costanza*, et de nouveau pour San Carlo, *Anacreonte in Samo*. Son succès croissant à chaque œuvre, il vit s'ouvrir devant lui toutes les scènes de l'Italie.

Appelé à Rome en cette même année 1820, il y remporta deux nouveaux succès avec l'opéra buffa d'*Il Geloso ravveduto*, au théâtre Valle, et l'opéra séria de *Scipione in Cartagine* au théâtre Argentina. En 1821, il se rendit à Bologne, mais il y vit accueillir froidement sa *Maria Stuarda*. Il n'en fut pas de même à Milan où *Elisa e Claudio*, la meilleure jusqu'alors de ses partitions, le fit mettre un moment par des admirateurs trop enthousiastes sur le même rang que Rossini.

Il est vrai que le duo *Se un istante* est d'un effet brillant ; la mélodie de l'andante est gracieuse et la strette entraînante, mais on ne saurait comparer ce morceau avec aucun duo de Rossini. Après ce court triomphe, Mercadante éprouva coup sur coup des revers. *Andronico* tomba au théâtre de la Fenice à Venise, au carnaval de 1822, ainsi qu'*Adele ed Emerico*, opéra semi-séria, *Il posto abbandonato* et *Amleto*, opéra séria, tous trois à Milan, ce dernier pendant l'automne. *Alfonso ed Elisa* ne réussit guère plus à Mantoue au printemps de 1823, où il donna encore *Costanza ed Almeriska* ; mais le brillant triomphe de *Didone*, à Turin, versa du baume sur les blessures du compositeur. Il revint à Naples dans cette même année et n'obtint aucun succès à San Carlo avec son opéra séria *Gli Sciti*, représenté à l'automne. Rome fut plus favorable dans la saison du carnaval de 1824 aux *Gli Amici di Siracusa*. Au mois de juin il se rendit à Vienne, fit représenter son *Elisa e Claudio*, *Il geloso ravveduto*, puis *Doralice*, opéra en deux actes, *le Nozze di Telemaco ed Antiope*, drame lyrique, et *Il Podesta di Burgo ;* mais aucune de ces compositions n'obtint de succès et la critique se montra sévère pour la rapidité de travail du maestro. Il revint à Turin en 1825 où le succès de la *Nitocri* lui rappela celui de *Didone* dans la même ville deux ans avant. La cavatine de *Nitocri : Se m'abbandoni, bella speranza*, est restée célèbre. *Ezio* fut encore représenté dans cette même ville. *Erode ossia Marianna* tomba à Gênes ; *Ypermnestra*, à Naples ; mais Venise applaudit avec transport *Donna Caritea* au printemps de 1826.

Au milieu de toutes ces vicissitudes, l'impresario du théâtre Italien de Madrid vint lui proposer un engagement de sept ans, avec 2,000 piastres par an, moyennant la promesse de deux opéras nouveaux écrits spécialement pour lui. Mercadante accepta et partit; mais pour des raisons inconnues il était de retour en Italie à la fin de l'année, faisait représenter à Turin, sans grand succès, son *Erode*, et à la Scala de Milan, au printemps de 1827, *Il Montanaro*. Il retourna alors en Espagne, resta jusqu'à la fin de 1828 à Madrid où il fit jouer plusieurs de ses anciennes compositions auxquelles il ajouta *I due figaro*, et *Francesca di Rimini*; il donna à Cadix, au printemps de 1829, *La Rappresaglia*, opéra buffa qui obtint un grand succès; *Don Chisciotto* et *Gabriella di Vergy* à Lisbonne. Dans un voyage qu'il fit ensuite en Italie, il recruta des chanteurs qu'il conduisit au théâtre de Cadix et alla en 1830 diriger la musique du théâtre Italien de Madrid où il donna *La Testa di bronzo*. L'année suivante (1831) il retournait en Italie, réussissait avec la *Zaïra* à Naples, avec *I Normani a Parigi*, à Turin, mais rencontrait presque un revers avec *Ismalia ossia Morte ed Amore*, opéra romantique représenté à Milan.

Au commencement de 1833 il remplaça Generali, qui venait de mourir, comme maître de chapelle de la cathédrale de Novare. Il n'en continua pas moins à travailler pour le théâtre et fit représenter *Il Conte d'Essex*, sans succès, à Milan; le drame d'*I Briganti* qui suivit avait été composé pour Paris et il y fut joué en mars 1836, sous la direction de Mercadante lui-même; il n'obtint qu'un succès douteux, malgré Rubini, Tamburini, Lablache et la Grisi qui l'interprétaient. *Emma d'Antiochia* réussit à Venise en 1838. L'air final, *In quest'ora fatale e temuta*, chanté par la Pasta, fait partie du répertoire des cantatrices. Le larghetto est la meilleure partie de ce morceau; l'allegro, *Parta, parta, ed io pure*, offre une mélodie agréable pleine de mouvement; mais elle manque d'originalité. Le chœur des mariniers dans la coulisse a aussi peu de caractère. *La Gioventù di Enrico Quinto* précéda *Il Giuramento* que Nourrit chanta aux applaudissements des Napolitains et qui s'est généralement plus soutenu au théâtre que toutes les autres compositions du maître. *Il Giuramento* (le Serment), drame lyrique en quatre actes, est celui des opéras de Mercadante qui a eu le plus de succès en Italie. La pièce a été imitée du drame de Victor Hugo, *Angelo, tyran de Padoue*. La scène ne se passe pas à Padoue, mais à Syracuse. Venise est devenue Agrigente, etc. Malgré l'appropriation au goût italien, la pièce est restée sombre, monotone, et remplie de péripéties lugubres. La partition se distingue par l'éclat de l'instrumentation, et un agencement habile de l'harmonie et des voix. Le morceau le plus important du premier acte est un bel andante à trois voix. Au second acte on remarque un chœur charmant de femmes: *Era, Stella del mattino* et le finale. Mais la scène qui a décidé du succès du *Giuramento* est celle où Manfredo chante l'air avec chœurs: *Tremi, cada l'altera Agrigento*. Cet opéra a été donné au théâtre Italien de Paris en 1858. Au carnaval de 1839, à la suite d'une ophthalmie aiguë qui faillit le rendre aveugle et pendant laquelle, retiré à Novare, il avait été réduit à dicter sa musique en la jouant au piano, Mercadante fit représenter à Venise *Le due illustri Rivali*, qui obtinrent un grand succès. Sa réputation, sa fécondité, sa science réelle l'ont fait choisir en 1840 pour remplir les fonctions de directeur du Conservatoire de Naples, où pendant trente années il a conservé et développé les traditions de cette école célèbre et rendu de grands services par sa science de l'harmonie et sa grande connaissance de la musique d'Église.

Après avoir composé *Elena da Feltre*, il vint à Paris en 1842, faire représenter *la Vestale*, qu'il avait fait jouer à Naples en 1840. Cet ouvrage réussit peu, quoiqu'il renfermât de beaux morceaux, ce qui n'empêcha pas son auteur, en 1856, d'être élu associé étranger de l'Académie des Beaux-Arts de l'Institut de France.

Depuis *la Vestale*, les opéras que Mercadante a fait représenter sont les suivants : *La solitaria delle Asturie* (Venise, 1840), *Il proscritto* (Naples, 1841), *Il Reggente* (Turin, 1842), *Il vascello di Gama* (Naples, 1845), *Gli Orazi ed i Curiaci* (Naples, 1846), *la Schiava Saracena* (Naples, 1850), *Medea* (Naples, 1851), *Pelagio* (Naples, 1857), et enfin *Virginia* (Naples, 1866).

Les messes et motets de Mercadante sont d'un style peu religieux. Il y règne, comme dans tous les ouvrages du maître, une facilité mélodique incontestable, une harmonie correcte ; mais tout paraît écrit pour les chanteurs, rien pour le sujet et la pensée. Excellent professeur, il a formé un grand nombre d'élèves pour le chant et pour la composition.

Mercadante perdit la vue en 1862. Il continua néanmoins ses travaux. Sa cécité lui inspira même une composition qu'il a appelée *Il lamento del barde*, et en 1866, il donna sur un livret de Cammarano son dernier opéra, lequel, à mon avis, est le meilleur de tous : *Virginia*. En 1868, il reçut du roi d'Italie l'ordre du Mérite. Deux ans après, nous le voyons encore chargé de composer l'hymne qui devait être chanté à la distribution des récompenses aux exposants.

Ce compositeur mourut à Naples, le 18 décembre 1870. Quoiqu'ayant appartenu par son âge et ses premières études à la pléiade rossinienne, Mercadante a suivi le goût de la génération actuelle jusqu'à flatter ses tendances exagérées vers l'effet, la sonorité bruyante et la violence dans l'expression dramatique. Mercadante a produit Verdi, et, chose singulière, l'élève a réagi à son tour sur le maître, et l'a entraîné à suivre son exemple ; mais autant Verdi est concis, nerveux jusqu'à la dureté et la sécheresse, autant Mercadante est abondant, prolixe, redondant. L'inspiration de ce dernier est d'une plus longue haleine et revêt des formes plus majestueuses ; mais, en somme, puisqu'il s'agit de l'effet, la victoire est restée à Verdi.

Mercadante a écrit, en dehors de ses opéras, un grand nombre de com-

DONIZETTI

positions vocales et instrumentales sur toutes sortes de sujets et en toute occasion, avec une facilité surprenante. S'il n'avait écrit de symphonies qu'en l'honneur de Rossini, Pacini, Donizetti et Bellini, sous le titre d'*Omaggio*, on n'aurait pas à reprocher à son caractère cette élasticité qui n'a d'excuse que sous le ciel napolitain, et la transformation de son cerveau d'artiste en un four banal d'où sont sortis successivement l'*Omaggio* à Pie IX, à la Vierge immaculée, l'*Omaggio* à Victor Emmanuel et même l'*Omaggio* à Garibaldi.

DONIZETTI

NÉ EN 1798, MORT EN 1848.

Doué d'une sensibilité réelle et d'une merveilleuse facilité unie à un talent consommé dans l'art d'écrire, Donizetti s'est plutôt abandonné à son inspiration naturelle, qu'il n'a cherché à innover en imaginant quelque combinaison rhythmique, quelques successions d'accords inconnues avant lui. Donizetti est, somme toute, avec ses qualités et ses défauts, le compositeur le plus distingué que l'Italie ait produit après l'incomparable Rossini, et celui qui a su le mieux consoler l'Europe musicale du silence gardé depuis 1829 par l'auteur de *Guillaume Tell*. Dans le nombre très-considérable de ses partitions, il y a quatre ou cinq chefs-d'œuvre. Si l'on détache de cette existence d'artiste déjà si courte les années d'initiation durant lesquelles l'homme le mieux doué subit forcément l'imitation d'autrui, si l'on songe au mal terrible qui a troublé la raison du maître avant de tuer sa vie, on ne pourra s'empêcher de reconnaître que la Providence a donné bien peu de temps à Donizetti pour s'égaler aux princes de l'art. Et cependant, bien que les jours lui eussent été parcimonieusement mesurés, il a pu écrire *la Favorite*, *Lucia di Lammermoor*, *la Figlia del Regimento* : cela ne prouve-t-il pas suffisamment que le père de ces filles avait du génie, le génie véritable qui vient de la nature, et non d'une longue patience?

Gaetano Donizetti naquit à Bergame, le 25 septembre 1798. Son père, simple employé, ayant peu de fortune et beaucoup d'enfants, ne lui fit pas moins donner une excellente éducation classique. A son entrée dans la vie, le jeune Gaetano eut à choisir entre trois carrières bien différentes : le barreau où l'appelait la volonté paternelle, l'architecture que son goût très-vif pour le dessin le portait à préférer, enfin l'art musical vers lequel l'entraînait une voix secrète, la voix de la destinée. Quelque penchant qu'il eût pour la science des Vitruve et des Mansard, quelque désir qu'eussent ses parents de le voir avocat, le sort avait décidé qu'il serait compositeur, et la musique l'emporta sur ses deux rivales. Ses premières études furent dirigées par Salari qui lui enseigna le chant, Gonzalès qui lui apprit le piano et l'accompagnement, et Simon Mayer qui l'initia aux éléments de l'harmonie. A l'âge de dix-sept ans il quitta le lycée de Bergame pour celui de Bologne où il suivit le cours de composition et de contre-point du P. Mattei. Désireux de traduire en applications pratiques les enseignements qu'il recevait de son maître, le jeune musicien composait des ouvertures, des quatuors de violon, des cantates et de la musique d'Église, avec cette facilité qui a toujours été un des caractères distinctifs de son talent. Après avoir étudié pendant trois ans à Bologne, Donizetti revint dans sa ville natale; mais là, il eut encore une lutte à subir contre son père qui voulait le dissuader d'écrire pour le théâtre et préférait le voir s'adonner au professorat. Il fallait de l'argent à un ménage dont les ressources étaient très-limitées; mais l'artiste de race, qui sentait s'agiter en lui la puissance créatrice, pouvait-il s'astreindre à donner assidûment des leçons? Plutôt que de suivre cette carrière, Donizetti aima mieux endosser l'uniforme et s'engager comme soldat. Du moins, dans les loisirs de la vie de garnison, il lui serait permis de se livrer à sa passion favorite. C'est ainsi que vit le jour *Enrico conte di Borgogna*, le premier opéra du maître qui l'écrivit à Venise où son régiment avait été envoyé (1818). Ce début fut assez heureux pour qu'on demandât à l'auteur un second ouvrage. Il composa donc l'année suivante (1819) *Il Falegname di Livonia* dont le succès commença sa réputation. A vrai dire, ces deux partitions promettaient plus qu'elles ne donnaient. Rossini régnait alors sur la scène italienne et il était difficile qu'un compositeur de vingt ans ne ressentît point l'influence de l'illustre maestro. La personnalité ne se dégage que plus tard, quand elle se dégage. Pour le moment l'artiste de Bergame marchait sur les traces du chantre de Pesaro, en faisant toutefois pressentir qu'il ne tarderait pas à prendre un plus libre essor.

A la suite du succès qu'obtint *Il Falegname*, des protections puissantes procurèrent à Donizetti sa libération du service militaire. Rendu à la vie civile, c'est-à-dire à la culture exclusive de son art, il étonna par sa prodigieuse facilité de travail une nation habituée pourtant aux merveilles de l'improvisation. De 1820 à 1830, les scènes de Mantoue, de Naples, de Rome, de Milan, de Venise, de Gênes et de Palerme lui durent un nombre prodigieux d'opéras. Médiocrement payé par l'impresario Barbaja, auquel il s'était engagé à livrer chaque année quatre ouvrages, il ne trouvait que dans un excédant de production des ressources suffisantes à son entretien. Faut-il être surpris si une plume condamnée au mouvement perpétuel, n'a pas toujours attendu l'inspiration et a souvent, au contraire, jeté sur le papier des idées à peine mûries? Rien de plus naturel assurément. Mais, hâtons-nous de le dire, au milieu de ces essais dramatiques, beaucoup trop multipliés, dont les titres sont aujourd'hui du domaine de l'érudition, il se rencontre quelques œuvres qui méritent d'échapper à l'oubli. Je citerai *Élisabeth à Kenilworth* (Naples, 1828), et la même année l'*Esule di Roma* et *Gianni di Calais*. Ce dernier ouvrage a été joué ensuite (décembre 1833) au théâtre Italien de Paris. On y a remarqué de jolies choses, entre autres un duo chanté par Rubini et Tamburini, une charmante barcarolle : *Una barchetta*, et la gracieuse cavatine chantée par Rubini : *Fasti! Pompe!*

C'est à partir de 1831 que se dessine, dans des œuvres d'une valeur sérieuse, l'individualité propre de Donizetti. Jusque-là il n'a été que le disciple plus ou moins heureux de Rossini; mais, à partir de cette date, on le voit essayer de se frayer une route en dehors de la voie qu'a suivie son glorieux prédécesseur. La transformation que j'indique est visible dans *Anna Bolena*, opéra représenté à Milan en 1831, avec le concours de Mme Pasta, de Rubini et de Galli. On connaît l'histoire de l'infortunée favorite d'Henri VIII, qui de la couche royale passa si vite à l'échafaud. Aucun sujet n'était mieux fait pour mettre en relief la sensibilité exquise du compositeur de Bergame : aussi a-t-il rencontré plus d'une fois dans sa partition de délicieuses mélodies. Je citerai en particulier la romance : *Deh! non voler costringere*, l'air chanté par Anna Bolena : *Come innocente giovane*, et l'air si connu de Percy, *Da quel di ch' ho lei perduta*. Dans le même temps, un autre génie, par la mélancolie et la tendresse de ses chants, charmait, lui aussi, les oreilles et les cœurs attentifs au son de sa musique. Ce n'est pas un médiocre honneur pour l'auteur d'*Anna Bolena* que d'avoir pu se faire écouter du public milanais, au moment où il applaudissait la *Sonnambula*.

L'année suivante, l'artiste qui venait d'évoquer à l'imagination la tragique aventure de la seconde femme d'Henri VIII, montra qu'il possédait le don du rire comme celui des larmes, en donnant à Naples l'*Elisire d'amore*, opéra-bouffe en deux actes. On en avait tiré le livret de la pièce de Scribe, *le Philtre*, dont Auber aurait dû se contenter de faire un opéra-comique. La partition italienne est une des plus agréables que Donizetti ait écrites dans le genre bouffe. Au premier acte, le duo entre le jeune villageois Nemorino et le docteur Dulcamara, parfaitement accompagné par l'orchestre, est un petit chef-d'œuvre de verve. Les morceaux les plus saillants du second acte sont le chœur *Cantiamo, facciam brindisi*, la barcarolle à deux voix, *Io son ricco e tu sei bella*, le quartetto : *Dell' elisir mirabile*, le duo entre Adina et Dulcamara, *Quanto amore*, et enfin la romance fraîche et suave de Nemorino : *Una furtiva lagrima*.

Donizetti n'avait mis que quinze jours à écrire l'*Elisire d'amore*. C'est avec la même facilité qu'il composa quatre opéras en 1833. *Il furioso nell'isola di San Domingo*, représenté cette année même à Rome, et repris au théâtre Italien le 2 février 1862, contient de beaux fragments, entre autres la romance de Cardenio, *Raggio d'amor parca*, l'air de Léonora, *Vedea languir quel misero*, le finale du deuxième acte et le duo du troisième. *Parisina*, opéra en trois actes, joué à Florence la même année, et à Paris le 24 février 1838, a pour sujet le poëme de lord Byron, arrangé en livret par Felice Romani. Le maître avait à traiter des situations dont l'horreur touche à l'impossible. Le chœur de femmes au premier acte, le duo entre Parisina et Hugues sont des morceaux bien traités.

Torquato Tasso, drame lyrique en quatre actes, fut donné à Rome. Bien qu'écrit avec la hâte extrême qui était le défaut du compositeur, il se recommande par le duo entre Torquato et Geraldini, *In un'estasi*, par la cavatine de Leonora, *Io l'udia*, et le duo entre Leonora et Geraldini, un des meilleurs duos dramatiques. Citons encore le finale grandiose du second acte.

Le cycle des productions de Donizetti, durant l'année 1833, s'achève par *Lucrezia Borgia*, opéra en trois actes, reçu assez froidement à la Scala de Milan, mais qui devait se relever à Paris, le 27 octobre 1840. Felice Romani avait taillé le livret sans façon dans le drame de Victor Hugo. Le poëte revendiqua son droit de propriété devant les tribunaux, et les juges lui donnèrent raison. La pièce ne put dès lors être jouée qu'avec des modifications qui affectaient le temps, le lieu et les costumes. Les Italiens du xviᵉ siècle devinrent des Turcs, et Lucrezia s'appela la *Rinegata*. Ce fut sous ce déguisement qu'on reprit l'œuvre de Donizetti, le 14 janvier 1845. Plus tard, une transaction intervint entre les parties intéressées, et l'opéra recouvra son titre primitif. Le librèttiste italien, en prenant un des ouvrages les plus émouvants du théâtre de Victor Hugo, en a conservé les incidents pathétiques et terribles : le bal masqué à Venise, durant lequel Lucrèce est outragée sous les yeux de Gennaro, l'affront fait par celui-ci au nom des Borgia, inscrit au frontispice du palais de Ferrare, la scène du poison et l'orgie finale, suivie de l'apparition des cinq cercueils, auxquels *il faut un sixième*. Cette conception, l'une des plus féroces de la littérature romantique, aurait mieux convenu au tempérament de M. Verdi qu'au génie délicat et tendre de Donizetti. Sans se jeter dans l'effet à outrance, comme n'eût pas manqué de le faire l'auteur du *Trovatore*, l'artiste de Bergame a répandu le charme de sa mélodie sur les côtés scabreux du livret, et réussi à produire une œuvre qui est intéressante, quoiqu'elle ne soit pas au premier rang de ses compositions dramatiques. Les parties les plus saillantes de cet opéra sont le chœur d'introduction : *Bella Venezia*, dont la strette est entraînante, la cavatine de Lucrèce, *Com'è bello*, celle du duc de Ferrare, *Vieni la mia vendetta*, le trio de l'empoisonnement, *Della duchessa*, avec son magnifique adagio, et la ballade *Il segreto*, appelée d'ordinaire le *Brindisi*.

En 1834, Donizetti donna à Florence, au théâtre de la Pergola, *Rosamunda d'Inghilterra*, opéra en deux actes, interprété avec éclat par notre chanteur Duprez et par Mme Tacchinardi-Persiani. Cet ouvrage fut ensuite représenté à Naples, avec des morceaux nouveaux sous le titre d'*Eleonora di Guienna*. En 1835, Donizetti alla faire jouer à Paris son *Marino Faliero* ; mais le public français, alors sous le charme des *Puritani* de Bellini, n'accorda que peu d'attention à cet ouvrage, où se trouvent pourtant de véritables beautés.

Belisario fut représenté à Venise en 1836, et le beau duo entre Alamir et Bélisaire fut couvert d'applaudissements. Cette suite de phrases vocales pleines d'élan, de chaleur, de vérité scénique suffit à montrer que Donizetti traitait en maître aussi bien le récitatif que le cantabile large et le rapide allegro.

Le maître revint à Naples et mit au jour un chef-d'œuvre, *Lucia di Lammermoor*. Si les Napolitains ne firent pas dès l'origine une ovation enthousiaste à l'héroïne du roman de Walter Scott, elle réussit pleinement à Milan, et elle captiva, deux ans après (1837), les habitués de notre théâtre Italien. Son succès ne fut pas moindre lorsqu'elle fit son apparition sur la scène de l'Académie royale de musique, le 20 février 1846. Le rôle d'Edgard a été écrit expressément pour M. Duprez qui, dans la scène de l'anathème et dans l'air final : *O bell' alma innamorata*, a produit en Italie et à Paris un effet indescriptible. La vérité d'expression et le pathétique soutenu qui règnent dans cet ouvrage, lui donnent un caractère d'unité qu'on est peu accoutumé à rencontrer dans les partitions de l'Ecole italienne. Depuis l'introduction jusqu'au dernier finale, les mélodies les plus heureuses se succèdent : au premier acte le chœur de la chasse, l'air d'Asthon et le beau duo de *la Fontaine ;* au second acte, le duo d'Asthon et de Lucie, l'ensemble dramatique du contrat, le magnifique sextuor, ainsi que la malédiction que prononce Edgard ; au troisième acte, le duo d'Asthon et d'Edgard, l'air de la folie de Lucie et le chœur avec l'air des Tombeaux. « Donizetti, dit Scudo (1), doit occuper le premier rang après le rang suprême qui appartient au génie. Il sera classé dans l'histoire de l'art immédiatement après Rossini, dont il a été le plus brillant disciple, et vivra dans la postérité par son chef-d'œuvre de *Lucie*, l'une des plus charmantes partitions de notre siècle. Pour caractériser à la fois la noblesse de son caractère et la tendresse de son talent, il ne faudrait qu'écrire, au bas de son portrait, ces mots de l'air final de Lucie, « *O bell' alma innamorata*. »

Je n'énumérerai pas tous les ouvrages que le compositeur écrivit pour

---

(1) Scudo, *Littérature musicale*.

l'Italie depuis *Lucia di Lammermoor* jusqu'à son arrivée à Paris en 1840. Cet homme qui, dit-on, instrumentait toute une partition d'opéra en trente heures, a semé au hasard du caprice et de la fantaisie beaucoup d'ébauches qui font regretter sa trop grande facilité. Il suffira de citer *Roberto d'Evreux* donné à Naples en 1837. Le librettiste Cammarano en avait emprunté l'idée au *Comte d'Essex* de Thomas Corneille et ce sujet, qui est en quelque sorte la contre-partie d'*Anna Bolena*, a permis au compositeur de rencontrer des inspirations vraiment dramatiques. Le premier acte offre deux beaux duos. Le second n'intéresse guère que par les situations du livret, mais le troisième contient deux cavatines dont la seconde est exquise, *Bagnato il sen di lagrime*. La scène finale où Élisabeth apprend la mort de son amant est fort bien traitée.

La mort de Bellini et le silence de Rossini avaient laissé l'auteur de *Lucia* sans rival. Une chance heureuse ne le favorisait pas moins que l'éclatant succès obtenu par plusieurs de ses partitions. Les directeurs de Paris tournèrent les yeux vers le seul maître italien resté dans la carrière. C'est alors que Donizetti vint demander à la France la consécration de sa renommée. Le premier ouvrage qu'il composa pour notre scène, si l'on excepte l'infortuné *Marino Faliero*, fut la *Fille du régiment*, délicieux opéra en deux actes écrit sur des paroles de MM. Bayard et de Saint-Georges et donné à l'Opéra-Comique le 11 février 1840. On connaît l'histoire de cette pauvre enfant abandonnée sur un champ de bataille, recueillie par un brave homme, le sergent Sulpice, et adoptée par le régiment. L'ouverture est gracieuse et appropriée au ton général de l'ouvrage. Le duo entre Marie et Sulpice est original et bien écrit pour les voix ; les couplets sur le 21e régiment et le finale du premier acte témoignent de cette aisance mélodique qui distingue le compositeur. La cantilène des *adieux* chantée par Marie est pleine de sensibilité. Le trio entre la marquise, sa fille et le sergent est d'un comique de bon goût. Constatons aussi la délicatesse de touche de la valse exécutée dans la coulisse. La *Figlia del regimento*, traduction italienne de l'opéra français, a été l'occasion de la rentrée de Mme Sontag à la salle Ventadour en 1850. La grande cantatrice avait quitté le théâtre à la suite de son mariage avec le comte Rossi.

La *Fille du régiment* ne fut pas d'abord appréciée en France, et il fallut les applaudissements de l'étranger pour apprendre au public parisien à admirer, comme elle méritait de l'être, la partition de Donizetti. Les *Martyrs* ne furent pas plus heureux. Peut-être le talent plus gracieux qu'énergique du compositeur n'était-il pas de force à porter un sujet qui demandait l'ampleur et la puissance du chantre de *Mosè*. Le maître avait composé à Naples pour Nourrit l'opéra de *Poliuto*, emprunté au *Polyeucte* de Corneille, mais la censure du royaume des Deux-Siciles n'en permit pas la représentation. Lorsque l'auteur vint à Paris quelques années après, il confia le poëme à Scribe, qui y fit les arrangements nécessaires, et *Poliuto* parut sous le titre des *Martyrs* à l'Académie royale de musique le 10 avril 1840. Des quatre actes, le plus beau est sans contredit le troisième : il renferme un sextuor admirable conçu d'après le même plan et sur le même rhythme que le sextuor immortel de Lucie. On y trouve aussi l'air remarquable : *Oui, j'irai dans leur temple* et l'hymne à Jupiter qui est loin d'être sans mérite. Malheureusement, les amateurs français manquèrent d'équité, faute de s'être placés au point de vue du style italien qui domine dans cette importante composition.

La fermeture du théâtre de la Renaissance empêcha la représentation de *l'Ange de Nisida*, que Donizetti avait écrit pour cette salle. Cette circonstance, fâcheuse en apparence, nous valut un chef-d'œuvre, car le musicien, en ajoutant un quatrième acte à sa partition, en fit la *Favorite*, l'une de ses productions les plus vantées et à juste titre. Cet opéra fut représenté à l'Opéra le 2 décembre 1840.

Quoi qu'en disent des critiques pointilleux, sans cesse à l'affût des négligences de détail qui échappent souvent au laisser aller italien, il est impossible d'appeler médiocre un opéra qu'on entend encore avec plaisir et qui date de près de quarante ans.

L'introduction, qui se réduit à une gamme ascendante et descendante, est rhythmée et accompagnée de manière à satisfaire le goût le plus sévère en fait d'harmonie. Il y a de la suavité et de l'émotion dans la cavatine :

> Un ange, une femme inconnue
> A genoux priait près de moi.

Le duo qui suit offre une phrase inspirée : *Idole si douce et si chère!* Un chœur de femmes fort gracieux précède le duo plein de passion : *Mon idole*. L'air de bravoure du ténor, *Oui, ta voix m'inspire*, dans sa forme un peu commune, ne laisse pas que d'exprimer avec vérité l'ardeur guerrière d'un jeune capitaine. Au second acte, s'il faut louer une certaine morbidesse orientale dans le début de l'air chanté par Alphonse, s'il faut reconnaître la charmante mélancolie du petit duo qui suit, on doit avouer par contre l'insignifiance des airs de ballet, et l'effet médiocre du finale. Le compositeur se relève dans l'acte suivant où nous trouvons le trio pathétique avec voix récitante : *Pour tant d'amour ne soyez pas ingrate*, et l'andante : *O mon Fernand*, précédé d'une ritournelle dont l'expression est noble et touchante et qui est exécutée par les cors. Le chœur : *Déjà dans la chapelle* est un joli hors-d'œuvre et le finale du troisième acte, malgré quelques phrases banales, ne manque ni d'ampleur ni de noblesse. Le quatrième acte l'emporte sur les trois autres par une expression dramatique plus profonde, une appropriation toujours juste de la musique au caractère des personnages. Je me bornerai à rappeler le chœur : *Frères, creusons l'asile*, la délicieuse cavatine : *Ange si pur* et la mélodie en *la* bémol mineur chantée par Léonore. Le croira-t-on? La *Favorite*, qui est restée avec *Lucie* la composition la plus populaire de Donizetti, obtint peu de faveur dans sa nouveauté, et l'auteur eut beaucoup de peine à trouver un éditeur qui consentît à la publier; quelques jours après il alla en Italie et fit représenter à Rome *Adelia, ossia la Figlia dell' arciero*, ouvrage médiocre qui échoua (1841). En revanche, *Maria Padilla* réussit la même année à Milan. Vienne, plus hospitalière que Paris, fit un accueil enthousiaste à *Linda di Chamounix*, opéra en trois actes, donné en 1842 au théâtre de la Porte de Carinthie. C'est une partition de demi-caractère dans laquelle le maître a trouvé une heureuse veine de sentiment et de fraîcheur. On a surtout remarqué la tyrolienne, la scène de la Malédiction, et la Prière. Dans l'ordre du mérite, *Linda di Chamounix* me paraît occuper une place intermédiaire entre la *Fille du Régiment* et *Don Pasquale*. Cependant, au point de vue de la couleur locale, la physionomie poétique de la jeune montagnarde est mieux conservée dans les naïves cantilènes du vieil opéra de *Fanchon la vielleuse* que dans les mélodies développées du maestro.

Après avoir été nommé compositeur de la cour d'Autriche et maître de la chapelle impériale, Donizetti revint en France et fit jouer, le 4 janvier 1843, *Don Pasquale*, opéra buffa en trois actes. Aux répétitions, les musiciens de l'orchestre préságeaient une chute, et l'administration paraissait être du même avis. M. Vatel, agent de change, associé à M. Dormoy dans la direction du théâtre Italien, jugeait la pièce et la musique « bonnes tout au plus pour des saltimbanques, » opinion aussi ridicule que hasardée, et que le public, dès la première représentation, devait réfuter par d'unanimes applaudissements. Quatre morceaux tout à fait hors ligne, le duo du premier acte entre Norina et le docteur, le beau quatuor final du second, le duo du soufflet et la délicieuse sérénade du troisième acte : *Com'è gentil*, classent en effet *Don Pasquale* parmi les meilleures productions de Donizetti.

Au point où nous sommes arrivés, la tâche du biographe devient singulièrement douloureuse. Ce ne sont plus des succès dramatiques que j'ai à enregistrer, ce sont les progrès, d'abord lents, mais continus et bientôt invincibles, d'un mal qui s'attaque à l'intelligence de l'artiste avant de tarir en lui les sources de la vie. Travailleur infatigable, pourvoyeur de vingt scènes différentes, Donizetti devait finir comme finissent les hommes qui surmènent leurs facultés cérébrales. Là et non ailleurs se trouve l'explication de sa folie. On a dit qu'elle avait été occasionnée par l'abus des plaisirs, hypothèse qui se concilie difficilement avec ce qu'on sait de cette existence vouée à un labeur sans relâche. Non, ce n'est pas dans la débauche que s'est noyée la raison du maître. C'est là une invention propagée avec une légèreté cruelle par des libertins paresseux et frivoles. Ce qui l'a perdu, c'est ce qui a fait sa gloire : la tension incessante de l'activité créatrice, l'inquiétude du génie. Peut-être un repos absolu eût-il réussi à conjurer les effets de la funeste maladie dont il avait ressenti les premières atteintes dès 1843 ; mais comment condamner au repos un homme pour qui le travail était devenu un besoin ? Le compositeur semblait au contraire vouloir prévenir de vitesse le fléau qui allait dans peu de temps le réduire à l'impuissance.

Maria di Rohan, représentée à Vienne en 1843, renferme des parties qui ne sont pas inférieures à ce que l'artiste a écrit aux meilleurs jours de l'inspiration. Nous en dirons autant de *Don Sébastien, roi de Portugal*, opéra en cinq actes, représenté à Paris le 13 novembre 1843. Les défauts graves du poëme empêchèrent le public de rendre justice à une partition pleine de vie, de chaleur et de grâce. C'était une singulière idée que de faire servir la magnificence des décors, des costumes et de la mise en scène de l'Opéra à la représentation d'une pompe funèbre. La romance de don Sébastien, la cavatine chantée par Camoëns : *O Lisbonne, ô ma patrie*, ont survécu à cet enterrement d'une œuvre vaillante. Donizetti y avait versé les derniers restes de sa brillante imagination, les derniers trésors de sa sensibilité, et cet effort lui coûtait cher. « *Don Sébastien me tue* », dit-il à un de ses amis pendant la répétition générale qui précéda la représentation de l'ouvrage.

Rien n'était plus vrai, mais pour que le fécond musicien déposât la plume, il fallait que sa main fût hors d'état de la tenir. Il fit ses adieux au théâtre par *Catarina Cornaro*, opéra donné au San Carlo de Naples pendant le carnaval de 1844. Cet ouvrage tomba : il ne méritait pas un succès ; toutefois les Napolitains qui le jugèrent avec sévérité auraient pu se souvenir de toutes les jouissances musicales qu'ils devaient à l'auteur applaudi de *Lucie* et de la *Favorite*. Dans l'état de santé où était alors le maestro, cette chute dut le blesser au cœur. Son service de maître de la chapelle impériale l'appelant à Vienne, il s'y rendit, mais il ne put remplir ses fonctions à la cour, miné qu'il était par une affection nerveuse dont les progrès étaient de jour en jour plus alarmants. De retour à Paris vers le milieu de l'année suivante (1845), il se remit à travailler avec ardeur dans l'appartement qu'il occupait à l'hôtel de Manchester. Ses amis venaient le visiter comme de coutume, et, plus d'un, l'entendant causer avec une lucidité parfaite, crut au complet rétablissement de ses facultés. Le compositeur donnait en même temps ses soins à une partition nouvelle sur le sujet de *Sganarelle* et au remaniement d'un opéra de sa jeunesse, *l'Ajo nell' imbarazzo*, que le théâtre Italien était à la veille de reprendre. Il s'appliquait avec ardeur à cette double tâche quand la maladie vint lui donner le coup de grâce. A la suite d'une attaque de paralysie survenue le 17 août, il perdit sans retour l'usage de cette belle intelligence dont il avait fait un si riche emploi. Transporté au mois de janvier 1846 dans une maison de santé située à Ivry, le malade y reçut en vain tous les secours de la science. Vainement encore, on le confia aux mains du docteur Blanche : la démence de l'infortuné musicien défiait toutes les ressources de l'art. De guerre lasse, on en vint à croire que l'air natal, la douce influence du climat italien ferait peut-être un miracle en sa faveur. En 1848, il fut ramené à Bergame sous la garde de son neveu et de son fidèle serviteur Antonio. Mais Donizetti ne rentra dans la ville où il avait reçu le jour que pour y rendre le dernier soupir. Il s'éteignit le 8 avril 1848. Les populations de la Péninsule étaient alors en lutte contre les Autrichiens, et, par une étrange coïncidence, les cloches qui sonnèrent le glas du grand compositeur mêlèrent leurs notes lugubres aux sons du canon tiré pour célébrer la victoire de Goïto.

Deux ouvrages posthumes de Donizetti ont été représentés à Paris. *Élisabeth*, opéra en trois actes, paroles de M. Brunswick et de Leuven, donné au théâtre Lyrique, le 31 décembre 1853, a pour sujet l'histoire racontée par Mme Cottin d'une jeune fille qui vient du fond de la Sibérie demander la grâce de son père exilé. On a remarqué dans le premier acte l'andante de l'ouverture, l'air de Danikoff, la cavatine et la romance d'Élisabeth : *Faut-il, hélas! sans espérance*, la prière à quatre voix, en canon. Les morceaux saillants du second acte sont les couplets d'Ivan et le chœur des Cosaques. Dans le troisième, on ne trouve à noter que le ballet et le duo de reconnaissance d'Élisabeth et de son père Danikoff. Les chanteurs se trouvèrent tout à fait insuffisants pour interpréter cette partition.

Rita ou le Mari battu, opéra-comique en un acte, représenté à l'Opéra-Comique le 7 mai 1860, est une partition d'une facture excellente et d'une délicieuse fraîcheur. Dans l'abondance des motifs dont elle fourmille, je suis obligé de prendre un peu au hasard. Bornons-nous à rappeler le duo, *C'est elle... je frémis* ; la scène du jeu de la *Morra* ; la charmante chanson de Peppe : *Je suis joyeux comme un pinson* ; enfin, le trio bouffe : *Je suis manchot*.

Il n'est pas besoin d'entrer dans le détail des soixante-quatre opéras du compositeur bergamasque. Je crois avoir assez fait en rappelant ses principaux titres à la reconnaissance des âmes douées de sensibilité et à l'admiration des gens de goût. Les musiciens de l'école dite *de l'Avenir*, qui n'ont pas respecté Rossini, ne pouvaient manquer de s'attaquer à Donizetti. Ils ont traité ce maître avec une irrévérence qui, déjà malséante si elle venait de juges plus autorisés, est dans l'espèce tout simplement scandaleuse. Pour afficher un pareil dédain à l'égard de l'auteur de *Lucie de Lammermoor*, de l'*Elisire d'amore*, de la *Fille du régiment*, que sont-ils donc, ces Aristarques? Qu'on les voie à l'œuvre; ou plutôt, non, qu'on les laisse en repos; nous savons bien, hélas! ce qu'ils feraient. A la place de ce qu'ils appellent la *mélodie absolue*, de ces cantilènes, de ces duos, de ces trios qui, après nous avoir enchantés à la scène, nous charment encore au concert et au salon autant par leur mérite intrinsèque que par les souvenirs qu'ils rappellent, ces musiciens veulent substituer une mélopée languissante, tout orchestrale et descriptive. Ce système a sa raison d'être dans la stérilité de leur imagination et le désespoir qu'elle leur cause, beaucoup plus réellement que dans une certaine philosophie de l'art. Laissons ces théories pour ce qu'elles valent, pour une application nouvelle de la fable du *Renard et des Raisins*, et admirons les dons du génie et d'une belle organisation artistique, sans nous arrêter aux préjugés secondaires des écoles et aux déclamations aussi obscures que passionnées des *musiciens de l'avenir*.

HALÉVY

NÉ EN 1799, MORT EN 1864.

Si un contemporain de Louis XIV, un admirateur du tendre Racine revenait parmi nous, et que, plein encore des souvenirs du grand siècle, il voulût retrouver sur la scène moderne le pathétique noble, l'inspiration élevée, l'ordonnance majestueuse des chefs-d'œuvre dramatiques d'autrefois, ce n'est pas au Théâtre-Français que je l'enverrais ; je lui dirais : Allez à l'Opéra les jours où l'on donne un ouvrage d'Halévy.

La Juive, Guido et Ginevra, la Reine de Chypre, Charles VI sont, en effet, de vraies tragédies lyriques, marquées d'un sceau de beauté ineffaçable. Des productions moins parfaites et par cela même plus accessibles à l'intelligence de la foule, ont joui d'une vogue plus générale ; mais le suffrage des connaisseurs est le seul qui intéresse un artiste consciencieux, et celui-là Halévy l'a obtenu sans partage. Je ne crois pas me tromper en affirmant que la popularité du maître ira grandissant, à mesure que se fera l'éducation musicale du public. Combien de compositeurs, aujourd'hui au comble de la renommée, que les progrès du goût menacent d'un revirement en sens contraire !

Fromental Halévy appartenait à cette race israélite, qui, mettant à profit l'esprit du temps, s'est fait si rapidement sa place dans toutes les carrières. La patience de cette race, ses qualités domestiques et sa propre tolérance provenant de secrètes tendances vers le christianisme, bien plus que les révolutions politiques, l'ont admise à jouir des bienfaits de l'égalité civile. C'est ainsi que le grand compositeur dont je vais esquisser la vie, esprit naturellement élevé et religieux, a autant écrit pour le culte de l'Église catholique que pour la synagogue. Né à Paris le 27 mai 1799, il montra de bonne heure les plus heureuses dispositions pour la musique, et il n'avait pas encore accompli sa dixième année quand il entra au Conservatoire, dans la classe de solfége de Cazot (30 janvier 1809). L'année suivante, il étudia le piano sous la direction de Charles Lambert. Berton lui enseigna l'harmonie en 1811, et Cherubini lui donna pendant cinq ans des leçons de contre point. Le futur auteur de la *Juive* était à peine âgé de vingt ans, quand l'Institut lui décerna le grand prix de composition pour une cantate intitulée *Herminie*. Le jeune lauréat, devenu pensionnaire du gouvernement, séjourna à Rome pendant deux ans (1820-1822), et ce temps ne fut pas perdu pour le développement de son talent. Déjà, avant son départ, il avait été chargé de mettre en musique le *De profundis* hébreu, à l'occasion de l'assassinat du duc de Berry; il avait écrit pour l'Opéra un ouvrage resté inédit, intitulé *les Bohémiennes*. Revenu en France, Halévy eut à lutter contre ces difficultés du début qui ne s'aplanissent pas même devant les Prix de Rome. Après plusieurs années de démarches infructueuses, il dut renoncer à l'espoir de faire exécuter deux partitions composées depuis son retour d'Italie : *Pygmalion*, grand opéra, et les *Deux Pavillons*, opéra-comique. Le premier ouvrage où il lui fut donné de se révéler au public fut un petit acte intitulé *l'Artisan*, joué à la salle Feydeau, en 1827. L'année suivante parut *le Roi et le Batelier*, pièce de circonstance inspirée par la fête de Charles X, et dont le jeune artiste fit la partition en collaboration avec Rifaut. Dans *Clari*, opéra italien semi-séria représenté à la salle Ventadour, le 9 décembre 1828, on remarqua l'excellent trio : *Deh! Silenzio, non parlate*. Le *Dilettante d'Avignon* joué à l'Opéra-Comique en 1829, *Manon Lescaut*, ballet en trois actes, donné à l'Opéra en 1830, la *Langue musicale*, opéra comique (1831), la *Tentation*, ballet-opéra, écrit en collaboration avec Gide (1832), les *Souvenirs de Lafleur*, ouvrage de circonstance écrit pour la rentrée de Martin à l'Opéra-Comique, *Ludovic* enfin, laissé inachevé par Hérold et terminé par Halévy (1834), sont autant de compositions où le maître sema une foule de morceaux charmants, mais sans faire encore pressentir au monde un rival français de Rossini et de Meyerbeer.

Ces deux grands noms, auxquels va s'adjoindre un troisième, non moins illustre, appellent bien des réflexions. En vertu de quelle attraction secrète les chefs-d'œuvre semblent-ils se donner rendez-vous en un point déterminé de notre histoire? Pourquoi des époques déshéritées à côté d'époques rayonnantes de lumière? Quelle est cette loi mystérieuse qui a fait se succéder à si peu d'intervalle *Guillaume Tell*, *Robert le Diable* et la *Juive*? Je viens de nommer l'ouvrage qui signale l'avénement définitif d'Halévy à la gloire. Ses précédentes productions se distinguaient par une habile facture et par un heureux emploi des ressources musicales; mais la *Juive* les dépasse de toute la hauteur d'une inspiration grandiose, passionnée, émouvante. La première représentation eut lieu à l'Académie royale

HALÉVY

de musique le 23 février 1835, avec un luxe de décors et de costumes jusque-là inusité. L'administration de l'Opéra avait dépensé 150,000 francs en frais de mise en scène : dépense inutile, assurément, car Éléazar et Rachel n'avaient nul besoin de tant de magnificence pour obtenir d'unanimes applaudissements. Qui ne connaît la belle scène chantée par le cardinal : *Si la rigueur et la vengeance*, la scène de la Pâque et la prière : *Dieu que ma voix tremblante*, l'air de Rachel : *Il va venir*, dans lequel l'effroi, le repentir, la passion sont tour à tour exprimés avec une force d'accent admirable, le trio : *Tu possèdes, dit-on, un joyau magnifique*, qui dessine nettement les trois caractères ; au cinquième acte, le duo entre Éléazar et Brogni : *Ta fille en ce moment est devant le concile*, et l'air magnifique : *Rachel ! quand du Seigneur la grâce tutélaire*, dont le chanteur Nourrit a conçu la pensée scénique et écrit les paroles

Les envieux et les impuissants ne faillirent pas à leur besogne accoutumée ; ils se déchaînèrent contre l'œuvre magistrale dont Halévy venait d'enrichir notre répertoire lyrique, affectant d'attribuer le succès de la *Juive* aux splendeurs de la mise en scène. La seule réponse du compositeur à ses critiques fut un nouveau succès. L'*Éclair*, opéra-comique en trois actes, représenté le 30 décembre 1835, reçut du public l'accueil le plus favorable et accrut encore la réputation de son auteur. Gracieuse, légère, expressive, cette partition peut être regardée comme la meilleure que le maître ait écrite dans le genre de l'opéra-comique. On se rappelle avec plaisir cette phrase dégagée :

> Car j'ai fait ma philosophie
> A l'université d'Oxford ;

le rondo : *Tout dans la nature*, l'air : *Partons, la mer est belle*, la suave romance : *Quand de la nuit l'épais nuage*, et le duo du troisième acte. L'*Éclair* n'a jamais quitté le répertoire.

Après s'être tenu éloigné du théâtre pendant plus de deux ans, Halévy reparut à l'Académie royale de musique, avec un opéra en cinq actes intitulé *Guido et Ginevra ou la Peste de Florence* (9 mars 1838). Comprenant tout ce que sa réputation exigeait de lui, il n'avait rien négligé pour donner un digne pendant à la *Juive*. Malheureusement une partition travaillée avec amour, durant de longs mois, par un artiste qui avait au plus haut degré le respect de son art, se trouvait associée à un poëme lugubre, plutôt que dramatique. Scribe compromit, dans cette circonstance, le succès de son collaborateur. Cependant la romance : *Pendant la fête une inconnue*, dont le récitatif est d'une sensibilité exquise, a excité l'admiration universelle. Le grand air de Guido : *Quand renaîtra la pâle aurore*, est d'une beauté achevée. La mélodie chantée par Médicis : *Sa main fermera ma paupière*, le duo du deuxième acte, le chœur des condottieri et le grand trio final : *Ma fille à mon amour ravie,* suffiraient bien au delà à assurer le succès d'un ouvrage contemporain.

Les Treize (avril 1839) et le *Schérif* (septembre 1839) n'eurent pas une fortune égale à leur mérite. Il est rare qu'une originalité audacieuse se fasse accepter sans résistance. Le premier mouvement qu'elle inspire, est celui d'une défiance instinctive. Involontairement on cherche à se mettre en garde contre le novateur, sauf un peu plus tard à s'abandonner à lui. Dans le cas dont il est question ici, les habitués de l'Opéra-Comique se sentirent déroutés par des combinaisons harmoniques d'une richesse et d'une puissance inaccoutumées. Quant au *Drapier,* représenté à l'Opéra le 6 janvier 1840, le sujet de cet ouvrage, tour à tour burlesque et tragique, n'était nullement approprié au génie élevé, tendre et pathétique du musicien.

L'année suivante, Halévy se releva par un coup d'éclat en faisant jouer, à l'Académie royale de musique, la *Reine de Chypre,* grand opéra en cinq actes (22 décembre 1841). Le poëme dû à la plume de M. de Saint-Georges, ne manque pas de mérite littéraire et, pour juger d'un mot la partition, on peut dire que nulle part le maître n'a déployé une aussi grande richesse de motifs. La musique est, tour à tour, grave, puissante, émue, pathétique : il n'y faut point chercher d'ailleurs une vivacité que le livret ne comportait pas. L'introduction offre une phrase de violoncelle d'une grande distinction. La romance : *Le ciel est radieux,* le duo qui suit, où se trouve l'ensemble : *En ce jour plein de charmes,* inaugurent avec grâce la tragédie dont le nœud se forme dans le duo entre le patricien et l'envoyé de Venise : *Sommes-nous seuls ici?* dans lequel on remarque cette phrase fière : *Eh! qu'importe à la république et les serments et les amours?* On a souvent fait répéter le chœur des gondoliers qui ouvre le second acte. Suit une scène admirable de mélancolie : *Le gondolier dans sa pauvre nacelle;* Halévy excellait à exprimer ce sentiment, qui était le fond même de sa nature. Tout le monde sait par cœur les couplets syllabiques : *Tout n'est, dans ce bas monde, qu'un jeu.* Arrivé à ce passage :

>Ce mortel qu'on remarque
>Tient-il
>Plus que nous de la parque
>Le fil?
>Puisqu'il faut que l'on meure,
>Comment
>N'attendre pas son heure
>Gaîment?

Arrivé, dis-je, à ce passage, l'acteur, soit hasard, soit intention, avait coutume de fixer des yeux une loge d'avant-scène, habituellement occupée par des notabilités de la politique et de la finance. Plusieurs de ces personnages étant venus à mourir pendant les premières représentations de la *Reine de Chypre,* on s'imagina que le chanteur était un *jettatore,* et la loge demeura vide.

Le grand duo : *Vous qui de la chevalerie*, dans lequel se trouve la romance : *Triste exilé !* est jusqu'à l'allegro un des plus beaux morceaux du répertoire. Pour abréger je me bornerai à rappeler, dans le quatrième acte, les airs de danse, mieux traités qu'on ne pouvait s'y attendre de la part d'Halévy, et le cantabile, *Seul espoir de ma triste vie*, dont l'harmonie est si profondément pathétique. Dans le cinquième acte, le magnifique duo entre Gérard et Catarina est, selon moi, l'œuvre où le génie dramatique du maître s'est révélé avec le plus de force :

> Quand le devoir sacré qui près du roi m'appelle
> Contre de vains regrets devrait armer mon cœur,
> A l'aspect de ces lieux où règne l'infidèle,
> Quels sinistres pensers réveillent ma douleur!

Accueillie à l'origine par les musiciens comme une des productions les plus achevées de l'école française, exécutée par des artistes tels que Duprez, Baroilhet et Mme Stoltz, la *Reine de Chypre* n'a pourtant obtenu auprès du grand public qu'un succès assez froid. Cela tient moins peut être à la couleur sombre du sujet qu'à la difficulté de réunir un auditoire apte à en sentir les beautés.

Le *Guitarrero*, représenté à l'Opéra-Comique le 21 janvier 1841, renferme des morceaux élégants et empreints d'une expression toujours dramatique et distinguée. Quoi qu'il écrivît, il était impossible à un artiste versé dans tous les secrets de la science musicale, et doué de l'esprit le plus délié de faire jamais un ouvrage médiocre ; mais les tendances de son génie le portaient vers des compositions d'un ordre plus élevé que celles que réclame l'Opéra-Comique. Halévy n'était véritablement à son aise que dans la peinture des grands sentiments et des situations fortes. Après deux ans de silence, il compléta la liste de ses chefs-d'œuvre en donnant *Charles VI*, opéra en cinq actes, représenté à l'Académie royale de musique, le 15 mars 1843.

L'écueil des pièces patriotiques que La Harpe appelait des *sottises patriotiques*, c'est de faire trop souvent appel à un chauvinisme grossier qui n'a rien à voir dans la question d'art. Caresser la fibre populaire est facile : plaire aux cœurs élevés et aux oreilles délicates l'est moins. Mais *Charles VI* est une pièce patriotique à la manière des *Perses* d'Eschyle, non à la manière du *Siège de Calais* de Du Belloy. Ni Halévy, ni ses collaborateurs Casimir et Germain Delavigne, ne crurent pouvoir se dispenser de leur talent habituel en traitant un sujet sympathique à la majorité des cœurs français. Le premier se ressouvint de la *Reine de Chypre*, les seconds se ressouvinrent des *Messéniennes*. Les uns et les autres firent de leur mieux, et il en résulta un chef-d'œuvre. *Charles VI* eut à l'origine plus de cent représentations. On ne se lassait pas d'aller entendre les belles strophes : *La France a l'horreur du servage,* chantées par Levasseur dans le rôle de Raymond. Les couplets d'Odette-Stolz : *Ah! qu'un ciel sans nuage*, et le grand duo des cartes; la ballade avec accompagnement de hautbois : *Chaque soir Jeanne sur la plage*, et les jolis couplets de la sentinelle chantés par Poultier au cinquième acte; Baroilhet, chargé du rôle si difficile de *Charles VI*, avait su en triompher à force de talent ; acteur et chanteur consommé, il disait avec un accent pénétré cette phrase touchante :

> Avec la douce chansonnette
> Qu'il aime tant,
> Berce, berce, gentille Odette,
> Ton vieil enfant!

Duprez s'était vu confier le rôle du dauphin ; bien qu'il ne l'aimât point et qu'il n'ait pas tardé à s'en démettre, il s'en acquittait à merveille. L'expression qu'il mettait dans le duo : *Gentille Odette, eh quoi! ton cœur palpite?* est restée dans toutes les mémoires.

Des convenances politiques que je n'ai pas à juger empêchent depuis longtemps à Paris la reprise de *Charles VI*. C'est un des fruits de l'entente cordiale que l'ostracisme dont est frappé le refrain célèbre *Guerre aux tyrans! jamais en France l'Anglais ne régnera*. Il est triste de penser que, pour entendre de nouveau la magnifique partition du maître, ses admirateurs soient condamnés à attendre qu'une guerre éclate entre l'Angleterre et la France.

Le *Lazzarone*, opéra en deux actes, représenté à l'Académie royale de musique le 29 mars 1844, eût été mieux à sa place à l'Opéra-Comique qu'au théâtre de la rue Le Pelletier. Sur un sujet des plus frivoles, le compositeur écrivit une partition agréable et spirituelle, parfaitement adaptée aux minces situations du livret. M. de Saint-Georges avait ses bons et ses mauvais jours : tant mieux pour le musicien quand son collaborateur était en veine d'inventions intéressantes. Ce fut un de ces hasards heureux, fréquents dans la carrière dramatique du fécond librettiste, qui valut à Halévy le poëme des *Mousquetaires de la reine*, représenté le 3 février 1846. On peut discuter la qualification d'opéra-comique donnée à un ouvrage dont le caractère est plutôt semi-sérieux : ce qu'on ne discutera pas, c'est la verve et l'élégance de l'ouverture, la grâce de l'air d'Athénaïs : *Bocage épais, légers zéphirs ;* l'agrément de l'ariette : *Parmi les guerriers ;* la noblesse du sextuor : *Serment des chevaliers*, l'effet piquant de la marche nocturne des mousquetaires, la belle facture des couplets du capitaine Roland :

> C'est à la cour du roi Henri,
> Messieurs, que se passait ceci.

Enfin, dans le troisième acte, le sentiment exquis de la romance chantée par Olivier ; l'émotion vraie et poignante du duo : *Trahison, perfidie*, et l'originalité franche du duo bouffe final : *Saint Nicolas, ô mon patron !*

Le *Val d'Andorre*, drame lyrique en trois actes, joué à l'Opéra-Comique le 11 novembre 1848, abonde en scènes déchirantes. Si la rondeur et la gaieté du recruteur Lejoyeux sont assez divertissantes, le désespoir de la pauvre Rose de Mai lorsque la conscription lui enlève son fiancé, le combat qui se livre dans son âme partagée entre l'amour et le devoir, ses inquiétudes et ses remords à la suite du vol que l'amour lui a fait commettre au préjudice de sa maîtresse, les débats émouvants de son procès porté devant le tribunal des anciens, tout cela nous remplit d'impressions pénibles qui ne se dissipent qu'au moment où la malheureuse jeune fille reconnaît sa propre mère dans son accusatrice. Au premier acte, le vieux chevrier Jacques Sincère, qui ne sera pas inutile au dénouement, chante un air admirable de coloris musical :

> Voilà le sorcier,
> Car il existe encore :
> Le vieux chevrier
> Du beau pays d'Andorre,
> Le vieux chevrier !

Le quatuor : *Savant devin*, est d'une déclamation vraie et spirituelle. Il y a un certain charme de rêverie naïve dans la romance chantée par Rose de Mai :

> Marguerite
> Qui m'invite
> A te conter mes amours,
> Dis-moi vite,
> Ma petite,
> Si je dois l'aimer toujours.

Dans le second acte, on remarque surtout les couplets du chevrier : *Le soupçon, Thérèse*. Le finale de cet acte est magnifique. La romance de Stéphan : *Toute la nuit suivant sa trace* ; le trio : *Mon Dieu ! l'ai-je bien entendu ?* et la scène du jugement terminent dignement cette œuvre distinguée.

L'année suivante (18 mars 1849) Halévy fit entendre au Conservatoire quelques scènes du *Prométhée enchaîné*, dont il avait écrit la musique d'après la traduction de son frère, M. Léon Halévy. L'artiste se proposait dans cette composition de reproduire les effets présumés du genre enharmonique des Grecs, tentative hardie qui échoua nécessairement, parce que les instruments à cordes, dont il s'était servi, ne peuvent rendre les quarts de ton avec la précision désirable.

La *Fée aux roses* (1er octobre 1849) et la *Dame de pique* (28 décembre 1860), nonobstant une musique souvent délicieuse, n'obtinrent qu'un succès d'estime. Le maître trouva un ample dédommagement dans l'accueil que la ville de Londres fit à son opéra italien *la Tempesta*, représenté au théâtre de la Reine, le 14 juin 1850. Le sujet de cet ouvrage, qui a ensuite été donné à Paris au théâtre Italien, en 1851, n'est autre que celui de la *Tempête* de Shakespeare, arrangée par Scribe. Ce fut Balfe, l'auteur du

Puits d'amour et des *Quatre fils Aymon,* qui dirigea l'orchestre. A l'occasion du succès de la *Tempesta,* Lablache adressa à Halévy le quatrain suivant :

>*Quanto dalle altre varia*   La *Tempête* d'Halévy
>*D'Halevy la* Tempesta;   Diffère des autres tempêtes ;
>*Quelle fan piover grandine,*   Celles-ci font pleuvoir la grêle,
>*Oro fa piover questa.*   Celle-là fait pleuvoir de l'or.

Citons encore ce toast, quoique assez médiocre, en l'honneur du cher et illustre maître, qui a laissé parmi nous tant de regrets :

>Salut à toi, prince de l'harmonie,
>Qu'ont consacré tant de succès nouveaux.
>Cher Halévy, dont le noble génie
>Hier encore excitait les bravos.
>Jusqu'à Paris que l'écho les répète,
>Que ces bravos, retentissant dans l'air,
>Portent au loin le bruit de la *Tempête,*
>Chez nous jadis annoncé par l'*Éclair!*

Passer de la *Tempesta* au *Juif errant,* c'est passer des splendeurs shakespeariennes aux plates et ternes conceptions de Scribe. Halévy, obligé de mesurer son inspiration à la taille du plus informe livret, cela fait penser au supplice imaginé par Mézence :

>*Mortua quin etiam jungebat corpora vivis.*

Le *Juif errant*, représenté à l'Opéra le 23 avril 1852, n'a de remarquable que le quatrième acte. Dans la partition du *Nabab*, joué à l'Opéra-Comique le 1er septembre 1853, il y a aussi d'heureux motifs sur un mauvais livret.

L'année suivante, l'auteur de la *Juive*, qui était entré à l'Institut en 1836, fut élu secrétaire perpétuel de l'Académie des Beaux-Arts. Ces nouvelles fonctions lui permirent de montrer qu'il savait se servir de la plume autrement que pour écrire en musique. Il se révéla littérateur, et littérateur distingué, dans ses éloges de Pierre Fontaine, d'Onslow, d'Abel Blouet, de David d'Angers, de Paul Delaroche et d'Adolphe Adam. Apprécier les artistes étrangers à sa spécialité ne devait pas être, du reste, une tâche difficile pour un homme qui avait fait de sa maison une sorte de musée où l'on voyait des portraits d'Ary Schæffer à côté d'une terre cuite de Clodion, une marine de Gudin faisant pendant à une esquisse d'Horace Vernet. La statuaire et la peinture étaient, avec la mélodie, les hôtes favoris, mieux que cela, les divinités domestiques du logis.

Cependant au milieu des travaux que lui avait imposés la confiance de ses collègues, Halévy n'oubliait pas le théâtre, et le 24 avril 1856, il fit jouer à l'Opéra-Comique *Valentine d'Aubigny* où on remarqua l'air de Gilbert : *Comme deux oiseaux;* les couplets de Bois-Robert, accompagnés par un pizzicato d'un effet très-heureux, et le boléro de Sylvia. Cet ouvrage avait été précédé de *Jaguarita l'Indienne* (14 mai 1855) qui fut, pour le théâtre Lyrique, l'occasion d'abondantes recettes. Le compositeur se retrouvait là avec toutes ses qualités ordinaires : invention, interprétation consciencieuse et élégante du poëme, harmonie originale et neuve, instrumentation riche et variée. *La Magicienne*, opéra en cinq actes représenté à l'Académie impériale de musique le 17 mars 1858, est la dernière production du génie d'Halévy. Sans être à la hauteur de la *Reine de Chypre* et de *Charles VI*, elle offre encore de très-belles pages dont le nombre serait plus grand, si le livret eût favorisé davantage l'inspiration du musicien. Mais, comme l'autre, la délivrance intellectuelle ne va point sans douleur, et cette douleur renouvelée à chaque grande éclosion finit par briser, chez l'artiste, les ressorts de la vie. L'auteur de la *Juive* étonnait encore ses amis par la vigueur de ses facultés morales quand déjà l'altération de ses traits et la diminution progressive de ses forces leur causaient des inquiétudes trop justifiées. Les médecins prescrivirent le séjour dans le Midi et, le 23 décembre 1861, le maître partit pour Nice avec sa famille. Cette décision fut instantanée ; j'avais été lui rendre visite quelques jours avant ; sa conversation comme toujours avait eu le caractère bienveillant et élevé qui lui était familier. Lorsque j'appris son départ précipité, je compris seulement alors la gravité de son état. La colonie parisienne de Nice reçut l'illustre malade avec les égards dus à sa gloire et la sympathie qu'inspirait sa position. Toutes les autorités civiles et militaires, tous les personnages de distinction lui prodiguèrent les attentions les plus délicates. Il ne se passa point un dimanche pendant son séjour à Nice, sans que la musique de la garnison exécutât, sur la promenade publique, les plus beaux airs de ses opéras : hommage touchant aussi honorable pour celui qui en était l'objet que pour ceux qui en avaient conçu la pensée.

Hélas! ni la sollicitude de toute une population, ni les soins empressés d'une famille qui chérissait son chef ne purent conjurer le fatal dénouement. Halévy s'éteignit à Nice, le 17 mars 1862, quatre ans jour pour jour après la première représentation à l'Opéra de son dernier ouvrage, la *Magicienne*. « Peu de jours avant sa mort, dit M. Léon Halévy qui a publié dans le *Ménestrel* une intéressante biographie de son frère, peu de jours avant sa mort, quelques paroles qui semblaient l'effet d'un délire passager, n'étaient que le résultat d'une modification soudaine dans sa manière de s'exprimer et de sentir. Lui, qui, d'habitude, avait toujours mieux aimé parler littérature, philosophie, peinture, politique même que musique, dans les derniers temps au contraire, il employait de préférence les expressions et les images qui rappelaient l'art qu'il avait tant aimé, tant illustré. Un soir, il cherchait à prendre un livre placé sur une table un peu trop loin de sa main pour qu'il pût l'atteindre sans un effort qui l'eût fatigué : « N'est-ce pas que je ne fais rien *dans le ton ?* dit-il à sa fille qui lui donna le livre... Conviens-en, ma chère Esther, je ne fais plus rien *dans le ton.* » Le matin même de sa mort, il fit une application plus imprévue, plus bizarre et plus touchante encore de ce langage musical qui lui redevenait cher et familier.

Il était assis sur son divan, il voulut s'y étendre et reposer sa tête sur l'oreiller. Mais il n'y serait pas parvenu de lui-même, et il fallut l'aider : « Couchez-moi *en gamme*, dit-il à ses deux filles... » Elles le comprirent, elles l'inclinèrent lentement, doucement, et comme en mesure, et, à chaque mouvement, il disait en souriant : *Do, ré, mi, fa, sol, la*, jusqu'à ce que sa tête reposât sur les coussins. Ces notes, dont il avait fait un si merveilleux usage, lui avaient servi une dernière fois, mais pour reposer sur un oreiller sa tête mourante, à l'aide de ses deux filles chéries. »

Les restes du grand compositeur furent ramenés à Paris quelques jours après sa mort. Le jeudi, 17 mars 1864, eut lieu l'inauguration du monument qu'une souscription publique lui a érigé dans la partie du cimetière Montmartre, réservée à la sépulture des Israélites. Le Conservatoire, qui avait compté le défunt parmi ses professeurs, les théâtres, l'Institut et la Société des auteurs dramatiques envoyèrent des députations pour les représenter à cette cérémonie d'un caractère à la fois douloureux et imposant. Plusieurs discours furent prononcés. Celui de M. de Niewerkerke se terminait par ces paroles qui seront en même temps la conclusion de cette étude :

« Notre mémoire est encore tout enivrée des beautés de la *Juive*, de cette œuvre puissante qui fut en France et bientôt en Europe la révélation d'un mérite de premier ordre, d'une organisation musicale exceptionnelle, faite pour embrasser les plus vastes créations, comme le prouvèrent depuis *Guido et Ginevra*, la *Reine de Chypre*, la *Magicienne*, et cette grande œuvre aux accents héroïques, l'opéra de *Charles VI*. Parmi tant de créations mélodieuses, échappées aux lyriques effusions de nos maîtres français, en est-il une seule qui ait agité plus profondément la sympathie populaire ? Quel triomphe que ces chœurs de *Charles VI* faisant passer dans l'âme de tout un peuple les sublimes émotions du sentiment patriotique !

« Après de tels élans, Halévy se laissait aller comme en se jouant, aux gracieux caprices de son imagination tour à tour pathétique et souriante ; il nous charmait par les élégantes mélodies de l'*Éclair*, des *Mousquetaires de la Reine*, de la *Fée aux roses*, de *Jaguarita l'Indienne*. En 1848, au milieu des préoccupations publiques les plus graves, n'avait-il pas réussi à ramener aux paisibles jouissances de son art une société troublée qu'il subjuguait par les naïfs et tendres échos du *Val d'Andorre* ? »

. . . .

« Nous pouvons donc dès aujourd'hui, sans crainte d'être démenti par les âges à venir, mettre l'auteur de la *Juive* et de *Charles VI* au premier rang de ceux qui ont charmé, élevé, consolé l'humanité par leur art, remplissant ainsi leur glorieuse mission. C'est Halévy en effet qui a dit de la musique qu'elle est « un art que Dieu semble nous avoir donné pour que toutes les voix, confondant leurs accents, lui portent les prières de la terre unies dans un rhythme harmonieux. »

NIEDERMEYER

NÉ EN 1802, MORT EN 1861.

Niedermeyer (Abraham-Louis) naquit à Nyon, dans le canton de Vaud, près de Genève, le 27 avril 1802. Son père, professeur de musique, originaire de Wurzbourg, s'était marié en Suisse et s'y était fixé. Après avoir enseigné à son fils les éléments de son art, il l'envoya à Vienne, à l'âge de quinze ans, pour étudier le piano sous la direction de Moschelès et la composition sous celle de Fœrster.

Niedermeyer suivit leurs leçons pendant deux ans, composa quelques morceaux pour le piano et se rendit ensuite à Rome où Fioravanti le guida pendant un an dans l'art d'écrire la musique vocale, puis il alla à Naples où il se perfectionna auprès de Zingarelli.

Il est assez singulier d'apprendre que ce musicien, mélancolique par excellence, toujours grave et triste, a reçu les premières leçons de style et de composition lyrique du maître le plus bouffon de l'Italie, dont les ouvrages échappent à l'analyse par leur légèreté. Niedermeyer oublia sans doute à Naples ce qu'il avait pu apprendre à Rome. Zingarelli avait un style large et pur, bien plus conforme aux facultés naturelles et à la manière de sentir du jeune compositeur.

A dix-huit ans, Niedermeyer faisait exécuter à Naples, sous les auspices de Rossini, au théâtre del Fondo, son premier opéra intitulé : *Il reo per amore* qui obtint quelque succès, puis revint en Suisse en 1821. Là il vécut de ses leçons de piano et du produit de ses compositions. C'est à ce moment qu'il écrivit sur la belle méditation de Lamartine qui a pour titre : *Le Lac*, cette suave mélodie qui obtint un succès universel et qui est restée son œuvre la plus populaire. *Le Lac* est une mélodie d'une beauté achevée : à une intelligence élevée de chaque vers s'allie une harmonie imitative d'une rare distinction.

En 1822, Niedermeyer arriva à Paris, continua à écrire pour le piano, fit d'utiles connaissances, et, grâce au patronage de Rossini qui se rappela la protection qu'il lui avait prêtée à Naples, il parvint à faire jouer en juillet 1828, sur le théâtre Italien : *La Casa nel bosco* (la maisonnette dans les bois), traduction de l'opéra-comique intitulé : *Deux mots ou Une nuit dans la forêt*. Les formes musicales de cet ouvrage appartiennent à l'école allemande.

La Casa nel bosco fut reçue froidement par les *dilettanti*, mais remarquée par les véritables connaisseurs. Fétis en a fait l'éloge immédiatement après la première représentation et a annoncé la carrière savante et justement estimée que devait fournir le jeune compositeur. Cet ouvrage n'obtint qu'un médiocre succès d'estime et passa pour ainsi dire inaperçu : l'engouement était alors pour les œuvres italiennes et les noms italiens.

Niedermeyer alla cacher à Bruxelles le désappointement que lui causait cet insuccès et se mit modestement à donner des leçons de piano dans l'Institution de M. Gaggia, où il avait, dit-on, quelque intérêt. Il y resta dix-huit mois, préparant de nouvelles œuvres, et revint à Paris, plein d'espérance, tenter de nouveau la fortune. Il publia d'abord quelques morceaux de musique vocale et instrumentale, arrangea pour le piano plusieurs partitions, entre autres celle de *Guillaume Tell*, travail excellent qu'on ne saurait trop estimer.

Après maintes tribulations, il fit représenter en 1836, sur la scène de l'Académie royale de musique, *Stradella*, opéra en cinq actes, paroles de MM. E. Deschamps et E. Pacini.

Cet ouvrage n'a pas obtenu le succès qu'il méritait. Le sujet était intéressant, la biographie du compositeur chanteur Stradella en avait fourni les romanesques épisodes, sauf la catastrophe finale, c'est-à-dire le meurtre des époux, qu'on avait jugé à propos de changer en une cérémonie nuptiale. La partition renferme des morceaux d'un grand mérite, notamment la sérénade du premier acte chantée par Nourrit, le trio du second acte chanté par Mlle Falcon, Nourrit et Derivis, et surtout l'air chanté par Mlle Falcon : *Ah ! quel songe affreux! Grâce au ciel, il s'achève*, qui est un des plus beaux airs du répertoire dramatique français. Plusieurs morceaux exécutés dans des concerts ont été fort applaudis, et l'ouvrage, repris plus tard à l'Opéra, fut mieux apprécié sans pour cela obtenir un succès populaire.

Niedermeyer resta plusieurs années éloigné de la scène, se contentant de produire, sur d'autres poésies de M. de Lamartine, quelques nouvelles mélodies dont aucune n'arriva au succès du *Lac*. La mélodie en est cependant distinguée et expressive, et l'harmonie constamment intéressante ; ses dessins de l'accompagnement ajoutent beaucoup d'effet à la déclamation du chant. Parmi ces productions, on distingue *l'Isolement*, *le Soir*, *l'Automne ;* cette dernière est, à mon gré, celle où le musicien s'est le plus rapproché du poëte. On y respire cette mélancolie profonde et douloureuse exprimée dans ces beaux vers :

> Salut, bois couronnés d'un reste de verdure,
> Feuillages jaunissants, sur les gazons épars!
> Salut, derniers beaux jours! Le deuil de la nature
> Convient à la douleur, et plaît à mes regards.

Enfin, *Marie Stuart*, opéra en cinq actes, fit son apparition en décembre 1844, à l'Académie de musique.

Cet ouvrage n'obtint encore qu'un succès d'estime. Le sujet, fort intéressant par lui-même, a été bien traité par le poëte; on pourrait lui reprocher toutefois de n'avoir pas tenu assez compte du portrait traditionnel de Bothwel, en représentant ce soldat violent comme un élégant seigneur soupirant la romance. La musique est soignée, pleine de délicatesse et d'expression; les situations sont rendues avec une intelligence et une distinction qui ne se démentent jamais. Tout le rôle de Marie Stuart, admirablement interprété par Mme Stolz, est rempli de mélodies touchantes; c'est le duo qu'elle chantait avec Gardoni, alors débutant; ce sont les adieux de Marie au premier acte; c'est la villanelle, sur un motif écossais, au second; son duo avec Gardoni au troisième. Le chœur : *Partons, milord, à cheval!* au premier acte; la scène des conjurés sans accompagnement au troisième; enfin, la scène d'abdication et l'entrevue des deux reines au cinquième acte sont des compositions fort belles, mais dépourvues de l'accent dramatique qu'on est en droit d'exiger au théâtre. Baroilhet et Mlle Nau complétaient avec Mme Stoltz et Gardoni un quatuor qui a laissé un bon souvenir de cette phase dans l'histoire de notre opéra.

Cette partition néanmoins valut à Niedermeyer la décoration de la Légion d'honneur. Peu après, il partit pour Bologne où Rossini l'avait appelé pour le charger d'adapter la musique de *la Donna del Lago* à un poëme français, intitulé *Robert Bruce*, et d'y ajouter les soudures et les compléments nécessaires. C'était trop abuser des facilités de la muse italienne. Il aurait fallu imaginer un livret offrant des situations identiques, ou plutôt se borner à une traduction très-soignée de la *Donna del Lago*. L'œuvre nouvelle du maître transformée réussit peu et disparut de la scène après quelques représentations, laissant toutefois dans le répertoire des chanteurs deux airs superbes, l'andante : *Anges sur moi penchés*, et l'air de bravoure de Robert Bruce.

Ce ne fut que sept ans après, en mai 1853, que Niedermeyer fit représenter à l'Opéra une nouvelle œuvre : *la Fronde*, opéra en cinq actes.

Cet ouvrage important n'a eu aucun succès, et cependant il y a plus de musique, d'harmonie, de mélodie dans une seule scène de *la Fronde* que dans certains opéras auxquels le public a fait depuis un accueil bruyant. Le livret manquait bien un peu d'intérêt et de ces situations fortes qui conviennent à notre scène lyrique.

L'introduction formée d'un chœur chanté par la faction des *Importants* est belle, mouvementée, magistrale; la phrase de Richard : *Ce cœur, jadis à vous, je ne puis vous le rendre*, a de la noblesse. L'air de Thémines, au second acte, la prière des deux fiancés : *Oui, notre voix supplie*, le finale du quatrième qui est plein de grandeur et de passion, les récitatifs traités dramatiquement et presque partout mesurés, ce qui n'empêche pas le chanteur de les déclamer, tout cela aurait suffi pour faire classer *la Fronde* parmi les premiers ouvrages du second ordre, si cet ouvrage eût été joué vingt ans plus tôt, avant l'invasion du romantisme, de l'effet recherché et obtenu par les sensations fortes, j'allais dire par les commotions. Au milieu d'un tel courant, les compositeurs doués de génie peuvent seuls dominer les vagues; les musiciens de talent, doués de sensibilité et de goût comme Niedermeyer, apparaissent à peine à la surface.

Découragé par des défaites successives, Niedermeyer renonça alors à la composition dramatique et se tourna vers la musique sacrée. Sur ces entrefaites, l'administration des cultes était saisie d'un projet de fondation d'une *École normale de chant ecclésiastique*, ayant pour but de former des organistes, des chanteurs et des maîtres de chapelle pour les cathédrales. Les études sur l'ancienne organisation des psallettes et maîtrises avaient été faites, les documents les plus utiles recueillis tant dans les archives du ministère que dans les archives départementales ; la situation des bas chœurs et de la musique sacrée exposée dans des Mémoires et Rapports qui eurent à cette époque du retentissement. Tout était préparé par l'auteur de ce livre, sous le ministère de M. le comte de Falloux, pour doter notre pays d'une institution véritablement utile aux progrès de la musique sacrée et à l'amélioration de la partie musicale des offices divins, en même temps qu'elle était avantageuse aux intérêts des artistes. L'épiscopat consulté s'était montré favorable à l'établissement de cette école. C'était sous une autre forme une restauration de l'école fondée par Choron, mais mieux appropriée aux besoins religieux et édifiée sur des bases plus solides. Qu'il me soit permis de dire ici sans le moindre souvenir amer et uniquement *ad narrandum* que M. Fortoul, devenu ministre, n'a pas agi sous l'Empire avec plus d'équité et d'intelligence que ne l'a fait en 1872 sous la République M. Jules Simon dans une circonstance analogue.

Quoiqu'il fût resté jusqu'alors étranger aux connaissances spéciales que doit posséder un maître de chapelle et aux usages de l'Église catholique en France, puisqu'il était protestant et Suisse, Niedermeyer, recommandé par des amis influents, fut désigné pour diriger ce nouvel établissement, qui reçut le nom d'*École de musique religieuse*.

Il remplit les fonctions de directeur de cet établissement jusqu'à sa mort qui arriva le 14 mars 1861. Il était âgé de cinquante-neuf ans.

Ayant commencé fort tard à s'occuper de musique liturgique, Niedermeyer ne put jamais en saisir le véritable sens, le caractère spécial; encore moins en apprit-il la théorie et l'histoire. Cédant trop facilement à de funestes conseils, il entra dans la voie d'un archaïsme exagéré, et adopta pour l'accompagnement du plain-chant un système détestable d'harmonie discordante, lequel, naturellement prescrit dans son école, se répandit rapidement dans un grand nombre d'églises et dénatura les belles mélodies liturgiques, tant par l'accompagnement de l'orgue que par la partition vocale, au point de rompre avec des traditions séculaires et de violer les lois les plus élémentaires de l'harmonie et de l'oreille. L'ignorance d'une part, l'indifférence de l'autre, empêchèrent d'arrêter le mal à sa naissance et de remédier à cette erreur, commise d'ailleurs de bonne foi. Ce système a porté un coup funeste au chant liturgique et l'on n'en voit que trop les déplorables effets.

Niedermeyer publia, en collaboration avec Joseph d'Ortigue, le journal *La Maîtrise*, qui, nonobstant des doctrines erronées sur divers points de l'histoire de la musique, a rendu des services en répandant dans un public assez restreint d'ailleurs, le goût des arts sévères.

BELLINI

NÉ EN 1802, MORT EN 1835.

On s'est souvent demandé si le talent est un don gratuit ou le fruit d'une longue étude. La question ainsi posée ne peut recevoir de solution, puisque, dans presque tous les cas, la créature humaine est comme un sol plus ou moins fertile ; l'étude est la charrue qui laboure ce sol, et le maître est le laboureur qui dirige la charrue dans le sillon. Ce qui est certain, c'est que parmi les artistes, les uns doivent plus au travail, les autres plus à la nature : Bellini est du nombre de ces derniers.

Né à Catane en Sicile, le 3 novembre 1802, ce compositeur reçut une bonne éducation musicale, sous la direction de Tritto et de Zingarelli. Le Conservatoire de Naples était encore à cette époque le lieu du monde où subsistaient dans toute leur force les traditions de l'art d'écrire. Mais Bellini ne paraît pas avoir su profiter de cet enseignement. Son organisation rêveuse et tendre, son caractère charmant, mais léger, ne se plièrent pas à la discipline des études classiques. Si dans ses œuvres on trouve des lacunes sous ce rapport, au lieu de s'en prendre à ses maîtres, à ce bon Zingarelli surtout, il est plus équitable de n'en accuser que l'élève lui-même. Le futur auteur de la *Norma* fit d'abord d'ingrats efforts pour s'assimiler les procédés de l'instrumentation. Il écrivit dans ce but quinze *symphonies*, trois *messes* et une douzaines de *psaumes*, sans compter une foule de morceaux moins étendus pour flûte, clarinette et piano. Il fut nommé *maestrino*, répétiteur des élèves. Sa véritable vocation ne se révéla que dans la musique dramatique. La cantate intitulée *Ismene* et l'opéra d'*Adelson e Salvina*, représenté en 1824 sur le petit théâtre du Collége royal de musique, montrèrent en Bellini des germes précieux d'imagination et de sensibilité. Il faut que ce début ait été plein de promesses, pour que l'impresario Barbaja n'ait pas craint de confier peu après un libretto à un compositeur de vingt-deux ans. L'opéra de *Bianca e Fernando*, le deuxième de Bellini, eut la fortune d'être joué le 30 juin 1826 au théâtre San-Carlo, l'un des plus importants de l'Italie. Le succès fut immense, et le roi qui assistait à la première représentation se montra un des partisans les plus enthousiastes du jeune maestro. Par une de ces réactions si fréquentes dans l'histoire des arts, le style de Rossini commençait à lasser l'admiration inconstante, et l'on savait gré au musicien moins parfait qui essayait d'ouvrir une voie nouvelle.

Un homme d'esprit qui a connu Bellini, M. Léon Escudier, ne peut se défendre en parlant de lui de certaines audaces de langage :

« Ils étaient tous à l'œuvre, Rossini lui-même, et, dans des sphères inférieures, Mercadante, Pacini et Donizetti, quand on vit arriver un Sicilien, blond comme les blés, doux comme les anges, jeune comme l'aurore, mélancolique comme le couchant. Il avait dans son âme quelque chose comme du Pergolèse et du Mozart tout à la fois; s'il avait été peintre au lieu d'être musicien, j'aurais dit qu'il y avait en lui du Corrège et du Raphaël. Il avait vu Rossini s'élever si haut que son œil triste et doux avait peine à le suivre dans son vol audacieux; il souhaita être la lune de ce soleil; ne pouvant être l'aigle, il voulut être le cygne. Dieu lui avait mis une lyre dans le cœur; il n'eut qu'à laisser battre ce cœur pour en tirer les accords les plus touchants (1). »

Il semblait, du reste, qu'une fée bienveillante eût présidé à la naissance de Bellini et se chargeât de lui aplanir la route. Nous venons de le voir conquérir presque d'emblée la première scène lyrique de l'Italie méridionale. Maintenant c'est à la Scala de Milan qu'il est appelé, et, comme si le hasard ne l'avait pas déjà assez favorisé, il rencontre, en quittant Naples, le poëte dont l'inspiration semble le plus appropriée à sa musique. On n'ignore pas à quel point dans un opéra la partition et les paroles sont solidaires, quel accord d'idées et de sentiments exige par conséquent la collaboration du compositeur et du librettiste. Faute de cette entente si difficile à obtenir, que de fois l'un a été trahi par l'autre! Ce fut donc un bonheur pour Bellini que de trouver dans Felice Romani l'écrivain dont les vers mélancoliques et doux répondaient au caractère de son talent musical.

Cette association de deux esprits bien faits pour se comprendre produisit d'abord *il Pirata*, opéra en deux actes, représenté au théâtre de la Scala de Milan, pendant l'hiver de 1827, et transporté sur la scène du théâtre Italien de Paris, au mois de février 1832. La note fournie par le livret est lugubre. Gualtiero, de la famille des Montalti, ayant perdu sa fortune et son rang, quitte sa patrie où il laisse Imogène sa fiancée dont il est tendrement aimé. Il devient chef de pirates. Pendant son absence, Imogène, pour sauver les jours de son père, a été contrainte d'épouser Ernest, duc de Calabre, ennemi de Gualtiero. Ce dernier est jeté par la

---

(1) Léon Escudier, *Mes souvenirs*, 1863.

BELLINI

tempête sur des écueils contre lesquels son vaisseau se brise; il parvient à gagner le rivage avec quelques amis et reconnaît son propre pays qu'il a quitté. Il apprend qu'Imogène est l'épouse d'Ernest. Dans sa fureur, il veut tuer le fils qu'elle a eu de ce mariage, mais il se laisse fléchir par les angoisses maternelles et ne songe plus qu'à arracher la vie à son rival. Un combat s'engage, Ernest succombe, mais les chevaliers condamnent Gualtiero au dernier supplice. Imogène devient folle. Tel est le mélodrame sombre et fatal de l'école romantique. Toutefois il est riche en situations fortes et en beaux vers, quelques réserves que la critique ait à faire sur le fond. L'ouverture du *Pirate* est médiocre comme la plupart des compositions instrumentales de Bellini. La cavatine de Rubini : *Nel furor delle tempeste* est d'un beau jet mélodique et a fourni au célèbre chanteur une occasion de triomphe. Le chœur des pirates est bien rhythmé et a de la couleur. Quant au duo d'Imogène et de Gualtiero : *E desso tu sciagurato*, il brille au premier rang des duos dramatiques; l'expression en est juste, et c'est un morceau bien conduit. Le finale du premier acte, le trio : *Vieni, vieni*, et l'air : *Tu vedrai la sventurata*, doivent encore être signalés parmi les bonnes actions du maître sicilien.

Le Pirate fixa définitivement sur son auteur l'attention du public. On avait remarqué dans cet ouvrage une véritable originalité, et il fit bientôt le tour de l'Europe. En 1828, Bellini donna encore à Milan *la Straniera* (l'étrangère). Cet ouvrage eut le même succès que le précédent. Il est vrai que si l'auteur n'avait plus à sa disposition l'admirable organe de Rubini, il était servi par le talent de Tamburini et de Mme Méric-Lalande.

Jusque-là le jeune compositeur n'avait compté que des triomphes dans la carrière dramatique : il fut moins heureux avec *Zaira*, opéra représenté à Parme en 1829 pour l'inauguration d'un nouveau théâtre. Romani avait emprunté à Voltaire l'héroïne de son poëme, se flattant que la musique de Bellini rendrait à merveille les impressions mélancoliques de la douce fille de Lusignan; mais le rôle du sultan Orosmane réclamait une énergie d'accent qui manquait au compositeur. Peut-être celui-ci, qui n'avait pas le travail facile, ne put-il pas y consacrer assez de temps. Quoi qu'il en soit, *Zaira* ne réussit point. Cette pièce fut suivie de *I Capuleti e i Montecchi*, opéra en quatre actes représenté à Venise le 12 mars 1830. L'œuvre shakespearienne est connue de tout le monde. On sait comment, dans *Roméo et Juliette*, l'auteur déroule une succession de scènes tendres, pathétiques et terribles. Il eût fallu pour le suivre sur un pareil terrain posséder toute la flexibilité de son génie. Bellini, délicieux dans l'expression de la tendresse et de la mélancolie, perd ses avantages dans les situations tragiques et funèbres qui réclament de la vigueur. Le troisième acte de *I Capuleti e i Montecchi* ayant été manqué, on lui substitua l'acte des *tombeaux* de la *Giulietta e Romeo* que Vaccaj avait fait représenter à Milan en 1826, et c'est celui-ci qui continue à être joué toutes les fois qu'on donne l'œuvre de Bellini.

Les productions que je viens d'énumérer ne sont pas de celles qui assurent l'immortalité. Bien que la vogue se fût attachée à plusieurs d'entre elles, elles n'étaient pas faites pour obtenir un succès durable et braver l'injure des temps. L'année 1831 vint mettre le sceau à la réputation de Bellini. De cette année datent en effet les deux œuvres qui empêcheront son nom de périr : *La Sonnambula* et *la Norma*. La première, jouée à Milan, en mars 1831, donna la mesure des facultés de l'artiste. Elle montra tout ce qu'il y avait de délicatesse dans ce génie mélodique plus tendre que fort et plus ému que varié. « Bellini, dit Scudo, échappe à l'influence de Rossini et s'inspire directement des maîtres du dix-huitième siècle. Il procède particulièrement de Paisiello, dont il a la suavité et dont il aime à reproduire la mélopée pleine de langueur. Cette affinité est surtout frappante dans la *Sonnambula*, la partition qui exprime le mieux la personnalité du jeune maestro, et qu'on dirait être la fille de la *Nina*. » Dans la *Sonnambula* l'instrumentation négligée semble laisser à la mélodie le soin d'attendrir les auditeurs. Tout le monde connaît les airs : *Care compagne, Ah! non credea mirarti, Ah! non giunge*, la cavatine de Rodolphe : *Vi ravviso o luogi ameni!* et l'admirable finale du premier acte, que l'on ne saurait entendre, lorsqu'il est bien exécuté, sans verser des larmes. La partie élégiaque est touchante, et toutes les scènes sont intéressantes dans cet ouvrage dont la teinte générale est toutefois un peu monotone. Bellini ne possédait pas comme Rossini le double privilége d'exceller à la fois dans le genre bouffe et dans le genre sérieux. Heureux encore celui qui a l'un ou l'autre, ne pouvant avoir l'un et l'autre! La *Sonnambula* n'a pas cessé de figurer au répertoire du théâtre Italien de Paris. On se rappelle l'effet qu'y produisaient Rubini et Mme Persiani.

Ce fut dans le rôle de la *Sonnambula* que débuta à Paris Mlle Patti. J'assistais à cette soirée mémorable pour tous ceux qui se laissent charmer par une belle voix, et enthousiasmer par l'art du chant. La jeune cantatrice avait à peine été annoncée au public du théâtre Italien. Elle fut donc accueillie froidement; mais, dès la huitième mesure du récitatif : *Care compagne* sa voix se déploya sur les mots *il vostro amore*, avec une telle sûreté d'intonation, un timbre si frais, si jeune et si pur, une respiration si habilement ménagée, qu'elle fit en un moment la conquête de la salle entière. Mlle Patti est la plus jeune Amina qu'on ait entendue; elle avait alors dix-sept ans. Mlle Albani chante actuellement ce rôle avec un sentiment exquis et une perfection incomparable.

Mme Pasta, qui venait de créer le rôle de la *Sonnambula*, fut chargée la même année de celui de Norma. Nul doute qu'en écrivant cette partition, la plus élevée de pensée et de style qu'il ait produite, Bellini n'eût présente à l'esprit l'image de la grande tragédienne. Romani a pris le sujet de la *Norma* dans une pièce que MM. Alexandre Soumet et Belmontet avaient fait jouer sous ce titre à l'Odéon. L'opéra fut représenté à Milan, le 26 décembre 1831, et au théâtre Italien de Paris, le 8 décembre 1835. La passion mystérieuse de Norma, la fille du chef des Druides, pour le proconsul Pollione qui lui préfère Adalgisa, est le nœud de la pièce et fournit des situations très-favorables à la musique. Dans un pareil sujet, la couleur locale ne saurait être qu'une convention. Bellini ne l'a point cherchée; il a fait mieux; tout en restant Italien, il a donné à sa partition un caractère original, étrange, pittoresque, sans oublier la suavité et la passion. Après une belle introduction, la cavatine et le chœur, on admire l'invocation de la druidesse, *Casta diva*, une des plus délicieuses cantilènes qui soient sorties d'une bouche humaine. Le ravissant duo des deux femmes, l'hymne guerrier des Gaulois dominent tout le second acte. Le rôle de *Norma* est un des plus complets du répertoire; il n'est pas surprenant que des cantatrices *di primo cartello*, comme la Pasta, Giulia Grisi et Malibran, s'y soient défiées et surpassées à des points de vue différents. Pour le bien rendre, ce n'est pas trop que de joindre à des principes purs de vocalisation, les qualités de la tragédienne et l'accent passionné de l'artiste. Rubini a laissé des souvenirs dans le rôle de Pollione, et Lablache dans celui d'Orovèse.

L'opinion de ceux qui considèrent la *Norma* comme le chef-d'œuvre de Bellini est confirmée par le témoignage du compositeur lui-même. Un jour, à Paris, une dame lui demanda lequel de ses opéras il croyait le meilleur. La question était embarrassante pour sa modestie : il répondit en termes évasifs et chercha à se dérober. Son interlocutrice insista : « Mais, si vous étiez sur mer avec toutes vos partitions, et que le bâtiment fit naufrage.... — Ah! s'écria-t-il sans la laisser achever, je lâcherais tout pour sauver la *Norma*. »

La réputation du maestro était, dès ce moment, trop bien assise pour avoir rien à redouter d'un insuccès. Aussi la chute de *Beatrice di Tenda*, opéra joué à Venise pendant le carnaval de 1833, ne nuisit-elle pas à sa renommée. Bellini avait fourvoyé son talent exquis, mais peu enclin à l'énergie et à la violence, dans un drame terrible, plein de sombres passions et de péripéties atroces. Bientôt la direction du théâtre Italien de Paris lui fournit l'occasion de réparer brillamment cet échec. D'après un vaudeville de M. Ancelot, intitulé : *Têtes rondes et Cavaliers*, il écrivit un opéra dont M. le comte Pepoli fit les paroles. Les *Puritains d'Écosse* (*I Puritani*) (1834) obtinrent un succès d'enthousiasme. Sans parler de cantilènes charmantes qui n'ajoutaient rien à la gloire de l'auteur de la *Norma*, on y remarquait, au point de vue de la composition, un progrès frappant sur les œuvres précédentes. L'harmonie était plus recherchée, l'instrumentation plus variée et plus forte. Assurément l'art chez un artiste de trente-deux ans n'avait pas dit encore son dernier mot. L'âge, en perfectionnant ses premières qualités, allait donc lui permettre d'en acquérir de nouvelles. Quel avenir ne pouvait-on pas prédire à ce maître qui, si jeune, avait vu ses ouvrages représentés sur les principales scènes de l'Italie et de la

France, honneur que n'obtiennent pas toujours les vétérans? Maintenant, c'était à notre tour à lui demander une partition, et l'impresario de Naples avait déjà pris les devants. Bellini, pour vaquer plus à loisir à ces deux créations, s'était retiré à Puteaux, dans une maison de campagne. Hélas! c'était là que la mort l'attendait. Une maladie intestinale le saisit tout à coup et l'enleva le 23 septembre 1835, dans sa trente-troisième année. Ses restes ont été récemment transportés à Catane.

D'après ce que j'ai dit de chacun des opéras de Bellini, il est aisé de se faire une idée du caractère général de sa musique. C'est un harmoniste défectueux et un compositeur souvent maladroit; mais il rachète amplement ces désavantages par la sensibilité pénétrante qui respire dans ses mélodies. A la différence de Rossini, dont les morceaux sont toujours largement développés, Bellini adopta des phrases mélodiques courtes dans lesquelles il concentra l'expression dramatique de chaque situation. Ses phrases, d'ailleurs bien rhythmées, sont saisies de prime abord par le public, parce qu'elles sont gracieuses et expressives. Il ne dédaigne pas l'allegro, mais il sait lui donner du piquant et une certaine distinction par un arrangement spirituel qui en dissimule la vulgarité.

Le génie, dans le sens élevé du mot, manque au musicien silicien. Excellent dans le *cantabile*, grâce à sa sensibilité, il échoue dans les grandes scènes. Ses finales et ses morceaux d'ensemble sont bruyants sans être dramatiques et n'impressionnent guère l'auditeur que d'une manière acoustique. Sous divers rapports, il a été le précurseur de Verdi.

La mort de Bellini laissa de vifs regrets, non-seulement dans le monde musical où sa perte devait être vivement sentie, mais dans la foule de tous ceux qui avaient pu connaître et apprécier son caractère. Enfant gâté de la fortune, l'éminent compositeur était peu fait pour éprouver l'envie : c'est un sentiment que les illustres n'ont guère de mérite à abandonner aux incompris et aux inconnus. Il faut plutôt le louer d'avoir su rester simple et modeste au milieu de ses succès, d'être demeuré étranger aux intrigues dans une carrière où tant d'autres les prennent pour auxiliaires de leur talent, enfin de s'être fait aimer, lorsqu'il avait assez de gloire pour se réduire à n'être qu'admiré.

Aucun des portraits de Bellini publiés en France ne me paraissant authentique, je me décidais à regret à supprimer cette figure intéressante de ma collection, lorsqu'un heureux hasard me mit en relation avec une personne qui me signala l'existence d'un excellent portrait du maître; ce portrait est la propriété de M. Francesco Florimo, archiviste du Conservatoire de Naples, et ancien condisciple de Bellini à cette école. Par l'obligeante entremise de M. Arthür Pougin, j'ai pu me procurer les moyens de faire graver ce portrait de l'auteur de la *Sonnambula*.

ADAM

(ADOLPHE)

NÉ EN 1803, MORT EN 1856.

Adam (Adolphe-Charles), qui serait le premier de nos musiciens dans l'ordre alphabétique, ne doit figurer qu'au second rang dans l'ordre de mérite. Il eut pour père le célèbre professeur de piano Louis Adam, et naquit à Paris, le 24 juillet 1803. Sa famille le destinait aux études littéraires, mais telle n'était point sa vocation. Aussitôt qu'il en fut le maître, il se voua tout entier à la musique, vers laquelle l'entraînait un goût précoce. Quoique son caractère répugnât au travail, il dut à son heureuse organisation de triompher des obstacles, d'acquérir facilement les connaissances nécessaires à l'art d'écrire, et de devenir un des compositeurs les plus féconds et les plus populaires de notre temps.

Dans les notes biographiques qu'on trouva dans ses papiers, après sa mort, et que sa veuve crut devoir publier en 1860, Adolphe Adam donne les détails suivants sur sa famille et ses premières années :

« Mon père, le fondateur de l'école de piano en France, est né en 1758, à Mitterneltz, petit village à quelques lieues de Strasbourg. Il vint à Paris à l'âge de quinze ans. Les exécutants étaient rares alors, et mon père jouit d'une vogue qu'il conserva pendant toute sa longue carrière. Ami et protégé de Gluck, il réduisait pour le clavecin et le piano presque tous les opéras de ce grand maître, à leur apparition. Mon père se maria fort jeune ; il épousa d'abord la fille d'un marchand de musique, et perdit sa jeune femme après une année de mariage.

« Pendant la Révolution, il se remaria et épousa une sœur du marquis de Louvois ; le contrat de mariage porte la signature du mineur Louvois. Mon père eut, de ce mariage, une fille qui vit encore, et qui est mariée à un colonel du génie en retraite ; elle habite Dijon avec sa famille. La seconde union de mon père ne fut pas heureuse ; il divorça : sa femme épousa le comte de Ganne, et est morte il y a peu d'années. Ma jeunesse se passa dans une grande aisance. Ma mère avait apporté une centaine de mille francs à mon père ; il était le maître de piano à la mode sous l'Empire ; je voyais souvent à la maison le comte de Lacépède, grand amateur de musique, et presque toutes les célébrités de cette époque.

« A sept ans, je ne savais pas lire, je ne voulais rien apprendre, pas même la musique ; mon seul plaisir était de tapoter sur le piano, que je n'avais jamais appris, tout ce qui me passait par la tête. Ma mère se désespérait de mon inaptitude, et, à son grand chagrin, elle se résolut à me mettre dans une pension en renom, où Hérold avait été élevé, la pension Hix, rue Matignon. »

C'est là qu'Adolphe Adam reçut les premières leçons de piano d'Henry Lemoine, élève de son père. Ne pouvant se plier au régime de la pension, le jeune Adolphe obtint de suivre, en qualité d'externe, les cours du collége Bourbon. Mais il avoue ingénument, avec trop d'ingénuité même, qu'il faisait volontiers l'école buissonnière et d'autres fredaines moins excusables.

« Malheureusement, dit-il, à la fin de l'année, je me liai étroitement avec un assez bon élève comme moi et qui devait devenir un affreux cancre, grâce à notre intimité : c'était Eugène Sue. Nous nous livrâmes avec ardeur, dès cette époque, à l'éducation des cochons d'Inde; cela devint toute notre préoccupation.

« Cependant j'avais obtenu de mon père qu'il me fit apprendre la composition ; on ne m'accorda cette faveur qu'à la condition que mes études humanitaires n'en souffriraient pas. Un ami de mon père, nommé Widerkeer, me donna les premières leçons d'harmonie; mes progrès furent très-rapides, parce que j'y donnais tout mon temps. J'étais très-précoce, et j'avais pour maîtresse une couturière qui demeurait en face de ma maison. Je descendais à l'heure des classes du collége et j'allais chez elle faire mes leçons d'harmonie pendant qu'on me croyait au collége. Cela dura pendant trois ans. L'économe ne faisait aucune difficulté de recevoir les quartiers qu'on lui payait, et le professeur ne s'inquiétait nullement de ne voir jamais un élève dont il ne connaissait que le nom. Mon pauvre père ignora toute sa vie que j'eusse fait ma seconde, ma rhétorique et ma philosophie dans l'atelier d'une grisette. »

J'ai éprouvé un sentiment de répugnance que le lecteur comprendra en faisant une telle citation, curieuse d'ailleurs sous plus d'un rapport; mais, *habemus confitentem reum.* Je n'aime pas cette désinvolture dans l'aveu d'un désordre si prématuré et si persistant. Trois ans! La discipline laissait sans doute beaucoup à désirer de 1814 à 1817 dans l'Université; cependant le fait est presque invraisemblable. Quant à la crédulité de l'excellent Louis Adam, elle dépasse non pas seulement celle des Géronte de Molière, c'est trop peu dire, mais celle des pères ridicules dans les comédies de Térence et de Plaute.

Qu'il y a loin de cette adolescence abandonnée à la jeunesse studieuse de Mozart, de cette insouciance du maître de piano à la mode à la vigilance du pauvre mais rigide maître de chapelle de Salzbourg, de Léopold Mozart. Ici une maison réglée, une famille dans laquelle la vertu était considérée comme une compagne inséparable du talent, là une éducation livrée au hasard, des facultés rares méconnues ou confiées à une direction inhabile. Malgré le ressort de la nature et les efforts de la volonté, le milieu dans lequel se passent les premières années, les impressions qui en sont la conséquence, laissent leur trace indélébile dans le caractère, les habitudes d'esprit, la manière de sentir de l'artiste. Si les soins éclairés que le père de Mozart a prodigués à son fils n'ont pas formé son génie, ils en ont favorisé l'éclosion, tandis que l'éducation des cochons d'Inde, l'école buissonnière, la société des couturières n'ont fait produire à une organisation remarquablement douée que des ouvrages médiocres, parmi lesquels on range en première ligne le *Postillon de Longjumeau*, le *Chalet* et *Giralda*. La bourgeoisie, peu dilettante, proclame le *Chalet* un chef-d'œuvre. L'homme de goût y relève bien des choses vulgaires. On peut accorder sans peine que c'est le meilleur opéra d'Adolphe Adam; mais ce n'est pas beaucoup dire.

Notre collégien réfractaire fit son entrée au Conservatoire en 1817. Il se trouva là dans son élément. Cependant, admis dans la classe d'orgue dirigée par M. Benoist, il fit peu de progrès sur cet instrument. Les formes scolastiques, le travail harmonique de la fugue auxquels il faut se livrer dans cette branche de l'art musical, plus exclusivement que dans d'autres, répugnaient à son organisation mélodique, facile et superficielle. Il suivit successivement la classe de contre-point d'Eller, puis celle de Reicha, et enfin celle de Boieldieu.

Adam était passionné pour le théâtre, mais il avoue qu'il restait insensible aux beautés des ouvrages de Grétry et de Méhul; je le crois bien. Il trouvait ce dernier sombre et l'autre insignifiant. Boieldieu parvint à former assez le goût de son élève pour lui faire admirer ces maîtres, mais non pas toutefois sans réserves. J'ai dit que Louis Adam s'opposait à ce que son fils embrassât la carrière musicale; dans son mécontentement, il lui accordait la nourriture et le logement, mais ne lui donnait pas d'argent. Le jeune artiste s'en procurait en vendant quelques romances au prix de 25 à 30 francs, et en donnant quelques leçons à trente sous le cachet. Afin de s'initier aux habitudes théâtrales, il demanda et obtint une place modeste dans l'orchestre du Gymnase; il y jouait la partie de triangle, et, peu de temps après, il devint timbalier et chef des chœurs, aux appointements de 600 francs par an. N'ayant obtenu que le deuxième second grand prix au concours de l'Institut, il ne se représenta plus, et, s'étant lié avec des auteurs de vaudevilles, il écrivit la musique de plusieurs petites pièces. Il contribua ainsi au succès de *la Batelière*, de *Caleb*, du *Hussard de Felsheim* et de quelques autres vaudevilles.

Le véritable début d'Adam au théâtre, fut l'opéra de *Pierre et Catherine*, en un acte, représenté à l'Opéra-Comique au mois de février 1829. Le public accueillit favorablement un ouvrage qui annonçait du talent, mais aussi une facilité qui ne se surveillait pas assez. C'est d'ailleurs le reproche qu'on peut adresser à l'ensemble des œuvres du compositeur, reproche qui s'explique par l'extrême rapidité du travail chez un homme dont les productions dramatiques, sans parler du reste, ne s'élèvent pas à moins de cinquante-trois. Je me contenterai de signaler ici les principales.

Vers l'époque de la représentation de *Pierre et Catherine*, Adam quitta la maison de son père à l'occasion d'une liaison qui dut se terminer par un mariage. Cette union ne fut pas heureuse; les époux se séparèrent au bout de cinq ans. Le beau-frère du compositeur, M. Laporte, était directeur du théâtre de Covent-Garden, à Londres. Adam se rendit auprès de lui et écrivit, pour son théâtre la musique de deux opéras anglais : *His first Campaign*, en deux actes, et *The dark Diamond* en trois actes. Plusieurs airs de ces deux ouvrages passèrent dans des opéras représentés plus tard à Paris. Il en a été de même de quelques fragments de *Giselle* et du chœur de la bacchanale du *Chalet*, qui ont été écrits primitivement pour le ballet de *Faust*, dansé à Londres, en 1834.

Le *Chalet*, opéra-comique en un acte, dont les paroles sont de Scribe et Mélesville, fut représenté à Paris, le 25 décembre 1834. C'est le meilleur ouvrage de l'auteur, celui, du moins, qui lui a valu la vogue la plus franche; le duo : *Il faut me céder ta maîtresse*, d'un style tout à fait scénique, et l'air : *Arrêtons-nous ici*, bien écrit dans les cordes de la voix de basse, sont restés populaires. Il n'est pas besoin, d'ailleurs, de beaucoup de culture musicale pour comprendre cette musique d'un caractère peu élevé.

Avec le *Chalet*, on doit mentionner, parmi les succès les plus incontestés d'Adam, *le Postillon de Longjumeau*, opéra-comique en trois actes, dont MM. Adolphe de Leuven et Brunswick ont écrit le livret et qui fut joué pour la première fois, le 13 octobre 1836.

Le compositeur est à l'aise dans un sujet approprié à sa veine facile et primesautière. Aussi la partition, toujours commune, ne manque-t-elle ni d'entrain ni de franchise, comme le témoignent assez l'air *Mon petit mari*, les fameux couplets de Chollet : *Oh! qu'il est beau, le postillon de Longjumeau!* et le trio : *Pendu! pendu!*

Le *fidèle Berger*, opéra-comique en trois actes, représenté en 1838, est inférieur au *Chalet*. *Régine ou les Deux nuits*, deux actes, la *Reine d'un jour*, trois actes, et la *Rose de Péronne*, trois actes, sont des opéras-comiques, où la pauvreté du livret est sauvée par une musique coulante et facile. Ce qu'il y a de plus remarquable dans la *Reine d'un jour*, ce sont les couplets chantés par Mocker : *Non, non, je ne vous aime pas*, et le chant du matelot au second acte. Le talent de Mme Damoreau n'a pu décider le succès de la *Rose de Péronne*.

Ce fut après la seconde représentation de la *Reine d'un jour*, qu'Adam partit pour se rendre à Saint-Pétersbourg où Mlle Taglioni désirait lui faire écrire pour elle la musique d'un ballet ayant pour titre : *l'Écumeur de mer* (3 actes). Le succès qu'il obtint et l'offre de la direction de la musique de l'Empereur qui lui fut faite aux appointements de trente mille roubles, ne séduisirent pas le compositeur, Parisien par excellence et ne pouvant vivre éloigné du boulevard et de ses relations théâtrales. D'ailleurs il était malade. Il rapporte dans ses notes bibliographiques que le hasard lui avait fait rencontrer à Saint-Pétersbourg un cousin germain dont il ignorait l'existence et qui était un médecin distingué, que ce fut à ses bons soins qu'il dut de ne pas succomber à la maladie, et surtout à la sollicitude de chaque instant d'une personne qui depuis a porté son nom. Il épousa en effet cette personne en 1851, un an après la mort de sa première femme dont il vécut séparé pendant seize ans. Avant de revenir à Paris, Adam séjourna quelques semaines à Berlin et y composa un ballet-opéra en deux actes *Die Hamadryaden*, qui obtint beaucoup de succès.

La musique de la *Main de fer* (3 actes, représentés à l'Opéra-Comique, en octobre 1841) n'est pas le plus faible ouvrage qu'ait écrit Adam. Mais le livret de Scribe était détestable. Vinrent ensuite le *Roi d'Yvetot* (3 actes, 1842), dont le sujet est une paraphrase très-libre de la chanson de Béranger, mais où ne fait pas défaut la grâce bourgeoise ordinaire à Adam, et *Cagliostro* (3 actes, 1844), pièce où il faut surtout noter une intrigue piquante et un dialogue spirituel.

L'heureux triomphateur de la salle Feydeau, tenté d'une plus haute ambition, voulut alors aborder la scène de l'Académie royale de musique. Mais c'était méconnaître le caractère de son talent, et l'essai qu'il fit, dans un genre qui n'était pas le sien, ne réussit point. *Richard en Palestine* (3 actes, 7 octobre 1844) est un opéra languissant et incolore.

A cette date, l'infatigable production lyrique du compositeur subit un temps d'arrêt. Sa fécondité n'était pas épuisée, et il le prouva bien par la suite; mais, brouillé avec la nouvelle direction de l'Opéra-Comique, et cédant à des préoccupations pécuniaires, il cherchait à devenir lui-même *impresario*. Cette tentative pour remplacer l'artiste par l'homme d'affaires aboutit à la création du *Théâtre National* (1847), lequel, après quelques mois d'une existence précaire, disparut, entraînant son commanditaire dans sa ruine.

Rien n'est plus triste que le récit des embarras financiers qui assombrirent les dernières années de la vie d'Adolphe Adam. J'en ferais grâce à nos lecteurs s'il n'y avait là une sévère leçon pour les artistes qui seraient tentés d'entrer dans la voie des spéculations et des entreprises industrielles. Adam se mit en tête d'ouvrir un nouveau théâtre de musique, dans la salle du Cirque du boulevard du Temple. Il en acheta la propriété et mit l'affaire en actions. Aucun banquier ne se trouva pour avancer les sommes nécessaires. Un compétiteur s'était présenté, et Adam s'engagea, pour le désintéresser, à lui compter 100,000 francs, aussitôt qu'il aurait obtenu le privilége. Il paya 50,000 francs comptants et fit des billets pour pareille somme. Plusieurs de ses associés dans cette entreprise le trompèrent, ou se retirèrent, ou partagèrent sa mauvaise fortune. On acheta la salle plus de 500,000 francs, sans compter 700,000 francs d'hypothèques. Sa restauration et son appropriation coûtèrent plus de 180,000 francs, et enfin le 15 novembre 1847, on fit représenter un opéra en trois actes, *Gastibelza*, dont la musique, premier ouvrage de M. Maillart, eut du succès. Adam donna ensuite *Aline* de Berton, *Félix* de Monsigny, et montait les *Monténégrins* de M. Limnander, lorsque la révolution de 1848 éclata. Alors tout espoir fut perdu. Les recettes tombèrent si bas que l'administration du théâtre perdait 1,200 à 1,400 francs par jour. Adam proposa à la troupe de se mettre en république et de partager la recette. On vécut ainsi quinze jours sur ce radeau. Un beau soir, les musiciens de l'orchestre ne parurent pas; le théâtre ferma. Pour faire face à ses engagements, poursuivi de tous côtés, le compositeur s'imposa tous les sacrifices imaginables, vendit son argenterie, eut recours au Mont de Piété, y mit, entre autres bijoux, une tabatière ornée de diamants, dernier cadeau de Frédéric III, roi de Prusse. On mit même arrêt sur son traitement de membre de l'Institut. En présence d'une telle situation, Adolphe Adam n'hésita pas à faire abandon de ses droits d'auteur, qui, en quelques années, désintéressèrent ses créanciers. Le docteur Véron le détermina à écrire le feuilleton musical dans le *Constitutionnel*. Le journal *l'Assemblée Nationale* employa aussi sa plume inexpérimentée.

Le général Cavaignac lui fit donner, malgré de nombreuses compétitions et avec une insistance qui honore sa mémoire, la place d'inspecteur de classes rendue vacante au Conservatoire, par la mort d'Habeneck, et rétribuée 2,400 francs. Le compositeur put mener une vie plus tranquille, sinon heureuse. Si ce désastre financier fut un malheur pour l'homme, ce n'en fut pas un pour le musicien, puisqu'il le força à reprendre possession de la scène qui était son domaine propre.

Adam rentra à l'Opéra-Comique par le *Toréador* (1849), deux actes écrits en six jours et qui sont restés au répertoire, quoiqu'ils soient moins une œuvre originale qu'un pot pourri d'airs anciens. Le *Fanal*, opéra en deux actes, fut représenté au théâtre de la Nation (Opéra), le 24 décembre de la même année. Drame et musique sont essentiellement bourgeois; aussi se trouvèrent-ils dépaysés sur notre première scène lyrique.

Giralda ou la Nouvelle Psyché vaut beaucoup mieux au point de vue musical et dramatique. Cet opéra-comique fut joué le 20 juillet 1850. Les situations variées et piquantes du livret offraient au compositeur l'occasion de s'abandonner à sa verve ingénieuse, et comportaient de jolis détails d'instrumentation. Cette aimable partition rencontra d'ailleurs d'excellents interprètes dans Mlle Miolan, Mlle Meyer, Bussine, Audran, Sainte-Foy et Ricquier. La *Poupée de Nuremberg* (février 1852) et le *Farfadet* (mars 1852) sont d'amusantes bouffonneries en un acte qui témoignent surtout de la facilité d'Adam. La première fut écrite en huit jours, tandis que le compositeur était malade et gardait le lit.

Si j'étais roi (1852), et *le Sourd ou l'Auberge pleine* (2 février 1853), sont des œuvres plus importantes. Le premier de ces opéras-comiques a laissé un cher souvenir à tous les amis de la musique d'Adam et on l'a repris plusieurs fois. Le sujet du second est emprunté à une vieille comédie pleine de sel gaulois d'où MM. Ferdinand Langlé et Sainte-Foy ont tiré un réjouissant libretto bien approprié au genre du compositeur qui avait fait le *Postillon de Longjumeau*. Les mélodies sont faciles, heureusement adaptées aux situations; les effets d'instrumentation ingénieux, tournant souvent au comique et même à la farce. Il suffit de citer les couplets *Sur le pont d'Avignon*, ceux de la bassinoire, et ceux de : *On dit non, on dit oui*. Le *Roi des Halles*, opéra-comique en trois actes, représenté au théâtre Lyrique, le 11 avril 1853, met en scène le duc de Beaufort, singulièrement transfiguré, il est vrai, par les auteurs du livret, MM. de Leuven et Brunswick. La partition a paru aussi faible que le poëme, à l'exception des couplets de Bourdillat : *Les longs discours ne sont pas mon affaire*, et d'un joli quatuor au premier acte. La décadence du talent d'Adam est plus marquée encore dans le *Muletier de Tolède*, trois actes, joués au théâtre Lyrique, le 16 décembre 1854. Le musicien donna au même théâtre, le 18 janvier 1856, *Falstaff* qui avait été précédé du *Housard de Berchini*, représenté à l'Opéra-Comique en octobre 1855. Si l'inspiration baissait, la faculté de produire aisément se conservait. Le dernier effort de cette veine fertile fut les *Pantins de Violette*, opéra bouffe en un acte, représenté aux Bouffes-Parisiens le 29 avril 1856. Les mélodies en sont claires et faciles, l'instrumentation fine et déliée. On sent que le compositeur est à son aise et s'ébat librement dans ce milieu de pierrots, de polichinelles, de magiciens et de colombines.

Décoré de la croix de la Légion-d'honneur en 1836, plus tard élevé au grade d'officier de cet ordre, membre de la section musicale de l'Institut depuis 1844, s'étant créé des relations agréables par l'aménité de son caractère, Adam n'en était pas moins, au sein de ses succès, un homme très-malheureux, obligé de travailler sans relâche sous le coup de la situation difficile que lui avait faite la débâcle du théâtre National en 1848, et trop bon juge pour ne point comprendre que cette production effrénée nuirait à la renommée durable de ses ouvrages. Peut-être ces causes intimes de souffrance ne furent-elles pas étrangères à sa fin prématurée. On le trouva mort dans son lit, le 3 mai 1856, sans que rien, la veille, eût pu faire présager cet événement.

A la liste des opéras-comiques composés par Adam, il faudrait, pour donner une idée de tous ses travaux, joindre l'énumération des fantaisies et des variations qu'il écrivit pour le piano sur la plupart des opéras représentés à Paris. Le théâtre lui doit aussi plusieurs ballets tels que *Faust* (1832), la *Fille du Danube* (1836), *Giselle* (1841), *Orfa* (1852). Il a refait la plus grande partie de l'instrumentation de *Richard Cœur-de-lion* de Grétry, et de quelques autres opéras de Monsigny et de Nicolo. On a de lui, sous le titre de *Souvenirs d'un musicien*, un livre posthume composé en partie de notes autobiographiques, en partie d'articles publiés d'abord dans des journaux de musique.

Adam avait reçu de la nature des dons rares et charmants. Heureux si, *moins ami du peuple*, il n'eût souvent *quitté, pour le bouffon, l'agréable et le fin*, et s'il n'eût cru pouvoir suppléer par l'improvisation à la réflexion et à la conscience artistique qui, seules, font les chefs-d'œuvre. Au lieu de s'abandonner au vent de l'inspiration banale, que ne s'est-il donné le temps et la peine de mûrir une idée? Il aurait peut-être rencontré l'originalité vraie qui manque à ses partitions les plus vantées. Du moins, aurait-il laissé autre chose et mieux que quelques jolis morceaux épars dans son énorme bagage musical. Peut-être Adam s'est-il laissé trop absorber par la spécialité de son art. Il demeurait tellement indifférent à ce qui se passait autour de lui qu'il déclare lui-même, avec une certaine satisfaction, que le 2 décembre, pendant qu'on tirait des coups de fusil dans les rues, d'un seul côté, il est vrai, et qu'on traînait des centaines de députés en prison, il était tranquillement à son piano, terminant la musique du *Sourd ou l'Auberge pleine*, que M. Perrin lui avait commandée pour le carnaval. Moment singulièrement choisi pour mettre en musique des calembours!

Voici d'ailleurs ce qu'il pensait de lui-même dans des lignes écrites en 1853, trois ans avant sa mort :

« En ce moment, je viens d'accomplir ma cinquantième année ; mais, grâce au ciel, il n'y a que mon acte de naissance qui m'en rappelle la date. — « J'ai toujours la même ardeur pour le travail, et je n'y ai pas grand mérite, car c'est la seule chose qui me plaise. La perte de ma fortune ne m'a pas été très-sensible. Je n'ai connu qu'une privation : celle de ne pouvoir plus recevoir mes amis : c'était mon seul et mon plus grand plaisir. — « Je n'ai malheureusement aucune manie, je n'aime ni la campagne, ni le jeu, ni aucune distraction. Le travail musical est ma seule passion et mon seul plaisir. Le jour où le public repoussera mes œuvres, l'ennui me tuera. — « J'envie à Auber son goût pour les chevaux, à Clapisson, sa manie de collection d'instruments ; ce sont des occupations que les années ne nous enlèvent pas. — « C'est la fièvre de la production et du travail qui prolonge ma jeunesse et me soutient. — « Je rends grâces à Dieu, en qui je crois fermement, des faveurs, peut-être bien peu méritées, dont il m'a doté; puisque, malgré ma mauvaise chance en fait d'affaires, il m'a laissé encore assez d'idées pour écrire quelques ouvrages que je tâcherai de faire les moins mauvais possible. »

BERLIOZ

NÉ EN 1803, MORT EN 1869.

Sans la tradition, les arts resteraient toujours à l'état d'enfance. Comme elle ne s'établit jamais que sur une longue suite de chefs-d'œuvre, il y a lieu de croire que des procédés vérifiés par d'éclatantes expériences sont encore les meilleurs. Cependant on ne saurait se défendre d'une légitime sympathie pour les novateurs, quand ceux-ci apportent dans leurs tentatives de réforme autant de conviction, de sincérité et de talent que Hector Berlioz. S'ils échouent, la défaite prouve moins leur impuissance que l'irrémédiable faiblesse de la cause à laquelle ils s'étaient voués :

*Si Pergama dextrâ
Defendi possent, etiam hâc defensa fuissent.*

Hector Berlioz est né à la Côte-Saint-André, dans le département de l'Isère, le 11 décembre 1803. Son père, qui était médecin, voulait lui faire suivre la même carrière et l'envoya à Paris pour qu'il s'y préparât. Mais le jeune disciple d'Esculape, qui n'avait de goût que pour la musique, délaissa bientôt les cours de la Faculté, leur préférant ceux du Conservatoire. Privé de ressources par suite du mécontentement de son père, il s'engagea comme choriste au théâtre du *Gymnase dramatique*. C'en était fait, sa vocation était décidée. Le transfuge de la Clinique se mit à étudier la composition sous la direction de Reicha. Déjà toutefois sa nature artistique, ennemie de la contrainte, commençait à se révéler; au bout de peu de temps, Berlioz quittait son maître; bien qu'il n'eût encore qu'une vague connaissance de l'art d'écrire, il était résolu à se passer dorénavant d'enseignements étrangers.

On était alors dans ces fiévreuses années qui précédèrent la révolution de 1830. Un vent de rénovation intellectuelle soufflait partout. Le monde dramatique était divisé en deux camps par la querelle des classiques et des romantiques; Delacroix, bravant les anathèmes de l'école de David, introduisait dans la peinture des hardiesses toutes nouvelles de couleur et de mouvement. Comment la musique eût-elle échappé à l'entraînement presque universel? Berlioz était bien l'homme de son temps lorsqu'il entreprenait une révolution musicale à cette époque de révolution politique, littéraire, philosophique et religieuse. Son premier essai dans ce genre fut une messe avec orchestre exécutée dans l'église de Saint-Roch, puis dans celle de Saint-Eustache. Tous, auditoire et exécutants, la déclarèrent inintelligible. Berlioz n'a jamais étudié ni compris la véritable musique sacrée et les formes anciennes de cet art telles qu'elles ont été employées par les maîtres de l'école romaine, entr'autres par Palestrina. Ce qu'il dit au sujet de cette musique dans ses mémoires est simplement absurde.

Le compositeur ne se rebuta pas, et, avec un redoublement d'ardeur, poursuivit l'accomplissement de son audacieux projet, savoir, la substitution d'une sorte d'harmonie imitative à celle qui se contente de charmer l'oreille et d'émouvoir le cœur. Étant donné un programme, il prétendit, à l'aide de sonorités combinées, en rendre toutes les parties perceptibles à l'esprit. Le moindre inconvénient de ce système est de confondre la tâche du musicien avec celle du littérateur, au grand détriment de la première. Telle fut pourtant la pensée qui inspira à Berlioz son ouverture de *Waverley*, celle des *Francs juges*, et une symphonie fantastique en cinq parties, qui a pour sujet un *Épisode de la vie d'un artiste* (1828). Un an après, (1er novembre 1829), l'auteur fit exécuter un nouvel ouvrage conçu dans la même donnée et intitulé : *Concerts des Sylphes*.

Le jeune hérésiarque était rentré au Conservatoire depuis 1826. Il était devenu l'élève favori de Lesueur à qui sa conversation plaisait à cause de ses tendances élevées et de son tour littéraire. Le bon Lesueur avait aussi une poétique à lui et parfois extra-musicale. Mais il avait du goût et le sentiment des proportions. Berlioz concourut cinq fois pour le prix de Rome, de 1826 à 1830. Il obtint enfin le premier prix de composition pour une cantate dont *Sardanapale* était le sujet. L'exécution de sa cantate eut lieu au palais de l'Institut. Elle laissa beaucoup à désirer. La fin même fit un *Fiasco orribile*. Son séjour réglementaire en Italie ne modifia en rien la direction de ses idées esthétiques, et les productions qu'il rapporta de Rome, témoignèrent de l'énergie de ses tendances réformatrices.

C'étaient les ouvertures du *Roi Léar*, de *Rob-Roy*, une symphonie intitulée : *Le retour à la vie*, le *chant du Bonheur* du monodrame *Lelio*, la *Captive*, et une méditation religieuse. De retour à Paris en 1832, il fut frappé du talent avec lequel une actrice anglaise, miss Henriette Smithson, interprétait divers rôles de Shakespeare, ceux d'Ophélie, de Juliette, dans des représentations qu'une troupe anglaise donnait à Paris, sur la scène de l'Odéon. Il ne songea plus qu'à fixer sur sa personne l'attention de cette actrice. Il écrivit, à cette époque tourmentée de sa vie, huit scènes de *Faust*, l'adagio de la *Scène aux champs*, la fantaisie avec chœurs sur la *Tempête* de Shakespeare. Les idées de ce temps-là lui étaient favorables. Il obtint plus facilement qu'en 1829 la salle du Conservatoire. Il y fit exécuter sa symphonie fantastique en l'accompagnant d'un livret de sa façon aussi extravagant que possible. Le « vague des passions, l'œil fatal du destin, » et toute la ferblanterie romantique en firent les frais. Le musicien avait en vue d'exposer sous cette forme ses sentiments à miss Smithson.

BERLIOZ

Peu de temps après, il l'épousa, malgré l'opposition des deux familles.

Attaqué avec âpreté, nié avec acharnement, Berlioz rendit guerre pour guerre en se faisant critique musical. Dès 1828, il avait publié dans le *Correspondant* des articles remarqués sur les symphonies de Beethoven. Il collabora successivement à la *Revue européenne*, au *Courrier de l'Europe*, à la *Gazette musicale de Paris*, et enfin au *Journal des Débats* qui lui servit pendant longtemps de forteresse. Ces travaux ne l'empêchèrent pas de composer avec ardeur. En 1834, il écrivit la symphonie d'*Harold en Italie*. En 1836, M. de Gasparin, ministre de l'intérieur, alloua une somme de 3,000 francs à la composition d'un ouvrage de musique sacrée, et chargea Berlioz d'écrire un *Requiem* pour le service funèbre des victimes de la Révolution de 1830. Ce *Requiem* ne fut exécuté que dans l'église des Invalides au service du général Damrémont, le 5 décembre 1837. Ces œuvres passionnèrent le public musical pour ou contre l'auteur, au gré des opinions diverses, mais ne laissèrent personne indifférent. Malheureusement, la première fois que la musique nouvelle s'exposa au jugement désintéressé des gens du monde, elle essuya un échec. La chute de *Benvenuto Cellini*, opéra en deux actes, représenté à l'Académie royale de musique, le 3 septembre 1838, parut donner raison aux détracteurs de Berlioz. On a pourtant signalé parmi les morceaux saillants de cette partition un trio : *O Thérésa, vous que j'aime*, et le boléro chanté par Mme Stoltz, qui ont trouvé grâce devant les Aristarques de la tradition.

Si le compositeur romantique rencontrait dans son propre pays plus de mauvais vouloir que de bienveillance, en revanche l'Allemagne professait pour lui une vive admiration, et *Benvenuto Cellini* qui avait échoué à Paris réussit à Weimar. Mais l'énergique lutteur avait-il besoin de cette popularité d'outre-Rhin pour continuer le combat? Paganini éprouva une telle satisfaction en entendant les premières symphonies du jeune musicien qu'il le pria d'accepter à titre de don une somme de vingt mille francs. Berlioz donnait alors des leçons de guitare dans la pension de MM^{lles} d'Aubrée. Il eut là même une certaine aventure, une « distraction » comme il la qualifie au chapitre XXVIII de ses Mémoires, qui est de nature à faire douter de la sincérité de son amour pour la Juliette anglaise. La symphonie dramatique de *Roméo et Juliette* fut exécutée le 24 novembre 1839. Il écrivit aussi vers ce temps l'ouverture du *Carnaval romain*. En 1840, M. de Rémusat, ministre de l'intérieur, chargea Berlioz d'écrire la musique d'une symphonie funèbre en l'honneur des victimes de Juillet dont les restes devaient être transportées dans le monument de la place de la Bastille et aussi pour fêter l'inauguration de la colonne de Juillet. Notre musicien faisait étalage de son libéralisme qu'il associait à une admiration sans bornes pour Napoléon Ier, ce qui ne l'empêcha pas de rechercher le patronage des princes et princesses de la Prusse, de l'Allemagne et de la Russie. Miss Smithson avait des dettes lorsque Berlioz l'épousa. En outre, un accident lui avait ôté la liberté de ses mouvements sur la scène. Ses lauriers dramatiques se fanèrent; les affaires pécuniaires du ménage allaient fort mal. En 1841, voilà que Berlioz quitte furtivement Paris, laissant à sa femme une lettre qui lui expliquait les motifs de sa disparition. La pauvre Mme Berlioz Smithson se plaignit vainement de ce lâche abandon et de l'égoïsme qui l'avait conseillé. « Le Dieu poursuivant sa carrière..... » Berlioz s'était fait chef d'orchestre international, et depuis ce moment jusqu'à sa mort, il parcourut toutes les villes de l'Europe, le bâton de mesure à la main. Il a eu cette bonne fortune de profiter à l'étranger de la notoriété qu'il s'était acquise à Paris et de faire servir la presse parisienne à l'annonce de ses lointains succès. Sa vie aura offert cette singularité que ses œuvres ont été à peine connues du public et qu'il a su en tirer la plus grande partie des avantages auxquels un musicien puisse prétendre. L'orchestration de l'*Invitation à la valse* de Weber a plus contribué à la réputation de Berlioz que toutes ses symphonies. Que de gens n'ont connu de lui que ce morceau qui figure sur tant de programmes de concert? Le 6 décembre 1846, Berlioz mit le comble à ses audaces en faisant exécuter dans la salle de l'Opéra-Comique la *Damnation de Faust,* sorte d'oratorio fantastique, dont il avait fait les paroles conjointement avec MM. Gérard et Gandonnière. A l'audition de cette œuvre qui appartient au genre descriptif et qui a été conçue sous l'influence des idées de la nouvelle école allemande, on put apprécier à la fois et la valeur personnelle du maître et les résultats de ses théories. Vainement Berlioz a voulu s'affranchir des règles de la composition, telles que les ont établies les princes de l'art dans les trois derniers siècles, il n'a pu entièrement se soustraire aux conséquences de son éducation musicale et du milieu dans lequel il a vécu. Il a eu beau protester, à son insu il s'est parfois retrouvé sur la grande route et en bonne compagnie.

Mais dans quel labyrinthe, au fond de quelles ténèbres ne nous conduiraient pas les sectateurs médiocres de cette doctrine aussi éloignée du sentiment de la nature que du pur idéal! Tout peindre, tout exprimer avec le plus de réalité possible, photographier les impressions morales, dissiper la pénombre qui enveloppe toujours un peu les sentiments humains, encombrer le tableau d'une foule de détails accessoires et minutieusement indiqués, tel est le point de départ et le programme de la symphonie romantique. Au fond, c'est une hérésie matérialiste.

Mais il ne suffit pas de formuler un programme, il faut l'exécuter, et ici se manifeste une contradiction bien singulière. Nos musiciens se mettent à l'œuvre. Ils répudient comme insuffisant l'héritage de Haydn, de Mozart, de Gluck et de Beethoven. Ils sont si riches de leur propre fonds! Ils démolissent l'édifice harmonique, et quand tous les matériaux sont à leurs pieds, ils tentent de le reconstruire d'après un nouveau plan. Mais ils ont négligé de numéroter les pierres, de sorte qu'au lieu d'un édifice bien ordonné, ils reviennent fatalement à une architecture primitive, fantaisiste et naïve, mais point belle. Ils cherchent la vérité d'expression, et ils trouvent l'hyperbole. Les contrastes naturels sont remplacés par des antithèses outrées, et la lumière sereine par un jour blafard. A l'idiome de l'art, à la langue sacrée se substitue un vocabulaire polyglotte, dont les initiés possèdent seuls la clef. Les tonalités sont décousues, les relations et les affinités détruites, c'est le chaos.

Cependant, répétons-le, Berlioz s'est dégagé maintes fois de ces obscures théories, et dans sa *Damnation de Faust*, dans son oratorio de l'*Enfance du Christ* et surtout dans l'opéra des *Troyens*, il a écrit quelques rares morceaux d'un goût exquis, où l'originalité n'exclut pas la parfaite satisfaction de l'oreille, de l'intelligence et du cœur.

Afin que le lecteur se rende compte du but que s'est proposé le compositeur dans l'ouvrage bizarre dont il est ici question, je vais en reproduire le livret :

Première partie : *Les plaines de Hongrie ;* pastorale — *Faust seul ;* — ronde de paysans, chœur — récitatif — *marche hongroise,* orchestre seul.

Deuxième partie : *Faust dans son cabinet de travail,* récitatif sur une fugue instrumentale — *hymne de la fête de Pâques,* chœur; — récitatif; — *Cave de Leipzig,* chœur de buveurs — chanson de Brander ivre, chanson de Méphistophélès ; — *Bosquets et prairies du bord de l'Elbe* — sommeil de Faust — chœur de sylphes et de gnomes — ballet des sylphes — récitatif — chœur de soldats — chanson latine d'étudiants ; — la chanson et le chœur ensemble.

Troisième partie : *Retraite militaire,* orchestre seul — *Faust dans la chambre de Marguerite* — air : *Le roi de Thulé,* chanson gothique; *Marguerite seule,* — récitatif de Méphistophélès devant la maison de Marguerite — évocation — *danse de follets,* orchestre seul — sérénade de Méphistophélès — finale : duo, trio, chœur : Marguerite, Faust, Méphistophélès, bourgeois et artisans. — Quatrième partie : Air : *Marguerite seule* — récitatif mesuré avec le chœur des soldats et la retraite. — *Forêts et Cavernes* — *Faust seul.* — *Invocation à la nature* — récitatif de Méphistophélès — chasse lointaine — *la course à l'abîme :* Faust et Méphistophélès, chœur et orchestre — *pandæmonium* — chœur infernal — épilogue : *Sur la terre et dans le ciel* — récitatif à six voix — chœur d'esprits célestes — apothéose de Marguerite.

Les morceaux les plus remarquables de cette laborieuse épopée sont la marche hongroise, le ballet des sylphes, le duo : *Ange adoré dont la céleste image,* la sérénade de Méphistophélès, l'air de Marguerite au rouet, et le chœur des esprits célestes. L'ouvrage a été interprété par Roger, Hermann-Léon, Henri, Mme Duflot-Maillard, et deux cents musiciens dirigés par Berlioz en personne.

La *Damnation de Faust* était trop pleine d'étrangetés pour réussir auprès du public français, surtout à cette époque. Offerte aux dilettanti viennois dans la salle des Redoutes, le 6 décembre 1866, elle excita une admiration voisine du délire. Une anecdote curieuse montre à quel diapason se monte le fanatisme musical de certains Allemands. A la fin du concert dans lequel Berlioz avait rempli les fonctions de chef d'orchestre, un amateur par trop enthousiaste se précipite sur l'estrade et s'empare du petit bâton de mesure qu'il cache furtivement sous son paletot. Le compositeur s'aperçoit du larcin, arrête notre Allemand et lui dit : « Ah! monsieur, je veux bien vous le donner, mais je ne veux pas vous le laisser prendre. » Force fut à l'amateur de s'exécuter et de rendre l'objet de sa convoitise; Berlioz le lui présenta alors en disant : « Maintenant, monsieur, veuillez l'accepter. » Notre Allemand s'éloigna triomphant, doublement heureux de posséder la baguette magique et de la tenir des mains du maître.

L'âge et l'expérience ont une vertu d'apaisement; avec la fougue de la jeunesse s'abat l'ardeur intempérante : quand en outre la virilité amène les honneurs, il est rare que les *Juvenilia* de la première heure ne fassent place à des productions plus mûries et plus sérieuses. Berlioz, devenu chevalier de la Légion-d'honneur, bibliothécaire du Conservatoire, membre de l'Institut, n'a pas échappé plus qu'un autre à cette loi du progrès. Déjà l'*Enfance du Christ* marquait comme un retour de l'auteur de la *Damnation de Faust* à des voies plus accessibles à l'intelligence des contemporains. En 1862, il fit représenter à Bade un opéra comique en deux actes, *Béatrice et Bénédict,* dont le livret a été tiré de la pièce de Shakespeare « Beaucoup de bruit pour rien. » Un duo de jeunes filles, un trio et le grand air de Béatrice : *Dieu, que viens-je d'entendre ?* chanté par Mme Charton Demeur, obtinrent un succès mérité.

Le changement de style était plus sensible encore dans les *Troyens,* opéra en cinq actes, dont le compositeur écrivit lui-même les paroles et qui fut représenté sur la scène du théâtre Lyrique, le 4 novembre 1863. Vingt-cinq ans s'étaient écoulés depuis la chute de *Benvenuto Cellini.* Amis et ennemis, tous attendaient impatiemment l'apparition de la seconde œuvre dramatique du maître, se demandant si l'arrêt rendu en 1838 allait être confirmé ou cassé en 1863.

Conticuêre omnes intentique ora tenebant.

Ce fut en un sens une soirée des Dupes; car les adversaires systématiques de Berlioz durent renoncer à une partie de leurs préventions, tandis que ses fauteurs étaient forcés de s'avouer qu'il ne marchait plus aveuglément avec eux.

Dès la première audition des *Troyens,* trois morceaux ont été compris, admirés, bissés aux applaudissements de la salle entière. Le premier est le duo entre Didon et Anna, plein de grâce, d'originalité et de distinction;

le deuxième est un septuor ou plutôt un quatuor avec chœurs d'une harmonie profonde et pénétrante ; enfin un duo entre Didon et Énée qui restera un des beaux duos d'amour qui existent au théâtre. Le reste a paru obscur, tourmenté, par conséquent long et ennuyeux. Au milieu de cela, quelques mélodies surnageant comme les naufragés de Virgile : *Rari nantes in gurgite vasto*. Telle a été la première impression du public. La presse s'est hâtée de la constater avec une *légèreté cruelle*, selon la juste expression de Joseph d'Ortigue ; cependant les amateurs sérieux et désintéressés ont voulu entendre plusieurs fois cette œuvre importante, et comprenant mieux le dialecte de l'auteur, pénétrant plus avant dans sa pensée, ayant la politesse de lui passer de graves défauts en considération de ses qualités, ces amateurs, disons-nous, ont découvert à chaque audition des beautés inaperçues d'abord, et ont fini par considérer l'opéra des *Troyens* comme un des ouvrages les plus intéressants qui aient paru à la scène depuis longtemps. Ce qui, après tout, n'est pas un éloge hyperbolique. Telle a été mon impression personnelle après avoir entendu six fois de suite l'opéra des *Troyens*. On y trouve sans doute des traces du système de musique imitative et littéraire, dont Berlioz a poursuivi l'application *per fas et nefas*. La scène orchestrale de l'orage a même dû être supprimée. La fin du ballet offre, sous prétexte d'accompagner une danse nubienne, un motif sur le cor anglais un peu trop carthaginois pour des oreilles sensibles ; le chant du matelot Hylas est écrit dans un mode hypomixolydien qui, à notre sens, n'aura jamais une raison d'être suffisante au théâtre. Si l'on excepte ses débauches de couleur locale, dont l'excentricité trouve encore quelques adeptes, toute la partition est maintenant appréciée comme le mérite une œuvre originale, consciencieuse, et beaucoup de Grecs de la veille sont devenus des Troyens du lendemain.

En raison même de la simplicité et de la grandeur des situations épisodiques dont l'Énéide a fourni le sujet, c'était une entreprise délicate et hardie que de les présenter sur la scène lyrique, et il fallait beaucoup de goût pour atteindre, sans le dépasser en l'altérant, le caractère des personnages tel que les souvenirs de collège l'avaient gravé dans l'imagination des spectateurs. Berlioz a triomphé de ces obstacles, ce qui n'est pas peu dire. L'ouvrage est précédé d'un prologue à la fois symphonique et lyrique : l'orchestre exécute un *lamento* qui exprime les malheurs et la catastrophe de Troie ; un rhapsode en déclame ensuite les incidents principaux en s'accompagnant de la lyre. Au premier acte, Didon distribue des récompenses aux laborieux colons qui ont fondé la jeune Carthage. Je signalerai l'air : *Chers Tyriens*, parfaitement chanté par Mme Charton-Demeur ; à cet air succède un duo fort original : Didon confie à sa sœur les vagues agitations de son âme ; « *Vous aimerez, ma sœur,* » répond celle-ci. On annonce à la reine que d'illustres naufragés viennent lui demander un asile. Énée paraît, et à peine a-t-il été introduit qu'un second messager apporte la nouvelle de l'approche d'Iarbas, le chef d'une tribu barbare et ennemie. Énée offre le secours de son bras, et l'acte se termine par le beau chœur guerrier : *C'est le dieu Mars qui nous rassemble.*

Le second acte était rempli, aux premières représentations, par une symphonie imitative. Une chasse royale interrompue par l'orage, Énée et Didon se réfugiant dans une caverne, tels étaient les sujets de cet intermède instrumental qui a été supprimé. Le second acte commence donc par le ballet des esclaves nubiennes. Ici, le compositeur a blessé l'oreille de parti pris. Ces intonations baroques et ce rhythme sauvage ne devraient jamais trouver place dans une œuvre d'art où le désordre même est tenu d'être harmonieux. Il y a cependant une autre partie du ballet qu'il serait injuste de ne pas signaler comme pleine de grâce, et tout à fait réussie. Les danses cessent, le chœur fait entendre l'hymne à la nuit :

> Tout n'est que paix et charme autour de nous ;
> La nuit étend son voile et la mer endormie
> Murmure en sommeillant ses accords les plus doux.

Ce morceau d'ensemble dont les modulations sont suaves et distinguées, dont le rhythme est bien senti, a été constamment redemandé par le public à toutes les représentations. Vient ensuite le duo que nous avons signalé plus haut : *O nuit d'ivresse et d'extase infinie.* Nous le répétons, ce duo est d'un goût exquis et conduit avec une habileté extrême. Le cri : *Italie, Italie,* retentit aux oreilles d'Énée et le rappelle à ses destins.

Au troisième acte, le héros troyen exprime les hésitations de son âme entre le devoir qui l'appelle et sa passion pour la reine : *Ah! quand viendra l'instant des suprêmes adieux;* cette scène a un caractère de grandeur et une déclamation étudiée et soutenue qui rappellent les récitatifs de l'*Armide* de Lulli et de l'*Alceste* de Gluck. Je serais porté à croire que l'orchestration, toute remarquable qu'elle est, nuit ici, par ses développements mêmes, à l'expression dramatique.

Didon apprend, au quatrième acte, le départ d'Énée. Le compositeur a compris qu'il devait ici laisser parler la nature. Ses accents, tour à tour douloureux, tendres, furieux, déchirants, ne sont interrompus par aucune cavatine parasite : *Non erat hic locus.* La phrase du duo : *Nuit d'ivresse et d'extase infinie,* passe au milieu de cet ouragan comme un souvenir doux et amer tout à la fois. La scène du bûcher forme le dernier acte, d'ailleurs très-court. Il me semble que le chœur des prêtres de Pluton aurait pu être mieux traité.

Malgré une opposition systématique, *les Troyens* ont eu vingt et une représentations consécutives, et ont été joués sur plusieurs scènes importantes de l'Europe. On reprendra plus tard cet ouvrage, et même avec quelque chance de succès, surtout si l'on trouve une interprète telle que Mme Charton-Demeur, qui s'est montrée une Didon accomplie.

C'est à dessein que je suis entré dans une analyse assez détaillée de cet opéra, fruit des méditations solitaires d'un maître écarté pendant vingt-cinq ans de la scène lyrique. Ce n'était assurément pas un artiste ordinaire que celui qui s'est exposé à l'ostracisme des directeurs et aux étonnements du public, plutôt que de sortir de sa voie. Berlioz avait de grandes facultés qui pouvaient exciter l'admiration. Longtemps égarées à la recherche d'une insaisissable chimère, ce musicien n'avait qu'à les tourner vers leur objet naturel pour les faire reconnaître et pour les faire servir à la production d'œuvres supérieures et incontestées.

Après le jugement trop sévère porté à Paris sur son dernier opéra, Berlioz quitta les rives de la Seine, « *Campos ubi Troja fuit,* » et reprit le cours de ses pérégrinations. Installé à Saint-Pétersbourg dans le palais Michel, il fait exécuter en 1867 diverses scènes de Gluck traduites en russe. L'année suivante, il fait entendre dans la même ville et à Moscou *l'Enfance du Christ, la Captive, Harold, Roméo, le roi Lear.* A son retour de Saint-Pétersbourg, Berlioz s'était rendu à Nice pour y prendre soin de sa santé altérée par de grandes fatigues. Dans une excursion à Monaco, il fit une chute et se blessa si grièvement à la tête qu'on dut le transporter presque sans connaissance à Nice. La commotion cérébrale qu'il avait ressentie altéra ses facultés mentales. Au mois d'août suivant, des fêtes civiques et musicales eurent lieu à Grenoble à l'occasion de l'inauguration de la statue de Napoléon Ier. Plusieurs centaines de chanteurs et d'instrumentistes exécutèrent pendant trois jours des morceaux de musique et, comme d'usage, ce festival se termina par un banquet. Berlioz avait été invité à le présider. Ses compatriotes étaient fiers de le voir l'objet de ce choix flatteur; aussi ne lui marchandèrent-ils pas les hommages et les vivats. Mais en le voyant entrer dans la salle soutenu par deux amis, l'assistance éprouva une impression douloureuse. Il ne paraissait pas avoir conscience de l'ovation qu'on lui faisait. Le maire de Grenoble posa une couronne d'or sur la tête du compositeur. Ce fut là son dernier triomphe et peut-être de tous celui auquel il aurait été le plus sensible, parce qu'il est rare et doux d'être prophète dans son pays et près de sa maison natale.

Berlioz revint à Paris; sa santé s'altéra de plus en plus; ses facultés s'éteignirent et il mourut le 8 mars 1869. Ses obsèques eurent lieu dans l'Église de la Trinité avec une grande solennité. On y exécuta l'*hostias* de sa Messe des morts, des morceaux de Chérubini, de Mozart et de Beethoven. Berlioz légua au Conservatoire les manuscrits de ses partitions et à M. Damcke ses partitions gravées.

Indépendamment de ses Mémoires et de ses articles dans les *Débats* et d'autres journaux, Berlioz a publié les *Soirées de l'orchestre,* les *Grotesques de la musique,* et *A travers champs.*

Les Mémoires de Berlioz sont intéressants comme études psychologiques. Cette autobiographie est remplie d'anecdotes, mais peu sûre en ce qui concerne les renseignements sur les personnes et les choses.

On y trouve sur le *Don Juan* de Mozart les critiques les plus extravagantes, les plus outrageants dédains, et cela pour préparer l'effet de cette phrase : « Weber m'apparut. » Une courte citation suffira pour donner le ton de ces *Mémoires*, faire connaître à la fois l'homme et l'artiste, et montrer jusqu'à quels excès l'aveuglement, l'orgueil et la passion de l'envie peuvent entraîner un homme intelligent et civilisé. C'était au moment où l'enthousiasme qu'inspiraient le *Barbier*, *Othello*, *Moïse* était à son comble. « Je me suis alors plus d'une fois demandé comment je pourrais m'y prendre pour miner le Théâtre Italien et le faire sauter un soir de représentation avec toute sa population rossinienne. Et quand je rencontrais un de ces dilettanti, objet de mon aversion : « Gredin ! grommelais-je, en lui jetant un regard de Shylock, je voudrais pouvoir t'empaler avec un fer rouge ! » Je dois avouer franchement qu'au fond j'ai encore aujourd'hui, au meurtre près, ces mauvais sentiments et cette étrange manière de voir. » Ne serait-ce pas le cas de rappeler le mot sévère de Pascal : « Quiconque veut faire l'ange...? »

J'ai dit que Berlioz ignorait l'histoire de son art plutôt par infatuation de lui-même que par éloignement pour l'étude, puisqu'il était lettré. Cependant il fut nommé bibliothécaire du Conservatoire en 1847 à la mort du savant Bottée de Toulmon ; il garda ce titre et en toucha les émoluments jusqu'à sa mort. Il eut le tort de considérer ce poste si utile comme une sinécure et l'administration a eu celui, plus grand encore, de tolérer un tel état de choses, préjudiciable aux intérêts de cet établissement.

On a accusé Berlioz d'avoir eu recours à des procédés entachés de charlatanisme, d'avoir cherché à dramatiser jusqu'à sa personne, d'avoir abusé des affiches, de la réclame, d'avoir aimé qu'on fît du bruit autour de son nom. Il y a du vrai dans ces reproches ; mais je crois qu'il était sincère et c'est là son excuse. Il a cru au romantisme dans l'art ; il s'est fait à son usage une esthétique pleine d'incohérences et de contradictions. Je l'ai vu épris des beautés littéraires de l'ordre le plus élevé ; je l'ai entendu exalter Virgile et Homère ; je n'ai connu personne qui se servit d'expressions aussi enthousiastes pour vanter le génie des anciens, si ce n'est Eugène Delacroix, un autre romantique aussi, celui-là. Mais comme Berlioz ignorait absolument l'histoire de son art, ignorance qui m'a beaucoup surpris chez un artiste de sa valeur et de sa réputation et qui m'a paru systématique, il en est résulté une indépendance, vis à vis des traditions, qui a eu pour conséquence de lui faire écrire difficilement de la musique difficile. Heureusement pour sa gloire et pour nous que plusieurs de ses œuvres sont étrangères à cette orgueilleuse théorie ; celles-là seules ont valu à Berlioz les meilleurs succès et lui ont fait pardonner les autres.

MONPOU

(HIPPOLYTE)

NÉ EN 1804, MORT EN 1841.

Monpou (Hippolyte), naquit à Paris le 12 janvier 1804. Il fut d'abord enfant de chœur à l'église Saint-Germain l'Auxerrois, puis entra, à l'âge de neuf ans, dans la maîtrise de Notre-Dame, alors dirigée par Desvignes. En 1817, il devint l'un des élèves de l'école fondée par Choron, et fut désigné deux ans après pour aller remplir les fonctions d'organiste à la cathédrale de Tours. Une telle fonction était trop au-dessus des forces de ce musicien de seize ans, pour qu'il pût la conserver longtemps; aussi dut-il bientôt rentrer dans l'école de Choron en qualité de maître répétiteur. Puis il devint successivement organiste de Saint-Thomas-d'Aquin, de Saint-Nicolas-des-Champs et de la Sorbonne, ce qui lui permit de faire exécuter plusieurs messes de sa composition.

Grâce à une étude constante des grands maîtres italiens, allemands et français, grâce surtout aux exercices qu'il faisait chaque jour avec des condisciples, tels que Duprez, Boulanger, Scudo, Vachon, Wartel, etc., etc., il parvint à acquérir les connaissances pratiques nécessaires pour exercer un emploi auquel il n'était pas préparé par ses premières études. L'ouverture des concerts de musique ancienne créé par Choron en 1828, sous le nom d'*Institution royale de musique religieuse*, lui fut très-utile ; les fonctions d'acompagnateur qu'il dut souvent remplir devant le public lui firent perdre une timidité exagérée qui paralysait tous ses moyens et l'empêchait de devenir un bon lecteur et un habile pianiste.

Ce fut vers cette époque qu'il s'essaya dans la composition de quelques romances. Son charmant nocturne à trois voix sur ces paroles de Béranger : *Si j'étais petit oiseau*, qui fut suivi de plusieurs chansonnettes fort gracieuses, eut un grand succès et commença sa popularité. Quand la révolution de 1830 vint suspendre les concerts de musique ancienne et même amener la fermeture de l'école de Choron, Monpou, abandonné à lui-même, chercha sa voie. L'école romantique lui faisait des avances, il se décida à entrer résolûment dans cet ordre d'idées. Il n'eut pas à regretter son revirement; sa romance de l'*Andalouse* sur des paroles d'Alfred de Musset ; *Sarah la baigneuse* de Victor Hugo, *les Colombes de Saint-Marc, le Lever, Venise, Madrid, la Chanson de Mignon, le Fou de Tolède, Gastibelza, les deux Archers, les Résurrectionnistes, le Voile blanc,* qui se distinguaient par une incontestable originalité, devinrent promptement populaires. Ce fut vers cette époque qu'il mit en musique un chapitre des *Paroles d'un croyant* de Lamennais, le *Chant d'exil*, et la dernière scène d'*Othello*, traduite par Alfred de Vigny. Il chantait lui-même ses compositions dans les salons et, malgré sa laideur, son nez camard, ses longs cheveux roux, il les faisait goûter à cause de l'expression et du caractère original qu'il savait leur donner.

Encouragé par les faciles succès qu'il remportait dans la nouvelle voie où il était entré, Monpou crut pouvoir aborder la scène. Il fit représenter en 1835 au théâtre de l'Opéra-Comique les *Deux Reines*, ouvrage en un acte, dont les paroles étaient de Frédéric Soulié. La romance de basse : *Adieu, mon beau navire*, qui ne manque pas d'ampleur et d'inspiration mélodique, eut un succès universel. C'est la seule épave qu'on ait recueillie du naufrage des *Deux Reines*.

A partir de ce moment, ses compositions dramatiques se succédèrent assez rapidement : *Le Luthier de Vienne*, opéra-comique en un acte, dont les paroles sont de MM. de Saint-Georges et de Leuven, fut joué en 1836.

Le livret ne brille pas par l'invention et le dénouement est trop peu naturel. Un luthier de Vienne voudrait faire épouser à son fils Frédéric sa nièce, jeune fille accomplie qui touche de l'orgue comme un ange, mais à qui une santé délicate interdit le chant. Frédéric raffole d'une baronne de Castelfiori qu'il a entendue chanter dans un concert. Cette bonne cantatrice ne veut pas être un obstacle à l'accomplissement des vœux du luthier. Elle rend Frédéric plus sage, et se résigne elle-même à épouser un vieux conseiller aulique. La partition du *Luthier de Vienne* est fort curieuse à étudier ; on y voit les efforts tentés par Monpou, dans le but de s'affranchir des formes classiques, d'imaginer des modulations et des rhythmes nouveaux ; il échoue souvent, et cette manie d'innover lui fait trouver des chants bizarres et une harmonie tourmentée ; d'autres fois il est plus heureux et vraiment inspiré ; l'ouverture a beaucoup d'intérêt, quoique manquant d'unité. Elle commence en *ut* mineur et finit en *mi* bémol. Les morceaux les mieux réussis sont la chanson : *Les fils de l'Université* ; la cavatine, le cantique de Sainte-Cécile, *Hosannah ! gloire à Dieu*, chanté par Mme Damoreau, véritable morceau de musique religieuse, et la chanson du vieux chasseur : *Ramenez mon troupeau*.

Piquillo, opéra en trois actes, dont le livret est de MM. Alexandre Dumas et G. Labruire, fut représenté à la fin de 1837 ; il a plus d'importance. Le livret est peu intéressant et le héros de la pièce, Piquillo, voleur espagnol, n'inspire pas une grande sympathie. Quant à la musique, elle a le cachet d'originalité qui distingue toutes les productions de Monpou. Les couplets chantés par Jenny Colon : *Je ne suis point Phœbé, la déesse voilée*, sont charmants ; l'air : *Ah ! dans mon cœur, quelle voix se réveille*, dit par la même artiste, a été aussi remarqué ; le trio : *Au voleur !* celui du signalement : *Puisque vous voulez bien éclairer la justice*, sont maintenant oubliés, mais on chantera encore longtemps le bel air : *Mon doux pays des Espagnes*, dont le rhythme est une trouvaille.

En décembre 1838, *Perugina*, dont les paroles sont de Mélesville, fut représentée au théâtre de la Renaissance. La partition de *Perugina* n'a pas d'importance au point de vue musical. On y a distingué à peine une ou deux romances.

En 1839, Monpou donna à l'Opéra-Comique *un Conte d'autrefois*, et *le Planteur*, et au théâtre de la Renaissance la *Chaste Suzanne*, opéra de genre en quatre actes, dont les paroles sont de Carmouche et de F. de Courcy. Le livret est d'une inconvenance telle que le public du théâtre de la Renaissance ne l'a pu tolérer. Partant de cette idée fausse que les sujets bibliques réussissent rarement au théâtre parce qu'ils n'offrent pas de scènes familières qui rompent la monotonie du sujet, les auteurs du poëme se sont imaginé de donner à plusieurs personnages un caractère bouffon. Les sujets sacrés sont trop respectables pour qu'on se permette d'y introduire, sous prétexte de variété, des scènes comiques, encore moins burlesques, et leur succès sera d'autant plus réel et durable que les auteurs se seront maintenus dans le caractère de gravité et d'élévation que ces sujets comportent. Si le poëte et le musicien sont trop au-dessous de leur tâche, la pièce est lourde et monotone ; s'ils possèdent au contraire les qualités propres à ce genre de composition, si le souffle de l'inspiration ne leur fait pas défaut, leur œuvre participe à la sublimité du sujet : *Sic fertur ad astra*. Les opéras de *David*, de *Saül*, de la *Mort d'Adam*, n'ont pas eu de succès, il est vrai ; mais *Joseph*, *Moïse*, sont encore l'objet de l'admiration universelle, et, au Théâtre-Français, les sujets bibliques et chrétiens d'*Athalie*, d'*Esther*, de *Polyeucte*, sont rangés parmi les chefs-d'œuvre du répertoire. Au point de vue de l'inspiration musicale, l'opéra de la *Chaste Suzanne* est, à mon avis, le meilleur ouvrage lyrique d'Hippolyte Monpou. Dans la partie sérieuse, je signalerai une romance naïve et charmante de Daniel dans le premier acte ; la scène de l'accusation dans le second ; l'air de Daniel, la symphonie du Sommeil et de la vision dans le troisième acte. Le duo bouffe des vieillards écrit pour deux basses a de la verve et de l'originalité. Cette partition offre, comme toutes celles de Monpou, des inégalités et des bizarreries qui expliquent la sévérité des connaisseurs ; cependant il faut reconnaître qu'elle renferme des mélodies délicieuses et d'un cachet incomparable, telle que la phrase de Daniel :

> Comment dans ma jeune âme
> Supporter à la fois
> Ce tendre regard de femme,
> Le son charmant de cette voix?

Le dernier opéra-comique de Monpou, représenté de son vivant, est *Jeanne de Naples*, opéra-comique en trois actes, dont les paroles sont de

MM. de Leuven et Brunswick; il fut joué à l'Opéra-Comique, le 2 octobre 1840. La musique de cet opéra, faite en collaboration avec M. Bordèse, tient nécessairement du pastiche ; jamais deux compositeurs, travaillant ensemble, n'ont montré des qualités plus opposées. Aux accents heurtés et inégaux de Monpou, succédèrent les mélodies faciles et dans le goût italien de Bordèse. Cependant, malgré ce défaut d'unité, l'ouvrage a été bien accueilli. Au premier acte, on a remarqué le boléro et, au second, un trio très-bien traité.

L'ambition s'empara de Monpou; il voulut avoir un livret de Scribe qui était alors fort à la mode. Après plusieurs tentatives infructueuses, il vit ses désirs réalisés, mais à la condition que la partition serait livrée dans un délai relativement court, sous peine d'un dédit de 20,000 francs.

Cet engagement était inacceptable pour un compositeur tel que Monpou, doué de peu de facilité; il présuma trop de ses forces, et il eut le tort de penser qu'il pourrait, par l'activité, suppléer à ce qui lui manquait. Il déploya une telle ardeur, qu'il tomba malade avant de commencer le troisième acte. Une gastralgie aiguë, causée par un excès de fatigue, le força bientôt à s'arrêter. D'après les conseils des médecins, il pensa retrouver des forces en allant vivre à la campagne; il était trop tard ; quand il arriva à la Chapelle Saint-Mesmin, sur les bords de la Loire, son état devint si grave, qu'on dut en toute hâte le ramener à Orléans, pour réclamer les secours de l'art. Mais ce fut en vain; quelques jours après, le 10 août 1841, Monpou mourait à l'âge de trente-sept ans. Sa veuve ayant ramené ses restes à Paris, on célébra en son honneur à Saint-Roch, une messe solennelle, dans laquelle on exécuta plusieurs motets funèbres de sa composition. Cet artiste de talent, enlevé si prématurément, fut inhumé au cimetière du Père-Lachaise.

En mourant, Hippolyte Monpou laissa un certain nombre d'œuvres inédites, parmi lesquelles plusieurs compositions religieuses fort remarquables, et *Lambert Simnel*, opéra-comique en trois actes, dont le livret, comme je l'ai dit plus haut, était de Scribe.

Cet opéra, qui amena la mort de Monpou, ne fut représenté que le 14 septembre 1843; car il était inachevé lors de la mort du compositeur; il fut terminé par Adolphe Adam.

L'action se passe sous Henri III, roi d'Angleterre. Le comte de Warwick, dernier descendant des Plantagenets, est mort dans la tour de Londres. Ses partisans découvrent un jeune garçon qui lui ressemble ; c'est Simnel; c'était dans l'histoire le fils d'un boulanger. Scribe a préféré en faire un garçon pâtissier, comme il a transformé, dans le *Prophète*, Jean de Leyde, le tailleur, en cabaretier. Le comte de Lincoln fait passer Lambert Simnel pour le prétendant. L'ambition s'empare du pauvre garçon, qui abandonne sa fiancée Catherine, et court se signaler par mille exploits ; mais le masque tombe, le héros redevient pâtissier comme devant, épouse Catherine, et le répertoire de l'Opéra-Comique compte un mauvais poëme de plus. Il avait été refusé par Donizetti et par Halévy. On retrouve dans la musique les qualités et les défauts du compositeur romantique : la recherche de la couleur, un sentiment mélodique réel, des modulations trop brusques et des rhythmes heurtés. Je doute qu'on doive lui attribuer l'introduction, dans cet ouvrage, du *God save the king;* monstrueux anachronisme, puisque cet hymne national fut composé plus de cent soixante-dix ans après la guerre des deux Roses. Scribe et Adam n'y regardaient pas de si près. Parmi les morceaux les plus saillants, le chœur d'introduction se distingue par sa vigueur et est coupé par de jolis couplets ; l'adagio de l'air de ténor est empreint d'une mystique tendresse :

> Les yeux baissés, timide et belle,
> Ma fiancée est à mon bras ;
> Doucement vers la chapelle
> Je guide ses pas.

Le terzetto : *Il nous faut un Warwick* est très-bien traité ; l'air de soprano du second acte : *Anges divins de celui que j'aime*, se distingue par un adagio d'un sentiment exquis ; le motif, exécuté par les violoncelles, a servi d'ouverture. Les couplets : *J'avais fait un plus joli rêve*, sont d'une touche délicate et expressive. Le troisième acte n'offre guère de saillant que la romance chantée par Simnel : *Adieu doux rêves et ma gloire*, qui se distingue surtout par l'expression donnée à ce refrain :

> Vous m'avez donné la couronne,
> Vous m'avez ravi le bonheur !

En somme, l'intérêt musical est plus puissant dans le premier acte que dans ceux qui suivent ; ce qui est nécessairement pour un ouvrage lyrique une cause d'insuccès.

Ce compositeur a écrit aussi un chant burlesque à quatre parties intitulé : *les Cris de Paris*, imitation des *Cris de Paris* au XVIe siècle de Clément Jannequin, et un drame fantastique sur la *Lénore* de Burger, en récit et en action.

Hippolyte Monpou avait conservé de son passage à l'école de Choron et de ses fonctions d'organiste à la Sorbonne un sentiment religieux très-juste dont il a donné des marques dans sa musique d'Église. Il existe de lui un bon recueil de cantiques à la sainte Vierge à trois voix avec accompagnement d'orgue, et on chante encore ses motets *O Domine, Miseremini* et *Pie Jesu* dans les cérémonies funèbres. Ils portent le caractère d'un profond sentiment religieux. Sa mémoire en reçoit la récompense, car ses opéras sont depuis longtemps expulsés du répertoire dramatique, tandis que ses compositions sacrées retentissent presque chaque jour sous les voûtes de nos églises.

REBER

(HENRI)

NÉ EN 1807.

M. Reber est un musicien consciencieux, plus soigneux de bien faire que préoccupé de plaire à la foule; on ne l'a jamais vu transiger avec ses convictions pour obtenir une vogue banale. Sa popularité peut y perdre; l'autorité du caractère et du talent ne peut qu'y gagner.

Comme la plupart des compositeurs qui se sont fait un nom, celui-ci n'était pas destiné par ses parents à suivre la carrière artistique. Né le 21 octobre 1807, à Mulhouse, il paraissait voué par son origine et la volonté paternelle à une profession industrielle. Ce fut dans ce sens qu'on dirigea son éducation; mais un penchant inné pour la musique lui rendit bientôt insupportable l'existence que sa famille avait rêvée pour lui. Le jeune Reber apprit à jouer de la flûte et du piano; non content de connaître ces instruments, il essaya de s'assimiler les principes de la composition en lisant divers traités *ad hoc*. Force lui fut toutefois de reconnaître au bout de peu de temps l'insuffisance de ces études purement théoriques. Il vint donc à Paris en 1828, et, dans le mois d'octobre de la même année, entra au Conservatoire où il s'appliqua à l'étude du contre-point et de la fugue sous la direction de Seuriot et de Jelensperger. Un an après, il suivit le cours de composition dramatique de Lesueur; ses premiers essais furent des mélodies et des morceaux de musique instrumentale. Parmi ces compositions pour voix seule et piano, je signalerai entre les plus charmantes celles intitulées : *Le Jardin, la Rive inconnue, le Voile de la châtelaine, la Captive, Haï Luli, la Chanson du pays*. Dans sa fantaisie des *Cloches*, pour violon et piano, le compositeur, digne élève de Haydn, a su multiplier les combinaisons variées du rhythme, et sans sortir d'une tonalité unique, à ce qu'il m'a semblé en l'entendant, intéresser, captiver l'oreille, et fournir au violoniste les moyens de développer sa virtuosité sur son instrument. Quant à ses quatuors, trop rarement entendus en public, ils comptent dans le monde artistique de chaleureux admirateurs.

M. Reber s'essaya dans la musique dramatique, en écrivant la partition élégante du second acte du ballet intitulé *le Diable amoureux*, qui fut représenté à l'Opéra le 25 septembre 1840. Deux symphonies à grand orchestre exécutées au Conservatoire et l'ouverture intitulée *Naïm*, jouée aux concerts de la société de Sainte-Cécile, ajoutèrent encore à la réputation

REBER

du jeune maître austère qui s'attachait à ressaisir la chaîne interrompue d'une grande tradition. Il est à regretter qu'un musicien de cette valeur, pour arriver au théâtre, ait dû passer par les Fourches Caudines de la collaboration avec Scribe. La *Nuit de Noël*, opéra-comique en trois actes représenté à l'Opéra-Comique le 9 février 1848, ne repose que sur une donnée fausse et puérile. Cependant les vrais amateurs ont, du premier coup, rendu justice à la partition de M. Reber. L'ouverture est pleine d'animation et d'une riche facture. Le quatuor du premier acte est traité avec une verve scénique remarquable. Il y a aussi une ballade terminée en canon qui a été très-goûtée. Le grand duo du troisième acte a une expression touchante ; la déclamation est vraie, et l'instrumentation intéressante. Malgré tant de qualités, les détracteurs reprochaient à cette musique de manquer d'entrain et de variété. L'auteur riposta par le *Père Gaillard*, opéra-comique en trois actes, joué le 7 septembre 1852, ouvrage dans lequel les esprits non prévenus purent trouver de la verve, de l'expression et de l'originalité.

Une autre œuvre où se mêlent à doses égales le goût, la science et le sentiment, ce sont *les Papillotes de M. Benoist*, opéra-comique en un acte, représenté à l'Opéra-Comique le 28 décembre 1853. Tous les morceaux qui composent la partition ont du caractère, expriment avec vérité la situation des personnages. La mélodie est toujours distinguée, et l'harmonie d'un intérêt soutenu. La facture a les apparences de la simplicité, ce qui a fait accuser la manière du compositeur d'affectation et de parti pris. C'est, à mon avis, une erreur. Les accompagnements font foi d'une dépense considérable de connaissances symphoniques et d'arrangements ingénieux. Grétry et Haydn semblent revivre dans le style dramatique de M. Reber, et il doit suffire à la gloire d'un artiste contemporain d'évoquer de telles ombres. La romance de M. Benoist, les couplets d'André : *Suzanne n'est plus un enfant* ; le dialogue entre la voix de Suzanne et le violon de M. Benoist; le duo du partage du mobilier maternel et un dernier duo d'amour sont tous des morceaux excellents. Le compositeur a traité l'orchestration avec une grande sobriété sans y employer les cuivres.

Le catalogue des compositions dramatiques de M. Reber s'achève par les *Dames capitaines*, opéra-comique en trois actes sur des paroles de M. Mélesville, joué à l'Opéra-Comique le 3 juin 1857. L'action se passe au temps de la Fronde, et la duchesse de Châtillon en est l'héroïne. Desservi par un livret qui n'est guère qu'un tissu d'invraisemblances, le musicien a vainement déployé beaucoup de goût, de savoir et d'habileté dans sa partition. On a remarqué l'ouverture militaire, le refrain de Bischoff : *Vive le vin du Rhin!* le finale bien rhythmé du premier acte ; dans le second, le joli duo de Guitaut et de la duchesse, les couplets de Gaston avec accompagnement de harpe, et, dans le troisième acte, un duettino.

L'auteur de la *Nuit de Noël* et des *Papillotes de M. Benoist* est membre de l'Académie des beaux-arts depuis 1853, et décoré de la Légion d'honneur depuis 1854. Ses précieuses connaissances musicales l'appelaient naturellement à occuper une chaire au Conservatoire. Dès 1851, il avait été chargé d'une des classes d'harmonie de cet établissement. En 1862, il a été nommé professeur de composition en remplacement d'Halévy et en 1871 inspecteur des conservatoires en province. Espérons que M. Reber ne bornera pas désormais ses soins à faire des élèves, et qu'il n'est pas irrévocablement perdu pour la musique symphonique et pour la musique dramatique.

RICCI

(LES FRÈRES)

LOUIS, NÉ EN 1808, MORT EN 1860. — FRÉDÉRIC, NÉ EN 1809, MORT EN 1877.

Les frères Ricci peuvent être considérés comme les derniers représentants de l'opéra buffa. Ces deux ménechmes de l'art musical ont écrit, soit séparément, soit en collaboration, un assez grand nombre d'ouvrages d'une veine facile, peu fière, mais souvent très-agréable.

L'aîné, Louis Ricci, naquit à Naples en 1808, et se distingua dès l'enfance par un goût prononcé pour la musique. Ses heureuses dispositions ne purent que se développer au conservatoire de *San-Pietro à Majella*, où il fut admis avec son frère. Après y avoir étudié l'art du chant et de l'accompagnement, il suivit le cours de composition de Zingarelli. A l'âge de vingt ans, en 1828, Louis Ricci fit exécuter sur le petit théâtre de cette école, l'*Impresario in angustie*, son premier opéra. L'*Orfanello di Ginevra*, drame musical écrit dans la même année pour le théâtre *Valle* de Rome, réussit complétement.

Les deux frères confondirent alors leurs inspirations, et de cette collaboration sortirent trois opéras qui n'eurent aucun succès : *Il Sonnambulo*, donné à Rome en 1829 ; l'*Ervina del Messico, ossia il Fernando Cortez*, représenté au théâtre *Tordinone* de la même ville (9 février 1830), et *il Colombo*, joué à Parme vers cette époque. Ces trois échecs consécutifs décidèrent Louis et Frédéric Ricci à tirer chacun de son côté. Ils devaient plus tard réunir de nouveau leurs efforts. En attendant, Louis donna à Turin son *Annibale in Torino* (1831) et à Milan, dans la même année, *Chiara di Rosemberg*, opéra en deux actes. Cette œuvre obtint une vogue très-considerable dans toute la Péninsule et jusqu'à l'étranger. On l'a entendue aux Italiens de Paris en février 1833, interprétée par Tamburini, Santini et Mlle Judith Grisi. Le sujet, d'une couleur assez lugubre, est tiré d'un roman de Mme de Genlis, intitulé : *Le Siége de la Rochelle*. En France on a peu goûté les scènes comiques intercalées dans l'action qui est loin d'avoir ce caractère. Le trio des basses a réussi en Italie parce qu'un des personnages parle un patois qu'on rend tour à tour napolitain, bolonais ou milanais, selon qu'on joue l'opéra à Naples, à Bologne ou à Milan. Il y a aussi un joli duo qui a été chanté par Tamburini et Santini.

Les succès et les chutes semblaient alterner régulièrement dans la carrière dramatique de Louis Ricci. S'il ne fut pas heureux avec *la Neva*, opéra en trois actes donné à Milan en 1832, il se releva dans *Il Diavolo condannato a prender moglie* (le Diable condamné à prendre femme), ouvrage représenté la même année et fort bien accueilli à Naples, à Rome, à Milan et à Venise.

Au carnaval de 1833 *il Nuovo Figaro* fit fureur à Parme et réussit également dans toute l'Italie et jusqu'à Berlin et à Vienne. Je ne cite que pour mémoire, à la suite de cet ouvrage, *la Gabbia de'matti* (l'Hôpital des fous) et *i Due Sergenti*, deux productions qui n'étaient point nées viables. Mais le compositeur allait faire oublier ses dernières déconvenues théâtrales en écrivant son chef-d'œuvre : *Un' avventura di Scaramuccia*, opéra bouffe en trois actes joué à Milan en 1834. On y trouve une musique gracieuse, bien écrite pour les voix, une orchestration vive et élégante. La partition ne compte pas moins d'une vingtaine de morceaux parmi lesquels on a remarqué le terzetto pour voix d'hommes : *La scena è un mare*, l'air de basse : *Son Tommaso*, le duetto pour voix de femmes : *Le più leggiadre* et le joli duo : *Se vuol far la banderuola*, pour soprano et baryton. Au mois de juin 1842, une traduction française de cet opéra, due à la plume de M. de Forges, a été représentée sur le théâtre de Versailles.

Louis Ricci vit encore la vogue s'attacher à l'ouvrage qu'il donna à Turin vers la fin de 1834 sous ce titre : *Erano due, or son tre*, joué depuis sous le titre : *Gli esposti*. Mais il n'en fut pas de même pour *Aladino* qui échoua à Naples. La *Dama colonello* fut reçue avec quelque faveur. Toutefois l'artiste n'eut pas longtemps à se réjouir, car *Maria di Montalban* et *la Serva et l'Ussaro* tombèrent à plat. Il crut alors conjurer la mauvaise influence acharnée contre ses œuvres en s'unissant de nouveau à son frère Frédéric. Cette collaboration produisit *il Disertore Svizzero* donné à Naples avec quelque succès, et le célèbre opéra bouffe de *Crispino e la Comare* (Naples, 1836). Cette pièce appartient au genre de la farce italienne qu'on jouait autrefois sur le théâtre de la Foire Saint-Laurent, ce qui ne l'empêche pas d'être fort amusante. La partition est remplie de motifs agréables; la musique est tout à fait scénique, toujours vive et sémillante. Ces qualités brillent surtout dans l'air de la femme de Crispino, marchande de chansons : *Istorie belle a legere*, et dans le duo entre Crispino et Annetta dont la strette est d'une gaieté communicative. Le trio du second acte, entre Crispin, le pharmacien Mirobolan et le docteur Fabrice, est le meilleur morceau de l'ouvrage. On a encore remarqué le brindisi en patois vénitien : *Piero miro, go qua una fritola*, et le rondo final chanté par Annetta. L'œuvre des deux Ricci a été jouée au théâtre Italien de Paris le 4 avril 1865.

La dernière composition dramatique de Louis Ricci qui obtint un vrai succès fut un opéra bouffe en deux actes intitulé : *Chi dura vince*, et représenté à Milan en 1837. Cet ouvrage, dont on peut traduire le titre par *Labor improbus omnia vincit*, ou par *Tout vient à point à qui sait attendre*, cet ouvrage, dis-je, ferma avec éclat la carrière scénique du maître. Il donna toutefois encore au théâtre Nuovo *la Fête de Piedigrotta*, qui a été jouée à Paris en 1869. Depuis ce moment il cessa d'écrire pour le théâtre et se consacra tout entier à ses doubles fonctions de maître de chapelle de la cathédrale de Trieste et de directeur de musique au théâtre de cette ville. Il y avait vingt ans que Louis Ricci s'acquittait de ces emplois quand ses facultés mentales s'altérèrent dans l'été de 1857. Sa famille le fit placer dans l'hôpital des aliénés de Prague où il mourut au bout d'environ dix-huit mois (1er janvier 1860).

La fille de Louis, Mlle Lella Ricci, venait d'obtenir du succès comme cantatrice au théâtre Italien. Elle avait à peine 21 ans et elle est morte presque subitement le 7 août 1871 à Prague même, où elle a été enterrée auprès de son père.

Frédéric Ricci, plus jeune d'un an que son frère, naquit en 1809 et fit, comme lui, ses études musicales à *San-Pietro à Majella*. Mais, son éducation une fois terminée, il parut se vouer d'abord au professorat. Ce fut le succès de son aîné à Rome qui le détermina à aborder, lui aussi, la composition dramatique. Nous avons vu précédemment quels ont été les fruits de la collaboration des deux Ricci. Seul, Frédéric fit jouer à Venise en 1835 *Monsieur Deschalumeaux*, dont le livret a été traduit d'une vieille pièce française, ouvrage dont le succès se répéta sur toutes les scènes de la haute Italie. L'auteur rentra ensuite dans le silence et se livra pendant quelques années à l'enseignement du chant. Il sortit de son repos pour donner à Trieste en 1838 *la Prigione d'Edimbourg*. La vogue qui accueillit ce second essai était bien propre à encourager ce musicien. Cependant *Un duello sotto Richelieu* (Milan, 1839) ne réussit pas. J'en dirai autant de *Michel Angelo e Rolla* joué à Florence en 1841 ; mais Frédéric Ricci trouva un dédommagement à ces deux chutes dans l'enthousiasme qui accueillit l'année suivante à Milan *Corrado d'Altamura*, opéra séria en trois actes représenté depuis au théâtre Italien de Paris (en mars 1844). Cet ouvrage, dont le style n'a rien de commun avec le genre bouffe, renferme des mélodies élégantes et bien écrites pour les voix. Le morceau le plus saillant, et réellement distingué, est la prière à trois voix dont le caractère est fort religieux. La cavatine : *Oh! cara tu sei*, fait partie du répertoire des chanteurs.

Frédéric Ricci avait donné dans *Corrado d'Altamura* la mesure de la plus haute élévation à laquelle il pût atteindre comme compositeur d'opéras sérieux. Dès lors en effet son inspiration ne fait plus que décliner, et c'est uniquement pour être complet, que je mentionne ses dernières productions : *Vallombra, Isabella de' Medici* et *Estella di Murcia* (1846). Ce compositeur a été successivement directeur de musique des théâtres de Madrid et de Lisbonne. Il a été ensuite appelé en Russie. En 1858, il assistait à Prague au cinquantième anniversaire de la fondation du conservatoire de cette ville. C'est à cette occasion qu'il lui fut donné d'apprécier les soins rendus aux aliénés dans l'hôpital des fous de Prague, et qu'il résolut d'y faire entrer son frère Louis Ricci dont la raison s'était égarée.

Il a joui à Paris depuis quelques années d'un regain de célébrité. Son nom y était à peine connu du public, quoiqu'il fût populaire en Italie. *Une folie à Rome*, opéra bouffe en 3 actes représenté à l'Athénée le 30 janvier 1869, eut un nombre considérable de représentations et obtint un succès de bon aloi. Les morceaux les plus saillants sont un trio de femmes : *Dans l'ombre et le silence;* l'air de la folie chantée par Mlle Marimon; une valse chantée et un charmant quatuor. Cette musique est pleine de brio, d'intentions fines et railleuses, parfaitement écrite pour les voix et tout à fait scénique. La facture accuse une expérience consommée. La réussite de cet ouvrage engagea des directeurs de théâtres à donner d'autres opéras du même compositeur. Le *Docteur Rose*, aux Bouffes Parisiens, *Une fête à Venise*, à l'Athénée, n'eurent aucun succès. Outre ses opéras, Frédéric Ricci a composé des recueils d'ariettes italiennes et des albums pour le chant. Il est mort récemment, au mois de décembre 1877, à Conegliano, où il vivait retiré depuis plusieurs années.

BALFE

NÉ EN 1808, MORT EN 1870.

Balph (Michael-William) (telle est l'orthographe de son nom) est né le 15 mai 1808, à Limerick, en Irlande. Cet artiste doit beaucoup plus à la nature qu'au travail, car il ne paraît pas avoir fait de fortes études de composition, et cependant son heureuse organisation lui a permis d'écrire plus d'une vingtaine d'opéras, tout en parcourant l'Angleterre, la France et l'Italie, soit comme chanteur, soit comme chef d'orchestre. Le meilleur ouvrage que nous connaissions de Balfe en France est *le Puits d'amour*, opéra comique en trois actes, dont les paroles sont de Scribe et de M. de Leuven, représenté à l'Opéra-Comique le 20 avril 1843. Le public a accueilli favorablement cette tentative d'un étranger sur une scène française, bien que plusieurs organes de la presse aient protesté contre un privilège accordé à un musicien anglais, et souvent refusé à des musiciens nationaux. Plusieurs thèmes tirés de la partition ont joui d'une véritable popularité. L'ouverture du *Puits d'amour* se compose d'un adagio mystérieux dont l'harmonie est distinguée, et d'un allegro un peu bruyant. Le récit de la légende a une originalité plaisante, et il règne une sensibilité exquise dans la romance du ténor, Tony, qui est la meilleure inspiration de tout l'opéra. Mme Anna Thillon, charmante Anglaise, prêtait à la musique de son compatriote le concours de sa jolie voix et de son style agréable. Elle a très-bien fait valoir l'air : *Rêve d'amour, rêve de gloire*, qui ne manque certainement pas de mérite.

Avant de réussir à Paris, Balfe avait parcouru l'Italie et fait jouer plusieurs opéras sur les principaux théâtres de la Péninsule. Son début fut *I Rivali*, opéra représenté à Palerme en 1830. Il donna ensuite à Florence *Un Avventimento*, opéra bouffe (1832); au théâtre Carcano de Milan *Enrico IV al passo della Marna* (1833); et de retour à Londres, l'*Assedio de la Rochelle* (1835). Ces productions, ainsi que *The Maid of Artois* (1836), *Jane Gray* (1837) et *Amalia or the Love test* (l'Amour à l'épreuve) (1838) se ressentent toutes de la rapidité avec laquelle elles furent composées. Toutefois on remarqua un progrès sous le rapport de l'originalité dans *Falstaff* (1838). Mais *Jeanne d'Arc*, le *Diadesté*, et *Keolanthe*, qui suivirent, furent trouvés médiocres. Avec le *Puits d'amour* ceux des opéras de Balfe qui eurent le plus de succès sont *The bohemian Girl* (la Jeune Bohémienne) dont je dirai plus loin quelques mots, et *les Quatre fils Aymon*, joués, le premier à Londres en 1843, et le second à Paris en 1844 En 1852, il donna *The Sicilian Bride* (la Fiancée de Sicile) au théâtre de Drury-Lane; il alla ensuite à Saint-Pétersbourg où il reçut l'accueil le plus sympathique. En 1855, il se rendit à Trieste où il fit représenter sans succès *Pittore e Duca*. Il revint en Angleterre en 1856. L'année suivante, il donna la *Rose de Castille*, mais son ouvrage le plus populaire resta toujours la *Jeune Bohémienne* (1). Le sujet de cet opéra qui se compose de quatre actes et d'un

---

(1) The most successful of all his works, „the Bohemian Girl„, which has proved the most universally popular musical composition which has emanated from this country. His reputation in England had, through the comparative unsuccess of his later operas, and through his three years' absence, greatly declined; but this opera not only re-established his popularity, but gave him a stronger position than he had yet held. It has been translated into almost every European langage, and is as great a favourite on the other side of the Atlantic as on this (*The imperial Dictionary of universal Biography*.)

prologue est le même que celui du ballet de la *Gypsy*, exécuté en 1839 à l'Opéra. M. de Saint-Georges qui en est l'auteur s'est contenté de changer le lieu de son scenario et de le transporter d'Écosse en Hongrie. Ce livret est intéressant quoique les incidents n'aient rien de neuf. En 1862, on en donna une représentation à Rouen et il fut enfin exécuté au Théâtre Lyrique le 30 décembre 1869. La musique en est agréable, la mélodie abonde; elle est dramatique et bien appropriée à chaque espèce de voix. L'orchestration est traitée avec élégance et facilité. Une ouverture brillante qui est formée de deux motifs développés avec beaucoup de talent, un chœur de bohémiens, le duo entre Stenio et Trousse-Diable, des airs de ballet, une prière, l'air de Mabb, la scène du mariage, un quatuor excellent, des soli de flûte et de violon, et çà et là quelques beaux récitatifs, tels sont les morceaux qui font de cette partition une œuvre distinguée et lui ont valu un durable succès. L'emploi de procédés familiers à Donizetti et à Verdi, principalement dans les ensembles, ont fait accuser Balfe de plagiat ou tout au moins d'imitation trop visible. Ce reproche n'est pas fondé. Il y a de l'originalité dans les ouvrages de ce maître, et on pourrait souhaiter à ceux de nos compositeurs français qui sont ses détracteurs d'en avoir autant que lui. Le compositeur a été moins heureux plus tard dans la *Fille de la place Saint-Marc*, l'*Étoile de Séville*, *The Bond-man* et *The Maid of honour* (la Demoiselle d'honneur). L'un de ses derniers ouvrages, *Satanella* (1859), a obtenu un certain succès. Le gouvernement français envoya au compositeur irlandais la croix de la Légion d'honneur dans le mois de février 1870.

Indépendamment de ce qu'il a écrit pour le théâtre, Balfe a publié divers travaux pour servir à l'enseignement du chant. Ses œuvres dramatiques et surtout ses leçons de chant fort goûtées à Londres lui avaient procuré une existence opulente, qui ne l'a pas détourné un seul instant de la culture de l'art musical.

La fille du compositeur débuta comme cantatrice à l'Opéra Italien de Covent-Garden en 1857, mais n'obtint pas un succès assez éclatant pour être considérée comme une artiste de premier ordre. Elle partit pour la Russie où le plénipotentiaire sir John Crampton l'épousa et en fit lady Crampton; mais en 1863, la jeune mariée obtint en Angleterre un divorce à la suite duquel elle épousa le duc de Frias. Ces événements inusités dans la famille d'un artiste occupèrent diversement l'attention publique. Pendant qu'on répétait à Paris sa *Bohémienne* (novembre 1869) Balfe tomba gravement malade. Il ne se releva point et succomba à Rowney-Abbey, le 20 octobre 1870. La duchesse de Frias mourut en couches à Madrid, moins de trois mois après son père.

CLAPISSON

NÉ EN 1808, MORT EN 1866.

Servi par des études bien faites et par une inspiration facile, Clapisson a obtenu au théâtre des succès dus plutôt à des effets mélodiques agréables qu'à une originalité réelle.

Né à Naples, le 15 septembre 1808, d'une famille française, alors attachée au gouvernement de Murat, il vint en France avec ses parents aprèl la Restauration. Le 18 juin 1830, il entra au Conservatoire, où il resta cinq ans, étudiant le violon sous la direction d'Habeneck, et la composition sous celle de Reicha. Il obtint le deuxième prix de violon au concours de 1833, et, un an auparavant, il avait été admis comme violoniste à l'orchestre de l'Opéra. A sa sortie du Conservatoire, en 1835, Clapisson se fit d'abord connaître par des romances qui commencèrent à fixer l'attention sur lui. Mais les succès dramatiques étaient l'objet de toute son ambition. La vogue de ses chansonnettes ne lui suffisant plus, il écrivit la *Figurante*, opéra comique en cinq actes (24 août 1838) qui fut un heureux début. Le livret, œuvre de Scribe et Dupin, était mal conçu et encore plus ma exécuté; il présentait des trivialités choquantes. Cependant, malgré d'aussi mauvaises conditions, le compositeur trouva des mélodies charmantes, conserva, pendant toute la durée de l'ouvrage, un style élégant, et fit preuve d'une grande habileté d'instrumentation.

Clapisson fit représenter ensuite à l'Opéra-Comique (octobre 1839) la *Symphonie* ou *Maître Albert*, opéra en un acte, dont le livret, écrit par M. de Saint-Georges, repose sur une donnée originale. La partition est élégante, et l'orchestration offre d'heureux effets. Les morceaux les plus applaudis ont été le nocturne : *Sans espérance aimer toujours*, et la grande scène chantée par Marié qui a débuté dans cette pièce.

La *Symphonie* fut suivie de plusieurs autres opéras-comiques, également en un acte : la *Perruche* (1840), le *Pendu* (1841), *Frère et mari* (1841); puis, Clapisson donna, au même théâtre, le *Code noir*, en trois actes (9 juin 1842); Scribe en avait fait les paroles. La musique renferme de charmants morceaux, entre autres, un trio de femmes; le duo qui sert de finale au premier acte; l'aubade originale donnée par les nègres, et les couplets dans lesquels le compositeur a offert le contraste d'une *bamboula* et d'un *menuet*.

Nous passons sur les *Bergers trumeaux* (un acte, 1844) pour arriver à une des productions les plus importantes de Clapisson, *Gibby la cornemuse*, opéra-comique en trois actes, sur des paroles de MM. Brunswick et de Leuven, joué pour la première fois le 19 novembre 1846. Le roi Jacques VI, fils de Marie Stuart, se trouve entouré de courtisans qui conspirent sa perte. Un pauvre berger écossais, joueur de cornemuse, détourne le complot et sauve les jours du monarque, en même temps qu'il charme ses ennuis par des ballades nationales. Jacques, à son tour, dissipe les scrupules superstitieux de Gibby le pâtre, et lui fait épouser la gentille Marie Pattison dont il est amoureux. Cet opéra renferme des morceaux remarquables et abonde en heureuses mélodies. L'ouverture a de la couleur locale. Un air montagnard dialogué entre le hautbois, les flûtes et les violoncelles lui donne de l'unité et de l'intérêt. Les couplets : *Dans mon métier de tavernier*, le duo syllabique qui les suit, l'imitation de l'orage par l'orchestre sont les parties les plus saillantes du premier acte. Le morceau capital du second acte et même de tout l'ouvrage est le duo du déjeuner entre le roi et le pâtre. Le compositeur y a introduit un air national d'un beau caractère. Roger jouissait alors de tout l'éclat de sa voix sympathique et vibrante. Il électrisait la salle en chantant cette phrase : *L'ennemi a pâli*. Le trio qui suit : *Non, ce n'est point un rêve*, offre des harmonies suaves et distinguées. Le chœur : *Oui, cet hymen-là bientôt se fera*, est en canon et d'un joli effet. Le troisième acte contient encore deux beaux morceaux : l'air pathétique de Roger : *Non, non, je n'ai pas le courage de désoler ainsi son cœur*, et son duo avec Marie Pattison.

Après ces ouvrages, le compositeur aborda, le 6 novembre 1848, notre première scène lyrique. Il apportait au théâtre de la Nation (Opéra) *Jeanne la Folle*, opéra en cinq actes, écrit sur un livret de Scribe. La couleur générale de la pièce est d'une tristesse trop profonde et trop constante pour un opéra en cinq actes. L'orchestration de Clapisson l'emporte de beaucoup sur la partie vocale de l'ouvrage, qui a paru plutôt jolie que belle et dramatique, à l'exception du duo du second acte entre le roi Ferdinand et don Fadrique et du quintette final. Le chœur : *La cloche sonne*, qui ouvre le cinquième acte, a été remarqué.

Clapisson, dans les années qui suivirent, fit encore jouer la *Statue équestre* (un acte, 1850), les *Mystères d'Udolphe* (trois actes, 1852), et la *Promise* (trois actes, 1854), mais sans retrouver le succès de *Gibby la cornemuse*. La donnée de la *Promise*, qui fut représentée le 16 mars 1854, au théâtre Lyrique, est assez amusante, quoique un peu trop naïve. La musique est jolie, mais sans beaucoup de caractère. Il y a dans le premier acte deux phrases chantées successivement, puis en duo, qui sont une vraie trouvaille musicale. Le trio : *Moi vous aimer! non pas!* est terminé par un joli ensemble syllabique. Mme Cabel a créé le rôle principal avec un grand succès. Elle s'est tirée avec éclat des vocalises les plus difficiles.

Ces compositions n'étaient pas d'un mérite assez éminent pour obtenir autre chose qu'une vogue passagère. Le musicien semblait découragé, quand sa nomination à l'Institut lui rendit confiance, et ranima son inspiration. C'est alors qu'il écrivit *Fanchonnette*, opéra-comique en trois actes, dont les paroles sont de MM. de Saint-Georges et de Leuven, et qui fut représentée au théâtre Lyrique le 1er mars 1856. Le dialogue est fin, semé de mots heureux ; les scènes sont bien disposées. Mais ce qui a fait surtout réussir la pièce, c'est la musique et l'interprétation merveilleuse de Mme Miolan-Carvalho. Nulle part mieux que dans le rôle de Fanchonnette, elle n'a montré la flexibilité et la souplesse de son talent d'actrice, aussi bien que sa vocalisation correcte et brillante. C'est aussi peut-être la meilleure partition de Clapisson. Le début de l'ouverture est tout à fait heureux ; le duo des deux clarinettes est d'un effet excellent. Les morceaux les plus saillants sont : la romance de Listenai : *La plus belle fille du monde ne peut donner que ce qu'elle a*, l'air de Fanchonnette : *Belle jeunesse*, et la chanson qui sert de finale : *La Fanchonnette vous chansonnera* ; la romance avec accompagnement de violon solo, qui commence le second acte : *Chaque nuit je voyais en songe ;* la délicieuse romance du troisième acte : *Près du fauteuil où la souffrance*, et le beau duo chanté aussi par Fanchonnette déguisée en vieille et Listenai.

Le *Sylphe*, opéra-comique en deux actes dont les paroles sont de M. de Saint-Georges, fut représenté le 27 novembre de la même année (1856). L'instrumentation affecte dans cet ouvrage des coquetteries raffinées. L'emploi de la harpe, des flûtes et des violons *con sordini* est d'un heureux effet. La chanson du veneur, le petit duo d'Angèle et du chevalier, la romance du marquis, et un air chargé de vocalisations brillantes ont procuré une vogue passagère à cet ouvrage.

Margot, opéra-comique en trois actes, qui succéda au *Sylphe* (5 novembre 1857), ne réussit point, malgré d'assez jolies choses que renferme la partition. Le public trouva étrange, sous la plume d'un membre de l'Institut, une imitation par la musique des bruits d'une basse-cour.

L'auteur fut plus heureux avec les *Trois Nicolas*, opéra-comique en trois actes, joué le 16 novembre 1858 à l'Opéra-Comique. Dans la pièce, œuvre de Bernard Lopès et d'un anonyme, il s'agit d'une aventure de la jeunesse de Dalayrac, aventure singulièrement amplifiée, puisqu'on lui fait épouser au dénouement une chanoinesse, Hélène de Villepreux. L'acteur Trial est aussi mis en scène. Cette pièce, dite *de galerie*, a peu d'intérêt. Trois personnages se rencontrant à un rendez-vous, travestis et masqués, et prenant tous trois le nom de Nicolas, tel est le motif déterminant du titre de la pièce ; ce n'est pas assez. C'est dans cet opéra-comique qu'a débuté le ténor Mautaubry. Il s'est concilié les suffrages du public dans le rôle de Dalayrac. La partition, écrite avec beaucoup de souplesse et d'habileté, renferme entre autres morceaux intéressants de jolis couplets chantés au premier acte par Hélène, le duo de Dalayrac et du vicomte, celui de la leçon de chant dans le second, et dans le troisième le gracieux air d'*Azémia* : *Aussitôt que je t'aperçois*, intercalé dans l'ouvrage. Le caractère tendre et sentimental de la musique de Dalayrac a été reproduit avec assez de fidélité dans tout son rôle par le compositeur.

Terminons ce que nous avons à dire de l'œuvre lyrique de Clapisson en mentionnant *Madame Grégoire*, opéra-comique en trois actes représenté au théâtre Lyrique, le 8 février 1861. La pièce est une des plus embarrassées et des plus chargées d'intrigue du théâtre de Scribe.

Le compositeur, ne trouvant pas de situations musicales dans ce poëme, a fait de grands frais de musique et d'orchestration. C'est sa partition la plus riche en morceaux longs et développés, sinon la plus heureuse. Je citerai l'air : *O mon bon ange, inspire-moi*, et le trio : *Mais voici le soir, bonsoir*.

Outre son talent de compositeur, Clapisson possédait une certaine érudition spéciale à son art. Il avait réuni une remarquable collection d'instruments de musique du moyen âge et de la renaissance, dont il fit don à la bibliothèque du Conservatoire, et dont il demeura le conservateur jusqu'à sa mort qui arriva en 1866.

GRISAR

(ALBERT)

NÉ EN 1808, MORT EN 1869.

Des mélodies gracieuses et spirituelles, un sentiment dramatique plein de finesse et de bon goût, une orchestration qui abonde en détails piquants, recommandent à l'attention du public et des connaisseurs les partitions d'Albert Grisar.

Ce musicien, né à Anvers, la métropole du commerce belge, le 26 décembre 1808, n'apprit d'abord la musique que comme l'apprennent beaucoup de jeunes gens, dont cet art doit faire le délassement et non la profession. Ses parents auraient voulu en faire un négociant et dans ce but, après lui avoir donné la première teinture des affaires commerciales, ils l'envoyèrent achever son apprentissage à Liverpool. Mais le futur compositeur ne s'y tint pas longtemps, et, poussé par la conscience de sa vocation artistique, il abandonna son comptoir pour venir prendre à Paris des leçons d'harmonie sous la direction de Reicha. Ceci se passait au mois de juillet 1830, quelques jours avant le bouleversement politique qui changea encore une fois les destinées de l'Europe. La Belgique n'ayant pas tardé à subir, elle aussi, le contre-coup de notre révolution, Grisar fut rappelé dans sa patrie par les circonstances du moment, et il dut continuer ses études au milieu des préoccupations causées par le siége d'Anvers, que les Hollandais persistaient à défendre. La romance de *la Folle* commença sa réputation ; elle ne manquait, en effet, ni d'expression ni même de passion. Ajoutons que Nourrit, en la chantant, contribua à son succès. Ce fut un succès délirant, et bien des personnes en ont retenu au moins le commencement :

>Tra la la la, tra la la la
>Quel est donc cet air?
>Ah! oui, je me souviens
>L'orchestre harmonieux,
>Etc.

Le jeune musicien donna ensuite à Bruxelles, au printemps de 1833, le *Mariage impossible*, opéra-comique qui, bien que médiocre, attira à l'auteur la sympathie du public et les encouragements de l'État. Une subvention accordée à Grisar par le gouvernement belge, l'aida à continuer ses études, et, à son retour à Paris, il fit paraître un recueil de romances parmi lesquelles on a surtout remarqué : *Adieu, beau rivage de France*, et *les Laveuses du couvent*. Le premier ouvrage dramatique qu'il risqua sur notre scène fut *Sarah la Folle*, opéra-comique en deux actes, représenté le 26 avril 1836. Mlle Jenny Colon a débuté dans cette pièce. Il fallait s'attendre à rencontrer une certaine inexpérience sous la plume d'un homme dont l'éducation musicale avait été tardive et incomplète. On peut faire la même remarque à propos de l'*An mil* (un acte) qui fut joué au mois de juin 1837.

Un progrès sensible s'accuse dans l'*Eau merveilleuse*, opéra bouffe en deux actes, représenté sur le théâtre de la Renaissance, le 30 janvier 1839. Plusieurs morceaux de cette agréable partition ont eu un très-grand succès, notamment le duo : *Ah! quel martyre!*

Le 16 novembre de la même année, l'Opéra-Comique donna les *Travestissements*, ouvrage qui fut jugé faible. Grisar comprit alors que ses essais étaient prématurés, et, pour se donner ce qui lui manquait, il alla à Naples en 1840, et resta durant plusieurs années éloigné de la France, travaillant sous la direction de Mercadante, et se livrant à de sérieuses études de contre-point. Il s'enferma à Rome pendant sept mois qu'il passa à étudier la musique ancienne d'église et sa correspondance atteste l'impression produite sur son esprit par la connaissance de tant de chefs-d'œuvre. Il rapporta de son séjour en Italie *Gilles ravisseur*, charmante fantaisie en un acte qui a été représentée à l'Opéra-Comique le 21 février 1848. Les personnages de la pièce sont ceux qu'affectionnait l'ancienne comédie italienne : ce sont Léandre, Gilles, Cassandre, Crispin, Colombine. Ces marionnettes de la *commedia dell' arte* ont repris une nouvelle vie à l'aide de la musique fine et gracieuse de Grisar. Après l'ouverture, qui est une fort jolie pièce instrumentale, on distingue le trio : *Voici l'heure où ma belle*, le duo bouffe entre Gilles et Crispin : *Pour cette affaire*, les couplets de Colombine : *Le gros Mondor*, et l'air bouffe de Gilles : *Joli Gilles, joli Jean*. Cet ouvrage est resté longtemps au répertoire comme lever de rideau et n'a pas eu moins de cent dix représentations

Deux ans après (12 janvier 1850), le compositeur fit jouer les *Porcherons*, opéra-comique en trois actes, qui est un de ses meilleurs ouvrages. Le sujet de la pièce est emprunté à ces mœurs du temps de Louis XV, où les imbroglios galants étaient si à la mode. Le livret est assez amusant, quoique l'invraisemblance n'y manque pas. Quant à la partition, Grisar y a répandu à pleines mains sa mélodie la plus gracieuse, son harmonie la plus variée, son instrumentation la plus spirituelle. Entre autres morceaux, le public a beaucoup goûté, au premier acte, la romance chantée par madame de Bryane : *Pendant la nuit obscure :* le trio *A cheval*, et le thème délicieux de la scène d'évanouissement ; au second acte, la romance de la lettre : *L'amant qui vous implore*, qui est devenue célèbre ; au troisième acte, le trio bouffe final.

A cette production d'une valeur sérieuse, succéda, en 1851, une farce en un acte : *Bonsoir, monsieur Pantalon*, écrite d'un style gai et facile ; les paroles sont de MM. Lockroy et de Morvan. C'est une bouffonnerie fort amusante, et la musique de Grisar a été parfaitement appropriée aux péripéties grotesques de l'action. Le quatuor : *Bonsoir, monsieur Pantalon*, est très-bien traité.

Grisar montra son talent sous une face nouvelle dans le *Carillonneur de Bruges*, opéra-comique en trois actes dont M. de Saint-Georges écrivit le poëme ; il fut représenté à l'Opéra-Comique, le 20 février 1852. On n'a pas assez loué l'aisance avec laquelle l'auteur de *Gilles ravisseur* a su passer du genre bouffe, qui semblait son élément naturel, à une expression dramatique soutenue, forte, énergique, telle que la comportaient les situations l'un sombre mélodrame. L'air du carillonneur : *Sonnez, mes cloches gentilles*, est un des meilleurs airs de basse du répertoire.

Avec le *Chien du jardinier*, nous retrouvons le compositeur dans la voie qui l'avait conduit à ses premiers succès. Ce marivaudage musical où il est passé maître n'est nulle part plus agréable que dans la partition de ce petit opéra-comique, représenté le 16 janvier 1855. Après une ouverture vive et sémillante, où un emploi sobre des instruments à percussion amène des effets très-heureux, quoi de plus frais, de plus naturel que de trio d'introduction : *Le coq a chanté trois fois*, le duo du *petit pied*, la chanson du chien du jardinier, les couplets de Justin et le duo de la querelle des deux cousines ? Tout cela est une mélodie perpétuelle et charmante.

Une longue maladie obligea ensuite Albert Grisar à suspendre ses travaux dramatiques. Après s'être tenu éloigné du théâtre pendant plusieurs années, il y revint le 17 février 1862, date de la représentation à l'Opéra-Comique du *Joaillier de Saint-James* (trois actes). A vrai dire, cette production n'était pas précisément nouvelle, puisque musicien et librettiste s'étaient bornés en grande partie à remanier la partition et les paroles d'un des plus anciens opéras de Grisar, *Lady Melvil*, joué au théâtre de la Renaissance le 15 novembre 1838.

La dernière production de Grisar qui ait obtenu un grand succès, est la *Chatte merveilleuse*, opéra-comique en trois actes, représenté le 18 mars 1862, au théâtre Lyrique. La vogue de cet ouvrage est bien moins due, il faut le reconnaître, au mérite de la pièce qui n'est qu'un amalgame d'un conte de Perrault et d'une fable de La Fontaine, qu'aux morceaux agréables dont le compositeur a semé sa partition, et parmi lesquels je mentionnerai : le chœur des fées : *Chantons, mes sœurs*, orchestré avec une charmante délicatesse ; le chœur excellent des moissonneurs : *Travaille, moissonneur, travaille ;* la ronde à deux voix, accompagnée par le chœur : *Jeune fille qui viens des champs*, auxquels il faut encore ajouter le chœur du printemps :

> Le printemps
> N'a qu'un temps
> Et l'amour
> N'a qu'un jour.
> Jouissons
> Et dansons
> Aux doux sons
> Des chansons.

Les Amours du diable, opéra en quatre actes, livret de M. de Saint-Georges, furent données à l'Opéra-Comique en 1863. La scène de la mort de l'ange déchu y est fort bien traitée. *Les Bégaiements d'amour* joués au théâtre Lyrique en 1864 ne réussirent point. Toutefois c'est une bluette de bon goût, un badinage musical charmant. Je n'en dirai pas autant des *Douze Innocentes*, représentées aux Bouffes Parisiens en 1865. La muse de Grisar n'aurait pas dû s'égarer dans ce mauvais lieu.

Je crois devoir ajouter à cette énumération rapide des œuvres d'Albert Grisar, une ouverture qu'il écrivit en 1840, à l'occasion des fêtes célébrées à Anvers, pour l'inauguration de la statue de Rubens.

Gilles ravisseur, les *Porcherons* et le *Chien du jardinier*, sont des opéras-comiques où règnent l'esprit, l'invention et l'habileté. Ce sont les meilleurs titres de Grisar à une renommée durable au théâtre. Le succès de ses opéras-comiques de demi-caractère empêcha ce compositeur d'aborder les sujets sérieux, et lorsqu'il sortit du genre dans lequel le public l'avait prématurément et systématiquement confiné, pour écrire par exemple le *Carillonneur de Bruges*, les journalistes et les amateurs qui ont le parler haut dans les foyers et les coulisses déclarèrent qu'il faisait fausse route et l'obligèrent à revenir aux arlequins et aux colombines. Il avait cependant l'ambition d'agrandir son domaine ; les obstacles le rebutèrent et agirent d'une manière fâcheuse sur son caractère. Ses habitudes, sa conversation devinrent si étranges qu'on le crut fou. Il n'en était rien. Des embarras de toute nature qu'il aurait pu s'épargner compliquèrent et assombrirent les dernières années de sa vie.

Il mourut presque subitement à Asnières, près Paris, dans le mois de juin 1869. Il avait 61 ans. Ses obsèques eurent lieu à Saint André d'Antin.

Je regrette qu'il n'ait pu achever la partition qu'il avait ébauchée sur le *Mariage forcé* de Molière. Son style fin, toujours spirituel, son goût exquis dans les détails, nous auraient valu une œuvre charmante auprès de laquelle la musique écrite sur le *Médecin malgré lui* par le célèbre auteur de Faust eût paru bien lourde et bien embarrassée.

S'il eût vécu dans un autre milieu et à une époque où les auteurs mettaient dans leurs pièces de l'esprit et du sentiment, Grisar serait devenu à l'Opéra-Comique l'émule de Grétry et de Boïeldieu.

NICOLAÏ

(OTTO)

NÉ EN 1809, MORT EN 1849.

Je dirai peu de chose de Nicolaï. Le passer sous silence, ce serait traiter un peu cavalièrement ceux de nos contemporains qui l'ont applaudi ; s'étendre sur ses ouvrages, ce serait risquer d'accorder trop d'importance à des productions surfaites. J'essayerai d'atteindre à ce milieu, entre la complaisance que je ne saurais avoir, et le dédain dont je ne veux pas qu'on m'accuse.

Otto Nicolaï, né à Kœnigsberg en 1809, fit de bonnes études sous la direction de Bernard Klein. En 1834, il se rendit en Italie et séjourna quelque temps à Rome, où il étudia les vieux maîtres et notamment Palestrina, En 1839, il est à Vienne, chargé de l'emploi de chef d'orchestre à l'Opéra de la Cour. De là, il va à Trieste, où il donne son *Enrico Secondo*. L'année suivante, il fait jouer à Turin *Il Templario*, ouvrage qui fut ensuite représenté sur la plupart des scènes de l'Italie. A cet opéra succédèrent.

en 1841, *Odoardo e Gildippa* et *Il Proscritto*, ce dernier donné à la Scala de Milan. En 1842, Nicolaï revint à Vienne et reprit le bâton de mesure au théâtre de la Cour. Six ans après (1848), il fut appelé à exercer les mêmes fonctions au théâtre de Berlin. Ce fut là que l'artiste fit entendre sa meilleure partition : *Les Joyeuses Commères de Windsor* (*Die lüstigen Weiber von Windsor*). Le succès fut immense ; mais le malheureux compositeur put à peine en jouir, car il mourut quelques jours après la première représentation, le 11 mai 1849, à l'âge de quarante ans. Virtuose habile sur le piano, Nicolaï a écrit, pour cet instrument, plusieurs compositions qui sont assez estimées.

Les *Joyeuses Commères de Windsor* sont le seul ouvrage qu'on connaisse de lui en France. Adapté à notre scène par M. Jules Barbier, cet opéra a été représenté au théâtre Lyrique le 25 mai 1866. Du sujet, je n'ai rien à dire : c'est celui que Shakespeare a traité dans son amusante comédie : *The merry Wives of Windsor*.

Il est inutile de rappeler aux lecteurs du poëte anglais, c'est-à-dire, à tout le monde, comment le libertin Falstaff expie sa bouffonne jactance et ses galanteries surannées. Le dénoûment qui le montre déguisé en cerf dans le parc de Windsor, où, à la place de la double bonne fortune qu'il espérait, il n'essuie que des sarcasmes, ce dénoûment, dis-je, est des mieux imaginés, et Beaumarchais s'en est peut-être inspiré à la fin de son *Mariage de Figaro*. Quant à la partition, elle n'a point justifié, aux yeux du public français, l'enthousiasme germanique. A part quelques dessins de violon assez élégants, l'ouverture est fort médiocre. On remarque, dans le premier acte, un duo d'une certaine gaieté entre les deux commères, et un duo entre le ténor et le juge de paix. Le troisième acte est le meilleur; il s'y rencontre deux morceaux bien traités. L'un est le *Rule britannia*, repris par le chœur dans le finale ; l'autre est le trio, d'une harmonie distinguée, chanté dans la forêt. Lorsqu'on exécuta l'ouverture des *Joyeuses Commères de Windsor*, aux concerts populaires de musique classique, les admirateurs de Mendelssohn, de Schumann et de Wagner lui firent un accueil enthousiaste, d'abord en l'honneur du nom allemand, en second lieu, en faveur de son obscurité en France, en troisième lieu, parce qu'ils s'imaginèrent qu'Otto Nicolaï était un des pionniers de cet art nouveau qui défraye la conversation du dilettantisme parisien. Or, rien n'est plus éloigné de la nouvelle école allemande que le style de Nicolaï. On fut bientôt détrompé, à la représentation de l'opéra, lorsqu'on fut obligé de reconnaître que c'était presque de la petite musique. Somme toute, il n'y avait pas urgence à transporter sur notre scène un pareil ouvrage, et on pouvait, sans inconvénient, le laisser aux Allemands. Un critique fort sensé, M. Gustave Bertrand, en a jugé de même ; je me rallie tout à fait à son avis formulé dans les termes suivants : « Les chefs-d'œuvre seuls ont droit au bénéfice de ce libre échange de l'admiration internationale ; le génie seul a droit de voyager et de se survivre. Quant au talent, il doit se contenter de réussir (et la plupart du temps il réussit mieux que le génie même) dans le pays et dans la génération où il s'est produit. Il en est des œuvres d'art comme des bons vins : il n'y a que les grands crus qui méritent les honneurs de l'exportation. »

MENDELSSOHN-BARTHOLDY

NÉ EN 1809, MORT EN 1847.

Mendelssohn (Félix), petit-fils d'un philosophe israélite, Moses Mendelssohn, et fils d'un riche banquier de Hambourg, naquit dans cette ville le 3 février 1809. Son père, Abraham Mendelssohn, était un homme instruit et passionné pour les beaux-arts. Il avait abjuré le judaïsme et s'était fait luthérien. Une des sœurs d'Abraham avait épousé Frédéric Schlegel, le poëte distingué qu'on surnomma le Tyrtée de l'Allemagne, et s'était convertie en même temps que lui au catholicisme. Les oncles de Félix furent aussi des écrivains de mérite. Ajoutons qu'il eut pour mère la fille du banquier Bartholdy, femme gracieuse et spirituelle, et on jugera combien un tel milieu était favorable au développement des facultés natives du jeune compositeur. Sa famille s'établissait à Berlin trois ans après la naissance de Félix, et, s'empressant de développer chez l'enfant des aptitudes musicales extraordinaires, lui donnait Berger pour professeur de piano et Zelter pour professeur d'harmonie et de contre-point. A huit ans, Mendelssohn déchiffrait à première vue toute espèce de musique et écrivait correctement un morceau d'harmonie sur une basse donnée. Il en était de même de ses études littéraires et scientifiques qu'il avait achevées à seize ans ; il était en état de lire les écrivains grecs et latins dans l'original et il publia l'année suivante à Berlin, sous les initiales F. M. B., une traduction en vers allemands de l'*Andrienne* de Térence. Il parlait couramment le français, l'anglais et l'italien, faisait avec assez de grâce du dessin et de la peinture, était bon cavalier, fort amateur d'escrime et rude nageur. Malgré le temps qu'il avait dû consacrer à tous ces exercices intellectuels et gymnastiques, il n'en était pas moins devenu un pianiste fort habile, exécutant avec expression et finesse les compositions les plus savantes, jusqu'aux fugues de Sébastien Bach.

En 1821, son professeur d'harmonie, Zelter, l'emmena à Weimar et le présenta à Goethe qui fut émerveillé de la science d'exécution et même d'improvisation de ce jeune musicien de douze ans. Trois ans après, Mendelssohn faisait un voyage à Paris et y recevait de Mme Bigot, pianiste d'un rare talent, d'utiles conseils dont il garda toute sa vie un affectueux souvenir. Il reçut aussi à cette époque des leçons de Cherubini. En cette même année (1824), n'ayant encore que quinze ans, il faisait représenter à Berlin un opéra en deux actes : *Les Noces de Gamache*. Mais il le retira presque aussitôt devant un succès douteux ; il se contenta de publier la partition réduite pour le piano et s'occupa pendant les deux années qui suivirent à composer trois quatuors pour piano, violon, alto et basse, des sonates et sept pièces de caractère pour piano seul, douze lieder et douze chants pour voix seule avec piano.

En 1829, Mendelssohn se rendit en Angleterre ; il avait alors dix-neuf ans. Il avait reçu l'éducation d'un gentilhomme ; ayant de belles manières, habile dans tous les exercices du corps, sachant dessiner et peindre même, comme je l'ai dit plus haut, joignant aux plus brillantes qualités de l'esprit une physionomie agréable, le jeune artiste possédait tout ce qui pouvait lui ouvrir les salons du plus grand monde, quand bien même la position de sa famille et sa fortune ne lui en eussent pas frayé l'accès. Il obtint un certain succès au printemps de cette année dans un concert de la Société philharmonique de Londres où il fit exécuter sa première symphonie en *ut* mineur. Il fit ensuite un voyage en Écosse et s'inspira des paysages poétiques de ce pays pour composer son ouverture de concert intitulée *Fingalhöhle* (la grotte de Fingal). Il revint sur le continent, passa à Munich, Saltzbourg, Lintz et Vienne, et, accompagné de trois peintres de l'école de Dusseldorf, Hildebrand, Hübner et Bendemann, se rendit à Rome. Il y arriva le 2 novembre 1830. Là, il trouva Berlioz, et, sous les dehors d'une cordialité apparente, il jugea plus que sévèrement sa musique. Après un séjour de cinq mois, pendant lequel il composa (décembre 1830) sa grande cantate de *Walpurgisnacht*, qui fut exécutée plusieurs fois avec un certain succès dans les grandes fêtes musicales de l'Allemagne et qu'il devait modifier entièrement vers 1842 ou 1843, il se rendit à Naples où il passa deux mois dans le *dolce far niente* qu'inspire le ciel napolitain ; il revint par Rome, Florence, Gênes, Milan, traversa la Suisse, rentra à Munich au mois d'octobre, et se trouva à Paris au mois de décembre.

Mendelssohn parcourut donc toute l'Italie, visita les musées, les palais, fut accueilli partout avec urbanité et même avec la cordialité la plus flatteuse ; il entendit la musique traditionnelle de la chapelle Sixtine, les œuvres de Palestrina, de Vittoria, d'Allegri. Ce fut en vain ; un triple plastron d'airain enserrait cette poitrine germanique. Il conserva partout son individualité, rapportant tout ce qu'il voyait à un idéal déterminé, absolu, malgré ses vagues contours. Aussi sa correspondance, pendant le cours de

MENDELSSOHN-BARTHOLDY

ce voyage, porte-t-elle l'empreinte d'un malaise et d'un mécontentement singuliers.

Il décrit des scènes charmantes au milieu de paysages baignés d'azur et de lumière, et il regrette son ciel morne et ses sapins du Nord. Les cérémonies augustes de la religion l'émeuvent malgré lui ; il en convient et il termine par le sarcasme et l'ironie. Et cependant il compose à Rome des motets catholiques qu'il se donne la maligne joie de faire chanter par deux religieuses dans un couvent. Quittons avec lui cette Italie qu'il n'a pas comprise, sachant toutefois qu'il en rapporte, avec des psaumes de Luther mis en musique, la symphonie en *la* dont la *saltarelle* atteste la date et le lieu de naissance. C'est tout ce qu'un Tudesque a jamais écrit de plus vif, de plus électrisant, si toutefois on excepte le chœur des Derviches des *Ruines d'Athènes*, de Beethoven.

Disons encore que, pendant son séjour à Rome, Mendelssohn ne rechercha que les étrangers auprès desquels son talent lui servait d'introducteur ; c'est ainsi qu'il fréquenta le statuaire Thorwaldsen, Léopold Robert qui aurait pu facilement lui apprendre à mieux connaître et à aimer les habitants de la campagne de Rome, Cornélius Owerbeeck, et enfin, la famille Vernet composée alors de Carl Vernet, de son fils Horace, et de sa petite-fille qui devint plus tard Mme Paul Delaroche. Mendelssohn charma cette famille par ses improvisations au piano ; Horace Vernet fit son portrait que l'artiste envoya à sa mère.

Mendelssohn éprouva à Paris un amer désenchantement en ne s'y trouvant pas l'objet de l'admiration générale, comme il en avait eu la douce habitude jusqu'à ce moment, et il se promit de n'y jamais revenir. « Paris est le tombeau de toutes les réputations, » écrivait-il le 31 mars 1832. A ce compte, il n'eût pas dû, comme cela lui arriva, se montrer lui-même si sévère à l'égard de Boccherini dont on avait joué, dans une soirée chez Baillot, une composition avant son quatuor en *mi* majeur. « Au commencement, écrivait-il à sa sœur, on joua un quintette de Boccherini, une perruque (*Den Anfang machte ein Quintett von Boccherini, eine Perrucke*)... » Il ne revint jamais à Paris et n'en parla désormais, ainsi que de ses *dilettanti*, qu'avec aigreur ou mépris.

Mendelssohn a poussé aussi loin que possible l'infatuation germanique, dénigrant tout ce qui n'était pas allemand ou conçu dans le style allemand. Il traitait ses confrères avec une sévérité et une hauteur blessantes, méconnaissant le talent supérieur, comme chez Berlioz, et même le génie, comme chez Meyerbeer.

Il retourna donc dans sa patrie où il se sentait apprécié d'une manière plus sympathique. Il dirigea avec un grand éclat la fête musicale de Dusseldorf, en 1833. S'étant révélé à son coup d'essai comme un chef d'orchestre émérite, on lui proposa pour trois ans la place de directeur de la musique de cette ville afin d'y organiser la société de chant, l'orchestre des concerts et la musique des églises, tout israélite qu'il était. Il s'y lia étroitement avec le poëte Immermann (1), son aîné de plusieurs années, et projeta d'écrire avec lui un opéra ayant pour sujet *la Tempête de Shakespeare*, dont il avait déjà composé l'ouverture ; mais le projet dut être abandonné devant l'inexpérience du librettiste. Ils mirent bientôt le théâtre de Dusseldorf en actions pour pouvoir l'organiser sur une plus grande échelle et se chargèrent, Immermann de la partie dramatique, et Mendelssohn de la partie musicale. Par malheur, aucun des deux amis n'était à la hauteur de la partie administrative. On prépara donc le *Don Juan* de Mozart et les *Deux Journées* de Cherubini. Immermann accommoda à la scène allemande un drame de Calderon, et Mendelssohn en fit la musique. Ni *Don Juan*, ni les *Deux Journées*, ni le drame de Calderon ne réussirent ; les interprètes étaient faibles et la musique de Mendelssohn ne fut pas goûtée. La critique qu'on en fit lui fut amère, comme toujours. Son excessif amour-propre eut encore à souffrir, en 1834, à Aix-la-Chapelle, où, lors des grandes fêtes musicales de la Pentecôte, il se trouva froissé d'avoir à en partager alternativement la direction avec Ries contre lequel il se porta à d'inconvenantes récriminations. Bref, il donna sa démission à Dusseldorf au mois de juillet 1835 et se retira à Leipsick pour y terminer son oratorio de *Paulus*, et il y accepta la direction des concerts de la *Gewandhaus* (Halle aux draps). Son entrée en fonctions, le 4 octobre, fut un véritable triomphe pour lui ; le public tout entier l'acclama à son entrée dans l'orchestre. Heureux de se sentir apprécié comme il le désirait, il donna une vigoureuse impulsion à l'art, dans les concerts, dans les sociétés de chant, et même dans les exécutions de la musique de chambre où il tint lui-même le piano et fit applaudir son talent d'exécutant. L'Université de Leipsick l'en récompensa en lui conférant le grade de docteur en philosophie et beaux-arts (1836), et le roi de Saxe en le nommant son maître de chapelle honoraire. En 1837, il épousait une charmante jeune femme, fille d'un pasteur réformé de Francfort-sur-le-Mein.

Quelque temps après, Mendelssohn se rendit à Berlin, appelé par le roi de Prusse qui le nomma directeur général de sa musique. C'est à ce moment qu'il composa pour la cour la musique des chœurs grecs de l'*Antigone* et d'*Œdipe roi*, représentés plus tard sans succès à Paris sur le théâtre de l'Odéon, et la musique des *Chœurs d'Athalie*.

C'était une bien singulière idée de traduire les magnifiques strophes de Racine en paroles allemandes, et d'appeler la musique écrite sur cette traduction : *Les Chœurs d'Athalie*. Il en est résulté une œuvre hybride dans laquelle on chercherait en vain à saisir la coupe et l'harmonie des vers français. Le compositeur ne s'est inspiré que du sens général, et, en

---

(1) Immerman, auteur de plusieurs romans populaires en Allemagne, entre autres des *Paysans de Westphalie*, dont M. Arthur Desfeuilles a donné une excellente traduction.

sa qualité de Tudesque convaincu, il a pensé que les formes poétiques de Racine ne valaient pas la peine qu'un musicien s'en inquiétât; car, voulant faire connaître son œuvre à Londres, il fit faire une nouvelle traduction en langue anglaise. Lorsqu'on fit entendre cette composition des *Chœurs d'Athalie* à Paris, tant aux représentations de la tragédie qui eurent lieu à l'Odéon qu'aux concerts de l'*Athénée*, il fallut bien adapter la musique de Mendelssohn aux vers français, dût-on changer, selon les exigences de l'accentuation et de la prosodie, les noires en croches, supprimer des silences, ajouter des notes, etc. Malgré ces remaniements entachés de vandalisme à l'égard d'un de nos chefs-d'œuvre littéraires, on a pu distinguer plusieurs beaux morceaux dans l'ouvrage du maître de Hambourg, entre autres les chœurs : *Sion, chère Sion; O réveil plein d'horreur!* le duo d'*Un cœur qui t'aime*, qui est d'un joli effet, et la marche orchestrale du quatrième acte.

L'ouverture est une symphonie brillante qui ne semble avoir aucun rapport avec la tragédie biblique. Ici l'intention même de la couleur antique manque totalement.

Mendelssohn acheva aussi à Berlin la partie musicale de la belle féerie de Shakespeare, *le Songe d'une nuit d'été* (*Ein Sommernachtstraum*) dont il avait écrit l'ouverture en 1829, composa des chœurs d'église avec orchestre et des psaumes sans accompagnement qui furent exécutés au Dom-Chor de Berlin. Il retourna bientôt après à Leipsick où il se complaisait parce qu'il s'y sentait plus admiré qu'à Berlin, et n'en sortit plus que pour faire quelques voyages. S'il ne voulut plus revoir Paris, il n'en fut pas de même de l'Angleterre où il alla jusqu'à sept fois, de 1832 à 1846, époque de la première exécution de son *Elie* au festival de Birmingham, et enfin au mois d'avril 1847. De retour à Leipsick, au bout de deux ou trois semaines, il projetait de passer l'été à Vevey, et était déjà allé rejoindre à Francfort Mme Mendelssohn et ses enfants, lorsqu'il y apprit la mort d'une sœur qu'il aimait tendrement, Mme Hansel, excellente pianiste et femme d'une grande distinction. Il modifia son itinéraire et précipita ses voyages pour distraire sa douleur; il alla à Baden, à Laufen et de là à Interlaken, où il séjourna jusqu'au mois de septembre. A la petite église d'un village situé sur le lac de Brientz reste attaché le souvenir d'une belle improvisation qu'il exécuta sur l'orgue plusieurs jours avant son départ et qui fut pour lui la dernière de ce genre. Il se proposait d'aller visiter l'orgue renommé de Fribourg, chef-d'œuvre de Mooser ; mais l'approche de l'hiver le força à retourner à Leipsick, où il reprit ses anciennes occupations et composa pour sa famille le petit opéra qui a pour titre : *Die Rückkehr aus der Fremde* (le Retour du voyage à l'étranger), qui ne parut que dans ses œuvres posthumes. Mendelssohn a composé cet ouvrage pour célébrer le quarantième anniversaire du mariage de ses parents. Il fut exécuté pour la première fois en public, au théâtre du Grand Opéra de Berlin, en 1851.

Le *Retour du voyage à l'étranger* est une œuvre médiocre ; si l'on en excepte des couplets empreints de cette douce rêverie qui caractérise la musique du célèbre compositeur, tout le reste est inférieur aux plus faibles ouvrages du répertoire dramatique. L'orchestration affecte les plus singulières sonorités. La première des deux sérénades, dont le motif est assez gracieux, a pour accompagnement des batteries en *pizzicati*, imitation puérile et mal réussie de la guitare, auxquelles viennent se joindre des rentrées d'instruments à vent qui ne sont pas d'un effet plus heureux. La seconde sérénade, chantée par le faux Fritz, consiste dans une phrase lamentable répétée à satiété sans accompagnement, et terminée par une rentrée des instruments à cordes. Au commencement du second acte, pendant que la scène s'éclaire, on remarque une courte symphonie exprimant successivement le sommeil et le lever de l'aurore; cette fois, le compositeur a été bien inspiré ; l'harmonie en est douce et suave. Cet ouvrage a été représenté sous le nom de *Lisbeth* au théâtre Lyrique à Paris, le 9 juin 1865, avec une traduction française faite par M. Jules Barbier.

Ce fut une des dernières productions du maître. En proie à une mélancolie singulière que la nature de son caractère rendait quelquefois âpre et pénible à ceux qui l'entouraient, il semblait se préoccuper de sa fin prochaine. Cependant il continuait à travailler et redoublait même d'activité, lorsque le 9 octobre 1847, un coup de sang le frappa chez un de ses amis où il accompagnait l'exécution de divers morceaux de son *Elie*, et on dut le transporter chez lui où un traitement énergique le ramena à la vie. Il reprenait ses forces, faisait à cheval ou à pied ses promenades accoutumées et se préparait à aller diriger à Vienne l'exécution de son dernier oratorio, lorsqu'il éprouva une seconde attaque d'apoplexie le 28 octobre, puis une troisième le 3 novembre ; il succomba le lendemain à 9 heures du soir, n'ayant pas encore trente-neuf ans. Toute la population de Leipsick assista à ses funérailles. L'Allemagne entière le pleura. Elle devait de sincères regrets à l'artiste et au patriote. Car jamais cœur plus dévoué n'a battu dans une poitrine allemande.

Mendelssohn a été un des musiciens les plus intelligents de notre siècle. Sans être érudit, il possédait une instruction générale et solide. Il était doué d'une grande pénétration et d'une finesse d'observation redoutable, parce que les sentiments de bienveillance à l'égard de ses confrères lui étaient inconnus.

Sa musique chargée de brumes grisâtres, manque de chaleur et de lumière. Moins gourmé, moins exclusivement attaché aux défauts comme aux qualités de la race germanique, il eût pu certainement modifier son organisation par un contact plus bénévole avec les écoles italienne et française, s'enrichir, comme ses coréligionnaires dans l'antiquité, des dépouilles des Égyptiens, en suivant l'exemple de Moïse :

« Spoliavit Ægyptios, ditavit Hebræos. »

Nous avons vu que Mendelssohn ne saurait être classé même au dernier rang des compositeurs dramatiques. Ses symphonies sont froides et nébuleuses ; le perpétuel usage des cadences rompues et des modulations éloignées du ton principal cause à l'auditeur attentif plus de fatigue que de plaisir. Quoique semés d'idées neuves et distinguées et d'effets symphoniques du plus grand intérêt, ses oratorios de *Paulus* et d'*Elias* sont loin d'être des œuvres parfaites qu'on puisse admirer d'un bout à l'autre. Il est plus heureux dans la musique de chambre. Ses trios, ses quatuors, son ottetto, renferment des fragments d'une grande beauté. Il en est de même de ses œuvres de piano ; la sonate pour piano et violon (œuvre 4) ; le concerto de piano en *sol* mineur, les *romances sans paroles*, la *sérénade*, l'*allegro giocoso* pour piano et orchestre jouissent d'une réputation méritée ; mais c'est dans les ouvertures que le compositeur s'élève aux conceptions les plus hardies. Le *Songe d'une nuit d'été*, la *Grotte de Fingal*, la *Mer calme et l'Heureux retour*, la *belle Mélusine*, *Ruy Blas* sont des œuvres qui joignent à un coloris instrumental très-travaillé des pensées originales et neuves.

Fétis a remarqué avec beaucoup de raison qu'une des causes de l'effet de monotonie produit par l'audition des œuvres de ce maître est sa préférence pour les tons mineurs, et le savant critique donne une énumération interminable, mais concluante, de tous les morceaux écrits par lui dans le mode mineur.

Quand on s'entoure des œuvres de Mendelssohn, quand on étudie ses compositions orchestrales, même les plus célèbres, on est tenté de s'écrier comme le faisait à ses derniers moments celui qui fut l'objet de son admiration et de son culte, le vieux Goethe : « De la lumière ! de la lumière ! »

CHOPIN

NÉ EN 1810, MORT EN 1849.

Il fut donné à Chopin d'exprimer dans la langue des sons les plaintes de l'âme souffrante de la Pologne. Au moment où il parut en France, les malheurs de la nation martyre éveillaient un écho douloureux dans tous les cœurs. Ainsi s'explique, autant peut-être que par son mérite réel, la vogue immense dont jouit cet artiste. La pitié des âmes françaises était pour moitié dans son succès.

Le 8 février 1810, naquit à Zelazowa-Wola, près de Varsovie, un enfant faible et malingre qu'on eût dit marqué dès sa naissance pour une mort prochaine. Rien non plus sous cette enveloppe débile qui indiquât une intelligence d'élite. Mais, comme Achille avait révélé son sexe en préférant les armes aux bijoux de femme que lui offrait Ulysse, Frédéric-François Chopin manifesta ses aptitudes innées, dès qu'on lui eût fait commencer l'étude de la musique. Son premier maître fut un vieux bohème nommé Zywny, qui admirait passionnément les œuvres de Bach. L'enfant, placé sous la direction de ce professeur à l'âge de neuf ans, reçut ses leçons pendant sept années. L'habileté de son exécution pleine de grâce et de délicatesse lui fit trouver un protecteur dans le prince Antoine Radziwill. Chopin appartenait à une famille peu aisée qui ne pouvait guère lui procurer une éducation convenable. Le prince plaça son jeune protégé dans un des meilleurs colléges de Varsovie et subvint généreusement à toutes les dépenses nécessitées par ses études. Chopin prit, dans le commerce des jeunes nobles polonais avec lesquels il étudiait, ces manières distinguées qui plus tard contribuèrent tant à son prestige. D'un caractère doux, d'une politesse qui n'excluait pas un certain calcul, il sut se faire aimer de ses camarades, notamment du prince Barys Czetwertynsky. Celui-ci plus d'une fois l'emmena passer les vacances chez sa mère. Cette femme, d'un esprit et d'une élévation de sentiments remarquables, introduisit le futur musicien dans un monde aristocratique où, en échange des jouissances qu'il procurait par son talent précoce, il recevait des exemples de distinction et de bon ton. A l'âge de seize ans, Chopin apprit la théorie de l'harmonie et les principes de la composition sous la direction d'Elsner, directeur du Conservatoire de Varsovie. Peu après, il visita Berlin, Dresde et Prague, afin de perfectionner son instruction musicale par l'audition des artistes de valeur que possédaient ces différentes villes. Désireux enfin de se produire, il se rendit à Vienne en 1829 et débuta le 11 septembre dans un concert donné par Mlle Veltheim, artiste alors en vogue. D'après la notice biographique que M. Liszt lui a consacrée, Chopin n'aurait pas obtenu dans cette occasion ni dans les concerts qu'il donna ensuite lui-même, le succès auquel il était en droit de s'attendre. Cependant la *Gazette générale de musique de Leipsick* rend hautement justice, dans son numéro du 17 novembre 1829, aux qualités du jeune pianiste.

En 1831, Chopin quitta Vienne. Les désastres qui venaient de fondre sur sa patrie lui avaient fait prendre la résolution de s'établir à Londres; mais, chemin faisant, il passa par Paris, s'y arrêta, et devint notre hôte pour le reste de sa vie.

La première fois que la société parisienne fut conviée à entendre le virtuose polonais, ce fut chez Pleyel, le facteur de pianos; en général, les artistes qui composaient l'auditoire reconnurent à Chopin une manière tout exceptionnelle et n'hésitèrent pas à assigner un rang honorable aux productions qu'il avait exécutées devant eux. Toutefois quelques protestations s'élevèrent contre son jeu. Field, ennemi du romantisme, déclarait que c'était *un talent de chambre de malade;* Kalkbrenner trouvait aussi des taches dans le nouvel astre. Du reste, Chopin se jugeait mieux que personne. Sentant que son talent délicat et fin plutôt que puissant ne ferait point d'effet dans un concert, il se réserva exclusivement pour les salons. Le jour où il avait fait exécuter dans la salle des Italiens son concerto en *mi* majeur, les applaudissements avaient été loin de répondre à son attente, et ce fut pour lui une amère déception. Aussi dès lors se sépara-t-il du profane vulgaire, se contentant des suffrages qu'il obtenait dans le monde le plus raffiné et le plus aristocratique de Paris. Les hautes familles de l'émigration polonaise, les princes Czartoryski et Lubomirski, les comtes Plater et Ostrowski, la comtesse Delphine Potocka l'accueillaient d'ailleurs avec la sympathie due à un compatriote, et la considération due à un artiste d'un rare talent. Ce fut dans ce milieu qu'il vécut pendant les premières années de son séjour à Paris. Là, il se retrouvait parmi les siens; on pouvait apprécier le caractère national de ses compositions : polonaises, mazurkes, nocturnes, ballades où respirait le génie du peuple de Sobieski.

En même temps, Chopin se livrait à l'enseignement. Sa distinction et sa supériorité comme musicien lui recrutèrent dans le sexe faible un grand nombre d'élèves. Ce fut une mode, un véritable engouement. En donnant ses leçons, le professeur se déridait; il triomphait de son penchant à la mélancolie et paraissait se plaire dans cette atmosphère chargée de musc et de fumée d'encens où le maintenait l'admiration des femmes exaltées et romanesques.

Cependant, en 1837, sa santé, qui avait toujours été faible, s'altéra gravement. Pour combattre la phthisie, qui faisait chez lui des progrès alarmants, les médecins l'envoyèrent passer l'hiver à Majorque. Mme Georges Sand, l'une de ses admiratrices les plus enthousiastes et de ses amies les plus intimes, ne voulut point l'abandonner et résolut de l'accompagner dans le lieu d'exil désigné par la Faculté. Dévouement plus grand peut-être qu'elle ne se l'était d'abord figuré ! Il faut lire dans l'*Histoire de ma vie* à quel point, sous l'influence de la maladie et libre de la dissimulation imposée par les salons parisiens, le doux et onctueux pianiste devint despotique, maussade, insupportable. Mais ce que Mme Sand nous raconte de Chopin, ne nous l'a-t-elle pas raconté aussi d'Alfred de Musset dans son fameux roman *Elle et lui?* Quelle est donc cette nécessité d'embellir aux dépens du malade le rôle qu'elle avait assumé volontairement ? En tous cas, si les faits sont assez croyables, le témoin ne l'est guère. Il est bien plus simple de conclure que Mme Sand ne possédait pas précisément les qualités d'une sœur de charité.

Le climat de Majorque avait exercé une salutaire influence sur la santé de Chopin. A son retour en France, malheureusement, l'affection de poitrine, momentanément vaincue, prit sa revanche, et, depuis 1840 jusqu'à sa mort, l'infortuné musicien ne fit plus que traîner une misérable vie au milieu de continuelles souffrances. En 1846 et 1847, la moindre marche, le plus petit escalier qu'il montait, lui causaient des suffocations. Pendant les troubles de 1848, il visita l'Angleterre et l'Écosse. Voyage fatal ! les ovations qu'il reçut partout lui firent oublier les soins réclamés par son état, et, quand il revint en France, ce fut pour y mourir (17 octobre 1849). Ses fidèles amies ne voulurent point laisser à des mains étrangères le soin de l'ensevelir. Le corps, habillé avec élégance, fut déposé dans un cercueil plein de roses, et, pour couronner cette triste parade, on commanda à la Madeleine un service solennel où les chœurs de l'Opéra exécutèrent le *Requiem* de Mozart. Les soli furent chantés par Lablache, Alexis Dupont, Mmes Grisi et Brambilla.

La génération actuelle a su faire la part des exagérations de 1831, mais si elle n'éprouve plus de fanatisme pour Chopin, elle n'a pas cessé d'apprécier son talent plus élégant que vigoureux, ses mélodies d'un caractère souvent mélancolique et fantasque, toujours affecté, quelquefois original.

Le morceau le plus joué de Chopin est sa grande valse en *mi* bémol ; elle est brillante et produit de l'effet. Viennent ensuite les *Mazurkas* (œuvre 7) dédiées à M. Jonhs ; là se trouvent des mélodies ravissantes malgré leur bizarrerie ; quelquefois même elles échappent à une tonalité appréciable, parce que ce sont pour la plupart des motifs nationaux, des chants slaves populaires dans les campagnes de la Pologne ; il en résulte que l'accompagnement est loin d'en être correct. Les valses en *la* mineur, en *ut* dièze mineur et en *ré* bémol majeur, les nocturnes dédiés à Mlle Stirling, à Mme Billing et à Mme Pleyel, caractérisent le sentiment, le style, le mécanisme du célèbre virtuose.

Ses compositions les plus fortes sont : la sonate en *si* bémol, qui renferme la *Marche funèbre*, considérée comme son chef-d'œuvre ; la *Berceuse*, le concerto en *mi* mineur, et le *Scherzo* en *si* bémol. Mais c'est dans le morceau ayant pour titre : *Fantaisie impromptu*, en *la* bémol, publication posthume qui a été jouée sur tous les pianos, que Chopin a su allier les brillantes qualités du pianiste à la sensibilité de l'artiste et à l'imagination du musicien. Le rhythme ne saurait être proposé pour modèle, tant il est capricieux et bizarre, mais l'effet général plaît par sa vive élégance et le parti véritablement charmant que l'auteur a tiré des ressources de l'instrument.

DAVID

(FÉLICIEN)

NÉ EN 1810, MORT EN 1876.

L'auteur du *Désert* appartient, lui aussi, à la phalange éprouvée des artistes auxquels on peut appliquer ce qu'Horace dit des gymnastes :

> Qui studet optatam cursu contingere metam
> Multa tulit fecitque puer, sudavit et alsit...

Né à Cadenet, dans le département de Vaucluse, le 13 avril 1810, Félicien David n'était encore âgé que de cinq ans, lorsque la mort de son père le laissa orphelin et dans un état de dénûment presque complet. L'enfant, à cet âge si tendre, avait déjà commencé sous la direction paternelle l'étude de la musique : il possédait une jolie voix, et cet avantage lui procura quelques ressources, car il put être employé comme enfant de chœur à la maîtrise de l'église Saint-Sauveur d'Aix. Il cessait ainsi d'être à la charge de sa sœur aînée qui l'avait recueilli après la mort de ses parents. A quinze ans Félicien quitta cette maîtrise, où il avait puisé de bonnes connaissances musicales, et où il avait appris à lire la musique à première vue. C'est en effet et presque toujours dans les maîtrises et par l'exécution de la musique sacrée que se forment les meilleurs musiciens, tant compositeurs que chanteurs. Obligé d'obtenir des résultats immédiats, chaque dimanche, chaque fête, d'exécuter un répertoire très-varié, le maître de chapelle presse l'éducation musicale des enfants de chœur, et tire de leurs facultés tout le parti possible; ce qu'il fait en vue de ses fonctions et dans son propre intérêt tourne à l'avantage et au profit de ses jeunes élèves. David obtint, grâce à la protection de ses anciens supérieurs, une bourse pour faire ses études littéraires au collège des Jésuites. Mais, au bout de trois ans, entraîné par un irrésistible penchant vers la musique, il interrompit le cours de son éducation classique. Après avoir été quelque temps clerc d'avoué, il trouva une position plus conforme à ses goûts au théâtre d'Aix, où il fut nommé second chef d'orchestre. De l'art profane il revint ensuite à l'art religieux, sous l'aiguillon de la nécessité qui l'obligeait à se créer des moyens d'existence, à cet âge où d'autres, plus favorisés du sort, ne songent qu'à acquérir de l'instruction. Mais la place de maître de chapelle de Saint-Sauveur, que David avait obtenue en 1829, tout en lui laissant le loisir de se livrer à ses juvéniles inspirations, ne lui permettait pas de combler les lacunes de son savoir musical. A Paris seulement, le futur compositeur pouvait rencontrer des maîtres capables de lui enseigner tout ce qu'il avait encore besoin de connaître, et ce que n'apprend pas la pratique des maîtrises et des orchestres. Mais, pour aller à Paris, et surtout pour y rester, il fallait de l'argent. Un oncle riche et avare, après avoir opposé de nombreux refus aux prières du jeune artiste, consentit enfin à lui accorder un secours de cinquante francs par mois. Force fut à David de se contenter de ce chétif subside. Il partit pour la capitale, et son premier soin en y arrivant fut de soumettre ses essais de composition à Chérubini qui dirigeait alors le Conservatoire. L'aménité des formes n'était pas la qualité dominante du maître florentin. « Vous ne savez rien », dit-il tout d'abord au timide provincial. Et c'était vrai peut-être ; mais comme de riches dons naturels, si peu ou si mal cultivés qu'ils aient été, se décèlent toujours par quelques traits, l'austère musicien se radoucit après avoir jeté les yeux sur le *Beatus vir*, écrit pour la maîtrise de Saint-Sauveur, et, faisant droit aux sollicitations de l'auteur du motet, il l'admit dans la classe d'harmonie que M. Millaud professait alors au Conservatoire. Ceci se passait en 1830 ; Félicien David avait vingt ans.

Une fois élève de notre école de musique, le courageux et ardent jeune homme ne perdit pas de temps. Tout en suivant au Conservatoire le cours de M. Millaud, qui enseignait d'après la méthode de Catel, il assistait aux leçons d'harmonie d'après le système de Reicha, que M. Reber donnait alors à quelques étudiants dans une chambre de l'hôtel Corneille. Sur ces entrefaites, l'oncle de Provence eut un retour d'avarice, et supprima brusquement la petite pension qu'il faisait à son neveu. Ce coup subit, qui surprenait Félicien David au milieu d'une situation déjà très-gênée, n'abattit point son ardeur. Il se mit, pour vivre, à donner des leçons de solfége, de piano et d'harmonie à des prix infimes, tandis qu'il étudiait la composition dans la classe de Fétis, et l'orgue dans celle de M. Benoist. Heureux encore que, dans ces circonstances pénibles, l'impôt du sang n'ait pas fait de lui un soldat. Pour une fois, le hasard se montra intelligent et ne jeta pas une casaque de soldat sur les épaules de celui qu'attendaient les lauriers de la scène lyrique.

Cependant, à cet artiste troublé par les soucis du présent et inquiet de l'avenir, une secte nouvelle, recrutée parmi des hommes jeunes, actifs, ambitieux, faisait entendre sa devise d'espérance décevante : « *A chacun selon ses œuvres.* » Il n'en fallait pas plus pour convertir David aux doctrines de l'école Saint-Simonienne. Il sortit du Conservatoire au mois de décembre 1831, et devint bientôt un des fidèles de la rue Monsigny et plus tard de l'abbaye de Ménilmontant. Quelques reproches que la philosophie et le bon sens soient en droit d'adresser aux théories des Enfantin et des Bazard, on ne peut nier que ce fut une chance heureuse pour le musicien de rencontrer, à l'heure où l'isolement et la pauvreté amènent le découragement, un groupe d'esprits généreux, enthousiastes, et, pour tout dire, fraternels. Là aussi il trouvait mille motifs d'inspiration. Tantôt, c'était la

FÉLICIEN DAVID

cérémonie du renvoi des domestiques, tantôt c'était celle de la prise d'habit; un autre jour, il fallait célébrer les obsèques du jeune Edmond Talabot, enlevé par le choléra, ou bien il s'agissait de fêter par des chants joyeux le retour du *Père* au milieu de sa *Famille*. N'oublions pas cette piquante leçon d'astronomie faite par M. Lambert (plus tard Lambert-Bey) à trois auditeurs dont l'un était chargé de figurer le soleil, un autre la terre et le troisième la lune. Cet enseignement mis en action par l'ingénieux professeur fut mis en musique par David et reçut le nom de *Danse des astres*. Les chants, au nombre de trente, composés pour les besoins du culte Saint-Simonien, ont été, dans la suite, adaptés à d'autres paroles et réunis sous le titre de la *Ruche harmonieuse*.

Le Saint-Simonisme avait déjà perdu son procès devant l'opinion, lorsqu'il le perdit devant la police correctionnelle, au mois de décembre 1832. La retraite de Ménilmontant fut fermée par autorité de justice et à la vie cénobitique succéda la vie apostolique, la prédication voyageuse. Félicien David se joignit à un groupe de frères qui se rendaient en Orient. Chemin faisant, il donnait des concerts toujours suivis par une foule avide de nouveauté. A Lyon, un facteur d'instruments de musique qui s'intéressait à la doctrine persécutée fit cadeau au jeune musicien d'un piano fabriqué de façon à résister aux accidents de la route. Ce piano devint dès lors le compagnon de David dans toutes ses pérégrinations, et plus d'une fois l'artiste lui dut de précieuses consolations. A Avignon, une populace fanatique faillit faire un mauvais parti à la petite caravane. Enfin ils arrivèrent à Marseille où on les accueillit avec sympathie.

Il ne saurait entrer dans le cadre de cette biographie de raconter toutes les aventures auxquelles la mission Saint-Simonienne fut en butte durant ce pèlerinage en Orient. Bornons-nous à dire que la défiance de Mahmoud, alors en guerre avec l'Égypte, n'ayant pas permis à nos voyageurs de séjourner à Constantinople, ils passèrent à Smyrne, visitèrent Jérusalem et se rendirent ensuite à Alexandrie et au Caire. Dans cette dernière ville, le piano de David faillit se détraquer sous l'influence de la chaleur. Ce ne fut là pourtant qu'une des mille tribulations qui l'assaillirent, lui et ses compagnons. Enfin la peste le força de quitter ce pays où il avait beaucoup souffert, mais où son talent s'était agrandi et fortifié dans la contemplation des sublimes spectacles de la nature.

Atala et les *Natchez*, révélation littéraire de l'Amérique, avaient excité un intérêt immense au moment de leur apparition. Il semblait qu'un succès analogue à celui de Chateaubriand dût être réservé au musicien qui, avec les moyens propres à son art, venait révéler l'Orient au public européen. Cependant, lorsque David de retour à Paris en 1835, après une absence d'environ trois ans, publia ses *Mélodies orientales*, on n'y fit presque pas attention. Le moment d'ailleurs était-il bien choisi? A cette époque de discussions ardentes à la tribune et dans la presse, alors que l'attentat de Fieschi et les lois de septembre préoccupaient tout le monde, les esprits avaient-ils le loisir et le calme nécessaire pour remarquer les débuts d'un musicien? Le compositeur ne se rebuta point. Retiré à Villepereux près de Bièvre, chez M. Tourneux, son ami, il travailla sans relâche durant plusieurs années. Entre autres pièces instrumentales, il écrivit sa première symphonie en *fa* et une autre en *mi*. De ce temps datent aussi plusieurs romances qui eurent plus tard quelque succès : *Le Pirate*, *l'Égyptienne*, *le Bédouin*, *le Jour des Morts*, *l'Ange rebelle*, et enfin *les Hirondelles*, rêverie originale qui suffit à rendre le nom de Félicien David populaire.

Félicien David avait réussi, dans les années 1838 et 1839, à faire exécuter quelques-uns de ses ouvrages à Paris. Cependant il n'était pas encore admis dans le cénacle des compositeurs; il ne fallut rien moins que son ode-symphonie *le Désert*, exécutée au Conservatoire le 8 décembre 1844, pour l'y classer définitivement. L'auteur de cette partition l'avait écrite sous l'impression vivante encore de la nature arabe qu'il avait observée en Égypte. De là une musique étrange, puissamment pittoresque, sans cesser d'être claire comme doit l'être la musique française. Entre autres beautés, on admira comment par l'effet d'une seule note indéfiniment prolongée, le musicien était parvenu à rendre le silence du désert. Traduire le silence au moyen d'un son, c'était en effet une trouvaille. Désormais, entre Félicien David et le public, la glace était rompue. La *Gazette musicale de Paris* n'était que l'organe de l'opinion unanime des dilettanti, lorsque, au lendemain de cette mémorable journée, elle s'exprimait en ces termes : « Place, Messieurs, place, vous dis-je. Ouvrez vos rangs, écartez-vous. Place, encore une fois, et place large et belle, car voici qu'un grand compositeur nous est né, etc. » On voit par ce langage hyperbolique que l'enthousiasme tenait du délire. Le *Désert* a été souvent exécuté depuis, et toujours avec succès. En 1846, on l'a même représenté en costumes dans la salle de spectacle d'Aix-la-Chapelle; quarante figurants et deux chameaux en carton ont paru dans cette représentation. C'était pousser loin l'amour de la couleur locale.

La célébrité n'amène pas la fortune avec elle, surtout dans la carrière musicale. Les affaires du compositeur étaient assez embarrassées, car il devait 2,000 francs aux artistes qui avaient exécuté son œuvre, et son concert ne lui avait rapporté que 800 francs. Désireux de se libérer au plus tôt vis-à-vis de son orchestre, il se résolut à aliéner à un éditeur de musique pour la modeste somme de 1,200 francs l'entière propriété de son magnifique ouvrage. Cela fait, David commença une tournée musicale en France. Après s'être fait entendre, ou plutôt après avoir fait entendre sa symphonie à Lyon et à Marseille, il se rendit en Allemagne, où le pédantisme germanique se montra sévère à son égard. Revenu à Paris en 1846, il fit exécuter à l'Opéra, le 21 mars de cette année, *Moïse au Sinaï*, oratorio, dont les paroles sont de Collin, comme celles du *Désert*.

Dans cette composition, Moïse est devant le Seigneur et chante un monologue accompagné et entrecoupé par l'orchestre. Les Hébreux font entendre des cris de révolte. Une jeune Israélite exhale ses plaintes. Moïse demande à Dieu de le faire mourir. Dieu lui montre la terre promise, et le peuple hébreu se remet en marche. La romance : *Dans ce brûlant désert*, a été chantée avec beaucoup de goût par Mlle Nau.

Ouvrage d'un style plus sévère que son aîné , *Moïse au Sinaï* n'obtint pas le même succès; mais *Christophe Colomb*, ode-symphonie exécutée le 7 mars 1847 au Conservatoire, rappela presque l'éclatante fortune du *Désert*. Ce fut à la suite d'un concert donné aux Tuileries et dont cette partition remplit tout le programme, que Louis-Philippe décora de sa propre main le compositeur.

Quand la parole est à l'émeute, les muses doivent se taire. L'année 1848 n'était pas une année favorable à la production musicale. L'*Éden*, mystère en deux parties, exécuté sur le théâtre de la Nation (Opéra), le 15 août 1848, fut écouté avec froideur par un auditoire plus préoccupé de politique que de beaux-arts. La musique de Félicien David et les vers de Méry auraient pu recevoir un meilleur accueil. Dans la symphonie d'ouverture, le compositeur a cherché à exprimer les bouleversements et les révolutions du globe avant l'homme. Le poëte s'exprime ainsi :

> L'air est voilé de brume et l'océan inonde
> La planète, volcan où doit fleurir le monde.
> Aucun être ne voit ces bouleversements,
> Ce globe désolé, sous de lugubres teintes,
> Ces montagnes en feu, ces montagnes éteintes,
> Ces cratères morts ou fumants.
>
> Combien a-t-il duré cet âge de la terre,
> Quand la planète en deuil, l'océan solitaire,
> Ensemble mugissaient pour notre enfantement?
> Dieu, pour qui rien jamais ne finit, ne commence,
> Connaît seul la longueur de ce travail immense ;
> Mille siècles pour lui ne durent qu'un moment.

Une peinture du paradis terrestre succède. Adam se livre au sommeil ; un chœur d'anges chante à demi-voix :

> Adam, tu vas voir ton Ève,
> Dans les fleurs elle se lève.
> C'est la femme de ton rêve,
> C'est la grâce et la bonté.

Ève est créée ; les fleurs chantent. La seconde partie commence par un chœur de démons. Satan invite Ève à cueillir le fruit défendu. Les démons chantent leur victoire ; Adam reparaît, et l'œuvre se termine par un trio entre Adam, Ève et Lucifer. La partie symphonique de la description du Paradis, le chœur et le ballet des fleurs, sont les morceaux les plus intéressants de cette partition.

Après un repos de quelques années, le symphoniste, à qui on déniait les qualités de compositeur dramatique, voulut montrer qu'il les possédait en donnant à la direction du théâtre Lyrique la *Perle du Brésil*, opéra-comique en trois actes ; il fut représenté le 22 novembre 1851. MM. Gabriel et Sylvain Saint-Étienne ont écrit le livret de cet ouvrage. L'action se passe successivement à la cour de Portugal, en pleine mer et dans une forêt du Brésil. Elle offre plus d'une analogie avec le poëme de l'*Africaine*.

Dans la partition de cette œuvre dramatique, la première qu'ait écrite Félicien David, le genre descriptif occupe encore une grande place. La fête maritime du deuxième acte, la scène du hamac dans la forêt, le chant des oiseaux, la tempête, sont exprimés avec cette couleur ingénieuse et originale qui a valu un succès si mérité à l'auteur du *Désert* et de *Christophe Colomb*. Les qualités dramatiques dont il a fait preuve dans *Herculanum* et *Lalla-Roukh* sont déjà fort développées dans le troisième acte de la *Perle du Brésil*. Mais ce qui domine, c'est la faculté descriptive, comme le témoignent assez la ballade : *Entendez-vous dans les savanes*, et les couplets du Mysoli qui ont été une occasion de triomphe pour Mme Miolan-Carvalho.

Mais l'œuvre lyrique la plus importante du compositeur, c'est *Herculanum*, opéra en quatre actes, dont MM. Méry et Hadot ont écrit le livret et qui fut représenté à l'Académie impériale de musique, le 4 mars 1859. Ici, le développement des morceaux, les formes les plus riches de l'instrumentation, la prédominance de l'expression dramatique sur l'emploi du genre descriptif si familier à l'auteur du *Désert*, ont permis au public de juger sous un nouveau jour le talent remarquable de Félicien David. Le succès de cette épreuve fait regretter qu'il n'ait pas travaillé plus assidûment pour notre première scène lyrique. Il y a vraiment des scènes fort belles, vigoureusement enlevées dans *Herculanum*, et, malgré des situations qui rappellent des modèles écrasants, tels que le duo d'Alice et de Bertram dans *Robert le Diable*, et le septuor de *Poliuto*, le compositeur a su être neuf, puissant et original. Le livret, quelque peu bizarre, se ressent de l'indécision des auteurs. Il s'agissait d'abord d'un drame mêlé de chants comme le sont beaucoup de drames allemands et intitulé : *la Fin du monde*, ensuite d'un opéra destiné au théâtre Lyrique sous ce titre : *Le dernier amour*. Enfin, on s'arrêta au sujet d'*Herculanum*. L'action se passe donc pendant le règne de Titus, à la veille de la grande catastrophe qui ensevelit sous les cendres du Vésuve Herculanum et Pompéi. Les auteurs, pour donner plus de grandeur à leur fiction, se sont inspirés des livres saints. L'histoire des villes maudites, Sodome et Gomorrhe, *Polyeucte* et les *Martyrs*, comme aussi les prophéties relatives à la fin du monde, ont fourni à Méry ses plus belles images. Mais, en raison de la fusion de ces éléments divers, le livret d'*Herculanum* est une œuvre hybride, peu intéressante, manquant totalement de couleur historique malgré le déploiement des moyens matériels, les décors magnifiques et les riches costumes.

Parmi les parties du poëme qui ont le mieux inspiré le compositeur, on remarque d'abord les strophes qu'Olympia adresse à Hélios :

> Tout est soumis à ma puissance,
> L'univers est à mes genoux;
> Toi qui dois tout à ma clémence,
> Crains de la changer en courroux!
> Un pouvoir rempli de mystère
> Rend partout mes charmes vainqueurs
> Je suis l'idole de la terre
> Et la reine de tous les cœurs.

Puis, le duo entre Nicanor et Lilia; c'est la plus belle scène de l'ouvrage :

NICANOR.
C'est toi que je cherchais.

LILIA (avec un sentiment d' ffroi).
Moi?... que me voulez-vous?

NICANOR.
Que fais-tu parmi ceux que poursuit mon courroux?

LILIA.
Je venais, sur ces froides pierres
Prier pour la reine et pour vous,
Et pour celui qui, chez nos frères,
Bientôt doit être mon époux.
Faible et dans l'ombre retirée,
Que pouvez-vous craindre de moi?
Ah! laissez-moi vivre ignorée,
Avec mon amour et ma foi.

Enfin, le *Credo*, imité de celui des *Martyrs*, que chante la jeune chrétienne.

Cet opéra n'a point d'ouverture. Le compositeur s'est contenté d'annoncer le lever du rideau par une introduction dont le motif principal, exécuté successivement par les violoncelles et la flûte, est accompagné par les harpes. La romance : *Dans une retraite profonde*, est le premier morceau qui excite l'intérêt. La mélodie, d'une simplicité calme et toute virginale, est gracieusement ornée d'un accompagnement de cor anglais. L'andante en *la : Noble Hélios, en ton absence*, chanté par Olympia, n'a rien de remarquable ; mais la phrase du ténor qui en accompagne la fin, exprime bien l'étonnement et la surprise des sens du jeune chrétien.

C'est surtout dans l'air de l'extase que le compositeur a le plus travaillé son instrumentation. Pendant qu'Hélios vide la coupe, les gammes chromatiques du quatuor *con sordini* se succèdent, et il faut convenir qu'il y a là une difficulté d'exécution qui rendra presque toujours ce passage scabreux et d'une justesse douteuse ; d'autant plus que ces instruments jouent des traits de huit triples croches sur des sixaines jouées par les harpes. Le reste de l'air est d'une couleur poétique délicieuse. Le petit chœur syllabique des chrétiens qui ouvre le second acte offre une jolie modulation en *sol* bémol. La prière qui suit est sans accompagnement, bien traitée pour les voix, et la phrase dite en écho par les ténors produit un agréable effet. Comme je l'ai dit plus haut, le morceau qui me paraît le plus dramatique est le duo entre Lilia et Nicanor. L'inspiration y règne d'un bout à l'autre. Ce n'est qu'une suite de phrases bien accentuées et allant droit au cœur, surtout dans la partie de Lilia. Cependant quelques modulations viennent étonner l'oreille. La substitution du *ré* bémol à l'*ut* dièse, pour obtenir un repos en *ut* par le moyen de la sixte augmentée, est loin d'amener un résultat satisfaisant; on sent qu'il y a eu là une soudure exigée par la transposition d'une des parties du duo. L'air de la vision où se trouve la jolie phrase : *Je veux aimer toujours dans l'air que tu respires*, est poétiquement accompagné par une première harpe à l'orchestre et une deuxième harpe dans la coulisse. Parmi les airs du ballet, j'appellerai volontiers l'attention sur le joli motif en *la* mineur, dit par les violons dialoguant avec la première flûte et accompagnant le pas des Grâces et des Muses. Le talent de David se distingue particulièrement par un emploi original du rhythme. La bacchanale en fournit une nouvelle preuve; la répétition persistante du mot *Evoe* lui donne le caractère étrange et tourbillonnant qui convient à cette sorte de divertissement. Quant au *Credo*, dont la mélodie est large et religieuse, je crois qu'on préférera l'accompagnement de la seconde strophe à celui de la première, qui se compose des cors, bassons, clarinettes et flûtes. Il fallait la voix sonore et timbrée de Mme Gueymard pour triompher de cet orgue artificiel. Sans être aussi remarquable que le duo du deuxième acte, celui du quatrième, entre Lilia et Hélios, a de grandes qualités mélodiques et scéniques. C'est Hélios qui le commence : *Dieu ne m'a pas frappé; cette plaine est couverte de débris et de morts*, et il produit de l'effet. Malgré les défauts du poëme et les réminiscences des situations, je le répète, la conception musicale de Félicien David est grande et belle. Elle possède tous les caractères qui doivent lui assurer son maintien au répertoire de l'Opéra.

Comme tous les mélodistes, Félicien David met en relief presque constamment deux parties, le chant et la basse. Les parties intermédiaires sont, la plupart du temps, des accords de remplissage, et ne contribuent à l'ensemble que par des effets de sonorité. Ce n'est pas que l'instrumentation de ses partitions ne soit fort intéressante; au contraire, de tous les compositeurs contemporains, David est, avec Berlioz, celui qui donne à l'orchestre le plus d'intentions. J'ajouterai même que l'auteur du *Désert* le fait parler avec plus de précision, de simplicité et de clarté que l'auteur des *Troyens*. Mais j'envisage ici la composition harmonique et la forme que revêtent les inspirations du maître. Cette forme, d'ailleurs, est actuellement la plus saisissable pour le public.

Un succès plus grand que celui d'*Herculanum*, et qui consacra définitivement les droits de Félicien David à la gloire de compositeur dramatique, fut le succès de *Lalla-Roukh*, opéra en deux actes, donné à l'Opéra-Comique le 12 mai 1862. L'originalité du poëme que MM. Hippolyte Lucas et Michel Carré avaient emprunté à Thomas Moore, le lieu de l'action, la poésie vague de certaines situations, l'indécision même des caractères, tout semblait concourir à favoriser l'inspiration du musicien. Aussi cet ouvrage réussit-il comme on devait s'y attendre. Lalla-Roukh (*joue de tulipe*, en langue indienne), fille d'un sultan des Indes, se rend de Delhy à Cachemire, pour épouser le fils du roi de la Petite-Boukharie. Elle est accompagnée par un homme de confiance, un eunuque nommé Baskir, lequel, chargé de veiller sur la princesse, s'acquitte assez mal de ses délicates fonctions. Pour charmer les ennuis du voyage, une sorte de trouvère indien chante à Lalla-Roukh des romances si tendres, et elle les écoute avec tant de plaisir, que son cœur n'est plus libre au moment où elle touche au but de son voyage. Fort heureusement, comme dans *Jean de Paris*, le compagnon de route de la princesse n'était autre que le jeune prince de Boukharie, qui avait voulu connaître quels sentiments il pouvait inspirer à sa fiancée. Après une délicieuse introduction : *C'est ici le pays des roses*, et les couplets de Baskir, dont le rhythme est heureux, le morceau le plus saillant du premier acte est la suave cantilène de Nourreddin : *Ma maîtresse a quitté la tente*. Les couplets de Mirza : *Si vous ne savez plus charmer*, avec leur petit allegro, ont aussi beaucoup de grâce. Au deuxième acte, l'air de Lalla-Roukh : *O nuit d'amour !* est d'une poésie inspirée. J'aime moins l'allegretto qui le suit et qui manque de distinction. *Loin du bruit, loin du monde*, est un des plus jolis duettinos qu'on entende au théâtre. Les couplets : *Ah ! funeste ambassade !* et le duo bouffe : *Tout ira bien demain*, sont aussi des morceaux parfaitement réussis.

La dernière œuvre lyrique que David ait fait représenter est le *Saphir*, opéra-comique en trois actes, dont les paroles sont de MM. de Leuven, Michel Carré et Hadot ; il a été donné à l'Opéra-Comique, le 8 mars 1865. Les librettistes ont dépecé la comédie du vieux Shakespeare : *Tout est bien qui finit bien*, et en ont assez facilement tiré une pièce amusante. La partition offre des morceaux agréables, mais aussi des parties auxquelles l'inspiration a fait défaut. On distingue un beau chœur au commencement du premier acte; un joli duo : *Le temps emporte sur son aile*, une chanson pleine d'entrain de Fiammetta, un bon quatuor scénique, un chœur de matelots et la sérénade du ténor dans le second acte ; enfin, au troisième, l'air de danse béarnais, et l'air du comte : *C'est pour vous seule, Hermine*. Enfin un opéra-comique en trois actes, intitulé *la Captive*, fut sur le point d'être représenté au Théâtre-Lyrique. Le compositeur retira subitement son ouvrage, quoiqu'il fût répété et même gravé. La seconde moitié de la vie de Félicien David a été plus heureuse que la première. Officier de la Légion d'honneur depuis 1862, pensionné de la liste civile, il a vu enfin les corps officiels et le souverain lui-même rendre justice à son mérite. L'Académie a décerné le prix de 20,000 francs, dont elle dispose, à l'auteur de *Lalla-Roukh* et d'*Herculanum*. Il a été nommé bibliothécaire du Conservatoire en 1869 en remplacement de Berlioz, quoiqu'il n'eût aucun titre à l'exercice d'une telle fonction, et en effet il ne s'est pas plus soucié de la remplir que son prédécesseur. Avec plus de raison, dans la même année, l'Institut lui ouvrit ses portes. Vers la fin de sa vie, Félicien David écrivait des quatuors, des trios et même des morceaux de piano. Il mourut à Saint-Germain, le 29 août 1876.

SCHUMANN

(ROBERT)

NÉ EN 1810, MORT EN 1856.

Un singe montrait la lanterne magique ; mais

Il n'avait oublié qu'un point :
C'était d'allumer sa lanterne.

L'ingénieux apologue de Florian s'applique à merveille aux apôtres de la *Musique de l'avenir*, et à Schumann en particulier, l'un des adeptes les plus convaincus de cette secte. Ce n'est pas qu'il n'ait écrit des choses charmantes, d'après les données ordinaires de l'art contemporain. Mais lorsqu'il agrandit son cadre et étend sa pensée aux proportions d'une symphonie, d'un oratorio, d'un concerto même, la force d'inspiration lui fait défaut. Il devient obscur, confus, quelquefois inintelligible. Plus de relations entre les tons ; des hardiesses d'intonation et de combinaisons rhythmiques sont proposées à l'oreille sans aucun ménagement et avec un parti pris si violent, si dédaigneux de la science traditionnelle et du goût, qu'on sent là un novateur qui veut absolument nous montrer quelque chose et qui malheureusement ne réussit pas à le faire voir : il a oublié d'allumer sa lanterne.

Robert Schumann naquit à Zwickau, en Saxe, le 8 juin 1810. Fils d'un libraire, il était le plus jeune d'une famille de cinq enfants. Ses premières années, qui n'annonçaient pas un homme extraordinaire, se passèrent à acquérir les connaissances élémentaires que l'on puise dans les écoles germaniques, où la musique n'est pas omise dans le programme des études. La plus vive passion du jeune Schumann était de jouer aux soldats, ce qui du reste était alors un peu l'occupation de toute l'Europe. L'amour de la musique lui vint vers l'âge de dix ans, lorsque, conduit aux eaux de Carlsbad, il eut l'occasion d'entendre le célèbre pianiste Moschelès. Dès ce moment sa carrière fut décidée. Il s'appliqua avec zèle à l'étude du piano et fut bientôt en état d'organiser dans la maison paternelle des séances musicales ; déjà il s'essayait à la composition dans des productions de peu d'étendue, quoiqu'il n'eût reçu que des notions superficielles d'harmonie. Frappé des dispositions qui s'étaient soudain manifestées en lui, son père voulut qu'elles ne restassent pas stériles, et pria Karl-Marie de Weber de se charger de l'éducation artistique de son fils. Pour des raisons qu'on ignore, ce projet n'eut pas de suite, et Schumann continua de suivre les cours du collège de Zwickau, tout en se livrant à ses études musicales sans autre guide que sa fantaisie et son instinct.

La littérature est presque toujours complice des égarements d'un artiste. Je dois donc signaler la prédilection que le jeune Schumann montra vers cette époque pour Byron et Jean-Paul Richter, l'auteur de l'*Hespérus*, de la *Palingénésie* et du *Choix fait parmi les papiers du diable*. La lecture du dernier de ces auteurs contribua surtout à faire glisser son imagination naturellement rêveuse sur la pente de ce sentimentalisme morbide au bout duquel l'infortuné musicien trouva la folie et la mort.

Le libraire de Zwickau mourut au mois d'août 1826. Son fils fut alors contraint par la volonté maternelle de renoncer à l'étude de la musique pour celle du droit. On ne pouvait demander à un jeune homme de sacrifier plus complétement ses inclinations : aussi le futur compositeur eut-il beau passer de l'Université de Leipsick, où il s'était d'abord fait inscrire, à l'Université de Heidelberg, il n'en resta pas moins toujours l'étudiant le plus réfractaire aux Institutes et aux Pandectes. La philosophie convenait mieux que la science juridique à son esprit ami des études spéculatives. En conséquence, il s'y livra avec une certaine ardeur, mais c'était toujours la musique qui demeurait l'objet constant et inébranlable de ses affections. A Leipsick, il devint l'élève de Wieck, et, de cette façon, il ne perdit pas tout à fait son temps. A Heidelberg, ce secours lui manquant, il mena une existence assez peu réglée. Un voyage qu'il fit en Italie sur ces entrefaites réveilla dans son âme la disposition à l'enthousiasme, et combattit victorieusement l'influence des habitudes de plaisir prises à l'Université. Enfin, après plusieurs années de lutte contre les intentions de sa mère et de son tuteur, Schumann, qui avait su intéresser son maître Wieck à sa cause, obtint l'autorisation d'abandonner le droit pour devenir l'élève et le pensionnaire de l'habile artiste qui lui avait déjà donné des leçons. Depuis le jour où il entendit la magistrale exécution de Moschelès, son rêve avait été d'être un grand pianiste. Pour arriver à dépasser tous les autres virtuoses, il imagina de s'exercer d'après un procédé qu'il cacha soigneusement à tout le monde, mais dont le résultat fut bien différent de celui qu'il espérait. Ce procédé consistait à se servir seulement de quatre doigts de la main droite, tandis que le troisième était lié à une corde qui le tenait suspendu. L'inactivité forcée de ce troisième doigt amena bientôt une paralysie qui gagna toute la main, si bien que Schumann dut perdre l'espoir d'être jamais pianiste. Il s'en consola en étudiant l'harmonie et le contrepoint, avec l'ambition nouvelle de se faire un nom comme compositeur; ses premiers ouvrages furent des variations pour piano publiées en 1831, sous le pseudonyme d'Abegg, et une symphonie exécutée en 1832 et restée inédite. De 1833 à 1837, il écrivit entre autres compositions pour piano les sonates en *fa* dièse mineur et en *sol* mineur, la fantaisie en *ut* majeur et les études symphoniques.

La part d'influence que Schumann exerça sur la direction de l'art allemand, il la doit surtout à ses travaux de critique. Adversaire né des entraves classiques, en lutte ouverte avec la *Gazette générale de musique de Leipsick*, il fonda un journal d'avant-garde intitulée : *Neue Zeitschrift für Musick* (Nouvel écrit périodique pour la musique). Cette feuille dont il fut le rédacteur en chef, et qui compta dans sa rédaction des plumes vaillantes et hardies, commença à paraître le 3 avril 1834. On y dépréciait les chefs-d'œuvre en possession d'une faveur incontestée, pour exalter d'autant les parties obscures des œuvres de Beethoven et de Schubert. C'était un parti pris. Heureusement pour la gloire de Schumann, il ne fut pas toujours fidèle dans ses ouvrages aux théories qu'il préconisait dans ses articles.

Le 12 septembre 1840, l'artiste épousa Clara Wieck, fille de son ancien maître. Ce mariage n'obtint point l'assentiment du père de la jeune fille; mais, chose qui ne se voit guère qu'en Allemagne, Wieck se réconcilia avec son gendre lorsque celui-ci eut été reçu quelque temps après docteur en philosophie à l'Université d'Iéna. Une particularité curieuse à noter, et qui nous est révélée par Schumann lui-même dans une lettre adressée à Dorn, c'est l'influence que ces amours contrariées exercèrent sur son talent. « Il y a certainement dans ma musique, dit-il, quelque chose des luttes que m'a coûtées Clara ; le concerto (œuvre 14), les *Danses de David*, la sonate (en *sol* mineur), les *Kreisleriana* et les *Novellettes* (œuvre 21) ont tous pris leur source en elles. »

Ce fut aussi dans cette année 1840, l'une des plus actives de sa vie, que Schumann cessa de composer exclusivement pour le piano et fit ses *lieder*, bien inférieurs aux admirables compositions de Schubert, de Weber, de Mendelssohn et de Spohr. Il resta bien en deçà de la *neuvième symphonie* de Beethoven dans ses symphonies en *si* bémol et en *ré* mineur. La nature de ses facultés ne lui permettait pas de réussir dans cette voie où l'on ne peut d'ailleurs s'engager sans des connaissances techniques qu'il avait acquises trop tard pour les bien digérer.

En 1844, notre musicien quitta la rédaction du *Neue Zeitschrift für Musick* et on le vit occuper successivement plusieurs places, faire diverses excursions, multiplier ses travaux, sans rien ajouter à la renommée que ses précédentes productions lui avaient faite. Depuis 1833, il était sujet à des accès nerveux qui troublaient l'équilibre de ses facultés mentales. La *Symphonie rhénane*, les ouvertures de *Jules César*, d'*Hermann et Dorothée*, de la *Fiancée de Messine*, les ballades : *le Fils du roi*, *la Malédiction du chanteur*, etc., ont été visiblement conçues et exécutées sous cette inspiration maladive. En 1853 et en 1854, ce qui n'avait été peut-être jusque-là que l'exaltation d'un cerveau faible devint folie véritable. On dut désespérer de l'artiste quand on le vit ajouter la foi la plus absolue aux tables tournantes, quand on l'entendit parler de ses relations avec les ombres de Schubert et de Mendelssohn, qui venaient, disait-il, lui dicter des mélodies. Bientôt un fait d'une nature plus grave changea en une triste certitude les vagues inquiétudes de ses amis. Le 7 février 1854, à minuit, Schumann quitte son salon inopinément, et court se précipiter dans le Rhin. Ses vêtements le soutinrent sur l'eau assez longtemps pour qu'on pût le sauver. Mais si cet accident épargna sa vie, il tua sans retour sa raison. Les dernières années de l'artiste se passèrent dans une maison de santé à Eudenich près de Bonn où il s'éteignit le 29 juillet 1856.

Mme Clara Schumann, née Wieck, pianiste d'un très-grand talent, s'est dévouée à propager la renommée de son mari avec une énergie, une persévérance et un sentiment de piété conjugale qu'on ne saurait qu'admirer. Le plus grand éloge qu'on puisse faire de Robert Schumann, c'est d'avoir inspiré une telle affection. Mme Schumann a fait entendre les morceaux de piano de son mari dans des concerts, tant en Allemagne qu'en France, en Angleterre, en Belgique, en Hollande et en Russie.

Je ne saurais louer son *Concerto à deux pianos* qui me semble bruyant et bizarre, et dont l'harmonie est en constante contradiction avec le sens qu'on donne à ce nom. Mais il se trouve des idées charmantes dans les *Scènes d'enfants* (œuvre 14), morceaux conçus dans un ordre d'idées plus conforme aux lois de l'oreille. Je le répète, cette partie de l'œuvre du compositeur contient des pièces très-remarquables et susceptibles de plaire aux personnes même les plus opposées à son système. Ces compositions, qu'il a plu à Schumann d'appeler dédaigneusement *Scènes d'enfants*, annoncent plus de sens artistique et plus de maturité que ses œuvres orchestrales. Ce sont celles-ci qui, au fond, sont des enfantillages mal dissimulés sous leurs formes pompeuses. Toutefois plusieurs fragments sont d'un charmant effet, notamment la *Rêverie*; c'est le morceau de Schumann qu'on exécute le plus souvent dans les concerts.

KASTNER

(GEORGES)

NÉ EN 1811, MORT EN 1867.

C'est au milieu d'une civilisation avancée, après l'audition d'une foule de chefs-d'œuvre, lorsque la musique commence à se faire vieille, comme me le disait le regrettable Halévy, c'est à une époque où la synthèse peut être faite avec utilité et peut donner naissance à des idées générales, c'est maintenant, en un mot, que la place de l'historien est marquée, que son rôle est nécessaire, pour nous montrer tout le chemin parcouru depuis la naissance des arts et pour nous intéresser aux efforts, aux luttes et aux découvertes des pionniers qui ont frayé la route. Cette tâche de l'historien et du philosophe, Georges Kastner l'a entreprise avec autant de zèle que d'érudition. Mais il avait en lui de quoi faire plus encore. Musicien excellent et compositeur, homme doué d'un cœur ardent et dévoué, il a pu détourner ses regards du passé et interroger l'horizon, faire servir l'expérience des siècles aux progrès de l'avenir. N'est-ce pas le but de la vraie science en même temps que la marque d'un esprit élevé et généreux ?

Le docteur Jean-Georges Kastner naquit à Strasbourg, le 9 mars 1811. Il commença l'étude du piano dès l'âge de six ans et se rendit en peu de temps assez habile pour pouvoir toucher de l'orgue les jours de fête à l'église d'un village voisin de sa ville natale. Tout en suivant les cours d'humanités au gymnase, il étudiait le solfége, se perfectionnait dans la connaissance du piano, s'essayait même déjà à la composition, et acquérait la pratique des divers instruments de l'orchestre. En 1826, il s'adonna plus particulièrement à l'étude de l'harmonie, et, à partir de cette époque, il consacra à la musique une grande partie de sa vie. En 1827, l'éducation classique de Kastner était terminée. Deux ans après (1829), le théâtre de Strasbourg représenta la *Prise de Missolonghi*, drame en vers, pour lequel le jeune artiste avait écrit une ouverture, des chœurs, des marches et des entr'actes. Quelques mois après, la Faculté le reçut bachelier ès lettres. Le maître de chapelle Maurer, qui lui avait déjà donné des leçons d'instrumentation, compléta ses connaissances au point de vue de la composition pratique, et, en 1830, Bohner lui enseigna le contre-point double et la fugue. Bien que l'artiste fût alors préoccupé d'études étrangères à la musique et nécessitées par le désir qu'avaient ses parents de le voir embrasser l'état ecclésiastique, il n'en trouvait pas moins le temps de composer plusieurs morceaux, tels que des sérénades en l'honneur des professeurs de l'Académie.

De 1832 à 1835, Kastner écrivit trois grands opéras allemands : *Gustave Wasa*, la *Reine des Sarmates*, la *Mort d'Oscar*, et un opéra-comique, *le Sarrasin*. Ces ouvrages avaient été bien accueillis du public strasbourgeois, mais le compositeur se sentait animé d'une ambition plus haute que celle des succès de clocher. Paris était le seul lieu où son talent pût se déployer à l'aise ; il s'y rendit au mois de septembre 1835.

Ce fut comme théoricien qu'il se fit d'abord connaître en publiant son *Traité général d'instrumentation*. Ce livre obtint l'approbation de l'Institut et fut adopté pour l'enseignement du Conservatoire. La même faveur s'attacha à la seconde partie du travail de Kastner, intitulée : *Traité de l'instrumentation considérée sous les rapports poétiques et philosophiques*. D'autres publications didactiques se succédèrent à peu d'intervalle, et toutes jouirent d'une estime méritée. Je citerai une *Grammaire musicale*, une *Théorie abrégée du contre-point et de la fugue*, une *Méthode élémentaire d'harmonie*, un *Traité de la composition vocale et instrumentale*, divers travaux relatifs aux saxophones, des *Tableaux analytiques des principes élémentaires de la musique*, des *Tableaux analytiques de l'harmonie*, etc.

Lorsque le savant musicien, après avoir rendu tant de services à l'enseignement, voulut aborder la scène, il eut à lutter contre bien des obstacles. Ce n'est pas impunément en effet qu'on passe de la critique et de la littérature musicales à la composition lyrique. On se trouve alors avoir pour adversaires tous les hommes dont la veille on s'était constitué le juge. Bien que son opéra de *Beatrice* (1839) eût réussi en Allemagne, Kastner eut beaucoup de peine à faire jouer, à l'Opéra-Comique, deux actes sous ce titre : *La Maschera*. L'ouvrage parut enfin, le 17 juin 1841. On en approuva la facture, les idées mélodiques et le sentiment dramatique. Le *Dernier roi de Juda*, grand opéra biblique français en quatre actes, n'a été donné sur aucun théâtre, mais il a été exécuté en présence d'un auditoire d'élite, dans la salle du Conservatoire, le 1er décembre 1844. M. Georges Kastner a encore écrit divers morceaux de musique vocale, des scènes dramatiques, comme *Sardanapale*, la *Veuve du marin*, le *Nègre*, le *Proscrit* ; *Stéphen ou la Harpe d'Éole*, grand monologue avec chœurs ; sans compter beaucoup de romances, de mélodies et de nocturnes. La musique instrumentale lui doit des symphonies, des marches, des ouvertures, etc.

Les travaux les plus intéressants de M. Georges Kastner sont relatifs à l'histoire de la musique. Versé dans la connaissance des langues classiques, possédant en outre les principaux idiomes modernes, il était mieux que personne en état d'entreprendre des études qui demandent comme condition préalable le savoir exercé du philologue. Des ouvrages d'un genre aussi spécial trouvent peu de lecteurs, et l'auteur qui les publie avec des frais considérables ne doit pas s'attendre à rentrer dans ses déboursés. Cette menace suspendue sur la tête du laborieux érudit ne l'a point ébranlé : il a cru ne pouvoir mieux user de sa fortune qu'en la faisant contribuer à l'avancement de la science musicale. En écrivant son *Manuel général de musique militaire à l'usage des armées françaises* (Paris, 1848) , Kastner ne s'est pas contenté de faire un livre utile aux musiciens des régiments ; son ouvrage est encore et surtout un historique très-curieux de ce qu'a été la musique guerrière chez les diverses nations du monde, depuis les temps les plus reculés jusqu'à l'époque actuelle. Quand il arrive à ces dernières années, l'auteur, zélé pour le perfectionnement des instruments, consacre aux inventions de M. Sax de nombreuses pages qui ne sont pas les moins intéressantes de ce *Manuel*. Enfin, pour parler aux yeux en même temps qu'à l'esprit, Kastner fait suivre son texte de planches où le lecteur apprend mieux que par des explications écrites ce qu'étaient le *salpinx* des Grecs, le *lituus* des Romains, la cithare des Hébreux, etc.

Les annales des différents peuples, soigneusement consultées, ont fourni les matériaux de ce vaste monument, qu'il était opportun de publier dans ce dix-neuvième siècle, si avide de connaissances historiques. Le même désir d'arracher à l'oubli un passé précieux inspira ensuite à l'auteur ses recherches sur les *Danses des morts* (1852). M. Paul Lacroix est ici dépassé de toute la distance qui sépare un bibliophile fantaisiste d'un érudit compétent. L'écrivain traite en passant une foule de questions que le sujet appelait naturellement sous sa plume et qui se rattachent à la théologie, à la littérature, à l'esthétique et aux conceptions sociales du moyen âge ; il reproduit la figure des instruments usités dans les rondes des Morts ; enfin, car il n'oublie jamais qu'il est artiste, il conclut son travail par un essai de danse macabre dont la musique, composée sur des paroles de M. Édouard Thierry, offre un curieux caractère d'archaïsme.

Le recueil intitulé *Les Chants de la vie*, publié en 1854, se recommande, quant à la partie littéraire, par de savantes recherches sur l'élaboration du chant choral pour voix d'hommes. On y trouve tout ce qui concerne la naissance et le développement des sociétés de musique en Allemagne, qui, en s'éloignant de leur berceau et en se recrutant parmi les ouvriers, sont devenus les *Orphéons*.

Toutefois il est inexact d'attribuer ce mouvement à la réforme luthérienne comme le suppose Kastner ; c'est le contraire qui est vrai. En musique, comme en peinture, en architecture, comme dans tous les arts et les belles-lettres même, le protestantisme a été d'une stérilité relative évidente. Pour rester dans le domaine musical, peut-on un seul instant avoir la pensée d'opposer quelques maigres chorals, quelques oratorios aux innombrables chefs-d'œuvre des écoles Romaine, Napolitaine, Vénitienne, à la masse colossale des compositions flamandes et même à l'ensemble des œuvres musicales de l'Allemagne catholique? Je ne parle pas de la France. La partie musicale de ce livre de Kastner se compose de vingt-huit chœurs sur des paroles de Béranger, Théophile Gautier, Victor Hugo, Léon Malherbe, etc. Ils se distinguent par une mélodie franche, une bonne harmonie et une grande variété de rhythmes.

Une idée que Kastner pouvait mener à bonne fin, consistait à rechercher quels furent les chants militaires de la France depuis le fameux bardit : *Pharamond, Pharamond, nous avons combattu avec l'épée*, jusqu'au chant des Marseillais par Rouget de Lisle. Tel a été l'objet du livre publié en 1855, sous ce titre : *Les chants de l'armée française*. C'est un recueil fort bien fait et très-varié. Tout ce que les manuscrits français renferment d'intéressant s'y trouve. Kastner a multiplié les preuves de la paternité de Rouget de Lisle à l'égard de la *Marseillaise*. Il aurait pu facilement conclure de son étude comparée que la France est presque le seul pays qui soit privé d'un chant patriotique; il aurait pu dire que les chants affublés de cette glorieuse épithète ne rappellent que le souvenir de nos guerres civiles et des plus honteuses saturnales ; que tout chant patriotique a été et est encore partout un hymne religieux, tel que le *God save*, le *Gott, erhalte den Kaiser*, etc., tant l'idée de la patrie est indissolublement liée à l'idée religieuse. Cependant nous avons en France un chant à la fois religieux et national et qui a sur tous les autres chants de l'Europe ce privilége, qu'il est le plus ancien. puisqu'il retentissait sous les voûtes du temple de Salomon. Ce chant est le *Domine salvum fac regem*, tiré du psaume de David *Exaudiat*. Je ne saurais donner ici une idée des richesses accumulées par la patiente érudition du savant musicien. La *Chanson de Roland*, la grande épopée lyrico-guerrière de l'époque carlovingienne, ne fait naturellement pas défaut dans ce recueil.

Li quens Rolans, par peine et par ahans, Par grant dulor, sunet son olifan. Parmi la buche en salt fors li clercs sancs, De sun cervel li temple en est rumpant.	Le comte Roland, avec peine, fatigue et grande douleur, sonne son olifant. Le sang clair lui en sort de la bouche, et la tempe de son cerveau en éclate.
Del corn qu'il tient l'oïe en est mult grant ; Karles l'entend ki est as pors passant: Naismes li duc l'oïd, si l'escultent li Franc. Ce dist li reis : Jo oï le corn Rolant!...	Le son du cor qu'il tient porte bien loin! Charles qui passe les portes des défilés l'entend ; le duc Naismes l'entend aussi : les Francs l'écoutent, et le roi dit : J'entends le cor de Roland!...
Unc ne l'sunast, se ne fust combatant. Guesne respunt : De bataille est il nient. Ja estes vielz e fluris et blancs ; Par tels paroles vus ressemblez enfant.	Jamais il n'en sonne que lorsqu'il combat. Ganelon répond : Il n'est pas question de bataille. Vous êtes déjà vieux, blanc et fleuri ; par de telles paroles vous ressemblez à un enfant.
Asez savez le grant orgoill Rollant. Ço est merveille que Deus le soefret tant ! Pur un sul levre vat tute jur sunant ; Devant ses pers ore vait il gabant.	Vous connaissez assez le grand orgueil de Roland. C'est merveille que Dieu le souffre si longtemps ! pour un seul lièvre il va corner tout un jour. A cette heure il s'amuse avec ses pairs.

| Car chevalcez. Pur qu'ales arrestant? | Chevauchez toujours. Pourquoi vous arrêtez-vous? (1) |

Voilà le chapitre héroïque de l'histoire de la chanson ; mais Boileau l'a dit :

> Le Français, né malin, créa le vaudeville.

Si nous pouvions l'oublier, le recueil de Georges Kastner serait là pour nous en faire souvenir. A côté de l'inspiration chevaleresqne, on y rencontre la parodie burlesque, comme la romance populaire intitulée : *le Convoi du duc de Guise*, dont la célèbre chanson *Malbrough s'en va-t-en guerre* est évidemment un pastiche. Bref, il y a dans toutes ces pages plus qu'une satisfaction offerte à la curiosité ; il y a les éléments d'une histoire nationale ; à ce point de vue, l'auteur a rendu au pays un véritable service

Georges Kastner est mort Français. Un grand chagrin lui a été épargné. Dans l'histoire de l'art, son nom sera toujours associé à celui d'Edmond de Coussemaker. On louera, avec leur érudition, leur amour désintéressé pour la science musicale, et le noble usage que l'un et l'autre ont fait de leur fortune pendant de longues années. Tous deux méritent la reconnaissance de notre pays pour la gloire que leurs travaux considérables font rejaillir sur lui. E. de Coussemaker s'est attribué la tâche de découvrir les origines de l'harmonie, de déchiffrer les anciennes notations du haut moyen-âge, de réunir les textes des anciens auteurs, et il s'est acquis en cette matière ardue la notoriété la plus incontestable. Georges Kastner lui a laissé le mérite et l'honneur de cette investigation, sachant que personne ne pouvait mieux que ce savant mener à bonne fin un tel travail. Esprit plus encyclopédique, Kastner a multiplié les objets de ses études et est descendu volontiers dans l'arène musicale proprement dite, c'est-à-dire qu'il a composé sous l'influence des idées et des époques historiques qu'il a étudiées.

Rien n'est plus intéressant que de voir dans ces œuvres lyriques les ombres évoquées par Kastner reprendre un corps, s'animer, parler, agir et chanter. C'est une prosopopée musicale dont l'idée est heureuse et originale.

La musique *cosmique*, c'est-à-dire les rapports des bruits de la nature avec la science musicale, voilà le sujet qu'a traité Kastner dans la *Harpe d'Éole* (1856). Un esprit aussi actif et aussi ingénieux que le sien ne pouvait manquer de grouper autour de cette question une foule d'observations intéressantes. La cantate de *Stéphen ou la Harpe d'Éole*, qui termine le volume, prouve que, pour s'enfoncer dans les investigations scientifiques,

---

1. M. le baron d'Avril, dans sa traduction de la *Chanson de Roland* en vers blancs de dix syllabes, a heureusement rendu ce passage. Cette forme de versification me paraît être la mieux choisie pour reproduire le sens et le mouvement du texte original.

le savant ne cesse pas d'être compositeur, et sait plaire aux artistes comme aux antiquaires. C'est d'ailleurs une habitude constante de l'éminent musicologue de donner à la suite de son travail littéraire une application musicale du sujet traité dans le texte. Ainsi les *Voix de Paris* (1857) sont suivies d'une grande symphonie humoristique vocale et instrumentale qui est un petit chef-d'œuvre d'ingéniosité musicale et d'imitation amusante.

Le savant a voulu payer galamment un tribut d'hospitalité en réunissant, sous ce titre, tous les bruits de la vieille Lutèce, ce qui ne forme pas le chapitre le moins curieux de son histoire. Il est regrettable qu'en raison de sa complication et des éléments multipliés qui la composent, cette partition si orignale ne puisse être facilement exécutée ; le compositeur, bien secondé en cela par son collaborateur littéraire, M. Édouard Thierry, y a mêlé des intermèdes gracieux, entre autres, la romance du *Mendiant d'amour*.

L'année suivante (1858), Kastner publia les *Sirènes, essai sur les principaux mythes relatifs à l'incantation*, etc. Ai-je besoin de dire que cet ouvrage, comme les précédents, témoigne d'une immense lecture ? On s'y promène au milieu d'une forêt de citations grecques, latines, etc., recueillies avec la patience d'un bénédictin et le discernement d'un fin critique. Le livre se termine par une symphonie dramatique intitulée le *Rêve d'Oswald ou les Sirènes*, partition qui compte plus de deux cents pages.

Kastner a fait preuve d'une persévérance infatigable et d'une haute érudition dans sa dernière production, intitulée : *Parémiologie musicale de la langue française ou Explication des proverbes qui tirent leur origine de la musique* (1862). Le nom de compilateur est trop souvent pris en mauvaise part pour que je l'applique à un homme d'une intelligence pénétrante, dont la sagacité a exploité les plus vulgaires dictons et en a fait sortir souvent des découvertes inattendues. Au mérite de l'œuvre littéraire s'est joint celui de la partition placée à la fin du livre et qui est intitulée *la Saint-Julien des ménétriers*.

Je ne puis qu'engager mes lecteurs à consulter ce bel ouvrage toutes les fois qu'ils seraient tentés de reléguer la musique au rang des arts frivoles. Ils apprendront dans la *Parémiologie musicale* le rôle extraordinaire que la musique a rempli dans la formation de la langue française et la part considérable d'idées qu'elle a fournies à l'œuvre de la civilisation.

La réunion des musiques militaires des principales puissances de l'Europe, eut lieu à Paris, en 1867, à l'occasion de l'Exposition universelle ; Kastner en fut le promoteur. Il en avait conçu l'heureuse pensée à Strasbourg dès 1861, et elle avait reçu un commencement d'exécution. Cette manifestation musicale européenne, suivie d'un concours auquel présida Kastner avec le général Mellinet et M. Ambroise Thomas, a obtenu le succès le plus complet. Plus de vingt mille personnes saluèrent de leurs acclamations les musiques autrichienne, russe, prussienne, espagnole, belge, badoise, hollandaise, etc. C'était la première fête de ce genre, fête très-intéressante par la comparaison qu'on pouvait faire de ces divers éléments artistiques. Kastner a été secondé dans l'exécution de son plan par un lieutenant habile, M. Jonas.

C'est chose superflue que d'énumérer les distinctions honorifiques qui ont récompensé une existence toute consacrée à l'avancement de l'instruction musicale, tant théorique qu'historique. La plus enviable de toutes, Georges Kastner l'a reçue quand l'Institut l'a appelé dans son sein. Dans cette glorieuse assemblée, où siègent toutes les illustrations artistiques du pays, Georges Kastner pouvait être surnommé à bon droit le Humboldt de la musique.

Absorbés par nos travaux sur l'histoire de l'art musical, nous connaissions réciproquement nos ouvrages et nous avions de la sympathie l'un pour l'autre sans nous être jamais rencontrés. Nous fîmes partie ensemble de la Commission impériale de l'Exposition universelle et à cette occasion je reçus de M. Kastner l'accueil le plus flatteur et le plus cordial. Je m'y suis montré sensible parce que M. Kastner n'était pas seulement un vrai savant, mais aussi un homme sincère et bon. Nous promîmes de nous voir souvent. La mort vint détruire à sa naissance une amitié qui s'annonçait comme devant être durable. M. Georges Kastner mourut le 19 décembre 1867. Ses obsèques eurent lieu au milieu d'un grand concours de notabilités de tout genre.

M. Kastner avait épousé Mlle Boursault, riche héritière qui lui apporta avec une grande fortune le don plus précieux encore d'un esprit élevé et d'une affection intelligente et dévouée. Le nom de Mme Kastner mérite à tous égards d'être associé à la renommée de celui de son mari. Car non-seulement elle lui a rendu facile son existence artistique et scientifique, mais de plus elle a partagé ses goûts studieux, même ses labeurs, et a mis tout son cœur et toute son âme à lui ménager les plus grands succès : de telle sorte que l'humble professeur de piano est devenu membre de l'Institut et, en matière musicale, l'un des hommes les plus influents de ce temps-ci.

THOMAS

(AMBROISE)

NÉ EN 1811.

M. Ambroise Thomas naquit à Metz, le 5 août 1811. On peut dire qu'il apprit les notes en même temps que l'alphabet, puisque son père, qui était professeur de musique, lui fit commencer le solfége à l'âge de quatre ans. A sept ans, il entreprit l'étude du violon et du piano. Il fut admis au Conservatoire en 1828. Ses maîtres furent Zimmerman pour le piano, Dourlen pour l'harmonie et l'accompagnement, et Lesueur pour la composition. Il reçut aussi quelques leçons de piano de Kalkbrenner, et de Barbereau des conseils pour le contre-point. Après avoir obtenu le premier prix de piano en 1829 et le premier prix d'harmonie en 1830, il se vit décerner, en 1832, le prix de Rome, pour une cantate intitulée : *Hermann et Ketty*, dont les paroles étaient du marquis de Pastoret. Le jeune lauréat passa en Italie trois années, durant lesquelles il habita le plus souvent Rome et Naples, puis il se rendit à Vienne et revint à Paris au commencement de 1836, rapportant une messe de *Requiem*, fruit de son séjour au delà des Alpes.

La *Double Échelle*, opéra-comique en un acte, représenté le 23 août 1837, est le premier échelon de la carrière si heureusement fournie par le compositeur. On y remarqua de jolis morceaux, entre autres un duo, des couplets chantés par Couderc, un trio original et un quintette bien traité sur le motif d'un ancien menuet. A ce petit ouvrage succéda le *Perruquier de la Régence*, opéra-comique en trois actes, joué le 30 mars 1838. Bien que le livret ne valût pas celui de la *Double Échelle*, M. Ambroise Thomas le traita avec une élégance qui lui valut un second succès. Il donna ensuite à l'Opéra, en collaboration avec M. Benoist, *la Gypsy*, ballet en deux actes (1839); la même année, il écrivit, pour l'Opéra-Comique, le *Panier fleuri* (6 mai 1839). L'héroïne du livret de MM. de Leuven et Brunswick est, sous le nom de Mme Ve Beausoleil, un peu trop proche parente de la *Mère Grégoire*, chansonnée par Béranger. L'inspiration délicate du jeune maître se fût mieux accommodée d'un type moins trivial. Je citerai cependant, parmi les morceaux les plus jolis de la partition, le duo chanté par Chollet et Mlle Prévost : *J'ai bien appris à te connaître;* l'air militaire : *Mes beaux seigneurs*, et le quatuor final : *A la consigne sois fidèle*.

Une actrice qui refuse généreusement d'épouser un homme riche et titré, dans la crainte d'affliger une baronne fiancée à son amant, tel est le sujet de *Carline* (avril 1840). Cette pièce ne pouvait intéresser que des spectateurs décidés à faire bon marché de toutes les invraisemblances; M. Ambroise Thomas n'en a pas moins fait admirer sa facture élégante dans la ronde des moissonneurs, dans un joli nocturne entre de Quincy et Carline, enfin dans l'air de Carline, au troisième acte.

Encore un méchant livret, c'est celui du *Comte de Carmagnola*, opéra en deux actes, représenté à l'Académie royale de musique le 19 avril 1841. Le fameux condottiere se réduit sous la plume de Scribe aux plus mesquines proportions. Sur un canevas assez grossier, l'artiste n'a pas laissé que de broder de fines mélodies, comme le témoignent dans le premier acte, la romance de Nizza : *Protégez-moi!* dans le second acte, le beau trio exécuté au lever du rideau, la cavatine : *Je vais m'unir à toi;* un grand air brillant pour soprano, et particulièrement le duo entre Stenio et Nizza.

Le *Guerillero* (2 actes), représenté à l'Opéra le 22 juin 1842, soutint, sans l'augmenter, la réputation que le compositeur s'était faite par ses ouvrages précédents. Il en fut de même d'*Angélique et Médor*, opéra-comique en un acte dont M. Sauvage fit le livret et qui fut joué le 10 mai 1843. Mais *Mina*, opéra-comique en trois actes, représenté le 10 octobre 1843 contribua beaucoup à accroître l'estime des musiciens pour le talent de M. Ambroise Thomas. L'ouverture est intéressante. Après un dialogue entre les instruments à vent, traités avec une science ingénieuse des effets variés qu'ils peuvent rendre, arrive un allegro brillant et chaleureux dans lequel l'auteur a intercalé une belle mélodie exécutée par les violons. On a remarqué le joli finale du premier acte; dans le second, l'air poétique de Mina : *Le lever de l'aurore est plus beau dans les cieux ;* dans le troisième, une jolie valse chantée, et un quatuor terminé par un unisson d'un effet entraînant, ont valu à cet ouvrage d'assez nombreuses représentations.

L'immense succès du *Caïd*, opéra bouffe en deux actes et en vers libres (3 janvier 1849), commença la célébrité populaire de M. Ambroise Thomas. La vogue de cet ouvrage a duré longtemps. Une partition, où le rire circule abondant et facile, ne manque jamais son effet sur la partie la moins éclairée et la plus nombreuse du public. Il est seulement à regretter que ce genre ait fait école. Un compositeur d'un talent délicat, fin et gracieux, doué d'une organisation poétique, — il l'a prouvé depuis et on le pressentait déjà — a eu tort selon moi d'autoriser de son exemple la fabrication de ces opérettes qui pullulent aujourd'hui, au préjudice de l'art sérieux et du goût. N'est-ce pas le cas de penser de M. Thomas ce que Boileau disait de Molière, qu'il se serait épargné toute critique :

> Si, moins ami du peuple, en ses *doctes* peintures
> Il n'eût point fait souvent grimacer ses figures,

AMBROISE THOMAS

> Quitté pour le bouffon l'agréable et le fin,
> Et sans doute à Térence allié Tabarin.
> Dans le sac ridicule où Scapin s'enveloppe
> Je ne reconnais plus l'auteur du *Misanthrope*.

Ces réserves faites, je n'hésite pas à reconnaître que l'auteur du *Caïd* s'est montré, dans cette production, homme d'esprit et bon musicien comme partout. L'ouverture est vive et originale, les couplets de la diane : *l'Amour, ce dieu profane*, et l'air du tambour-major ont de la rondeur et de la verve ; le duo entre le barbier et la modiste est un morceau charmant ; le premier acte se termine par un excellent quintette sans accompagnement d'abord et ensuite accompagné par l'orchestre. Le second acte renferme une jolie romance accompagnée par la harpe ; un nocturne gracieux pour soprano et basse : *O ma gazelle ;* l'air si souvent chanté dans les concerts : *Plaignez la pauvre demoiselle ;* le trio comique dans lequel se trouvent quelques traits d'un goût douteux imposés au compositeur par la nature du sujet. Le finale est une bonne comédie musicale.

Il était à craindre qu'ébloui par l'accueil fait à la partition du *Caïd*, M. Ambroise Thomas ne restât longtemps hors de la voie ouverte le plus favorablement à son genre de talent. Il y a dans les applaudissements, même vulgaires, quelque chose de si capiteux que les plus forts en ont parfois la tête troublée. Mais un artiste doué d'un sentiment élevé, ne saurait se condamner à réussir toujours auprès de la médiocrité. Force est au vrai fond de se découvrir, aux qualités *génuines* de se révéler ; alors on voit éclore une œuvre remplie de grâce, de goût et de sentiment, comme *Mignon*, l'une des dernières productions du maître.

Le *Songe d'une nuit d'été*, opéra-comique en trois actes représenté le 20 avril 1850, est l'œuvre d'une inspiration plus haute que celle qui a produit le *Caïd ;* il n'a cependant pas joui de la même faveur. Ne cherchez pas ici le *Midsummer night's Dream* de Shakespeare ; le poëte anglais lui-même est le héros de l'ouvrage. MM. de Leuven et Rosier ont pris l'auteur d'*Othello* à cette époque de sa vie où, selon plusieurs biographes, il préludait tristement à sa future gloire par l'orgie et la débauche. Pour le ramener à une meilleure conduite, la reine Élisabeth use d'un singulier stratagème. Tandis qu'il est plongé dans l'ivresse, elle le fait transporter dans un parc royal. A son réveil, une femme voilée, que le dramaturge prend pour l'apparition de son génie, lui reproche ses égarements et le menace de l'abandonner. Ces conseils seront suivis, bien que l'illusion dans laquelle ils sont enveloppés s'évanouisse pour laisser paraître à la fin de la pièce la figure de la reine. Le livret pourrait être meilleur et l'eût été sans doute s'il eût tenu les promesses de son titre, c'est-à-dire s'il nous eût montré Obéron, Puck, Titania, Bottom et les autres personnages de la fameuse comédie fantastique. Quel qu'il soit, M. Ambroise Thomas en a tiré tout le parti possible. L'ouverture se distingue par une marche dont le rhythme est original ; les couplets de Falstaff et le défilé des marmitons ont été goûtés par le public. Il y a bien plus de mérite dans le trio : *Où courez-vous, mes belles?* Le chœur des Gardes-chasse qui ouvre le second acte est une composition très-heureusement développée et d'un bon effet ; la scène de l'apparition témoigne d'une grande délicatesse de touche et de coloris. Les morceaux les plus saillants du troisième acte sont le duo passionné entre Olivia et Latimer et les couplets du *Rêve* chantés par la reine.

Après le *Songe d'une nuit d'été*, parut *Raymond ou le Secret de la reine*, drame lyrique en trois actes, donné à l'Opéra-Comique le 5 juin 1851. La légende de l'homme au masque de fer fait le fond de ce sombre livret plus approprié à la manière fortement accentuée de M. Verdi, qu'aux formes élégantes de la musique de M. Thomas. Les morceaux qu'on a le plus remarqués sont : le chœur des vieillards, et un autre chant dialogué de femmes : *Heureux époux, quelle faveur!* dans le premier acte. Au second acte, la romance de ténor : *En proie au douloureux martyre*, et une scène pastorale empreinte d'un cachet d'archaïsme ; enfin, dans le troisième, la prière des moines, la cavatine du ténor : *Point de pitié pour mes larmes*, et la mélodie de Stella : *Illusion chérie*.

Dans cette même année (1851), M. Ambroise Thomas fut appelé à l'Institut en remplacement de Spontini. Depuis longtemps l'auteur de *Mina* et du *Songe* avait prouvé qu'il était digne d'occuper une place dans l'aréopage académique. Il le prouva une fois de plus en écrivant la *Tonelli*, opéra-comique en deux actes, représenté le 30 mars 1853. Le nouvel académicien cherchait le suffrage des connaisseurs : il l'obtint assez éclatant et assez entier pour y trouver un dédommagement à l'indifférence avec laquelle la foule accueillit ce produit simultané de la science et du goût. Quant à la *Cour de Célimène* (11 avril 1855), cet ouvrage est loin d'être sans valeur ; il repose malheureusement sur une donnée antimusicale et antiscénique. Le manége d'une coquette — à moins que cette coquette ne soit une reine et que ses caprices ne donnent la mort — le manége d'une coquette, dis-je, ne saurait fournir matière à des incidents vraiment dramatiques. C'est de la psychologie que ceci relève : or, le théâtre vit d'action, et l'on fausse l'objet propre de la scène quand on y transporte une analyse de sentiments. M. Thomas méritait mieux qu'un pareil livret, mais j'ai déjà remarqué qu'il fut plus d'une fois victime de ses collaborateurs.

Cette observation ne s'applique qu'à moitié, dans ma pensée, aux librettistes de *Psyché*. En prenant pour sujet de leur poëme un des plus gracieux mythes de l'antiquité grecque, MM. Jules Barbier et Michel Carré mettaient le musicien à son aise. Il n'y avait plus désaccord entre le caractère de la pièce et le caractère de l'artiste. Au lieu de lutter, celui-ci n'avait qu'à se laisser conquérir aux souvenirs charmants de l'hellénisme.

Malheureusement les auteurs n'osèrent convier le public de l'Opéra-Comique à entrer dans cet ordre d'idées. Il y a certainement bien de l'esprit dans le livret de M. Jules Barbier et des vers bien tournés ; mais l'élément comique y tient trop de place, et les personnages ridicules de Mercure, d'Antinoüs, de Gorgias, dont Éros et Psyché sont entourés, font évanouir toute la poésie des plus gracieuses fables de l'antiquité et empêchent de prendre au sérieux les ravissantes mélodies chantées par les amants ainsi que le chœur si frais et si doux des nymphes au second acte. On est distrait par la comédie ; mauvaise disposition d'esprit pour goûter la musique. Seuls, les délicats proclamèrent les beautés musicales de *Psyché* ; une objection qui a été encore faite à cet opéra, c'est que les rôles de femmes y dominent, à l'exclusion même du rôle de ténor.

Un échec tel que celui que subit *Psyché* est aussi honorable qu'un succès, puisqu'il accuse non le compositeur, mais ses juges. Mal en avait pris à l'auteur applaudi du *Caïd* d'avoir idéalisé son talent.

Le *Carnaval de Venise*, opéra-comique en trois actes, représenté le 9 décembre 1857, fut composé expressément pour faire valoir l'admirable flexibilité du gosier de Mme Cabel. Peu de cantatrices pourraient se charger du rôle de Sylvia qui chante, sous le titre d'*Ariette sans paroles*, un concerto de violon d'un bout à l'autre.

Deux ans après (24 février 1860), M. Thomas donna à l'Opéra-Comique le *Roman d'Elvire*, en trois actes. Ses collaborateurs littéraires étaient MM. Alexandre Dumas et de Leuven. La partition a été jugée intéressante par la complexité des effets, la variété des nuances et le fini des détails. On a surtout remarqué le duo de la Sorcellerie entre la marquise et la bohémienne, les couplets de Gennaro : *J'aime l'or*, et ceux du podestat : *C'est un Grec ;* le grand air de ténor et le finale du deuxième acte ; enfin, la romance de Gennaro au troisième : *Ah ! ce serait un crime.*

Mignon, opéra-comique en trois actes, fut donné en 1866 (17 novembre). Depuis six ans, M. Ambroise Thomas se tenait éloigné de la scène. Il fit une rentrée éclatante. Les auteurs du livret, MM. Michel Carré et Jules Barbier, ont fort heureusement traité ce sujet difficile de *Mignon*, en ne s'inspirant pas moins des tableaux de Ary Scheffer, dont l'expression est si pénétrante, que du récit de Gœthe. Le maitre s'est trouvé dans cet élément poétique, pittoresque, qu'il affectionne. Sa phrase mélodique exprime bien le caractère intime et le fond des sentiments de ses personnages, de Mignon, de Philine, de Wilhelm Meister, de Lothario.

Tout est réussi dans cet ouvrage, et, malgré une certaine indifférence de la presse, le dédain calculé des sectaires de Weimar et l'opposition mal dissimulée des partisans de la bouffonnerie lyrique, le succès s'est installé peu à peu dans les premières loges d'où il a rayonné du parterre à l'amphithéâtre.

Le sujet, intéressant par lui-même, a été bien développé et complété par une scène très-pathétique au troisième acte. Une scène remarquable au point de vue littéraire et traitée par le musicien avec une inspiration soutenue, est celle où Mignon rappelle à Wilhelm les seuls souvenirs de son enfance qui lui soient restés.

MIGNON.
Demain, dis-tu? Qui sait où nous serons demain?
L'avenir est à Dieu, le temps est dans sa main.

WILHELM.
Quel est ton nom?

MIGNON.
Ils m'appellent Mignon,
Je n'ai pas d'autre nom.

WILHELM.
Quel âge as-tu?

MIGNON.
Les bois ont reverdi, les fleurs se sont fanées,
Personne n'a pris soin de compter mes années.

La poétique composition d'Ary Schœffer, *Mignon regrettant sa patrie*, a inspiré le compositeur que le poëte a bien secondé de son côté par ces beaux vers :

MIGNON.
Connais-tu le pays où fleurit l'oranger,
Le pays des fruits d'or et des roses vermeilles,
Où la brise est plus douce et l'oiseau plus léger,
Où dans toute saison butinent les abeilles?
Où rayonne et sourit comme un bienfait de Dieu
Un éternel printemps sous un ciel toujours bleu?
Hélas! que ne puis-je te suivre
Vers ce rivage heureux d'où le sort m'exila!
C'est là que je voudrais vivre,
Aimer et mourir. — C'est là!

Le duo chanté par le harpiste et Mignon :

Légères hirondelles,
Oiseaux bénis de Dieu,
Ouvrez, ouvrez vos ailes,
Envolez-vous! adieu!

forme un épisode charmant dont le succès a rapidement passé de la scène dans les concerts et les salons. La gavotte qui sert d'entr'acte est d'un style pur et élégant. Elle rappelle bien la vieille musique de danse française ; ce n'est cependant pas un pastiche ; la forme a un siècle ; les idées sont d'hier. Après le madrigal, qui me paraît moins heureux, vient une jolie styrienne chantée et dansée par Mignon. La mélodie de Wilhelm : *Adieu, Mignon! courage!* est d'une sensibilité vraie et parlante, qui est peut-être encore dépassée dans le duo sympathique entre les deux infortunés personnages qui ignorent ce qu'ils sont l'un à l'autre : *As-tu souffert? as-tu pleuré?*

La grâce légère et le brio familiers au compositeur reparaissent dans la polonaise : *Je suis Titania la blonde*, chantée par Philine. Le chœur exécuté sur l'eau est d'un joli effet et la disposition des voix est fort habile. Il est regrettable qu'il offre une réminiscence du chœur d'introduction de *Lucie*. La berceuse de Lothario : *De son cœur j'ai calmé la fièvre*, la suave romance de Wilhelm : *Elle ne croyait pas dans sa candeur naïve*, la prière de Mignon : *O Vierge Marie*, conservent à chacun de ces personnages leur caractère et leur rôle dans le drame. La coquette Philine enlève avec le brio d'une cantatrice habituée aux triomphes la forlane finale.

Hamlet, opéra en cinq actes, paroles de MM. Michel Carré et Jules Barbier, d'après la tragédie de Shakespeare, a été représenté à l'Opéra le 9 mars 1868. Cet ouvrage est le plus important qui ait été écrit pour notre première scène musicale depuis les dernières tragédies lyriques d'Halévy. Je me sers à dessein de cette dénomination de tragédie lyrique, appliquée aux œuvres de l'auteur de la *Juive*, de *Charles VI*, de la *Reine de Chypre*, afin d'établir entre les genres une différence dont on doit tenir compte. C'est un drame romantique que M. Ambroise Thomas avait à traiter, et, de tous les drames, celui qui paraissait se prêter le moins aux exigences d'un opéra, à cause de la portée philosophique qu'à tort ou à raison l'opinion publique lui attribue. Il a fallu nécessairement que les auteurs de la pièce française missent de côté un grand nombre d'épisodes, les longs monologues, les dialogues grossiers, les scènes rebutantes qu'on trouve dans l'auteur anglais, afin que le spectateur se trouvât en présence d'une action forte, simple et que les situations fussent compatibles avec la musique. Je sais bien que, depuis la conception de certaines théories nouvelles, on a attribué à l'art des sons une virtualité universelle, je veux dire la puissance de tout exprimer, même les plus subtils problèmes psychologiques ; mais il ne suffit pas d'émettre des théories, il faut, pour qu'elles ne restent pas à l'état de logomachie stérile, qu'elles aident à l'éclosion de belles œuvres qui s'imposent sans violence et par leur mérite intrinsèque à une admiration publique, durable et croissante. Or, il n'est sorti jusqu'à présent de ces larves si vantées que d'assez vilains papillons de nuit au vol lourd et à l'aspect peu sympathique. J'approuve donc entièrement MM. Michel Carré et Jules Barbier d'avoir refondu le drame de Shakespeare à l'usage de l'œuvre lyrique. Je regrette même qu'ils aient cru devoir conserver le *to be or not to be* du célèbre monologue d'*Hamlet*, et la scène des fossoyeurs, qui sera toujours insupportable aux yeux des gens de goût. Je leur reproche aussi de n'avoir pas puni Polonius, le complice du crime dont le châtiment est le sujet de l'opéra entier

A part ces réserves, je ne fais aucune difficulté de louer le mérite littéraire de la pièce, la beauté des vers et le choix heureux des expressions dans les passages caractéristiques. En somme, la division de l'ouvrage en cinq actes est ainsi motivée : Premier acte : Couronnement de la reine

Gertrude, veuve du feu roi, et devenue la femme de Claudius, roi de Danemark, son beau-frère; tristesse d'Hamlet; scène et duo d'amour entre Ophélie et Hamlet; départ de Laerte, frère d'Ophélie; scène de l'esplanade du château d'Elseneur; apparition de l'ombre du feu roi; révélation du crime; Hamlet jure de venger son père. Deuxième acte : Ophélie se plaint de ce que le prince ne lui témoigne plus la même tendresse; elle confie sa peine à la reine et lui demande de quitter la cour pour cacher sa douleur dans un cloître. La reine, déjà en proie aux plus sombres pressentiments, s'efforce de retenir la jeune fille :

> Ne pars pas, Ophélie,
> C'est une mère qui supplie,
> Je n'espère qu'en toi pour guérir sa folie;

duo entre le roi et la reine; Claudius cherche en vain à apaiser les remords de sa complice. Hamlet se présente ; au milieu de discours simulant la folie, il annonce un spectacle qu'il a préparé pour divertir la cour; chœur des histrions; chanson bachique; marche danoise. Hamlet fait représenter devant Claudius et Gertrude la scène de l'empoisonnement du vieux roi Gonzague, et, les yeux fixés sur les coupables, il décrit à haute voix la pantomime :

> C'est le vieux roi Gonzague et la reine Genièvre!
> En ce lieu solitaire, elle guide ses pas,
> De doux serments d'amour que nous n'entendons pas
>   S'échappent de sa lèvre.
> Le roi cède au sommeil et s'endort dans ses bras.
>   Mais, regardez; voici paraître
>   Le démon tentateur, le traître!
>   Il s'approche, il tient le poison!
>   La reine, dont sa voix perfide
>   Egara la faible raison,
>   Lui tend une coupe homicide...
>   Il la saisit et sans effroi
>   Verse la mort au cœur du roi.
>   C'en est fait! Dieu reçoit son âme.
>   Et lui, le meurtrier, calme et debout encor
>   A la face du jour prend la couronne d'or
>   Et la met sur son front infâme.

Le roi pâlit ; la colère d'Hamlet fait explosion; on le croit fou. Il en résulte une scène de désordre et de confusion qui termine le deuxième acte.

Troisième acte : Monologue d'Hamlet. Le roi entre en scène. Hamlet se cache derrière une tapisserie. Claudius essaye de prier; il croit voir l'ombre de son frère ; il appelle; Polonius accourt. Tous deux, en quelques mots, achèvent de faire connaître à Hamlet l'affreuse vérité. La douleur d'Hamlet, apprenant que le père d'Ophélie a participé au crime, aurait pu être plus accentuée. Il y avait là un air à placer, air bien plus dramatique et émouvant que le *to be or not to be*, et qui amenait naturellement le trio suivant, dans lequel Hamlet repousse durement l'amour d'Ophélie pour accomplir sa terrible mission. Le duo entre la mère et le fils, qui termine le troisième acte, est la scène la mieux traitée du scénario. Gertrude rappelle le spectacle de ces reines des tragédies du vieil Eschyle, qui, toutes criminelles qu'elles sont, apparaissent si misérables, qu'elles excitent encore plus la pitié que la haine des spectateurs. Hamlet, nouvel Oreste, irait jusqu'à tuer sa mère, si l'ombre du vieux roi ne venait lui ordonner de respecter sa vie. Jusqu'au quatrième acte, on le voit, les sombres tableaux se succèdent, l'âme du spectateur est oppressée par la vue de ces personnages qui s'accusent, tremblent, se menacent, et par cette terrible vengeance suspendue sur leurs têtes.

Le quatrième acte, dont le premier tableau est un divertissement qui a pour objet de représenter la *Fête du printemps*, aurait dû offrir plus de variété et plus de gaieté, ou être beaucoup plus court et se rattacher immédiatement à la scène de la mort d'Ophélie. Si les auteurs (et ici le musicien est aussi en cause) avaient résolûment adopté le principe de l'intermède de danses, pour reposer le public d'émotions fortes et déjà prolongées outre mesure par les développements musicaux qui maintiennent le système nerveux dans un état de tension plus pénible encore que ne l'auraient fait trois actes en vers alexandrins, les auteurs, dis-je, auraient été d'accord avec la tradition et la raison. On a blâmé avec justice la longueur des ballets plus que l'introduction du ballet lui-même dans les opéras. Au temps florissant des tragédies lyriques en cinq actes, telles que celles de Quinault et de Lulli, les intermèdes de danse étaient bien plus fréquents que dans les ouvrages modernes, mais ils étaient plus courts. Au contraire, les auteurs d'*Hamlet* ont voulu que leur divertissement ne s'éloignât pas trop du caractère général de leur œuvre, et le compositeur lui a même donné comme une couleur scandinave. Les motifs en sont élégants, poétiques, originaux ; mais, encore une fois, ils manquent de vivacité et d'entrain; de telle sorte que le spectateur n'est pas suffisamment reposé, lorsque le deuxième tableau lui montre la pauvre Ophélie, folle, au milieu des roseaux, où elle trouve innocemment la mort. Cette scène n'existe pas dans l'œuvre de Shakespeare, et c'est une heureuse idée de l'avoir imaginée. La ballade : *Pâle et blonde, dort sous l'eau profonde la Willis aux regards de feu*, est, dit-on, une traduction d'une poésie suédoise. Ophélie s'étant ensevelie sous les flots du lac bleu, qu'était-il besoin de la faire revenir dans un cercueil, escortée d'un cortège funèbre, et de diviser ainsi le dénoûment que la mort donnée à Claudius par Hamlet rendait assez saisissant. Je le répète, parce que j'aurais désiré que cet ouvrage, si distingué, fût parfait ; après quatre actes, remplis par les plus sombres pensées et terminés par la mort gracieuse, si l'on veut, mais enfin par la mort d'Ophélie, il fallait, dans un court tableau, se contenter de l'arrivée d'Hamlet, lui faire dire le récitatif et l'arioso : *Comme une fleur éclose au souffle de la tombe*, lui apprendre la mort de celle qu'il a aimée, faire apparaître une dernière fois le spectre et terminer brièvement par la mort de Claudius. Je crois que cet ouvrage gagnerait beaucoup à la suppression de la scène odieuse au théâtre des fossoyeurs.

Au début de cette analyse, j'ai fait allusion à des doctrines qui ont fait grand bruit et que je ne partage pas. Il faut convenir cependant qu'elles auront produit un bon résultat. Des compositeurs, les plus indépendants par leur propre talent et leurs succès, se sont préoccupés de toutes ces théories de mélodie infinie et indéfinie, du *bruit qu'on entend dans la forêt*, de musique psychologique et de modulations hardies, inattendues, conçues en dehors de toute tonalité antérieure et postérieure. Ces compositeurs, troublés peut-être par les critiques qu'on faisait de leurs œuvres, impressionnés plus qu'il ne fallait par le nombre des adhérents au nouveau système, ont voulu essayer de se placer sur ce nouveau terrain, et de mettre en œuvre les libertés nouvelles, peu *nécessaires* celles-là. Qu'est-il arrivé ? Deux maîtres français et deux italiens se sont mesurés avec le sphinx germanique. M. Gounod, dans plusieurs ouvrages célèbres, a remporté la victoire; M. Ambroise Thomas, en traitant le sujet redoutable d'*Hamlet,* avait des raisons légitimes de s'éloigner des traditions autant que les règles du goût le lui permettaient. Il a battu ses adversaires sur leur propre terrain, et jamais les *Tannhauser*, les *Lohengrin* et les *Rienzi*, dont les poëmes ont été écrits pour les partitions, n'auront le nombre de représentations d'*Hamlet* dont la partition a été écrite pour le poëme. On sait que M. Verdi a cherché aussi à faire des concessions à l'esprit du jour dans *Don Carlos* et surtout dans *Aïda*. Quant à Rossini, il s'est donné, sur ses vieux jours, la satisfaction de livrer, sur ce nouveau champ de bataille hérissé de chausses-trapes, de cavaliers de frise et miné à chaque pas, un combat en règle. En fait de modulations éloignées, de constructions savantes et hardies, je doute qu'on dépasse jamais l'heureuse habileté de l'auteur de la *Messe solennelle*. Et cependant, jamais la mélodie n'est absente, jamais l'oreille n'est affectée durement. C'est à de telles conditions que le véritable progrès existe.

La marche du couronnement et le chœur inaugurent le premier acte d'*Hamlet* d'une manière grandiose. Les récitatifs portent l'empreinte d'une mélancolie profonde, quelquefois un peu morbide ; beaucoup de phrases ont un charme pénétrant. Dans le duo entre Ophélie et Hamlet : *Doute de la lumière,* la phrase principale est d'une inspiration chaleureuse et les arpéges qui l'accompagnent en augmentent encore l'effet. Dans la scène de l'esplanade, le compositeur a fait usage d'instruments de cuivre récemment perfectionnés par M. Sax, et dont la sonorité, un peu lugubre, convenait bien à une apparition spectrale. Dans le deuxième acte, je rappellerai le poétique et naïf fabliau d'Ophélie, l'arioso chanté par la reine : *Dans son regard sombre*, qui, de tous les airs de la partition, est celui que je préfère, à cause de l'ampleur et de l'unité du style; le chœur pittoresque des comédiens : *Princes sans apanages;* la chanson bachique ; la marche danoise et le mélodrame. Le troisième acte renferme un bon trio, dont la phrase de baryton : *Allez dans un cloître, Ophélie,* a du caractère. Le duo scénique entre Hamlet et sa mère était la pierre de touche pour le compositeur. L'expression dramatique en est due à la parfaite possession des moyens musicaux mis en œuvre. Il fallait avoir une expérience consommée pour se tirer aussi avantageusement d'une situation si périlleuse. La *Fête du printemps*, qui ouvre le quatrième acte, les romarins et les pervenches que distribue Ophélie à ses compagnes, son genre de mort au milieu des joncs, des nénuphars en fleur, tout cela forme un contraste un peu forcé avec les frimas du premier acte et les effets de neige sur les tours du château d'Elseneur. L'action a donc duré six mois. Rien ne l'indique dans le poëme, mais passons.

Le quatrième acte a décidé, dit-on, du succès de l'opéra. On s'accorde à l'attribuer au charme personnel de Mlle Nilsson et à son interprétation poétique du rôle de la blonde Ophélie. Les décors du lac Bleu, une belle mise en scène, tout cela a pu contribuer à la vogue dont ce quatrième acte a joui ; mais ce sont là, il faut en convenir, des causes extra-musicales ; elles ne me touchent que médiocrement. J'insisterai sur l'expression de l'andante chanté par Ophélie : *Un doux serment nous lie,* sur le rhythme de la valse chantée : *Partagez-vous mes fleurs,* sur l'originalité de la ballade dont la mélodie est continuée par un chœur invisible de Willis, à bouche fermée, pendant la disparition de la jeune fille dans les flots du lac Bleu. Toute cette scène est très-poétique ; elle n'avait pas besoin pour réussir de l'idolâtrie des gens du monde pour la cantatrice qui a eu la bonne fortune d'en être l'interprète. J'ai dit ce que je pensais de la présence des fossoyeurs au cinquième acte. C'est un tableau de M. Courbet. Les yeux en sont offensés et les oreilles ne sont pas plus satisfaites de leur mauvais plain-chant. M. Ambroise Thomas, comme M. Gounod dans la ballade du roi de Thulé, a cru que, pour écrire dans la tonalité du plain-chant, il suffisait de supprimer la note sensible et même d'introduire l'intervalle de triton. C'est une erreur. Le *sol* naturel, dans l'échelle de *la* mineur, ne peut produire son effet plagal qu'autant que la mélodie sera formée des notes de la quarte au-dessous de la tonique et de la quinte au-dessus. L'air d'Hamlet : *Comme une pâle fleur,* est un cantabile d'une grande tristesse. Si on ajoute à la composition idéale intelligente et poétique de cet ouvrage, un coloris instrumental varié, une grande richesse de combinaisons, on reconnaîtra que l'opéra d'*Hamlet* a conquis sa place à côté des ouvrages importants du répertoire. Le rôle d'Hamlet a été chanté avec talent par Faure ; ceux de la reine et d'Ophélie, par Mme Gueymard et Mlle Nilsson.

La fortune brillante qui est échue aux derniers ouvrages de M. Ambroise Thomas complète, en les récompensant, une longue série de travaux dramatiques, auxquels trop souvent la masse du public a marchandé ses encouragements. En France, rien ne réussit comme le succès; la vogue de *Mignon* a préparé certainement celle d'*Hamlet*.

Outre les compositions dramatiques que j'ai citées, on doit encore à M. Ambroise Thomas d'élégants morceaux de piano, quelques rares compositions de musique d'église, quelques romances et des chœurs écrits pour les orphéons. Une de ces dernières compositions, *le Tyrol*, a été entendue avec plaisir dans les festivals et concours qui ont eu lieu en 1867, à l'époque de l'Exposition universelle.

M. Ambroise Thomas a été nommé directeur du Conservatoire en 1871; il a succédé à M. Auber et a déployé une grande activité dans l'organisation du personnel de cet établissement, pour qu'il réponde à ses vues. Il a achevé, dit-on, une nouvelle partition qui a pour titre : *Françoise de Rimini*. L'ouvrage, destiné à l'Opéra, sera représenté lorsque l'on aura trouvé des interprètes qui puissent aider au succès, car il est important, pour un compositeur du mérite de M. Ambroise Thomas, de veiller à ce que la première impression du public soit favorable. Ce que Mme Galli-Marié, Mlle Nilsson et M. Faure ont été pour le succès de *Mignon* et d'*Hamlet*, une nouvelle cantatrice le sera sans doute pour celui de *Françoise de Rimini*.

LISZT

NÉ EN 1811

Les exagérations du romantisme de 1830 n'ont pas eu dans la sphère musicale de représentant plus fidèle que M. Liszt. Il a joui d'une vogue inouïe, parce qu'il ressentait et exprimait à un degré supérieur l'étrange délire dont toutes les têtes de ce temps-là étaient plus ou moins malades, singulière physionomie artistique dont les principaux traits sont un orgueil insatiable, une soif inextinguible d'éloges, le besoin de paraître et de faire sensation par des moyens trop souvent étrangers à l'art. Que M. Liszt ait été un pianiste prodigieux, qu'il ait atteint peut-être les dernières limites de la virtuosité sur son instrument, je ne le nie pas ; mais, quant à ses compositions, elles me paraissent l'effort malheureux d'une ambition fourvoyée. L'homme qui a pu les signer méritait bien — et tel a été son châtiment — de voir son nom associé à celui de M. Wagner dans la campagne entreprise contre le bon sens et le goût par ceux qui s'intitulent les *musiciens de l'avenir*.

Franz Liszt naquit le 22 octobre 1811, à Rœding, village hongrois situé à peu de distance de Pesth. Son père, comptable attaché à la maison du prince Esterhazy, cultivait la musique en amateur, mais avec assez de talent pour que le prince l'employât dans sa chapelle. Adam Liszt fit ainsi la connaissance de Haydn, qui mourut, comme je l'ai dit, en 1809, c'est-à-dire deux ans avant la naissance de Franz. L'enfant était dans sa sixième année quand, entendant un jour son père jouer sur le piano un concerto de Ferdinand Ries, il en retint le thème et les principales mélodies de façon à les pouvoir chanter le même soir. La sollicitude paternelle s'émut de ces précoces dispositions musicales, et Liszt fut mis à l'étude du piano. La lecture du *René* de Chateaubriand, qui lui tomba dans les mains un peu plus tard, ne fut peut-être pas sans influence sur cette humeur mélancolique qui depuis l'a caractérisé. On sait ce qu'est ce livre, resté unique après avoir inspiré tant d'imitateurs, roman de la passion solitaire écrit au lendemain d'une révolution par un penseur désabusé. René offre le premier type de cette tristesse vague et hautaine dont s'enveloppèrent ensuite Byron, Sénancour, l'auteur malheureux d'Obermann, et le poëte des *Méditations*. L'impression qu'un tel ouvrage dut produire sur l'imagination prématurément rêveuse du jeune pianiste, on la comprend sans peine. Il lut et relut ce livre pendant six mois et plusieurs fois avec des yeux inondés de larmes; si telles étaient dès lors ses inclinations littéraires, il n'y a pas lieu de s'étonner que plus tard il se soit engoué des beautés de *Lélia*.

S'il est des natures inaccessibles à la vanité, qui, ainsi qu'on le voit par l'exemple de Mozart, résistent à l'enivrement de la gloire précoce, dans plus d'un cas, les enfants prodiges ou déclarés tels acquièrent au contact des admirations publiques je ne sais quoi de prétentieux et de gourmé qui les suit pendant le reste de leur carrière. C'est sous ces fâcheux auspices que Liszt commença la vie. A neuf ans, il exécutait devant le prince Esterhazy à Œdenbourg le concerto en *mi* bémol de Ries et une fantaisie improvisée; son succès fut si grand, que le prince, après lui avoir prodigué mille caresses, le gratifia de cinquante ducats. A Presbourg, où le jeune virtuose se rendit ensuite avec sa famille, il s'attira par son talent les bonnes grâces des comtes Amaden et Zopary; tous deux, en vue de subvenir aux frais de son éducation musicale, convinrent de lui assurer pendant six ans une rente de six cents florins. A Presbourg, Liszt n'avait eu qu'à paraître pour trouver de généreux protecteurs; à Vienne, il étonna son maître, le célèbre Czerny. Cet artiste excellent, qui s'était engagé à lui donner des leçons, ne fut pas peu surpris en effet de le voir exécuter couramment les sonates de Clementi. Il fallut mettre immédiatement l'élève au régime de Beethoven et de Hummel; encore arrivait-il rarement que les œuvres de ces compositeurs lui offrissent des difficultés capables de l'arrêter. Le jour où parut le concerto en *si* mineur de Hummel, Liszt, qui se trouvait par hasard chez l'éditeur, joua ce morceau *à première vue*. La ville retentit bientôt du bruit de cette aventure, qui ne tarda pas à faire du petit Franz le lion des salons viennois. Czerny lui-même ne put se soustraire à l'enthousiasme général : il refusa les trois cents florins, prix stipulé pour ses leçons, disant qu'il était trop payé par les succès de son élève.

Ayant ainsi perfectionné son exécution, et en outre reçu de Salieri quelques conseils relatifs à la composition, Liszt donna son premier concert. L'auditoire, composé des sommités de l'aristocratie et des arts, n'eut qu'une voix pour prophétiser au jeune musicien un brillant avenir. De Vienne, le pianiste enfant, accompagné de sa famille, prit le chemin de Paris, et son itinéraire fut marqué par de nouveaux triomphes partout où il s'arrêta pour se faire entendre.

Adam Liszt songeait à faire admettre son fils au Conservatoire, où il aurait étudié le contre-point sous la direction de Cherubini. Mais, en dépit de la recommandation de M. de Metternich, ce projet échoua contre un article formel du règlement de l'institution : le candidat n'était pas Français. La société parisienne, qui raffole de quiconque la distrait, ne se montra pas aussi exclusive que notre école de musique et fêta le jeune étranger. Non-seulement on courut aux concerts donnés par lui à l'Opéra en 1823, mais encore il devint l'ornement des salons les plus aristocratiques. La plume amère de Scudo s'en donne à cœur joie en racontant les débuts de l'enfant prodige : « Les belles duchesses du faubourg Saint-Germain, émerveillées de la prestesse de ses mains et de la grâce enfantine de sa personne, le faisaient asseoir sur leurs genoux, caressaient ses blonds cheveux. On se le passait, on se le prêtait comme un *Bambino Santo*, qui plus tard devait raviver la glorieuse image de Mozart. »

Au milieu de ses succès, Liszt ne s'endormait pas ; d'ailleurs son père s'était chargé de le tenir sans cesse en haleine, l'obligeant à jouer chaque jour douze fugues de Bach et à les faire passer à l'improviste d'un ton dans un autre, gymnastique fatigante, mais salutaire, à laquelle le jeune pianiste dut sa merveilleuse facilité d'exécution à première vue. Ces exercices ne furent interrompus que par un voyage triomphal fait à Londres au mois de mai 1824. De retour à Paris, l'artiste reprit le cours de ses travaux et se mit à composer. L'année suivante (1825), il se rendit de nouveau en Angleterre avec son père, et ses concerts y firent d'abondantes recettes. Puis il revint en France et se mit à écrire des sonates, des fantaisies, des variations, etc. Que ne se bornait-il à des travaux de cet ordre ? Malheureusement, l'ambition paternelle d'Adam Liszt stimulait celle de son fils, et sous cette pression, qui s'accordait bien avec ses secrètes prétentions, le *Petit Lizst*, ainsi qu'on l'appelait, ne crut pas au-dessus de son génie de composer un opéra pour l'Académie royale de musique. C'était aller bien vite et beaucoup présumer de soi, comme le prouva l'accueil fait à *Don Sanche ou le Château de l'amour*, représenté le 17 octobre 1825. Le public fut généreux : il ne voulut pas faire au prestigieux virtuose une application trop directe du proverbe : *Ne, sutor, ultra crepidam*. Mais son indulgence même ne servit qu'à mieux constater l'échec du compositeur.

Au mois de février 1826, Liszt, toujours accompagné de sa famille, abandonna Paris, où sa vanité venait de recevoir un rude coup, et parcourut les principales villes de France, accueilli avec les plus chaleureux applaudissements partout où il se fit entendre : à Bordeaux, à Toulouse, à Montpellier, à Nîmes, à Marseille et à Lyon.

Depuis la chute de *Don Sanche*, l'artiste avait senti le besoin de compléter ses études de composition ; mais c'est un des traits originaux de cette existence bizarrement remplie, que d'avoir été jusqu'au bout tiraillée par des influences diverses et souvent contradictoires. A peine avait-il reçu quelques leçons de Reicha, qu'une sorte de mysticisme s'empara de son âme et en chassa, du moins momentanément, l'amour de la musique. Cette tendance exclusive à la contemplation et à la rêverie pouvait nuire aux spéculations du vieux Hongrois : aussi essaya-t-il de distraire son fils en lui faisant reprendre le cours de ses pérégrinations musicales. Nos voyageurs visitèrent la Suisse jusqu'à Berne et se rendirent pour la troisième fois en Angleterre. Au retour de cette excursion, Liszt perdit son père à Boulogne. Livré à lui-même, affranchi du joug de fer qui avait jusque-là contrarié ses aspirations, il ne profita d'abord de la liberté si douloureusement acquise que pour s'abandonner sans contrainte à ses instincts mélancoliques et religieux. Cependant le travail l'occupait encore, et il n'avait pas renoncé à la pratique de son art, quand, à la suite d'une maladie grave, ses sentiments prirent une couleur de religiosité beaucoup plus prononcée. On le vit fréquenter assidûment les églises et s'adonner aux exercices d'une austère piété. L'habile pianiste était-il perdu pour l'art? Ses admirateurs purent le craindre un moment : ils ne connaissaient pas encore le personnage protéiforme qui se cache sous l'enveloppe de M. Franz Liszt.

Par quelle évolution intellectuelle l'hôte chéri des salons de la Restauration passa-t-il de la dévotion catholique au culte saint-simonien, et du culte saint-simonien aux idées républicaines, dont témoigne une *symphonie révolutionnaire* inédite, composée après les événements de juillet 1830 ? Quelle est la loi de ces transformations incessantes qui ont abouti même à une prise de l'habit ecclésiastique? Je crains de paraître naïf en posant la question. On me répondra peut-être que M. Liszt est partout et toujours un virtuose, et l'on aura raison.

Chose digne de remarque, le mouvement romantique qui a produit une légion d'hommes de talent est resté, dans la sphère musicale, à peu près stérile. C'est que, dans la poésie comme dans la peinture, il y avait réellement alors quelque chose à trouver ou plutôt à retrouver ; ici l'image, là la couleur, tandis que tous les éléments de l'art des sons existaient déjà et avaient été récemment mis en œuvre d'une façon magistrale avant l'apparition des novateurs de 1830. Que restait-il à découvrir en effet après les Haydn, les Mozart, les Gluck, les Rossini ? Et celui-là même au nom duquel se présentaient les réformateurs, Beethoven, n'avait-il pas longtemps d'avance condamné à une écrasante infériorité ses prétendus adeptes ? Quoiqu'il se proclamât le Christophe Colomb des terres inconnues, Berlioz n'aborda point, non certes qu'il manquât d'audace ou de puissance, mais parce que le continent musical n'était plus à découvrir.

Nature excentrique, M. Liszt fut promptement séduit par les théories nouvelles et devint le second de Berlioz, dont il réduisit pour le piano plusieurs ouvrages, tels que la symphonie de *Harold*, l'ouverture des *Francs Juges* et celle du *Roi Lear*. Son talent d'exécutant, déjà si remarquable dès son enfance, n'avait pas cessé de progresser et aurait défié toute comparaison, si Chopin n'eût pas existé. Les deux rivaux avaient d'ailleurs chacun son genre de mérite et comme son empire distinct. Contenu, discret, mais doué avec cela d'un charme délicat et original, l'artiste polonais ne vit presque jamais ses succès franchir un cercle aristocratique. Au contraire, le pianiste hongrois, par l'impétuosité de son jeu, la puissance de ses effets acoustiques, régnait sur les âmes avides d'émotions fortes et sur les oreilles avides de bruit. Aussi les mains qui l'applaudirent ne furent-elles pas toutes des mains patriciennes. Nul d'ailleurs ne posséda jamais mieux que lui l'entente de ce que, d'un ton vulgaire, j'appellerais volontiers la *pose*. Était-il invité à se faire entendre quelque part, il avait une manière à lui et toute romantique, en entrant dans la salle, de jeter ses gants au laquais, de rejeter ses longs cheveux en arrière par un geste plein de fierté, de prendre possession de son siège, transformé pour la circonstance en trépied. *Bacchatur vates*. L'exécution commencée, ses mains fiévreuses parcouraient le clavier, tandis que ses yeux lançaient de torves regards et qu'une noble sueur ruisselait le long de ses joues. Ces simagrées paraîtraient ridicules aujourd'hui ; mais le public d'alors en était dupe et s'imaginait voir le pianiste se débattre sous l'effort d'un démon inconnu : *Deus, ecce Deus !*

Avant tout, il cherchait le succès. Sa foi médiocre en son génie se révèle tout entière dans ces prétentieuses apparences. Plus d'une fois, en exécutant des morceaux de Beethoven, de Weber et de Hummel, il lui arriva de substituer aux inspirations de ces maîtres des improvisations personnelles qui faisaient trépigner d'enthousiasme un brillant auditoire d'ignorants. De tels succès pesèrent plus tard à sa conscience d'artiste, et il en fit généreusement l'aveu dans les lignes qu'on va lire : « J'exécutais alors fréquemment, soit en public, soit dans les salons (où l'on ne manquait jamais de m'objecter que je choisissais bien mal mes morceaux), les œuvres de Beethoven, Weber et Hummel, et, je l'avoue à ma honte, afin d'arracher les bravos d'un public toujours lent à concevoir les belles choses dans leur auguste simplicité, je ne me faisais nul scrupule d'en altérer le mouvement et les intentions ; j'allais même jusqu'à y ajouter insolemment une foule de traits et de points d'orgue qui, en me valant des applaudissements ignares, faillirent m'entraîner dans une fausse voie, dont heureusement je me suis dégagé bientôt. »

Les succès de l'homme ne le cédaient pas à ceux de l'artiste. Plus d'un bas bleu, et non des moins illustres, s'enflamma pour le jeune musicien qui essayait de transporter dans son art les audaces de la littérature romantique. Il y avait une parenté intellectuelle trop visible entre les Corinnes de ce temps et l'auteur des poëmes symphoniques intitulés : *Ce qu'on entend sur la montagne, le Tasse, les Préludes, Orphée, Prométhée, Mazeppa*, etc. L'alliance rêvée de la littérature et de la musique trouva son expression dans les rapports intimes qui s'établirent entre l'habile pianiste et certaines notabilités féminines du monde littéraire. A ce propos, je ne crois pas sans intérêt de citer ici une page tirée des *Lettres d'un voyageur* de Mme George Sand. L'auteur, en compagnie de son *ami*, visite l'église de Saint-Nicolas de Fribourg, où se trouve le magnifique orgue construit par Mooser. L'organiste du lieu, vrai musicien, d'un talent hors ligne, s'est fait entendre aux visiteurs, et voici l'ironique remerciement que lui adresse Mme Sand :

« — Monsieur, cela est magnifique ; je vous supplie de me faire encore entendre ce coup de tonnerre ; mais je crois que, en vous asseyant brusquement sur le clavier [1], vous produiriez un effet plus complet encore. » Combien, en effet, Franz est supérieur à ce pauvre organiste suisse !

« Ce fut seulement lorsque Franz posa librement ses mains sur le clavier et nous fit entendre un fragment de son *Dies iræ*, que nous comprîmes la supériorité de l'orgue de Fribourg sur tout ce que nous connaissions en ce genre. La veille déjà, nous avions entendu celui de la petite ville de Bulle, qui est aussi un ouvrage de Mooser, et nous avions été charmés de la qualité des sons ; mais le perfectionnement est remarquable dans celui de Fribourg, surtout les jeux de la voix humaine, qui, perçant à travers la basse, produisirent sur nos enfants une illusion complète. Il y aurait eu de beaux contes à leur faire sur ce chœur de vierges invisibles, mais nous étions tous absorbés par les notes austères du *Dies iræ*. Jamais le profil florentin de Franz ne s'était dessiné plus pâle et plus pur dans une nuée plus sombre de terreurs mystérieuses et de religieuses tristesses. Il y avait une combinaison harmonique qui revenait sans cesse sous sa main et dont chaque note se traduisit à mon imagination par les rudes paroles de l'hymne funèbre :

> *Quantus tremor est futurus*
> *Quando judex est venturus, etc.*

« Je ne sais si ces paroles correspondaient, dans le génie du maître, aux notes que je leur attribuais, mais nulle puissance humaine n'eût ôté de mon oreille ces syllabes terribles : *Quantus tremor.*

. . . .
. . . .

« J'étais dans un de ces accès de vie que nous communique une belle

---

[1]. Une expression cynique que je ne reproduis pas ici se trouve dans le texte des *Lettres d'un voyageur.*

musique ou un vin généreux, dans une de ces excitations intérieures où l'âme, longtemps engourdie, semble gronder comme un torrent qui va rompre les glaces de l'hiver, lorsqu'en me retournant vers Arabella, je vis sur sa figure une expression céleste d'attendrissement et de piété ; sans doute, elle avait été remuée par des notes plus sympathiques à sa nature.

« Chaque combinaison des sons, des lignes, de la couleur, dans les ouvrages de l'art, fait vibrer en nous des cordes secrètes et révèle les mystérieux rapports de chaque individu avec le monde extérieur. Là où j'avais rêvé la vengeance du Dieu des armées, elle avait baissé doucement la tête, sentant bien que l'ange de la colère passerait sur elle sans la frapper, et elle s'était passionnée pour une phrase plus suave et plus touchante, peut-être pour quelque chose comme le

Recordare, Jesu pie.

« Pendant ce temps, des nuées passaient, et la pluie fouettait les vitraux ; puis, le soleil reparaissait pâle et oblique pour être éteint peu de minutes après par une nouvelle averse. Grâce à ces effets inattendus de la lumière, la blanche et proprette cathédrale de Fribourg paraissait encore plus riante que de coutume, et la figure du roi David peinte en costume de théâtre du temps de Pradon, avec une perruque noire et des brodequins de maroquin rouge, semblait sourire et s'apprêter à danser encore une fois devant l'arche. Et cependant l'instrument tonnait comme la voix du Dieu fort, et l'inspiration de notre grand musicien faisait planer tout l'enfer et tout le purgatoire de Dante sous ces voûtes étroites à nervures peintes en rose et en gris de perle. »

Il y a des personnes comme cela, qui, au lieu d'entendre la musique et de la juger, n'écoutent qu'elles-mêmes, ne s'occupent que d'elles-mêmes et peuplent le monde extérieur qui les entoure de leurs idées personnelles. Tel était alors l'auteur de *Spiridion*. Les artistes qui ont entendu Liszt toucher l'orgue sont unanimes pour déclarer qu'il n'a jamais su être tolérable sur cet instrument.

De 1835 à 1848, monté sur l'hippogriffe de la fantaisie, Liszt chevaucha par toute l'Europe, accueilli dans la plupart des capitales avec un enthousiasme qui tenait du délire. Je ne raconterai pas en détail les ovations dont il fut l'objet : quelques traits suffiront. A Berlin, ce sont les étudiants qui détellent ses chevaux et veulent absolument traîner sa voiture ; à Pesth, ce sont les Hongrois, ses compatriotes, qui lui décernent un *sabre d'honneur* (pourquoi faire, mon Dieu ?). En Russie, moujicks et boyards lui vouent une admiration superstitieuse, le regardant comme un être surnaturel. La recette de son premier concert à Saint-Pétersbourg atteint la somme de 59,000 francs, chiffre qu'on serait tenté d'accuser d'exagération, si tout n'était pas croyable, de la part des fanatiques de Liszt. Du reste, l'humeur généreuse et libérale du célèbre pianiste épuisa fréquemment la bourse que son talent avait remplie. Peu de misères passaient à portée de ses yeux sans qu'il essayât de les secourir, et les appels faits à sa charité ne le trouvèrent jamais insensible. En même temps qu'il venait en aide aux malheureux, il donnait des preuves magnifiquement désintéressées de son zèle pour la mémoire de Beethoven. Quand il fut question d'ériger à ce grand artiste une statue à Bonn, le pianiste hongrois, non content d'envoyer une forte somme au Comité chargé d'organiser la souscription, ne négligea rien pour que l'inauguration du monument fût une fête artistique digne de l'immortel symphoniste qu'on voulait ainsi honorer. Il écrivit pour la circonstance une cantate dont il dirigea lui-même les répétitions, renonçant pendant une durée de plusieurs mois aux bénéfices considérables qu'il tirait de ses excursions musicales. Un dévouement si complet et si spontané fut encore exploité par la malignité et l'envie, qui affectaient de n'y voir qu'une habile réclame. Quant à moi, je ne sers qu'un maître : la vérité ; là où je rencontre un acte louable, il ne m'en coûte nullement de le louer, et c'est avec joie que je le signale.

Quand survint la révolution de 1848, Liszt était depuis plusieurs années maître de chapelle à la cour de Weimar, mais il avait fort peu résidé dans cette ville, et presque tout son temps avait été pris par des voyages. Après la journée du 24 février, le bruit des clubs couvrit partout en Europe le bruit du piano. Liszt le comprit et se concentra dans ses fonctions de maître de chapelle. Par ses soins, Weimar devint une sorte de foyer musical qui put rivaliser avec les plus intenses de l'Allemagne.

De cette époque date l'éphémère renaissance du wagnérisme. M. Wagner avait été exilé pour sa participation aux événements révolutionnaires dont le sol allemand venait d'être le théâtre : il semblait que la *musique de l'avenir* fût enveloppée dans la disgrâce qui avait atteint son fondateur. Ce fut au moment où tout paraissait conspirer contre elle, qu'on la vit recouvrer momentanément une vogue nouvelle, grâce à l'ardente initiative, au prosélytisme passionné de M. Liszt. Attiré vers cette négation de l'art, comme il a toujours été attiré par toutes les singularités, le maître de chapelle de Weimar mit au service de la plus mauvaise cause un zèle, une activité, un dévouement qu'il faudrait louer sans réserve, s'ils eussent été mieux employés. Quelle joie pour le proscrit de Zurich, quand lui arriva dans sa retraite la nouvelle de la reprise de *Tannhauser* et de la première représentation de *Lohengrin!* C'en était donc fait ! ces opéras, mis à la scène par un néophyte enthousiaste, obtenaient de chaleureux applaudissements, et la jeune école, dispersée, errante, depuis le départ de son chef, allait pouvoir se rallier autour d'ouvrages sifflés hier, aujourd'hui portés aux nues par un revirement du goût public ! Hélas ! non. Tout était factice dans ce réveil ; ce n'était pas la résurrection d'un mort, c'était la galvanisation artificielle d'un cadavre.

L'exposé des idées wagnériennes trouvera place ailleurs ; bornons-nous à dire qu'entré dans cette voie, Liszt se condamna à n'être plus qu'un compositeur confus, vague et inintelligible. De tout temps, les ouvrages de l'artiste avaient présenté le grave défaut d'être presque inexécutables pour tout autre que pour lui. Tourmenté par un besoin croissant de sonorités inouïes, il en vint à considérer le piano comme impuissant à rendre ses inspirations, et à rêver un instrument chimérique qui serait la fusion du piano et de l'orgue. C'est pour essayer de satisfaire à ces exigences d'une virtuosité aux abois que le facteur Alexandre inventa le *piano-mélodium*, qu'on appela nécessairement le *piano-Liszt*.

Il y a quelques années, les tendances religieuses qui avaient marqué la première jeunesse de M. Liszt, ont repris le dessus dans cette âme pleine de contrastes. Revenu des vanités humaines, l'artiste est entré dans les ordres sacrés à la suite d'un voyage à Rome, et il semble ne plus s'occuper que de musique religieuse. Espérons que ce sera sa dernière incarnation. Le premier mariage de M. Emile Ollivier l'unit à une des filles de Liszt. Sa seconde fille épousa M. Hans de Bulow.

Parmi les productions les plus intéressantes de M. Liszt et les plus familières aux pianistes, on remarque l'arrangement des mélodies de Schubert, et un de ses plus récents morceaux qu'il exécuta lui-même lors de son dernier voyage à Paris et qui porte ce titre singulier : *Saint François marchant sur les flots*. Sa messe, annoncée bruyamment et exécutée à Saint-Eustache, fut jugée si bizarre et si désagréable à entendre qu'elle découragea presque ses plus fervents admirateurs. Que M. Liszt abjure les erreurs d'un système aussi faux que stérile, comme il a répudié celles d'une philosophie dangereuse et antisociale, qu'il arbore l'étendard de la vérité artistique, comme il a arboré celui de la vérité religieuse; doué comme il l'est d'une riche imagination, il composera des œuvres qui survivront à son talent d'exécution. Dans sa vieillesse, l'athlète Milon de Crotone contemplait tristement ses bras amaigris et ses muscles détendus: *Heu! lacerti!* s'écriait-il (en grec, toutefois). Le célèbre pianiste saura-t-il s'épargner d'aussi amers regrets ? Franz Liszt s'est retiré à Pesth pendant la guerre. Le gouvernement hongrois lui a accordé une pension de 600 florins avec un titre nobiliaire. Il s'est fait encore entendre dans plusieurs concerts. Parmi ses plus récentes compositions, on remarque : *les Funérailles de Mosonyi*, hommage à la mémoire d'un de ses compatriotes, et un oratorio intitulé *le Christ*.

THALBERG

NÉ EN 1812, MORT EN 1871.

Thalberg a été l'un des pianistes les plus remarquables de ce siècle. On l'a avec raison opposé à M. Liszt. Si son jeu était moins original que celui de son célèbre rival, en revanche il était aussi moins empreint de charlatanisme, et il approchait plus de la beauté en ne cherchant pas à s'exonérer des règles du goût, et en se renfermant toujours dans le cadre musical : contrainte heureuse qui ne l'empêchait pas d'être plein d'effets neufs et puissants.

Sigismond Thalberg n'a point reçu de ses parents le nom que son talent a illustré. Il naquit à Genève le 7 janvier 1812, du prince Dietrichstein, grand-chambellan de l'empereur d'Autriche, et de la baronne de W... Le nom de Thalberg est celui d'un domaine appartenant au prince qui assura à son fils une pension pour toute sa vie. Ses premières années se passèrent auprès de sa mère ; puis il fut conduit à Vienne où il commença l'étude de la musique. Il fut l'élève de Sechter et de Czerny. Dès l'âge de quinze ans, il se faisait entendre dans les salons et obtenait le suffrage des amateurs de société. Un an plus tard, il publiait des variations sur des thèmes d'*Euryante,* de Weber (1828). L'artiste a depuis traité avec quelque dédain les premières productions de sa jeunesse, cependant il n'est pas malaisé de retrouver dans l'essai que je viens de citer, comme dans la *Fantaisie sur un thème écossais,* et dans l'impromptu sur des thèmes du *Siége de Corinthe,* le caractère vague encore, mais déjà saisissable, qui a dans la suite distingué son style.

En 1830, Thalberg parcourut l'Allemagne, selon l'usage des virtuoses, et les journaux, qui ont remplacé à notre époque les classiques trompettes de la Renommée, commencèrent à entretenir le monde artistique de ses faits et gestes. Il avait composé un concerto pour piano et orchestre, qu'il fit entendre durant ses pérégrinations, mais cette tentative dans un genre auquel la nature ne le destinait pas, eut peu de succès. C'est pour avoir enrichi la musique de piano de ressources nouvelles que Thalberg mérita d'être placé à côté des maîtres de cet instrument. Une combinaison dont il est l'inventeur est celle qui consiste dans les arpèges traversant le chant proprement dit du grave à l'aigu et de l'aigu au grave. On a beaucoup abusé de ce procédé, devenu vulgaire depuis quarante ans. Il en est ainsi de toutes les trouvailles et l'on peut dire des plus heureuses : *Assiduitate vilescunt.* Il n'en est pas moins vrai qu'au moment où l'auteur de la Fantaisie sur *Moïse* se fit entendre à Paris, il excita l'admiration générale. Ce morceau est resté classique; il a eu pour effet de faire tomber l'air varié auquel la vogue était acquise depuis un demi-siècle et dont M. Henri Herz avait développé les formes d'une manière ingénieuse et charmante, particulièrement dans les variations sur un motif de la *Violette*. Au point de vue de l'arrangement des thèmes musicaux pour son instrument, Thalberg a innové en réunissant la mélodie à des traits brillants qui lui servent d'accompagnement. Il a agrandi subitement le cercle des effets qu'on peut produire sur le piano. Virtuose incomparable, il est toujours resté homme de goût, musicien dans le sens élevé du mot. Il a fait servir ingénieusement des moyens mécaniques, une belle sonorité, une manière d'attaquer la touche avec énergie, mais de très-près et sans la frapper, à faire chanter l'instrument avec toutes les nuances dont il est susceptible.

Les morceaux de Thalberg ont été joués sur tous les pianos de l'univers. Tout le monde connaît la *Straniera*, le *Guillaume Tell*, la *Tarentelle*, le Trio pour piano, violon et violoncelle, l'Étude en *la mineur*, la *Ballade*.

Thalberg accompagna à Tœplitz l'empereur Ferdinand et joua devant un auditoire de souverains et de princes avec tant de succès qu'on dit de lui alors : « C'est le roi des pianistes et le pianiste des rois. »

Nous ne suivrons pas le célèbre pianiste dans ses excursions triomphales en France (1835), en Belgique, en Hollande, en Angleterre et en Russie (1839). Après avoir promené son talent à travers les diverses capitales de l'Europe, il aborda le théâtre sur le conseil d'imprudents amis; mais ses opéras italiens : *Florinda* (1851) et *Cristina di Svezia* ont été des essais malheureux. La fortune qui lui avait été infidèle au théâtre ne cessa point de le favoriser hors de la scène. A plusieurs reprises, en 1826, 1856 et 1863, Thalberg est allé se faire entendre de l'autre côté de l'Atlantique, et les concerts qu'il a donnés aux États-Unis et au Brésil ont produit d'abondantes recettes.

En 1845, Thalberg épousa une des filles de Lablache, veuve du peintre Bouchot. En 1858, il se rendit à Pausilippe, aux environs de Naples, dans une belle villa que possédait son beau-père. Il s'occupa de la culture de vignobles renommés dont il n'a pas dédaigné de soumettre les produits au jury de l'exposition universelle de 1867.

La plupart des grands ouvrages lyriques ont fourni à Thalberg l'occasion d'écrire d'excellents morceaux de piano. Parmi les dernières productions qu'il a fait connaître lui-même dans une série de concerts donnés à Paris en 1865, on a remarqué les *Soirées du Pausilippe*.

En 1871, il fut atteint d'une maladie de poitrine; il se transporta à Naples où il mourut le 27 avril de cette même année.

Thalberg possédait une précieuse collection d'autographes et des partitions manuscrites de Beethoven, Mozart, Weber, Haydn, Bach, Haendel, Rossini et Bellini. Elle fut vendue à Naples et malheureusement dispersée.

DE FLOTOW

NÉ EN 1812.

M. de Flotow est un gentilhomme qui cultive la musique avec talent et succès. Non qu'il soit du nombre de ces artistes inspirés dont les lèvres ont été touchées par le charbon ardent comme celles d'Isaïe; le génie est rare. Mais il a du goût, une sensibilité distinguée et de bon ton ; il sait encadrer une idée élégante dans une orchestration agréable ; en faut-il plus pour briller dans le ciel musical parmi les étoiles de moyenne grandeur ?

C'est dans le féodal Mecklembourg, à Teutendorf, vieille seigneurie de sa famille, qu'est né le comte Frédéric de Flotow, le 27 avril 1812. En Allemagne, les jeunes nobles n'ont que le choix entre la carrière des armes et la carrière diplomatique. Chef d'escadron au service de la Prusse, le père du futur auteur de *Martha* songeait à faire de son fils un attaché d'ambassade. Lorsque celui-ci eut atteint sa seizième année, il l'emmena donc à Paris, notre capitale étant encore considérée à l'étranger comme le séjour des grâces et l'école de la haute distinction. Mais les goûts du jeune de Flotow ne le portaient point vers les emplois publics, et, peu jaloux de justifier l'ambition paternelle, il profita de son voyage en France pour étudier la composition avec Reicha, qui venait de substituer à la méthode de Catel un système d'enseignement plus expéditif. De retour dans sa famille après la révolution de Juillet, il écrivit, vers l'âge de dix-neuf ans, ses premiers essais. Sur ces entrefaites, l'ordre matériel troublé par la Révolution s'était rétabli chez nous ; M. de Flotow revint à Paris et parut d'abord borner ses prétentions artistiques à se faire écouter d'une société d'élite. L'opéra de *Pierre et Catherine*, son début, fut exécuté par des amateurs à l'hôtel Castellane et plus tard représenté à Ludwigslust devant la cour de Mecklembourg. On se rappelle qu'Adolphe Adam débuta aussi par un ouvrage sur le même sujet. Vinrent ensuite *Theodor Körner's Bergknappen* (les Mineurs de Théodore Körner), opéra allemand ; *Rob Roy*, opéra emprunté au célèbre roman de Walter Scott et joué dans un château près de Paris ; la *Duchesse de Guise*, opéra joué, en 1840, au bénéfice des Polonais. La salle Ventadour avait été louée pour cette représentation, qui eut pour public tout le monde aristocratique de Paris, où Mme Anna de Lagrange fit sa première entrée sur la scène.

M. de Flotow ne commença à faire connaissance avec le public du parterre qu'en 1839, époque à laquelle il donna, en collaboration avec Pilati, le *Naufrage de la Méduse*, au théâtre de la Renaissance. Quand on reprit ce drame à Hambourg, en 1846, il fut joué sous le titre : *Die Matrosen* (les Matelots), et comme l'œuvre exclusive du compositeur allemand. Le *Forestier*, livret de M. de Saint-Georges, parut successivement en français à l'Opéra-Comique (1840), et à Vienne, avec une traduction allemande (1847). L'*Esclave de Camoëns*, opéra en un acte, représenté à l'Opéra-Comique en 1843, eut peu de succès et méritait peut-être un meilleur sort. Le livret dû à la plume de M. de Saint-Georges renferme des situations intéressantes. Il nous montre le poète des *Lusiades* proscrit et mourant de faim, tandis que Lisbonne sait ses vers par cœur. Une esclave indienne qu'il a ramenée de ses voyages s'est attachée à lui, et le soir va chanter dans les carrefours pour nourrir son maître. Le roi de Portugal, dom Sébastien, devient amoureux de la jeune fille et trouve moyen de la suivre jusqu'à la *posada* où Camoëns s'est réfugié. Celui-ci fait rougir le prince de ses mauvais sentiments ; l'esclave joint sa voix à celle de son maître, et, par un étrange retour de justice, le roi pardonne au poète dont la reconnaissance pour son humble bienfaitrice ne peut faire moins que d'aller jusqu'au mariage. La partition compte plusieurs morceaux fort bien traités.

Le compositeur germanique, qui a toujours pris son bien partout où il l'a trouvé, refit, en 1844, la musique d'un opéra de Niedermeyer qui avait réussi à Paris en 1837. Joué d'abord à Hambourg, le 30 décembre 1844, le nouveau *Stradella* passa de là sur les principales scènes de l'Allemagne et partout, à Berlin, à Dresde, à Vienne, à Prague, à Francfort, à Leipsick, etc., on l'accueillit avec une ferveur marquée. Après l'avoir entendu à Schwerin, le duc de Mecklembourg accorda au compositeur le titre de son chambellan, auquel se joignit plus tard celui de directeur de la musique ducale. L'*Ame en peine*, ouvrage représenté à l'Opéra de Paris, en 1846, n'eut à la scène qu'une durée éphémère. Cependant c'est au point de vue du style, de la conception dramatique et de l'instrumentation, l'ouvrage le plus remarquable de M. de Flotow. La teinte grise de l'œuvre littéraire a peut-être nui au succès. Mais on a chanté partout la romance pathétique : *Depuis le jour j'ai paré ma chaumière*. Cet ouvrage a été monté à Londres, en 1848, sous le titre de *Léoline*.

Si M. de Flotow n'avait écrit que les ouvrages signalés ci-dessus, il ne serait pas sorti de la ligne des musiciens amateurs. Il est, en effet, assez facile à un homme qui a de la fortune et une grande position sociale de décider un impresario à monter ses œuvres ; il lui est plus facile encore d'obtenir des applaudissements de politesse d'une salle convenablement composée. Cela ne tire pas à conséquence pour l'art. Toutefois, en 1847, l'auteur de la *Duchesse de Guise* et du *Forestier*, au lieu de cette veine de bravos bénévoles, rencontra une vogue franche, un succès de bon aloi. En 1843, il avait composé, pour notre Opéra, en collaboration avec MM. Burgmüller et Deldevez, un ballet en trois actes intitulé : *Lady Henriette*. De ce ballet, remanié par le compositeur, sortit un opéra en quatre actes qui fut joué à Vienne, sous le titre de *Martha*, en décembre 1847, et qui porta aux nues le nom de M. de Flotow. C'est son chef-d'œuvre, sans être un chef-d'œuvre proprement dit. Le livret, allemand à l'origine, a été traduit d'abord en italien et réduit à deux actes, puis en français pour le théâtre Lyrique. Dans la pièce allemande, l'action se passe sous le règne de la reine Anne, c'est-à-dire au commencement du dix-huitième siècle ; le livret italien la place au quinzième siècle, et la version française semble la mettre à une époque beaucoup plus rapprochée de nous. Le sous-titre de l'ouvrage : *Le marché de Richmond*, indique jusqu'à un certain point le sujet.

Il existe à Richmond, comme dans certaines parties de l'Alsace, une foire aux servantes où les jeunes filles de la campagne viennent chercher qui les loue. Mues par je ne sais quel vertigo, deux grandes dames, dont l'une est lady Henriette, imaginent de revêtir un déguisement campagnard et de se rendre à ce marché, accompagnées de lord Tristan de Mickleford qui est déguisé comme elles. Mêlées à la foule des servantes en quête d'une place, nos deux aventurières de qualité attirent bientôt l'attention de deux jeunes gens, Lionel et Plumkett, qui font marché avec elles devant le shériff et les emmènent chez eux. Il n'y a plus à se dédire, lord Tristan a beau protester : voilà nos héroïnes filles de ferme sous le nom de Martha et de Betzy. Mais comment faire pour soutenir un pareil rôle quand on ne l'a jamais joué ? Leur inexpérience éclate quand elles sont mises en présence d'un rouet : ce qui donne lieu dans la partition à un des plus jolis quatuors qu'on puisse entendre au théâtre. Les deux jeunes gens deviennent amoureux des deux mystérieuses servantes. Un moment attendri par les soupirs de Lionel, Martha ne peut lui refuser une rose qu'elle porte et qu'il demande instamment. C'est ici que le compositeur a introduit une délicieuse mélodie irlandaise. La *Romance de la Rose*, si populaire en Europe, a été empruntée aux *Irish Melodies* du poëte Thomas Moore :

POÉSIE ORIGINALE.	TRADUCTION ALLEMANDE.
'Tis the last rose of summer,	Letzte Rose, wie magst du
Left blooming alone ;	So einsam hier blüh'n?
All her lovely companions	Deine freundlichen Schwestern
Are faded and gone ;	Sind längst schon, längst dahin!
No flower of her kindred,	Keine Blüthe haucht Balsam
No rose bud is nigh,	Mit labendem Duft,
To reflect back her blushes,	Keine Blättchen mehr flattern
Or give sigh for sigh.	In stürmischer Luft.
I'll not leave thee, thou lone one!	Warum blüh'st su so traurig
To pine on the stem!	Im Garten allein?
Since the lovely are sleeping,	Sollst im Tod mit den Schwestern,
Go, sleep thou with them.	Mit den Schwestern vereinigt sein ;
Thus kindly I scatter	D'rum pflück' ich, o Rose,
Thy leaves o'er the bed,	Vom Stamme, dich ab,
Where thy mates of the garden	Sollst ruh'n mir am' Herzen
Lie scentless and dead.	Und mit mir, ja, mit mir im Grab.

>   So soon may I follow,
>   When friendships decay,
>   And from Love's shining circle
>   The gems drop away!
>   When true hearts lie wither'd,
>   And fond ones are flown,
>   Oh! who would inhabit
>   This bleak world alone?

VERSION ITALIENNE.

>   Qui sola, vergin rosa,
>   Come puoi tu fiorir?
>   Ancora mezzo ascosa,
>   E presso già morir!
>   Non ha per te rugiade,
>   Già colta sei dal gel!
>   Il capo tuo già cade,
>   Chino sul verde stel!
>
>   Perchè sola, ignorata
>   Languir nel tuo giardin?
>   Dal vento tormentata
>   In preda a un rio destin?
>   Sul cespite tremante
>   Ti colgo, giovin fior!
>   Su questo core amante
>   Cosi morrai d'amor!

VERSION FRANÇAISE.

>   Seule ici, fraîche rose,
>   Comment peux-tu fleurir?
>   Alors qu'à peine éclose,
>   Tu vis tes sœurs mourir!
>   En ces lieux ne s'étale
>   Que le deuil des hivers!
>   Et la brise n'exhale
>   Nul parfum dans les airs.
>
>   Pourquoi, seule, ignorée,
>   Languir dans ce jardin?
>   L'aquilon t'a frappée,
>   Ne fuis plus ton destin!
>   Sur ta tige tremblante,
>   Laisse-moi te cueillir,
>   Et, d'amour palpitante,
>   Sur mon cœur viens mourir!

En reproduisant ces versions différentes, j'ai voulu offrir au lecteur l'occasion de faire une étude comparée des qualités lyriques des langues italienne, française, allemande et anglaise et peut-être de partager mon opinion qui tend à classer ces idiomes dans ce dernier ordre d'euphonie musicale.

Sans la musique, que serait devenue la gracieuse poésie de Thomas Moore? Elle serait à peine lue par quelques lecteurs distraits. Grâce à la mélodie irlandaise et à sa vulgarisation par l'arrangement de M. de Flotow, grâce à son interprétation par les cantatrices les plus renommées de l'Europe depuis plus de trente ans, ces strophes ont été applaudies non-seulement dans la langue originale, mais encore dans toutes les langues européennes. On voit, par cet exemple, les services que les musiciens peuvent rendre aux poëtes. Que ceux-ci ne se montrent donc pas si avares de leurs inspirations, si négligents dans la forme des œuvres qu'ils destinent à la musique, qui peut faire voler leurs vers d'un bout de l'univers à l'autre, et les graver pour plusieurs siècles dans la mémoire des hommes.

Lady Henriette et son amie, grâce à lord Tristan qui veille toujours sur elles, parviennent à s'enfuir de la ferme. Lionel a fait de vains efforts pour retrouver sa servante. Quelque temps après, il est tout surpris de reconnaître la fugitive Martha sous les vêtements d'une dame de haut rang dans une partie de chasse de la cour. Il ne peut en croire ses yeux; il doute de la réalité de cette vision; mais lorsqu'il reconnaît qu'un abîme le sépare de celle qu'il aime, il perd la raison. Le cœur de lady Henriette a été touché. Après de vaines tentatives pour guérir le pauvre Lionel, elle imagine de reprendre les vêtements qu'elle portait au marché de Richmond et de chanter la *Romance de la Rose*, comme elle l'avait fait à la ferme. Ce souvenir si heureusement évoqué dissipe les nuages qui obscurcissent l'esprit de Lionel. Lui-même d'ailleurs n'est qu'un seigneur travesti en fermier. La reine, qui l'avait disgracié, consent à lui rendre ses biens et dignités. Dès lors, rien ne s'oppose à ce que Lionel épouse lady Henriette.

Martha est le plus connu des opéras de M. de Flotow ; il a joui d'une fortune immense en Allemagne. Remarquons toutefois qu'il est loin d'être irréprochable au point de vue de l'harmonie. L'accompagnement du quatuor du *Rouet* est tout ce qu'on peut admirer sans réserve dans l'instrumentation ; il est d'un effet délicieux. Cet ouvrage a de l'élégance ; il est bien mené et d'un intérêt soutenu. Après l'ouverture, on distingue, dans le premier acte, le chant des servantes et le chœur :

> Ecco suona mezzodi
> Il mercato s'apre già ;

dans le second acte, le quatuor du *Rouet*, le duo de Lionel et de Martha, où se trouvent la célèbre mélodie irlandaise et le finale du bonsoir. La chanson du *Porter*, chantée par Plumkett, le chœur des chasseresses, le morceau d'ensemble, sont les parties saillantes du troisième acte. Les deux duos du quatrième sont inférieurs à ce qui précède. Au théâtre Italien, les rôles ont été créés par Mario, Graziani, Zucchini, Mme Saint-Urbain et Nantier-Didiée. Au théâtre Lyrique, Mlle Nilsson a laissé de longs souvenirs du charme avec lequel elle a interprété le personnage de Martha.

Je ne mentionne que pour mémoire divers ouvrages de M. de Flotow, tels que *Rübezahl*, la *Grande-Duchesse* et *Albin*, qui n'ont pas été joués en France. Le 11 mai 1860, le compositeur fit représenter au théâtre Déjazet *Pianella*, opérette en un acte. Le sujet de la pièce a été imité de la *Serva padrona*. Une ouverture bien développée, des motifs élégants semés dans la partition, entre autres le boléro, ont fait réussir à Paris cette œuvre, qui avait été donnée avec succès en Allemagne. *La Veuve Grapin*, *Zilda*, *Am runeinstein* ont défrayé les théâtres de Prague, de Vienne, même celui des Bouffes-Parisiens, car M. de Flotow est d'humeur accommodante, pourvu qu'on joue ses œuvres. Il s'était un peu laissé oublier de la société parisienne lorsqu'il fit représenter à l'Opéra-Comique, au mois de juillet 1870, *l'Ombre*, ouvrage en trois actes dont le livret est de M. de Saint-Georges. La donnée du sujet, sans être bien vraisemblable, est attachante, poétique et très-convenable pour un opéra de demi-caractère. C'est un reflet de Martha. Il y a de la sensibilité, beaucoup de goût et de grâce dans cette partition. Je n'hésite pas à dire que, depuis *Lalla-Roukh* et *Mignon*, on n'avait rien joué à l'Opéra-Comique de plus intéressant. Je me contenterai de signaler les jolis couplets *Midi*, *Minuit*, le quatuor de la table et le finale pathétique du troisième acte. Comme dans l'*Éclair*, quatre personnages sont en scène, et il y a assurément du mérite à soutenir l'intérêt d'une œuvre dramatique pendant trois actes sans l'intervention des chœurs et sans la sonorité des ensembles. Le succès de *l'Ombre* fut interrompu à Paris par la guerre aussi insensée qu'effroyable qui imposa silence aux arts (1).

Sous le titre de *Chants du soir* et de *Rêveries*, M. de Flotow a aussi publié des trios pour piano, violon et violoncelle, et des duos pour piano et violoncelle, en collaboration avec M. Offenbach. On croit qu'il devrait suffire à l'heureux compositeur d'être appelé l'auteur de *Martha*. M. de Flotow ne le juge pas ainsi et il vient de faire représenter au théâtre Italien *Alma l'incantatrice*. C'est un développement en quatre actes d'un des anciens ouvrages du compositeur, l'*Esclave de Camoëns*, joué en 1843. M. de Flotow a eu la bonne fortune de pouvoir faire interpréter le rôle principal par Mlle Albani.

WAGNER

(RICHARD)

NÉ EN 1813.

A combien d'artistes secondaires n'arrive-t-il pas de transformer leur impuissance en génie et d'ériger en système les lacunes de leur organisation? C'est ainsi qu'on a vu des peintres incapables de concevoir le beau, nier audacieusement l'idéal, et mettre tout l'art dans la grossière reproduction de la réalité. On a vu aussi des compositeurs dépourvus d'idées mélodiques exclure théoriquement et avec dédain la mélodie, comme si, suivant l'expression d'un homme d'esprit, la musique sans mélodie n'était pas un civet sans lièvre. C'est l'éternel apologue du renard qui a la queue coupée et qui conseille aux autres renards de se défaire d'un ornement incommode.

Tournez-vous, de grâce, et l'on vous répondra,

répliquent judicieusement ses confrères. Le malheur veut que les gens du monde soient loin d'avoir la même sagesse. Pour peu que l'écourté parle haut et longtemps, pour peu qu'il use de la réclame avec persévérance, il trouve des adeptes, disons mieux, des séides empressés à proclamer sa beauté, et c'est au tour des hommes sains et robustes à passer pour contrefaits. Mais tôt ou tard les yeux se dessillent, la raison reprend ses

---

(1) On a déjà repris cet ouvrage et il restera au répertoire. Le lecteur en trouvera une analyse détaillée dans le deuxième supplément de mon *Histoire des opéras*.

RICHARD WAGNER

droits, un mépris légitime succède à la gloire usurpée, et des tentatives du prétendu réformateur, de la bruyante clameur des enthousiastes, il ne reste que le souvenir d'un engouement éphémère et irréfléchi à ajouter à tant d'autres qui attristent les pages de l'histoire de l'art. M. Richard Wagner l'éprouvera, s'il ne l'éprouve déjà.

Ce musicien naquit à Leipsick, le 22 mai 1813. Il n'avait encore que dix mois lorsque sa mère devint veuve. Peu après elle épousa en secondes noces l'acteur et peintre Louis Geyer. Celui-ci, ayant obtenu un engagement au théâtre de Dresde, alla s'établir dans cette ville avec toute sa famille.

Le jeune Wagner était destiné par son beau-père à l'étude de la peinture, mais avant qu'il eût atteint sa septième année, Geyer mourut, le laissant une seconde fois orphelin. Cet événement changea la direction de l'éducation de l'enfant. Après avoir pris quelques leçons de piano qu'il interrompit brusquement, faute de pouvoir se soumettre à l'enseignement de son professeur, il se passionna pour la poésie et se mit à écrire une tragédie. Il était alors à l'école de Nicolaï à Leipsick. Une symphonie de Beethoven qu'il entendit modifia le cours de ses idées et dès ce moment il jura qu'il serait musicien. Tout en étudiant à l'université la philosophie et l'esthétique, il apprenait la composition et l'harmonie sous la direction de Weinlig, *cantor* de l'école Saint-Thomas. Son premier essai fut une ouverture exécutée à Leipsick aux concerts de *Gewandhaus*. Peu après, il écrivit, à l'âge de dix-neuf ans, une symphonie qui obtint à l'audition un certain succès, mais qui lui fit comprendre, par les efforts laborieux qu'elle lui avait coûtés, la nécessité de se résigner à l'étude, d'abord dédaignée, de la fugue et du contre-point.

Ces travaux occupèrent Wagner pendant l'année 1834 qu'il passa à Würzbourg où il était allé chercher, sous un climat plus doux que celui de Leipsick, le rétablissement d'une santé chancelante. Dans les derniers jours de 1834, ses forces étaient revenues, et le besoin d'une position sociale lui fit accepter la place de chef d'orchestre au théâtre de Magdebourg. A cette date, le futur réformateur cherchait encore sa voie; il devait subir plus d'une influence avant d'arriver à la claire possession de sa théorie. C'est ainsi qu'à l'imitation de la musique de Weber, alors fort goûtée en Allemagne, il écrivit pour son début un opéra fantastique intitulé *les Fées* dont le sujet est emprunté à une nouvelle de Carlo Gozzi. Cet ouvrage ne fut jamais représenté. La sympathie mobile de l'auteur avait, sur ces entrefaites, passé du compositeur d'*Oberon* au compositeur de la *Muette de Portici*. Ce fut donc en s'inspirant d'Auber comme de son modèle, qu'il fit la *Novice de Palerme* sur la donnée de la pièce de Shakespeare intitulée *Mesure pour mesure*. Écrit pour le théâtre de Magdebourg en 1836, cet opéra n'eut qu'une seule représentation. Le dépit que Wagner ressentit de cette chute le décida à abandonner la scène où il venait d'échouer pour aller remplir les fonctions de chef d'orchestre à Kœnigsberg.

Mais celui qui aspirait à éclipser tous les artistes contemporains souffrait, en attendant, de se voir obligé de diriger l'exécution de leurs œuvres. Aussi, notre musicien ne fit-il qu'un court séjour à Kœnigsberg; il partit pour Riga où on lui avait offert l'emploi de maître de chapelle. Toutefois, il ne partit pas seul : une actrice de talent et de cœur n'avait pas hésité à lui accorder sa main, s'associant courageusement à une destinée qui promettait déjà d'être plus inquiète que paisible.

Les tribulations qui avaient accablé M. Wagner à Kœnigsberg recommencèrent à Riga : là aussi il avait à lutter sans cesse contre l'ennui d'un emploi que son ambition lui faisait trouver souverainement fastidieux. Convaincu que Paris était le seul lieu où son talent serait compris et admiré comme il devait l'être, il s'appliqua avec ardeur à la composition d'un troisième opéra, destiné à notre première scène lyrique. Un roman de sir Lytton Bulwer lui en avait fourni le sujet. C'était *Rienzi ou le Dernier des tribuns*. Le poëme fut l'œuvre de quelques jours. Quand l'artiste eut ébauché la partition, sans écouter la voix de la prudence, il s'embarqua de Riga avec sa femme pour aller demander à la France le succès qu'une illusion naïve lui montrait comme certain dans notre pays. Le vaisseau qui portait nos voyageurs fut jeté par une tempête sur les côtes de la Norwége, circonstance qui ne fut pas étrangère à la conceptionp rimordiale du *Vaisseau fantôme*. Arrivé à Boulogne-sur-Mer, le compositeur dut y demeurer quatre semaines, faute de ressources pour continuer son voyage. Le hasard lui fit rencontrer dans cette ville Meyerbeer qui, mis au courant de ses projets, lui donna diverses lettres de recommandation. Après les avoir serrées dans son portefeuille, le jeune maître put s'imaginer, avec son infatuation germanique, qu'il trouverait à Paris autant de portes ouvertes. L'expérience le détrompa bien vite.

Je ne m'étendrai pas sur le récit des deux années que Wagner passa à Paris, de 1840 à 1842. Son erreur avait été de croire qu'il allait, lui étranger et inconnu, forcer d'emblée l'accès de l'Opéra. Il ne tarda pas à être rudement désabusé. Le directeur de l'Académie royale de musique, qui était alors M. Léon Pillet, refusa de monter *Rienzi*. M. Anténor Joly, directeur du théâtre de la Renaissance, se montra plus accommodant : par malheur il fit faillite au moment où l'on s'apprêtait à commencer les répétitions. Au milieu de tous ces déboires, l'artiste fut encore heureux de rencontrer un ami dans M. Maurice Schlesinger, éditeur de musique et propriétaire de la *Gazette musicale*. Il écrivit pour ce journal divers articles qui furent assez remarqués. L'infortuné compositeur, outre le chagrin de ne pouvoir faire entendre ses œuvres, avait de plus celui d'arranger les opéras nouveaux pour divers instruments. La misère l'avait réduit à cette extrémité cruelle pour son amour-propre. Ce n'était cependant pas une bien rude épreuve que de réduire au piano un opéra comme celui de la *Reine de Chypre;* mais avoir rêvé gloire et fortune, avoir conspiré dans la solitude la chute des princes de la musique, et se voir abaissé à cette besogne subalterne : quelle humiliation ! Tant de contrariétés cependant ne l'abattaient point; il partageait son temps entre les soins mercenaires dont le chargeait M. Schlesinger et la composition d'un nouvel opéra : *le Vaisseau fantôme.*

Sur ces entrefaites, ce *Rienzi* que M. Léon Pillet avait refusé vint à être reçu au théâtre de Dresde. Dès que Wagner l'eut appris, son unique pensée fut de quitter Paris et de voler immédiatement en Saxe pour veiller à la bonne exécution de son ouvrage. L'argent lui manquant, il vendit à l'administration de l'Opéra, moyennant cinq cents francs, le poëme du *Vaisseau fantôme* dont il se réserva la propriété en Allemagne.

La représentation de *Rienzi*, donné à Dresde en 1842, grâce à l'intervention de Mme Schrœder-Devrient, fut un triomphe qui dédommagea l'auteur des désappointements de son séjour en France. La place de maître de chapelle du roi de Saxe, à laquelle Wagner fut nommé à la suite de ce succès, faisait de lui un personnage influent; aussi n'eut-il pas de peine à faire jouer l'année suivante au théâtre de Dresde son *Vaisseau fantôme* sous le nouveau titre du *Hollandais volant* (Der fliegende Hollander). Cet ouvrage, donné le 2 janvier 1843, ajouta encore à la réputation de l'artiste.

Bien que les novateurs aient en général du mépris pour ceux qui les ont précédés (sans cela seraient-ils novateurs?), on en voit peu résister à l'envie de se donner des ancêtres. Si hardis qu'ils soient, ils sentent le besoin de faire amnistier leurs témérités, et il ne leur déplaît pas de se rattacher à tel ou tel grand homme du passé, dont ils ne sont, disent-ils, que les continuateurs. Ne soyons donc pas étonnés que M. Richard Wagner ait songé à mettre sa réforme musicale sous le patronage de quelques noms révérés des vrais amis de l'art. Gluck et Beethoven sont les deux hommes dont il entend élargir le sillon et développer la doctrine. Sa position au théâtre de Dresde lui a permis de donner ses soins à l'exécution de la *Neuvième symphonie* du maître de Bonn et de rendre au public l'*Alceste* de Gluck. C'est une excellente pensée que celle de remettre en honneur des chefs-d'œuvre oubliés; mais pourquoi faut-il que la personnalité systématique perce là où je voudrais n'avoir qu'à exprimer des éloges? Car M. Wagner ne s'est pas borné à faire jouer les opéras de Gluck, il les a *retouchés* : or, voici sur ces malencontreuses retouches l'avis de M. de Gasperini, critique assurément peu suspect de malveillance (1) : « Ces restaurations portent trop souvent l'empreinte de préoccupations personnelles. Il a supprimé certains airs, certaines phrases qui ne s'assortissaient pas à l'idée qu'il s'était faite à l'avance de l'œuvre, et, sous

---

(1) M. de Gasperini, trop tôt enlevé par une maladie de poitrine à la critique musicale qu'il promettait de servir avec distinction et un talent réel, a été l'admirateur et l'ami de M. Wagner.

prétexte d'épurer Gluck, de l'ennoblir, il l'a dépouillé dans maint endroit que je pourrais citer de ses plus délicates inspirations. »

Tout en faisant entendre aux honnêtes Saxons les compositions de Gluck, *revues et corrigées* ou, comme l'a dit M. de Gasperini, *retouchées*, l'artiste de Leipsick ne négligeait pas la grande révolution musicale à laquelle il s'imaginait être prédestiné. Ses tendances propres, telles qu'il les a formulées plus tard dans plusieurs manifestes, ne s'étaient que faiblement révélées dans ses premiers ouvrages. L'imitation de Weber pesait encore sur le compositeur-poëte et l'empêchait de déployer toute son originalité. *Rienzi* et le *Vaisseau fantôme* ne contiennent qu'en germe la doctrine d'où sortira bientôt le *Tannhauser.*

Avant d'aller plus loin, il sied de se demander en quoi consiste cet art nouveau, cette musique de l'avenir dont M. Wagner est le Dieu, et dont M. Liszt s'est fait le prophète. Des verbeuses expositions de principes contenues dans l'*Art et la Révolution*, dans l'*Œuvre d'art de l'avenir*, dans *Opéra et Drame*, il résulte en premier lieu cette définition inattendue de la musique :

La musique est femme.

Qu'est-ce que cela veut dire ? Écoutons toujours le théoricien :

« La musique est femme, elle est *amour*, et son unique rôle est d'aimer, de s'abandonner sans réserve à celui qu'elle a choisi. La femme n'acquiert le plein développement de son être qu'au moment même où elle se donne ; comme la nymphe des eaux, errante dans le silence des forêts, elle n'a d'âme que du jour où elle est aimée... Elle doit se sacrifier, c'est sa loi, sa destinée ; celle-là n'aime pas dont l'amour ne va pas jusqu'au sacrifice. »

En d'autres termes, cela signifie que la musique est une esclave et ne doit qu'obéir. Il faut qu'elle se subordonne au poëme : elle n'a pas d'autre fonction que de le seconder. Le compositeur est tenu de s'effacer devant le librettiste. Ainsi l'exige l'esthétique nouvelle, et c'est pour avoir méconnu cette profonde vérité que les Piccinni, les Cimarosa, les Sacchini, les Paisiello ont laissé de si misérables productions !

Mis en goût par des aperçus d'une telle originalité, le lecteur tient-il à savoir ce que M. Wagner pense de la mélodie ? Notre auteur proscrit la mélodie qu'il appelle *absolue*, dont l'unique objet est de faire plaisir à l'oreille. Mais il en est une autre à laquelle il fait grâce, et qu'il définit au moyen de la comparaison suivante : « Elle (la mélodie) doit d'abord produire dans l'âme une disposition pareille à celle qu'une belle forêt produit, au soleil couchant, sur le promeneur qui vient de se dérober au bruit de la ville.

« Cet homme s'abandonne peu à peu au recueillement ; ses facultés, délivrées du tumulte et du bruit de la ville, se tendent et acquièrent un nouveau mode de perception. Doué, pour ainsi dire, d'*un sens nouveau*, son oreille devient de plus en plus pénétrante ; il distingue, *avec une netteté croissante*, les voix d'une *variété infinie* qui s'éveillent pour lui dans la forêt ; elles vont se diversifiant sans cesse ; il en entend qu'il croit n'avoir jamais entendues ; avec leur nombre s'accroît aussi d'une façon étrange leur intensité, les sons deviennent toujours plus retentissants. A mesure qu'il entend un plus grand nombre de voix distinctes, de modes divers, il reconnaît pourtant, dans ces sons qui s'éclaircissent, s'enflent et le dominent, *la grande, l'unique mélodie de la forêt*, c'est cette mélodie même qui, dès le début, l'avait saisi d'une impression religieuse. C'est comme si, par une belle nuit, l'azur profond du firmament entraînait son regard ; plus il s'abandonne sans réserve à ce spectacle, plus les armées d'étoiles de la voûte céleste se révèlent à ses yeux, distinctes, claires, étincelantes, innombrables. Cette mélodie laissera en lui un éternel retentissement ; mais la redire lui est impossible ; *pour l'entendre de nouveau, il faut qu'il retourne dans la forêt*, qu'il y retourne au soleil couchant : *quelle serait sa folie de vouloir saisir un des gracieux chanteurs de la forêt*, de vouloir le faire venir chez lui et lui apprendre un fragment de la grande mélodie de la nature ! *Que pourrait-il entendre alors, si ce n'est quelque mélodie à l'italienne ?* »

M. de Gasperini lui-même a eu beau admirer le *Tannhauser* et le *Lohengrin*, il n'a pas laissé que de faire bonne et éloquente justice des erreurs qui se dérobent sous ces poétiques images. Je ne résiste pas au plaisir de citer les lignes suivantes écrites de la meilleure encre du spirituel critique :

« Non, nulle voix ne chante le couplet sans fin que Wagner a entendu dans la forêt. La mélodie que nous aimons commence et finit ; il faut que nous la saisissions dans ses détails, que nous suivions la vie qui circule en elle. Nous n'allons pas seulement du berceau à la tombe ; la nature a marqué par des signes visibles les grandes époques qui se partagent notre existence tout entière ; elle nous avertit périodiquement des modifications de notre être et de la marche du temps. Interrogez cette créature qui a concentré en elle les plus hautes joies, les plus cuisantes douleurs qui appartiennent à l'humanité ; interrogez la femme, elle vous dira qu'elle est avertie à heure fixe des grands changements qui se font en elle, des devoirs nouveaux auxquels elle est appelée, et que chaque phase nouvelle de son existence est marquée par une épreuve, par un déchirement, par une dissonance. Voilà la mélodie vraie et humaine ! »

Si nous passons de la considération des doctrines musicales de Wagner à l'examen de sa théorie dramatique, nous y rencontrons nombre d'idées erronées ou tout au moins très-controversables. Détrôner la musique au profit du drame, faire de la première la très-humble servante du second, soit ! diront peut-être quelques littérateurs ; mais encore faut-il savoir quel est ce drame, objet des prédilections exclusives du musicien-poète de Leipsick. D'après le réformateur, on ne devrait mettre sur la scène que des mythes, et voici les raisons qu'il en donne : « Dans le mythe, les relations humaines dépouillent complétement leur forme conventionnelle et intelligible seulement à la pure raison ; elles montrent ce que la vie a *de vraiment humain, d'éternellement compréhensible*, et cela sous une forme concrète, saisissable au premier coup d'œil.... Le caractère de la scène et le ton de la légende contribuent tous deux à *jeter l'esprit dans cet état de rêve qui le porte bientôt jusqu'à la pleine clairvoyance*, et l'esprit découvre alors un nouvel enchaînement des phénomènes du monde, que ses yeux ne pouvaient apercevoir dans l'état de veille ordinaire.... Enfin' le caractère légendaire du sujet permet au poëte de *ne pas s'arrêter à l'explication des incidents extérieurs et de consacrer la plus grande partie du poëme à développer les motifs intérieurs de l'action*, parce que ces motifs réveillent en nous des échos sympathiques. »

Il y a plus d'une réponse à faire à ces étranges assertions. D'abord, le mythe n'est pas la seule forme du drame *humain*. Ensuite peut-on appliquer au mythe le vers connu de Térence ? Peut-on dire qu'il s'adresse à l'humanité tout entière ?

> Homo sum et nihil humani a me alienum
> Puto.

N'y a-t-il pas, au contraire, telle légende — la plupart sont peut-être dans ce cas — qui, transportée hors du pays où elle s'est formée, cesse d'offrir un sens intelligible ? Ces objections appartiennent à M. de Gasperini lui-même qui, en jugeant dans Wagner le théoricien, a su faire taire son enthousiasme pour le compositeur. Suit une page que je demande encore la permission de citer, parce qu'elle rend exactement ma pensée :
« Il (Wagner) croit *par le rêve* arriver *à la pleine clairvoyance* et découvrir des enchaînements de phénomènes qui nous échappent à l'état de veille. On regrette de voir l'auteur se perdre dans ces subtilités laborieuses : si la légende produit cet effet, si elle nous jette au pays du somnambulisme, tant pis pour la légende et pour les *clairvoyants !* Pour Dieu ! restons sur la terre ferme et cramponnons-nous à la vie active ! Tout ce magnétisme-là affadit et énerve. L'art viril n'est pas fait pour les mystagogues et les illuminés.

« Ma dernière objection est de toutes la plus grave, car elle porte sur la forme du drame, *certainement* incompatible avec les développements de la légende, telle que l'auteur la conçoit. Wagner prétend qu'il ne faut pas s'arrêter aux *incidents extérieurs*, que le poète a tout avantage à développer les *motifs intérieurs* de l'action, et il se félicite d'avoir trouvé dans la forme du mythe l'occasion de négliger, sans dommage pour le spectateur, les incidents de la vie extérieure, en même temps qu'il plonge à l'aise dans l'âme pour en révéler les plus intimes opérations.

« Comme le dramaturge s'oublie ici, et quelle hérésie soutient l'auteur, sans paraître soupçonner qu'il vient d'anéantir dans son drame tout ce qui en constitue l'énergie, l'action, la structure vivante ! Est-ce que le spectateur, sauf de très-rares exceptions, doit s'occuper des *motifs intérieurs* de l'action ? Est-ce qu'il s'intéresse à ces développements psychologiques où vous semblez voir le drame tout entier ? Est-ce qu'au contraire il ne recherche pas avant tout le mouvement extérieur, l'agitation, qui révèlent, dans un langage immédiatement saisissable, ces fièvres secrètes de la pensée ? Plus on y réfléchit, plus on trouve glissante et dangereuse la pente où l'auteur a posé le pied. Elle mène à l'anéantissement même du drame, et le remplace par les formes vagues et obscures d'une métaphysique languissante. »

S'il convient de juger l'arbre à ses fruits, on doit avouer que le *Tannhauser*, représenté à Dresde le 21 octobre 1845, n'était pas fait pour recommander l'esthétique nouvelle. Le héros du poëme, le chevalier Tannhauser, s'abandonne à des voluptés coupables dans le palais de Vénus ; puis il se rend au Wartburg où les *Minnesingers* disputent le prix du chant sous les yeux du Landgrave. Invité à se faire entendre dans cette lice poétique, il célèbre les joies de l'amour impudique en termes tels qu'ils excitent l'indignation de tous les chevaliers présents à cette scène. C'en serait fait du malencontreux chanteur, si la belle et pure Élisabeth, fille du Landgrave, ne protégeait contre la colère générale les jours d'un homme qu'elle aime encore malgré ses vices. On conseille à Tannhauser d'aller implorer le pardon du Saint-Père : il part avec une troupe de pèlerins ; mais, n'ayant pu fléchir le pontife, il revient se plonger dans les honteuses délices du Venusberg, tandis qu'Élisabeth expire de douleur.

Il m'est impossible d'apercevoir la portée morale et le sens profond de ce drame légendaire, conforme d'ailleurs à la poétique de M. Wagner. Si c'est à de telles conceptions que doivent aboutir les prétentieuses et dédaigneuses théories de M. Wagner, je ne trouve pas trop dur le jugement que porte Pascal sur ceux qui ne se contentent pas d'être des hommes. J'aime encore mieux la mythologie et ses fadeurs que ce réalisme grossier. Quant à la partition très-prônée à l'origine par les amis de l'artiste, elle est ténébreuse ou puérile partout, sauf peut-être dans la marche des pèlerins, les strophes du chevalier au premier acte, son duo avec Élisabeth et la romance de Wolfram au troisième acte. Le *Tannhauser* a été donné à l'Opéra de Paris le 13 mars 1861, interprété par le ténor allemand Niemann et l'élite des artistes. Le choix singulier du sujet et certains détails ont autant provoqué le rire que blessé le goût de l'auditoire français. La musique n'a nullement répondu à la bruyante annonce qu'en avaient faite les trompettes germaniques ; cet opéra n'a obtenu que trois représentations. Sa chute est une des plus éclatantes dont les habitués du théâtre aient gardé le souvenir.

Après le succès de son *Tannhauser* à Dresde, M. Richard Wagner composa un nouvel ouvrage intitulé *Lohengrin*, qui allait paraître au moment où éclata en Allemagne la révolution de 1848. Le musicien, dont les opinions républicaines n'étaient depuis longtemps un mystère pour personne, prit une part active aux événements politiques de cette époque. Lorsque l'ordre fut rétabli, il dut se réfugier à Zurich. Là, il réfléchissait sur les cruautés du sort et puisait d'amères consolations dans la lecture du philosophe pessimiste et athée Schopenhauer, lorsque l'initiative infatigable et dévouée de Franz Liszt parvint à faire jouer le *Lohengrin* à Weimar lors de l'inauguration de la statue de Herder (septembre 1850). Le célèbre pianiste conduisit l'orchestre et reçut des artistes l'hommage d'un bâton de mesure en argent. Peut-être un grand nombre de spectateurs accordèrent-ils à l'œuvre de Wagner exilé des applaudissements qu'ils lui eussent refusés en d'autres circonstances. Quoi qu'il en soit, le *Lohengrin* réussit pleinement et ce succès détermina sur une foule de scènes allemandes la reprise du *Hollandais volant* et du *Tannhauser*. Le maître profita de ce regain de popularité éphémère pour publier ses manifestes musicaux (*Communications à mes amis, Opéra et Drame*, Leipsick, 1852). En même temps, joignant la pratique à la théorie, il écrivait un livret dont les proportions inusitées devaient exiger plusieurs représentations consécutives. Il le tira de l'épopée des *Nibelungen*. L'opéra de *Tristan et Iseult*, commencé en 1847, fut achevé deux ans après, pendant un séjour du compositeur à Venise.

Les sectaires de la *musique de l'avenir* paraissaient triompher ; leurs affaires semblaient du moins en bon chemin, quand le *fiasco* du *Tannhauser* à Paris vint porter un rude coup à leurs ambitieuses espérances. M. Wagner ne retira que peu de profit pour sa gloire d'un voyage qu'il fit à Saint-Pétersbourg, en quittant notre sol, alors inhospitalier. De nouvelles tribulations l'attendaient lorsqu'il songea à faire jouer *Tristan et Iseult*. A Vienne, à Dresde, partout on trouva l'ouvrage mal écrit pour les voix, et les artistes de tous les théâtres refusèrent de l'exécuter sous prétexte qu'il était inexécutable. Abreuvé d'ennuis et de dégoûts, le malheureux compositeur allait peut-être dire adieu à un art qui ne lui avait guère procuré que des déceptions. Cependant la fortune lui préparait une soudaine revanche.

Le prince royal de Bavière comptait depuis longtemps parmi les admirateurs fanatiques du réformateur. A peine était-il monté sur le trône, sous le nom de Louis II, qu'il dépêchait un courrier à son musicien favori avec l'invitation pressante de se rendre à sa cour. Peu de jours après, Wagner arriva à Munich, où le jeune roi l'accueillit moins en protecteur qu'en ami, le nomma son premier maître de chapelle et le logea dans son palais. Ceci se passait en 1864. L'année suivante (10 juin 1865), *Tristan* fut représenté au théâtre de Munich, avec le concours de deux éminents interprètes, M. et Mme Schnorr. Dans cet opéra, plus encore que dans aucune de ses compositions précédentes, le maître affecte de se dégager de toutes les habitudes classiques : nulle part il n'a plus carrément affirmé sa manière, au grand scandale des gens de goût et aux applaudissements des adeptes.

La faveur royale offrait à Richard Wagner les moyens de réaliser ses vues sur l'art dramatique ; Munich promettait d'être bientôt la « Ville sainte » de l'hérésie musicale, mais il paraît que l'artiste n'eut pas le tact de se restreindre aux seuls objets de sa compétence. Son ingérence, vraie ou prétendue, dans la politique du pays, souleva contre lui une violente opposition. Le maître de chapelle de la cour de Bavière dut reprendre le chemin de la Suisse, emportant avec lui l'affection du prince qui s'est vu forcé de le sacrifier, bien à contre-cœur, à des nécessités d'État. L'opposition qui s'était déchaînée contre l'auteur de *Lohengrin* et de *Tristan* se calma et laissa bientôt au jeune monarque la liberté de ses sympathies ; il rappela son compositeur bien-aimé. Les *Maîtres-Chanteurs de Nuremberg* furent représentés à Munich en 1868. C'est le drame du Tannhauser remis en opéra comique. Mais M. Wagner a la plaisanterie lourde et le rire gauche ; ce qui rappelle une certaine fable de La Fontaine. Cependant le plaisant n'exclut pas le prédicant.

Le vieux Hans Sachs, le poëte cordonnier, qui est dans ce livret le juge suprême des Meistersinger, tire la moralité de l'œuvre et fait connaître quelle est la mission de l'art allemand *perverti par le goût gaulois et par les princes*. Il y a dans cet ouvrage deux bons morceaux chantés par Walther. Les frais de la représentation furent énormes ; mais le roi Louis payait la dépense. M. Pasdeloup, alors directeur du Théâtre-Lyrique, voulut renouveler la tentative qu'il avait faite à ses concerts populaires de musique classique, c'est-à-dire imposer à son public les œuvres de son ami. En donnant à satiété les quatre morceaux de musique instrumentale les mieux réussis de M. Wagner, il aida à faire croire à son génie. Mais l'audition d'une œuvre dramatique ne devait pas obtenir un succès aussi facile. Le 6 avril 1869, il fit représenter *Rienzi*. A travers un fatras de périodes décousues, une débauche de sonorités assourdissantes, et un tissu d'harmonies cacophoniques, on n'a distingué dans les cinq actes que deux jolis morceaux : le chœur des messagères de la paix, et la prière de Rienzi, lesquels sont tous deux absolument étrangers à la théorie et à l'esthétique du compositeur, attendu que leur facture est en tout italienne.

M. Wagner a tenu pendant quatorze ans le public allemand dans l'attente de son chef-d'œuvre. Il avait soixante-trois ans ; il était temps qu'il réglât ses comptes avec la postérité. Ce chef-d'œuvre en perspective, c'était les *Nibelungen*, vaste composition dont l'exécution réclamait la construction d'un théâtre spécial. Grâce à la munificence de son royal patron, ce théâtre existe. La première pierre en a été posée solennellement à Bayreuth (Bavière), le 22 mai 1872. Qu'on n'oublie pas cette date mémorable ! RHEINGOLD (*l'Or du Rhin*), DIE WALKÜRE (*la Walkyrie*), SIEGFRIED, GÖTTERDAEMMERUNG (*le Crépuscule des dieux*), DER RING DER NIBELUNGEN (*l'An-*

neau des Nibelungen), pièce de fête théâtrale (*Bühnenfestspiel*) : tels sont les titres de la tétralogie représentée sur le théâtre de Bayreuth les 13, 14, 16 et 17 août 1876. L'épopée des Nibelungen, légende allemande tirée des Skaldes de l'Irlande et de la Scandinavie et qui peut remonter au ix° siècle, a fourni le sujet du grand œuvre de M. Wagner. Il en a publié le texte en 1863.

Il ne faudrait pas moins d'une brochure pour donner une analyse de ce livret extraordinaire offrant tour à tour des scènes grandioses, des épisodes familiers et même ridicules. Nous devons nous borner à indiquer les tableaux de chaque partie. *L'Or du Rhin* se divise en trois tableaux : 1° Le fond du Rhin. Les nymphes nagent autour d'un rocher où l'or est amassé. 2° Le Walhalla, palais des dieux. Il se dresse sur un haut plateau environné de montagnes. 3° Les gorges souterraines du Nibelheim, où les nains forgent des armures. Dans cet acte, on voit les choses les plus singulières. Albérich, possesseur de l'anneau enchanté, se change tour à tour en serpent gigantesque et en crapaud. Les dieux qui ont fait construire le Walhalla par les géants abandonnent à ceux-ci pour leur salaire Freia, la déesse de la jeunesse et de la beauté. Privés de sa présence, ils deviennent aussitôt vieux et caduques. La déesse de la terre, Erda, ordonne à Wôtan, le maître des dieux, de donner aux géants l'anneau magique. Freia est rendue au Walhalla, et les dieux recouvrent leur force et leur sérénité.

Les amis de M. Wagner ne lui conseilleront jamais de faire représenter *la Walkyrie* sur une scène française. Quoique le public soit accoutumé à bien des hardiesses, il ne supporterait pas les amours incestueux de Siegmund et de Sieglinde, qui forment la trame de cette partie de la tétralogie du musicien allemand. La prophétesse Erda a prédit à Wôtan la fin prochaine des dieux et ses amours avec une mortelle. De leur race descendrait un héros qui régénérerait le monde et s'emparerait du trésor des Nibelungen, alors possédé par le géant Fafner. La fille terrestre aimée du dieu a donné le jour à deux enfants jumeaux, Siegmund et Sieglinde. Séparés dans leur enfance, ils ne se connaissent pas. Sieglinde est devenue la femme du chasseur Hunding. Wôtan a enfoncé son épée dans le tronc d'un frêne placé dans la salle du festin des noces, et il a prédit que celui qui l'en arracherait délivrerait Sieglinde de son odieux époux. Siegmund arrive chez sa sœur. Il est l'ennemi de Hunding. Sieglinde l'accueille avec une sympathie à laquelle succède un sentiment plus tendre, et tous deux se déclarent bientôt la passion qui les anime. Siegmund arrache l'épée du tronc du frêne. Sieglinde reconnaît son frère et s'écrie néanmoins qu'elle lui appartient. De son côté, Siegmund répond que la sœur et l'amante se confondent à ses yeux. Il s'est trouvé le 14 août 1876 un public de dilettantes accourus de tous les points de l'Europe et un parterre de rois pour assister à un tel spectacle. Au deuxième acte, le duel entre Siegmund et Hunding a lieu. Malgré l'ordre de Wôtan qui veut laisser périr Siegmund, la

Walkyrie Brünnhilde le protége et pare les coups de son ennemi. Wôtan brise de la lance l'épée de Siegmund. Brünnhilde en recueille les tronçons. Hunding tue l'amant incestueux. Sieglinde s'évanouit.

Au troisième acte, on assiste à la *chevauchée des Walkyries*. Ces fées guerrières traversent les airs sur leurs chevaux. Wôtan poursuit Brünnhilde pour la punir de la protection qu'elle a donnée à son fils coupable La Walkyrie est condamnée à rester sur une montagne jusqu'au moment où le héros annoncé par Erda viendra la délivrer. Il trace avec son épée autour d'elle un cercle de flammes qui forment comme une mer de feu. C'est par ce spectacle magique que se termine la seconde partie de *l'Anneau des Nibelungen*.

Siegfried, fils de Siegmund et de Sieglinde, est le héros annoncé par la prophétesse Erda. Il remplit de ses aventures la troisième partie de la tétralogie, qui a pour dénouement la délivrance de Brünnhilde. Elevé par le nain Mime, frère d'Albérich, ceux-ci veulent se servir de sa bravoure et de sa force pour s'emparer des trésors de Nibelungen, possédés par le géant Fafner, métamorphosé en dragon. Siegfried brise comme du verre les épées que lui forge Mime ; il réunit les deux tronçons de l'épée de son père Siegmund et les forge si bien qu'en essayant l'épée sur l'enclume il fend l'enclume en deux. Il va provoquer Fafner qu'il transperce de son épée ; portant ensuite sa main ensanglantée à ses lèvres, voilà qu'il comprend tout à coup le langage des oiseaux ; l'un d'eux lui révèle que Mime le trahit. Siegfried tue Mime. Le même oiseau lui dit qu'il doit délivrer la belle Brünnhilde. Siegfried s'y précipite. Chemin faisant, il rencontre son grand-père Wôtan, le maître des dieux ; il lutte contre lui et le désarme. J'ai oublié de dire que, dans la forêt, Siegfried imite le chant des oiseaux avec un roseau ; qu'il amène un ours dans la forge de Mime, et, pour en finir avec cette ménagerie, qu'on voit un dragon de carton qui chante, qui ouvre en mesure la gueule, mue par un mécanisme ingénieux, qui roule les yeux et jette de la fumée. Enfin Siegfried arrive à la montagne où dort Brünnhilde ; il la réveille avec un baiser et chante avec elle un duo final, de la passion la plus intense.

Les tendances pseudo-philosophiques de M. Richard Wagner se manifestent clairement dans la dernière partie de son poëme. Le public n'a vu dans cette œuvre qu'un prétexte à distraction, qu'un incident captivant son intérêt par la personnalité bruyante de l'auteur, par ses théories paradoxales ; au fond, il s'est montré fort indifférent. Mais ceux qui se préoccupent avec un sentiment d'effroi de la destinée des idées morales en Europe ne se sont pas dissimulé la gravité de l'événement musical de Bayreuth. Le disciple de Schopenhauer n'est pas seulement un révolutionnaire en musique : il a eu la prétention d'associer l'art musical à des théories humanitaires et de faire servir la grande épopée germanique à la destruction de l'idée divine ; et quand on songe aux encouragements qu'il a reçus et que les compositeurs du plus grand génie n'ont jamais obtenus à un tel degré, depuis Palestrina jusqu'à Weber et Rossini, on se demande si ses patrons doivent être accusés d'aveuglement ou de complicité.

La quatrième partie de la tétralogie a pour titre le *Crépuscule des dieux*. Par ce mot de crépuscule, on doit entendre la chute et la disparition des dieux, l'écroulement du Walhalla et le règne de l'humanité sur ses ruines.

Siegfried a laissé à Brünnhilde l'anneau magique qu'il a enlevé à Fafner. Un bâtard du nain Albérich (qui ne l'est pas, peu ou prou, dans l'indigeste poëme de M. Wagner ?), nommé Hagen, veut dérober cet anneau ; il rend sa sœur amoureuse de Siegfried et son frère Gunther épris de Brünnhilde. Il verse au héros le breuvage de l'oubli. Siegfried prend la forme de Gunther, et Gunther prend celle de Siegfried, et tous deux se concertent pour tromper la Walkyrie. Siegfried-Gunther s'empare de Brünnhilde, malgré sa résistance, ce qui termine le premier acte.

Dans le second, Brünnhilde, irritée de ces travestissements dont elle a été la victime, complote avec Hagen et Gunther lui-même la mort de Siegfried. Au troisième acte, qui se passe sur les bords du Rhin, on voit les Ondines nager en chantant. Siegfried arrive, sonne du cor ; des chasseurs l'entourent ; Hagen verse au héros le breuvage du souvenir. Siegfried se rappelle son enfance dans la forêt, son combat contre le dragon, ses amours avec Brünnhilde, sa lâche trahison. Hagen profite de son désespoir pour le percer de sa lance.

M. Wagner a placé là une marche funèbre en l'honneur de son héros, dont on transporte le cadavre chez Gunther. Brünnhilde fait élever un bûcher pour le consumer, et, sur son cheval noir, elle se précipite au milieu des flammes en lançant l'anathème contre le Walhalla et en maudissant les dieux. Les Ondines continuent à folâtrer dans le Rhin autour de l'anneau que Brünnhilde leur a rendu. Hagen tue Gunther, qui veut s'emparer de ce fameux anneau, et il se noie lui-même en voulant l'aller chercher dans les ondes.

Le fleuve déborde ; un incendie consume le Walhalla ; il n'y a plus de dieux : l'homme seul règne sur la terre.

Que M. Richard Wagner soit un compositeur possédant une science consommée, personne ne le conteste. C'est un symphoniste de premier ordre dans le sens technique, c'est-à-dire dans le sens abaissé du mot. Il n'y a pour lui aucun instrument dont il ne sache tirer le parti le plus habile, pas un agencement de sons qu'il ne sache produire ; mais il manque de goût ; l'harmonie des proportions lui est inconnue ; l'inspiration est rebelle à ses efforts, et, lorsqu'il trouve une pensée mélodique, une idée qui se rattache à l'ordre musical tel que les musiciens et les gens de goût le conçoivent, on est étonné d'y retrouver des formes usuelles et presque banales. Voici l'énumération des principales impressions que des auditeurs impartiaux ont recueillies des interminables séances de sa tétralogie.

Dans l'introduction du *Rheingold* le chant des nymphes se fait entendre sur une pédale de mi bémol de deux cents mesures! L'air du dieu Loge est accompagné par un contre-point très-habile qui reproduit les motifs précédents. Le chœur des forgerons est accompagné d'un bruit d'enclumes, de soufflets et de marteaux d'un réalisme désespérant. Les meilleurs passages sont la phrase de Froh, le dieu de la joie, la marche du dieu et le trio des nymphes du Rhin.

Dans *la Walkyrie* on a admiré l'hymne au printemps, chanté par Siegmund, la scène des adieux de Wôtan et de Brünnhilde. Dans *Siegfried*, le morceau saillant est le finale pendant lequel le héros forge son épée, et le chant de victoire. On a aussi remarqué la symphonie pendant laquelle Siegfried s'abandonne à ses rêveries sous le tilleul, le dialogue entre l'oiseau et Siegfried et le duo d'amour qui termine le dernier acte. Enfin, *le Crépuscule des dieux* renferme, entre autres scènes dignes d'attention, les adieux de la Walkyrie et de Siegfried, le trio des nymphes du Rhin, la marche funèbre et la scène finale de la catastrophe du Walhalla. Tout le reste est une polyphonie qui procède beaucoup plus de l'acoustique que de l'art musical et de la langue parlée par Haydn, Mozart et Beethoven. Cette conception babylonienne n'est grande et puissante que par sa masse, et elle ne fera pas plus oublier les chefs-d'œuvre de nos maîtres que les monstrueux monuments d'Eléphanta et du Cambodge ne détourneront notre admiration des beautés sereines du Parthénon et de la majestueuse et harmonieuse ordonnance de nos cathédrales gothiques. Tant pis pour les Nibelungen et le Titan musical de Bayreuth.

M. Wagner a publié en 1869 une brochure intitulée : *le Judaïsme dans la musique*. C'est un pamphlet violent contre les musiciens israélites. Mendelssohn y est aussi maltraité que ses coreligionnaires; l'auteur s'y plaint amèrement de la persécution dont lui, Wagner, serait l'objet de la part des Juifs. Il me semble au contraire que, de tous les compositeurs contemporains, c'est encore le Cappelmeister de Munich qui a été le plus favorisé. On a poussé l'admiration et la courtoisie jusqu'à lui élever un théâtre de pierre pour sa musique de carton.

Quant aux sentiments de haine que l'agitateur allemand a exprimés à l'égard de la France dans une pièce de sa façon publiée après la guerre et intitulée *Une Capitulation*, ils ne peuvent nous surprendre. Ce qui pourrait nous étonner, c'est l'indulgence dont il a bénéficié auprès d'une poignée d'artistes qui semblent partager la folie de ses doctrines et son infatuation.

Mais, quoi qu'il advienne de M. Richard Wagner, que sa carrière s'achève dans les honneurs ou dans les tribulations, sa tentative est jugée, et la *musique de l'avenir* ne se relèvera pas de l'arrêt qui a été porté contre elle dans la mémorable soirée du 13 mars 1861, arrêt confirmé par les gens de goût à l'audition des fragments de la tétralogie wagnérienne qui a eu lieu à Paris. *Le Crépuscule des dieux* n'y a obtenu aucun succès.

LIMNANDER

NÉ EN 1814.

M. Limnander n'est peut-être pas aussi connu qu'il le mérite, parce que l'ostracisme souvent peu éclairé des directeurs de théâtre ne lui a pas permis de faire jouer beaucoup d'ouvrages. Ceux-là le regrettent qui n'ont pas oublié le talent dont il a fait preuve dans les *Monténégrins* et dans le *Maître chanteur*.

Ce musicien, dont le vrai nom est Limnander de Nieuwenhove, appartient à une honorable famille flamande qui a été anoblie en 1683. Né à Gand, le 22 mars 1814, il fit ses études littéraires chez les jésuites de Fribourg et reçut dans cette maison des leçons de musique du P. Lambillote. Après avoir achevé son éducation, il se maria et se fixa à Malines. M. Limnander borna d'abord son rôle à celui d'amateur éclairé. Plein de zèle pour les intérêts de l'art musical, il forma à Malines une société symphonique dont il fut nommé directeur. Ce fut le germe d'une autre association, celle-ci chorale, qui s'organisa définitivement en 1841 sous le nom de *Réunion lyrique*. Une foule de chœurs parmi lesquels on remarque : *O ma charmante! Hymne à l'harmonie*, *Boléro*, *les Gueux de mer*, etc., furent écrits par M. Limnander pour ces choristes qui ne tardèrent pas à prendre rang parmi les plus habiles de la Belgique.

Les premiers essais du jeune compositeur décelaient des facultés heureuses qui avaient besoin d'être encore perfectionnées par l'étude. M. Limnander se mit sous la direction de Fétis, et après s'être, à l'aide de ce savant maître, fortifié dans l'art d'écrire, il songea à travailler pour le théâtre. Il fit un premier voyage à Paris en 1845, afin de sonder le terrain sur lequel il allait s'engager, et il y revint l'année suivante. Les chœurs qu'il fit exécuter en cette occasion lui valurent déjà un commencement de réputation. Mais ce fut la représentation des *Monténégrins*, drame lyrique en trois actes joué à l'Opéra-Comique le 31 mars 1849, qui le désigna surtout à l'attention du public. La pièce, œuvre de Gérard de Nerval et Alboize, n'est pas sans analogie avec le sujet de la *Dame Blanche*. L'action se passe en 1807. C'est peut-être un inconvénient au théâtre que d'offrir au spectateur des événements si rapprochés de lui. Mais le pittoresque des costumes étrangers sauve la question de date. La partition, à la fois colorée, dramatique et originale, prouvait que M. Limnander travaillait sans désavantage pour notre première scène lyrique. Au premier acte, la romance chantée par Béatrice, la ballade fantastique sur *Hélène la Châte-*

laine, la *Maladetta*; au second acte, le trio *Il est minuit*, un chœur *a bocca chiusa* jusque là sans précédents à la scène, et enfin, au troisième acte, la *prière à la Vierge Marie* et le trio final sont des morceaux qui justifient suffisamment mes éloges.

Le succès des *Monténégrins* avait été complet. Quoique son talent n'eût fait que progresser depuis la représentation de cet opéra, l'auteur fut moins heureux avec le *Château de la Barbe-Bleue* (3 actes), joué à l'Opéra-Comique le 1er décembre 1851. Cette date le dit : on était alors à la veille d'événements graves dont l'attente détournait tous les esprits des préoccupations artistiques. D'ailleurs, le livret écrit par M. de Saint-Georges était par trop invraisemblable. Sans ce double inconvénient qui contraria la fortune d'une œuvre remarquable, les auditeurs eussent apprécié davantage le thème : *Tant douce patrie, ô pays charmant!* la ballade du *Roi de Lahore*, le chœur écossais, le duo de l'*écho*, le charmant trio : *Taisez-vous*, bref, les mélodies originales de cette partition.

Le 17 octobre 1853, M. Limnander fit représenter, à l Opéra, le *Maître Chanteur*, opéra en deux actes, paroles de M. Henri Trianon. Ici, encore, la mauvaise influence du livret a nui à la musique ou plutôt au succès de la musique. Qu'est-ce d'abord que ce titre qui, au lieu d'expliquer le sujet, ne sert qu'à en donner une idée fausse? Il n'y a pas de maître chanteur dans la pièce : il y a un empereur qui prend ce déguisement pour parcourir incognito ses États et savoir ce qui s'y passe. C'est le légendaire Haroun-al-Raschid, sous les traits de Maximilien d'Allemagne. La partition, écrite d'un style inspiré, était digne d'un autre poëme. Il y a de la mélodie, et l'auteur a fait preuve d'habileté dans l'emploi des masses chorales.

Après l'insuccès du *Maître-Chanteur*, ce musicien distingué dut attendre pendant six ans qu'on montât un nouvel ouvrage de lui. Ce ne fut que le 29 novembre 1859, que l'Opéra-Comique donna *Yvonne*, trois actes d'abord reçus, mais indéfiniment ajournés au théâtre Lyrique. L'action est intéressante, la musique est dramatique et originale. La romance de Jean : *Un nom glorieux*, le duo entre Jean et Yvonne, le finale du premier acte, la romance de baryton : *O mon pays de la Touraine!* et le grand air d'Yvonne : *Mon fils, je t'ai perdu!* témoignent d'une bonne expression dramatique.

Outre ses opéras, l'auteur des *Monténégrins* a écrit quelques autres compositions, telles que messes, *Te Deum*, cantates, motets, chœurs, qui ont été exécutées dans des solennités religieuses ou nationales.

VERDI

(GIUSEPPE)

NÉ EN 1815.

M. Verdi est un mélodiste de l'école de Donizetti. Mais, souvent sombre, quelquefois dure, passionnée jusqu'à la violence, aussi concentrée que celle du musicien de Bergame était expansive, son inspiration semble préoccupée d'émouvoir plutôt que de charmer. Ce jugement s'applique à l'ensemble de son œuvre, car on pourrait citer quelques morceaux dans lesquels la grâce n'est pas absente, par exemple, les cavatines populaires de *Rigoletto :*

>Questa o quella
>Per me pari sono,

et

>La donna è mobile
>Qual piuma al vento,

et encore le brindisi de la *Traviata*.

Mais, en trouvât-on dix autres (et il n'en est pas dix), en quoi cela pourrait-il modifier la teinte générale, lugubre, violente, de la plus grande partie de ses opéras? Toutefois, tel que la nature l'a fait, avec sa manière de sentir, ses sujets de prédilection et son système de composition qui consiste à frapper fort, toujours, jusqu'à ce que mort s'ensuive, M. Verdi est, depuis longtemps, le compositeur le plus en vogue dans sa patrie et plusieurs de ses ouvrages ont obtenu dans le monde entier un immense succès. Quelques réserves qu'on ait d'ailleurs à faire au nom de l'esthétique, il faut compter avec un très-grand talent et avec la popularité dont il jouit.

M. Giuseppe Verdi est aujourd'hui âgé de soixante-trois ans. Il est né le 9 octobre 1815, à Roncole, près de Busseto, bourg situé dans le duché de Parme. Les leçons d'un organiste de son lieu natal, nommé Provesi, l'initièrent à la connaissance de la musique et aux premières notions de l'harmonie. Ces études incomplètes ne pouvaient mener loin le jeune artiste, et il sentait vivement la nécessité d'un enseignement sérieux ; mais il appartenait à une famille dont les ressources modiques n'eussent point suffi à son entretien hors du logis paternel ; ses parents, Carlo et Luigia Verdi, tenaient une petite auberge dans le village. Heureusement, il se rencontra parmi les concitoyens du futur compositeur, un homme assez géné-

VERDI

reux pour lever la difficulté. M. Antonio Barezzi offrit de pourvoir aux dépenses du jeune musicien jusqu'au moment où son talent lui assurerait des moyens d'existence. Verdi touchait à sa dix-neuvième année, il n'y avait pas de temps à perdre : aussi accepta-t-il avec reconnaissance la proposition de celui qui voulait être son bienfaiteur. Dans l'été de 1833, il vint à Milan avec l'intention d'entrer au Conservatoire de cette ville; mais le directeur, Francesco Basili, refusa de l'admettre au nombre de ses élèves. Est-il vrai, ainsi que le prétend Fétis, que l'extérieur glacé de l'auteur du *Trouvère,* sa physionomie froide et impassible, ce regard impénétrable qui est plutôt celui d'un homme d'État que celui d'un artiste, prévinrent défavorablement le juge chargé de prononcer le *Dignus es intrare?* Si cela était, ce serait le cas de répéter qu'il ne faut pas se fier aux apparences, et Basili échapperait difficilement au reproche de légèreté. D'éclatants triomphes dramatiques vengèrent, par la suite, le candidat malheureux de 1833. En attendant, il se mit sous la direction de Lavigna, alors *maestro al cembalo* du théâtre de *la Scala.* Le procédé tout pratique de ce maître consistait à faire écrire par ses élèves divers morceaux dont il corrigeait ensuite les fautes. Après avoir travaillé de la sorte pendant trois ans, M. Verdi s'essaya dans la composition en écrivant des marches, des sérénades, des morceaux de piano, des ouvertures, des cantates, un *Stabat Mater* et divers autres fragments de musique religieuse; le tout est resté inédit.

Son début dramatique eut lieu le 17 novembre 1839 à *la Scala* de Milan par la représentation d'*Oberto, conte di San Bonifazio.* Cet ouvrage avait le tort de trop rappeler le chef d'œuvre de Bellini, *la Norma,* mais comme, à travers des réminiscences à peine déguisées, on y sentait déjà cette entente de l'effet scénique qui est peut-être la qualité la plus saillante du talent de M. Verdi, le public l'accueillit avec faveur. Il n'en fut pas de même de *Un giorno di regno,* opéra représenté à *la Scala* au mois de décembre 1840 et qui ne put être entendu qu'une fois. Le compositeur et l'auteur du livret, Felice Romani, lui firent subir des changements et, sous le titre d'*Il finto Stanislao,* mélodrame-bouffe en deux actes, ils le firent représenter à Milan en 1841.

Le genre de l'opéra-bouffe ne convenait nullement au tempérament de M. Verdi, qui n'a pas le rire facile et qui, parmi les dons qu'il a reçus du ciel, ne compte pas celui de la verve spirituelle et finement railleuse dont les compositeurs napolitains ont tant usé avant et après Cimarosa. Le duettino *Tesoriere garbatissimo* est presque absolument mauvais; la cavatine *Compagnoni di Parigi* offre un andante agréable dont l'accompagnement est bien rhythmé; le duetto en *ut, Proveró che degno io sono del favor,* etc., est très-commun; la cavatine *Grave a core innamorato* présente déjà dans l'andante en *mi* bémol les effets de contretemps de l'accompagnement avec la voix, dont M. Verdi a tiré si admirablement parti dans les scènes dramatiques; le rhythme des couplets de la *Traviata* se trouve aussi dans l'allegro; la cavatine *Non san quant'io nel petto*, avec chœur, est dans le goût de Bellini et l'effet en est réussi; d'autres parties de l'œuvre suffiraient à annoncer un maître. *Il Finto Stanislao* est un ouvrage extrêmement médiocre, surtout parce qu'il est sorti de la plume de l'auteur de *Rigoletto* et du *Trovatore*. Mais tel qu'il est et malgré la vulgarité de quelques motifs, il est encore bien autrement écrit que la plupart des petits ouvrages dont les compositeurs français ont inondé tous nos théâtres depuis vingt ans.

Le compositeur se releva avec *Nabuchodonosor*, qui commença sa réputation et obtint en Italie un succès d'enthousiasme (mars 1842). Quand on entendit cette partition au théâtre Italien de Paris, où elle fut interprétée le 16 octobre 1845 par Ronconi, Derivis et Mlle Teresina Brambilla, on y trouva une sonorité plus bruyante qu'artistique. Le luxe des trombones, ophicléides, trompettes et cornets à pistons donna lieu à ce détestable quatrain que je ne cite qu'à cause de sa date :

> Vraiment l'affiche est dans son tort ;
> En faux on devrait la poursuivre :
> Pourquoi nous annoncer *Nabuchodonos—or*,
> Quand c'est *Nabuchodonos—cuivre?*

Le talent du maître se révéla au premier acte dans le trio et le septuor, et au troisième dans le duo entre Nabuchodonosor et Abigaïl. La prière du quatrième acte fait songer à celle de *Moïse*, mais elle ne la fait point oublier.

Le 11 février 1843, M. Verdi fit représenter à Milan *I Lombardi alla prima Crociata* (les Lombards à la première croisade), opéra en trois actes qui offre une déclamation lyrique vigoureuse et plusieurs beaux morceaux, entre autres un air de basse, un air de ténor, une cavatine de soprano : *Non fu sogno*, et un magnifique trio : *Qual volutta trascorrere*, lequel n'a pas cessé d'être populaire au delà des Alpes. Cet ouvrage était monté *alle stelle*, comme on dit là-bas, quand parut l'année suivante à Venise (mars 1844) *Ernani*, opéra en quatre actes dont le succès fut plus grand encore, bien que cette production ait été éclipsée plus tard par d'autres du même auteur et n'occupe aujourd'hui que le second rang dans l'œuvre du maître parmesan. Le livret avait été emprunté au drame trop fameux de M. Victor Hugo qui inaugura la lutte des classiques et des romantiques. Le poëte français s'étant opposé à ce qu'il considérait comme un empiétement sur ses droits, la pièce s'appela *Il Proscritto* et les personnages espagnols devinrent des personnages italiens. M. Victor Hugo se ravisa dans la suite et permit à *Ernani* d'être joué sous son véritable nom. Le morceau le plus remarquable de la partition est le finale : *O sommo Carlo*, qui est une belle imitation du sextuor de Lucie ; le chœur nuptial au quatrième acte et le trio final ont de la force et de l'originalité.

Après les applaudissements prodigués à *Nabuchodonosor*, aux *Lombardi* et à *Ernani*, l'artiste pouvait se croire assuré maintenant d'une fortune constante, mais il apprit bientôt à ses dépens que le théâtre est un champ de bataille où il faut vaincre sans cesse et qu'il n'est jamais permis de considérer comme sa conquête. L'opéra en trois actes *I due Foscari*, donné au théâtre *Argentina* de Rome en novembre 1844, ne réussit point. Le librettiste Piave n'était pas resté court en fait de scènes effrayantes et le musicien avait plus que jamais fait résonner la lyre aux cordes d'airain. Le public éprouva une lassitude momentanée de ce genre violent qu'il avait pourtant goûté dans les précédentes compositions du maestro. Les deux *Foscari* furent froidement accueillis. J'en dirai autant de *Giovanna d'Arco* dont on aurait dû siffler le livret à cause du travestissement odieux de notre héroïne française en femme amoureuse du dauphin (Milan, février 1845), d'*Alzira* (Naples, même année), d'*Attila* (Venise, mars 1846), de *Macbeth* (Florence, mars 1847), et d'*I Masnadieri* (les brigands, d'après Schiller) (Londres, juillet 1847), six opéras, et aucun succès décisif : il y avait là de quoi décourager un homme moins énergiquement trempé. M. Verdi, qui possède un caractère d'une fermeté inébranlable, ne se rebuta pas. Après l'échec des *Masnadieri*, il vint à Paris où il arrangea pour l'Opéra sa partition des *Lombardi* sur des paroles françaises de MM. Alphonse Royer et Waëz. La représentation de l'ouvrage remanié de la sorte et intitulé *Jérusalem* eut lieu le 26 novembre 1848. Le compositeur avait ajouté à la musique primitive plusieurs morceaux, notamment la grande scène pour ténor jouée et chantée admirablement par Duprez. Le chœur : *Enfin voici le jour*, est intéressant et l'orchestration en est très-soignée. Le sextuor du premier acte offre ces effets puissants de rhythme et de sonorité qui sont dans la manière du maître et qui ne déplaisent pas à la foule. L'air de basse très-bien chanté par Alizard est expressif. La polonaise d'Hélène a de l'éclat. La romance pour ténor semble inspirée de Bellini. Le cantabile suave de l'auteur de *Casta diva* se reflète dans cette romance délicieuse que les orgues ont popularisée ; mais le morceau dominant de la partition est le trio final, composition dramatique d'un ordre supérieur.

Jérusalem avait eu un destin plus heureux que ses sœurs aînées. Mais, de retour dans sa patrie, M. Verdi y retrouva la mauvaise influence qui, à Paris, avait cessé momentanément de peser sur lui. *Il Corsaro*, joué à Trieste au mois d'octobre 1848, et la *Battaglia di Legnano*, donnée à Rome en janvier 1849, n'eurent guère qu'une soirée d'existence. *Luisa Miller*, opéra en quatre actes, livret de Cammarano, représenté à Naples au mois de décembre 1849, réussit et méritait de réussir. Cet ouvrage a été entendu au théâtre Italien de Paris en décembre 1852 et à l'Opéra le 2 février 1853. On y a remarqué la cavatine de Louise, le quatuor du troisième acte, la romance de Rodolphe et la scène de l'imprécation. A la suite du succès de cette partition, supérieure à toutes celles qui étaient sorties de sa plume depuis 1844, l'auteur paya un nouveau tribut à la mauvaise fortune en écrivant pour Trieste son malheureux *Stiffelio* (trois actes, novembre 1850).

Rigoletto est la première œuvre qui ait valu au compositeur une renommée vraiment européenne, et c'est, à mon avis, la plus fortement inspirée qu'il ait écrite. Joué à Venise le 11 mars 1851, cet opéra a été donné aux Italiens le 19 janvier 1857, et enfin M. Carvalho l'a fait entendre au théâtre Lyrique avec des paroles françaises. Le sujet n'est autre que celui qui a servi à M. Victor Hugo pour écrire son détestable drame *Le roi s'amuse*. Au lieu de Triboulet, lisez Rigoletto, au lieu de Blanche, Gilda, au lieu de François Ier, le duc de Mantoue; remplacez Saint-Vallier par le comte de Monterone et Saltabadil par Sparafucile, et vous aurez le livret de Piave. Un père qui fait assassiner sa fille en croyant punir le séducteur qui l'a perdue, voilà l'horrible dénoûment de cette pièce pleine d'ailleurs de situations d'un puissant intérêt dramatique. La vive et allègre *Ballata* chantée par le duc : *Questa o quella*, le duo entre Rigoletto et le spadassin, un autre entre le bouffon et sa fille, l'air délicieux et poétique de Gilda : *Caro nome che il mio cor festi primo palpitar* et le chœur syllabique : *Zitti, zitti, moviamo a vendetta*, tels sont les principaux morceaux du premier acte qui sont tous excellemment réussis. Au second, on ne trouve à admirer que la scène dans laquelle le pauvre bouffon vient chercher sa fille, et le magnifique duo entre Rigoletto et Gilda : *Tutte le feste al tempio;* le compositeur a trouvé là des accents qui remuent l'âme profondément. Le troisième acte est le plus beau de la partition. Les couplets : *La donna è mobile*, joignent au mérite d'une mélodie facile et gracieuse, celui de bien reproduire l'humeur insouciante du duc, telle que nous l'a déjà montrée la cavatine *Questa o quella*.

Le quatuor *Un dì, se ben rammentomi* est une vraie création musicale. Les scènes suivantes sont aussi traitées avec le plus grand talent; la description de l'orage, les rafales de vent obtenues au moyen de tierces chromatiques par les chœurs *a bocca chiusa* derrière la scène étaient des choses nouvelles. L'avantage de M. Verdi sur d'autres maîtres qui ne se sont pas fait faute d'employer ces procédés, c'est que lui n'en fatigue pas l'auditeur. Toujours bref et rapide, quand il a atteint l'effet cherché, il n'y insiste pas, ce qui risquerait de l'atténuer; il passe à autre chose.

La situation qui fait l'objet du quatuor est une des plus fortes qui existent au théâtre. La mélodie est constamment inspirée, chaque personnage conserve son caractère propre, et en outre les deux groupes restent bien distincts comme l'exige la situation. Quant à l'harmonie, sans offrir beaucoup de variété, elle soutient bien l'édifice vocal. Le rhythme surtout donne à cet ensemble un entraînement tout exceptionnel : la galanterie du duc, la coquetterie de Madeleine, l'horreur qu'éprouve Gilda de ce spectacle, les sentiments de compassion de Rigoletto pour sa fille et de vengeance à l'égard du duc, tout cela a été conçu fortement, avec hardiesse, et est d'un effet admirable.

Jusqu'à *Rigoletto* on se demandait si le successeur de Donizetti était trouvé. Après la représentation de ce chef-d'œuvre, le doute ne parut plus possible et M. Verdi acheva de fixer sur lui les suffrages du public en donnant *Il Trovatore*, opéra en quatre actes, livret de Cammarano, représenté au théâtre *Apollo* de Rome le 17 janvier 1853, et au théâtre Italien de Paris le 23 décembre 1854. L'action est quelque peu confuse et obscure; la voici réduite à ses plus simples éléments : le comte de Luna et le trouvère Manrico sont tous deux épris de Léonora, dont les préférences sont pour le second. Le comte fait enfermer son rival, et Léonora s'empoisonne dans le cachot de Manrico. Celui-ci est bientôt après conduit au supplice, et, quand la vengeance du comte s'est assouvie, il apprend de la bouche de la bohémienne Azucéna qu'il vient d'ordonner la mort de son propre frère. Le trouvère n'était autre qu'un fils de l'ancien seigneur de Luna, volé tout enfant à sa famille par la bohémienne. La victoire reste donc à Azucéna. Le malheureux comte de Luna s'étonne de vivre encore, souillé qu'il est du sang fraternel et désespéré par le suicide de Léonora.

La donnée tragique de ce poëme fournissait au compositeur le moyen de se surpasser lui-même dans l'expression des émotions violentes. Dans la première scène, la légende : *Di due figli vivea*, appelée à tort cavatine, se compose de couplets dont l'allegretto est une valse bien caractérisée. La cavatine de Léonora : *Tacea la notte placida*, offre une phrase inspirée et d'une suavité tout italienne. L'allegro vif et brillant qui suit forme un contre-sens avec les paroles qui sont plaintives et tristes :

S' io non vivrò per esso
Per esso morirò.

La romance du Trovatore : *Deserto sulla terra*, est bien écourtée, car ce sont plutôt des *traits* de mélodie que des mélodies développées qu'on rencontre dans la musique de M. Verdi; néanmoins, elle ne manque pas de charme. Quant au trio qui termine l'acte, il est d'une facture très-négligée. Le chœur des bohémiens, qui ouvre le second acte, a de l'originalité. Tout le monde fredonne la canzone de la bohémienne : *Stride la vampa*, toujours en mouvement de valse, et l'affreux récit de son aventure : *Condotta ell'era in ceppi*, dont la mesure, à six-huit, n'est interrompue que par celle à trois-huit. On voit que M. Verdi affectionne particulièrement le rhythme ternaire. La strette très-vulgaire du duo qui suit est aussi à trois-huit. Le morceau qu'on peut louer sans réserve est l'air du comte de Luna : *Il balen del suo sorriso*, dans lequel la force n'exclut pas la grâce, et où cependant l'ardeur passionnée l'emporte sur la tendresse. Il est coupé par un petit ensemble d'un rhythme original. Le seul morceau développé de la partition est le *Pezzo concertato* ou ensemble final du second acte. Les phrases entrecoupées de Léonora peuvent être considérées comme un effet appartenant en propre à M. Verdi, une sorte de trouvaille musicale qu'il a le droit de revendiquer. Ces appogiatures, interrompues par des silences de courte durée, expriment bien les battements précipités du cœur sous l'influence des fortes émotions de la joie ou de la douleur. Le compositeur avait déjà fait une excellente application de ce procédé dans le quatuor de *Rigoletto*. Des chœurs à l'unisson, un trio sans idées, une harmonie pauvre et dépourvue d'intérêt, une valse, chantée par Manrico, sur les paroles les plus lugubres : *Di quella pira l'orrendo foco* ; voilà, en somme, à quoi se réduit le troisième acte. C'est le quatrième qui a décidé du succès de l'ouvrage en France. La fameuse scène du *Miserere*, que le maître aurait écrite, dit-on, sur une table d'auberge en descendant de voiture, est émouvante, pathétique et fortement rendue ; les procédés sont des plus simples ; un chœur de moines invisibles chante ces paroles :

> Miserere d'un' alma gia vicina
> Alla partenza che non ha ritorno.

Sur cette psalmodie, se détache une plaintive cantilène de Léonora qui se désespère au pied de la tour où son amant est enfermé ; puis un chant large et mélancolique se fait entendre : c'est la voix de Manrico qui dit adieu à la vie et supplie sa maîtresse de lui garder un fidèle souvenir :

> Ah ! che la morte ognora
> È tarda nel venire
> A chi desia morir !
> Addio... Leonora.

Le glas funèbre de la cloche vient s'ajouter à ces éléments divers. Il résulte de cet agencement, heureusement combiné, un effet dramatique puissant. Les phrases, entendues isolément, ne sont ni neuves ni distinguées, mais l'ensemble produit une sorte de commotion et d'ébranlement nerveux qu'on doit moins attribuer à une inspiration musicale qu'à un habile emploi des moyens scéniques. Après ce morceau capital, je rappellerai encore le duo pour soprano et baryton qui est très-bien traité au point de vue du style italien, et celui qui est chanté dans la prison par la bohémienne et Manrico : *Ai nostri monti ritorneremo ;* la mélodie principale en est simple et touchante. Les scènes finales sont bien déclamées et l'intérêt se soutient jusqu'au bout. Les dernières phrases de Léonora mourante sont encore écrites dans ce style palpitant, entrecoupé, que le compositeur emploie dans les situations fortes.

La *Traviata*, opéra en trois actes, représenté à Venise en mars 1853, et au théâtre Italien de Paris, le 6 décembre 1856, accusa une fois de plus la prédilection du maestro pour les pièces les plus lugubres du répertoire français. La *Traviata*, c'est la *Dame aux camélias* de M. Alexandre Dumas fils, qui, dans le livret italien, s'appelle Violetta Valery et aime Alfredo, proche parent d'Armand Duval. Ceux qui se souviennent du rôle de Marguerite Gautier, joué par Mme Doche ou Mlle Jane Essler, savent quelle impression pénible cause ce spectacle d'une jeune femme poitrinaire dont la toux maladive se fait entendre de scène en scène, à travers l'éclat de rire des buveurs et des gais compagnons. La musique de M. Verdi a fait accepter un pareil sujet. L'introduction, le chœur dans lequel se trouve le brindisi : *Libiamo ne' lieti calici*, le duo sur un temps de valse sont des morceaux tout à fait remarquables dont la mélodie est ferme, vive et nettement accentuée. Au second acte, la scène entre le père et le fils est assez pathétique. Il y a de l'énergie et du mouvement dans celle où Alfredo indigné jette à la tête de Violetta l'or et les billets de banque. Au troisième acte, la romance de Violetta mourante et son duo passionné avec Alfredo méritent de prendre rang parmi les meilleures inspirations de M. Verdi. Le défaut de l'instrumentation est de couvrir souvent la voix au lieu de la soutenir.

Deux ans après, M. Verdi écrivit expressément pour la scène française les *Vêpres siciliennes*, opéra en cinq actes, représenté le 13 juin 1855. Cet ouvrage, d'une orchestration plus soignée que certains autres du maître, n'a pu, malgré ce mérite, figurer parmi ses chefs-d'œuvre. On y rechercherait vainement l'ampleur de la déclamation lyrique française; il est encore italien dans la forme. S'il eût été donné à la salle Ventadour, il est probable qu'il y eût reçu un accueil plus favorable; car le cadre et les mœurs musicales de l'Opéra italien étant donnés, les *Vêpres siciliennes*, qui abondent en idées mélodiques, s'y rapportent parfaitement. L'air de basse : *Palerme!* est d'un beau jet. La sicilienne : *Merci, jeunes amies*, enlevée si vaillamment par Mlle Cruvelli, est restée dans le répertoire des cantatrices.

Je glisserai rapidement sur *Simone Boccanegra*, essai malheureux, tenté dans le sens de la musique wagnérienne (Venise, 12 mars 1856), et sur *Aroldo* (août 1857), qui n'est qu'un remaniement du *Stiffelio*.

Le compositeur fut plus heureux dans *Un ballo in maschera*. Cet ouvrage, écrit pour Naples en 1858, eut la singulière fortune d'être interdit par la censure du roi Ferdinand, et joué l'année suivante à Rome au théâtre *Apollo*. Ce qui avait paru dangereux à Naples n'excita en aucune façon les défiances de l'administration romaine.

L'opéra de *Un ballo in maschera* a une teinte uniforme et sombre que déridée à peine la cavatine du page au premier acte et les couplets de Riccardo dans le second. Le finale du troisième acte est remarquable. Il a de la force, de la variété ; c'est un des meilleurs du répertoire de M. Verdi. Il est vrai que l'effet repose sur la même donnée musicale que les grandes scènes si émouvantes du *Miserere* dans le *Trovatore* et du quatuor dans *Rigoletto*. Toujours des contrastes et la combinaison de deux ou trois éléments distincts, sinon opposés. L'intérêt de l'auditeur va de l'un à l'autre ; il n'en faut pas davantage pour le tenir en éveil. Ici, c'est la surprise et l'indignation de Renato, l'époux outragé, la confusion d'Amelia, qui s'est généreusement trahie, et les ricanements injurieux des seigneurs qui bientôt après conspirent la perte de Riccardo. Fraschini a chanté avec puissance et talent le rôle de Riccardo.

En 1862, M. Verdi fut appelé à Saint-Pétersbourg pour y faire représenter *la Forza del destino*, opéra en quatre actes, qui fut joué au théâtre Italien de cette ville le 30 octobre (11 novembre) 1862. Le livret, écrit par M. Piave, est emprunté à un drame romantique espagnol du duc de Rivas. Au dénoûment, il ne reste plus de personnages : ils sont tous morts (1)! un d'eux est même mort plusieurs fois. Jugez d'après cela de la force du destin. La partition marque peut-être un progrès dans l'instrumentation du compositeur. Parmi les morceaux les plus saillants, je citerai un chant guerrier : *È bella la guerra;* le récit de don Carlos, la phrase : *Pietà di me, signore*, le finale du deuxième acte, la *Canzone* de la scène du camp, la scène des imprécations de don Alvarès contre le destin, et une scène bouffe bien traitée.

Don Carlos, opéra en cinq actes, a été représenté à Paris dans le mois de mars 1867. MM. Méry et Camille du Locle en ont fait le livret. On a généralement remarqué que, dans cet ouvrage, M. Verdi avait modifié son style, qu'il avait cherché à se plier au goût français ; et là-dessus on s'est lancé dans des théories auxquelles probablement le maître lombard n'a jamais pensé. On a semblé oublier qu'il n'avait écrit qu'une seule fois pour notre scène, et qu'il y avait longtemps ; c'était son opéra des *Vêpres siciliennes*. Celui de *Jérusalem* n'était qu'un arrangement. Dans l'espace de douze années, il est bien naturel de penser que M. Verdi, dont les relations avec nos théâtres sont constantes, a dû acquérir une connaissance plus parfaite de notre langue, une expérience plus sûre du public français. Il n'a nullement modifié son tempérament artistique ; seulement il a composé sur des paroles françaises, et conséquemment la déclamation, les effets scéniques auxquels la bonne accentuation du texte n'est pas étrangère, la diction lyrique, tout cela est plus frappant de vérité, plus saisissant que dans les autres ouvrages, dont la traduction, quelque habile qu'elle soit, ne peut que dissimuler les qualités de cette nature. Les fragments les plus beaux du nouvel ouvrage de M. Verdi sont la cavatine du marquis de Posa, la scène du troisième acte, dans laquelle l'infant Carlos embrasse la cause des députés flamands, l'air de Philippe II :

Je dormirai sous les voûtes de pierre,

plein d'une sombre mélancolie, et l'air de la princesse d'Eboli. *Don Carlos*

(1) V. pour l'analyse de ces ouvrages mon *Dictionnaire lyrique* ou *Hist. des opéras*.

est l'œuvre d'un grand musicien; mais il y a des longueurs, peu de variété, et moins de mélodie que dans les autres ouvrages du maître. En outre, la pièce, quoique empruntée au magnifique drame de Schiller, est d'un ennui mortel et n'offre au public que des impressions pénibles et désagréables.

Avec la réputation, la fortune est venue à M. Verdi. L'auteur de *Rigoletto* est plus que prophète dans son pays : il y est grand propriétaire. Ici, je laisse parler M. Léon Escudier, son ami, et l'intelligent éditeur qui a tant contribué à populariser ses œuvres en France : « Verdi possède tout à côté de Busseto une immense propriété, où il a fait bâtir une villa que les paysans désignent sous le nom de *la villa del professore Verdi*. Demandez à un paysan à quelques lieues à la ronde la demeure de Verdi, il vous indiquera la route sur laquelle se trouve le charmant château et aura soin de vous dire si vous y rencontrerez ou non le *professeur*. Jamais il ne lui arrive de l'appeler le *maestro*. Et notez que Verdi n'a jamais professé. Il est vrai que la qualification de professeur implique le *nec plus ultra* de l'admiration.

« C'est dans cette belle propriété, qui a près de deux lieues d'étendue, que Verdi va se reposer de ses fatigues et des ennuis des grandes villes, de ses triomphes le plus souvent (c'est ce qu'il appelle ses ennuis). Là, le fusil sur l'épaule, ou un livre à la main, il visite, en se promenant, ses nombreuses fermes et cause avec ses *contadini* de culture, de labourage, de semailles, de récoltes, etc. Verdi a fait des études non moins consciencieuses d'agriculture que de contre-point; aussi n'est-il pas depuis Busseto jusqu'à Parme une propriété mieux tenue que la sienne. Les paysans qui associent d'ordinaire l'attachement à l'estime et à l'admiration, l'adorent et le lui prouvent de mille manières, et dans maintes occasions. Il en est une, par exemple, qui touche particulièrement le cœur de l'artiste ; le soir, lorsqu'il va se promener dans les champs avec Mme Verdi, une femme dont les qualités du cœur rivalisent avec celles de l'esprit, les cultivateurs se réunissent pour le fêter en lui chantant les plus beaux chœurs de ses opéras. Non, jamais chant d'orphéonistes ne produira une plus douce sensation que celle que j'éprouvai moi-même un soir d'été, un de ces beaux soirs d'Italie que la lune argente de sa molle clarté, quand, en me promenant avec Verdi, j'entendis au loin le *Chœur de la soif* des Croisés dans *I Lombardi (Jérusalem)* :

O signore dal tetto natio.

Le maestro lui-même était ému. Et les voix se complétaient si bien et nuançaient si bien le chant qu'on ne regrettait pas l'absence de l'accompagnement. — En voilà au moins, dit Verdi en souriant, pour cacher ses émotions, en voilà qui ne m'ont pas fait échauffer la bile aux répétitions ! » (1).

(1) Léon Escudier, *Mes Souvenirs*.

Le cri : *Viva Verdi*, a souvent retenti en Lombardie et même dans le Piémont à l'époque de la guerre contre l'Autriche. C'était un cri de ralliement. Le mot de l'énigme populaire, on le connaît aujourd'hui : les cinq lettres du nom de Verdi sont les initiales de ceux-ci : *Vittorio-Emmanuele Re d'Italia*. On enveloppait ainsi une profession de foi politique dans un anagramme. Du reste, le compositeur professe, dit-on, des opinions très-libérales. Après avoir prêté son nom à des manifestations annexionistes, il était naturel que M. Verdi allât siéger au parlement, et y augmenter le nombre des ennemis de la France. Je n'oublierai pas qu'il est l'auteur de la *Giovanna d'Arco* qui n'avait eu qu'un médiocre succès en Italie et qu'il fit ou laissa représenter aux Italiens de Paris en 1868, Napoléon III régnant, avec une pompe et une mise en scène inusitées et qui auraient pu être mieux employées.

Il est impossible d'imaginer un livret qui offense plus outrageusement l'histoire de France que celui de M. Solera. Il a l'air d'une gageure. Quelle idée s'est donc faite M. Verdi de l'autorité des traditions nationales françaises pour accepter une telle donnée ? Quelle opinion pouvons-nous, à notre tour, concevoir de son goût littéraire ? La France s'est vengée généreusement, comme toujours, en adoptant les œuvres saillantes du maître parmesan et en consacrant sa gloire par ses suffrages ; mais ce n'était pas une raison pour qu'on reprît cette erreur de sa jeunesse, qu'il aurait dû depuis longtemps désavouer. En deux mots, Jeanne d'Arc est aimée du dauphin, et elle répond à son amour ; son propre père joue un double rôle, aussi ignoble qu'invraisemblable, et livre sa fille aux Anglais. Le dénoûment se passe à Compiègne. Jeanne revient blessée au troisième acte, et, après avoir embrassé l'oriflamme, elle meurt de sa blessure, dans les bras de Charles VII et de son père !!

Quelques jours après la première représentation en France de cette turpitude, le 2 avril 1868, la tour de Jeanne d'Arc s'écroula à Compiègne, avec un fracas épouvantable, jonchant la voie publique et les cours des maisons voisines de ses débris quatre fois séculaires. Un enfant fut sauvé miraculeusement. L'année précédente, à Rouen, un monastère de religieuses avait été dépossédé de la garde du donjon où notre libératrice avait été enfermée, et cette tour a été livrée aux hasards d'une souscription publique. Il était providentiel que la sainte fille ne laissât plus de traces de son passage dans le beau pays de France, où l'on érigeait une statue à Voltaire son calomniateur, à l'aide des deniers populaires, et où la société polie applaudissait aux duos d'amour de Jeanne d'Arc et du Dauphin. Pauvre société française ! deux ans plus tard, tu demandais en vain des Jeanne d'Arc et des Dunois pour te délivrer de l'invasion étrangère !

On a répété à satiété dans la presse, à propos de la *Giovanna d'Arco*, l'adage connu : *Ab ungue leonem*. Il est incontestable que cette partition offre quelques beautés musicales qui ont été remarquées ; mais l'auteur n'était pas un adolescent, pas même un jeune homme ; il avait alors trente et un ans. On a à cet âge la responsabilité du choix d'un poëme.

A la fin de l'année 1871, le 24 décembre, M. Verdi fit représenter sur le théâtre du Caire son opéra d'*Aïda* que le khédive lui avait demandé de composer expressément pour lui. Le livret est de Ghislanzoni. L'action se passe dans l'ancienne Egypte, ce qui a fourni une occasion aux Egyptologues de faire preuve de leur science archaïque. Mariette-Bey, Vassali, le conservateur du musée de Boulak, se sont efforcés de faire reproduire l'aspect de l'ancienne Thèbes, de Memphis, du temple de Phtah, etc. Le vice-roi a donné au compositeur des honoraires très-considérables. Cette partition, dont les deuxième et troisième actes renferment des morceaux très-remarquables, est de nature à soutenir la gloire de M. Verdi.

Les personnages sont : le roi Ramsès ; Amnéris, sa fille ; Aïda, esclave éthiopienne ; Amonasro, son père, roi d'Ethiopie ; Radamès, capitaine des gardes de Ramsès et le grand-prêtre Ramfis. Le capitaine aime Aïda ; il en est aimé ; mais malheureusement l'esclave a une rivale ; c'est la fille du roi. Amonasro marche avec une armée sur Thèbes ; Radamès doit aller le combattre ; il part, il est vainqueur. Aïda et son père pressent le triomphateur d'abandonner la cause du roi et d'épouser leur querelle. La fille du roi et le grand-prêtre Ramfis assistent cachés à cet entretien. Le capitaine, accusé de trahison et refusant de partager l'amour d'Amnéris, est condamné à être enterré vivant ; c'était là que M. Verdi voulait en venir.

Au cinquième acte donc, la scène est divisée en deux étages, le spectateur voit l'intérieur du temple et aussi une crypte. Radamès y a été descendu ; Aïda qui a voulu mourir avec son amant, s'y est introduite. La pierre est scellée au milieu des chants funèbres, et la toile tombe. On voit que chez M. Verdi, c'est de plus fort en plus fort, absolument comme au théâtre de Nicolet. La légende du *fanciullo* jeté au feu dans le *Trovatore*, Rigoletto qui fait tuer sa fille et met son corps dans un sac, toutes les morts et damnations de la *Forza del destino* sont jeux d'enfant auprès de ce duo final chanté dans les entrailles de la terre et néanmoins entendu au Caire, comme il l'a été sur tous les théâtres de l'Europe. C'est ainsi que les extrêmes se rapprochent ; à force de rechercher le réalisme dans l'art, on revient à l'idéal mythologique ; seulement, s'il me fallait redescendre aux enfers pour entendre de beaux chants et de beaux vers, j'aimerais mieux encore prendre pour guides Orphée, Virgile et Dante que MM. Ghislanzoni et Verdi.

Aida a été représentée sur le théâtre de la Scala à Milan en 1872 ; M. Verdi a été rappelé trente-deux fois sur la scène. Cédant à un entraînement systématique et national, les familles milanaises ont chargé les artistes d'offrir au maître parmesan un sceptre en ivoire et une étoile en diamants, avec le nom d'Aïda en rubis et celui de Verdi en pierres précieuses. Je pense que le lecteur ne lira pas sans intérêt quelques fragments d'une étude critique que j'ai faite de cette partition importante dans le deuxième supplément de mon *Histoire des Opéras* :

Une petite symphonie fuguée et exécutée pianissimo sert de prélude. Le travail harmonique en est aussi remarquable que l'effet d'expression en est bien rendu. Cette forme scolastique se retrouve encore dans la scène d'introduction, entre Ramfis et Radamès. La *romanza* de Radamès : *Céleste Aïda*, est fort gracieuse. Les accords plaqués à l'aigu qui l'accompagnent produisent un joli effet. Je ne sais pourquoi le compositeur a compris d'une façon si mélancolique et si morbide les rêves d'ambition, de gloire et d'amour fortuné du jeune capitaine. Comment? Radamès voit déjà son amante Aïda couronnée reine par la valeur de son bras :

Il tuo bel cielo vorrei vidarti,
Le dolci brezze del patrio suol,
Un regal serto sul crin posarti,
Ergerti un trono vicino al sol;

et il termine sa romance dans un langoureux pianissimo.

Dans la *Favorite*, il y a une situation analogue. L'air : *Oui, ta voix m'inspire*, rend avec plus de vérité les sentiments qui animent Fernand. Le chant de guerre : *Su! del Nilo al sacro lido*, est d'une facture grandiose et d'une sonorité puissante. Aïda exprime les angoisses que lui cause cette guerre, qui peut être aussi fatale à son père qu'à son amant, et les notes syncopées qu'elle fait entendre sur le motif chanté par Radamès : *Per chi piango? Per chi prego? Qual poter m'avvince a lui!* forment un des beaux passages de l'opéra. La douleur et l'ardeur guerrière s'y unissent sans se confondre. Cette page seule suffirait à révéler un compositeur dramatique de premier ordre, si M. Verdi ne nous avait pas habitués à des effets semblables dans beaucoup d'autres ouvrages. La scène de désespoir d'Aïda lui a fourni l'occasion d'écrire un air très-pathétique. C'est un morceau capital dont le texte a été magistralement interprété par le musicien.

Toute la musique écrite pour le deuxième tableau de cet acte a un caractère incontestable d'originalité. M. Verdi a fait usage des tonalités anciennes et introduit plusieurs progressions particulières aux modes du chant grégorien. On a prétendu qu'il avait reproduit, dans les motifs des danses sacrées, des mélodies indigènes. Cela est possible. Plusieurs de ces chants africains, transmis par la tradition, remontent à une haute antiquité et par conséquent ont beaucoup d'analogie avec plusieurs de nos plains-chants. Mais le compositeur les a accompagnés d'une harmonie excellente et souvent d'un contre-point très-habile, de telle sorte qu'ils n'offensent pas l'oreille et ne forment pas une disparate dans l'œuvre artistique. Toute cette scène dans le temple de Vulcain à Memphis est extrêmement belle.

Le chœur de femmes qui ouvre le deuxième acte, précédé d'accords de harpe d'une tonalité un peu étrange, est assez joli. La phrase d'Amnéris, *Ah! Vieni, amor mio, m'inebbria*, sert de rentrée à la reprise de ce chœur et le termine ensuite d'une manière originale. Pendant que les esclaves continuent à parer leur maîtresse pour la fête triomphale, on exécute une danse mauresque. Le compositeur a harmonisé, avec beaucoup d'habileté, la mélodie bizarre qu'il a choisie; il y a un passage de tierces et sixtes consécutives sur le *sol* pédale, qui rappelle l'organum du moyen âge, la diaphonie et les jeux de mutation de l'orgue. Lorsque Aïda fait son entrée en portant la couronne, et qu'Amnéris, pressentant en elle une rivale, va lui arracher par la ruse le secret fatal, l'orchestre fait entendre le motif du prélude. Cette pensée est heureuse parce qu'en effet toute la force du drame est concentrée dans la scène qui va suivre. Dans la première partie de ce beau duo entre l'esclave, fille du roi éthiopien, et la fille de Pharaon, chaque phrase mélodique est parlante. Les accords qui en accompagnent le début

Fu la sorte dell'armi a' tuoi funesta,
Povera Aïda!

témoignent assez de la résolution qu'a prise M. Verdi, d'en finir avec la réputation d'harmoniste négligent que certains critiques ont cherché à lui faire. Je ne crains pas d'affirmer que depuis la publication de la *Messe solennelle* de Rossini, qui a été un événement pour les musiciens instruits, il n'a rien été fait, à ma connaissance, de plus remarquable que la partition d'Aïda, surtout sous le rapport du travail harmonique. Le cantabile d'Amnéris est caressant et de nature à tromper la malheureuse captive. La passion de celle-ci se révèle malgré elle dans une phrase pleine d'élan : *Amore, amore!* L'adagio : *Ah! pietà ti prenda del mio dolor*, n'a qu'une phrase de huit mesures; mais elle est pathétique. Amnéris triomphe de sa rivale avec une suprême insolence et sur les notes du chœur qui demande, dans la coulisse, la mort du roi vaincu, lance une phrase pleine de haine et d'orgueil, et abandonne Aïda à son désespoir. Dans la deuxième partie de ce duo, M. Verdi a accumulé les modulations et les altérations de telle sorte qu'il n'y a plus de tonalité principale; l'effet dramatique seul est produit; quant au discours musical, ses complications font sans doute beaucoup d'honneur à l'art d'écrire du maître, mais elles ne parviennent pas à dissimuler la vulgarité des idées. Je ne parle que du dernier mouvement : *Ah! pietà! Che più mi resta?* Tout le reste m'a semblé fort remarquable. Les accents douloureux d'Aïda sur les mots : *Numi, pietà!* qui se perdent derrière la scène, rappellent l'effet vocal produit dans une situation toute différente par Gilda dans Rigoletto. Le finale du deuxième acte d'Aïda est non-seulement le plus grand effort du compositeur, c'est une des conceptions les plus grandioses de l'art musical contemporain. L'importance de la mise en scène, la magnificence du spectacle, la diversité des intérêts des personnages, l'action forte du drame, tout d'ailleurs contribuait à soutenir à une hauteur inaccoutumée l'inspiration du compositeur. Le chœur triomphal *Gloria all' Egitto* est sonore et conduit magistralement ; la fanfare de la troupe égyptienne est bien caractérisée et offre une modulation d'un brillant effet de *la* bémol en *si* naturel, ou plus correctement en *ut* bémol ; car cette fois l'auteur a bien voulu recourir à l'effet enharmonique et ne pas charger sa musique de bémols et de doubles-bémols, ce qui rend souvent difficile l'exécution de quelques passages qu'une notation moins prétentieuse simplifierait beaucoup. Le ballabile en *ut* mineur ne me plaît pas ; c'est encore, sans doute, un motif indigène dont l'auteur a voulu tirer parti ; il est fort désagréable à entendre. Quelle manie singulière, sous prétexte de couleur locale, d'entacher d'un réalisme douteux une œuvre servie par une langue artistique tellement perfectionnée, que des faits historiques ou imaginaires y sont exprimés et développés avec plus de force et d'intérêt qu'ils ne l'ont été dans le siècle même de leur existence ! Quelle aberration de croire augmenter l'effet de la composition idéale, et y introduisant de petits ponts-neufs qui tirent plutôt leur origine d'un cabaret de fellahs modernes que de la cour de Sésostris ! Il y aurait bien des choses à dire sur cette manière d'entendre l'esthétique musicale. La reconnaissance du roi Amonasro par sa fille ; les supplications des captifs, la sympathie du peuple en leur faveur, les imprécations des prêtres qui, au nom des dieux de l'Egypte, sollicitent leur mort ; les passions diverses qui agitent Radamès, Aïda, Amnéris ; la majesté du Pharaon, l'espoir de la vengeance que nourrit le roi captif, tout cela est peint avec force et un grand effet d'ensemble. Au point de vue technique, l'idée principale chantée par Amonasro : *Ma tu, Re, tu signore possente*, est excellente. L'harmonie un peu compliquée et modulante qui l'accompagne ajoute au caractère d'une simple prière des pensées secrètes, et exprime l'espérance non avouée du chef éthiopien de reconquérir sa liberté et ses états. Ce motif, en *fa*, sert de sujet à de magnifiques développements. Lorsque le roi a donné à son lieutenant la main de sa fille Amnéris, le finale prend une autre forme et rentre dans les données ordinaires. Cette forme est certainement fort belle ; c'est celle dont M. Verdi a fait usage dans la plupart de ses opéras, et avec un grand succès dans *Ernani*. Cette mélopée large et dramatique, sur un rhythme formé de sixains ou de doubles-triolets, est due primitivement à Rossini, ne l'oublions jamais. Donizetti y a ajouté un grand perfectionnement dans le sextuor de *Lucie*. Mercadante l'a employée souvent, et enfin M. Verdi l'a faite sienne, en lui donnant encore plus d'accent et de nerf ; la dernière partie : *Ah! qual speme omai più restami?* termine dignement, par un cri de douleur, ce magnifique finale.

Dans les deux derniers actes, le sentiment dramatique l'emporte de beaucoup sur l'inspiration musicale. On y remarque aussi des efforts excessifs pour imaginer de nouveaux effets d'harmonie, et ces tentatives n'ont pas été toutes justifiées par le succès. L'introduction du troisième acte est d'une monotonie étrange. Je ne crois pas que l'accord parfait de *sol* majeur, gardé pendant plus de cinquantes mesures dans un mouvement andante, fût nécessaire pour exprimer un clair de lune sur la rive du Nil ; la prière d'Aïda : *O cieli azzurri, o dolci aure native*, est fort mélancolique et accompagnée avec une grande délicatesse. On y remarque une réminiscence du *Miserere* du *Trovatore* ; la phrase : *O patria mia, mai più ti rivedrò!* rappelle celle qui est si connue : *Non ti scordar, non ti scordar di me*. Le duo d'Aïda et d'Amonasro est et restera un des beaux duos scéniques du répertoire italien. La situation est pleine de force et d'angoisse, elle est de celles où M. Verdi se complaît ; c'est son élément. Il était difficile d'amener Aïda à faire concourir au dessein de son père l'amour que le jeune chef égyptien ressent pour elle. Les différents mouvements de la musique, sa chaleureuse puissance, ses expressions variées et habilement ménagées rendent en peu de temps presque plausible la soumission de la jeune fille aux injonctions et aux prières d'Amonasro, et excusable une détermination dont elle ne prévoit pas les conséquences ; rendre la couronne à son père, revoir sa patrie, échapper à un ignomineux esclavage, empêcher son amant de devenir l'époux d'Amnéris, sa rivale, telles sont les pensées qui l'assaillent pendant ce duo, et elles sont bien capables de troubler un moment sa raison. Amonasro chante avec animation et douceur ces phrases charmantes :

> *Rivedrai le foreste imbalsamate,*
> *Le fresche valli, i nostri templi d'ôr!*
> *Sposa felice a lui che amasti tanto,*
> *Tripudii immensi ivi potrai gioir!......*

La description du carnage de ses sujets, du meurtre des membres de sa famille, l'évocation de l'ombre de la mère d'Aïda sont rendues avec des procédés de rhythme et d'harmonie très-remarquables ; le *crescendo*, pendant lequel Aïda, domptée par la malédiction paternelle, se traîne aux pieds d'Amonasro, est puissamment conduit et s'arrête subitement pour faire place à un *pianissimo* sur ces paroles : *O patria! quanto mi costi!* Dans le duetto et la scène finale du troisième acte, le compositeur maintient le spectateur à la hauteur de cette terrible situation. On y distingue trois mélodies de caractères différents, peu originales cependant. Elles tirent leur principal mérite de leur appropriation aux paroles du livret. C'est d'abord le début du duetto, lorsque Radamès accourt au rendez-vous : *Pur ti riveggo, mia dolce Aïda,* phrase répétée à l'unisson, à la fin ; ensuite la phrase que chante Aïda pour persuader à son amant de fuir :

> *Fuggiam gli ardori inospiti*
> *Di queste lande ignude;*

et l'ensemble qui précède l'allegro. La pensée exprimée par Radamès est fort belle : « Abandonner ma patrie, les autels de nos dieux! Comment pourrais-je sans honte me rappeler sur la terre étrangère le ciel sous lequel nos amours ont pris naissance? »

> *Il ciel de' nostri amori,*
> *Come scordar potrem?*

Et cependant, ils se disposent tous trois à fuir, lorsque Amnéris guidée par sa jalousie se présente avec Ramfis et des gardes. La fin de l'acte est amenée rapidement, et l'absence de développement dans ce final le rend plus émouvant.

Le premier tableau du quatrième acte a pour objet de représenter Amnéris faisant des efforts désespérés pour sauver celui qu'elle aime et qu'elle a livré à la justice des prêtres. Une mélodie pleine de charme, qu'on a entendue dans le premier duo d'Amnéris et de Radamès, revient à cet instant suprême et contribue à bien caractériser le mobile qui fait agir cette femme et le ressentiment de son amour méprisé qui précipite le dénoûment. Je ne signalerai dans ce morceau que le passage de l'andante en *mi* bémol mineur, chanté par Amnéris : *Già i sacerdoti adunansi*, répété par le ténor en *fa* dièse ; il est d'une expression profonde et juste. La scène qui doit produire le plus d'effet au théâtre est celle du jugement. Les prêtres invoquent l'esprit de la divinité sur une espèce de plain-chant fort laid ; mais l'interrogatoire qui a lieu dans une salle souterraine et dont on peut suivre néanmoins les péripéties est saisissant ; les cris : *Radamès, Radamès, discolpati! Egli tace... Traditor*, proférés par des voix tonnantes trois fois à un demi-ton ascendant, sont encore rendus plus émouvants par les plaintes, les cris de désespoir et le jeu de scène d'Amnéris : *Oh! chi lo salva?* s'écrie-t-elle :

> *Numi, pietà del mio straziato core...*
> *Egli è innocente, lo salvate, o numi!*
> *Disperato, tremendo è il mio dolore!*

La situation d'Amnéris a trop de ressemblance avec celle de Leonora dans le *Trovatore*, pour que l'auteur ait pu facilement éviter les réminiscences. On en trouve des traces dans le chant du soprano entrecoupé par des sanglots. Les quarts de soupir jouent ici leur rôle ordinaire, non-seulement comme dans le *Trovatore*, mais comme dans presque tous les opéras du maître. L'effet produit sera-t-il aussi grand que celui du *Miserere?* je ne le crois pas, et en voici la raison : au chœur des moines, au glas funèbre, et aux lamentables accents de Léonore, se joignait une cantilène charmante du ténor; ici ie ténor garde le silence : *Egli tace;* l'effet se trouve réduit à deux éléments, au chœur souterrain et à la voix d'Amnéris. Il est vrai de remarquer que le silence de Radamès dans un pareil moment a une grande éloquence dramatique. La catastrophe finale est l'objet du dernier tableau, et le drame s'achève dans un pianissimo qui est une manière inaccoutumée de terminer un opéra. Ce tableau est fort court; on comprend que, dans le souterrain où les deux amants sont ensevelis vivants, leurs adieux à la vie ne peuvent être longs. Ils se prolongent même au delà de toute vraisemblance, même relative. La phrase plaintive : *O terra, addio,* qu'ils redisent alternativement est belle, surtout lorsqu'à l'accompagnement viennent s'ajouter des tremolos à l'aigu. Le chœur chanté dans la partie supérieure du temple par les prêtres et prêtresses a la rudesse sauvage que cet étrange dénoûment comporte. La mélodie n'en est rien moins qu'harmonieuse. Pour exprimer ces paroles : *Immenso Fthâ, noi t'invochiam,* M. Verdi a multiplié les inflexions enharmoniques sur une quinte formant pédale. Nul doute que la musique sacrée des anciens Égyptiens ne fût loin de ressembler à la nôtre; mais il ne faut pas, sous prétexte de rechercher la couleur locale, le pittoresque, l'archaïsme des formes, substituer des effets désordonnés d'acoustique aux ressources de la composition idéale, telles que les maîtres les ont employées jusqu'à présent. D'ailleurs, ces fragments, plutôt fantaisistes qu'archéologiques, ne sont guère à leur place dans l'ensemble d'un ouvrage dont toutes les parties, prises en détail, accusent la civilisation la plus avancée. La partition d'*Aïda* est l'œuvre musicale la plus sérieuse qui ait été faite sous l'influence des nouvelles théories musicales. M. Verdi aurait-il pu se dispenser d'y subordonner son inspiration? Je suis de cet avis; car ce qu'il y a de plus beau dans son ouvrage lui appartient en propre, tandis que les parties secondaires et d'un mérite contesté ont été le produit de l'effort, du système, de la complexité des phénomènes psychologiques de l'école néo-allemande et de théories qu'il avait le droit de considérer comme non avenues. A quoi bon s'occuper de ce qui n'est pas viable? Tout doit vivre dans l'art, parce que tout effort du génie doit nous rapprocher du beau idéal, de la vérité immuable, parfaite, de l'essence même de la vie, sans défaillances, sans ombres, de la beauté éternelle; tout ce qui est ténèbres nous en éloigne ou nous en dérobe la contemplation. La recherche de cette peinture au pastel, de ces lignes indécises, cette dissimulation pour ne pas dire cet oubli de la basse fondamentale, de ce sentiment de la nature, inséparable de la tradition qui l'a améliore en l'épurant toujours, ce dédain des règles du goût, de ce goût qui, d'après l'heureuse expression de Châteaubriand, est le bon sens du génie, sont autant de causes qui énervent l'œuvre d'art et la privent des conditions de la vie. Malgré ces observations qui se rapportent à plusieurs passages de l'*Aïda* de M. Verdi, il est certain que, grâce à son talent, à la force de son imagination et à sa science musicale, comme aussi à la langue même technique dont les maîtres ses devanciers lui ont légué les secrets, il a pu donner à ses personnages un caractère, des passions, une élévation de sentiments qu'on ne pourrait leur attribuer si l'on s'en tenait à la réalité de la légende égyptienne; absolument comme Racine a agrandi, par ses beaux vers et ses belles pensées, le personnage de Phèdre en lui prêtant la noblesse du sentiment, la délicatesse du langage, jusqu'à cette profonde horreur d'elle-même qui lui méritent un intérêt si puissant, auquel jamais la femme de Thésée n'aurait pu prétendre. A mon avis *Aïda* est l'ouvrage le plus remarquable qui ait été composé pendant ces quatre dernières années, et je regrette qu'il ne l'ait pas été par un Français.

Le mot de décadence a été souvent prononcé à propos de l'œuvre de M. Verdi. On pourrait reprocher à cet artiste d'agir sur les nerfs plutôt que sur l'âme, de s'adresser aux sens plutôt qu'à l'être immatériel. Il y a dans ses partitions moins de charme que de puissance, on pourrait même dire de violence. Quant à son succès, il le doit à ses talents sans contredit, mais beaucoup aussi au public à qui on fait entendre des opéras, et qui, pris en général, est loin d'être préparé aux délicatesses que doit comporter ce genre de plaisir et préfère qu'on parle à ses sens plutôt qu'à son esprit et à son cœur; et enfin à cette loi de progression artistique qui ne permet pas à une époque de reproduire l'époque précédente. Sans vouloir comparer deux genres très-différents, je ferai observer que la tragédie littéraire a suivi la même évolution qu'on reproche à la tragédie lyrique. Les Athéniens accusaient déjà Euripide de substituer l'effet sensible et brutal à l'effet intellectuel cherché par son prédécesseur Sophocle. Des griefs analogues ont été relevés contre Voltaire et Crébillon, venant après les tragiques du dix-septième siècle. Le dernier disait pour se justifier : « Qu'avais-je à faire? Corneille avait pris le ciel ; Racine, la terre ; il ne me restait que l'enfer : je m'y suis jeté à corps perdu. » C'est la réponse que M. Verdi peut faire à ses détracteurs. Rossini, Bellini, Donizetti s'étaient, en musique, partagé le ciel et la terre : venu à leur suite, l'auteur du *Trovatore* s'est logé où il a pu, dans les demeures infernales :

> *Hinc exaudiri gemitus et sæva sonare*
> *Verbera, tum ferri stridor tractæque catenæ.*

Ceci soit dit sans allusion à la sonorité métallique de son instrumentation. En somme, la Léonor du *Trovatore* ne fait pas oublier la Léonore de la *Favorite*, pas plus que l'intéressante Gilda de *Rigoletto* n'éclipse l'infortunée et charmante Lucia. Quoique je préfère encore la *Sonnambula* à la *Traviata*, il n'en est pas moins vrai que depuis la mort de Bellini et de Donizetti, M. Verdi est le seul compositeur italien qui nous ait donné des œuvres inspirées.

Le dernier ouvrage de M. Verdi jusqu'à ce jour est une *Messe de Requiem* qu'il a composée pour l'anniversaire de la mort d'Alexandre Manzoni, l'auteur d'un des plus beaux romans chrétiens, *les Fiancés*. Cette dîme du talent payée à la religion et à la mémoire d'une des illustrations nationales les plus pures fait honneur au caractère de M. Verdi. Au point de vue esthétique, il est évident que les aristarques ont jugé avec raison que les formes de la composition dramatique l'emportent dans cette œuvre sur celles de la musique sacrée ; mais néanmoins il y a dans cette longue symphonie funèbre des accents sublimes et bien des larmes éloquentes et sincères.

WALLACE

NÉ EN 1814, MORT EN 1865.

Wallace est un compositeur peu connu en France ; mais l'estime que lui accordent ses compatriotes m'invite à lui donner place ici. D'ailleurs il n'a pas été seulement cher aux Anglais ; son opéra de *Maritana* a réussi sur les principales scènes de l'Europe et particulièrement à Vienne ; ce n'est pas peu dire. Leur amour-propre national pourrait se plaindre de l'omission de son nom dans mon livre, surtout n'y ayant pas trouvé ceux de Purcell, de Arne et de Macfarren.

William-Vincent Wallace naquit le 1er juin 1814, à Waterford, en Irlande. Son père, chef de musique militaire, lui donna les premières leçons de solfége, complétées ensuite à Dublin, où le jeune artiste étudia le piano, le violon, la guitare. Pendant quelque temps, il remplit les fonctions d'organiste à la cathédrale de Thurles. Après avoir été employé comme violoniste à l'orchestre du théâtre de Dublin, il fut chargé de diriger les concerts de la Société philharmonique. Une maladie grave ayant mis ses jours en danger à l'âge de dix-huit ans, les médecins, pour hâter sa convalescence, lui conseillèrent un voyage de long cours. Dès lors la vie de Wallace ne fut plus qu'une odyssée semée des aventures les plus bizarres. Il se rend en Australie où il donne des concerts qui lui rapportent de gros bénéfices. A Sidney, le gouverneur lui fit présent de deux cents moutons, en témoignage du plaisir que lui avait procuré un solo de violon. Poussé par son humeur vagabonde, il visite la terre de Van-Diémen, puis la Nouvelle-Zélande. Des insulaires de cette contrée avaient récemment dévoré quelques matelots anglais. Une frégate se disposant à prendre la mer pour aller châtier ces anthropophages, l'artiste trouva piquant de se joindre à l'équipage, et, après avoir été témoin de la punition infligée aux Néo-Zélandais, l'idée lui vient de se fixer pour quelque temps au milieu de la population que ses compatriotes venaient de canonner. Le projet était hardi ; Wallace trouva pourtant un compagnon dans le chirurgien du bord, qui désirait faire quelques recherches de botanique dans la baie de Tavaï-Pounamou. Tous deux, sans autre sauvegarde que la bonne foi de deux chefs qui leur avaient juré amitié et protection, passèrent plusieurs semaines parmi les sauvages, vivant de la même vie que leurs hôtes, à cette différence près, que Wallace ne put jamais se défaire d'un honorable dégoût pour la chair humaine. Le compositeur inspira la plus violente passion à la jeune Tetéa, et, comme Orphée parmi les femmes de Thrace, il s'y montra peu sensible ;

aussi faillit-il être victime de la fureur de cette beauté océanienne. Au moment où il résolut de quitter l'île, Tetéa lui donna une marque de son amour en lui balafrant la poitrine d'une incision cruciale, et en buvant le sang qui sortait à flots de la plaie. Je ne m'appesantirai point sur ces tendresses sauvages. Wallace fut encore heureux de pouvoir s'échapper; Orphée n'en fut pas quitte à si bon marché :

> *Spretæ Ciconum quo munere matres,*
> *Inter sacra Deûm nocturnique orgia Bacchi*
> *Discerptum latos juvenem sparsere per agros.*

Le compositeur continua à promener sa fantaisie sous mille climats divers, des Indes orientales aux Indes occidentales, de Valparaiso à Mexico où il dirigea la musique d'un théâtre Italien et fit exécuter une messe de sa composition à New-York où il vécut depuis 1843 jusqu'en 1853, richement payé de ses concerts par l'affluence des dollars yankees. Un de ses morceaux de piano, *la Cracovienne*, y eut un succès d'enthousiasme. Dans l'intervalle, il était revenu en Europe et avait écrit en 1846 son opéra romantique de *Maritana*, qui obtint les suffrages des amateurs doués du goût le plus sûr et le plus délicat. Le livret de Maritana a été tiré de la pièce de Dennery, *Don César de Bazan*.

La même faveur accueillit l'année suivante *Mathilde de Hongrie* (1847). Il travaillait à un opéra ayant pour titre : *Georges*, qu'il destinait à l'Opéra de Paris, lorsqu'il devint aveugle. Des oculistes français entreprirent sa guérison et réussirent : on lui conseilla un long voyage en mer. Voilà notre compositeur lancé de nouveau dans ses pérégrinations lointaines. Il se rend à Rio-Janeiro et de là à New-York où il se livre à diverses entreprises commerciales, particulièrement à la fabrication des pianos et à l'exploitation du tabac. Il y perdit la fortune que ses concerts lui avaient procurée. Il lui fallut recommencer à mener l'existence de virtuose. En 1852, une suite de concerts rétablit un peu ses affaires. Après un long silence, Wallace fit une rentrée triomphante à la scène par *Lurline* (*Lorelei*), opéra en trois actes, joué à Londres en 1860. Cet ouvrage fut suivi de *Amber Witch* (la *Sorcière d'Ambre*) (mars 1861), et de *Love's Triumph* (le *Triomphe de l'amour* (novembre 1862). Tous deux furent chaleureusement applaudis. En 1863, il fit jouer la *Fleur du Désert*.

Quoiqu'il fût doué d'imagination et qu'il eût le travail facile, malgré l'énergie de son caractère et la vivacité de son intelligence, Wallace succomba aux chagrins que lui causèrent la perte de sa fortune et l'impossibilité de la refaire par suite de la longue guerre d'Amérique. Le mérite de ses derniers ouvrages lui avait assigné un rang parmi les meilleurs compositeurs dramatiques de ce temps; mais il comprenait qu'il lui faudrait remporter plus d'une victoire pour récupérer la situation qu'il avait eue à New-York. Il tomba dangereusement malade à Boulogne-sur-Mer. Il se transporta à

Paris, puis au château de Bagen dans la Haute-Garonne, où il mourut le 12 octobre 1865, à l'âge de cinquante et un ans. Ses restes ont été transportés en Angleterre où ils reposent dans le cimetière de Kensal Green. Un journal de Londres, l'*Orchestra*, ouvrit de suite une souscription pour l'érection d'un mouvement funèbre en l'honneur du meilleur compositeur contemporain de l'Angleterre et pour assurer l'avenir de sa femme et de ses enfants.

Le style de Wallace accuse de bonnes études musicales. Il a en outre de l'originalité et de la hardiesse. Son instrumentation est bien traitée et affecte les formes symphoniques. Il est sous ce rapport bien supérieur aux autres compositeurs anglais. Ces qualités sont surtout évidentes dans l'ouverture de *Lorelei*, qu'on a exécutée plusieurs fois dans les concerts populaires de musique classique.

Ce sujet de *Lorelei*, qui n'a jamais été traité sur notre théâtre, est familier à la littérature allemande. On représenta sous ce titre à la cour de Munich, en 1846, un opéra dont Lachner avait composé la musique. Lorelei est une nymphe du Rhin, une sorte de sirène qui attire par ses chants ceux qui visitent ses rivages et qui les sacrifie à sa haine. La musique écrite par le compositeur anglais sur cette donnée fantastique, a obtenu un légitime succès. *Maritana* et *Lurline* sont souvent joués à Londres et à New-York. Ce dernier ouvrage y est représenté alternativement en italien et en anglais.

Indépendamment de ses ouvrages dramatiques, ce musicien a publié un assez grand nombre de compositions légères : nocturnes, valses, études, etc.

La société américaine offrit à la veuve du compositeur les moyens de résider aux États-Unis. Elle a dû prendre ce parti d'autant plus volontiers que la souscription ouverte à Londres n'a pas donné de résultats satisfaisants. La Grande-Bretagne aurait dû, ce semble, se montrer plus disposée à honorer la mémoire d'un des rares compositeurs anglais que la république américaine, patrie d'adoption de Vincent Wallace.

PONIATOWSKI

(PRINCE JOSEPH)

NÉ EN 1806, MORT EN 1873.

Il n'est pas rare de voir des hommes appartenant à la plus haute aristocratie s'adonner aux beaux-arts. Mais y réussir et joindre à l'illustration de la naissance celle du talent, cela se voit rarement. Sous ce rapport, l'auteur de *Pierre de Médicis* et de *Don Desiderio* mérite une mention à part. A défaut du nom rayonnant qu'il a trouvé dans son berceau, ses compositions dramatiques auraient suffi à lui en faire un.

Le prince Joseph Poniatowski, petit-neveu de Stanislas II, dernier roi de Pologne, est né à Rome le 20 février 1806. Un prêtre nommé Candido Zanetti lui enseigna de bonne heure la musique, et tels furent ses progrès qu'à l'âge de huit ans il était en état d'exécuter des variations de piano dans un concert. En 1823, sa famille alla se fixer en Toscane et il fut élevé au collège des Pères instructeurs de Florence où il obtint à dix-sept ans le premier prix de mathématiques. Nous avons déjà vu par l'exemple de Choron que la faculté calculatrice n'est pas incompatible avec la faculté musicale. Hâtons-nous toutefois d'ajouter que le jeune prince, sans s'attarder dans des études où un premier succès lui en promettait d'autres, se livra à son goût favori et se mit à étudier le chant. Il apprit aussi la composition sous la direction de Ferdinand Cevecchini, maître de chapelle d'une des églises de Florence. Servi par une magnifique voix de ténor, il préluda aux triomphes du compositeur par ceux du virtuose, et même le futur sénateur du second empire ne dédaigna pas de se faire entendre d'abord sur le théâtre *del Giglio* à Lucques, puis sur celui de *la Pergola*.

A vingt-deux ans le prince Poniatowski débuta au théâtre Standish à Florence (1838), par la représentation de *Giovanni da Procida*, opéra en trois actes dont le sujet était emprunté à une tragédie de Niccolini. Le patriote sicilien avait déjà été mis à la scène chez nous par Casimir Delavigne dans les *Vêpres siciliennes*. Le public accueillit avec faveur la première production d'un artiste qui promettait dès lors ce qu'il a tenu depuis. *Jean de Procida* ne tarda pas à être joué au théâtre de Lucques où il obtint la même vogue, quoique l'auteur n'y remplit plus, comme à Florence, le rôle de ténor et que cet emploi eût été donné au célèbre Basadonna.

L'année suivante, l'artiste, jaloux de montrer ce qu'il pouvait faire dans un genre différent, donna à Pise *Don Desiderio*, opéra bouffe en deux actes. Le comte Giraud, auteur du livret, l'avait tiré d'une pièce intitulée : *l'Obligeant maladroit*. Il s'agit d'un officieux personnage qui accumule balourdises sur balourdises en essayant de rendre service aux gens. La partition écrite dans le goût italien est facile, courante, correcte, vive et assez superficielle. L'instrumentation est un peu bruyante. On a remarqué la romance d'Angiolina et le sextuor *Lo dico, non lo dico,* qui rappelle les meilleures scènes bouffes de l'ancien répertoire italien. Quant au succès, de Pise il se propagea à Venise, à Bologne, à Livourne, à Milan, à Rome, à Naples, bref dans toutes les villes de la Péninsule. L'ouvrage ne réussit pas moins dix-huit ans après à la salle Ventadour (16 mars 1858). Rossini, qui assistait à la répétition générale, dit au compositeur en lui prenant les deux mains : « On voit bien que vous avez étudié sérieusement les grands maîtres, Cimarosa a dû être content. » Le prince Poniatowski reçut un hommage plus explicite encore de la bouche de Carafa qui ajouta : « Il y a du soleil dans cette musique. »

Mais qui peut se flatter d'une fortune constante? le sujet de *Ruy-Blas* ne porta pas bonheur au musicien. L'opéra que le prince Poniatowski fit représenter sous ce titre à Lucques en 1842 n'eut aucun succès, malgré l'admirable talent de Mme Frezzolini. L'auteur se releva avec *Bonifazio dei Geremei*, représenté à Rome en 1844 et qui souleva d'unanimes applaudissements tant à Rome, qu'à Livourne, à Ancône, à Florence, etc.

A cet ouvrage succéda (Florence, 1845) *I Lambertazzi*, opéra qui n'eut que deux représentations. Ne nous étonnons pas de ces revirements qui témoignent peut-être autant de la mobilité de l'enthousiasme italien que des défaillances dont le talent du compositeur n'était pas encore exempt à cette date. Des deux ouvrages que le maître fit représenter en 1846, l'un, *Malek-Adel*, donné à Gênes, monta aux nues, et valut à l'auteur, entre autres ovations, l'hommage solennel d'une couronne de laurier en argent; l'autre, *la Sposa d'Abido*, jouée à Venise, fit un *fiasco* complet, de l'aveu même du prince, plus intéressé que personne à amoindrir la portée de ses échecs. Mais si c'est une preuve de goût que d'accepter le jugement du public, n'est-ce pas aussi une preuve de force, et y a-t-il rien qui ressemble plus à la rancune impuissante que ces protestations d'artistes soi-disant méconnus? la chute de la *Sposa d'Abido* fut amplement compensée par le succès d'*Esmeralda*, représentée à Livourne en 1847.

La révolution de Février, dont l'Italie reçut le contre-coup, força le prince Poniatowski à renoncer pour quelque temps à la pratique de son art. Le grand-duc de Toscane l'ayant nommé ministre plénipotentiaire à Paris, il devint notre hôte et depuis ce jour il résida en France. Après avoir envoyé sa démission à son souverain, il fut naturalisé Français et créé sénateur par le gouvernement impérial. L'auteur de *Don Desiderio* ne put se résoudre à dépouiller le vieil homme en prenant possession d'un siège au Luxembourg. *Pierre de Médicis*, opéra en quatre actes et sept tableaux, qui a été représenté à la salle de la rue Lepelletier le 9 mars 1860, nous le montre cultivant la musique avec le même goût et le même succès qu'autrefois dans les années de sa jeunesse exclusivement vouée à l'art. Il s'agit, dans l'ouvrage dont je viens de citer le titre, d'une rivalité qui s'élève entre les deux frères Julien et Pierre de Médicis, au sujet de la belle Laura Salviati, nièce du grand inquisiteur Fra Antonio. Julien est le préféré de la jeune fille, mais Pierre a pour lui l'assentiment de l'oncle. Les deux amants essayent d'abord de s'enfuir ensemble. Leur projet est découvert et il ne reste plus à Julien qu'une chance, soulever ses partisans et au prix d'une lutte armée arracher le trône à son frère. Mais Fra Antonio, qui n'a pu vaincre la résistance de la jeune fille, l'oblige à se faire religieuse, et, quand le combat a eu lieu, quand Pierre grièvement blessé veut céder Laura à Julien comme gage de réconciliation et de pardon, il est trop tard : ses vœux sont déjà prononcés. Ce livret, dû à la plume de MM. de Saint-Georges et Pacini, offre des scènes émouvantes et des épisodes intéressants. Quant à la musique, elle affecte principalement le style italien ; l'orchestration est traitée magistralement, les airs de ballet sont gracieux et d'un charmant effet. On a surtout remarqué la cavatine de Pierre de Médicis : *Pour vous j'abandonne Florence*, l'arioso de Laura : *Oui, le ciel m'appelle ;* la scène du Campo santo : *Asile auguste et salutaire*, et l'air pathétique : *Abandonné de tous au sein de la mêlée*. L'orchestre et les chœurs sous la direction de Dietsch ont interprété la partition avec un ensemble remarquable. La musique du ballet intitulé « les Amours de Diane » est fort agréable. La magnificence des décors a surpassé ce qu'on avait vu jusqu'alors à l'Opéra. Il y a eu là une vue du *Campo santo* au clair de la lune et une illumination des jardins du palais Pitti d'un effet nouveau.

Je parlerai peu de l'*Aventurier*, opéra-comique en trois actes représenté sur le théâtre Lyrique en janvier 1865. Il n'a rien ajouté à la réputation du prince. Le livret, quoique écrit par M. de Saint-Georges, a été tout à fait manqué. Il suffit, pour se rendre compte du genre de la pièce, de savoir que l'action se passe à Mexico au milieu de gitanos, de muletiers, de bandits, la plupart du temps au fond d'une mine souterraine où tous les personnages de la cour finissent par se trouver réunis. Jamais on n'a offert à un musicien un livret aussi ingrat. Mais le prince Poniatowski appartenait à l'école italienne et tout lui servait de prétexte pour écrire des mélodies gracieuses et une instrumentation brillante. Aussi a-t-on gardé un bon souvenir du trio du deuxième acte, du boléro, de la ballade du *Mineur noir* et enfin du finale très-habilement conduit.

Le prince Poniatowski est aussi l'auteur d'un opéra-comique en un acte intitulé : *A travers le mur*, qui a été représenté au théâtre Lyrique le 10 mai 1861 et à l'Opéra-Comique au mois de novembre de la même année. La partition renferme des morceaux brillants et gais, notamment les jolis couplets : *Tra la la, je n'en sais pas plus long que ça*.

On doit encore au même musicien une messe solennelle exécutée à Paris dans plusieurs églises, et au concert spirituel donné aux Italiens, le samedi saint en 1866. Cette importante composition a été écrite dans le style libre, très-libre, trop libre même. Les voix sont sans doute bien traitées, l'orchestration décèle une main habile et exercée ; mais on y constate l'absence complète du caractère religieux. Il y aurait bien des choses à relever dans cette œuvre où l'expression musicale est partout en désaccord avec le sens du texte sacré ; pour n'en citer qu'un exemple, le dernier vers de l'*O salutaris* a été prosodié de manière à former un contre-sens, ou plutôt à paraître tout à fait inintelligible : *Da robur fer, da robur fer!* le mot *auxilium* n'arrive qu'après un silence et forme une autre phrase musicale. Il est vrai que beaucoup de compositeurs français ont commis la même erreur grossière, entre autres Diestch, qui a écrit une grande quantité de morceaux de musique sacrée. Le texte liturgique ne saurait se plier à de telles fantaisies. Ce sont des distractions, sans doute. Mais elles ne devraient pas avoir lieu lorsqu'il s'agit d'une composition aussi sérieuse.

Le dernier ouvrage du prince entendu à Paris, et à mon avis un des meilleurs, est *la Contessina* représentée aux Italiens en 1868. Le compositeur a triomphé des situations les plus invraisemblables du livret dont la plus raisonnable est celle d'une jeune fille qu'un naufrage a rendue muette et qui recouvre l'usage de la parole à point nommé pour épouser son libérateur. Il y a dans cet opéra un joli quatuor, un gracieux menuet dansé et chanté et des mélodrames expressifs qui accompagnent la pantomime de la muette Stella.

Le prince Poniatowski n'a pas seulement produit des ouvrages remarquables; c'était de plus un artiste instruit, versé dans la connaissance de tous les répertoires, italien, français, allemand. N'est-ce pas lui qui a, un des premiers, fait connaître Beethoven au delà des Alpes, en dirigeant à Florence l'exécution des symphonies du maître allemand ?

A la suite des événements malheureux causés par la guerre de 1870, le prince Poniatowski s'était retiré en Angleterre. Ne pouvant se résoudre à y mener le genre de vie modeste et grave que les circonstances et le sentiment de sa propre dignité auraient dû lui conseiller, il cultiva la musique avec plus d'ardeur bruyante que jamais. Il songea même à se livrer à l'enseignement sous le prétexte de remplacer les ressources qu'il avait perdues. Il annonçait son prochain départ pour l'Amérique, lorsqu'il mourut à Londres le 4 juillet 1873, à l'âge de soixante-sept ans.

BAZIN

(FRANÇOIS)

NÉ EN 1816.

Si les provinces du Midi ont fourni aux théâtres leurs plus agréables chanteurs, elles ont aussi donné naissance à un certain nombre de compositeurs dramatiques. Il suffit de rappeler les noms de Campra, de Mondonville, de Dalayrac, de Della Maria, de Fontmichel, de Xavier Boisselot, d'Aimé Maillart, de Félicien David, de Berlioz, de Reyer et de Bazin. La colonie phocéenne en a vu naître trois.

Bazin (François-Emmanuel-Joseph) naquit à Marseille le 4 septembre 1816 et entra comme élève au Conservatoire le 18 octobre 1834. Ses maîtres furent MM. Dourlen, Le Couppey, Benoit, Halévy et Berton. En 1840, il obtint le premier prix de composition au grand concours de l'Institut. L'intermède lyrique qui lui valut ce succès, *Loyse de Montfort*, fut exécuté à l'Opéra le 4 octobre 1840 et accueilli avec faveur par le public. On y a remarqué la romance chantée par Gaston de Montfort : *Reine des cieux, prends sous ton aile l'épouse en deuil ;* le trio sans accompagnement : *C'est l'étoile dans la nuit*, et le duo : *Tant d'amour m'entraîne*. Peu de temps après, M. Bazin se rendit à Rome où il composa plusieurs morceaux de musique religieuse. Revenu à Paris au bout de trois ans, il fut investi du cours de solfège et ensuite du cours d'harmonie au Conservatoire. C'est vers cette époque (1846) qu'on le voit débuter à l'Opéra-Comique par le *Trompette de M. le prince*, joli petit acte, plein de vivacité et de grâce. Le *Malheur d'être jolie*, joué l'année suivante (mai 1847), au même théâtre, est l'histoire d'une jeune damoiselle que son tuteur veut contraindre à épouser un vieux baron. Pour échapper à son prétendu et se conserver à l'amour du page Isolier, la jeune fille prend un élixir qui doit la rendre laide aux yeux du baron. Le tuteur, instruit de cet innocent sortilège, n'oppose plus d'obstacle à l'union des deux amants. Telle est la donnée imaginée par M. Charles Desnoyers et sur laquelle M. Bazin a écrit une partition d'un style archaïque qui ne manque pas d'intérêt.

Des œuvres de plus longue haleine, *la Nuit de la Saint-Sylvestre*, opéra en trois actes (juillet 1849), et *Madelon*, opéra-comique en deux actes (26 mars 1852), donnèrent au compositeur l'occasion de montrer son talent dramatique et les qualités de son instrumentation. Mais M. Bazin ne tarda pas à revenir aux pièces en un acte. *Maître Pathelin*, joué le 12 décembre 1856 au théâtre de l'Opéra-Comique, et dont le sujet est emprunté à la comédie de Brueys, est une des meilleures pièces à succès que possède le répertoire.

Depuis *Maître Pathelin*, M. Bazin n'a plus fait représenter que les *Désespérés* (1859), acte d'une extravagance peu digne de l'Opéra-Comique, le *Voyage en Chine* (1866), pièce si burlesque que les éclats de rire du parterre permettent difficilement d'entendre la musique, et l'*Ours et le Pacha* (1870).

Outre les productions dramatiques que je viens de passer en revue, M. Bazin a publié un *Cours d'harmonie théorique et pratique* à l'usage des classes du Conservatoire dont il est un des professeurs les plus estimés. Il est directeur de l'enseignement du chant dans les écoles communales de Paris et a écrit, à l'usage des Orphéons, un certain nombre de compositions chorales dont la plus connue est celle des *Chants du Bosphore*. En souvenir du plaisir qu'il lui avait procuré, le roi de Prusse a conféré à l'auteur du *Voyage en Chine* et de l'*Ours et le Pacha* la croix d'officier de son ordre de la Couronne Royale. M. Bazin a été élu membre de l'Institut en remplacement de Carafa.

MAILLART

(AIMÉ)

NÉ EN 1817, MORT EN 1871.

Doué à un haut degré du sentiment dramatique, Aimé Maillart a peu produit, mais il a su se faire un nom par quelques succès éclatants.

Il naquit à Montpellier le 24 mars 1817. Son père, après avoir été comédien en province, vint à Paris et y fonda une agence d'affaires dramatiques. L'un de ses frères a tenu l'emploi des jeunes premiers à la Comédie-Française pendant vingt ans environ. Maillart commença l'étude de la musique dans sa ville natale, et l'acheva au Conservatoire de Paris, où il suivit le cours de violon de Guérin, ceux d'harmonie et de contre-point de M. Elwart. Plus tard, il étudia la fugue et la composition sous la direction de Leborne. Il obtint le premier prix de fugue en 1838 et le premier grand prix de composition en 1841; le titre de sa cantate était *Lionel Foscari*. Le lauréat du concours de l'Institut, après avoir passé deux ans à Rome, parcourut l'Allemagne. De retour à Paris, Maillart, en dépit de ses classiques lauriers, eut à subir une longue attente et resta plusieurs années sans pouvoir faire l'essai de son talent, faute d'un poëme d'opéra. Enfin MM. Dennery et Cormon lui mirent entre les mains le livret de *Gastibelza*, opéra en trois actes, qui fut joué le 15 novembre 1847 pour l'inauguration de l'Opéra national fondé par Adolphe Adam. La fameuse ballade de Victor Hugo, popularisée par la musique de Monpou, est bien connue; tous les carrefours ont retenti de ce refrain :

> Le vent qui souffle à travers la montagne
> Me rendra fou.

Comment l'homme à la carabine est devenu fou, la pièce nous l'explique. C'est sur un faux soupçon de l'infidélité de doña Sabine que Gastibelza perd la raison. Pour se venger, il dérobe des papiers qui seuls peuvent sauver le père de doña Sabine impliqué dans un procès capital. Par bonheur tout se retroûment au dénoûment, les pièces justificatives et la raison du fou Dès son début le compositeur a montré qu'il possédait l'accent dramatique. Le trio du premier acte, le chœur ironique des seigneurs, et l'air pathétique de Gastibelza ont été surtout remarqués.

Le Moulin des Tilleuls, opéra-comique en un acte, représenté à l'Opéra-Comique le 9 novembre 1849, a fourni à l'auteur l'occasion de s'exercer dans le style militaire et dans le style champêtre. Tout l'intérêt de la pièce est dans ce contraste; les couplets du sergent, dont l'orchestration produit des effets piquants, la pastorale pour soprano : *A mes moutons en m'éveillant,* naïve et bien rendue, enfin la romance : *Loin du pays, n'ayant plus d'espérance,* ont laissé de bons souvenirs.

La Croix de Marie, trois actes (10 juillet 1852), n'occupa l'affiche que quelques jours, bien que la musique fût loin d'être médiocre. Maillart se releva en faisant jouer au théâtre Lyrique, le 19 septembre 1856, les *Dragons de Villars,* celui de ses ouvrages qui a eu le plus de succès, et que l'on considère comme le meilleur. C'est que l'on y rencontre plus que des mélodies charmantes : on y admire des beautés d'un ordre élevé, telles que la prière : *Soutien de l'innocent.* L'air de Rose Friquet se compose de trois mouvements excellemment traités; de l'andante : *Espoir charmant! Sylvain m'a dit : Je t'aime,* qui est suave et expressif; d'un petit allégretto piquant : *Ah! voyez, voyez cette figure,* et de la cabalette : *Oui, c'est moi qu'il a choisie,* dont la phrase principale a de l'élégance et aussi de la chaleur. Le petit duo : *Quelle folie! moi jolie?* les couplets de la *Cloche;* la romance de Sylvain : *Ne parle pas, Rose, je t'en supplie;* le chœur : *Heureux enfants de la Provence;* le cantabile du troisième acte : *Il m'accuse, il me croit coupable,* sont les autres morceaux saillants de cet opéra.

Les Pêcheurs de Catane, donnés au théâtre Lyrique le 17 décembre 1860, ont pour sujet une passion malheureuse, un amour contrarié par la différence des rangs, assez analogue à celui que M. de Lamartine raconte dans *Graziella.* Rien de moins gai par conséquent que cet opéra-comique. Quant à la musique de Maillart, elle se reconnaît à ses qualités habituelles : la couleur, le caractère, la force expressive.

La dernière production qui soit sortie de la plume de notre compositeur est *Lara,* représenté à l'Opéra-Comique (1864). Le nom de Lara rappelle un des sombres poëmes dus au génie de Byron; mais le héros de la pièce de MM. Cormon et Michel Carré se compose à la fois de Lara et du Corsaire. L'action est si sobre, pour ne pas dire si sèche dans les ouvrages du grand poète anglais, que celui qui les met à la scène est forcé de les coudre deux à deux comme en usaient Plaute et Térence, avec les comédies de Ménandre, quand ils les voulaient adapter au théâtre latin. Dans le cas dont il s'agit, les critiques n'ont pas trouvé en général cette suture très-habilement faite. Cependant Maillart a enlevé le succès de l'œuvre, grâce au mérite d'une partition entraînante et d'un effet irrésistible dans quelques scènes. Le premier acte contient un beau chœur d'hommes, la ballade suivie du refrain : *On te pendra*, et les couplets de Lambro : *Comme un chien fidèle*. Dans le second, il y a des couplets bien tournés et chantés encore par Lambro, la grande scène où Kaled chante la romance arabe : *A l'ombre des verts platanes*, et le finale qui est traité magistralement; enfin, dans le troisième acte, la scène du rêve est un digne pendant de celle qu'on trouve dans Haydée. Tout en reconnaissant à la fois le mérite du compositeur dans cette œuvre et l'accueil favorable que le public lui a fait et auquel le talent si original de Mme Galli-Marié dans le rôle de Kaled a bien un peu contribué, je ne pouvais me défendre de quelque inquiétude en voyant Aimé Maillart subir l'*influenza* du *jettatore* Wagner. Il en est résulté, dans certains passages de la partition, des modulations enharmoniques d'une dureté extrême et des hardiesses extra-musicales à l'usage des sujets translucides, mais qui ne sauraient charmer les gens de goût. Aimé Maillart était assez riche de son propre fonds pour ne pas se mettre à la remorque d'une théorie qui l'aurait infailliblement privé de l'exercice de ses belles facultés naturelles.

Jouissant d'une certaine aisance, et n'étant stimulé ni par la nécessité du travail, ni par l'ambition, Maillart se laissa entraîner à un genre de vie aussi préjudiciable à sa santé délicate qu'à son avenir artistique.

Le livret de *Maritana* (Don César de Bazan) lui avait plu. Il laissa confier cette tâche à un autre compositeur; ne travaillant que par caprice, il perdit l'usage des dons précieux qu'il avait reçus : l'inspiration, la passion, la couleur, le sentiment scénique. C'étaient là des facultés maîtresses. Son caractère était aimable et au moins sympathique; nul doute qu'il ne fût appelé à garder son rang à côté de MM. Victor Massé, Félicien David, Gounod. Au mois de décembre 1870, il se rendit à Antibes, dans l'espoir d'y obtenir une amélioration dans l'état de sa santé. Ce fut en vain. Il mourut à Moulins (Allier), le 20 mai 1871, dans la maison de son ami, le docteur Chomet; il était âgé de cinquante-trois ans.

GOUNOD

(CHARLES)

NÉ EN 1818

M. Gounod possède merveilleusement tous les procédés de son art, et, sur ce point, Meyerbeer lui-même n'aurait eu rien à lui apprendre. Mais, passionné pour les innovations, il a introduit dans la musique un élément singulier qui tient plutôt de la littérature que de la science des sons. De là souvent la recherche et l'afféterie qu'on reproche à ses partitions. Classique dans sa forme, fidèle aux traditions des maîtres dans la disposition de son orchestre, il est plus que romantique dans ses tendances, dans la partie expressive de ses conceptions et dans le choix de ses livrets. Cette situation ambiguë permet à M. Gounod de compter des amis dans tous les camps :

> Je suis oiseau : voyez mes ailes !
> Je suis souris : vivent les rats !

L'auteur de *Faust* est né à Paris, le 17 juin 1818. Après avoir eu Halévy pour maître de contre-point au Conservatoire, de 1836 à 1838, et avoir reçu les leçons de composition de Lesueur et de Paër, il fut couronné au concours de l'Institut en 1839, pour une cantate intitulée : *Fernand*. Pendant son séjour à Rome, M. Gounod se sentit surtout attiré vers les beautés de l'art religieux. Étant à Vienne en 1843, il y fit exécuter une messe pour des voix seules dans le style *alla Palestrina*. A son retour à Paris, il devint maître de chapelle de l'église des Missions étrangères. A cette époque de sa vie, il semble que l'art chrétien qui s'était révélé à son intelligence avait pénétré jusqu'à son cœur et tourné ses vues du côté du sacerdoce. Le musicien entra au séminaire et porta, en effet, quelque temps l'habit ecclésiastique. Peut-être avait-il rêvé l'existence, en plein dix-neuvième siècle, d'un Allegri, d'un P. Martini ou d'un Vogler. Ce qui est certain, c'est que plusieurs années s'écoulèrent sans que le nom de M. Gounod vînt frapper les oreilles du public. L'artiste a prouvé, depuis, qu'il ne hait pas le bruit des trompettes de la renommée, et qu'il ne le cède en légitime ambition à aucun de ses confrères. Si donc il laissait alors l'oubli se faire autour de sa personne, c'est qu'il se préparait à la lutte et ne voulait entrer dans la lice qu'armé de toutes pièces.

Soudain, on apprit dans les premiers jours de 1851, que l'ancien lauréat

GOUNOD

de l'Institut, l'ex-aspirant aux fonctions sacerdotales, venait de faire exécuter quatre compositions dans un concert donné à Saint Martin Hall à Londres. L'article de l'*Athenæum* qui annonçait cette nouvelle la signalait comme un événement musical. On y lisait des passages tels que ceux-ci :
« Cette musique ne nous rappelle aucun autre compositeur ancien ou moderne, soit par la forme, soit par le chant, soit par l'harmonie; elle n'est pas nouvelle, si nouveau veut dire bizarre ou baroque; elle n'est pas vieille, si vieux veut dire sec et roide, s'il suffit d'étaler un aride échafaudage derrière lequel ne s'élève pas une belle construction : c'est l'œuvre d'un artiste accompli, c'est la poésie d'un nouveau poète...

« ..... Que l'impression produite sur l'auditoire ait été grande et réelle, cela ne fait nul doute; mais c'est de la musique elle-même, non de l'accueil qu'elle a reçu, que nous présageons pour M. Gounod une carrière peu commune; car, s'il n'y a pas dans ses œuvres un génie à la fois vrai et neuf, il nous faut retourner à l'école, et rapprendre l'alphabet de l'art et de la critique (1). »

L'article de l'*Athenæum*, qu'on supposa sorti de la plume de M. Viardot, produisit une vive sensation. M. Gounod n'était donc plus un inconnu; tous les regards étaient fixés sur lui, quand il débuta sur notre première scène lyrique par *Sappho*, opéra en trois actes, représenté le 16 avril 1851. Le vent de la réaction soufflait alors sur la littérature. Le temps était fini des excursions du romantisme à travers le moyen âge, et l'école dite du *bon sens*, en haine des excès de l'époque précédente, remettait au théâtre des sujets antiques. Malheureusement M. Émile Augier, l'auteur du poëme de *Sappho*, s'est permis avec l'histoire les mêmes privautés dont Scribe a si souvent donné l'exemple. Pour le besoin de sa cause, ou plutôt de son livret, il a confondu en un seul personnage les deux Sappho de l'antiquité (2). Ce n'est pas l'unique contre-sens que l'on puisse reprendre dans son œuvre. Pour ce qui est de la partition, elle témoigne du goût fin et sûr du compositeur, comme aussi de ses tendances élevées. On a remarqué au premier acte la romance : *Puis-je oublier, ô ma Glycère*, le chant d'amour de Sappho : *Héro, sur la tour solitaire*, suivi d'un beau finale qui a obtenu un certain succès. Le trio du second acte : *Je viens sauver ta tête*, est d'un bon sentiment dramatique. Le troisième acte offre quatre morceaux fort expressifs : une romance de Phaon : *O jours heureux*, une élégie touchante de Sappho, la chanson pittoresque du pâtre : *Broutez le thym*, et enfin les stances finales : *O ma lyre immortelle.*

---

(1) Voir Fétis, *Biographie des musiciens*, art. GOUNOD.
(2) Quoique de savants hellénistes, entre autres Ottfried Müller et d'après lui M. Alexis Pierron, attribuent à Sappho de Mitylène toutes les légendes que ce nom rappelle, je me range plus volontiers à l'opinion d'Athénée, d'Apostolius et de Suidas qui expliquent naturellement les anachronismes et les énigmes par l'existence de deux Sappho.

Mme Viardot, qui passe pour avoir été l'inspiratrice de l'ouvrage, y a créé avec beaucoup de talent le rôle de Sappho.

Le public accueillit froidement la première production d'un artiste qu'on lui avait peut-être trop vanté à l'avance, mais les musiciens augurèrent bien de l'avenir du jeune maître. Après avoir collaboré avec M. Émile Augier, M. Gounod pouvait, sans déchoir, travailler avec M. Ponsard. Il fit des chœurs pour la tragédie d'*Ulysse*, représentée au Théâtre-Français en 1852. Cette musique, qui se distingue par une soigneuse recherche du caractère antique traînait, hélas! à son pied un lourd boulet littéraire. Ses beautés ne l'ont pas empêchée de partager le sort réservé aux tentatives néo-classiques de M. Ponsard.

Le 18 octobre 1854 eut lieu, à l'Opéra, la représentation de la *Nonne sanglante*, opéra en cinq actes. Avec la flexibilité qui constitue un des traits distinctifs de son talent, l'auteur de *Sappho* et des chœurs d'*Ulysse* traitait maintenant un sombre livret emprunté au *Moine* de Lewis. M. Gounod n'a pas reculé devant la difficulté de se rencontrer, dans des situations très-connues, avec les maîtres qui ont écrit *la Juive*, *Othello*, les *Huguenots*. Ce n'est pourtant pas cette audace qui a nui à son succès, mais bien la mauvaise conception du poëme imaginé par Scribe et Germain Delavigne. L'introduction a un caractère sinistre dû principalement à la sonorité des cors, aux gammes chromatiques des violons et au chant des trombones. Un air en *la majeur* de Pierre l'Ermite avec chœurs, la romance de Rodolphe, le duo : *Mon père, d'un ton inflexible*, l'ensemble à douze-huit du finale sont les morceaux saillants du premier acte. Le second est le plus intéressant. Les couplets d'Urbain, l'air de Rodolphe : *Du Seigneur pâle fiancée*, sont suivis d'une sorte de symphonie descriptive pendant laquelle l'œil du spectateur ne voit sur la scène que ruines et désolation. Derrière la coulisse, des choristes, *a bocca chiusa*, joignent à l'orchestre des accords bizarres qui rappellent à la pensée le refrain de la ballade de Bürger : *Hurrah! les morts vont vite*. Les ruines font place à un palais enchanté, resplendissant de clarté. On remarque ici une réminiscence trop visible du *Lever du soleil* dans le *Désert* de Félicien David. A la *Marche des trépassés* succède un finale d'une grande puissance. Le troisième acte offre des situations plus douces. Je rappellerai la valse en *ré majeur*; l'air : *Un jour plus pur, un ciel d'azur brille à ma vue*, est instrumenté avec beaucoup de goût, et la mélodie en est très-gracieuse. Le quatrième acte renferme de jolis airs de ballet, et quant au cinquième, l'auditeur fatigué ne remarque guère que le duo d'Agnès et de Rodolphe ainsi que l'air de Luddorf.

M. Gounod, qui semble avoir eu l'ambition de mettre son empreinte sur tous les genres, passa de l'Opéra à l'Opéra-Comique en donnant au théâtre de M. Carvalho *le Médecin malgré lui* (15 janvier 1858). Mais l'œuvre de Molière a résisté à la transformation qu'on voulait lui imposer; elle est restée bien moins un opéra-comique proprement dit, qu'une comédie, dont la musique du compositeur ne paraît point faire partie intégrante. Celui-ci s'est vainement efforcé de donner à sa partition une tournure archaïque du dix-septième siècle ; il n'a pas été plus heureux quand il a essayé de s'assimiler la gaieté, la rondeur et le tour gaulois de Molière. Ce que nul ne lui contestera, c'est que son très-moderne *Médecin* abonde en détails ingénieux, et manifeste, quelquefois à contre-temps, une très-vaste science d'orchestration. Le morceau qui a eu le plus de succès, par exemple, est la chanson de Sganarelle :

> Qu'ils sont doux,
> Bouteille jolie,
> Qu'ils sont doux,
> Vos petits glouglous !
> Mais mon sort ferait bien des jaloux
> Si vous étiez toujours remplie.
> Ah ! bouteille ma mie,
> Pourquoi vous videz-vous ?

L'accompagnement en est charmant, mais très-compliqué. Le bruit susurrant des flûtes, clarinettes et bassons, les passages chromatiques imitent, avec beaucoup d'esprit, l'ingurgitation sensuelle de Sganarelle. On devine bien que, se mettant ainsi en frais de musique imitative, M. Gounod a trouvé dans la comédie du *Médecin malgré lui* plusieurs fois l'occasion d'un goût douteux d'employer les instruments à vent.

L'œuvre sur laquelle s'est établie la renommée de M. Gounod, celle qui l'a fait arriver à la popularité dont il jouit, c'est *Faust*, opéra en cinq actes, représenté au théâtre Lyrique, le 19 mars 1859. L'immortelle conception de Gœthe a eu, comme celle de Tirso de Molina, le privilége de grouper autour d'elle une foule d'imitations ou d'émanations plus ou moins directes. De même que Don Juan personnifie le néant de la vie sensuelle, Faust incarne en lui la dérision de la science, le néant de la vie intellectuelle. Mais, — et c'est là la supériorité du drame de Gœthe, — l'intérêt qui s'attache aux victimes du docteur Faust s'accroît encore de la puissance qui lui a été donnée pour le mal. Marguerite, Valentin, Siebel sont autant de figures poétiques et sympathiques. Il ne faut pas s'étonner si, avant M. Gounod, tant d'artistes et de littérateurs s'en étaient déjà emparés. Le goût et la mesure étaient des qualités indispensables chez le librettiste pour réduire un poëme aussi touffu aux proportions de la scène lyrique. MM. Jules Barbier et Michel Carré se sont acquittés de leur tâche d'une façon qui leur assure une large part dans le succès du Faust français. Par leurs soins la partie métaphysique a été supprimée : en revanche, ils ont scrupuleusement conservé les incidents dramatiques et les personnages qui concourent à les produire. Ainsi la tâche du musicien se trouvait singulièrement facilitée ; hâtons-nous de dire qu'il a profité de ses avantages et que le principal mérite de sa partition consiste à être bien appropriée aux diverses situations de la pièce. Chaque morceau offre une phrase ordinairement courte, mais d'une vérité d'expression forte ou ingénieuse ; au point de vue de l'art proprement dit, on désirerait que ces phrases fussent développées au lieu d'être souvent répétées à satiété, comme le fait jusqu'à seize fois Siebel dans ses couplets : *Faites-lui mes aveux*. Dans des opéras plus récents, le compositeur a su écrire des mélodies moins hachées. L'ampleur augmente à chaque production et fait espérer que M. Gounod ajoutera, quelque jour, un chef-d'œuvre à ceux en petit nombre qui s'imposent pendant un demi-siècle à l'admiration publique. En attendant, je mentionnerai ici les fragments les plus saillants de son *Faust* : d'abord la ronde bizarre du *Veau d'or*, la phrase des vieillards pendant la kermesse : *Aux jours de dimanche et de fête*, la valse, la cavatine de Faust : *Salut, demeure chaste et pure*, phrase délicieuse accompagnée par un violon solo, mais dont les développements manquent d'intérêt ; la ballade : *Il était un roi de Thulé*, dans laquelle l'auteur a introduit un emprunt caractéristique fait à la tonalité grégorienne ; l'air brillant des bijoux, la scène de la fenêtre : *Laisse-moi contempler ton visage ;* le duo passionné : *O nuit d'amour, ciel radieux*, et enfin le chœur des soldats devenu populaire : *Gloire immortelle de nos aïeux !* Le rôle de Marguerite a été l'occasion d'un éclatant triomphe pour Mme Miolan-Carvalho.

Faust n'a pas moins réussi dans les diverses villes de France et à l'étranger qu'à Paris. Aussi un grand nombre de personnes habituées à juger du mérite par le succès ont-elles placé d'emblée l'auteur de cet ouvrage au premier rang des compositeurs modernes. Que M. Gounod me permette de le lui dire, il a encore un pas à faire avant de se voir décerner cette place par l'unanimité des connaisseurs.

Tant vaut le livret, tant vaut la partition : telle semble être la loi qui préside aux destinées de l'heureux auteur de *Faust* et du malheureux auteur de *Philémon et Baucis* (18 février 1860). Le poëme, mélange de mythologie, de sentiment et de bouffonnerie, partant sans intérêt réel, ne pouvait être favorable à la musique, quoiqu'il fût encore de la plume de MM. Jules Barbier et Michel Carré. On a remarqué cependant l'orage symphonique, qui est bien traité, en dépit de certains moyens extra-musicaux, l'air de ballet du second acte, l'air : *O riante nature*, du troisième, le chœur des corybantes, ainsi que le duo entre Jupiter et Baucis : *Ne crains pas que j'oublie*.

Le troisième ouvrage que M. Gounod donna à l'Opéra, *la Reine de Saba* (28 février 1862), n'eut pas une meilleure fortune que les deux autres. La pièce est bizarre jusqu'à l'absurde et nullement en rapport avec le récit des Livres saints. La reine de Saba, éprise d'un amour passionné pour l'ouvrier Adoniram et s'enfuyant avec lui pour ne pas épouser Salomon, appelé Soliman dans la pièce, c'était là, on en conviendra, une licence un peu forte. La pensée du livret, qui appartient à Gérard de Nerval, doit remonter à l'année 1848, où l'on transformait si bénévolement des artisans en législateurs et en hommes d'État. Dans la partie musicale, où le système domine trop souvent à défaut de l'inspiration, on n'a guère applaudi qu'un chœur dialogué entre des Juives et des Sabéennes.

Le succès de *Mireille* (cinq actes) fut une revanche éclatante de la chute qu'avait subie *la Reine de Saba*. Cet opéra, représenté au théâtre Lyrique le 19 mars 1864, est tiré, quant au livret, du charmant poëme *Mireio*, de M. F. Mistral, déjà très-admiré dans le midi de la France, avant que M. de Lamartine en ait fait l'éloge dans un de ses *Entretiens littéraires*.

Mireille, la jeune et jolie Arlésienne, est fille de maître Ramon. Un riche bouvier de la Camargue, Ourrias, l'a demandée en mariage à son père et a obtenu de lui sa main. Mais la jeune fille aime ailleurs. C'est le pauvre vannier Vincent qui possède les trésors de tendresse de cette pure et innocente créature. Elle résiste aux menaces, aux imprécations de son père. Son amour est plus fort que la mort. Les deux rivaux se rencontrent au val d'Enfer ; Ourrias frappe Vincent de son bâton ferré et le laisse mourant sur la place. Mais la vieille sorcière Taven le rappelle à la vie. Le meurtrier, en proie à ses remords, erre sur les bords du Rhône ; son imagination est frappée par des apparitions funèbres ; des noyés, des jeunes filles trompées par l'amour, défilent en procession devant ses yeux. Il appelle le passeur, monte sur son bateau ; mais sa présence porte malheur. La barque chavire, et le bouvier disparait dans les flots. Mireille ignore ce qu'est devenu Vincent.

On fait la moisson. Vincenette, jeune sœur de Vincent, lui apprend ce qui est arrivé à son frère et sa guérison. Mireille et son amant s'étaient donné rendez-vous aux pèlerinages des Saintes-Maries, dans le cas où un malheur arriverait à l'un d'eux. Elle part, traverse la plaine aride de la Crau sous un soleil brûlant. Là se trouve l'épisode charmant d'un petit chevrier blotti sous les bruyères pour se dérober à la chaleur du jour. Mireille arrive aux Saintes ; mais, en proie à une fièvre violente, elle meurt de fatigue et d'amour dans les bras de Vincent et de son père au désespoir.

Bien qu'elle n'ait pas obtenu la vogue immense de *Faust*, la partition de *Mireille* me semble la plus remarquable et la mieux inspirée qu'ait écrite M. Gounod. La partie descriptive, qui est fort développée, l'emporte peut-être en mérite sur l'action dramatique. Le chœur d'ouverture : *Chantez, chantez, magnanarelles*, au premier acte ; le chœur de la Farandole et la chanson du Magali, la déclamation dogmatique de Ramon, au second acte ; le tableau fantastique du Rhône, au troisième ; le chœur de la moisson, la chanson pastorale du petit Andreloun : *Le jour se lève et fait pâlir la sombre nuit*, l'air de Mireille : *Heureux petit berger*, au quatrième acte : tels sont les morceaux qui révèlent le mieux, chez le compositeur, l'union d'un goût littéraire très-vif et d'une science musicale flexible et expérimentée. Ce sont là des tableaux et des études du plus haut intérêt.

Dans la partie dramatique de l'œuvre, il faut signaler la phrase de

Mireille : *Oh ! c' Vincent ! comme il sait gentiment tout dire*, qui peint la situation avec vérité et délicatesse ; le grand air de Mireille : *Mon cœur ne peut changer, Souviens-toi que je t'aime*, un des beaux airs du répertoire moderne, enfin le finale du second acte, dans lequel se détache cette phrase inspirée : *Ah ! c'en est fait, je désespère*.

Pourquoi faut-il que je sois obligé de mêler à ces justes éloges une observation qui porte sur un manque de tact dont le maître s'est rendu coupable ? M. Gounod, qui a porté l'habit ecclésiastique et qui doit avoir conservé quelque respect pour les choses religieuses, s'est-il bien rendu compte de ce qu'il faisait en empruntant à la liturgie catholique le chant de la prose *Lauda, Sion, Salvatorem*, pour le faire entendre sur un théâtre ? Je ne dirai pas que c'est une profanation, mais les personnes pieuses ont le droit d'y voir à tout le moins une regrettable inconvenance. Ce chef-d'œuvre de la liturgie ne doit être entendu qu'à l'église. Entonné par les choristes du théâtre Lyrique, il affecte péniblement l'oreille et le cœur des auditeurs catholiques. Le christianisme n'est pas devenu une mythologie où l'on ait le droit de prendre ce qu'on veut pour produire un effet dramatique. Tous les compositeurs, sans exception, qui ont eu à traiter des scènes religieuses, se sont bien gardés de dérober à la liturgie des chants consacrés par le culte public. Meyerbeer dans *Robert le Diable*, Halévy dans la *Juive*, Hérold dans *Zampa*, Auber dans la *Muette*, M. Verdi lui-même, dans *Il Trovatore*, se sont donné la peine d'écrire une musique spéciale pour exprimer l'effet dont ils avaient besoin. M. Gounod aurait dû imiter en cela leur réserve et faire appel, comme ils l'ont fait, à sa propre inspiration.

M. Gounod a été, jusqu'en 1870, le compositeur attitré du théâtre Lyrique : association fort heureuse pour tous les deux. Rien n'a fait plus honneur à l'intelligente initiative de M. Carvalho que d'avoir su attacher un artiste de cette valeur à la scène qu'il a dirigée. Une fois cependant, le maître a porté ses pas du côté de la rue Marivaux, et cette infidélité n'a point appelé sur son œuvre les rigueurs du sort. Loin de là, le public de l'Opéra-Comique a fait à la *Colombe* un favorable accueil (juin 1866). Le livret et la partition n'en étaient pas indignes. Le premier a été tiré, par MM. Jules Barbier et Michel Carré, du charmant conte de La Fontaine intitulé : *le Faucon*. Ils se sont bornés à faire du faucon une colombe, sauf à conserver tous les incidents du récit. La musique est élégante et spirituelle. On a applaudi les couplets : *Oh ! les femmes, les femmes !* et l'air : *Apaisez, blanche colombe, votre faim*, chantés par le petit valet ; la romance d'Horace ; un entr'acte gracieux *con sordini* ; le terzetto et le finale du premier acte ; dans le second, l'air du majordome, un air de Sylvie, et un duo entre Horace et le petit Mazet.

On ne peut s'occuper des opéras de M. Gounod sans tenir un grand compte du littérateur distingué qui a fait les frais de presque tous les poëmes sur lesquels l'auteur de *Faust* a travaillé. Depuis près de vingt ans, M. Jules Barbier a fait représenter quarante ouvrages lyriques. C'est presque la fécondité de Scribe; mais là s'arrête l'analogie, puisqu'on trouve dans l'œuvre de M. Barbier des idées originales, des conceptions poétiques, un vers souple et naturel, un usage restreint de ces chevilles qui déshonorent tant de livrets d'opéras-comiques ; le librettiste académicien ne s'en privait pas, spéculant sur l'appât des situations scabreuses beaucoup plus que sur la soif de poésie de son auditoire. Ce sont les qualités contraires qui distinguent la plupart des productions de son successeur. Pour le prouver, il suffit de citer les *Noces de Jeannette*, les *Papillotes de M. Benoist*, et dans un ordre de compositions plus relevé : *Psyché*, *Faust*, les *Noces de Figaro*, la *Statue*, *Mignon*, enfin *Roméo et Juliette*.

Il était digne de l'ambition de M. Gounod de donner un pendant à son *Faust* en s'arc-boutant au seul génie qui puisse peut-être entrer en comparaison avec Gœthe. Le musicien a-t-il réussi, et l'opéra de *Roméo* vaut-il celui qui a obtenu un succès si bruyant et si prolongé ? On peut en douter. Cependant, venu après Zingarelli, après Steibelt, après Bellini et Vaccaj, l'artiste a su marquer d'une empreinte originale et faire sien un sujet où d'autres encore pourront aller chercher des inspirations, car il ne sera jamais épuisé. *Pyrame et Thisbé*, *Roméo et Juliette !* histoire d'hier et d'aujourd'hui ! éternellement chères au cœur humain, aussi longtemps que les hommes connaîtront l'amour, avec les obstacles qui le contrarient, les courages qu'il suscite, les ivresses qu'il cause, et les malheurs qui le punissent !

Je rappellerai brièvement les titres du nouveau *Roméo* à l'intérêt du lecteur. Dans le premier acte, une sorte de chœur-prologue, d'un effet à la fois naïf et saisissant, qui donne au spectateur un avant-goût de l'action, la ballade de la reine Mab : *Mab, la reine des mensonges*, et le duo malheureusement écourté, mais d'une sensibilité exquise, entre Roméo et Juliette. Le second acte est presque entièrement formé d'un duo entre les deux amants ; de temps à autre, des chœurs viennent l'interrompre ou s'y mêler. Le petit chœur des domestiques à la recherche du page est un des morceaux bien réussis de la partition. Le troisième acte débute par la scène dans laquelle le frère Laurent marie secrètement Roméo et Juliette. Ici, les auteurs du livret auraient mieux fait d'imiter la discrétion de l'auteur anglais, qui a eu soin de ne pas faire conférer sur la scène le sacrement de mariage aux deux jeunes gens. Mais, de nos jours, on veut produire de l'effet à tout prix sans avoir égard à aucune convenance. L'ensemble que chantent les nouveaux époux n'a rien de saillant, et même leurs cris ascendants à l'unisson, répétés par trois fois, sont aussi imprudents qu'invraisemblables dans un moment où ils procèdent à leur secrète union, pendant que la nourrice veille en tremblant au dehors ; l'air gracieux du page : *Gardez bien la belle*, est joliment tourné ; mais la scène de la provocation et le chœur des Capulets et des Montaigus sont d'une beauté achevée ; force dramatique, déclamation vraie, mélodie bien appropriée à la situation, tout est à louer dans ce tableau. Je voudrais en dire autant du grand duo du quatrième acte :

It was the lark, the herald of the morn.

JULIETTE.

Déjà partir! déjà! mais le jour est encore loin de paraître! ton oreille épouvantée a cru entendre l'alouette matinale; c'était le rossignol qui chantait. Il vient toutes les nuits chanter sous ma fenêtre; il se cache dans le feuillage de ce grenadier. Mon bien-aimé, crois-moi, j'en suis bien sûre, c'était le rossignol.

ROMÉO.

Non, c'était l'alouette, la messagère de l'aurore! l'alouette et non le rossignol! Vois-tu, bien-aimée, ces rubans de feu qui sillonnent l'horizon à l'orient; ces flammes jalouses qui déchirent les nues! La nuit a brûlé ses derniers flambeaux; le matin joyeux se dresse et rayonne à la cime des monts! Il faut te quitter et vivre, ou rester ici et mourir!

Ici le compositeur semble avoir dépassé le but. Au lieu de cette ivresse pleine de fraîcheur, de jeunesse naïve et de poésie, il a trouvé la note âpre, presque sauvage de la passion effrénée; à la vérité, quelques jolies phrases traversent cette scène, mais les accords de septième renversée, les dissonances prolongées offrent des effets tellement stridents qu'on éprouve du malaise sans compensation; c'est, en un mot, de la musique réaliste; toute beauté, toute conception idéale disparaissent; une sensation pénible et d'un ordre secondaire les remplace. Dans des situations aussi fortes, fendez-moi le cœur, si vous pouvez, mais, au nom de l'art! ne me déchirez pas l'oreille.

Du cinquième acte je ne dirai rien, sinon qu'aux prises avec les situations les plus fortes du drame anglais, le musicien les a interprétées avec une rare intelligence et une science consommées.

Si M. Gounod s'était abandonné plus librement à ses facultés natives, s'il se fût contenté d'être un très-bon musicien, un artiste passionné et convaincu, il est probable qu'il eût donné des ouvrages plus remarquables encore que ceux qu'il a produits, des œuvres tout à fait supérieures et qui eussent défié toute critique; les théories imaginées et propagées depuis vingt ans par quelques gens d'esprit l'ont préoccupé outre mesure, et évidemment gêné et troublé. Dans un sentiment de présomption un peu dédaigneuse à l'égard des maîtres italiens, il a cherché à concilier ce que la tradition musicale a mis à sa disposition avec les hardiesses de la musique dite de l'avenir et d'un ordre d'idées qu'il serait plus juste d'appeler le désordre des idées.

Comme je le disais plus haut, il n'est guère, dans l'art musical, de province qui soit demeurée fermée à M. Gounod. Outre ses opéras et ses opéras-comiques, il a écrit de la musique d'église, des symphonies exécutées avec succès à la Société des concerts du Conservatoire, des chœurs pour l'*Orphéon* dont il a été directeur de 1852 à 1860, enfin des mélodies nombreuses parmi lesquelles il en est plusieurs, *la Sérénade, le Vallon, le Soir*, que tout le monde a chantées et chante encore. Sa musique religieuse est théâtrale; le texte sacré y est exprimé avec emphase et une recherche trop visible de l'effet. Dans son psaume *Super flumina Babylonis*, par exemple, la partie instrumentale est hors de proportion avec le chant proprement dit. M. Gounod a assez de talent pour se passer de ces moyens factices et extra-musicaux qui peuvent bien captiver des amateurs et séduire surtout les personnes nerveuses par le prestige de la forme expressive, mais dont les vrais artistes tiennent peu de compte. Cette facture qui repose sur des formules qu'on appelait au commencement de ce siècle des *rosalies* (1) est devenue si familière à ce compositeur que, s'il n'y prend pas garde, il n'y aura plus que cela dans sa musique. M. Gounod, qui est infatigable et qui ne néglige aucune occasion de mettre le public dans la confidence de ses impressions, a écrit vers le milieu de l'année 1871 pour l'ouverture de l'exposition universelle à Londres la musique d'une lamentation de Jérémie qu'il a intitulée *Gallia*. C'est un morceau très-dramatique, et traité avec beaucoup de goût. Les versets *Viæ Sion lugent* et *Jerusalem, convertere* ont été bien rendus. Les circonstances suffisaient pour donner à cette composition un douloureux intérêt.

Pendant la guerre, le compositeur a habité l'Angleterre et y a séjourné peut-être trop longtemps pour ses intérêts. Il y a fondé des Sociétés de musique ; il y a donné des concerts. Membre de l'Institut et très-apprécié dans la société parisienne, il a vu les administrations des théâtres de l'Opéra et de l'Opéra-Comique admettre dans leur riche répertoire ses ouvrages représentés au théâtre Lyrique. Il a écrit pour la pièce de *Jeanne d'Arc* de M. Jules Barbier une partie musicale très-développée. L'exécution de cet ouvrage a eu lieu au théâtre de la Gaîté.

Le dernier opéra que M. Gounod a fait représenter est *Cinq-Mars*, drame lyrique en quatre actes (5 avril 1877). MM. Paul Poirson et Louis Gallet ont tiré leur livret plutôt du roman d'Alfred de Vigny que de l'histoire. C'était sans doute à leurs yeux le seul moyen de rendre le héros de la pièce assez intéressant, mais ils n'y sont pas parvenus. Les invraisemblances sont trop choquantes, même dans un ouvrage joué sur la scène de l'Opéra-Comique. Une princesse comme Marie de Gonzague, destinée à monter sur le trône de Pologne, ne saurait se montrer isolée au milieu de quarante hommes, errer seule dans les bois, ni entrer à son gré dans la prison où son amant est renfermé. Le rôle du Père Joseph, *l'Éminence grise*, est antipathique et presque odieux. Il était mort d'ailleurs quatre ans avant le dénouement de la conjuration de *Cinq-Mars*. Quant au rôle de de Thou, il manque absolument de caractère, puisque ce personnage blâme avec force la trahison de son ami et cependant la partage. La tâche du musicien était donc ardue et presque ingrate. C'est ici qu'il faut admirer la puissance de l'art musical et l'habileté du compositeur. M. Gounod a su créer des types et, à l'aide

(1) Transposition dans la mélodie d'une phrase de chant à la seconde, à la tierce, à la quarte. La répétition de la même phrase par progression ascendante est perpétuelle dans les ouvrages de M. Gounod.

de quelques phrases d'une expression très-intense, donner une existence en dehors de la vérité historique, à Cinq-Mars, à de Thou, à Marie de Gonzague, au Père Joseph. On remarque dans cette partition des lacunes et quelques passages dénués d'intérêt, qui semblent accuser une certaine négligence ou peut-être de la précipitation. Les morceaux les plus saillants sont l'introduction, sorte de *Lamento* qui annonce le caractère sombre de l'ouvrage, le chœur gracieux *Allez par la nuit claire*, la cantilène de Marie de Gonzague *Nuit resplendissante*, une chanson contre le cardinal dans le style archaïque et dont le refrain chanté en chœur offre une combinaison des voix très-agréable, le chœur des courtisans, l'air de Marion décrivant *la carte du pays de Tendre*, le joli sonnet du berger, une belle phrase inspirée dans le trio *Ah! venez, que devant l'autel*, malheureusement sans développements suffisants, et un excellent chœur de chasseurs. Le dernier duo entre Marie et Cinq-Mars se termine par un allegro auquel la forme résolûment italienne n'enlève rien de ses accents passionnés.

M. Gounod est un musicien d'un très-grand talent, habile et heureux : un pas de plus, et il sera « de la famille », comme disait de lui-même M. Ingres, en contemplant un tableau de Raphaël. Espérons que l'opéra de *Poliuto* sera l'œuvre qui placera définitivement l'auteur de *Faust* et de *Mireille* au rang que nous voudrions lui voir occuper.

OFFENBACH

(JACQUES)

NÉ EN 1819

La musique a le don d'anoblir tout ce à quoi elle est mêlée. Les paroles les plus fades gagnent de la distinction, les pensées communes perdent de leur bassesse ; le son et le rhythme rendent harmonieux et même décents les mouvements du corps qui, privés de cet accompagnement, ne seraient plus que des contorsions intolérables. La danse sans la musique ne peut même être imaginée, tant elle offrirait de grossièreté. Comment des dons si merveilleux sont-ils quelquefois profanés à plaisir et systématiquement transformés en parodies aussi funestes au goût du public que dégradantes pour ceux qui les inventent et en tirent profit? Honte à de tels excès!

Je suis bien éloigné de vouloir proscrire l'opérette bouffe ; c'est un genre dans lequel l'esprit français peut se donner carrière et prendre des coudées assez franches ; la musique peut le seconder et nous reposer par des mélodies gracieuses, peu développées, par une instrumentation légère et piquante, de la solennité de l'opéra sérieux. Mais il y a des limites en toutes choses, qu'on ne peut dépasser sans faire perdre à ces choses elles-mêmes leur saveur et leur charme.

Offenbach (Jacques) naquit à Cologne, le 21 juin 1819, d'une famille israélite, dont un des membres, chantre de la synagogue de Cologne, a publié dans cette ville, en 1838 les chants commémoratifs de la sortie d'Égypte qui se récitent dans les familles juives, pendant les deux premières soirées de la fête de Matzoth, avec une traduction allemande, une préface et les anciennes mélodies traditionnelles. Jacques Offenbach passa l'année de 1833 à 1834 au Conservatoire de Paris, puis retourna dans son pays, revint à Paris en 1842, et se produisit comme violoncelliste dans les concerts. Déjà à cette époque il me parut manifester son originalité et son goût pour la parodie et les excentricités. Il cherchait bien plutôt à faire des tours de force sur son instrument qu'à en tirer un beau son et de belles mélodies. Ne jugeant pas sans doute le son du violoncelle assez agréable, il exécutait des imitations plus ou moins heureuses du violon, de la vielle et même de la guimbarde. Il abusait surtout d'un effet de cornemuse avec note dormante, assez bien réussi, et qui excitait l'enthousiasme des honnêtes bourgeois formant la majorité dans les concerts de ce temps. En 1847, par le crédit de Mme Augustine Brohan, il fut appelé à remplacer M. Barbereau au Théâtre-Français, comme chef d'orchestre.

L'état déplorable où était tombé cet orchestre était devenu proverbial. Offenbach en voulut faire le point de départ de sa fortune. Il remonta le personnel, commença à composer quelques petits motifs gracieux, qu'il fit exécuter pour disposer les spectateurs à entendre les comédies du répertoire. Il préluda à ses grosses farces des Bouffes-Parisiens en parodiant des fables de La Fontaine, telles que *la Cigale et la Fourmi*, *le Renard et le Corbeau*, *le Savetier et le Financier*, *le Rat*, *la Laitière*, et ces publications obtinrent un certain succès. Une chose cependant lui fit honneur à son passage au Théâtre-Français ; ce fut la manière dont il fit exécuter à son orchestre la musique composée par M. Gounod, pour les chœurs de la tragédie d'Ulysse, de Ponsard.

En juin 1855, Offenbach arriva au comble de ses vœux ; il eut un théâtre à lui. Il obtint le privilège des Bouffes-Parisiens qu'il installa aux Champs-Élysées. Il trouva alors des écrivains pour lui faire des pièces, et les Bouffes exécutèrent exclusivement de la musique de l'impresario. On vit reparaître le genre, depuis longtemps oublié, des théâtres de la foire Saint-Laurent, de la foire Saint-Germain, moins la légèreté, la malice et l'esprit de Riccoboni, de Panard, de Romagnesi, de Le Sage, de Fuzelier, de d'Orneval. A cette époque, les couplets étaient assurément bien grivois, mais il étaient assaisonnés d'un sel qui en dissimulait le haut goût.

Ils étaient encore assez littéraires pour qu'on les retînt par cœur. Le trait de la fin était spirituel et devenait bien souvent une locution proverbiale. Peut-on leur comparer les quelques ignobles et stupides refrains qui témoignent si tristement de la gaieté française? *Les deux Aveugles* et *Une nuit blanche* inaugurèrent le nouveau théâtre.

Les Deux Aveugles surtout obtinrent un des grands succès de notre temps, dû aussi, il faut le dire, à la bouffonnerie des deux artistes qui les interprétèrent, Berthelier et Pradeau.

Cette opérette, dont les paroles sont de M. Jules Moinaux, fut représentée pour la première fois, le 22 février 1856.

> Dans sa pau...vre vi' malhûreuse,
> Pour l'aveugle, point de bonheur ;
> Toujours sous les ténèbr's affreuses ;
> Ah ! combien qu'il a de malheur !
> Que les cha...ritables personnes
> Jett'nt une au...mône au malhûreux.
> L'aveugle à qui qu'on fait l'aumône
> N'est point z-un faux nécessiteux,
> N'est point z-un faux né...
> Un faux né... un faux nécessiteux.

Le reste est de ce goût, ni plus, ni moins. Ainsi que le livret, la musique échappe à l'analyse ; elle ne se compose que de quelques motifs de danse qui ont fait le tour du monde.

Avec l'été, allait disparaître la prospérité des Bouffes-Parisiens; M. Offenbach s'installa pour l'hiver en plein cœur de Paris, au passage Choiseul, dans ce petit théâtre qui avait popularisé, avec ses pièces enfantines et sa fantasmagorie, le nom de M. Comte. Le 25 décembre 1855, la nouvelle salle, restaurée à neuf, était ouverte aux Parisiens. Le fécond compositeur y donna successivement, en 1855, *Ba-ta-clan* et le *Violoneux*. Dans ce dernier ouvrage, dont les paroles étaient de MM. Mestépès et Chevalet, on a remarqué les couplets : *Conscrit, conscrit, je suis conscrit*, la ronde du violoneux, et un duo militaire. En 1856, *Tromb-al-Cazar*, le *Postillon en gage*, la *Rose de Saint-Flour*, le *Financier et le Savetier*, la *Bonne d'enfants*, les *Trois baisers du diable* défrayèrent la nouvelle salle des Bouffes.

Toutes ces pièces ont un caractère de parenté, quant aux livrets et quant à la musique; ce sont les mêmes bouffonneries littéraires et musicales. Par exemple, dans la *Rose de Saint-Flour*, opérette en un acte dont les paroles sont de M. Michel Carré, la soupe aux choux, qui est le mets de résistance de l'action, n'a pas été assaisonnée de sel attique ; car Marcachu le chaudronnier y a jeté un des souliers apportés en cadeau à Pierrette par son rival Chapaillon, en y ajoutant un paquet de chandelles en guise de lard. On sent assez le parfum de ce potage rehaussé par une chanson auvergnate, avec ce refrain connu :

> Nous n'étions ni hommes ni femmes,
> Nous n'étions que des Auvergnats!

Chapaillon est le préféré de Pierrette. La colère de Marcachu, l'Achille de Saint-Flour, se manifeste par la destruction des meubles et de la vaisselle. Au milieu d'un tel vacarme, on a distingué avec quelque peine une romance et un duo final pas trop désagréables.

Si nous continuons à parcourir le répertoire fourni par M. Offenbach à son théâtre, nous y trouvons des ouvrages dont quelques titres indiquent suffisamment le caractère.

Le 66! opérette en un acte (31 juillet 1866), est une gentille pièce où le sentiment ne fait pas trop défaut. Le Tyrolien Franz croit posséder le numéro gagnant à la loterie, l'heureux 66, et s'empresse de faire mille folies, d'oublier même sa fiancée Grettly ; mais il se trouve qu'il a pris à la hâte le numéro 99 pour le 66. Adieu tous ses projets de grandeur, et toutes ses fantaisies. Il ne lui reste plus que la honte ; ses bons amis le consolent et lui pardonnent un moment d'oubli. La musique est agréable ; il y a surtout une romance mélancolique et une joyeuse tyrolienne qui forment un contraste gracieux.

Quant à *Croquefer ou le Dernier des paladins*, cette bouffonnerie en un acte a paru fastidieuse et a peu déridé le public, malgré les excentricités de l'écuyer Boutefeu, du baron Mousse-à-mort, de l'amoureux Ramasse-ta-tête et de la belle Fleur-de-soufre. La partition a été traitée *con amore* par l'impresario compositeur. L'instrumentation en est travaillée ; on y a même remarqué un quintette assez habilement écrit.

Nous arrivons à *Orphée aux enfers*, qui fut joué le 21 octobre 1858. C'est une parodie grossière et grotesque qui commence par transformer Orphée en maître de violon, courant le cachet, pour finir par la danse la plus indécente ; voilà le cadre. Cet ouvrage a obtenu un succès immense, universel, succès qui s'est prolongé jusqu'à ce jour. Cette pièce ayant valu à ses auteurs des avantages de toute espèce, même les faveurs honorifiques que les gouvernements décernent volontiers au succès, sinon toujours au beau, au bien et à l'utile, a servi de signal pour la fabrication de pièces du même genre, et tous les théâtres en ont été inondés, au grand détriment du goût, de l'esprit et de l'art. On n'a pas tardé à s'apercevoir qu'on était entré dans une voie funeste ; mais l'impulsion avait été trop fortement donnée pour y mettre un frein. Ce genre de bouffonnerie à outrance remplaça de parti pris les plaisirs de l'esprit et de l'oreille, les émotions du cœur par les sensations et les excitations les plus malsaines. On a dansé partout sur les motifs principaux de la partition d'*Orphée aux Enfers*. Plusieurs de ces mélodies ne manquent pas de charme ni d'originalité ; on leur accorderait volontiers un mérite artistique si elles n'étaient associées au souvenir des scènes les plus grotesques et les plus indécentes.

M. Offenbach donna ensuite *Daphnis et Chloé*, opérette en un acte (27 février 1860) ; c'est une parodie de la charmante pastorale de Longus.

Quelques mélodies ont cependant trouvé grâce auprès des gens de goût, entre autres l'air d'entrée de Chloé, la jolie romance : *Même en fermant les yeux*, la chanson de Néréa et le trio de la leçon de flûte.

Je ne dirai rien des pièces suivantes : *le Mariage aux lanternes, la Chatte métamorphosée en femme, Mesdames de la Halle, Geneviève de Brabant.* Mais la *Chanson de Fortunio*, qui est l'opérette la plus populaire de l'impresario, m'arrêtera un moment ; les paroles sont de MM. Crémieux et Jules Servières ; elle fut représentée le 5 janvier 1861 ; malgré la donnée commune du livret, il y a çà et là quelques mélodies agréables. La chanson de Fortunio qui est devenue populaire a été écrite sur les vers d'Alfred de Musset :

> Si vous croyez que je vais dire
> Qui j'ose aimer,
> Je ne saurais, pour un empire,
> Vous la nommer.

Le *Pont des soupirs* fut représenté le 23 mars 1841. Il suffit de dire que les scènes les plus désopilantes répondent à ce titre lugubre. Les noms de Cornaro-Cornarini, de Fabiano Malatromba, donnent une idée de la gravité des personnages. Plusieurs des motifs ont paru jolis, entre autres la romance : *Ah! qu'il était doux, mon beau rêve*, et les couplets : *Je suis la gondolière*. Le *Carnaval de Venise* sert de finale à cette pièce en se transformant en bacchanale échevelée, comme toujours. M. Offenbach donna encore *Apothicaire et Perruquier*, le *Voyage de MM. Dunanan père et fils*, opéra bouffon en deux actes qui fut représenté le 22 mars 1862. La barcarolle : *A Venezia la bella* a laissé des souvenirs exhilarants.

Il signor Fagotto fut représenté le 11 juillet 1863, à Ems, sur le théâtre du Cursaal, et ensuite à Paris, aux Bouffes-Parisiens. On peut citer le quatuor d'entrée, et le sextuor final dont la composition est attribuée au signor Fagotto.

Le *Roman comique* fut joué le 10 décembre 1866. On n'a guère conservé de l'œuvre de Scarron que le titre et les noms de quelques personnages. Plusieurs morceaux ont été écrits avec verve par le compositeur, notamment le finale : *Exécutons presto, presto!*

M. Offenbach, qui avait eu la singulière idée d'ouvrir des concours et d'offrir des prix et des primes, avait, avec sa troupe, parcouru l'Angleterre en 1857, et l'Allemagne en 1858. En 1860, il se hasarda à aborder l'Opéra avec un ballet ayant pour titre : *le Papillon* ; cet ouvrage n'eut aucun succès.

Barkouf, risqué en 1861 sur la scène de l'Opéra-Comique, eut l'accueil qu'il méritait sur ce théâtre où il s'était fourvoyé. Mais Scribe pouvait revendiquer une bonne part de l'insuccès ; n'avait-il pas eu l'idée singulière de choisir pour le héros de la pièce... un chien ? Les habitués de l'Opéra-Comique, gens devenus cependant bien peu difficiles, protestèrent contre cet emprunt fait au théâtre de Guignol. Scudo, dans la *Revue des Deux-*

Mondes, s'est montré sévère à l'endroit de cet ouvrage qu'il appelle « une chiennerie en trois actes. »

Après avoir quitté, pendant quelque temps, la direction des Bouffes-Parisiens, M. Offenbach la reprit et y donna plusieurs pièces parmi lesquelles je citerai surtout *Lischen et Fritzchen*, opérette en un acte dont les paroles sont de M. Paul Dubois, qui fut représentée le 5 janvier 1864. Cette petite pièce a obtenu un franc succès. Fritzchen, pauvre domestique alsacien, estropie si outrageusement le français que son maître l'a mis à la porte. Au moment où il exhale sa douleur en plaintes comiques, il rencontre Lischen, jeune marchande de petits balais. Tous deux parlent un langage si extravagant qu'ils s'en effarouchent mutuellement; mais entre compatriotes la paix est bientôt faite et un temps de valse les a aussitôt réconciliés. Le duo qu'ils chantent sur les paroles : *Je suis Alsacienne ; je suis Alsacien*, est d'une mélodie agréable. Le public s'est associé de bonne grâce à leur belle humeur. L'ouverture a de la gentillesse. L'air de la marchande de balais, la fable : *Le rat de ville et le rat des champs*, dite par Lischen en langue franco-allemande, sont, avec le duo, les morceaux les plus amusants de cette opérette.

J'aurais encore à parler de la *Belle Hélène*. Cette composition burlesque, jouée au théâtre des Variétés depuis 1864, a eu un succès inouï que rien ne saurait justifier et qui, assurément, ne fait pas honneur au goût français de notre époque. A part l'introduction instrumentale où l'on remarque un joli solo de hautbois, tout le reste n'offre que des motifs de danse et des drôleries musicales. La musique est d'ailleurs en harmonie avec les paroles ; et son caractère de charge grossière rivalise de précision avec les bas instincts de la gaminerie parisienne. On se sent honteux d'assister à de telles pièces. Pour se justifier, on cite deux ou trois lazzis amusants ; on envoie ses amis et connaissances les entendre; on éprouve le besoin d'avoir des complices. Dans un certain monde, l'auditoire de Mlle Thérésa et de Mme Judic s'est recruté de cette manière.

La Grande-duchesse de Gérolstein a eu aussi le privilége d'attirer la foule, quoique la musique soit encore moins intéressante que celle des ouvrages précédents du compositeur. Tel a été l'engouement que cette pièce a causé, qu'à l'époque où l'Exposition universelle de 1867 amenait à Paris la plupart des souverains de l'Europe, la *Grande-duchesse de Gérolstein* a reçu les visites les plus inattendues.

On peut appliquer au genre inauguré par M. Offenbach le portrait que trace Boileau d'une littérature de décadence :

> Au mépris du bon sens, le burlesque effronté
> Trompa les yeux d'abord, plut par sa nouveauté.
> On ne vit plus en vers que pointes triviales;
> Le Parnasse parla le langage des halles :
> La licence à rimer alors n'eut plus de frein ;
> Apollon travesti devint un Tabarin.
> Cette contagion infecta les provinces,
> Du clerc et du bourgeois passa jusques aux *Princes*.

Encouragé par des succès qui seront considérés dans l'histoire de l'art comme la honte de notre temps et en particulier de notre pays dont il est l'enfant adoptif et l'amuseur privilégié, M. Offenbach refit la partition de sa *Geneviève de Brabant* et la fit exécuter au théâtre des Menus-Plaisirs en décembre 1867. Cette bouffonnerie réussit et prouva que le public entendait que son compositeur favori ne s'écartât pas de son genre familier et ultra-burlesque, car en même temps *Robinson Crusoé*, opéra comique en trois actes dans lequel il y avait un assez bon quatuor et quelques jolies choses, ne put se soutenir. Le *Château à Toto* (1868) eut un plus grand nombre de représentations au Palais-Royal. On a remarqué que ces drôleries sont aussi jouées dans d'autres pays et que la France n'en a pas le monopole exclusif. Cela est vrai, puisque la *Vie parisienne* a eu deux cents représentations à Berlin; mais il y a dans cet empressement plus de curiosité et de mépris pour le public français que de sympathie pour des œuvres de ce genre.

Les collaborateurs littéraires du musicien de Cologne sont nombreux, car le métier paraît lucratif. Je n'ai pas à m'occuper ici des insanités qu'ils livrent au compositeur et des complaisances de leurs plumes. Doué de verve grotesque et d'une grande facilité naturelle accrue encore par l'habitude d'écrire, mais paraissant étranger à tout scrupule par rapport aux convenances scéniques, telles qu'on les a pratiquées depuis l'origine de l'opéra bouffon, même sur les théâtres de la foire Saint-Germain et de la foire Saint-Laurent, M. Offenbach aurait pu utiliser ses talents sur des canevas moins grossiers, et certainement il se serait élevé au ton de la vraie comédie musicale. Le jugement de la postérité l'aurait récompensé de cet effort. Il a préféré jouir du présent, exploiter une société dépravée et en démence; son imagination ne s'est donné carrière que dans un cercle d'exercices étrangers à toute poésie, à tout idéal, à tout bon sens. Lorsqu'il a voulu en sortir, il a échoué. C'est ainsi que nous avons vu M. Offenbach, favorisé au point d'être préféré à plusieurs artistes consciencieux et sérieux, être admis à faire représenter successivement quatre ouvrages en trois actes à l'Opéra-Comique : *Barkouf* (1861), *Robinson Crusoé* (1867), *Vert-Vert* (1869), *Fantasio* (1872), et de ces douze actes, ne pas faire surgir une mélodie, un duo, un chœur, une ouverture.

Pour clore ce triste chapitre de l'histoire de la musique, je mentionnerai les titres des dernières productions de cette muse qui a préféré à la lyre d'Orphée le cornet à bouquin.

L'Ile de Tulipatan, la *Périchole* (1868), la *Diva*, la *Princesse de Trébizonde*, la *Romance de la rose*, les *Brigands* (1869); *Boule de neige* (1871); le *Corsaire noir*; le *Roi Carotte* (1872); (le livret de ce dernier ouvrage a pour auteur M. Victorien Sardou); *les Braconniers, la Jolie Parfumeuse, Pomme d'api* (1873); *Bagatelle* (1874); *La boulangère a des écus, la Créole, les Hannetons, la Permission de dix heures, le Voyage dans la lune*, *Wittington et son Chat* (1875) ; *la Boîte au lait* (1876) ; *Maître Peronilla* (1878).

On objectera que, depuis la fin du dix-huitième siècle, il y a eu des petits théâtres, des fabricants de pièces burlesques et un public aux instincts lubriques et au goût grossier. Je l'admets, avec des réserves toutefois ; mais ce qui est absolument vrai, c'est que nul compositeur n'a joui à aucune époque ni dans aucun pays d'un succès comparable à celui de M. Offenbach, dont les opérettes, qui ont en réalité les proportions d'œuvres lyriques en trois et quatre actes, ont été jouées pendant des années, et le même soir, sur sept théâtres différents à Paris. Cette vogue s'est étendue dans toutes les villes de l'Europe et jusqu'en Amérique.

Ni Boieldieu, ni Auber, ni Hérold, ni Rossini, ni Meyerbeer, ni Félicien David, ni M. Victor Massé, ni M. Gounod, n'ont obtenu les marques d'un succès aussi populaire et n'ont occupé pour l'exécution de leurs œuvres tant de directeurs, d'auteurs, de musiciens, de chanteurs, de danseurs, de figurants, de costumiers, de décorateurs, de machinistes, d'allumeurs de gaz, de journalistes, d'agents dramatiques, que le signor maestro Offenbach. On ferait une bibliothèque de tout ce qui a été imprimé à sa louange dans les revues et journaux, même les plus austères. Ne faisant pas partie de ce groupe d'admirateurs, je m'arrête, en invitant le lecteur à réfléchir un instant sur un tel état de choses, qui a duré un quart de siècle, et à en tirer les conséquences au point de vue de l'état de l'art musical dans notre pays et du caractère actuel de la civilisation en Europe.

MASSÉ

(VICTOR)

NÉ EN 1822.

Massé (Félix-Marie-Victor) naquit à Lorient (Morbihan), le 7 mars 1822. Il entra, le 15 octobre 1834, au Conservatoire de Paris, où il obtint de nombreux succès, qui furent couronnés, dix ans après, par le premier grand prix de composition de l'Institut.

M. Massé alla passer deux ans à Rome, parcourut ensuite l'Italie et l'Allemagne et revint à Paris. Quelques compositions de peu d'importance, des romances, des mélodies sur quelques *orientales* de Victor Hugo, ne laissèrent pas d'attirer sur lui l'attention, qu'éveilla tout à fait, en 1852, la *Chanteuse voilée*, opéra-comique en un acte représenté à l'Opéra-Comique, le 26 novembre 1850. La musique gracieuse du compositeur, dont cet opéra a été le coup d'essai théâtral, contribua principalement au succès de l'ouvrage ; on a remarqué l'ouverture, qui se compose d'un solo de cornet à pistons d'une grande suavité, d'un joli boléro et d'un allégro d'un caractère espagnol plein d'entrain. La cantatille à deux voix : *Tous les soirs sur la grande place*, la romance : *D'une lampe mourante*, le grand duo de la scène de la pose du modèle entre Vélasquez et Palamita, le boléro : *L'air au loin retentit du son des castagnettes*, sont les morceaux les plus applaudis de ce charmant ouvrage.

L'année suivante, les *Noces de Jeannette*, opéra-comique en un acte, furent représentées à l'Opéra-Comique et obtinrent un succès durable ; plusieurs airs en sont restés populaires.

Le livret de MM. Michel Carré et Jules Barbier met en scène une jeune fille sage et laborieuse qui parvient à force de tendresse et d'adresse à ramener au devoir un paysan son fiancé, ivrogne, colère et brutal. Il y a dans cette jolie pièce une sensibilité vraie, de la grâce et des mélodies charmantes. La scène dans laquelle Jeannette raccommode l'habit que Jean a déchiré dans un accès de mauvaise humeur est touchante, et la romance : *Cours, mon aiguille, dans la laine*, est devenue populaire. Les vocalises en duo avec la flûte imitant le chant du rossignol sont ingénieuses, et elles ont été interprétées avec un goût exquis par Mme Miolan-Carvalho. La scène du raccommodement des deux époux :

Allons, rapprochons-nous un peu.
Je sens mon cœur tressaillir d'aise...

a été écrite avec infiniment de goût. Cet ouvrage est constamment resté au répertoire.

Galathée, opéra-comique en deux actes, de MM. Jules Barbier et Michel Carré, fut jouée à l'Opéra-Comique le 14 avril 1852, et réussit. Plusieurs morceaux d'une facture facile et gracieuse ont contribué à répandre la réputation de leur auteur, entre autres les couplets de Ganymède : *Ah ! qu'il est doux de ne rien faire*, et le brindisi chanté par Mme Ugalde :

Ah ! verse encore !
Vidons l'amphore !

Je me contenterai de mentionner la *Fiancée du diable* (trois actes, 1854), *la Favorita e la Schiava* (1855), et *Miss Fauvette*, un acte (1855).

Dans les *Quatre Saisons* (3 actes, 1855), le titre de la pièce n'est motivé que parce que le mariage de Simonne avec Pierre se prépare au temps de la moisson, est rompu pendant les vendanges, se renoue en hiver, est conclu au printemps. La partition est la plus riche en motifs et en effets saillants de celles que le compositeur ait données au théâtre avant celle de *Paul et Virginie*. L'ouverture a du caractère, surtout dans la première

VICTOR MASSE

partie. Le chœur des moissonneurs : *Les blés sont coupés ;* l'air de chasse ; le chœur des vignerons ; les couplets du vin nouveau ; le tableau de la veillée d'hiver, où le compositeur a introduit les refrains populaires : *Il court, il court le furet, Nous n'irons plus au bois,* enfin le chœur du printemps forment la partie descriptive de l'ouvrage, et c'est la mieux traitée. Mais le public reste indifférent à tous ces hors-d'œuvre et intermèdes qui déguisent mal le défaut d'intérêt de l'action. Cependant la grande scène du finale du second acte est dramatique et fort belle, et dans le même ordre d'idées je rappellerai aussi le duo du troisième acte entre Simonne et Pierre.

Tous les ouvrages de M. Massé sont traités avec esprit, sentiment et une parfaite intelligence du sujet. La *Reine Topaze* (théâtre Lyrique, 1856) fut pour le compositeur l'occasion d'un succès complet qu'il n'avait pas obtenu depuis les *Noces de Jeannette*. La partition se compose d'un grand nombre de morceaux, parmi lesquels on en distingue cinq qui ont particulièrement fixé l'attention soit par leur mérite intrinsèque, soit par la brillante exécution de Mme Miolan-Carvalho, déployant dans le rôle de la reine Topaze toutes les merveilles de son organisation vocale et de son talent. L'ouverture a une sonorité étrange, bien appropriée à une action qui doit se passer au milieu d'une tribu de bohémiens.

Le motif du petit sextuor : *Nous sommes six seigneurs*, est une belle inspiration. L'air de l'*Abeille*, indépendamment de la mélodie, qui est gracieuse, est accompagné ingénieusement par un trémolo de violons à l'aigu ; l'effet de ce procédé est charmant. Le boléro, déjà entendu dans l'ouverture, est chargé de vocalises qui ont été l'occasion d'un nouveau triomphe pour la cantatrice. On a intercalé dans le second acte de l'ouvrage l'air du *Carnaval de Venise* avec les variations de Paganini. Mme Carvalho les a exécutées avec une facilité, une ténuité de sons, une finesse de détails tout à fait extraordinaires. Enfin, au troisième acte, il y a un trio scénique bien réussi entre Annibal et les deux bohémiens.

La musique des *Chaises à porteurs* (1858) a de l'élégance. On a remarqué les couplets du chevalier, le duo des *Chaises* entre le chevalier et le financier, et un joli quatuor.

La Fée Carabosse (1859) tomba et aussi *la Mule de Pedro*, opéra en deux actes (1863). Les couplets que chante Pedro, en l'honneur de sa mule, sont d'une facture habile et plusieurs fois répétés dans le cours de l'ouvrage. On a remarqué aussi le chœur des toreros et la romance de Gilda : *Chaque jour je me le rappelle*. Si cet ouvrage avait été donné à l'Opéra-Comique, il eût obtenu un brillant succès ; mais le cadre de l'Opéra est trop vaste pour un aussi mince canevas, et les qualités mêmes du compositeur, qui sont l'élégance, l'esprit et le sentiment, sont des obstacles là où doivent dominer l'ampleur, l'effet et la passion.

On crut qu'une revanche serait prise par M. Massé avec *Fior d'Aliza*, opéra-comique en quatre actes et sept tableaux, représenté en 1866. C'est un ouvrage qui renferme des morceaux excellents et des mélodies fort agréables, mais que les défauts du livret ont malheureusement déjà écarté de la scène. Le sujet de la pièce a été tiré du roman si connu de M. de Lamartine, *Graziella*. Les principaux événements, amenés dans un livre avec des ménagements et des circonstances qui les préparent, les motivent et les rendent vraisemblables, sont ici, dans la pièce, brusques, décousus et sans intérêt. L'ouverture offre des effets de rhythme piquants et se termine par une saltarelle animée. Dans le premier acte, on a remarqué la romance : *C'est l'amour*, dont l'accompagnement imitatif est d'une grâce ingénieuse, et le quintette du châtaignier. Les formes du finale sont belles, mais trop pompeuses pour le cadre étroit de l'action. Dans le second acte, il y a une farandole accompagnée de tambours de basque d'un charmant effet. Dans le troisième, la saltarelle, dont le motif termine l'ouverture, revient à l'occasion de la noce de la fille du geôlier, et elle a été fort applaudie. C'est le principal morceau de chant de l'ouvrage. On a remarqué aussi l'air de la jeune bohémienne, qui a de l'originalité. Je citerai encore, dans le quatrième acte, la marche funèbre. Le rôle de Fior d'Aliza a été admirablement interprété par Mme Vandenheuvel-Duprez.

Ce compositeur, plein de talent et doué d'une imagination charmante, ne fut pas plus heureux lorsqu'il donna à l'Opéra-Comique *le Fils du brigadier* (1867). La scène se passe en Espagne, pendant le siége de Burgos. C'est une sorte de mélodrame dans lequel sont encadrées plusieurs scènes très-comiques ; mais, en somme, le livret n'a pas été goûté. Quant à la musique, elle est pleine de motifs ingénieux et colorés. Toute la première partie de l'ouverture est charmante. Il était difficile de mieux poétiser la formule militaire et banale de la retraite. Je signalerai dans le premier acte une valse chantée, la romance : *Trembler, quand on est militaire* ; un refrain populaire : *Les Flamands, les Saxons*, et un rondo-bouffe ; dans le troisième acte, un bon trio et la romance : *O mon enfant, pardonne-moi*, qui précède le finale. L'opéra de *Paul et Virginie* fut enfin représenté au théâtre national Lyrique le 15 novembre 1876.

Cet ouvrage est, à mon avis, le plus distingué, le plus poétique, le plus fortement inspiré qui ait été représenté au théâtre Lyrique depuis bien des années. Le roman de Bernardin de Saint-Pierre a été habilement arrangé pour la scène par MM. Michel Carré et Jules Barbier ; la couleur générale est bien celle que l'imagination conçoit en lisant le récit touchant des amours de ces infortunés enfants. Dans le premier tableau, l'action se passe dans la case de Marguerite, cabane de bambous ouverte sur un paysage de l'île de France. Mme de La Tour et Marguerite sont occupées à filer du coton. Les deux mères s'entretiennent de leurs enfants, et se font part de leurs remarques sur leur attachement mutuel. Mme de La Tour annonce l'intention d'envoyer Paul aux Indes pour quelque temps, moins pour éprouver son amour pour Virginie que pour préparer leur bonheur futur.

Ce duo des deux mères est d'un effet charmant : c'est un dialogue et un ensemble dans la forme du nocturne d'une teinte pleine de tendresse et de calme. Domingue, le vieux serviteur dévoué à ses maîtres et presque de la famille, a entendu le projet d'éloigner Paul. Il intervient dans la conversation et chante des couplets dont la mélodie est parlante et originale : *N'envoyez pas le jeune maître vers les pays lointains !* On annonce l'arrivée d'un navire venant de France. Mme de La Tour se rend à Port-Louis avec l'espérance de recevoir une lettre de sa famille. Le chœur des habitants de l'île, *Un navire entre dans le port*, est à la fois populaire et distingué. On voit le balancement du navire, on entend le chant monotone des matelots, on se souvient de ces accents dont ils accompagnent leurs efforts lorsqu'ils retirent les ballots de la cale. C'est ainsi qu'un véritable artiste sait poétiser les détails les plus vulgaires, en évitant également deux écueils, la banalité et le réalisme. Paul et Virginie, surpris par l'orage, accourent abrités sous une large feuille de bananier. Le duo qu'ils chantent, *O joie, ô douceur d'aimer qui nous aime !* a le mérite particulier d'exprimer par un heureux mélange des voix l'union parfaite et mystérieuse de deux cœurs confiants l'un dans l'autre ; la poésie de Félicien David et les formes harmoniques de Mendelsshonn semblent se condenser dans ce morceau. Méala, épuisée de fatigue, les bras meurtris et les vêtements en lambeaux, se présente sur le seuil. C'est une esclave qui vient implorer un asile contre la poursuite d'un maître impitoyable. Virginie, compatissante, lui donne du lait, du pain, des paroles de consolation. Elle se charge avec Paul de la ramener chez son maître et d'obtenir sa grâce. Dans ce trio, on distingue surtout une belle phrase :

> Oui, les cœurs que Dieu même inspire,
> Dans l'innocence des champs,
> Trouvent bien ce qu'il faut dire
> Pour émouvoir les méchants.

Le deuxième tableau transporte le spectateur dans la plantation de M. de Sainte-Croix, riche planteur de la rivière Noire. Ce colon vicieux et cruel n'est pas nommé par Bernardin de Saint-Pierre. Pourquoi l'auteur du livret l'a-t-il baptisé du nom de Sainte-Croix ? C'est sans doute par antiphrase, car c'est sur la sainte Croix que l'égalité des droits des âmes humaines a été promulguée dans le monde. Le choix de ce nom n'est pas heureux. Les esclaves font entendre des accents douloureux sous les ardeurs du soleil ; un négrillon chante sa misère sur un mode mineur et avec des intonations plaintives. Virginie et Paul arrivent avec Méala. Ici, les récitatifs sont d'une expression excellente et passent tour à tour de la rudesse à une douceur exquise. *Pardonnez-lui*, s'écrie Virginie en s'adressant à Sainte-Croix. Son chant large et soutenu part du cœur ; c'est une magnifique inspiration. Tous les assistants sont ravis : *Oh ! la douce voix !*

oh ! le doux sourire ! c'est un chant d'oiseau dans l'air envolé ; à peine elle parle, et chacun l'admire. Sainte-Croix est subjugué. A travers la distance des âges, et en tenant compte de la différence des moyens employés, cette page rappelle la puissance d'expression de Gluck. Sainte-Croix accorde la grâce de Méala. Mais la beauté de Virginie allume dans ce cœur grossier une passion brutale ; l'intelligente et reconnaissante Méala s'en aperçoit la première, et lorsque Sainte-Croix, en l'honneur de ses deux hôtes, improvise une sorte de fête et ordonne à Méala de chanter, celle-ci les avertit qu'un danger les menace :

> Parmi les lianes,
> Au fond des savanes,
> Le tigre est couché.
> Son regard flamboie ;
> Il guette sa proie,
> Dans l'ombre caché !
> Le jour va s'éteindre.
> Voici la nuit ;
> Il peut vous atteindre.
> Fuyez ! — tout fuit.

Cette chanson âpre et sauvage reste musicale, malgré ses intonations hardies et son rhythme heurté. Ce qui prouve qu'il n'est nullement nécessaire de sortir du domaine de l'art pour produire l'effet cherché, lorsque le musicien a de l'imagination et du goût. Sainte-Croix, furieux du départ précipité de Virginie et de Paul, en rend Méala responsable et la livre à un nouveau châtiment. Je trouve que, dans cette scène, les auteurs ont été trop loin. Les danses de la bamboula, l'orgie du planteur, son ivresse, les cris de la malheureuse qui dominent le chœur, produisent une impression trop pénible pour une œuvre lyrique. Il faut se garder de confondre l'émotion avec la sensation physique. Une symphonie intéressante intitulée *la Forêt* sert d'entr'acte.

Le premier tableau du deuxième acte représente l'habitation de Mme de La Tour ; elle achève d'habiller Virginie et de la parer de quelques bijoux. Elle l'informe qu'une vieille parente la mande auprès d'elle et consent à lui laisser sa fortune, à la condition qu'elle partira pour la France. Virginie ne veut pas quitter sa mère. Elle lui fait la confidence de son amour. Mme de La Tour, après de douces exhortations, la laisse seule à ses réflexions. Tout cela a été traité par le compositeur avec une délicatesse infinie. Ici se place une scène très-poétique dans sa naïveté, scène pleine de naturel, qui suffirait seule pour faire le succès d'un acte d'opéra ; la jeune fille veut savoir ce que pense de son départ Domingue, ce vieil ami qui l'a vue naître, qui l'aime ainsi que Paul. Pour toute réponse, sans la regarder et tout en travaillant à sa natte de jonc, Domingue chante :

> L'oiseau s'envole
> Là-bas ! là-bas !
> L'oiseau s'envole
> Et ne revient pas.

> Ah ! pauvre folle !
> Reste à la maison,
> Crois à ma chanson.
> L'oiseau s'envole
> Et ne revient pas.
>
> Oiseau fidèle,
> Que Dieu bénit,
> Oiseau fidèle,
> Reste en ton doux nid.
> Ferme ton aile,
> Tu dormiras mieux
> Que sous d'autres cieux.
> Oiseau fidèle,
> Que Dieu bénit,
> Oiseau fidèle,
> Reste en ton doux nid.

La mélodie de cette cantilène est expressive et touchante.

Le désespoir de Paul apprenant la fatale nouvelle forme la contre-partie de cette scène. Elle est rendue plus dramatique encore par l'aveu que Marguerite fait à son fils de sa faute et de la honte de sa naissance. Cette situation, difficile à rendre, est d'une déclamation si juste, qu'elle a pleinement réussi. Rien d'attendrissant comme les consolations que Paul, malgré sa douleur et dans son affection, prodigue à sa mère. Les phrases les plus remarquées sont celles-ci : *Ah! ne brisez pas mon courage!* et : *Je vous honore, je vous aime.* Méala revient encore une fois chercher un refuge; mais cette fois elle est suivie de près par Sainte-Croix. Paul le reçoit; une discussion s'engage; elle se termine par la rançon de l'esclave avec l'argent envoyé de France à Virginie. Le grand duo dans lequel Paul et Virginie font le serment d'être l'un à l'autre paraît un peu long, à cause de la succession des mouvements divers, *andante, allegretto, allegro maestoso* entrecoupés de récitatifs, à la façon de la mélopée en vogue de l'autre côté du Rhin et heureusement fort contestée en deçà; mais la péroraison en *la* bémol majeur est admirable d'inspiration. Cette belle phrase a été choisie par le compositeur pour caractériser l'amour de Paul et de Virginie, amour noble et pur, au-dessus des vicissitudes humaines, plus fort que la mort :

> Par le Ciel qui m'entend, par l'air que je respire,
> Par ce Dieu que je prends à témoin de ma foi,
> Par tes larmes, par ton sourire,
> Je jure de n'être qu'à toi !

Au second tableau, il fait clair de lune, et on voit la mer à travers les arbres. Le chœur que j'ai signalé plus haut est répété en fanfare par les cors; bien écrite pour ces instruments, elle produit le plus charmant effet. Elle se poursuit, développée par un chœur lointain. Après le grand air de Virginie, Méala chante des couplets auxquels des appogiatures donnent beaucoup de caractère : c'est un hors-d'œuvre; mais on l'entend avec plaisir. Virginie s'est endormie sur un banc de gazon. M. de La Bourdonnais arrive et presse le départ, Mme de La Tour réveille sa fille. La toile tombe.

Le troisième acte renferme d'aussi beaux morceaux que les deux autres. La chanson de Méala, *En vain sur cette lointaine rive*, est une mélodie fort jolie, toute en syncopes sur lesquelles M. Victor Massé aurait pu obtenir de son poëte des paroles mieux adaptées à ce genre de rhythme. Le quatuor : *Que l'enfant que j'aime*, composé de mesures alternées à quatre et à deux temps, est gracieusement accompagné par les instruments à cordes en pizzicato. Le pauvre Paul, inconsolable de l'absence de son amie, lit et relit une lettre de Virginie ; la déclamation en est mélodieuse et d'une sensibilité exquise. Je donne ici cette lettre touchante, parce qu'elle me semble avoir un parfum de candeur qu'il est doux de respirer en ces temps où l'amour est si mal exprimé au théâtre :

> Chère mère, vous m'avez dit
> De vous mander les jours de joie
> Ou de chagrin que Dieu m'envoie.
> C'est à grand'peine : on m'interdit
> De vous écrire ; et moi, sans armes
> Contre un si rigoureux arrêt
> Je vous fais tenir en secret
> Ces mots arrosés de mes larmes.
> D'autres tourments que je prévois
> Me tiennent le cœur en alarmes :
> J'ai trop pleuré ; rappelez-moi.
> Au sein même de la richesse,
> Je suis plus pauvre qu'autrefois,
> Ne pouvant vous faire largesse
> De tous les biens que je reçois.
> Il a fallu que votre fille
> Se cachât des regards jaloux
> Pour recourir à son aiguille
> Et travailler au moins pour vous.
> Hélas ! c'est là tout le mérite
> De menus objets faits par moi
> Que j'ai pu joindre à mon envoi
> Pour vous et maman Marguerite.
> A Paul, cette petite fleur
> Que l'on appelle violette,
> Du nom même de sa couleur ;
> Elle semble éclore en cachette,
> Sous les buissons où la trahit
> Le doux parfum qu'elle recèle ;
> Par les soins de Paul puisse-t-elle
> Prospérer en cet humble nid
> De fleurs, de mousse et de verdure,
> Où notre fontaine murmure,
> Où nos oiseaux chantent en chœur,
> Hélas ! où j'ai laissé mon cœur !

Le fond du théâtre s'ouvre et laisse voir à travers une gaze un salon aristocratique. Virginie est invitée à chanter. Elle s'accompagne sur la harpe :

> Que ma chanson vers toi s'envole,
> O doux ami que j'ai quitté ! etc.

La mélodie est ravissante de grâce et de mélancolie. On entoure Virginie, on la félicite. Un personnage lui est présenté : c'est Sainte-Croix. Virginie repousse avec dédain ses hommages. La vieille parente témoigne son indignation et congédie Virginie. Paul a suivi cette vision et s'écrie : « Elle revient vers nous ! » Domingue accourt et annonce en effet l'arrivée d'un navire ; mais il est ballotté par la tempête et ne peut aborder. Paul se précipite au dehors. Le théâtre représente la plage ; à quelque distance en mer, le *Saint-Géran* est à demi submergé. Virginie est étendue sur le sable, et inanimée ; Paul est agenouillé près d'elle ; tous les personnages et les habitants de l'île sont accablés de douleur. Le chœur chante :

> Pauvres amants !
> Séparés sur la terre
> Et longtemps malheureux,
> L'amour que rien n'altère
> Les attend dans le ciel et commence pour eux !

Cette partition, le chef-d'œuvre de M. Victor Massé, est désormais associée à celui de Bernardin de Saint-Pierre. Le compositeur, élu membre de l'Académie des beaux-arts depuis plusieurs années, a rempli depuis 1860 les fonctions de chef du chant à l'Opéra, où il a remplacé Dietsch ; l'état de sa santé l'a obligé récemment à les résigner.

LEMMENS

NÉ EN 1823.

Encore un musicien excellent, à qui la Belgique a donné naissance ! M. Lemmens, ancien professeur au Conservatoire royal de Bruxelles, se distingue au premier rang des organistes vraiment dignes de ce nom dans un temps où l'art des Bach est bien déchu de son ancien éclat. Il joint à un admirable talent de virtuose le mérite d'avoir composé de remarquables morceaux pour son instrument.

Né le 3 janvier 1823 à Zoerle-Parwys, dans la province d'Anvers, M. Lemmens reçut de son père, qui était organiste, les premières leçons de musique. A l'âge de sept ans, non-seulement il remplissait les fonctions d'enfant de chœur et mêlait sa voix à celles des chantres, mais il commençait déjà à accompagner le plain-chant dans le service divin. A onze ans, il fut envoyé à Diest où il étudia pendant six mois sous la direction de l'organiste Van der Broeck. En 1839, il entra au Conservatoire de Bruxelles dans la classe de piano de M. Godineau ; mais il dut interrompre ses études pour aller prendre la place de son père qu'une maladie avait mis dans l'impossibilité de continuer ses fonctions. Après avoir occupé pendant quinze mois l'emploi d'organiste à

Diest, emploi qu'il avait obtenu au concours, M. Lemmens donna sa démission vers la fin de 1841 et se remit à suivre les cours du Conservatoire comme élève de Michelot. L'année suivante, il remporta le premier prix de piano. Le jeune artiste passa ensuite dans la classe de contre-point et de fugue dirigée par Fétis. Sous un tel maître, ses progrès furent rapides. Le second prix de composition lui fut décerné en 1844 et le premier en 1845. Cette même année, il concourut aussi pour le prix d'orgue et fut couronné. Quelque dédain qu'un scepticisme trop commun affiche à l'endroit des triomphes scolaires, il est évident qu'on ne pouvait se méprendre sur le brillant avenir réservé au jeune lauréat. A la demande du directeur du Conservatoire, le ministre de l'intérieur accorda une pension à M. Lemmens pour qu'il pût aller à Breslau perfectionner son talent d'organiste sous la direction du célèbre Adolphe Hesse (1846). L'élève profita si bien de cet enseignement, qu'au bout d'une année son professeur avouait n'avoir plus rien à lui apprendre. De Breslau, M. Lemmens fit un voyage à travers l'Allemagne, puis il revint à Bruxelles, où il obtint l'année suivante le second grand prix de composition au concours institué par l'État.

Peu de temps après, il fut nommé professeur d'orgue au Conservatoire de Bruxelles, en remplacement de Girschner, et il rendit dans ce poste d'importants services. De l'époque de sa nomination (1849) date, en effet, un progrès sensible dans l'étude de l'orgue. C'est toutefois bien à tort que ses amis lui ont attribué l'invention du doigté de substitution. Cet artifice de mécanisme était connu des Frescobaldi, des Bach, de Haendel ; les œuvres classiques de l'orgue ne sauraient être exécutées sans qu'on emploie le doigté de substitution. M. Lemmens en a développé l'usage ; il en a enseigné les règles peut-être ; mais il a bien assez d'autres mérites réels sans qu'il soit nécessaire de lui en supposer d'imaginaires. Les élèves qu'il a formés comptent aujourd'hui parmi les organistes les plus distingués tant de la Belgique que de la France. N'oublions pas non plus qu'il a singulièrement propagé par son exemple et ses leçons l'étude des chefs-d'œuvre de Bach, lesquels, avant lui, étaient rarement exécutés hors de l'Allemagne.

M. Lemmens avait obtenu un congé du Conservatoire de Bruxelles pour se rendre à Londres ; il y obtint de grands succès et épousa une artiste douée d'une fort belle voix, Mlle Sherrington. Il a fini par fixer sa résidence en Angleterre. Il fut nommé organiste de l'église des Jésuites ; en outre, il donna des concerts où il se fit entendre sur l'orgue, tandis que sa femme, Mme Lemmens-Sherrington, recueillait les applaudissements dus à son talent de cantatrice. On n'évalue pas à moins d'un million la somme prélevée sur l'admiration britannique par le couple artiste dans l'espace de dix années.

On s'abuse en France sur l'état de l'art musical chez nos voisins d'outre-mer. On leur conteste l'aptitude, le goût, l'organisation, l'invention. Je ne souscris pas à ce jugement sommaire, et je suis loin de partager à cet égard l'infatuation de mes nombreux compatriotes. En Angleterre, il se trouve de simples particuliers qui, non contents de posséder dans leur hôtel de grandes orgues à tuyaux de seize pieds, avec pédales séparées, entretiennent à leurs frais des artistes pour toucher ces instruments, tandis qu'en France nos plus opulents *dilettanti* se contentent d'un harmonium qu'ils font jouer par le premier pianiste venu ; en Angleterre, on exécute communément et presque à l'improviste les gigantesques oratorios de Haendel, le *Messie*, *Judas Machabée*, *Salomon* ; il se trouve des milliers de chanteurs et de choristes, hommes, femmes et enfants, pour chanter cette musique assez difficile, tandis que notre Société des concerts, formée de nos artistes les plus habiles, ne nous en donne que de courts fragments et à de longs intervalles, depuis plus de quarante ans ; j'ai pu faire la comparaison, en ma qualité de membre de la Commission musicale à l'Exposition universelle de 1867, de la Société chorale anglaise *Tonic sol fa* avec nos orphéons français. Cette Société, composée d'hommes et de femmes, a chanté des chœurs de Ullah, de Benedict, avec le fini et l'ensemble le plus satisfaisants ; puis, cédant à la demande de l'auditoire ravi, elle a exécuté *sans musique* plusieurs chœurs nationaux et étrangers avec la même perfection. Nous avons la preuve que la musique a fait de grands progrès en Angleterre, surtout depuis quelques années.

Un talent sérieux comme celui de M. Lemmens n'aurait pas trouvé à se produire avec autant d'avantages dans son propre pays, ni même en France, que dans la seule ville de Londres. M. Lemmens, que j'ai pu apprécier souvent et à loisir, a une exécution qui dépasse en habileté, en précision, en *maestria*, tout ce que j'ai entendu jusqu'à présent ; le pédalier n'a plus de secrets pour lui. Ce n'est pas dans les conditions ordinaires d'existence que l'organisation de la société moderne a faites aux artistes, qu'on peut parvenir à un degré de perfection si élevé. En plein dix-neuvième siècle, M. Lemmens a pu vivre dix ans à quelques lieues de Bruxelles, dans une sorte de retraite d'où il ne sortait que pour aller faire sa classe au Conservatoire. Hôte du château de Bierbais pendant ces dix années, il s'y est livré à une étude approfondie des œuvres des maîtres allemands, en même temps qu'il s'exerçait à acquérir les qualités qui en ont fait le premier organiste de notre temps. En outre, comme compositeur pour son instrument, M. Lemmens a un style élevé, toujours religieux et tel qu'on devrait l'adopter et le propager pour l'usage des églises. Son harmonie savante et compliquée, comme il convient à un instrument dont les ressources sont si multipliées et si puissantes, n'atteint jamais les limites où finit le jugement de l'oreille et où commence le domaine de la libre fantaisie. Le plus important de ses ouvrages est son *École d'orgue basée sur le plain-chant romain*. Il y donne la preuve que, malgré le grand âge de la tonalité musicale, il reste encore bien des choses à lui faire dire, sans en altérer la langue ni la grammaire. Car cette suite de belles compositions offre une foule d'idées neuves et une harmonie disposée avec beaucoup d'art. Les morceaux les plus connus de cette collection sont le *cantabile*, la *marche triomphale*, la *fanfare* et l'*hosannah*. Son plus récent ouvrage, dont il m'a communiqué le manuscrit, est un accompagnement d'orgue des chants liturgiques traité d'après un système qui lui est personnel. J'y ai remarqué des effets harmoniques d'un grand caractère et tout à fait dignes de l'admirable mélopée qui les a inspirés.

REYER

(ERNEST)

NÉ EN 1823.

Il y a dans Horace une imprécation que l'on a coutume d'adresser aux imitateurs. Seulement il conviendrait de s'entendre sur le sens du mot *imiter*. « C'est imiter quelqu'un que de planter des choux, » disait Musset. On procède toujours d'un autre, en effet, du moment qu'on n'est pas venu le premier. Si M. Reyer, par exemple, tient de Berlioz et de Félicien David, c'est parce que, comme ces maîtres, il a essayé quelquefois de faire dire à la musique ce qu'elle ne peut ni ne doit exprimer. Il est entré à la suite de l'auteur de la *Damnation de Faust* et de l'auteur du *Désert* dans une voie qui plaît aux esprits hardis et chercheurs, mais qui conduit parfois et trop fréquemment peut-être à des impossibilités artistiques. Là s'arrête, selon moi, le rapprochement; et le reproche d'imitation, en dehors des limites où je le circonscris, serait injustement appliqué au compositeur qui a écrit la *Statue* et le *Sélam*. Si celui-ci n'est point original, qui donc le sera ?

M. Ernest Reyer est né à Marseille le 1er décembre 1823. A l'âge de six ans, il entra à l'école communale de musique dirigée par M. Barsotti et y obtint, à deux reprises, le premier prix de solfège. Grâce à d'heureuses dispositions naturelles et à une culture intelligente, il était devenu bon lecteur, quand ses parents, qui se souciaient peu d'en faire un artiste, l'envoyèrent à Alger, à l'âge de seize ans, pour y occuper une place dans les bureaux d'un oncle attaché à l'administration des finances dans notre colonie africaine. Trouvant ingrate la besogne à laquelle on l'employait, M. Reyer n'en continuait pas moins de réserver tous ses loisirs à l'étude de son art. Il jouait du piano, acquérait des notions d'harmonie, organisait des concerts et présidait à toutes les réunions de société où l'on faisait de la musique. Quelques romances de sa composition attirèrent bientôt l'attention sur lui, et plus encore une messe, qu'il fit exécuter lors de l'arrivée du duc d'Aumale à Alger.

Après la révolution de 1848, M. Reyer vint à Paris, décidé à faire sa profession de ce qui n'avait pu être pour lui jusque-là qu'une chère distraction. Sentant tout ce qui lui manquait au point de vue technique de la composition, il travailla d'abord à acquérir les connaissances qui lui faisaient défaut et fut heureux de trouver dans sa tante, Mme Louise Farrenc, un guide sûr et éclairé. Après avoir mis au jour quelques productions légères, le jeune musicien, obligé de se créer des moyens d'existence, aurait pu attendre longtemps l'occasion de se révéler au public par une œuvre importante, s'il n'eût rencontré dans Théophile Gautier des sympathies qui allaient bientôt lui être utiles. Le poëte écrivit pour le compositeur le livret d'une ode symphonique avec des airs et des chœurs, intitulée le *Sélam*. Cet ouvrage, d'un caractère oriental, conforme au sujet, fut exécuté avec succès au théâtre Italien, le 5 avril 1850. Malheureusement, le *Sélam* avait un tort : c'était de venir six ans après le *Désert* de Félicien David. La critique ne manqua pas de faire entendre que l'un procédait de l'autre. Mais M. Reyer ferma la bouche aux détracteurs qui niaient sa virtualité, en faisant jouer au théâtre Lyrique, le 20 mai 1854, *Maître Wolfram*, opéra-comique en un acte. Méry avait donné au jeune musicien un canevas très-simple, mais poétique et touchant. Le jeune organiste Wolfram apprend à ses dépens que l'amitié n'est pas de l'amour, lui qui, élevé depuis l'enfance avec Hélène et bercé de l'espoir de l'épouser, découvre au dernier moment que sa prétendue ne l'aime que comme un frère; elle a disposé de son cœur en faveur du soldat Frantz. Le pauvre amoureux se consolera de sa déception en courtisant la Muse. Pour son début dramatique, M. Reyer a eu la main heureuse. L'ouverture est pleine d'intentions, et la couleur de l'instrumentation est appropriée au sujet. Il y a beaucoup d'expression dans l'*invocation à l'harmonie* chantée par Wolfram. Ce morceau est suivi des jolis couplets d'Hélène :

> Je crois ouïr dans les bois
> Une voix :
> Le vent me parle à l'oreille;
> La fleur me dit ses secrets
> Les plus frais,
> Et le ramier me conseille.

L'air du soldat Frantz : *Maudit soit le ferrailleur*, un chœur d'étudiants, une romance chantée par Léopold et un duo développé et composé de phrases distinguées, forment une petite partition intéressante et dans laquelle la théorie musicale et le sentiment tout individuel de l'auteur se sont révélés de manière à faire concevoir pour lui un bel avenir. L'Opéra-Comique a plus tard repris *Maître Wolfram*.

Il se passa quatre ans avant que M. Reyer reparût sur la scène, ce qui montre la difficulté qu'éprouve un musicien de mérite pour arriver à faire jouer ses ouvrages. Le ballet de *Sacountala*, dont Théophile Gautier avait écrit le scenario sur un sujet indien, fut représenté à l'Opéra, le 20 juillet 1858. Des circonstances étrangères à la valeur de l'œuvre l'empêchèrent de figurer longtemps sur l'affiche : ce fut le départ pour la Russie de Mme Ferraris, qui y remplissait le rôle principal, et surtout l'incendie du magasin de l'Opéra, incendie qui anéantit les décors de *Sacountala*. Des infortunes si inattendues appelaient une réparation. L'artiste la trouva dans le succès qui accueillit la *Statue*, opéra-comique en trois actes et cinq tableaux, représenté au théâtre Lyrique, le 11 avril 1861. L'Orient, qui avait déjà inspiré M. Reyer, le servit encore heureusement cette fois. Jusqu'ici, la *Statue* a été son meilleur ouvrage. Admirateur passionné de Weber, le compositeur n'en est pas pour cela le disciple servile : il est assez riche par lui-même en idées élégantes, colorées et d'un rhythme énergique. Dans la partition qui provoque ces remarques, je rappellerai particulièrement le chœur des voisins de Kaloum-Barouch, celui des musiciens et l'air de Sélim. Dans la reprise qu'on vient de faire de cet ouvrage au théâtre de l'Opéra-Comique, M. Reyer a remplacé le dialogue par des récitatifs, parmi lesquels on distingue une sorte de mélopée extatique chantée par le ténor et traitée avec talent dans le style de la nouvelle école allemande.

Les tendances novatrices de l'école wagnérienne, tendances vers lesquelles a toujours incliné M. Reyer, sont moins sensibles qu'on ne s'y serait attendu dans son dernier ouvrage, *Érostrate*, opéra en deux actes, représenté sur le théâtre de Bade, le 21 août 1862, et à l'Opéra de Paris en 1871. Méry et Pacini, auteurs du livret, ont fondu dans l'action le souvenir de la Vénus de Milo et celui de l'incendie du temple de Diane, le jour de la naissance d'Alexandre le Grand.

Ce poëme mythologique où respire une molle langueur n'a pas peu contribué à revêtir d'une teinte voluptueuse la musique de M. Reyer. Peut-être même le compositeur n'a-t-il pas échappé à la mignardise tout en voulant être neuf et passionné. Cependant, bien que la partition d'*Érostrate* ne vaille pas celle de la *Statue*, elle offre des morceaux intéressants. Dans le premier acte, on remarque le chœur des suivantes : *Sur nos luths d'Ionie*, fort simple et d'un gracieux effet ; le duo *amoroso*, entre Athénaïs et Scopas : *Oui, nous irons à Mitylène*, auquel on peut reprocher une langueur un peu morbide, et les couplets de Scopas :

> O Vénus la blonde,
> Qui sortis de l'onde
> Pour charmer le monde
> Et sourire aux dieux.

Au deuxième acte, l'air d'Érostrate (rôle de basse) : *Le dieu Plutus à ma naissance*, a de l'originalité et de l'énergie. Le meilleur morceau de tout l'opéra est, à mon avis, le duo scénique : *La foudre a brisé ma statue*, entre Athénaïs et Scopas. L'accent dramatique y domine avec force, et la mélodie n'y fait pas défaut. Cet ouvrage a rencontré des préventions qui m'ont paru injustes. L'exécution avait été convenable. L'interprète du principal rôle, Mlle Hisson, comme actrice et comme chanteuse, avait rendu consciencieusement la pensée de l'auteur ; le public, quoique très-froid, n'avait donné aucune marque de mécontentement, et cependant le jugement de la presse eut des sévérités telles qu'*Érostrate* n'eut que deux représentations. L'auteur pourra en appeler de cette exécution sommaire, et son ouvrage pourra réussir s'il le fait représenter dans le cadre qui lui est propre, c'est-à-dire partout ailleurs qu'à l'Opéra. M. Reyer a été décoré de la Légion d'honneur et de l'Aigle rouge de Prusse.

On a encore de ce musicien plusieurs mélodies détachées et un recueil de quarante chansons anciennes dont il a écrit les accompagnements. Il a fourni des articles de critique musicale à la *Presse*, à la *Revue de Paris*, au *Courrier de Paris*, et a succédé à Joseph d'Ortigue dans la partie musicale de la rédaction du *Journal des Débats*. Il est en outre bibliothécaire de l'Opéra et membre de l'Académie des beaux-arts.

M. Reyer a écrit un opéra intitulé *Sigurd*, qui n'a pas encore été représenté ; on n'en connaît encore que l'ouverture ; le succès qu'elle a obtenu dans plusieurs concerts est d'un bon augure pour celui de la partition nouvelle de l'auteur de *la Statue*.

GEVAERT

NÉ EN 1828.

Un sentiment d'hospitalité artistique singulièrement entendu fait que nous préférons souvent la personne des étrangers à celle de nos propres compatriotes. Un nom à désinence italienne, germanique ou flamande est souvent un passe-port pour arriver dans notre pays à une facile renommée, tandis que des difficultés sans nombre sont trop fréquemment le partage des artistes nationaux durant toute leur carrière.

M. Gevaert est loin toutefois de devoir à sa seule qualité d'étranger la brillante position qu'il a occupée dans notre monde musical. Doué d'une grande mémoire, d'une instruction variée et solide, excellent musicien dans le sens le plus large du mot, M. Gevaert est un compositeur érudit.

Fétis, dans sa *Biographie des musiciens*, nous apprend que M. Gevaert est né à Huysse, village situé dans la Flandre orientale, le 31 juillet 1828.

Fils d'un boulanger et destiné à la profession paternelle, les premières leçons de musique lui furent données par le sacristain de la petite église où il chantait comme enfant de chœur. Il apprit les éléments de l'harmonie dans un vieux traité flamand que le hasard lui fit découvrir dans le grenier de la maison de son père. C'en était assez pour éveiller les facultés naissantes du futur compositeur, qui dès lors se mit à écrire, à la grande admiration de sa famille, des messes, des motets et des morceaux de piano. Ces essais, tout informes qu'ils fussent, trahissaient une véritable vocation. Le médecin de la commune la découvrit et engagea les parents à envoyer leur fils au Conservatoire de Gand. Admis dans la classe de piano de Sommère en 1841, on le vit obtenir, au bout de deux ans d'études, le premier prix. Il suivit ensuite le cours d'harmonie de Mengal et fut nommé organiste de l'église des Jésuites. Le jeune artiste étudia alors sérieusement la composition tant dans les ouvrages didactiques de Cherubini, de Fétis et de Reicha que dans les partitions de Gluck et de Mozart. La fréquentation du théâtre de Gand ne lui fut pas non plus inutile. Une cantate religieuse exécutée pour le jour de Noël, en 1846, et, l'année suivante, un prix qu'il obtint de la Société des beaux-arts de Gand pour la composition d'une cantate flamande intitulée : *Belgie*, en montrant le fruit que Gevaert avait retiré de ses études, l'encouragèrent à se présenter au concours national ouvert à Bruxelles, en 1847, pour le grand prix de composition. Non-seulement il l'emporta sur ses concurrents, mais il obtint cette même année un autre triomphe au festival du *Zangverbond*, où sa musique sur le psaume *Super flumina Babylonis* fut exécutée avec succès.

Ce fut alors qu'il écrivit pour le théâtre de Gand *Hugues de Somerghem*, grand opéra représenté le 23 mars 1848. Il fut froidement accueilli; on eut égard à la jeunesse du compositeur, alors âgé de vingt ans. L'auteur réussit mieux avec un petit opéra sans prétention, intitulé : *la Comédie à la ville*, joué à Gand en 1848 et au grand théâtre de Bruxelles en 1852.

En 1849, le jeune compositeur entreprit un voyage qui avait pour objet de perfectionner son goût et de compléter son instruction. La France, l'Espagne, l'Italie, l'Allemagne furent les pays qu'il parcourut successivement jusqu'au printemps de 1852, époque à laquelle il revit sa patrie. Un intéressant rapport sur la situation de la musique au delà des Pyrénées, et quelques pièces instrumentales inspirées d'airs nationaux espagnols, tels furent les résultats de ce séjour de quatre ans à l'étranger.

Le premier ouvrage qui fixa sur M. Gevaert l'attention du public parisien fut *Georgette ou le Moulin de Fontenoy*, opéra-bouffe en un acte dont son compatriote, Gustave Vaëz, avait écrit le livret. La représentation eut lieu au théâtre Lyrique, le 27 novembre 1853. Après une ouverture vive et allègre, on a remarqué les couplets de Georgette, le trio des prétendants : *Pour couronner un si beau feu*, écrit dans un bon style bouffe, le duo : *Le cœur me bat,* — *Le mien de même,* et un quatuor comique bien traité. Il y a dans ce petit acte une naïveté d'inspiration toute juvénile et une verve fort agréable.

Après cet ouvrage, le compositeur donna au même théâtre (7 octobre 1854) le *Billet de Marguerite,* opéra-comique en trois actes, qui eut un brillant succès. C'est son meilleur ouvrage. M*me* Deligne-Lauters, depuis M*me* Gueymard, a débuté dans cette pièce ; elle disait avec beaucoup de charme la romance : *Pauvre fille sans famille.* Les *Lavandières de Santarem,* trois actes joués au théâtre Lyrique le 28 octobre 1855, réussirent moins.

Le théâtre de l'Opéra-Comique ouvrit ses portes au musicien belge. Le 25 mars 1858, on joua *Quentin Durward,* drame lyrique en trois actes dont les paroles sont de Cormon et Michel Carré. Le roman de Walter Scott a été traité avec intelligence par M. Gevaert. Dans le premier acte, on a remarqué la chansonnette entonnée par le roi, le finale mêlé de danses, de couplets, d'une marche des archers écossais ; dans le deuxième acte, les couplets de Leslie, suivis d'un refrain à cinq voix ; dans le troisième, un quintette bien instrumenté, et un duo entre Quentin et Crèvecœur.

L'année suivante (13 mai 1859), l'auteur de *Quentin Durward* donna à l'Opéra-Comique le *Diable au moulin,* en un acte.

Le *Château Trompette,* opéra-comique en trois actes, représenté le 23 avril 1860, contient plusieurs mélodies ingénieusement traitées : dans le premier acte, un *Noël* sur M. de Richelieu avec refrain en chœur, les airs du *Carillon de Dunkerque* et de la *Boulangère* arrangés avec esprit ; dans le second acte, un joli quintette et une chanson de table au refrain malicieux : *Quand ils sont vieux, les loups ne mordent guère;* dans le troisième acte, les couplets de Champagne : *Bonjour, Fanchon, bonjour, Suzette.*

M. Gevaert a encore écrit, pour l'Opéra-Comique, le *Capitaine Henriot,* trois actes représentés au mois de décembre 1864. Le livret, commencé par Vaëz, fut achevé par M. Victorien Sardou. Une aventure de Henri IV en fait le sujet. Le compositeur a déployé, dans la partition de cet ouvrage, toutes les ressources de sa science musicale. Les chœurs surtout ont paru bien faits ; mais les succès d'estime ne durent guère au théâtre, et les directeurs s'y montrent aussi peu sensibles que le public. Malgré de nombreuses tentatives faites dans les conditions les plus favorisées, M. Gevaert a paru reconnaître que là n'était pas sa voie.

M. Gevaert a été décoré de l'ordre de Léopold à l'occasion d'une cantate flamande, *De Nationale Ver jaerdag,* qu'il a composée pour le vingt-cinquième anniversaire du couronnement de Léopold I*er* (juillet 1857). On lui doit, outre les ouvrages précités, une *Méthode pour l'enseignement du plain-chant et la manière de l'exécuter sur l'orgue* (Gand, 1856) ; un *Traité* *de l'instrumentation* et quelques opuscules sur diverses questions d'archéologie musicale. Il est auteur d'un certain nombre de chœurs à l'usage des orphéons et d'une collection d'airs italiens tirés d'ouvrages de compositeurs des dix-septième et dix-huitième siècles. M. Gevaert a été nommé directeur de la musique à l'Opéra de Paris (1867), et il en exerça les fonctions jusqu'à l'année de la guerre (août 1870).

A la mort de Fétis, le gouvernement belge l'a appelé à recueillir la succession de ce savant, comme directeur du Conservatoire de Bruxelles (1871). Il ne pouvait faire un meilleur choix, puisque cet établissement retrouve en M. Gevaert le savoir, l'expérience et l'habileté de son prédécesseur.

ÉPILOGUE

En respirant des fleurs, on ne pense pas à la main qui les a semées, arrosées, et qui a contribué à leur développement.

D'excellents maîtres auraient dû trouver place dans ce livre. Pour ne parler que des contemporains nationaux, ce n'est que justice de citer les noms de MM. Benoist, Barbereau, Savart, Moncouteau. Grâce à ces professeurs dévoués, zélés et d'une profonde instruction musicale, l'École française a brillé d'un vif éclat. Plusieurs de leurs élèves ont rempli le monde de leur renommée. D'autres figurent à divers titres parmi ses représentants.

Parmi ces maîtres, j'aurais aimé à placer Duprez, ce grand artiste dont la vie entière a été un modèle de dévouement aux devoirs de l'enseignement. Il a été le créateur d'une école de chant vraiment française par la pureté et l'intelligence de la diction, par l'expression vraie du sens musical et par l'interprétation aussi forte que fidèle des œuvres du répertoire lyrique.

Des noms de nationalité diverse se présentent en foule à mon esprit, noms de virtuoses ou de professeurs de premier mérite : Baillot, de Bériot, Alard, Vieuxtemps, Sivori, Franchomme, Batta, Tulou, Dorus, Czerny, Moschelès, Kalkbrenner, Zimmermann, Ferdinand Ries, Henri Bertini, Henri Herz, Doehler, Lecouppey, Marmontel, Ravina, de Kontski, etc.

Si je voulais citer les musiciens qui ont fixé l'attention publique sur leurs ouvrages et ceux qui luttent actuellement avec plus ou moins de succès, la liste serait trop longue. Je me bornerai à rappeler ici parmi les étrangers les noms de Petrella, de Pedrotti, de Gomès, de Rubinstein, de Brahms, de Raff, d'Iradier; et, parmi nos nationaux, ceux de MM. Massenet, Bizet, Joncières, Duprato, Poise, Eugène Ortolan, Gastinel, Hector Salomon, Adrien Boieldieu, Membrée, Mermet, Semet, Jonas, Deffès, Nibelle, Vogel, Delibes, Salvayre, Saint-Saens, Jules Cohen, Vaucorbeil, Dancla, Ad. Blanc, Ch. Poisot, Diaz, Paladilhe, de Lajarte, Edmond d'Ingrande, Guiraud, Populus, Magner, Boissière, E. Boulanger, etc.

Je ne parle pas, et à dessein, de ces amuseurs qui compromettent l'art musical et amèneront sa ruine si le public ne réagit point contre ses propres instincts. Il est vrai que plusieurs d'entre eux sont devenus célèbres. Qui ne connaît, par exemple, le nom de M. Hervé (pseudonyme de Florimond Ronger)? Il m'a suffi de choisir, pour représenter cette catégorie de musiciens, le protagoniste, M. Offenbach; malgré la popularité dont ils jouissent, il y aurait vraiment trop de naïveté de ma part à les ranger parmi les desservants du temple de l'Art. Ils en sont plutôt les Erostrates. Ce n'est pas que plusieurs ne soient capables, par leur talent, leur habileté dans l'art d'écrire, d'atteindre à un rang supérieur; de ce nombre, on peut citer MM. Charles Lecocq, Litolff, Strauss, Serpette.

Quand on refera mon livre, plusieurs des noms que j'ai cités auront conquis la gloire. D'autres auront triomphé de l'obscurité; de nouveaux chefs-d'œuvre seront venus s'ajouter aux pages des maîtres immortels dont je me suis efforcé d'honorer la mémoire.

Je regrette que le défaut de place ne m'ait pas permis d'entretenir mes lecteurs des travaux de savants théoriciens tels que MM. Vincent, Danjou, d'Ortigue, de Coussemaker, et de donner autre chose qu'une mention aux œuvres d'amateurs distingués parmi lesquels l'opinion publique a déjà rangé Mme la baronne de Maistre, Mme la comtesse de Grandval, le duc Ernest de Saxe-Cobourg-Gotha, le duc de Massa, le comte Théobald Walsh, le marquis Jules d'Aoust, le marquis d'Ivry.

BIBLIOGRAPHIE DES MUSICIENS CÉLÈBRES

La suite d'études et de portraits qui forme cet ouvrage a offert à mes lecteurs une histoire abrégée de l'art musical pendant trois siècles. Ceux d'entre eux qui auraient le désir d'étudier d'une manière plus approfondie certaines figures de prédilection me sauront gré de faciliter leurs recherches en leur indiquant des livres, des mémoires, des panégyriques, en un mot des documents intéressants et utiles à consulter.

En première ligne, je signalerai à leur attention la Biographie générale des Musiciens, par Fétis, les ouvrages anglais de Hawkins et de Burney sur l'histoire de la musique, l'Essai sur la musique de Laborde, le Dictionnaire des musiciens de Choron et Fayolle, les Mémoires sur les compositeurs du royaume de Naples par le marquis de Villarosa, les études de M. Joaquim de Vasconcellos sur les Musiciens portugais, les bibliographies musicales que j'ai rédigées dans mon *Histoire générale de la musique religieuse*, et enfin mon *Dictionnaire lyrique* ou *Histoire des opéras* qui contient l'analyse critique et la nomenclature de tous les opéras et opéras-comiques représentés en France et à l'étranger depuis l'origine de ce genre d'ouvrages jusqu'à nos jours.

Voici en outre une bibliographie spéciale qui représente un travail neuf et considérable dont j'ai voulu faire profiter ceux qui seront tentés de défricher, avec moi et après moi, ce champ si vaste de l'histoire de la musique.

ADAM (Adolphe).

Halévy. — Institut national de France, Funérailles de M. Adolphe Adam. Discours, 5 mai 1856. — *Paris*, in-4°.
Tournaillon (H.). — Sur Adolphe Adam. — *Orléans*, 1857, in-8°.
Halévy. — Institut national de France. Notice sur la vie et les ouvrages de M. Adolphe Adam. — *Paris*, 1859, gr. in-8°.
Adam (Adolphe). — Souvenirs d'un musicien. — *Paris*, 1857, in-12. — Autobiographie publiée par les soins de Mme Adolphe Adam, 1860.

AUBER.

Mirecourt (Eugène de). — Auber, *Paris*, 1854-1858, in-32. — Auber, Offenbach. *Paris*, 1867, in-18.
Jouvin (B). — D. E. F. Auber, sa vie et ses œuvres. — *Paris*, 1864.

BACH (Séb.).

Forkel (J. N.). — Über J. S. Bach's Leben, Kunst und Kunstwerke. — *Leipz.*, 1802, in-4°. — Trad. en angl. — *Lond.*
Grosser (J. E.). Lebensbeschreibung des Kapellmeisters J. S. Bach. — *Bresl.* 1829, in-8°. — Ibid., 1834, in-8°.
Mosewius (J. T.). — J. S. Bach in seinen Kirchencantaten und choralgesängen. — *Berl.*, 1845, in-8°.
Hilgenfeldt (C. L.). — J. S. Bach's Leben, Wirken und Werke; Beitrag zur Kunstgeschichte des achtzehnten Jahrhunderts. — *Leipz.*, 1850, in-4°.
Schauer (J. C.). — J. S. Bach's Lebensbild. Denkschrift auf seinen hundertjährigen Todestag, 28 Juli,... — *Jena*, 1850, in-8°.
Zur Erinnerungsfoier an J. S. Bach's Todestag (28 Juli, 1850. *Jena*, 1850, in-8°.

BALFE.

The imperial Dictionary of universal Biography. — *London*.

BAZIN.

Poisot (Charles). (Extrait de l'*Union musicale.*) Biographie des professeurs de musique, F. Bazin. *Paris*, (s. d.), in-8°.

BEETHOVEN.

KANNE (F. A.). — L. van Beethoven's Tod,... — *Wien*, 1827, in-8°.
SCHLOSSER (J. A.). — L. van Beethoven; Biographie desselben, verbunden mit Urtheilen über seine Werke,... — *Prag*, 1828, in-8°.
WEGELER (F. G.). Und RIES (F.). — Biographische Notizen über L. van Beethoven. — *Coblenz*, 1838, in-8°.
ANDERS (G. E.). — Détails biographiques sur Beethoven, d'après Wegeler et Ries. *Paris*, 1839, in-8°.
Beethoven in Paris. — *Münst.*, 1842, in-8°.
Notice sur L. van Beethoven. — *Par.*, 1843, in-4°.
Erinnerung an L. van Beethoven und Feier Enthüllung seines Denkmals zu Bonn am 10. 11. und 12. August 1845... — *Bonn*, 1845, in-8°.
MUELLER (W.). — Beethoven; Festgabe bei der Inauguration seines Denkmals. — *Bonn*, 1845, in-8°.
LENZ (W. de). — Beethoven et ses trois styles. — *Saint-Pétersbourg*, 1852-53, 3 vol. in-8°.
Verzeichniss der säummtlichen Werke und der davon bekannten arrangements L. v. Beethovens. — *Hamb.*, 1843, in-8°.
SCHINDLER (A.). Biographie von L. van Beethoven... — *Münster*, 1840, in-8°.
Trad. en anglais, par J. Moscheles. — *Lond.*, 1841, 2 vol. in-8°.
Traduite en français par M. Albert Sowinski, in-8, orné d'un portrait gravé sur bois, 1865.
POMPÉRY (Ed. de). — Beethoven, sa vie, son caractère, sa musique. — *Paris*, 1865, in-12.
MICHEL (Em.). — Sur le Beethoven de M. A. de Lemud (Extrait des *Mém. de l'Acad. impériale de Metz.*) Metz, 1865, in-8°.
WILDER (Victor). La Jeunesse de Beethoven. — *Le Ménestrel. Paris*, 1877.

BELLINI.

GERARDI (F.). — Biografia di V. Bellini — *Rom.*, 1835, in-8°.
VENTIMIGLIA (D.). — Biographia di V. Bellini — *Messin.*, 1835, in-32.
FARINA (G. LA). — Elogio del cav. V. Bellini. — *Messin.*, 1835, in-16.
Onori alla memoria di V. Bellini. — *Messin.*, 1835, in-8°.
STAGNO (L.). — Elogio in morte di V. Bellini. — *Messin.*, 1835, in-12.
GEMELLI (C.). — Elogio in morte di V. Bellini. — *Messin.*, 1836, in-8°.
BRIGANDI (P.-G.). Elogio funebre in morte del cav. V. Bellini. — *Messin.*, 1836, in-4°.
CAPELLI (E.). In morte di V. Bellini. — *Napol.*, 1836, in-12.
POUGIN (Arthur). — Bellini, sa vie, ses œuvres. Paris, 1868, in-12.

BERLIOZ.

MIRECOURT (E. de). — Berlioz. — *Paris*, 1856, in-32.
BERLIOZ (Hector). — Les soirées de l'orchestre. — *Paris*, 1854, in-12.
Mémoires autobiographiques publiés dans le *Monde illustré*, 1858 et 1859.
MATHIEU DE MONTER (Em.). — Hector Berlioz. *Gazette musicale*, 1869-1870.
GRIEPENKERL (W. R.). — Ritter Berlioz in Braunschweig; zur Characteristik dieses Tondichters. — *Braunschw.*, 1843, in-8°.

BERTON.

BLANCHARD (H.). — Biographies des compositeurs contemporains. Berton. — *Paris*, 1840, in-4°, pièce.
SMITH (P.). Histoire d'un chef-d'œuvre (*Montano et Stéphanie*). — *Paris*, 1841, in-8°, pièce.

BOIELDIEU.

RÉFUVEILLE (J. A.). — Boieldieu, sa vie et ses œuvres, — *Rouen*, 1851, in-8°.
GARNIER. — Institut royal de France. Funérailles de M. Boieldieu. Discours. — *Paris*, 1834, in-4°.
WASH (J. A.). — Procès-verbal de la cérémonie funèbre en l'honneur de Boieldieu, qui a eu lieu le 13 octobre 1834, à Rouen. — *Rouen*, 1835, in-8°.
HÉQUET. (G.). — Boieldieu, sa vie, ses œuvres. — *Paris*, 1865, in-8°.

CATEL.

BERTON. — Institut de France... Funérailles de M. Catel. Discours. — *Paris*, 1830, in-4°.

CHERUBINI.

MIEL. (E. F. A.). — Notice sur la vie et les ouvrages de Cherubini. — *Par.*, 1842, in-8°.
PLACE (C.). Essai sur la composition musicale. Biographie et analyse phrénologique de Cherubini. — *Paris*, 1842, in-8°.
PICCHIANSI (L.). — Notizie sulla vita e sulle opere di L. Cherubini. — *Milan.*, 1843, in-8°.
ARNOLD (J. F.) — L. Cherubini's kurze Biographie und ästhetische Darstellung seiner Werke. — *Erfurt*, 1809, in-8°.
DENNE-BARON. — L. Cherubini. *Paris*, 1860 — Cherubini, sa vie, ses œuvres, leur influence sur l'art, *Paris*, 1862, in-12.
Cherubini. Œuvres posthumes, tirées du répertoire de l'ancienne Chapelle royale, publiées pour la première fois par le fils de l'auteur M. Salvador Cherubini, avec le concours de MM. Ed. Rodrigues et Vaucorbeil, *Paris*, 1866.

CHOPIN.

Frédéric Chopin; par L. Énault. — *Paris*, 1856, in-16.
Chopin; essai de critique musicale, par H. Barbedette. — *Paris*, 1861, in-8°.
Liszt (F.). — F. Chopin. — *Paris*, 1852, in-8°

CHORON.

La Fage (A. de). — Éloge de Choron... *Paris*, 1843, in-8°.
Daniel (l'abbé). — Académie... de Caen... Rapport sur le concours ouvert pour l'éloge de Choron. — *Caen*, 1845, in-8°.
Gautier (L. E.) — Éloge de A. Choron. *Paris*, 1845, in-8°.
Laurentie. — Notice sur Choron et son école... — *Paris*, 1858, in-8°.

CIMAROSA.

Arnold (J.F.). — D. Cimarosa's kurze Biographie und ästhetische Darstellung seiner Werke. — *Erfurt*, 1809, in-8°.

DALAYRAC.

Fourgeaud (A.). Les violons de Dalayrac. — *Paris*, 1856, in-8°.
Pixérécourt (R. C. Guilbert de). — Vie de Dalayrac... — *Paris*, 1810, in-12.

DAVID (FÉLICIEN).

Mirecourt (E. de). — Félicien David. — *Paris*, 1854-1858, in-32
Félicien David. — *Bordeaux*, 1845, in-8°.
Félicien David. Le Désert... Biographie, par l'auteur de « Taglioni à Lyon. » — *Lyon* (s. d.), in-8°.
David (Félicien). — Lyon, le 22 février 1833. — *Lyon*, in-4°.
Azevedo (A.) Félicien David, sa vie et ses œuvres. — *Paris*, 1864.

DEZÈDE.

Pougin (Arthur). — Musiciens français du XVIII° siècle. Dezèdes. — *Le Ménestrel. Paris*, 1862.

GLUCK.

Riedel (F.-J.). Ueber die Musik des Ritters C.-V. Gluck... — *Wien*, 765, in-8°.
Leblond (G.-Michel, dit). — Mém. pour servir à l'hist. de la révolution opérée dans la musique par M. le chevalier Gluck. *Naples et Paris*, 1781, in-8°.
Siegmeyer (J. G.). Über den Ritter Gluck und seine Werke. — *Ber.*, 1828, in-8°.
Miel (E.-P.-A.). — Notice sur C. Gluck. — *Paris*, 1840, 8°.
Solié. — Études biographiques, anecdotiques et esthétiques sur les compositeurs qui ont illustré la scène française. Gluck. — *Ancenis*, 1853, in-12.
Schmid. — Vie de Gluck. *Vienne*, in-8°.
Desnoiresterres. — Gluck et son époque, *Paris*, 1871, in-8°.

GOSSEC.

Hédouin (P.). — Gossec, sa vie et ses ouvrages. — *Valenciennes*, 1852, in-12.
Recueil des chants consacrés aux époques de la Révolution française et dans les fêtes républicaines. 1 vol. in-4°. — Un exemplaire, avec notes manuscrites, a été consumé dans l'incendie de la bibliothèque du Louvre, en 1871.

GRÉTRY.

Méhul. — Institut impérial de France. Funérailles de M. Grétry, le 27 septembre 1813. — *Paris* (s. d.), in-4°.
Le Breton (J.). Notice historique sur la vie de A. E. Grétry... — *Paris* (s. d.), in-4°
Bouilly. — Grétry en famille, ou Anecdotes littéraires et musicales relatives à ce compositeur... — *Paris*, 1814, in-12.
Gerlache (de). — Essai sur Grétry... (s. l. n. d.), in-8°.
Remise solennelle du cœur de Grétry à la ville de Liége, notice historique du procès que cette ville a soutenu pour en obtenir la restitution... suivie des pièces justificatives. — *Liége*, 1829, in-8°.
Van Hulst (F.). — Grétry. — *Liége*, 1842, in-8°.
Lardin (J.). — Inauguration de la statue de Grétry... — *Paris*, 1860, in-8°.
Polain (M.-L.). — A toutes les gloires de l'ancien pays de Liége. Inauguration de la statue de Grétry, 18 juillet 1842. — *Liége*, 1842, in-8°.
Henaux (E.). La Statue de Grétry. — *Liége*, 1842, in-8°.

HAENDEL.

Mainwaring (J.). — Memoirs of the life of the late G. F. Handel, to which is added a catalogue of his works... — *London*, 1760, in-8°.
Mattheson (J.). — G. F. Hændel's Lebensbeschreibung, nebst einem Verzeichnisse seiner Ausübungswerke... — *Hamb.*, 1761, in-8°.
Reichardt (J. F.). — G.-F. Hændel's Jugend. — *Berl.*, 1785, in-8°.
Burney. (C. J.). — Life of G. F. Hændel. — *Lond.*, 1784, in-8°.
Le même. — Trad. en allemand par J.-J. Eschenburg. — *Berl. et Stett.*, 1785, in-4°.
Coxe (W.). — Anecdotes of G.-F. Hændel and J.-C. Smith. — *Lond.*, 1799, in-4°.
Weissbeck (J. M.) — Der grosse Musikus G.-F. Hændel im Universalruhme. — *Nurnb.*, 1805, in-4°.
Fœrstemann (C. E.). — G. F. Hændel's Stammbaum... *Leipz.*, 1844, in-fol.

HALÉVY.

Couder. — Institut impérial de France... Funérailles de M. F. Halévy. Discours... — *Paris* (s. d.), in-4°.

(Suivi des discours de MM. A. Thomas et Taylor).

BEULÉ. — Institut impérial de France. Notice sur la vie et les ouvrages de M. F. Halévy. — *Paris*, 1862, gr. in-8°.

HALÉVY (Léon). — F. Halévy. Sa vie et ses œuvres. — Récits et impressions personnelles. Simples souvenirs... — *Paris*, 1862, in-8°. — 2e édition, *Paris*, 1863, gr. in-8°.

CATELIN. — F. Halévy. — Notice biographique. — *Paris*, 1863. gr. in-8°.

MONNAIS (E.). — F. Halévy. Souvenirs d'un ami, pour joindre à ceux d'un frère. — *Paris*, 1863, in-8°.

NIEUWERKERKE (de). — Discours prononcé à l'inauguration du monument d'Halévy. — *Paris*, 1864, in-8°.

PAULY (A.). — Halévy — Revue artistique et littéraire. 1862.

POUGIN (Arthur). — F. Halévy, écrivain. — *Paris*, 1865, in-8°.

EBERS (J. J. H.). Spohr und Halévy und die neueste Kirchen-und Opern-Musik. — *Bresl.*, 1837, in-8°.

HAYDN.

MAYER (J. S.). — Brevi notizie istoriche della vita e delle opere di G. Haydn. — *Bergam.*, 1809, in-8°.

DIES (A. C.). — J. Haydn's Biographie, nach mündlichen Erzählungen desselben entworfen und herautgegeben. — *Wein*, 1810, in 8°.

GRIESINGER (G. A.). — Biographische Notizen über J. Haydn. — *Leipz.*, 1810, in-8°.

ARNOLD (J. F.). — J. Haydn ; kurze Biographie und ästhetische Darstellung seiner Werke, etc. — *Erfurt*, 1810, in-8°.

FRAMERY (N. E.). — Notice sur J. Haydn, contenant quelques particularités de sa vie privée... — *Paris*, 1810, in-8°.

LEBRETON (J.). — Notice historique sur la vie et les ouvrages de J. Haydn. — *Paris*, 1810, in-4°.

KINKER (J.). — Ter nagedachtenis van J. Haydn. — *Amst.*, 1810. 8°.

CARPANI (G.). — Le Haydine, ovvero Lettere su la vita e le opere del celebre maestro G. Haydn. — *Milan*, 1812, in-8°. — Trad. en franc. par D... Monde. — *Par.*, 1838, in-8°.

GAMBARA (C. A.). — Haydn coronato in Elicona, poemetto. — *Bresc.*, 1819, in-8°.

Essai historique sur la vie de J. Haydn... — *Strasbourg*, 1812, in-8°.

BEYLE (L. A. C.). — Vies de Haydn, W. A. Mozart et P. Métastase. — *Paris*, 1817, in-8°.

GROSSER (J. E.). Biographische Notizen über J. Haydn ; nebst einer kleinen Sammlung interessanter Anecdotem. — *Hirschb*, 1826, in-8°.

SCHMID (A.). — Joseph Haydn und N. Zingarelli. — *Wien*, 1847, in-8°.

HÉROLD.

JOUVIN (M. B.). — Hérold, sa vie et ses œuvres. — *Paris*, 1867.

LESUEUR.

DUCANCEL (C. P.). Mémoire pour J. F. Lesueur, en réponse à la partie d'un prétendu recueil de pièces imprimé soi-disant au nom du Conservatoire, et aux calomnies dirigées contre le citoyen Lesueur, par le citoyen Sarrette. — *Paris*, an XI, in-8°.

GARNIER. — Institut royal de France. Funérailles de M. le chevalier Lesueur. Discours... *Paris* (s. d.), in-4° (Suivi du discours de Berton.)

Notice sur Lesueur... (Signée : C. V.) — *Paris* (s. d.), in-8°.

LA MADELAINE (S.). Publications de « La Renommée. » — Biographie de J.F. Lesueur... — *Paris*, 1841, in-8°.

Notice biographique sur la vie et les travaux de Lesueur, publiée dans le tome I des « *Notabilités contemporaines*. » — *Paris*, 1844, gr. in-8°.

LISZT.

KOSSARSKI (J.). F. Liszt; Skizze. — *Berl.* 1842, in-8°.

RELLSTAB L.). — F. Liszt ; Beurtheilungen, Berichte, Lebenskizze. — *Berl.*, 1842, in-8°.

CHRISTERN (C. W.). — F. Liszt, nach seinem Leben und Wirken. — *Hamb.* (s. d.), in-12.

Notice biographique sur F. Liszt. — *Par.*, 1843, in-8°.

SCHILLING (G). — F. Liszt; sein Leben und Wirken aus nachster Beschauung dargestellt. — *Stutt.*, 1844, in-8°.

KEMPE (F.). — F. Liszt. — Richard Wagner. Aphoristische Memoiren und biographische Rhapsodien. — *Eisleben*, 1852, in-8°.

LULLY.

SENECÉ (de). — Lettre de Clément Marot à M. de *** touchant ce qui s'est passé à l'arrivée de Jean-Baptiste Lulli aux Champs-Élysées. *Cologne*, 1688, in-12. — Réimprimé à Lyon, 1825, in-8° de 59 p. Pamphlet calomnieux.

DEBERLE (A.). — Le Musicien du roi. — *Dijon*. 1861, in-18.

LE PRÉVOST D'EXMÈS (F.). — Lulli, musicien. — (S. l. n. d.), in-8°.

MARCELLO.

FONTANA (F. J.) — Vita di B. Marcello... con l'aggiunta delle riposte dalle cen-

sure del siguor Savero Mattei... — *Venez.*, 1788, in-8°.
CAFFI (F.). — Della vita e del comporre di B. Marcello.. — *Venez.*, 1830, in-8°.
CREVEL DE CHARLEMAGNE (N.). — Sommaire de la vie et des ouvrages de B. Marcello. — *Paris*, 1841, 8°.

MÉHUL.

QUATREMÈRE DE QUINCY (A. C.). — Notice historique sur la vie et les ouvrages de M. Méhul. — (s. l.) 1819, in-4°.
Le même. — Institut royal de France. Funérailles de M. Méhul, le 20 octobre 1817... Discours. — *Paris* (s. d), in-4°.
Nécrologie. Notice sur M. Méhul (Signé : (A. V. A.). — (s. l. n. d.) in-8°.
VIEILLARD (P.-A.). — Souvenirs du théâtre. Méhul, sa vie et ses œuvres... — *Paris*, 1859, in-12.

MENDELSSOHN.

MAGNIEN (W.). — Étude biographique sur Mendelssohn-Bartholdy. — *Beauv.*, 1850, in -8.
LAMPADIUS (W. A.). — F. Mendelssohn-Bartholdy. Denkmal für seine Freunde. — *Leipz.*, 1848, in-8°.
BENEDICT (J.). — Sketch of the Life and Works of the late F. Mendelsshon-Bartholdy. — *Lond.*, 1850, in-8°.
NEUMANN (W.). — F. Mendelssohn-Bartholdy; eine Biographie. — *Cassel*, 1854. in-16.
BARBEDETTE (H.) — Mendelssohn, sa vie et ses œuvres. — *Paris*, 1867.

MEYERBEER.

MIRECOURT (E. de). — Les contemporains, Meyerbeer, 6° éd. — *Paris*, 1858, in-32.
LOMÉNIE (L. de). — M. Meyerbeer, par un homme de rien. — *Paris*, 1841.
Notice biographique sur la vie et les travaux de M. Meyerbeer. — *Par.*, 1846, in-8°
PAWLOWSKI. — Notice biographique sur G. Meyerbeer. — *Paris*, 1849, in-8° (Extrait de l'*Europe théâtrale*)
LYSER (J. P.). — G. Meyerbeer und Jenny Lind. Fragmente aus dem Tagebuche eines alten Musikers. — *Wien*, 1847, in-8°.
BLAZE DE BURY. — Meyerbeer et son temps. — *Paris*. 1865, in-12. Meyerbeer, *Paris*, gr. in-8° avec portrait et autographes, 1866.
BEULÉ. — Éloge de Meyerbeer, 1865, in-8°.
JOURDAN DE SEULE. — Meyerbeer, poëme. — *Arras*, 1866, in-8°.
FROMENT (Rustique). — Meyerbeer et son œuvre, lettre d'un paysan à propos de l'*Africaine*. — *Paris*, 1867, in-8°.

MONPOU.

D... (A...). — H. Monpou. — (s. n, d.) *Paris*, 4°.

MONSIGNY.

QUATREMÈRE DE QUINCY (A. C.). — Éloge de Monsigny. — *Paris*, 1818, in-4°.
ALEXANDRE. — Éloge historique de P. A. Monsigny. — *Arras*, 1819, in-8°.
HÉDOUIN (P.). — Notice historique sur P. A. Monsigny. — *Par.*, 1821, in-8°.

MOZART.

Mozart's Leben. — *Gratz*, 1794, in-8°.
Mozart's Biographie in musikalischer Hinsicht. — *Prag*, 1797, in-8°.
SCHLICHTEGROLL. — Vie de Mozart.
NIEMETSCHEK (F X.). — Leben des Kapellmeisters W. Mozart. — *Prag*, 1798, in-4°. — *Leipz.*, 1808, in-8°.
WINCKLER (T. F.)]. — Notice biographique sur J. C. W. Mozart. — *Paris*, an X, in-8°.
SIEBIGKE (C. A. L.) — Kurze Darstellung des Lebens und des manier Mozart's. — *Bresl.*, 1801, in-8°.
KRAMER (C. F.). — Anecdotes sur W. A. Mozart. — *Paris*, 1801, in-8°.
ARNOLD (J. F.)]. — Mozart's Geist, seine kurze Biographie nebst ästhetischer Darstellung seiner Werke. — *Erfurt*, 1803, in-8°.
LICHTENTHAL (P.). — Cenni biographici intorno W. Mozart. — *Milan*, 1814, in-8°.
SCHIZZI (F.). — Elogio storico di Mozart. — *Cremon.*, 1817, in-8°.
SCHLOSSER (J. A.). — W. A. Mozart... — *Prag*, 1828, in-8°.
Anhang zu Mozart's Biographie. — *Leipz.*, 1828, in-8°.
NISSEN (G. N. V.). — Biographie W. Mozart's... — *Leipz.*, 1828, in-8°.
GROSSER (J.-E.). — Lebensbeschreibung des k. k. Kapellmeisters W. A. Mozart. — *Bresl.*, 1828, in-8°.
Biographische Skizze von W. A. Mozart. — *Salz*, 1837, in-12
HOLMES (E.). — Life of Mozart. — *Lond.*, 1845, 2 vol. in-8°.
HOCHE (E.). — Mozart; étude poétique. — *Paris*, 1853, in-8°,
OULIBICHEFF (A.). — Nouvelle Biographie de Mozart. — *Moscou*, 1843, 3 vol. in-8°.
BEYLE (L. A. C.). — Vies de Haydn, Mozart et Métastase. — *Paris.*, 1817, in-8°.
MOZART. — Vie d'un artiste chrétien au dix-huitième siècle, extraite de la correspondance authentique, traduite et publiée pour la première fois en français par l'abbé I. Goschler. *Paris*, 1857.
Mozart, d'après de nouveaux documents. — *Paris*, 1866, in-8 .
GERVAIS (E.). — Mozart, ou la jeunesse d'un grand artiste, *Tours*, 1866, in-12.
MOZART (W. A.). — Von Otto Jahn. *Leipzig*, 1856-1859, 4 vol.
LUDWIG NOHL. — Mozart's Briefe. — *Salzbourg*, 1865.

Revue des Deux-Mondes, 15 mars 1865. — H. Blaze de Bury, Mozart et la Flûte enchantée.

ARNOLD (J.-F.). — W. A. Mozart und J. Haydn. — Versuch einer Parallele. — *Erfurt*, 18 0, in-8°.

MIELICHHOFER (L.). — Das Mozart Denkmalzu Salzburg und dessen Enthüllungsfeier im. Sept. 1842. — Denkchrift. — *Salz*,, 1843, in-8°.

WEBER (G.). — Ergebnisse der bisheringen Forschungen über die Echteit des Mozart'schen Requiem. — *Mainz*, 1826, in-8°.

STADLER (M.). — Vertheidigung der Echtheit des Mozart'schen Requiem. — *Wien*, 1827, in-8°.

DER SELBIGE. — Nachtrag zur Werthedigung der Echtheit des Mozart'schen Requiem. — *Wien*, 1827, in-8°.

NIEDERMEYER.

NIEDERMEYER (A). — Louis Niedermeyer, son œuvre et son école. — *Paris*, 1866, in-18.

ONSLOW.

MURAT (le comte de). — Académie de Clermont-Ferrand... Lecture... Notice sur Georges Onslow. — *Clermont*, 1853, in-8°.

HALÉVY (F.). Institut impérial de France. — Notice historique sur la vie et les travaux de M. Georges Onslow. — *Paris*, 1855, gr. in-8°.

PAER.

CARAFA DE COLOBRANO. — Institut royal de France. Funérailles de M. Paër. Discours. — *Paris*, 1839, in-4° pièce. (Suivi du discours de Berton.)

PAISIELLO.

ARNOLD (J. F.). — G. Paisiello, seine kurze Biographie und ästhetische Darstellung seiner Werke. — *Erfurt*, 1810, in-8°.

GAGLIARDO (G. B.). — Onori funebri renduti alla memoria di G. Paisiello. — *Napol.*, 1816, in-4°.

LESUEUR (J. F.). — Notice sur G. Paisiello. — *Paris*, 1816, in-8°.

SCHIZZI (F.). — Raggionamento della vita e degli studii di G. Paisiello. — *Milan*, 1833, in-8°.

PALESTRINA.

WINTERFELD (C. G. A. V.). — J. Pierluigi von Palestrina; seine Werke und deren Bedeutung für die Geschichte der Tonkunst. — *Brésl.*, 1832, in-8°.

BAINI. — Memorie storico-critiche della vita e delle opere di G. Pierluigi da Palestrina... — *Rom.*, 1828, 2 vol. in-4°.

PERGOLÈSE.

VILLAROSA (Marchese di). — Lettera biografica intorno alla patria ed alla vita di G. B. Pergolesi... — *Napol.*, 1831, in-8°.

BLASIS (C.). — Biografia di Pergolese. — *Milan* (s. d.), in-8°.

PHILIDOR.

LARDIN (J.). — Philidor peint par lui-même. — *Paris*, 1847, in-8°.

PICCINNI.

GINGUENÉ (P. L.). — Notice sur la vie et les ouvrages de N. Piccinni. — *Paris*, 1801, in-8°.

RAMEAU.

CHABANON (M. P. G. de). — Éloge historique de Rameau. — *Paris*, 1764, in-12.

MARET (H.). — Éloge historique de M. Rameau. — *Paris*, 1766, in-8°.

(SOLIÉ.) — Études biographiques, anecdotiques et esthétiques sur les compositeurs qui ont illustré la scène française. Rameau. — *Ancenis*, 1853, in-8°.

La Raméide (par J. F. Rameau, 1766).

DENNE-BARON (Dieudonné). — Rameau (J. P.). — *Paris*, 1862, in-8°.

POISOT (C.). — Notice biographique sur J. P. Rameau. — *Dijon*, 1864, in-32.

RICCI.

VILLARS (F. de). — Notices sur Luigi et Federico Ricci. — *Paris*, in-12, 1865.

RINK.

FŒLSING (J.). — Züge aus dem Leben und Wirken des Dr. C. H. Rink, gewesenen Cantors, Hoforganisten und Kammermusicus zu Darmstadt. — *Erfurt*. 1848, in-8°.

ROSSINI.

MIRECOURT (E. de). — Les Contemporains. Rossini. — 5° éd., 1858, *Paris*, in-32.

Rossini e la sua musica. — *Milan*, 1824, in-8°.

BEYLE (L. A. C.). — Vie de Rossini. — *Par.*, 1823, 2 vol. in-8°. — *Ibid.*, 1854, in-8°.

MUSUMECI (L.). — Parallelo tra i maestri Rossini e Bellini. — *Palerm.*, 1834, in-8°.

SAN-IACINTO (M. di). — Osservazioni sul merito musicale dei maestri Bellini e Rossini... — *Palerm.*, 1834, in-8°. — Trad. en franç. Rossini et Bellini, etc., par M. de Ferrer. — *Par.*, 1836, in-8°.

BETTONI (N.). — Rossini et sa musique. — *Par.*, 1836, in-8°.

AZEVEDO (Alexis). — Rossini, sa vie et ses œuvres. *Paris*, 1865, in-8°.

Vie de G. Rossini... — *Anvers*, 1839, in-12.

LOMÉNIE (L. de). — M. Rossini, par un homme de rien. — *Par.*, 1842. in-12.

ŒTTINGER (E. M.). — Rossini. — *Leipz.*, 1845, in-12. — *Ibid.*, 1848, 2 vol. in-8°.

SACCHINI.

FRAMERY (N. E.). — Éloge historique de Sacchini. — *Par.*, 1787, in-8°.

SALIERI.

MOSEL (J. F. S.). — Uber das Leben und die Werke des A. Salieri. — *Wien*, 1827, in-8°.

SCHUBERT.

BARBEDETTE (H.) — Fr. Schubert, sa vie et ses œuvres. — *Paris*, 1866, in-8°.

SPOHR.

EBERS (J. J. H.). — Spohr und (Jacques Fromental) Halévy und die neueste Kirchen-und Opern-Musik. — *Bresl.*, 1837, in-8°.

Spohr's Jubelsfest im Januar 1847. — *Cassel*, 1847, in-8°.

SPONTINI.

DORN (H.). — Spontini in Deutschland, oder unpartheüsche Würdigung seiner Leistungen während seines Aufenthalts daselbst in den letzten zehn Jahren. — *Leipz*, 1830, in-8°.

MUELLER (C. F.). — Spontini und Rellstab. — *Berl.*, 1833, in-8°.

LOMÉNIE (L. de). — M. Spontini, par un homme de rien. — *Par.*, 1841, in-12.

ŒTTINGER (E. M.). Spontini. — *Leipz.*, 1843, in-24.

RAOUL ROCHETTE (D.). — Notice historique sur la vie et les ouvrages de M. Spontini. — *Par.*, 1852, in-4°.

STRADELLA.

RICHARD (P.). — Stradella, sa vie et ses œuvres. — *Paris*, 1864.

VERDI.

BERMANI (B.). — Schizzi sulla vita e sulle opere del maestro G. Verdi. — *Milan*, 1846, in-8°.

ESCUDIER (Léon). — Mes souvenirs. — *Paris*, 1863, in-12.

BASEVI (A.). Studio sulle opere di Giuseppe Verdi, *Firenze*, 1859, in-12.

WAGNER.

A. DE GASPERINI. — La nouvelle Allemagne musicale. Richard Wagner. — *Paris*, 1866, in-8°.

KEMPE (F.). — Franz Liszt. R. Wagner. *Eisleb.*, 1852, in-8°.

HINRICHS (F.). — R. Wagner und die neue Musik. — *Halle*, 1854, in-4°.

WAGNER (Richard).Lettre sur la musique, *Paris*, 1861, in-8°. — Lettre allemande insérée dans la Gazette d'Augsbourg le 17 décembre 1868.

WALLACE.

The Imperial Dictionary of universal biography. — *London*, Vincent Wallace.

POUGIN (Arthur). — William Vincent Wallace, étude biographique et critique. — *Paris*, 1866, in-8°.

WEBER.

MAGNIEN (V.). — Étude biographique sur C. M. baron de Weber. — *Beauvais*, 1848, in-8°.

Nachrichten aus dem Leben und über die Musik-Werke, C. M. V. Weber's. — *Berl.*, 1826, in-fol.

Lebensbeschreibung von C. M. N. Weber. — *Gotha*, 1829, in-4°.

BARBEDETTE (H.). — Weber, essai de critique musicale. — (s. l.) 1862, in-8°. — Charles Marie de Weber, sa vie et ses œuvres, articles publiés dans le *Ménestrel*, 1871, 1872.

NEUKOMM (Edmond). — Histoire du *Freischütz*, tirée de la biographie de Charles Marie de Weber, écrite par son fils le baron Max Marie de Weber. — *Paris*, 1867, in-12.

WINTER.

ARNOLD (J.-F.). — P. Winter's kurze Biographie und ästhetische Darstellung seiner Werke. — *Erfurt*, 1810, in-8°.

ZINGARELLI.

LIBERATORE (F.). — Necrologia di N. Zingarelli. — *Napol.*, 1837, in-8°.

GUARINI (R.). — Cenni storici di N. Zingarelli. — *Napol*, 1837, in-8°.

VILLAROSA (Marchese di). — Elogio storico di N. Zingarelli. — *Napol.*, 1837, in-8°.

Notizie biografiche di N. Zingarelli. — *Napol.*, 1837, in-8°.

MENEGELLI (A. M.). Discorso per le solenni esequie del cavaliere N. Zingarelli. — *Padov.*, 1844, in-8°.

SCHMID (A.). — Joseph Haydn und N. Zingarelli. — *Wien*, 1847, in-8°.

INDEX ALPHABÉTIQUE

DES MUSICIENS

A

Adam (Adolphe)............. 483
Allegri..................... 12
Auber...................... 332

B

Bach (Sébastien)............ 68
Balfe...................... 511
Bazin...................... 619
Beethoven.................. 266
Bellini.................... 477
Berlioz.................... 491
Berton..................... 258
Boieldieu.................. 314

C

Cambert.................... 17
Campra..................... 44
Carafa..................... 368
Catel...................... 297
Cherubini.................. 225
Chopin..................... 529
Choron..................... 292
Cimarosa................... 171
Clapisson.................. 514
Clementi................... 181
Couperin................... 46
Cramer..................... 288

D

Dalayrac................... 192
David (Félicien)........... 533
Della Maria................ 262
Dezède..................... 147
Donizetti.................. 453
Duni....................... 79
Durante.................... 58
Dussek..................... 235

F

Fétis...................... 346
Flotow (de)................ 575
Frescobaldi................ 16

G

Gevaert.................... 655
Gluck...................... 88
Gossec..................... 137
Gounod..................... 624
Grétry..................... 150
Grisar..................... 517

H

Haendel.................... 59
Halévy..................... 463
Haydn...................... 121
Hérold..................... 372
Hummel..................... 328

J

Jomelli.................... 98

K

Kastner (Georges)	546
Kreutzer (Rodolphe)	254

L

Lalande	41
Lemmens	649
Leo	77
Lesueur	237
Limnander	596
Liszt	564
Lulli	20

M

Maillart (Aimé)	621
Marcello	74
Martini	168
Massé (Victor)	641
Méhul	243
Mendelssohn-Bartholdy	523
Mercadante	449
Meyerbeer	418
Mondonville	86
Monpou (Hippolyte)	501
Monsigny	116
Monteverde	14
Mozart	204

N

Neukomm (Sigismond)	325
Nicolaï (Otto)	521
Nicolo (Isouard)	309
Niedermeyer	473

O

Offenbach (Jacques)	634
Onslow (Georges)	357

P

Pacini	434
Paer	289
Paganini	341
Paisiello	161
Palestrina	7
Pergolèse	81
Philidor	101
Piccinni	108
Poniatowski (prince Joseph)	615

R

Rameau	48
Reber	506
Reyer	652
Ricci (les frères)	508
Rink	263
Roland de Lattre (Orlando Lasso)	1
Rossini	382

S

Sacchini	143
Salieri	178
Scarlatti	39
Schubert (Franz)	438
Schumann (Robert)	542
Spohr	354
Spontini	301
Steibelt	251
Stradella	36

T

Thalberg	573
Thomas (Ambroise)	553
Traetta	106

V

Verdi	596
Viotti	187
Vittoria	11
Vogel	203

W

Wagner (Richard)	580
Wallace	613
Weber (Charles-Marie de)	360
Winter	200

Z

Zingarelli	184

TABLE DES MATIÈRES

Préface	i
Roland de Lattre (Orlando Lasso).	1
Palestrina (Giovanni Pierluigi de)	7
Vittoria	11
Allegri	12
Monteverde...................	14
Frescobaldi...................	16
Cambert......................	17
Lulli.........................	20
Stradella	36
Scarlatti......................	39
Lalande......................	41
Campra	44
Couperin (François)............	46
Rameau......................	48
Durante......................	58
Haendel	59
Bach (Sébastien)	68
Marcello......................	74
Leo	77
Duni.........................	79
Pergolèse.....................	81
Mondonville..................	86
Gluck........................	88
Jomelli.......................	98
Philidor......................	101
Traetta.......................	106
Piccinni......................	108
Monsigny	116
Haydn........................	121
Gossec.......................	137
Sacchini......................	143
Dezède.......................	147
Grétry........................	150
Paisiello......................	161
Martini.......................	168
Cimarosa.....................	171
Salieri	178
Clementi.....................	181
Zingarelli.....................	184
Viotti.........................	187
Dalayrac......................	192
Winter.......................	200
Vogel.........................	203
Mozart.......................	204
Cherubini	225
Dussek.......................	235
Lesueur.......................	237
Méhul........................	243
Steibelt	251
Kreutzer (Rodolphe)...........	254
Berton	258
Della Maria...................	262
Rink..........................	263
Beethoven....................	266
Cramer.......................	288
Paër..........................	289
Choron.......................	292
Catel.........................	297
Spontini......................	301
Nicolo (Isouard)..............	309
Boieldieu.....................	314

TABLE DES MATIÈRES

Neukomm	325
Hummel	328
Auber	332
Paganini	341
Fétis	346
Spohr	354
Onslow	357
Weber (Charles-Marie de)	360
Carafa	368
Hérold	372
Rossini	382
Meyerbeer (Giacomo)	418
Pacini (Jean)	434
Schubert (Franz)	438
Mercadante	449
Donizetti	453
Halévy	463
Niedermeyer	473
Bellini	477
Adam (Adolphe)	483
Berlioz	491
Monpou (Hippolyte)	501
Reber (Henri)	506
Ricci (les frères)	508
Balfe	511
Clapisson	514
Grisar (Albert)	517
Nicolaï (Otto)	521
Mendelssohn-Bartholdy	523
Chopin	529
David (Félicien)	533
Schumann (Robert)	542
Kastner (Georges)	546
Thomas (Ambroise)	553
Liszt	564
Thalberg (Sigismond)	573
Flotow (de)	575
Wagner (Richard)	580
Limnander	594
Verdi (Giuseppe)	596
Wallace	613
Poniatowski (prince Joseph)	615
Bazin (François)	619
Maillart (Aimé)	621
Gounod (Charles)	624
Offenbach (Jacques)	634
Massé (Victor)	641
Lemmens	649
Reyer (Ernest)	652
Gevaert	655
Épilogue	659
Bibliographie des musiciens célèbres	661
Index alphabétique des musiciens	669
Table des matières	671

Coulommiers — Typ. Albert PONSOT et P. BRODARD.

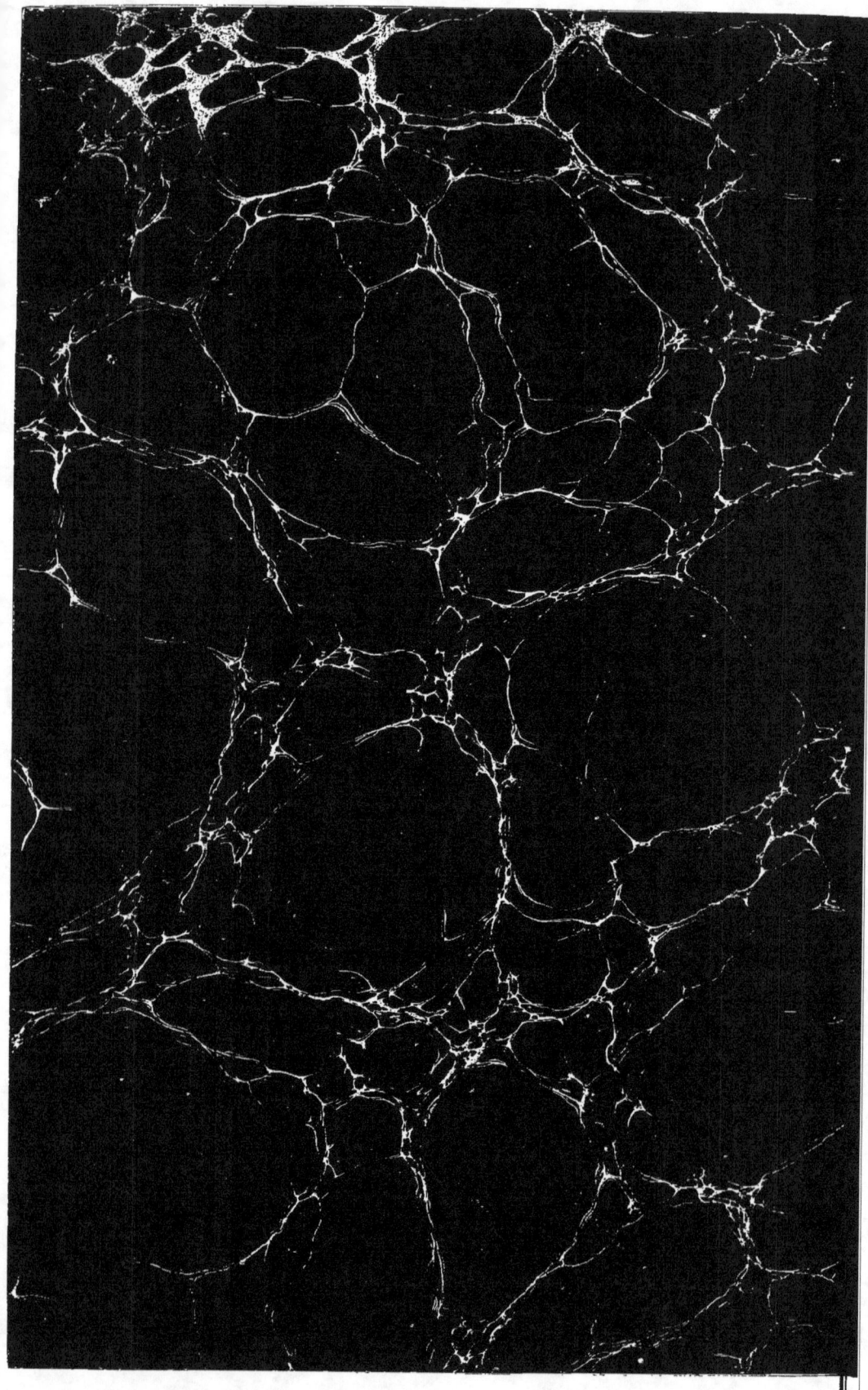

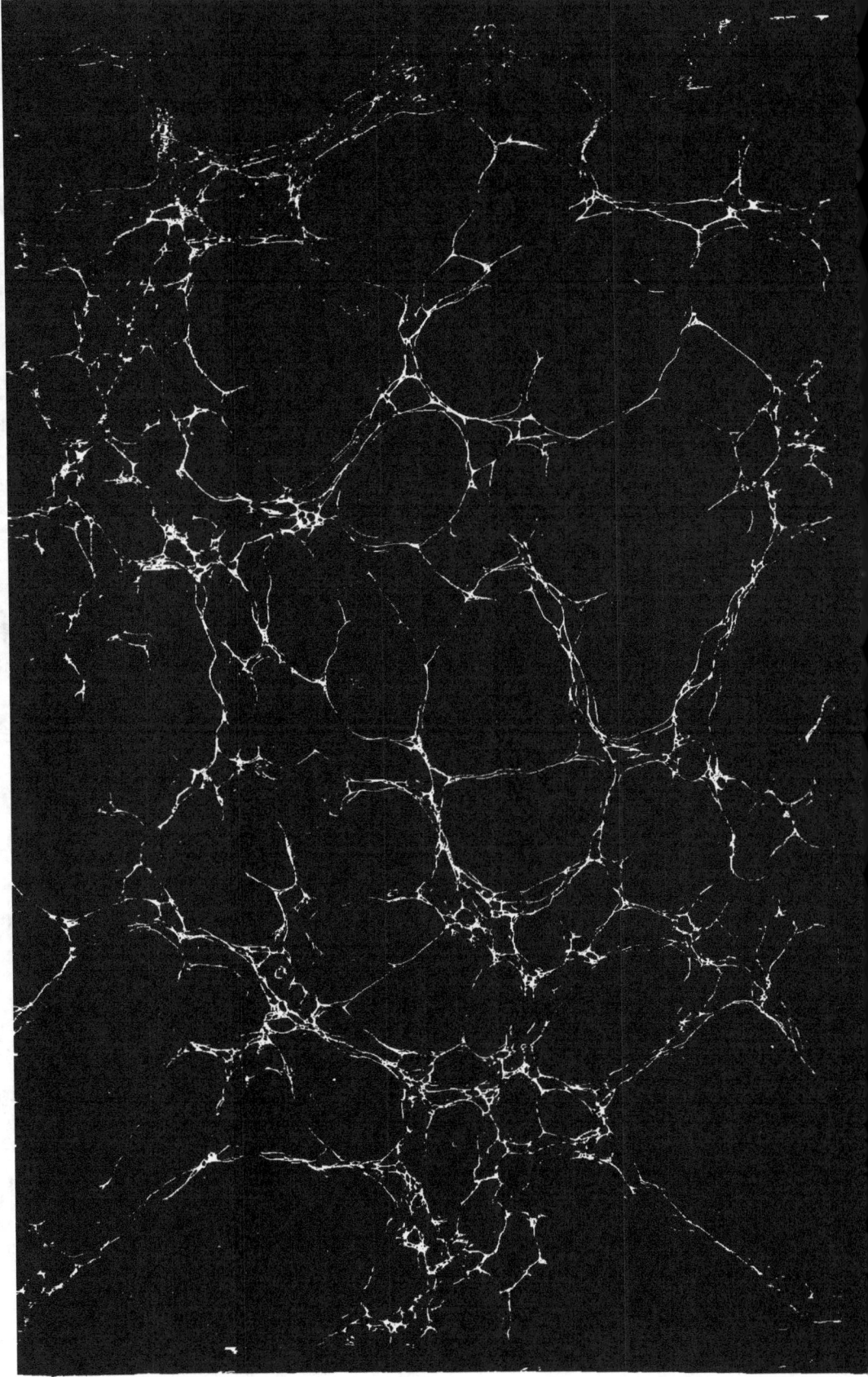

www.ingramcontent.com/pod-product-compliance
Lightning Source LLC
Chambersburg PA
CBHW061732300426
44115CB00009B/1195